U0896176

Yearbook of China's Poverty Alleviation and Development

中国扶贫开发

国务院扶贫开发领导小组办公室　主管
《中国扶贫开发年鉴》编辑部　编

UNITY PRESS 团结出版社

图书在版编目（CIP）数据

中国扶贫开发年鉴. 2016 / 《中国扶贫开发年鉴》编辑部编. -- 北京 : 团结出版社, 2016.9
ISBN 978-7-5126-4009-2

Ⅰ. ①中… Ⅱ. ①中… Ⅲ. ①扶贫－中国－2016－年鉴 Ⅳ. ①F323.8-54

中国版本图书馆CIP数据核字(2016)第050942号

出　版：团结出版社
（北京市东城区东皇城根南街 84 号　邮编：100006）
电　话：(010) 65228880　65244790（出版社）
(010) 65238766　85113874　65133603（发行部）
(010) 65133603（邮购）
网　址：http://www.tjpress.com
E-mail：zb65244790@vip.163.com
fx65133603@163.com（发行部邮购）
印　装：三河市东方印刷有限公司

开　本：185mm×260mm　1/16
印　张：61.5
字　数：1078 千字
印　数：5025
版　次：2016 年 9 月　第 1 版
印　次：2016 年 9 月　第 1 次印刷

书　号：978-7-5126-4009-2
定　价：380.00 元

《中国扶贫开发年鉴》编辑部

张腾云　张新楠　张德亮　陆春生　陈　刚　陈　伟
陈　莉　陈兰兰　陈庆客　陈旭浬　陈学洲　陈声玥
陈建生　陈国平　陈金炜　郑润东　邵　军　林　铭
苗　猛　孟凡泽　易莎莎　罗元开　罗颖平　周　梁
周　翔　郑　方　郑建军　庞　辉　房　季　荣雪飞
胡天媛　胡晓勇　胡鹏飞　胡熳华　赵冬民　赵亚莉
赵怀坤　赵玲娟　赵树海　段　瑞　段俊英　信　心
洪泽飞　姚　莉　贺广忠　骆艾荣　聂伊妮　贾睿涛
顾征东　夏　智　夏宇光　夏成楼　徐向辉　徐建伟
徐建新　翁哲繁　郭　哲　郭　燕　郭正华　郭红蓉
郭建龙　郭奇峰　高　睿　高广京　高凤义　高艳坤
高海林　高继辉　展　平　陶　剑　唐　庆　黄明辉
黄晓天　龚　克　龚　辉　龚亮保　康　明　阎　超
梁　怡　韩虎群　韩易霖　蒋传文　蒋维克　景　磊
程荣霞　程恩江　游伟民　谢　宇　董小丽　董建武
董惠池　童　柳　童福林　游伟民　熊素华　熊晓斐
薛　雯　戴飞翔

亲切关怀

2015 年 6 月 16 日，中共中央总书记、国家主席、中央军委主席习近平在贵州省调研。图为习近平在遵义县枫香镇花茂村看望村民。

新华社记者　黄敬文　摄

2015 年 2 月 13 日，中共中央总书记、国家主席、中央军委主席习近平在陕西省延川县文安驿镇梁家河村看望村民，并就老区脱贫致富工作进行实地调研。

新华社记者　兰红光　摄

2015 年 1 月 19 日，中共中央总书记、国家主席、中央军委主席习近平在云南省看望鲁甸县地震灾区干部群众，就灾后恢复重建和经济社会发展情况进行调研。图为习近平在鲁甸县小寨镇甘家寨红旗社区过渡安置点，走进儿童活动室，同孩子们在一起。

新华社记者　鞠鹏　摄

亲切关怀

2015年2月13日，中共中央政治局常委、国务院总理李克强在贵州省黎平县蒲洞村的侗家鼓楼，与返乡过年的大学生和毕业生交流教育公平和区域协同发展问题。

2015年9月24日，中共中央政治局常委、国务院总理李克强到河南省长葛市西关村高标准农田察看玉米收成。

图片来自中国政府网

2015年1月6日，中共中央政治局常委、国务院总理李克强在广东省广州市看望慰问农民工、城市困难群众。李克强指出，我们要的是包容性发展，必须改善农民工、城市困难群体的生活条件，营造平等竞争的市场环境，努力提供均等化公共服务。

图片来自中国政府网

2015 年 3 月 20 日，中共中央政治局委员、国务院副总理汪洋在河南省调研扶贫开发工作情况，看望慰问贫困群众和基层干部。

河南日报社记者　董亮　摄

2015 年 5 月 7 日，中共中央政治局委员、国务院副总理汪洋在贵州省威宁彝族回族苗族自治县五星村详细了解精准扶贫结对帮扶和建档立卡情况。

贵州日报社记者　李枫　摄

2015 年 12 月 7 日，中共中央政治局委员、国务院副总理汪洋在福建省霞浦县东山村了解扶贫开发工作情况，强调学习借鉴宁德扶贫经验，夺取脱贫攻坚全面胜利。

福建日报社记者　张永定　摄

2015 年 10 月 16 日，“2015 减贫与发展高层论坛”在北京举行，论坛以“携手消除贫困，实现共同发展”为主题。中共中央总书记、国家主席、中央军委主席习近平出席论坛并发表主旨演讲。

在“2015 减贫与发展高层论坛”上，中共中央总书记、国家主席、中央军委主席习近平与“2015 中国消除贫困奖”获奖者合影。

“2015 减贫与发展高层论坛——国际发展议程与精准扶贫高级别会议”现场。

扶贫要事

2015年11月27日至28日，中央扶贫开发工作会议在北京召开。中共中央总书记、国家主席、中央军委主席习近平发表重要讲话。

新华社记者　鞠鹏　摄

2015年11月27日，中共中央政治局常委、国务院总理李克强在中央扶贫开发工作会议上讲话。

新华社记者　饶爱民　摄

2015年3月17日，中共中央政治局委员、国务院副总理、国务院扶贫开发领导小组组长汪洋主持召开国务院扶贫开发领导小组第五次会议。

2015 年 10 月，国务院扶贫开发领导小组副组长、国务院扶贫办主任刘永富在陕西省永寿县裕平镇村开展调研督查工作，要求抓好精准扶贫的基础性工作。

2015 年 10 月 17 日，由全国工商业联合会、国务院扶贫开发领导小组办公室和中国光彩事业促进会联合举办的“万企帮万村”精准扶贫行动正式启动。图为仪式启动现场。

广西壮族自治区开展贫困户精准识别工作，图为百色市乐业县的村民举手表决评选村评议小组成员。

医疗卫生扶贫

2015 年 9 月，国务院扶贫办副主任郑文凯一行在贵州省威宁彝族回族苗族自治县乐溪村调研卫生扶贫工作情况。

山东省威海市“精准扶贫——中医药进农村”活动中，威海市中医院的专家组来到现场，为贫困村村民进行一对一诊疗。

江西省残疾人福利基金会开展“集善江西·关注残疾儿童”公益活动，为残疾儿童发放蛋白粉。

光伏扶贫

2015 年 1 月，国务院扶贫办副主任欧青平到河北省曲阳县调研光伏扶贫试点工作情况。

山东省德州市陵城区滋镇大力发展光伏产业。

安徽省金寨县古碑镇集成式光伏扶贫电站。

产业扶贫

2015 年 2 月，国务院扶贫办副主任洪天云在黑龙江省林甸县、甘南县调研，考察新型经营主体带动贫困户有组织脱贫的创新工作。

海南省昌江黎族自治县调整优化农业产业结构，加快桑蚕业发展。图为乡镇干部和农户在“种桑养蚕推广现场会”上观摩学习。

广西壮族自治区罗城仫佬族自治县四把镇水源毛葡萄基地，一位仫佬族姑娘喜摘丰收果实。

江西省南城县南坑村扶贫搬迁村民渔业养殖喜获丰收。

贵州省盘县哒啦仙谷农业扶贫产业园区。

海南省定安县石坡村村民依靠养鸡致富。

山东省枣庄市山亭区水泉镇贫困农户发展红薯产业，图为村民在晾晒红薯干。

甘肃省合水县卓堡村康森养殖专业合作社里的贫困社员，通过发展养殖产业脱贫致富。

青海省海晏县金滩村玛咖种植扶贫项目启动，带动贫困户走上致富路。

广西壮族自治区妇女联合会派出的驻村“第一书记”，在上林县白圩镇组织举办“第一期精准扶贫育婴师（月嫂）职业技能培训班”。图为育婴师向学员展示育婴技巧。

贵州省石阡县梨子园村驻村“第一书记”杨浩兴（右）帮助烟农采摘烟叶。

浙江省衢州市纪律检查委员会驻村帮扶的常山县黄泥畈村，采用“村级工程大家建”的模式管理村内事务。图为该村党员干部向村民宣讲垃圾分类理念。

青海省扶贫开发局金滩乡驻村工作队与村干部、村民座谈。

重庆市司法局向驻村帮扶的武隆县繁荣村贫困农户赠送仔猪。

安徽省政府办公厅驻村扶贫干部正在组织危房户群众转移。

建档立卡

重庆市奉节县村民现场陈述申请贫困户的原因。

新疆维吾尔自治区麦盖提县乌依鲁克村村民积极填写贫困户登记表。

广西壮族自治区组织人员到田东县祥周镇局丰新型移民社区，现场观摩学习建档立卡先进经验。

2015年4月，国务院扶贫开发领导小组副组长、国务院扶贫办主任刘永富在湖南省考察，与花垣县十八洞村干部群众座谈，强调要利用好扶贫小额贷款等相关政策，发展好猕猴桃产业、旅游和养殖等项目。

河北省阜平县贫困户借助扶贫贷款开办种植专业合作社。

青海省同仁县利用金融扶贫贷款成立了肉牛养殖产业合作社，帮助贫困人口脱贫增收。图为金融扶贫放款现场。

四川省峨边彝族自治县双溪村月儿坪彝家新寨。

湖南省林业厅帮扶湖南省双牌县田洞里村建设了新村，丰富了乡村文化。

2015年，由厦门市火炬高新区援建的甘肃省广河县鹭岛大桥竣工通车。

易地扶贫搬迁

2015 年竣工的云南省通海县易地搬迁安置点——高大乡库南新村。

江西省兴国县注重丰富易地扶贫搬迁集中安置点群众的文化生活，图为樟木乡塘埠移民安置点的群众在演唱山歌。

重庆市巫山县庙堂搬迁安居点的民居。

旅游扶贫

重庆市酉阳土家族苗族自治县古村古寨乡村旅游蓬勃兴起。

广西壮族自治区大新县“兴边富民行动”民族文化旅游示范点——明仕村弄朋屯的新貌。

江西省大力发展旅游扶贫，修水县金色梯田吸引了众多游客参观。

民族地区扶贫

四川省木里藏族自治县亚革村特色藏寨。

云南省丽江市古城区在拉市海发展高原玫瑰产业，助力农户增收。

中国残疾人福利基金会开展“助行行动”，向新疆维吾尔自治区和硕县残疾人发放电动轮椅。

山东省威海市临港区开展省扶贫工作重点村妇女劳动技能培训活动。

安徽省萧县实用技术培训班走进田间地头。

由中国西部人才福利基金会支持的国家行政学院脱贫攻坚大关项目——汤沟西部人才“彩烛工程”教师培训现场。

整村推进

甘肃省整村推进扶贫项目使礼县青林村面貌一新。

江西省整村推进项目的沼气扶贫工程，为村民建设生态家园。

安徽省岳西县进行整村推进，推动发展高山茭白产业，力促贫困群众增收。

国务院扶贫办先后与苏宁云商集团股份有限公司、北京京东世纪贸易有限公司签署电商精准扶贫战略合作框架协议，实施电商扶贫示范试点，覆盖300个以上国家扶贫开发工作重点县。图为与苏宁云商集团股份有限公司签约现场。

中国工商银行捐建四川省通江县袁家庙希望小学，并向学生们捐赠日常学习用品。

大连万达集团股份有限公司整县帮扶贵州省丹寨县，图为万达集团代表与村民座谈。

由中国第一汽车集团公司援建的吉林省镇赉县镇赉镇解放社区。

恒大地产集团有限公司整县帮扶贵州省大方县，图为签订整县帮扶协议现场。

河仁慈善基金会实施“健康饮水工程”，向新疆维吾尔自治区100所贫困中小学赠送饮水净化设备。

中国农业银行贵州省分行积极开展“美丽乡村贷款支持项目”，助力贫困乡村脱贫。

中国科学技术协会组织蔬菜技术协会专家对山西省岚县甘蓝菜种植贫困户进行实地技术指导与培训。

2015 年 7 月，第九届“中国—东盟社会发展与减贫论坛”在老挝举办。论坛由中国国务院扶贫办和老挝国家农村发展与减贫委员会联合主办，中国国际扶贫中心、老挝国家农村发展与减贫委员会计划与国际合作司及南南亚太金融中心联合承办。中外专家围绕“金融创新与减贫”这一主题进行研讨交流。

2015 年 11 月，由中国国际扶贫中心主办、广西壮族自治区扶贫办承办、东盟秘书处支持的第三届“东盟+3 村官交流项目”在广西壮族自治区南宁市举办。图为东盟国家的村官在广西壮族自治区隆安县定江村交流各国的产业扶贫开发工作经验。

2015 年，“非洲英语国家农村发展与减贫官员研修班”的学员在山西省垣曲县华峰乡中心幼儿园考察。

目　　录

2015 年度中央领导同志重要指示

习近平总书记
在云南考察时的讲话（摘要）

（2015 年 1 月 19 日）

灾区恢复重建一定要搞好规划，生活恢复和生产恢复一起抓，灾后恢复重建和扶贫开发一起抓，重建家园步伐要加快。

扶贫开发是我们第一个百年奋斗目标的重点工作，是最艰巨的任务。现在距实现全面建成小康社会只有五六年时间了，时不我待，扶贫开发要增强紧迫感，真抓实干，不能光喊口号，决不能让困难地区和困难群众掉队。要以更加明确的目标、更加有力的举措、更加有效的行动，深入实施精准扶贫、精准脱贫，项目安排和资金使用都要提高精准度，扶到点上、根上，让贫困群众真正得到实惠。

（资料来源：《人民日报》2015 年 1 月 22 日 1 版）

习近平总书记
在陕西考察时的讲话（摘要）

（2015 年 2 月 13 日）

革命老区是党和人民军队的根，我们永远不能忘记自己是从哪里走来的，永远都要从革命的历史中汲取智慧和力量。老区和老区人民为我们党领导的中国革命作出了重大牺牲和贡献，我们要永远珍惜、永远铭记。我们要实现第一个百年奋斗目标，全面建成小康社会，没有老区的全面小康，没有老区贫困人口脱贫致富，那是不完整的。各级党委和政府要增强使命感和责任感，把老区发展和老区人民生活改善时刻放在心上，加大投入支持力度，加快老区发展步伐，让老区人民都过上幸福美满的日子，确保老区人民同全国人民一道进入全面小康社会。

（资料来源：《人民日报》2015 年 2 月 17 日 1 版）

习近平总书记在浙江召开“华东七省市党委主要负责同志座谈会”上的讲话（摘要）

（2015 年 5 月 27 日）

“十三五”时期，经济社会发展要努力在保持经济增长、转变经济发展方式、调整优化产业结构、推动创新驱动发展、加快农业现代化步伐、改革体制机制、推动协调发展、加强生态文明建设、保障和改善民生、推进扶贫开发等方面取得明显突破。

要坚持经济发展以保障和改善民生为出发点和落脚点，全面解决好人民群众关心的教育、就业、收入、社会保障、医疗卫生、食品安全等问题，让改革发展成果更多、更公平、更实在地惠及广大人民群众。要采取超常举措，拿出过硬办法，按照精准扶贫、精准脱贫要求，用一套政策组合拳，确保在既定时间节点打赢扶贫开发攻坚战。

（资料来源：《人民日报》2015 年 5 月 29 日 1 版）

习近平总书记
在贵州调研时的讲话（摘要）

（2015年6月16日至17日）

党中央十分关心广大农民特别是农村贫困人口，制定了一系列方针政策促进农村发展。党中央的政策好不好，要看乡亲们是笑还是哭。如果乡亲们笑，这就是好政策，要坚持；如果有人哭，说明政策还要完善和调整。好日子是干出来的，贫困并不可怕，只要有信心、有决心，就没有克服不了的困难。

做好保障和改善民生工作，可以增进社会消费预期，有利于扩大内需，抓民生也是抓发展。要依靠产业带动和必要的政策激励，鼓励创业、扩大就业，努力增加城乡居民收入。要抓住群众最关心的教育、医疗、社会保障、食品安全等问题，实打实地做，循序渐进地推。要通过推进就业创业，发展社会事业，打好扶贫开发攻坚战，不断打通民生保障和经济发展相得益彰的路子。

（资料来源：《人民日报》2015年6月19日1版）

习近平总书记
在贵州主持召开“部分省区市扶贫攻坚与‘十三五’时期经济社会发展座谈会”上的讲话（摘要）

（2015 年 6 月 18 日）

“十三五”时期是我们确定的全面建成小康社会的时间节点，全面建成小康社会最艰巨最繁重的任务在农村，特别是在贫困地区。各级党委和政府要把握时间节点，努力补齐短板，科学谋划好“十三五”时期扶贫开发工作，确保贫困人口到 2020 年如期脱贫。

“十三五”时期是我国发展的重要阶段。要聚焦如期全面建成小康社会这个既定目标，着眼于我国未来 5 年乃至更长远的发展，深刻把握世界经济发展新趋向新态势，深刻把握我国经济发展新特点新要求，深刻把握我国经济社会发展新目标新任务，深刻把握我们面临的新挑战新机遇，突出前瞻性和引领性，既不能脱离实际、提过高的目标和要求，也不能囿于一时困难和问题而缩手缩脚。

消除贫困、改善民生、实现共同富裕，是社会主义的本质要求，是我们党的重要使命。改革开放以来，经过全国范围有计划有组织的大规模开发式扶贫，我国贫困人口大量减少，贫困地区面貌显著变化，但扶贫开发工作依然面临十分艰巨而繁重的任务，已进入啃硬骨头、攻坚拔寨的冲刺期。形势逼人，形势不等人。各级党委和政府必须增强紧迫感和主动性，在扶贫攻坚上进一步理清思路、强化责任，采取力度更大、针对性更强、作用更直接、效果更可持续的措施，特别要在精准扶贫、精准脱贫上下更大功夫。

习近平就加大力度推进扶贫开发工作提出“4 个切实”的具体要求。

第一，切实落实领导责任。坚持党的领导，发挥社会主义制度可以集中力量办大事的优势，这是我们的最大政治优势。要强化扶贫开发工作领导责任制，把中央统筹、省负总责、市（地）县抓落实的管理体制，片为重点、工作到村、扶贫到户的工作机制，党政一把手负总责的扶贫开发工作责任制，真正落到实处。中央要做好政策制定、项目规划、资金筹备、考核评价、总体运筹等工作，省级要做好目标确定、项目下达、资金投放、组织动员、检查指导等工作，市（地）县要做好进度安排、项目落地、资金使用、人力调配、推进实施等工作。党政一把手要当好扶贫开发工作第一责任人，深入贫困乡村调查研究，亲自部署和协调任务落实。

第二，切实做到精准扶贫。扶贫开发贵在精准，重在精准，成败之举在于精准。各地都要在扶持对象精准、项目安排精准、资金使用精准、措施到户精准、因村派人（“第一书记”）精准、脱贫成效精准上想办法、出实招、见真效。要坚持因人因地施策，因贫困原因施策，因贫困类型施策，区别不同情况，做到对症下药、精准滴灌、靶向治疗，不搞大水漫灌、走马观花、大而化之。要因地制宜研究实施“四个一批”的扶贫攻坚行动计划，即通过扶持生产和就业发展一批，通过移民搬迁安置一批，通过低保政策兜底一批，通过医疗救助扶持一批，实现贫困人口精准脱贫。

第三，切实强化社会合力。扶贫开发是全党全社会的共同责任，要动员和凝聚全社会力量广泛参与。要坚持专项扶贫、行业扶贫、社会扶贫等多方力量、多种举措有机结合和互为支撑的“三位一体”大扶贫格局，健全东西部协作、党政机关定点扶贫机制，广泛调动社会各界参与扶贫开发积极性。要加大中央和省级财政扶贫投入，坚持政府投入在扶贫开发中的主体和主导作用，增加金融资金对扶贫开发的投放，吸引社会资金参与扶贫开发。要积极开辟扶贫开发新的资金渠道，多渠道增加扶贫开发资金。

第四，切实加强基层组织。做好扶贫开发工作，基层是基础。要把扶贫开发同基层组织建设有机结合起来，抓好以村党组织为核心的村级组织配套建设，鼓励和选派思想好、作风正、能力强、愿意为群众服务的优秀年轻干部、退伍军人、高校毕业生到贫困村工作，真正把基层党组织建设成带领群众脱贫致富的坚强战斗堡垒。选派扶贫工作队是加强基层扶贫工作的有效组织措施，要做到每个贫困村都有驻村工作队、每个贫困户都有帮扶责任人。工作队和驻村干部要一心扑在扶贫开发工作上，有效发挥作用。

（资料来源：《人民日报》2015 年 6 月 20 日 1 版）

习近平总书记在吉林调研时的讲话（摘要）

（2015 年 7 月 16 日至 18 日）

看到这里安定祥和，心里很踏实。检验农村工作成效的一个重要尺度，就是看农民的钱袋子鼓起来没有。要通过多种途径着力构建农民持续较快增收的长效机制。新农村建设要坚持规划先行，注重乡土味道和民族风情，注重补农村的短板、扬农村的长处，努力建设美丽乡村和农民幸福家园。

任何时候都不能忽视农业、忘记农民、淡漠农村。必须始终坚持强农惠农富农政策不减弱、推进农村全面小康不松劲，在认识的高度、重视的程度、投入的力度上保持好势头。要健全城乡发展一体化体制机制，加快建设现代农业，加快推进农民增收，加快建设社会主义新农村，走出一条集约、高效、安全、持续的现代农业发展道路。

做好经济社会发展工作，民生是“指南针”。要全面把握发展和民生相互牵动、互为条件的关系，通过持续发展强化保障和改善民生的物质基础，通过不断保障和改善民生创造更多有效需求。要特别关注和关心困难群众，坚持精准扶贫，广泛动员社会力量扶危济困。

（资料来源：《人民日报》2015 年 7 月 19 日 1 版）

习近平总书记在“2015减贫与发展高层论坛”上的主旨演讲（节选）

携手消除贫困　促进共同发展

（2015年10月16日）

消除贫困，自古以来就是人类梦寐以求的理想，是各国人民追求幸福生活的基本权利。第二次世界大战结束以来，消除贫困始终是广大发展中国家面临的重要任务。

在2000年召开的联合国千年首脑会议上，各国领导人通过了以减贫为首要目标的千年发展目标。那时以来，各国为实现千年发展目标采取行动，进行不懈努力。到今年，全球在消除贫困、普及教育、防治疟疾和肺结核等传染病、提供清洁饮用水、改善贫民窟居住条件等方面取得积极进展，特别是千年发展目标中的减贫目标基本完成，全球减贫事业取得重大积极进展。

在上个月召开的联合国发展峰会上，各国通过了以减贫为首要目标的2015年后发展议程，再次向世界展示了国际社会携手消除贫困的决心和信心。

由于种种原因，贫富悬殊和南北差距扩大问题依然严重存在，贫困及其衍生出来的饥饿、疾病、社会冲突等一系列难题依然困扰着许多发展中国家。“足寒伤心，民寒伤国。”我们既为11亿人脱贫而深受鼓舞，也为8亿多人仍然在挨饿而深为担忧。实现全球减贫目标依然任重道远。

今天，我们相聚在北京，就是要向世界表明，我们将加强减贫发展领域交流合作，互学互鉴，共享经验，积极呼应和推动2015年后发展议程的落实。

女士们、先生们、朋友们！

中国是世界上最大的发展中国家，一直是世界减贫事业的积极倡导者和有力推动者。改革开放30多年来，中国人民积极探索、顽强奋斗，走出了一条中国特色减贫道路。我们坚持改革开放，保持经济快速增长，不断出台有利于贫困地区和贫困人口发展的政策，为大规模减贫奠定了基础、提供了条件。我们坚持政府主导，把扶贫开发纳入国家总体发展战略，开展大规模专项扶贫行动，针对特定人群组织实施妇女儿童、残疾人、少数民族发展规划。我们坚持开发式扶贫方针，把发展作为解决贫困的根本途径，既扶贫又扶志，调动扶贫对象的积极性，提高其发展能力，发挥其主体作用。我们坚持动员全社会参与，发挥中国制度优势，构建了政府、社会、市场协同推进的大扶贫格局，形成了跨地区、跨部门、跨单位、全社会共同参与的多元主体的社会扶贫体系。我们坚持普惠政策和特惠政策相结合，先后实施《国家八七扶贫攻坚计划（1993—2000 年）》、《中国农村扶贫开发纲要（2001—2010 年）》、《中国农村扶贫开发纲要（2011—2020 年）》，在加大对农村、农业、农民普惠政策支持的基础上，对贫困人口实施特惠政策，做到应扶尽扶、应保尽保。

经过中国政府、社会各界、贫困地区广大干部群众的共同努力以及国际社会积极帮助，中国 6 亿多人口摆脱贫困。2015 年，联合国千年发展目标在中国基本实现。中国是全球最早实现千年发展目标中减贫目标的发展中国家，为全球减贫事业作出了重大贡献。

回顾中国几十年来减贫事业的历程，我有着深刻的切身体会。上个世纪 60 年代末，我还不到 16 岁，就从北京来到了陕北一个小村庄当农民，一干就是 7 年。那时，中国农村的贫困状况给我留下了刻骨铭心的记忆。我当时和村民们辛苦劳作，目的就是要让生活能够好一些，但这在当年几乎比登天还难。40 多年来，我先后在中国县、市、省、中央工作，扶贫始终是我工作的一个重要内容，我花的精力最多。我到过中国绝大部分最贫困的地区，包括陕西、甘肃、宁夏、贵州、云南、广西、西藏、新疆等地。这两年，我又去了十几个贫困地区，到乡亲们家中，同他们聊天。他们的生活存在困难，我感到揪心。他们生活每好一点，我都感到高兴。

25 年前，我在中国福建省宁德地区工作，我记住了中国古人的一句话："善为国者，遇民如父母之爱子，兄之爱弟，闻其饥寒为之哀，见其劳苦为之悲。"至今，这句话依然在我心中。

女士们、先生们、朋友们！

当前，中国人民正在为实现全面建成小康社会目标、实现中华民族伟大复兴的中国梦而努力。全面建成小康社会，实现中国梦，就是要实现人民幸福。尽管中国取得了举世瞩目的发展成就，但中国仍然是世界上最大的发展中国家，缩小城乡和区域发展差距依然是我们面临的重大挑战。全面小康是全体中国人民的小康，不能出现有人掉队。未来 5 年，我们将使中国现有标准下 7000 多万贫困人口全部脱贫。这是中国落实 2015 年后发展议程的重要一步。

为了打赢这场攻坚战，我们将把扶贫开发作为经济社会发展规划的主要内容，大幅增加扶贫投入，出台更多惠及贫困地区、贫困人口的政策措施，提高市场机制的益贫性，推进经济社会包容性发展，实施一系列更有针对性的重大发展举措。

现在，中国在扶贫攻坚工作中采取的重要举措，就是实施精准扶贫方略，找到“贫根”，对症下药，靶向治疗。我们坚持中国制度的优势，构建省市县乡村五级一起抓扶贫，层层落实责任制的治理格局。我们注重抓六个精准，即扶持对象精准、项目安排精准、资金使用精准、措施到户精准、因村派人精准、脱贫成效精准，确保各项政策好处落到扶贫对象身上。我们坚持分类施策，因人因地施策，因贫困原因施策，因贫困类型施策，通过扶持生产和就业发展一批，通过易地搬迁安置一批，通过生态保护脱贫一批，通过教育扶贫脱贫一批，通过低保政策兜底一批。我们广泛动员全社会力量，支持和鼓励全社会采取灵活多样的形式参与扶贫。

授人以鱼，不如授人以渔。扶贫必扶智，让贫困地区的孩子们接受良好教育，是扶贫开发的重要任务，也是阻断贫困代际传递的重要途径。我们正在采取一系列措施，让贫困地区每一个孩子都能接受良好教育，让他们同其他孩子站在同一条起跑线上，向着美好生活奋力奔跑。

女士们、先生们、朋友们！

消除贫困是人类的共同使命。中国在致力于自身消除贫困的同时，始终积极开展南南合作，力所能及向其他发展中国家提供不附加任何政治条件的援助，支持和帮助广大发展中国家特别是最不发达国家消除贫困。60 多年来，中国共向 166 个国家和国际组织提供了近 4000 亿元人民币援助，派遣 60 多万援助人员，其中 700 多名中国好儿女为他国发展献出了宝贵生命。中国先后 7 次宣布无条件免除重债穷国和最不发达国家对华到期政府无息贷款债务。中国积极向亚洲、非洲、拉丁美洲和加勒比地区、大洋洲的 69 个国家提供医疗援助，先后为 120 多个发展中国家落实千年发展目标提供帮助。

消除贫困依然是当今世界面临的最大全球性挑战。未来 15 年，对中国和其他发展中国家都是发展的关键时期。我们要凝聚共识、同舟共济、攻坚克难，致力于合作共赢，推动建设人类命运共同体，为各国人民带来更多福祉。为此，我愿提出如下倡议。

第一，着力加快全球减贫进程。在未来 15 年内彻底消除极端贫困，将每天收入不足 1.25 美元的人数降至零，是 2015 年后发展议程的首要目标。如期实现这一目标，发达国家要加大对发展中国家的发展援助，发展中国家要增强内生发展动力。在前不久召开的联合国系列峰会上，我代表中国政府提出了帮助发展中国家发展经济、改善民生的一系列新举措，包括中国将设立“南南合作援助基金”，首期提供 20 亿美元，支持发展中国家落实 2015 年后发展议程；继续增加对最不发达国家投资，力争 2030 年达到 120 亿美元；免除对有关最不发达国家、内陆发展中国家、小岛屿发展中国家截至 2015 年底到期未还的政府间无息贷款债务；未来 5 年向发展中国家提供“六个一百”的项目支持，包括 100 个减贫项目、100 个农业合作项目、100 个促贸援助项目、100 个生态保护和应对气候变化项目、100 所医院和诊所、100 所学校和职业培训中心；向发展中国家提供 12 万个来华培训和 15 万个奖学金名额，为发展中国家培养 50 万名职业技术人员，设立南南合作与发展学院，等等。

“仁义忠信，乐善不倦。”中国人民历来重友谊、负责任、讲信义，中华文化历来具有扶贫济困、乐善好施、助人为乐的优良传统。在此，我愿重申中国对全球减贫事业的坚定承诺。

第二，着力加强减贫发展合作。推动建立以合作共赢为核心的新型国际减贫交流合作关系，是消除贫困的重要保障。中国倡导和践行多边主义，积极参与多边事务，支持联合国、世界银行等继续在国际减贫事业中发挥重要作用；将同各方一道优化全球发展伙伴关系，推进南北合作，加强南南合作，为全球减贫事业提供充足资源和强劲动力；将落实好《中国与非洲联盟加强减贫合作纲要》《东亚减贫合作倡议》，更加注重让发展成果惠及当地民众。中国将发挥好中国国际扶贫中心等国际减贫交流平台作用，提出中国方案，贡献中国智慧，更加有效地促进广大发展中国家交流分享减贫经验。

第三，着力实现多元自主可持续发展。中国坚定不移支持发展中国家消除贫困，推动更大范围、更高水平、更深层次的区域合作，对接发展战略，推进工业、农业、人力资源开发、绿色能源、环保等各领域务实合作，帮助各发展中国家把资源优势转化为发展优势。前不久，我在联合国主持召开了南南合作圆桌会，同 20 多位国家领导人和国际组织负责人一道，交流南南合作经验，达成广泛深入的共识。中方愿同广大发展中国家不断深化减贫等各领域的南南合作，携手增进各国人民福祉。

第四，着力改善国际发展环境。维护和发展开放型世界经济，推动建设公平公正、包容有序的国际经济金融体系，为发展中国家发展营造良好外部环境，是消除贫困的重要条件。中国提出共建丝绸之路经济带和 21 世纪海上丝绸之路，倡议筹建亚洲基础设施投资银行，设立丝路基金，就是要支持发展中国家开展基础设施互联互通建设，帮助他们增强自身发展能力，更好融入全球供应链、产业链、价值链，为国际减贫事业注入新活力。

最后，我呼吁，让我们携起手来，为共建一个没有贫困、共同发展的人类命运共同体而不懈奋斗！

祝这次论坛圆满成功！

（资料来源：人民网 2015 年 10 月 16 日）

李克强总理
在贵州考察时的报道（节选）

（2015 年 2 月 13 日）

李克强辗转来到大山深处的侗族贫困村蒲洞村，接连走进几家贫困户，查看家中存粮和饮水质量，询问还有哪些困难，并向他们送上在集市购买的年货。他还登上简陋的阁楼，了解房屋危险状况，看到村里还有不少房子透风漏雨，李克强神色凝重，他叮嘱随行负责同志说，这是“民生之痛”，一定要加快农村危房改造，努力让群众住得安全、温暖。在村卫生室，李克强详细了解村民就医、药品价格等情况。他对村医说，你们是最贴近群众的“白衣卫士”，国家要进一步提高广大村医收入，解除后顾之忧，让你们更安心地服务好农民。他指出，打好扶贫攻坚战，根本要靠发展。我们将持续加大对贫困地区道路、水利等基础设施投入，增加医疗卫生、生态保护等公共服务供给，这都是扶在根上、帮在点上的举措，广大干部要扑下身子，真抓实干，一起努力拔掉“穷根子”。

李克强在村里与返乡过年的大学生围坐交谈。他勉励说，越是贫困的地方，越需要知识的力量。国家不断提高农村贫困地区学生上重点高校的比例，就是要为这些地区多培养人才。国家会进一步研究完善助学贷款等扶持政策，帮助更多寒门学子完成学业，更好服务家乡、服务社会。

李克强专门来到高速公路服务区，看望在这里歇脚的返乡农民工。他说，你们为国家建设辛勤付出，与家人聚少离多。我们要顺应大家意愿，制定综合性政策，把促进产业向中西部转移、新型城镇化建设与鼓励农民工返乡就业创业结合起来，这既能让你们就近照顾家里，也可以有力带动贫困地区发展。

（资料来源：《人民日报》2015 年 2 月 17 日 1 版）

李克强总理
对“第五届全国残疾人职业技能竞赛暨第二届全国残疾人展能节”作出的批示（摘要）

（2015 年 7 月 11 日）

提升残疾人职业技能、促进他们就业和增收，既是保障基本民生、加快残疾人小康进程的要求，也是践行大众创业、万众创新的生动体现。各地区、各部门要进一步加强残疾人职业教育和技能培训，让他们掌握更多实用技术，进一步落实和完善残疾人就业创业的各项扶持政策，督促用人单位依法安排残疾人就业，进一步加大农村残疾人扶贫开发力度，兜住和筑牢底线，帮助每一个有条件的残疾人实现就业创业梦想，通过劳动创造更加幸福美好的生活。

（资料来源：《人民日报》2015 年 7 月 12 日 1 版）

李克强总理
对“全国易地扶贫搬迁工作电视电话会议”作出的重要批示（摘要）

（2015年12月1日）

易地扶贫搬迁是实施精准扶贫、精准脱贫的有力抓手，是全面建成小康社会、跨越中等收入陷阱的关键举措。各地区和相关部门要紧密结合新型城镇化和农业现代化，扎实推进这项工作。坚持尊重群众意愿，注重因地制宜，搞好科学规划。坚持加大中央财政支持和多渠道筹集资金相结合，用好各类扶贫资源，合力攻坚。坚持搬迁和发展“两手抓”，妥善解决搬迁群众的居住、看病、上学等问题，统筹谋划安置区产业发展与群众就业创业，确保他们生活有改善、发展有前景。

（资料来源：中国政府网2015年12月1日）

汪洋副总理
在河南调研时的讲话（摘要）

（2015 年 2 月 13 日至 14 日）

要认真贯彻落实党中央、国务院关于扶贫开发的决策部署，以更加明确的目标、更加有力的举措、更加有效的行动，坚决打好扶贫开发攻坚战，决不能让贫困地区、贫困群众在全面建成小康社会的进程中掉队。

扶贫开发要紧紧围绕抓落实、见实效深入推进，确保各项扶贫举措落地生根。用好扶贫考核指挥棒，引导贫困县把主要精力和工作重点放在扶贫开发上来。用好建档立卡数据库，形成个性化帮扶方案，促进精准扶贫、精准脱贫。充分发挥驻村工作队的作用，切实帮助贫困村解决资金、信息、技术、人才、管理等实际困难。加强对扶贫开发工作监督问责，管好用好扶贫资金，提高扶贫成效。

扶贫开发进入攻坚期，要不断创新和强化举措。要创新扶贫开发筹资机制，发挥财政扶贫资金的导向和杠杆作用，撬动更多信贷资金、社会资本等用于扶贫开发。利用市场化办法，依托新技术、新商业模式和龙头企业，推进光伏扶贫、电商扶贫、旅游扶贫等，探索贫困群众稳定受益机制。研究完善鼓励政策，激发企业、社会组织、公民个人扶贫济困积极性。大力发展特色优势农业产业，打造知名品牌，加强市场监管，确保农产品质量和食品安全。

（资料来源：《人民日报》2015 年 2 月 14 日 2 版）

汪洋副总理
在甘肃调研时的讲话（摘要）

（2015 年 3 月 26 日至 28 日）

扶贫开发是我们第一个百年奋斗目标的重点工作，是最艰巨的任务，要按照党中央、国务院的决策部署，不断增强使命感和紧迫感，紧紧围绕精准扶贫、精准脱贫，探索脱贫致富新路径，坚决打好扶贫攻坚战，决不能让困难地区和困难群众在全面建成小康社会进程中掉队。

近两年精准扶贫迈出了实质性步伐，成效已经显现，特别是完成了贫困户建档立卡，为下一步扶贫攻坚打下好的基础。同时也要看到，深化精准扶贫、精准脱贫要有一个过程，扶贫对象要进一步精准，提高准确度，解决好扶持谁的问题；扶贫方式要进一步精准，提高针对性，解决好扶什么的问题；扶贫资源要进一步精准，提高有效性，解决好怎么扶的问题。要因地制宜，因户施策，做到各项扶贫措施精准发力，切实造福群众。要细化实化贫困县扶贫开发实绩考核办法，完善驻村干部帮扶制度，健全对口帮扶机制，集中力量解决群众脱贫面临的突出问题。各地要结合实际，认真研究扶贫开发新情况新问题，积极创新扶贫攻坚的思路和举措。

（资料来源：《人民日报》2015 年 3 月 29 日 2 版）

汪洋副总理
在贵州调研时的讲话（摘要）

（2015 年 5 月 6 日至 9 日）

全面建成小康社会最艰巨最繁重的任务在农村特别是农村贫困地区，要始终把扶贫开发摆在重中之重的位置，深入实施精准扶贫、精准脱贫，使经济社会发展成果更多惠及贫困群众，加快贫困地区脱贫致富奔小康步伐。

扶贫攻坚进入关键阶段，要以更大的工作力度，在深化精准扶贫上下功夫，切实提高扶贫成效。要全面准确把握贫困状况，对贫困人口的致贫原因、贫困程度、脱贫难度等心中有数，做到扶贫对象更加精准。要根据不同资源环境、不同贫困类型、不同市场条件，用科学的理念、动态的方法，不断调整完善扶贫思路，提高工作针对性，做到扶贫思路更加精准。要“一村一法、一户一策”，实施差异化扶持，优化扶贫资源配置，做到扶贫措施更加精准。要根据扶贫实绩，强化贫困县考核，完善贫困退出机制，实现扶贫对象动态管理，做到扶贫管理更加精准。

（资料来源：《人民日报》2015 年 5 月 10 日 3 版）

汪洋副总理在湖北调研时的讲话（摘要）

（2015年5月19日）

乡村旅游是基层和群众的创造，旅游扶贫是贫困地区扶贫攻坚的有效方式，是贫困群众脱贫致富的重要渠道。要着力推进生态保护、旅游开发、扶贫攻坚有机结合，加大对贫困人口参与旅游经营服务的扶持力度，让他们分享旅游资源开发和旅游产业发展红利，将绿水青山变为群众脱贫致富的金山银山。

旅游扶贫开发要充分发挥乡村自然资源优势，保护好生态环境，突出民族文化特色，科学规划，有序开发，切实带动贫困人口脱贫致富。要适应自驾游、养生游、休闲游等旅游新业态发展需要，加强旅游基础设施建设，完善旅游服务体系，丰富旅游产品，促进品牌化经营、规范化管理。发挥乡村旅游的综合带动效应，促进一二三产业融合发展、集群发展，提高旅游扶贫总体效益。扶持贫困群众开展旅游创业就业，鼓励先富帮后富、先富带后富，积极探索以旅游资源、扶贫资金等入股参与旅游开发，让贫困群众从旅游业发展中获得稳定收益，提高旅游扶贫的精准度和有效性。

（资料来源：新华网2015年5月19日）

汪洋副总理在贵州调研时的讲话（摘要）

（2015年6月16日至17日）

要深入贯彻落实习近平总书记关于扶贫开发工作的系列重要讲话精神，深化对扶贫攻坚重要性、紧迫性、艰巨性的认识，进一步坚定信心和决心，以时不我待、只争朝夕的精神抓好扶贫开发工作，绝不让贫困地区和贫困群众在全面建成小康社会进程中掉队。

帮助贫困群众过上好日子是我们党的根本宗旨，要牢记责任，把扶贫开发工作聚焦到少数贫困人口上来，帮助贫困群众找到脱贫致富的路子，进一步缩小贫富差距，决不能用平均数代替少数贫困户。贫困地区的扶贫干部要把“扶智”作为首要任务，引导贫困群众拓宽视野，积极帮助他们寻找脱贫致富的路子，通过政府联络、集聚扶贫资源，用好企业和社会帮扶资金，不断提升扶贫工作水平。

扶贫开发工作要更加注重市场规律、运用市场力量，积极探索创新扶贫资金使用方式，把“死钱”变“活钱”，把资金变资本，切实提高扶贫开发的效益。

党中央、国务院历来十分重视扶贫开发工作，十八大以来习近平总书记对扶贫开发工作作出了一系列重要指示，深刻揭示了扶贫开发的科学规律和实现可能性，是做好当前和今后一个时期扶贫工作的科学指南和基本遵循。要深刻学习领会习近平总书记关于扶贫开发工作的系列重要指示精神，深化对扶贫攻坚重要性、紧迫性、艰巨性的认识，以时不我待、只争朝夕的精神抓好扶贫开发工作，决不让贫困地区和困难群众在同步小康进程中掉队。要坚定打赢扶贫攻坚战的信心，认真学习借鉴贵州等地在基础设施建设、生态环境保护、农业结构调整和精准扶贫方面的好经验、好做法，坚定消除绝对贫困的决心，增强加快扶贫开发的信心，加快贫困地区脱贫致富奔小康步伐。

（资料来源：《贵州日报》2015年6月24日1版）

汪洋副总理在“国务院扶贫开发领导小组第六次全体会议”上的讲话（摘要）

（2015 年 7 月 25 日）

要认真学习贯彻习近平总书记近期关于扶贫工作的重要指示精神和李克强总理的工作要求，充分认识实施脱贫攻坚战略的极端艰巨性和重要性，围绕精准扶贫精准脱贫，采取超常规政策举措，确保实现脱贫攻坚目标，决不让一个贫困地区、一个困难群众掉队。

十八大以来的扶贫实践证明，精准扶贫基本方略是正确的、可行的，要不断坚持和完善。要按照党中央、国务院有关要求，进一步巩固建档立卡成果，实施贫困人口动态管理，做到真扶贫、扶真贫。要从贫困户实际出发，通过发展产业、易地搬迁、生态保护、教育扶贫、社保兜底等，“一户一策”，实施帮扶。要全面落实扶贫责任，加强对地方各级政府扶贫工作成效考核，发挥驻村工作队的帮扶作用，推进社会力量包干帮扶，加快改变贫困地区面貌。

扶贫工作进入“啃硬骨头”的攻坚阶段，要研究采取更有力、更有效的过硬举措，多渠道加大扶贫投入，加快解决贫困地区基础设施和公共服务瓶颈制约，为贫困群众就业创业、脱贫致富创造有利条件。他强调，今年时间已过半，各地区各有关部门要按照责任分工，对照既定目标任务，查找差距和不足，加大工作力度，保质保量完成全年减贫任务。

（资料来源：中国政府网 2015 年 7 月 25 日）

汪洋副总理
在西藏调研时的讲话（摘要）

（2015年8月13日至15日）

推进西藏扶贫开发，事关全面小康大局，事关民族团结和边疆稳固。要认真贯彻落实党中央、国务院的决策部署，进一步增强责任感、紧迫感，充分发挥政治优势、制度优势，找准路子，强化举措，深入实施精准扶贫，加快农牧区脱贫致富步伐。

实施精准扶贫，最基本的是要搞清楚最贫困的人口在哪里。西藏地广人稀，贫困分散。各级扶贫干部要深入贫困地区特别是边远地区，把贫困人口和贫困状况真正摸清摸透，把扶贫政策送到所有贫困地区、惠及所有贫困人口，做到不漏一村、不漏一户。涉贫问题往往与经济、民族、宗教等问题相互交织，要探索建立重大涉贫事件处置反馈机制，注意从涉贫事件中发现问题，总结教训，完善政策，不断提高扶贫工作水平。

要立足资源优势，加强生态环境保护，发展特色产业，促进贫困群众脱贫致富。要优化农牧业生产结构和布局，加快形成具有区域特色的农牧业主导产品、支柱产业和知名品牌，建设一批特色鲜明、竞争力强的现代农牧业生产基地。要重视挖掘贫困地区自然风光、人文景观、民俗文化，加强旅游基础设施建设，打造高端、精品、特色旅游产品体系。要积极引导和支持贫困人口参与特色产业发展，探索贫困人口以资源、扶贫资金等入股参与现代农牧业、旅游业的开发，让他们从特色产业发展中获得稳定收益，分享发展成果。

（资料来源：新华网2015年8月17日）

汪洋副总理
在"'三西'扶贫开发现场会议"
上的讲话（摘要）

（2015年9月17日至19日）

当前我国扶贫开发进入攻坚阶段，要认真贯彻落实党中央、国务院关于扶贫工作的决策部署，充分发挥政治优势和制度优势，深化精准扶贫、精准脱贫，不断推进改革创新，激发贫困地区和贫困群众发展的内生动力，坚定不移地将扶贫开发推向深入。

要清醒认识当前脱贫攻坚的形势和难度，弘扬和坚持"三西"扶贫开发宝贵经验，完善政策措施，加大工作力度，确保完成扶贫开发目标任务。要深化精准扶贫，不断完善建档立卡工作，让遗漏的、返贫的进来，让已脱贫的退出。因地制宜创造多样化的扶贫路径，推进资产收益扶贫，探索以财政扶贫资金作为农民股金，参股合作社或龙头企业，让懂市场会经营的人带领群众脱贫致富。创新扶贫方式方法，注重用财政扶贫资金撬动信贷资金和社会资金投入扶贫领域，调动各方面力量，形成扶贫合力。用好考核指挥棒，促进扶贫政策措施有效落实，确保取得有质量、可持续、经得起检验的扶贫成果。

（资料来源：中国政府网2015年9月19日）

汪洋副总理
在“全国易地扶贫搬迁工作电视电话会议”上的讲话（摘要）

（2015 年 12 月 1 日）

今后 5 年，对生存条件恶劣的 1000 万贫困人口实施易地扶贫搬迁，是打赢脱贫攻坚战的关键举措。要规划先行，合理确定搬迁规模，区分轻重缓急，有序组织实施。要依据建档立卡数据，精准实施搬迁，搬迁一户，脱贫一户。要尊重农民群众意愿，因地制宜确定安置方式，可以在移民新村、小城镇、乡村旅游区等集中安置，也可以采取插花等方式分散安置，还可以通过进城务工、投亲靠友等自行安置。要与推进城镇化和农业现代化紧密结合，支持搬迁群众发展特色种养产业，加强培训提高搬迁群众就业能力，改善搬迁安置区基础设施和公共服务，确保搬得出、稳得住、有事做、能致富，逐步融入当地社会。要管好用好扶贫搬迁资金，加强对项目实施、资金使用和搬迁成效的监督考核，确保如期完成易地扶贫搬迁任务。

（资料来源：中国政府网 2015 年 12 月 1 日）

汪洋副总理 在“东部地区扶贫工作座谈会”上的讲话（摘要）

（2015年12月7日）

要认真贯彻落实中央扶贫开发工作会议精神，深入学习领会习近平总书记扶贫开发战略思想，进一步增强使命感和责任感，充分发挥政治优势和制度优势，不断提高扶贫开发精准度和有效性，坚决打赢脱贫攻坚战。

东部地区是国家发展的“排头兵”，要以更高标准、更严要求、更实措施，在深化精准脱贫、加快脱贫进度、提高脱贫水平、健全脱贫机制、探索脱贫路子等方面走在前面，为全国脱贫攻坚积累经验。

东西部扶贫协作是打赢脱贫攻坚战的重要举措。东部地区要加大对西部地区的帮扶力度，不断丰富内容、拓宽领域，提高东西部扶贫协作水平。要建立精准对接机制，紧紧围绕建档立卡贫困人口脱贫，增加对口帮扶资金和人才等的投入，实施好经济强县和贫困县“携手奔小康”行动，发挥好市场机制和社会帮扶的作用，加快西部地区贫困群众脱贫步伐。

（资料来源：新华网2015年12月8日）

年度综述篇

2015 年扶贫开发工作综述

2015 年是我国扶贫开发历史上极不平凡的一年。党中央、国务院高度重视扶贫开发工作，把脱贫攻坚上升到事关全面建成小康社会、实现第一个百年奋斗目标的高度，纳入“五位一体”总体布局和“四个全面”战略布局安排部署，全力推进脱贫攻坚重点工作。中共中央总书记习近平先后到云南、陕西、贵州等省调研扶贫工作，主持召开陕甘宁革命老区脱贫致富座谈会、部分省（区、市）扶贫攻坚座谈会、中央财经领导小组会议、中央政治局常委会议、中央政治局会议研究扶贫工作，在中央扶贫开发工作会议上发表重要讲话。国务院总理李克强多次就扶贫开发作出重要指示，在《政府工作报告》中明确千万减贫任务，并将扶贫作为国务院重大决策部署落实情况督促检查的重要内容。中央其他领导同志都对扶贫开发非常关心，开展调查研究，作出明确指示，提出工作要求。召开中央扶贫开发工作会议，印发《中共中央、国务院关于打赢脱贫攻坚战的决定》，对“十三五”脱贫攻坚进行了全面部署，确定了到 2020 年“确保我国现行标准下农村贫困人口实现脱贫，贫困县全部摘帽，解决区域性整体贫困”的总体目标，明确了实现目标的指导思想、基本方略、主要途径、政策举措和保障措施。各地区各部门坚决落实中央决策部署，深入实施精准扶贫、精准脱贫方略，扶贫开发工作呈现新局面。

2015 年，全国减少贫困人口 1442 万人，超额完成千万减贫任务，标志着《中国农村扶贫开发纲要（2011—2020 年）》提出的中期目标顺利实现。“十二五”期间，我国农村贫困人口从 2010 年的 1.66 亿人减少到 2015 年底的 5575 万人，减少了 1 亿多人。贫困县农民人均纯收入从 2010 年的 3273 元，增长到 2015 年的 6828 元，翻了一番多，增长幅度连续 5 年高于全国农村平均水平。贫困地区饮水安全、道路交通、电力保障等基础设施建设目标全面完成，教育、卫生等基本公共服务目标基本完成。

一、健全完善精准扶贫机制。围绕脱贫目标，完善工作机制，用好政策指挥棒。一是加快完善建档立卡工作。动员 200 万余干部开展“回头看”活动，提高数据精准度。基本建成全国扶贫开发信息系统，为精准决策奠定了基础。二是完善干部驻村帮扶机制。23 个省（区、市）制定了驻村工作队指导意见。全国选派驻村工作队

12.8万个，驻村干部48万多人，基本实现了对建档立卡贫困村的全覆盖。全国共向贫困村派驻“第一书记”17万名，其中中央定点扶贫单位派驻311名。三是健全考核机制。研究起草《省级党委和政府扶贫开发工作成效考核办法》，从减贫成效、精准识别、精准帮扶、扶贫资金4个方面对各地脱贫成效进行考核。有16个省（区）制定了对贫困县的考核办法，扶贫考核权重占到60%以上，最高的达到80%。

二、加大财政专项扶贫投入力度。2015年，中央财政安排专项扶贫资金467.5亿元，比2014年增长约8%。各地大幅增加扶贫投入，2015年达到334.5亿元，比2014年增长25%，有力地支持了脱贫攻坚。甘肃省级和片区县按当年地方财政收入增量的20%以上、市级按10%以上、“插花县”按15%以上增列本级专项扶贫资金预算。按照“管总量不管结构、管任务不管项目、管监督不管实施”的原则，统筹使用资金。广西明确自治区和扶贫重点市、县按当年地方财政收入增量20%以上增列专项扶贫预算。

三、实施精准扶贫十项工程。整村推进工程全年共启动实施3.5万个村扶贫规划。职业教育培训工程劳动力培训转移72.4万人。扶贫小额信贷全年金融机构发放1200亿元，有力支持了建档立卡贫困村增收脱贫。召开全国易地扶贫搬迁工作电视电话会议，印发《“十三五”时期易地扶贫搬迁工作方案》，对易地扶贫搬迁工程作出全面部署，全年各地完成了112.5万人的搬迁任务。国务院扶贫开发领导小组办公室（以下简称“国务院扶贫办”，全书同）与苏宁云商集团股份有限公司签署电商扶贫战略合作协议，开展“双百示范行动”，通过电商扶贫带动100多个贫困县的200多万贫困户创业增收。旅游扶贫选择560个建档立卡贫困村作为试点村，按规划积极推进。光伏扶贫工程全国并网发电超过183万千瓦，帮助43万建档立卡贫困户户均年增收3000元。启动构树扶贫工程试点工作，研究编制了《构树扶贫工程指导意见》。组织开展贫困村创业致富带头人培训，启动扶贫龙头企业带动工程。

四、行业扶贫重点工作稳步推进。各牵头部门和参与单位继续做好《关于创新机制扎实推进农村扶贫开发工作的意见》提出的10项重点工作。交通方面，2015年投入交通建设车购税资金1300亿元，实施贫困地区高速公路建设、农村公路畅通工程、“溜索改桥”等工作。安全饮水方面，安排资金解决了1800万农村居民饮水安全问题。农村电力保障方面，安排资金282亿元，支持农村电网改造升级，安排48亿元用于无电地区电力建设，基本解决无电人口用电问题。危房改造方面，安排资金365亿元，支持432万贫困农户改造危房。特色产业增收方面，安排14个连片特困地区农牧业资金250亿元，用于支持种子工程、基层农牧推广体系、动物防疫体系等基本建设项目和良种、农机购置等补贴。

乡村旅游扶贫方面，制定《关于开展贫困村旅游扶贫试点工作的方案》，启动旅游扶贫试点。教育扶贫方面，实施连片特困地区学前教育三年行动计划，支持开展贫困地区义务教育阶段学生营养改善计划，支持贫困地区中等职业学校全日制农村在校生免除学费、提供助学金，对片区农村学生实现全覆盖。继续实施面向贫困地区定向招生专项计划，扩大招生规模，实施区域扩到 832 个国家扶贫开发工作重点县。卫生和计划生育方面，大力支持贫困地区卫生计生机构基础设施建设，继续在贫困地区实施儿童营养改善、新生儿疾病筛查项目。文化建设方面，实施“春雨工程”项目，推动优质文化资源向贫困地区倾斜，印发了《“十三五”时期贫困地区公共文化服务体系建设规划纲要》，对贫困地区公共文化服务体系建设作出部署。贫困村信息化方面，继续实施“村村通工程”和“宽带中国”战略，基本实现片区内已通电行政村互联网全覆盖，20 户以上已通电自然村基本通电话。

五、重点区域脱贫攻坚取得积极进展。一是加快连片特困地区发展。国务院扶贫办与国家发展和改革委员会联合印发《关于加快推进集中连片特殊困难地区重大基础设施项目建设工作的通知》，推动各部门、片区联系单位及各有关省加强相互间沟通协调，及时将重点基础设施和“十项重点工作”项目纳入 2015 年计划，并加快实施。二是推进革命老区脱贫攻坚。召开革命老区开发建设与脱贫攻坚座谈会，印发《关于加大脱贫攻坚力度支持革命老区开发建设的指导意见》，对“十三五”革命老区脱贫攻坚作出部署。商务部、财政部在电子商务示范县中，把 154 个革命老区县纳入其中，重点倾斜。启动中央企业与革命老区百县万村帮扶行动，重点支持改善贫困老区县基础设施，解决 1 万个贫困村的水、电、路等问题，助推革命老区脱贫攻坚。三是加大对民族地区、边疆地区扶贫工作支持力度。2015 年中央财政安排民族八省区专项扶贫资金 200 亿元，比 2014 年增长 8.1%。国家发展和改革委员会、民政部等部门出台支持四川凉山、云南怒江、甘肃临夏三州加快建设小康社会进程的意见。继续安排专项资金实施“兴边富民行动计划”。

六、社会扶贫不断深化。一是拓展东西部扶贫协作。召开东部地区扶贫工作座谈会，对做好东西部扶贫协作工作作出部署。2015 年东部省市共向西部贫困地区提供财政援助资金 13.4 亿元，较 2014 年增长 13%；动员社会力量捐助款物 1 亿元，双方企业开展经贸协作实际投资 3131 亿元；双方领导考察互访 5426 人次，其中省级 62 人次，开展人才交流 1836 人次；举办培训班 403 期，培训各类人员 3.6 万人次，帮助西部地区输出劳务 25.9 万人次，实现劳务收入 49.2 亿元。二是完善定点扶贫机制。召开中央单位定点扶贫工作会议，部署中央单位定点扶贫工作。调整完善定点扶贫结对关系，解决任务畸重畸轻、行业优势发挥不充分等问题。建立由国务院扶贫办、中共中央组织部、中共中央统战部、中央直属机关工委、中央国家机关工作委员会、原中国人民解放军总政治部、教育部、中国人民银行、国务院国有资产监督管理委员会9个部门牵头联系定点扶贫工作的新机制，明确了定点扶贫牵头部门的责任和任务。2015年，各单位共向定点县投入帮扶资金（含物资折款）33.1亿元，帮助引进资金282.4亿元，分别比2014年增加9.3%和29%；举办培训班4485期，培训各类人员12.2万人次，组织劳务输出7万人次；资助贫困学生4.3万人次。三是广泛开展社会动员。各地各部门利用“扶贫日”平台，组织开展多种形式的活动，募集扶贫资金近100亿元。积极搭建社会扶贫服务平台，全国社会扶贫网已进入测试阶段，截至2015年底已收到定向捐赠近3亿元。实施民营企业“万企帮万村”精准扶贫行动，已组织1万余家民营企业与1万多个建档立卡贫困村结对帮扶。

七、积极开展国际减贫交流合作。中国政府与联合国驻华系统发布《中国实施千年发展目标进展情况报告》，全面介绍提前实现消除贫困目标情况和政策措施。推动将消除贫困作为2030年可持续发展议程的首要目标，维护了发展中国家利益。加大中非、中拉减贫交流合作，与南非签署《减贫交流合作谅解备忘录》，与委内瑞拉签署《2015—2017年减贫交流合作工作计划》。稳步推进中国与老挝、缅甸、柬埔寨3国的减贫项目合作。争取世界银行第六期扶贫贷款项目，总投资18亿元人民币，其中世界银行贷款1.5亿美元，支持中国脱贫攻坚事业。

（国务院扶贫办政策法规司）

扶贫改革篇

【全面落实贫困县约束机制】 2015年，各地认真贯彻落实国务院扶贫开发领导小组印发的《关于建立贫困县约束机制的通知》精神，河北、吉林、黑龙江、安徽、福建、湖北、湖南、四川、贵州、云南、陕西、甘肃、新疆13个省（区）出台了相应的实施意见或办法，江西将约束机制落实情况纳入江西省贫困县党政领导班子和领导干部经济社会发展实绩考核试行办法中，山西、内蒙古、辽宁、河南、广东、海南、重庆7个省（区、市）转发通知。根据文件精神，各地对贫困县扶贫工作责任、扶贫开发投入、扶贫资金管理、城乡规划建设、办公用房建设、干部作风等加强了约束监督，有效遏制了穷县富衙、戴帽炫富之风。

（国务院扶贫办政策法规司）

【完善精准扶贫工作机制】 国务院扶贫办围绕一个目标、实现两个确保、完善三个机制、解决四个问题、实现五个一批、做到六个精准，认真落实精准扶贫、精准脱贫方略，按照2015年政府工作报告减少1000万人以上目标任务，分解下达各省（区、市）减贫任务，与28个省（区、市）人民政府签订减贫责任书。制定印发了2015年扶贫开发信息采集工作的通知，明确了信息采集的目标、对象、内容、步骤和基本要求。开展跨部门数据比对工作。向教育部、民政部等6个单位发函衔接数据比对，与住房和城乡建设部、民政部、国家统计局开展了信息共享与对接工作；会同中国残疾人联合会印发了做好残疾人贫困户建档立卡及有关工作事项的通知，开展数据比对，比对出建档立卡残疾人508万人。开展建档立卡“回头看”工作，对2014年建档立卡数据重新比对，剔除识别不准的贫困户，并对数据进行了补录。进一步完善了精准扶贫、精准脱贫工作机制。完善“1+N”政策体系，各地陆续出台含金量高的扶贫政策文件，15个省（区、市）出台了“1+N”系列文件。甘肃省出台了“1+17”配套文件，云南、湖北、贵州充实和拓展“1+N”系列文件，形成了比较完整的政策体系，助力精准扶贫、精准脱贫。

（国务院扶贫办规划财务司）

【健全干部驻村帮扶工作机制】 2015年4月，中共中央组织部、中央农村工作领导小组办公室和国务院扶贫办联合印发《关于做好选派机关优秀干部到村任第一书记工作的通知》，要求从各级机关、国有企业、事业单位选派优秀干部和人员到村任“第一书记”，主要任务是建强基层组织、推动精准扶贫、为民办事服务、提升治理水平，并明确对建档立卡贫困村实现全覆盖，对革命老区、民族地区、边疆地区和灾后恢复重建地区加大选派力度。

2015年10月，国务院扶贫办在安徽省安庆市潜山县召开干部驻村帮扶工作现场会，交流各地干部驻村帮扶工作经验，现场观摩安徽省干部驻村帮扶工作典型做法，研究部署干部驻村帮扶工作。

（国务院扶贫办政策法规司）

专项扶贫篇

（一）主要成效

一、再次超额完成千万减贫任务

2015年《政府工作报告》明确要求，再减少1000万以上贫困人口。为确保此项任务完成，国务院扶贫开发领导小组向各省（区、市）分解下达了具体的减贫任务，国务院扶贫办也与各省（区、市）人民政府签署减贫责任书，要求当年减贫人口与建档立卡贫困人口脱贫挂钩，实现精准脱贫。各地将减贫任务层层分解落实，明确了地方各级党委政府的职责任务。与此同时，中央和地方各级财政普遍加大了投入力度，2015年，中央财政安排专项扶贫资金467.5亿元，比2014年增长约8%。省级投入335亿元，比2014年增长25%以上。相关行业部门安排资金项目继续向贫困地区、贫困群众倾斜，组织实施精准扶贫十项工程，促进贫困群众增收。在各级党委政府和社会各界的共同努力下，2015年全国减少贫困人口1442万人，贫困发生率从2014年的7.2%下降到5.7%，再次超额完成年度减贫1000万以上的任务。2015年任务的完成，标志着《中国农村扶贫开发纲要（2011—2020年）》提出的中期目标顺利实现。“十二五”期间，我国现行标准下农村贫困人口从2010年的1.66亿人，减少到2015年底的5575万，减少了1亿多人。贫困县农民人均纯收入从2010年的3273元，增加到2015年的6828元，翻了一番，增幅连续5年高于全国农村平均水平。贫困地区饮水安全、道路交通、电力保障等基础设施建设目标全面完成，教育、卫生等基本公共服务目标基本完成。

二、全面谋划部署“十三五”脱贫攻坚

根据中央统一部署，国务院扶贫办会同中央农村工作领导小组办公室、中央政策研究室、国务院研究室等部门组织开展了《“十三五”时期实现全面建成小康社会目标存在的“短板”问题及对策》的课题研究，以建档立卡数据为基础，总结扶贫开发取得的成就和经验，分析面临的主要困难和问题，提出“十三五”期间扶贫开发的目标任务和政策建议。11月底，中共中央、国务院印发《关于打赢脱贫攻坚战的决定》，召开中央扶贫开发工作会议，对“十三五”脱贫攻坚进行了全面部署，确定了到2020年“确保我国现行标准下农村贫困人口实现脱贫，贫困县全部摘帽，解决区域性整体贫困”的目标，明确了实现目

标的指导思想、基本方略、主要途径、政策举措和保障措施。

三、持续健全精准扶贫机制

一是夯实精准扶贫基础工作。把加强农村基层党建工作同脱贫攻坚结合起来，充分发挥农村基层党组织在脱贫攻坚中的战斗堡垒作用。加快完善建档立卡工作，开展“回头看”活动，进一步提高了认定扶贫对象的精准度。基本建成全国扶贫开发信息系统，为精准决策奠定了基础。完善干部驻村帮扶机制，23 个省（区、市）制定了驻村工作队指导意见。全国选派驻村工作队 12.8 万个，驻村干部 48 万多人，基本实现了对建档立卡贫困村的全覆盖。二是健全考核机制。中共中央组织部和国务院扶贫办研究起草了中央对省级党委政府扶贫开发工作成效考核办法。指导地方加强对贫困县考核，已经有 14 个省（区）制定了对贫困县党政领导班子和领导干部经济社会发展实绩考核办法，扶贫考核权重占到 60%以上，最高的达到 80%。三是建立贫困退出机制。为规范贫困退出的标准和程序，国务院扶贫办会同有关部门研究起草了《关于建立贫困退出机制的意见》，对贫困人口、贫困村和贫困县退出作出明确安排和规定。四是研究制定脱贫成效评估机制。国务院扶贫办会同有关部门启动了制定脱贫成效评估机制工作，并研究提出实行多党合作脱贫攻坚行动和委托科研机构、社会组织开展第三方评估的意见。

四、不断创新精准扶贫方式

一是帮扶方式从“大水漫灌”开始到“精准滴灌”。全国扶贫开发信息系统建立后，贫困识别、帮扶措施精准度提高，并初步实现了行业部门信息共享，有效引导了各方面资源向贫困人口聚焦。二是资金项目审批使用权限从以省为主到以县为主。扶贫资金项目管理使用权限绝大多数已经下放到县，县级统筹能力进一步增强。三是贫困人口增收从发展产业为主拓展为更多渠道。推进龙头企业带动、建立多种利益联结方式，对贫困人口的辐射带动效应进一步增强。探索将国家投入资金支持合作社，折股到贫困户享受分红的扶贫方式。

五、扎实推进精准扶贫十项工程

整村推进工程全年共启动实施 3.5 万个村扶贫规划。职业教育培训工程劳动力培训转移 72.4 万人。金融机构全年发放扶贫小额信贷 1200 亿元，有力支持了建档立卡贫困人口增收脱贫。国家发展和改革委员会、国务院扶贫办等 5 部门印发《“十三五”时期易地扶贫搬迁工作方案》，对易地扶贫搬迁工程作出全面部署。全年共完成搬迁 100 万人以上。国务院扶贫办与苏宁云商集团股份有限公司签署电商扶贫战略合作协议，开展“双百示范行动”，通过电商扶贫带动 100 多个贫困县的 200 多万贫困户创业增收。旅游扶贫选择 560 个建档立卡贫困村作为试点村，按规划积极推进。光伏扶贫工程全国并网发电超过183万千瓦，帮助43万建档立卡贫困户户均年增收3000元。启动构树扶贫工程试点工作。贫困村创业致富带头人培训工程全面启动，举办贫困村创业致富带头人培训班4期，培训致富带头人400人。启动扶贫龙头企业带动工程。

六、合力强化重点区域脱贫攻坚

一是加快连片特困地区发展。国家发展和改革委员会、国务院扶贫办印发《关于加快推进集中连片特殊困难地区重大基础设施项目建设工作的通知》，推动各部门、片区联系单位及各有关省加强相互间沟通协调，及时将重点基础设施和“十项重点工作”项目纳入2015年计划并加快实施。将各省（区、市）、各部门拟开展的项目清单在各省和各片区联系单位间进行了衔接，推动项目尽早落地。交通运输部组织召开六盘山片区扶贫攻坚部省协调推进会。国家民族事务委员会协调配合有关部门推进武陵山片区交通、能源、水利重大基础设施和民生项目，与国家旅游局、国家开发银行等单位及4省（市）签署协议，推动开发性金融和旅游扶贫。民政部、科技部与国家铁路局、住房和城乡建设部、交通运输部、水利部、国家林业局、中国铁路总公司等片区联系单位组织召开片区会议，推进片区规划实施。二是推进革命老区脱贫攻坚。召开全国革命老区开发建设与脱贫攻坚座谈会。中共中央办公厅、国务院办公厅印发《关于加大脱贫攻坚力度支持革命老区开发建设的指导意见》，对“十三五”革命老区开发建设与脱贫攻坚作出部署。商务部、财政部在组织电子商务示范县中，把154个革命老区县和89个贫困县纳入其中，积极予以扶持。交通运输部把革命老区、少数民族地区和边境县全部纳入《“十三五”交通扶贫规划》，不断强化支持。组织有关中央企业在108个贫困革命老区县增加基础设施帮扶资金，帮助解决当地贫困村缺路、缺水、缺电等突出问题，助推革命老区脱贫攻坚。三是加大对民族地区、边疆地区扶贫工作支持力度。2015年，中央财政安排民族八省区专项扶贫资金200亿元，比2014年增长8.1%。国家民族事务委员会会同中共中央组织部、中共中央统一战线工作部选派537名少数民族地区干部到东部发达地区以及中央和国家机关部委、国有重要骨干企业挂职锻炼。国家发展和改革委员会、国家民族事务委员会等部门出台支持四川省凉山彝族自治州、云南省怒江傈僳族自治州、甘肃省临夏回族自治州3州加快建设小康社会进程的意见。继续安排专项资金实施兴边富民行动计划。

七、社会扶贫不断深化

一是深入开展“扶贫日”活动。10月16日，国务院扶贫开发领导小组举办了“2015减贫与发展高层论坛”。各成员单位积极响应，广泛开展了各类扶贫济困、调研考察和宣传表彰活动。其中，教育部在20个省（区、市）同步启动教育扶贫全覆盖行动，工业和信息化部协调中国电信集团公司、中国移动通信集团公司、中国联合网络通信集团有限公司3家电信运营企业推送扶贫公益短信3.1亿条，国家卫生和计划生育委员会举行健康暖心扶贫基金捐赠募集资金1亿元，原解放军总政治部（现为中共中央军事委员会政治工作部，下同）组织官兵到35个国家扶贫开发工作重点县开展定点扶贫、集团帮扶、老区开发等工作，农业部、商务部、国务院国有资产监督管理委员会、中国银行业监督管理委员会发出倡议网购贫困地区农副产品并动员企业积极参与扶贫，为贫困县开展捐赠和金融培训活动。中国人民银行牵头举办扶贫开发金融服务论坛，就"发展普惠金融实施精准扶贫"进行深入探讨。"扶贫日"系列活动，彰显了中国人民战胜贫困的决心，宣传了中国特色扶贫开发道路，进一步动员社会各方面积极参与扶贫事业，凝聚起国际社会的减贫共识。二是完善定点扶贫机制。召开中央单位定点扶贫工作会议，调整完善定点扶贫结对关系，部署中央单位定点扶贫工作。建立了由国务院扶贫办、中共中央组织部、中共中央统一战线工作部、中共中央直属机关工作委员会、中共中央国家机关工作委员会、原解放军总政治部、教育部、中国人民银行、国务院国有资产监督管理委员会9个部门牵头联系定点扶贫工作的新机制，明确了定点扶贫牵头部门的责任和任务。2015年，各单位共向定点县投入帮扶资金（含物资折款）33.1亿元，帮助引进资金282.4亿元，分别比2014年增加9.3%和29%。举办培训班4485期，培训各类人员12.2万人次，组织劳务输出7万人次。资助贫困学生4.3万人次。三是拓展东西部扶贫协作。召开东部地区扶贫工作会议，对做好东西部扶贫协作工作作出部署。2015年，东部省（市）共向西部贫困地区提供财政援助资金14.5亿元，比2014年增长8.5%；动员社会力量捐助款物7500万元，实施援助项目1424个，受益建档立卡贫困人口50.4万人，双方企业开展经贸协作实际投资2103亿元；双方人员考察互访5396人次，其中省级65人次，开展人才交流2063人次；举办培训班409期，培训各类人员3.1万人次，帮助西部地区劳务输出43.2万人次，实现劳务收入173.8亿元。四是广泛开展社会动员。各地各部门利用"扶贫日"平台，组织开展了多种形式的活动，募集扶贫资金近100亿元。积极搭建社会扶贫服务平台，"1017扶贫基金"建立并投入运营，到2015年底已收到定向捐赠近3亿元。实施"万企帮万村"精准扶贫行动，到2015年底有1万余家民营企业参与行动。国务院国有资产监督管理委员会、民政部在63个中央企业定点扶贫县启动了"同舟工程——中央企业参与'救急难'行动"，充分发挥中央企业在社会救助工作中的补充作用。

八、扶贫宣传形成浓厚氛围

在中共中央宣传部的大力支持下，扶贫宣传工作紧跟重要会议、重大事件、关键时间节点，不断扩大影响力。在中央新闻单位的引领带动下，各级各地各类媒体围绕习近平总书记扶贫重要活动和“2015减贫与发展高层论坛”、中央扶贫开发工作会议、《中共中央、国务院关于打赢脱贫攻坚战的决定》出台等重大事件，开设脱贫攻坚专栏，发布重要信息，引导舆论热点，权威解读文件，全面宣传政策，报到先进典型，传播攻坚拔寨的“扶贫精神”，获得良好社会反响。2015年，共推出扶贫报道3万多条，是2014年的近5倍。与此同时，脱贫攻坚工作自觉接受舆论监督，对涉贫舆情信息及时跟进，核查情况，依纪依规处理，并及时公布。全国范围扶贫宣传数量大幅增长，质量明显提高，“精准扶贫”、“脱贫攻坚”成为媒体热词，脱贫攻坚的氛围空前浓厚。

九、积极开展国际减贫交流合作

成功举办中非合作论坛减贫与发展分论坛和第九届中国东盟社会发展与减贫论坛。加大中非、中拉减贫交流合作，与南非签署《减贫交流合作谅解备忘录》，与委内瑞拉签署《2015—2017年减贫交流合作工作计划》。稳步推进老挝、缅甸、柬埔寨3国的减贫项目合作。争取世界银行第六期扶贫贷款项目，总投资18亿元人民币，其中世行贷款1.5亿美元。

（国务院扶贫办行政人事司）

（二）重点工作

【职业教育培训】 出台促进贫困家庭子女接受职业教育的特惠措施。与教育部、人力资源和社会保障部联合印发《关于加强雨露计划支持农村贫困家庭新成长劳动力接受职业教育的意见》，为建档立卡贫困户家庭“两后生”接受职业教育提供每年3000元左右扶贫助学补助。这项特惠政策，自2015年下半年开始实施以来，已惠及中西部50万户建档立卡贫困家庭。内蒙古、河南等9个省（区、市）执行了补助3000元的标准；山西、江西2个省执行了补助2000元的标准，黑龙江、湖南等5个省执行了补助1500元的标准，河北、吉林等4个省根据情况补贴自主决定。

推动东西部职教协作。一是深化广东、广西两省（区）对口帮扶职业教育协作试点。广东、广西各为每个贫困学生补助3000元，共6000元，输送了1979名学生。广西建档立卡贫困家庭子女到广东优质职业院校接受职业教育，在大型企业参加定岗实习，毕业后在广东实现稳定就业、稳定脱贫。二是推动贵州职教直通车试点。东部8个对口帮扶贵州的经济发达市，将职业教育帮扶工作纳入东西帮扶的重要内容，与贵州的对口帮扶市签订了职教直通车帮扶协议，开展定向招生培训、实习就业、合作办学、名师支教、教师轮训等多种方式的对口帮扶活动。1000名贵州贫困家庭子女报名参加了东部对口帮扶市的职业院校。

（国务院扶贫办开发指导司）

【扶贫小额信贷】 完善扶贫小额信贷工作机制。重点在贫困户授信评级、精准获贷、比对制度等环节，完善办法、建立机制。一是建立了扶贫小额信贷月统计、季通报的制度，与中国人民银行征信管理局协商，探讨建立贫困户获贷数据比对的实现路径。二是发挥中华全国妇女联合会在贫困村的组织优势，推动中华全国妇女联合会提出将“妇女小额贷款”的政策支持与扶贫小额信贷的特惠政策进行组合的意见。三是推广湖南省麻阳苗族自治县创新评级授信、尽量放宽门槛的经验，先后2次召集22个省（区、市）扶贫办分管领导和处室负责人共200余人赴麻阳苗族自治县进村入户、学习取经。推广宁夏回族自治区盐池县变贫困村互助资金为风险补偿金，直接向贫困户发放信用卡的做法，召集16个省（区、市）扶贫办处室副主任共

160余人学习观摩。截至2015年12月底，各类金融机构2015年共发放扶贫小额信贷1200亿元，共安排贴息资金60亿元，支持贫困村农户283万户。

（国务院扶贫办开发指导司）

【易地扶贫搬迁】 2015年，国家发展和改革委员会（以下简称“发展改革委”）、国务院扶贫办认真贯彻落实党中央、国务院安排部署，加大投入力度，强化督促检查，加快推动年度项目实施，会同有关部门全力推进“十三五”时期易地扶贫搬迁方案制定、规划编制、制度建设等工作。

（一）扎实推进2015年度项目实施。紧紧围绕贫困群众“搬得出、稳得住、能发展、可致富”的总体要求，进一步加大中央预算内投资支持力度，指导地方科学规划，合理确定安置地点和方式，落实项目监管主体责任，切实加强项目组织和监督检查，推动年度项目有序有力实施。2015年，发展改革委下达中央预算内投资55亿元，搬迁居住在生存环境恶劣、“一方水土养不起一方人”地区的贫困人口91.65万人。

（二）研究制定“十三五”时期易地扶贫搬迁工作方案并召开动员会议。发展改革委、国务院扶贫办等5部门联合印发《“十三五”时期易地扶贫搬迁工作方案》（以下简称“《工作方案》”）。《工作方案》以改革创新为主线，明确了“十三五”时期的工作思路、搬迁任务、建设标准、筹资安排、职责分工、工作步骤等，是指导未来五年全国易地扶贫搬迁工作的基本遵循。为动员部署新时期易地扶贫搬迁工作，12月1日，国务院召开全国易地扶贫搬迁工作电视电话会议安排部署工作。

（三）组织开展“十三五”工程实施各项基础工作。一是指导地方编制“十三五”实施方案和2016年年度计划。为贯彻落实全国易地扶贫搬迁工作电视电话会议精神，根据《工作方案》要求，2015年12月24日，发展改革委召开“十三五”易地扶贫搬迁工作交流会，向有搬迁任务的省份解读政策要点，并对编制“十三五”易地扶贫搬迁工作实施方案和2016年年度计划工作提出具体要求，会同国务院扶贫办指导地方结合实际开展“十三五”实施方案和2016年年度计划编制工作，明确未来五年和2016年的搬迁规模、建设任务、投资来源、承贷规模等。二是启动编制全国和省级“十三五”规划。发展改革委会同国务院扶贫办起草上报《全国易地扶贫搬迁“十三五”规划编制工作方案》，明确了规划编制工作任务、主要内容、进度安排和工作要求等。组织各地启动编制易地扶贫搬迁“十三五”规划，明确规划大纲及时间节点要求，指导地方细化实化搬迁对象规模及分布、安置方式、建设任务、资金来源、支持政策、保障措施等。

（四）指导地方组建省级投融资主体并做好资金承接工作。指导各地采取新设立或改造原有投融资公司方式，组建易地扶贫搬迁省级投融资主体，负责承接专项建设基金、地方政府债券资金和银行长期信贷资金。2015 年底，一次性切块下达 500 亿元专项建设基金分省控制规模，并积极督促两行将专项建设基金注入 22 个省级投融资主体。同时，指导各地进一步理顺省级投融资主体与市（县）项目实施主体的关系，构建顺畅高效的操作流程，承接并统筹用好专项建设基金、地方政府债券和银行长期贷款等各渠道资金。

2015 年度项目实施取得了良好的效益，在经济、社会和生态效益方面：通过科学规划、合理选址，加强安置区水、电、路等基础设施和教育、卫生、医疗等社会公共服务建设，大幅改善了贫困群众生产生活条件。通过帮助贫困群众发展种植业和养殖业，引导搬迁群众外出务工，直接增加了搬迁农户劳务收入，加快了贫困农户脱贫致富步伐。通过实施易地扶贫搬迁工程，使贫困群众从“越穷越垦、越垦越穷”的恶性循环中解放出来，缓解了人口与资源的矛盾。同时，结合实施退耕还林、天然林保护等生态工程，有效改善了迁出区生态环境，实现了脱贫致富与生态建设的“双赢”。完成了“十三五”时期易地扶贫搬迁政策顶层设计。通过制定出台《工作方案》，明确了“十三五”时期易地扶贫搬迁工作的总体要求、搬迁对象与安置方式、建设内容与补助标准、资金筹措、职责分工、政策保障等，为各地组织开展新一轮易地扶贫搬迁工程提供了行动守则和工作指南。进一步强化了对建档立卡贫困人口的精准扶持，创新了投融资方式，拓宽了工程建设投资来源渠道，为工程顺利实施提供了强有力资金保障。

（国家发展和改革委员会　狄　湘）

【电商扶贫】　一、中央对电商扶贫工作作出总体部署。2015 年 11 月，《中共中央、国务院关于打赢脱贫攻坚战的决定》专门就电商扶贫做出明确部署：“加大‘互联网+’扶贫力度。完善电信普遍服务补偿机制，加快推进宽带网络覆盖贫困村。实施电商扶贫工程。加快贫困地区物流配送体系建设，支持邮政、供销合作等系统在贫困乡村建立服务网点。支持电商企业拓展农村业务，加强贫困地区农产品网上销售平台建设。加强贫困地区农村电商人才培训。对贫困家庭开设网店给予网络资费补助、小额信贷等支持。开展互联网为农便民服务，提升贫困地区农村互联网金融服务水平，扩大信息进村入户覆盖面。”随后印发的《贯彻实施〈中共中央、国务院关于打赢脱贫攻坚战的决定〉重要政策措施分工方案》，明确电商扶贫工作由国务院扶贫办牵头，国家发展和改革委员会、商务部、交通运输部、工业和信息化部、财政部、农业部、中国人民银行、中国银行业监督管理委员会、中国共产主义青年团中央委员会、中华全国妇女联合会、中国残疾人联合会、中国邮政集团公司、中华全国供销合作总社等单位参与。

二、国务院扶贫办推动电商扶贫工作。国务院扶贫办将电商扶贫作为精准扶贫精准脱贫的新模式新业态，摆在重要位置强力推动，并将电商扶贫列入“精准扶贫十大工程”之一。2015 年 1 月，批复地处秦巴山片区的甘肃省陇南市为全国电商扶贫工程试点市。2015 年 5 月，国务院扶贫办召开新闻发布会，宣布在甘肃省陇南市启动电商扶贫试点。陇南市不断加强对电商扶贫工作的行政推动，采取多种形式，促进电子商务与精准脱贫深度融合，探索出贫困农户创业型、能人大户引领型、龙头企业带动型、乡村干部服务型等电商精准扶贫网点建设模式，尤其是“一店带多户”、“一店带一村”的精准带贫机制取得了显著效果。陇南市开办网店 9000 多家，实现农产品网络销售 39 亿元，其中 750 个贫困村开办网店 800 多家，网店销售额 3.2 亿元，带动贫困人口 15 万余人；带动就业 5.5 万人，其中贫困户 1.3 万人；开展电商培训 12.4 万人次，其中贫困人口 3.8 万人次，电商扶贫试点成效显著，缩小了收入差距。

国务院扶贫办注重发挥社会电商平台企业的作用，先后与苏宁云商集团股份有限公司、北京京东世纪贸易有限公司签署电商精准扶贫战略合作框架协议，实施电商扶贫示范试点，覆盖 300 个以上的国家扶贫开发工作重点县。2015 年 9 月，国务院扶贫办与苏宁云商集团股份有限公司签署全国农村电商扶贫战略合作协议，在 100 多个贫困县开展“双百示范行动”。10 月，国务院扶贫办举办“2015 减贫与发展高层论坛”电商扶贫论坛，邀请相关电商平台、专家就电商扶贫问题展开专门研讨，进一步凝聚了共识。

三、国家电子商务进农村综合示范项目重点向贫困地区倾斜。自 2014 年起，国家开展电子商务进农村综合示范工作，并对贫困落后地区给予重点倾斜，列入电子商务进农村综合示范县的每县可获得 2000 万元财政支持，用于解决政策扶持、网络基础建设、农村物流体系、信息进村入户、专业人才缺乏等“最后一公里”问题。2014—2015 年，中央财政累计安排 48 亿元，支持 256 个县开展电子商务进农村综合示范工作，其中贫困县 103 个，占 40%；老区县 154 个，占 77%。财政部、商务部和国务院扶贫办达成共识，继续支持电子商务进农村综合示范工作并向贫困地区倾斜，争取用 3—4 年时间对有条件的贫困县实现全覆盖。

四、各地因地制宜实施电商扶贫工程。在国务院扶贫办积极推动电商扶贫的进程中，各地方政府从实际出发，纷纷与电商平台签约，推动农村电商及电商扶贫试点。2015 年 12 月，江西省扶贫和移民办公室、商务厅和中国邮政集团公司江西省分公司联合组织实施电商脱贫工程，规划到 2016 年实现县级电商运营服务中心、乡镇级电商服务中心全覆盖，2017 年实现贫困村村级电商服务站全覆盖。江西以建立扶贫爱心邮路，打破物流瓶颈，畅通农产品上下行渠道为前提，推动打造“一村一品”特色农产品，指导升级成立产业合作社，通过合作社对接贫困户，与贫困户签订电商帮扶协议，建立电商帮扶台账，带动贫困群众通过创业增收、销售增收、分红增收、劳务增收、产业增收、旅游增收等多渠道增收脱贫。江西省已建立县级电商运营服务中心43个、仓储配送中心37个；建立村级电商服务站2127个（其中，电商脱贫站点858个），覆盖贫困户约4.25万户；上线农副产品1800余款，带动农产品销售270.12万笔，销售额达5647.62万元。

（国务院扶贫办国际合作和社会扶贫司）

【乡村旅游扶贫】 一是根据《关于开展贫困村旅游扶贫试点工作方案》，对国家发展和改革委员会、国家旅游局确定的6130个乡村旅游富民工程重点村与国务院扶贫办建档立卡信息系统逐一比对核实，与国家旅游局共同确定560个试点村，联合印发《关于启动2015年贫困村旅游扶贫试点工作的通知》。

二是开展实地调研和案例工作。实地调研了四川、安徽、海南等省乡村旅游扶贫工程的进展情况。收集整理了28个省和新疆生产建设兵团共67篇典型案例，并编印成册。2015年6月，在四川省成都市召开乡村旅游扶贫工程现场会。

三是开展监测工作。对试点村参与试点项目建档立卡户数和人数、投入资金情况、试点实施前后效果等内容进行统计监测。收集汇总了各省2015年乡村旅游扶贫工程试点工作情况，并编印成册。

（中国扶贫发展中心）

【光伏扶贫】 国务院扶贫办高度重视光伏扶贫工作，国务院扶贫办主任刘永富、副主任欧青平带队赴河北、安徽、内蒙古、山西等试点省（区）调研。截至2015年底，已完成试点建设总规模1800兆瓦，总投资约165亿元，年均收益22.6亿元。帮助包括8.8万户失能贫困户在内的43万建档立卡贫困户，户均年增收3000元以上，956个建档立卡贫困村无集体收入的问题得到解决。2015年光伏扶贫试点工作总结出了以安徽省金寨县为代表的户用系统建设模式，以山西省临汾、大同两市的5个县为代表的村级电站建设模式，以河北省平泉县为代表的光伏+农业设施大棚建设模式，以青海省为代表的大型地面集中电站建设模式。

（国务院扶贫办开发指导司）

【构树扶贫】 2015年2月，国务院扶贫办印发《关于开展构树扶贫工程试点工作的通知》，支持山西、内蒙古、安徽、河南、广西、重庆、四川、贵州、甘肃、宁夏10省（区、市）31个县组织开展试点。通过发展杂交构树产业，带动建档立卡贫困户增收，促进贫困地区畜牧业发展。9月，在贵州省务川仡佬族苗族自治县召开了构树扶贫工程推进会，为进一步推广构树扶贫奠定了基础。截至2015年底，各试点省上报共种植杂交构树1.67万亩，直接参与的建档立卡贫困户约2000户、6000多人。

（中国扶贫发展中心）

【贫困村创业致富带头人培训】 继续推动闽甘、闽宁贫困村创业致富带头人培训试点，完善“1+11”模式，对贫困村创业致富带头人开展了三期共300人、各为期1个月的集中培训，安排志愿者导师进行11个月的持续帮扶与指导。当地扶贫部门给予扶贫创业的政策支持。启动粤桂试点，广西壮族自治区上林县100位学员到广东省佛山南海职业学校参加培训，培训以生态池塘养鱼项目为导向，致富带头人跟着项目走，穷人跟着带头人走，创业致富与脱贫增收同步推进，创新了“1+11”的培训模式。

（国务院扶贫办开发指导司）

【金融扶贫】 启动金融扶贫行动。中央扶贫开发工作会议后，国家发展和改革委员会会同中国人民银行提出了开展金融扶贫行动的实施意见，于2015年12月16日召开了全国金融助推脱贫攻坚电视电话会议，启动了金融扶贫行动。

协调出台扶贫再贷款政策。国务院扶贫办与中国人民银行就扶贫再贷款的政策框架、扶贫再贷款政策操作细节进行多次协商，目前已形成扶贫再贷款管理办法，对扶持对象、承办主体、期限设置、贷款利率、风险补偿等做出了明确规定。这是继扶贫小额信贷之后的又一项特惠措施，为“发展产业脱贫一批”提供了有力的金融政策支撑。

强化与扶贫政策性银行合作。国务院扶贫办与中国农业发展银行、中国邮政储蓄银行签署金融扶贫合作协议。继续做好与已签署协议的国家开发银行、中国进出口银行、中国农业银行的金融扶贫合作。与中国农业发展银行、中国邮政储蓄银行相关部门负责人对旅游扶贫、光伏扶贫、扶贫小额信贷等项目开展专项调研；推动中国农业发展银行、中国邮政储蓄银行的扶贫事业部分别提出了易地扶贫搬迁贷款管理办法、光伏扶贫贷款管理办法；与国家开发银行合作开展政策性银行建立精准扶贫台账制度、国有企业出资建立扶贫产业基金的课题研究；与中国农业发展银行联合启动了广西壮族自治区百色市政策性金融扶贫实验示范区建设项目。中国农业发展银行、中国邮政储蓄银行对易地扶贫搬迁给予了1000亿元的政策性扶贫贷款支持。

推动扶贫攻坚投融资平台建设。为了承接金融债和政策性金融贷款支持扶贫攻坚，召集11个省（区）研究推动扶贫攻坚投融资主体建设的办法和路径。重点选择扶贫搬迁任务比较重的几个省（区）推动工作。有扶贫开发任务的省（区、市）均陆续成立了省级扶贫攻坚投融资平台，或拟由现有的投融资平台承担扶贫开发投融资平台业务。

（国务院扶贫办开发指导司）

【产业扶贫】 谋划旅游扶贫发展思路。按精准扶贫精准脱贫的要求，进一步完善贫困村旅游扶贫发展思路。国务院扶贫办在安徽省召开的“全国乡村旅游提升暨旅游扶贫推进工作会议”上，针对“扶富不扶穷，景点不带村”等问题，提出了贫困村旅游扶贫必须走景区景点带动贫困村致富，能人大户带动贫困户脱贫的路子。国务院扶贫办与国家旅游局领导共同成立工作小组，对全国4A、5A景区运营状况及周边建档立卡贫困村、贫困户情况开展摸底调查。对重庆市武隆县乡村旅游扶贫、河北省涞水景区带动等做法进行了调研，形成10个经典案例，并将其编入《资产收益报告》。

推动行业部门落实精准扶贫方略。积极与农业部、林业部、水利部、气象局沟通，发挥行业部门优势，实施精准扶贫。与农业部加强合作，形成了《特色产业精准扶贫工作方案》，在河北省阜平县联合召开特色产业精准扶贫工作座谈会，研究《规划编制指导意见》。积极开展林业扶贫，与林业局、财政部、国家开发银行联合出台了《关于整合和统筹资金支持贫困地区油茶核桃等木本油料产业发展的指导意见》，推动资金整合与资产收益扶贫相结合，通过资产收益扶贫的形式提高建档立卡贫困户在产业发展中的参与度和受益度。主动对接水利部水电局，合作开展小水电资源资产收益扶贫，完成对832个国家扶贫开发工作重点县小水电资源的摸排工作，初步形成了《“十三五”全国农村水电扶贫工程规划》。与气象局合作，形成了《关于联合开展气象扶贫攻坚专项行动工作方案》，建立气候相似库，选择部分贫困县引进试种国外气候相似地区的高附加值新品种。

探索资产收益扶贫新模式。一是对18个省（区、市）上报的70个案例进行分析归类，提出资源开发占用贫困村土地作价入股、固定资产作价给村集体、贫困户土地经营权入股、扶贫资金入股项目、贫困户贷款入股5种使贫困户获得资产收益的办法。编印了资产收益扶贫典型案例报告和案例集，印发给各省（区、市），引导各地探索创新资产收益的办法和途径。二是国务院扶贫办、财政部开展资产扶贫试点工作，安排3.9亿元中央财政扶贫资金，在江西、湖南、四川、贵州、甘肃5个省开展资产收益扶贫试点。试点围绕猕猴桃、生猪、蛋鸡、旅游、光伏等产业，探索资金折股量化到户的多种形式和途径，稳定增加贫困人口收入。三是先后两次组织召开了资产收益扶贫研讨会和资产收益扶贫论坛，对资产收益扶贫新的经验和做法进行交流。28个省（区、市）在推进产业扶贫的过程中，均选择了一批项目开展资产收益扶贫的试点。

（国务院扶贫办开发指导司）

【革命老区建设】 为支持革命老区建设，2015年中央专项彩票公益金共投入9亿元，在贫困革命老区县以及贫困的苏区和沂蒙革命老区县实施小型公益设施建设项目，项目覆盖19个省（区、市）92个县。项目内容包括三方面：一是交通设施建设。投入资金75180.79万元，新建或整治村组道路1781.05千米，生产路或机耕道659.83千米，联户路236.75千米。二是水利设施建设。投入资金10841.38万元，建设集中供水点78处，灌溉蓄水池67口，塘坝414口，灌溉渠345.14千米。三是环境改善项目建设。投入资金3977.83万元，建设垃圾收集点、污水处理点1处，村内公共厕所127处。

彩票公益金扶贫项目自始至终坚持精准定位，精准选项，瞄准贫困农户最急迫的现实需求，受到项目区群众广泛欢迎。通过项目实施，解决了村内行路难问题和饮水灌溉难问题，改善了村容村貌，方便了农户生活。项目实施始终坚持群众参与，调动了干部群众的积极性和主动性，增强了干群之间理解信任，提高了贫困群众自我发展动力。

（中国扶贫发展中心）

【贫困地区干部培训】 2015年，国务院扶贫办共开展国内干部培训33期，培训3392人次。开展国际培训2期，共培训50人。组织开展“创新扶贫开发体制机制党政领导专题研究班”。与中共中央组织部、财政部联合印发《2014—2017年扶贫干部培训规划》，规划的印发达到了造声势、明思路、保地位的作用，为各省培训提供政策支持，提高了全国扶贫系统干部培训的规范化、科学化水平。在规划印发后大部分省已转发规划，17个省制定了本省的培训规划。针对2013年、2014年、2015年干部培训的开展情况，国务院扶贫办邀请第三方专家进行培训绩效评估，评价等级为A级。建立干部培训评估指标体系，为培训评估工作打下基础。与吉首大学合作出版《驻村帮扶实务参考》一书。

（国务院扶贫办行政人事司）

【扶贫资金投入】 2015年，中央和各省深入贯彻落实《国务院扶贫开发领导小组关于改革财政专项扶贫资金管理机制的意见》文件精神，进一步加强扶贫资金管理，加快资金拨付，推进项目审批权限下放，着力提高资金使用精准度，探索资金整合方式，扶贫资金管理使用改革取得新的进展。

资金投入情况。2015年，中央、省级财政专项扶贫资金共计802亿元，比2014年增加102亿元，增长14.6%。其中：中央安排467.5亿元，增加34.6亿元，增幅为8%；省级安排334.5亿元，增加67.4亿元，增幅25.3%。

据各省上报数统计，2015年中央、省级投入到连片特困地区和重点县的扶贫资金总量为521亿元，约占上报资金投入总量的69%（用于14个连片特困地区435亿元，占58%）。其中，中央财政专项扶贫资金投入片区县和重点县371亿元，占上报中央投入总量的81%（用于14个连片特困地区318亿元，占69%）。

资金使用情况。各地结合实际，紧紧围绕贫困人口脱贫增收，因地制宜，探索多渠道、多样化的精准扶贫、精准脱贫路径和扶贫资金瞄准建档立卡贫困户的有效形式，把扶贫资金使用与建档立卡结果相衔接，切实使扶贫资金直接惠及扶贫对象。在资金投入方面，增强资金使用精准度。通过直接补助、资产收益扶贫、信贷支持和龙头企业、合作社等经营组织带动，以及开展职业教育培训、扶贫小额贷款贴息等方式支持产业发展，促进能力建设，改善住房条件等措施，加大对建档立卡贫困户的支持。据各省 2015 年底上报数据，中央财政专项扶贫资金（发展资金）用于扶持到户比例达到 77%。同时支持开展精准扶贫措施。围绕培育特色优势产业和提高发展能力，积极支持开展整村推进、易地扶贫搬迁、能力建设和扶贫小额扶贫等十项精准扶贫工作。据不完全统计，中央和省共上报 678 亿元资金投向（其中中央上报 403 亿元），中央和省共安排资金 466 亿元，占 69%。其中，占比较大的为整村推进，安排资金 281 亿元，占 41%；易地扶贫搬迁工程 88 亿元，占 13%；用于扶贫小额信贷 39 亿元，占 6%；用于能力建设 22 亿元，占 3.2%。其中，中央财政专项扶贫资金用于以上十项工作的资金为 277 亿元，占上报中央投入总量的 69%。资金投入过程中注重发展产业与改善基本生产生活条件。各地加大对优势特色产业扶持力度，中央和省级资金中直接用于产业发展的资金为 318 亿元，约占上报总投入的 46%，比 2014 年高 2 个百分点。用于农田水利、村级道路、人畜饮水、沼气等能源项目、危房或住房改造项目等改善贫困村基本生产生活条件的基础设施项目资金 277 亿元，约占总投入的 40%，比 2014 年下降 5 个百分点。其中，中央财政专项扶贫资金用于以上两方面的资金分别为 206 亿元和 178 亿元，占上报中央投入总量的 48% 和 41%，基本与 2014 年持平。创新资金使用机制。指导各地按照精准扶贫精准脱贫基本方略，把专项扶贫资金、与减贫关系密切的涉农资金和社会帮扶资金捆绑使用，以片区重点工程、重点扶贫项目为平台，在省级或县级整合资金，集中用于扶贫攻坚。安排试点资金 10 亿元，探索以扶贫攻坚规划和重大扶贫项目为平台，整合相关涉农资金，集中力量解决突出贫困问题。安排资产收益扶贫试点资金 6 亿元，开展以光伏扶贫和产业投资收益扶贫为主要内容的资产收益扶贫试点。

（国务院扶贫办规划财务司）

【扶贫资金管理】 十八大以来，党中央、国务院对加强扶贫资金管理高度重视，中央领导同志多次做出重要指示批示。国务院扶贫开发领导小组多次研究部署扶贫资金监管问题。国务院扶贫办认真学习贯彻落实，将加强扶贫资金监管作为重要工作来抓，要求扶贫系统强化纪律意识和规矩意识，把纪律挺在前面，把制度完善起来，坚决惩处涉及扶贫资金的违纪违法行为。

1. 改革财政专项扶贫资金管理机制。按照《关于改革财政专项扶贫资金管理机制的意见》要求，改革财政专项扶贫资金分配、使用、监管措施。强化以结果为导向的资金分配机制，加快资金拨付进度，中央财政在 9 月底前提前下达下一年 70%

以上的资金。取消扶贫贷款贴息资金、科技扶贫、雨露计划试点、互助资金试点、预留机动等专项，将中央补助资金全部切块下达到省。推进财政专项资金项目审批权限原则上下放到县，资金下放到县比例从 2014 年的 70% 提高到 2015 年的 80%（发展资金下放比例从 75% 提高到 90%），进一步强化县级权力和责任，扩大地方根据需要统筹使用资金的自主权。强化地方监管责任，推行扶贫资金分配和项目安排公告公示制度，积极引入第三方监督，引导扶贫对象参与管理。配合财政部等部门，开展涉农资金专项整治行动，推进资金整合。

2. 加强审计整改，及时纠正查处违规问题。2015 年，积极配合国家审计署对国务院扶贫办开展的稳增长促改革调结构惠民生防风险政策措施落实情况跟踪审计，即审即改，同时加强分析研究，堵塞漏洞，完善机制，推动了精准扶贫政策落实和扶贫资金监管进一步加强。对审计公告的个别省精准识别和未及时拨付资金问题，立即督促指导相关省整改，实地调研督查，按照国务院要求对有关市政府主要负责人进行了约谈。

3. 设立“12317 扶贫监督举报电话”，接受社会监督。2014 年 12 月开通至 2015 年末，共接通电话 6695 个。其中，咨询类 2258 个，举报类 4437 个。排前三位的低保占 37%，危房占 23.4%，贪污腐败占 20.1%。涉及专项扶贫 136 个，占 3.1%，办结 126 件，经各地查实存在违纪违法的 24 件，12 人受到处理，全部为村干部。其中移交纪检部门立案调查 6 人，受到党纪政纪处分 8 人，移送司法机关 4 人（已判刑 3 人）。涉及其他领域的问题，已分别转相关方面处理。

4. 强化考核评价和责任追究。财政部和国务院扶贫办继续对各省 2015 年财政专项扶贫资金管理使用情况开展绩效评价。对滞拨滞留问题比较严重的省，扣减了一定增量资金分配金额。积极配合审计部门开展审计，对审计和舆情监测反映的贫困县建牌坊群、部分职校造假套取扶贫资金、滞留资金、扶贫羊等问题，指导督促整改，及时纠正。并严肃追究了相关责任人的责任。

5. 配合财政部等相关部门开展涉农资金专项整治行动。按照部级领导小组统一部署，对甘肃等 4 省和新疆生产建设兵团专项整治行动开展情况进行督导，并对整治行动中发现的扶贫资金存在的问题进行了梳理，建立了扶贫资金问题清单，督促各省整改。

6. 与最高人民检察院共同开展整治预防工作。在联合开展调研基础上，2015 年 9 月最高人民检察院与国务院扶贫办联合印发了《关于在扶贫开发领域预防职务犯罪工作中加强联系配合的意见》，共同编印了《扶贫领域违法案件警示录》，合力推进扶贫领域惩治和预防腐败体系建设。

总的来看，财政专项扶贫资金使用成效取得积极进展，为加快贫困地区发展，改善扶贫对象基本生产生活条件，增加扶贫对象收入，提高发展能力发挥了重要作用。2015 年各省减贫任务超额完成，贫困地区农村居民人均可支配收入增幅高于全国平均水平 2.8 个百分点。

（国务院扶贫办规划财务司）

【扶贫开发信息化建设】 扶贫开发信系统软件研发。依据《全国扶贫开发信息化建设规划》，研发全国扶贫开发信息系统业务管理子系统，实现了扶贫对象动态管理、扶贫对象结对帮扶、扶贫资金项目管理等功能；研发扶贫资金项目监管评价子系统，实现了扶贫开发数据监测、扶贫资金项目监控、扶贫开发工作考核评价等功能。

扶贫开发数据中心建设。按照“全国大集中”的建设原则，通过政府采购购置了服务器、交换机、路由器，以及安全防护等设备，租用了电信运营商宽带网络，采用托管方式构建全国扶贫开发数据中心。各级扶贫部门利用该系统开展了扶贫对象动态管理、扶贫对象信息采集、资金项目信息采集等工作。国务院扶贫办利用该系统实时监控、统筹推进各地扶贫对象动态管理等工作。

扶贫对象动态管理工作。依托扶贫开发信息系统业务管理子系统，各级扶贫部门开展 2014 年贫困人口的动态管理工作，完成了贫困户的脱贫、新识别，以及贫困户家庭成员自然增减工作；完成了贫困人口、贫困户、贫困村、贫困县等扶贫对象，以及帮扶单位、驻村工作队、帮扶责任人等扶贫主体的信息采集工作。

数据清洗工作。针对各地在全国大集中扶贫开发信息系统中录入的数据，开展错误数据、异常数据、数据空项等垃圾数据清洗工作，提高了数据的真实性和准确性。通过设定“因残致贫贫困户无残疾人”、“贫困人口重复”、“既是贫困人口又是帮扶责任人”等规则，查找贫困识别工作中存在的问题，并责成基层扶贫部门进行了整改。

建档立卡“回头看”工作。针对各方的贫困户识别不准的问题，国务院扶贫办统一部署了建档立卡“回头看”工作。部署各地扶贫部门对有房、有车、有财政供养人员等错误识别的贫困户进行了清退工作，同时补充识别了一批符合标准的贫困户，并完成了相关信息的采集录入工作。通过建档立卡“回头看”工作，进一步提高了贫困识别的精准度，为精准扶贫精准脱贫奠定了基础。

扶贫开发数据分析工作。利用全国扶贫开发信息系统中的数据，开展全国扶贫开发数据分析工作。从地域、民族、年龄、收入、健康状况、致贫原因、生产生活条件、公共服务、帮扶单位驻村工作队落实情况等多个维度，对贫困户、贫困村开展了统计分析工作，为中央“四个一批”等扶贫开发战略部署提供了数据支撑。

数据比对和共享工作。利用全国扶贫开发大数据，开展了与中国残疾人联合会、住房和城乡建设部、人力资源和社会保障部、教育部等行业部门的数据比对工作。通过数据比对，一方面提高了贫困识别的精准度，提高了数据的真实性和准确性；另一方面，使得行业部门准确掌握扶贫对象信息，能够引导行业扶贫资源向贫困户、贫困村等扶贫对象聚焦，提高了行业扶贫的精准度。

（国务院扶贫办信息中心）

【建档立卡】 2015 年 7 月 25 日，国务院扶贫开发领导小组第六次全体会议做出部署，决定开展建档立卡“回头看”工作。通过“回头看”工作，共清理识别不准确的贫困人口 929 万人，新识别补录贫困人口 807 万人，2014 年和 2015 年两年共标注脱贫 3210 万人，建档立卡贫困人口还剩 5630 万人。

一、主要成果

（一）挤出水分，完成非贫困户的清理和符合条件贫困户补录工作。

（二）规范操作，纠正一些地区低保人口不纳入、残疾人口不标注不纳入问题。

（三）查漏补缺，解决少数地区非贫困县非贫困村没有开展贫困识别问题。

（四）结合实际，完善贫困识别方法。

（五）转变作风，提升了基层民主意识和治理能力。

二、主要做法

（一）各地高度重视。各省（区、市）党政“一把手”都亲自调研部署“回头看”工作，以问题为导向，狠抓落实。广西壮族自治区党委书记彭清华、主席陈武带队进村入户开展调研，亲自研究制定“回头看”工作方案。甘肃省委书记王三运、原省长刘伟平要求聚焦“回头看”成果，着力“挂图作战”。贵州省委书记陈敏尔、省长孙志刚亲自部署部门间数据比对，促进信息共享和数据使用。重庆市委书记孙政才、市长黄奇帆多次实地调研，主持研究脱贫攻坚配套政策。四川省委书记王东明和其他 40 位省级领导干部联合开展“遍访贫困户、贫困村”活动。湖北省委书记李鸿忠、省长王国生主持研究精准扶贫和“回头看”工作，并 3 次赴贫困县暗访。湖南省委书记徐守盛、省长杜家毫以及 34 名省级领导分别带队入户进行“回头看”核实督查。内蒙古自治区党委书记王君主持召开常委扩大会议专门部署实施，12 个盟市“一把手”全部列席。新疆维吾尔自治区党委书记张春贤对建档立卡“回头看”工作多次进行实地检查。宁夏回族自治区党委书记李建华、主席刘慧亲自研究解决重大问题、协调重大工作，把关重大政策出台、督促推进重大任务落实。

（二）精心组织实施。国务院扶贫办制定并印发工作方案，召开全国建档立卡“回头看”工作会议，培训业务骨干，通报突出问题，提出明确要求，并与国家发展和改革委员会、教育部、民政部、财政部、住房和城乡建设部、人力资源和社会保障部、国家卫生和计划生育委员会、中国人民银行、中国残疾人联合会等部门进行数据比对，探索建立数据共享机制。各地认真制定实施方案，共举办不同层级培训班9400多个，培训277万人次，派出194.8万人进村入户，逐户核查。甘肃开展“八个精准、五张图、三本账”的扶贫挂图作业，把精准体现到建档立卡关键环节。广西壮族自治区以马山县建档立卡暴露的问题为鉴，投入3.2亿元财政资金，派出25万干部在全区组织开展新一轮精准识别。

（三）加强督查督导。扶贫办加强工作指导和经验交流，共派出14个督查组，对各地“回头看”工作进行实地督查指导。各省普遍建立了“县级自查、地市核查、省级督查”的工作机制，各级共派出督查组2.8万多个，其中省级干部带队的督查组276个，对有“回头看”任务的县基本做到督查工作全覆盖，重点督查识别程序不规范、贫困人口识别不准、帮扶责任人不落实等突出问题。

（四）严格责任追究。为保障建档立卡工作质量，各地加大了以问责为主要手段的责任追究力度。2014年以来，全国因建档立卡失职渎职和优亲厚友等处理7465人，其中，批评教育、通报批评、约谈、诫勉谈话、调离、降职、责令辞职和免职等组织处理6071人，警告、严重警告、撤销党内职务、留党察看、开除党籍等党纪处分1208人，警告、记过、记大过、降级、撤职和开除等政纪处分134人，同时受到党纪政纪处分43人，移送司法处理9人。涉及县级以上机构242人，乡镇机构3091人，村级4132人。涉及处级及以上干部36人，科级干部1700人，科级以下干部5729人。涉及扶贫系统413人，非扶贫系统7052人。受国务院委托，国务院扶贫办就马山县建档立卡暴露出的问题约谈了南宁市政府主要负责同志。问责制度的建立和实施，充分表明各地动了真、碰了硬，体现了严和实的要求。

三、数据分析

对建档立卡“回头看”的数据进行分析，存在以下趋势：一是贫困县和少数民族地区贫困人口比例提高，表明这些地区脱贫难度大，需要进一步加大扶持力度。二是因病致贫、因学致贫农户比例提高，表明提升贫困地区医疗卫生、教育服务水平是当务之急。三是家庭成员患大病的农户比例下降，表明国家大病保险政策发挥了作用。同时，家庭成员患有长期慢性病的农户比例提高，表明慢性病方面的医疗保险政策需要加强。四是对资金和技术服务需求的农户比例增加，表明经过基层的组织发动，贫困户的脱贫愿望更加强烈，需要得到更多、更好的资金支持和技术培训。五是外出务工人员总量下降，表明经济下行压力下，外出务工难度增大，需要加大力度。

（国务院扶贫办信息中心）

【扶贫改革试验区】 为全面总结扶贫改革历史经验，2015年9月，国务院扶贫开发领导小组召开了“三西”扶贫开发现场会，全面总结“三西”地区30多年扶贫开发历史经验，进一步研究推进精准扶贫精准脱贫方略的政策措施。国务院副总理汪洋出席会议并作重要讲话。中央农村工作领导小组、国家发展和改革委员会、财政部、交通运输部、水利部、农业部、国家林业局、国务院研究室、国务院扶贫办和天津市、福建省、陕西省、甘肃省、宁夏回族自治区、青海省党委政府负责同志和扶贫办主任，以及定西市、平凉市、固原市和“三西”地区国家扶贫开发工作重点县、片区县负责同志和扶贫办主任参加会议。

2015年12月，国务院扶贫开发领导小组在福建省宁德市组织召开了东部地区扶贫工作座谈会，学习中共中央总书记习近平扶贫理论与实践，全面总结推广宁德精准扶贫科学扶贫经验，研究推进东部率先脱贫的政策措施。中央农村工作领导小组、国家发展和改革委员会、财政部、中国人民银行、国务院扶贫办负责同志；辽宁、江苏、浙江、福建、山东、广东6省人民政府分管扶贫开发工作的负责同志，扶贫办、协作办（合作办）主要负责同志；北京、天津、上海3市合作办负责同志参加了会议。

2015年1月、10月，国务院扶贫办先后在江苏省宿迁市和山东省淄博市召开扶贫改革试验区工作座谈会，总结扶贫改革试验区工作，研究扶贫改革问题。经国务院扶贫开发领导小组第四次全体会议原则同意，4月，正式批复设立江苏省宿迁市、山东省淄博市和福建省三明市扶贫改革试验区，要求3市围绕精准扶贫精准脱贫战略，以制度创新为核心任务，先行先试，为全国统筹城乡扶贫工作、缓解相对贫困探索道路。

（国务院扶贫办政策法规司）

【连片特困地区扶贫】 连片特困地区（以下简称“片区”）规划实施近四年来，在党中央、国务院的领导下，在片区联系单位、相关部委和各省（区、市）的共同努力下，片区规划推进有力，区域发展与扶贫攻坚取得明显成效。2015年，14个片区农村贫困人口2875万人，比2014年减少643万人，贫困发生率由17.1%下降到13.9%，下降了3.2个百分点。片区农村居民人均可支配收入7525元，比2014年的6724元增加了801元。截至“十二五”末，14个片区完成投资107166.7亿元，占规划备案总投资的56%；重大建设项目和十项重点工作开工率均达80%以上。

2015年，按照中央部署和要求，国务院扶贫办围绕精准扶贫精准脱贫方略，积极推进片区扶贫攻坚。

一是组织召开片区联系单位第三次工作会议。2015年1月30日，国务院扶贫办会同国家发展和改革委员会在北京召开片区联系第三次会议，学习贯彻习近平等中央领导同志关于扶贫开发重要指示精神，总结片区联系工作，交流经验。国务院扶贫开发领导小组副组长、扶贫办主任刘永富作了讲话。会后印发了《2015年片区联系工作要点》，明确了片区联系单位工作要求，进一步完善省际协调机制，更加强调区域发展与扶贫开发相结合，突出精准扶贫精准脱贫的要求。

二是大力推动片区重大基础设施项目建设。国务院扶贫办会同国家发展和改革委员会印发了《关于进一步做好连片特困地区跨行政区重大基础设施项目建设工作的通知》《关于加大对片区规划项目实施支持力度的通知》，积极推动各部门、片区联系单位及各有关省加强相互沟通协调，及时将重大基础设施项目纳入 2015 年计划并加快实施。印发《关于加快推进片区规划所涉及“十项重点工作”项目实施的函》。梳理重大基础设施项目清单，将重大项目清单印发相关部门和省（区、市），协调有关方面进行沟通衔接，对纳入“十二五”行业规划的项目优先列入年度投资计划，对未纳入“十二五”行业规划的项目，符合条件的优先纳入“十三五”行业规划，推动项目尽早落地。11 个片区列入 2015 年实施计划的跨行政区域项目 672 个 21671 亿元。

三是坚持落实片区部际联系会议。交通运输部组织召开六盘山片区扶贫攻坚部省协调推进会。国家民族事务委员会协调配合有关部门推进武陵山片区交通、能源、水利重大基础设施和民生项目，与国家旅游局、国家开发银行等部门及四省市签署协议，推动开发性金融和旅游扶贫。民政部、科技部与国家铁路局、住房和城乡建设部、交通运输部、水利部、国家林业局、中国铁路总公司等片区联系单位组织召开片区会议，推进片区规划实施。

四是组织编写 2014 年度片区规划实施监测报告。组织专家分别深入云南、陕西两省三县开展片区支持政策调研，编写完成《连片特困地区区域发展与扶贫攻坚规划实施监测报告（2014 年度）》，详细披露至 2014 年底各地片区扶贫攻坚进展情况。收集整理了国家统计局《全国农村贫困监测调查主要结果》，全面阐述了不同省在不同片区规划实施中的主要做法和经验，对片区支持政策落实情况进行了监测评估和案例分析。通过开展年度片区规划实施监测工作，推动各地全面掌握片区规划实施进度，及时发现存在问题及纠偏，提升各地有针对性地推进片区规划实施，为推动“十二五”片区规划的顺利收官提供了重要参考。

五是部署“十三五”片区省级实施规划编制工作。国务院扶贫办联合国家发展和改革委员会印发了《关于集中连片特困地区区域发展与扶贫攻坚“十三五”省级实施规划的通知》，明确“十三五”省级实施规划编制的内容、原则、定位与工作程序。5 月 15 日，召开“十三五”片区省级实施规划部署规划座谈会，正式形成“十三五”片区省级实施规划表格样表。5 月 29 日，举办“十三五”片区省级实施规划培训班，对 21 个省（区、市）和新疆建设兵团的发改、扶贫两部门的 71 人进行了培训，为指导各地做好“十三五”省级实施规划编制作了辅导讲解。

（国务院扶贫办规划财务司）

【12317 扶贫监督举报电话】 “12317 扶贫监督举报电话”自 2014 年 12 月 15 日开通以来，截至 2015 年底，共接通各类电话 6695 个。其中投诉举报类电话 4437 个，咨询类电话 2258 个。按反映问题多少顺序排列分别为：涉及民政低保的 1640 个，占来电总量的 36.7%；涉及危房改造的 1039 个，占 23.2%；反映贪污腐败类电话 894 个，占 20%；涉及专项扶贫的 136 个，占 3%；涉及灾后重建的 103 个，占 2.3%。涉及土地占用的 92 个、残疾人补贴的 80 个、贷款的 79 个、社会保险的 71 个、粮食直补的 59 个、公路修建的 39 个、拖欠农民工工资的 25 个、合作医疗 15 个、住房补贴的 13 个、水利设施的 6 个、新农村建设的 4 个，其他 142 个。

136 件专项扶贫举报投诉电话，涉及 23 个省（区、市），居前 6 位的是：内蒙古 20 件、河北 16 件、山西 15 件、甘肃 13 件、湖南 8 件、云南 8 件。至 2015 年 12 月末，办结 126 件。经各省查实，存在违法违纪违规的共 24 件，涉及金额 563 万元。包括：(1) 贪污 3 件，涉及金额 103.87 万元。(2) 项目申报弄虚作假，套取和骗取资金 4 件，涉及资金 136.2 万元。(3) 截留、挪用资金 7 件，涉及金额 53.82 万元。(4) 资金拨付不足额、不及时、滞留、延压项目资金 6 件，涉及金额 239.23 万元。(5) 未经批准擅自变更项目实施内容 4 件，涉及金额 29.88 万元。

截至 2015 年底，已整改资金 520.2 万元。其中：单位和财政归还 215.89 万元，个人归还 8 万元，调整项目 48.08 万元，加快资金执行进度 239.23 万元，补充完善手续 9 万元。其余 42.80 万元因判刑等原因无法追回。24 件违法违纪违规件，目前共处理违法违纪 12 人，全部为村干部。其中移交纪检部门立案调查 6 人，受到党纪政纪处分 8 人，移送司法机关追究刑事责任 4 人（已判刑 3 人）。24 件中，涉及 12 个省（区、市），具体是：内蒙古 5 件，河北、湖南各 3 件，山西、四川、重庆、云南各 2 件，河南、辽宁、青海、山东、陕西各 1 件。

（国务院扶贫办 12317 扶贫监督举报中心）

（三）扶贫宣传

2015年，党中央、国务院高度重视脱贫攻坚，中央领导同志高度重视脱贫攻坚工作，提出了打赢脱贫攻坚战的新部署、新要求。在宣传部门的指导支持下，各级扶贫部门和各新闻媒体扎实工作、乘势而上，营造了精准扶贫精准脱贫的良好舆论环境。围绕中央脱贫攻坚新形势、新任务和扶贫开发重要会议、重大事件、重点活动，全面统筹策划扶贫宣传活动，不断扩大影响力，开创了扶贫宣传的好局面。

通过中央主要媒体持续发力。中共中央宣传部商国务院扶贫办先后7次下发做好阶段性扶贫宣传的方案或意见。围绕中共中央总书记习近平扶贫重要活动和中央扶贫开发工作会议召开、《中共中央、国务院关于打赢脱贫攻坚战的决定》出台以及“2015减贫与发展高层论坛”召开等重大事件，中央主流媒体共推出扶贫报道30590篇（次），是2014年的近5倍。其中《人民日报》347篇、新华社907篇、中央电视台329条（新闻联播栏目36条）。中央扶贫开发工作会议期间，各大媒体开设脱贫攻坚专栏，新华社发布《党中央关心扶贫工作纪实》长篇通讯。《光明日报》《经济日报》《中国日报》《农民日报》、中央人民广播电台、人民网、新华网、中国网等中央主要媒体持续发力，刊发、播出大量的扶贫报道，形成了打赢脱贫攻坚战的“大合唱”。

及时有效发布新闻。“扶贫日”前夕和《中共中央、国务院关于打赢脱贫攻坚战的决定》发布后，国务院新闻办、国务院扶贫办举办了2次新闻发布会。举办记者吹风会，发布重要信息，引导舆论热点，权威解读文件，全面宣传政策。国务院扶贫办领导同志接受专题采访或者综合访谈30多次。

创新宣传形式。积极探索新的有效宣传方式。“2015减贫与发展高层论坛”实现中央“三台四网”现场直播，现场设立的新闻中心发挥了重要作用。制作播放《中国农村扶贫开发》中英文专题片。组织20家中外媒体36名记者赴河北采访。组织12家媒体记者到甘肃、宁夏看扶贫写扶贫。扶贫日前后，《中国扶贫》杂志共组织策划4期专刊，成为贴近基层贴近贫困群众的好朋友、驻村干部的好帮手。《扶贫开发》内刊发挥了传递高层声音、加强理论探讨、促进经验交流的作用。

推出系列典型报道。组织中国消除贫

困奖表彰和宣传，各媒体集中宣传了一批扶贫系统优秀干部和为脱贫攻坚事业做出突出贡献的先进典型。《人民日报》、新华社、中央电视台多次大篇幅报道了河北省阜城县扶贫办主任李双星、贵州省罗甸县麻怀村主任邓迎香等同志先进事迹，获得良好的社会反响。

逐步建立宣传机制。召开扶贫宣传工作座谈会，制定实施《扶贫宣传工作统计评价办法》，引导和激励各地做好扶贫宣传。对涉贫舆情事件及时应对、认真核查、依法处置，及时公布并形成制度。每日编辑《互联网舆情报告》。从中央到地方，扶贫宣传数量大幅增长、质量明显提高，正面消息多了，先进典型多了，舆论氛围好了。“中央确定 7000 万人脱贫目标”被新华社评为 2015 年国内十大新闻之一，“精准扶贫”成为各大媒体最热词汇，“脱贫攻坚”被《光明日报》评为十大热词之首。

（国务院扶贫办政策法规司）

四

行业扶贫篇

综　述

2015年，有关行业部门积极履行行业责任，充分发挥行业部门优势，加大调研指导、政策协调力度，继续落实系列面向贫困地区的特殊扶持政策，加大行业投入。十项重点工作牵头部门按照工作方案认真组织实施，全面完成年度工作任务。

一是村级道路畅通工作。2015年，交通运输部安排资金超过1300亿元，支持14个集中连片特困地区改造建设高速公路、普通国省道、农村公路10.4万千米和110个县级客运站、1.86万个乡村客运站点，解决片区143个乡镇、1.05万个建制村通畅问题。安排6亿元资金，推进110个“溜索改桥”项目建设。实现14个片区96.1%的乡镇和86.5%的建制村通了沥青（水泥）路，95%的乡镇和81%的建制村通了客班车，圆满完成“十二五”交通扶贫目标任务。

二是饮水安全工作。水利部印发《2015年水利扶贫工作要点》，落实水利扶贫需求调查、项目储备、投资倾斜、扶贫统计、工作考核5项精准机制，加快实施贫困地区的农村饮水安全工程、小型农田水利设施、抗旱水源设施、中小河流治理、山洪灾害防治、水土保持重点工程、小电代燃料等水利项目建设。2015年832个贫困县累计完成水利投资1192亿元，解决了1800多万农村居民饮水安全问题，进一步发挥了水利支撑和保障贫困地区区域经济社会发展和脱贫攻坚的作用。

三是农村电力保障工作。印发《关于加快贫困地区能源开发建设推进脱贫攻坚的实施意见》，重点部署了农网改造升级、农村动力电、光伏扶贫、能源规划布局倾斜、扶贫优惠产业政策、加强定点扶贫工作。2011—2015年，累计安排农网改造升级工程总投资3548亿元，新建和改造变电站、线路和户表。2013—2015年，累计安排无电地区电力建设工程总投资206.7亿元，2015年底，全国已全部解决无电人口用电问题。2015年，安排城镇配电网建设改造专项建设基金130亿元。因地制宜开展光伏扶贫，河北、山西、安徽、宁夏、青海、甘肃等6省（区）30个县第一批光伏扶贫试点工作取得初步成效，1836兆瓦的试点项目全部完工，年均总收益将达22亿元，可帮助43万建档立卡贫困户户均年增收3000元以上，解决956个建档立卡贫困村无集体经济收入的问题。

四是危房改造工作。住房城乡建设部

会同国家发展和改革委员会、财政部印发《关于做好 2015 年农村危房改造工作的通知》，重点帮助住房最危险、经济最贫困农户解决最基本的安全住房。2015 年，中央安排补助资金 365 亿元，支持全国 432 万贫困农户改造危房。对贫困地区予以重点支持，支持贫困地区改造农村危房 231 万户。逐步提高贫困地区补助标准，在农村危房改造户均补助 7500 元的基础上，对贫困地区农户增加 1000 元，并要求地方不断完善分类分级补助政策。

五是特色产业增收工作。农业部、国家林业局、国务院扶贫办、商务部、国家发展和改革委员会、科学技术部、中华全国供销合作总社等积极支持产业扶贫。各地因地制宜继续发展经济林果、畜牧养殖、农产品种植等地区传统产业，同时，应用“互联网+农业”，推进特色农业实现新的增长点。

六是乡村旅游扶贫工作。国家旅游局集中精力重点实施乡村旅游富民工程，推进乡村旅游扶贫工作。2015 年，全国乡村旅游共接待游客约 20 亿人次，旅游消费总规模达 1 万亿元。全国从事乡村旅游经营服务的农民约 2000 万人，带动超过 7000 万农民受益。

七是教育扶贫工作。落实《国务院办公厅转发教育部等部门关于实施教育扶贫工程意见的通知》和《国家贫困地区儿童发展规划（2014—2020 年）》，继续实施面向集中连片特困地区的各项教育特惠政策。2015 年，安排中央资金 149 亿元，重点支持解决连片特困地区、少数民族地区、留守儿童集中地区学前教育资源短缺问题。学前三年毛入园率接近 70%，超额实现 65%的全国“十二五”规划目标。安排中央资金 200.56 亿元，为贫困地区义务教育阶段学生提供每人每天 4 元的营养膳食补助，全国超过 1/3 的县实施了该计划，惠及 3210 万农村学生。安排“薄改计划”资金 330 亿元，“初中工程”投资 60 亿元，支持改善贫困地区义务教育薄弱学校基本办学条件。安排中等职业教育免学费补助资金 111.8 亿元、中等职业教育国家助学金 34 亿元，免除中职所有农村学生、涉农专业学生和家庭经济困难学生学费，并给予 2000 元/生/年国家助学金资助。2013—2015 年，中央财政下达乡村教师生活补助政策综合奖励补助资金 43.92 亿元，惠及 573 个县的 104 万名乡村教师。2015 年中央还安排特岗计划资金 56.63 亿元、国培计划资金 19.85 亿元、义务教育阶段教师选派工作经费 3.3 亿元。

八是卫生和计划生育工作。2015 年，国家卫生和计划生育委员会共安排中央财政卫生计生事业专项资金 2311.4 亿元，支持连片特困地区及国家扶贫开发 832 个重点县卫生计生事业发展。

九是文化建设工作。文化部会同国家发展和改革委员会、财政部、国家新闻出版广电总局、国家体育总局、国务院扶贫办等单位印发了《“十三五”时期贫困地区公共文化服务体系建设规划纲要》，按照“补齐短板、巩固提高、全面推进、协调发展”的建设思路，从公共文化基础设施建设、基本公共文化服务内容、公共文化服务效能、公共数字文化、人才队伍建设、文化帮扶等方面策划了34个项目，明确提出到2020年，贫困地区公共文化服务体系建设达到或接近全国平均水平的发展目标。2015年，文化部继续拨付专项资金3624万元，为连片特困地区和西藏、四省藏区、新疆南疆四地州以外的151个国家扶贫开发工作重点县的公共图书馆每馆购置1辆流动图书车。

十是贫困村信息化工作。加强贫困地区农村通信基础设施建设，通过实施“宽带中国”战略，积极支持贫困地区宽带发展，提高农村信息化水平。2015年，工业和信息化部召开了“宽带中国”2015专项行动动员部署电视电话会议，启动部署“宽带中国”2015专项行动各项工作。工业和信息化部联合财政部印发了《关于开展电信普遍服务试点工作的通知》，以“中央资金引导、地方协调支持、企业为主推进”的思路，推动农村及偏远地区宽带建设发展，带动农村经济社会和信息化水平不断提升，助力实现2020年98%的行政村通宽带、农村宽带接入能力超过12Mbps等“宽带中国”战略目标。2015年共确定了包括燕山—太行山片区河北省保定市、张家口市、承德市、内蒙古自治区乌兰察布市在内的全国97个试点地市。积极帮助贫困地区发展电子商务扶贫工作，帮助南部县制定出台了《南部县电子商务发展2015—2017规划》《电子商务发展的若干政策》，帮助南充市嘉陵区制定出台了《关于加快培育发展电子商务产业的实施意见》，推动嘉陵区设立了每年1000万元的电子商务专项资金。促成南部县与中国网库集团签订框架性合作协议，使南部县被列入中国网库集团公司“腾计划”之“百县千亿”工程，选为首批合作的20个区县之一。

（国务院扶贫办规划财务司）

中共中央组织部扶贫

【概述】 2015年，国务院新增中共中央组织部（以下简称“中央组织部”）为国务院扶贫开发领导小组成员单位。中央组织部从组织路线服务政治路线的高度，选优配强领导班子、建强基层党组织、夯实基层基础，充分发挥党的政治优势、组织优势、密切联系群众的优势，使党中央的决策部署转化为各级领导班子、各级党组织、广大党员干部奋发有为的行动，更好地团结带领人民群众打赢脱贫攻坚战。中央组织部多次到定点扶贫的贵州省台江县、甘肃省舟曲县指导推动工作。一年来，中央组织部立足组织部门职能，把扶贫开发与领导班子和干部队伍建设、基层党组织和党员队伍建设、人才队伍建设有机结合起来，为脱贫攻坚提供有力的组织保障和人才支撑。

【干部挂职扶贫】 积极选派中央单位优秀干部到贫困地区挂职锻炼。2013年底，中央组织部从中央和国家机关、中央企业选派240多名干部到西部地区、老工业基地和革命老区挂职锻炼，并采取召开集体谈话会、培训会、座谈会，建立履职情况季报制度等措施，加强教育培训和管理考核，引导和督促他们扑下身子、真抓实干，发挥应有作用。2013年以来，挂职干部立足自身优势，积极为当地经济社会发展献计出力，并在传递信息、提供咨询、引资引智等方面做了大量富有成效的工作，推动中央各项政策措施在贫困地区落地见效。同时，为帮助贫困地区培养干部，中央组织部会同中央统战部、国家民族事务委员会选派500多名西部地区和其他少数民族地区干部，到中央和国家机关、中央管理的金融企业和国有重要骨干企业、东部经济发达地区挂职锻炼，开阔视野、更新理念、提高本领。

不断完善贫困县领导班子和领导干部政绩考核评价体系。2015年，在《关于改进贫困县党政领导班子和领导干部经济社会发展实绩考核工作的意见》的指导下，推动各地不断完善贫困县政绩考核机制，明确要求重点考核经济发展、扶贫开发、民生改善和生态保护等方面成效，考核结果作为干部选拔任用、培养教育、激励约束和问责的重要依据。各省区市普遍结合实际，对贫困县考核机制进行调整完善，引导贫困县党政领导班子和领导干部把工作重点放在扶贫开发上。

【人才扶贫】 2015年，中央组织部继续加大“边远贫困地区、边疆民族地区和革命老区”人才支持计划实施力度。协调有关部门在教师、医务工作者、科技人员、文化工作者、社会工作者5个专项方面，共向边远贫困地区选派各类人才7.2万名，为基层培养各类人才1.2万名，投入资金12.9亿元。扩大博士服务团和“西部之光”访问学者选派培养规模，2015年选派第16批博士服务团成员390人，培养第12批“西部之光”访问学者269人。为贫困地区经济社会发展提供高端智力支持，先后组织院士专家165人赴黑龙江、青海、甘肃、福建、广西5省（区），开展“助力‘一带一路’建设，破解发展难题”咨询服务活动，为贫困地区特色产业发展献计献策。

【基层党建扶贫】 选好配强贫困村党组织书记。以村“两委”换届为契机，推动各地把选好、用好、管好带头人作为农村基层组织建设的首要任务来抓。指导各地通过本村选、外面引、上级派等办法，进一步打开视野，把一些政治素质好、愿意为村民服务的优秀人才选进班子，把党组织书记选好配强。据统计，2015年换届的5个省（区、市）当选的村党组织书记中，致富带头人占56%，退伍军人占8%，外出务工经商人员占7%，高中以上学历的占73%。督促各地每年开展村党组织书记集中轮训，加强村级后备力量储备，强化激励保障，促进村党组织书记更好地发挥带头人作用。

做好选派“第一书记”工作。2015年4月，中央组织部会同中央农村工作领导小组办公室和国务院扶贫办印发了《关于做好选派机关优秀干部到村任第一书记工作的通知》，对选派范围、人选条件、职责任务、管理办法和组织领导等作出明确规定。各地各单位共选派17.6万名“第一书记”，实现了对全国建档立卡贫困村和党组织软弱涣散村的全覆盖。其中，307家中央和国家机关、企事业单位结合定点扶贫工作，选派了336名“第一书记”，平均年龄37岁，研究生学历的占53%，副处级以上的占38%。在精准选派基础上，各地切实加强对“第一书记”的管理考核和激励保障，引导他们围绕建强基层组织、推动精准扶贫、为民办事服务、提升治理水平4项职责任务，充分发挥在脱贫攻坚中的优势和作用，取得了明显成效。

持续整顿贫困村软弱涣散党组织。2015年初，中央组织部确定软弱涣散村党组织6.1万个，其中贫困村约3万个。各地坚持从实际出发，实行“一村一策”，探索党政部门进“软村”、经济部门进“穷村”、政法部门进“乱村”、涉农科技部门进“产业村”，有针对性地开展整治，着力解决党组织班子配备不齐、村级管理混乱、宗族势力干扰村务等突出问题，切实增强村党组织带领群众脱贫致富能力。同时，指导各地建立完善村务监督机制，截至2015年底，全国31个省（区、市）全部建立村务监督委员会。

加大贫困地区基层基础保障力度。中

央组织部会同有关部门集中组织开展两轮村级组织活动场所建设，贫困村无活动场所问题基本解决。推动各地加大投入力度，建立健全以财政投入为主的村级组织运转经费保障机制。截至2015年底，有19个省（区、市）明确规定按照不低于当地农民人均纯收入两倍标准，落实村党组织书记基本报酬，并建立正常增长机制。河北、内蒙古、湖北、重庆、四川、云南、陕西、新疆8个省（区、市）较大幅度提高村干部报酬，增幅都在50%以上。山西、内蒙古、黑龙江、安徽等省（区）出台了正常离任村干部生活补助政策。各地还结合实际，提高村级组织办公经费、设立服务群众专项经费，增强基层组织服务功能，大力发展壮大村级集体经济，不断增强贫困村的“造血”功能。内蒙古、吉林、黑龙江、安徽、江西、湖北、湖南、广西、重庆、贵州、云南、青海12个省（区、市）明确提出，3年内村办公经费达到5万元以上。宁夏回族自治区为每个村设立5万元至10万元服务群众专项经费。吉林省连续5年由财政每年安排6500万元重点扶持1000个村发展集体经济。

为贫困村选聘大学生村官。指导各地完善政策措施，创新方法途径，努力打造一支扶贫开发的新生骨干力量。2015年底，在岗的大学生村官13.8万人，其中在贫困村工作的有3万人。各地充分发挥大学生村官观念新、知识多、思路宽、信息灵的优势，为农民提供信息、技术、政策、法律等多方面服务，带头并带领农民创业致富。

推动落实基层党建工作责任制。在全国组织开展市县乡党委书记抓基层党建工作述职评议考核，推动落实党委主体责任和书记第一责任，2015年，有9万余名各级党委书记参加，40多万名党员群众代表参与。在述职评议考核中，把抓党建、促扶贫作为重要内容，注重结果运用，强化责任追究，推动党建责任和扶贫责任一并落实。

【定点扶贫概述】 2015年，中央组织部按照“项目扶持和党建扶持”相结合的总体要求，紧紧依靠当地干部群众，发挥组织部门优势，全力推进甘肃省舟曲县定点扶贫工作。减少贫困人口5400人，减贫比例24.9%。

【扶贫培训】 实施“舟曲千名干部培训、百名干部挂职、百名专业技术人员见习锻炼”计划，组织2批次100多名干部赴江苏省常州市开展培训。协调组织50余名干部赴浙江大学学习经济管理，组织75名村干部赴华西村观摩，学习先进经验、开阔眼界视野。培训各类务工人员近4000人次，300余名学员获得职业资格证书。

【劳务经济】 积极推进江苏省常州市、福建省厦门市、新疆维吾尔自治区石河子市等91个劳务基地建设，创建劳务中介机构15个，通过各种途径提供1万多个用工信息、3000多个就业岗位，输转劳务4.36万人次、创收6.25亿元。

【协调各方支持援助】 协调退耕还林指标6.8万亩、国家补贴1.02亿元，有效改善生态环境，增加群众收入。积极争取电商扶贫、乡村旅游扶贫和资源枯竭型城市扶持等项目，引进招商引资类项目6个、合同金额6亿多元。协调江苏省常州市等地的企业家和社会爱心人士，无偿捐资200余万元支持舟曲教育事业。

【扶贫示范村建设】 在舟曲县确定6个扶贫示范村，协调常州市4个乡镇开展结对帮扶，争取专项支持600万元，开展美丽乡村建设。

【基层党建工作】 开展党建示范乡镇村创建活动，大力加强村“两委”班子培训和干部队伍建设，推广村党组织“5A”制晋档升级等特色做法，支持村级组织活动场所规范化建设，充分发挥基层党组织在脱贫攻坚中的战斗堡垒作用。

（中共中央组织部　罗元开）

中共中央宣传部扶贫

【概述】 2015年，中共中央宣传部（以下简称“中宣部”）按照中央统一部署，与各地区各有关部门密切配合，把握重点时间节点，协调推进各级各类新闻媒体积极做好脱贫攻坚宣传报道，及时开展权威信息发布，为脱贫攻坚工作提供了舆论支持。

【中央精神宣传】 做好中央扶贫开发工作会议精神宣传，深入阐释中共中央总书记习近平在会议上的重要讲话精神，生动反映社会各界的积极反映和学习贯彻落实情况。《中共中央、国务院关于打赢脱贫攻坚战的决定》公布后，中宣部举行新闻发布会，协调新闻媒体及时推出专访、述评等报道，全方位多角度解读文件精神。

【扶贫宣传】 结合有关重要会议活动、“扶贫日”等时间节点，结合“治国理政新实践”“行进中国·精彩故事”“十二五”成就、年终盘点等主题宣传活动，先后于1月下旬、2月上中旬、4月上旬、10月中上旬、11月下旬、12月上中下旬等组织多轮集中宣传报道，深入宣传中央和地方围绕推进扶贫开发工作出台的一系列重大政策举措，充分反映各地区各部门贯彻中央决策部署、推进扶贫开发工作的积极进展，集中展现近年来特别是党的十八大以来中国扶贫开发事业取得的巨大成就，增强人们战胜贫困的决心和信心。

协调新闻媒体深入基层一线，挖掘报道扶贫开发工作的创新做法、典型经验和感人事迹，充分发挥先进典型的示范引领作用。2月、3月间，重点宣传安徽金寨实施光伏扶贫工程、陕西组织扶贫搬迁工程、甘肃陇西开展电商扶贫工程等典型做法。4月、5月份，重点宣传江西省赣州结对扶贫、陕西省延安生态移民扶贫、湖北省黄冈扶贫助学等典型经验。6月、7月份，重点宣传四川省实施“四大片区扶贫攻坚行动”、甘肃省深入实施“1236”扶贫攻坚行动等经验做法。10月、11月、12月份，重点宣传报道“2015年中国消除贫困奖”获奖机构及个人的先进事迹，宣传福建省宁德等地精准扶贫、精准脱贫的经验做法，宣传有关单位开展定点扶贫工作的有力举措。

【扶贫日活动】 会同国务院扶贫办等部门，精心组织“2015减贫与发展高层论坛”和“扶贫日”的宣传报道，召开新闻发布会介绍相关情况，配合做好论坛活动有关众位记者报名、采访现场管理和报道工作，协调新闻媒体充分报道论坛开幕式、闭幕式及论坛期间举办的各项重大活动，深入解读中央领导同志主旨演讲提出的重要思想、重要观点、重要论断，宣介中国推进扶贫开发的政策措施以及对全球减贫事业做出的贡献，介绍论坛产生的积极影响以及与会各方人士的客观评价。

【定点扶贫概述】 2015年，中宣部认真学习贯彻中共中央总书记习近平关于扶贫开发的重要论述和中央扶贫开发工作会议精神，认真落实《中央国家机关及有关单位对口支援赣南等原中央苏区实施方案》《关于进一步完善定点扶贫工作的通知》要求，按照中宣部部务会工作部署，在充分调研论证的基础上，结合江西省寻乌县、陕西省铜川市耀州区、内蒙古自治区科尔沁右翼中旗（以下简称“科右中旗”）经济社会文化发展实际，制定年度对口扶贫工作计划，着力文化扶贫、智力扶贫、扶贫宣传，选派5名干部挂职扶贫，直接投入资金2272万元，联系捐赠物资、项目价值3063.2万元，推动当地经济社会和宣传思想文化工作发展。

【扶贫政策】 2015年4月，中宣部机关召开年度对口扶贫工作协调会，研究制定《2015年对口支援寻乌县重点工作方案》，明确16个方面的重点任务。国务院扶贫办《关于进一步完善定点扶贫工作的通知》印发后，中宣部按照扶贫结对关系部分调整的要求，做好由原中共中央对外宣传办公室对口帮扶的科右中旗定点扶贫工作。12月，中央政治局委员、书记处书记、中宣部部长刘奇葆主持召开中宣部第25次部务会议，研究落实全国贫困地区基层公共文化服务建设工作，明确工作的基本思路，统筹宣传、文化、新闻出版广电、体育等各有关部门的资源和力量，在集中连片特殊困难地区和国家扶贫开发工作重点县（不含已实施基层文化建设项目的西藏、四省藏区和新疆，下同）建设万个村综合文化服务中心示范点，探索建立村综合文化服务中心建设、管理、使用的基本模式，制定了《贫困地区百县万村综合文化服务中心示范工程方案》。

【文化服务中心示范工程】 2015年底，由中宣部牵头，会同文化部、国家新闻出版广电总局、国家体育总局等部门，在全国集中连片特殊困难地区和国家扶贫开发工作重点县组织实施“贫困地区百县万村综合文化服务中心示范工程”。每个示范村按照“七个一”基本标准进行建设，即一个文化活动广场（1000平方米），一个文化活动室（90平方米），一个简易戏台（长10米、宽5米、高0.8米），一个宣传栏，一套文化器材（含1套音响和部分乐器），一套广播器材，一套体育设施器材（含1个篮球场，2个乒乓球台，1套体育健身器材）。该工程计划选取1.11万个村建设综合文化服务中心示范点，其中2015年选定5195个村。2015年投入专项补助经费4.18亿元，其中寻乌县、铜川市耀州区、科右中旗的213个村文化服务中心建设专项经费 1900 万元。

【扶贫调研】 10 月，中宣部副部长孙志军带队赴科右中旗实地调研，深入到苏木镇、嘎查村，慰问看望生活困难群众，同基层群众面对面交流座谈，了解当地经济社会发展情况、基层群众生产生活情况以及基层公共文化服务标准化均等化推进情况，明确精准扶贫、精准脱贫的工作思路。先后安排局处级干部 10 批 36 人次到寻乌县、铜川市耀州区调研基层宣传思想文化工作情况，考察指导精准扶贫工作。中宣部干部局、机关党委先后派人前往寻乌县、铜川市耀州区考察挂职干部在基层锻炼情况，并实地调研对口扶贫工作。

【干部挂职扶贫】 选派 1 名处级、3 名科级干部前往寻乌县，1 名科级干部前往铜川市耀州区挂职，加强扶贫工作。挂职干部认真落实精准扶贫工作要求，深入调查研究，结合当地实际提出精准脱贫对策。通过牵线搭桥、联系协调，引进产业、延长产业链等措施，帮助群众脱贫致富，促进当地经济社会发展。

【文化科技卫生“三下乡”扶贫】 2015 年 1 月，由中宣部等 9 部委和江西省委、省政府联合举办的全国文化科技卫生“三下乡”集中服务活动启动仪式在寻乌县举行。“三下乡”集中服务活动为寻乌群众开展农业技术、法律咨询、科技普及、义务诊疗等现场服务，组织专场文艺演出。在这次活动中，各级部门共向寻乌县赠送价值 3063. 2 万元的物资、项目。其中，中宣部赠送价值 152. 4 万元的电脑 200 台、音响设备 30 套。

【文化扶贫】 按照“以城带乡、统筹城乡、结构合理、分步推进”的原则，推进寻乌县基本公共文化服务标准化均等化建设。2015 年初，中宣部支持资金 280 万元，援建寻乌县村级文化活动中心 14 个，协调国家体育总局支持 28 套健身器材，用于文化活动中心设施配套。按照政策要求，批复寻乌调查纪念馆为全国爱国主义教育示范基地，支持该馆免费开放。2015 年，寻乌调查纪念馆接待社会各界参观群众超过 6. 5 万人次。向寻乌县剧团捐赠一套价值 30 万元的音响设备，保证“送戏下乡”活动正常开展。帮助寻乌发掘地方特色文化，培养农民文化队伍，提高民间文艺创作、表演水平，推动地方文化活动开展。协调相关出版单位，为寻乌县图书馆捐赠图书、期刊 5. 71 万册。协调推进寻乌县河岭高山无线发射电台项目，解决全县 25 万群众收看市县两级广播电视节目问题。支持“文化兴耀”工作，通过联系项目，组织开展柳体书法、绘画、秦腔、非遗技艺展示等方式，帮助耀州区打造民俗文化专业村，推动建设民间文化艺术之乡。

【教育扶贫】 继续资助寻乌县优秀山区教师代表到沿海发达地区学习考察。2015 年 7 月，组织 22 名优秀校长、教学一线中层干部、山村优秀骨干教师赴杭州、宁波和北京等地特色学校参观考察，与优秀教师和教学能手交流互动，学习先进的教育教学经验。通过中国人权发展基金会、玉芳教育基金会安排寻乌县教师进修学校3名教师前往甘肃省参加骨干教师培训班，提升师资队伍的业务能力。加快推进寻乌县乡村学校少年宫建设，实现全县14个乡镇全覆盖，针对乡村学校少年宫师资紧缺的现状，制订培训计划，举办培训班，提升师资水平。协调国家图书馆向寻乌县38所中小学及幼儿园捐赠“书香校园数字图书馆”，提供多达5000余种（类）与教材同步的优质数字图书、期刊、音视频服务资源，缓解贫困山区孩子购书难、看书难问题。

【智力扶贫】 安排5期共35名（含寻乌县15名）赣州市宣传文化系统干部参加全国宣传干部培训班，安排4名寻乌县宣传文化系统干部分别参加全国宣传思想理论研修班、基层思想政治工作创新典型经验交流研修班、社会主义核心价值观与舆情信息工作培训班。与寻乌县共同设立“寻乌经济社会发展建议”课题，安排马克思主义理论研究和建设工程专家在寻乌县蹲点，同当地相关部门的干部一道实地开展课题研究，手把手带动当地干部提升素质和能力。同时，邀请蹲点专家为县乡镇村各级干部举办《把脉中国经济新常态——大变革时代中国宏观政策与经济形势》辅导报告，帮助当地干部正确认识当前经济形势，提高发展经济的能力和水平。协调全国思想政治工作研究会向寻乌县委常委、乡镇党委书记、村党支部书记赠阅《思想政治工作研究》杂志。继续帮助耀州区提升党委中心组学习平台——“耀州大讲堂”的品位和档次，在选题策划、专家邀请等方面予以协调联系，并向区委理论学习中心组赠送《党委中心组学习》和《时事报告》杂志等。

【扶贫宣传】 继续协调中央主流媒体赴寻乌县、铜川市耀州区，开展“走转改”活动。2015年先后协调人民日报社、中央电视台等中央主流媒体8批次60余人深入寻乌乡村开展活动。《人民日报》聚焦寻乌经济社会发展、生态文明建设、扶贫攻坚方面的成效，展现赣南儿女的精神风貌和苏区振兴发展的喜人变化；中央电视台配合纪念毛泽东寻乌调查85周年，采制“重返寻乌调查”15集特别节目，在《新闻联播》《新闻直播间》《朝闻天下》栏目连续播出，此节目还两度登上《新闻联播》头条。中央电视台《地理·中国》栏目推出专题片《龙岩巨屋》，全面介绍寻乌特色产业、地理资源和客家文化。中国国际广播电台深入寻乌等县开展为期1周的“中国人权纪实·2015”大型中外媒体联合采访报道活动，向国际社会介绍赣南老区的变化、宣讲“寻乌好故事”。及时报道耀州区王家砭村先进群体、最美乡村医生李文强等先进典型，宣传挖掘陕甘边照金革命根据地、路遥《平凡的世界》创作地红色文化精髓、传统文化内涵，进一步扩大耀州知名度美誉度。2015年，中央、省级各媒体、网站共刊发、转载两地相关稿件800

余篇。

【产业扶贫】 协调农副土特产品企业前往寻乌县，洽谈建立赣南土特产品一体化交流中心相关合作事宜。在《若干意见》实施3周年之际，按照“援县促市”工作部署，协调中央主要新闻媒体前往赣州、寻乌，专题采访报道赣南脐橙、寻乌蜜橘产业发展状况，产业转型、升级、发展的一系列举措，助力精准扶贫、精准脱贫。通过多平台、多角度支持，打响蜜橘、脐橙品牌，促进蜜橘、脐橙销售价格创历史新高。据寻乌果业部门统计，2015年脐橙产地均价每千克4.8元，同比上涨18.5%，促进果业发展和果农脱贫致富。

【易地扶贫搬迁】 落实《文峰乡石排村谢屋小组等原废弃矿区移民搬迁实施方案》，帮助实施重点移民搬迁工程，顺利完成因受地域条件限制及稀土开采历史遗留问题影响、已不宜生存居住的谢屋小组整体生态移民搬迁工作。统建的36套住房已通过公示、摇号的方式全部分配给移民户，中宣部出资50万元帮助4户贫困家庭按时搬迁。

【扶贫慰问】 2015年“七一”前夕，联系协调中国人权发展基金会，前往寻乌县走访慰问乡村生活贫困的孤寡老人、空巢老人和因病致贫致残家庭200户，发放慰问金12万元。

【医疗卫生扶贫】 争取有关公益基金支持，帮助寻乌县晨光镇公平村一户村民两个重症患儿募集治疗善款10万元。

（中共中央宣传部扶贫办 吕 凯）

中共中央统一战线工作部扶贫

【概述】 2015年，统一战线发挥优势参与脱贫攻坚，扎实开展定点扶贫工作，参与毕节“开发扶贫、生态建设、人口控制”试验区建设，推进黔西南“星火计划、科技扶贫”试验区建设，推动西藏、四省（青海、四川、云南、甘肃）藏区和新疆南疆四地州等民族地区扶贫政策和项目落实，促进民族地区加快发展，稳步开展对口支援江西省广昌县工作。中央政治局委员、中共中央统一战线工作部（以下简称“中央统战部”）部长孙春兰高度重视统一战线参与脱贫攻坚，多次主持会议研究部署，提出明确要求。中央统战部牵头协调各民主党派中央和全国工商业联合会做好定点扶贫和对口帮扶工作，通过召开负责同志座谈会、社会服务部门负责同志工作会议、协调开展毕节试验区建设专题调研等形式，贯彻落实中央精准扶贫、精准脱贫要求，研究制定开展扶贫开发和做好定点扶贫工作具体举措。2015年，统一战线共为贫困地区培训教师、医生、干部、致富带头人等6.3万人次；开展大型公益活动5场，共计协调捐资捐物1.1亿元；组织3次民营企业家赴贫困地区集中考察投资活动，落实签约项目600多个；选派18名干部赴贫困地区挂职、担任贫困村“第一书记”。

【扶贫会议】 中央政治局委员、中央统战部部长孙春兰主持召开部务会、党外人士座谈会，学习贯彻中央扶贫开发工作会议精神和中共中央总书记习近平关于扶贫开发的重要讲话精神，要求准确把握党中央对扶贫开发工作的新部署新要求，鼓励支持统一战线各党派团体、各类企业、社会组织、个人参与脱贫攻坚，形成全社会参与的大扶贫格局，切实找准参与扶贫开发的着力点，更加有效地帮助贫困人口脱贫，推动贫困地区经济发展和社会进步。中央统战部印发《关于统一战线深入学习贯彻中央扶贫开发工作会议精神的通知》（统发〔2015〕66号）文件，从思想认识、重点任务及组织保障等方面，提出贯彻落实中央扶贫开发工作会议精神的明确要求。

【扶贫调研】 中央政治局委员、中央统战部部长孙春兰赴贵州、西藏和青海、甘肃、四川三省藏区等地调研，深入当地贫困乡村考察，明确指出帮扶工作要紧密结合力所能及，深入研究新形势扶贫工作，要求统一战线进一步整合资源、突出特色，创新工作机制和扶贫方式，科学帮扶、精准帮扶，重点解决困难群体就业，打好扶贫攻坚战。中央统战部副部长冉万祥赴赫章县调研并看望驻贫困村“第一书记”，研究提出进一步助推毕节试验区发展、帮扶赫章县的工作思路和着力重点。2015 年，有 18 位民主党派中央领导赴贫困地区调研。

【民族地区、革命老区、边疆地区扶贫】 围绕“一带一路”等重大战略，引导统一战线成员在教育、科技、文化、旅游等领域开展内引外联，引导非公有制经济人士到民族地区兴办企业、投资项目，帮助发展特色农产品和特色手工业，带动当地群众脱贫致富，提高自我发展能力。支持各民主党派和各级工商业联合会围绕沿线地区扶贫开发组织开展建言献策、人文交流等活动 80 多场。与青海省、西宁市共同举办“光彩事业丝路行”暨 2015 西宁城市发展投资洽谈会，组织 13 个省市光彩会代表团参加，落实签约项目 187 个，总投资金额 910.5 亿元。举办“中国光彩事业黄冈（红安）老区行”，全国 500 多位民营企业家参加活动，共签约农副产品、基础设施、文化旅游等项目 295 个，总投资金额 2604.83 亿元。举办“光彩事业抚州（广昌）行”活动，协调 150 名非公企业家到抚州开展投资考察和公益捐赠等活动，活动期间计划落实签约项目 150 个，总投资金额 1000 亿元。

【公益扶贫】 发挥统一战线联系广泛的优势，组织协调到贫困地区开展公益活动，帮助改善民生。2015 年 4 月，组织中华海外联谊会海外知名人士到广昌县考察，签署捐资助学、人才培训、建设村卫生室等民生改善项目 6 个，资金总额 1095 万元。7 月，开展“同心·共铸中国心”四川省阿坝藏族羌族自治州行活动，组织医疗专家深入 40 个乡（镇），义诊 4.3 万多人，安排 88 名先天性心脏病患者来京接受治疗。8 月，组织中华海外联谊会港区理事赴四川甘孜考察，签署卫生、教育、社会公益事业等捐助项目共计 830 万元。9 月，组织留学人员服务团赴新疆维吾尔自治区捐赠价值 1000 万元的药品，启动 3000 例白内障晶体置换免费手术等公益项目。协调民营企业家、港澳台企业家向 19 个省（区、市）贫困地区捐资 7800 万元修建 520 所海联卫生室。

【毕节试验区建设】 2015 年，中央统战部在试验区协调、支持和参与各类帮扶项目 327 个。采取异地培训、交流培训、网络培训等多种方式，培训教师、医生、基层干部和各类实用技术人才 1.36 万人次，资助贫困学生 1580 名。各民主党派投入 6200 万元，在医疗卫生、教育等民生方面开展帮扶，为千余名当地群众提供医疗服务，开展“同心助学”百所学校精准帮扶行动。统一战线各方面联系重庆三峡燃气（集团）有限公司、北京东方园林生态股份有限公司等 50 余家企业到毕节投资考察；中国民主建国会中央委员会举办毕节试验区生态产业发展峰会，促成签约 12 个生态产业项目，总金额 18.34 亿元；上海市委统战部等有关方面引进上海雪榕食用菌有限公司、河北连生农业开发有限公司等特色产业项目。

【黔西南试验区建设】 2015年，各民主党派中央、全国工商业联合会参与黔西南试验区建设联合推动组（以下简称“联合推动组”），支持黔西南布依族苗族自治州（以下简称“黔西南州”）举办“中国美丽乡村·万峰林峰会”和试验区成立25周年活动，总结参与建设工作经验和成效，明确注重科技支撑，加快试验区跨越发展。中央统战部、联合推动组共同协调相关部门推进试验区铁路、水利等基础设施项目纳入建设规划。联合推动组组织知名茶企和茶叶专家赴黔西南州，对当地茶叶种植大户和茶叶经销商开展茶园管理、生产工艺和品牌营销培训。各民主党派中央、全国工商业联合会结合《滇黔桂石漠化片区区域发展与扶贫攻坚规划（2011—2020年）》部署，围绕促进黔西南州喀斯特国家公园建设等重点课题开展调研。

【定点扶贫概述】 2015年，中央统战部结合贵州省赫章县、晴隆县和望谟县实际需求，积极开展各类帮扶活动。

【扶贫培训】 投入30万元举办赫章县基层干部培训班，从“四个全面”战略布局解读、我国宏观经济及农业经济形势分析、民主协商与参政议政、危机应对与处理方面帮助培训100名基层干部，提升干部履职尽责能力。为晴隆县、望谟县举办乡村特色旅游培训班，培训100名旅游管理干部和乡村特色旅游村农家乐经营模范户。

支持台湾民主自治同盟中央委员会采取“请进来”与“走出去”相结合的方式，邀请40名赫章县基层骨干教师到北京进行职业技能培训，邀请沈阳师范大学选派教育专家到赫章县为1000多名教师进行培训。

【经贸合作】 支持贵州省委统战部组织省直部门、省统一战线助推赫章县发展，2015年组织17批次224位企业家赴赫章县考察投资，达成意向项目33个，拟投资总金额369.3亿元。

【干部挂职扶贫】 协调选派18名统一战线成员赴毕节市、黔西南州等地挂职、担任贫困村“第一书记”，实地参与扶贫工作，在建言献策、人才培训、招商引资方面发挥积极作用。把赫章县作为培养锻炼干部的重要基地，选派干部挂任赫章县团委副书记、平山镇副镇长，选派处级干部挂任平山乡雄营村村支部“第一书记”。挂职干部在接受当地党委统一领导的同时，承担帮扶联络联系工作，及时沟通信息，提高实际工作能力。

（中共中央统一战线工作部
办公厅　张　奔）

中共中央直属机关工作委员会扶贫

【概述】 2015年，中共中央直属机关工作委员会（以下简称“中直工委”）定点帮扶河北省平山县和山西省宁武县。

【教育扶贫】 2014年8月至2015年7月，中直机关青年第17批支教扶贫志愿服务队赴西柏坡参加支教工作。全体队员积极开展教学、扶贫、挂职、调研工作，获得了共青团河北省委授予的“河北省青年志愿者服务特殊贡献奖”和平山县教育局授予的“优秀志愿服务集体”荣誉称号。2015年，支教扶贫队员共撰写扶贫开发调研报告13篇，联系中直机关有关单位和企业建立3所西柏坡红军小学，并为西柏坡学区部分中小学捐建太阳能光伏发电文化长廊、校园基础设施，捐赠笔记本电脑、台式计算机、教学用具、太阳能热水器、服装被褥、图书文具和体育用品等，总价值约695万余元。第18批支教扶贫志愿服务队积极联系动员社会力量开展“1209暖冬计划”“爱在山区、暖在童心”等捐助活动，为贫困山区学生捐款捐物。2015年，共为平山县贫困山区学生筹集物资价值38万元，惠及贫困山区学生1000多人。开展一对一帮扶活动，40余名贫困学生得到资助，每人每年获得资助1200元。

【扶贫培训】 2015年11月，在平山县举办烹饪技能培训班，90多人参加培训。与河北省农广校合作，举办梁家沟乡村旅游培训班，邀请河北经贸大学旅游学院专家讲解新型农家乐的管理经营。设立梁家沟乡村旅游专业合作社，邀请北京市古北镇司马台村支书到梁家沟交流指导，实行“党支部+合作社+农户”的管理模式，建设融红色旅游、休闲观光、民俗文化于一体的乡村旅游特色村，全村54户报名入社，占全村总户数一半以上。帮助宁武县阳坊口镇阳方村成立专业合作社，种植食用菌、中草药和经济林木等品种优、效益高的农作物。

【基础设施建设】 联系协调省电力公司筹措13万元为梁家沟新农村住宅楼安装变压器、电表和进行线路改造；筹措3万多元为梁家沟村安装净水设备，为村幼儿园改造供暖设备；妥善解决村采暖锅炉承包问题，保障全村冬季供暖。

协调中国光华科技基金会分别为县党校、阳方村和镇两所小学捐赠图书20万码洋，筹措资金修缮了村委会，修建了文化广场，成立了村老年人协会，完成了村民信息电子化建设。

【干部挂职扶贫】 2015年9月，中直工委选派2名处级干部分别到河北省平山县西柏坡镇梁家沟村、山西省宁武县阳方口镇阳方村挂职扶贫，担任村“第一书记”，同时分别兼任两个县的县委副书记。

【扶贫会议】 2015年6月，中直工委召开中直机关青年干部支教扶贫工作座谈会，明确提出要加强和改进中直机关青年干部支教扶贫工作。进一步加大支教扶贫工作力度，扩大中直机关各单位支教扶贫工作覆盖面。与北京市教育部门联系，协助平山县开展师资培训，提高师资水平。与平山县教育局、扶贫办协商，把支教点和扶贫项目向最需要帮扶的乡镇扩展，在原有支教点的基础上，新增1—2个支教点。建立支教扶贫队员电子信息档案，加强历届队员间的沟通联络，形成支教扶贫工作合力，推动项目的延续开展。

【扶贫调研】 2015年4月，中直工委副书记王秀峰到河北平山县开展支教扶贫工作调研，与支教扶贫队员座谈，并就进一步加强和改进支教扶贫工作提出具体要求。

（中共中央直属机关工作委员会
办公室　张　伟）

中共中央国家机关工作委员会扶贫

【概述】 2015年，中共中央国家机关工作委员会（以下简称“国家机关工委”）积极协助河北省临城县向有关部门和社会组织争取基础设施建设、农村饮用水安全、医疗救治、教育培训等各类项目资金共计1562万元。截至2015年底，临城县农民人均纯收入由2011年的3990元增加到6950元，5.4万贫困群众实现脱贫，贫困发生率降至9.2%。此外，国家机关工委认真对接新增扶贫点河北省阳原县，积极沟通谋划开展定点帮扶工作。

【扶贫调研】 2015年，国家机关工委领导5次赴临城县进行实地考察指导，多次与河北省、邢台市有关领导沟通情况，协调落实相关项目。5月，国家机关工委副书记陈存根带队赴临城县调研并考察挂职干部。与县委、县政府共同研究帮扶工作，实地考察了临城县扶贫开发重点村——赵庄乡桐花村、天台山旅游设施及全国农业旅游示范点——邢台县浆水镇前南峪村和蓝天碧波生态庄园等。9月，陈存根带队赴临城县出席国家机关工委援建的围场中心小学教学楼竣工仪式。实地参观了围场中心小学新教学楼，与南程村委会负责同志进行座谈，调研考察了临城县现代农业园及旅游设施等。11月，国家机关工委副书记常大光带队赴工委新增扶贫点——河北省阳原县进行了调研考察，先后走访了5个乡镇、2个村。重点考察3家企业、4家园区、4个文化旅游开发项目，详细了解县医院和1所镇中心卫生院的医疗卫生服务状况，深入2所学校了解教学设施、校舍建设及存在的困难。同时，走访慰问井儿沟乡常家庄村3户贫困群众，详细了解贫困群众生产生活情况。

【扶贫会议】 2015年，国家机关工委2次专题研究扶贫工作。9月，按照国务院扶贫办印发《关于进一步完善定点扶贫工作的通知》要求，新增河北省张家口市阳原县为国家机关工委定点帮扶县。国家机关工委常务副书记李智勇主持工委会专题审议新增阳原县结对关系有关事项。

【扶贫慰问】 2015年2月，国家机关工委与国务院扶贫办赴临城县开展春节慰问工作。先后走访边远山区的1个乡2个村，看望了10户贫困群众和县专业扑火队，与乡镇干部座谈交流，实地了解国家机关工委援建的围场中心小学建设进展情况。慰问金总计10万元。

【教育扶贫】 2015年8月，国家机关工委筹资375.75万元援建的“围场中心小学”综合教学楼正式竣工并投入使用，使周边14个村652名山区孩子达到“学者有其室、住者有其床、餐者有其桌”。国家机关工委联系北京成龙慈善基金会，在竣工仪式上现场向该校捐赠150万元，分别用于购置配套设备、教师奖金和学生助学金，为山区学校留住优秀教师、激励困难学生发挥了积极作用。

【医疗卫生扶贫】 国家机关工委从进一步提高乡村医疗水平，方便贫困群众就医入手，积极联系中国红十字基金会，投资12万元建成围场村卫生站，并分批培训乡村医生，现已培训30名。2015年6月，国家机关工委扶贫办有关工作人员陪同中国红十字基金会相关负责人，捐资方上海通用五菱汽车股份有限公司负责人等一行赴临城县进行了考察。

【项目扶贫】 国家机关工委帮助临城县积极联系争取产业项目。一是争创全国休闲农业与乡村旅游示范县项目，充分发挥休闲农业和乡村旅游在产业扶贫方面的带动作用。二是帮助临城县打造绿色生态林业工程。联系国家林业局，争取薄皮核桃标准化栽培技术、河北蝎子沟国家森林公园保护与开发、花卉基地建设等8个生态林业工程项目。三是支持生态农业项目建设。协助联系河北省农业厅等部门，帮助临城凤凰岭现代农业园区成功争取省级现代农业示范园区。四是争取国家发展和改革委员会支持，拨付专项基础建设基金1000万元。五是联系水利部、河北省水利厅和邢台市，推进农村吃水安全项目430万元资金落实到位，解决了临城镇、郝庄镇、赵庄乡和鸭鸽营乡等4个乡镇9个村10072人吃水脏、吃水难问题。

【文化扶贫】 一是帮助临城县驾游村积极挖掘整理历史文化资源，向住房和城乡建设部村镇建设司申报中国传统文化村落。二是在中央国家机关第四届职工运动会上展示扶贫成果，重点推介临城县国家级龙头扶贫企业。组织中央国家机关摄影协会赴临城开展实地采风活动，展示临城生态发展、绿色脱贫的风貌。组织中央国家机关摄影爱好者向西竖中学捐赠相机50台，并讲授摄影知识。三是邀请中国法官协会法院分会京剧社，到临城开展“法官情·老区行·文化交流在临城”大型文艺演出活动。

【智力扶贫】 2015年帮助临城县完成党政干部培训58人次；组织中央国家机关青年科级干部培训班学员深入贫困村开展“三同四情”社会实践活动74人次，为推动临城经济社会发展积极出主意、想办法；帮助联系邀请国家卫生和计划生育委员会中国疾病预防控制中心专家，赴临城帮助开发富硒农业相关项目，积极推动富硒功能农业发展；联系中关村科技园区东升科技园与临城企业合作成立众创空间科技公司，开展创业孵化和创业培训。

【干部挂职扶贫】 国家机关工委先后选派 2 名优秀处级干部到临城县挂职，分别担任临城县委副书记、临城县南程村“第一书记”。工作中，充分发挥挂职干部在第一线的桥梁和纽带作用，进一步帮助临城县研究落实政策、联系争取项目、凝心聚力，确保定点扶贫规划落到实处。2 名挂职干部严格按照精准扶贫的要求，克服工作和生活方面的各种困难，积极做好扶贫县与国家机关工委之间的信息沟通、协调联系等工作。

（中共中央国家机关工作委员会
办公室秘书二处　张庆元）

国家发展和改革委员会扶贫

【概述】 按照党中央、国务院统一部署，2015年，国家发展和改革委员会（以下简称“发展改革委”）深入贯彻落实中央扶贫开发工作会议和《中共中央、国务院关于打赢脱贫攻坚战的决定》（中发〔2015〕34号）精神，把精准扶贫、精准脱贫作为基本方略，围绕贫困人口脱贫和解决区域性整体贫困问题，突出易地扶贫搬迁、革命老区开发建设与脱贫攻坚、以工代赈等重点工作，在政策制定、规划编制、投资安排等方面开展了一系列工作，为确保实现全年减贫1000万人以上目标做出应有贡献。

【扶贫制度建设】 2015年，发展改革委将农村减贫人口、易地扶贫搬迁人口等农村扶贫开发指标纳入国民经济和社会发展年度计划，下达2015年农村减贫人口计划1200万人。参与起草《中共中央、国务院关于打赢脱贫攻坚战的决定》《贯彻实施〈中共中央、国务院关于打赢脱贫攻坚战的决定〉重要政策措施分工方案》。会同国务院扶贫办起草《“十三五”脱贫攻坚规划编制工作方案》，组建脱贫攻坚规划编制小组，全面启动“十三五”脱贫攻坚规划编制工作。配合国务院扶贫办开展全国扶贫对象建档立卡核定和“回头看”等工作，推动加快建立精准扶贫工作机制。参与起草《省级党委和政府扶贫开发工作成效考核办法》，配合财政部、扶贫办起草《关于支持贫困县开展统筹整合使用财政涉农资金试点的意见》，探索建立精准、高效的资金使用方式。

【易地扶贫搬迁】 2015年，发展改革委安排易地扶贫搬迁中央预算内投资55亿元，对居住在生存条件恶劣、生态环境脆弱、自然灾害频发等“一方水土养不起一方人”地区的91.65万农村贫困人口实施易地扶贫搬迁。会同国务院扶贫办、财政部、国土资源部、人民银行印发《“十三五”时期易地扶贫搬迁工作方案》（以下简称《工作方案》）。《工作方案》以改革创新为主线，明确了“十三五”时期易地扶贫搬迁工作的总体要求、安置方式、补助标准、资金筹措、职责分工、政策保障等一系列内容，是今后一个时期指导全国易地扶贫搬迁工作的纲领性文件。启动易地扶贫搬迁“十三五”规划编制工作，起草上报规划编制工作方案，明确了规划编制任务、主要内容、进度安排和工作要求，并组织各地开展省级易地扶贫搬迁“十三五”规划编制工作。

【扶贫会议】 2015年12月1日，发展改革委配合国务院办公厅组织召开全国易地扶贫搬迁工作电视电话会议，国务院总理李克强对会议作出重要批示，国务院副总理汪洋出席会议并发表重要讲话。会议深入分析了易地扶贫搬迁面临的形势和任务，对新时期易地扶贫搬迁工作进行了动员和全面部署。汪洋指出，要充分认识做好易地扶贫搬迁工作的重要性、艰巨性，科学规划、精准实施，确保易地扶贫搬迁取得实效。要求各地、各有关部门要加强组织领导，明确职责、稳妥推进、强化监督考核，扎实推进易地扶贫搬迁工作，确保如期完成脱贫攻坚任务。

经国务院同意，2015 年 11 月 27 日晚，发展改革委组织召开全国革命老区开发建设座谈会，国务院副总理汪洋出席会议并发表重要讲话。汪洋指出，要充分认识革命老区开发建设的重大意义，切实增强责任感、紧迫感，紧紧围绕精准扶贫、精准脱贫，重点实施解决基础设施瓶颈制约、补齐公共服务短板、培育壮大特色优势产业、加强生态环境建设和保护等一系列措施，持续加大扶持力度，为革命老区开发建设与脱贫攻坚提供有力支撑。

【革命老区建设】 2015 年，发展改革委会同中共中央办公厅研究起草《加大脱贫攻坚力度支持革命老区开发建设的指导意见》，明确了全国革命老区开发建设与脱贫攻坚的总体要求、工作重点以及主要任务，并由中共中央办公厅、国务院办公厅以中办发〔2015〕64 号文件印发实施。研究出台《左右江革命老区振兴发展规划》《大别山革命老区振兴发展规划》等重点革命老区发展规划，以重点区域、重点人群、重点领域为突破口，带动革命老区全面振兴发展。研究起草《川陕革命老区振兴发展规划》，提出了破解基础设施瓶颈制约和推进精准扶贫、精准脱贫等 7 个方面的主要任务和加大政策支持等一系列保障措施，并按程序报批。进一步加大革命老区支持政策宣传力度，总结形成了支持革命老区的 1258 政策体系（即 1 个总体指导意见、2 个区域性政策意见、5 个重点老区振兴发展规划、8 个涉及老区的片区区域发展与扶贫攻坚规划），着力推动革命老区加快发展步伐。

经国务院同意，2015 年 11 月 27 日晚，发展改革委组织召开全国革命老区开发建设座谈会，国务院副总理汪洋出席会议并发表重要讲话。汪洋指出，要充分认识革命老区开发建设的重大意义，切实增强责任感、紧迫感，紧紧围绕精准扶贫、精准脱贫，重点实施解决基础设施瓶颈制约、补齐公共服务短板、培育壮大特色优势产业、加强生态环境建设和保护等一系列措施，持续加大扶持力度，为革命老区开发建设与脱贫攻坚提供有力支撑。

【以工代赈】 2015 年，发展改革委安排以工代赈资金 57.2 亿元（含财政预算内以工代赈资金 42.2 亿元和以工代赈示范工程中央预算内投资 15 亿元），在贫困地区支持建设了一批中小型公益性基础设施，为参与工程建设的贫困群众发放劳务报酬 6.8 亿元，直接提高了当地贫困群众的工资性收入。其中，以工代赈示范工程重点支持山水田林路、流域治理、跨省市乡村断头路等示范效果和带动作用强的综合性项目，注重加强对贫困村的精准扶持。通过实施以工代赈，明显改善了贫困地区农村生产生活条件和发展环境，直接增加了当地贫困群众收入，受到广大干部群众的普遍欢迎。

【连片特困地区扶贫】 2015年，发展改革委进一步加快推进集中连片特困地区脱贫攻坚。会同国务院扶贫办专门印发通知，协调有关部门和地方加快推进连片特困地区重大项目建设，积极将具备条件且未纳入“十二五”专项规划的项目纳入“十三五”规划。联合国务院扶贫办印发《关于编制集中连片特困地区区域发展与扶贫攻坚“十三五”省级实施规划的通知》，组织有关省（区、市）启动实施规划编制工作，加强对省级实施规划编制工作的指导。积极参与工业和信息化部、国家民族事务委员会、交通运输部等片区联系单位组织召开的部际联系会议，就相关片区重大政策、重点项目、突出问题进行协调推动和解决。

【定点扶贫】 2015年，发展改革委深入贯彻落实国务院扶贫开发领导小组要求部署，将定点扶贫作为全委扶贫开发工作的一项重要抓手。按照国务院扶贫办、中共中央组织部等9部门印发的《关于进一步完善定点扶贫工作的通知》，全力配合中央国家机关工作委员会，认真总结经验，动员全委力量，推动发展改革委3个定点扶贫县——河北省灵寿县、吉林省汪清县、广西壮族自治区田东县经济社会加快发展。安排5名经验丰富、责任心强的优秀干部到定点扶贫县重点单位挂职交流，深入基层了解当地干部群众的迫切需求，在当地重大政策制定、重大规划编制、重大工程建设方面发挥积极作用。商三省（区）发展改革委分解下达教育、水利、卫生、基础设施建设等领域中央预算内投资时，积极向3个定点扶贫县倾斜。帮助定点扶贫县科学制定发展战略、目标任务和政策举措，充分发挥了参谋指导作用，为促进当地经济社会发展提供了有力支撑。

【扶贫日活动】 2015年，发展改革委印发《关于组织开展2015年扶贫日活动的通知》，要求全委充分认识扶贫日活动的重要意义，加强组织领导，结合工作实际精心安排部署，创新活动形式，丰富活动内容，帮助贫困地区谋划脱贫致富的新路子。组织开展“科技之旅”青年志愿服务活动，从定点扶贫县中遴选60名来自贫困家庭的学生到北京开展为期一周的夏令营，并派出22名青年干部职工提供陪同与讲解服务，帮助贫困地区学生开拓视野、增长见识。积极动员全委广大党员干部带头参与扶贫日活动，组织青年同志脱贫攻坚座谈交流会、易地扶贫搬迁和光伏扶贫实地考察、向贫困小学捐赠学习用品等一系列帮扶活动，营造了扶贫济困、友爱互助的良好氛围。

（国家发展和改革委员会　张幸福）

教育部扶贫

【概述】 2015年，教育部认真学习贯彻中共中央总书记习近平关于扶贫开发的重要战略思想，聚焦贫困地区和贫困人口，以《国务院办公厅转发教育部等部门关于实施教育扶贫工程意见的通知》和《国家贫困地区儿童发展规划（2014—2020年）》为引领，以提高群众基本文化素质和劳动者技术技能为抓手，继续实施面向集中连片特困地区的各项教育特惠政策，贫困地区各级教育事业蓬勃发展，质量和水平大幅度提高。从普及水平看，贫困地区各级教育迅速发展，2015年学前教育在校生672万人，小学净入学率保持在99%以上，小学毕业生升学率为97.9%，与全国平均水平基本持平。一半的连片特困县设有特殊教育学校。从办学条件看，贫困地区学校的基本办学条件得到较大幅度改善，2015年中小学和中职校舍建筑面积比2011年增长27.6%。教学仪器设备总值、教学用计算机台数分别增长93.0%、16.6%。半数以上幼儿园和初中，八成以上高中有卫生厕所。网管供水学校比例提高了8—10个百分点。从教师队伍建设看，贫困地区2015年普通高中专任教师比2011年增长12.0%，学前教育专任教师增长208%，代课教师增长132%。幼儿园、小学、初中具有大专（本科）及以上学历教师比例分别提高9.7、12.3、13.6个百分点。

【学前教育三年行动计划】 重点支持连片特困地区、少数民族地区、留守儿童集中地区解决学前教育资源短缺问题。2015年，安排中央资金149亿元，学前三年毛入园率接近70%，超额实现65%的全国“十二五”规划目标。

【农村义务教育学生营养改善计划】 为贫困地区义务教育阶段学生提供每人每天4元的营养膳食补助。2015年，安排中央资金200.56亿元，全国超过1/3的县实施了该计划，惠及3210万农村学生。

【改善贫困地区义务教育薄弱学校基本办学条件】 2015年，安排改善贫困地区义务教育薄弱学校基本办学条件资金330亿元，“初中工程”投资60亿元。着力使农村贫困地区义务教育教学设施和生活设施基本达标，重点保障基本教育条件、改善学校生活设施、办好必要的教学点、妥善解决县镇学校大班额问题、农村学校信息化等方面。

【中等职业教育学生免学费、补助生活费政策】 对中职所有农村学生、涉农专业学生和家庭经济困难学生免除学费，并给予每生每年 2000 元的国家助学金资助。2015 年，中央财政安排中等职业教育国家助学金 34 亿元；安排中等职业教育免学费补助资金 111.8 亿元。这一政策已实现集中连片特困地区全覆盖，进一步增强了中等职业教育的吸引力，为片区承接产业转移、吸引外来投资、提升公共服务水平提供了充足的人才储备。

【农村贫困地区定向招生专项计划】 自 2012 年起，所有“211 工程”高校和中央部署高校专门安排招生计划，面向贫困地区招生。2015 年，招生规模从 1 万名扩大到 5 万名，实施区域从 680 个连片特困县扩大至包括国贫县在内的 832 个贫困县，4 年累计录取学生 18.3 万人，贫困地区农村学生上重点高校人数近两年连续增长 10% 以上。

【国家贫困地区儿童发展规划】 将 680 个连片特困县从出生开始到义务教育阶段结束的农村儿童作为实施范围，在健康、教育等方面加大干预力度，着力编就一张保障贫困地区儿童成长的安全网。教育部积极推进落实，2015 年 1 月，教育部有关负责人对《国家贫困地区儿童发展规划（2014—2020 年）》进行了解读，并在主流媒体上进行大力宣传；5 月底，及时总结《国家贫困地区儿童发展规划（2014—2020 年）》实施以来贫困地区儿童发展方面所取得的阶段性成果，并上报给中共中央办公厅和国务院办公厅。

【乡村教师支持计划】 2015 年 6 月，以国务院办公厅名义印发《乡村教师支持计划（2015—2020 年）》，教育部按照要求定向施策，精准发力，全面推开中小学教师职称制度改革，改善教师待遇，关心教师成长，维护教师权益，吸引、鼓励、支持优秀人才长期从教、终身从教。2013—2015 年，中央财政已下达乡村教师生活补助政策综合奖励补助资金 43.92 亿元，惠及 573 个县的 104 万名乡村教师，村学校和乡村教师的受益面分别达到 94% 和 87%。此外，2015 年中央还安排特岗计划资金 56.63 亿元，“国培计划”资金 19.85 亿元，义务教育阶段教师选派工作经费 3.3 亿元。

【扶贫调研】 2015 年 4 月 12—19 日，教育部安排专人赴贵州省毕节市、安顺市和云南省保山市、大理白族自治州共 4 市（州）5 县开展教育扶贫专题调研。调研组在两省召开座谈会 6 场，分别听取了省州县相关部门及各级学校、教师、学生、学生家长的意见和建议，走访调研幼儿园 4 所、小学 5 所、初中 6 所、普高 4 所、中职 3 所、高校 1 所、贫困村 1 个，实地察看教育发展情况，深入了解师生实际状况，广泛听取基层干部、学校师生及贫困群众对教育扶贫的所思所盼所求。

【扶贫日活动】 在国家“扶贫日”期间，通过新闻发布会、新华网访谈、人民网视频访谈、《教育报》专版、网站宣传等方式向全社会解读了教育扶贫全覆盖 20 项政策，全面总结宣传近年来出台的教育惠民、教育富民扶贫政策，加大对教育扶贫工作的宣传力度。10 月 17 日，全国连片特困地区所在各省同步举行了教育扶贫全覆盖行动启动仪式。在河北省赞皇县的总启动仪式上，教育部对教育扶贫全覆盖工作作了总体动员和部署，将全面覆盖贫困地区的学校、教师、学生和建档立卡贫困户，从学前教育、义务教育、普通高中教育、职业教育、高等教育、继续教育、贫困家庭学生 7 个层面构建全领域结对帮扶关系，聚焦最薄弱领域和最贫困群体，定向施策，精准发力，加快贫困地区教育事业发展。

【直属高校定点扶贫】 安排 44 所科研实力强、以理工科为主的直属高校承担 44 个国家扶贫开发工作重点县的定点扶贫任务，发挥优势，在人才培养、产业发展、城乡规划、医疗服务等方面，为定点扶贫县提供了大力帮扶。

【定点联系滇西片区】 教育部按照中央关于扶贫开发的总体部署和定点联系工作的要求，围绕滇西整体脱贫和全面建成小康社会的目标，从滇西发展落后、素质型贫困问题突出的实际出发，充分发挥教育系统优势，逐步形成了以建设“一带一路”及面向西南开放重要桥头堡为战略定位、以《滇西边境山区区域发展与扶贫攻坚规划（2011—2020 年）》为统领、以《教育部定点联系滇西边境山区工作方案》和《教育部云南省人民政府加快滇西边境山区教育改革和发展共同推进计划（2012—2017 年）》为支撑的政策体系和定点联系滇西的具体施工方案，从发展定位、工作目标、重点任务、组织保障等方面构建了一个完整的政策链条。同时，明确了定点联系滇西的工作思路，围绕把滇西建设成为人力资源开发扶贫示范区的总体定位，探索通过开发人力资源促进连片特困地区区域发展和群众脱贫致富的扶贫新模式，建设滇西教育改革先行区、教育开放试验区、教育对口支援示范区，不断增强滇西自我发展和可持续发展的能力。2015 年，教育部积极推进、精心组织实施定点联系滇西的各项精准帮扶项目，促进滇西区域发展与扶贫开发工作不断取得新进展。

【扶贫培训】 2015 年，围绕滇西地区教育和经济社会发展突出瓶颈问题，依托陕西师范大学、中南财经政法大学和云南大学等高校优势学科资源，分别以生物医药产业发展与生态文明建设、民族文化传承与旅游产业发展和滇西挂职干部对口支援能力提升等为主题，举办 5 期滇西领导干部经济管理研修班，培训滇西领导干部 500 余名，助力滇西领导干部管理能力提升。

【滇西应用技术大学】 结合滇西 10 州市特色优势产业，教育部会同云南省按照“产教融合、校企合作、工学结合、知行合一”的现代职业教育理念，采取总部加若干特色学院、研究中心的开放式办学构架建设新型应用技术大学。2015 年 1 月，学校筹建事项已通过全国高校设置评议委员会评议。

【滇西农村青年创业人才培养计划】 2013 年启动，将在五年内面向滇西免费培养 1000 名优秀农村青年创业人才，聚焦“三农”指导学员开展小微企业创业。采用先进的教学理念，运用“互联网+”教学模式，引入师徒制和全程导师制，截至 2015 年已完成 400 名学员的选拔和注册入学，教学计划顺利推进，得到滇西创业青年的热烈响应。

【滇西中学英语教师出国研修项目】 2015 年，从滇西选拔了 105 名一线中学英语教师，采取国内外研修相结合的方式，在北京语言大学安排 1 个月国内专业预备教育后，分别派赴英国、新加坡、加拿大等国家知名高校进行 3 个月的国外研修。两年共选派 203 名教师，有效带动了滇西中学英语教师外语能力和教学水平的整体提升。

【滇西扶贫开发专题研究】 按照问题导向、精准对接需求的筛选标准，2015 年，资助《滇西片区中小学教师运用信息技术提升专业水平的模式研究》《滇西地区农村寄宿制学校发展现状与小规模学校撤并价值关联性研究》《滇西边境山区扶贫开发比较研究》等 14 个研究课题，助力滇西发展。

【滇西扶贫网络建设】 积极搭建服务定点联系滇西的网络平台，依托云南大学滇西发展研究中心建设运营“滇西开发网”，作为滇西地区招商引资、信息资讯和形象宣传的窗口；依托国家开放大学设计、开通建设“滇西学习网”，作为面向滇西的远程教育和资源共享平台，为滇西学习者提供丰富的学习资源和先进的数字化学习环境。

【干部挂职扶贫】 2015 年，从教育部机关、直属单位和直属高校选派 54 名优秀干部赴滇西挂职锻炼，实地推动滇西扶贫工作。三年累计选派 166 名挂职干部。

【对口帮扶】 16 所直属高校承担国家任务定点扶贫滇西 16 个国家扶贫开发工作重点县，其余 59 所直属高校承担滇西专项扶贫任务，东部 10 个职业教育集团与滇西 10 个州（市）开展战略合作，对口帮扶滇西职业院校。北京大学、清华大学等 9 所高校对口帮扶大理大学。通过高等教育和职业教育对口帮扶和对口支援，发挥学科、人才、科研等方面优势，结合当地实际，实施精准扶贫，取得了较好成绩。如上海交通大学利用大理白族自治州洱源县生态资源优势，实施车厘子新品种引进和技术推广项目，至 2015 年底，已建成果园 800 亩、优良品种繁育基地 40 亩，打造车厘子高原特色产业。中南财经政法大学面向德宏州梁河县创新形成智力扶贫、人力扶贫、资金扶贫、创业扶贫和特色扶贫“五位一体”协同推进的扶贫工作模式。陕西师范大学在普洱市及景谷傣族彝族自治县实施珍稀濒危中药材规范化种植、林下仿野生栽培与产业开发项目，支持当地药企和专业合作社及农户种植药材，并通过延伸产业链实现产业增值。

【定点扶贫概述】 2015年，教育部定点扶贫河北省新河县、威县、青龙县和江西省上犹县，以提高群众基本文化素质和劳动者技术技能为抓手，继续实施各项教育特惠政策，贫困地区各级教育事业蓬勃发展。

【春节慰问活动】 2015年春节前，教育部相关司局领导带队赴河北省新河县、威县、青龙县和江西省上犹县等对口帮扶县开展春节慰问活动，筹措慰问金50万元用于对口帮扶县家庭经济困难教师和贫困农户的春节慰问与专项培训。

【扶贫培训】 2015年3月，组织定点扶贫县和对口支援县一行15人赴江苏省常熟市进行为期5天的培训，学习借鉴发达地区的经验做法和先进办学理念。

【扶贫会议】 2015年4月，协调河北农业大学、河北医科大学、河北科技大学和河北师范大学四所大学与河北省新河县召开对口支援座谈会并签订合作帮扶框架协议书，落实支持项目和措施。9月，协调河北省教育厅以及四所高校又召开对口帮扶新河县的工作推进会，进一步明确各方具体任务，扎实推进，落实帮扶工作，推进新河县产业和教育发展。

【社会捐赠】 协调广汽丰田向河北省威县、青龙县赠送2台教具车，供职业学校汽修专业学生实习使用。

（教育部发展规划司　姚　莉）

科学技术部扶贫

【概述】 科学技术部（以下简称“科技部”）在国务院扶贫办的指导和总体安排下，深入贯彻中共中央总书记习近平系列重要讲话精神，围绕“四个全面”战略布局，牢固树立并切实贯彻创新、协调、绿色、开放、共享的发展理念，全面贯彻党的十八大和十八届三中、四中、五中全会精神，充分发挥科技优势，认真落实《中共中央国务院关于打赢脱贫攻坚战的决定》《中国农村扶贫开发纲要（2011—2020年）》《关于进一步做好定点扶贫工作的通知》《秦巴山片区区域发展与扶贫攻坚规划》和《边远贫困地区、边疆民族地区和革命老区人才支持计划实施方案》总体部署，实施精准扶贫基本方略，扎实开展了行业扶贫、定点扶贫和集中连片特殊困难地区扶贫工作。

【科技人才队伍建设】 2015年科技部按照《边远贫困地区、边疆民族地区和革命老区人才支持计划实施方案》，重点在调动地方积极性、规范工作流程、指导各地实施、广泛宣传典型等方面推进科技人员专项计划实施。4月，在青海召开了“三区”人才支持计划科技人员专项计划工作推进会。通过赴河北、陕西、青海、云南、湖南、湖北等地集中调研，理顺了选派和培养工作流程，设计开发了“三区”人才支持计划科技人员专项计划管理信息服务平台，在科技日报上开设了“‘三区’科技人员扶贫记”专栏，加强专项计划的管理与服务。2015年度中央财政投入3.2亿元，向1268个“三区”县选派科技人员1.94万人，培养“三区”县科技人员3203人。按照“三区”人才支持计划科技人员专项计划工作进度要求，2015年度“三区”科技人员工作圆满完成，共向“三区”县选派了科技人员1.49万人，服务1268个“三区”县的9378个乡（镇），25362个村庄，带动105.5万户农民，服务1.01万个企业、合作社、农民协会等机构，引进新品种1.39万个，推广新技术1.33万项，建立示范基地5798个，创办领办企业、合作社、农民协会等机构1943个，引进项目3130个，引进资金19.78亿元，培养基层技术骨干7.67万人，举办培训活动3.43万场，培训农民453万人次。委托104家培训机构举办192期培训班，培养“三区”县本土科技人员2684人，超过80%的受培人员是农村科技服务人员和涉农企业、农业合作社、农民协会等机构负责人以及基层科技管理人员。专项计划通过财政资金、科技计划和人事等方面的政策组合，提高贫困地区“土专家”的创新创业能力，在贫困地区转移转化了一大批科技成果和先进适用技术，形成了一支服务于脱贫攻坚的稳定的科技队伍，带动了一大批技术、管理、信息以及资本等现代创新要素逆向流动到贫困地区，为实现创新驱动精准扶贫、精准脱贫发挥了积极作用。

【创业式扶贫】 召开推进科技特派员社会化管理工作座谈会，加强对科技特派员创业的社会化服务措施。完善“科技特派员网络认定和注册系统”，探索科技特派员注册登记制。起草《关于深入推行科技特派员制度的若干意见》，全面推进科技特派员农村科技创业。针对不同发展阶段，利用科技特派员资源优势，开展科技特派员服务对接和创业引导活动。通过有关面向基层的科技计划，大力扶持科技特派员创业链建设，促进贫困地区特色产业的技术创新和产业升级。

【贫困村信息化工作】 科技部高度重视信息化在扶贫攻坚中的关键作用，按照《贫困村信息化工作实施方案》要求，围绕贫困地区信息化建设工作，发挥部门优势，从组织农村信息化关键技术研发、强化农业科技信息服务以及国家农村信息化科技示范省建设三个方面打造先进的扶贫信息网络，为贫困村脱贫致富提供科技支撑和信息保障。2015 年，起草了《国家农村信息化示范省建设推进方案》，重点开展工作督导、绩效评价、社会评价、经验交流等工作。编撰了《2014 国家农村信息化示范省建设年度报告》，总结示范省建设进程、建设态势和建设过程中涌现的经验和模式。召开国家农村信息化示范省督导及工作专家会，对国家农村信息化示范省建设的有关建议和意见、专家指导组的工作机制、国家综合服务平台的建设与落实、下一步调研的内容及调研方法等问题进行探讨。按中共中央组织部远程教育工作任务安排，在贵阳市组织召开了党员干部现代远程教育工作会议，完成《科技与应用》栏目全年 183 小时（其中首播 91.5 小时）的专题教材制作任务。

【扶贫培训】 为切实推进秦巴山片区区域发展与扶贫攻坚工作，培养创业扶贫带头人才，带动贫困农户发展产业增收脱贫，形成科技创业助推精准扶贫的新机制，科学技术部扶贫办统筹“三区”人才支持计划科技人员专项计划培训资源，组织开展了“秦巴山片区科技特派员农村创业骨干培训”。培训班采用理论教学、实习实训、现场观摩、研讨交流、网络教学、微信互动、路演对接等多种培训方式，开设专题讲座 58 次，现场教学 8 次，研讨交流 9 次，设置“双导师”制，为学员配备了创新和创业导师，提供了线上线下全时培养，为片区 76 个“三区”县的 152 名创业扶贫带头人提供了有力的智力支持。通过对片区内具有较强创业意愿的涉农企业负责人及专业合作社负责人开展专业化创业培训，提高骨干科技特派员农村科技创业能力，指导涉农企业按照一二三产融合的要求，强化品牌意识，提升区域特色产业竞争力，加快农业转型升级，通过创业骨干自身的创业活动，带动贫困农户发展产业增收脱贫，形成科技创业助推精准扶贫的新机制。

【秦巴山片区扶贫】 根据国务院扶贫开发领导小组的统一部署，科技部、国家铁路局、中国铁路总公司被确定为秦巴山片区的联系单位。为更好地总结交流片区规划实施成效和经验，解决各省（市）在实际工作中的问题，科技部联合国家铁路局和中国铁路总公司于 2015 年 11 月 24 日在北京召开秦巴山片区区域发展与扶贫攻坚协调推进会。秦巴山片区扶贫牵头单位的负责同志参加了会议。科技部农村司对新形势下做好秦巴山片区扶贫攻坚工作提出了要求。各省市总结交流了推进片区规划实施的做法、经验和取得的进展，在铁路、交通、能源、水利、机场等片区内跨省重大基础设施项目建设方面提出了建议和需求。各部门代表介绍了在秦巴山片区重点推动的相关工作，并对各省市提出需求进行了积极回应，逐条给予政策解释和工作指导。与会代表讨论并一致通过了《秦巴山片区扶贫攻坚跨省协调机制》和《秦巴山片区跨省重大基础设施项目协调推进机制》，切实推动了秦巴山片区区域发展与扶贫攻坚工作。

【定点扶贫】 根据《关于进一步做好定点扶贫工作的通知》精神，科学技术部在河北省魏县、江西省永新县和井冈山市、河南省光山县、湖北省英山县以及陕西省佳县和柞水县开展定点扶贫工作，为促进定点扶贫县（市）科技进步，经济和社会事业又好又快发展提供有力支撑。通过部务会、现场调研等多种形式研究、指导和推进定点帮扶工作，把定点扶贫与片区扶贫、行业扶贫和“三区”人才计划科技人员专项计划进行统筹考虑、整体推进。11 月，科学技术部党组书记、副部长王志刚和党组成员、副部长李萌带队，深入永新县进行专题调研，走访企业、基地，看望挂职的贫困村“第一书记”，并在定点县召开座谈会，研究推动定点扶贫工作。向定点县选派了第 28 届科技扶贫团，共有 7 名同志在县里脱产挂职扶贫，3 名司局长作为扶贫团长专职指导挂职同志开展工作。按照中组部统一部署，于 7 月及时向定点县选派了 1 名贫困村“第一书记”，加强基层党组织建设，开展精准扶贫、精准脱贫。帮助魏县全面推进果蔬加工产业发展，与北京市大兴区采育镇融青生态农业有限公司、圣泽林梨园进行对接，提升梨种植区的精深加工产业。帮助英山县建设茶叶研发和展示中心，提出液固态茶饮品开发、农产品精深加工、筹资及电子商务、茶籽油粉末化技术路线，向英山县金家浦中学捐赠了 1000 册科普图书，支持改造原有的县域综合信息服务平台，帮助提升农村信息化水平，实现电商技术推广、科技培训、民生服务的融合。在光山县推进茶叶培育、栽培及病虫害防治技术，茶叶加工工序改进技术等工作，邀请科技部、水利部、国务院港澳事务办公室等10个中央国家机关部委17位青年干部为光山县科技扶贫工作建言建策。举办光山县创新方法培训会，为10多家科技型企业的30多名管理人员和研发人员作了专题讲座。对井冈山的葡萄、茶叶产业开展专业技术服务，与复旦大学新农村发展研究院建立合作协议，推动强化八角楼园区与江苏省科技厅、江苏农科院、东南大学和白马国家农业科技园区等单位的合作与交流。在永新县开展了科技宣传、蚕桑产业发展技术培训等科技下乡活动，加快农业富民产业发展，科技特派团挂点驻扎永新优势和特色产业，对蚕桑和蔬菜产业开展专业技术服务和技术难题攻关，邀请专业人员走访园区企业，调动企业专利申请的积极性。共申请专利51件，授权量31件。帮助柞水县启动商洛国家农业科技园区建设，搭建科技创新创业服务及电子商务应用与推广平台，组织首届电商培训大会暨“2015现代农业电子商务总裁班巡回培训”，涉农企业和农民专业合作社负责人、县属互联网企业、科技示范户、科技特派员等共计200余人参加。扶持佳县红枣等特色产业链的延伸，开展红枣实用管理技术培训100多场次，引进农业新品种15个，其中红枣新品种5个、马铃薯新品种2个、玉米新品种4个、谷子新品种3个、养殖新品种1个，累计推广面积达2万多亩，解决了400多人的就业。2015年，通过星火计划、火炬计划等科技计划，扶持定点县市涉及农户多、带动能力强的支柱产业发展，在定点县直接投入965万元，其中资金925万元，物资折款40万元，帮助引进各类资金2305万元，帮助新上科技项目25个。

（科学技术部中国农村技术开发中心　胡熳华）

工业和信息化部扶贫

【概述】 2015年，工业和信息化部（以下简称“工信部”）积极贯彻落实党中央、国务院关于扶贫开发工作的一系列战略部署，认真学习领会中央扶贫工作会议以及《中共中央、国务院关于打赢脱贫攻坚战的决定》等一系列扶贫开发会议和文件有关内容和精神，切实增强责任感、使命感和紧迫感。工信部扶贫领导小组组长、部长苗圩，副组长辛国斌、莫玮等先后赴贫困地区一线调研扶贫工作、听建议、解决贫困群众的亟须；坚持网络先行，加快贫困地区通信基础设施建设，为推进贫困村信息化和发展电商扶贫提供支持；充分发挥行业优势，从政策、项目、资金等多方面支持贫困地区特色产业发展；认真履行燕山—太行山片区牵头联系责任，不断深化部片区“一对一”对口联系机制，调动部系统各单位积极参与片区扶贫开发；进一步加强定点帮扶工作，加大挂职扶贫干部的选派力度，提高年度定点扶贫专项实施精准度，同时统筹联系新增定点扶贫工作任务的4所部属高校；积极响应国家“扶贫日”活动号召，举办工信部2015年度“10·17扶贫日”系列活动，协调3家基础电信运营企业向全国推送“扶贫日”公益短信。2015年，四川省委、省政府致函工信部，高度肯定工信部在川定点扶贫工作；工信部驻豫定点扶贫工作队获得河南省扶贫开发领导小组授予“中央、国家机关驻豫定点扶贫先进集体”荣誉称号，5名挂职扶贫干部受到洛阳市记功嘉奖。

【扶贫调研】 工信部建立了由部长苗圩任组长，副部长辛国斌和党组成员莫玮任副组长的扶贫领导小组，由副部长辛国斌担任国务院扶贫开发领导小组成员，设置部扶贫办公室，承担日常工作。召开党组会议、部长办公会、扶贫工作会议，研究部署、协调推进扶贫工作。部长苗圩等部领导积极参与扶贫工作相关活动，并深入贫困地区一线开展调研。2015年11月20日，苗圩赴燕山—太行山片区河北省阜平县开展调研，期间考察了阜平县职业技术教育中心和农村电子商务服务中心，慰问了当地贫困户，并与地方有关同志进行了交流。2015年11月16—17日，莫玮赴河南省汝阳县、洛宁县调研定点扶贫工作，看望了工信部派驻当地定点扶贫挂职干部，考察了汝阳县开发式扶贫项目，慰问了当地贫困户。

【扶贫会议】 2015年5月26日，工信部召开了2015年扶贫工作会议。会议传达贯彻了中共中央总书记习近平等中央领导对扶贫工作系列重要指示精神，总结了2013—2014年部扶贫工作，明确了今后两年扶贫工作思路，全面部署推进扶贫工作任务。表彰了部扶贫工作先进集体和先进个人，完成了定点扶贫挂职干部的换届工作，河北省阜平县主要负责同志介绍了电商扶贫典型经验。国家烟草专卖局有关司局负责同志、部扶贫领导小组成员、部片区“一对一”33家联系单位有关负责同志、即将卸任和赴任定点县挂职扶贫干部以及河北省阜平县有关负责同志等参加了会议。2015年9月30日，工信部召开第16次部长办公会，听取了2015年前三个季度的部扶贫工作进展情况汇报，布置了年底的扶贫工作任务，审议通过了《工信部2015年扶贫日活动方案》。2015年12月5日，工信部专门召开党组会议，传达学习了中央扶贫开发工作会议和中共中央总书记习近平、国务院总理李克强扶贫开发重要讲话精神，研究部署下一步工业和信息化扶贫工作。

【扶贫日活动】 按照工信部第16次部长办公会议审议通过的《工信部2015年扶贫日活动方案》，辛国斌出席国务院扶贫开发领导小组主办的以“携手消除贫困，实现共同发展”为主题的“2015减贫与发展高层论坛”；协调3家基础电信运营企业向全国人民推送了“扶贫日”公益短信；组织部机关党小组、团支部“一对一”持续结对帮扶贫困县贫困学生103人，累计帮扶捐助资金14.3万元；组织召开定点扶贫项目评审会、片区扶贫项目协调会、扶贫工作经验交流座谈会；组织部机关各司局、部属单位和高校积极深入贫困地区开展扶贫工作调研，指导开展了“2015年大学生致富创新创业调研实践活动”等特色调研活动；通过部网站、微信、微博和有关媒体平台加大宣传工信部扶贫工作经验事迹，组织编印《扶贫日活动专刊》等。

【产业扶贫】 工信部充分发挥行业优势，积极支持贫困地区发展特色优势产业，对贫困地区符合产业政策的项目予以适度倾斜和必要支持。以工信部牵头联系的燕山—太行山片区所在河北、山西、内蒙古三省（区）为例：2015年，工信部与河北省人民政府签订了《推进河北省转型升级绿色发展战略合作协议》；支持河北、内蒙古创建了第六批3家国家新型工业化产业示范基地；通过工业强基、工业转型升级、专项建设基金、中药材扶持、片区扶贫等现有资金渠道累计支持三省（区）58个项目，安排专项资金36.25亿元，带动资金560多亿元；指导地方制定了“2015年重点行业淘汰落后和过剩产能企业名单”，其中河北、山西、内蒙古三省（区）涉及淘汰企业产能炼铁719万吨、炼钢861万吨、电解铝7万吨、水泥496万吨、平板玻璃443万重量箱、焦炭20万吨、铁合金50.23万吨、电石5万吨、铅冶炼7万吨、铅蓄电池68万千伏安时；支持山西省开展了“以技术秘密为中心的知识产权保护研究”

项目。

【贫困村信息化工作】 工信部高度重视加强贫困地区农村通信基础设施建设，坚持网络先行，通过实施“宽带中国”战略，不断完善电信普遍服务补偿机制，积极支持贫困地区宽带发展，提高农村信息化水平。2015年2月，工信部专门召开了“宽带中国”2015专项行动动员部署电视电话会议，启动并全面部署了“宽带中国”2015专项行动各项工作。2015年12月，工信部与财政部联合印发了《关于开展电信普遍服务试点工作的通知》，按照“中央资金引导、地方协调支持、企业为主推进”的思路，推动农村及偏远地区宽带建设发展，促进城乡基本公共服务均等化，带动农村经济社会和信息化水平不断提升，助力实现2020年98%的行政村通宽带、农村宽带接入能力超过12兆bps等“宽带中国”战略目标。明确了开展电信普遍服务试点工作的主要原则、程序和下一步工作任务。2015年共确定了包括燕山—太行山片区河北省保定市、张家口市、承德市、内蒙古自治区乌兰察布市在内的全国97个试点地市。

此外，2015年工信部积极帮助贫困地区发展电子商务扶贫工作。一是注重政策指导，先后帮助南部县制定出台了《南部县电子商务发展2015—2017规划》《电子商务发展的若干政策》，帮助南充市嘉陵区制定出台了《关于加快培育发展电子商务产业的实施意见》，推动嘉陵区设立了每年1000万的电子商务专项资金。二是协调平台推广，促成南部县与中国网库集团签订框架性合作协议，使南部县被列入中国网库集团“腾计划”之“百县千亿”工程，选为首批合作的20个区县之一。帮助嘉陵区大力推进阿里巴巴特色中国南充馆和中国制造中国绸都电商平台建设，并与京东开展地方特色馆合作。三是加强专业培训，邀请中国移动互联网产业联盟电商专家到南部县干部学习大会上作“互联网+”专题讲座。

【片区扶贫】 2015年，工信部在片区扶贫工作中更加注重精准性，并进一步加强部内对口联系单位与燕山—太行山片区33个县的“一对一”对口联系机制建设。

一是精准规划片区扶贫资金使用。为体现精准扶贫、精准脱贫的理念，工信部2015年片区扶贫专项资金瞄准片区建档立卡贫困村、贫困户，由覆盖全部片区县转变为集中力量、突出重点。经与国务院扶贫办、国家林业局等多个相关单位沟通研究，确定支持河北省7个片区县实施特色核桃种植项目。

二是深入开展片区联系调研。2015年政策法规司、节能与综合利用司、原材料工业司、消费品工业司、无线电管理局、中国工信出版传媒集团、中小企业发展促进中心、中国机电设备招标中心等部内“一对一”对口联系单位结合自身业务工作，以多种形式赴片区对口联系县开展调研工作，为地方经济和社会发展出谋划策，解决实际问题。

三是各尽所能支持片区脱贫攻坚。机关服务局积极推进国家应急产业（怀安）示范基地建设，先后协调两家企业的产品设备生产项目在示范基地内落户；中国工信出版传媒集团向沽源县闪电河乡寄宿制小学捐赠了总价值近 15 万元的图书、校服、床上用品和洗衣机；北京航空航天大学通过工信部扶贫办与团中央学校部共同指导开展的“2015 年致富创新创业大学生调研实践活动”，组织在校大学生到工信部片区联系县和定点扶贫县开展调研并提出帮助当地脱贫致富的“创新创业点子”。

【定点扶贫】 2015 年，工信部加大定点扶贫工作帮扶力度，重点开展了以下几方面工作：

一是组织完成扶贫干部交接。2015 年是工信部定点扶贫干部的换届年，6 月份，工信部遴选 5 名驻村人员，派驻四川省南充市嘉陵区、南部县和河南省洛宁县、汝阳县，接替上一届挂职扶贫干部工作，其中根据《关于进一步完善定点扶贫工作的通知》（国开办发〔2015〕27 号，以下简称《通知》）要求，新增 1 名汝阳县小店镇龙泉村驻村“第一书记”。

二是新增联系部属高校定点扶贫。根据《通知》安排，北京航空航天大学、北京理工大学、哈尔滨工业大学、西北工业大学等四所部属高校成为新增定点扶贫结对单位，定点帮扶山西省中阳县、方山县和广西壮族自治区金秀县、融水县。工信部及时组织相关高校进行座谈交流，指导四所高校建立定点扶贫工作机制、明确工作机构和人员、制定定点扶贫工作方案并尽快与定点帮扶县进行沟通衔接。

三是统筹落实定点扶贫项目资金。2015 年工信部筹措定点扶贫专项资金，按照精准扶贫的要求，共支持 4 个定点扶贫县（区）的建档立卡贫困村民生、教育、产业培育相关项目 19 项，帮扶资金 800 万元，带动当地资金 1744 万元。

四是扶贫干部倾情帮扶带动脱贫攻坚。工信部派驻四个定点扶贫县（区）的挂职扶贫干部，积极通过各种途径和方法帮助当地脱贫致富：帮助南部县成功引进力天控股集团、嘉和电子、宏声电子等企业入驻；帮助嘉陵区协调引进了总投资 70 亿元的吉利南充新能源商用车研发生产项目；帮助洛宁县向河南省住房和城乡建设厅、河南省国家开发银行、国家农业发展银行等单位争取到 5 个亿的棚户区改造贷款资金；促成总投资 1 亿元的 AQ 技术新型新燃料项目（安全清洁燃料技术项目）在洛宁县试点；指导汝阳县制定了《汝阳县扶贫搬迁实施方案》《汝阳县 2016—2019 年扶贫开发攻坚规划》；协调深圳建科院共同编制《汝阳县绿色建材产业园区规划》、联合招商引资。

（工业和信息化部　李岿然）

国家民族事务委员会扶贫

【概述】 2015年，国家民族事务委员会（以下简称“国家民委”）党组认真贯彻落实中央民族工作会议、中央扶贫开发工作会议和《中共中央国务院关于打赢脱贫攻坚战的决定》（中发〔2015〕34号）文件精神，配合国务院扶贫办推进民族地区的扶贫开发。集中力量实施扶持人口较少民族发展、兴边富民行动、少数民族特色村寨保护与发展等专项规划和工程，推动武陵山片区区域发展与扶贫攻坚规划实施，落实民贸民品优惠政策，推动“千家培育百家壮大”工程，扶持少数民族传统手工艺品开发生产和特色优势产业培植，支持民族地区扩大农产品出口，推动牧区发展，加强贫困地区少数民族干部人才队伍建设，做好定点扶贫、对口帮扶、援藏援疆、智力支边联合扶贫等工作，促进了少数民族地区经济社会的全面发展。

【民族地区扶贫】 配合有关部门推动滇桂黔石漠化片区等集中连片特困地区区域发展与扶贫攻坚规划实施，配合参与社会扶贫。开展民族自治地方农村贫困监测统计，为领导和有关部门决策提供科学依据。推动特困民族自治州发展，在开展多次专题研究、与三州党委政府沟通对接、召开相关部门座谈会的基础上，2015年6月经国务院同意，由国家发展和改革委员会、国家民委联合印发《关于支持四川省凉山彝族自治州云南省怒江傈僳族自治州甘肃省临夏回族自治州加快建设小康社会进程的若干意见》，这是国家出台的第一个支持民族自治州的文件。协调配合国家质量监督检验检疫总局出台《关于支持民族地区扩大农产品出口的指导意见》，支持少数民族贫困地区发展特色优势产业，促进群众增收脱贫。

【专项规划扶贫】 一是深入开展兴边富民行动，加强边境民族地区扶贫开发。继续加大资金投入，兴边富民补助资金稳步增长，“十二五”期间，中央累计安排专项资金140亿元，实施了一大批特色优势产业发展、基础设施建设和民生项目，在建设边疆、改善民生、凝聚民心、巩固国防、扩大开放、增进睦邻方面发挥了重要作用。总结兴边富民行动工作，出版《兴边富民行动》（第五辑）。二是扶持人口较少民族加快发展，确保全面建成小康社会一个少数民族都不能少。协调配合有关部门下达中央预算内投资和少数民族发展资金15亿元，实施项目2500多个，人口较少民族已经具备了实现全面小康的基础条件。协调文化部、国家文物局争取补助80万元，支持同江市赫哲族博物馆改扩建项目。召开扶持人口较少民族发展研讨会。举办2期人口较少民族地区基层干部赴香港工商业研讨班。编辑出版《2015中国人口较少民族发展报告》。汇编《人口较少民族地区基本情况资料》。支持召开“2015中国首届赫哲族发展高峰论坛”。针对中国民主建国会中央提出的关于将东乡族纳入“十三五”人口较少民族发展规划的建议研究提出意见。

【武陵山片区扶贫】 一是加大资金支持。2015年在武陵山片区安排少数民族发展资金4.06亿元，重点支持少数民族特色村寨、传统手工艺品、改善少数民族群众生产生活条件等。在武陵山片区已有包括苗族、土家族、瑶族、侗族、仡佬族等57个国家民委命名挂牌的中国少数民族特色村寨。二是突出金融和旅游扶持。与国家开发银行合作开展开发性金融支持片区发展，2015年国家开发银行在武陵山片区新增贷款145亿元。与国家旅游局等部门合作推动片区旅游减贫致富与协同发展。组织四省市民族宗教事务委员会和国家民委派驻武陵山片区联络员开展旅游协作专题调研，汇总形成25篇、近20万字的调研报告汇编，开展专项课题研究，为推动片区旅游协作提出工作思路和建议，汇聚各方智慧建言献策。三是开展民族团结进步创建。截至2015年10月，武陵山片区已有12个县市（乡镇、村、学校）被国家民委命名为全国民族团结进步创建活动示范单位，已命名了11个全国民族团结进步教育基地，同时积极指导片区开展创建工作互观互检活动。四是加强干部培训交流。2015年继续选派第3期派驻武陵山片区联络员，2012年以来共选派联络员244人次，协助片区各地方做好调查研究、沟通协调和情况反映等，为武陵山片区安排专题培训班9期，参训干部767人次。2015年片区4省市选派4名干部到国家民委挂职锻炼，组织25名武陵山片区基层干部参加赴香港工商业研讨班。五是加强卫生扶贫。在国家民委协调下，2015年4月，由香港特别行政区捐赠给内地的眼科医疗专用流动火车——“中华健康快车”在恩施市启动白内障救助项目，来自各地的医疗专家现场为上千名贫困白内障患者实施免费复明手术，给山区百姓送光明，并援建一座白内障治疗中心。六是加强校地合作。国家民委所属6所高等院校2015年在武陵山片区投入支持资金1497.1万元，比2014年增长52.4%，选派70名联络员赴武陵山片区挂职，安排招生计划4534人，比2014年增长7%，举办培训班26期，培训人数3678人，开展专题调研形成有关调研报告、论文85篇。组织武陵山片区民族院校学生赴澳门参加“中华青年学习交流营”活动。

【定点扶贫、对口帮扶、智力支边】 国家民委对机关定点扶贫工作常抓不懈，联合各民主党派、工商联开展智力支边联合扶贫。内蒙古巴林右旗和广西德保县是国家民委的扶贫点，2013年开始增加赣南等原中央苏区江西乐安县为对口支援县。2015年，国家民委研究确定定点帮扶工作计划，委领导带队赴巴林右旗、德保县、乐安县开展春节扶贫慰问调研，落实3个帮扶县旗近1000万元专项扶持资金，实施特色村寨、乡村道路、文体设施等精准扶贫项目12个。举办3个帮扶县乡镇干部扶贫攻坚能力建设专题研讨班。配合中央统战部、科技部、各民主党派中央和全国工商业联合会，推动贵州省毕节和黔西南试验区建设。研究出台《国家民委关于支持黔西南“星火计划、科技扶贫”试验区建设的意见》，探索统一战线推动老少边山穷地区科学发展新路子，加快推进黔西南州脱贫攻坚和全面建成小康社会步伐。举办定点扶贫县旗及对口支援县乡镇干部扶贫攻坚能力建设专题研修班，支持开展民族团结进步创建活动。配合有关部门开展滇桂黔石漠化、六盘山、乌蒙山、南疆四地州等片区扶贫工作。与联合国开发计划署就促进少数民族地区减贫和发展开展项目合作。

【对口支援新疆、西藏】 一是推动民委系统对口支援工作。2013年林芝会议以来，国家民委协调安排新疆少数民族发展资金18.23亿元、西藏10.09亿元、新疆生产建设兵团7.15亿元，21省市民委系统投入自有资金及实物2678.21万元，帮助培训各类人才3万人次，接待新疆、西藏民族工作部门干部和考察团队2762人次，推动双向干部交流近600人。二是召开会议总结经验推动工作。2015年6月，在新疆喀什组织召开全国民委系统对口支援新疆西藏工作座谈会。国家民委协调落实会议发起筹措的2400万元资金，在新疆南疆地区12个村开展帮扶试点工作，推动民委系统对口援疆工作再上一个新台阶。

（国家民族事务委员会
经济发展司　陈　刚）

民政部扶贫

【扶贫制度建设】 2015年，民政部推动下发《关于深入推进农村社区建设试点工作的指导意见》《关于加强城乡社区协商的意见》《国务院关于全面建立困难残疾人生活补贴和重度残疾人护理补贴制度的意见》，印发《关于鼓励民间资本参与养老服务业发展的实施意见》《关于支持中央企业积极投身公益慈善事业的意见》《关于进一步加强农村最低生活保障申请家庭经济状况核查工作的意见》《关于银行业金融机构协助开展社会救助家庭存款等金融资产信息查询工作的通知》《关于开展社会救助专项治理的通知》《关于加强自然灾害救助物资储备体系建设的指导意见》《关于在全国开展农村特困人员供养服务机构社会化改革试点工作的通知》，对社区建设、残疾人保障、养老服务、农村低保等方面提升指导意见。

2015年，民政部会同财政部确定北京市、南京市等11个地级市、天津市河西区等288个县（市、区），共计300个单位为全国“救急难”综合试点单位，积极探索“救急难”的实现路径、工作机制和保障措施。

【城乡低保】 2015年，全国共有城乡低保对象6604.6万人，占全国总人口的4.8%，其中城市低保对象1701万人，农村低保对象4903.6万人。全国城市、农村低保月人均标准分别达到450元、265元，月人均补助水平分别达到303元、145元。2015年，全国累计支出城乡低保资金1650.8亿元，较2014年增加约58.8亿元，其中城市低保资金719.3亿元，农村低保资金931.5亿元。

【农村五保供养服务】 2015年，全国共有农村特困人员516.8万人，占全国农业人口的0.6%，集中供养162.3万人，集中供养率为31.3%；农村特困人员集中供养和分散供养年人均标准分别为6034元、4491元，同比分别增长12.3%、12.1%，分别比“十一五”末增长104.4%、113.6%；2015年，全国累计支出农村特困人员救助供养资金209.9亿元，比2014年增长9.6%；全国共有农村特困人员供养服务机构1.6万所，床位177.1万张。

【医疗救助】 2015年，全国共支出救助资金303.1亿元，其中中央财政补助279.3亿元；共实施医疗救助8668万人次，住院、门诊救助和资助参保参合水平分别达1526元、184元、83元，政策范围内住院自付费用救助比例超过60%。此外，民政部门积极推进重特大疾病医疗救助试点，全国共实施重特大疾病医疗救助486.4万人次，支出资金56.4亿元。

【临时救助】 2015年，全国共实施临时救助653.9万户次，其中，救助本地户籍家庭632万户次，非本地户籍家庭21.9万户次。全国共支出临时救助资金65.7亿元，平均救助水平1004.7元/户次。

【能力建设】 2015年，民政部指导集中连片特殊困难地区、全国扶贫开发工作重点县和其他贫困落后地区有关省份加快落实《国家综合防灾减灾规划（2011—2015年）》和《国家防灾减灾人才发展中长期规划（2010—2020年）》。支持开展省级减灾委和减灾中心建设，推进全国综合减灾示范社区创建工作，指导开展全国“防灾减灾日”宣传教育主题活动，全面加强贫困地区城乡社区减灾能力建设。综合考虑各地经济发展水平、财力状况和自然灾害特点等因素，对于集中连片特殊困难地区和全国扶贫开发工作重点县及其他贫困落后地区按照中央70%、地方30%的比例补助中央救灾资金，补助比例明显高于其他省份。在界定中央倒损住房恢复重建补助政策时，将上述贫困地区近300个县（市、区）纳入高寒、寒冷区域范围，补助额度是一般地区的1.4倍，对倒房户户均补助1.4万元，损房户户均补助1400元。推动建立与《自然灾害救助条例》《自然灾害生活救助资金管理暂行办法》相配套的地方性法规政策和工作机制，加大对贫困地区受灾人员救助补助力度，进一步推进农房保险工作，提高受灾人员基本生活保障水平。

积极推进中西部贫困地区中央救灾物资储备库建设，截至目前格尔木、乌鲁木齐2库已建成投入使用，拉萨库正在建设施工中，喀什、南宁2库正稳步推进审批事宜。常年在贫困地区中央救灾物资储备库储备大量帐篷、棉衣、棉被等救灾物资，新采购价值1.35亿元的物资入库，加大对贫困地区省份的代储力度。会同财政部向西部贫困地区代储单位下拨2014年物资储备管理经费3000余万元，支持贫困地区提高储备管理水平和应急调运效率。考虑到贫困地区多灾易灾、灾贫叠加、工作条件艰苦、救灾手段落后等实际困难，加大对贫困地区的扶持力度，为中西部地区1096个多灾易灾县配置民政救灾应急专用车辆，2015年8月车辆已全面落实到位。

2015年，国家减灾委员会、民政部针对集中连片特殊困难地区和全国扶贫开发工作重点县及其他贫困落后地区所在的22个省（区、市）共启动5次预警响应和20次应急响应（其中，Ⅳ级19次、Ⅲ级1次），协调派出28个工作组赶赴灾区（其中，应急响应工作组20个、其他工作组8个），指导开展救灾工作。累计向受灾地区下拨中央救灾资金94.72亿元，调拨4.7万顶救灾帐篷、27万件（床）棉衣被、折叠床5万张、睡袋2.3万个等中央救灾储备物资，帮助地方妥善安置转移受灾群众 644.4 万人次。

【专业人才扶贫交流】 2015 年，按照中共中央组织部等部门选派年轻干部到村任“第一书记”的要求，首次选派 1 名优秀年轻干部直接到贫困村任职，担任遂川县枚溪村“第一书记”。

2015 年 6 月 23—26 日，民政部在江西赣州举办了罗霄山片区社会救助事业改革发展专题培训班。共有来自罗霄山片区 6 个地市 23 个区县的民政局长和社会救助部门负责人 80 余人参加了本次培训。

民政部积极实施边远贫困地区、边疆民族地区和革命老区社会工作专业人才支持计划，安排落实中央财政专项资金 1890 万元，支持中西部 24 个省份选派 1000 名社会工作专业人才到中西部集中连片特殊困难地区覆盖的县、国家扶贫开发工作重点县和省级扶贫开发工作重点县开展专业社工服务，同时支持受援地区培养了 500 名社会工作专业人才，积极推动“三区”社会工作专业人才队伍建设，引领带动“三区”社会工作事业发展。

积极支持西部贫困地区开展灾害信息员培训，2015 年连续举办 4 期全国灾害信息员培训班，培训西部贫困地区学员 100 余人。在此基础上，与新疆、西藏、云南、贵州等地民政厅开展灾害信息员联合培训项目，支持项目资金 40 余万元，并派出师资力量，培训地方灾害信息员 1000 余人。

【连片特困地区行政区划调整】 按照统筹城乡、区域发展和加快城镇化进程要求，根据贫困地区经济社会发展实际，加强围绕新型城镇化，优化相关地区的城镇设置，培育新的增长点，推动经济社会发展。经国务院批准，广西壮族自治区百色市靖西县改市，云南省迪庆藏族自治州香格里拉县撤县设市，四川省阿坝藏族羌族自治州马尔康县撤县设市、甘孜藏族自治州康定县撤县设市，西藏自治区拉萨市堆龙德庆县改区，林芝地区撤地设市、林芝县改设为巴宜区。

积极指导地方认真做好行政区划调整方案论证和社会稳定风险评估等工作，促进城镇化健康发展。指导河北张家口，吉林白城，安徽六安，江西赣州，湖南怀化，贵州遵义、毕节、六盘水，云南昭通、大理，陕西汉中、榆林，西藏山南、那曲，新疆喀什、和田等地做好行政区划调整方案论证和风险评估工作，认真审核相关材料，待条件成熟，适时上报国务院。

【社会扶贫】 2015 年，民政部积极落实扶贫开发工作职责，通过中央财政支持社会组织参与社会服务项目，积极引导社会组织参与社会服务，开展扶贫工作。

2015 年援助西部地区的项目共有 304 个，拨付资金 12394 万元，配套资金约 10992.1 万元，直接受益约 38.9 万人。其中，西部 13 省（市）和新疆维吾尔自治区、新疆生产建设兵团直接立项 243 个，拨付资金 7433 万元，配套资金约 3498.8 万元，直接受益约 25.9 万人；全国性社会组织和其他地区社会组织援助西部的项目立项61个，立项资金4961万元，配套资金约7493.2万元，相关直接受益约13万人。

援西藏和四省藏区项目共立项106个，拨付资金3076万元，配套资金约1252.5万元，直接受益约11.4万人；其中西藏、青海、四川、云南、甘肃直接立项93个，拨付资金2845万元，配套资金约1040.8万元，直接受益约10.7万人；全国性社会组织和其他地区社会组织援助西藏和四省藏区的项目立项13个，立项资金231万元，配套资金约211.7万元，相关直接受益约0.7万人。

援助新疆地区的项目共立项41个，拨付资金1299万元，配套资金约614.4万元，直接受益约3.5万人；其中自治区和兵团直接立项27个，拨付资金820万元，配套资金约244.8万元，直接受益约2.3万人；全国性社会组织和其他地区社会组织间接项目立项14个，涉及立项资金479万元，配套资金约369.6万元，相关直接受益约1.2万人。

援助罗霄山片区受益项目共立项25个，拨付资金1144万元，配套资金约1026.1万元，直接受益约3.9万人；其中江西和湖南两省直接立项3个，拨付资金150万元，配套资金约7万元，直接受益约0.7万人；全国性社会组织和其他地区间接项目立项22个，涉及立项资金994万元，配套资金约1019.1万元，相关直接受益约3.2万人。

援助民族八省区（五个少数民族自治区和云南省、贵州省、青海省）的项目共有204个，拨付资金8179万元，配套资金约7436万元，直接受益约25.8万人。其中，民族八省区和新疆生产建设兵团直接立项151个，拨付资金4643万元，配套资金约2207.4万元，直接受益约16.4万人；全国性社会组织和其他地区社会组织援助民族八省区的项目立项53个，涉及立项资金3536万元，配套资金约5228.6万元，相关直接受益约9.4万人。

【扶贫攻坚】 2015年5月，民政部在北京组织召开第三次罗霄山片区区域发展与扶贫攻坚工作会议，协调推动罗霄山片区区域发展与扶贫攻坚。

2015年5月，民政部创新片区联系沟通机制，第一次在片区联系单位中召开了片区交通基础设施项目专题协调会，帮助罗霄山片区协调解决重大交通基础设施项目推进中存在的困难，国家发展和改革委员会、交通运输部、国家铁路局、中国铁路总公司对提交会议协调的交通项目给予了积极回应，有效地破除片区发展瓶颈，改善片区发展环境，促进片区尽快脱贫。

2015年10月，以《民政要在扶贫事业上大有作为》为题，在《中国社会报》发表了评论员文章，并以专版的形式刊登了《民政部牵头罗霄山片区扶贫工作巡礼》，全面展示了“十二五”期间扶贫开发和牵头联系罗霄山片区扶贫攻坚工作情况。同时，以《创新思维精准扶贫、凝心聚力攻坚克难》为主题，在部机关举办了民政部牵头联系罗霄山片区扶贫图片展，并组织机关干部赴江西省遂川县枚江乡枚溪村开展“走进贫困村　共度扶贫日”活动，并捐赠资金 20 万元用于村级道路维修。

2015 年，安排民政部本级福利彩票公益金 1.91 亿元，集中对片区两省社会福利院、农村敬老院、儿童福利院、社区养老服务等项目进行了资助；安排中央专项彩票公益金 2.55 亿元，支持片区两省农村幸福院、精神病人福利院建设；安排中央预算内资金 3.16 亿元，支持片区两省加快推进养老、社区、儿童福利等设施建设；协调中央财政专项资金 2.54 亿元，用于补贴两省落实孤儿基本保障制度，惠及孤儿和艾滋病病毒感染儿童 6.8 万多名。同时，下拨片区城市低保资金 6.23 亿元、农村低保资金 10.66 亿元、五保供养资金 2.55 亿元、城乡医疗救助资金 3.01 亿元、抚恤资金 7.4 亿元、救灾资金 1.76 亿元，为片区民生保障水平提升起到了促进作用。

（民政部规划财务司　郭　哲）

人力资源和社会保障部扶贫

【概述】 2015年，人力资源和社会保障部（以下简称“人社部”）高度重视扶贫开发工作，深入学习贯彻中共中央总书记习近平关于扶贫开发工作的一系列重要讲话、《中共中央国务院关于打赢脱贫攻坚战的决定》和中央扶贫开发工作会议精神，充分发挥人力资源和社会保障部门职能、职责作用，围绕大局，立足本职，主动作为，精准发力，不断加大扶贫开发工作力度，为打赢脱贫攻坚战提供人力资源和社会保障方面的支撑和保障。

【公共就业服务】 加强对贫困地区的政策支持，指导各地贯彻落实《国务院关于进一步做好新形势下就业创业工作的意见》（国发〔2015〕23号）和《国务院办公厅关于支持农民工等人员返乡创业的意见》（国办发〔2015〕47号）等一系列扶持就业创业的政策措施，帮助农村贫困地区劳动力通过多种渠道尽快实现就业创业。强化公共就业创业服务，指导相关省份围绕精准扶贫、精细服务，进一步健全完善公共就业服务体系，加强基层平台和信息化建设，提高公共就业服务的能力水平，积极落实各项就业扶持政策，为农村贫困人口免费提供职业指导、职业介绍、就业信息、政策法规咨询等公共就业服务。加强创业扶持。指导相关省份结合推进就业扶贫工作落实创业扶持政策，对具备一定创业能力和条件的劳动者，组织其参加创业培训，并根据其需求提供信息咨询、开业指导、创业孵化、跟踪辅导等“一条龙”创业服务，提高创业成功率。做好专项活动。组织开展就业援助月、春风行动、民营企业招聘周、高校毕业生服务月等专项就业服务活动，有针对性地帮助包括贫困地区就业困难人员、农村转移劳动力等在内的劳动者实现就业创业。

协调山西、安徽两省人力资源和社会保障部门，结合当地实际，开展促进就业和技能培训。在砀山县，通过促进劳动力转移就业增加劳动者收入，帮助下岗失业人员再就业2200余人，1500多名下岗失业人员享受到养老保险补贴，新增转移农业劳动力8900多人。在天镇县，开辟劳务输出新模式，打造“天镇保姆”品牌，与北京有关单位建立了“基地—中心—高校”三位一体的培训输出用工机制，并在北京设立了劳务输出办公室。建立健全了学习培训、联系卡、跟踪回访、上门家访等多项制度，及时帮助解决在外务工人员的困难和问题，开展技能培训

3500人，人均年收入近3.5万元。主动联系北京、天津对接单位，建立长期用工协议，输送各类人员就业数百人。在金寨县，2015年累计新增就业岗位3100个，解决下岗失业人员再就业1500人，转移农村劳动力8000余人，再就业培训600人，创业培训180人次，城镇登记失业率控制在4%以内，每个乡镇的劳动保障事务所增加1名专职人员，每个村配备1名劳动保障协理员，形成了县、乡、村三级劳动保障服务网络。

【职业培训】 2015年，国务院扶贫办会同教育部、人社部制定出台了《关于加强雨露计划支持农村贫困家庭新成长劳动力接受职业教育的意见》（国开办发〔2015〕19号），把农村贫困家庭新成长劳动力职业教育作为实现精准扶贫的一项硬任务，鼓励农村贫困家庭子女接受职业教育（含技工院校），对农村贫困家庭子女接受职业教育的，按每生每年3000元左右的标准补助建档立卡贫困家庭。2015年，各级人社部门积极配合扶贫、教育等部门，加大政策宣传力度，吸引符合条件的农村贫困家庭子女就读技工学校。

【城乡居民基本养老保险制度】 按照《国务院关于建立统一的城乡居民基本养老保险制度的意见》（国发〔2014〕8号）要求，指导各地将新型农村和城镇居民社会养老保险合并实施，在全国建立统一的城乡居民基本养老保险保险。截至2015年12月底，全国各省级政府和新疆生产建设兵团均出台了统一的城乡居民养老保险政策文件，制定下发了新的经办规程，完成了信息系统调整，包括贫困县在内的全国所有县级行政区基本建成制度名称、政策标准、管理服务、信息系统“四统一”的城乡居民养老保险制度。全国城乡居民养老保险参保人数达到50472万人，其中60岁以上领取养老金人数达到14800万人。2015年1月，经国务院批准，人社部、财政部印发《关于提高全国城乡居民基本养老保险基础养老金最低标准的通知》（人社部发〔2015〕5号），决定从2014年7月1日起，将全国城乡居民基础养老金最低标准由每人每月55元提高至70元。有27个省级政府及新疆生产建设兵团、2500多个县级政府，在国务院确定的基础养老金最低标准的基础上增加了基础养老金，养老保障水平进一步提高。截至2015年12月底，全国城乡居民养老保险待遇平均水平为118元，其中基础养老金为107元，在一定程度上减少了老年居民的贫困问题。

【医疗保障扶贫】 提高财政补助水平，各级财政对居民医保的补助标准在2014年的基础上提高60元，达到人均380元。其中，中央财政对中、西部地区给予倾斜。全面实施城乡居民大病保险，贯彻落实《国务院关于全面实施城乡居民大病保险的意见》（国办发〔2015〕57号），完善多渠道筹资机制，合理确定合规医疗费范围，基金支付比例达到50%以上。同时指导地方探索大病保险对贫困人口倾斜的具体办法，提高大病保险制度托底保障的精准性。通过采取降低起付标准，提高支付比例，适当放宽保障范围等措施，有效防止发生家庭灾难性医疗支出。

【人力资源市场建设】 指导集中连片特困地区和国家扶贫开发工作重点县及其他贫困落后地区加快人力资源市场整合改革，积极构建统一灵活规范的人力资源市场体系，提升当地人力资源开发配置服务水平，促进人才合理流动与优化配置。

【“三支一扶”计划】 2015年，人社部会同中共中央组织部、财政部、国务院扶贫办等8部门继续组织实施了“三支一扶”计划（支农、支教、支医和扶贫），共选派2.6万名大学生到农村基层从事支教、支农、支医和扶贫等工作，其中直接开展扶贫工作的有5451名，为贫困地区的群众脱贫致富提供了智力支持和人才保障。

【表彰奖励】 2015年，人社部积极履行全国评比达标表彰工作协调小组办公室职能，会同协调小组成员单位，认真作好有关地方和部门向中央申报开展扶贫开发相关表彰奖励项目的审核工作。先后建议同意江西省调整扶贫开发表彰项目内容，同意河南省设立扶贫开发先进单位和先进个人项目，同意以中国扶贫基金会名义于2015年举办一次中国消除贫困奖评选表彰活动。

【基层劳动就业和社会保障服务设施建设】 2015年继续支持中西部地区（含中央苏区和福建、山东革命老区）218个县、901个乡（镇）开展基层服务设施建设。2010年启动以来，共支持1394个县、5282个乡（镇）开展建设。项目实施有效改善了基层劳动就业和社会保障服务条件，提高了基层公共服务能力办事效率。

【信息化建设】 按照国家发展和改革委员会批复的全民社会保障电子政务工程项目，由中央财政为西部地区（含享受西部大开发优惠政策的东中部地区）安排补助资金，支持欠发达地区加快建设进度，保持全面统筹推进的建设步伐。推进信息系统“省集中”建设，解决贫困地区技术力量不足、资金短缺等现实问题。各地在落实新政策新制度的过程中，优先建设省集中信息系统，西部等欠发达地区省集中系统建设已成规模。全部省份已完成城乡居民养老保险系统整合。社会保障卡持卡人员基础信息库的加快实施，进一步推动了信息系统的集中整合。推进应用系统和公共服务建设，使贫困地区能够享受均等化信息服务。大力推进“社会保障一卡通”建设，社会保障卡的覆盖地域和应用范围不断拓展。2015年底，全国社会保障卡持卡人数达到8.84亿，覆盖64.6%人口，应用领域逐步从看病报销等社保领域延伸到政府其他公共服务领域。“12333”电话咨询服务已开通了349个地市级以上人社部门，开通率95.4%。30个省份已建立了省内异地就医结算系统或利用省级集中的业务系统开展省内异地就医业务。中国公共招聘网及时提供就业相关信息服务，累计发布招聘岗位信息1093万条。

【定点扶贫】 2015年，人社部充分发挥职能作用，加强与定点扶贫县山西省天镇县和安徽省金寨县、砀山县的沟通联系，取得了较好的工作成效。

【智力扶贫】 加强对扶贫县干部教育培训，2015 年人社部举办的各类培训班，分别吸收定点扶贫县青年干部、乡镇干部和县级领导干部参加培训学习，使定点扶贫县的干部拓宽了视野，开阔了思路，增长了知识，提高了扶贫工作能力。开展教师、医生专业技术人员培训，以及农业技术人员赴发达地区考察培训，学习蔬菜种植技术和农业产业化管理的知识和经验。开展医疗卫生专家义诊活动，近 300 名患者接受免费医疗；组织北京等大城市医学专家到天镇县举办健康讲座和医务人员专业培训，在县人民医院、县中医院开展义诊，共诊治各类病人 300 人次，接受科普教育和医学专业培训人员 200 余人。

【社会保障兜底扶贫】 2015 年底，定点扶贫县符合条件的 60 岁农村老人，每月都能按时领到基础养老金。2015 年天镇县应参保人数 10.23 万人，实参保人数 9.6 万人，参保率达到了 93.95%，共为 60 周岁以上的农民 2.4 万多人发放基础养老金。在砀山县，城镇职工养老、医疗、失业、工伤、生育五项保险覆盖面不断扩大，基金征缴总额达到 2.8 亿元，各项保险待遇按时调整、足额发放。被征地农民养老保险实现了“即征即保”，参保率达到 100%。城镇居民医疗保险参保人数 10.4 万人，达到历史最高水平。金寨县组织人力资源和社会保障、残疾人联合会、卫生和计划生育委员会、财政、扶贫办等部门，牵头制定了特困群体兜底保障政策，对因病、意外事故以及重度残疾造成贫困的家庭予以救助。以民营企业、个体私营企业为重点，进一步扩大养老、失业、医疗、工伤、生育等基本社会保险覆盖面。

【科技扶贫】 邀请农业技术专家到定点扶贫县进行蔬菜种植等经济作物技术指导。在金寨县设立省级专家服务基地，进行项目研发、成果转化、合作攻关、人才培养、技术咨询等，建立金寨县首家博士后工作站，促进产、学、研结合。举办专家服务基层活动，开展技术帮扶，围绕茶叶绿色防控、生态养鱼科技方法及产量提升、大棚葡萄病虫害防治等开展讲座，现场为农户们讲解了种植技术和生产方法。带领当地干部走出去，到江苏、湖南以及省内有关地市学习考察，拓宽视野，学习经验，推进工作。2015 年邀请专家学者到扶贫县进行专业技术讲座和咨询 20 余次。组织砀山县县乡扶贫干部到苏州干部管理学院开展扶贫开发与农村经济发展培训，学习借鉴苏州地区农业农村发展成功经验。组织大学生村官、村“第一书记”、帮扶工作队队长开展现代农业培训、电商培训；组织到甘肃省临夏回族自治州学习交流精准扶贫工作、到河南省上蔡县学习交流中央彩票公益金项目实施、到安徽省岳西县学习交流互助资金工作经验。

（人力资源和社会保障部
农民工工作司　杜国羽）

国土资源部扶贫

【概述】 国土资源部党组坚决贯彻落实中央扶贫开发工作会议精神和《中共中央、国务院关于打赢脱贫攻坚战的决定》，要求把扶贫工作作为“十三五”国土资源管理工作重点，积极开展乌蒙山片区牵头联系和定点扶贫工作，对各项任务进行分解，列出任务清单，明确责任单位，加强督促考核。

提出一整套支持贫困地区脱贫攻坚的国土资源超常规政策举措，包括：支持贫困地区根据第二次全国土地调查及最新年度变更调查成果，调整完善土地利用总体规划。新增建设用地计划指标优先保障扶贫开发用地需要，专项安排国家扶贫开发工作重点县年度新增建设用地计划指标。中央和省级在安排土地整治工程和项目、分配下达高标准基本农田建设计划和补助资金时，向贫困地区倾斜。在连片特困地区和国家扶贫开发工作重点县开展异地扶贫搬迁，允许将建设用地增减挂钩指标在省域范围内使用。在有条件的贫困地区，优先安排国土资源管理制度改革试点，支持开展历史遗留工矿废弃地复垦利用、城镇低效用地再开发和低丘缓坡荒滩未利用地开发利用试点。2015 年，在国土资源规划、政策、项目、资金、人才等各方面，对贫困地区进一步加大支持力度，助力贫困地区脱贫攻坚。

【土地政策扶贫】 不断创新土地政策，保障贫困地区区域发展与脱贫攻坚用地需求。一是提高土地利用年度计划对扶贫开发的保障能力。在编制和下达 2015 年全国土地利用计划时，对 592 个国家扶贫开发工作重点县，分别专项安排用地计划指标 300 亩，要求省级国土资源主管部门优先保障易地扶贫搬迁、小城镇和产业集聚区建设用地需求，推动贫困地区农村危旧房改造，促进农村新社区建设。二是加大城乡建设用地增减挂钩项目支持力度。在确保城乡建设用地总规模不变的前提下，通过实施城乡建设用地增减挂钩项目，调整优化城乡建设用地布局，为贫困地区扶贫开发项目建设提供更多用地空间，积聚扶贫资金。允许 11 个连片特困地区以及纳入国家相关规划的生态移民搬迁地区实施特殊政策，在优先保障本县域范围内农民安置和生产发展用地的前提下，将部分节余指标在省域范围内挂钩使用，并将增减挂钩收益全部返还提供指标的农村，用于改善农民生产生活条件和新农村建设。三是积极支持陕南生态移民。支持陕西省汉中、安康、商洛三市通过农村建设用地整治调整使用，开展生态移民搬迁试点，探索将生态恢复、扶贫攻坚与新兴城镇化建设有机结合的新路子，有效改善农民生存环境，增强了发展后劲。截至目前，陕南地区已完成移民搬迁 91 万人，建设安置房面积 3160 万平方米，退出宅基地约 4.1 万亩（其中复耕约 2.5 万亩，还林约 1.6 万亩），解决农民进工业产业园区就业约 20 万人，增加农民财产性收入 270 亿元。

【土地整治扶贫】 积极发挥土地整治重大工程的示范带动作用，指导各级国土资源主管部门坚持基本农田整治与中低产农田改造等工作相结合，在贫困地区大力开展以土地平整、灌溉与排水、田间道路、农田防护与生态环境保持及其他工程为主要内容的土地综合整治。在安排高标准基本农田建设计划以及配合财政部分配中央分成新增建设用地土地有偿使用费时，对贫困地区给予了适当倾斜，并积极指导有关省级国土资源主管部门在落实项目和资金安排等方面重点向贫困地区倾斜。2015 年在贫困地区安排土地整治项目 1584 个，建设规模 1438.7 万亩，投入资金 219.24 亿元。通过土地整治和高标准基本农田建设，完善了当地农田基础设施，耕地质量平均提升 1—2 个等级，粮食产能普遍提高 10%—20%，夯实了粮食生产的物质基础，增加了当地农户收入，改善了当地生产生活条件和生态环境。

【地质勘查和矿产资源开发利用扶贫】 加大矿产资源开发利用支持力度，促进贫困地区资源优势转化为经济发展优势。一是加大对贫困地区编制矿产资源规划的技术指导与支持力度，支持连片特困地区开展矿产资源综合利用示范基地建设。在保护生态环境的前提下，积极推进贫困地区开展绿色矿山、和谐矿区建设试点，促进资源开发与环境保护相协调，使当地群众共享矿产资源开发收益。加大矿山地质环境支持力度，2015 年对革命老区、民族地区、边疆地区、连片特困地区、西藏、四省藏区等地区，共支持矿山地质环境治理项目 7 个，支持资金 6.74 亿元。二是实施公益性地质调查，中国地质调查局先后在乌蒙山、太行山、六盘山、滇黔桂石漠化片区等贫困地区和陕甘宁、沂蒙山革命老区完成土地质量地质调查 24 万平方千米，圈出富硒土地 1.1 万平方千米，为富硒农业产业发展提供了直接支撑。开展了地下水勘查与供水安全示范，组织了 3 次大规模应急抗旱找水行动，解决了 2200 多万人的缺水问题。公益性地质调查引领拉动后续矿产勘查取得一批重大找矿成果，武陵山区的湖南花垣—凤凰新增铅锌资源量 1200 多万吨，达世界级规模，吕梁、燕山—太行山地区新发现多处铝土矿矿产地，南疆三地州乌拉根新增铅锌资源量 200 万吨，乌蒙山区贵州织金那雍枝西铅锌矿新增锌资源量 30 余万吨，为资源开发利用奠定了基础。

【地质灾害防治扶贫】 不断提高贫困地区地质灾害防治工作力度，保障贫困地区人民群众生命财产安全。针对贫困地区山体滑坡、崩塌、泥石流等地质灾害，重点实施了调查评价工程、群众和专家结合的监测预警体系建设、搬迁避让与治理工程，并部署了有针对性的防范措施。召开趋势预测会商会研判形势，及时通报各地地质灾害进展情况。针对薄弱环节，部署全国矿山和水电工地地质灾害防治检查工作。国土资源部领导带队先后到三峡库区和湖北、湖南、广西、重庆、四川、陕西等地，督促地方做好防汛准备，协助地方完善防灾减灾体系。启动国家、省、市、县四级汛期地质灾害气象预警，涉及全国31个省（区、市）、303个市、1578个县。继续在全国集中开展地质灾害防治知识宣传教育培训活动，提高群众防灾减灾意识和能力。2015年以来，全国已组织应急演练10009场，参加演练84.7万人，参加培训107万多人。

【智力扶贫】 开展扶贫干部挂职，举办扶贫培训班，实施智力扶持。一是开展扶贫双向挂职锻炼。从部机关司局和直属单位选派11名优秀处级干部到乌蒙山片区和定点扶贫地区开展新一轮扶贫挂职，并选派一名优先年轻干部赴赣州市赣县夏潭村担任“第一书记”。接受定点扶贫地区和集中连片特困地区国土资源部门干部来部挂职锻炼，促进国土资源系统干部业务能力和综合素质提高。二是举办乌蒙山片区及定点扶贫地区市县国土资源局长和扶贫办主任培训班，为部扶贫联系地区的国土资源和扶贫部门124名干部提供了跨地区、跨部门交流学习研讨的平台。

【乌蒙山片区扶贫】 认真履行牵头部门职责，积极协调乌蒙山片区规划项目进“十三五”行业规划。商请片区三省人民政府提供了片区规划中未纳入“十二五”规划的项目进展情况，并就需要纳入“十三五”的项目与国务院扶贫办和有关部委进行了对接落实。2015年末分别在四川、贵州、云南三省召开座谈会，传达中央扶贫开发工作会议精神和部党组对国土资源部及相关部门扶贫工作部署要求，听取三省贯彻落实部支持乌蒙山片区政策措施情况汇报和有关建议，研究讨论了下一步片区扶贫工作。据统计，截至2015年底，乌蒙山片区扶贫攻坚规划中涉及跨行政区域的交通、水利、能源等重大基础设施项目159个中，138个项目在“十二五”期间已开工建设或已建成，5个项目已明确列入地方行业规划。

【定点扶贫】 国土资源部定点扶贫地区有江西省赣南革命老区赣州市8个县、湖南省永州市新田县。2015年8月调整为赣州市4个县。

【政策扶贫】 国土资源部副部长张德霖带队到江西省赣州市开展了扶贫专题调研，在赣县召开座谈会，要求继续从认识上、情感上、人力上、政策上、机制上支持赣南革命老区振兴发展和脱贫致富。根据赣州经济社会发展需要国土资源部支持的事项，连续4年出台支持赣州“订单式”政策，在土地资源管理、矿产资源管理、江西应用技术职业学院建设等4个方面，提出了16项具体支持政策措施。国土资源改革创新政策在赣州先行先试，全面提升了赣州国土资源管理水平和保障能力。探索形成了部、省、市、县四级联动抓落实的工作机制。

【保障民生工程用地】 一是切实保障民生工程项目用地需求。在年度用地计划安排上，对医疗、养老、福利、教育等民生工程用地优先予以安排，全面保障棚户区改造、农村公办幼儿园等民生工程项目用地。二是将赣州市农村危旧土坯房改造用地纳入国家保障性安居工程，应保尽保，并开设绿色通道，对涉及土坯房改造用地做到快速组件、快速报批、政策惠及40余万农户。三是加强地灾防治和地质环境建设，改善生活环境。支持赣州市上犹县水岩乡金盆中心小学滑坡、兴国县兴莲乡官田村河背组滑坡等特大型地质灾害防治项目12个。安排地质环境治理项目治理补助资金2.28亿元。

【土地综合整治】 一是破解发展规划瓶颈，支持赣州12个县（区）开展土地利用总体规划评估修改，并预增加规划建设用地规模7万亩，有效解决了部分急需开工建设项目用地不符合规划的问题。二是破解发展用地瓶颈，保障赣州市寻全、昌宁、宁定、兴赣4条高速公路建设等169个重点建设项目用地，40件民生工程和招商引资项目用地。三是拓展用地空间，完成低丘缓坡试点项目区68个项目7400亩的土地供应，完成工矿废弃地试点项目复垦验收8675亩，增减挂试点项目复垦验收6802亩，增加了城镇化用地总量，拓宽了建设用地空间。三是加大土地开发复垦力度。完成脐橙黄龙病灾毁园地实地踏勘5.05万亩，立项3.27万亩，坡度小于25°的低质残次林地实地踏勘1.88万亩，立项1.60万亩。完成土地开发复垦项目验收规模12777亩，新增耕地10986亩。建设高标准农田55.7万亩，启动了1729亩旱地改水田工程。推动实施土地综合整治项目16个、建设规模5.15万亩。四是支持赣州优势矿产业发展，稀土、钨资源接续积极推进。编制完成了赣县、于都等5个县1∶5万土地质量地球化学调查评价项目方案。支持赣州市开展绿色矿山发展示范区建设。加强矿产资源信息化基础建设，“一张图”矿政管理信息系统建成投入应用。

【精准扶贫试点】 在赣州市赣县五云镇、湖南省新田县莲花乡开展精准扶贫。一是实施土地整理项目，改善耕地质量，增加耕地数量，为耕地增强排灌功能创造条件，形成相对集中连片的产业基地。二是实施“一村一品”，建成甜叶菊、花卉苗木和低改油茶林、蔬菜、金槐产业基地。三是因户制宜采取两种方式开展扶贫：以“合作社+基地+贫困户”模式，精准到户扶持一部分能力较强、勤劳肯干的贫困户脱贫，继而致富；通过农业产业开发，使部分贫困户受益，达到脱贫的目的。

定点扶贫湖南省新田县，落实了土地整治项目和地质调查项目，在新田县发现大面积富硒土壤，为当地打造富硒农产品产业提供了支持；结合土地整治和高标准基本农田建设，在定点扶贫县开展新农村建设，改善当地群众生产生活条件。此外，连续第三年出台支持河北省阜平县扶贫攻坚政策措施，提出了阜平县开展低丘缓坡土地综合开发利用试点和新发现溶洞地质遗迹勘查保护工作、加大用地计划指标支持力度、同意适用国土资源部支持乌蒙山片区的政策措施、继续选派挂职干部等5项支持政策措施。

（国土资源部扶贫办　李东法）

环境保护部扶贫

【概述】 2015年，环境保护部高度重视扶贫开发工作。从环境就是民生、改善生态环境就是发展生产力、治污减排就是增强发展后劲、加强环保就是加强扶贫等方面推进扶贫工作，牢固树立绿水青山就是金山银山的理念，发挥部门优势，协同推进环境保护与扶贫开发。

【扶贫制度建设】 结合生态文明体制改革，在贫困地区探索建立有利于协同推进环保和扶贫的制度体系。完善主体功能区制度，加快划定并严守生态保护红线，开展国家公园试点，推进市县“多规合一”。协调有关部门加大对贫困地区重点生态功能区转移支付力度，建立流域区域横向生态补偿机制，推进贫困地区生态综合补偿试点，涉及环保的专项转移支付资金最大限度向贫困地区倾斜，提高贫困人口受益水平。坚持城乡环境治理并重，培育农村污水垃圾处理市场主体，加大以工代赈力度，探索贫困地区环保设施运营长效机制。

【生态环境建设与保护】 加强生态建设和保护，实施自然保护区建设、生物多样性保护、湖泊生态保护等重点工程，提高生态产品和生态资本供给能力，同时实现生态保护与扶贫开发协同增效。以生态文明建设示范区创建为抓手，鼓励贫困县、乡镇、村等积极开展创建工作，促进休闲农业和乡村旅游发展。联合相关部门在云南省玉龙纳西族自治县等5个县开展生物多样性保护与减贫试点，发展有机食品产业、中药材产业等替代生计，实现地区脱贫与生物多样性保护双赢。支持宁夏回族自治区等地区推进生态移民搬迁。2015年，中央财政安排中央财政湖泊生态保护专项资金60多亿元，一些革命老区、民族地区和边远山区的贫困农村饮水安全得到进一步加强。

【农村环境综合整治】 结合实施大气、水、土壤污染防治行动计划，加快解决贫困地区突出环境问题，改善生态环境质量。加大贫困地区农村生活垃圾处理、污水治理支持力度，研究将贫困地区列入农村环境综合整治重点区域，以整村推进为平台实施环境连片治理。积极推进化肥、农药、农膜减量化以及畜禽养殖废弃物资源化和无害化，扶持和奖励秸秆资源化利用。实施农村饮用水安全工程，推进涵养区、源头区等水源地环境整治，提高贫困地区饮水安全保障制度。结合实施流域治理、重金属治理、湖泊生态保护等重大工程，加强农村饮用水水源地保护。2015 年，中央财政安排农村环境保护专项资金 62 亿元，加快推进农村环境综合整治工作，贫困地区生态环境质量得到进一步改善。

【产业扶贫】 统筹地区特点和部门优势，为贫困地区发展特色产业提供支持。帮扶贫困地区有机食品生产基地和有机农产品生茶基地示范建设，在人员培训、方案制定、产品推广等方面予以支持，促进有机食品、农产品加工业发展。加强规划环评和项目环评支持，引导贫困地区科学合理有序开发水电、煤炭、油气等资源，高起点建设产业园区。加强源头预防和污染治理，扶持贫困地区企业治污设施的建设运营，实施清洁生产技术改造，支持绿色发展，实现稳定可持续脱贫致富。

【定点扶贫】 2015 年，环境保护部加大对河北省围场县、隆化县帮扶力度。结合《重点流域水污染防治规划（2011—2015 年）》实施，指导完成《承德市武烈河流域水污染防治规划》《承德市滦河水污染防治规划》和《承德市蟠龙湖流域生态环境保护总体方案》。组织县域生态环境质量考核，国家重点生态功能区转移支付资金分别向围场满族蒙古族自治县、隆化县安排 21564 万元和 6414 万元。会同有关部委印发《关于明确滦河流域国土江河综合整治试点总体目标和重点任务的通知》，协调安排 6000 万元支持两县开展海河流域水污染防治重点项目。加大人才交流力度，选派 4 名同志分别挂职承德市市委常委副市长、两县副县长和贫困村“第一书记”。

启动《环境保护部“十三五”定点扶贫方案》编制工作，充分调动环境保护部机关各司局和部属单位积极性。环境保护部直属机关党委将围场满族蒙古族自治县、隆化县列为深入群众调研定点基地，开展关爱留守儿童、帮助贫困母亲等公益活动，加强扶贫宣传。环境保护部南京环科所主动作为，深入定点扶贫县考察有机农产品基地建设条件。中华环保基金会实施针对中小学生安全饮用水的“涓流计划”。中国环境文化促进会研究启动“蓝色星球”环保在行动公益活动。

（环境保护部　王振刚）

住房和城乡建设部扶贫

【概述】 2015年，住房和城乡建设部（以下简称“住建部”）高度重视住房城乡建设扶贫工作，充分利用行业资源，加大对贫困地区的农村危房改造力度，对贫困地区从规划编制、城镇保障安居工程、传统村落保护、房地产业发展、转移就业、农村人居环境整治及等方面给予行业帮助和指导，同时积极创新工作机制，召开大别山片区区域发展与扶贫攻坚部际联系会议，推进大别山片区扶贫攻坚，并着力开展国家扶贫开发重点县定点扶贫工作。

【工作机制创新】 为更好整合行业资源、形成精准扶贫开发合力，确保住建部扶贫攻坚工作方案与全国脱贫攻坚规划有效衔接，成立由住建部部长任组长，住建部分管部领导任副组长、部内有关司局参加的住建部扶贫攻坚小组，负责住建部重大事项研究、重要政策制定和重点工作部署。领导小组下设办公室，负责日常工作和具体组织协调。

【农村危房改造】 住建部会同国家发展和改革委员会、财政部印发《关于做好2015年农村危房改造工作的通知》（建村〔2015〕40号），坚持“三最”原则，重点帮助住房最危险、经济最贫困农户解决最基本的安全住房。2015年，中央安排补助资金365亿元，支持全国432万贫困农户改造危房。对贫困地区予以重点支持，单列国家确定的集中连片特殊困难地区县和国家扶贫开发重点县等贫困地区农村危房改造任务，支持贫困地区改造农村危房231万户。在补助对象认定上，实施了农户自愿申请、村集体评议、乡镇审核、县级审批的审核程序。在改造资金筹措上，明确了农民自筹为主、政府适当补助的筹资政策。逐步提高贫困地区补助标准，在农村危房改造户均补助7500元的基础上，对贫困地区农户增加1000元，并要求地方不断完善分类分级补助政策。在建设标准上，确定了落实“三最”原则的40—60平方米建房面积控制要求，并提出了抗震安全基本要求和最低建设要求等质量要求。在改造方式上，坚持原址重建和村民自建为主，原则上D级危房拆除重建、C级危房修缮加固。

在管理办法方面，建立了农村危房改造管理信息系统，实行一户一档，确保信息监管到户。开展了2015年度绩效评价机制，随机抽查改造危房农户，确保评估检查到户。实施补助资金直接拨付到农户

“一卡通”，确保资金发放到户。建立了技术指导和检查验收制度，确保技术指导到户。

【农村人居环境整治】 2015 年，住建部启动农村生活垃圾 5 年治理专项行动，提出用 5 年时间使全国 90% 村庄的生活垃圾得到有效治理。会同 9 个有关部门出台《关于全面推进农村垃圾治理的指导意见》（建村〔2015〕170 号），对全面治理农村生活垃圾提出了具体要求。开展农村生活污水治理省级试点和县级示范，将安徽省安庆市潜山县列入全国农村生活污水治理示范县，并予以政策支持。要求各地住房和城乡建设部门将贫困地区和贫困村人居环境改善工作列入扶贫攻坚工作重要内容，纳入“十三五”改善农村人居环境规划，作为本地改善农村人居环境工作的重中之重予以优先解决。

【传统村落保护】 支持贫困地区、少数民族地区、革命老区加强传统村落保护、历史文化名镇名村保护、风景名胜区建设等工作。2015 年，中央财政将贫困地区 188 个通过技术审查的中国传统村落纳入支持范围，其中农村环境保护、“一事一议”财政奖补专项资金合计 5.64 亿元。支持贫困地区依托特有的自然人文资源，发展旅游、养老、休闲等房地产项目。

【行业扶贫】 充分运用行业资源，支持和指导贫困地区完善城镇体系规划、城市总体规划、镇规划和乡村规划等的编制工作，发挥规划引领作用。指导中国城市规划设计研究院完成《湖北省红安县旅游发展总体规划（2015—2030 年）》编制工作，对红安县的旅游发展起到较好的引导作用。

帮助贫困地区开展各类保障性住房安居工程建设，并给予政策倾斜。住建部会同有关部门《关于做好 2016 年城镇保障性安居工程计划有关工作的通知》（建办保〔2015〕51 号），将有条件的全国重点镇列入棚户区改造政策支持范围。优先支持贫困地区城镇垃圾治理、污水处理、海绵城市建设、地下管网建设等人居环境整治项目。发挥行业企业优势，支持贫困地区劳动力转移，培育建筑之乡、劳务基地，组织用工企业和扶贫点开展技能培训和用工对接。

【大别山片区建设】 住建部根据大别山片区实际情况，履行片区扶贫攻坚联系单位职责，积极推动大别山片区区域发展和扶贫攻坚工作。2015 年 9 月 24 日，住建部部长陈政高在湖北省红安县主持召开大别山片区区域发展与扶贫攻坚部际联系会，国务院扶贫办、国家发展和改革委员会、教育部、交通运输部、水利部等 20 多个部门以及安徽、河南、湖北 3 省和 40 个县（市）出席会议。会议听取了湖北、安徽、河南三省扶贫工作情况汇报，重点就大别山片区提出的需要中央支持的项目进行了逐一协调，提出要创新扶贫开发理念，在政策上给予更多支持。

2015 年，中央支持大别山片区县 8.8

亿元，改造农村危房 10.4 万户，分别占三省改造任务的 19.8%和 18.5%。中央补助片区城镇保障性安居工程建设资金 39.4 万元，开工 10.2 万套，其中各类棚户区 6.7 万套，指导安徽、河南、湖北三省编制 2015—2017 年城镇棚户区和城乡危房改造及配套设施建设三年计划，将大别山片区内 52 个全国重点镇中符合条件的棚改区纳入棚户区改造范围。截至 2015 年，住建部会同文化部、国家文物局、财政部等部门将大别山片区 299 个有保护价值的村落列入中国传统村落名录，中央财政平均每村补助 300 万元。其中 2015 年，支持 186 个村共 5.58 亿元。

住建部组织第 3 批大别山片区住房和城乡建设系统干部赴东部地区挂职锻炼。协调东部 8 省（市）予以支持，安排片区 36 县（市）及青海省湟中县、大通县干部赴东部进行为期半年的挂职锻炼。针对大别山片区组织开展城镇园林绿化管理和技术培训班 3 期。在城市管理和生活垃圾处理管理等相关培训中对扶贫地区给予一定数量的免费培训名额。指导片区各市、县、镇切实加强生态保护示范建设，向国家发展和改革委员会推荐湖北省罗田县为国家生态保护与建设示范区。对大别山片区有创建意向的市、县重点开展国家园林城市、县城进行指导，协助改善人居生态环境。片区园林城市建设不断加强，园林专业管理水平不断提升。

【定点扶贫】 住建部定点扶贫县为青海省湟中县、大通回族土族自治县和湖北省红安县、麻城市（以下简称 4 县市）。2015 年，在有关政策、资金、人才培训等方面对 4 县市给予大力支持和帮助，会同有关部门下达 4 县市城镇保障性安居工程建设中央补助资金约 7.5 亿元，开工建设城镇保障性安居工程 3 万多套；对 4 县市农村危房改造任务单列并适当倾斜，安排中央补助资金 5330 万元，支持改造农村危房 1.37 万户。举办一期定点扶贫（青海）培训班，免费培训湟中县、大通回族土族自治县住房和城乡建设系统领导干部 20 余人。结合部内行业培训，为 4 县市单列免费培训名额 30 人。派遣 1 名扶贫干部到红安县永佳河镇喻畈村挂职任“第一书记”。

2015 年 8 月，由住建部总经济师带队调研考察青海省湟中县、大通回族土族自治县两县城市基础设施建设、城乡规划、城镇保障性安居工程建设、农村危房改造等方面情况，走访慰问贫困户，并向两县各捐赠资金 15 万元用于资助贫困家庭子女上学、特困户生活补助等。2015 年，住建部会同湖北、青海两省的住房和城乡建设厅，组织开展“十三五”期间 4 县市城乡建设发展和扶贫开发课题研究，承担项目经费 40 万元。

（住房和城乡建设部　陈　伟）

交通运输部扶贫

【概述】 2015年，交通运输部深入贯彻落实党中央、国务院关于脱贫攻坚的部署要求，将交通扶贫和农村公路工作摆到更加重要、更为突出的位置，坚持精准扶贫、精准脱贫，加大工作力度，推动交通建设扶贫、联系六盘山片区、定点扶贫阿坝州和对口支援安远县等扶贫工作再上新台阶，圆满完成“十二五”目标任务，创新思路制定了“十三五”交通扶贫脱贫攻坚规划和投资政策。

【片区扶贫攻坚】 2015年，交通运输部以集中连片特困地区为主战场，加快推进《集中连片特困地区交通建设扶贫规划纲要（2011—2020年）》和《“溜索改桥”建设规划（2013—2015年）》，大力推进贫困地区交通基础设施建设，提升农村公路质量与安全水平，推进农村客货运输良性发展，为贫困地区与全国同步建成小康社会提供坚实的交通运输保障。2015年全年安排超过1300亿元车购税资金，支持14个集中连片特困地区改造建设3980千米高速公路、2.3万千米普通国省道、7.7万千米农村公路、110个县级客运站、1.86万个乡村客运站点，解决片区143个乡镇、1.05万个建制村道路通畅问题。安排6亿元资金，推进110个“溜索改桥”项目建设。截至2015年底，实现14个片区96.1%的乡镇和86.5%的建制村通了沥青（水泥）路，95%的乡镇和81%的建制村通了客班车，圆满完成《中国农村扶贫开发纲要（2011—2020年）》确定的“十二五”交通扶贫目标任务。

【片区部际联系】 2015年，交通运输部积极配合各集中连片特困地区牵头联系单位的工作，扎实推进各片区交通建设扶贫规划，支持各片区加快建设“外通内联、通村畅乡、班车到村、安全便捷”的交通运输网络，为片区扶贫脱贫攻坚中提供基础支撑。积极配合国务院扶贫办、民政部、工业和信息化部、水利部、住房和城乡建设部、国家民族事务委员会、国家卫生和计划生育委员会、教育部、国土资源部等单位做好罗霄山、燕山一太行山、滇桂黔石漠化、大别山、武陵山、吕梁山、滇西边境、乌蒙山等片区扶贫攻坚部际联系事宜，参加相应的片区部际联系会议，帮助解决片区交通发展问题。

【完成目标任务】 2015年政府工作报告明确交通运输部完成“新改建20万千米农村公路”和“完成西部边远山区溜索

改桥建设任务”两项目标任务。交通运输部高度重视，对任务进行细化分解并列入交通运输贴近民生 10 件实事，与全年重点任务同时督查、统筹推进。一是及时下达资金计划，明确项目清单，全面推进项目实施。二是细化各项工作措施。制定印发了《关于落实 2015 年国务院政府工作报告新改建农村公路 20 万千米任务目标的通知》和《关于加快推进农村公路和溜索改桥建设的通知》，对任务进行细化分解并列入交通运输贴近民生 10 件实事，与全年重点任务同时督查、统筹推进，并督促各省份做好任务分解、建立台账、倒排工期、落实责任并按月上报进度资料。三是协调解决困难问题。交通运输部领导带队赴建设任务最重的四川、云南两省督查调研，协调解决规划项目调整和金沙江特大桥问题，协调国务院扶贫办及时下达专项扶贫资金支持项目建设。四是加强督促检查。2015 年 10 月，交通运输部党组成员分别带队赴河北、广东等 7 省（区、市），围绕 2015 年党中央、国务院重大决策部署，全国交通运输工作会议重点目标任务以及以农村公路建设为重点的民生实事开展专题调研和现场督查，对进展相对滞后省份进行了约谈。在部省共同努力下，到 2015 年底，全国实际完成新改建农村公路 25.1 万千米，与国务院扶贫办共同支持的 309 个溜索改桥项目全部开工，圆满完成国务院下达的年度目标任务。

【编制“十三五”交通扶贫规划】 交通运输部深入贯彻落实中共中央总书记习近平关于扶贫开发、支持革命老区、民族地区等系列重要讲话精神，在全面完成“十二五”交通扶贫攻坚工作的基础上，提前谋划，组织调研组赴重庆、四川、云南、陕西、甘肃、青海、宁夏等省（市、区）开展实地调研，组织召开西南和西北两个片区座谈会，开展摸底调查，找准问题，提出对策，编制“十三五”交通扶贫规划。在党的十八届五中全会和中央扶贫开发工作会议之后，交通运输部对照全面建成小康社会要求和脱贫攻坚总目标，细化实化优化“十三五”交通扶贫脱贫攻坚工作思路、主要任务和支持政策。规划按照“精准扶贫、精准脱贫”的要求，以“五大发展”理念为引领，进一步加大支持力度，把集中连片特困地区、国贫县、革命老区、民族地区和边疆地区都纳入支持范围，重点建设“康庄大道路”“幸福小康路”“平安放心路”“特色致富路”，抓好创新扶贫理念、扶贫政策、扶贫机制、建设模式、服务标准“五个创新”。2015 年 12 月 1 日，交通运输部邀请国务院扶贫办和其他 10 个片区牵头联系部委进行座谈，听取对交通运输部《“十三五”交通扶贫规划》的意见建议，研究共同做好片区牵头联系工作的机制和做法。2015 年 12 月 2 日，交通运输部部长杨传堂主持召开部务会议，审议通过了《“十三五”交通扶贫规划》。

【扶贫会议】 为深入贯彻落实党的十八届五中全会和中央扶贫开发工作会议精

神，2015年12月4日，交通运输部在兰州市召开了全国交通扶贫工作会议，并召开了六盘山片区扶贫攻坚部省协调推进会，对打赢“十三五”交通扶贫脱贫攻坚战和六盘山片区扶贫工作进行了全面动员部署。全国交通扶贫工作会议提出要凝心聚力、精准施策，实现交通扶贫脱贫工作先行一步、率先突破。杨传堂要求各级交通运输主管部门着力构建主体责任落实机制，强化政府主导、部省联动机制，完善政策保障机制，强化工作监督考核，坚决打赢交通扶贫脱贫攻坚战。六盘山片区扶贫攻坚部省协调推进会重点是协调动员片区四省区和中央各有关部门力量，坚持规划引领，加强政策保障，完善工作机制，强化责任落实，确保六盘山片区如期完成脱贫任务、与全国共同进入全面小康社会。

【基础设施建设】 2015年，交通运输部按照国务院的工作部署，扎实有序推进六盘山片区、定点扶贫阿坝藏族羌族自治州、对口支援安远县等专项工作。一是倾斜支持加快这些地区的交通建设，安排了近170亿元车购税资金支持六盘山片区加快交通基础设施建设，在交通扶贫规划的基础上又分别多安排1亿元和2亿元资金支持阿坝藏族羌族自治州和安远县公路建设。二是深入开展调查研究。交通运输部部长杨传堂等部领导赴六盘山片区甘肃、宁夏等地开展实地调研，交通运输部综合规划司、公路局、运输司等业务司局分赴六盘山片区、阿坝藏族羌族自治州和安远县调研，协调解决有关问题。三是深化干部人才支持。向阿坝藏族羌族自治州派出第四批驻州扶贫联络组（3人），向六盘山片区派出第2批挂职干部（7人）赴固原市、西吉县、淳化县、临洮县、乐都区基层挂职，充分发挥桥梁纽带作用，为当地加快实现振兴发展和脱贫致富贡献力量。四是深入推进六盘山片区扶贫试点，积极探索扶贫体制机制创新。截至2015年底，5个试点县提前完成了建制村通硬化路、通班车的小康目标，分别建立了工作方案和制度，按计划加快了交通等基础设施建设，带动一批特色产业发展、招商引资、城镇建设等不断取得新成果，因地制宜逐步探索促进城乡客运发展新思路和农村公路建管养新体制。

【交通扶贫融资】 为破解交通扶贫融资难题，交通运输部分别与国家开发银行和中国农业发展银行进行了多次座谈和交流，研究推进开发性金融支持交通扶贫攻坚有关事宜。2015年11月26日，交通运输部部长杨传堂与国家开发银行董事长胡怀邦就加大开发性金融对交通扶贫攻坚支持力度进行会谈，并签署了《开发性金融推进交通扶贫攻坚合作协议》。2015年8月18日，交通运输部和中国农业发展银行联合印发了《关于充分发挥农业开发性金融作用支持农村公路建设的意见》。根据协议和意见，双方将围绕全面建成小康社会和交通扶贫脱贫攻坚目标任务，充分发挥交通运输部门的组织协调优势和两行的中长期投融资优势，在融智、融资等方面开展广泛合作，破解交通扶贫融资难题，共同支持贫困地区交通基础设施建设，为这些地区整体脱贫致富、全面建成小康社会提供保障。

【定点扶贫】 交通运输部定点扶贫四川省阿坝藏族羌族自治州（以下简称“阿坝州”）的黑水、小金、壤塘三个国家扶贫开发工作重点县。2015年，交通运输部从阿坝州州情出发，立足精准识别、精准扶贫、精准脱贫总体要求，把推进阿坝州定点扶贫工作作为保障和改善民生的大事，细化工作思路，加强项目管理，注重扶贫实效，稳步推进阿坝州交通扶贫各项工作。

大力推进交通扶贫项目建设，提升交通运输保障能力。2015年共安排阿坝州实施交通扶贫项目17个，其中新建项目15个（含公路8条97.5千米、桥梁5座176延米、安保工程2个8.5千米），续建项目2个（14.8千米）。项目总投资1.535亿元，其中交通运输部车购税投资1亿元，四川省交通运输厅配套补助2000万元。

派出第四批驻阿坝州扶贫联络组，扎根基层做好定点扶贫服务工作。2015年5月，交通运输部向阿坝州派出第4批扶贫联络组，3名扶贫干部挂职任州委常委、副州长，州交通运输局副局长和小金县营盘村“第一书记”，工作周期2年，通过实职实权的挂职方式，加强部、省、州对交通扶贫工作的统一部署与决策协调。

抓好督促检查，强化项目监管。交通运输部驻州扶贫联络组和州交通主管部门一道，严格按照《阿坝藏族羌族自治州交通扶贫建设项目管理暂行规定》，把检查、监督、整改、落实贯穿于项目实施全过程，深入每个项目施工现场，加强过程监管，严把质量、安全、进度、环保和资金关。阿坝州州委、州政府将2015年度交通扶贫项目纳入全州24件民生大事管理，落实督查的具体方案，加强日常监管，明确工作责任、工作措施、资金执行和到位进度安排、项目实施执行进度节点及完成时限，推进交通扶贫项目有序实施。

开展农村公路建设管理人才培训。经交通运输部驻州扶贫联络组沟通协调，由交通运输部管理干部学院自筹资金，以“交通运输安全管理”为专题于2015年5月4日至10日成功举办了阿坝州第六期交通运输人才培训班，培训交通技术管理人员40人。此外，交通运输部管理干部学院远程教育部专门针对阿坝州组织实施了交通运输系统在职人员专升本的学历教育工作，共为阿坝州培养交通人才43名。

（交通运输部扶贫办　汪　忠）

水利部扶贫

【概述】 2015年，水利部高度重视水利扶贫工作。水利部印发了《2015年水利扶贫工作要点》，落实水利扶贫需求调查、项目储备、投资倾斜、扶贫统计、工作考核5项精准机制，进一步加强督查稽查和监督指导，加快实施贫困地区的农村饮水安全工程、小型农田水利设施、抗旱水源设施、中小河流治理、山洪灾害防治、水土保持重点工程、小电代燃料等水利项目建设，贫困地区水利建设明显加快。2015年832个贫困县累计完成水利投资1192亿元，其中中央水利投资403亿元，解决了1800多万农村居民饮水安全问题；开展403座病险水库和25座病险水闸除险加固；实施111个江河治理项目，新建（加固）堤防1100多千米；安排对85个大中型灌区、灌排泵站进行续建配套与更新改造；治理694条中小河流，治理河长3300多千米；新增治理水土流失面积1450平方千米；安排农村水电工程建设8.42亿元，解决了部分无电人口的用电问题。水利支撑和保障贫困地区区域经济社会发展和脱贫攻坚的作用进一步发挥。

【扶贫会议】 2015年12月10日，水利部召开全国水利扶贫开发工作视频会议，贯彻中央扶贫开发工作会议精神，总结“十二五”水利扶贫开发工作，研究部署“十三五”水利扶贫开发任务。

【片区扶贫攻坚】 2015年8月22日，水利部、国家林业局在云南省文山壮族苗族自治州联合召开滇桂黔石漠化片区区域发展与扶贫攻坚推进会。水利部和国家林业局有关司局的负责人，广西、贵州、云南三省（区）扶贫办、水利厅、林业厅主要负责人，片区15个州市分管领导，扶贫办、水利（务）局、林业局等单位的主要负责人参加会议。会议组织与会代表实地察看了云南省文山壮族苗族自治州西畴县兴街镇罗汉冲片区小流域综合治理、岔河脱贫村美丽乡村建设、畴阳河河道治理和工业园区建设等典型项目点。会上，广西壮族自治区、贵州省、云南省分别介绍了片区扶贫攻坚情况及下一步工作打算，云南文山壮族苗族自治州和泸西县、广西壮族自治区罗城仫佬族自治县、贵州六枝特区作典型交流发言，国家发展和改革委员会、教育部、国土资源部、住房和城乡建设部、交通运输部、国家卫生和计划生育委员会、国家烟草专卖局等部门就如何支持片区发展作交流发言，会议对全力推进片区扶贫攻坚工作，打赢片区脱贫攻坚战作出了部署安排。

【干部挂职扶贫】 2015 年 4 月 9 日，水利部选派第二批挂职扶贫干部 23 人（其中，石漠化片区 17 人，定点扶贫地区 6 人）赴贫困地区挂职。

另选派 10 名政治素质高、工作能力强的干部到定点扶贫地区挂职帮扶。结对组团帮扶方面，13 个对口帮扶小组大力实施人才帮扶、产业帮扶和形式多样的捐资助学、“送温暖、献爱心”等活动。各对口支援单位帮助定点县引进项目资金 3.89 亿元；投入定点县资金 530.47 万元；资助了 1282 名家庭贫困学生上学；举办培训班 19 期，培训人员 1055 人次。

【水利扶贫考核】 2015 年，水利部贯彻落实中央关于精准扶贫、精准脱贫方略，按照《水利扶贫工作考核办法（试行）》规定，及时印发了《2015 年度水利扶贫工作考核实施方案》，对 22 个水利扶贫重点省级水行政主管部门进行水利扶贫考核工作作出安排。水利部成立了由水利部扶贫领导小组成员单位组成的考核小组。考核工作分各省自评、专家审核、实地核查、汇总分析、成果审定 5 个阶段。一是各省自评。实施方案印发后，各地通过下发文件、召开会议等方式对水利扶贫考核工作进行安排部署，并就做好自评工作提出了具体要求。二是专家审核。各省自评报告上报之后，考核小组组织由各司局推荐的 12 名专家组成专家组，集中对 22 个省的自评报告及有关数据、资料进行审核，提出评审意见，并按照好、中、差的原则提出部分省份进行实地核查的建议。三是实地核查。根据评审专家推荐实地核查省份的建议，水利部组建 4 个核查小组，赴 8 省开展水利扶贫考核实地核查工作，通过听取汇报、查阅资料、抽查水利工程、走访贫困户等方式，实地了解水利扶贫工作开展情况。四是汇总分析。在各省自评、专家审核、实地核查的基础上，考核小组从组织领导、精准扶贫、前期工作、投资倾斜等 7 个方面 30 个具体指标，对各省的考核情况进行了认真核对、分析、汇总，提出了 2015 年度水利扶贫工作考核结果。五是成果审定。水利部扶贫领导小组召开会议对考核小组提交的考核结果进行审议，确定 14 个省级水行政主管部门为优秀，5 个为良好，3 个为合格，并以水利部办公厅文件进行了通报。

【扶贫培训】 积极接收贫困地区水利干部交流学习，共安排近百名贫困县水利干部到省、部水利部门学习、锻炼。全年组织举办各类业务培训班 20 余期，培训水利干部 3000 余人次。

【智力扶贫】 水利系统科研技术单位发挥技术优势，帮助贫困县开闸水利前期工作，如海河水利委员会结合京津冀协同发展水利专项规划编制，对燕山—太行山贫困地区有关县市就加快和规范中小河流治理及重点县综合整治前期工作、建设管理等方面进行技术指导；水利部水规总院帮助西藏自治区完成32条重要河流流域综合规划编制。

【扶贫日活动】 水利部积极响应和开展扶贫日宣传活动，印发了《水利部2015年扶贫日活动方案》，认真组织实施，取得了良好效果。一是参加“2015减贫与发展高层论坛”。10月16日，水利部副部长矫勇应邀参加了国务院扶贫开发领导小组主办的“2015减贫与发展高层论坛”。二是组织开展捐款活动。2015年，部机关和直属单位共捐款240.56万元，其中，“10·17”期间共捐款90余万元，用于资助定点扶贫县困难户或向困难学生捐资助学。三是组织专题调研活动。在调研的基础上，收集整理编印了《水利扶贫调研报告集》和《水利扶贫典型案例汇编》，供各地学习借鉴。四是开展机关青年扶贫调研实践活动。联合中央8个部委开展了“根在基层·青春担当”系列中央国家机关青年赴重庆云阳县、云南麻栗坡县专题调研实践活动，共25人参加，撰写心得体会40余篇。五是开展水利扶贫征文活动。组织开展了以“实施水利精准扶贫，支撑全面小康建设”为主题的征文活动，评选出一、二、三等奖12篇，并在《中国水利》杂志刊登。六是举办专题座谈活动。10月16日下午，部扶贫领导小组召开水利扶贫专题座谈会，学习贯彻习近平总书记关于扶贫开发重要论述，研讨做好“十二五”水利扶贫的对策措施。

【扶贫宣传】 加大水利扶贫宣传，营造全社会、全系统关心支持水利扶贫的良好氛围。一是滚动宣传水利扶贫口号。“10·17”期间，在水利部机关的电子屏幕上滚动宣传“水利工程惠民生，精准扶贫得民心”“紧紧围绕中央扶贫开发方针，坚决打赢水利扶贫攻坚硬仗”“兴水利润泽华夏，解贫困圆梦中国”等口号。二是召开水利扶贫新闻通气会。10月15日，召开“十二五”水利扶贫工作情况新闻通气会。《人民日报》、《人民日报》(海外版)、新华社、《经济日报》、中央人民广播电台、央视一套、央视二套、人民网、新华网等9家中央新闻媒体参加，并陆续发表了《“十二五”期间贫困地区中央水利投资2375亿元》《“十三五”中国将围绕六方面实施水利扶贫》等新闻稿。三是举办水利扶贫成就展。在部机关举办“十二五”水利扶贫成果图片展，展览共分8个部分，通过43块展板共114幅图片，集中展示了“十二五”以来水利行业扶贫、滇桂黔石漠化片区联系、定点扶贫、对口支援、水利扶贫试点等“五位一体”各方面取得的成效。四是《中国水利报》专版宣传。《中国水利报》第3705期以《构建扶贫新格局，精准发力惠民生》为主题，用2个版面进行集中宣传，并发表了题为《坚定不移打赢水利扶贫攻坚战》的评论员文章。五是网站宣传。移民局将“中国水工程移民网”改版为“水工程移民和水利扶贫网”，增加了水利和扶贫要闻、水利扶贫动态、基层水利扶贫工作、水利扶贫政策文件和水利扶贫工作简报5个版块，强化了水利扶贫宣传的及时性、权威性和完整性。

【定点扶贫】 2015 年，水利部继续承担重庆城口、巫溪、丰都、武隆、开州区（原开县）、云阳，湖北房县，广西凌云、田林，贵州望谟、册亨，云南广南、富宁等 13 个县的定点扶贫工作。水利部始终坚持以“五水加科教”为主要内容，以项目扶持、干部挂职、对口支援为主要渠道的水利定点扶贫工作思路，充分发挥水利行业优势，大力开展水利定点扶贫工作，为定点扶贫县经济社会发展和扶贫开发做出了重要贡献。2015 年，项目资金帮扶方面，安排水利投资 27.3 亿元，其中中央水利投资 14.7 亿元，解决了 45.8 万农村人口和学校师生的饮水安全问题，新增农村水电装机 41.15 万千瓦，治理水土流失面积 351.1 万亩。

（水利部扶贫办　张春亮）

农业部扶贫

【概述】 2015年，农业部认真贯彻落实中央扶贫开发工作会议精神和重大部署，多次召开会议研究部署扶贫开发及援疆、援藏工作，农业部领导多人多次深入贫困地区调查研究，加强农业扶贫顶层设计，强化精准扶持措施。农业部党组要求部属相关司局和单位根据贫困地区农业农村发展实际，有针对性地加大倾斜支持，创新帮扶方式，拓宽帮扶领域。为贯彻落实中央扶贫开发工作会议精神和《中共中央国务院关于打赢脱贫攻坚战的决定》，农业部党组专题研究、全面部署，强力推进产业扶贫、定点扶贫、片区扶贫、特定区域对口支援工作。部属相关司局和单位认真制定扶贫工作方案，切实落实精准扶贫工作。

【扶贫会议】 9月21日，农业部党组书记韩长赋主持召开农业部党组会议，传达学习中央第六次西藏工作座谈会精神，专题听取农业援藏工作汇报，研究贯彻落实意见。中央扶贫开发工作会议后，农业部党组立即传达学习中央扶贫开发工作会议精神，研究部署产业扶贫开发工作。12月8日，农业部召开2015年第12次部常务会议，深入学习贯彻中央扶贫开发工作会议精神、中共中央总书记习近平和国务院总理李克强的重要讲话以及《中共中央、国务院关于打赢脱贫攻坚战的决定》，研究讨论“十三五”农业扶贫工作思路和工作安排。农业部副部长余欣荣3次主持召开扶贫开发及援疆援藏领导小组会议，学习贯彻中央脱贫攻坚重大部署，研究部署援疆援藏和特色产业精准脱贫。农业部有关领导先后主持召开新疆农业结构调整与藏区农牧业发展研讨会、南疆城乡统筹发展研究及农牧业发展规划编制工作部署会、农业产业扶贫政策研讨会。

【扶贫调研】 7月17日，农业部部长韩长赋赴贵州省毕节市部长联系点专题调研农业结构调整。4月7日，余欣荣带队赴陕西、四川两地开展扶贫开发调研。9月8日，党组成员带队赴南疆阿克苏、喀什、克孜勒苏柯尔克孜自治州等地区调研，研究推进南疆农业产业结构的政策措施。2015年，农业部扶贫办组织开展3次重大问题系列调研。2015年初，在深入西藏、四省藏区调研基础上，形成《“十三五”西藏和四省藏区农牧业发展专题研究报告》。5月，为深入推进南疆农业结构调整，组织有关单位开展棉花目标价格、棉花退减情况、饲草产业、农产品加工业、农业产业化、城乡统筹等6个专题研究，形成了《深入推进南疆农业结构调整研究报告》《关于南疆、西藏和四省藏区农业产业化发展情况的研究报告》《新疆棉花产业有关情况调研报告》。10月底至11月底，为提高农业援藏工作的针对性、精准性和实效性，组织10个调研组赴西藏开展专题调研，共同谋划“十三五”发展思路与对策措施，形成一批有价值的研究成果。

【扶贫资金管理】 2015年，农业部会同有关部门安排14个集中连片特困地区农业基本建设和中央财政资金270多亿元，其中，安排定点扶贫地区、大兴安岭南麓片区、新疆、西藏、四省藏区等贫困地区分别为8亿元、11亿元、96亿元、35亿元、52亿元。为推动南疆农业结构调整，农业部协调国家发展和改革委员会落实南疆肉羊良种繁育体系建设项目资金1亿元，协调落实农产品产地初加工补助政策资金，安排设施作物生产技术推广经费2500万元。安排新疆、西藏、四省藏区、定点扶贫县和大兴安岭南麓片区农机购置补贴资金23.65亿元，安排农垦系统扶贫开发专项资金4.03亿元用于贫困农场生产发展和生活设施建设，在黑龙江省望奎县等12个贫困县安排全国“一村一品”示范村镇品牌建设项目，安排2500万元用于新疆和西藏农作物病虫鼠害疫情监测预警防控，安排5000万元农业生产防灾救灾资金支持新疆开展防灾救灾和生产自救。安排定点扶贫地区、大兴安岭南麓片区、贵州毕节等贫困地区2800万元，与邮储银行等金融机构合作创设无抵押无担保、实行基准利率的专门金融产品，将新疆3家农业“走出去”企业纳入2015年农业“走出去”农机购置补贴试点。

【科技扶贫】 支持农技推广体系建设，安排约6.8亿元支持14个集中连片特困地区开展基层农技推广体系改革与建设补助项目。实施现代农业产业技术体系项目，安排6.3亿元支持621位岗位科学家、399位综合试验站站长，开展贫困地区共性关键技术研究、集成和示范。安排16亿元支持贫困地区推进粮棉油高产创建、旱作农业技术推广、园艺作物标准园创建、土壤有机质提升、测土配方施肥和病虫害统防统治等重大项目实施。安排1.4亿元支持内蒙古兴安盟、贵州遵义等10个贫困县和新疆、西藏及四省藏区良种繁育、制种大县及加工基地建设。安排870万元支持贫困地区开展马铃薯全程机械化、玉米生产机械化、水稻育插秧机械化以及保护性耕作技术的示范推广。安排2.21亿元支持贫困地区建设78个农产品质量安全检验检测机构，支持新疆、西藏创建5个农产品质量安全县。中国农科院在大兴安岭南麓片区深入开展科技服务工作，与新疆、西藏及四省藏区有关科研机构联合承担青稞新品种选育、蔬菜马铃薯适宜栽培品种、降解地膜试验评价、马流感灭活疫苗等53项科技项目。译制100集维语广播节目和

50集藏语节目，制作完成新疆酿酒葡萄栽培、西藏设施番茄栽培等13部实用技术电视节目；建立《农广天地》栏目新疆制作基地，摄制和翻译适合新疆需求、具有新疆特色的农业实用技术教学片。捐赠大兴安岭南麓片区一批农民教育培训移动多媒体资源播放器。组织专家为南疆农业发展提供技术服务，开展新疆果蔬干燥加工、贮藏等技术和设备推广活动，组织开展县级植保信息系统平台试点、玉米病虫害发生动态监测、病虫鼠害防控技术、油菜全程机械化等推广示范，支持新疆开展奶牛品种改良技术推广。组织开展2015年全国集中连片特殊困难地区农业适用技术遴选推荐，确定并发布196项农业适用技术，并针对南疆地区和西藏专门编印维文版和藏文版。组织中国农科院、农业部规划设计研究院等单位专家，指导编制《南疆农业发展规划》《西藏自治区“十三五”农牧业发展规划》《西藏自治区农畜产品加工业规划》等发展规划和建设规划30多项，为贫困地区农业发展提供科学依据。

【扶贫培训】 积极与贫困地区互派干部挂职锻炼，全年选派32名干部开展援藏援疆援青、定点扶贫联络及“博士服务团”挂职锻炼，同时接收新疆、西藏6名“西部之光”访问学者、挂职干部以及特培学员。选派1名干部到湘西州永顺县高坪乡马鞍村挂任“第一书记”。强化新型职业农民培育和农村实用人才培养，安排3亿多元支持14个连片特困地区加大对专业大户、家庭农场经营者、农民合作社带头人、农业企业经营管理人员、农业社会化服务人员等培养培训力度。安排专门资金，为新疆、西藏、四省藏区培养1300名农村实用人才带头人。开展各类专业技术人员培训，组织贫困地区有关人员参加农业技术推广、农产品质量安全监管、质检项目检测机构负责人及检测技术骨干、国家重点龙头企业负责人、农社对接、农产品加工、渔业执法、农业“走出去”等培训班。举办10期农业远程教育培训，以卫星网、互联网同步直播方式传送到新疆、西藏和大兴安岭南麓片区，培训1万多人次。

【产业扶贫】 在促进农产品产销对接方面，针对南疆农业产业链条短、产品销售困难等问题，农业部扶贫办组织编制南疆农业产业化需求指南，召开农业产业化援疆工作座谈会，积极与对口援疆省市对接；聘请农产品加工技术专家对接南疆需求，组织一批加工企业、批发市场、科研院校与新疆有关单位签署合作协议；在成都举办农业产业化龙头企业援藏合作对接交流活动，组织内地47家龙头企业与西藏对接，有34家企业与西藏方面在产品加工、市场营销、技术指导等方面达成合作意向；针对南疆杏干等农产品卖难、黑龙江和内蒙古贫困县大豆滞销、海南省甜玉米滞销卖难等情况，指导市场协会组织经销商开展对接活动；在第十三届中国国际农产品交易会上设西藏展区和拉萨展区，积极推介西藏特色农产品，与新疆维吾尔自治区签订部省市场监测预警联动协议。在加大信息化建设力度方面，支持贫困地区农业电子商务发展，开展信息进村入户试点，建设农村信息服务站；通过中国农业信息网各省地方频道和名优特农产品专题子站免费对贫困地区特色农产品提供宣传展示服务；通过“全国农产品免费广告展播”播出援疆、援藏公益广告，免费宣传新疆、西藏特色农产品，通过《聚焦三农》《每日农经》等栏目推介贫困地区农产品。

【生态保护】 针对南疆水资源短缺现状，率先提出调减次宜棉区低产棉田、加快发展农区畜牧业等建议，得到政协主席俞正声的充分肯定。出台《农业部关于支持西藏农牧业绿色发展促进农牧民增收致富的意见》，明确思路目标、重点任务和保障措施。继续实施退牧还草、京津风沙源治理、石漠化综合治理等工程，涉及近百个国家扶贫开发重点县，通过禁牧休牧、划区轮牧、牲畜棚圈、人工饲草基地建设等措施，促进贫困地区生态环境改善和农牧民收入提高。在内蒙古等 13 个省（区）和新疆生产建设兵团、黑龙江农垦总局，全面建立草原生态保护补助奖励机制，政策覆盖 229 个贫困县。扩大退耕还林还草工程实施范围，提高还草补助标准，实施畜禽良种工程、南方草地畜牧业发展试点等项目，促进贫困地区山地草地畜牧业发展。深入实施“振兴奶业苜蓿发展行动”，积极推动农牧结合协调发展。强化农业面源污染防治，安排 1500 万元支持西藏、新疆开展小麦重大病虫、农区蝗虫统防统治、绿色防控，减少化学农药使用；安排大兴安岭南麓片区龙江县 3000 万元，用于东北黑土地保护试点；安排 2.74 亿元支持 14 个连片特困地区建设规模化大型沼气工程项目 116 个。强化水生生物资源保护，安排定点扶贫地区及新疆、西藏 3000 余万元用于物种资源保护、水产品质量安全监管、农业农村资源等监测统计和增殖放流。

【定点扶贫】 按照中央统一部署，农业部定点扶贫湖北省恩施土家族苗族自治州（以下简称“恩施州”）咸丰县和来凤县、湖南省湘西土家族苗族自治州龙山县和永顺县。2015 年，农业部共安排资金 3.84 亿元用于定点扶贫地区重点开展农业基础建设、农业产业开发和农业人才培养等方面工作。选派 7 名干部到定点扶贫地区挂职锻炼。注重定点扶贫地区人才培养，培训农业管理干部、农民合作社理事长、土地仲裁骨干人员、基层农业公共服务人员 660 人次。在湖北省恩施州探索区域性金融支农，首期安排资金 700 万元、撬动银行贷款 7000 万元，支持新型农业经营主体发展，带动当地贫困农户创业就业。组织遴选武陵山片区农业适用品种和技术，示范推广茶叶加工、柑橘病虫害防控、地方畜禽品种保护、水产养殖等实用技术。通过户用沼气、小型沼气工程、乡村服务网点等建设，改善贫困地区农村生产生活条件。开展渔业资源增殖放流，支持恩施州咸丰县忠建河大鲵自然保护区建设。在恩施州建立科技成果转化中心，推动“恩施州农业科学院——新西兰·奥克兰大学理学院天然富硒功能食品联合实验室”建设。帮助开拓农产品加工销售市场，发展电子商务，在北京恩施硒茶博览会上，推动茶企业与国内49家客商现场签约，签约资金共计10.38亿元。促成重庆绿家源生态农业有限公司、山东潍坊华英有限公司到当地投资养殖基地和富硒食品精深加工。向湖北恩施、湖南湘西全部4540个行政村每村赠送《农民日报》《中国农民合作社》等农业报刊，在CCTV农业节目推出“全国农产品免费广告展播”“全国农产品应急销售广告”，提升定点扶贫地区特色农产品影响力和知名度。

（农业部扶贫办　陈学洲）

商务部扶贫

【概述】 2015年，商务部充分发挥行业优势，突出商务扶贫特色，创新商务扶贫思路，打造商务扶贫新亮点。认真做好本部门定点扶贫工作，积极推动四川省广安市广安区、南充市仪陇县和湖南省邵阳市城步苗族自治县经济社会发展。

【扶贫资金投入】 2015年，商务部、财政部安排中央财政专项资金37亿元，开展电子商务进农村综合示范工作，并向革命老区县、集中连片特困县和国家扶贫开发工作重点县进行倾斜。在电子商务进农村综合示范的200个县中，国家扶贫开发重点县和集中连片贫困县达89个，占比44.5%。

【产业扶贫】 2015年，商务部联合19部门印发《关于加快农村电子商务发展的意见》，明确提出“对老少边穷地区要重点扶持、优先试点”，并提出“到2020年，对有条件的建档立卡贫困村实现电商扶贫全覆盖”目标。多次协调、组织国内大型电商企业为贫困地区土特产企业、创业青年提供软件、平台、交易、结算、物流、培训方面的技术支撑；同时利用其平台优势帮助农村贫困地区开拓特色产品新市场，带动贫困地区特色产业集聚发展，增强自我造血机能。为切实了解各地电商扶贫作法、存在问题及政策需求，商务部赴贵州、重庆、江西、甘肃等地开展调研，对2014年电子商务进农村14个贫困县的做法与经验进行总结，对电商扶贫方面已作出成效的甘肃陇南、江西赣州等地的经验进行宣传推广。

【劳务输出】 商务部推动并指导贫困地区对外劳务合作服务平台建设，为当地劳务人员赴国外务工提供免费对接服务。指导对外承包工程商会协助甘肃省山丹县等贫困地区服务平台与我国对外投资合作企业建立合作渠道，通过平台招收外派劳务人员，实现当地劳动力市场与外派市场的对接。为避免出现劳务纠纷，保障出国劳务合法权益和自身安全，商务部多次对贫困地区开展外劳务合作宣传教育，引导劳务人员通过正规渠道、正规公司出境务工。同时，要求劳务派出单位在劳务派出之前必须做好劳务人员出境前教育培训相关工作，包括语言及技能等相关培训，确保劳务适应国外工作生活环境。

【产业扶贫】 商务部对四川和湖南茧丝绸业发展一直予以大力支持。2014—2015年，通过外经贸发展专项资金支持茧丝绸发展事项，切块划拨资金3069万元(其中，四川2596万元，湖南473万元，合计占全国13%)，推动四川和湖南茧丝绸业结构优化转型升级。地方茧丝绸主管部门经过评审会商，将专项资金用于支持高品位茧丝绸品种抗病力改良、桑叶茶高附加值开发、丝绸清洁生产和节能减排、丝绸印染后整理技术升级等，对提高当地茧丝绸生产技术水平，解决贫困地区就业，增加农民收入发挥了积极作用。

【扶贫培训】 2015年，商务部分别在哈尔滨和呼和浩特举办两期“投资业务培训班”，重点提升中西部和东部欠发达地区投资促进人员工作水平，共计培训270名学员，其中欠发达地区学员占92%，培训取得良好效果，获得参训人员一致好评。指导外商投资企业协会积极引导在华外商投资企业履行企业社会责任，结合定点扶贫地区特点，为贫困地区生活改善和经济社会发展贡献力量。协助推动美国高通公司在商务部定点扶贫地区实施无线网络教育项目，为四川省仪陇县和广安市广安区两地学校各捐资50万美元，提供无线教学设备及软件等。积极配合其他部委做好滇桂黔石漠化片区、大别山片区、吕梁山片区、大兴安岭南麓片区等片区扶贫攻坚区域发展工作，积极推动上述地区经济开发区和高新经济区建设。

【国际援助扶贫】 作为国际多边对华无偿援助的中方归口协调管理部门，2015年，商务部与联合国儿童基金会、联合国人口基金、联合国开发计划署等机构继续落实2011—2015年国别合作方案，密切配合中国“十二五”规划的实施，围绕卫生、教育、儿童保护、绿色能源、性别平等诸多领域开展合作，促进中国经济、社会、环境可持续发展。2015年，商务部协调联合国儿童基金会、联合国人口基金会、联合国开发计划署等机构与中国中西部江西、云南、四川、甘肃、贵州、新疆等多个省(区)开展大量国际合作项目，项目金额约3200万美元。此外，通过多双边发展合作渠道，商务部争取到3个新西兰对华援助扶贫项目，分别是贵州贵定县昌明镇白马村村级卫生室基础设施项目、新疆岳普湖县艾西曼镇少数民族妇女缝纫技术培训项目、广西巴马水果观光采摘园暨休闲农家乐示范建设项目，项目总金额25万美元。

【定点扶贫】 2015年商务部定点帮扶四川省仪陇县、广安市广安区，湖南省城步县。实施整村推进、教育帮扶、扶贫培训等项目，提升贫困地区自身发展能力，扶贫工作取得积极成效。

【扶贫调研】 为切实了解定点扶贫地区经济社会发展状况以及帮扶项目实施情况，商务部负责人率工作组赴四川省仪陇县和广安区开展了扶贫互动调研。在调研期间，商务部负责人深入仪陇、广安农村，走进田间地头，考察商务部帮扶项目，开展了大量的工作调研，同时在两地还召开了扶贫工作座谈会，了解两地经济社会发展情况，对两地提出的请求事项，积极予以回应。商务部扶贫工作负责人率有关商会及事业单位赴湖南省城步苗族自治县（以下简称“城步县”）开展了扶贫调研及扶贫项目检查，检查了儒林镇大竹坪村整村推进项目和教育帮扶项目实施情况，走访了城步县边溪村、桃林村、三十六度河村、大寨村等5个贫困村落，考察了南山镇南山牧业有限公司液态奶生产线等。商务部团委组织青年业务骨干赴城步开展扶贫工作调研，为该县坪子寨村小学提供了冬装及学习用品各100套。通过扶贫互动调研，切实掌握和了解了定点扶贫地区经济社会发展状况、致贫原因以及当地广大干部群众早日摆脱贫困的强烈愿望，为做好下一步帮扶工作找准了方向，增强了帮助当地困难群众脱贫致富的信心。

【教育扶贫】 2015年，商务部有关直属单位向四川省仪陇县和广安市广安区共捐赠定点扶贫资金1000万元。为用足用好捐款资金，切实将有限的资金用在民生急需的项目上，安排资金500万元用于仪陇县三河镇瓦店子村、马鞍镇险岩村、双胜镇老坟嘴村和新民村整村推进项目和贫困学生助学；安排500万元用于广安区龙安乡群策村整村推进项目和广安二中两路口校区学校学生食堂建设。目前两地整村推进和教育援助项目实施进展顺利。

【智力扶贫】 2015年商务部安排资金44.5万元，在湖南省城步县举办商务和扶贫专项培训，其中，商务工作培训95人、扶贫工作培训320人、创业培训50人、农村特色产业培训3000人，共3465人。为帮助广安市广安区农村经济发展，根据中共中央组织部和国务院扶贫办有关方面要求，2015年商务部选派年轻业务骨干，到四川省广安市广安区任职“驻村第一书记”。通过智力帮扶，帮助当地干部转变了观念，提高了综合素质，切实帮助了当地群众提高了特色农业种植技术，拓宽了当地农特产品销售渠道，为当地经济社会发展发挥了积极作用。

【扶贫日活动】 商务部于“扶贫日”来临之际在部内、外网发布网购定点扶贫地区农特产品倡议书，同时印制纸质倡议书分送部机关、直属事业单位和商、协、学会，倡议商务全体员工在网上购买商务部三个定点扶贫地区农特产品，为定点扶贫地区农民增收献出爱心。通过“扶贫日”网购倡议，解决了四川省广安市广安区龙安柚卖难问题，其他地区农特产品的销售也取得了不错的业绩。协助联系国家机关事务管理局及幸福工程组委会，赴湖南省城步县开展贫困母亲帮扶活动。为方便贫困母亲体检，向城步妇幼保健院提供了一台25万元的蓝氧机及辅助用品；为解决农村看病不便等困难，向城步县9个贫困乡村提供30万元的小型医疗器械和一些基本药品，同时，实地慰问了10位特困母亲，每人资助1000元。

（商务部　谢　宇）

文化部扶贫

【概述】 2015年，文化部高度重视扶贫开发工作，贯彻落实中央扶贫开发工作会议精神，围绕《中国农村扶贫开发纲要（2011—2020年）》，立足文化资源优势，依托重大文化项目，从政策和规划、资金和项目、人才和服务等多个方面积极推进全国贫困地区文化建设，同时作为国务院扶贫开发领导小组成员单位，积极配合各牵头单位参与六盘山区、秦巴山区、武陵山区等11个连片特困地区和西藏、四省藏区、新疆南疆四地州等片区的有关扶贫工作，推动文化与当地经济社会协调发展，有效地发挥了文化建设维护社会稳定、改善人民民生、加强民族团结、促进经济发展的积极作用。

【扶贫政策】 为深入贯彻落实《加快构建现代公共文化服务体系的意见》要求，加快推进贫困地区公共文化服务体系建设，2015年，文化部会同国家发展和改革委员会、财政部、国家新闻出版广电总局、国家体育总局、国务院扶贫办等单位印发了《“十三五”时期贫困地区公共文化服务体系建设规划纲要》（以下简称《纲要》）。《纲要》根据贫困地区公共文化建设实际，按照“补齐短板、巩固提高、全面推进、协调发展”的建设思路，在整合文化、新闻出版广电、体育等部门现有项目的基础上，从公共文化基础设施建设、基本公共文化服务内容、公共文化服务效能、公共数字文化、人才队伍建设、文化帮扶等方面策划了34个项目，明确提出到2020年，贫困地区公共文化服务体系建设达到或接近全国平均水平的发展目标，为下阶段公共文化扶贫工作提供了制度保障。

【文化扶贫】 为支持基层文化单位面向农村提供流动文化服务，进一步丰富和满足基层广大人民群众的精神文化需求，2013年和2014年文化部、财政部联合实施流动图书车工程，为连片特困地区和西藏、四省藏区、新疆南疆四地州的686个县级公共图书馆每馆配送1辆流动图书车。根据《关于加快构建公共文化服务体系的意见》和《国家基本公共文化服务指导标准》，为进一步支持贫困地区开展流动文化服务，拓宽流动图书车配送范围，经与财政部积极沟通，2015年，文化部继续拨付专项资金3624万元，为连片特困地区和西藏、四省藏区、新疆南疆四地州以外的151个国家扶贫开发工作重点县的公共图书馆每馆购置 1 辆流动图书车，其中，中部地区 88 辆，西部地区 63 辆。

【智力扶贫】 根据《边远贫困地区、边疆民族地区和革命老区人才支持计划文化工作者专项实施方案》，到 2020 年，每年将引导 1.9 万名优秀文化工作者到边远贫困地区、边疆民族地区和革命老区（以下简称“三区”）工作或提供服务，为“三区”培养 1500 名急需紧缺的文化工作者。2015 年，“三区”人才支持计划文化工作者专项通过选派和培养文化工作者的方式，重点面向国家确定的连片特困地区覆盖的县、国家扶贫开发工作重点县和省级扶贫开发工作重点县以及新疆生产建设兵团困难团场，选派了 16572 名优秀文化工作者开展文化服务，培养了 1520 名急需紧缺的基层文化人才，为贫困地区文化发展提供了有力的人才保障。

【春雨工程】 文化部以“春雨工程”——全国文化志愿者边疆行活动为抓手，积极搭建平台，鼓励贫困地区与内地省市实施“大舞台”“大讲堂”“大展台”文化志愿服务项目，推动优质文化资源向贫困地区倾斜，丰富贫困地区群众精神文化生活。2015 年，积极支持协调老少边穷地区与内地省市共同实施了 131 个“春雨工程”项目，5000 多名文化志愿者赴 50 多个少数民族聚居区、贫困县，举办各类文艺演出、辅导讲座、展览展示 200 多场，为当地文化业务骨干和群众送去了群众文艺演出、现代公共文化服务体系建设专题培训、非物质文化遗产展览等形式多样的文化服务，服务群众 50 多万人次。

【产业扶贫】 文化部结合组织实施特色文化产业发展工程、藏羌彝文化产业走廊等重大文化产业项目，对贫困地区文化产业发展予以引导和扶持。通过建设完善国家文化产业项目服务平台，开展 2015 年度文化产业项目征集工作，为包括吕梁山片区、大兴安岭南麓片区、乌蒙山片区、六盘山片区、滇黔桂石漠化片区、秦巴山片区以及边疆地区等贫困地区项目在内的全国文化产业项目搭建展示推介、交流合作的平台。2015 年，贫困地区共有 400 余个文化产业项目入库，100 余个项目入选《2015 中国文化产业重点项目手册》，有效提升了贫困地区文化企业的综合实力。

【定点扶贫】 文化部自 1995 年以来定点帮扶国家扶贫开发工作重点县山西省娄烦县、静乐县。15 年来，文化部采取多种措施，利用国家机关优势和文化资源，依托重大文化项目，进行了人才、观念、教育、文化、经济等多形式的帮扶，为两县投入大量的人力、物力和财力，在支持和推动两个定点扶贫县的发展方面取得了一定成效。

2015 年，文化部投入资金 6.4 万余元，选派专业人员赴娄烦县开展培训活动，培训基层文艺骨干 100 余人；支持静乐剪纸正式入选“第四批国家级非物质文化遗产代表性项目名录”，实现了当地文化工作一项重大突破；协调国家图书馆向娄烦、静乐图书馆各调拨5000余册图书，有效解决了县级图书馆的实际困难；协调有关部门为娄烦县开展电影展播活动、慰问演出等活动，丰富了当地群众文化生活。

（文化部财务司　肖　蒙）

国家卫生和计划生育委员会扶贫

【概述】 2015年，国家卫生和计划生育委员会（以下简称“国家卫生计生委”）认真贯彻落实中共中央总书记习近平关于扶贫开发系列讲话精神和中央扶贫工作部署要求，根据精准扶贫、精准脱贫工作要求，研究制定有针对性的政策措施，不断加大健康扶贫工作力度，努力缓解贫困地区群众“因病致贫、因病返贫”问题，推进贫困地区卫生计生事业科学发展。

【健康扶贫】 国家卫生计生委会同国务院扶贫办研究推进健康扶贫工程，两部门组成联合调研组赴安徽省阜南县、颍上县和湖南省新化县、安化县开展实地调研，形成了《关于“因病致贫、因病返贫”问题的调研报告》，多次会商推进有关工作。国家卫生计生委3次召开委主任专题会议，研究部署推进健康扶贫工程指导意见起草工作。卫生及省委负责人带队赴贵州省毕节市开展健康扶贫工作调研，召开座谈会，听取有关省市和贫困县的意见建议。将健康扶贫工程指导意见征求了国家发展和改革委员会、民政部、财政部、人力资源和社会保障部、国务院扶贫办等14个有关部门意见，经国家卫生计生委党组会审议同意后，会同国务院扶贫办等有关部门上报国务院审议。

【医疗卫生扶贫】 2015年，国家卫生计生委共安排中央财政卫生计生事业专项资金2311.4亿元（统计口径为连片特困地区及国家扶贫开发832个重点县所在的22个省份，下同），重点支持贫困地区卫生计生事业发展。进一步提高农村贫困人口基本医疗保障水平，各级财政对新型农村合作医疗人均补助标准提高到380元，大病保险实际报销比例达到50%以上，农村贫困人口看病就医负担减轻。进一步完善贫困地区卫生计生服务体系。在中央基本建设投资中倾斜安排202.4亿元支持贫困地区所在的22省区3.2万个卫生计生机构基础设施建设，占当年全部投资的88.7%，逐步改善贫困地区卫生计生服务条件。进一步加强贫困地区卫生计生服务能力，在贫困地区大力实施农村订单定向免费医学生培养、全科医生特岗计划等项目，深入实施万名医师支援农村卫生工程，推进城乡医院对口支援，开展贫困地区卫生计生人才综合培养试点等工作，派出15支国家医疗队赴贫困地区开展巡回医疗。举办2期贫困地区卫生计生经济管理干部培训班，培训14个集中连片特困地区的22个省

（区、市）的卫生和计划生育委员会财务处长、126个地州市卫生计生部门负责人、相关重点县和卫计委在贫困地区挂职干部共400人。进一步提升公共卫生服务能力。人均基本公共卫生服务经费补助标准提高至40元，6大类17个项目在贫困地区全面实施。继续大力开展国家免疫规划、艾滋病防治、结核病防治等工作，同时做好鼠疫防控、重点传染病疫情防控等工作，加强贫困地区卫生应急体系建设。继续开展增补叶酸预防神经管缺陷、农村妇女“两癌”筛查、农村妇女住院分娩补助、预防艾滋病、梅毒和乙肝母婴阻断等项目，并实现项目目标全覆盖，使4800万农村妇女受益。继续在贫困地区实施儿童营养改善、新生儿疾病筛查项目。2015年，为137万名6—24个月的婴幼儿每天补充1包营养包，为132.5万名新生儿开展免费筛查，切实改善西部儿童营养和健康状况。

【扶贫会议】 2015年2月，国家卫生计生委在陕西省榆林市召开吕梁山集中连片特殊困难地区区域发展与扶贫攻坚协调推进会议，总结交流吕梁山片区区域发展与扶贫攻坚情况，总结交流吕梁山片区区域发展与扶贫攻坚规划实施情况，研究部署下一阶段片区区域发展与扶贫攻坚工作，协调推进28个部际联系会议成员单位切实采取有效措施，加大倾斜支持力度，推进解决片区区域发展与扶贫攻坚重大事项。会议要求进一步发挥部际联系会议机制作用，加大支持和帮扶力度，助力吕梁山片区扶贫攻坚。进一步培育壮大特色优势产业，加快区域性重要基础设施建设，加强生态建设和环境保护，全面提升社会事业和公共服务水平。重点协调推进交通、水利等重大基础设施项目建设，推进村级道路畅通、饮水安全、农村电力保障、危房改造、特色产业增收、乡村旅游、教育扶贫、卫生计生、文化建设、贫困村信息化等十项重点工作项目，共同编织吕梁山片区贫困人口基本生活安全网。坚持因地制宜，创造条件，支持片区发展百万亩山地有机苹果、百万头生猪养殖、核桃和红枣经济林等特色产业，让更多贫困人口脱贫。会议对进一步推进片区工作提出了具体要求，明确要突出抓好片区规划重大项目的落地，改善发展环境；推动贫困村整村推进工作，整合扶贫资源精准到村到户；进一步完善落实片区政策，为片区发展注入新的动力；推动特色产业开发，增强片区的“造血”功能。吕连山片区部际联系会议的28个成员单位的代表，片区省、市、县的政府和有关部门代表参加了会议。

【民族地区卫生计生扶贫】 为贯彻落实《中共中央、国务院关于加强和改进新形势下民族工作的意见》，推进民族地区卫生计生事业科学发展，国家卫生计生委与国家发展和改革委员会、国家民族事务委员会、财政部、人力资源和社会保障部、国家食品药品监督管理总局以及国家中医药管理局联合印发了《新形势下推进民族地区卫生计生事业科学发展实施方案》，针对民族地区医疗基础设施落后、卫生技术人员短缺、基层医疗卫生服务能力不高等问题，结合医改工作总体部署，提出了加强县乡村三级医疗卫生网络体系建设，加强基层医疗卫生人才队伍建设，加强地方病、传染病防治工作，提高民族地区群众健康水平，缓解“因病致贫、因病返贫”现象，提高少数民族地区计划生育服务管理水平，支持民族医药事业发展，扎实推进对口支援工作等 8 项措施。召开 2015 年全国卫生计生系统对口支援新疆工作会议，深入贯彻落实中央第二次新疆工作座谈会精神，推进卫生计生援疆工作。开展医疗人才“组团式”援藏工作，成批次组团选派医疗骨干和管理团队，集中优势“兵力”，支援西藏自治区人民医院和 7 个地区市人民医院专科建设和医疗人才队伍建设。组织制订进一步支持西藏和四省藏区卫生事业发展指导意见，召开多次专题会议研究，主动对接西藏自治区及各地州医疗卫生事业发展需求，谋划推进“十三五”卫生计生援藏工作。

【健康暖心工程】 国家卫生计生委充分挖掘行业资源，动员社会力量参与卫生计生扶贫开发。不断壮大卫生计生行业专项扶贫基金——“健康暖心”扶贫基金，实施“健康暖心”工程，为特殊困难家庭及人群提供大病救助、医疗补助、养老服务救助及实施先天性心脏病儿童免费救治等“一免三助”服务。启动实施“健康暖心—锐珂贫困地区基层医生培训润土计划”，提升基层医疗卫生服务能力。启动基层医疗装备联心助医计划，向全国 832 个国家级贫困县捐赠医疗设备，进一步完善基层医疗卫生服务条件。健康暖心扶贫基金累计募集社会资金超过 1 亿元，累计投入 9000 余万元，为 896 人提供了大病救助、1375 人提供了医疗补助。对 7 个国家级贫困县医疗卫生机构开展了对口支援，培训管理及临床医生 1285 名，直接救助贫困患者约 2.4 万人。

【定点扶贫】 2015 年，国家卫生计生委认真落实“调查研究、联系沟通、督促指导”三项任务，加大协调推进力度，促进定点扶贫县经济社会和卫生计生事业科学发展。加强组织领导。组织召开定点县挂职干部座谈会，听取需要协调支持的事项，指导挂职干部做好帮扶工作。安排处级干部赴山西省大宁、永和县，山西省清涧、子洲县挂职。干部挂职期间充分发挥桥梁纽带作用，深入调研，了解县情、民情，创新思路，探索解决的发展难题和民生问题，为贫困县带去了更多资源的同时也带去了新的脱贫发展理念。支持挂职干部联合其他中央单位挂职干部在全国最大电商平台发起“吕梁山区特色农产品网上展销活动”，推出永和核桃、隰县香梨、临县红枣、吉县苹果、神池胡麻油等约 20 种吕梁特色山货，为定点县农产品拓展销售渠道、增加农民收入。加强卫生计生人才综合培养，先后召开了清涧县和大宁县人才试点工作协调小组会议，协调推进卫生计生人才综合培养工作。山西、陕西两省三甲医院与试点县建立了对口帮扶关系，并建立派驻医师3个月轮换和高年资医师一对一带教培养制度。继续医学教育覆盖面，将村卫生室、非公立医疗机构等各级各类医疗卫生机构全部纳入继续医学教育实施范围。实施“顶岗计划”，选派乡镇卫生院专业技术人员到县人民医院、县中医院进行为期一年的进修培训，采取轮岗的方式进行全科培训。积极开展卫生计生紧缺专业人才招录绿色通道，对急需人才简化人事招聘程序，优先予以引进和录用，充实基层队伍，在一定程度上缓解了基层医疗卫生服务机构人才紧缺的现状，充实基层队伍。举办“圆梦女孩志愿行动吕梁行”活动，全国各地的120名志愿者与吕梁市120名女孩建立了一对一长期帮扶关系，开展了一系列家长培训等团队帮扶活动，并捐赠了1万多册图书、两个“圆梦书屋”，捐助了一台电子书借阅机、1000套数字图书阅读卡。活动将宣传倡导和扶贫帮困相结合，引导全社会关注女孩生存环境，倡导社会性别平等，促进出生人口性别结构平衡。

（国家卫生和计划生育委员会
财务司　高艳坤）

中国人民银行扶贫

【概述】 2015年，中国人民银行（以下简称“人民银行”）认真贯彻落实中央扶贫开发工作会议精神和《中共中央国务院关于打赢脱贫攻坚战的决定》（中发〔2015〕34号）要求，围绕“精准扶贫、精准脱贫”，改进和完善货币信贷政策，推动金融产品和服务方式创新，大力发展普惠金融，优化金融生态环境，促进贫困地区经济社会持续健康发展。

【金融扶贫】 综合运用多种货币政策工具增加贫困地区金融供给。一是实施定向降准。2015年，人民银行五次对涉农金融机构实施“定向降准”，充分发挥差别化存款准备金率的正向激励作用。2015年末，中国农业发展银行法定存款准备金率比国有商业银行低8.5个百分点，县域农村商业银行、农村合作银行、农村信用合作社、村镇银行法定存款准备金率比国有商业银行低5—8个百分点，涉农贷款投放较多的农业银行“三农金融事业部”法定存款准备金率比农业银行低2个百分点。二是研究设立扶贫再贷款，将832个国定贫困县和未纳入上述范围的省级扶贫开发工作重点县的地方法人金融机构作为扶贫再贷款发放对象，实行比支农再贷款更为优惠的利率，要求金融机构将扶贫再贷款优先支持建档立卡贫困户和带动贫困户就业发展的企业、农村合作社。据人民银行初步统计，截至2015年末，全国贫困地区各项贷款余额4.2万亿元，扶贫贴息贷款余额471亿元。

加强连片特困地区金融服务。充分发挥连片特困地区金融服务联动协调机制作用，健全金融服务扶贫开发监测统计制度，加强对贫困地区金融服务情况的统计分析。进一步推动人民银行跨区域货币信贷、支付结算、信用体系、货币调拨的工作联动，促进扶贫开发金融服务工作创新发展。加强与地方政府部门协调合作，统筹做好金融扶贫政策与金融知识的宣传普及工作。2015年9月，组织召开14个连片特困地区金融服务联动协调机制牵头行行长座谈会，积极推动扶贫开发金融服务的信息交流、政策研究、协调合作和创新发展。

改进边疆地区金融服务。2015年2月，印发《中国人民银行、银监会、证监会、保监会关于金融支持南疆四地州经济发展和社会稳定的意见》（银发〔2015〕15号），从加大金融政策支持力度、深化间接融资、扩大直接融资、支持保险业发展、加快金融创新、加快基础设施建设等方面制定支持南疆地区经济发展和维护社会稳定的政策措施。2015 年 12 月，人民银行联合西藏自治区在北京举办金融支持西藏经济社会发展座谈会，引导金融机构合理调剂金融资源，支持西藏地区经济社会发展。人民银行副行长陈雨露、潘功胜，西藏自治区党委书记陈全国、主席洛桑江村，中央西藏工作协调小组办公室副主任斯塔等出席座谈会。西藏自治区人民政府与人民银行拉萨中心支行、中国银行间市场交易商协会、中国金融教育发展基金会、国家开发银行等单位签署了《借助银行间市场助推西藏自治区经济发展合作备忘录》《“金惠工程”教育培训合作备忘录》《西藏发展投资基金合作协议》等系列文件。截至 2015 年末，西藏自治区人民币贷款余额 2120.3 亿元，同比增长 31.0%，高于全国贷款平均增速 16.7 个百分点。

落实民族地区金融扶贫政策。认真总结兴边富民行动和扶持较少民族发展中金融服务的经验做法，推动民品民贸贷款相关业务创新。按照《关于民族贸易和民族特需商品生产贷款利率有关事宜的通知》要求，继续对民贸民品生产贷款执行比一年期贷款基准利率低 2.88 个百分点的优惠政策，加大对民族地区支柱产业和特色优势产业支持力度，带动少数民族地区群众脱贫致富。截至 2015 年末，全国贫困地区民品民贸贷款余额达 476.7 亿元。

【政策支持】 召开全国金融助推脱贫攻坚电视电话会议。2015 年 12 月，会同发展改革委、财政部、银监会、证监会、保监会和国务院扶贫办联合召开全国金融助推脱贫攻坚电视电话会议，传达学习中央扶贫开发工作会议精神，围绕“精准扶贫、精准脱贫”方略，对金融系统全面布置脱贫攻坚金融服务工作。

开展“两权”抵押贷款试点。根据《国务院关于开展农村承包土地的经营权和农民住房财产权抵押贷款试点的指导意见》（国发〔2015〕45 号）和《全国人大常委会关于授权国务院在北京市大兴区等 232 个试点县（市、区）、天津市蓟县等 59 个试点县（市、区）行政区域分别暂时调整实施有关法律规定的决定》要求，牵头成立“两权”抵押贷款试点工作指导小组，稳妥开展农村承包土地的经营权和农民住房财产权（以下简称“两权”）抵押贷款试点，将安徽省金寨县等 67 个贫困县纳入试点地区，拓宽贫困地区农户和新型农业经营主体贷款抵押担保物范围。

创业担保贷款政策。会同财政部、人力资源和社会保障部、中华全国妇女联合会等部门合力推进创业担保贷款政策落实，引导金融机构增加贷款投放，支持高校毕业生、城镇就业困难人员、退役军人等群体就业创业。狠抓新一轮就业创业政策落实，加强工作调度和督查问责，督促地方进一步优化办理程序，加快出台新一轮政策的具体操作办法。截至 2015 年底，全国创业担保贷款余额达 840.4 亿元。

重点群体金融服务。继续推进大学生、残疾人、农民工等群体金融服务工作。完善国家助学贷款政策，会同教育部等 4 部委联合出台《关于完善国家助学贷款政策的若干意见》（教财〔2015〕7 号），简化贷款手续，延长贷款期限，切实减轻贷款学生经济负担。完善康复扶贫贷款政策，会同中国残疾人联合会等 8 部委联合出台《关于发展残疾人辅助性就业的意见》（残联发〔2015〕27 号），推动金融机构结合残疾人辅助性就业机构的特点，创新金融产品和金融服务。大力推广小额信用贷款，继续深化农民工银行卡特色服务，切实满足农民工基本金融服务需求。

推动发展扶贫小额信贷。根据《关于创新发展扶贫小额信贷的指导意见》（国开办发〔2014〕78 号）要求，引导各银行业金融机构按照贷得出、能收回、有效益的原则，对符合贷款条件的建档立卡贫困户提供5万元以下、3年以内信用贷款，推动贫困人口脱贫致富。加强与国务院扶贫办等部门的协调合作，积极推进扶贫贴息贷款与信用体系建设、精准扶贫机制有效结合，推动扶贫小额信贷业务开展。

【普惠金融服务】 金融基础设施建设。2015 年，人民银行不断扩大支付清算网络覆盖面，支持贫困地区金融机构网点接入人民银行跨行支付系统，大力推动农村银行卡、转账电话等非现金支付工具广泛应用。深入推进助农取款服务，推动便农零售支付体系发展，满足贫困地区农户多元化的支付需求，提高金融服务需求可获得性。截至 2015 年末，贫困地区已设立县级银行业金融机构 5000 余个，服务网点 4.4 万个，布放 ATM 机、POS 机等自助设备 120 余万台。

推进农村信用体系建设工作。通过搭建地域化、市场化的信用信息服务平台，开展扶贫企业和农户信用评价与培育，为贫困地区发展营造良好的信用环境。推动贫困地区“信用户”“信用村”“信用乡（镇）”建设，完善信用评价和共享机制，促进信用评价与各项政策措施相结合，增进农户信用，提升农户信贷获得率和便利性。截至 2015 年末，全国累计评定 1.09 亿信用农户，9589 多万农户获得信贷支持，贷款余额近 2.5 万亿元。

开展金融知识宣传和示范区建设。2015 年 10 月，联合国务院扶贫办举办扶贫开发金融服务论坛，邀请国内外专家学者就“发展普惠金融实施精准扶贫”问题进行深入探讨。2015 年 10—11 月，组织《人民日报》、新华社等 15 家中央媒体及主流财经媒体赴湖南、河南、四川等省份的贫困地区进行实地调研采访，深入挖掘扶贫开发金融服务工作的经验成效，引导金融机构进一步改进和完善贫困地区金融服务。深入开展“金融消费者权益日”“金融知识普及月”等活动，提高贫困地区金融消费者的金融素养和风险识别能力。研究在青海省、宁波市、陕西省宜君县等设立普惠金融综合示范区，将提高农民金融素养、实现基础金融服务全覆盖、显著提高弱势群体金融服务可获得性等作为建设重点。

【定点扶贫】 2015 年，中国人民银行按照国务院扶贫开发工作部署，认真贯彻落实《关于做好新一轮中央、国家机关和有关单位定点扶贫工作的通知》精神，以陕西省铜川市印台区、宜君县两个贫困县区为主战场，坚持因地制宜、突出特色、精准扶贫、注重实效，不断扶植贫困地区产业发展，提高群众技术素质，改善群众生产生活条件，探索出金融扶贫的“铜川模式”。2015 年，人民银行在定点扶贫县直接投入资金 178 万元，举办培训班 8 期。截至 2015 年末，人民银行在定点扶贫县区累计实施项目 31 个，约 1.5 万人受益，累计发放无息贴息贷款 203 万元，慰问困难群众 800 户，资助贫困大学生 65 人。

（中国人民银行　闫丽娟　吴　敏）

国务院国有资产监督管理委员会扶贫

【概述】 2015年，国务院国有资产监督管理委员会（简称“国资委”）组织指导中央企业积极参与扶贫开发，在新疆、西藏、青海以及其他贫困地区广泛开展援助帮扶活动。贯彻落实第二次中央新疆工作座谈会和第五次全国对口支援新疆工作会议、第六次西藏工作座谈会、中央扶贫开发工作会议等重要会议精神。扎实推进产业援疆、对口援藏、对口援青、定点扶贫以及新疆利民通信工程，组织中央企业继续深入开展“百县万村”活动。会同民政部推动中央企业参与“救急难”试点工作，并继续参与集中连片特困地区扶贫攻坚和区域发展，同时有力推进国资委机关定点扶贫工作。国资委负责人深入新疆、西藏、河北等地对中央企业扶贫开发等工作进行调研指导，协调推进中央企业扶贫工作。在国资委的组织推动下，2015年中央企业扶贫开发工作取得了新的成绩，国资委机关定点扶贫工作也取得了新的成果。

【中央企业定点扶贫】 2015年，国资委机关和中央企业在原结对帮扶241个国家扶贫开发工作重点县的基础上新增7个，达到248个县。其中，国资委机关新增1个县，中国电信、中国联通、中国移动各新增1个县，动员三家电信运营商出资组建的铁塔公司结对帮扶了3个贫困县。此外，中央企业还承担了地方政府安排的大量定点帮扶任务、驻村帮扶和企地共建工作。中央企业在定点扶贫工作中，以抓项目落实、增强贫困地区“造血”功能为重点，通过产业帮扶、资金帮扶、科技带动、人才援助等多种方式，在产业开发、整村推进、劳务输出、劳动力就业、基础设施建设等方面做了大量工作，有力促进了当地支柱特色产业发展、基础设施条件改善和群众生活水平提高，取得了良好的经济和社会效益。2015年中央企业累计投入定点扶贫资金9.13亿元，开展各类定点扶贫项目818个，派出挂职扶贫干部215人，驻村“第一书记”108人，举办各类培训班261期，培训干部人才1.08万人次，援建学校172所，援建医院（卫生所）24所。

【中央企业援疆扶贫】 2015年，中央企业继续深入推进产业援疆工作，进一步扩大建设规模，狠抓重点援疆项目落实，共有38家中央企业在疆投资项目5991个，累计完成投资1200多亿元；17家中央企业在疆承建项目935个，完成合同额776亿元。中央企业相继建成和正在建设一大批新疆经济发展和民生改善亟须的重要项目，中央企业已成为新疆能源资源开发和重要基础设施建设的主导和骨干力量。在大力推进产业援疆的同时，中央企业切实履行政治责任和社会责任，积极参与社会公益事业和民生工程建设，2014年、2015年连续两年在京组织开展了“中央企业牵手新疆各族青少年融情实践营”活动，邀请新疆各族青少年走进央企。与此同时，中央企业在疆投资建设中注意带头节约资源和保护环境，广泛开展文化教育、医疗卫生、抗灾救灾、人才培训、无偿捐助、行业扶持、定点扶贫等公益事业。2015年，中央企业在疆投入无偿援助帮扶资金6.05亿元。

【中央企业援藏扶贫】 2015年，中央企业广泛参与西藏经济社会建设，在西藏开展援藏项目164个，完成投资238.49亿元，投入无偿援藏资金3.89亿元。其中，承担对口援藏任务的中国石油天然气股份有限公司（以下简称“中国石油”）、中国石油化工集团公司（以下简称“中国石化”）、国家电网公司（以下简称“国家电网”）、中国海洋石油总公司、神华集团有限责任公司（以下简称“神华集团”）、中国电信集团公司（以下简称“中国电信”）、中国联合网络通信集团有限公司（以下简称“中国联通”）、中国移动通信集团公司（以下简称“中国移动”）、中国第一汽车集团公司（以下简称“中国一汽”）、东风汽车公司、宝钢集团有限公司（以下简称“宝钢集团”）、武汉钢铁集团公司、中国铝业股份有限公司（以下简称“中国铝业”）、中国远洋运输集团总公司、中国中化集团公司（以下简称“中化集团”）、中粮集团有限公司（以下简称“中粮集团”）16家中央企业开展对口援藏项目108个，投入对口援藏资金2.86亿元。

【中央企业援青扶贫】 2015年，中央企业在青海开展援青项目41个，完成投资271.72亿元，投入无偿援青资金1.03亿元。其中，中国石油、中国石化、国家电网、中国华能集团公司、中国大唐集团公司、中国华电集团公司、中国国电集团公司、中国电力投资集团公司、神华集团、中国电信、中国移动、宝钢集团、中国铝业、中化集团、中粮集团、中国五矿集团公司16家对口援青中央企业累计开展对口援青项目40项，累计投入对口援青资金9989.28万元。

【革命老区建设】 2015年3月，国务院扶贫办和国资委联合在京组织召开了中央企业定点帮扶革命老区百县万村活动座谈会。国务院扶贫办有关司局，国资委有关厅局，定点帮扶贫困革命老区的68家中央企业和19个有关省（区、市）扶贫办负责同志200余人参加会议。制定印发《关于进一步落实中央企业定点帮扶贫困革命老区百县万村活动有关要求的通知》，要求有关中央企业科学编制帮扶项目规划，合理安排年度实施计划，加强专项活动责任落实，建立工作联系有效机制，及时总结项目经验做法，宣传推广专项活动成果。参与百县万村活动的中央企业计划投入专项资金6.2亿元，实施解决“缺路、缺水、缺电”的有关项目1074个。

【“救急难”试点】 2015年10月22日，民政部办公厅和国资委办公厅联合向各有关省（区、市）民政部门、有关中央企业印发了《关于开展“同舟工程——中央企业参与‘救急难’行动”的通知》（民办发〔2015〕29号），正式启动了此项活动。活动在中央企业定点扶贫县范围内确定了63个“救急难”工作试点县，要求中央企业在结对帮扶的贫困县参与社会救助事业，特别是参与帮助解决冲击社会道德和心理底线的急、难事件，精准帮扶遭遇突发紧急事件或意外事故，致使基本生活陷入困境乃至面临生存危机的群众，特别是对医疗负担沉重的困难家庭、因病致贫家庭，在社会救助政策总框架下，积极发挥补充作用，不断丰富救助内容，提高救助效果。2016年中央企业计划在参与“救急难”工作中投入808万元。

【工程建设扶贫】 2015年1月，国资委组织中国电信、中国联通、中国移动3家通信企业和国家电网、中国铁塔股份有限公司召开新疆利民通信工程专题总结协调推进会，并邀请中央新疆办有关同志出席。会议全面总结了2014年新疆利民通信工程取得的阶段性成绩，对2015年工程建设进行了部署。为检查推进新疆利民通信工程，国资委两次组队赴疆开展利民通信工程专题调研，深入建设一线调研检查工程进展情况，召开专题座谈会协调推动工程进展。

【扶贫攻坚】 2015年7月、8月、10月，国资委与河北省、山西省、陕西省分别组织举办了“京津冀协同发展央企进河北”“2015年中央企业山西行”活动以及“深化陕西省与中央企业战略合作座谈会”，累计超过140家央企参加活动，签署超过110项协议，涵盖了装备制造、新材料、节能环保、现代服务业等众多行业。这些活动的开展，促使央企持续在当地开展资金量大、辐射力强的投资建设活动，对当地经济社会发展起到了重要的推动作用，对燕山—太行山、吕梁山等连片特困片区的发展也起到了良好的辐射带动作用。特别是一些落地在片区范围内的项目，直接推动了片区的发展。

【扶贫日活动】 全国“扶贫日”期间，按照国家扶贫开发工作领导小组有关要求，国资委系统组织开展了一系列活动。10月16日，国资委负责人参加了“2015减贫与发展高层论坛”，在社会扶贫分论坛上向社会各界通报了国资委组织开展百县万村活动有关情况。国资委扶贫办向中央企业印发了《关于积极参与全国扶贫日活动倡议书》，向中央企业宣传扶贫日重要意义，引导号召中央企业进一步重视扶贫开发，广泛开展公益活动，积极参与“百县万村”“救急难”等有关工作。中央企业积极响应号召，围绕“扶贫日”主题开展了丰富多彩的扶贫活动。2015年“扶贫日”期间，华能向甘孜藏族自治州红十字会捐助100万元用于州扶贫帮困项目；出资30万元资助阿坝藏族羌族自治州黑水县色尔古村“双联”工作；干部职工捐款约15万元，为阿坝县茸安乡阿斯玖村进行危房改造重建。中国南方航空股份有限公司干部职工募集善款近400万元。中化集团举行2015年度中化投入内蒙古扶贫500万元资金牌匾展示活动；参与动员深圳创维集团向阿鲁科尔沁旗基层贫困乡镇农牧户捐赠1000万元物资；中化集团河北公司全体员工捐款购买冬衣发放给阿鲁科尔沁旗新平村105名孤寡贫困老人。中粮集团在2015年“扶贫日”动员员工爱心捐赠款10万余元；与中国致公党朝阳区委合作，向新疆乌什县捐赠了500件新羽绒服；开展“衣旧情深”捐赠活动，收到衣物近10吨，并全部送到贫困群众手中。冶金地质总局在“扶贫日”活动中认捐60万元，用于帮助漾濞彝族自治县改善基础设施等方面。

【扶贫调研】 2015年，国资委组织开展中央企业扶贫开发专项调研，先后赴河北平乡县、湖北秭归县进行调研。4月、6月、11月，国资委先后赴湖北长阳土家族自治县、神农架林区进行调研，赴内蒙古苏尼特右旗、卓资县、宁城县进行调研，赴重庆石柱土家族自治县、奉节县、巫山县进行调研。调研期间，国资委积极倡导建议建立驻地央企扶贫工作联席机制，进一步整合驻地央企扶贫资源，并开展了相关试点工作。

【定点扶贫】 2015年，国资委机关定点扶贫河北省平乡县、魏县。春节前夕，国资委以现金形式慰问了两县120户贫困家庭，发放现金6万元。4月，国资委副主任徐福顺赴平乡县开展扶贫调研，考察了田付村乡大刘庄村有关扶贫项目。7月，国资委选派1名机关干部赴平乡县艾村挂职“第一书记”。10月17日，组织开展了“扶贫日”爱心捐款活动，国资委负责人带头捐款，广大干部职工积极踊跃参加，共募集资金24.8万元，全部投入到两县的教育扶贫中。12月，国资委进一步调整充实了扶贫工作组织领导力量，成立了国资委扶贫开发工作领导小组，负责统筹指导中央企业和国资委机关扶贫工作。12月，选派了两名机关干部赴平乡县和魏县挂职副县长，开展扶贫工作。2015年底中央扶贫开发工作会议召开后，国资委立即召开党委会学习传达会议精神，抓好贯彻落实。国资委主任、党委书记张毅第一时间带队赴魏县、平乡县开展扶贫调研并慰问困难群众，要求从战略高度深刻理解扶贫开发工作的极端重要性和紧迫性，全力以赴完成好党中央、国务院交办的任务。

（国务院国有资产监督管理委员会　翁哲繁）

国家新闻出版广电总局扶贫

【概述】 2015年，国家新闻出版广电总局（以下简称“新闻出版广电总局”）认真贯彻落实国家扶贫开发工作部署要求，研究制定《新闻出版广电总局扶贫工作方案》《贯彻落实〈加快构建现代公共文化服务体系的意见〉的实施方案》，与文化部等七部委共同印发《“十三五”时期贫困地区公共文化服务体系建设规划纲要》。同时，坚持以项目为抓手，继续实施好广播电视村村通工程、中央广播电视节目无线数字化覆盖工程、农村电影放映工程、农家书屋工程、东风工程、全民阅读等重点惠民工程，加快推进贫困地区新闻出版广播影视事业发展。

【广播电视村村通工程】 中西部贫困地区是广播电视村村通工程实施的重点地区，主要解决自然条件比较差的偏远农村广播电视覆盖“盲村”群众收听收看广播电视问题；加强重点高山无线发射台站基础设施建设。“盲村”村村通方面：截至2015年底，已完成约82万个“盲村”建设任务，基本实现全国已通电农村地区广播电视村村通。同时，为确保工程实施效果，2015年6月，新闻出版广电总局和国家发改委联合印发《关于做好“十二五”广播电视村村通工程盲村覆盖建设验收工作的通知》，对“十二五”时期“盲村”村村通建设进行验收，各地工程建设总体符合《全国“十二五”广播电视村村通工程建设规划》要求。高山台站基础设施建设方面：2015年安排资金6.54亿元，支持1229座高山无线发射台站机房、道路、给排水、供配电等基础设施改造，其中2015年安排资金6.54亿元。同时，2015年中央财政安排部分省区“村村通”工程运行维护经费补助0.96亿元；安排各地转播中央电视台第一套、第七套节目和中央人民广播电台第一套节目发射机运行维护和更新改造经费5.7亿元。

【无线数字化覆盖工程】 截至2015年底，中央财政已安排建设和维护资金70亿元。其中，2015年争取中央财政资金22亿元用于实施中央电视节目无线数字化补点建设、中央广播节目无线数字化扩大试点建设以及运行维护，为全国2151座台站配备4302套地面数字电视发射系统，233座台站配备233套数字音频广播发射系统，用于转播12套中央电视节目和3套中央广播节目。

【农村电影放映工程】 继续实施农村电影放映工程。截至2015年底，全国共有农村数字电影院线252条，放映队5万余支，已完成影片订购900万余场。根据一村一月放映一场电影的目标，按照每场不低于200元的标准，对农村电影公益放映场次按西部省（区）80%，中部50%，东部20%的比例给予补贴。2015年中央财政共下达补助资金7.15亿元，补助了59.06万个行政村实施农村电影放映。大力支持贫困地区县级数字影院建设。对贫困地区符合条件的首家数字影院建设，中央财政按照每个影院80万元标准给予资金补贴。截至2015年底，共下达补助资金3.48亿元，补助了435个县的首家数字影院建设。

【农家书屋工程】 制定《2015年农家书屋重点出版物推荐目录》，根据农村空心化、三留守群体扩大、就医难条件差等情况，对推荐目录进行调整，扩大了医卫生活类、少儿类图书比例。组织开展“深入生活、扎根人民”走进农家书屋活动，15家出版单位赴河南、陕西开展专题调研，深入到田间地头了解农民群众的意见和需求，挖掘适合农家书屋的选题。依托农家书屋开展农村少年儿童阅读实践活动。新闻出版广电总局和教育部联合下发通知，继续开展“我的书屋我的梦”农家书屋阅读实践活动，组织学生书写在农家书屋阅读、实践的心得体会，引导高年级学生参与书屋管理。推动卫星数字农家书屋建设，解决边远地区报刊投送难等问题，目前卫星数字农家书屋已建成2.2万家，服务全国20个省区的数千万农村群众。召开全国农家书屋建设推进会，部署提质增效工作，整合农村公共文化设施资源，完善农家书屋管理，建立科学有效的监督考核机制，充分发挥先进文化引领作用。大力推动实体书店和发行网点建设，基本实现市市有书城、县县有书店、乡乡有网点、村村有书屋的城乡出版物市场服务体系，满足了人民群众购买优秀出版物的文化需求。

【东风工程】 推进东风工程建设。“十二五”东风工程建设项目中央预算内投资268个项目已完成90%以上，规划地区民族文字出版能力、党报党刊传播能力、基层宣传发行能力和公共文化服务水平显著提升；会同有关部门开展“十三五”东风工程规划编制工作，将所有少数民族自治州纳入规划范围。二是争取中央财政加大民族文字出版资金投入，2015年财政部安排民族文字出版资金1.3亿元，对13个省份2245种民文出版物给予补贴，支持了部分省区民文出版编辑人才培养项目。

【全民阅读】 启动“书香·童年”阅读工程试点，以甘肃、青海贫困地区学龄前儿童为重点，研制发放阅读书包、开展阅读指导服务和监测评估。组织开展“百社千校”阅读活动，100家出版单位向中西部贫困地区中小学捐赠图书238.3万册，开展各类读书活动3176场次，覆盖全国31个省（自治区、直辖市）的3976所学校382万名学生。全力推进盲文书刊、有声读物、大字图书、无障碍影视、数字出版等五项出版与传播工程，多方位精准夯实全国盲人总书库资源，增强为全国盲人提供各类精神文化产品的综合能力。2015 年共出版盲文书刊 1540 种，47 万册。开展第二届全国“书香之家”推荐活动，从全国基层群众中推荐出 1000 家“书香之家”。开展了“大众喜爱的 50 种图书”“中国好书”推选活动。以数字文化服务方式，开展服务“三农”和定向文化扶贫工作。联合三大电信运营商，开展“书香中国 E 阅读”活动，免费为北上广深四大城市一千万进城务工人员提供数字阅读服务；协调中国移动手机阅读基地和掌阅科技有限公司在 4 月 23 日为西藏群众捐献总价 5500 万元人民币的数字图书。组织召开全国全民阅读工作会议，积极推进全民阅读规划、立法等长效机制建设，更好保障贫困地区人民群众读书看报的文化权益。

【影视剧译制】 组织影视剧制作单位向新疆、西藏、四川等边疆民族地区组织捐赠 2000 集电视剧、36000 分钟电视动画片，推荐 80 部影片（其中故事片 60 部、科教片 20 部）作为少数民族语待译制片目并提供译制素材。按照“建养并重”原则，争取中央财政安排译制经费 2.4 亿元，专项用于少数民族语言广播影视节目译制工作，大大提高了民族地区广播影视译制制作能力，丰富了少数民族群众精神文化生活。

【扶贫调研】 新闻出版广电总局相关负责人赴甘孜藏族自治州（以下简称“甘孜州”）调研，并开展下基层帮扶交流活动。赴江西省大余县和山西省壶关县、平顺县调研，向三县贫困学生和困难群众送去慰问金 28 万元，代表中国扶贫基金会和韬奋基金会向各县中小学生捐赠价值 46 万元的爱心包裹 5960 个。4 月，赴安徽省金寨县、霍山县、岳西县等地，以大别山集中连片特困地区为重点对广播影视公共服务建设进行了专题调研。

【扶贫会议】 2015 年 11 月，新闻出版广电总局和中共中央宣传部、文化部在内蒙古通辽市联合召开全国贫困地区公共文化建设工作推进会。新闻出版广电总局副局长田进出席会议，并对下一阶段广播影视扶贫工作进行了重要部署。

【对口支援】 向 17 个对口支援省市印发《关于进一步做好对口援藏工作的通知》，不断丰富援藏工作内涵和模式，完善人才支持、节目援助、财物捐助、业务帮扶等对口援助格局。印发《进一步对口支援青海省囊谦县工作任务及分工》，并组织相关司局认真落实囊谦县资金、节目、技术、人才等方面需求。协调江西省新华发行集团、二十一世纪出版社向大余县东门小学、水城小学捐赠 4000 册 8 万码洋图书，邀请著名作家晓玲叮当举行“护苗 2015 · 绿色阅读”作家公益讲座；拨付 25 万元专项治理补助资金用于支持大余县开展“扫黄打非”专项治理工作。

【定点扶贫】 2015 年，新闻出版广电总局组织中央人民广播电台、中国国际广播电台捐助110万元，完成甘孜州7个县广播节目制作播出平台设备的安装、调试、验收、人员培训等工作；组织电影频道赠送30部优秀电视电影作品供甘孜州电视台免费播映，并向甘孜州德格县城关二完小学和玛尼干戈重点寄宿制小学捐赠900多个暖冬包裹；组织中央电视台向甘孜州广电局捐赠价值167万元淘汰可使用旧电视采编播设备；组织职工捐款50万元，资助甘孜州354名贫困学生；为甘孜州举办广电各类培训班7个，培训179人次；协调新闻出版研究院和有关出版社为壶关县、平顺县出资或免费出版各类图书125万元；协调韬奋基金会、中国新闻出版广电报等单位为壶关县、平顺县捐赠近200万码洋新版图书；协调海淀区教委、中关村小学及多家出版发行单位为壶关县、平顺县偏远山区小学捐赠50余万码洋图书和大量爱心书包、文具；协调航天数字传媒有限公司，向壶关县、平顺县各捐赠2套卫星数字接收系统；协调国家文物局帮助平顺县修复文物工作，前期960万元经费已由国家文物局拨款到位。协调中央三台和各类新闻出版媒体继续加大对甘孜州的新闻宣传力度，中央人民广播电台全年刊发10余篇有关甘孜州的新闻专题稿件；组织中央电视台在综合频道、中文国际频道、军事农业频道滚动播放为甘孜州拍摄的5分钟版形象宣传片，在《焦点访谈》《国宝档案》播出甘孜专题节目，并在综合频道、新闻频道、财经频道先后播出有关甘孜州等藏区新闻；组织中央电视台科技频道“地理中国”栏目组拍摄上下两集地理专题片宣传平顺山水文化；联系邀请全国知名摄影家、书法家等深入平顺，请编导徐恒免费为平顺县调研并拍摄专题片；联系有关报刊杂志社为平顺通天峡景区做宣传广告，协调《喊山》等影视剧选定平顺县作为重点拍摄地；协调中央电视台、旅游卫视、《新闻出版广电报》《摄影报》《旅游摄影》等相关媒体大力宣传壶关县太行山大峡谷旅游文化，联系中国摄影著作权协会到壶关县组织摄影采风宣传活动。

（国家新闻出版广电总局　毛恩荣）

国家林业局扶贫

【概述】 2015年，国家林业局贯彻中央扶贫开发工作会议精神，立足贫困地区林业资源优势，结合林业重点工程建设，以改善贫困地区生态状况，提高贫困地区和贫困人口自我发展能力为重点，进一步加大对滇桂黔石漠化片区等14个集中连片特困地区以及对口帮扶县的支持力度，切实提高脱贫攻坚的精准度和有效性，特别是对负责联系的滇桂黔石漠化片区和对口帮扶19个县的支持力度进一步加强，使其生态环境明显改善，以经济林为龙头驱动的主导产业基本格局已初步形成，贫困人口逐年减少，走出了一条“靠山养山、养山兴山、兴山致富”的林业扶贫开发之路。

2015年，国家林业局安排滇桂黔石漠化片区中央林业投入33亿元，完成营造林626万亩（其中退耕还林111万亩），治理石漠化土地701万亩，油茶、核桃种植面积407万亩，林业产值达到2127亿元，带动滇桂黔石漠化片区600万人发展林业产业。

2015年，国家林业局加大了19个定点扶贫县的脱贫帮扶力度，共安排中央林业投资7.67亿元，比2014年增加1亿元，其中，中央财政资金6.98亿元、中央基建投资0.69亿元。主要用于定点扶贫县的天然林资源保护、退耕还林、防护林体系建设、野生动植物保护及自然保护区建设、石漠化综合治理、湿地保护等林业重点工程及森林生态效益补偿、造林补贴、农业综合开发、油茶产业发展等林业重点项目。

针对滇桂黔石漠化片区和贫困户发展林业的资金短板，国家林业局与金融机构合作开发了符合片区和贫困户实际的长期低成本金融产品，首个国家开发银行金融扶贫项目已在广西落地。这些项目的建设实施对加快贫困地区造林绿化，保护和改善生态环境，增加后备森林资源和提高林产品产量，调整林业产业结构，改善贫困地区林业基础设施，增强森林资源保护能力和发挥资源优势，带动农民增收等方面发挥了重大作用。

【产业扶贫】 根据中共中央总书记习近平关于发展油茶产业的重要指示精神，2015年3月，国家林业局调研组对赣州市油茶林培育、加工及后续发展、油茶良种生产等情况进行了实地调研。4月，与国务院扶贫办共同召开了林业扶贫座谈会，研究商讨林业、扶贫相关政策资金叠加，推进贫困地区油茶、核桃等木本油料产业发展，促进贫困群众脱贫致富。11月，《国家林业局、财政部、国务院扶贫办、国家开发银行关于整合和统筹资金支持贫困地区油茶核桃等木本油料产业发展的指导意见》印发，对贫困地区油茶、核桃等木本油料产业发展给予扶持。至2015年底，全国油茶种植面积已达6000万亩，年茶油产量52万吨。油茶产业发展已逐步成为主产区农业产业的生力军，为山区群众增收致富拓宽了有效渠道。

【扶贫机制建设】 为加强对林业脱贫攻坚工作的领导，2015年12月，国家林业局调整了林业扶贫开发领导小组，由国家林业局局长任组长，各有关司局和单位主要负责人为成员。同时国家林业局组织建立了相关扶贫机制，制定联络员工作制度，建立逐级督办制度和局省信息反馈系统，全面推动林业扶贫开发工作。

【扶贫会议】 2015年8月，国家林业局会同水利部共同召开“滇桂黔石漠化片区区域发展与扶贫攻坚现场推进会”。12月，国家林业局在福建省霞浦县召开“全国油茶等木本油料产业开发脱贫现场会”。

【定点扶贫概述】 国家林业局定点扶贫县范围调整为贵州省荔波县、独山县和广西壮族自治区龙胜各族自治县、罗城仫佬族自治县4个县后，与4个定点县分别进行座谈，部署编制“十三五”时期定点扶贫实施方案。

【干部挂职扶贫】 2015年，国家林业局向广西、贵州、云南派出扶贫挂职干部共17人，定点扶贫县调整后，向4个定点县派出挂职干部4名，其中包括驻村“第一书记”1名。2015年5月，在贵州省贵阳市举办了1期林业扶贫挂职干部培训班，同时将上一期扶贫干部总结及调研报告收集汇总为参考资料，增强了林业扶贫挂职干部开展定点帮扶的针对性和实效性。

【扶贫培训】 2015年，国家林业局委托国际竹藤中心举办了4期林业扶贫专项技术培训班和1期竹编培训班，培训林业部门生产一线管理人员、技术人员、种植大户、林农等共415人。培训内容包括竹材加工利用与创新技术、竹资源丰产培育技术、竹林病虫害防治技术、竹与竹制品艺术、油茶良种抚育及高产栽培与低产林改造技术、茶油营养品质及加工质量控制技术等。

【扶贫调研】 2015年，国家林业局赴滇桂黔石漠化片区和定点扶贫地区进行专题调研，全面总结“十二五”林业扶贫工作成效和问题，研究“十三五”林业扶贫的思路，并向国务院扶贫办报送了“十二五”期间林业扶贫的基本情况和“十三五”基本思路。

为实施精准扶贫，国家林业局委托中国林科院对定点扶贫县开展林业基本情况进行摸底建档，委托规划院对14个片区林业扶贫情况进行统计分析。

【扶贫宣传】 2015年，国家林业局加强了对林业扶贫工作的宣传力度。在《中国绿色时报》开展了第二个扶贫日专题宣传活动，报道了滇桂黔石漠化片区区域发展扶贫攻坚推进会、全国油茶等木本油料产业开发脱贫现场会，开设林业扶贫开发专版，总结和宣传林业行业扶贫实现精准脱贫的经验和成效。拍摄“十二五”林业扶贫宣传片，编制“十二五”林业扶贫宣传画册。定期编制印发《林业扶贫信息简报》，扩大林业扶贫宣传力度，树立工作典型、探索先进经验、推广先进模式。

（国家林业局发展规划与资金管理司　熊晓斐）

国家旅游局扶贫

【概述】 2015年，按照《中共中央、国务院关于打赢脱贫攻坚战的决定》，国家旅游局集中精力重点实施乡村旅游富民工程，推进乡村旅游扶贫工作。2015年，全国乡村旅游共接待游客约20亿人次，旅游消费总规模达1万亿元，每年为城乡居民提供1000万就业岗位。全国从事乡村旅游经营服务的农民约2000万人，带动超过7000万农民受益。"十二五"以来，通过发展乡村旅游，带动约10%的贫困人口脱贫。

【扶贫规划】 为落实国家扶贫战略，国家旅游局始终将规划引导作为提升落后地区旅游业发展的重要手段。主要是配合集中连片特困地区扶贫开发规划，启动集中连片特困地区旅游规划编制与课题研究工作。先后开展了秦巴山片区、武陵山片区、燕山—太行山片区、大别山片区、大年保玉则旅游区、四省藏区交界地区旅游业协同发展规划等一系列集中连片贫困区域旅游发展规划编制工作，持续推进乌蒙山片区、滇桂黔石漠化片区旅游发展规划编制工作。其中秦巴山片区、武陵山片区、大别山片区、大年保玉则旅游区发展规划已进入中期论证阶段。

【产业扶贫】 按照党中央、国务院部署，聚焦发展乡村旅游，推动精准扶贫、精准脱贫。一是会同扶贫办共同遴选出具备发展乡村旅游基本条件的560个建档立卡贫困村试点开展乡村旅游扶贫。二是组织325家规划单位完成518个试点村旅游规划编制，占试点村总数的92.5%，集中培训2000多名贫困村村长（支书）。三是在黄山召开乡村旅游提升和旅游扶贫促进大会，推出8项具体政策措施，探索5种脱贫模式。四是推出乡村旅游"千千万万"品牌（千家乡村旅游模范村和千家乡村旅游模范户、万家金牌农家乐和万名乡村旅游致富带头人），做好示范带动。五是开展贫困村旅游资源普查，精准旅游扶贫工作对象；启动乡村旅游扶贫监测点工作，总结旅游扶贫工作成效。

【基础设施建设】 按照国务院扶贫开发领导小组要求，2015年，安排国家旅游发展基金约2.45亿元补助贫困地区项目，约占全国旅游发展基金总额的30%。其中，用于支持国家旅游局定点扶贫县旅游项目建设550万元，内蒙古自治区阿尔山市三角山口岸景区建设项目200万元，广西壮族自治区巴马瑶族自治县长寿养生乡村旅游区公共服务设施建设项目350万元。

【人才培养】 2015 年 5 月、6 月、8 月、9 月，国家旅游局在北戴河分 4 期举办乡村旅游扶贫重点村村官培训班，全国共 26 个省（区、市）的乡村旅游扶贫重点村的 593 个乡村的村长（或村支书）以及全国 540 个旅游扶贫试点村的村长（或驻村干部），共约 1133 人参训。2015 年成功举办“丝绸之路经济带”旅游发展研讨班，培训丝绸之路经济带沿线地区旅游行政管理干部 120 人。与国家民族事务委员会联合举办第 6 期新疆旅游经济发展研讨班，培训来自新疆维吾尔自治区和新疆生产建设兵团的旅游行政管理干部、部分重点旅游企事业单位负责人等 100 人。举办“赣闽粤原中央苏区”旅游经济发展研讨班，培训区内 108 个县旅游行政管理干部 120 人。举办第 23 期中西部地区旅游局长培训班，培训中西部 12 个省（市）旅游部门负责人 97 人。

【扶贫宣传】 国家旅游局利用中国国际旅游交易会、第七届中国旅游商品博览会等平台，组织境外旅行商、媒体团赴贫困地区踩线，为其免费提供宣传资料，减免展台费用，积极支持贫困地区参展。2015 年 8 月 18 日，在黄山召开全国乡村旅游提升与旅游扶贫推进会议，会议邀请部分乡村旅游模范村、乡村旅游模范户、金牌农家乐、致富带头人代表等参加会议，集中进行宣传推介。

（国家旅游局规划财务司 刘 扬）

国家烟草专卖局扶贫

【概述】 2015年，国家烟草专卖局落实精准扶贫、精准脱贫的基本方略，充分发挥烟草专卖制度优势和产业优势，大力支持老少边穷地区烟草经济持续健康发展，大力支持老少边穷地区广大烟农脱贫致富，大力支持对口帮扶地区增强内生动力。积极依托烟草产业扶贫，带动异地扶贫搬迁建设、带动新农村建设、带动小城镇建设、带动公益项目建设，为打赢脱贫攻坚战，为全面建成小康社会做出积极贡献。

【产业扶贫】 2015年，国家烟草专卖局对老少边穷地区加大卷烟和烟叶生产计划的倾斜力度，加大卷烟合作生产支持力度，大力发展现代老少边穷地区烟草农业，完善烟田基础设施建设，提高专业化服务水平，促进烟农增收致富，促进地区经济增长。

2015年，烟草行业用于支持老少边穷地区卷烟工业企业发展的卷烟生产计划增量占总增量的80%以上。鼓励强势卷烟品牌输出，优先安排老少边穷卷烟生产企业进行合作生产。2015年全行业合作生产达775万箱，占计划总量的16%，实现税利743亿元，对品牌输入企业税利贡献度达30%。

在全国烟叶生产计划实行3年调控、产量普减的情况下，优先保证老少边穷地区烟叶产量的稳定。2015年，全国种植烤烟农户144.86万户，其中国家级贫困县种烟农户60.86万户，集中连片特殊困难地区79.43万户，原中央苏区县7.48万户。全国共种植烤烟1612.01万亩，其中702.68万亩位于国家级贫困县，842.78万亩位于集中连片特殊困难地区，132.77万亩位于原中央苏区。2015年全国共收购烤烟4363.99万担，其中国家级贫困县收购1836.93万担，集中连片特殊困难地区县收购2233.48万担，原中央苏区县收购341.22万担。2015年烟叶收购均价提高到27.03元/千克，全国烟农售烟收入685亿元，户均售烟收入4.49万元。

【对口支援兴国县】 按照《国务院办公厅关于印发中央国家机关及有关单位对口支援赣南等原中央苏区实施方案的通知》（国办发〔2013〕90号）要求，国家烟草专卖局党组制定印发《国家烟草专卖局关于落实国务院有关文件精神及对口支援兴国县的意见》。2015年，直接投入资金1亿元支持兴国县和谐秀美乡村建设与教育事业。推进实施了92个金叶新村建设点，实施

“三清六改四普及”（“三清”指清污泥、清垃圾、清路障，“六改”即改水、改厕、改路、改房、改栏、改环境，“四普及”指普及太阳能、有线电视、沼气池、程控电话和宽带）、道路硬化、公共排水沟、休闲场所和清洁工程等建设，重点打造了埠头乡枫林村田庄上、长冈乡合富新村、高兴镇金叶新村以及潋江镇杨澄村等 10 个中心村，受益群众达 48360 人。埠头乡铭恩新村被评为“江西省十大秀美新农村”。

【定点扶贫概述】 2015 年，国家烟草专卖局对湖北省竹山县、竹溪县 2 个定点扶贫县直接投入资金 2000 万元，实施扶贫项目 35 个。

在竹山县实施扶贫项目 21 个，涉及全县 17 个乡镇，扶贫资金总投入 3074 万元，其中国家烟草专卖局扶持资金 1000 万元，群众自筹和地方配套资金 2074 万元。项目共分 8 类，分别是：公共事业扶贫项目 4 个，国家烟草专卖局扶持资金 225 万元；烟草产业扶贫项目 4 个，国家烟草专卖局扶持资金 225 万元；蔬菜畜牧产业扶贫项目 2 个，国家烟草专卖局扶持资金 105 万元；精准到户扶贫项目 2 个，国家烟草专卖局扶持资金 48 万元；新农村建设项目 3 个，国家烟草专卖局扶持资金 124 万元；移民安置扶贫项目 1 个，国家烟草专卖局扶持资金 100 万元；信息扶贫项目 1 个，国家烟草专卖局扶持资金 100 万元；文体教育扶贫项目 4 个，国家烟草专卖局扶持资金 73 万元。

在竹溪县实施扶贫项目 14 个，其中 12 个常规项目、2 个创新试点项目，受益人口 20333 人，扶贫资金总投入为 3760 万元，其中国家烟草专卖局扶持资金 1000 万元，群众自筹和地方配套资金 2760 万元。项目共分 5 类，分别是：精准扶贫创新试点项目 2 个，国家烟草专卖局扶持资金 140 万元；教育文化及社会福利项目 4 个，国家烟草专卖局扶持资金 250 万元；扶贫搬迁安居工程建设项目 2 个，国家烟草专卖局扶持资金 110 万元；绿色生态产业扶贫建设项目 2 个，国家烟草专卖局扶持资金 310 万元；烟叶重点产区基础设施建设项目 4 个，国家烟草专卖局扶持资金 190 万元。

此外，2015 年起，国家烟草专卖局的定点扶贫县增加宁夏回族自治区吴忠市红寺堡区，每年拨付 1000 万元用于红寺堡区扶贫工作。

【干部挂职扶贫】 国家烟草专卖局将定点与对口扶贫工作与干部培养锻炼相结合，坚持竞争、择优的原则，在定点扶贫县竹山县、竹溪县及对口帮扶的兴国县各选派了 1 名德才兼备的年轻干部挂职扶贫，并在工作指导、组织协调、支持服务等方面给予充分保障。2015 年，3 名挂职干部始终恪守各项工作纪律，认真研究各项扶贫政策，主动融入当地基层工作和生活，较好完成了各项帮扶任务，积极发挥自身专业优势，广泛深入贫困基层开展调研，在烟草产业与当地经济发展的有机结合上发挥了重要作用。

（国家烟草专卖局发展计划司　李全宇）

国家能源局扶贫

【概述】 2015 年，按照党中央、国务院关于扶贫工作的一系列决策部署，国家能源局（以下简称“能源局”）积极发挥职能作用，坚持精准扶贫、精准脱贫，注重整合行业力量，不断推进贫困地区能源资源开发和基础设施建设工作，促进资源优势尽快转化为经济发展优势，进一步提高贫困地区能源普遍服务水平，为我国全面建成小康社会，提供坚实的能源保障。

【扶贫制度建设】 能源局印发《关于加快贫困地区能源开发建设推进脱贫攻坚的实施意见》（国能规划〔2015〕452 号），从提高能源普遍服务水平、提升供电能力和质量等方面出发，重点部署了农网改造升级、农村动力电、光伏扶贫、能源规划布局倾斜、扶贫优惠产业政策、加强定点扶贫 6 个方面的工作。

【“十二五”时期扶贫回顾】 2011—2015 年，累计安排农网改造升级工程总投资 3548 亿元，其中中央预算内资金 707 亿元，共新建和改造 110（66）千伏变电站 2700 座、线路 38000 千米，35 千伏变电站 3800 座、线路 61000 千米，10 千伏线路 58 万千米、配变 62 万台、低压线路 107 万千米，改造户表 3300 万户，重点扶持中西部欠发达地区，特别是少数民族地区、革命老区等。2013—2015 年，累计安排无电地区电力建设工程总投资 206.7 亿元，其中中央预算内投资 117 亿元。2015 年，安排投资 74 亿元，其中中央预算内资金 48 亿元。截至 2015 年底，我国已全部解决无电人口用电问题。

【配电网建设改造】 印发《关于加快配电网建设改造的指导意见》《配电网建设改造行动计划（2015—2020 年）》，提出用 5 年左右时间，加快构建现代配电网，支撑经济发展和服务民生。2015 年，安排城镇配电网建设改造专项建设基金 130 亿元，带动新增投资 1140 亿元。

批复西藏昌都与四川电网联网工程可行性研究报告，安排中央预算内资金 24.89 亿元；核准（审批）四川（大渡河双江口，金沙江苏洼龙、乌东德，杨房沟）、西藏（雅鲁藏布江大古、加查，尼洋河多布）等西南地区重大水电项目，总装机 1592 万千瓦。

【光伏扶贫】 2015 年，会同有关部门因地制宜开展光伏扶贫，河北、山西、安徽、宁夏、青海、甘肃 6 省（区）30 个县第一批光伏扶贫试点工作取得初步成效，

1836兆瓦的试点项目全部完工，年均总收益达22亿元，可帮助43万建档立卡贫困户户均年增收3000元以上，解决956个建档立卡贫困村无集体经济收入问题。

【定点扶贫概况】 2015年，按照《国家能源局2015年定点扶贫与对口支援工作要点》（国能规划〔2015〕111号）要求，国家能源局加大帮扶工作力度，加快甘肃省通渭县、清水县能源资源开发利用，加强能源等基础设施建设，加大教育事业投入，促进通渭县、清水县经济社会加快发展，确保如期实现脱贫摘帽。

【能源项目建设】 2015年，能源局分别安排通渭县、清水县农网改造升级工程投资7716万元、2343万元。通渭县锦屏330千伏变电站和清水县330千伏变电站项目已列入国家电网公司“宝兰客专”牵引变群体工程，并核准开工，拟于2016年底建成投产。清水县白沙乡110千伏变电站建设项目前期工作取得积极进展，计划于2017年与清水330千伏变电站同步投产。清水县2×100万千瓦火电项目已完成科研评审，列入陇东煤电基地外送电源备选项目。清水县白驼镇风电场项目已列入“十二五”第五批风电核准计划。

【基础设施建设】 清水县光伏提水灌溉项目完成可行性研究报告。通渭县春寅乳业公司标准化奶牛场与规模化畜禽养殖污染综合防治项目已完工，实现总投资5399万元。通渭县中医院搬迁项目正在进行主体施工，已完成投资1200万元。协调援建的清水县百家中心小学已于新学期投入使用。

【光伏扶贫】 2015年，通渭县、清水县作为甘肃省第一批光伏扶贫试点县，分别安排配套光伏规模7万千瓦和5万千瓦。通渭县在3个乡（镇）4个贫困村确定200户农户进行试点，已全面建成。清水县组织开展200户户用分布式发电系统施工设计，已开工建设。

【干部挂职扶贫】 国家能源局机关选派2名挂职干部分别赴通渭县、清水县挂职锻炼，其中1人挂职任通渭县常家河镇小庄村“第一书记”。能源局派出机构选派2名同志分赴通渭县寺子川乡郑阳村和吊咀村任驻村帮扶工作队队长兼党支部“第一书记”。挂职干部充分发挥专业和技术优势，将个人所学与农村实际紧密结合，为地方经济社会发展积极建言献策，做了大量卓有成效的工作。

【教育扶贫】 邀请通渭县、清水县20名贫困家庭小学生和6名教师赴北京参加为期一周的参观学习活动。委托华北电力大学组织12名大学生，赴清水县开展为期10天的支教活动，为当地部分初高中学生提供课外培训。

（国家能源局发展规划司　董小丽）

中国银行业监督管理委员会扶贫

【概述】 2015年，中国银行业监督管理委员会（以下简称“银监会”）一直高度重视贫困地区农村金融服务工作，通过引导银行业机构加大涉农信贷投放，大力发展农村普惠金融，深化农村金融机构体制改革，不断丰富农村金融服务主体，创新农村金融产品和服务方式，完善农村金融基础环境，扎实做好定点扶贫工作，有效提升了贫困地区的金融服务水平。

【涉农资金投入】 积极引导银行业金融机构按照调整优化信贷结构、保证“三农”投入的思路，不断加大对“三农”金融支持力度。持续增加涉农信贷总量。截至2015年末，银行业金融机构涉农贷款余额26.4万亿元，比2015年初增加2.8万亿元。拓宽支农资金来源。引导银行业金融机构利用支农再贷款加大贷款投放，发行“三农”金融债，补充一批资金。优先对涉农贷款开展资产证券化试点，盘活一批资金。强化机制保障。要求涉农银行业金融机构单列涉农信贷计划，科学下放审批权限，建立支农服务长效机制。

【农村普惠金融】 继续推动农村基础金融服务全覆盖工作，将符合条件的简易网点改造为标准化网点，逐步实现乡镇金融机构全覆盖。截至2015年末，基础金融服务已覆盖56.3万个行政村，覆盖率95%，较2014年提高3个百分点，其中铺设各类电子机具53.2万个。

在具备条件的行政村，扎实推进基础金融服务“村村通”，将基础金融服务向村一级加快延伸。大力发展民生金融业务，支持返乡农民工、农村青年、农村妇女、大学生村官、科技特派员农村就业创业。改进残障人士等农村特殊群体金融服务。以集中连片特困地区为重点加大信贷投放，推进精准扶贫，推动扶贫小额信贷健康发展。深入开展“送金融知识下乡”和教育宣传活动，整治违规乱收费行为，维护农村金融消费者的合法权益。

【农村金融机构体制改革】 针对不同机构的特点和优势，分类推进各类涉农金融机构改革。发挥农村信用社支农服务主力军作用。深化农村信用社改革，截至2015年末，全国共组建966家农村商业银行。增强政策性金融服务功能。农业发展银行改革总体方案已经国务院批准，进一步强化政策性职能定位，明确政策性业务范围和监管标准。持续深化农业银行“三农金融事业部”改革试点，试点范围已覆盖全部县（市）。支持邮政储蓄银行发挥网点和服务优势，为广大农村和社区提供基础金融服务，稳步拓展小额涉农信贷业务。

【农村金融服务】 为社会资本合规进入金融领域打开通道，增加农村金融有效供给，提升农村金融竞争活力。稳步培育发展村镇银行。截至 2015 年 12 月末，全国共组建村镇银行 1377 家，其中 62%设在中西部地区，海南、江苏等省份实现了县市全覆盖。农户贷款和小微企业贷款合计占全部贷款的九成以上。涉农融资性担保机构稳健发展，推动有关部门和地方各级政府通过资本注入、补贴奖励和风险补偿等方式，对重点服务“三农”领域的融资性担保公司进行扶持。

【富民惠农金融创新工程】 积极探索低成本、可复制、易推广的农村金融产品和服务方式，持续深入推进农村中小金融机构“富民惠农金融创新”工程，加快建立健全符合当地需求特点的金融产品体系，提高服务的满意度，增强产品的契合度。探索扩大抵押品范围，试点开展林权、土地承包经营权、宅基地使用权的“三权”抵押贷款。

【农村金融环境建设】 引导各地深入开展农村信用户、信用村和信用乡镇建设。加强与地方政府和公检法部门的协调合作，严厉打击骗贷和恶意逃废债行为，营造良好的农村金融环境。组织开展“送金融知识下乡”活动，普及推广农村金融知识。督促银行业金融机构严格执行“七不准”和“四公开”规定，开展专项督查，及时查处各类违规收费，涉农企业融资成本，保护农村金融消费者合法权益。

【定点扶贫】 银监会始终高度重视对甘肃省临夏回族自治州和政县的定点扶贫工作，2015 年新增甘肃省定西市临洮县为定点扶贫点，发挥银行业优势，继续跟踪落实年度定点扶贫项目。增派 1 名优秀年轻干部到条件艰苦、高海拔地区担任贫困村“第一书记”，以基层党建为核心，打造基层党组织的坚强堡垒，留下一支“带不走的工作队”，激发贫困村发展的内生动力，从教育扶贫、金融扶贫、产业扶贫等方面，扎实推进精准脱贫工作。

（中国银行业监督管理委员会）

中国证券监督管理委员会扶贫

【概述】 2015年，中国证券监督管理委员会（以下简称“证监会”）共定点帮扶7省的10个国家扶贫开发工作重点县，包括河南省兰考县和桐柏县、山西省隰县和汾西县、安徽省宿松县和太湖县、甘肃省武山县、陕西省延长县、吉林省龙井市和内蒙古自治区察哈尔右翼前旗（以下简称“察右前旗”）。2015年，证监会先后选派11名干部挂职扶贫，举办培训班13期，培训4182人。实际投入扶贫资金2145万元，其中产业扶贫636万元，教育扶贫共计815万元，基础设施建设投资377万元，医疗卫生、培训及其他投入317万元。协调金融扶贫资金约4846万元，用于基础建设、产业发展、支持教育、改善民生等项目，帮助贫困地区改善生产生活条件，促进了当地经济社会发展。

【干部挂职扶贫】 2015年，证监会选派11位优秀中青年干部挂职扶贫，其中10名担任各县副县长，分管扶贫、金融等工作，1名担任村党支部“第一书记”。挂职扶贫干部认真落实证监会党委的扶贫工作部署，推动资本市场支持贫困地区脱贫攻坚，协助引进项目资金，为定点扶贫县办实事，得到当地干部群众的认可。2015年12月，证监会作为典型代表在“中央单位定点扶贫工作会议”上介绍了挂职扶贫干部定点扶贫的经验。

【扶贫培训】 2015年，证监会开展了多种培训，举办培训班13期，培训4182人，促进定点扶贫干部、企业管理人员、致富带头人改善知识结构。全国中小企业股份转让系统有限公司组织专家到10个定点扶贫县开展企业挂牌专题培训，推动定点扶贫县企业利用多层次资本市场做优做强。2015年11月，上海期货交易所举办第三届“农业现代化和美好乡村建设”高级研修班，就“三农”问题、新型城镇化、农业发展与期货市场对接等专题对太湖县干部和金融机构代表进行培训。中国金融期货交易所组织西安市技工学校在陕西省延长县，开展贫困家庭待业青年技能培训。证监会机关邀请中央党校、各部委、社会研究机构和高校专家为察右前旗政府干部进行政府管理、经济管理和法律方面的培训。

【扶贫资金管理】 证监会挂职扶贫干部在兰考县建立了“村决策、乡统筹、县监管”的资金运行机制，将1150万元到户增收资金下拨到乡镇，由贫困群众自主决策实施项目，变贫困户“被动接受”为

“主动参与”，增强了贫困群众脱贫致富的内生动力。同时，借鉴上市公司信息披露机制，探索建立了扶贫资金运用信息披露和公告公示制度。通过“村内上墙、县内上网”，接受老百姓和全社会监督，确保扶贫资金在阳光下运行。

【产业扶贫】 经证监会及各帮扶单位指导推动、组织培训、市场对接等，各定点扶贫县围绕资本市场的功能支持产业扶贫，在挂职扶贫干部的推动下，陆续出台了支持当地企业上市（挂牌）政策。宿松中天石油化工有限公司、兰考瑞华环保电力股份有限公司在全国中小企业股份转让系统挂牌，带动了1060名农民就业，其中224户建档立卡贫困户实现了稳定脱贫。太湖县的安徽省景湖农业发展有限公司、桐柏县的河南天利农业开发有限公司等9家企业分别在安徽、上海、深圳前海等区域性股权交易市场挂牌。桐柏县的河南盘古溪生态茶业有限公司、桐柏县丹峰山茶叶开发有限公司、桐柏上河畜牧养殖有限公司等一批小微企业在郑州商品交易所扶持下，在中原股权交易中心挂牌。

【招商引资】 证监会系统单位筛选合作企业和机构，支持举办项目推介会，安排双向考察和产业对接，为定点扶贫县寻求招商引资机会，带动贫困人口就业增收。格林美股份有限公司、辽宁禾丰牧业股份有限公司、河南森源电气股份有限公司和宁夏晓鸣农牧股份有限公司等上市（挂牌）企业在兰考县投资，提供1.5万个就业岗位，带动7000名建档立卡贫困人口脱贫。上海证券交易所帮助宿松县对接中国交通建设股份有限公司，到宿松县投资码头和临江产业园建设项目，引进北京新发地农产品批发市场在当地建立区域农产品批发市场，引进上市公司大湖水殖股份有限公司联合开发宿松县湖区，联系上市公司浙江万里扬集团有限公司投资建设无污染有机肥区域加工厂。

【金融扶贫】 在中国农业银行支持下，兰考县建立了“三位一体”金融扶贫模式，即财政提供资金作为风险补偿金存入银行，银行扩大10倍按基准利率放贷给企业，支持企业发展。同时，企业提取贷款额的10%作为扶贫基金，交付乡镇政府用于扶持贫困户。截至2015年底，兰考县农业银行已为推荐的92户小微企业和新型农业经营主体发放贷款79笔，金额7100万元，缓解了小微企业“贷款难、担保难”问题。

中原农业保险股份有限公司在兰考县试点开展“脱贫路上零风险”项目，为全县贫困及脱贫不稳定人群、带动脱贫的龙头企业提供包括生活风险和生产风险两大类共计15项的“一揽子”脱贫保险服务，覆盖人群达23275户、77448人，风险保障达84亿元。

【教育扶贫】 为实现“培养一人，脱贫一家，带动一方”的精准帮扶，增强内生动力，完善扶贫脱贫长效机制，证监会及各系统单位2015年共投入815万元开展教育扶贫工作。资助定点扶贫县4所中小学校援建了楼舍、运动场、电教室、图书室等。中国证券业协会在隰县投入75万元，建设10个“梦想中心”，提升素质教育水平。在定点扶贫县11所中学各设立1个“新长城自强班”，每年投入资金全方位帮助自强班贫困生解决吃、住、学困难。开展“爱心包裹”活动，发放了3300个爱心包裹。郑州商品交易所与上海期货交易所分别成立“郑商所助学奖学金”和“上期所爱心奖学金”，对兰考县及太湖县贫困优秀学生进行奖励资助。

【电商扶贫】 在隰县，为解决农产品质量好、价格低、知名度不高、销路不畅的难题，中国证券业协会挂职扶贫干部协调对接淘宝网，创建“吕梁山特色馆”，将农产品打包上线销售。在山西省太原市举办“吕梁山区特色农产品网上展销活动暨特色中国吕梁山馆开通新闻发布会”，实现销售收入670余万元，极大提高了农民收入。提取销售收入的1%用于购买中国扶贫基金会的“爱心包裹”捐赠给贫困小学生。

【关爱留守妇女儿童】 2015年，中国金融期货交易所将帮扶目标瞄准延长县农村留守儿童和农村留守贫困妇女，实施精准帮扶。启动“青春助你行”青少年关爱行动，引入社会资金30万元成立贫困家庭未成年子女扶持资金协会，共为8所乡村学校营建了8座留守儿童关爱小屋——“七彩小屋”。举办“书香四溢”公益活动，通过“互联网+公益”模式，实现爱心线上传递、线下联系圆梦，为667名贫困留守儿童实现了心愿。策划启动农村留守妇女产业帮扶致富计划，投入扶贫资金30万元，撬动社会资金26万元，成立妇女扶持协会，采用“协会—妇女合作社—妇女社员”的模式，将资金循环利用，小额定向扶持妇女合作社和妇女社员发展特色产业，截至2015年底，帮助206户430人实现脱贫。

【革命老区建设】 中国金融期货交易所为延长县市级革命老区村——阿青村编制为期三年的精准扶贫规划，投入各类帮扶资金240余万元（其中基础设施180万元），建设村史馆一座，架设80亩苹果防雹网，修复供水设备，帮助硬化、绿化700余米通村主路，引入市县两级资金改善基础设施，帮助协调459名村民销售苹果收入270多万元。

（中国证券监督管理委员会　杨志海）

中国保险监督管理委员会扶贫

【概述】 2015年，中国保险监督管理委员会（以下简称“保监会”）印发《保险服务扶贫开发工作规则》，建立全体会议、专题会议和信息通报等三项制度，明确工作职责、工作重点和工作要求。结合“五个一批”“六个精准”要求和保险工作实际，开展摸底调查，积极研究创设精准施策，将发展农业保险和大病保险作为打好脱贫攻坚战的主攻方向，瞄准致贫原因精准发力。贯彻落实《关于全面做好扶贫开发金融服务工作的指导意见》（银发〔2014〕65号），积极发展农村保险市场，构建贫困地区风险保障网络。

【农业保险扶贫】 大力发展农业保险，努力提高保险覆盖面和保障水平，充分发挥保险防灾减损功能作用。2015年，农业保险承保主要农作物14.5亿亩。玉米、水稻、小麦三大主粮作物平均承保覆盖率达70%。农业保险承保农作物品种达189类。参保农户2.29亿户次，提供风险保障1.96万亿元；赔款支出260.08亿元。农业保险在防范化解农业风险、防止农户“因灾致贫、因灾返贫”、稳定农民收入等方面发挥了积极作用。一是发挥风险管理功能，稳定贫困地区农业生产和农民生活，为灾区恢复重建提供资金保障。2015年辽宁遭遇特大旱灾，农业保险支付赔款15亿元，政府基本未拨付专门的救灾资金。二是大力发展价格保险，帮助贫困地区农民规避市场风险稳定基本收入。截至2015年底，价格保险试点已扩展到26个省市，试点品种增加到18个，保费收入6.08亿元，较2014年翻了一番。保险公司与河北省阜平县政府通过“联办共保”开展成本价格损失险，为群众发展产业兜住风险底线，通过保险理赔减少农户损失1005.4万元。三是积极开展特色优势农产品保险，助推贫困地区产业脱贫。2015年，地方特色农产品保险实现保费收入49.41亿元，同比增长51.97%，高于农业保险整体增速36.82个百分点。在国家扶贫开发工作重点县四川省红原县启动牦牛保险试点，累计承保110.77万头牦牛，累计赔付2183万元，受益农户9031户次，人均助农增收1103元。由于稳定了牧民养殖预期，吸引了多家乳制品企业到当地投资建厂，既解决就业，又发展生产。

2015年，保监会联合财政部、农业部印发《关于进一步完善中央财政保费补贴型农业保险产品条款拟订工作的通知》，开展农业保险产品改革，通过扩展保险责任，提高保障水平，降低理赔条件，实现让利于农。与原产品相比，新产品总体保障水平提升15%至20%；保险责任新增旱灾和地震责任，涵盖保险标的所在区域内的主要风险；理赔条件进一步优化，取消绝对免赔，将不同生长期全损时赔偿标准平均提高10%。

【大病保险扶贫】 大力推动保险业积极承办城乡居民大病保险，有效缓解基本医疗保险筹资和保障水平较低、重特大疾病造成“因病致贫、因病返贫”并冲击社会道德底线等问题。截至2015年底，共有16家保险公司在全国31个省（区、市）开办城乡居民大病保险业务，覆盖人口9.2亿人。2015年，大病保险保费收入252.4亿元，赔付人数345万人，赔付支出214亿元，累计超过500万人直接受益。大病患者医疗费用实际报销水平普遍提高10至15个百分点，整体报销比例达到70%，有效缓解“因病返贫、因病致贫”问题。

【农房保险扶贫】 大力发展农房保险，积极支持贫困地区灾后重建。截至2015年底，农房保险已覆盖全国所有省市，实现保费收入8.09亿元。2015年4月，尼泊尔发生8.1级地震，影响到了西藏全区18个县4万户农房受损，农房保险支付赔款2.43亿元，户均赔款6000元，是受灾农户自缴保费（1.92元/户）的3100倍。

【扶贫小额信贷】 通过发展小额贷款保证保险，推动“保险+银行”模式试点，将保险增信作为金融扶持脱贫的重要工具，有效缓解贫困群体贷款难、贷款贵问题。截至2015年底，全国已有25个省（市），73个市（区）相继开展小贷险试点，14个省（市）以省级政府的名义出台了小贷险业务的指导性文件。

【保险资金运用】 2015年，保监会积极探索保险资金支农融资新方式，批准中国人民保险集团股份有限公司用自有资金设立50亿元额度的资管产品，通过“助贷”的方式为参保农户提供小额融资需求。

【定点扶贫概述】 从2002年起，保监会定点扶贫内蒙古自治区察哈尔右翼中旗（以下简称“察右中旗”）和察哈尔右翼后旗（以下简称“察右后旗”）。保监会把发挥保险业优势与促进地区经济发展、保障贫困群众生活结合起来，分别在基础设施建设、产业发展、保险扶贫和信息化建设等项目对察右中旗和察右后旗进行帮扶，提高了农牧民的“造血”能力，极大地减少了“因病返贫、因灾返贫”情况的发生。

【扶贫资金投入】 2015年，根据察右中旗和察右后旗报送的年度扶贫开发项目，保监会共投入扶贫资金140万元，其中投入60万元用于支持新农村建设；投资20万元为察右后旗农村学生办理学生平安险补贴；投资40万元进行生猪养殖项目补贴；投入20万元开展春节“送温暖”活动。

【干部挂职扶贫】 2015年，保监会认真筛选并确定2名青年干部，分别派驻察右中旗和察右后旗的贫困村任“第一书记”，推动精准扶贫工作，并监管扶贫资金落实情况。

【扶贫调研】 2015 年 11 月，保监会组建扶贫工作调研小组，到察右中旗和察右后旗开展调研，实地了解两个帮扶点的基本情况，对保监会参与的扶贫项目和投入的扶贫资金进行督导，为扶贫工作的科学持续开展打下坚实基础。

（中国保险监督管理委员会　陈　莉）

中国铁路总公司扶贫

【概述】 2015年，铁路扶贫工作取得了新的成绩，为贫困地区扶贫开发和贫困群众脱贫致富发挥了积极作用。中国铁路总公司（以下简称“铁路总公司”）党组书记、总经理盛光祖要求铁路各部门和单位大力支持扶贫开发工作，落实好铁路扶贫“三项重点任务”，即围绕改善贫困地区发展环境和条件，继续大力支持中西部地区铁路建设；瞄准贫困地区扶贫开发和贫困群众脱贫致富需求，继续大力实施铁路运输扶贫；落实精准扶贫、精准脱贫的要求，全力帮扶定点扶贫县贫困群众尽快脱贫。

【铁路建设扶贫】 2015年，铁路总公司以中西部地区和贫困地区为重点，采取有力措施，加快推进相关区域铁路规划建设。沪昆高铁贵阳—怀化段、哈尔滨—齐齐哈尔高铁、成都—重庆高铁、额济纳—哈密铁路、赣州—龙岩铁路扩能、南疆铁路吐鲁番—库尔勒段增建二线等中西部地区重大项目顺利投产，商丘—合肥—杭州、大同—张家口、郑州—万州、吴忠—中卫、玉溪—磨憨、安顺—六盘水、阿勒泰—富蕴—准东等新建铁路和青藏铁路格尔木—拉萨段等扩能项目开工建设。2015年，中西部地区（含东北地区）国家铁路基本建设固定资产投资4210亿元，新线投产6465千米，其中高铁投产2509千米，开工新项目41个。14个片区所在的21个省（区、市）投资4154亿元，新线投产6677千米。铁路建设投资不仅直接拉动了当地经济发展，也为改善这些地区发展环境和条件提供了重要支撑。

【旅游开发扶贫】 铁路总公司积极支持和配合中西部地区、贫困地区和革命老区旅游开发，统筹利用新线和既有铁路，通过增开旅客列车、增加客车停站、改善服务设施等系列措施，进一步改善对外交通条件，提高旅游开发运力保障和服务水平。沪昆高铁贵州东段和合肥—福州、哈尔滨—齐齐哈尔、沈阳—丹东、丹东—大连、吉林—图们—珲春、赣州—瑞金—龙岩等铁路开通，高铁网络进一步扩大完善，中小城市与临近中心城市间旅行时间大幅压缩，如安庆至上海列车运行时间由11小时缩短至4小时，图们至北京列车运行时间由24小时缩短至9小时，多个著名旅游城市、革命老区首次通达动车组列车，专门开行赣州经于都、瑞金、古田等红色革命根据地去往上海、南京的动车组列车，对于促进沿线区域融合发展，拉动中西部地区、贫困地区、革命老区旅游开发发挥了重要支撑作用。同时，按照供给侧改革的要求，优化调整列车运行图，继续将运力向中西部地区、贫困地区、革命老区倾斜，增开了包头—南宁、上海南—重庆北、银川—杭州、包头—深圳东、厦门—兰州等跨区域普速旅客列车，进一步增强中西部与东部、贫困地区与发达地区的交通联络。

【农民工运输】 铁路总公司坚持把支持农业发展、方便农民工出行作为义不容辞的责任，全力作好农民工运输组织工作。2015 年多次调整列车运行图，在农民工客流较大的方向继续增开普速旅客列车，在高铁并行的既有线路上保留普速旅客列车，春运期间实行车辆“零备用”，大量开行价格低廉的绿皮车临客，临客数量占到旅客列车总列数的近 1/5。认真落实针对务工人员的便民利民举措，延长互联网售票、电话订票预售期，优化调整改签、退票规则，最大限度地方便务工人员通过 12306 网站、电话订票、车站窗口和代售点购票，2015 年春运提前办理务工人员团体票 116 万张。调配运力支持进疆棉农运输，组织开行郑州、西安、兰州、天水、信阳等方向进疆临客列车 108 列，运输棉农工 54 万人次。

【农产品外运】 铁路总公司大力支持涉及“三农”利益的农产品运输，加强运力倾斜和运输组织，保证农产品外运。组织有关铁路局加强与海南、广西、云南、河南、河北等重点蔬菜生产地区，以及北京、上海等主要蔬菜销区的联系，全面掌握蔬菜运输需求，及时制定运输方案，落实运输能力，压缩在途时间，确保产、运、需各环节的紧密衔接、畅通无阻。大力开行快运班列，组织南宁铁路局对广西百色地区的果蔬，成都铁路局对贵州威宁地区的马铃薯、四川凉山地区的洋葱，昆明铁路局对云南省的粮食、食糖，兰州铁路局对甘肃陇西地区的土豆、宁夏固原地区的玉米，开行了多趟客车化的快运班列，有力地保障了特色农产品外运需求。同时，全力保障关系国计民生的重点物资运输，精心组织完成了救灾物资运输、粮食跨省移库调运、新疆棉花外运、青海新疆地区钾肥外运、华北地区发往南方地区的氮肥运输、西南地区发往东北地区的磷肥运输工作。

【片区扶贫攻坚】 落实秦巴山片区区域发展与扶贫攻坚启动会议精神和国务院扶贫办 2015 年片区联系工作要点，配合科技部、国家铁路局做好秦巴山片区联系工作，召开秦巴山片区扶贫攻坚协调推进会，建立片区跨省重大基础设施项目协调推进机制和扶贫攻坚跨省协调机制，组织郑州、武汉、西安、成都、兰州 5 个铁路局推进各项工作落实。片区铁路建设投资大幅增加，兰州—重庆铁路广元—重庆段、西安—合肥铁路增建二线等建成投产，郑州—万州铁路、武汉—十堰铁路等重大项目开工建设，西安—成都高铁、重庆—万州高铁、蒙西—华中通道等在建工程稳步实施，2015年对秦巴山片区6省（市）的国家铁路基本建设固定资产投资1471亿元，新线投产1351千米，在建铁路新线里程7600千米，投资规模1.09万亿元。片区旅游开发和发展得到有力支持，武汉铁路局配合地方多个旅游节开幕，对十堰、武当山等车站的服务设施和环境进行整治，成都铁路局增开多趟成都至达州、广元、巴中的动车组列车或普速客车，增开万州—西昌—攀枝花环线客车，为当地旅游业发展创造了良好条件。片区重点物资运输和特色产品外运得到有力保障，十堰、武当山、胡家营等铁路物流作业站建成，丹江口等站办理集装箱班列业务，关中—陕南环线货物快运列车开行，天水站运输能力给予重点倾斜，有力支持了当地劳务输出、农用物资运输和农产品外运。

【定点扶贫概述】 认真落实精准扶贫、精准脱贫要求，继续做好对8个国家扶贫开发工作重点县的定点扶贫工作。选派5名干部分别在河南省栾川县、湖北省丹江口市、陕西省勉县、甘肃省西和县、宁夏回族自治区固原市原州区挂职，1名干部在栾川县潭头镇东山村任“第一书记”。2015年，铁路总公司拨付扶贫资金897.7万元，实施帮扶项目22个，涉及整村推进扶贫、农村特色产业开发、教育扶贫、医疗卫生扶贫、乡村公路建设、农田水利工程建设等。各铁路局和有关单位将定点扶贫与片区联系扶贫结合起来，资助重庆市云阳县桑平镇卫生院综合楼重建项目，为栾川县3个乡镇卫生院分别购置1台120救护车，为四川省苍溪县3个乡镇硬化村道和水渠6.5千米，为西和县十里乡硬化村道1.5千米，为勉县阜川镇修建1千米道路，资助丹江口市浪河镇农田水利工程建设，为秦巴山片区6个定点扶贫县脱贫致富创造条件。

【整村推进】 组织兰州铁路局实施固原市原州区张易镇上马泉村（示范村）整村推进建设。一方面，着力完善该村基础设施，硬化主要道路17条6.1千米，砂化生产道路1条2.5千米，修建漫水桥1座，为农户解决了出行难、农田机械化耕种难的问题。安装太阳能路灯40套、太阳能热水器224台，全村2/3的家庭首次用上了自动热水淋浴。建成村级文化中心1处，健身器材、篮球场、乒乓球桌等设施第一次进入了村民生活。另一方面，把发展富民产业作为脱贫致富的主渠道，良种基础母牛补栏50头，母羊补栏300只，新建60平方米的标准养殖圈棚50栋，配套铡草机100台，配套发展种植草畜产业，形成了种植、养殖等循环互补模式，为该村奠定了“一村一业、一户一品”的产业雏形。实施整村推进的上马泉村，被“‘三西’扶贫开发现场会议”确定为观摩对象，被宁夏回族自治区政府确定为“整村推进样板工程”。2015年，全村人均增收786元，贫困人口减少140户545人。

【产业扶贫】 在和田县色格孜库勒乡，补贴 300 亩葡萄园农药化肥、整形修剪、疏花疏果支出，扶持农户对葡萄低架结构进行立架改造，帮助贫困户对 200 亩葡萄进行嫁接改良，进一步提高葡萄品质，丰富葡萄品种，为持续增产增收奠定基础。

为和田县朗如乡迫普那村整治低质土地 100 亩，因地制宜帮助农户种植香梨 10 亩、黑枸杞 30 亩，进一步拓宽了农民增收致富渠道。

在和田县拉依喀乡和色格孜库勒乡新建牲畜棚圈 150 座，每座不少于 80 平方米，全部为半封闭式砖混结构，为提高牲畜出栏率打下基础。

鼓励农牧民利用自家院落发展家禽养殖，为贫困户提供雏鹅、鸡苗 4 万只，2015 年，每户平均增收 2000 元。

【民族融合发展】 组织乌鲁木齐铁路局将开展定点扶贫与“访民情、惠民生、聚民心”活动工作结合起来，继续由铁路局领导带领工作组常驻和田县开展工作，在发现和解决实际问题、落实扶贫脱贫举措、维护社会稳定、促进各民族文化融合和民族团结等方面发挥了重要作用。新建或整修拉依喀乡达奎村村委会便民基础设施，以及葡萄架、葡萄架花墙、地面、厕所、锅炉房、村委会值班室等。为拉依喀乡吐完拉依喀村更换 3 千米严重老化的自来水管道，新建篮球场、文化墙、文化小广场，并配备文化宣传设备，引导村民自信、自尊、自强，远离非法宗教，追求文明健康的生活方式。在朗如乡新建 1 座建筑面积 270 平方米的民族文化活动站和 1 个篮球场，传承和发扬当地维吾尔族民间艺术，丰富农民精神文化生活。

【教育扶贫】 铁路总公司继续关爱贫困家庭学生，给予重点资助。资助固原市原州区 100 名新考入本科第二批次录取学校以上的大学生，帮助他们顺利入学。对和田县 47 名贫困家庭大学生给予学费资助，减轻了大学生家庭的负担，在农牧民群众中树立了尊崇知识、向往学习的良好风气。继续以铁路青少年发展捐助中心的名义协调有关企业开展助学活动，资助 200 名新入校贫困家庭大学生各 5000 元，继续援建陇西县文峰镇仙源火车头希望小学震后重建，为云南省鲁甸县 10 所受灾小学建设“希望厨房”。开展“圆梦助学庆六一”帮扶活动，为勉县镇川镇中心小学捐赠图书、书包、文具、体育用品和 1 组动车模型，为栾川县白土镇马超营铁路希望小学捐赠 10 万码洋图书、150 套棉服。

（中国铁路总公司办公厅　戴飞翔）

中国农业银行扶贫

【概述】 2015年，中国农业银行（以下简称“农业银行”）加大扶贫重点县贷款投放力度。截至2015年末，农业银行在832个扶贫重点县贷款余额达5906.9亿元，比年初增长635.8亿元；其中，在集中连片特困地区贷款余额达4968.7亿元，2011年至2015年末累计投放贷款12851亿元。加强农户支持力度。2015年扶贫重点县农户贷款累计投放782亿元，年末贷款余额1184.4亿元，贷款执行优惠利率，每年可节省贫困地区农户利息开支16亿元，同时对贫困地区农户实行惠农卡免收工本费、小额账户管理费，减半收取年费的“两免一减半”优惠政策。构建普惠金融服务体系。加快“金穗惠农通”工程实施进度，打通贫困农村普惠金融服务“最后一公里”。截至2015年末，在832个国家扶贫重点县设立惠农金融服务点17.1万个，布放电子机具23.7万台，行政村覆盖率达到72.6%，对具备固话通讯条件的行政村基本覆盖。截至2015年末，全行已有19家分行上线“E农管家”平台，其中在湖北已实现69个县域全覆盖，链接农家店、农家超市52371户，累计交易额突破百亿元。

【扶贫制度建设】 农业银行成立了由董事长任组长的金融扶贫工作领导小组，统筹推动全行金融扶贫工作，并挂牌设立扶贫开发金融部，负责全行金融扶贫管理协调工作。2015年12月，召开全行金融扶贫工作推进会，全面部署了今后一个时期脱贫攻坚金融服务的任务和举措，全力做好脱贫攻坚金融服务工作，出台《关于做好“十三五”时期金融扶贫工作的意见》，进一步加大金融扶贫工作力度。

【基础设施建设】 农业银行主动对接政府规划，大力支持贫困地区水电路气桥等基础设施建设项目，破解制约贫困地区经济社会发展的瓶颈。截至2015年末，农业银行在832个扶贫重点县交通、水利、电力等基础设施领域的贷款余额达2103.9亿元。内蒙古包头市政府与农业银行内蒙古分行合作成立“美丽乡村”产业基金，融资20亿元支持包头市“十个全覆盖工程”项目，成为全国商业银行中第一支专项用于农村基础设施建设的产业基金。四川分行贷款150亿元支持甘孜藏族自治州、阿坝藏族羌族自治州、凉山彝族自治州四省藏区水利枢纽工程建设，改善当地交通、供电环境，带动数十万农民务工增收。湖北分行贷款35.4亿元支持大别山区广北高速、武麻高速、黄黄高速项目，有效改善交通条件。湖南分行贷款 52.4 亿元重点支持凤大高速、张花高速等交通项目；在武陵山片区投放水电贷款 19.7 亿元，支持了 18 个小水电站建设。

【民生项目建设】 农业银行以改善贫困地区民生环境为目标，大力支持安居工程、医院、学校等民生项目，帮助贫困地区群众实现住有所居、病有所医、学有所教。截至 2015 年末，农业银行在 832 个扶贫重点县农村城镇化贷款余额达 489.7 亿元，医院和学校贷款余额达 40.2 亿元。四川分行贷款 10.6 亿元支持了“藏区新居”“巴山新居”“彝家新寨”等新农村住房建设。贵州分行对接本省开展的扶贫生态移民工程，投放贷款 8.3 亿元，支持建设扶贫生态移民工程住房 10781 套、面积 101.7 万平方米，惠及 4.24 万搬迁农民，并将生态移民贷款范围扩大到全省所有贫困县。西藏分行开办安居工程贷款产品，贷款 45 亿元支持西藏新型城镇化建设和“八到农家”（即水、电、路、讯、气、广播电视、邮政和优美环境到农家）项目，帮助 45 万户、200 万农牧民乔迁新居。

【产业扶贫】 农业银行结合自身特点，突出产业带动，通过支持龙头企业辐射一批，支持专业合作社带动一批，支持规模农户帮扶一批，支持产业园区就业一批等，实现“支持一个产业、繁荣一片区域、富裕一方百姓”。截至 2015 年末，在 832 个扶贫重点县支持了 651 家农业产业化龙头企业、3.1 万个专业合作社及社员和 7.5 万户家庭农场（专业大户），贷款余额达 297.4 亿元，比年初增长 38.07%，增强农业产业链对贫困农户增收的带动效应；支持 675 个重点企业、骨干项目，贷款余额 1530.2 亿元，推进产业升级转型；支持 4258 个小微企业，余额 976.9 亿元，促进贫困户就创业；支持旅游业贷款余额 61.5 亿元，发挥旅游资源优势，拓宽贫困农户增收渠道。

【金融扶贫】 农业银行总结甘肃分行双联农户贷、内蒙古分行金融扶贫富民工程贷的成功经验，创新推广“政府担保公司+农行+扶贫企业或贫困户”“政府风险补偿基金+农行+扶贫企业或贫困户”“财政直补资金+农行+贫困户”等多种政府增信金融扶贫模式，如在四川巴中创新推出“金融+”产业带动模式，解决贫困地区企业和农户贷款难、担保难、贷款贵的问题。截至 2015 年末，“银政合作、政府增信、协同扶贫”模式已推广到全国 19 个省份，累计发放贷款 479 亿元，贷款余额达 243 亿元，支持 93 万农户发展生产经营。同时，创新“E 农管家”“四融平台”等电商平台，线上线下联动开展精准扶贫，构建起“金融+电商+信息”综合化的精准扶贫体系。在甘肃地区，“四融平台”开立网上店铺 488 家，发布购销信息 6.06 万条，累计交易 5.96 万笔，交易金额 101.2 亿元。

【精准扶贫】 农业银行出台专项政策支持西藏、毕节试验区发展，定向加大支持力度，优先保障信贷需求。针对贫困地区的特色农业产业，总行出政策，分行抓落实，在信贷政策方面大力创新，支持了新疆特色林果业、云南高原特色农业、福建十大特色农业产业以及江西、湖南、广西等地油茶产业发展，助力有发展生产意愿的贫困户实现产业增收。2015 年仅在赣南苏区就发放油茶贷 13.5 亿元，支持当地 29 家企业、9500 户农户种植油茶 83.4 万亩，有力带动了当地农户增收。同时，建立统计台账，精准统计通过支持生产和就业等方式带动贫困人口情况，并对扶贫带动效应显著的企业客户或规模农户实施减费让利政策。

农业银行总行以集中连片特困地区和少数民族地区为支持重点推出“金穗扶贫惠农贷”。甘肃分行与省政府合作推出“精准扶贫贷”，截至 2015 年末已发放贷款 21 亿元，惠及 4.3 万户建档立卡贫困户。在西藏，以“钻金银铜”四卡为标识，累计发放农牧户信用贷款 393 亿元，覆盖了全区 90%以上农牧户。在贵州，推出“美丽乡村贷”，截至 2015 年末，发放贷款 51.5 亿元，支持辖内三个集中连片特困地区建设小康路 1.2 万千米、小康水项目 3929 个、小康房 4 万户、小康寨 3.1 万个，惠及人口 470 万。在江西、安徽等地推出“光伏贷”，支持贫困户通过光伏发电实现增收，仅在老区于都县已为 1378 户建档立卡户授信 3859 万元。

【干部挂点帮扶】 农业银行建立了领导干部挂点指导贫困地区县支行制度，并将挂点效果纳入领导干部任职考核。2015 年，农业银行总行党委成员、董事、专业总监及有关部门负责人多次赴贫困县，挂点指导县支行金融扶贫和业务经营，协调解决实际困难。一级分行、二级分行也比照总行开展了领导干部挂点指导工作，并选派优秀干部赴 576 个贫困村实施驻村帮扶，帮助贫困村找准致富路。

【残疾人扶贫】 农业银行与中国残联联合发布《关于加强残疾人金融服务工作的意见》，明确了残疾人金融服务工作 6 项重点和 3 大保障，不断加大康复扶贫贷款投放力度，2015 年投放康复扶贫贷款 1.7 亿元，重点投向适合残疾人的种植业、养殖业、农副产品加工业、家庭手工艺制作、零售商业等项目，支持残疾人企业 12 个，辐射带动残疾人人均增收逾万元。除康复扶贫贷款外，农业银行还努力扩大残疾人贷款规模，向有资金需求的残疾人企业和个人发放一般扶贫贷款 8865 万元，年末贷款余额 3.3 亿元。

【定点扶贫】 2015 年，农业银行定点帮扶河北省武强县、河北省饶阳县、贵州省黄平县、重庆市秀山土家族苗族自治县，四个定点扶贫县全年发放贷款 19.7 亿元，年末贷款余额 48.63 亿元。一是保障信贷规模。明确四个定点扶贫县支行的信贷投放原则上不受规模限制，切实保障对定点扶贫县经济社会发展、贫困农户增收重点领域和关键环节的信贷投放，确保贷款增速持续高于所在行平均水平，贷存比不断提升。二是倾斜资源费用。为强化四个定点扶贫县支行的金融服务能力，在固定资产计划、财务费用、网点建设、工资奖励、人员补充、资产处置等方面给予政策倾斜。每年向每个定点扶贫县捐助专项扶贫款的标准由 100 万元提高至 150 万元，每年向各定点扶贫县捐助扶贫培训的资金提高至 10 万元，每年向“第一书记”派驻村拨付专项扶贫款 25 万元。三是制定服务方案。农业银行结合当地资源禀赋、产业特色、政府扶贫规划以及金融需求，分别制定了扶贫金融服务方案，明确了“十三五”期间的信贷投放、精准帮扶、基础金融服务以及县支行综合能力提升目标，并制定了相关工作措施，保障方案顺利实施。四是选派优秀干部。为进一步加强与地方政府的沟通合作，农业银行选派优秀干部赴四个定点扶贫县挂任县委或县政府副职，专职或协助分管扶贫工作，并向四个县增派贫困村“第一书记”。同时，还分别选派业务骨干到四个县支行挂职副行长，协助开展金融扶贫工作，加强上下级行的联动配合。

（中国农业银行扶贫开发金融部
景　磊）

中华全国供销合作总社扶贫

【概述】 2015年，中华全国供销合作总社（以下简称"供销合作总社"）系统认真按照《中共中央、国务院关于深化供销合作社综合改革的决定》（中发〔2015〕11号）提出的"把供销合作社打造成为服务农民生产生活的生力军和综合平台，成为党和政府密切联系群众的桥梁纽带"的总要求，不断强化为农服务宗旨，增强工作主动性，采取力度更大、针对性更强、作用更直接、效果更可持续的精准扶贫、精准脱贫措施，高位推进扶贫开发工作。

【扶贫调研】 2015年10月，供销合作总社党组书记、理事会主任王侠赴定点扶贫的安徽省潜山县，调研指导扶贫工作，并主持召开座谈会，研究部署供销合作社扶贫开发工作。11月，供销合作总社党组成员、理事会副主任邹天敬，赴江西省寻乌县和安远县开展专题扶贫调研，为总社研究制订"十三五"时期精准帮扶措施奠定基础。

【扶贫日活动】 2015年10月17日，供销合作社总社党组成员、理事会副主任邹天敬出席"2015年减贫与发展高层论坛"，参加电商扶贫论坛并作主旨发言。供销合作总社印发《中华全国供销合作总社2015年扶贫日活动计划》，要求各级供销合作社和总社直属企事业单位开展好"扶贫日"活动。组织总社各相关业务部局和单位的负责同志，集中开展扶贫开发主题教育活动，深入学习领会中共中央总书记习近平的扶贫开发战略思想。邀请总社曾在定点扶贫和对口支援县的挂职干部，给机关干部作扶贫专题报告会，展示扶贫干部形象和扶贫工作成效。围绕精准扶贫、精准脱贫，赴寻乌县和安远县开展调查研究，指导对接扶贫开发工作。依托总社"供销e家"电子商务平台，组织开展以"发布扶贫救助与需求信息，开展互助互动对接"为主题的电商扶贫救助行动。组织《中华合作时报》在"扶贫日"期间集中宣传我国扶贫开发工作的目标任务、政策措施，通过定点扶贫县的扶贫成效展示、扶贫干部专访等形式，全方位报道供销合作社扶贫工作成效。

【产业扶贫】 立足贫困地区自然资源、生产条件和产业基础情况，创办农民合作社，培育发展龙头企业，吸纳建档立卡贫困户入股合作社或龙头企业，建立稳定的契约关系和利益联结机制，探索"合作社带农户脱贫、农户促合作社发展”的产业扶贫路子。2015 年，供销合作总社安排扶持资金 1.4 亿元，通过农业综合开发新型合作示范项目，支持国家扶贫开发工作重点县发展种植、养殖基地和加工流通项目 121 个，在贫困地区兴办各类农民合作社 3.8 万个，发展农业产业化龙头企业 455 个，联结农户 263.7 万户，帮助农民实现年收入 40.6 亿元。

【电商扶贫】 2015 年，供销合作总社在全国 832 个国家扶贫开发工作重点县发展供销合作社电子商务企业 276 个，实现销售额 27.5 亿元，31 个县被确定为供销合作社总社第一批电子商务示范县。建立电商扶贫救助长效机制，从“供销 e 家”平台的每笔交易中自动扣除 1 分钱，支持贫困地区开展电商扶贫。

【科教扶贫】 发挥供销合作社科技教育资源优势，为贫困地区农户提供测土配肥、技术培训和信息咨询等服务。依托供销合作社总社 8 所直属科研院所、供销合作社系统 5.5 万个庄稼医院、1.8 万个社团组织、94 所职业院校，为贫困地区开展测土配方施肥 149.3 万亩，提供技术培训、信息咨询 79 万人次。依托供销合作社系统各级各类职业院校，加强对贫困家庭未升学的初中、高中毕业生进行中等职业教育和短期技能培训。面向贫困地区农民，开展实用技能教育培训，承接“阳光工程”、“农村劳动力就地就近转移培训工程”、家庭手工业辅导员培训等项目，开拓贫困地区劳动力就业渠道，帮助转移就业。

【农业社会化服务】 依托贫困地区供销合作社开展农业专业服务，为各类合作经济组织及贫困农户提供大田作物托管、土地流转、农机服务、生产资料供应、产品销售、加工储运等产前产中产后的全产业链服务。2015 年，供销合作总社安排 24850 万元，通过新设立的“新型农业社会化服务体系试点项目”，引导支持贫困地区供销合作社开展以大田托管为主要形式的农业社会化服务试点。依托系统农村综合服务社和商贸综合体参与城镇化建设，为贫困地区城乡居民提供生产生活资料供应、农副产品收购、文体娱乐、养老幼教等多样化服务。

【定点扶贫和对口支援概述】 2015 年，供销合作总社不断加大对定点扶贫县安徽省潜山县、江西省寻乌县和对口支援县江西省安远县的帮扶力度，通过项目、资金、技术等方式进行有针对性的综合帮扶。2015 年，供销合作社 1 名正部长级、1 名副部长级、10 余名局级干部赴定点扶贫和对口支援县开展调查研究，指导扶贫开发工作。定点扶贫和对口支援县的有关领导和部门多次来总社沟通情况、交流工作，双方形成良好的互动关系。安排基层组织专项资金 200 万元，支持江西省安远县基层组织体系建设。

【干部挂职扶贫】 供销合作社将定点扶贫和对口支援县作为培养锻炼干部的基地，选派 3 名优秀年轻干部挂职扶贫和担任贫困村“第一书记”。2015年底，新增定点扶贫县后，增派2名干部赴江西省寻乌县挂职扶贫和担任“第一书记”。

【产业扶贫】 2015年，供销合作总社安排农业综合开发项目5个，落实中央财政资金830万元，扶持潜山县发展野鸭养殖和饮用菊花产业，支持寻乌县和安远县发展脐橙产业，增强自身“造血功能”。

将安徽省潜山县和江西省安远县纳入供销合作社总社确定的电子商务示范县，给予重点扶持。协调中国供销农产品批发市场控股有限公司投资10亿元，在安远县建设脐橙产地批发市场。在总社组织召开的各类业务会议、技能培训和各类展示展销活动中，专门为定点扶贫和对口支援县的供销合作社提供名额，加大业务工作的指导。

（中华全国供销合作总社
经济发展与改革部　刘喜成）

中华全国总工会扶贫

【概述】 2015年，中华全国总工会（以下简称“全国总工会”）定点扶贫山西省和顺县，派出1名工作人员驻山西省和顺县义兴镇青杨树村任村“第一书记”。2015年底，全国总工会增加了壶关县为定点扶贫县后，重新调整安排，在和顺县和壶关县分别安排3名和2名扶贫工作人员。为进一步做好对两县的定点扶贫工作，全国总工会到两县开展定点扶贫工作调研和对接，驻和顺县扶贫队抓好产业扶贫、民生扶助，并注重激发广大群众脱贫致富的积极性主动性，对和顺县定点扶贫工作取得了新成效；对壶关县的定点扶贫工作进行了初步谋划。

【扶贫工作会议】 2015年10月，全国总工会扶贫开发领导小组召开会议，落实书记处会议要求，听取定点扶贫和驻村“第一书记”工作汇报，就下一步工会开展扶贫开发工作进行了研究部署。按照会议要求，全国总工会扶贫开发领导小组办公室制定了工会参与扶贫开发工作调研方案，组成了8个调研组，赴8个省（区）开展调研，全面了解工会系统参与扶贫开发工作的情况，形成了调研报告，为制定工会系统参与脱贫攻坚工作奠定了基础。

【扶贫调研】 2015年8月，全国总工会组成调研组赴和顺县、壶关县调研，先后召开座谈会，听取两县经济社会发展和扶贫工作情况介绍，看望慰问两县的工会干部和全国总工会驻和顺扶贫工作队员、驻村干部，并召开全国总工会扶贫工作队员和驻村干部的座谈会；实地考察和顺县义兴镇青杨树村、义兴镇九京村秀鹏食用菌专业合作社、科举村科旺生态农场、岩庄黎麦种植基地和加工厂、曲里村远鹏苗木专业合作社；走访壶关县壶化集团、壶关县集店乡岭东村扶贫移民搬迁工程、五龙乡欢掌底村绿色专业合作社。2015年，共下乡调研70次，先后深入10个乡（镇）、156个村、960个贫困户、145个农业发展项目和县直单位进行调研，到河北、山东、广东及山西省临汾、太谷、榆次等地参观学习，优化完善扶贫工作方案。

【扶贫宣传】 着眼于“扶志气激发致富动力”，采取措施激发广大群众脱贫致富的积极性和主动性。与《和顺专刊》联合，开办以“脱贫靠自力、致富有榜样”为主题的专栏，介绍农村脱贫致富的典型人物，并具体介绍致富项目的运作过程，让贫困群众看得到、学得会，引导他们靠自身的勤奋努力摆脱贫困，共刊发了3期12个致富典型。与和顺县总工会联合，召开返乡农民工创业座谈会，选取10名返乡从事种养产业的农民工介绍经验，征求他们对政府服务、精准扶贫的意见建议，并将他们的事迹在《和顺专刊》上进行了报道。

【教育扶贫】 2015年，全国总工会与和顺县教育局联合设立“全总·和顺励志奖学金”，针对义务教育阶段贫困家庭子女特别是残疾学生进行奖励，共帮扶90名农村贫困学生。向接收了大量留守儿童和外来务工人员子女的串村幼儿园提供资金，为困难家庭子女营造教育环境。

【医疗卫生扶贫】 2015年，全国总工会联系中华思源工程扶贫基金会捐助3辆救护车，解决和顺县医疗机构设备老化问题。联系首都医科大学，选派专家于2015年7月到和顺为800人义诊。

【产业扶贫】 完善筛选机制，通过实地考察、多方对比，选择具有良好发展潜力、能够起到明显带动作用又确实存在现实困难的好项目予以扶持，对和顺县秀鹏食用菌合作社、科旺生态农庄、籽粒苋和藜麦种植等项目进行了扶持。创新扶持方式，变给钱为借款，在农户或合作社发展急需用钱的阶段提供一定期限的借款，归还后再扶持其它项目，既增强了借款人的责任感，提高资金使用效率，又形成了一个稳定的资金池，使有限的资金发挥更大的作用。针对贷款压力较大的农户，根据其利息数额适当予以贴息，鼓励农户更多地使用国家金融扶持政策来筹集资金，以此撬动更大规模的资金。积极为种养户联系技术、资金、信息等方面的支持，提高生产经营水平。实施“农民技术提升工程”，邀请山西省农业科学院专家开展肉牛养殖技术培训，邀请山西省食用菌协会会长率团队开展双孢菇栽培技术培训，与山西农业大学联合制作肉牛生产技术光盘发送给养殖户。

【扶贫日活动】 2015年10月，全国总工会举办“‘国际消除贫困日’暨‘国家扶贫日’全国总工会定点扶贫工作回顾展”，采取图文并茂的形式，制作10张宣传展板，介绍全国总工会开展的产业扶贫、教育培训和民生扶贫等定点扶贫工作成效，展板在全国总工会机关内展出，同时电子版在机关内网发布。

（中华全国总工会经济技术部　代明梅）

中国共产主义青年团中央委员会扶贫

【概述】 2015年，中国共产主义青年团中央委员会（以下简称“共青团中央”）按照《关于创新机制扎实推进农村扶贫开发工作的意见》，以“青春扶贫行动”为总牵动，重点围绕促进农村青年创业就业、志愿者扶贫、社会力量扶贫、人才培养、科技服务、定点扶贫等工作领域，充分发挥广大团员青年在全面建成小康社会扶贫攻坚战中的生力军和突击队作用，积极助力脱贫攻坚。

【青春扶贫行动】 从2015年起，共青团中央启动开展“青春扶贫行动”，并将每年10月定为集中行动月。2015年9月，印发《关于开展“青春扶贫行动”的通知》（中青办发〔2015〕24号），决定以“青春扶贫　携手小康”为主题，以集中连片特困地区和国家扶贫开发工作重点县为重点，突出精准扶贫、科学扶贫、内源扶贫思想，围绕创业就业、人才培养、科技支持、志愿服务等领域开展扶贫工作。这一行动是共青团落实国家扶贫开发工作决策部署的具体举措和参与精准扶贫的重要载体。各地团组织高度重视“青春扶贫行动”有关要求，统一部署、迅速行动，主动加强与各级扶贫主管部门的联系沟通，将行动纳入当地扶贫工作总体格局，有效确保各项工作落到实处。

【青年创业就业】 一是为贫困地区培养农村青年创业致富“领头雁”。2015年，共青团立足“育人”根本，继续集中力量培养农村青年创业致富带头人，示范带领贫困地区青年脱贫致富，共培养农村青年创业致富“领头雁”12万人。二是为贫困地区青年创业提供金融扶持。联合中国银行业监督管理委员会、中国人民银行等金融主管部门和中国农业银行、中国邮政储蓄银行等金融机构，创新担保方式，普及金融知识，争取贴息政策，开发专属金融产品，着力解决贫困地区青年创业资金难题。全年推动发放创业小额贷款100.9亿元，获贷农村青年16.4万人。三是为贫困地区青年创业就业提供智力支持。各级团组织与人力资源和社会保障、农业、科技等部门合作，通过自主培训、承接政府委托培训、团企联合培训等方式，广泛开展青年创业就业培训工作，2015年累计培训农村青年144.7万人，实现就业36.7万人。同时，增加金融干部赴贫困基层团组织挂职数量，加大贫困地区创业导师队伍建设力度，着力解决贫困地区青年创业就业技术和人才难题。共与104家银行业金融机构合作，选派1893名优秀金融青年干部赴1806个县级团委挂职。四是实施专项行动。实施“大学生返乡创业行动”，将工作资源向贫困地区倾斜，鼓励大学生利用所掌握的知识到贫困地区引导农民创业。共青团中央、省级团委、市级团委三级共筹集资金4617万元，引导和支持15506名大学生返乡创业。实施“农村青年电商培育工程”，鼓励贫困地区农村青年积极利用现代商业模式创业致富。共青团中央共投入专项资金200余万元，资助31个省举办39期示范培训班，带动各省举办95期省级培训班、766期市级培训班，培训农村青年10.7万余人。

【志愿者扶贫】 一是实施大学生志愿服务西部计划。组织大学生志愿者赴西部地区支农、支教、支医和扶贫。截至2015年12月，西部计划在岗志愿者规模1.83万人，其中少数民族地区在岗志愿者8700人，国家扶贫开发工作重点县在岗志愿者5446人，派遣中国青年志愿者研究生支教团2063人。二是拓展青年志愿者服务领域。依托各级青年志愿者协会共建或联建扶贫志愿者驿站，组织青年扶贫志愿者参与扶贫开发建档立卡和精准扶贫工作。三是开展共青团关爱农民工子女志愿服务行动。在2856个县（市、区、旗）实施关爱行动，结对帮扶农民工子女较集中学校5.6万所，结对农民工子女1500万人，建设“七彩小屋”1167个。四是实施全国大中专学生“三下乡”社会实践活动。组织大中专学生志愿者赴基层特别是革命老区、贫困地区，提供创业就业、教育关爱、医疗服务、科技支农等服务。2015年共组织860万人次，9.8万支重点实践团队开展活动。

【社会公益扶贫】 充分发挥组织化和社会化动员优势，广泛整合社会资源，建立共青团组织内部力量和外部资源协同参与的社会化扶贫工作机制。一是实施“希望工程”。多方募集社会资金开展贫困地区学生资助工作，2015年筹集捐款3.8亿元，援建希望小学128所，资助贫困学生38000人。二是实施“书海工程”。向中西部14个省（区）、1285家单位（大中小学、基层图书馆、农家书屋等）捐赠8366.2万码洋图书。三是实施“物华工程”。在西部地区和少数民族地区开展送温暖活动，捐赠衣物等共计2430.57万元。四是开展“全国红领巾广播电视促进计划”。向新疆石河子等地捐赠红领巾广播电视录播设备，共计1050万元。五是发放“新东方西部特困大学生专项助学金”。向西部省份高校750名家庭贫困学生发放助学金共计150万元。六是开展2015“科技之光”青年专家服务团活动。赴西藏、新疆，为200余名青少年进行眼科检查、验光配镜，为40名儿童进行尿系结石手术，捐赠161万元医疗物资。七是实施“百村千户”爱心帮扶项目。筹资150万元用于帮扶黑龙江和贵州部分贫困地区实施农业技术培训与村镇创业扶持公益项目。八是实施挂职交流行动。与中共中央组织部联合选派第 16 批“博士服务团”共 395 人赴西部地区、革命老区和边疆民族地区挂职服务，为贫困地区提供人才和智力支持。九是实施“青少年民族团结万人交流计划”。开展“全国各民族大学生暑期同心营活动”“全国各民族中学生暑期同心营活动”和“全国各民族中职学生暑期同心营活动”，培训中西部地区少数民族学生 900 余人。

【基层团组织建设】 一是与财政部共同实施“青少年校外活动场所专项补助经费”项目。项目总额 3000 万元中的 2800 万元用于中西部地区、贫困地区和少数民族地区青少年校外活动场所建设。二是培养基层团干部。依托全国青少年井冈山革命传统教育基地和中央团校培训中西部地区、少数民族地区基层团干部 900 余人。三是开展基层办公信息化水平提升行动。向新疆、西藏、贵州、云南、甘肃、宁夏等省（区）的青年组织及有关部门提供微软公司软件产品 1000 套。

【扶贫日活动】 2015 年 10 月，共青团中央开展“青春扶贫行动”集中行动月活动。以“关爱贫困留守儿童”为重点，开展微心愿认领、开阔眼界、安全自护教育、亲情关爱对子和公益捐助活动，帮助贫困地区留守儿童提高综合素质、养成健康习惯、塑造良好品行。举办扶贫助困全国示范活动。联合中国北方汽车教育集团启动第二期“扶贫助困千人圆梦计划——农村青年汽修技能培训项目”，300 名国家扶贫开发工作重点县贫困青年免费入学。承办“2015 减贫与发展高层论坛——青年论坛”。组织青年学者、青年扶贫实践者、青年企业家和青年学生围绕“青年梦·扶贫梦·中国梦”主题，分享经验、深入研讨。

【定点扶贫概述】 2015 年，共青团中央定点扶贫山西省灵丘县，投入折合人民币 140 万元，选派 5 名干部组成第 15 批扶贫工作队赴灵丘县，在产业发展、人力资源开发、招商引资等方面实施帮扶项目，助力灵丘县经济社会发展。

【青年创业】 成立“灵丘县青年电子商务协会”，吸纳会员 87 人，开展青年电商培训 3 场；建立“灵丘青年创业孵化基地”，为青年创业者提供免费公共服务。

【智力帮扶】 组织 12 名青年干部赴山东、江苏、福建、广东等地挂职锻炼，组织 8 名电商协会会员进行电商考察，组织 203 名教师参与教师身心成长（山西站）工作坊活动。

安排 15 万元资金，延聘山东寿光农技师驻灵丘指导蔬菜大棚种植；帮助 5 名蔬菜大棚种植户进行大棚改造升级。

【扶贫宣传】 在中央电视台第七频道免费播放灵丘县苦荞宣传广告，邀请《人民日报》（海外版）、《中国青年报》《经济日报》等媒体报道有机农业论坛、推广旅游产业。

【教育扶贫】 选派33名研究生支教团队员在灵丘县赵北中学等7所学校开展支教服务；向各中小学校捐助图书30万码洋，向12所村小捐赠电脑等教学设备，争取公益机构为314名贫困家庭学生提供助学补助。

【基层团队建设】 支持共青团灵丘县委员会工作经费1万元，支持少先队灵丘县工作委员会工作经费5000元；争取青少年校外活动场所专项补助经费80万元，修缮县青少年活动中心并改善、新建青少年公共服务阵地7个。

（中国共产主义青年团中央委员会
农村青年工作部　李璐洁）

中华全国妇女联合会扶贫

【概述】 2015年，中华全国妇女联合会（以下简称“全国妇联”）认真贯彻《中国农村扶贫开发纲要（2011—2020年）》，紧紧围绕精准扶贫精准脱贫战略目标，立足贫困地区妇女儿童实际需求，充分发挥妇联组织优势，深入推进“巾帼脱贫行动”，为促进贫困地区经济社会发展和妇女儿童事业进步做出了积极贡献。

【妇女小额担保贷款项目】 2015年，全国妇联继续推动实施妇女小额担保贷款政策，为贫困妇女提供资金支持。截至2015年底，全国累计发放妇女小额担保贷款2607.04亿元，获贷妇女515.40万人次，中央及地方落实财政贴息资金229.55亿元。其中，2015年新增妇女小额担保贷款434.29亿元，新增获贷妇女56.25万人次，中央及地方落实财政贴息资金42.74亿元，贷款回收率为98.9%。2015年为中西部地区妇女发放小额担保财政贴息贷款332.3亿元，有33.2万名中西部妇女获得贷款，中央及地方财政落实贴息资金36.6亿元。小额担保贷款为贫困妇女提供了自我支配发展资金和决定经营项目的机会和权利。贫困妇女通过小额贷款，发展种植、养殖、农副产品加工、乡村旅游、手工编织、绿色庭院经济等，增加了收入、提高了地位、改善了生活质量、逐步摆脱了贫困。

【“两癌”检查救助项目】 2015年，全国妇联继续配合卫生部门开展农村妇女“两癌”免费检查项目。各地在项目执行过程中，始终坚持贫困妇女优先的原则，2015年共为1000万名农村妇女进行宫颈癌免费检查，为120万名农村妇女进行乳腺癌免费检查，促进了“两癌”早诊早治，降低了农村妇女疾病负担和因病死亡的风险。为防止“两癌”患病妇女和家庭因病致贫、因病返贫，全国妇联积极争取中央彩票公益金的支持，专门设立了贫困母亲“两癌”救助专项基金，2015年共向9900名贫困患病妇女给予每人1万元的救助金，其中84%的救助资金用于救助中西部地区贫困妇女。

【春风行动】 2015年，全国妇联继续配合人力资源和社会保障部、全国总工会共同开展春风行动。全国妇联系统共发放宣传资料2000万份，组织各类宣传和招聘活动8559场，参与妇女群众800万人。其中，成功介绍女性就业145万人，组织劳务输出女性99万人。

【妇字号示范基地】 全国妇联以西部贫困地区为重点，大力开展巾帼科技示范基地创建工作，2015 年，全国妇联在中西部 20 个省（区、市）投入项目经费 960 万元，扶持创建“全国巾帼现代农业科技示范基地”和全国“三八绿色工程”项目示范基地 152 个。目前，基地已成为引领农村妇女特别是建档立卡贫困妇女参与现代农业发展、实施创业脱贫的重要载体和培训妇女的重要阵地。

【扶贫培训】 2015 年，全国妇联共举办各类全国农村妇女骨干示范培训班 14 期，培训学员 1400 名。继续开展集中连片特困地区县级妇联干部培训工作，培训对象覆盖了大别山区、罗霄山区、新疆南疆四地州、秦巴山区的安徽、河南、湖北、湖南、江西、重庆、四川、陕西、甘肃、新疆 10 个省（区）203 个贫困县的妇联干部。各地妇联组织进一步加大对贫困地区妇女的培训力度，各省区市妇联举办各类农村妇女培训班 552 期，培训学员 33. 74 万名。

【定点扶贫】 2015 年，全国妇联定点扶贫甘肃省漳县，坚持“举全会之力、助漳县脱贫”的总体思路，积极整合资源，继续选派第 16 批帮扶队员和贫困村第一书记赴漳县驻县、驻村帮扶，2015 年累计落实各类资金及物资折合 205. 7 万元。指导漳县妇联开展妇女小额担保贷款和“两癌”免费检查及救助工作，支持平安家庭、儿童之家创建，建立“三八绿色工程”基地、巾帼科技示范基地，实施消除婴幼儿贫血行动、母亲邮包、母亲健康快车、母亲水窖、春蕾计划、安康计划等公益项目，扶持漳县建档立卡贫困人口脱贫。支持漳县贵清山手工编织协会加入全国妇联手工编织协会；在漳县举办农村贫困妇女手工编织培训班 14 期，培训妇女 2000 名，安排骨干到天津、浙江等地参观学习；在中华女子学院举办“甘肃漳县妇女干部能力建设培训班”，培训基层妇女干部 80 名，不断提高漳县妇女骨干带动建档立卡贫困人口脱贫的能力。2015 年，在全国妇联的帮扶下，漳县经济社会发展取得了积极进展，主要经济指标均实现两位数增长，其中，全年完成生产总值 20. 8 亿元，农民人均纯收入达到 5507 元。

（中华全国妇女联合会发展部　高继辉）

中国残疾人联合会扶贫

【概述】 2015年，中国残疾人联合会（以下简称“中国残联”）高度重视并采取切实措施推进残疾人精准扶贫、精准脱贫工作。农村贫困残疾人被列入国家脱贫攻坚战的重点和难点群体，成为精准扶贫、精准脱贫的优先对象，残疾人扶贫脱贫工作成效显著。2015年，227万贫困残疾人得到扶持，其中约120万人通过扶贫开发实际脱贫；农村贫困残疾人实用技术培训项目资金中央投入3500万元，带动地方投入培训资金2.3亿元；残疾人扶贫基地达6600个，安置11.4万残疾人就业，扶持带动25万残疾人户；完成7万户农村贫困残疾人危房改造，各地投入危房改造资金6亿元，9万残疾人受益。农村残疾人扶贫基地获得地方各级扶持资金5.4亿元。

【扶贫会议】 2015年2月和12月，中国残联召开两次专题会议，学习传达中共中央总书记习近平关于扶贫工作特别是在延安召开的陕甘宁革命老区脱贫致富座谈会讲话精神，以及传达贯彻国务院扶贫开发领导小组第八次全体会议和中央定点扶贫工作会议精神。研究部署进一步做好残疾人精准扶贫工作。11月，中国残联党组书记、理事长鲁勇召开会议，要求全国残联系统认真学习贯彻落实中央扶贫开发会议精神，将残疾人精准扶贫、精准脱贫工作作为重大任务加快推动。

【扶贫调研】 2015年3月，中国残联党组书记、理事长鲁勇赴安徽省调研残疾人扶贫工作，深入到安徽省残疾人康复研究中心、安徽省特教中专学校、春芽残疾人托养中心、合肥市残疾人康复中心、包河区残疾人自谋职业示范点等，看望慰问残疾人工作者，就加快推进残疾人小康进程等问题进行深入交流。3月，国务院扶贫开发领导小组成员、中国残联副理事长程凯赴安徽省金寨县调研农村残疾人精准扶贫工作，实地考察金寨县在低保基础上加大对农村贫困残疾人救助力度、利用光伏发电项目辐射带动无劳动能力重度残疾人家庭稳定增收的做法。11月，中国残联副主席王新宪赴山西省部分县（市、区）围绕农村残疾人精准扶贫工作进行调研。

2015年4月，中国残联与国务院扶贫办、住房和城乡建设部、中国银行业监督管理委员会、中国人民银行、中国农业银行等部门联合调研，深入大别山、六盘山、秦巴山片区的安徽、甘肃、陕西6个贫困县调研农村残疾人精准扶贫工作。11月，中国残联会同国务院扶贫办联合督导广西、江西农村残疾人贫困户建档立卡精准识别工作，深入了解掌握了基层开展残疾人贫困户建档立卡精准识别工作的进展情况，对核实工作中存在的问题提出了指导意见和建议。12 月，中国残联对河南省焦作市、福建省宁德市、山东省烟台市农村残疾人精准扶贫工作进行调研。

【扶贫日活动】 2015 年 10 月 16 日，在纪念第 2 个“扶贫日”暨第 23 个“国际消除贫困日”之际，中国残联与国务院扶贫办共同主办“2015 减贫与发展高层论坛——残疾人精准扶贫分论坛”。残疾人精准扶贫分论坛以“扶贫助残，精准脱贫”为主题，围绕分享残疾人扶贫典型经验做法、国际助残扶贫项目实施，分析残疾人贫困状况与致贫原因，探讨残疾人扶贫政策措施等议题进行了研讨。

【建档立卡】 2015 年 12 月，中国残联与国务院扶贫办共同召开农村贫困残疾人精准识别建档立卡工作调度会。会议召集中西部地区残疾人贫困户数量较多的省份的残联与扶贫办，就核查贫困残疾人户的建档立卡工作进行调度。

【金融助残扶贫】 2015 年，中国残联与中国农业银行共同制定了《关于加强残疾人金融服务工作的意见》，指导各地农行系统对安排或带动残疾人生产增收的农业专业合作社、龙头企业、小微企业、扶贫基地等积极提供金融支持，对残疾人家庭种植业、养殖业、小型加工业等创业创新项目，提供一站式便捷的金融服务。

【定点扶贫】 2015 年 2 月，中国残联党组副书记、常务副理事长孙先德赴中国残联定点扶贫的河北省南皮县，考察调研南皮县残疾人就业扶贫基地河北彪悍运动器械有限公司，视察县残疾人康复中心，看望残疾人家庭，代表中国残联向南皮县残联捐赠了轮椅、助行器等辅助器具和助听器设备、5000 册图书等价值 30 万元的物资，并支持一辆残疾人康复流动服务车，用于县残联开展基层残疾人康复救助和上门康复服务。2015 年，中国残联选派了 1 名干部赴南皮县担任驻村“第一书记”。

（中国残疾人联合会就业扶贫处　李　哲）

中华全国工商业联合会扶贫

【概述】 2015年，中华全国工商业联合会（以下简称“全国工商联”）围绕国家精准扶贫战略，深入组织实施“万企帮万村”精准扶贫行动，积极引导民营企业投身公益慈善事业，扎实推进光彩事业，加大定点扶贫力度，不断深化合作机制，增强工作合力，进一步推动工商联系统扶贫与社会服务工作再上新台阶。

【“万企帮万村”精准扶贫行动】 2015年3月至5月，全国工商联以“村企共建，精准扶贫”为主题开展了专题调研，先后派出三个调研组，分赴河北、广东、广西、贵州等地，深入了解民营企业以往参与农村扶贫开发的基本情况、当前参与精准扶贫的认识和意愿以及工商联组织引导民营企业参与“村企共建，精准扶贫”工作的重点和难点。9月，全国工商联、国务院扶贫办、中国光彩事业促进会在认真调查研究基础上，联合印发《“万企帮万村”精准扶贫行动方案》，动员全国1万家以上民营企业参与，以建档立卡的贫困村为帮扶对象，以签约结对、村企共建为主要形式，力争用3到5年时间，帮助1万个以上贫困村加快脱贫进程，为全面建成小康社会贡献力量。

10月17日，全国工商联、国务院扶贫办、中国光彩事业促进会三方联合举行“万企帮万村”精准扶贫行动启动仪式。河北、辽宁、湖南、广东、广西、贵州六省（区）的26个民营企业和建档立卡贫困村分别签署了结对帮扶协议。全国工商联扶贫工作委员会召开第三次全体会议，在梳理成果、总结经验的基础上，围绕国家精准扶贫战略和“万企帮万村”精准扶贫行动对下一阶段工作进行了研究部署。

12月，“万企帮万村”精准扶贫行动领导小组第一次会议在全国工商联召开。会议通报了各省区市“万企帮万村”精准扶贫行动推进落实情况，审议了《关于深入推进“万企帮万村”精准扶贫行动的实施意见》。

【定点扶贫】 2015年4月，全国工商联在四川省巴中市召开了“全国工商联助农帮扶资金使用工作交流会”。四川省巴中市、仪陇县，内蒙古自治区通辽市，贵州省织金县工商联，分别介绍了当地帮扶资金使用效果及存在的问题。四川省平昌温氏畜牧有限公司介绍了企业与全国工商联帮扶资金合作开展的“公司+农户”产业扶贫情况。中国人民银行、国务院扶贫办、中国民生银行、瀚华担保公司等与会领导和专家，围绕金融在农村扶贫开发中的作用、金融在促进民营企业参与扶贫开发中的作用进行了研讨。

7月和12月，全国工商联小微企业经营者培训班分别在内蒙古自治区通辽市和湖北省黄冈市举办，共有360名小微企业经营者参加培训。

11月，全国工商联第十三期乡镇干部培训班在中国劳动关系学院培训中心举办，来自贵州省毕节市、黔西南州，四川省巴中市、仪陇县，湖北省红安县，辽宁省阜新蒙古族自治县的102名乡镇干部参加培训。

【光彩事业扶贫】 2015年8月，全国工商联、国家林业局、中国光彩事业促进会联合印发《关于授予刘海涛等40名民营企业家第六届“光彩事业国土绿化贡献奖”的决定》，对全国40名积极参与光彩事业国土绿化和林业建设的民营企业家进行了表彰。

11月，中国光彩事业促进会、湖北省人民政府举行“中国光彩事业黄冈（红安）老区行”。来自全国各地的500多位民营企业家参加了活动，共签约项目295个，投资额2604.83亿元，其中，合同项目210个，投资额1800.66亿元。民营企业家还捐赠1820.5万元，用于在红安县实施“光彩新农村卫生室”公益项目，建设121所标准化村卫生室。

11月，全国工商联、国家林业局、中国光彩事业促进会联合举办“第11期全国民营企业家及管理干部林业培训班”，来自全国29个省（区、市）从事国土绿化的民营企业家及管理干部120多人参加了培训。

【社会公益慈善】 2015年6月，全国工商联、民政部共同主办“民营企业基金会负责人培训班”，全国各省（区、市）的民营企业基金（会）、民营企业社会责任部门负责人，部分省（区、市）工商联分管部门负责人96人参加培训。

9月，由全国工商联、民政部、国务院国有资产监督管理委员会、广东省政府、深圳市政府、中国慈善联合会联合举办“第四届中国公益慈善项目交流展示会”，参展企业总计98家，资源对接总额122.53亿元，企业捐赠80.64亿元。其中，民营企业参展81家，捐赠67.19亿元。

（中华全国工商业联合会　赵冬民）

五

地方扶贫篇

综　述

2015年是“十二五”的收官之年，党中央、国务院高度重视扶贫开发工作，各省（区、市）和全国扶贫系统坚决落实中央决策部署，深入实施精准扶贫、精准脱贫方略，扶贫开发工作呈现新局面，减少1000万以上贫困人口的减贫任务顺利完成。《中国农村扶贫开发纲要（2011—2020年）》提出的中期目标和“十二五”扶贫工作圆满收官。“十二五”期间，我国现行标准下农村贫困人口从2010年的1.66亿人，减少到2015年底的5575万人，减少了1亿多人。贫困县农民人均纯收入从2010年的3273元，增加到2015年的6828元以上，翻了一番，增长幅度连续5年高于全国农村平均水平。贫困地区饮水安全、道路交通、电力保障等基础设施建设目标全面完成，教育、卫生等基本公共服务目标基本完成。

各省（区、市）积极响应中央号召，认真落实中共中央总书记习近平扶贫开发战略思想，把扶贫开发工作放在新的起点上高位推进，工作机制不断创新，重点工作全面开展，扶贫开发工作态势良好。

一是组织领导不断强化。各省（区）高度重视扶贫工作，形成了中央、省、县、乡、村五级书记一起抓，河北、山西、辽宁、吉林、安徽、山东、河南、广西、四川、贵州、云南、甘肃、青海、新疆14个省（区）由省委书记（区委书记）和省长（自治区主席）担任扶贫领导小组“双组长”，在市、县、乡都建立了党政主要负责同志任组长的扶贫领导小组。2015年，各省（区、市）党委政府主要领导同志均带队开展扶贫调研，达到284次，有209位省级党政领导同志带队开展扶贫调研，调研覆盖了1144个县、2172个贫困村。四川省组织38位省级领导、50位厅局主要负责人开展为期一周的扶贫调研，遍访贫困县。贵州省组织省市县乡干部40万人次遍访6500个贫困村。扶贫领导小组33个成员单位、734人次开展扶贫调研149次，深入到216个县、312个贫困村。广西壮族自治区37位省级领导深入贫困地区，住在贫困乡村开展扶贫调研。

二是政策体系不断完善。各省（区、市）陆续出台一系列配套扶贫政策文件，河北、江西、湖北、湖南、广西、重庆、四川、贵州、云南、陕西、甘肃、新疆12个省（区、市）出台了“1+N”精准脱贫系列文件，即一个全面推进脱贫攻坚的文件，加上若干个配套文件。甘肃省委、省政府率先出台“1+17”配套文件，涵盖贫困地区饮水安全、村内动力电、交通、危房改造、易地搬迁、生态环境、富民产业、电子商务、教育、卫生、乡村文化场所、社会救助、小额信贷、劳动力培训、干部人才、驻村帮扶、领导班子领导干部实绩考核等多个方面内容。云南、湖北、贵州充实和拓展“1+N”系列文件，已经形成比较完整的政策体系。广东省从加大财政支持力度、完善扶贫开发用地政策、发挥科技、人才支撑作用和探索建立资产收益扶贫机制 5 个方面，加大对原中央苏区、欠发达革命老区和少数民族地区脱贫攻坚支持力度。江苏、浙江、福建、广东等东部地区按照中央扶贫开发工作会议精神对本省相关政策进行完善，对工作作出了新的部署。

三是机制改革取得进展。10 多个省（区、市）出台贫困县党政领导班子和领导干部考核办法。贫困县的考核、约束机制初步建立，对退出机制进行有益探索。贵州、河南、海南、甘肃、河北、吉林、云南、广西、湖北、新疆、江西、山西、四川、湖南 14 个省（区）制定了对贫困县的考核办法，扶贫考核权重占到 60%以上，最高的达到 80%。改革财政扶贫资金管理机制，扩大和下放地方管理权限，强化资金项目监管。资金筹措从财政为主到多元投入。在充分发挥财政扶贫资金主体作用的同时，金融投入、市场配置扶贫资源、社会各方面力量参与扶贫的局面进一步形成。扶贫资金项目管理使用权限绝大多数已经下放到县，县级统筹能力进一步增强。创新金融扶贫机制，多个金融扶贫特惠产品先后出台。贫困人口增收从发展产业为主拓展为更多渠道。推进龙头带动、建立多种利益联结方式，对贫困人口的辐射带动效应进一步增强。黑龙江省探索将国家财政资金支持合作社，折股到贫困户享受分红的扶贫方式。

四是重点工作扎实推进。各省（区）党委、政府、各个部门积极合作，特别是发展和改革委员会、财政、交通、水利、教育、卫生和计划生育委员会等部门都非常重视扶贫开发工作，围绕村级道路畅通、饮水安全、电力保障、危房改造、特色产业增收、乡村旅游扶贫、教育扶贫、卫生和计生基础建设、文化建设、贫困村信息化等与贫困群众生产生活和增收脱贫息息相关的领域，组织实施了一批重点项目和重点工程，并取得积极进展。通过建档立卡工作，全国共识别贫困村 12.8 万个，贫困户 2948 万户，贫困人口 8962 万人。为贫困识别、动态管理，精准扶贫、精准脱贫奠定了基础。按照“每个贫困村都有驻村工作队，每个贫困户都有帮扶责任人”的要求，全国选派驻村工作队 12.8 万个，驻村干部 48 万多人，基本实现了对建档立卡贫困村的全覆盖，为帮扶工作进村入户提供了组织保障，精准扶贫机制初步建立。

五是专项扶贫创新发展。各省（区）

按照分类指导、因地制宜、因户因人施策的原则，大力推进实施精准扶贫十二项工程：驻村帮扶、整村推进、职业教育培训、扶贫小额信贷、易地扶贫搬迁、电商扶贫、旅游扶贫、光伏扶贫、构树扶贫、扶贫创业致富带头人培训、东西部劳务协作对接和龙头企业带动工程，取得了一定成效。全国并网发电超过183万千瓦，帮助43万建档立卡贫困户户均增收3000元。山西省5个试点县共建设村级电站68个，每年可保证1800户贫困户户均增收3000元。安徽省2015年建设村级电站646个，户用电站5.6万个，贫困村集体每年增收6万元，贫困户户均增收3000元。青海省光伏扶贫带动8330户贫困户，户均增收4000元。2015年，全国金融机构发放扶贫小额信贷1200亿元，有力支持了建档立卡贫困村增收脱贫。甘肃省注重增强可得性、扩大覆盖面，全省发放贷款达200亿元。宁夏回族自治区向贫困村发放信贷100亿元。推进电商扶贫，探索扶贫开发新模式。甘肃省陇南市网店达到8000家，辐射带动了64万贫困群众人均增收430元。河北省在20个县开展电商扶贫试点，打造1000个电商扶贫村，力争实现“一村一电商服务站”。贵州省安排1亿元资金先期打造10个电商扶贫试点县。甘肃省级和片区县按当年地方财政收入增量的20%以上、市级按10%以上、“插花县”按15%以上增列本级专项扶贫资金预算。按照“管总量不管结构、管任务不管项目、管监督不管实施”的原则，统筹使用资金。广西壮族自治区明确自治区和扶贫重点市、县按当年地方财政收入增量20%以上增列专项扶贫预算。在旅游扶贫中，探索了与城镇化建设、生态环境保护、发展现代农业相结合的有效途径，取得了明显成效。

六是社会扶贫成效显现。各省（区）广泛动员社会力量，改进完善东西扶贫协作、定点扶贫工作，加大先富帮后富力度，引导激励社会各界踊跃投身扶贫事业，倡导民营企业、社会组织和公民个人积极参与扶贫开发。甘肃省10万干部、贵州省20万干部、广西壮族自治区25万干部参与其中。新疆维吾尔自治区组织20万机关干部常年驻村，三年一轮。组织开展“扶贫日”活动，在“扶贫日”期间启动金融扶贫、健康扶贫、教育扶贫、民营企业扶贫和开展中国消除贫困奖等活动，营造良好扶贫开发社会氛围，扶贫攻坚合力进一步增强。

（新疆维吾尔自治区扶贫办　宁　钢）

河北省扶贫开发

【概述】 2015年，河北省扶贫开发工作以中央和省一系列有关扶贫开发工作会议精神为指导，以京津冀协同发展为重大机遇，以燕山—太行山集中连片特困地区、黑龙港流域、环首都扶贫攻坚示范区为主战场，把脱贫致富作为贫困地区党委政府的主要任期目标，把精准扶贫作为基本要求，把产业扶贫作为主攻方向，把股份合作制经济作为改革突破口，把增收致富、公共服务和改善生产生活条件统筹推进，把动员社会力量帮扶作为强力抓手，以更加明确的目标、更加有力的举措、更加有效的行动，做到目标到年度、规划到乡村、扶持到项目、受益到穷人、责任到人头，加快全面小康建设步伐。2015年，河北省1000个贫困村完成了整村推进各项任务，约100万农村贫困人口稳定脱贫；完成劳动力转移培训1.5万人，实现转移就业1.2万人，完成易地搬迁1960户、5756人，建成安置小区17个。2015年贫困县农民人均可支配收入7971元，比2014年增长9.9%。河北省扶贫开发实施了一大批惠及民生的产业和基础设施项目，极大地提高了贫困地区公共服务水平，改善了群众的生产生活条件，为促进贫困地区经济社会事业更好、更快、更大发展发挥了重要作用。

【扶贫资金投入】 2015年，中央和河北省财政专项扶贫资金26亿元，其中中央财政资金15.2亿元，省级安排财政扶贫资金10.8亿元。9个设区市和65个扶贫开发工作重点县共安排资金7.3亿元。中央和省专项扶贫资金70%以上用于扶持发展产业项目，共扶持39万户贫困户发展种养产业项目；用于基础设施建设资金涉及3.6万贫困户；开展各类培训班487期，培训12.5万人；用于安排扶贫小额信贷贴息和农民专业合作社创新试点资金等。

【扶贫资金管理】 2015年，河北省印发了《关于整合涉农资金支持脱贫攻坚的实施意见》，建立财政扶贫资金竞争性分配机制。省级在财政扶贫资金分配上，对资金分配因素进行了调整，由四个因素增加到六个因素，主要增加了年度工作考核、资金报账进度两个因素，突出工作绩效和工作成果，将财政扶贫资金测算分配到贫困县。全面推行扶贫资金“三专一封闭”报账管理制度：即县、乡两级在县财政局设立专账、专门管理，做到专款专用，封闭运行，严格项目资金使用和报账程序。

【基础设施建设】 2015 年，河北省共安排与产业增收项目配套的基础设施建设项目资金 4.7 亿元，占全部财政专项扶贫资金的 14%。其中，中央财政专项扶贫资金用于到户基础设施建设的有 16841 万元，共涉及 3.6 万贫困户，修建了田间砖路 16 万平方米，建设水窖或蓄水池 1400 个，修水渠 30 千米等。

【片区扶贫攻坚】 2015 年，河北省用于燕山—太行山连片特困地区的财政专项扶贫资金为 13.9 亿元，其中中央财政扶贫资金投入 6.6 亿元，省级及各市县配套财政扶贫资金投入 7.3 亿元。京昆高速北京至涞水段、张石高速蔚县支线、京津风沙源工程等一批跨县区的交通、水利、生态等重大项目建成投用。大力推进“燕山—太行山片区阜平试点”建设，山区综合开发、金融扶贫、职教扶贫、电商扶贫等取得成效。

【整村推进】 2015 年，河北省把整村推进作为扶贫开发工作的重要抓手，共安排 1000 个贫困村实施整村推进，投入资金 30 亿元，其中，财政扶贫资金 5 亿元，整合部门资金 10 亿元。

【易地扶贫搬迁】 2015 年，是河北省易地扶贫搬迁工作政策制定年。河北省在有搬迁任务的 7 个设区市 38 个县（区）确定了 42 万人搬迁对象，其中建档立卡贫困人口 19 万人，同步搬迁非贫困人口 23 万人。制定了河北省“十三五”易地扶贫搬迁实施方案、“十三五”规划和 2016 年实施计划。河北省政府批准由河北建设投资集团有限责任公司组建河北省易地扶贫搬迁开发投资公司，作为省级易地扶贫搬迁投融资主体。省扶贫办和省国家开发银行、省农业发展银行向其注入项目资本金，负责按照与省政府签订的购买服务协议向相关金融机构融资和还款。

【产业扶贫】 2015 年，河北省大力发展核桃、苹果等林果业和设施蔬菜、食用菌、特色种植、特色养殖业等增收产业，总结推广了赤城县股份合作开发、平山县葫芦峪农业园区、曲阳县山区综合开发、阳原县家庭手工业等模式。河北省贫困县新增林果 63 万亩、设施瓜菜 91.8 万亩、食用菌大棚 1.38 万个，新增肉鸭存栏 1500 万只、肉鸡存栏 1080 万只、奶牛存栏 4.9 万头，直接扶持 65.2 万个贫困户发展了增收示范项目。河北省形成了太行山区优质干鲜果品产业带、黑龙港地区“富民大菜篮”、燕山地区食用菌产业集群、坝上地区错季蔬菜基地等一批规模化的扶贫产业片区，为贫困群众稳定增收夯实了基础。大力发展旅游扶贫工程，在河北省 9 个市的 24 个县确定了 38 个旅游扶贫试点村，每村安排财政扶贫资金 50 万元，支持贫困群众发展农家乐等旅游产业，帮助贫困群众参与旅游产业、增加收入。光伏扶贫工程，在平山、平泉、赤城、临城、曲阳、巨鹿 6 个县开展光伏扶贫试点，建设规模达 42.3 万千瓦，覆盖 1.26 万贫困人口。

【雨露计划】 2015年，河北省继续实施“雨露计划”，共投入扶贫专项资金3462.15万元。对符合条件的贫困家庭子女参加中、高等职业教育的，给予贫困家庭助学补助，河北省贫困家庭职业教育补助9984人，补助资金1146.86万元；鼓励和引导贫困农村劳动力转移就业和创业，河北省开展贫困劳动力转移就业培训304期，培训15603人次；加强致富带头人培训，完成创业致富带头人培训140期，培训9617人次；围绕富民增收产业，投入资金1046.70万元，开展先进农业技术讲座，河北省共举办858期，培训117250人次，加快了贫困群众脱贫致富步伐。

【互助金试点】 2015年，河北省互助资金试点工作积极探索建立互助资金与农民生产经营项目有效结合的长效机制，努力实现互助资金效益的最大化，促进试点工作健康有序发展。截至2015年底，河北省有1030个贫困村开展互助资金试点工作，其中中央试点村189个，涉及20个重点县，省级试点村841个，涉及河北省46个县（区）。河北省互助资金总量达到1.88亿元，试点村常住总户数为23.7万户（其中贫困户16.8万户），入社农户7.7万户（其中贫困户6.3万户，占81.8%），河北省试点村农户入社率为32.5%，河北省试点村累计发放借款5.05亿元（其中贫困户借款4.38亿元），累计借款10.76万户（其中贫困户9.41万户），当年累计发放借款0.84亿元（其中贫困户借款0.68亿元），当年累计借款1.5万人次（其中贫困户借款1.2万人次），资金用途主要用于种植、养殖业。

【革命老区建设】 2015年，国务院扶贫办安排中央专项彩票公益金支持河北革命老区小型公益设施建设项目资金1亿元，涉及10个革命老区县。河北省加大对革命老区县的投入力度，省政府印发了《关于支持贫困革命老区加快发展的意见》，对57个革命老区县投入省以上财政专项扶贫资金21亿元，加快了革命老区脱贫致富的步伐。

【以工代赈】 2015年，国家安排中央以工代赈资金2.61亿元，实施项目187个，覆盖河北省“两片一区”的46个国家扶贫开发工作重点县和燕太片区县，完成基本农田建设7万亩，小型农田水利项目新增和改善灌溉面积12.9万亩、新建改建县乡村道路515.8千米、片区综合治理1.67万亩，小流域治理13.7平方千米，累计使用当地农民工45万个，发放劳务报酬3595万元，有力改善了贫困地区的生产生活条件和生态环境，支持了农村面貌改造提升行动，促进了农民增收。

【完善社会保障制度】 2015年，河北省教育厅、财政厅、农业厅、人力资源和社会保障厅、扶贫办五部门联合印发了《关于推进教育脱贫行动的实施方案》。推行低保标准与扶贫标准“两线合一”，民政、财政、扶贫三部门联合印发了《关于推进低保线与扶贫线“两线合一”的实施方案》。河北省卫生和计划生育委员会、民政厅、财政厅、扶贫办联合印发《关于印发提高农村贫困人口医疗保障和救助水平实施方案的通知》。

【建档立卡】 2015 年，河北省召开全省关于加快推进对全省非贫困县和非贫困村贫困人口扶持会议，对非贫困县贫困人口精准识别，摸清帮扶需求，明确帮扶责任，落实帮扶措施，建立贫困户信息档案，达到对河北省贫困人口的全覆盖。按照国务院扶贫办关于建档立卡工作的总体安排部署，河北省开展了建档立卡“回头看”工作，对贫困识别标准进行了细化完善，制定了“五看、五不录、六优先”的识别方法，即：看住房、看大件、看劳力、看产业、看负担；有机动车的不录、有新建住房的不录、有城镇商品房的不录、有公职人员的不录、有较大实体产业的不录；有重病人的优先、有重度残疾的优先、有在校学生的优先、无壮劳力的优先、住危房的优先、重灾户优先。严格落实农户申请、民主评议、公示公告和逐级审核等流程，做到全程公开。

【定点扶贫】 2015 年，河北省积极协助中央定点扶贫单位做好帮扶工作，32 个中央、国家机关和有关单位共向 40 个国家扶贫开发工作重点县（区）派出挂职扶贫干部 69 名，其中局级干部 4 人、处级干部 35 人、科级干部 30 人（担任村“第一书记”17 人）；赴定点县考察 276 人次，其中部级干部 26 人次、局级干部 66 人次、处级以下干部 184 人次；共投入帮扶款物 36592.4 万元，其中直接投入资金 8170 万元，物资折款 2331 元；引进各类资金 26091.4 万元，开展项目 79 个，2015 年资助贫困学生 2203 人，举办各类培训班 113 期，培训各类人员 13874 人次，劳务输出 1813 人。省、市、县三级共有 6382 个单位参与定点扶贫，23559 名干部开展驻村帮扶，投入各类资金 16.14 亿元，其中直接投入 8.76 亿元，引进资金 7.38 亿元，帮上项目 3224 个，资助贫困学生 21142 人，举办培训班 1949 期，培训各类人员 98265 人次，输出劳务 1.12 万人。以“扶贫日”活动为契机，谋划开展“爱心包裹”“村企共建扶贫工程”等扶贫济困活动，河北省累计有 10112 家民营企业对 46635 户建档立卡贫困户进行帮扶，实施帮扶项目 7154 个，共捐款、捐物折合人民币 7537.75 万元，助残、助学、助困 91750 人次。

【军队和武警部队扶贫】 2015 年，河北省军区组织驻冀部队及武警积极参与贫困地区脱贫攻坚，累计投入 1000 万元，共帮扶 348 个贫困村，修路 500 千米，建桥 37 座，打井 139 眼，安装水泵 229 台，援建农家书屋、文化活动中心 381 个，结对帮扶贫困学生 3200 人，援建中小学校 59 所，援建卫生室 27 所，义务巡诊 1.7 万人次。

【扶贫机构和队伍建设】 2015 年，河北省选出优秀年轻干部、后备干部，以组建驻村工作队或担任“第一书记”的形式，派驻 7366 个建档立卡贫困村。为扶贫任务重的市和 62 个贫困县配强班子，配足编制，完善职能，充实力量。抓好乡镇党委书记、村党支部书记和农村致富带头人“三支队伍建设”，精准选好配强乡村两级党组织书记，提高农村基层干部待遇，农村党组织书记基础职务补贴按照不低于 2014 年当地农村居民人均纯收入 2 倍标准发放。对表现优秀、成绩突出的乡村干部、“第一书记”和驻村工作队实行年度专项奖励。依托省、市、县三级党校，加大贫困地区县乡村三级干部和扶贫干部培训力度，全面提升扶贫干部队伍能力水平。在全系统开展了“学、改、转、提”活动，即：学讲话、抓整改、转作风、提能力，促进广大干部转变作风，提高打好扶贫攻坚战的能力素质。

（河北省扶贫办政策法规处　康　明）

山西省扶贫开发

【概述】 2015年，山西省深入贯彻落实中央扶贫开发决策部署和中共中央总书记习近平扶贫开发系列重要讲话精神，坚持把扶贫开发作为重大的民生工程，以吕梁山、燕山—太行山两大连片特困地区为主战场，以促进贫困群众增收为核心，紧紧围绕产业扶持、技能扶持、资本扶持和不断改善基本生产生活条件“3+1”的精准扶贫工作路径，创新机制，强化举措，扎实推进扶贫开发各项重点工作取得新进展。在山西省经济下行压力持续加大的情况下，2015年贫困地区农民人均可支配收入达6078元，比2014年增长11.9%，高出山西省平均水平4.6个百分点。2015年，扶持10万贫困人口易地搬迁、培训5万名贫困劳动力并实现稳定就业、500个贫困村整体脱贫、50万贫困人口脱贫。

【扶贫会议】 2015年，山西省委、省政府召开了3次会议，分别学习中共中央总书记习近平云南考察重要讲话精神、贵州座谈会重要讲话精神和中央扶贫开发工作会议精神。2015年12月，山西省委、省政府召开全省脱贫攻坚大会，就贯彻落实中央扶贫开发工作会议精神，打赢全省脱贫攻坚战进行全面动员部署，明确提出要以吕梁山、燕山—太行山两大连片特困地区为主战场，坚决落实精准扶贫基本方略，加强领导落实责任，改革创新破解难题，社会动员合力攻坚，因地制宜组织实施好“五个一批”工程，确保在“十三五”期间58个贫困县全部摘帽，现有232万贫困人口全部脱贫。

【扶贫资金投入】 2015年山西省扶贫资金总量为232057.85万元，其中：中央财政专项扶贫资金132291万元（含彩票公益金7000万元），省级财政专项扶贫资金99766.85万元。安排下达扶贫资金231924.11万元，其中：中央资金132291万元全部下达；省级资金99633.11万元。按照国家《关于改革财政专项扶贫资金管理机制的意见》精神和任务、责任、资金、权力“四到县”原则，实行标准法与因素法相结合的资金切块分配方法，将中央和省级安排的财政专项扶贫资金全部切块到县。贫困地区产业扶贫项目贷款贴息资金项目审批权限下放到市，其余扶贫项目审批权限全部下放到县。

【干部驻村帮扶】 2015年山西省委、省政府制定出台《关于进一步加强和改进全省干部驻村帮扶工作的通知》，共组织

1.16万名领导干部带领所在单位工作队，对全省7993个贫困村和2000多个贫困人口较多的低收入村实现驻村帮扶全覆盖；组织25.6万党员、干部，对119.2万贫困户实现结对帮扶全覆盖。包村领导和驻村工作队帮扶贫困村，党员、干部帮扶贫困户情况，全部录入信息化管理平台，台账管理，跟踪督查，定期通报，年底考核。省级安排3000万元干部驻村帮扶资金和750万村级互助资金，各市也分别安排专项资金用于开展干部驻村帮扶，其中：长治2500万元、忻州2000万元、朔州1500万元、晋中1000万元、太原700万元、阳泉304万元。各级驻村工作队落实帮扶项目8547个，投入和引进各类帮扶资金11.91亿元。从中央在晋帮扶单位，省、市、县三级机关和企事业单位中选派9395名党员干部，到2697个党组织软弱涣散村和7993个建档立卡贫困村担任“第一书记”，实现建档立卡贫困村派驻“第一书记”全覆盖。

【企业产业扶贫】 2015年，山西省制定出台《企业产业扶贫项目贷款贴息资金管理办法》，对企业产业扶贫项目优先给以金融富民扶贫工程“强农贷”支持，扶贫资金贴息率从2%提高到5%；在北京举办雁门关生态经济畜牧区招商引资洽谈会、在太原举办全省首届互联网大会和第四届中国（山西）特色农产品博览会，组织各市、县推介企业产业扶贫项目，签约总额54亿元。全省累计投资252.93亿元，各类企业产业扶贫项目共带动2935个贫困村、50.9万农户发展生产基地，吸纳13.6万贫困劳动力就业增收。

【雨露计划】 2015年，山西省“雨露计划”职业技术教育试点扩大到102个有扶贫开发任务的县，对建档立卡贫困户中接受中高等职业教育的学生，除全部免除学费外，每生每年补助标准从1500元提高到2000元。有73397名接受中高等职业教育的贫困生提交资助申请，进入审核程序（符合条件的贫困生在第二年3月份陆续发放）。对考入计划内二本B类以上高校建档立卡贫困户大学生，一次性补助5000元，共资助贫困大学生8755人。组织实施千村万人就业培训，组织完成新型职业农民培育30390人，千村万人就业培训20155人。

【金融富民扶贫工程】 2015年，山西省在58个贫困县全面推开金融富民扶贫工程，省扶贫办与省财政厅、省金融工作办公室制定出台《山西省金融支持特色产业发展富民扶贫工程保险工作的指导意见》《金融富民扶贫工程贫困农户信用体系建设及农户评级主动授信操作指南》，省扶贫开发领导组印发《山西省金融富民扶贫工程双考核指导意见》，以发放贷款额度和贫困户获得贷款比例为主，对县级政府和金融合作机构实行双考核，支持鼓励金融合作机构开发适合贫困户特点和产业开发需求的贷款产品。2015年累计发放扶贫小额信贷11.91亿元，支持2.8万贫困户发展生产增加收入。

【易地扶贫搬迁】 2015年，山西省安排10万人口实施易地扶贫搬迁，其中贫困人口有9.5万人。制定出台《易地扶贫搬迁项目资金管理办法》和《易地扶贫搬迁后续产业开发奖补资金管理办法》，对有搬迁意愿贫困户全部给予支持，扶持9.5万贫困人口的搬迁任务，主体工程完工率达到77%、两年滚动入住率达到86.5%，全部超额完成40%和60%的年度目标任务。

【光伏扶贫试点】 2015年，山西省抓住国家确定山西省为光伏扶贫试点省份的重大机遇，在大同、临汾两市的5个县开展光伏扶贫试点，共支持企业建设地面集中光伏扶贫电站12座，其中省属国企晋能集团有限公司在天镇县建设的40兆瓦光伏扶贫电站主体工程已基本完工。包括试点县在内的53个贫困县开工建设村级光伏扶贫电站104个，并网发电的有16个。省级编制出台了光伏扶贫试点工作实施方案，大同、临汾两市出台了开展光伏扶贫试点工作的指导意见，明确了光伏扶贫收益分配的具体办法。

【旅游扶贫试点】 2015年，国家批准山西省32个贫困村开展乡村旅游扶贫试点工作，省扶贫办与省旅游局制定《开展乡村旅游富民工程推进旅游扶贫工作的实施方案》，规划在2015—2020年，扶持300个左右贫困村实施乡村旅游扶贫。对乡村旅游扶贫试点村，采取整村推进、贷款贴息和技能培训等办法给予支持，与省旅游局组织开展乡村旅游培训500余人次，提升了试点村服务能力和接待水平。32个乡村旅游扶贫试点村，共带动建档立卡贫困户1908户，户均增收1957元。

【电商扶贫】 2015年，山西省扶贫办举办6期电商培训班，培训电商扶贫创业带头人1600多人。支持建立电商扶贫平台，分别与山西乐村淘网络科技有限公司和太原本草农业开发有限公司签署了战略合作框架协议，开通全国第一个以国家连片特困地区作为区域概念的淘宝特色中国馆——“特色中国吕梁山馆”，帮助贫困地区农产品拓宽销路，增值增收。

【建档立卡】 2015年，山西省按照国务院扶贫办开展建档立卡信息数据清洗工作的安排部署，对2013年度建档立卡扶贫对象数据信息进行了修改、补充和完善，对2014年度建档立卡扶贫对象基础信息、帮扶措施以及受益贫困户信息和2015年帮扶计划信息进行了采集。山西省政府召开电视电话会议，对全省扶贫开发建档立卡“回头看”工作进行动员部署。省扶贫开发领导小组制定出台试点工作方案，举办专题培训，“第一书记”和驻村工作队全程参与。

【扶贫日活动】 2015年，山西省扶贫开发领导小组制定了《山西省2015年“10·17全国扶贫日”活动方案》，省扶贫办联合省委统战部、省教育厅、省民政厅等9部门联合发出《山西省全国扶贫日活动倡议书》，山西电视台主要频道滚动播报“扶贫日”公益广告，组织移动、网通、电信三大电信运营商山西分公司，向全省4000万手机用户发送“扶贫日”宣传信息，动员社会各界以捐款捐物等多种方式参与支持扶贫开发。省扶贫办组织开展了贫困地区特色农产品农餐对接展销会、吕梁山区特色农产品网上展销新闻发布会、企业家资助贫困大学生和农村贫困妇女、企业产业扶贫项目签约、医疗专家扶贫义诊、社会各界“牵手贫困儿童”为主要内容的“金秋十月扶贫助困”系列活动，进一步推动山西省营造出关心贫困地区、关爱贫困人口、支持扶贫开发的浓厚氛围。

【扶贫宣传】 2015年，山西省扶贫宣传工作坚持围绕中心、服务大局，结合“扶贫日”活动、中央扶贫开发工作会议、全省脱贫攻坚大会等重大事件组织开展了系列专题报道，中央电视台《新闻联播》栏目两次报道山西省扶贫工作，《人民日报》头版头条刊登《山西对症施策精准扶贫》专题报道，《山西日报》开设《向贫困宣战》《决战贫困，看太行、吕梁主战场》等专栏，对山西省脱贫攻坚重大举措进行系列报道。2015年，共在各类新闻媒体组织扶贫开发宣传报道662篇，其中中央电视台、山西电视台等专题报道108篇，《人民日报》《山西日报》和《中国扶贫》杂志等报道276篇，人民网、新华网和中国网等发布278篇，形成了良好的舆论氛围。

【河川农业综合开发】 2015年，亚洲开发银行贷款山西河川农业综合开发项目完成投资7413万元，完成提款报账1768.62万美元，直接收益户309户，收益人1400人，全部完成当年目标任务。至2015年底，累计完成投资12.69亿元，占中期调整后总投资14.06亿元的90.2%，直接收益户39120户，基地建设全部完成投资122882.83万元；累计完成提款9722.64万美元，完成报账比例97.23%。2015年初制定下发了《2015年度工程财务实施计划》《配套资金计划》，2015年完成了对5市21县（运城市：盐湖区、永济市、稷山县、万荣、临猗，临汾市：侯马、襄汾、洪洞、隰县、大宁、永和，晋中市：平遥、榆次、祁县，吕梁市：柳林、文水、交城、中阳，长治市：平顺、沁县、黎城）完工工程省级验收。

【扶贫制度建设】 山西省扶贫办与省财政厅联合印发《易地扶贫搬迁项目资金管理办法》《易地扶贫搬迁后续产业发展项目资金管理办法》《企业产业扶贫项目贷款贴息资金管理办法》，与审计署驻太原特派员办事处、省审计厅等相关部门配合，加强对扶贫项目资金的监管。山西省委、省政府制定出台《贫困县党政领导班子和领导干部经济社会发展实绩考核办法》，把扶贫开发作为贫困县经济社会发展实绩考核的主要内容，对贫困县党政领导班子和领导干部经济社会发展实绩进行精准考核，《考核办法》中直接考核扶贫开发工作的指标权重占到考核总分值的78%。考核结果直接作为县域经济发展考核评价成绩，作为贫困县党、政领导班子和主要领导干部实绩的重要内容、作为干部选拔任用的重要依据。推动贫困县党委、政府突出重点集中精力抓好扶贫工作，把党政一把手负总责的扶贫开发责任制落到实处。

（山西省扶贫办综合处　刘世锋）

内蒙古自治区扶贫开发

【概述】 2015年，内蒙古自治区继续把扶贫开发作为头号民生工程，认真贯彻落实中共中央总书记习近平扶贫开发重要战略思想，围绕精准扶贫、精准脱贫基本方略，以省级领导干部联系贫困旗县工作为龙头，以“三到村三到户”、金融扶贫为抓手，全力推进扶贫攻坚任务落实。2015年，完成了国家标准线下18万人的减贫任务；贫困人口人均可支配收入由2014年的2780元增加到3100元，增幅11.5%。

【扶贫资金投入】 2015年，内蒙古自治区投入财政专项扶贫资金50亿元，其中，中央资金15.15亿元，自治区本级安排18.75亿元，调动金融扶贫资金176亿元，整合涉农涉牧行业部门资金190亿元，筹集社会帮扶资金10亿元，2015年投入各类扶贫资金超过400亿元，构建起“政府投、行业扶、银行贷、群众筹、社会帮”的多元投入机制。

【扶贫制度建设】 2015年，内蒙古自治区将扶贫项目审批权全部下放到旗县，建立起了权力、责任、资金、任务“四到旗县”和规划、项目、干部“三到村三到户”工作机制。改革资金投入方式，中央预拨的财政扶贫资金1个月内全部下达，自治区本级财政扶贫资金于3月20日前下达95.5%，比往年提前3个月。按照“扶、转、救、保”分类扶持，对有劳动能力的扶持发展特色产业，对居住在生态恶劣地区的，实施移民扶贫搬迁，对因病因学致贫返贫的，帮助落实教育医疗扶持政策，开展社会捐助；对没有劳动能力的，协调落实低保政策。

【建档立卡】 2015年，内蒙古自治区对2013年、2014年度建档立卡数据进行了审核清洗。完成了31个国家扶贫开发工作重点县（包含8个片区县）和26个自治区扶贫开发工作重点县，2834个贫困村，61.5万户、166.7万贫困人口基本信息更新。开展建档立卡“回头看”工作，将2014年脱贫的14.8万户、40.4万人落实到村到户，在系统中进行了标注。开发了旗县级扶贫开发地理信息系统。

【片区扶贫攻坚】 2015年，内蒙古自治区大兴安岭南麓片区的兴安盟5个旗（县、市）完成总投资177.7亿元，其中，基础设施120.5亿元，产业发展25.6亿元，民生改善22.2亿元，公共服务3.6亿元，能力建设0.7亿元，生态环境5.1亿元；实现地区生产总值500亿元；农村牧区居民收入8294元，增幅18.5%；5个旗（县、市）贫困人口减少7万人。乌兰察布市商都县、化德县、兴和县划归燕山—太行山特困片区；2015年，片区县完成总投资436.3亿元，其中，基础设施201.5亿元，产业发展200.1亿元，民生改善15.9亿元，公共服务10.2亿元，能力建设0.7亿元，生态环境7.9亿元；实现地区生产总值168.5亿元，增幅2%；农村牧区居民收入19000元，增幅15.8%；贫困人口减少2.73万人。

【联系贫困旗县工作】 2015年，内蒙古自治区省级领导赴贫困旗县调研93次，围绕基础设施、公共服务、特色产业、村容村貌、生态环境、基层组织建设“六项任务”对接项目593个，开工304个，已投资123.2亿元，386名厅局级领导、1854名旗县级领导、8.7万名党员干部分别联系贫困苏木乡镇、贫困嘎查村和贫困户。

【“十个全覆盖”工程】 2015年，内蒙古自治区启动实施1007个重点贫困嘎查村危房改造、安全饮水、街巷硬化、村村通电、村村通广播电视通讯、校舍建设与安全改造、标准卫生室、文化活动室、便民连锁超市、养老医疗保障“十个全覆盖”工程，每个嘎查村投入800万元以上。截至2015年底，全区共有2421个贫困嘎查村实现“十个全覆盖”，占2834个贫困嘎查村的85.4%，贫困村贫困户基础设施和公共服务落后面貌得到根本改善。

【“三到村三到户”工程】 2015年，内蒙古自治区继续在2834个贫困嘎查村推进规划、项目、干部到村到户工作。2015年投入71.05亿元，其中，中央和自治区财政扶贫投入12.75亿元，按照一村一策、一户一法实施项目5400多个，扶持贫困农牧户14.2万户、42.8万人。

【金融扶贫】 2015年，内蒙古自治区实施金融扶贫富民工程，累计发放扶贫贷款154.56亿元，是投入风险补偿资金的10.8倍。直接到户贷款134.29亿元，占放贷总额的87.2%，29万户农牧民获得扶贫贷款，建档立卡贫困户22.96万户，占贷款总户数的69.81%。其中，2015年新增贷款92亿元，57个贫困旗（县）、415个镇、4385个嘎查村的18.1万户农牧民、6.8万建档立卡贫困户直接受益。

【易地扶贫搬迁】 2015年，内蒙古自治区财政下拨资金9.3亿元，完成搬迁移民2.17万户、7.33万人。成立了内蒙古自治区易地扶贫搬迁工作协调小组，编制完成“十三五”易地扶贫搬迁规划和实施方案，组建成立内蒙古扶贫开发投资管理有限责任公司，启动新一轮易地扶贫搬迁工程。

【光伏扶贫】 编制全区《光伏扶贫试点实施方案》，启动察哈尔右翼中旗等11个扶贫开发工作重点旗县试点。

【电商扶贫】 出台《内蒙古自治区人民政府关于进一步加快推进“互联网+”工作的指导意见》，制定电商扶贫实施方案，支持30个贫困旗（县）开展电商扶贫工作。

【旅游扶贫】 召开全区乡村旅游提升与旅游扶贫工作推进会议，安排部署旅游扶贫工作。启动27个国家扶贫工作重点县和革命老区旗县乡村旅游、红色旅游项目。

【构树扶贫】 在土默特右旗两个基地试种杂交构树587亩，成活率83%，亩产约2750千克，探索“以树代粮”缓解饲料原料危机、确保食品安全和贫困户增收新途径。

【革命老区和少数民族扶贫】 实施“三到村三到户”革命老区旗（县）38个，占内蒙古自治区老区旗（县）79.2%，实施项目村923个，占项目村总数的32.6%；金融扶贫革命老区旗（县）34个，发放金融贷款91.73亿元。完成2013年启动4个革命老区旗（县）彩票公益金支持整村推进项目和2014年启动内蒙古兴和县小型公益设施项目续建工作。组织2015年中央彩票公益金支持革命老区小型公益设施建设项目规划编制工作。加大对少数民族贫困地区和人口的扶持力度，扶持资金占65%。在鄂伦春自治旗、额尔古纳市设立小额贷款机构，加大对人口较少民族的扶持力度。

【定点扶贫】 2015年，26个中央直属机关定点帮扶内蒙古自治区31个国家扶贫开发工作重点旗（县），投入帮扶资金3435万元。内蒙古自治区171个厅局单位定点帮扶兴安盟和乌兰察布市171个嘎查村，为兴安盟投入帮扶点资金5亿元，延伸帮扶投资2.1亿元，为乌兰察布市66个重点嘎查村投入3150万元。15个厅局帮扶额尔古纳市俄罗斯族聚居区，投入各类资金3.07亿元，实施项目109个。鄂尔多斯市对口支援兴安盟，投入各类援建资金140亿元，完成建设项目7个，在建项目9个。3400多个帮扶单位、1.1万多名干部驻村蹲点扶贫，实现了驻村工作队对贫困村的全覆盖，每个贫困户都有1名帮扶责任人。

【东西部扶贫协作】 北京市集中帮扶内蒙古自治区赤峰市和乌兰察布市，直接投入帮扶资金10884万元，开展合作项目481个，总投资3659亿元。

【社会扶贫】 内蒙古自治区工商业联合会组织44家民营企业集中帮扶通辽市，产业扶贫投入6.04亿元，助学助残助困287.2万元，抗震救灾捐款685万元。内蒙古扶贫基金会组织小额信贷资金1.5亿元，为贫困旗（县）捐赠远程医疗会诊系统60套，价值1200万元，为贫困旗（县）民族学校捐赠蒙文教学软件5000套，价值300万元。内蒙古社会扶贫促进会在内蒙古自治区乌兰察布市、巴彦淖尔市开展惠农小额担保贷款扶贫项目，发放贷款7500万元，动员社会组织和个人捐资助学41.4万元。“扶贫日”期间收到企业、个人捐款3807.9万元。2015年，社会扶贫投入直接帮扶资金超过10亿元。

【教育扶贫】 对不在低保范围就读中高等职业院校的建档立卡贫困家庭子女实施“雨露计划”，资助贫困学生7460名，每人补助1500元。为低保家庭大专、本科新生每年资助1万元，2015年资助21498人，下达资金6.54亿元。

【以工代赈】 2015年，投入中央以工代赈资金2.02亿元，地方配套5657万元，在31个国家扶贫开发工作重点旗（县）和23个自治区扶贫开发工作重点旗（县）新建乡村道路155.8千米、桥涵414.5延米，新增灌溉面积25114亩，建设塘坝3座，渡槽4座，铺设地埋管道103.28千米，改善灌溉面积11440亩，新建棚圈22.5万平方米，青贮池2万立方米，种草2500亩，围封2500亩，以工代赈项目覆盖贫困人口5.3万人。

【扶贫资金管理】 通过网站、报纸、公告栏、立碑挂牌等形式，公开项目建设和资金使用情况。在所有实施扶贫项目的嘎查村全面推行村级义务监督员制度，为每个村聘请10名村级义务监督员，全程跟踪项目落实和资金使用。2015年共开展全区性督查12次、130多人次，其中内蒙古自治区党委、政府联合督查1次，人大专项督查1次，内蒙古自治区扶贫办牵头督查10次。在全国2014年度财政扶贫资金绩效考评中，内蒙古自治区首次进入A类行列，获得1.03亿元绩效奖励。

【扶贫培训】 2015年，组织贫困地区干部培训，“三到村三到户”、金融扶贫、建档立卡重点业务培训，区直属机关驻村帮扶干部，致富带头人以及农牧民实用技术培训班32期，累计培训182天，培训2900人次。

【扶贫宣传】 印发《关于认真开展脱贫攻坚宣传工作实施方案》，结合“扶贫日”活动向内蒙古自治区手机用户免费发送宣传短信，播放扶贫公益广告，大力开展网络宣传，广泛宣传扶贫先进典型事迹。2015年，在《人民日报》《经济日报》、中央电视台、《中国扶贫》等国家级媒体刊发稿件956条；在省级新闻媒体刊发稿件666篇（条），网络稿件5415条，其中中国扶贫网内蒙古频道2564条，微信平台965条，官方微博967条，网站919条。

（内蒙古自治区扶贫开发办公室　高凤义）

辽宁省扶贫开发

【概述】 2015年，辽宁省委、省政府认真贯彻落实中共中央总书记习近平关于扶贫开发的战略部署。6月18日，中共中央总书记习近平在贵州调研时发表关于扶贫开发的重要讲话之后，辽宁省委、省政府先后召开全省扶贫开发工作座谈会、省委常委会议、省政府常务会、扶贫攻坚电视电话会议，全面部署脱贫攻坚工作。辽宁省委书记李希、省长陈求发先后深入到贫困地区，调研指导扶贫开发工作，现场解决实际问题。辽宁省通过开展到户扶贫、移民扶贫、贫困劳动力技能培训、产业扶贫示范基地建设、定点扶贫等措施，努力促进贫困人口增收。2015年，辽宁省25万农村建档立卡贫困人口实现了稳定脱贫。

【扶贫资金投入】 2015年，辽宁省级财政投入专项扶贫资金4.4亿元，同比增长17.4%。各市县投入1.56亿元。各级帮扶单位投入13.8亿元，其中，省定点帮扶单位投入4.2亿元。各级安排到户扶贫资金112990万元，其中：省以上财政投入专项扶贫资金3亿元（含中央财政资金9230万元），市、县财政专项资金14634万元，自筹资金50522.5万元，互助金9702万元，小额信贷6280万元，整合行业部门资金1851.5万元。全省安排移民扶贫资金38464万元，其中：省财政投入资金9000万元，市财政投入资金2239万元，县财政投入资金5599万元，乡镇投入资金1075万元。整合其他资金3200万元，搬迁户自筹资金17351万元。省财政安排培训专项资金1805万元，市、县财政分级投入培训专项资金344.5万元。省财政安排产业扶贫示范项目建设专项资金2245万元。财政扶贫资金使用坚持“资金跟着项目走，项目落到建立卡贫困户”，实行扶贫项目、资金、措施、效益“四到户”。财政扶贫资金年初由省财政直接下达到县，实行报账制管理。

【建档立卡】 2015年，按照国务院扶贫办的统一部署，制定《辽宁省扶贫开发建档立卡“回头看”工作方案》，共召开建档立卡“回头看”工作会、对13个市“一对一”指导调度会等大小会议20余次，通过“两公告一公示”等措施，精准识别国家贫困标准下的贫困人口106.4万人。全省在精准识别106万人的基础上，实现精准脱贫25万人，剩余81万人。

【干部驻村帮扶】 2015年，辽宁省委组织部、省扶贫办印发《关于向贫困村选派驻村工作队的实施意见》，向辽宁省1791个贫困村派出驻村工作队，共派出驻村干部5375人，派出“第一书记”1791名。其中：省中直属单位派出驻村工作队206个，派出干部620人；市级派出驻村工作队673个，派出干部1845人；县级派出驻村工作队915个，派出干部2910人。2015年，辽宁省委组织部、省扶贫办、省直属机关工委抽调40名机关干部，组成20个驻村帮扶工作考核组，对辽宁省中共中央直属机关帮扶单位派出的驻村干部工作队联合进行考核。

【到户扶贫】 2015年，辽宁省投入到户扶贫资金112990万元。到户扶贫项目覆盖2115个行政村，实施种植业、养殖业、林果业、特产业及基础设施等扶贫开发项目1894个，其中，种植业项目790个，安排资金31623.5万元，占27.9%；养殖业项目496个，安排资金37897.8万元，占33.5%；林果业项目201个，安排资金13680.7万元，占12.1%；其他项目407个，安排资金29789万元，占26.4%。

【易地扶贫搬迁】 2015年，辽宁省实施整村（屯）搬迁集中安置移民扶贫工程。移民扶贫整村（屯）搬迁集中和分散安置3663户、12397人，建成移民小区集中安置2499户、分散安置1164户。辽宁省共投入移民扶贫资金38464万元。其中：省级财政安排专项扶贫资金9000万元，整合其他资金29464万元。移民搬迁扶贫对象坚持“五优先”：居住在偏远山沟，通路难、通电难、饮水难的村户优先；25度坡以下耕地等农业资源人均占有量低，开发潜力很小，目前仍处于绝对贫困状态，即使给予扶持也难以脱贫致富的村户优先；社会公益事业落后，上学难、就医难、通信难的村户优先；少数居住在深山区和水源保护区，影响山区建设总体规划，不利于生态建设的村户优先；有致富门路的村户优先。为增强移民扶贫工作的规范性，对移民扶贫户建立移民档案。

【雨露计划】 2015年，辽宁省印发《关于做好2015年贫困劳动力培训工作的通知》，引入市场调节机制，对就业技能培训实行“两证”确认补助模式。改进补助资金发放方式，实行“一卡通”直补到户模式，确保培训资金直接、有效地作用到扶贫对象身上。改进项目申报制度，按照“项目管理、精确瞄准，项目到县、资金到县，直补到户、作用到人”的工作原则，采取项目申报与资金分类切块相结合的管理模式和“县申报、市审核、省备查”的申报模式，把资金使用和项目审批权下放。辽宁省级财政安排培训专项资金1805万元，市、县财政分级投入培训资金344.5万元。完成贫困劳动力培训66625人，其中职业教育补贴1919人，就业技能培训2931人，实用农业技能培训61775人。就业技能培训人均增收4150元以上，基本实现“培训一人、脱贫一户”的目标；实用农业技能培训人均增收770元以上，促进当地的产业发展和贫困人口的增产增收。

【产业扶贫】 辽宁省扶贫办、省财政厅印发《辽宁省产业扶贫示范项目建设指导意见》，在辽宁省扶贫开发工作重点县确立50个示范基地。产业扶贫示范项目由省级以上扶贫龙头企业带动，采取“企业（合作社）+基地+农户”的联结机制，通过订单收购、制定保护价、参与劳务和提供相关服务等方式带动建档立卡农户实现稳定脱贫。辽宁省安排财政专项资金2250万元，每个基地补助45万元，其中不低于60%的资金用于所带动的建档立卡贫困农户参与产业化基地生产项目所需种子、种苗、种畜（雏）、菌种、化肥等生产必需品的补助；其余资金用于产业基地水、电、路等基础设施建设或企业贷款贴息。50个示范项目实际带动建档立卡贫困户1.03万户。截至2015年底，辽宁省有386家省级以上产业化扶贫龙头企业，在贫困地区建设一定规模的产业扶贫基地近400个。产业化扶贫龙头企业每年带动30万低收入农户增收，其中建档立卡农户6万户以上。

【定点扶贫】 2015年，辽宁省扶贫办和辽宁省直属机关工委联合对2015年定点扶贫工作进行评选表彰，共表彰定点扶贫先进单位176个，定点扶贫先进个人184名。2015年，辽宁省、市、县共安排定点扶贫单位2370个，投入定点扶贫资金12.6亿元，引进资金3.7亿元，新建帮扶项目1933个。其中，辽宁省定点扶贫单位240个，帮扶20个县（市、区）245个乡（镇），投入扶贫资金3.8亿元，引进资金1.6亿元，新建扶贫项目150个，资助贫困学生2583名。市级定点扶贫单位859个，投入帮扶资金6.4亿元。县级定点扶贫单位1271个，投入帮扶资金2.4亿元。

【村级互助资金试点】 2015年，辽宁省在31个县（市、区）1688个贫困村开展了互助资金试点工作。其中，国家互助资金试点村共计92个，分布在15个辽宁省扶贫工作重点县；辽宁省级互助资金试点村共计1596个，分布在有扶贫工作任务的其它地区。辽宁省互助资金试点工作村，共有农户725534户，其中贫困农户268948户；共吸纳入社农户122500户，其中贫困户86392户，占贫困农户总数的32.1%，占入社农户数的70.5%。截至2015年底，互助资金总规模达50085.6万元，其中辽宁省级以上财政投入扶贫资金46200.5万元，占92.2%；吸纳农户入社资金2610.8万元，占5.2%；其他资金1287.9万元，占2.6%。累计借款143002次，其中贫困户110013次；累计发放借款95084.1万元，其中贫困户借款75019.3万元。各试点乡村全部成立了扶贫互助合作社，议事执行机构、组织管理体系和运行保障措施基本健全完善。

（辽宁省扶贫办　闫立斌）

吉林省扶贫开发

【概述】 2015年，吉林省认真贯彻落实党中央、国务院和吉林省委、省政府一系列关于扶贫开发的方针政策，深化扶贫开发改革，加强扶贫法治建设，突出扶贫开发在民生工作中的重要位置，坚持以贫困人口增收和贫困地区加快发展为主线，以抓第一责任人、抓各层包保、抓驻村工作队、抓村支书、抓致富带头人为突破口，以东西两个片区为主战场，积极推进光伏、电商、金融、边境、旅游等精准扶贫工程，统筹扶贫攻坚和区域发展，2015年投入各类财政扶贫资金84438万元，年度减贫27.2万农村贫困人口。

【扶贫资金投入】 2015年，吉林省安排省级财政专项扶贫资金14549万元。中央财政专项扶贫资金69889万元，主要用于：一是直接扶持到户。用于扶贫到户产业发展资金31175万元。二是加大连片特困地区和国家扶贫开发工作重点县资金比例。用于连片特困地区和重点县的财政专项扶贫资金总量共57272万元。三是提高新增部分资金用于片区县的比例。2015年，中央到省扶贫资金为69889万元，用于片区资金为31054万元。

【扶贫资金管理】 2015年，吉林省扶贫开发领导小组印发《2015年吉林省扶贫开发工作要点》，改革财政专项扶贫资金管理机制，开通“12317扶贫监督举报电话”，扶贫资金拨付情况在省政府和省财政厅网站进行公布。印发《关于做好2015年财政专项扶贫资金和项目安排的通知》，资金分配计划30日内下达到县，县要向省上报资金安排情况。吉林省扶贫办与省财政厅联合印发《关于开展2015年财政专项扶贫发展资金绩效考评工作的通知》，对全省财政专项扶贫资金绩效考评工作做出了部署，对全省绩效考评指标进行了重新调整和修订。吉林省政府办公厅印发《关于对扶贫开发相关政策落实情况进行督查的通知》，对全省东西两个连片特困地区的14个县（市）、29个中省直属部门和单位开展专项督查。吉林省财政厅、省发展和改革委员会、省农业委员会联合印发《吉林省涉农资金专项整治活动实施方案》，从吉林省选取20个县作为检查范围，检查发现81个开发类问题，涉及金额17579.65万元，存在违规问题的县均已逐条整改。

【扶贫会议】 2015年12月，吉林省委、省政府召开扶贫开发工作会议，会议明确到2018年，确保现行标准下农村贫困人口实现脱贫，确保贫困县全部摘帽，确保解决区域性整体贫困。稳定实现农村贫困人口“两不愁、三保障”。贫困地区农民可支配收入增幅高于全国平均水平，基本公共服务主要领域指标接近全国平均水平。9个市（州）及长白山开发区、扩权强县试点市在会上向省委递交了责任书。

【建档立卡】 2015年，吉林省加强建档立卡数据清理和扶贫信息平台建设，逐村逐户制定帮扶规划和具体扶持措施。对2014年全省脱贫的31.3万人和2015年计划脱贫的25万人作脱贫和预脱贫标记。2015年，建档立卡采集2014年帮扶项目1126个，总投资80027万元，受益贫困户86857户、202191人。2015年已实施的发展资金计划项目378个，新增贫困户财产性收入、生产性支出和主要致贫原因等相关扶贫对象重要指标231万项已登记完成，为实施精准扶贫提供了可靠依据。

【扶贫机制改革】 2015年，吉林省委组织部、省委财经领导小组办公室、省发展和改革委员会联合印发《吉林省贫困县党政领导班子和领导干部经济社会发展实绩考核办法》，对全省8个国家扶贫开发工作重点县和7个省定片区县党委、政府领导班子和主要领导进行考核。开展资金绩效考核，省发展和改革委员会、省财政厅联合印发《关于开展2014年财政专项扶贫发展资金绩效考评工作的通知》，将考评结果与2015年资金分配挂钩。

在资金分配上进一步加大与工作挂钩关联度，将全省扶贫发展资金15%用于扶贫绩效奖金。将所有的财政专项扶贫资金和项目审批权限下放到县，由市（州）、县（市）人民政府依据中央和省下发的财政扶贫资金管理办法规定的用途，项目实施方案报省备案，简化了资金拨付流程。印发《吉林省财政专项扶贫资金管理实施办法》，全面做好相关管理工作。吉林省委组织部、省发展和改革委员会、省财政厅联合印发《吉林省驻村（社区）干部管理办法》，不定期检查驻村干部在位情况。吉林省委组织部牵头联合吉林省扶贫办、省委农村工作领导小组办公室印发《关于做好选派机关优秀干部到任“第一书记”工作的通知》。加大对“第一书记”的考核力度，对考核不称职或给予基层造成不良影响的，未尽帮扶责任的，进行通报批评或组织处理。

【行业扶贫】 2015年，吉林省围绕制约贫困地区发展的瓶颈问题，省政府明确了行业部门10个方面重点工作60项具体扶贫任务。白城机场已经建成，嫩江公路大桥、嫩丹高速（镇赉至白城段）、靖宇至通化高速正按计划有序推进。农业基础设施、小型农田水利等工程建设力度不断加大，贫困地区生产生活条件和生态环境得到明显改善。

【片区扶贫攻坚】 2015年，吉林省投入各类资金148亿元，集中实施了一批基础设施和社会事业重大项目，解决制约片区发展的瓶颈问题。2015 年吉林省财政扶贫专项资金进一步加大向片区倾斜力度，70%以上的资金重点投入片区。通过项目的实施，连片特困地区的基础设施建设得到加强，生态环境日趋改善，产业带动进一步提升，区域发展明显加快。

【整村推进】 2015 年，吉林省安排整村推进扶贫专项资金 4.1 亿元，在 200 个贫困村启动实施基础设施类项目 181 个，产业类项目 478 个，有 11.28 万建档立卡贫困人口从中受益，占年度目标任务的 45%。全省“十二五”规划的 1500 个贫困村全部实施了整村推进项目。

【产业扶贫】 吉林省将专项扶贫资金 70%用于扶贫产业，围绕持续打造一乡一业、一村一品、一县有两个以上支柱产业的“112”特色产业体系，集中力量打造规模化产业。安排专项扶贫资金 29085 万元，支持东部地区发展蔬菜大棚 105 栋，全力推进西部地区 30 个畜禽标准化规模养殖场建设。实施中药材、蓝莓等 10 个特色产业开发项目，培育 2000 个脱贫致富示范户。

【雨露计划】 2015 年，吉林省发放“雨露计划”扶贫补助资金 246.93 万元，补助农村建档立卡贫困家庭 1638 户、中高职贫困学生 1643 人，组织开展农村贫困劳动力技能培训 3.8 万人。教育部门投入中等职业教育补助资金 1.64 亿元，资助学生 18.87 万人次。高等教育投入补助资金 9.02 亿元，资助学生 34.6 万人次；人力资源和社会保障部门补助农村贫困学生 1818 人，每生每年补助标准 4000 元（含国家助学金 2000 元、免学费 2000 元），发放补助资金 72.72 万元。

【扶贫试点】 2015 年，吉林省在全省推广股份合作、集体经营、企业带动、联户经营等多种模式，采取差别化扶持方式，针对因病、因学、因灾等不同致贫原因的贫困人口，制订帮扶计划，落实自主经营、参与入股、合伙合作等帮扶措施。开展第三方评估。对项目实施效果进行监测、检查、评估。对《中国农村扶贫开发纲要（2011—2020 年）》开展情况和 2012 年彩票公益金整村推进项目进行评估。推进精准扶贫十大工程。推进通榆县开展电商扶贫，纳入国家电商扶贫示范县。带动 9 个乡镇、43 个村、4300 多贫困人口从事电子商务。投资 1.7 亿元在通榆县建设实施 2 亿只生态鸡光伏牧业项目，获得总装机容量 158 兆瓦，项目实施后可以带动 22 个乡镇（场），实现 2765 个贫困户就业，人均将增收 4000 元左右。

【扶贫小额信贷】 在通榆、和龙和汪清 3 个县（市）实施小额信贷试点。制定出台《吉林省扶贫小额信贷工作实施意见》，推动落实金融扶贫创新工作。全省贫困户贷款达 2275 户，发放贷款额 4822 万元。8 个贫困县 217 个互助资金试点村，互助资金总额滚动发展到 3947.7 万元，其中农户入股资金 625.7 万元，入社贫困户 5943 户、借款 8645 次。

【以工代赈】 2015 年，吉林省下达以工代赈计划投资 1.77 亿元，共安排以工代赈项目 295 个，其中，乡村道路建设项目 121 个，农田水利项目 64 个，小流域治理项目 40 个，农田水利项目 63 个，草场项目 1 个，片区综合治理项目 6 个。

【定点扶贫】 2015 年，吉林省 1500 个贫困村派驻 4500 名驻村干部，205 家中央、省级直属企事业定点帮扶单位，投入帮扶资金 1.37 亿元，帮助引进各类资金 2.4 亿元，实施项目 257 个，引进技术扶贫项目 65 个。

【社会扶贫】 组织 15 家企业开展村企共建。鼓励群团组织等各界力量通过公益平台帮助贫困妇女和儿童，吉林省青少年基金会对全省建档立卡贫困家庭孩子考入大学实施补助全覆盖。引导各类科技专家到贫困村开展专业技术服务，解决生产生活中的技术难题。推动军队和武警与贫困村融合扶贫。调动社会组织和个人发挥优势，通过多种方式参与扶贫开发。

【扶贫宣传】 2015 年，吉林省在各级媒体、网络刊登信息 1035 条，其中《人民日报》18 篇、新华社 39 篇、中央电视台 10 篇、《中国扶贫》杂志 4 篇、国内其它媒体 102 篇，省内主流媒体 484 篇，其它网络媒体 378 篇。

【扶贫日活动】“扶贫日”期间，吉林省组织开展了 8 大类 17 项形式多样的活动。“扶贫日”当天，吉林省省委书记巴音朝鲁、省长蒋超良联合在《吉林日报》头版发表了《坚决打赢“十三五”扶贫攻坚战》署名文章。“扶贫日”期间，省内三大媒体就扶贫开发进行了系列报道，共发表稿件 18 篇。吉林省发展和改革委员会分别与中国农业发展银行吉林省分行、国家开发银行吉林省分行签署了战略合作框架协议。组织吉林省内 5 家 3 级甲等医院的专家面向贫困人口开展健康巡回义诊活动。在通榆县举行了“教育扶贫全覆盖行动”启动仪式。

（吉林省发展和改革委员会
扶贫综合处　陈建生）

黑龙江省扶贫开发

【概述】 2015年，黑龙江省按照精准扶贫、精准脱贫要求，共完成300个贫困村整村推进、培训贫困户劳动力2.6万人、改造农村居民危房6.5万户、农村居民饮水安全77万人及交通、教育、卫生、文化等基础设施建设项目，减少贫困人口40万人，贫困地区农民人均纯收入达到8736.6元，增幅高于全省平均水平5.3个百分点。

【扶贫资金投入】 2015年，黑龙江省财政专项扶贫资金投入100232万元，其中，中央财政专项扶贫资金84674万元，省级财政配套专项扶贫资金15558万元。财政专项扶贫资金主要用于产业扶贫、贫困村基础设施建设、“雨露计划”、革命老区建设、互助资金试点和依托新型农业经营主体带动贫困户脱贫试点。

【扶贫资金管理】 2015年，黑龙江省按照《国务院扶贫开发领导小组关于改革财政专项扶贫资金管理机制的意见》要求，制定了《关于改革财政专项扶贫资金管理机制的实施意见》和《黑龙江省财政专项扶贫资金（发展资金）使用与管理实施细则》。在资金分配上，将资金切块分配到县，项目审批权限下放到县。在项目选定上，由贫困村组织召开村民大会或村民代表大会，自主选择建设项目，在贫困村公示后，由贫困村申请，乡（镇）政府、县扶贫和财政部门逐级审核，县级政府审批，省级备案。在资金投向上，主要用于建档立卡贫困村实施基础设施、公益事业项目及贫困户发展生产项目。在监督管理上，采取常规督查、专项督查、实地督查和跟踪督查相结合的方式，2015年开展单项检查近百次。2015年9月，黑龙江省结合涉农资金专项整治行动，组织13个市（地）和省直属管县扶贫办组成22个专项检查组，对有扶贫任务的县（市、区）开展扶贫资金使用及项目建设情况专项检查，重点对资金管理机制改革后各县在资金使用和项目立项、实施情况进行全面检查。

【片区扶贫攻坚】 2015年，黑龙江省继续加大资源整合力度，以专项扶贫为引导，立足特困片区区域发展与扶贫攻坚实施规划和产业扶贫规划，累计投资336亿元，占规划总投资额的84.4%。其中，基础设施项目投资125.7亿元，产业发展项目投资75.9亿元，民生改善项目投资87.8亿元，公共服务项目投资33.8亿元，能力建设项目投资2.8亿元，生态环境项目投资

10亿元。通过推进片区规划实施，特困片区基础设施得到加强，公共服务水平提高，区域发展差距不断缩小，群众生产生活条件改善。

【整村推进】 2015年，黑龙江省共投入财政专项扶贫资金6.42亿元，完成了321个贫困村整村推进扶贫，村均专项扶贫资金投入达到200万元以上，直接扶持贫困户近4.5万户。共建设村内硬化路1015千米，修农田路603千米、农道桥51座、农田给排水渠5万米、涵闸3797个；新打农田抗旱井31眼；购置大型农机具109台（套）；购买基础母奶、肉牛285头，基础母羊1200只，猪800头，建设温室大棚1.19万平方米；新建村民文化体育场所2.26万平方米、新打人畜饮水井7眼、安装自来水16736户，改造贫困户危房445户；新修村内路边沟35.6万米，安装栅栏3.1万米、路灯1113盏。由于贫困村基础设施加强，农业生产能力提高，贫困群众出行、增收、环境改善及发展生产难题得到解决。

【产业扶贫】 2015年，黑龙江省确定了“集中投、规模化、全带动”的产业扶贫原则，提高单体项目投资标准，壮大县域主导产业，大力发展种植、养殖及农产品加工等特色产业，带动贫困户参与合作化经营，为贫困户实现稳定增收提供保障。围绕“两牛一猪”及特色种养业，2015年共投入专项扶贫资金2.6亿元，在28个贫困县实施31个产业扶贫项目，直接扶持9800户贫困户、3.5万贫困人口增收，带动项目区9.8万农村人口参与产业发展、增加收入。通过帮助贫困地区发展区域性脱贫致富产业，贫困地区产业发展基础逐步稳固，贫困群众增收渠道逐步拓宽，规模化、区域化扶贫产业不断做大做强。黑龙江省克东县的奶牛养殖、棚室蔬菜种植，龙江县、青冈县的和牛育肥，绥滨县的大鹅养殖，汤原县食用菌等产业成为当地带动贫困群众脱贫致富的支柱产业。

【雨露计划】 2015年，黑龙江省对就读中高级职业学校的贫困家庭子女给予资助，为他们创造接受教育、学习技能的条件。开展“百社千企万人”就业扶贫行动，把技能培训与转移就业对接，通过合作社带动、企业吸纳、自主创业，当年实现新增稳定就业人口2万人。2015年，共培训致富带头人4067人，实用技术培训21702人，“雨露计划”教育资助5282人。

【整乡推进】 2015年，黑龙江省扩大新型经营主体整乡带动脱贫试点。按照“依托主体，发展产业，整乡推进，带动全县”的思路，在12个县，依托19个新型农业经营主体搭建脱贫平台，扶持贫困户以土地流转、扶贫资金入股等形式加入合作社，开展带动脱贫试点，共直接带动2140户贫困户、6890个贫困人口。

【旅游扶贫】 2015年，黑龙江省在14个整村推进贫困村实施旅游扶贫试点项目，直接带动1400户贫困户。

【光伏扶贫】 2015年，在黑龙江省青冈县、明水县实施了光伏扶贫试点项目，直接带动1370户贫困户脱贫增收。

【电商扶贫】 2015年，在黑龙江省明水县开展“互联网+电商+精准扶贫”试点，在泰来县开展电商扶贫试点，探索电商扶贫的切入点和工作方法，开辟新的精准扶贫途径。

【革命老区建设】 2015年，黑龙江省共投入资金3000万元用于革命老区开发建设。其中，财政专项扶贫资金1000万元，在24个老区县、31个老区村实施小型应急项目建设，重点改善群众生产生活条件，直接扶持2405户贫困户；投入中央彩票公益金2000万元，在2个贫困革命老区县、10个贫困老区村实施村内硬化路项目，有1500户、4800人直接受益。

【定点扶贫】 2015年，黑龙江省继续按照“党委、政府齐抓共管，建立省、市、县三级定点帮扶体系”的思路，实行省市领导联系贫困县、各级部门包扶贫困村、党员干部包扶贫困户。2015年共下派驻村工作队2142个，选派驻村干部11192名，实现党组织软弱涣散村和建档立卡贫困村全覆盖。9月，在中共黑龙江省直属机关选派116名优秀机关干部，到贫困村任“第一书记”。同时，在黑龙江省望奎县开展非公有制经济人士到贫困村任名誉村长活动，聘任34名知名民营企业家到34个贫困村任职。2015年各级定点扶贫单位共直接投入款物合计7亿元，帮助引进资金5.4亿元，组织实施基础设施、产业开发、文化教育、医疗卫生等项目850个，组织劳务输出5.5万人。组织企业、社会组织及社会人士参与扶贫济困，直接投入和引进资金1.44亿元，资助贫困户7316户，资助贫困学生1.15万名。

【信贷扶贫】 2015年，黑龙江省深入推进信贷扶贫，破解融资难题。推动各金融机构在贫困县发放支农贷款221亿元，缓解贫困户生产资金不足问题。安排财政专项扶贫资金600万元，在黑龙江省两个国家扶贫开发工作重点县海伦市、泰来县建立贫困户信贷担保基金，开展小额信贷扶贫工作。通过开展贫困户诚信评定，试行免担保、免抵押，三年期以内每户不超过5万元的扶贫贷款，支持有发展能力贫困户发展致富产业，2015年共发放贷款2.25亿元。同时，安排财政专项扶贫资金2000万元，在饶河县、海伦市开展整县推进贫困村互助金项目，解决了贫困户发展生产融资难问题。

【体制机制改革】 2015年，黑龙江省围绕加快贫困地区现代农业建设、转变农业发展方式，制定出台《关于贯彻落实〈中共中央国务院关于加大改革创新力度加快农业现代化建设的若干意见〉的实施意见》《关于调整优化农业结构转变农业发展方式的意见》《关于进一步做好农民工服务的实施意见》《关于加快发展现代职业教育的实施意见》等8个政策性文件。一是建立项目资金管理机制。着眼资金使用精准规范，出台《关于改革财政专项扶贫资金管理机制的实施意见》《黑龙江省财政专项扶贫资金（发展资金）使用与管理实施细则》和《黑龙江省产业扶贫项目管理办法》，建立“任务分解到县、资金测算到县、审批下放到放县、目标落实到县”的竞争性分配机制，强化激励作用。二是建立贫困县考核约束机制。发挥考核指挥棒作用，把考核扶贫开发成效与干部选拔任用挂钩，制定《黑龙江省农村扶贫开发工作考核办法（试行）》《黑龙江省贫困县约束机制实施意见》，明确不得作为和必须作为事项，引导贫困县党委、政府把工作重点转到扶贫工作。三是建立社会帮扶机制。着眼构建扶贫大格局，省政府出台《关于进一步动员社会各方面力量参与扶贫开发的实施意见》，强化全社会扶贫济困责任。四是落实行业部门扶贫责任。各行业部门严格按照责任分工，针对贫困地区需求，认真落实扶贫责任，相继制定出台《关于做好城乡最低生活保障制度与城市就业农村扶贫开发政策相互衔接的指导意见》《黑龙江省创新发展扶贫小额信贷实施意见》《黑龙江省农村扶贫小额保险实施方案》《关于做好全省贫困妇女脱贫致富工作的意见》《黑龙江省创办残疾人就业示范基地实施方案》等政策性文件，为全面实施精准扶贫建立政策保障体系。

（黑龙江省扶贫办　夏宇光）

江苏省扶贫开发

【概述】 2015年是江苏省实施脱贫奔小康工程的收官之年，江苏省扶贫工作领导小组印发《关于对未脱贫帮扶对象进行全面排查和加大帮扶力度的通知》《关于开展领导干部"村村到、户户访"调研走访活动的通知》，江苏省扶贫办印发《关于对未脱贫经济薄弱村强化帮扶措施的通知》《关于切实做好脱贫奔小康工程攻坚扫尾相关工作通知》等，对未脱贫对象实施"点穴式"精准扶贫和托底式社会保障，对经济薄弱村集中组织攻坚，落实包干责任，扎实推进精准扶贫、精准脱贫。动员组织社会各方面力量参与扶贫，进一步完善"五方挂钩""村企挂钩"、党员领导干部结对挂钩等帮扶措施，继续组织苏南100个示范村先进村与苏北经济薄弱村结对帮扶，苏北22个市县主要领导与经济薄弱村挂钩帮扶、帮扶队员驻村帮扶。聚集重点片区扶贫开发，组织实施黄桥、茅山老区富民强村三年行动计划。各级财政加大专项资金投入力度，采取多种举措提高扶贫资金使用绩效。2015年共有116.04万农村低收入人口实现4000元脱贫目标。12月中旬，江苏省委、省政府召开江苏省扶贫开发工作电视电话会议，部署"十三五"时期脱贫致富奔小康工程。

【扶贫资金投入】 2015年，江苏省级财政专项扶贫资金142188.01万元（含中央财政资金7309万元），其中脱贫奔小康到户资金91923万元（含中央资金3200万元）、重点片区关键工程资金10000万元、重点片区薄弱村发展资金7020万元、扶贫小额贴息资金21451.01万元（含中央资金1096万元）、黄桥、茅山老区富民强村行动资金6000万元、少数民族发展资金3720万元（含中央资金1860万元）、国有贫困林场扶贫资金1334万元（含中央资金667万元）、国有贫困农场扶贫资金400万元（含中央资金400万元）、残疾人康复扶贫贷款贴息资金151万元、项目管理（扶贫开发网络信息平台建设等）资金189万元（含中央资金86万元）。各市财政专项扶贫资金6848万元。各县（市、区）财政专项扶贫资金38100万元。

【"十二五"时期扶贫工作回顾】 2012年江苏省委、省政府部署实施脱贫奔小康工程，决定用4年时间，使农村411万低收入人口收入达到4000元，1533个经济薄弱村基本实现新"八有"（即有群众拥护的"双强"班子，有科学合理的发展规划，有高产高效的基本农田，有特色鲜明的主导产业，有持续稳定的集体收入，有先进适用的信息网络，有健康向上的文明村风，有整洁美观的村容村貌）。按照 2012 年确定的扶贫标准和目标任务，聚焦重点县、重点片区、低收入农户和经济薄弱村。一是扎实开展建档立卡，大力推进精准扶贫。2012 年初，组织力量对 147 万户、411 万农村低收入人口全面分类调查、建档立卡，对扶贫对象实行动态管理、分类帮扶，提高精准扶贫水平。二是坚持扶贫到村到户，推动帮扶工作落地。瞄准经济薄弱村、锁定低收入农户，实现帮扶对象、帮扶责任人和帮扶项目“三落实”，工作到村、帮扶到户、责任到人、措施到位“四到”。三是突出重点片区帮扶，实行连片开发整体推进。2013 年江苏省将“西南岗地区、成子湖周边地区、黄墩湖滞洪区、石梁河库区、刘老庄地区、灌溉总渠以北地区”这 6 个集中连片地区作为重点帮扶片区，建立片区整体帮扶联席会议制度，制定实施帮扶 3 年规划，实行整体帮扶、连片开发。截至 2015 年 12 月底，累计投入资金 353.8 亿元，兴办基础设施、产业发展、改善民生项目 1269 个。四是深化“五方挂钩”机制，凝聚帮扶工作合力。继续深化省级机关、部省属企业、高校科研院所、苏南县（市、区）与苏北经济薄弱县（市、区）“五方挂钩”帮扶机制，对苏北 19 个县（市、区）建立“五方挂钩”帮扶小组，有 247 个单位参与挂钩帮扶。2012 年至 2015 年，累计投入各类帮扶资金（含实物折价）74.4 亿元，实施各类帮扶项目 4397 个。五是加大扶贫资金投入，创新资金使用管理机制。把扶贫开发资金列入各级财政预算，2012 年至 2015 年，省财政安排专项扶贫资金 46.6 亿元，发放扶贫小额贷款 149 亿元。全面实行扶贫资金直接扶持到户，将财政奖补资金项目审批权限下放到县，全面实行扶贫项目、资金公告公示制度。六是区域发展和扶贫开发良性互动，加快苏北全面小康进程。2012 年江苏省召开苏北发展暨扶贫开发工作会议决定，从 2013 年起组织实施黄河故道现代农业综合开发、重点中心镇建设、苏北铁路建设、城乡供水与污水处理、科技与人才支撑、脱贫奔小康重点片区帮扶等六项关键工程，推动产业、人才、项目和财政向苏北转移，推进南北共建开发园区建设（截至 2015 年 12 月底达到 44 个）和“一市一策”举措等，苏北地区主要经济指标增速连续 9 年高于全省平均水平，宿迁市被国务院扶贫开发领导小组确立为国家扶贫改革试验区。积极开展“扶贫日”系列活动，营造全社会关注参与扶贫济困的浓厚氛围。截至 2015 年 12 月底，农村 411 万低收入人口整体实现 4000 元脱贫目标，80%以上经济薄弱村年收入超过 15 万元。江苏省扶贫开发从消除绝对贫困转入缓解相对贫困、推进全面小康建设的新阶段，提前实现国家 2020 年脱贫攻坚目标。

【精准扶贫】 2015 年 4 月和 7 月，江苏省各地两次对未脱贫的低收入人口开展全面排查和细致检查，详细摸清底数，分类登记。对排查出的未脱贫低收入人口，严格落实帮扶责任，明确责任单位、责任人，因户制宜、综合帮扶，对有劳动能力的低收入农户，重点实施项目扶贫，发展高效种植、养殖项目，促进转移就业等。加大托底式社会保障力度，对没有劳动能力的特殊困难户，由政府兜底纳入农村低保解决，7 月起农村最低生活保障标准提高到每月 335 元以上。做好因病、因残、因灾等特殊原因返贫农户的帮扶工作，通过特殊救助措施，一对一解决突出问题。

【经济薄弱村帮扶】 2015 年，江苏省整合交通、水利、农业、国土、社会投入等各类项目资金，帮助经济薄弱村发展资源开发项目或物业项目，扶持经济薄弱村村级集体经济发展，因地制宜、因村制宜实施集体增收项目，帮助村集体发展资源开发型、资产经营型、为农服务型、异地发展型、休闲观光型村级集体经济，推进强村富民。2015 年度江苏省财政投入 8000 万元支持发展经济薄弱村集体经济，引导县市财政和整合各类支农资金投入，完成 6 个重点片区 340 个省定经济薄弱村集体经济发展支持计划。

【重点片区帮扶】 2015 年，江苏省继续对 6 个重点片区实行整体帮扶，省级财政专项扶持资金 1.24 亿元，省各部门和单位共投入资金 66.7 亿元，安排整体帮扶项目 576 个（其中基础设施类 251 个、产业发展类 189 个、民生改善类 136 个）。截至 2015 年底，6 个重点片区 173 个村项目已完工并交付使用，58.12 万低收入人口脱贫，经济薄弱乡镇经济年平均增长速度 20.5% 左右，经济薄弱村集体经济收益率高于 10%，农民人均纯收入增幅明显。

【革命老区建设】 江苏省委、省政府决定从 2015 年起，用 3 年时间，对黄桥、茅山革命老区组织实施富民强村行动计划，省财政共安排补助资金 1.2 亿元，帮扶项目投入主要以相关市县为主，通过培育优势特色产业，壮大新型农村集体经济，提高老区基础设施、产业发展、公共服务、社会保障和生态建设水平，加快老区发展步伐。

【干部驻村帮扶】 2015 年，江苏省共安排 2882 名队员驻村帮扶，对全省 1533 个经济薄弱村实现全覆盖。制定帮扶队员选派、职责、管理、考核、奖惩等一系列制度措施，召开省派“第一书记”到村任职工作座谈会，选派第一批 51 名优秀干部，到软弱涣散村担任“第一书记”，省市县已派驻的帮扶工作队员就地转任“第一书记”，帮助派驻村建强组织，发展集体经济，推动精准扶贫。

【“五方挂钩”帮扶】 “五方挂钩”指江苏省级机关、高等院校（科研院所）、大型国有企业、苏南经济相对发达的县（市、区）与苏北经济相对薄弱的县（区）挂钩帮扶。2015 年，江苏省 19 个省级“五方挂钩”帮扶协调小组 247 家成员单位，共投入各类帮扶资金 15.01 亿元，其中单位自筹资金 3.56 亿元，协调资金 11.45 亿元，实施各类帮扶项目 1221 个，帮扶实物折价 550.9 万元。帮扶资金、项目中到村 2.20 亿元、项目 1077 个。成员单位现场办公 3099 人次，其中单位领导 663 人次。

【扶贫小额信贷】 2015 年，江苏省累计发放贷款 47.05 亿元，比 2014 年增加 3.06 亿元，有 41 万低收入农户直接受益。通过小额贷款扶持发展项目，形成“一村一品”或“一村多品”的特色。

【社会各界扶贫】 2015 年，江苏省将民营企业参与扶贫列入全省深化改革重点事项，动员民营企业和社会力量参与扶贫开发。支持社会团体、基金会、民办非企业单位等各类社会组织从事扶贫开发，倡导有爱心、愿奉献、乐助人的社会力量自主选择、自愿结对，打造针对经济薄弱地区留守妇女、儿童、老人、残疾人、老军烈属等特殊群体的一对一结对、手拉手帮扶等扶贫项目。

【扶贫制度建设】 2015 年 1 月 16 日，江苏省第十二届人大常委会第十四次会议通过《江苏省农村扶贫开发条例》，2015 年 5 月 1 日起施行。这是江苏省贯彻落实党中央、国务院依法治国要求、推进全省扶贫开发制度化进程的重大举措，标志着全省扶贫开发工作进入了法制化、规范化轨道，为提高全省扶贫开发工作的质量和水平提供了法律保障。

【扶贫日活动】 2015 年 10 月 17 日，第二个“扶贫日”期间，江苏省政府新闻办公室举办了脱贫奔小康第三方评估新闻发布会，详细介绍江苏省“十二五”期间扶贫开发工作相关情况；原中共江苏省委书记罗志军、原江苏省长李学勇分别深入连云港、宿迁市扶贫开发重点片区考察调研扶贫开发工作；开展“村村到、户户访”走访慰问活动，2300 名市、县（市、区）党政领导班子成员，630 名省“五方挂钩”帮扶单位领导，以及各市县机关干部门和乡镇领导干部等到经济薄弱村开展走访慰问活动，江苏省属企业募集扶贫善款 400 万元，资助苏北五市 33 个县（区）的 2000 名贫困学生；组织领导和干部职工约 4.6 万人收听收看 2015 减贫与发展高层论坛开幕式并组织学习讨论；《新华日报》发表评论员文章，刊发扶贫开发公益广告。中共江苏省委宣传部、江苏省扶贫办制作 17 万份公益宣传海报，印发到党政机关、所有乡镇、街道、行政村和学校。

【脱贫致富奔小康工程】 2015 年，江苏省围绕“减少相对贫困、缩小收入差距、促进共同富裕”的目标定位，深入贯彻精准扶贫、精准脱贫的基本方略，按照“标准再提高、重点再聚焦、内涵再丰富、底线再织牢”的工作要求，部署实施新一轮脱贫致富奔小康工程。目标任务明确，新一轮扶贫开发，以江苏全省乡村人口 6%左右的低收入人口、6%左右的经济薄弱村、苏北 6 个重点片区和黄桥、茅山革命老区为主要帮扶对象。通过努力，到 2020 年使低收入人口人均年收入达到 6000 元，经济薄弱村集体经济年收入达到 18 万元，重点片区和革命老区面貌显著改善，基本公共服务主要指标接近全省平均水平。12 个省定重点帮扶县（区）分批退出，全省各地以县（市）为单位基本建立缓解相对贫困的长效机制。

（江苏省扶贫办　展　平）

浙江省扶贫开发

【概述】 2015年，浙江省认真贯彻落实《中共中央、国务院关于打赢脱贫攻坚战的决定》和全国扶贫开发工作座谈会精神，深入实施“低收入农户收入倍增计划”“重点欠发达县特别扶持”等工程，淳安县等26个原欠发达县实现整体摘帽（以下简称“26县摘帽”），家庭人均年收入4600元以下贫困现象全面消除（以下简称“消除4600”），原欠发达地区社会经济发展和低收入农户增收态势良好，在全国率先打赢脱贫攻坚战。2015年，浙江省农村居民人均可支配收入21125元，同比增长9%，连续31年列全国各省区第一。低收入农户人均纯收入达到8765元，增长20.9%；城乡居民收入比从2007年的2.49∶1降低至2.07∶1，相对差距进一步缩小。在全国扶贫开发工作绩效评价中，浙江省获A级等次。

【扶贫资金投入】 2015年，浙江省省级财政安排专项扶贫资金69851万元（不含各项职能扶贫资金）用于低收入农户奔小康工程。其中，异地搬迁项目补助资金42986万元、低收入农户发展资金23097万元（包括低收入农户产业发展扶持资金、扶贫重点村资金互助组织补助资金、扶贫小额信贷贴息资金和来料加工以奖代补资金）、少数民族发展资金2700万元、其他资金1068万元。此外，浙江省财政继续安排专项资金16.8亿元，用于12个重点欠发达县扶贫开发、特色产业、公共服务等特别扶持项目建设。

【完善社会保障】 2015年，浙江省城乡在册低保对象（未含五保供养）63.92万人，其中城市低保人口7.3万人，标准每人每月653元（年7836元）；农村低保人口56.59万人，标准每人每月570元（年6840元）。城乡低保标准比为87.2%，比2014年提高4.2个百分点。杭州市区、宁波市、嘉兴市、湖州市、舟山市、义乌市、平阳县、玉环县、云和县已实现城乡同标。2015年农村低保金支出19.6亿元。浙江省城乡居民社会养老保险参保1285.89万人，其中60周岁及以上领取养老金待遇550.81万人，2015年度新增首次参保人数39.18万人，基础养老金最低标准120元。参加养老保障制度的被征地农民477.77万人，其中200.8万人参加被征地农民基本生活保障，276.97万人参加职工基本养老保险。2015年投入资金35亿元，新增各类养老机构床位数3.59万张，建成社区居家养老服务照料中心6120个，累计建成1.92万个；累计建成居家养老服务站1.1万个；养老服务覆盖80%建制村。城乡居民基本医疗保障参保人数3202万人，筹资标准785元，其中财政补助542元，住院报销比例75%。浙江省支出医疗救助资金10.1亿元，比2014年增加0.3亿元，323万人次受益。

【教育扶贫】 学前教育等级幼儿园比例83%，比2014年提高7.8个百分点；义务教育完成率90.3%；高中段教育毛入学率为95.9%，比2014年提高0.7个百分点；2015年基础教育普及率为98.47%，中小学标准化学校比例88%。农村义务教育阶段学校年生均公用经费标准为小学650元、初中850元。农村小学低收入家庭子女爱心营养餐标准1000元/生·年，受益学生占义务教育阶段学生总数的6%。义务教育中小学随迁子女在校生146.1万人；浙江省中小学生校车乘坐保障率97.6%。浙江省高等职业学校50所（含筹备中的学校），中等职业学校357所（含技工学校71所）。2015年，培训农村劳动力35.27万人次（其中培训农村实用人才19.98万人次）；参加成人“双证制”教育培训10.42万人，结业7.2万人。享受浙江省涉农专业免费就读政策的大中专学生2.26万人。

【医疗扶贫】 浙江省所有县（市）都已建成至少一所二级甲等以上医院，公办乡镇卫生院（社区卫生服务中心）标准化建设达标率98.72%，“20分钟医疗卫生服务圈”基本形成。每千人医生数3.24人，增长8%；每千人护士数3.28人，增长9.7%；每千人医疗机构床位数5.59张，增长10.47%。

【文化扶贫】 新建农村文化礼堂1512家，累计建成4959家。村级文化活动室覆盖率100%。送戏下乡1.78万场、送图书235万册次、送讲座展览4140场，开展文化走亲活动1270场。

【扶贫资金管理】 2015年，浙江省修订完善《浙江省财政专项扶贫资金管理办法》，加强了扶贫资金使用的精准性、拨付的时效性、管理的规范性、项目安排公开性的督查指导。加强扶贫资金“点”和“面”的审计、扶贫资金专项检查和绩效评价审计，并把绩效评价的结果与扶贫资金的分配额度挂钩，进行“点对点”的绩效情况通报。推行扶贫资金阳光监管延伸到县，落实项目公示公告制度，完成扶贫资金、项目由零散公开向集中公开、由静态公开向动态公开、由简单公开向详细公开的“三个转变”。

【26县摘帽】 为进一步推动淳安县等26个原欠发达县全面走向绿色发展、生态富民、科学跨越，根据浙江实际情况，浙江省委、省政府研究作出了一次性摘帽的重大决策，并出台了《关于推进淳安等26县加快发展的若干意见》和《关于印发〈淳安等26县发展实绩考核办法（试行）〉的通知》，落实“将所有县农村低保标准提高到4600元以上”等政策，明确对26县不

再考核 GDP 及相关指标、大幅提高生态经济、生态保护、民生保障、居民增收的比重的考核导向。

【消除 4600】 “消除家庭人均年收入 4600 元以下贫困现象”作为 2015 年浙江省委的重大决策，列入浙江省政府十大民生实事。2015 年初，浙江省各地开展 4600 元以下低收入农户拉网式专题排查，对调查确认的 220479 户、431076 人低收入农户做好建档立卡工作。根据致贫原因、农户需求，浙江省各地各部门通过“产业开发一批、金融服务一批、培训就业一批、低保兜底一批、救济救助一批、督孝赡养一批”，对症下药、精准施策，促进“4600 农户”加快增收。浙江省民政厅加快农村低保提标、加强农村低保扩面工作，“4600 农户”新增低保 7 万人以上。省教育厅出台对“4600 农户”家庭子女考上中高职每生补助 3000 元的政策，补助学生 3000 多人。做好 2017 个省级重点帮扶村、经济薄弱村“第一书记”的选派工作，指导落实“第一书记”、农村工作指导员的扶贫责任，督促落实“一户一策一干部”制度，使每一位“4600 农户”都有一名帮扶责任人。在 8 月份和 10 月份，开展了两次对各县（市、区）的督查调研，到村到户到人检查当地落实“消除 4600”工作进展以及干部帮扶措施的落实情况。12 月初，省人大、政协组织各级代表、委员对贫困人口脱贫情况开展专项视察核查。在 12 月 23 日召开的全省经济工作会议上，省委宣布浙江省已全面消除家庭人均年收入 4600 元以下贫困现象，向全省人民兑现了不把绝对贫困现象带入“十三五”的庄严承诺。

【特别扶持计划】 贯彻落实《中共浙江省委浙江省人民政府关于推进原欠发达地区加快发展的若干意见》（浙委〔2011〕29 号），加快重点欠发达县群众增收致富奔小康步伐，省委、省政府决定，从 2011 年起，连续三年对文成、泰顺、开化、松阳、庆元、景宁、磐安、衢江、常山、龙泉、遂昌、云和 12 个欠发达县（市、区），分类实施特别扶持项目，称为“特别扶持计划”。2014 年，按照“增加农民收入、提升民生水平、改善生态环境、增强内生功能”的总体要求，启动实施新一轮特别扶持计划（2014—2016 年）。2015 年度 12 县共实施特扶项目 461 个，完成投资 39.09 亿元，完成特扶补助 18.02 亿元。牵头做好 2014 年特扶项目的绩效评价工作，组织 8 个厅局的专家历时 1 个多月对 12 县逐县实地评价，通报绩效结果，并首次与资金分配相挂钩。

【产业扶贫】 大力推进现代农业发展，扶持农业产业、来料加工、农家乐休闲旅游业等，积极推动就地就业和转移就业促增收。2015 年确定原欠发达地区省级现代农业综合区创建点 44 个，新增农民专业合作社 3510 家；积极开展省级生态循环农业示范县、示范区建设，2015 年验收并认定省级生态循环农业示范县 5 个、示范区 16 个；原欠发达地区从事来料加工人数达到115万人，发放加工费突破110亿元，人均加工收入近万元，原欠发达地区异地搬迁小区和扶贫重点村来料加工覆盖率达到90%以上；2015年培训农村劳动力35.27万人（其中培训农村实用人才19.98万人），培训后实现转移就业12.37万人。2015年，全省农家乐旅游村856个，增长4.8%；旅游点2389个，增长2.3%；餐位118万个，增长14.6%；床位23万张，增长27.8%；经营农户1.6万户，增长10.3%；从业人员14.8万人，增长7.2%。2015年实现接待游客2.2亿人次，增长25%；营业收入229.4亿元，增长28.7%，其中直接营业收入185.4亿元，增长31.44%；农产品销售收入44亿元，增长28.24%。

【易地扶贫搬迁】 把县城、中心镇和中心村作为人口产业的集聚平台，结合村庄整治、危旧房改造、土地综合整治等工作载体，推进高山远山群众下山搬迁、重点水库群众出库搬迁、地质灾害隐患区群众避让搬迁和偏远海岛群众离岛搬迁，推动人口加速向城镇集聚。进一步优化搬迁方式，完善安置政策支持，加大了文成县、泰顺县地震灾区异地搬迁的农户覆盖面，会同省财政厅将洞头县偏远小岛、瑞安市赵山渡库区困难群众搬迁纳入省补政策范围。2015年，原欠发达地区和海岛县区异地搬迁5.5万人，完成投资33亿元。

【金融扶贫】 深入推进扶贫小额信贷，积极组建村级资金互助组织。累计完成组建扶贫资金互助会947家、股本金2.98亿元，累计实现借款5.44亿元、4.02万户次，其中低收入农户借款2.15亿元、1.57万户次，坏账发生率为零。2015年，向全省低收入农户发放“丰收爱心卡”136万张，扶贫小额贷款余额32.77亿元。全省林权抵押贷款余额达80.87亿元。

【东西部扶贫协作】 2015年，浙江省向对口帮扶的四川省阿坝藏族羌族自治州及下辖的13个县和凉山彝族自治州木里藏族自治县等地，无偿援助资金16475万元，其中，政府援助资金16000万元，社会帮扶资金475万元；实施对口支援项目67个；开展经贸合作项目37个，到位资金3.5亿元；开展人才培训31期5621人次；开展互访交流929人次；劳务合作2500人次，劳务收入6800万元。

【社会扶贫】 以“扶贫日”和结对帮扶为载体，积极引导社会力量参与精准扶贫，推动各方资源向低收入农户倾斜。省级29个帮扶团组和市县两级帮扶团组落实帮扶资金1.56亿元，引进各类资金2.47亿元，实施帮扶项目2300个，受益农户11.2万户。省卫生和计划生育委员会开展低收入农户健康助医活动，省、市、县三级共组织助医活动117次，接诊农户达2.8万人次。省扶贫基金会开展资助贫困大学生“圆梦”行动，累计资助贫困大学生1500多人次，发放助学金750多万元。

【扶贫改革试点】 加快推进丽水市扶贫改革试验区工作，紧紧围绕“搬迁扶贫体制创新”这一主题，以加快农村人口集聚为主线，以促进农民持续普遍较快增收为核心，深入推进扶贫改革试验工作。制订农民异地搬迁规划，完善搬迁安置以国有土地划拨性质为主供地机制，实行差异化搬迁补助机制，组建农民异地搬迁政府性公司，加快推进农民城镇化进程。逐步取消农业户口和非农业户口性质划分，按经常居住地登记户口为基本形式的城乡统一的户籍管理制度，保留其原有土地（山林）承包经营权，其在原户籍所在村的村级经济合作社中的集体资产收益分配等权益保持不变，拥有的股权可依法继承或流转。进城落户农民与当地市民享有同等权利，分享同等利益，获得同等待遇。探索农民异地搬迁“双重管理、社区模式”。通过“清产核资、摸清家底，界定成员、明确股东，确权固化、量化股权，搭建平台、规范流转”四步推进村经济合作社股份化改革。探索农民在符合“农村宅基地所有权不变”“一户一宅”等相关法律规定的前提下，允许在县域范围内跨村进行农村宅基地使用权流转。系统构建市、县、乡镇三级农村产权流转交易服务平台。开展林权抵押贷款，探索新型抵押贷款。出台土地流转经营权抵押贷款管理暂行办法和农村住房抵押贷款管理暂行办法，积极探索开展农村土地流转承包经营权和农房抵押贷款创新，实现农民基本产权全部可抵押，初步构建完整的农村产权融资体系。

【扶贫宣传】 浙江省对“浙江扶贫信息网”进行改版升级，新增各类动态信息超过千条，起到了“政策传递、经验推广、成果展示、信息共享”的媒介作用。2015年《人民日报》、新华社、《中国扶贫》等刊载浙江省省扶贫信息30余篇，浙江卫视“今日评说”栏目2期报道扶贫内容，《浙江日报》多次宣传“消除4600”工作，《今日浙江》2期特刊分别报道“26县摘帽”和“消除4600”两大重点工作。

（浙江省扶贫办　林　铭）

安徽省扶贫开发

【概述】 2015年，安徽省深入学习中共中央总书记习近平系列重要讲话精神，认真贯彻中央和全省扶贫开发工作会议精神，坚持“精准扶贫、精准脱贫”基本方略，创新机制，狠抓落实，扶贫开发取得明显成效，全省贫困人口309万人，比2014年减少92.2万人，贫困发生率降低到5.72%；20个国家扶贫开发工作重点县农村居民人均可支配收入达到8951.6元，比2014年增加889.6元，同比增长11.03%。农村贫困地区特色优势产业快速发展，水、电、路等基础设施逐步完善，教育、医疗、文化等社会事业明显进步，基本公共服务均等化水平不断提高。

【扶贫资金投入】 2015年，财政专项扶贫资金投入进一步加大，中央财政安排专项扶贫资金12.2亿元，同比增长4.3%；省级财政安排专项扶贫资金4亿元（其中省长预备费2亿元），比2014年增加2.2亿元，增长122.2%；市县两级财政安排5.05亿元，增长73.3%。

【扶贫资金管理】 完善专项扶贫资金管理制度，制定扶贫项目管理办法，进一步明确了财政专项扶贫资金按照“因素法”直接分配到县，扶贫项目一律由县审批，报省、市备案。为提高扶贫资金使用效率，省财政、审计、监察、扶贫等部门对扶贫资金使用管理情况进行了3次检查审计，对存在的问题进行全面整改。安徽省纪律检查委员会、省监察厅专门就扶贫工作发出通知，严明纪律要求。省扶贫办设立“12317扶贫监督举报电话”，建立电话值班接听记录反馈制度，省扶贫办网站设立投诉信箱，及时处理群众反映的问题，抓早抓小，防微杜渐。

【革命老区建设】 2015年，安徽省在金寨县、太湖县、岳西县三县实施中央专项彩票公益金支持贫困革命老区小型公益设施建设项目，安排项目85个，投入资金4442.72万元，其中中央专项彩票公益金3000万元，整合部门资金862.53万元，县级配套资金93万元，农户自筹487.19万元。

【光伏扶贫】 在借鉴合肥市“光伏下乡”、金寨县光伏扶贫试点经验的基础上，2015年安徽省全面实施光伏扶贫工程，省政府在金寨县召开了全省光伏扶贫工作动员会，省政府办公厅出台了《关于实施光伏扶贫的指导意见》，决定在31个贫困县（含六安市叶集区）开展光伏扶贫，明确从2015—2020年，计划投资80亿元左右，用6

年时间在 31 个贫困县选择 30 万户贫困户、1000 个贫困村建设光伏电站，总装机容量达 96 万千瓦，金寨县、阜南县、利辛县、泗县、岳西县 5 个县作为国家光伏扶贫试点县予以重点支持。2015 年，省下达 31 个贫困县的年度任务是建设光伏电站 18.18 万千瓦，其中选择 5 万户贫困户建设户用光伏电站（每个户用光伏电站 3 千瓦），选择 530 个贫困村建设村级光伏电站（每个村级光伏电站 60 千瓦），实现每个受益贫困户家庭年均增收 3000 元左右、每个受益贫困村集体年均增收 6 万元左右的目标任务。光伏扶贫具有一次投入、精准见效、长期受益等特点，深受贫困群众欢迎。

【雨露计划】 通过大力开展农村劳动力转移培训、农业实用技术培训和实施教育资助，有效提升了贫困人口素质和劳动技能，促进了贫困农户就业创业和稳定增加收入。2015 年，安徽省投入 464.09 多万元，开展劳动力转移培训 6786 人；投入 1177.52 万元，开展农业实用技术培训 82710 人；投入 119.88 万元，培训致富带头人 2645 人；投入资金 3355.95 万元，资助贫困家庭大学生 12947 人。投入资金 2704.6 万元，资助贫困家庭职教生 13160 人。

【金融扶贫】 2015 年，安徽省扶贫办会同省直相关部门联合出台了创新发展扶贫小额信贷实施意见，各地农商银行会同扶贫部门对建档立卡贫困户进行评级授信后，提供 5 万元以下、期限 3 年以内的免担保、免抵押扶贫贴息贷款，帮助贫困户发展产业增收。还出台了全面做好扶贫开发金融服务工作指导意见等政策措施，不断改善贫困地区金融服务。

【以工代赈】 2015 年，安徽省坚持“精准扶贫、精准脱贫”基本方略，大力开展以工代赈工作，严格执行各项制度，切实加强项目监管，通过实行计划月报制度、实地检查等方式，深入推动工作开展，取得良好成效。省编制下达了四批投资计划，总投资 46890 万元，其中中央以工代赈资金 36500 万元，地方配套 10390 万元。第一批下达以工代赈示范工程 29 个，总投资 10800 万元；第二批下达易地扶贫搬迁试点工程 20 个，总投资 7670 万元；第三批片区综合开发试点项目 115 个，总投资 7100 万元；第四批财政预算内以工代赈项目 465 个，总投资 21320 万元。这些资金继续投向大别山片区、革命老区、库区和沿淮行蓄洪区等贫困地区，重点支持国家扶贫开发工作重点县（市、区）乡村道路、小型农田水利、基本农田建设等基础设施建设，项目的实施改善了贫困地区基本生产生活条件，增加了贫困群众收入，促进了贫困地区的发展。

【定点扶贫】 在省级领导联系重点县等既有帮扶机制基础上，安徽省进一步健全单位包村、干部包户和驻村扶贫工作队制度。认真落实单位包村、干部包户和驻村扶贫工作队制度，截至 2015 年底，3000 个贫困村由省、市、县三级 5002 个单位包村帮扶，每个村都有驻村扶贫工作队，驻村扶贫工作队队员达10392名。将贫困村驻村扶贫工作队队长中的党员全部改任为"第一书记"，并纳入第六批选派干部管理，实现3000个贫困村"第一书记"和驻村扶贫工作队全覆盖。2015年10月，全国驻村扶贫工作现场会在安徽省潜山县召开。

【扶贫日活动】 安徽省委、省政府召开全省社会扶贫表彰暨"扶贫日"活动电视电话会议，对社会扶贫等工作进行部署，表彰了50名社会扶贫先进集体和150名先进个人。各地积极开展"扶贫日"活动，创新社会扶贫方式，积极开展扶贫项目认领和认捐，全省共认领扶贫项目1980个4.78亿元，认捐3327.36万元。

（安徽省扶贫办　郭奇峰）

福建省扶贫开发

【概述】 2015年，福建省深入学习贯彻中共中央总书记习近平关于扶贫开发工作的系列重要讲话精神，全面实施精准扶贫、精准脱贫战略，减贫20万人以上。福建省委、省政府出台《深入贯彻落实中共中央总书记习近平重要批示精神 加快推进科学扶贫精准扶贫的实施方案》《关于推进精准扶贫打赢脱贫攻坚战的实施意见》等政策文件，编制《福建省"十三五"扶贫开发专项规划》，召开了福建省深化精准扶贫工作会和福建省扶贫开发工作会议，明确省、市、县、乡、村五级扶贫开发的责任，保证各项扶贫开发任务落到实处。坚持精准发力，注重帮扶到户实效。继续深化建档立卡工作，进一步总结推广了福建省宁化县、龙岩市、宁德市精准扶贫工作机制和屏南县小额信贷扶贫到户等经验做法，逐户制订帮扶计划；继续实行产业和就业脱贫，确保每个贫困户都有1个以上增收脱贫项目；继续将造福工程危房改造列为福建省委、省政府为民办实事项目，2015年搬迁改造20万人；进一步拓展扶贫小额信贷覆盖面，试点县已达到29个，实现23个国家扶贫开发工作重点县扶贫小额信贷创新试点全覆盖，重点解决贫困户贷款贵和贷款难的问题。坚持定点帮扶，注重增强发展后劲。进一步健全完善挂钩帮扶制度，实行整村推进扶贫开发，加大对23个重点县帮扶力度。

【扶贫资金投入】 2015年，福建省财政专项扶贫资金共计139308万元，其中，中央扶贫资金19083万元，省级扶贫资金65934万元，市级扶贫资金22943万元，县级扶贫资金31348万元。中央专项扶贫资金主要用于扶持建档立卡的贫困户发展种、养、加以及"农家乐"等项目补助、贷款贴息以及直接带动贫困户脱贫致富的生产性重点扶贫项目。省级扶贫资金中，造福工程危房改造56050万元，扶贫小额信贷资金5000万元，整村推进专项经费5440万元，"雨露计划"培训800万元。

【扶贫资金管理】 福建省依托省财政管理一体化信息系统，建设绩效管理模块，实现资金到位、支出和目标实现等情况动态监控，确保专项资金使用安全。将绩效监控开展情况纳入省政府绩效管理考核、部门预算绩效管理综合评价指标体系，通报年度绩效工作情况。

【扶贫会议】 2015年9月，福建省召开深化精准扶贫工作会，强调要突出抓好规划编制，要突出完善基础设施，要突出发展特色产业，要突出推进基本公共服务均等化。在政策引导上，坚持“输血”与“造血”相结合，在帮扶方式上，坚持因地制宜、注重实效，在组织推进上，坚持省、市、县、乡、村五级联动。12月，福建省扶贫开发工作会议深入学习贯彻中央扶贫开发工作会议和东部地区扶贫工作座谈会精神，对当前和今后一个时期扶贫开发工作进行再动员、再部署，有脱贫任务的设区市市委书记、市长向省委、省政府签订了脱贫攻坚责任书。

【建档立卡】 2015年，福建省举办了两期扶贫开发建档立卡信息采集培训班，组织开展扶贫对象基础数据清洗，建档立卡“回头看”工作取得较好成效。总结推广宁化县精准扶贫“348”工作机制（三步工作法：一申请、两比选、三公示；四因四缺分类法：因病、因残、因学、因灾和缺技术、缺资金、缺劳力、缺动力；八种帮扶模式：结对帮扶型、入股分红型、基地托养型、资金互助型、创业培育型、订单带动型、搬迁改造型、资产盘活型）、龙岩市深化精准扶贫“九到户”政策措施（即生存救助、就业辅助、生产扶持、住房援助、医疗援助、就学资助、科技帮扶、社会捐助、结对帮扶九项精准扶贫到户工作措施）、宁德市精准扶贫“664”工作机制（即六到户：干部包干到户、龙头带动到户、造福搬迁到户、信贷扶持到户、能力培养到户、社会保障到户；六到村：领导包干到村、项目资金扶持到村、扶持集体经济发展到村、农业龙头企业结对帮扶到村、基础设施和公共服务完善到村、党建扶持到村；四到县：资金扶持到县、山海协作到县、交通改善到县、城镇化推进到县）和屏南县小额信贷扶贫到户等经验做法，做到每个贫困户都有一个帮扶责任人，不断提高精准扶贫实效。

【易地扶贫搬迁】 继续将造福工程危房改造列为为民办实事项目，2015年搬迁改造20万人，扶持建设100个百户以上的省级造福工程集中安置区，投入省级以上补助资金78420.7万元，其中搬迁改造对象补助68420.7万元、集中安置区补助1亿元。2015年起，加大对建档立卡贫困户搬迁扶持力度，即对建档立卡贫困搬迁户增发1个人份的补助金3000元；对少数民族搬迁户每人叠加补助资金从600元增加到1000元，加上市、县配套补助，每户补助平均达3万—5万元。

【定点扶贫】 继续实行省领导、省直属部门、省属企业和沿海较发达县（市、区）挂钩帮扶省级扶贫开发工作重点县制度。加大对23个省级扶贫开发工作重点县中经济社会发展水平靠后的10个县的帮扶力度，新增10家实力较强国有企业挂钩帮扶。2015年，23个重点县的GDP、地方公共财政收入、农民人均可支配收入分别达到2443.19亿元、111.02亿元、11994元。

【整村推进】 2015年，福建省委、省人大、省政府和省政协等省领导先后有143

人次，深入省级扶贫开发工作重点村调研指导驻村工作。福建省直属挂钩选派单位的厅处级干部2768人次深入省级扶贫开发工作重点村，帮助驻村干部制订发展规划、谋划发展思路、落实帮扶措施。2015年，各有关部门和社会各界投入重点村的帮扶资金达6.59亿元，实施建设3107个项目。加大了对少数民族乡村的帮扶力度，将年人均可支配收入低于4500元的少数民族贫困村纳入全省第四轮扶贫开发整村推进实施范围，向每个村投入20万元用于整村推进。

【扶贫小额信贷】 在23个福建省省级扶贫开发工作重点县全面建立风险保证金制度，实现重点县扶贫小额信贷创新试点全覆盖，试点县已达到29个。2015年，省级安排扶贫小额信贷资金3950万元，比2014年增加1500万元。2012年开展试点以来，省级已累计安排1.03亿元，各有关市县相应配套1亿元，担保贷款近10亿元，帮助1000个贫困村的500个农民合作社和专业大户以及3万贫困农户发展生产。

【社会扶贫】 开展海外社团帮扶重点县活动，组织海外闽籍社团与23个省级扶贫开发工作重点县进行结对子帮扶。开展百企百村结对帮扶活动，以第四批236个省级扶贫开发工作重点村为帮扶重点，组织动员300家以上民营企业与300个贫困村对接，帮助贫困村加快脱贫进程。开展退休教师支教讲学活动，招募退休教师150名，到23个省级扶贫开发工作重点县城关以外的中小学、幼儿园开展为期一个学期至一个学年的支教讲学活动。开展“扶贫日”系列宣传活动，组织新闻记者走近省级扶贫开发工作重点县、重点村和贫困户，访谈“2015中国消除贫困奖”福建省获奖者，营造政府、市场和社会协同推进扶贫开发的良好氛围。

开展“2015中国消除贫困奖”评选表彰工作，福建省黄仲咸教育基金会荣获捐赠奖，河仁慈善基金会荣获捐赠奖提名奖、将乐县高塘中心小学教师吴长生荣获感动奖提名奖。

【彩票公益金试点】 继续沿用2014年度彩票项目县的遴选结果，扶持7个项目县实施中央彩票专项资金扶贫项目。将中央下达的4000万元彩票公益专项资金用于扶持云霄、诏安、平和、顺昌、光泽5个县实施小型公益建设项目；将省级财政安排的1600万元资金用于扶持武平和连城县。

【东西部扶贫协作】 2015年，福建省级财政援助宁夏资金3500万元，援宁挂职干部争取各类帮扶资金3500万元。结对帮扶首次从部门和县（市、区）延伸到了乡（镇）、行政村，闽宁示范乡（镇）示范村建设稳步推进。闽宁产业园区建设进展顺利，银川市永宁县闽宁镇闽宁扶贫产业园和望远产业城已有10家企业入园。

（福建省扶贫办　董建武）

江西省扶贫开发

【概述】 2015年，江西省委、省政府把精准扶贫攻坚作为提高贫困群众获得感和幸福感的“第一民生工程”，大力推进以罗霄山片区和贫困县为重点的扶贫开发，实施了一系列扶贫重大工程。2015年江西省减贫72万人，贫困人口下降至200万，“十二五”江西省贫困人口减少238万人，减少54%；贫困发生率由12.6%降至5.7%左右，下降6.9个百分点。2015年贫困地区农民可支配收入增长13.6%，高于全省平均水平3.5个百分点。“十二五”江西省贫困地区农民人均可支配收入年均增长15%以上，高于江西省平均水平2个百分点。对居住在深山区、库区、地质灾害区等生存条件恶劣的贫困群众实施搬迁移民扶贫，2015年搬迁移民扶贫10.6万人。通过整合新农村建设、村组公路建设、人畜安全饮水、农村危房改造、农网升级改造等项目和资金，完成3000个贫困村村民小组村庄整治建设任务，“十二五”共搬迁34.6万贫困群众到城区、工业园区、乡镇和中心村，共扶助20多万贫困户子女参加职业学历教育和技能培训，共完成1.5万个贫困村村民小组村庄整治建设任务。贫困村由3400个调减至2900个。2015年12月，江西省委、省政府召开全省扶贫开发工作动员部署会议，各设区市、省直管县（市）和国家扶贫开发工作重点县主要负责同志签署脱贫攻坚责任书。

【扶贫资金投入】 2015年，江西省财政投入专项扶贫资金总额24.76亿元，其中中央财政投入12.67亿元，省级财政投入12.09亿元。中央财政发展资金主要用于：重点村整村推进（包括产业扶贫），投入10.46亿元；“雨露计划”，投入0.69亿元；中央福利彩票公益金试点，投入0.7亿元。

【片区扶贫攻坚】 2015年，江西省17个片区县贫困人口减少到86万人；贫困发生率下降到10.8%；建制村公路硬化率达到100%；自然村通路、通电率均达到100%。江西省2011年至2015年投资完成2997.6亿元，其中财政1995.1亿元，其他投入1002.5亿元。基础设施投入970.9亿元，占规划的27%，产业发展投入1281.1亿元，占规划的30.9%，民生改善投入380.4亿元，占规划的49.2%，公共服务投入247.7亿元，占规划的43%，能力建设投入11.8亿元，占规划的3.6%，生态环境投入105.7亿元，占规划的26.4%。江西省2011年至2015年重点工作完成项目536

个，占 58.5%；项目实施中 250 个，占 27.2%，其中村级道路建设开工率 100%，完工率 78.4%；饮水安全项目开工率 95.2%，完工率 71.4%；农村电力项目开工率 100%，完工率 57.1%；危房改造项目开工率 94.7%，完工率 52.6%；特色产业增收项目开工率 91.5%，完工率 44.3%；农村旅游扶贫项目开工率 69.7%，完工率 30.3%；教育扶贫项目开工率 91.3%，完工率 84.1%；卫生和计划生育项目开工率 70.6%，完工率 38.2%；文化建设项目开工率 64.9%，完工率 33.8%，贫困信息化工程开工率 96.2%，完工率 65.4%。

【整村推进】 2015 年，江西省省级财政共下达 3400 个贫困村村庄整治建设项目资金 68000 万元，其中，农田水利项目投入 7579 万元；通村组公路投入 48209 万元，2985 千米；人畜饮水项目 1880 万元，涉及 79488 人；其它项目 10332 万元。突出村庄环境整治，坚持政府引导、村民主体，资金资源整合，全面改善基础设施。

【易地扶贫搬迁】 2015 年，江西省安排搬迁移民扶贫计划 106073 人，安排 2015 年搬迁移民扶贫资金 27781.6 万元。截至 2015 年 12 月底，江西省深山区搬迁移民扶贫安置点开工率 100%，在建房涉及 57579 人，占总计划数的 63.7%，竣工惠及 16890 人，占总计划数的 18.7%，入住 15905 人，占总计划数的 17.8%。

【产业扶贫】 2015 年，江西省对 25 个贫困县每县每年新增安排 1000 万元共 2.5 亿元产业扶贫资金，对 58 个县以外的贫困村和贫困户新增每年安排 1 亿元产业扶贫资金。2015 年共安排产业扶贫资金 11.25 亿元。部署 33 个试点县按照“四位一体”产业扶贫新模式，即扶持贫困村选择一个主导产业、组建一个农民合作社、设立一个风险补偿金、建立一个部门帮扶机制，开展扶贫产业风险补偿金贷款扶持试点。平均每个县选取 10 个村试点，每个村安排 20 万元风险补偿金的标准，共安排风险补偿金 7460 万元，落实安排试点村 378 个，支持农户 3200 户，发放贷款 13145.55 万元。江西省扶贫和移民办公室与江西省商务厅、中国邮政集团公司江西省分公司等商议电商扶贫，建立“互联网+扶贫”江西模式。组织宁都县、石城县、寻乌县、井冈山市、吉安县 5 个贫困县（市）开展资产收益扶贫试点。安排下达 21 个试点县 21 个贫困村旅游扶贫试点资金各 100 万元。将光伏扶贫作为一种新型的产业扶贫模式开展试点。

【金融扶贫】 2015 年，江西省扶贫和移民办公室与中国人民银行南昌中心支行、省农村信用联社、中国农业银行江西省分行、中国邮政储蓄银行江西省分行等金融部门建立战略合作关系。与中国农业发展银行江西省分行（以下简称“省农发行”）签署战略合作框架协议，由省农发行提供信贷额度，用于支持搬迁移民扶贫等扶贫开发项目建设，其中江西省九江市修水县由县级平台直接与省农发行协调贷款 1.4

亿元搬迁移民扶贫资金；赣州市兴国、安远、会昌、上犹、于都和南康6个县（市、区），与省农发行协调进城进园移民安置“投贷结合”项目近10亿元。

【雨露计划】 2015年，江西省安排“雨露计划”培训资金总额6855万元，其中：职业教育培训资金4583万元，转移就业技能培训2272万元。2015年度“雨露计划”培训48125人，其中：职业教育培训24225人，转移就业技能培训23900人。江西省扶贫和移民办公室与中国联通江西分公司签订战略合作协议，推动“雨露计划”培训工作信息管理科学化、规范化。江西省不断扩大贫困家庭子女就读资助范围，提高奖助标准，形成“奖、助、贷、补、免”五位一体的学生资助体系。

【彩票公益金试点】 中央专项彩票公益金在江西省32个革命老区县实施，彩票公益金共计35250万元。共实施整村推进项目1523个，包括：基础设施分项目404个，其中新建村组道路256.61千米，桥梁41座，铺设供水管道86.75千米，新建和整治灌溉渠168.36千米，农田改造940亩，农村电网改造14千米；环境改善分项目835个，其中改厕、改厨、改灶、建沼气池涉及2060户，建文化活动室、卫生室、健身场所、村级小学共56处，绿化和路灯项目77个；产业发展分项目284个，其中种植大棚蔬菜1662亩，新建和改建油茶5200亩，毛竹6450亩，养殖猪（牛、羊）11480头，技能培训5205人次。共实施创新试点项目1181个，其中基础设施分项目908个，新建和改建村组公路576.51千米，新建桥梁18座，集中供水点12处，新建和整治灌溉渠396.15千米，提灌站120个，村内排洪渠10千米，农网改造22.5千米；产业发展分项目273个，其中水稻20000亩，田间和大棚蔬菜13150亩，油料作物11000亩，烟叶29000亩，花卉6500亩，水果22800亩，生猪养殖10000头，养鱼110万尾。共实施小型公益设施建设451个，其中交通设施388个，包括330.93千米村组路和1.29千米联户路，水利设施24个，包括集中供水点11处、塘坝1120口和灌溉渠11.67千米；环境改善项目39个，包括垃圾处理点23处，污水处理点16处。2015年，黎川县代表江西省在国家绩效考评组考核中获得全国创新试点项目第二名。

【定点扶贫】 2015年，江西省2015年至2017年291个省派单位在95个县（市、区）帮扶301个贫困村，部署各地制定新一轮定点帮扶2900个贫困村工作，选派驻村工作队和贫困村“第一书记”。对接国家部委在贫困县定点扶贫和在赣南等原中央苏区对口支援。继续完善省级领导定点指导一个贫困县、联系一个贫困村、结对帮扶几户贫困户的机制。2015年，江西省、市、县三级共有3792个部门单位、10656名干部定点帮扶2900个贫困村，安排落实30万结对帮扶责任人。

【行业和社会各界扶贫】 2015年，江西省争取到中国扶贫基金会项目资金800

多万元，项目涵盖13个县，修建溪桥20座、多媒体教室18个、教学楼2栋、村道3条8.5千米、拦水坝2座，资助贫困教师42人，关爱乡村小学50所、贫困学生9000多人。协调中国国际扶贫中心在石城、龙南两县开展联合国儿童基金会儿童减贫发展项目。中国扶贫开发协会在井冈山市举办第24期“贫困村大学生村官培训班”，对130名来自江西、山西、湖南、安徽、福建五省的贫困村大学生村官进行培训。与中国人寿保险股份有限公司合作探索保险参与扶贫机制，对建档立卡贫困户住院医疗费及特殊重大疾病门诊医药费个人自付的部分，开展医疗救助扶贫。

【扶贫日活动】 2015年，江西省确定“10·17，邀您一起关爱贫困儿童”主题活动，用以资助贫困地区品学兼优、生活困难的中小学生，组织“六个一”活动，即：寻找一批人，联合新华社江西分社开展“寻找帮扶江西贫困儿童”大型公益活动；表彰一批先进典型，开展“2015中国消除贫困奖”表彰推选工作，以省扶贫开发领导小组名义向5名个人（萍乡市莲花县甘家小学原校长龚全珍、赣州市会昌县老区建设促进会名誉会长李永海、新余市渝水区罗坊镇蒋家村离休教师蒋国珍、九江市检察院调研员王晓阳、吉安市遂川县扶贫和移民办公室主任郭小华）、3个组织（长平人民教育奖励基金会、修水县扶贫和移民办公室、铜鼓县扶贫和移民办公室）授予“江西最美扶贫人”荣誉称号；组织一个购物节，联合江西省商务厅在全省各地组织100个商场在10月17日开展“扶贫购物节”商品促销活动，募集资金于资助贫困儿童；举办一项现场活动，联合江西省妇联、省红十字会、省老促会先后在遂川县、修水县开展举办“10·17，邀您一起关爱贫困儿童”现场捐赠仪式，资助200名贫困学生；组织一次定向捐助，组织各级定点帮扶单位深入帮扶村开展“10·17”走访慰问，宣传“扶贫日”重大意义，讲解扶贫政策，开展多样形式的帮扶活动；开展一次大宣传，邀请人民日报社江西分社、新华社江西分社、江西广播电视台、中国新闻网江西新闻等主流媒体深入开展江西省“扶贫日”宣传报道活动。据统计，2015年“扶贫日”募集捐赠资金及物资8.31亿元。

【精准识别】 2015年，江西省按照建立扶贫对象信息管理系统，动态监测扶贫对象变化和扶贫措施落实的情况，开展建档立卡贫困户“回头看”、扶贫和民政系统比对核查、专项核查清理和交叉检查等工作，全省共退出贫困人口27.31万人，新进符合条件人口19.56万人。

【精准扶贫】 2015年6月9日，江西省委、省政府在吉安县召开全省精准扶贫攻坚现场推进会。原江西省委书记强卫、原省长鹿心社出席并讲话。省直属有关部门，各设区市、县（市、区）主要负责同志出席会议。与会人员观摩学习了吉安县精准扶贫工作的经验做法。吉安县、瑞金市、修水县、广昌县主要负责同志做了交流发言。会议要求按照《关于全力打好精准扶贫攻坚战的决定》要求，努力推动全省扶贫攻坚取得更大成效，确保老区人民与全国人民一起进入全面小康社会。

【扶贫政策研究】 2015 年，江西省强化推进全省精准扶贫攻坚力度，构建全省“1+5+23”扶贫攻坚政策体系。“1”（1 个纲领性文件），即：省委、省政府出台《关于全力打好精准扶贫攻坚战的决定》；“5”（5 个配套文件），即：省委办公厅、省政府办公厅印发《江西省贫困县党政领导班子和领导干部经济社会发展实绩考核办法（试行）》的通知，省政府办公厅《关于做好“十三五”规划扶持贫困村工作的通知》，省扶贫开发领导小组印发《各行业落实精准扶贫攻坚实施方案的通知》，省扶贫开发领导小组印发《新一轮定点帮扶贫困村工作安排》，省扶贫开发领导小组转发《中共吉安县委吉安县人民政府关于全面加强精准扶贫攻坚组织保障体系建设的决定》；“23”（23 个行业实施工作方案），即：省直属机构共 23 个有关部门和单位出台精准扶贫实施工作方案。同时，全省 11 个设区市和 25 个贫困县按照省级做法，其他县参照省级做法，建立完整的扶贫攻坚政策体系。

【贫困县考核机制】 2015 年，江西省委、省政府印发《江西省贫困县党政领导班子和领导干部经济社会发展实绩考核办法（试行）》。对特困片区县、国家扶贫开发工作重点县和省级扶贫开发工作重点县共 25 个贫困县党委、政府领导班子和党政主要领导考核情况进行单独评比，其中扶贫开发考核成绩占总权重的 60%。

（江西省扶贫和移民办
政策法规处　龚亮保）

山东省扶贫开发

【概述】 2015年，山东省深入贯彻落实中共中央总书记习近平关于“努力在全面建成小康社会进程中走在前列”的指示要求，探索贫困退出、脱贫成效评估、督查考核三大机制，构建起专项扶贫、行业扶贫、社会扶贫“三位一体”的扶贫开发新格局，实现减少贫困人口1516179人。

【扶贫资金投入】 2015年，山东省投入财政专项扶贫资金16.08亿元。其中，中央安排财政资金1.81亿元，包括中央财政专项扶贫资金1.41亿元、彩票公益金0.4亿元，省级财政安排专项扶贫资金8.45亿元，市级以下安排财政资金5.82亿元。中央和省资金主要包括贫困村产业扶贫资金69162万元、发展资金9456万元、扶贫小额信贷风险补偿资金6600万元、彩票公益金4000万元、金融扶贫贷款贴息资金3960万元、少数民族发展资金3420万元、国有贫困林场扶贫资金3520万元、建档立卡项目资金1778万元、“雨露计划”项目资金500万元、国有贫困农场扶贫资金770万元等。

【机构队伍建设】 2015年12月，山东省印发《关于调整山东省扶贫开发领导小组组成人员的通知》，调整加强省扶贫开发领导小组，山东省委书记姜异康，省委副书记、省长郭树清任组长，省委副书记龚正、副省长赵润田任副组长，成员单位增加到47个。印发《关于调整省扶贫开发工作机构的通知》，整合山东省扶贫办和山东省直属有关部门扶贫职责，重新组建山东省扶贫开发领导小组办公室。中共山东省委组织部、山东省机构编制委员会办公室联合印发《关于各市扶贫开发工作机构有关事项的通知》，督促各市按照山东省的模式，由市委、市政府主要负责同志担任组长，列为市委议事协调机构，整合组建市扶贫开发领导小组办公室，具体机构编制事项由各市按要求研究确定并报省编办备案。县级扶贫开发领导小组办公室由各市研究设立。脱贫任务重的乡镇明确机构承担扶贫开发工作，配备专职工作人员。

【精准扶贫】 2015年，山东省组织开展建档立卡“回头看”，动员省市县乡村五级15万人，对全省17市149个县（市、区、管委会、开发区）7.48万个行政村、7203万乡村人口逐村、逐户、逐人全面开展核查，提高数据精准度。截至2015年底，山东省共有省扶贫标准以下农村贫困人口1211065户、2423821人，其中国家标准农村贫困人口575844户、1105584人，分别占47.5%、45.6%；山东省扶贫标准农村贫困人口635221户、1318237人，分别占52.5%和54.4%。

【产业扶贫】 2015年，山东省在7005个省级扶贫工作重点村组织实施产业发展项目，投入省级以上财政专项扶贫资金7.8亿元。2015年，重点村产业发展项目审批权限下放到县。山东省扶贫办、省财政厅联合印发《关于做好财政专项扶贫资金项目实施监管工作的意见》，举办两期产业发展项目管理培训班，培训山东省17个市、128个县扶贫办主任和业务骨干300人。采取贫困户直接参与产业发展、新型农业经营主体带动扶持和资产收益扶贫等多种帮扶模式，进一步促进山东省扶贫工作重点村特色产业发展，共帮扶带动建档立卡贫困户39万户、贫困人口100万人。

【雨露计划】 2015年，山东省印发《关于组织开展好贫困农户“两后生”报名培训工作的通知》等文件，组织实施“雨露计划”项目。投入省级财政专项资金500万元，其中用于“两后生”职业教育补助489人、资金240万元，建档立卡贫困家庭子女在校接受中高等职业教育困难补助1200人、资金60万元，创业就业培训2105人、资金120万元，农村适用技能培训2600人、资金80万元。

【扶贫改革试验区】 2015年，山东省积极争取淄博市为全国6个国家扶贫改革试验区之一。选择部分省级扶贫工作重点村组织开展资产收益扶贫试点工作，每村安排100万元财政专项扶贫资金，统筹村集体闲置资产、农户土地和房屋、社会资本等各类资源，注册成立股份公司或专业合作社，将财政专项扶贫资金投入特色产业形成的经营性资产，按照“量化到人、确权到户、股份分红、长期持有”的原则，量化到建档立卡贫困户和贫困人口，实行保底收益、按股分红、负盈不负亏。2015年10月，国务院扶贫办在淄博市召开全国扶贫改革试验区工作现场会。

【干部驻村帮扶】 2015年1月，山东省印发《关于继续从省直单位选派第一书记抓党建促脱贫的意见》，194个山东省直属单位选派609名干部到609个省扶贫工作重点村担任“第一书记”；选派34名正处级领导干部到省派“第一书记”县挂职党委副书记；从山东省委组织部、省水利厅等10个单位，选派10名处级干部组成“整体脱贫第一书记工作队”，帮扶东平县54个村，开展党建扶贫工作。全省各级共选派“第一书记”1.4万名，实现了省级扶贫工作重点村全覆盖。584个山东省直属部门第一轮“第一书记”党建扶贫累计新修道路2731千米，改造542个村饮水设施，打井4323眼，培育特色产业758个，培育农民合作社718个，新上致富项目1164个，农民人均纯收入平均达10074元，96.58%的扶贫对象实现收入翻番，人均收入达5000元以上，全部实现脱贫；村集体收入平均达8.78万元，129个村达10万元以上。

【行业扶贫】 2015年，山东省投入行业扶贫资金37.4亿元，新改造农村道路1218千米，完成农村电网改造升级18万户，危房改造9.2万户，培养贫困地区卫生计生人才14.8万人，解决了1000个贫困村、95.6万农村居民饮水问题，有效改善了贫困人口生产生活条件。

【精准扶贫】 2015年，山东省有47个村列入全国旅游扶贫试点村，部分试点村完成旅游扶贫发展规划编制，培训试点村党支部书记47人，47个试点村接待游客45.5万人，示范带动山东省发展旅游扶贫村400个，接待游客380万人，实现旅游收入1452万元，惠及建档立卡贫困户1674户、贫困人口4718人，户均收入3560元。实施创业支持、基地培育、能人帮扶、平台建设、物流提升、人才培训和股份合作等7大电商扶贫行动。推荐临沂市蒙阴县等12个县（市、区）与阿里巴巴、一亩田、京东等知名网络企业开展合作，带动山东省1.8万贫困户实现增收。实施光伏扶贫，采取市县自筹、社会融资、小额信贷等方式，在8市、14县（区）、84村投入资金5.3亿元，总装机容量97.7兆瓦，受益贫困户3200户，户均年增收3300元，每村集体年增收2万多元。

【革命老区建设】 2015年，山东省继续实施中央专项彩票公益金支持革命老区扶贫项目，安排财政资金4375.95万元，其中中央投资4000万元，省市县投资214.35万元，农民筹资投劳161.6万元，重点改善群众生产生活条件。修建生产路139.58千米，桥涵2座，排水沟61千米，蓄水池1座，塘坝9座。涉及6个乡镇、53个村、21592户、84661人，其中省级扶贫开发工作重点村44个、建档立卡贫困户13052户、贫困人口22371人。

【扶贫小额信贷】 2015年，山东省政府组织召开全省扶贫小额信贷现场培训会议，推广“富民农户贷”和“富民生产贷”。34个山东省派“第一书记”县每县安排省级财政专项扶贫资金200万元、县级财政资金100万元，作为风险补偿金，由合作银行放大10倍以上进行授信，对建档立卡贫困户实行“免抵押、免担保、基准利率”的优惠政策。每县安排110万元省级财政专项扶贫资金，对贫困户贷款进行全额贴息，对帮扶建档立卡贫困户的农业产业化企业、农民合作社、家庭农场等新型农村经营主体给予3%年贴息政策。2015年累计发放小额信贷2.23亿元。

【村级互助资金试点】 2015年，山东省组织全省第六届扶贫互助资金合作组织管理人员培训班，培训互助资金试点村理事长、会计400名。委托山东天平信有限责任会计师事务所对2014年度互助资金运行管理情况开展绩效考评。发展互助资金试点村894个、入社农户15.3万户，其中贫困户5万户，占33%。互助资金规模达2.65亿元，其中省以上财政资金1.96亿元，农户自筹0.6亿元，公积金转增本金及社会捐赠995万元。累计借款22.8万户次，发放借款12.1亿元，促进了当地种植、养殖、加工、商业及运输业健康发展。

【扶贫培训】 2015年，山东省依托山东省农业广播学校师资力量和培训基地，对34个县609个省级扶贫工作重点村“两委”成员、驻村“第一书记”、生产大户、致富带头人和电商人员进行农业生产技能培训。累计培训1.2万人，现场指导3000人。

【国际减贫交流】 2015年，山东省接待两批南非国家农业土地资源部农村发展政策与实践研修班学员80名，到山东省临沂市、潍坊市、济宁市、烟台市，实地考察山东新大洋电动车有限公司、兖州绿源食品有限公司、寿光国家现代蔬菜创新创业示范基地、烟台东方海洋有限公司等，研讨交流农村地区企业发展战略、模式成效和经验做法。2015年8月，南非农村发展和土地改革部副部长坎蒂斯·玛舍枸·达拉米妮率团来山东，考察参观妇女能力提升、劳动力转移等项目。

【扶贫宣传】 2015年，中央和山东省媒体宣传报道山东扶贫开发工作533篇，其中中央主要媒体28篇、省级主要媒体92篇、网络媒体387篇、行业媒体24篇。撰写扶贫开发调研报告6篇。新华社刊发《重点工作咋抓实且看菏泽“扶贫图”——山东菏泽实施精准扶贫见闻》通讯。

【扶贫日活动】 2015年，山东省印发《2015年“扶贫日”活动方案》，组织第二个“扶贫日”系列活动，召开专题新闻发布会，开展健康扶贫、教育扶贫、金融扶贫、民营企业扶贫、扶贫募捐和访贫问苦活动，参加第五届中国消除贫困奖评选，设立社会扶贫信息服务网，筹建山东省扶贫开发基金会，营造社会各界积极参与扶贫事业的良好氛围。向“2015中国消除贫困奖”组委会推荐候选人8名，山东省沂源县张家泉村原党支部书记朱彦夫获得“2015中国消除贫困奖感动奖”。

（山东省扶贫开发领导小组
办公室　赵树海）

河南省扶贫开发

【概述】 2015年，河南省坚持精准扶贫精准脱贫方略，深入推进以大别山区、伏牛山区、太行深山区和黄河滩区“三山一滩”群众脱贫攻坚工程为重点的扶贫开发。召开省委扶贫开发工作会议，制定《河南省贫困县经济社会发展目标暨扶贫开发考核评价办法（试行）》，组织各贫困县编制实施全县脱贫规划。全省对1210个贫困村实施整村推进扶贫开发，对6.01万名太行山深石山区贫困群众实施易地扶贫搬迁，对20.16万名贫困家庭劳动力实施“雨露计划”，完成120万名农村贫困人口稳定脱贫目标任务，38个国家扶贫开发工作重点县农民人均可支配收入增幅比全省平均水平高2.1个百分点。

【扶贫资金投入】 中央投入财政扶贫资金20.69亿元，河南省级投入财政扶贫资金8.05亿元，统筹整合部门资金10.23亿元，农民自筹资金3.18亿元。中央、省级财政发展资金26.37亿元，主要用于：一是科技扶贫、产业扶贫、劳动力培训、易地扶贫搬迁等精准扶贫项目，投入资金11.78亿元；二是整村推进、彩票公益金扶贫等基础设施项目，投入资金14.13亿元；三是项目管理费和世行五期扶贫项目付息，投入资金0.46亿元。

【扶贫资金管理】 2015年，河南省实行财政扶贫资金因素分配、切块下达和财政扶贫项目县级审批、省市备案的管理办法。将中央下达的8000万元集中办大事资金，集中用于大别山区、伏牛山区、太行深山区贫困群众易地扶贫搬迁，解决突出贫困问题。将兰考县、滑县、固始县、新蔡县4个省直管县作为率先脱贫试点县，在安排第二批财政扶贫资金时，安排每县2000万元试点资金。建立竞争性资金分配机制，对2014年度财政扶贫资金绩效考评结果优秀的贫困县奖励项目资金共计1.03亿元。采取购买第三方服务方式，委托会计事务所对各省辖市、直管县（市）和53个贫困县开展2014年度财政扶贫资金绩效考评。制定实施《河南省财政专项扶贫项目管理办法（试行）》，建立2016年全省扶贫项目库。

【基础设施建设】 安排涉及贫困县的国省道改造项目57个，建设里程1600千米，投入国家、省级补助资金28亿元；安排53个贫困县农村公路建设里程7070千米、桥梁43379延米，投入国家、省级补助资金26亿元。下达53个贫困县水利投资计划48.18亿元，其中：农村饮水安全资金22.89亿元，为499.34万人解决饮水安全问题；大型灌区持续配套与节水改造资金1.04亿元，新增、恢复灌溉面积13万亩，新增粮食生产能力近万吨；小型农田水利重点县项目资金9.8亿元，新增、恢复、改善灌溉面积95万亩，新增供水能力9800万立方米，新增粮食生产能力7.13万吨，受益人口87万人；防汛抗旱资金2.82亿元；水土保持、生态环境建设资金1亿元，治理水土流失面积290平方千米，完成淤坡封底改造2.5万亩，建设小型水利水保工程1000多座；水电新农村电气化县建设项目资金6298万元，建设项目9个；水利移民资金10亿元，培训贫困地区移民干部7950人，移民就业及生产技能培训5.33万人次。河南省全省乡镇地区邮政网点覆盖率达到100%，建制村直接通邮率达到99.96%。

【整村推进】 2015年，河南省共有1210个贫困村实施整村推进，总投资22.49亿元，其中：中央、省级投入财政扶贫资金8.18亿元，市、县两级投入财政扶贫资金0.94亿元，整合部门资金10.23亿元，农民自筹资金3.14亿元。通过实施整村推进，新修村内道路5097千米，建桥88座、涵洞529个，打井98眼，建蓄水池332座、水窖151个，修渠198千米。整村推进围绕“重发展、强基础、兴产业、扶能力、促就业、助增收”6个方面，实施水、电、路、讯、房、环境改善到农家和农户增收致富“六到一增”工程，发展教育、文化、卫生等社会事业。在河南省范围内评选出100个整村推进示范村，给予每村60万元财政扶贫项目资金奖励，用于示范村完善、提升。对示范效应较好的50个整村推进示范村，编发案例汇编，推广成功经验。

【易地扶贫搬迁】 2015年，河南省投入易地扶贫搬迁项目资金24.38亿元，其中：中央、省级财政扶贫资金2.37亿元，市、县两级财政资金4.84亿元，整合部门资金4.10亿元，农民自筹资金13.08亿元。搬迁安置山区贫困群众1.29万户、6.01万人，超额完成年度计划任务20.1%。将易地扶贫搬迁与新型城镇化、新农村建设、革命老区建设、产业集聚区建设、特色产业发展相结合，提升搬迁地区贫困群众“造血”功能，增加搬迁群众收入，确保实现“搬得出、稳得住、能发展、可致富”的目标。

【产业扶贫】 投入中央、省级财政扶贫资金2.46亿元，实施扶贫开发到户增收项目776个，覆盖1024个村，扶持6.13万贫困户、22.3万贫困人口发展特色产业。投入中央、省级财政扶贫资金8216万元，支持龙头企业和农民专业合作组织实施产业扶贫项目245个，覆盖带动1437个贫困村、12.97万贫困户参与产业开发，拉动2.86万贫困人口就地就近就业；龙头企业投入7470万元，帮扶贫困地区实施特色产业开发。发放扶贫小额贷款8亿元，对2.6万贫困户实施精准扶持；截至2015年底，河南省有 32 个县批准设立扶贫小额信贷风险补偿金，落实风险补偿金 2.2 亿多元。18 个旅游资源禀赋好、发展乡村旅游潜力大的贫困村启动实施旅游扶贫试点。举办了河南省特色产业扶贫现场观摩暨培训班，召开了河南省旅游扶贫现场观摩交流暨培训会议。

【雨露计划】 2015 年，河南省投入中央、省级财政扶贫资金 1.52 亿元，培训贫困家庭劳动力 20.16 万人。其中，职业教育助学工程投入资金 5600 万元，资助贫困家庭学生 2.8 万人；短期技能培训工程投入资金 1650 万元，资助贫困家庭青壮年劳动力 1.1 万人；贫困村产业发展农村实用技术培训工程投入资金 7920 万元，培训 13.2 万人；贫困村创业致富带头人培训工程投入资金 60 万元，培训 0.06 万人；组织动员社会力量实施企业就近就地培训就业工程，培训 3 万人。

【村级互助资金试点】 2015 年，河南省投入中央、省级财政扶贫资金 7799 万元，在 362 个贫困村新启动实施互助资金试点。截至 2015 年底，在 59 个县的 1399 个贫困村开展了互助资金试点，资金规模突破 3 亿元；有 2751 万元互助资金转为风险补偿金，撬动金融资金近 1.5 亿元。总结出“中规中矩”的叶县模式、“县级统管”的虞城模式、“乡镇代管”的确山模式、“放大效益”的滑县模式、“扩容覆盖”的嵩县模式 5 种互助资金项目管理模式，在河南省全省宣传推广。

【革命老区建设】 2015 年，河南省投入中央专项彩票公益金 8000 万元，在 8 个县新启动实施中央专项彩票公益金支持革命老区小型公益设施建设项目。投入省级专项彩票公益金 3000 万元，在 6 个县新启动实施省级专项彩票公益支持革命老区整村推进项目。投入中央、省级财政扶贫资金 1200 万元，在革命老区贫困村建设项目 67 个，其中乡村道路项目 52 个、人畜饮水和小型农田水利项目 13 个、交通桥和生产桥项目各 1 个，改善了项目村群众的生产生活条件。

【以工代赈】 2015 年，河南省投入以工代赈资金 4.86 亿元，其中：中央财政预算内以工代赈资金 2.05 亿元，中央预算内基建资金 2.21 亿元，省财政配套资金 0.6 亿元。利用中央财政预算内以工代赈资金 2.05 亿元和省财政配套资金 6000 万元，在全省 53 个贫困县建设乡村道路 4408 千米、桥梁 63 座、2119 延米，保护耕地 2.1 万亩，新增和改善灌溉面积 37 万亩，建设基本农田 4130 亩、经济林 6100 亩，治理水土流失面积 19 平方千米，小型片区综合治理开发 37 平方千米，解决饮水困难 3.7 万人。利用中央预算内基建资金 1.01 亿元，在 32 个国家扶贫开发工作重点县实施 33 个以工代赈示范项目，建设基本农田 0.72 万亩、乡村公路 228.17 千米、独立桥涵 146 延米，治理水土流失面积 3 平方千米。利用中央预算内基建资金 1.2 亿元，在 17 个国家扶贫开发工作重点县实施 49 个易地搬迁项目，易地安置农村贫困人口4761户、2万人，建设住房28.57万平方米。

【科技扶贫】 2015年，河南省投入中央、省级财政扶贫资金1.05亿元，实施科技扶贫项目263个，扶持发展特色产业10多个，扶持贫困户1.92万户，推广新品种、新技术215项，农业技术培训11万人次，印发技术资料21万册，组织390名专家到贫困地区现场辅导。

【定点扶贫】 中央驻河南定点扶贫单位派遣挂职干部48人，其中21人担任贫困村“第一书记”，赴定点扶贫县考察546人次，直接投入贫困地区资金及物资折款5541万元，帮助引进各类资金4971万元，帮助上项目24个，举办培训班75期，培训各级干部、技术人员、农村致富带头人和农村劳动力2655人次，组织劳务输出3200人次。省、市、县有8922家党政机关单位和企事业单位等参与定点扶贫，派遣“蹲点”干部27440人。河南省直属单位直接投入贫困地区资金及物资折款2.25亿元，帮助引进各类资金7.97亿元，帮助上项目476个；市直属单位直接投入贫困地区资金及物资折款3.65亿元，帮助引进各类资金7.79亿元，帮助上项目1445个；县直属单位直接投入贫困地区资金及物资折款2.18亿元，帮助引进各类资金5.53亿元，帮助实施项目2855个。

【社会扶贫】 持续开展“千企帮千村”活动，自2006年起至2015年底，累计参与13758家民营企业，结对帮扶10936个村，实施11477个帮扶项目，累计及计划投资总额371.8亿元，为社会公益事业捐款捐物36.8亿元，修建道路11430千米，捐建学校1439个，捐建医疗室1526个，助残、助学、助困17.88万人次。2015年“扶贫日”，河南省有2000余家爱心企业和11000多名爱心人士参与扶贫济困暨爱心包裹捐赠活动，累计捐赠资金5亿多元。各民主党派、河南省工商业联合会、无党派人士和社会团体帮助贫困地区完善基础设施、改善生态环境、发展特色产业。开展“爱心包裹”“同心实践”“金秋助学”“同心康福”等扶贫济困活动，在河南省53个扶贫开发工作重点县直接投入和引进资金46亿多元。河南省总工会等组织开展的“金秋助学”活动，筹集助学资金1亿元，发放助学资金9300多万元，资助4.68万名困难学生上大学。九三学社河南省委员会组织开展的“同心康福”行动，资助完成200个髋关节患者就医、就学、就业。

【扶贫宣传】 组织协调新闻媒体宣传扶贫开发政策、报道扶贫开发成效，中央主流媒体多次报道河南省扶贫开发工作好的做法，《河南日报》系列报道了“三山一滩”地区扶贫开发成功典型事例，《河南日报》农村版开辟专栏宣传扶贫开发工作经验和成效，河南电视台新闻频道推出扶贫开发工作专题报道，主流媒体宣传报道500篇次。

（河南省扶贫办　郑　方）

湖北省扶贫开发

【概述】 “十二五”以来，湖北省委、省政府坚定不移地贯彻落实党中央、国务院的战略部署，全面实施“十二五”扶贫规划，坚持片区攻坚与精准扶贫同步推进，规划目标圆满完成，“十二五”期间，湖北省361万农村建档立卡贫困人口实现脱贫，贫困地区区域发展步伐不断加快，基础设施明显改善，主导产业基本形成，基本公共服务水平有了较大提高，为打赢脱贫攻坚战创造了有利条件。

2015年，湖北省委、省政府构建了“1+N+M”精准扶贫攻坚支撑体系（“1”即省委、省政府《关于全力推进精准扶贫精准脱贫的决定》，“N”即贫困县约束机制、帮扶机制、考核机制、退出机制、激励脱贫机制、扶贫责任制、精神支撑机制和用人导向机制，“M”即省直属行业部门出台的精准扶持措施），2015年，湖北省128.11万人、208个贫困村实现脱贫。

【扶贫资金投入】 2015年，湖北省共投入财政扶贫资金470320.84万元。其中，中央财政发展资金、少数民族发展资金和以工代赈资金130751万元；省级财政扶贫资金296370万元（扶贫系统管理资金27710万元）；市（州）、县（市、区）两级配套安排财政扶贫资金43199.84万元。中央财政发展资金主要用于：一是产业扶贫，投入资金85831万元；二是基础设施建设，投入资金30838万元；三是培训，投入资金11468万元。

【扶贫资金管理】 2015年，湖北省落实扶贫资金管理办法，进一步完善扶贫资金和项目的分配、使用、立项、审批、实施、绩效评估等具体操作规程，修改完善扶贫项目管理办法，落实公示公告制度，各项目主管部门强化项目督办监管。湖北省委督查室将资金使用和管理作为重点督查内容，湖北省扶贫、财政部门联合组织开展对29个国家扶贫开发工作重点县的财政专项扶贫资金绩效考评，并加强资金审计、检查，健全群众监督、社会监督、审计监察等监管机制，建立扶贫资金违规使用责任追究制度，确保扶贫资金运行、项目实施安全。

【片区扶贫攻坚】 2015年，湖北省继续采取省领导联系片区、省直属单位牵头协调、相关部门密切配合的方式，着力破解规划项目落地难、工作协调难、资源整合难等“三难”问题。湖北省政府建立片区产业发展基金，拿出50亿元支持片区产业发展。分别出台4个片区扶贫攻坚指导意见，使每个片区县每年享受政策性扶持资金3亿—5亿元。湖北省直属部门投入片区资金1641亿元。2015年4个片区实现生产总值3314亿元，完成规划投资1077.7亿元，脱贫77万人。

【整村推进】 2015年，湖北省整村推进完成投资237127万元，每村平均投入482.7万元。其中专项扶贫资金投入5.88亿元，每村平均投入119.7万元，行业扶贫资金11.3亿元，每村平均达到230万元，其他资金6.5亿元，每村平均133万元。通过实施整村推进，发展种植业20.2万亩，超规划目标4.5%，每户平均达到0.96亩；发展养殖业42.39万羊单位，每户平均养殖达到2个羊单位，基本实现规划目标；新建通村水泥路4153千米，农村公路服务水平和防灾抗灾能力不断提高，实现了100%的行政村通沥青（水泥）路，100%的行政村通客车。建设小型水利818处，缓解改善2351处，农村生产生活条件得到明显改善。整村推进贫困村建档立卡贫困人口由实施前的26.4万人下降到实施后的13.3万人，减少13.1万人；贫困发生率下降到17.9%，比实施前下降近18个百分点。村级集体经济收入达到1674万元，比实施前增加1066万元。

【产业扶贫】 2015年，湖北省产业扶贫投入资金总量为14.09亿元，其中中央财政扶贫资金投入6.04亿元。共投入财政贴息资金规模达10280万元，重点扶持促进贫困户就业、带动贫困户增收的产业化扶贫龙头企业、专业合作社和产业基地，撬动金融资本23.93亿元参与扶贫开发。创新发展扶贫小额信贷，全湖北省小额信贷规模从2014年的1.28亿元发展到2015年的23.93亿元，增长了近18倍。其中，贫困户贷款10.34亿元，占41.21%；新型农村经营主体贷款13.59亿元，占58.79%。2014年，湖北省通过实施产业扶贫辐射带动建档立贫困户73.94万人。

【易地扶贫搬迁】 2015年，湖北省共投入扶贫搬迁资金64664.9万元，其中中央财政扶贫资金17274万元，省级财政资金2000万元，整合部门资金13611.5万元，其他资金31779.4万元，人均投入0.8万元，其中扶贫资金人均投入0.24万元，完成搬迁21778户、79467人。坚持“不在没有规划的地方建房，不建没有规划的房子”的理念，科学规划，将扶贫搬迁与整村推进、农业基地开发、新农村建设、小城镇建设和促进转移就业相结合，确保搬得出、稳得住、能发展、可致富。坚持扶贫搬迁对象实名制，实行“一卡通”方式，将扶贫搬迁补助资金直接兑现给搬迁贫困户。

【雨露计划】 2015年，湖北省共投入“雨露计划”直补资金13320万元，通过培训转移5万名贫困劳动力，其中短期培训0.7万人，中职教育3.01万人，高职教育1.29万人。按照“精准扶贫、瞄准对象、网络申报、应补尽补、规范管理、提高实效”的工作原则，强化“雨露计划”宣传发动、摸底调查、农户申请、部门审核、社会公示、对象确认、资金直补、档案整理和督办检查等工作。县（市、区）在省下达财政扶贫资金总量中，按照符合对象条件的每生每学年不低于3000元的补助标准，统筹测算、切块安排“雨露计划”补助资金，确保“应补尽补”，实行政策叠加。投入资金120万元，开展村干部和致富带头人培训1136人次。

【革命老区建设】 2015年，湖北省共安排专项资金13300万元，在309个重点老区乡镇各选择一个贫困村，参照整村推进的做法，集中资金解决生产生活突出困难。实施基础设施项目1113个；其中实施农田水利、交通、饮水等基础设施项目583个；投入资金6054.5万元，实施发展生产项目430个，投入资金6208万元；实施社会发展项目51个，投入资金484万元，实施培训与科技推广项目49个，投入资金453.5万元。安排810万元对27个革命老区中心乡镇进行重点支持。安排插花贫困地区资金11045万元，共实施项目913个。

【脱贫奔小康试点】 2015年，湖北省脱贫奔小康试点工作继续坚持规划统领、产业支撑、项目牵引、合力帮扶、倾斜支持、专项督查，试点县经济发展实现提质增效。7县（市）地区生产总值、工业增加值、地方公共财政预算收入、社会消费品零售总额、固定资产投资为695亿元、244.89亿元、48.93亿元、300.9亿元、912.9亿元。

【彩票公益金试点】 2015年，采取竞争方式确定了湖北省恩施市、咸丰县、来凤县、竹溪县、十堰市郧阳区、五峰土家族自治县、秭归县、红安县、大悟县、神农架10个县（区）实施中国福利彩票项目，其中9个实施小型公益设施建设项目，1个实施整村推进项目。9个实施小型公益设施建设项目县总投入资金14425.54万元，其中中国福利彩票项目资金9000万元，整合各类资金5032.54万元，自筹资金442.97万元；新修村组路36976米，新修生产路25083米，新修联户路4000米，硬化村组道路85173米，硬化联户路32651米，新建桥梁3座，新修涵洞132处，新建灌溉蓄水池23个，整治塘坝8口，整治排灌渠9180米，铺供水管18547米，新建水厂2个，新建垃圾收集点51处，新建公共厕所15个，改栏改厕270户，污水管网10500米，人工湿地19个。项目共覆盖了48个村、20925户、63672人，极大地改善了当地群众的生产生活条件，有效助推了贫困地区脱贫。

【以工代赈】 2015年，投入中央以工代赈资金1.84亿元、地方投资2387万元，在28个重点县新建、改扩建公路395千米，建桥12座168延米，为0.36万人解决无公路和为2.94万人解决交通难问题；新修、清淤水渠19千米，抗旱池、水塘、水窖236口，架管道15千米，河堤整治22千米，建排洪沟21千米，新增和改善灌溉面积1.56万亩，年增产粮食36.5万千克；实施片区综合开发项目31个，治理小流域面积258平方千米，道路维修、新建94.6千米，新增和改善灌溉面积1.82万亩；整修河堤8.5千米，建拦水坝23座，新建水保林2.72万亩、封禁4.3万亩。

【特色产业扶贫】 2015年，湖北省把扶持龙头企业作为扶持农民的重大战略来抓，采取多种形式，重点从发展培植农副产品加工企业上突破，目前各重点县（市）都有1—2个辐射带动力强、利税过千万的农产品加工企业。贫困地区重点发展10种优势产业带和特色产品基地。

【定点扶贫】 2015年，20家中央单位对口帮扶湖北省，直接投入帮扶资金32945万元，同比增长69.98%；13家驻鄂部队和武警部队定点帮扶红安县、麻城市，投入资金166万元；9个发达地市向10个少数民族自治县共投入政府财政援助资金12574万元。2015年，湖北省省委财经办公室、省委组织部、省扶贫办、省直属机关工作委员会印发《驻村帮扶指导意见》，共派出15053个工作队、驻村干部91992人，共帮扶11365个村。

【社会扶贫】 2015年，湖北省4205家企业参与扶贫开发，辐射贫困村4026个，直接投资139926.5万元，捐助资金58492.5万元，兴建产业基地47.69万亩。加大表彰，让扶贫典型得到认可和尊重，“2015中国消除贫困奖”评选中，华中科技大学同济医学院附属协和医院姚尚龙获感动奖，秭归县扶贫办和长阳土家族自治县刘发英获提名奖。在“扶贫日”期间，开展系列宣传活动，共募集捐赠资金22688.3万元。

【扶贫宣传】 2015年，湖北省积极转变传统宣传手段，中央媒体宣传报道湖北省扶贫工作72篇次，国务院扶贫开发领导小组办公室主办的媒体报道110篇次，湖北省内主要媒体报道485篇次，湖北省内主要网络媒体报道7400篇次；依托新闻发布会及时公开扶贫信息，召开7次新闻发布会、4场新闻通气会，《湖北日报》3个专版发布2014年度全省扶贫开发、片区扶贫攻坚和脱贫奔小康试点工作报告；2015年“扶贫日”当天，《湖北日报》刊发湖北省委书记李鸿忠、省长王国生署名文章。与荆楚网联合搭建荆楚扶贫网、湖北微扶贫（微信公众号）平台创新方式造舆论。

【扶贫机制创新】 2015年，湖北省政府办公厅出台《贫困县资金整合机制意见》，全省资金整合573亿元，增量90%以上用于精准扶贫，破解了资金筹集难题、责任落实难题。

建立以财政投入为主、专项基金为辅、金融投入为补充的多元化投入机制。省、市、州、“插花”地区县（市）分别按当年地方财政收入增量的15%增列专项扶贫预算；各级财政当年清理回收可统筹使用的存量资金中50%以上用于精准扶贫。建立贫困村产业发展基金、贫困户发展乡村旅游基金、贫困地区“双创”基金、社会救助扶贫基金。建立扶贫开发投融资平台，依托湖北省长江产业投资集团建立湖北省扶贫投资开发公司，承接金融机构政策性专项贷款，将发放长期贷款365.5亿元。建立金融扶贫特惠机制，出台《创新扶贫小额信贷实施意见》，对有需求的贫困户实现“10万元以内、三年期限、无担保、免抵押、全贴息”贷款全覆盖。引导金融机构采取“担保基金+扶贫互助社+银行”“产业扶贫担保贷款”等融资方式，推进设立扶贫再贷款，尽力满足贫困地区经营主体需求。

坚持有贫必扶的原则，对因病、因灾、因市场风险等原因造成的返贫人口，按照公开公示、民主评议、村民大会等程序，及时纳入扶持范围，每年一季度及时录入建档立卡信息系统，因户制宜实施精准扶持措施。坚持“三防”（防数字水分、防层层提速、防冒进）原则，严格组织开展脱贫验收。

建立扶贫对象脱贫激励机制，对提前脱贫的贫困县，湖北省全省通报表扬，并作为其党政主要负责人提拔、重用的重要依据；对未能完成年度减贫任务的市、县党政主要领导进行约谈；对于未能如期脱贫的贫困县，湖北省全省通报批评，并追究党政主要负责人责任。建立脱贫后续扶持机制，对已脱贫的农户，在一定时期内让其继续享受扶贫相关政策，切实做到应扶则扶。

2015年，湖北省委宣传部印发《构建精神支撑的通知》，各地坚持内修精神、先“富脑袋”。各级媒体准确解读中央和省精准扶贫方略，生动报道精准扶贫、精准脱贫丰富实践和先进典型。

（湖北省扶贫办　夏　智）

湖南省扶贫开发

【概述】 2015年，湖南省深入贯彻中央决策部署，加强组织领导，加大投入力度，创新工作机制，扶贫开发工作取得较大成效。2015年农村贫困人口减少110万人，贫困人口总量降低到465万人，贫困发生率降低到8.2%，40个国家扶贫开发工作重点县（含片区县）农民人均纯收入达7222元，增速高于全省平均水平，贫困地区基础设施得到明显加强，贫困农民的生产生活条件得到了较大改善，扶贫对象的自我发展能力得到了显著提高，为确保湖南省到2020年全面建成小康社会打下了良好基础。

【扶贫资金投入】 湖南省财政安排财政专项扶贫资金7.2亿元，比2014年增长94.6%；从中央债券中切块安排7亿元用于扶贫开发。改革了资金项目分配办法，2015年将财政专项扶贫资金总额的91.01%按因素分配到县、项目审批权下放到县，由县级扶贫部门根据“项目报备、公告公示”的原则组织实施；省级政策调剂9.99%部分主要用于重点产业发展、扶贫小额贷款贴息、绩效考核等。

【扶贫会议】 2015年3月，湖南省委、省政府召开“2013—2014年湖南省直属单位建设扶贫工作总结表彰暨2015—2017年驻村帮扶工作动员大会”。7月，湖南省委召开十届十三次全会，分析扶贫开发形势，表决通过《中共湖南省委关于实施精准扶贫加快推进扶贫开发工作的决议》。8月，湖南省委举办了全省市（州）委书记、县（市、区）委书记、省直属部门主要负责人等600多人参加的扶贫专题培训班，学习中共中央总书记习近平关于扶贫开发工作的系列重要讲话精神。

【建档立卡】 2015年，组织发动湖南省扶贫系统和驻村扶贫工作队，集中7个月时间开展贫困对象建档立卡工作“回头看”，专项清理共减少贫困对象21万人。同时，按照“五个一批”的要求，对扶贫对象按照贫困程度、致贫原因、脱贫对策等情况分门别类登记在册，根据其实际情况分别列入发展生产、易地搬迁、生态补偿、发展教育、社会兜底5类帮扶对象，形成了“五个一批”数据库。

【扶贫法制化建设】 2015年12月，湖南省十二届人大常委会第十九次会议通过了《湖南省农村扶贫开发条例》（简称《条例》），于2016年1月1日起正式施行。《条例》包括总则、扶贫对象、扶贫开发规划和措施、扶贫项目和资金管理、监督与考核、法律责任、附则，共七章四十二条，明确了农村扶贫开发遵循政府主导、社会参与、发挥扶贫对象主体作用的原则，用法治思维和方式规范推进扶贫开发工作。

【驻村帮扶】 2015年4月，湖南省委、省政府印发《关于进一步加强干部驻村帮扶工作的意见》，共派驻省直属和中央驻湖南单位工作队184支、市直属工作队674支、县乡工作队7142支、驻村工作队员2万人，确保8000个贫困村帮扶工作队全覆盖。明确驻村帮扶工作队“12+1”的帮扶任务，即水、电、路、业、房、环境整治“六到农家”和就医、就学、养老、低保、五保、村级集体经济发展“六个落实”，以及基层组织建设。湖南省委结合“三严三实”专题教育，组织开展了“一进二访”（进村入户、访困问需、访贫问计）活动，全省63万名党员干部与187.3万贫困对象结成帮扶对子，实现了贫困户结对帮扶的全覆盖。

【产业扶贫】 2015年湖南省按照“资金跟着穷人走，穷人跟着能人走，能人穷人跟着产业项目走，产业项目跟着市场走”的“四跟四走”产业扶贫思路，安排重点产业扶贫项目财政扶贫资金4亿元，申报重点产业扶贫项目83个，实际安排项目76个，其中优秀类项目10个，重点产业扶贫项目涉及贫困人口20万人。贫困地区柑橘、茶叶、油茶、楠竹、中药材、肉牛（羊）、生猪、奶业、高山蔬菜和旅游等十大扶贫产业基地总面积达2000万亩，其中柑橘基地已达到200万亩、茶叶基地达150万亩、中药材基地50万亩，油茶基地超过200万亩，有1000家新型农业经营组织参与扶贫产业发展，其中参与省级扶贫重点产业项目的有200多家。

【金融扶贫】 加大“无抵押、无担保、基准利率”的小额信贷的推进力度，分两批在湖南省97个县整体推进扶贫小额信贷工作。5月底，配合国务院扶贫办在湖南省怀化市举办了13个省（区、市）、52个县（市、区、旗）、170多人参加的“创新发展扶贫小额信贷部分省区培训班”。截至2015年底，已对121万户建档立卡贫困农户开展评级授信工作，有95.8万户建档立卡贫困农户获得有效授信，授信金额185.4亿元，累计发放贷款17亿元，带动15万户贫困农户通过发展产业增收脱贫。其中湖南省麻阳苗族自治县、宜章县发放贷款突破1亿元，湖南省桂东县、安仁县、沅陵县、汝城县发放贷款5000万元以上。

【雨露计划】 2015年，湖南省“雨露计划”项目安排财政扶贫资金10177万元，实际完成培训补助12.6万人。其中职业学历教育4124万元，对“雨露计划”职业学历教育在校学生27491人按1500元每人每年的标准给予补贴；特困家庭义务教育助学安排2040万元，完成补助13600人；实用技术培训安排2170万元，完成培训65032人；其他劳动力转移培训安排1843

万元，完成培训19645人。截至2015年底，在网上申请参加2016年度职业学历教育的贫困家庭“两后生”达59838人，审核通过的符合条件对象为30309人。

【资产收益扶贫试点】 2015年，湖南省将9000万元资产收益扶贫试点专项资金安排到了17个县市，每个县1个项目。整合其他财政资金7065万元，信贷资金12246万元，新型农业经营组织投入资金8467万元，总投入3.68亿元。帮扶贫困户数18404户，贫困人数62006人，新建种植业基地35433亩，改造基地12337亩，新增家禽50万只（羽）。人均投入财政扶贫资金1451元。

【旅游扶贫试点】 出台《大湘西地区文化生态旅游融合发展精品线路建设总体设计方案》和《大湘西地区文化生态旅游融合发展精品线路建设总体工作方案》，建设12条精品旅游线路，每年扶持67个村，到2020年完成近400个村的旅游扶贫任务，14个乡村旅游扶贫试点村已获国家批复并启动相关建设工作。

【易地扶贫搬迁】 按照“政府主导、群众自愿、量力而行、就近方便安置”的原则，对“一方水土养不活一方人”的80万建档立卡农村贫困人口，实施易地扶贫搬迁工程，新一轮易地扶贫搬迁工作于2015年12月4日在湖南省茶陵县正式启动。

【贫困农户危房改造】 湖南省继续实施贫困农户危房改造“百村示范、千村联动、万户安居”工程，对贫困农户建房实行差异化补贴。在住房和城乡建设部门最高金额补贴4万元的基础上，扶贫部门再安排专项资金给予每户1万元配套，已在220个村开展整村推进，完成贫困农户危房改造7万户。

【行业扶贫】 湖南省发展和改革委员会牵头实施大湘西地区全面小康“三年行动”计划28大专项，统筹推进了罗霄山片区92个重点项目；湖南省财政厅对贫困地区财力性转移支付补助达200亿元；湖南省交通厅新改建贫困地区农村公路4000千米；湖南省水利厅2015年安排贫困地区中央和省级水利投资43亿元，2015年为715万人的农村人口解决饮水安全问题；湖南省教育厅向片区县投入资金16.4亿元支持薄弱学校改造和建设；湖南省人力资源和社会保障厅组织开展3万人的贫困地区劳动力技能培训，帮助41万特别困难的贫困人口缴纳养老金；湖南省卫生和计划生育委员会资助农村困难群体参加新农合130万人。

【社会扶贫】 启动实施了社会扶贫“三万工程”：在湖南省采集发布1万例深度贫困信息，通过电视、网站、报纸等各种媒体或现场信息等形式发布，引导社会各界开展“一对一”帮扶；发起了“善行湖南——万人眼健康公益行”活动，在一年时间内免费为1万名贫困眼病患者免费实施白内障和翳肉手术，帮助贫困眼疾患者重见光明；筹集社会资金4000万元，资助贫困学生1万人，带动1万个贫困家庭实现就业脱贫。深入推进“万企联村、共同发展”和“村企共建”项目，湖南省共有6700多家企业结对行政村9800多个，其中在贫困地区对接行政村3500多个，实施对接项目2000多个，投入资金120亿元，受益贫困人口200多万。

【扶贫宣传】 2015年，湖南省在中央和省级媒体发表各类新闻和信息共2124条，其中央媒体宣传湖南扶贫开发工作稿件和信息共585条，包括《人民日报》11条、《中央电视台》6条、《新华社》26条、《新华网》16条、《光明日报》34条、《中国扶贫》40条。与《湖南日报》、湖南卫视、华声在线、湖南红网等湖南主流媒体建立了战略伙伴关系，着重围绕中共中央总书记习近平精准扶贫系列讲话精神、“扶贫日”、《湖南省农村扶贫开发条例》等开展了一系列密集性宣传报道。

【扶贫考核】 湖南省委、省政府下发了《关于做好2015年度全面建成小康考核和贫困县扶贫开发工作考核的通知》在原来全面小康考评的基础上，强化对贫困县扶贫开发工作的考核，实行贫困县扶贫开发工作考核与全面小康考评整合。按照考核办法进行全面考核，湖南省麻阳苗族自治县、双牌县、新晃侗族自治县、安仁县、武冈市获得扶贫实绩综合优秀奖。

【扶贫督查】 2015年8月，湖南省扶贫开发领导小组组成12个督查组对湖南省42个县（市、区）进行督查，重点督查贯彻落实省委十届十三次全会及重点工作落实情况。2015年11月22日至12月1日，湖南省扶贫开发领导小组组成46个督查小组，采取各市（州）之间交叉督查的方式，对湖南省有3个贫困村以上的108个县（市、区），督查精准扶贫开展、减贫计划实施、驻村帮扶和结对帮扶、帮扶措施落实等方面工作，有效地发现问题、推动落实工作。

（湖南省扶贫办　游伟民）

广东省扶贫开发

【概述】 2015年是广东省第二轮扶贫开发规划到户、责任到人"双到"工作收官之年。广东省共组织3599个单位，派出7986名干部驻村，投入各类帮扶资金202.95亿元，帮扶2571个相对贫困村、20.9万相对贫困户、90.6万贫困人口，每村平均投入789.38万元，每户平均投入9.71万元，全面实现了扶贫"双到"目标任务。截至2015年底，广东省被帮扶的贫困人口实现人均纯收入9220元年均增速高于全省平均水平，实现了稳定脱贫的既定目标。广东省2571个贫困村村集体经济收入平均达到10万元以上，年均增速比广东省平均水平高近88个百分点。2015年，广东省各地、各帮扶单位投入各类帮扶资金73.41亿元，帮扶2571个相对贫困村、20.9万相对贫困户、90.6万贫困人口，每村平均投入285.53万元，每户平均投入3.51万元。

2015年，广东省分别召开两次省扶贫开发领导小组成员会议，研究部署广东省扶贫开发工作。广东省委书记胡春华、省长朱小丹等多次到帮扶村调研，分别在广东省农村工作会议、广东省扶贫开发领导小组会和扶贫开发工作专题汇报会上，对扶贫开发工作作出了重要部署。广东省各地、各帮扶单位落实《关于创新机制扎实推进农村扶贫开发工作的分工方案》。

【产业扶贫】 2015年，广东省被帮扶的2571个相对贫困村实施生产经营项目9452个，总投入达29.6亿元，涵盖种养业、加工业、土地租赁和物业出租等项目，产生实际收益达72.35亿元。其中被帮扶的2571个相对贫困村实施生产经营项目2150个，总投入达7.9亿元，涵盖种养业、加工业、土地租赁和物业出租等项目，产生实际收益达53.02亿元。

【民生事业扶贫】 投入资金19.53亿元，实施民生类项目23828项，为符合条件的18.6万户贫困户购买新型农村合作医疗保险和新型农村社会养老保险；农村低保提高至年人均最低一类3120元标准，五保集中、分散供养标准分别为8400元、6500元，对缺少自我发展能力的低保户、五保户给予定期救济；智力扶贫全面铺开，贫困家庭适龄子女普遍接受义务教育，免费入读中、高等职业院校，普遍受到教育资助。贫困农民生产生活条件明显改善，"两不具备"（即不具备生产生活条件）贫困村庄移民搬迁3.8万户任务全部完成。其中，

2015 年民生保障投入资金 6.94 亿元，实施民生类项目 5405 项，为符合条件的 5.5 万户贫困户购买新型农村合作医疗保险和新型农村社会养老保险。

【基础设施建设】 2015 年，广东省 2571 个相对贫困村基本公共基础设施建设全面发展，完善农田灌溉水渠建设 4901 千米；修筑、硬化道路 4152 千米；2208 户农户饮水安全问题得以解决；新建村公共文化设施 2163 项。

【扶贫督查】 坚持分类指导，“抓两头、带中间”，运用扶贫信息网上监测数据，结合实地调查，重点加强帮扶工作相对落后的地区和帮扶村的跟踪督查，查漏补缺，平衡推进工作落实。广东省各地均制定促平衡工作方案，对做得好的单位进行表扬，对后进单位加强督促、限期整改。2015 年 11 月，依据《广东省 2013—2015 年扶贫开发“规划到户责任到人”工作考核办法》，实施扶贫开发“双到”工作三年总考核。

【社会扶贫】 2015 年 6 月 30 日，广东省开展广东扶贫济困日活动，以“扶贫济困、共同参与”为主题，倡导“人人参与、人人慈善”，启动“思源反哺老区，助解医疗困境”书画捐赠活动，扩大“广东梦想知识包”大型公益扶贫项目，开展关爱贫困单身母亲送温暖活动。南方报业传媒集团联合广东省扶贫办和广州地铁集团有限公司开展“奉献爱心　携手同行”帮扶贫困村特困家庭子女行动，发动社会各界点对点参与帮扶。东莞市与揭阳市举办“美丽揭西，东莞发现”旅游扶贫公益活动。佛山市顺德区动员组织爱心企业、商会、服务团体开展扶贫慰问，帮助解决贫困村民生问题。

【东西部扶贫协作】 2015 年，广东省、广州市、东莞市及各级政府、各部门、社会各界向广西壮族自治区提供无偿资金及捐物折款 4687 万元，其中广东省各级政府拨款 3575 万元，社会捐款 665 万元，捐物折款 447 万元；帮助广西壮族自治区举办各类培训班 45 期，培训人员 1143 人次，其中培训干部 299 人次；2015 年全区外出务工人员到广东省务工 450 多万人次，贫困地区外出务工人员劳务输出纯收入 16 亿元。稳步推进广东帮扶示范村建设，百色市、河池市加快推进广东帮扶整村推进示范项目，23 个整村推进示范村建设各项前期工作已经完成，项目覆盖贫困群众 2890 户、9607 人。

（广东省扶贫办　韦　浩）

广西壮族自治区扶贫开发

【概述】 2015年，广西壮族自治区组织25万干部，历时3个多月，采用“一进二看三算四比五议”方法，按照“两入户、两评议、两审核、两公示、一公告”程序，进村入户开展精准识别活动，累计调查488万户涉及近2000万人，完成650多万人、5000个贫困村、6.92万个自然村（屯）、2.01万个移民搬迁村屯的建档立卡工作。区、市、县三级均设立综合协调、资金政策、基础设施、产业开发、移民搬迁、公共服务、组织保障7个小组。设立“第一书记”（乡村工作队）办公室，区、市、县三级扶贫部门编制增加485个。出台《关于贯彻落实中央扶贫开发工作重大决策部署坚决打赢“十三五”脱贫攻坚战的决定》，系统研究制定20个配套实施方案，形成具有广西特色的“1+20”扶贫政策体系。扶贫工程推进加快，着力推进产业扶贫、移民搬迁、教育扶贫、金融扶贫、社会扶贫等重点工程，2015年发展扶贫产业带动87万贫困人口增收，实施20.83万人（其中扶贫对象17.14万人）搬迁征地拆迁、“三通一平”、建房等前期工作，补助贫困家庭学生5.88万人次，发放小额信贷17.08亿元，组织各级投入扶贫帮扶资金17.7亿元。截至2015年底，广西壮族自治区的贫困人口有452万人。贫困地区农民人均纯收入7008元，增长12.5%；国家扶贫开发工作重点县农民人均纯收入7034元，增长17%，超额完成“十二五”提出的人均纯收入达到5000元以上的目标。

【扶贫资金投入】 2015年，广西壮族自治区共投入财政专项扶贫资金373873.84万元，其中：中央财政专项扶贫资金214798万元（包括发展资金162258万元、以工代赈资金24900万元、少数民族发展资金24980万元、国有贫困农场资金1120万元、国有贫困林场资金1540万元），区本级财政扶贫资金103853.32万元，市级财政投入扶贫资金28886.76万元，县级财政投入扶贫资金26335.76万元。2015年广西投入到33个滇桂黔石漠化片区县、国家扶贫开发工作重点县的财政专项扶贫资金（含发展资金、以工代赈资金、少数民族发展资金）128788万元，占当年中央财政专项扶贫资金（含发展资金、以工代赈资金和少数民族发展资金）投入总量的60.7%。

【扶贫资金管理】 广西壮族自治区出台《广西壮族自治区财政专项扶贫资金管

理办法》、财政扶贫资金竞争立项分配操作办法，修订完善扶贫资金项目公告公示制度实施办法。推进县级以奖代补、先建后补等资金分配使用方式，切块分配到县的财政专项扶贫资金占40%以上。将绩效考评结果与资金分配挂钩，将上年度各县绩效考核结果作为绩效因素纳入资金分配因素法的指标体系，将与绩效考评结果相挂钩的资金扣减规定纳入新修订的《广西壮族自治区财政扶贫资金管理办法》。加大财政扶贫资金审计力度，对重点县扶贫资金使用管理实现审计全覆盖。

【基础设施建设】 2015年，广西壮族自治区基础设施建设投入5.5亿元，修建砂石路699千米、硬化通屯路1549千米，修建桥梁101座、小型人饮工程346处、小型水利工程39处，380多万农户解决了饮水安全问题，完成贫困户危房改造5.7万户。兴边富民项目投入扶贫资金2000万元、“美丽广西·生态乡村”道路硬化专项活动投入资金2.4亿元、整村推进投入资金7.8亿元。投入1.2亿元在1000个贫困村实施村屯绿化工程。启动实施左右江革命老区振兴规划和三年行动计划，实施项目1500多个，完成滇桂黔石漠化片区重大项目投资1200多亿元。中央彩票公益金扶贫项目累计投入1.1亿元，广西壮族自治区获项目绩效评价奖励资金4000万元、巩固资金2000万元。

【易地扶贫搬迁】 2015年，继续推进《广西扶贫移民搬迁工程总体规划(2014—2020年)》，到2020年计划实施移民搬迁100万人以上。2015年189个安置点已开工建设183个。建立广西壮族自治区移民搬迁投融资平台。自治区本级财政投入资金2.5亿元，实施整村（屯）搬迁，因地制宜进行集中安置。强化用地保障，集中安置点建设用地指标由自治区本级指标保障，优先安排项目县开展城乡建设用地增减挂指标。对不同搬迁对象实施差异化补助标准。探索迁出地土地、山林、宅基地流转方式。

【整村推进】 2015年，广西壮族自治区共投入整村推进财政专项扶贫资金7.8亿元。修建砂石路638千米，硬化路1231千米，独立桥梁84座，人饮工程249处，小型水利85处，其他项目39个。投入1.2亿元，在1000个贫困村实施村屯绿化工程，新增植树造林面积10万多亩。发展种植业31.84万亩，低改18.36万亩。贫困村85%的农户参加过1—3次技术培训，超过80%的农户至少掌握了1门技术。

【产业扶贫】 2015年，广西壮族自治区投入财政专项扶贫资金6.5亿元发展特色种养业、乡村旅游业，全区共发展种植业63.68万亩，低改36.72万亩，养殖家禽（畜）203.66万羽（头），水产养殖78.06万千克，覆盖3671个贫困村，带动26.3万贫困户、86.9万贫困人口增收。实施旅游富民增收工程，自治区本级投入4000万元，在16个县实施旅游扶贫试点项目，建设一批旅游扶贫乡村示范点。

【扶贫培训】 2015年，广西壮族自治区共投入财政专项资金2.2亿元实施“雨露计划”，扶持贫困家庭子女和青壮年劳动力接受学历教育和技能培训11.68万人次，其中普通高校本科学历教育补助1.82万人，职业学历教育补助4.07万人（含2014级续培生），短期技能培训848人，农民实用技术培训5.71万人次。开展广东广西对口帮扶职业教育协作，动员803名贫困学生报读广东的协作学校，输送贫困学生1104人到广东企业顶岗实习。承担国务院扶贫办广东省与广西壮族自治区贫困村创业致富带头人培训试点上林县项目；在田阳县、田林县、罗城仫佬族自治县、天峨县开展农民实用技术培训创新试点。完成贫困村党委和村委会干部培训1528人；完成扶贫系统干部培训2630人。

【革命老区建设】 2015年，广西壮族自治区在百色市、河池市、崇左市和南宁市隆安县、马山县实施《左右江革命老区重大工程建设三年行动计划（2015—2017年）》（扶贫开发工程部分）累计完成投资15亿元，占三年计划总投资的56%；老区共修建通屯砂石路446千米、硬化路862千米；在老区实施1000个示范村屯绿化工程；投入老区资金约为4亿元（不含其他相关部门和各市县投入），主要用于发展特色种养业、乡村旅游业；老区贫困人口移民安置点占总工程量的70%。

【定点扶贫】 2015年，制定新一轮定点扶贫工作方案，实现广西壮族自治区37位省级领导每人联系一个贫困县、一个贫困村，市级领导476人联系559个贫困村、县级领导2883人联系2708个村。广西共有8000多个区、市、县（市、区）直属单位参与帮扶贫困村。新增派3500名贫困村“第一书记”，总数达6500名，实现“十二五”“十三五”贫困村全覆盖。组成111个工作队和1127个工作分队，共选派3万多名干部进驻1.4万个行政村担任“美丽广西”乡村建设（扶贫）工作队队员，实现了驻村工作队全覆盖。2015年投入定点扶贫资金（含物资折款）9亿元，引进资金5.5亿元。

【东西部扶贫协作】 2015年，广东省和广西壮族自治区按照《“十二五”时期广东广西扶贫协作计划纲要》所明确的事项，深入开展整村推进示范村建设、干部培训、结对帮扶、经贸协作、劳务合作等一系列扶贫协作。至2015年底，广东省、广州市、东莞市及各级政府、各部门、社会各界向广西壮族自治区提供无偿资金及捐物折款4687万元，其中广东各级政府拨款3575万元，社会捐款665万元，捐物折款447万元；帮助广西举办各类培训班45期，培训人员1430人次，其中培训干部299人次；2015年广东企业在广西壮族自治区投资项目共1491个，合作总投资2599.52亿元，广东方到位资金2525.07亿元（含续建到位资金）。广西外出务工人员到广东务工450多万人次，贫困地区外出务工人员劳务输出纯收入16亿元。实施23个广东帮扶整村推进示范村，项目覆盖贫困群众2890户、9607人。

【企业和社会各界扶贫】 开展“千企扶千村”活动，2015年共发动3390家民营企业与3382个贫困村结成帮扶对子，共募集扶贫资金38.4亿元，共新增产业扶贫项目1300多个。活动计划用6年时间，组织5000家以上有实力的民营企业和商会组织，通过引进项目、投资办厂、捐资助学、发展产业、安置就业、改造风貌等多种途径，结对帮扶5000个以上贫困村提高发展能力。

【金融扶贫】 2015年，发放扶贫小额贷款17.08亿元，在105个县设立扶贫小额信贷风险奖补资金，安排奖补资金2.33亿元。与广西壮族自治区农村信用社联合社等4家金融机构签订金融扶贫合作框架协议，未来5年争取贷款5400亿元，继续推进金融扶贫“百千万工程”，175家扶贫龙头企业、805家扶贫农民专业合作社纳入“百千万工程”支持范围。

【扶贫机制创新】 2015年12月，广西壮族自治区召开广西壮族自治区党委十届六次全会，审议通过《中共广西壮族自治区委员会关于贯彻落实中央扶贫开发工作重大决策部署坚决打赢“十三五”脱贫攻坚战的决定》，提出精准实施“八个一批”（即扶持生产发展一批、转移就业扶持一批、移民搬迁安置一批、生态补偿脱贫一批、教育扶智帮助一批、医疗救助解困一批、低保政策兜底一批、边贸政策扶助一批），“十大行动”（即特色产业富民行动、扶贫移民搬迁行动、农村电商扶贫行动、农民工培训创业行动、贫困户产权收益行动、基础设施建设行动、科技文化扶贫行动、金融扶贫行动、社会扶贫行动、农村“三留守”人员和残疾人关爱服务行动）。

【精准识别】 2015年，广西创新精准识别方法，运用“一进二看三算四比五议”方法［一进：工作队员入户与户主及其他家庭成员进行交流，了解家庭情况、生活质量状况、子女读书情况、家庭成员健康情况等；二看：看住房、家电、农机、交通工具、水电路等生产生活设施，看农田、山林、种养等发展基础和状况；三算：算农户收入、支出、债务等情况；四比：与本村（屯）农户比住房、比收入、比资产、比外出务工等情况；五议：议评分是否合理，是否漏户，是否弄虚作假，是否拆户、分户、空挂户，家庭人口是否真实等情况］，将难以衡量的收入指标和隐性的债务指标转化成看得见、摸得着的18类98项具体指标。对各地识别登记、录入系统的信息联合开展财产检索工作、进行大数据比对，剔除50多万户拥有大额财产的农户，杜绝“富人戴帽”现象。

【扶贫制度建设】 印发《广西壮族自治区贫困县党政领导班子和领导干部经济社会发展实绩考核办法（试行）》，取消8个贫困县的GDP考核，降低25个县的GDP指标权重，建立符合贫困地区发展的精准考核机制。建立贫困退出机制，出台《精准脱贫摘帽实施方案》明确广西壮族自治区贫困户、贫困村、贫困县脱贫办法。

【扶贫宣传】 2015年，广西壮族自治区加强与中央和地方主流媒体的作用，在中央主流媒体宣传报道扶贫开发工作1647篇次。发挥广西扶贫信息网门户作用，2015年网站发布信息3850条，拓展微博、微信等新媒体宣传方式，利用“新华掌媒·扶贫快报”平台，通过手机短信的形式发布扶贫信息402条，为广西所有行政村（含农村社区）及扶贫系统人员共6万多人提供信息服务。对《广西扶贫开发简报》进行改版，更名为《广西精准扶贫攻坚简报》，由每月一期增加为每周一期，2015年共刊发45期。

【扶贫信息化建设】 完成广西壮族自治区扶贫开发综合信息管理系统一期项目19个子系统开发，广西壮族自治区贫困人口实现动态统计监测，约100万移民搬迁农户信息录入全国扶贫信息管理系统。投入700万元继续推进二期项目建设，规划建设脱贫攻坚大数据平台。推进基层扶贫信息人才队伍建设，在每个行政村设立扶贫信息员。

【外资扶贫】 完成世界银行四期扶贫项目结存资金项目4688.75万元建设任务，项目覆盖282个村、44953户、187701人。完成国际减贫培训考察基地年度建设任务，承办“2015年马里减贫能力建设官员研修班”和“东盟+3村官交流项目”（“东盟+3”即东盟成员国加中、日、韩三国），与中国国际扶贫中心共同主办“2015年老挝中国扶贫工作经验研修班”。开展国际NGO合作，2015年投入项目资金2290万元，受益人数约20万人次。

（广西壮族自治区扶贫办　文湘林）

海南省扶贫开发

【概述】 2015年，海南省按照精准扶贫、精准脱贫的要求，完成60个整村推进村扶贫开发任务。海南省五指山市、保亭黎族苗族自治县、琼中黎族苗族自治县、白沙黎族自治县和临高县5个国家扶贫开发工作重点县（市）生产总值284.21亿元，农民人均可支配收入9187元。2015年，海南省农村贫困人口47.70万人，完成年度任务减贫计划105.5%。

【扶贫资金投入】 2015年，投入财政专项扶贫资金9.14亿元（其中中央财政发展资金2.94亿元、少数民族发展资金7790万元、以工代赈资金7300万元，国有贫困林场992万元，国有贫困农场2780万元，省级财政专项扶贫资金4.31亿元）；海南省直属相关部门整合资金2.40亿元；省级定点扶贫单位投入和引进资金1.13亿元。中央财政发展资金主要用于：一是产业扶贫投入1.85亿元，占65%；二是基础设施建设投入7262万元，占25%；三是扶贫培训投入2461万元，占8%；四是项目管理投入577万元，占2%。

【基础设施建设】 2015年，安排财政专项扶贫资金1.12亿元，支持贫困地区硬化乡村道路186千米，修建涵洞90个、饮水工程27宗，打井7眼，建设文化室和改造公共设施690平方米，解决8.96万人行路难、1.6万人饮水安全问题。

【整村推进】 2015年，完成整村推进扶贫开发任务贫困行政村60个，其中5个国家扶贫开发工作重点贫困市县20个，每个整村推进村投入资金不少于300万元，共投入资金3.54亿元（其中中央财政扶贫资金1.14亿元，整合资金2.39亿元,），硬化乡村道路145千米，修建涵洞43个、饮水工程17宗，改造危房1035间，饲养家畜1.28万头、家禽12.2万只，6.63万农户受益。举办各类培训班117期，培训3700人。

【产业扶贫】 2015年，安排财政专项扶贫资金1.39亿元，扶持贫困地区农户种植和管理橡胶、南药、杧果、绿橙、龙眼等热带经济作物和热带水果40平方千米，3.78万户16.31万人受益；扶持饲养家畜、家禽135.2万头（只）、蜜蜂0.86万箱、鱼700万尾，8.8万户38.35万人受益。

【革命老区建设】 2015年安排老区专项建设资金1.26亿元（含省配套资金2000万元），建设项目290个，其中修道路190.19千米，建饮水项目11宗、建文化室120平方米、维护修缮老区革命红色古井1

宗，受益农户 12.21 万人。

【雨露计划】 2015 年，海南省共投入中央财政扶贫资金 1840 万元用于“雨露计划”实施工作，按照“应学尽学，应补尽补”的要求，以“直补到户”的形式将助学资金直接发放到贫困家庭。新招收贫困生 626 人，继续抓好 4435 名在校生培训工作，2746 名贫困毕业生通过就业引导，就业率达 96%以上。

【扶贫小额信贷】 2015 年，海南省财政厅等 5 个单位联合印发《关于创新发展扶贫小额信贷的实施意见》，2015 年共为 1810 户建档立卡贫困户发放扶贫小额信贷款 3946.24 万元，新增授信贫困户 512 户，解决贫困户增收脱贫过程中资金短缺问题。

【彩票公益金试点】 2015 年，完成中央下达海南省 2013—2015 年彩票公益金 3750 万元项目实施工作，重点支持海南省保亭黎族苗族自治县、琼中黎族苗族自治县、五指山市 22 个老区村庄，开展整村推进建设项目 80 个。其中硬化乡村道路 34.1 千米，建安全饮用水工程 10 宗、蓄水池 2 座、拦水坝 2 座，拉引水管道 40.2 千米，建水利沟 1.4 千米，安装路灯 30 盏，修建公共服务设施 521 平方米，扶持农户养猪 3655 头，养殖家禽 32.5 万只，养蜂 806 箱，培训农民实用技术 8000 人次，受益农户 2.2 万户、9.6 万人。

【村级互助资金试点】 2015 年，海南省 5 个市县 44 个乡镇 139 个贫困村开展互助资金试点，其中琼中黎族苗族自治县 38 个，保亭黎族苗族自治县 17 个，白沙黎族自治县 39 个，五指山市 20 个，陵水黎族自治县 25 个；覆盖农户 69227 户（其中贫困户 21089 户），互助资金总额 2232.50 万元，其中财政专项互助资金投入 2121.11 万元，其它资金 57.82 万元，贫困户借款总额 1773.51 万元，占 54.7%。农户借款主要用于发展橡胶、槟榔、山茶等特色种植业及畜禽、淡水养殖业。

【乡村旅游扶贫试点】 2015 年，海南省扶贫办与省旅游委联合印发了《海南省 2015 年贫困村旅游扶贫试点工作方案》，确定五指山市水满乡新村、临高县博厚镇加禄村、白沙黎族自治县邦溪镇南班村、琼中黎族苗族自治县红毛镇什寒村为海南省旅游扶贫第一批试点村，其中白沙县邦溪镇南班村被国务院扶贫办和国家旅游局列为“2015 年全国贫困村旅游扶贫试点村”。2015 年旅游扶贫试点村设投入财政专项扶贫资金 848 万元，整合资金 1470 万元，举办培训班 2 期，培训 370 人次。琼中县什寒村接待游客 4.97 万人次，为当地农民创收 133.2 万元。

【建档立卡】 2015 年，海南省委办公厅、省政府办公厅下发《关于抽调人员集中开展全省建档立卡贫困户入户调查工作的紧急通知》，决定自 2015 年 12 月 8 日至 2016 年 2 月 20 日，进行三次入户建档立卡“回头看”，从省、市（县）和乡镇三级抽调 1268 名干部，组成 407 个调查组，对海南省 14.1 万户、59.98 万在册的农村建档立卡贫困人口，进行全面的进村入户调查。省政府召开海南省扶贫开发进村入户调查培训动员电视电话会议，对入户调查工作进行总动员、总部署、总培训，省直属机关、市县、乡镇和村委会等四级干部，共7057人参加会议。

【干部驻村帮扶】 2015年，根据《关于做好选派机关优秀干部到村任第一书记工作的通知》和《关于做好选派机关优秀干部到村任第一书记工作方案》要求，海南省从机关优秀干部、后备干部及国有企事业单位优秀人员中选派633名到农村任“第一书记”，其中中央机关单位选派2名，省级机关选派124名，市县机关选派509名，覆盖300个贫困村和276个党组软弱涣散村，带领所在村“两委”抓党建、抓扶贫、抓发展。

【定点扶贫】 2015年，海南省直属党政机关、企事业单位、人民团体、驻琼军警部队241个单位定点帮扶18个市县149个贫困村。海南省领导、省直属部门及企事业单位领导深入帮扶点调研指导2178人次。2015年定点扶贫单位自筹资金4360.5万元，引进资金1.13亿元，实施帮扶项目467个，受益8万多人。通过定点扶贫，建设乡村道路60.36千米、饮水项目9宗，架设电线20.31千米，改造危房106间，解决2.21万人行路难、9324人饮水难、723人用电难、2011人住房难问题；建设文化室1027.5平方米、活动场所1440平方米，维修加固水利设施23宗，铺设喷灌式灌溉管网33.3公顷，种植经济作物483.87公顷；举办各种实用技术培训447期，培训3.4万人次。

【军队和武警部队扶贫】 2015年，驻海南省军队和武警部队投入资金（含投劳折款）215万元，帮助13个贫困村、263贫困户修路、修照明线路、捐款捐物，送医送药、慰问五保户、法律宣传、助学支教；举办实用技术培训班5期，培训120人次，受益农民5.84万人。

【企业和社会各界扶贫】 国家海洋局、中国海洋石油总公司、中国电子信息产业集团有限公司共投入帮扶资金530万元，引进各类资金500万元，帮助琼中黎族苗族自治县湾岭镇大边村装修居民房、白沙黎族自治县浪烈村改造民房、保亭黎族苗族自治县和五指山市建设教学楼2所、临高县南流村买船发展海钓项目等。

海南神农大丰种子科技股份有限公司、海南制药厂有限公司、海南中丝发展有限公司等30多家企业投入3287万元，以土地流转、土地入股、公司+农户、产业带动、技术帮扶、销路保障等形式，帮助2756户贫困户人均年收入达2631元。

2015年，海南省社会各界开展多项公益扶贫活动。其中：“爱心救助”活动募捐78万元，资助贫困孤寡老人、孤儿、先天性心脏病患儿、特困大中专生2510人；“爱心包裹”活动筹措资金42元，捐赠包裹976件。“耳聪工程”对441名耳疾患者免费检查，对手术适应症患者免费手术

56 例。

【扶贫宣传】 2015 年，海南省共在中央级主流媒体、省级主流媒体刊发专版专题 3 个，各级媒体刊用刊载稿件信息 1363 篇次，其中中央媒体 563 篇次，省级媒体 800 篇次。海南新闻广播电台新闻节目中开辟“扶贫在海南”资讯专栏和“扶贫致富之路”专题。

【扶贫调研】 2015 年，海南省扶贫办先后对“海南省扶贫开发现状”“精准扶贫”等工作开展专题调研，有 6 篇调研报告被国家、省级刊物采用。其中《农民专业合作社与扶贫开发报告》一文被省政府作为参阅件发至省四套班子成员、省直属各部门和各市县，《海南省贫困地区天然橡胶林下经济发展模式及对策研究》《对海南实施精准扶贫战略的思考》两文分别被《扶贫开发》和《海南日报》采用。

【扶贫队伍建设】 2015 年，海南省扶贫办组织学习贯彻中共中央总书记习近平系列重要讲话精神 3 次，邀请省委宣讲团进行专题辅导 2 次。举办海南省扶贫系统干部培训班 18 期，培训 1697 人次。其中，扶贫系统主任、副主任培训班 7 期 282 人次，干部业务能力提升培训班 3 期 456 人次，乡镇分管领导和村委会干部培训班 3 期 252 人次，贫困村能人帮困脱贫培训 3 期 600 人次；“雨露计划”管理工作培训班 2 期 107 人次。

（海南省扶贫工作办公室　王丽妹）

重庆市扶贫开发

【概述】 2015年，重庆市坚决贯彻党中央、国务院脱贫攻坚决策部署，实现95.3万贫困人口“越线”，885个贫困村“销号”，涪陵、潼南2个市级贫困区“摘帽”。贫困地区的基础设施、社会事业和收入水平明显改善，14个国家扶贫开发工作重点区（县）人均可支配收入均达9120元，同比增长13.4%。贫困群众对脱贫攻坚工作满意度达98%以上。

【扶贫资金投入】 重庆市实行“五年政策、三年到位”，共投入行业和社会资金170多亿元；市级以上财政扶贫资金落地40.1亿元，较2014年增长48%。市级相关部门对18个贫困区县补助资金达650亿元，其中直接用于扶贫和与扶贫相关的348亿元，较2014年大幅增加。将市级以上财政扶贫资金的72%用于14个国家扶贫开发工作重点区县。安排专项资金14.1亿元，推进贫困村整村脱贫；安排专项资金5.3亿元，用于高山生态扶贫搬迁，2015年完成贫困户搬迁10万人；安排专项资金2.2亿元，培育发展乡村旅游、电商扶贫、光伏扶贫等扶贫新业态。坚持扶贫资金优先落实到户到人政策，到村到户扶贫资金达21.2亿元，占资金总量的85.8%。

【扶贫资金管理】 重庆市扶贫办与市财政局、市审计局联合下发《关于全面加强扶贫资金监管的意见》，提出15条监管意见，明确监管责任。与财政局联合下发《关于改革创新财政扶贫资金管理使用机制的意见》，提出10个方面的政策措施，优化财政扶贫资金管理办法。派出督查组检查扶贫资金落实情况，将检查情况通报给区县扶贫开发领导小组组长、副组长和区县扶贫办，进一步强化区县的监管主体责任。发挥贫困村务监督员作用，开展义务监督员业务培训，义务监督员参与项目实施日常监督和竣工验收。

【片区扶贫攻坚】 截至2015年底，重庆市武陵山片区和秦巴山片区共完成投资6012.6亿元，占备案规划总投资的55.1%。其中，基础设施投资3688.4亿元；产业发展投资1483.2亿元；民生改善投资497.8亿元；公共服务投资177亿元；能力建设投资26.3亿元；生态环境投资139.9亿元。完成交通、水利、能源“三重大项目”投资381.1亿元。

【整村推进】 2015年，重庆市安排市级以上财政专项扶贫资金17.31亿元，整合行业部门及其他投入69.7亿元，在1091个贫困村实施整村推进工作，其中：新启动691个，纳入国家规划的824个。通过持续不断的整村推进，贫困村的生产生活条件、贫困群众的收入水平和社会保障都发生了显著变化。1091个村减少农村扶贫对象22.5万人，减贫率达71%，高于全市减贫率13个百分点。共新建或改扩建村社公路5241千米，油（硬）化公路2614千米；新建水池3562口，铺设管道4616千米，新建或整治山坪塘162口、渠堰791千米，解决44.8万人安全饮水问题；基本实现户户通电、自然村通广播电视和电话。建成蔬菜14万亩，林果业52万亩；养殖肉牛、生猪、山羊58万头，家禽515万只。发挥贫困村独特的生态优势，大力发展乡村旅游扶贫，接待农户户均增收3万—5万元，成为贫困村增收致富的重要新兴产业。实施高山生态扶贫搬迁3.4万人，其中自然村整体搬迁24个。

【高山生态扶贫搬迁】 重庆市下发《关于加快完善市级高山生态扶贫搬迁集中安置点用地手续的通知》《关于明确高山生态扶贫搬迁有关政策的通知》《关于支持高山生态扶贫搬迁工作的意见》《高山生态扶贫搬迁集中安置点用地手续办理指南（试行）》等文件，下达市级以上专项资金14.9亿元，安排搬迁计划16.16万人。2015年，全市完成搬迁18.2万人，其中贫困户8.01万人，占已搬迁人数的44%。市级专项资金按照一般农户8000元/人、贫困户10000元/人的标准安排到区县。建立贫困户复垦周转金制度，贫困户复垦项目入库备案后，按2万元/亩预先拨付区县加快项目实施，将对口帮扶资金的60%以上精准用于贫困户搬迁补助及集中安置点配套基础设施建设等。实施分散安置和集中安置相结合，通过购买二手房的方式实施梯度安置，市级以上补助资金80%以上直接发放搬迁农户，支持其按安置区规划自主建房，降低成本。实行“统承统贷统还”搬迁融资模式，即：市级平台统一承接项目资本金，统一贷款，统一还贷。

【产业扶贫】 2015年，重庆投入财政扶贫乡村旅游专项资金6000万元，以建卡贫困户为主体，贫困村和高山移民搬迁点为核心，建立乡村旅游扶贫示范片（村）。建成231个乡村旅游专业村，1万余户农户开展乡村旅游接待，2015年累计接待游客640万余人次，旅游直接收入7.6亿余元，户均增收4万余元，其中贫困户直接经营农家乐1000余户，户均增收3万余元。重庆市投入电商扶贫资金620万元，开展“网上村庄”电商扶贫合作社建设项目，采用线上+线下、乡村旅游+农产品销售的方式，在17个区县建立87个电商扶贫“网上村庄”村级服务站，上线农家乐4500多户，线下入社农户5812户，贫困户2500多户，网上交易3000万元。

【雨露计划】 重庆市安排财政扶贫资金11180万元，开展雨露技工培训2540人，创业和公益培训8175人，培训致富带头人240人，带动近1000户贫困家庭脱贫致富，实用技术培训8.5万人，培训贫困地区乡镇领导、扶贫专干、贫困村村支“两委”干部、驻村工作队等1.5万人。2015年共资助贫困家庭子女14万人次，实现了贫困家庭子女大学新生资助全覆盖，贫困大学生就业100%，贫困家庭子女从学前教育到大学资助全程覆盖。

【互助金试点】 截至2015年，重庆市共有运行中的贫困村互助社1162个，互助资金总量达到2.95亿元，其中市级以上财政扶贫资金2.33亿元，占资金总量的79%，农户缴纳互助金以及其他捐赠资金等0.62亿元。共覆盖农户75.7万户，当年借款1.9亿元，其中贫困户借款6433万元，约占借款总额的33.7%，借款农户数1.96万户，其中贫困户7403户，贫困户扶持率38.9%。

【社会扶贫】 2015年，重庆市筹集社会帮扶资金33.1亿元，引进落实项目资金25.7亿元。18个扶贫集团筹集资金9.1亿元。38家市属国有重点企业组建4个对口帮扶集团，对口帮扶重庆市酉阳土家族苗族自治县、彭水苗族土家族自治县、城口县、巫溪县4个深度贫困县。3年拟筹集24亿元，支持14个国家扶贫开发工作重点区县。区县结对帮扶严格落实1%实物量，2015年经济发达区县援助经济相对落后区县4.5亿多元，重点支持高山生态扶贫搬迁和产业发展。

【定点扶贫】 水利部、中央外事工作领导小组办公室、中国中信集团有限公司、中国进出口银行、中国农业银行股份有限公司、中国长江三峡集团公司、中国致公党中央委员会、中国法学会、国务院三峡工程建设委员会办公室、中核集团公司10个单位对口帮扶重庆市14个国家扶贫开发工作重点区（县）。2015年共投入帮扶资金7.55亿元，引进帮扶资金3.9亿元、项目50个，资助贫困学生615人，组织劳务输出3785人。

【东西部扶贫协作】 进一步强化山东对口帮扶重庆组织领导和统筹协调工作、全方位开展两地经贸合作、管好用活政府援助资金三个方面的共识。2015年山东援助重庆市财政资金5000多万元，实施项目60多个，打造了一批高山生态扶贫搬迁示范项目。

【干部驻村帮扶】 2015年，重庆市委组织部下发了“五个全覆盖”的《通知》，重庆市共选派“第一书记”2249名，派驻驻村工作队（组）2451个、驻村工作队员1.8万名，落实结对帮扶干部19.9万名，实现贫困村驻村工作队（组）全覆盖、贫困户结对帮扶全覆盖。

【扶贫宣传】 2015年，《人民日报》头版刊发《统筹聚力、精准发力、创新加力，重庆新一轮扶贫动手更动脑》一文，以《山更绿了，口袋鼓了》报道重庆生态扶贫先进经验，以《重庆黔江：乔迁解困走对路，配套扶贫暖民心》报道重庆高山生态扶贫搬迁典型。中央电视台《新闻联播》先后有“重庆精准扶贫在行动”“重庆开县建立扶贫入股分红机制”等报道；《新华社》内参反映重庆扶贫工作 4 篇。21 家中央在渝和市属媒体总编台长到贫困区县开展“总编台长看扶贫活动”，报道重庆市精准扶贫精准脱贫制定出台的各项政策措施和扶贫脱贫典型。2015 年，中央媒体报道 37 篇，市级媒体报道 800 余篇，各大网络媒体报道 1200 余篇次。

（重庆市扶贫办政策法规处　李耀邦）

四川省扶贫开发

【概述】 2015年，四川省集中力量开展“四大片区（秦巴山区、乌蒙山区、大小凉山彝区、高原藏区）扶贫攻坚行动”和基础、产业、新村、能力、生态“五大扶贫工程”，全年全省精准脱贫117万人。四川省委印发《中共四川省委关于集中力量打赢扶贫开发攻坚战确保同步全面建成小康社会的决定》，与《四川省农村扶贫开发纲要（2011—2020年）》《四川省农村扶贫开发条例》以及会后出台的基础设施建设扶贫、产业扶贫、新村建设扶贫等扶贫开发10个专项方案，形成“3+10”组合拳，共同构成全省新时期扶贫开发的总体设计、制度安排、政策措施和主要的工作要求。12月，召开全省脱贫攻坚大会，全省从省到有脱贫任务的市、县、乡都成立了党政主要领导任“双组长”的脱贫攻坚领导小组，组织省级、厅级领导和市（州）领导集中开展了3次扶贫脱贫专项大督查大调研。全年“四大片区”完成投资2364亿元，实现减贫59.4万人。先后开展了建档立卡信息复核校正、检索比对和“回头看”，及时清退了非贫困户，为贫困村贫困户量身定制了帮扶方案和扶持办法。金融扶贫、电商扶贫、旅游扶贫、光伏扶贫、整村推进、世行六期等项目有序实施。派出驻村干部33847人、帮扶单位13646个，实现11501个建档立卡贫困村都有1名责任领导、1个帮扶单位、1个驻村工作组、1名“第一书记”、1名农技员的“五个一”全覆盖。扶贫“四到县”（责任、权力、资金、任务）制度进一步落实，贫困考核、约束、退出等系列办法出台。社会扶贫资金投入74.2亿元，首次采取全省联动形式，开展了全国第二个“扶贫日”四川系列活动，评选出“四川十大扶贫好人”“结对认亲、爱心扶贫”公益品牌影响力不断扩大。

【扶贫资金投入】 2015年，四川省财政专项扶贫资金总投入691412.81万元。其中，中央财政发展资金、以工代赈资金、少数民族发展资金、国有贫困农场扶贫资金、国有贫困林场扶贫资金安排330257万元；省级财政安排186434.2万元；市（州）财政安排43089.6万元；县（市、区）财政安排131632.01万元。中央财政专项扶贫资金（发展资金）用于：产业扶贫，投入资金122807万元，占42.28%；基础设施建设，投入资金157292万元，占54.15%；农村劳动力培训，投入资金1824.94万元，占0.63%；其它投入资金8565.06万元，占2.94%。

【扶贫资金管理】 2015年，四川省各级扶贫部门对2013—2014年度财政专项扶贫资金分配使用情况进行了全面自查自纠，对2010年以来财政专项扶贫资金各项检查发现问题的整改和处理情况进行了清理和落实。安排财政专项扶贫资金9000万元，在46个县69个农村专业合作社开展资产收益扶贫试点工作。安排省级财政专项扶贫资金5亿元，设立贫困村贫困户产业扶持周转金。省级财政从2015年政府债券中安排30亿元，设立贫困户住房建设贷款分险基金。省财政投资评审中心对2015年《大小凉山综合扶贫开发彝家新寨建设项目》进行了绩效评价。委托第三方，对通江县、青川县、叙永县、乐至县的财政专项扶贫资金进行绩效评价。省级层面出台《关于深化资金使用精准性的指导意见》《关于构建全省财政扶贫资金绩效评价和监督检查机制的意见》《关于构建财政扶贫资金到村到户帮扶机制的意见》等文件。

【基础设施建设】 2015年，四川省成兰铁路、成贵铁路、成昆铁路、稻城亚丁机场、阿坝红原机场、巴中机场、南巴高速、广南高速、达巴高速、亭子口、红鱼洞水利枢纽等一批重大基础设施建设加快推进；新改建农村公路2.6万千米；乡镇卫生院覆盖率达94.42%，已经完成30%以上的村卫生室建设；解决了415.6万农村居民和51.89万学校师生及藏区规划外新增86.99万人的饮水安全问题；全面实现无电村通电。“四大片区”实施土地整治96.84万亩，总投资13.15亿元，新增耕地9万亩。36个贫困县开展了小型农田水利重点县建设，安排投资9亿元，新建整治池（窖）、山坪塘、石河堰、小型泵站等水源工程0.74万处，新建整治渠道3122千米，建设高效节水灌溉面积4.46万亩。

【整村推进】 2015年，四川省共投入资金10.74亿元，实施完成了334个贫困村整村推进扶贫开发项目。基础设施及公共服务类总投资4.3亿元，其中村级道路通畅（新建、硬化等）投入2.98亿元，人饮及灌溉设施投入5521万元，生产生活用电投入200万元，自然村通宽带等投入74万元，环境保护和改善投入2488万元，防灾避灾投入294万元，其他投入4601万元。产业扶持类总投资6.44亿元，其中种植业投入22102万元，养殖业投入35493万元，其他投入6870万元。

【易地扶贫搬迁】 四川省将易地扶贫搬迁与“彝家新寨”“藏区新居”“巴山新居”等建设相结合，截至2015年，国家累计下达易地扶贫工程中央预算内投资19.7925亿元，在12个市（州）、87个县（市、区）对7.7万户33.74万贫困群众实施了易地扶贫搬迁工程，其中2015年搬迁安置农村贫困人口9万人。召开全省易地扶贫搬迁工作电视电话会，安排部署“十三五”时期易地扶贫搬迁实施方案和2016年搬迁实施计划编制工作。

【雨露计划】 2015年，四川省扶贫和移民工作局与教育厅、人力资源和社会保障厅联合下发《关于实施雨露计划支持农村贫困家庭新成长劳动力接受职业教育工作的通知》，提出精准化、科学化、规范化管理“雨露计划”，实现农村贫困家庭新成长劳动力的职业教育扶贫助学补助入户到人的目标。

【以工代赈】 2015 年，四川省共落实中央投资 9.05 亿元，实施以工代赈示范工程 22 个、片区综合开发项目 5 个、示范村项目 39 个。

【特色产业扶贫】 2015 年，四川省在秦巴山片区、乌蒙山片区 20 个县开展集中力量解决突出贫困问题试点工作（茶叶和核桃特色产业），计划投资 27980 万元，新植茶叶 5.14 万亩，核桃 7.34 万亩，发展茶叶苗圃基地 720 亩，核桃基地 122 亩，建设 1000 亩茶叶示范园区和 500 亩核桃示范园区。新建生产便道 164 千米，产业路 137 千米，山坪塘建设 112 处，提灌站 7 座，蓄水池 28520 立方米。成立 20 个茶叶专合组织和 7 个核桃专合组织，技术培训 6720 人次。项目覆盖 227 个乡，998 个村，3614 个社；覆盖农民 75206 户次、326463 人次，其中贫困群众 54024 户次、170274 人次。截至 2015 年底，项目投资及实施进度达 63%。

【定点扶贫】 2015 年，23 个在四川省定点扶贫的中央、国家机关和有关单位向四川省 36 个国家扶贫开发工作重点县直接投入帮扶资金 3.62 亿元，帮助引进资金 1.65 亿元；帮扶单位共派出 34 名挂职干部，314 人次到受扶地开展定点扶贫考察调研，举办各类培训班 63 期，培训各级党政干部、技术人员、农村致富带头人、农村劳动力 5772 人次。239 个省直党政机关、企事业单位定点扶贫片区 88 个贫困县，直接投入帮扶资金 5.64 亿元，帮助引进各类资金 1.52 亿元，引进项目 221 个，共安排 757 名优秀干部在贫困地区挂职帮扶，有 2596 人次到贫困地区开展考察调研，举办各类培训班 465 期，培训各类人员 16247 人次。市（州）、县（市、区）两级定点扶贫工作直接投入资金 23.6 亿元，引进资金 20 亿元，项目 7845 个，有 33160 名干部挂职扶贫，156888 人次深入贫困村贫困户考察调研，举办各类培训班 10291 期 569549 人次，组织劳务输出 545617 人次。

【东西部扶贫协作】 2015 年，珠海市落实帮扶凉山彝族自治州资金 2016 万元（政府援助资金 1966 万元、社会资金 50 万元），实施提升教育医疗水平、培养专业技能型人才、资助贫困大学生完成学业、促进彝族传统工艺和文化传承等方面援建项目 25 个，新增协作企业 3 个，开展人才培训 7 期 772 人次。浙江省无偿援助四川藏区 16475 万元（政府援助资金 16000 万元、社会资金 475 万元），实施对口支援项目 67 个，新增协作企业 37 个，实际投资 3.5 亿元。

【企业和社会各界扶贫】 2015 年，在“扶贫日”四川系列活动中，共募集资金物资逾 8.8 亿元。开通“四川爱心扶贫网”，启动“结对认亲，爱心扶贫”公益活动，“四川爱心扶贫网”全年累计发布5000多户贫困户和1000多个贫困村信息，平台的访问量累计达25万余次，共有1871户贫困户成功实现结对，帮扶资金381.1万元。启动“万企帮万村”精准扶贫行动，开展了“光彩事业”“栋梁工程”“消除婴幼儿贫血行动”等活动。开展首届四川“十大扶贫好人”评选表彰活动，推荐了10个中国消除贫困奖候选名单参加评选，四川省2个单位获得提名奖。

【扶贫机构和队伍建设】 2015年12月，四川省成立由省委书记、省长任“双组长”，41个省级部门主要负责人为成员的四川省脱贫攻坚领导小组，下设脱贫攻坚领导小组办公室，由1名省委常委任主任，省政府分管副省长任副主任，省扶贫和移民工作局局长、省委农工委常务副主任（正厅级）任副主任；从13个省直部门抽调了17名业务骨干充实到办公室，分设综合协调组、信息简报组、督查考核组、规划计划组。省、市、县三级扶贫工作力量进一步充实加强，截至2015年底，省扶贫和移民工作局增设审计稽查处，增加2名处级领导职数和2个行政编制，全局总编制达到104个；20个有扶贫任务的市（州）扶贫移民机构增加行政编制43个、事业编制6个；88个片区贫困县扶贫移民机构增加行政编制237个、事业编制46个；72个有扶贫任务的非片区贫困县扶贫移民机构增加行政编制57个、事业编制62个。

【扶贫法制化建设】 2015年，四川省历史上首部地方性扶贫开发法规《四川省农村扶贫开发条例》出台，从2015年6月1日起正式施行。2015年底，四川省人大常委会由7位副主任分别带队，深入14个国家扶贫开发工作重点县或国家片区县开展执法检查。编撰出版《扶贫开发工作法规规章和规范性文件汇编》，规范化推进扶贫开发工作。省扶贫和移民工作局获得“四川省推进依法行政示范创建合格单位”称号。

【扶贫小额信贷】 2015年，四川省印发《四川省扶贫小额信贷操作指南（试行）》，在广元市旺苍县召开全省扶贫小额信贷工作推进会。79个县（市、区）开展了建档立卡贫困户评级授信，74.9万户建档立卡贫困户获得授信、授信额度达254.5亿元，有61个县（市、区）、15.3万户建档立卡贫困户获得扶贫小额信贷资金25.2亿元。

（四川省扶贫和移民工作局　熊素华）

贵州省扶贫开发

【概述】 2015 年，贵州省加快创建全国扶贫开发攻坚示范区，圆满完成“十二五”扶贫开发规划，扶贫开发工作实现突破性进展。中共中央总书记习近平对遵义市播州区花茂村的精准扶贫建档立卡平台给予充分肯定，国务院副总理汪洋表示贵州省精准扶贫、精准脱贫在全国树立了“省级样板”。贵州省委、省政府领导带头开展遍访贫困村和贫困户工作，坚持把精准扶贫建档立卡工作作为 2015 年的“1 号工程”，深入推进机制体制改革，推动扶贫开发各项工作呈现勃勃生机。

2015 年，贵州省减少贫困人口 130 万人，实现 10 个县、160 个乡镇减贫摘帽，完成 780 个贫困村整村推进。贫困地区（66 县）农村常住居民人均可支配收入 7171 元，其中国家扶贫重点县农村居民可支配收入 6994 元（高于全省农村居民人均可支配收入增长平均水平 2.4 个百分点）。

【扶贫资金投入】 2015 年，中央和省级财政专项扶贫资金共投入 52.46 亿元，其中，中央财政专项发展资金 39.826 亿元、少数民族发展资金 1.478 亿元、以工代赈资金 2.905 亿元，省级财政专项扶贫资金 8.21 亿元，较 2014 年中央和省级财政专项扶贫资金增加 4.8 亿元，增长 10.11%。在投入的中央财政专项扶贫资金 39.826 亿元项目资金中：用于种养殖业产业资金 11.91 亿元，占总资金的 29.9%；用于生态移民资金 4 亿元，占总资金的 10%；用于“雨露计划”资金 3.016 亿元，占总资金的 7.6%；用于贷款贴息 2.116 亿元，占总资金的 5.3%；用于小康路、小康寨、小康水等基础设施资金 4.232 亿元，占总资金的 10.6%；用于示范园区 1.25 亿元，占总资金的 3.1%；用于集团帮扶 2.09 亿元，占总资金的 5.2%；用于壮大村集体经济 5.74 亿元，占总资金的 14.4%；用于生产救灾、绩效考核奖励、以奖代补等资金 1.5 亿元，占总资金的 3.8%；其它 3.964 亿元，占总资金的 10%。

【扶贫资金管理】 2015 年，贵州省改革财政专项扶贫资金管理体制，坚持精准扶持、重点突出、权责匹配、公开透明原则，资金主要采取因素法分配，同时，在兼顾公平的基础上，增强财政专项扶贫资金正向激励作用，建立竞争性分配资金的机制。全面实施目标、任务、资金、权责“四到县”，下放扶贫项目审批权限，实行乡镇申报、县级审批、省市备案、多方监管的项目管理机制。2015年度有关资金全部下达到县，落实到项目，县通过贵州精准扶贫信息平台的项目管理系统上报省备案。

【基础设施建设】 2015年，贵州省共安排与产业增收项目配套的基础设施建设项目资金7.34亿元，其中：安排农田水利建设项目资金2亿元，新增机井800口，发展农村耕地灌溉面积1万亩；安排县乡村道路、桥梁建设项目5.24亿元，修建通村公路148千米，修建通组道路410千米；安排人畜饮水工程建设项目2.09亿元，解决农村饮水安全10.5万人、大牲畜饮水15.5万头。

【片区扶贫攻坚】 2015年，各级共投入武陵山、乌蒙山、滇桂黔石漠化集中连片特困地区财政专项扶贫资金42.9亿元，其中，中央财政扶贫资金投入35.86亿元，省级配套财政扶贫资金投入7.04亿元。投入产业资金9.26亿元，发展核桃891万亩，中药材454万亩，脱贫马铃薯扩繁983万亩，牛羊859万头（只），油茶274万亩，水果464万亩，蔬菜1267万亩，茶叶526万亩；修建通村组路375千米；培训转移33.7万人；易地扶贫搬迁2.2万户。贵州省委、省政府与三大片区党委、政府和省直相关单位签订《脱贫攻坚责任书》，明确对连片特困地区实施扶贫攻坚，将联系片区脱贫攻坚目标任务纳入年度绩效考评中。

【整村推进】 2015年，投入各类资金19.58亿元，完成780个贫困村整村推进任务。其中，中央财政扶贫资金投入12.8亿元，省、市、县投入资金1.15亿元，整合部门资金4.63亿元，群众自筹资金1亿元。发展核桃96万亩，脱贫马铃薯扩繁105万亩，牛羊92万头（只），油茶29万亩，水果50万亩，蔬菜136万亩，茶叶56万亩，生态移民2356户。

【易地扶贫搬迁】 2015年，贵州省扶贫生态移民工程总投资38亿元。其中，中央预算内易地扶贫搬迁工程投资10.47亿元，中央财政专项扶贫发展资金4亿元，省级财政统筹安排专项资金11.53亿元（含农信社捐赠3亿元），市（州）、县（市、区、特区）财政配套资金12亿元。全年完成建设扶贫生态移民住房45987套，易地扶贫搬迁20万人。

【产业扶贫】 2015年，投入中央财政扶贫发展资金11.4亿元，安排扶贫项目贷款贴息资金和扶贫到户贷款贴息资金2.16亿元，贫困农户小额信贷76亿元，命名100家龙头企业，发展核桃70万亩，茶叶7.6万亩，中药材21.46万亩，特色蔬菜146.23万亩，精品水果15.5万亩，马铃薯14.81万亩，新造油茶林7.13万亩，低产林改造3.15万，草地生态畜牧产业投放畜禽26.5万只羊单位，打造乡村旅游“小康寨”56个，新增认定现代高效农业扶贫示范园区113个。

【雨露计划】 2015年，投入财政扶贫资金1.5亿元，全年共完成培训（助学）

39.35万人。其中，投入3200万元，完成“雨露计划·圆梦行动”1.4万人次；投入7474万元，完成“雨露计划·助学工程”8.9万人次；投入1150万元，完成“雨露计划·‘三女’”培训1.2万人次；投入1500万元，完成贫困村创业致富带头人培训1.5万人次；投入480万元，完成“雨露计划·三位一体培训”6.85万人；投入1150万元，完成“雨露计划·农技培训”19.5万人。

【革命老区建设】 2015年，中央和省共投入中央专项彩票公益金及财政扶贫资金支持革命老区小型公益设施扶贫项目资金1.1亿元，项目覆盖12个革命老区县。其中，中央专项彩票公益金7000万元，每县1000万元，集中投入到7个全国革命老区县（凤冈县、湄潭县、桐梓县、赤水市、毕节市七星关区、黔西县、赫章县）；财政专项扶贫资金（发展资金）4000万元，每县800万元，分别投入到5个革命老区县（水城县、江口县、锦屏县、罗甸县、望谟县）。项目涉及12个县、13个乡（镇）、43个村，受益人口共19.3万人。新建（硬化）通村（组）道路255.12千米（其中通组路169.3千米、通村路61.8千米、串户路24.02千米），整治病险山塘水库2处，新修灌溉沟渠1830米、水池72口共2601立方米，安装人饮管道27.95千米，解决2.5万人饮水困难。

【完善社会保障制度】 2015年，贵州省印发《关于进一步加强农村贫困学生资助推进教育精准扶贫的实施方案》，从2016年起，压缩行政经费6%用于支持贫困地区教育发展，对14.2万贫困学生实行“两助三免（补）”补助政策；印发《关于提高农村贫困人口医疗救助保障水平推进精准扶贫的实施方案》，加快推进“健康贵州”建设工程，全面推行大病保险，把贫困人口全部纳入重特大疾病救助范围，对73.8万贫困人口提供基本医疗保险、大病保险、医疗救助“三重医疗保障”；印发《关于开展社会保障兜底推进精准扶贫的实施意见》，稳步推进民政低保标准与扶贫标准“两线合一”，对158万无业可扶、无力脱贫人口实行政策性兜底保障。

【定点扶贫】 2015年，贵州省从省、市、县、乡四级共选派驻村队员5.7万余人、组建1.1万余个同步小康工作组，赴全省1.1万个村（含9000个贫困村）开展为期一年的帮扶工作，同时要求所有驻村工作组组长任所驻村“第一书记”，实现对全省所有建档立卡贫困村和贫困户驻村帮扶全覆盖。39个中央单位对50个重点县开展定点扶贫工作。民主党派中央按照“三同”思想帮助毕节试验区发展和黔西南州实施“星火计划、科技扶贫”试验。万达集团投入10亿元资金，定点帮扶丹寨县，在全国首创“民营企业对口帮扶整县脱贫”。

【集团帮扶】 2015年，共安排集团帮扶项目资金2亿元，其中，安排2014年度

19个乡镇第二批集团帮扶项目资金0.95亿元，安排2015年21个拓展乡镇集团帮扶项目资金1.05亿元。同时，根据贫困县的贫困程度排位，按照省领导的排序，本着难易区别对待原则，充实、调整了省领导扶贫联系点，全省39名省领导每人牵头联系1个重点县，定点扶贫1个贫困乡，拓展扶贫1个贫困乡；101个省直部门对全省88个县进行整体挂钩帮扶。

【东西部扶贫协作】 2015年，8个帮扶城市共投入帮扶资金3.33亿元。其中，上海市安排遵义市对口帮扶资金5823万元，深圳市安排毕节市对口帮扶资金4300万元，青岛市安排安顺市对口帮扶资金4000万元，苏州市安排铜仁市对口帮扶资金5000万元，广州市安排黔南布依族苗族自治州对口帮扶资金3600万元，杭州市安排黔东南苗族侗族自治州对口帮扶资金3260万元，宁波市安排黔西南布依族苗族自治州对口帮扶资金4275万元，大连市安排六盘水对口帮扶资金3000万元。8个帮扶城市投入1/3左右的资金用于贵州省中职学校硬件建设，并在开展职业院校结对帮扶、校长互派挂职、师资培训、共建实训基地、促进转移就业等方面加大帮扶力度，不断深化合作。5月，启动对口帮扶“十三五”贵州总体规划和8个子规划的编制工作。上海—遵义、青岛—安顺、苏州—铜仁、深圳—毕节、大连—六盘水共建园区取得新进展，帮扶双方签订了共建园区合作协议。

【企业和社会各界扶贫】 2015年，全国第二个“扶贫日”暨第23个国际“消除贫困日”，贵州省开展了以“扶贫济困，你我同行”为主题，组织开展发出一份扶贫倡议书，组织一次“扶贫日”公募活动，举办一次全省扶贫开发成就展，开展一次社会扶贫评选表彰活动，召开一次全省扶贫开发大会“五个一”系列活动。各市（州）和部分县（市、区）参照省级做法，开展了形式多样、内容丰富的“扶贫日”活动。据不完全统计，全省（含各市、州）在“扶贫日”期间，共募集到捐款和捐物折款共计15.03亿元。全省共实施省级公募资金实施项目100个，其中教育扶贫项目40个，医疗扶贫项目51个，其他扶贫济困项目9个，受资助人合计1183人。项目总投资1071.74万元，其中，自筹595.07万元，申请公募资金资助476.67万元。出台《关于进一步动员社会力量对贫困村实行包干扶贫的实施方案》，实现社会力量对9000个贫困村包干扶贫的全覆盖。同时，借鉴万达集团帮扶丹寨整县脱贫行动模式，搭建国有企业参与扶贫开发的新型平台。即按照企业资产总额、利润两项指标排序，从省国资委监管和中央在黔国有企业中，选择12家实力较强的国有企业“一对一”结对帮扶12个扶贫开发任务重的贫困县，开展国有企业结对帮扶整县脱贫行动，开创全方位、宽领域、多层次的帮扶工作新格局。

【外资扶贫】 2015年，完成日本政府贷款贵州环境与社会发展项目投资 8.64 亿元，占总目标任务的 96.2%。其中，完成日元贷款投资 6.14 亿元，占目标任务的 91.1%，完成中方投资 2.5 亿元，占目标任务的 111.7%。截至 2015 年 6 月底，招标项目已完成合同 43.94 亿日元，完工招标项目共 52 个项目。世界银行贷款贫困片区产业扶贫试点示范项目正式启动，世界银行贷款贵州农村发展项目贷款协议于 2015 年 3 月 13 日生效。

【扶贫机构和队伍建设】 2015 年 10 月，贵州省委印发《中共贵州省委关于调整部分议事机构领导成员的通知》，省委书记陈敏尔、省长孙志刚任贵州省扶贫开发领导小组组长。2015 年 12 月，贵州省扶贫开发领导小组印发《关于调整贵州省扶贫开发领导小组成员的通知》，重新调整充实了省级扶贫开发领导小组，成员单位从原来的 42 家增加至 52 家。按照中央关于省、市、县、乡、村五级书记抓扶贫的要求，全省 9 个市（州）66 个贫困县 895 个贫困乡镇均已建立和调整充实了由党政"一把手"担任组长的扶贫开发领导小组。全省 9 个市（州）扶贫机构，除扶贫工作任务较轻的省会贵阳市外，其余 8 个市（州）均为本级政府组成部门。全省 66 个贫困县已全部单独设立扶贫开发工作机构（行政机构 48 个，事业单位 18 个），其中 50 个国家扶贫开发工作重点县扶贫工作机构全部单列，均为本级政府组成部门。全省 895 个贫困乡镇中，874 个重点乡镇设立了扶贫工作站。

【扶贫政策研究】 2015 年，贵州省委、省政府坚持问题导向和民生导向，注重运用专题调研和遍访活动成果，以"守底线、走新路、奔小康"为指导，整合政策资源、细化工作举措、统筹攻坚力量，研究制定了打好扶贫攻坚的政策"组合拳"，形成了"1+N"政策体系。出台了《贵州省"33668"扶贫攻坚行动计划》、《关于打赢扶贫攻坚战确保实现同步小康的决定》及 10 个配套文件，印发《中共贵州省委贵州省人民政府关于落实大扶贫战略行动坚决打赢脱贫攻坚战的意见》。改进贫困县扶贫开发工作考核机制，把提高贫困人口生活水平和减少贫困人口数量作为主要指标，进一步引导贫困地区党政领导班子和领导干部把工作重点放在扶贫开发上，全面推动全省扶贫开发工作再上新台阶。

【扶贫宣传】 2015 年，贵州省扶贫开发工作获中央领导批示 3 次，各级新闻媒体报道扶贫新闻 4178 余条。其中《人民日报》、新华社、《光明日报》《经济日报》、中央人民广播电台、中央电视台、《中国日报》《中国扶贫》杂志等中央级媒体共发布贵州扶贫信息 266 条，其中头版信息有 19 条；贵州省内主要媒体发布信息 1802 条，《贵州日报》344 条，其中头版 41 条，专版 14 个版；贵州电视台扶贫新闻 116 条；贵州广播扶贫信息 1337 条/次，《当代贵州》5 篇。另外，人民网、新华网等发布网络信息 1038 条。在国务院扶贫办网站、《中国扶贫》官方微信平台发布贵州扶贫信息 48 条。省扶贫办的一网两刊（门户网站、《扶贫开发周刊》《贵州扶贫开发要情》）上共发布扶贫信息 1024 条（期）。

（贵州省扶贫办　韩易霖）

云南省扶贫开发

【概述】 2015年，云南省扶贫开发坚决贯彻落实党中央、国务院精准扶贫、精准脱贫的战略部署。减少贫困人口103万人，贫困地区农村常住居民人均可支配收入达7070元，增幅高于全省平均水平1.5个百分点，实现了“十二五”圆满收官。2015年，中共中央总书记习近平到云南组织召开一系列重要会议研究部署扶贫开发。省委、省政府召开8次省委常委会，10次省政府常务会，2次扶贫开发工作会议和中央定点扶贫工作、“挂包帮、转走访”工作动员、易地扶贫搬迁电视电话和现场推进、乌蒙山云南片区暨“镇彝威”革命老区、怒江州脱贫攻坚、“挂包帮”定点扶贫暨驻村扶贫工作队等系列工作会议密集部署推动。省委书记李纪恒、省长陈豪深入考察调研扶贫工作。各州市县党委、政府狠抓落实，推出了一批精准扶贫、精准脱贫重大举措，各部门发挥优势，制定行业精准扶贫行动计划和实施方案。

【扶贫资金投入】 投入省级以上财政专项扶贫资金61.12亿元，（其中，中央48.02亿元，省级13.1亿元）州县两级财政专项扶贫资金投入突破10亿元。投入扶贫重点村7.22亿元，易地扶贫开发项目0.94亿元，劳动力转移培训0.55亿元，扶贫到户小额贷款风险补偿金0.3亿元，产业扶贫项目资金0.76亿元，扶贫到户贷款贴息资金3.34亿元，整乡推进扶贫开发试点13.2亿元，以工代赈和兴边富民资金5.28亿元，少数民族发展资金6.63亿元，竞争性分配资金3.96亿元，扶贫项目管理费1.01亿元，扶贫项目贷款贴息资金1.32亿元，外资项目配套资金0.04亿元，小额信贷工作站经费0.2亿元，扶贫安居工程资金1.56亿元，革命老区开发专项资金0.50亿元，贫困村互助资金0.31亿元，扶贫统计监测和建档立卡经费0.07亿元，切块到县资金7.09亿元，溜索改桥2.90亿元，其他追加项目资金3.93亿元。国家部署在云南省的4个集中连片特困地区财政专项扶贫资金投入53.41亿元，其中，乌蒙山片区9.90亿元，滇西边境片区34.42亿元，云南迪庆藏区2.58亿元，石漠化片区6.52亿元。金融扶贫投入达385亿元（含易地扶贫搬迁），行业部门投入4个集中连片特困地区扶贫攻坚规划项目资金3230.25亿元、占规划年度实施计划的118.49%；投入生活保障工作，发放低保金77.8亿元，惠及农村低保对象455.26万人，其中建档立卡贫困人口29亿元；中央和省州（市）县各级定点扶贫单位、沪滇对口帮扶、国际非政府组织等全年共投入援助扶贫项目资金35.28亿元。

【“十三五”扶贫规划】 围绕全面建成小康社会的目标，结合云南扶贫发展实际，拟定了《云南省扶贫开发“十三五”规划（2015—2020年）》《云南省集中连片特殊困难地区区域发展与扶贫攻坚“十三五”规划（2015—2020年）》《云南省滇西边境片区区域发展与扶贫攻坚“十三五”规划（2015—2020年）》《乌蒙山云南片区区域发展与扶贫攻坚“十三五”规划（2015—2020年）》《云南迪庆藏区区域发展与扶贫攻坚“十三五”规划（2015—2020年）》《滇桂黔石漠化云南片区区域发展与扶贫攻坚“十三五”规划（2015—2020年）》项目表册及文本讨论稿。规划总投资50441.4亿元，其中财政性投入33888.37亿元（中央24055.82亿元、省级5866.16亿元、州市县3966.39亿元），业主投入11398.4亿元，群众自筹2438.24亿元。

【扶贫法制化建设】 在已经颁布实施《云南省农村扶贫开发条例》的基础上，出台《关于举全省之力打赢扶贫开发攻坚战的意见》《关于深入贯彻落实党中央国务院脱贫攻坚系列重大战略部署的决定》，印发了《关于建立扶贫攻坚“领导挂点、部门包村、干部帮户”长效机制扎实开展“转作风走基层遍访贫困村贫困户”工作》的通知、《云南省贫困县党政领导班子和领导干部经济社会发展实绩考核办法》《关于进一步动员社会力量参与扶贫开发的实施意见》的通知3个政策性文件，制定了《云南省开展扶贫开发目标、任务、资金、权责到县工作实施方案》《云南省贫困县退出工作实施方案》等15个配套制度，建立起精准扶贫精准脱贫“3+X”制度体系。

【建档立卡】 完成2013年底识别出的88个贫困县、476个贫困乡、4277个贫困村，建档立卡贫困户195万户、贫困人口700万人的数据采集和录入工作。将2014年126万达到脱贫标准的贫困人口从建档立卡数据库中退出。同时，启动2015年建档立卡贫困人口动态管理；对建档立卡贫困乡、贫困村、贫困户的信息全面开展“回头看”，严格标准、程序、要求和方法步骤，逐乡逐村逐户进行核实；搭建覆盖省、州（市）、县（市、区）、乡（镇）、村5级扶贫信息网络平台，建成一个中心（精准扶贫数据共享及交换中心）、两个平台（电子政务服务平台和互联网公共服务平台）、三个数据库（帮扶对象数据库、扶贫资源数据库、扶贫项目数据库）和一套远程视频监管系统。

【扶贫开发“四到县”试点】 5月29日，云南省人民政府扶贫开发办公室、云南省财政厅“关于印发《云南省开展扶贫开发责任、权力、任务、资金到县试点工作实施方案》的通知”，推行资金竞争分配，实行资金切块下达，下放项目审批权限到县，建立扶贫开发责任、权力、任务、资金“四到县”机制，完善扶贫工作和减贫任务县级人民政府负责制。选择有扶贫开发工作任务的52个县（市、区）先行试点，投入切块到县资金7.09亿元，严格资金计划编报及拨付、建立县级项目审批规范程序、推行项目资金备案核查、开展督促检查和考核评价，提高专项资金使用精准度。

【片区扶贫攻坚】 以片区规划为统领，主动与教育部、国土资源部、水利部、国家林业局沟通联系，推荐8个县作为省主要领导和分管领导的挂钩联系县，持续推动4个片区区域发展与扶贫攻坚，着力实施怒江傈僳族自治州扶贫攻坚、宁蒗大会战、澜沧拉祜族自治县综合扶贫开发、红河南部地区综合开发4个重大项目；启动布朗族、阿昌族整乡推进整族帮扶和西盟佤族自治县、孟连傣族拉祜族佤族自治县边境民族特困地区农村安居工程建设3项精准扶贫示范工程；编制了“镇彝威”革命老区、直过民族、怒江州等一批特殊困难地区脱贫攻坚行动计划和专项扶贫规划，专项扶贫完成2014年度60个整乡推进项目，启动2015年72个整乡推进，完成自然村整村推进4000个。印发云南省人民政府扶贫开发领导小组《关于分解2015年度4个集中连片特殊困难地区区域发展与扶贫攻坚和扶贫开发10项重点工程目标任务的通知》，深入7个州（市）9个县18个乡（镇）督查，考核省直29个片区责任部门。截至2015年底，4个片区累计投入各类规划项目资金10638.87亿元，规划执行率已达97.66%。其中，2015年投入各类资金3230.25亿元，占规划2726.07亿元的118.49%。

【整村推进】 省级以上财政专项扶贫资金8.56亿元，州（市）县（区）财政投入0.18万元，部门整合资金11.94亿元，其他资金5.66亿元，总投资26.34亿元。实施行政村整村推进496个，自然村整村推进600个。其中，涉及15个州（市）88个片区县和重点县323个乡（镇），覆盖496个行政村，3787个自然村，直接受益人口94.4万人，其中贫困人口31.9万人。重点实施特色产业培育、人居环境改善、社会服务事业、能力素质提高、生态环境保护5大工程。

【整乡推进】 拨付2014年60个整乡推进补差资金6亿元。实施72个扶贫开发整乡推进，投入财政扶贫专项资金14.4亿元，州市县财政资金投入5.64亿元，整合投入各类资金267.11亿元。项目覆盖69个县72个乡（镇）358个行政村7289个自然村，49.53万户180.93万人，其中，建档立卡14.22万户54.57万人。重点实施产业发展、基础设施、安居工程、素质提高、社会事业、生态环境保护与建设。

【产业扶贫】 除“四到县”（各类扶贫项目）切块资金外，41个“非四到县试点”县投入财政专项资金7548万元（含鲁甸县、巧家县、景谷傣族彝族自治县、澜沧拉祜族自治县、普洱市思茅区、永平县、洱源县、盈江县地震恢复产业资金），其中在片区县和重点县安排资金6848万元，非片区县和重点县安排700万元。在红河县、兰坪白族普米族自治县实施并完成600户光伏扶贫试点项目建设及并网发电，落实项目资金1800万元，其中省级以上财政专项资金885万元，州县财政资金300万元，群众自筹615万元。会同省旅游发展委实施20个贫困村旅游扶贫试点项目。完成省旅发委对全省1376个乡（镇）、5822个自然村（建档贫困乡257个、贫困村917个、直接受益贫困人口90.73万人、边境沿边村90个）旅游贫困乡村摸底工作。协调相关部门建立电商扶贫平台，探索电商扶贫模式和途径。

【人口较少民族扶贫】 借鉴独龙江乡独龙族整乡推进整族帮扶成功经验，启动德宏傣族景颇族自治州阿昌族、保山布朗族整乡推进整族帮扶项目；完成中国烟草总公司、云南省烟草专卖局帮扶保山市施甸县布朗族，陇川县、梁河县阿昌族扶贫开发整乡推进整族帮扶协调对接、方案编制和申报工作；完成中国保险监督管理委员会帮扶镇雄县以古镇、果珠彝族乡初步方案编制和对接协调工作；完成云南15个特有少数民族和8个人口较少民族帮扶工作情况摸底和调研，编制了云南省人口较少民族精准扶贫行动计划。

【怒江傈僳族自治州扶贫攻坚】 围绕民生改善、基础设施、产业发展、社会事业、生态建设5大工程44类项目，20件实事，编制2015年度实施方案，协调省级20家部门加大政策资金支持，到9月底，实际到位资金30.13亿元，完成投资19.94亿元，占2013—2015年投资计划的66.73%。各类扶贫资金投入5.31亿元，其中，财政专项扶贫资金3.28亿元；项目管理费0.032亿元；信贷扶贫资金1.20亿元，项目贴息贷款0.80亿元。

【宁蒗扶贫攻坚大会战】 2015年是实施宁蒗扶贫攻坚大会战最后一年，3年多来，坚持以整村推进、安居工程、易地搬迁、产业发展、素质提高等工程为载体，累计投资4.4亿元。81个深度贫困村达到“四通七有”（“四通”，指使自然村实现通路、通电、通广播电视、通电信网络；“七有”，指使老百姓有饭吃、有房住、有水喝、有低保、有学上、有医疗、有产业）目标，实现5540户2.1万深度贫困人口脱贫。贫困人口从大会战前的8.75万人减少到2015年底的3.65万人，农民人均纯收入达到5498元。2015年，24个深度贫困村综合发展项目实施，总投资8284.57万元，其中省级财政投入5000万元，市级投入230.45万元，县级投入1613.76万元，群众投劳折资1440.36万元。项目建设内容为基础设施工程、安居房建设、产业发展、社会事业工程、素质提高工程、生态环境建设6大类。

【红河南部山区综合扶贫开发】 2015年，投入各类专项扶持资金23810万元，其中省级专项扶持资金5000万元，州级财政专项扶持资金10400万元，部门整合资金8410万。实施民生改善、产业发展、基础设施建设、生态保护、就业促进5大工程。实现农村常住居民人均可支配收入6569元，农民人均经济作物面积2.83亩，年内新增造林面积25.25万亩，义务教育初中三年完学率80.3%，高中毛入学率58.2%，预计减少贫困人口79900人。

【澜沧拉祜族自治县拉祜族聚居区综合扶贫开发】 2011年启动实施澜沧县拉祜族聚居区综合扶贫开发3年规划，2014—2015年，中央继续加大扶持力度，截至2015年9月，累计投入资金14.25亿元，其中：中央专项资金0.5亿元（每年1000万元）、市级专项资金0.25亿元、县级专项资金0.31亿元，整合部门资金10.85亿元，群众投工投劳折资及自筹2.34亿元。实施深度贫困自然村整村推进356个，贫困自然村整村推进11个，易地搬迁914户4173人，改造安居房3647户。通过5年的努力，解决了356个深度贫困自然村6.32万拉祜族群众的贫困问题。

【易地扶贫搬迁】 出台《云南省易地扶贫搬迁三年行动计划》，明确搬迁对象，科学制定搬迁规划，细化政策，对搬迁贫困户提供不低于4万元的补助、非贫困户提供不低于1.2万元的补助；对有贷款意愿的搬迁农户提供不低于6万元的住房建设转贷资金；对新村基础设施和公共服务设施建设提供户均5万元的贷款资金。同时，各级财政对贷款给予一定期限的贴息。截至2015年底，省级融资平台公司已经组建，有120个县（市、区）已经建立了承贷公司。省农发行已审批贷款金额736.94亿元，投放贷款218.55亿元、占全国农发行系统专项贷款投放总额的27.22%。启动了304个搬迁村寨示范点建设，惠及2.6万户10万人。安排中央专项扶贫资金18000万元，实施3万人易地扶贫搬迁。其中，安排52个“四到县”试点县切块资金8652万元，涉及搬迁14420人；安排其余县（市、区）资金9348万元；实施搬迁15580人，实际安排资金6825.3万元，搬迁11410人，比计划少安排1826.7万元，少搬迁3010人。52个试点县中，安排易地扶贫搬迁项目38个县，没有安排易地扶贫搬迁项目有14个县。合计安排资金16173.3万元，搬迁26990人，占计划规模的89.85%。

【扶贫安居工程】 安排中央扶贫专项资金30000万元，实施3万人扶贫安居工程。其中，52个“四到县试点”县安排切块资金14424万元，实施14424人扶贫安居工程；其余县（市、区）安排资金15576万元，实施15576人扶贫安居工程；实际安排资金14265万元，实施14265人扶贫安居工程。合计安排29841万元，实施29841人扶贫安居工程，占计划规模的99.47%。

【溜索改桥】 2015年基本完成溜索改桥148座。下达50座“溜索改桥”项目第一批资金16929万元，约占估算投资

27649万元的61%，根据国家标准及施工图批复，10月底下达第二批47座“溜索改桥”项目财政专项补助资9965.68万元，其中中央资金8116.68万元、省级资金1849万元。同年下达2014年11座“溜索改桥”项目补差中央财政专项资金2080.67万元。

【雨露计划】 投入财政扶贫资金1.06亿元，转移培训12万人，其中，非“四到县”资金5504万元，安排贫困地区劳动力转移培训6.204万人（引导性培训1万人，技能培训5.204万人），项目涉及16个州（市）62个县（区）。52个“四到县”试点县切块资金5096万元，安排贫困地区劳动力转移培训5.796万人。

【扶贫小额信贷】 拟定《云南省金融精准扶贫行动计划方案》，印发《关于做好农业政策性金融支持易地扶贫搬迁有关工作的通知》，推进扶贫到户小额贷款风险补偿金试点，发放扶贫贴息贷款和优惠利率扶贫贷款350.15亿元，其中扶贫贴息贷款发放131.6亿元（到户贷款80亿元，财政贴息资金4亿元，项目贷款51.6亿元，财政贴息资金1.548亿元），易地扶贫搬迁优惠利率贷款达218.55亿元（省农发行已审批贷款金额736.94亿元），占全国农发行系统专项贷款投放总额的27.22%。

【东西部扶贫协作】 上海市援助云南帮扶资金5.31亿元（年度计划资金3.11亿元，计划外捐赠资金2.2亿元），同比增长84.5%，实施帮扶项目310项，覆盖滇西边境片区、滇桂黔石漠化片区、迪庆藏区和乌蒙山片区30余个县21614户93608人。实施精准帮扶，投入基础设施建设资金1.6亿元，投入产业扶贫资金近1.3亿元，追加怒江傈僳族自治州帮扶资金1000万元，投入捐赠资金8000万元，上海市和中国扶贫基金会共同出资1500万元在文山壮族苗族自治州开展小额信贷扶贫。实施经济合作项目191个，到位资金168.1亿元，同比增长20.3%，项目涉及基础设施、物流、家居、旅游、生物产业等多个领域，居外省市在滇投资第10位。发展社会事业，投入教育、卫生、科技社会事业帮扶资金1.07亿元，改善受援单位工作条件，创新双方合作新模式。强化智力保障，上海市第9批挂职干部帮助受援地区解决缺人才、缺技术、缺资金、缺信息等突出问题，协调争取计划外资金3260.88万元。

【社会扶贫】 49家中央国家机关和有关单位来访云南团队40余次，600多人次。据不完全统计定点扶贫单位共选派100名干部到扶贫点挂职，组织1333人次到帮扶县考察，直接投入资金1.16亿元，物资折款784万元，用于扶贫点基础设施建设、产业培植、文化教育、医疗卫生、人才培养等。帮助贫困地区引进资金约13.5亿元，项目89个，举办培训班3540期，培训35061人次。省各级定点挂钩扶贫部门建立“领导挂点、部门包村、干部帮户”长效工作机制，扎实开展“转作风走基层遍访贫困村贫困户”工作，57万干部职工参与挂包帮，组建驻村扶贫工作队 4277 支，选派挂职干部 14270 人次，到扶贫点调研考察 66906 人次，直接投入资金 21.7 亿元，捐赠物资折款 1.09 亿元，帮助贫困地区引进资金 29.8 亿元，项目 4848 个，举办各类培训班 10376 期，培训 682487 人次，劳务输出 399399 人次。继续加强与中国扶贫基金会、腾讯慈善基金会、中华慈善总会、友成基金会等合作，做好“爱心包裹”“圆满 680”“医疗器械捐赠”等各项工作。高位推动第二个“扶贫日”的“9 个 1”系列活动，协调健康扶贫行动和民营企业包村扶贫行动，收到社会各界捐款 63659.31 万元，其中中央单位 3600 万元，省级单位 42840 万元，各州市及以下 17219.31 万元。

（云南省扶贫办　肖义贵）

西藏自治区扶贫开发

【概述】 2015年，西藏自治区始终坚持开发式扶贫方针，着力瞄准建档立卡贫困人口，突出项目带动，大力实施整乡推进、到户帮扶、面上扶贫，实施整乡推进乡镇189个、148个整村推进试点，3个扶贫攻坚试点，共实施各类项目1635个。突出社会支持，搭建社会各种资源、力量参与扶贫开发平台，举办了“扶贫日”活动，动员社会各类企业认捐520多万元。突出激励引导，充分发挥绩效考评行政手段和奖惩激励作用，全面完成了区直单位和各地市县的考核，落实奖励项目资金1亿元，调动起了基层组织抓好扶贫开发的积极性。减少贫困人口10万人，贫困发生率降至25.02%。

【扶贫资金投入】 2015年，西藏自治区落实安排扶贫开发资金167516万元，其中中央财政资金136316万元。扶贫开发瞄准扶贫对象，实施整乡推进扶贫、贫困户安居工程、到户帮扶、产业扶贫、扶贫培训、面上扶贫六大工程，审批实施了扶贫开发项目1635个。

【扶贫资金管理】 2015年，西藏自治区严格按照财政部、国家发展和改革委员会、国务院扶贫办印发的《财政专项扶贫资金管理办法》通知（财农〔2011〕412号）精神，加大全区扶贫资金和项目的监督检查力度，积极推进扶贫、财政、审计“三方会审”机制，确保扶贫开发资金的正确使用和项目效益。完善了《西藏自治区扶贫开发项目资金管理办法》《扶贫开发项目资金考核验收制度》等规章制度。

【整乡推进】 2015年，西藏自治区共实施整乡推进乡镇189个，投资总额104339万元，其中中央和自治区财政扶贫资金32745万元，部门整合资金67444万元，其他资金（群众自筹）4149万元，共实施项目501个。通过项目的实施，使项目区的经济社会协调发展，基础设施和社会事业得以完善。

【易地扶贫搬迁】 2015年，西藏自治区共安排易地扶贫搬迁1500户，每户补助资金2.5万元。截至2015年底，1500户已全部完工，累计完成投资10200万元，其中：中央财政专项扶贫资金3000万元，自治区财政专项扶贫资金1500万元，整合部门资金1200万元，其它资金4500万元。

【产业扶贫】 2015年，西藏自治区共落实产业扶贫开发项目1322个，投入财政扶贫资金10.9亿元。产业和到户项目占项目总投资的70%以上。以产业扶贫为抓手，建设了以种植业、养殖业、小型加工业、民族手工业、旅游业为主的产业项目，为农牧民购置牲畜3万头左右，修建温室100座，扶持龙头企业，壮大一大批农牧民经济合作组织，产业带动建档立卡农户7万人左右。通过项目实施，群众自我发展能力明显增强，农牧业结构进一步优化，扶贫开发工作由输血型扶贫向造血型扶贫转变，加快了贫困群众依靠产业脱贫致富的步伐。

【雨露计划】 2015年，积极培育“雨露计划”品牌，加大对贫困家庭“两后生”学历培训、青壮年劳动力技能培训力度，提高技能培训补助标准，延长培训时间，按照“培训一人、就业一人、脱贫一户”要求，推行订单式、就业式、校企联合培训方式，投入450万元，实施中等职业学历培训300人，投入500万元，实施农牧民技能培训项目17个。

【金融扶贫】 2015年，西藏自治区累计发放扶贫贴息贷款115.12亿元，余额达263.14亿元。其中：累计发放个人小额扶贫贴息贷款88.14亿元，余额达150.42亿元，扶持农牧户逾45万户，扶持各级扶贫企业192家基础设施贷款主要用于贫困地区交通建设和能源建设，改善了农村基础设施建设，为农牧民脱贫致富创造了良好条件。

【扶贫宣传】 搭建社会各种资源、力量参与扶贫开发平台，举办了“扶贫日”活动，活动期间，通过中央电视台、《光明日报》、新华社西藏分社、西藏电视台、西藏广播电视台和《西藏日报》等宣传媒体播发100多篇（条），连续十余天集中宣传报道扶贫开发，宣传扶贫开发成就、成功经验和先进典型。组织社会企业、各界人士开展爱心捐助，共捐款520多万元。

【扶贫培训】 西藏自治区完成职业教育培训120人，补助资金100万元；实施劳动力转移培训5633人，补助资金3070.9万元；实施农村适用技能培训11601人，补助资金464万元，实施致富带头人培训159人，补助资金104.9万元。

【定点扶贫】 2015年，西藏自治区中直111家定点扶贫单位，选派492名优秀人员进驻111个乡（镇）接续定点帮扶工作，其中地（厅）级干部26名，县（处）级干部158名，科级及以下干部308名。据不完全统计，全年各单位主要领导同志先后近500次深入帮扶地调研指导工作。全年直接投入5125.67万元，其中资金4752.55万元，物资折款373.12万元。帮助引进各类资金25532.76万元，帮助上项目506个。举办培训班154期，共培训14850人次，其中：干部243人次，技术人员351人次，劳动力14256人次。组织劳务输出6270人次。资助贫困学生1179名。

【干部驻村帮扶】 2015年，西藏自治区直接参加“创新争优强基础惠民生”活动驻村工作人员共21860名，进驻682个贫困乡，5465个贫困村。累计完成各类投资近4亿元，共落实各类项目5561个；帮助贫困村树立发展理念2.44万条、制定发展规划1.24万项，组建合作社2561个；培训1.65万人（次），劳务输出28.73万人（次）。农牧民增收现金收入2.03亿元。

【扶贫制度建设】 按照中办发25号文件精神，制定了《西藏自治区贯彻〈中共中央办公厅、国务院办公厅关于创新机制扎实推进农村扶贫开发工作的意见〉的实施意见》，明确了“七项改革”和“十项重点工作”，落实“省负总责、地市直管、县抓落实、乡镇专干”的工作体制和“任务到地、资金到地、权力到地、责任到地”的工作机制。根据中共中央办公厅、国务院办公厅印发的《关于推行地方各级政府工作部门权力清单制度的指导意见》，结合扶贫开发，制定财政专项扶贫资金管理等五项行政权力和责任清单。

（西藏自治区扶贫办
政研规划处　肖　茜）

陕西省扶贫开发

【概述】 2015年，陕西省深入贯彻中共中央总书记习近平扶贫开发重要指示、陕甘宁革命老区脱贫致富座谈会和中央扶贫开发工作会议精神，紧紧围绕贫困县摘帽、贫困村退出、贫困人口脱贫目标任务，贯彻落实精准扶贫精准脱贫方略，全年实现省级扶贫标准下129.4万人脱贫。

2015年，成立省脱贫攻坚领导小组，制定了新的目标责任考核指标体系，下调对各市GDP考核分值权重，调整了民生改善、社会和谐、生态环保等指标的分值权重，省扶贫开发领导小组印发了《关于印发2015年片区牵头工作要点的通知》《关于分解落实2015年减贫任务的通知》《关于建立贫困县约束机制的实施意见》《关于制定精准扶贫行业专项实施方案的通知》，整合各方力量，推动协调发展，全面打响全省脱贫攻坚战役。省发展和改革委员会、省扶贫办组织开展了片区“十二五”实施规划中期评估，启动“十三五”扶贫规划编制和省级实施规划编制工作。

【扶贫资金投入及管理】 2015年，陕西省共投入财政专项扶贫资金29.78亿元，比2014年同期增长15.5%。省扶贫开发领导小组印发《关于改革财政专项扶贫资金管理机制的实施意见》，省级将扶贫资金的98.6%切块下达到县，项目审批权限下放到县，项目资金安排情况在《陕西日报》和陕西扶贫门户网站进行公示。省扶贫办、省财政厅对全省2014年度财政专项扶贫资金绩效、项目实施、档案管理及报账等情况进行了检查考核，对2015年度财政专项扶贫资金进行了检查。省财政厅、省发改委、省农业厅印发《关于印发〈陕西省涉农资金专项整治行动实施方案〉的通知》，对涉农资金进行专项整治。省扶贫办、省财政厅印发《关于清理扶贫项目结余资金的通知》，加快结余资金拨付进度，建立结余资金与专项扶贫资金分配挂钩机制。陕西省在国家2014年度扶贫资金绩效考评中荣获A级等次，获得奖励资金1.03亿元，连续七年受到国家通报表彰。

【易地扶贫搬迁】 2015年，陕西省按照陕南陕北以移民搬迁推动城镇化建设、关中以城镇化和美丽乡村建设带动移民搬迁的总体思路，省委、省政府召开全省移民搬迁电视电话会议，统筹推进移民搬迁工作。共安排实施搬迁11.6万户40.6万人，其中贫困人口6.13万户21.9万人。陕北关中地区移民搬迁共安排5.6万户20万人，其中贫困人口 3.33 万户 12.1 万人，完成投入 49.69 亿元，集中安置率 90%以上。陕南地区安排实施搬迁 6 万户 20.6 万人，其中贫困人口 2.8 万户 9.8 万人。延安避灾搬迁省发展和改革委员会安排工赈移民资金 0.897 亿元，省住房和城乡建设厅安排农村危改资金 1.23 亿元，落实移民搬迁所需配套资金。省扶贫办、省发展和改革委员会联合上报了 2016 年易地扶贫搬迁项目计划，确定了“十三五”建档立卡贫困人口搬迁规模。

【产业扶贫】 2015 年，陕西省共安排财政扶贫资金 5.68 亿元，启动建设 3645 个贫困村，其中“十二五”规划内的贫困村 1297 个村，新建村 2348 个。安排财政扶贫资金 6 亿元，在 20 个县开展资产收益产业精准扶贫试点，委托省供销集团入股涉农龙头企业，带动特色产业发展和贫困户增收脱贫。安排财政扶贫资金 1.7 亿元，开展金融扶贫、电子商务扶贫、光伏扶贫、旅游扶贫试点，在 47 个县设立贷款风险担保金 3.35 亿元，投放扶贫贴息贷款 21 亿元，其中小额到户贷款 17.5 亿元；有 449 个互助资金协会开展了担保融资试点，2006 个互助资金协会发放借款 4.5 亿元。“雨露计划”安排财政专项扶贫资金 0.36 亿元，对 2.52 万名高技能人才、农村扶贫移民搬迁户及贫困家庭适龄劳动力进行培训。培训“六个一”致富带头人 1.1 万余人。

【外资扶贫】 2015 年，陕西省世界银行（以下简称“世行”）五期项目投入 4.03 亿元，其中，社区基础设施和公共服务分项目 3 亿元，社区发展资金分项目 0.65 亿元，土地可持续利用管理与气候变化应对分项目 1 亿元，项目管理与监测评价分项目 0.28 亿元，落实项目配套资金 1.6 亿元。累计完成项目贷（赠）款提款回补 0.42 亿美元，完成世行第五期扶贫项目任务。推进世行贷款贫困地区农村社区发展项目准备工作，陪同世行代表实地调研考察，充分做好项目实施前的各项基础准备工作。省扶贫办召开世行五期扶贫项目工作会和农村社区发展项目工作会议，分季度、分时段制定项目计划和实施进度目标，4 次组织专项督查。开展 CDF 互助社季度报表审核汇总分析，组织编制贫困地区农村社区发展项目实施手册，制作了世行项目画册和专题宣传片等，进一步促进陕西在减贫领域的国际交流与合作。

【社会扶贫】 35 个中央单位在陕西 50 个国家扶贫开发工作重点县开展定点扶贫，投入扶贫资金 4800 多万元，实施扶贫项目 118 个。江苏对口援助陕西扶贫协作项目 100 多个，投入财政资金 4000 多万元，引导各类企业来陕投资协议投资金额 40 多亿元。省委组织部、省扶贫办联合召开全省干部驻村联户扶贫暨“第一书记”工作电视电话培训会，全省组织 7323 个党政机关、企事业单位在 7162 个贫困村开展干部驻村联户扶贫，选派驻村干部 22000 人，组织 135212 名干部职工结对帮扶贫困户 235288 户，累计投入和引进各类帮扶资金 31.6 亿元，实施帮扶项目 32933 个。组织 35 个县对口帮扶 23 个扶贫开发工作重点县和有扶贫任务的县，累计向贫困县投入和引进各类资金 2.4 亿元。省扶贫开发领导小组印发《关于印发〈陕西省 2015 年全国扶贫日活动方案〉的通知》，省扶贫办印发了《关于做好 2015 年社会扶贫工作的通知》，省民政厅制定了《陕西省社团组织参与扶贫工作方案》，持续开展“千企千村”扶助行动，深入开展国家“扶贫日”陕西系列活动，引导支持各类社会组织参与扶贫。

【片区扶贫攻坚】 2015 年，陕西省扶贫开发领导小组印发片区重点项目和“十项重点工作项目”实施计划，启动秦巴山、六盘山、吕梁山三大片区重大项目 36 个，完成规划投资 275 亿余元。其中交通类项目 24 个，总投资 245.53 亿元；水利类项目 1 个，总投资 25 亿元；能源类项目 11 个，总投资 4.81 亿元。“十项重点工作项目”启动实施项目 622 个，其中村级道路项目 55 个，饮水安全项目 35 个，农村电力项目 34 个，危房改造项目 27 个，特色产业项目 183 个，乡村旅游项目 43 个，教育项目 102 个，卫生和计划生育项目 83 个，文化项目 44 个，农村信息化建设项目 16 个，全年累计完成各类项目投资 1500 亿元。通过重点建设，陕西片区基础设施条件明显改善，发展环境进一步优化。

【建档立卡】 2015 年，陕西省扶贫办印发《全省建档立卡“回头看”工作指导意见》，召开专题会议安排部署，对市县建档立卡进行专项督查。省扶贫办制定了《陕西省 2014 年建档立卡数据会审方案》，更新 2014 年度帮扶信息、录入 2015 年帮扶项目计划、标注 2014 年度脱贫人口，集中开展分县数据会审，完成建档立卡 98 个县、1320 个乡镇、24889 个行政村、8850 个贫困村、2013 年底省标贫困人口 172.2 万户 562.63 万人、国标贫困人口 137.83 万户 445.39 万人，形成《陕西省 2014 年度扶贫对象建档立卡数据监测报告》。对全省残疾人、患大病人员、65 岁以上老人、普通高中、中高职、大专以上学生、“两后生”五类特殊贫困人口进行调查摸底。调整完善了扶贫统计指标，建档立卡数据实现各级各部门共建共享，在到户项目中得到有效应用。

（陕西省扶贫办　陈庆客）

甘肃省扶贫开发

【概述】 2015年，甘肃省委、省政府认真贯彻落实中央精准扶贫精准脱贫重要战略思想，精心谋划工作载体和抓手，全面推进精准扶贫、精准脱贫各项工作。甘肃省召开全省精准扶贫精准脱贫工作会议，制定出台《关于扎实推进精准扶贫工作的意见》和饮水安全、通村道路、危房改造、教育发展、医疗卫生等17个专项支持计划，紧盯贫困群众上学、看病、住房等致贫返贫突出问题，因村施策、因户施法，以保证脱贫任务如期完成。2015年，甘肃省贫困人口减少到288.5万，贫困发生率下降到13.9%，58个片区县农民人均可支配收入达到5782元，高于全省农民人均可支配收入增幅2.7个百分点。

【扶贫资金投入】 2015年，甘肃省财政扶贫资金投入75.91亿元，其中：中央财政扶贫资金49.87亿元（含发展资金34.39亿元，“三西”专项资金2亿元，易地扶贫搬迁资金8.9亿元，以工代赈资金2.47亿元，少数民族发展资金1.64亿元，国有贫困农场资金0.09亿元，国有贫困林场资金0.18亿元，“两州”专项资金0.2亿元）；中央彩票公益金0.1亿元；省级财政专项扶贫资金12.02亿元；市、县两级配套财政扶贫资金13.92亿元。资金的主要投向（不含易地扶贫搬迁资金8.9亿元）：一是产业扶贫，投入资金24.16亿元，其中中央资金18.78亿元，省级以下资金5.38亿元；二是基础设施建设，投入资金31.74亿元，其中中央资金17.19亿元，省级以下资金14.55亿元；三是各类培训、金融扶贫等其他投入4.71亿元，其中中央资金1.97亿元，省级以下资金2.74亿元。

【扶贫资金管理】 2015年，甘肃省委、省政府印发了《2015年全省推进“1236”扶贫攻坚行动资金整合方案》《关于进一步加强全省涉农项目资金监督管理的意见》《甘肃省精准扶贫精准脱贫省级资金整合使用管理办法（试行）》，整合省级部门涉农资金440多亿元用于精准扶贫，建立完善了涉农资金整合使用管理长效机制。按照“四到县”要求，实行县级审批项目计划并组织实施，省市两级备案管理的制度。资金分配和项目计划严格执行公告公示制度，通过“甘肃政务服务网”在扶贫清单中发布精准扶贫信息、财政专项扶贫资金分配计划、扶贫项目清单，全省各级扶贫项目资金实现公开公告、阳光运行，设立了“12317扶贫监督举报电话”，进一步拓宽社会监督渠道，加强扶贫项目资金的监督管理。甘肃省财政专项扶贫资金管理使用经绩效考评，连续两年被国家评为A级。

【基础设施建设】 在农村道路建设方面：2015年甘肃省交通扶贫投入80.81亿元（含地方自筹），完成建制村通畅工程11025千米，全省建制村通沥青（水泥）路比例达到80%。在农村饮水安全方面：2015年全省在贫困地区投资用于解决农村人口安全饮水的各类资金达到19.99亿元，180万农村人口的饮水安全问题全部解决，贫困地区自来水普及率达80%。在农村电力建设方面：2015年全省农网改造升级工程总投资23.72亿元，全省贫困村动力电覆盖率达到94%。在农村住房建设方面：2015年中央财政下达补助资金16.42亿元，用于贫困地区21.8万户危房改造，其中85.8%的资金投向全省58个片区县。

【整村推进】 2015年，甘肃省实施整村推进1010个，投入各类扶贫资金43.71亿元，其中：中央财政扶贫资金16.04亿元，省级以下财政扶贫资金7.16亿元；部门整合资金24.39亿元；基础设施及公共服务总投资27.18亿元，其中：村级道路通畅14.77亿元，人饮及灌溉设施3.33亿元，生产生活用电0.76亿元，自然村通宽带0.01亿元，环境保护和改善1.15亿元，防灾避灾0.27亿元，其他7.57亿元；产业总投资10.89亿元，其中：种植业3.60亿元，养殖业5.13亿元，其他2.15亿元。

【产业扶贫】 2015年，甘肃省整合农牧业发展资金9.35亿元，集中用于培育壮大草食畜、马铃薯、蔬菜、苹果、中药材等富民特色优势产业。完成全膜双垄沟播面积1526万亩，马铃薯种植面积稳定在1000万亩以上，玉米种植面积达到1200万亩左右。贫困县完成造林216万亩，封山育林62万亩，新增经济林果65.5万亩，完成低产果园改造112万亩，新建林下经济示范点66个，新增育苗16.9万亩。

【金融扶贫】 2015年，甘肃省启动实施总规模达400亿元的精准扶贫专项贷款工程，由各级政府和金融机构按7：3比例建立贫困户贷款风险补偿基金，为有劳动能力、有贷款意愿和一定还款能力的建档立卡贫困户提供免抵押、免担保、5万元以下、3年以内、执行基准利率、财政全额贴息的精准扶贫专项贷款。对没有经营能力的贫困户，将贷款入股到扶贫龙头企业、农业专业合作组织或致富能人按股分红。全年发放贷款213亿元，惠及47万贫困户。2015年新建贫困村互助资金协会（社）4645个，全省6220个贫困村和藏区有贫困人口的行政村实现了互助资金协会全覆盖。

【易地扶贫搬迁】 2015年，甘肃省完成易地扶贫搬迁建设任务3.5万户17.1万人，涉及57个县（市、区），832个安置点。项目总投资49.39亿元，其中争取中央预算内投资8.9亿元，中央财政扶贫资金2.96亿元，省级财政配套资金1.78亿元。

【以工代赈】 2015年，甘肃省投入以工代赈资金3.2亿元，新建、改建乡村公路909千米，桥梁55座1300延米，修建河堤38.35千米，衬砌渠道110.7千米，新增、改善有效灌溉面积3.42万亩。

【雨露计划】 2015年，甘肃省贫困地区完成“雨露计划”职业教育11.55万人，补助标准1500元/人，补助金额1.73亿元；完成劳动力转移培训2.21万人，补助标准600—1500元/人，补助金额0.17亿元；完成农村实用技能培训4.5万人，补助标准200—580元/人，补助金额0.11亿元；完成创业致富带头人培训555人，补助标准省内200—2000元/人，省外8000—10000元/人，补助金额0.04亿元。

【扶贫试点】 电商扶贫试点：2015年，甘肃省在75个贫困县的225个村开展电商扶贫试点，累计培训10万人（次）。陇南市被国务院扶贫办确定为全国电商扶贫试点市，并荣获由中共中央总书记习近平亲自颁发的“2015中国消除贫困创新奖”。光伏扶贫试点：2015年，甘肃省确定临洮、瓜州、古浪等12个光伏扶贫试点县，下达25万千瓦的光伏扶贫指标，全省安排项目资金3840万元。旅游扶贫试点：2015年，甘肃省选择37个有一定旅游资源、基础较好的建档立卡贫困村开展旅游扶贫试点，以整村推进的方式安排项目资金帮助群众发展餐饮、住宿、交通、手工艺品等增收项目，吸纳贫困人口就业增加收入。杂交构树扶贫试点：2015年，甘肃省选择在西和、秦州、清水3县（区）开展杂交构树扶贫试点工作，总规模360亩。其中在西和县种植造纸用杂交构树200亩；在天水市秦州区、清水县种植饲料用杂交构树各80亩。

【建档立卡】 2015年，甘肃省利用两个月时间，动用10多万人，在全省开展精准核实贫困人口、完善建档立卡工作。核实完善852万贫困人口信息数据，平稳退出2014年度140万脱贫人口，精准识别出2015年计划脱贫人口，并实行实名制管理。一是严格执行“12345”识别程序。按照“一核二看三比四评议五公示”的贫困人口进出识别程序，由农户、村两委、驻村帮扶工作队、乡镇、县区五级确认，精准识别贫困户、返贫户。二是全面实施“853”挂图作业。通过对象识别认定、家庭情况核实、致贫原因分析、计划措施制定、扶贫政策落实、人均收支核查、对象进出录入、台账进度记录等平台“八个准”，挂好贫困人口分布、贫困人口致贫原因、贫困人口进出动态、贫困村脱贫目标任务、贫困户脱贫目标任务等村级作战“五张图”，填好脱贫计划、帮扶措施、工作台账等贫困农户“三本账”，对建档立卡进行全程管理，为全省脱贫攻坚提供施工图、任务书、时间表。三是建立“4342”责任体系。甘肃省出台《甘肃省“4342”脱贫验收责任体系实施办法》，对于脱贫验收的贫困户、贫困人口和认定的返贫户，按照相关规定和程序验收或评定后，逐级对脱贫验收的真实性负责，做到干部签字负责，群众签字认账。

【扶贫大数据建设】 2015年，甘肃省探索建立“互联网+精准扶贫”模式，建成具备事先预警、事中监控、事后评估功能的精准扶贫大数据管理平台，形成采集、分析、管理功能，实现省、市、县、乡、村五级互联互通，实现对扶贫政策落实情况及成效的动态管理。甘肃省被国务院扶贫办列为全国精准扶贫大数据管理平台建设首个试点省份。

【扶贫考核】 2015年，甘肃省制定《全省贫困县党政领导班子和领导干部经济社会发展实绩考核办法》和《全省贫困县党政领导班子和党政正职经济社会发展实绩考核实施方案》，充分发挥考核的指挥棒作用，引导各级把主要精力聚焦脱贫攻坚。在年末省委经济工作暨扶贫开发工作会议上，8名省级领导、13个市州党委政府主要负责人、22个省直相关部门主要负责人，向省委省政府签订了脱贫攻坚责任书，承诺了攻坚期承担的责任，引导各类资源精准发力。各市州与县（市、区）党政主要负责同志签订了责任书。

【贫困退出机制】 2015年，甘肃省制定出台《甘肃省建立贫困人口和贫困县退出机制实施细则（试行）》，建立了贫困户、贫困村、贫困县三级脱贫退出指标体系，使精准扶贫有了着力重点、精准脱贫有了衡量标准。制定出台《关于建立贫困县约束机制的实施意见》，对贫困县禁止作为事项作出明确规定。

【定点扶贫】 2015年，甘肃省新增国务院扶贫办等中央定点帮扶单位。甘肃成为全国工商业联合会直属商会确定的对口帮扶地区。全省认真组织开展了“扶贫日”系列活动，各级“双联”单位帮扶和捐助资金15.93亿元。33个中央、国家机关和单位，共有295名（其中部级26名）干部到定点扶贫县调研考察，选派43名干部常年蹲点挂职帮扶，12名干部担任村“第一书记”；定点扶贫单位为定点县直接投入（含无偿和有偿）资金1.47亿元。

【东西部扶贫协作】 “十二五”期间，天津—甘肃、厦门—甘肃东西扶贫协作工作顺利开展。5年来，天津市政府累计投入帮扶资金3.94亿元，其中：甘南藏族自治州及天祝藏族自治县2.16亿元，全省其他市（州）1.52亿元；两省（市）区县结对帮扶投入资金0.22亿元。主要用于整村推进、特色产业开发、学校建设、村组道路等项目。厦门市与临夏回族自治州自2010年开展东西扶贫协作工作以来，累计援助资金1.08亿元，其中基础设施投资0.25亿元、产业开发0.14亿元、文化教育投入0.68亿元、卫生医疗投入0.02亿元。

【干部驻村帮扶】 2015年，甘肃省从县级以上单位选派干部组成驻村帮扶工作队，整合双联干部、到村任职（挂职）干部、大学生村官和乡镇包村干部力量，全省6220个贫困村有6860个省、市、县三级单位联系，共派驻27815名驻村帮扶工作队员，实现了驻村帮扶工作队对贫困村、帮扶责任人对贫困户的“两个全覆盖”。全省上下认真落实“逢提必下”机制，选派1099名年轻干部到贫困村担任村党组织“第一书记”，将1728名在非贫困村工作的大学生村官调整到贫困村工作，从国家有关部委引进200多名优秀人才来甘肃省挂职服务，选派58名厅级和处级干部到贫困县挂任副书记，选派58名专业技术人才到贫困县挂任科技副县长。新选聘的1000名大学生村官全部分配到贫困村工作，招录247名选调生中本科生分配到贫困乡镇，实现建档立卡贫困村大学生村官和乡镇大学生干部全覆盖。

【扶贫机构和队伍建设】 2015年，甘肃省调整成立脱贫攻坚、精准脱贫大数据管理平台和脱贫攻坚成效考核三个领导小组，由省委、省政府主要领导任双组长。甘肃省扶贫办（甘肃省“两西”建设指挥部）为甘肃省政府直属机构，机关行政编制59名，其中：主任（指挥）1名、副主任（副指挥）4名、纪检组长1名，巡视员1名、副巡视1名。现有9个内设机构及机关党委、行政监察室，23名处级领导职数，11名处级非领导职数。2015年完成办机关11个处室的工作职能完善调整工作，全年调整、提拔、晋升干部31名。

【扶贫宣传】 2015年，甘肃省扶贫办牵头组织对“1+17”精准扶贫方案进行解读，在《甘肃日报》发布。《甘肃省脱贫攻坚动态》和《甘肃省脱贫攻坚专报》累计刊发111期，发送16650份。《人民日报》《新闻联播》、新华社等新闻媒体对甘肃省精准扶贫工作进行专题报道380余篇次。实施“中国梦·凡人善举天天看”微纪录电影工程，完成300部微纪录电影的摄制工作。中共中央办公厅《中办工作交流》、中央改革办《改革情况交流》、中央农村工作领导小组办公室《农村要情》分别编发甘肃省精准扶贫工作信息。2015年9月，国务院扶贫开发领导小组在甘肃省平凉市、定西市和宁夏回族自治区固原市召开“三西”扶贫开发现场会，全面总结“三西”扶贫工作经验，国务院副总理汪洋出席会议并作重要讲话。2015年，甘肃省委、省政府分层次分类型部署召开了双联、农村公路建设、蔬菜生产、电商扶贫、法律服务、美丽乡村建设、金融助推7个专题现场推进会，交流推广精准扶贫好经验、好做法，示范带动各项工作落实。

（甘肃省扶贫开发办公室　王立盛）

青海省扶贫开发

【概述】 2015年，青海省委、省政府全力推进落实精准扶贫精准脱贫方略，召开了省委十二届九次全会，专题研究、部署扶贫开发工作。调整、加强了省扶贫开发工作领导小组，省委书记、省长担任组长。颁布实施了《青海省农村牧区扶贫开发条例》，制定出台了《关于打赢脱贫攻坚战提前实现整体脱贫的实施意见》《关于选派“第一书记”和扶贫（驻村）工作队的通知》。建立了驻村帮扶“123”工作机制，省、州、县三级单位共计选派7865名“第一书记”和扶贫（驻村）干部，驻村开展工作。国务院扶贫办将青海省纳入全国6个旅游扶贫试点省份、6个光伏扶贫试点省份、全国“电商扶贫双百示范行动”试点省份，开展扶贫试点工作。精准识别建档立卡工作全面完成，列出重点贫困村970个、一般贫困村652个；识别出贫困对象16万户52万人。国际农业发展基金六盘山片区扶贫项目正式谈判签约，并启动实施。全年减少贫困人口20.1万人。全省落实各类扶贫资金55亿元，市（州）、县级财政共投入扶贫资金7.84亿元。

【扶贫资金投入】 2015年，青海省共投入专项财政扶贫资金191217万元，其中，中央财政扶贫资金发展资金119407万元，省级财政扶贫资金50800万元，落实中央易地搬迁资金16500万元，辽宁省援助青海省资金4510万元。撬动金融扶贫资金23亿元。

【扶贫资金管理】 2015年，青海省依据扶贫任务成效、财政资金绩效考评、年度目标责任考核等因素，将财政专项扶贫资金全部切块下达到各市（州）、县（区、市），各地按照《青海省切块财政支农资金及项目管理办法（试行）》自主实施项目。印发了《青海省扶贫开发局关于开展扶贫资金专项整治行动督查工作的通知》，委托第三方对2014年扶贫日捐款及扶贫项目资金进行审计。财政扶贫资金绩效考评被评为A级。

【片区扶贫攻坚】 2015年，青海省投入财政扶贫资金1.9亿元，整合各类资金2.35亿元（其中撬动金融贷款1.5亿元）实施连片特困地区产业扶贫项目49项，覆盖181个行政村的1.4万户、5.05万贫困人口。同德县三年特殊类型扶贫攻坚全面收官，在民生改善、基础设施、公共服务等方面实现了全省“六个第一”。

【整村推进】 2015年，青海省投入各类资金86000万元，整合行业、经济组织及群众自筹资金7000万元，撬动银行贷款42000万元，在全省8个市（州）39个县（区、市）的368个贫困村实施项目130项，扶持贫困人口3.96万户、有15.58万贫困群众直接受益。

【易地扶贫搬迁】 2015年，青海省投入易地扶贫资金56981万元，其中，财政扶贫资金37400万元，国家发展和改革委员会易地扶贫项目资金16500万元，地方债券资金3081万元。在38个县（市）实施了110个易地扶贫项目，搬迁安置13853户、59501人，完成年度目标任务的121.6%、138.6%和132.2%。

【产业扶贫】 2015年，青海省投入产业扶贫财政资金20200万元，整合各类资金44000万元（其中撬动银行贷款22000万元），以县为单位打造扶贫产业示范园14个，直接吸纳贫困劳动力2630名到产业园务工，间接辐射带动234个贫困村的1.75万户、7.69万人发展特色产业。建立特色产业基地218个，种植业特色产业基地33个，养殖业特色产业基地58个，畜产品、民族手工艺品加工23个，宾馆、市场和乡村旅游等商贸服务基地66处。引导化隆回族自治县、循化撒拉族自治县768户2853名贫困群众通过“拉面经济”在省内或外省开设拉面餐馆37处，解决剩余劳动力370人。

【雨露计划】 2015年，青海安排“雨露计划”培训专项资金9900万元。其中，短期技能培训投入资金3000万元，对全省15000名贫困家庭劳动力开展了烹饪、唐卡制作、汽车驾驶、民族歌舞、服装加工、旅游导游、特种机械驾驶等近40个专业的短期技能培训。职业学历教育补助安排资金1600万元，对5333名进入中高等职业学校的贫困家庭学生，开展了职业学历教育补助。“青春创业扶贫行动”安排青春创业项目担保金2000万元，贴息资金900万元，在全省39个贫困县开展了“青春创业扶贫行动”工作。对贫困大学生补助投入补助资金2000万元，对2015年秋季新入校的4000名全省建档立卡贫困户家庭子女，且就读于普通高等院校接受国民高等教育的全日制在校本（专）科学生和少数民族预科生进行补助。投入资金400万元，组织培训了1000名贫困村致富带头人。

【金融扶贫】 2015年，青海省全面落实主办银行制度，出台了《关于建立扶贫开发金融服务主办银行制度的意见》《金融支持精准扶贫青海行动方案》，各主办银行对1/3的村完成金融服务档案的建立，完成信用评级，启动贷款程序。全年金融扶贫贷款总规模达23亿元。

【以工代赈】 2015年，青海省共落实中央财政预算内以工代赈资金16500万元。安排贫困地区农田水利项目28项目，投入国家资金6772万元，共改善农田灌溉面积12.3万亩；贫困地区人畜饮水工程投资5478万元，实施项目28项，共解决了6.4万人、11.3万头（只）牲畜饮水问题；贫困地区乡村道路工程投资3930万元，实施项目9项，修建乡村道路129.3千米，安排项目管理费320万元。

【定点扶贫】 2015年，13家中央单位定点帮扶青海省15个国家扶贫开发工作重点县，共派出赴联点县考察调研干部51人次、挂职干部11人，投入帮扶资金2052.8万元，实施了基础设施配套、特色养殖、规模化种植、公益性设施修建、学生营养餐补助、资助贫困生等项目26个。求是杂志社、光明日报社、中国信达资产管理公司、中国铁道建筑工公司、中国地质大学五家单位派优秀年轻干部到定点扶贫县的扶贫村任“第一书记”。省、市（州）、县（市、区）共2991家定点扶贫单位共计为定点扶贫村投入资金物资近1.47亿元，引进资金近3.4亿元。实施基础设施和公益性项目建设、扶持产业发展、技能培训等各类帮扶项目近700个。

【东西部扶贫协作】 2015年，辽宁省帮扶青海省资金5692万元，其中，辽宁省本级帮扶资金4510万元，13个市、1个企业对口帮扶资金1182元，实施中藏药材产业园建设、“雨露计划”培训、扶贫龙头企业带动工程、高原美丽乡村建设、贫困地区干部培训、整村推进、贫困村互助资金等34个项目。

【企业和社会各界扶贫】 2015年，青海省315家企业与408个贫困村建立了共建关系，各参与企业充分发挥自身特点和优势，投入帮扶资金（含物资折价）3180万元。全省4.67万名党员干部和各界人士，结对帮扶7.2万户贫困户，投入帮扶资金和物资折价4526万元。“扶贫日”活动期间，全省共计捐款5316.79万元。其中，全省民营企业捐赠资金4401.66万元，全省各级机关事业等单位的捐赠资金915.13万元。全省各地各单位捐赠物资折价2800万元。

【外资扶贫】 2015年，青海省国际农发基金扶贫项目在意大利国际农发基金罗马总部进行了谈判并草签了该项目《融资协议》。双方确认，青海省六盘山片区扶贫项目使用国际农业发展基金优惠贷款3875万欧元，约合人民币2.78亿元；使用国际农业发展基金赠款72万个SDR（特别提款权），约合人民币640万元；2015年度项目完成总投资2621.79万美元，其中，IFAD贷款1170.4万美元；政府部门配套资金1075.81万美元；银行贷款93.58万美元；受益人出资282万美元。

【扶贫宣传】 2015年，青海组织中央和省级主流媒体参加的记者团，先后6次赴贫困地区开展专题采访。在各类媒体上刊登扶贫宣传稿件617篇。其中，在中央媒体刊发扶贫宣传新闻报道113篇，省级媒体刊发扶贫宣传新闻报道225篇，各类网络媒体刊发279篇。

（青海省扶贫开发局 李 赢）

宁夏回族自治区扶贫开发

【概述】 2015年，宁夏回族自治区深入实施百万贫困人口扶贫攻坚战略，生态移民扎实推进，圆满完成5万人搬迁定居任务，有200个重点贫困村达到脱贫销号标准，减少贫困人口12.1万人。"闽宁模式""华润模式"得到了全社会的关注和肯定，全国金融扶贫、"雨露计划"两个现场会在宁夏召开。全国"三西"扶贫开发现场会在宁夏、甘肃两省（区）召开。宁夏在国家互助资金项目考核中获得一等奖，扶贫资金绩效考评中首次获得全国一等奖。2015年全国10个消除贫困奖，宁夏获得2个奖项。

2015年，宁夏回族自治区党委、政府深入贯彻落实中共中央总书记习近平扶贫开发战略思想和党中央、国务院扶贫开发决策部署，先后召开自治区扶贫开发工作会议、自治区金融扶贫工作会议、自治区扶贫开发现场观摩促进会，安排部署精准扶贫、精准脱贫的工作。出台《关于贯彻落实中央一号文件精神做好2015年农业农村工作的意见》《关于改革财政专项扶贫资金管理机制的实施意见》《关于进一步动员社会各方面力量参与扶贫开发的实施意见》文件。宁夏回族自治区人民代表大会将宁夏农村扶贫开发条例列入立法计划，强力推进扶贫开发法制化进程，为推进扶贫开发提供法律保障。中国人民政治协商会议宁夏回族自治区委员会牵头建立了六盘山片区陕甘宁青四省政协主席联席会议制度，共同促进区域性整体脱贫。

宁夏回族自治区政府与全区各县（区）政府签订扶贫开发目标责任书，层层落实责任制，将减贫人口任务层层分解，落实到具体贫困户和贫困人口。自治区财政共安排扶贫、移民配套资金6.7亿元，各县区倾斜安排各项惠农政策和到户项目资金，2015年减少贫困人口12.1万人，超额完成2015年减贫10万人目标。

【易地扶贫搬迁】 2015年，宁夏回族自治区建成移民住房3172套，搬迁安置移民12033户50960人。截至2015年底，累计批复移民安置区161个77937户331974人；累计建成移民住房7.65万套，占规划任务7.88万套的97%；累计搬迁安置移民7.65万户32.88万人（其中生态移民5.87户25.59万人，劳务移民1.78户7.29万人），占规划总任务34.6万人的95.3%；累计建成日光温室3502亩，大中拱棚1.284万亩，养殖圈棚3.19万座，道路

1543 千米，供电线路 1701 千米，公共设施 49.98 万平方米；累计开展教育培训 12.55 万人次，实现务工就业 11.85 万人。据各县（区）统计报表反映，移民安置区人均可支配收入达到 5000 元以上，为实现脱贫致富奔小康奠定了基础。

【精准扶贫】 一是基础设施到村。按照“顶层设计、规划引领、示范带动、项目聚焦、精准扶贫、考核销号”的要求，量身定制定期脱贫考核销号方案，建立起“专项扶贫、行业扶贫、社会扶贫、金融扶贫、群众自筹”五位一体的资金整合机制，200 个考核销号村投入 36.4 亿元，村均投入 1820.5 万元。二是产业项目到户。安排专项扶贫资金 1.5 亿元，开展“扶贫到户、责任到人”精准扶持，支持 7.5 万户建档立卡贫困户发展以“5·30”养殖（即通过项目扶持和政策支持，用 2 年到 3 年时间，使养牛户养殖发展到 5 头以上，其中基础母牛 2 头以上；养羊户养殖发展到 30 只以上，其中基础母羊 15 只以上；牛羊混合养殖户养殖规模达到 30 个绵羊单位以上，其他特色养殖业项目参照 30 个绵羊单位，养殖户家庭年人均养殖业收入达到 6000 元以上）和特色种植为主的增收产业，着力增强扶贫对象“造血”机能。三是培训转移到人。举办扶贫业务培训 28 期 2277 人，闽宁创业致富带头人培训 3 期 74 人，创业技能试点培训 296 人，贫困地区劳动力转移技能培训 6717 人，建档立卡贫困户机动车驾驶技能培训审核通过 957 人，雨露百事通软件应用推广培训 4 万人次，“雨露计划”职业教育扶贫助学补贴审核通过 1.315 万人。四是责任帮扶到单位。建立起“不脱贫、不脱钩，一帮到底”的帮扶机制，选派 2251 名干部驻村帮扶，驻村工作队对 1100 个贫困村全覆盖。在宁夏贫困村开展了“先富带后富”活动，充分发挥村级“两委”班子、党员能手和致富带头人的作用，建立 1 户富裕户帮带 1 户（1+1）或多个（1+X）贫困户的帮扶联合体，实现每个贫困户都有一个责任人结对帮扶。

【扶贫试点】 2015 年，宁夏制定《宁夏资产收益扶贫试点实施方案》，将光伏扶贫、构树扶贫、红树莓扶贫全部列入资产收益扶贫试点范围，安排 14 个贫困村和移民村开展光伏扶贫试点，总装机规模 50 兆瓦，涉及农户 1.295 万户，其中建档立卡贫困户 5993 户；在平罗县、固原市原州区、隆德县实施构树扶贫试点，种植构树 1300 亩；实施红树莓扶贫试点，种植红树莓 4850 亩，成活率均在 80%以上。编制了全区电商扶贫试点实施方案，在贫困村中建设试点村 105 个，组织中南部地区 9 县（区）扶贫办主任赴甘肃省陇南市考察学习电商扶贫工作。在中南部 9 县（区）筛选了 9 个旅游扶贫试点村，制定了 2015 年旅游扶贫试点村建设方案并组织实施，取得了积极进展。

【金融扶贫】 2015 年，按重点贫困村村均投入 30 万元、生态移民村村均投入 100 万元的标准，在 20 个重点贫困村、10

个生态移民村建立了互助资金。截至2015年底，全区互助资金运行总量达7.35亿元，项目村1118个，累计发放借款18.59亿元，受益人口11.9万户、50.9万人。积极探索创新金融扶贫机制，启动实施“金扶工程”，通过财政资金“贴一块”、银行利率“降一块”、支农贷款“切一块”的方式，将国家支持资金、财政扶贫资金与金融产品和扶贫主导产业有效结合，建立全方位、多层次、多渠道金融扶贫合作体系，先期推出互助资金、千村信贷、国开惠民、金穗惠农、好借好还、种子资金6个金融扶贫产品，形成了政、银、企、社、民联合互动的“五位一体”金融扶贫新格局，各市、县（区）已筹措风险补偿金1.925亿元，金融机构累计发放贷款140多亿元，其中：农户贷款16.9万户93.4亿元（含建档立卡户4.07万户16.73亿元，分别占24.1%和17.9%），为农民持续增收、脱贫致富创造了条件。

【片区扶贫攻坚】 坚持区域发展与精准扶贫“两轮驱动”，探索连片开发新模式。交通部实施固原市原州区至王洼铁路、国道309线西吉至郭家沟段、中南部地区安全饮水、农村危房改造以及风力发电、光伏发电等基础设施工程，支持发展了一批教育、卫生、文化社会事业项目，加强生态环境建设，培育增收致富产业。交通出行通达能力明显提升，农村安全饮水基本得到保障，看病难、看病贵问题逐步得到解决。以特色种养业为主导的农业产业格局基本形成，片区农民人均纯收入超过6500元，与2011年3964元相比增加2536元，增幅连续4年高于全区平均水平。“十二五”期间六盘山片区累计荒山造林448.1万亩，封山育林33.2万亩，生态移民迁出区人工修复90万亩，固原市森林覆盖率达到22.2%，首次超过全国平均水平，六盘山片区森林覆盖率达到15.3%，生态修复能力明显增强，中部干旱带生态恶化趋势基本得到遏制。

【建档立卡】 根据国务院扶贫办和宁夏回族自治区党委、政府的安排部署，自2015年9月开始开展了为期半年的建档立卡“回头看”工作。宁夏回族自治区扶贫开发领导小组梳理了27条需要普查的问题，明确了建档立卡“回头看”工作内容、方法步骤、工作要求及保障措施。宁夏采取“县不漏乡、乡不漏村、村不漏户、户不漏人”的方式，对所有县、乡、村，逐户逐人进行了排查核实。共识别出不符合建档立卡贫困户7.06万户30.3万人，共识别补录建档立卡贫困户7.43户30.6万人，退出与补录比例占2014年建档立卡总人数80.3万人的30%以上。宁夏回族自治区党委督查室、政府督查室联合组织部、扶贫办，深入村组和农户明察暗访，层层传导压力，督促整改落实，有力推动了这项工作的开展并取得实效。

【干部驻村帮扶】 2015年，宁夏回族自治区共选派干部2251名，其中：区级单位派出工作队员332名，市级单位派出工作队员 450 名，县乡派出工作队员 1469 名，实现了对 1100 个贫困村的全覆盖。宁夏回族自治区党委组织部、农村工作领导小组办公室、财政厅、人力资源与社会保障厅、扶贫办联合印发了《扶贫开发驻村工作队及农村基层党组织“第一书记”管理暂行办法》，提升驻村工作队及“第一书记”管理制度化、规范化、科学化水平。自治区、市、县三级帮扶单位投入款物（含协调落实的项目资金）3 亿多元。各定点帮扶单位积极出主意、想办法，着力促进定点帮扶村产业发展，群众增收。

【东西部扶贫协作】 2015 年，闽宁对口扶贫协作全方位、宽领域推进，投入各类帮扶资金 6700 多万元；援建 109 个社会事业项目；组织举办各类培训班 39 期 1930 人次；劳务输出 14 批 535 人次。对口帮扶工作从市县和部门结对延伸到乡镇和行政村，两省区已有 32 对乡镇、17 对行政村、41 对部门实现结对帮扶。招商引资成效明显，签约招商引资项目 42 个，总投资 93 亿元，其中合同项目 21 个，总投资 42 亿元，闽宁产业园和扶贫产业园建设初具规模。示范乡村建设进展顺利，闽宁镇综合改革试点工作在各厅局的大力支持下正在有序推进，福建省漳州台商投资区角美镇与闽宁镇、南安市蓉中村与闽宁镇原隆村结为对口帮扶关系，相互间开展一系列互动活动，达成多项帮扶意向。

【定点扶贫】 2015 年，中央定点帮扶实现对 9 个贫困县全覆盖。华润集团计划投资 100 多亿元在海原县建设风电、草畜一体化、生态林、希望小镇等项目，多数项目已开工建设。铁路总公司投入帮扶资金 363 万元，在固原市原州区组织实施贫困大学生救助、村组道路硬化、太阳能路灯安装、基础母牛（羊）补栏等项目，有效改善贫困村的生产生活条件。中国航空油料集团公司、中国商用飞机有限责任公司、中国建筑材料集团有限公司、中国核工业集团公司等帮扶单位开展形式多样帮扶活动，并选派“第一书记”驻村开展工作。

【扶贫宣传】 2015 年“扶贫日”期间，宁夏回族自治区党委书记李建华、原宁夏回族自治区政府主席刘慧发表了致全区广大干部群众和社会各界一封信；刘慧在《人民日报》发表了题为《自加压力打赢精准扶贫硬仗》的署名文章；启动了“教育扶贫全覆盖行动计划”“健康扶贫行动计划”“青春扶贫行动计划”“信息化扶贫行动”和“爱心帮扶贫行动”，相关部门（单位）签订了《职业教育扶贫技能培训合作协议》《“互联网+扶贫”战略合作协议》《医疗合作协议》，举办了“微心愿”认领仪式，展示了“爱心一帮一”手机 APP 软件，举办了微电影《搬家》首映式。2015 年，香港曾宪梓基金会筹资 500 万港元、“点滴是生命”筹资 374 万元人民币支持宁夏扶贫开发；宁夏希望信息产业有限公司向贫困农户捐赠智能手机 2000 部。

【以工代赈】 2015 年，宁夏回族自治区共下达投资计划 1.3 亿元，安排项目 54 个，新增和改善灌溉面积 5.6 万亩，治理水土流失面积 21.6 平方千米，综合开发治理面积 12.2 平方千米，新增乡村道路 250 千米，有效改善贫困地区的生产生活条件和人居环境，增加贫困农民收入，增强贫困群众自我发展能力。积极实行精准扶贫，优先将项目和资金投入到整村推进村，共安排 14 个项目，项目资金达到 4344 万元。同时，按照十八大行政审批改革和《国家以工代赈管理办法》要求，创新管理机制，将以工代赈项目审批权限下放到县（区）发改部门，增强县（区）政府扶贫攻坚的主体责任和主动性；切实抓好规划编制工作，按时完成《宁夏以工代赈“十三五”建设规划》编制工作并上报国家发展改革委；加强以工代赈宣传工作，摄制完成《宁夏以工代赈 30 年》纪录片。

【危房危窑改造】 2015 年，国家下达宁夏回族自治区农村危房改造任务 8 万户，其中贫困地区 5.3 万户，补助资金 7.18 亿元。至 2015 年底，全区农村危窑危房改造开工 8.02 万户，完成投资 44.12 亿元。从住房和城乡建设厅、国土资源厅、交通运输厅、扶贫办等部门抽调 21 名干部和工程技术人员组成督导组，派驻各县（区）专门督导美丽乡村建设和农村危窑危房改造工作，开展政策宣传，负责技术指导，严控工程质量。编制发放《农村危房改造技术导则》和《农村住宅抗震技术要点图解手册》，印发宣传手册 3 万份。加强对村镇规划建设管理员业务培训，聘请专家和技术人员送政策、技术下基层，抓好农村工匠技术培训。

【水利扶贫工作】 2015 年，宁夏回族自治区的贫困地区水利基础设施建设总投入 18.39 亿元，其中中央资金 13.70 亿元、地方配套 4.69 亿元，共涉及 132 个水利项目。宁夏中南部城乡饮水安全工程基本完工，具备通水条件，贫困地区供水保障能力得到进一步提升，发展后劲不断增强。新增农村饮水安全达标人口 8.55 万人。全年共治理贫困地区中小河流 13 条，治理河长 212.8 千米，保护农田 5.95 万亩。在水土流失严重的贫困地区开展了 3 大类 28 项重点治理工程，新增治理水土流失面积 286.4 平方千米。贫困地区均成立了节水型社会建设工作机构，初步建立起市县主导、部门联动、目标考核的节水工作推进机制。

【扶贫信息化建设】 2015 年，宁夏回族自治区组织编制和实施《宁夏精准扶贫云应用系统建设方案》，结合建档立卡“回头看”工作，组织区、市、县、乡、村近万名干部和驻村工作队员，历时半年进村入户采集核实贫困人口的致贫原因、贫困状况、脱贫需求等信息，建立了“业务大集成、数据大集中”的宁夏扶贫综合业务信息管理系统和符合宁夏实际的信息数据指标体系，完成了扶贫云各类数据比对与数据对接。探索建立了集电商扶贫、旅游扶贫、适用技术服务于一体的扶贫开发信息服务平台。

【扶贫制度建设】 制定贫困退出机制。宁夏回族自治区印发《全区关于建立贫困退出机制工作方案》，详细规定了贫困县摘帽、贫困村考核销号、贫困人口脱贫的标准和退出程序。完善财政专项资金管理机制。按照责任、权力、资金、任务“四到县”工作机制，自治区人民政府办公厅印发了《关于改革财政专项扶贫资金管理机制的实施意见》，明确管理权责，提升管理水平，创新使用方式，提高使用效率。加强资金运行监管。在全国率先开通“12317 扶贫监督举报电话”，主动接受社会监督；实行多部门联合监管机制，变事后检查为事前、事中、事后全程监督，及时发现问题、及时督促整改，实现扶贫资金监管的全覆盖、常态化。

（宁夏回族自治区扶贫办　高海林）

新疆维吾尔自治区扶贫开发

【概述】 2015年，新疆维吾尔自治区高度重视扶贫开发，自治区党委先后召开经济工作会议、农村工作会议、南疆工作会议等，明确扶贫开发目标任务，提出政策措施和工作要求。自治区人民政府召开党组会议、常务会议，专题研究“十二五”扶贫工作评估、“十三五”规划编制、全面推进新疆精准扶贫精准脱贫的实施意见等，对扶贫开发作出总体部署。加速实施南疆三地州片区区域发展与扶贫攻坚规划，国家批准将阿克苏地区纳入片区扶持范围，边境县实行覆盖式边境扶贫，贫困山区通过易地搬迁和就地扶持改善生产生活条件，三大重点区域扶贫规划实施完成。探寻建立精准扶贫工作新模式，推进村级道路、饮水安全、特色产业增收、乡村旅游、教育扶贫等十大扶贫工程。强化督导考核机制，建立脱贫攻坚督导检查制度，制定贫困县党政领导班子和领导干部经济社会发展实绩考核办法、贫困县约束办法，进一步完善扶贫机制。充分发挥政策性金融导向作用，增加贫困地区信贷投放。强化专项扶贫对行业扶贫、社会扶贫、援疆扶贫等资源的引领，协调中央、自治区、地（州）、县（市）四级定点扶贫单位加大帮扶力度。组织第二个“扶贫日”活动，开展“企业带动万人稳定就业”“百企帮百村”村企共建等行动。2015年，新疆减少贫困人口39万人、实施300个贫困村整村推进规划、开展扶贫培训15.3万人次、贫困地区农民人均纯收入增加800元以上的目标，累计安排财政专项扶贫资金29.1亿元，“十二五”扶贫开发目标全面实现。

【扶贫资金投入】 2015年，中央和自治区共安排财政专项扶贫资金453680万元，其中：中央财政专项扶贫资金266695万元（发展资金176367万元、少数民族发展资金63830万元、以工代赈资金22600万元、国有贫困农场扶贫资金1940万元、国有贫困林场扶贫资金1958万元），实施发展资金项目2573个，涵盖种植业、畜牧业、林果业、设施农业、手工业、水利、交通、住房、培训等方面，扶持贫困户7.28万户；自治区配套财政专项扶贫资金157710万元（发展资金配套21660万元、少数民族发展资金配套500万元、以工代赈资金配套1950元，贫困户“安居富民”住房建设补助133600万元）；地州、县（市）配套资金29275万元。

【扶贫资金管理】 一是严格资金投向。按照财政扶贫资金管理办法规定的使用范围，明确项目计划编制要重点突出2015年度扶贫开发的目标任务，贯彻落实自治区部署的各项工作任务，确保当年整村推进贫困村资金投入强度。项目选择严格围绕七大类项目进行，即：种植业、养殖业、林果业、民族手工业、乡村旅游业、庭院经济、住房建设等方面。其中，用于产业发展、贫困户增收项目的资金比例不得低于资金额度的80%，入户项目比例不得低于80%；二是规范报备审核。根据年度扶贫开发工作要求，下达了《关于做好2015年财政扶贫资金项目编制和备案工作的通知》，对各地资金项目计划编制、审批、报备、上报时限等做出了明确规定。同时，要求各地严格按照《新疆维吾尔自治区财政专项扶贫资金（发展资金）项目报备监管办法（试行）》和资金预算额度，做好年度资金项目计划的备案、备案、启动实施等工作，确保项目重点瞄准贫困户、减贫户的产业发展和基本生活条件改善方面；三是加强过程监督。认真做好扶贫项目和资金的监督、检查、抽查、验收工作。将财政专项扶贫资金绩效评价，作为落实财政科学化精细化管理、提高扶贫资金使用效益和管理水平的重要举措，设定指标体系，开展专项绩效评价。将项目和资金监督、检查等管理使用情况纳入扶贫开发年度考核内容，进行专项跟踪问效，实施全过程控制。完善并落实资金项目月报制度，及时督促资金拨付和项目实施滞后的地县加快工作进度，并将资金项目月报情况纳入日常考核，较好实现了资金项目执行全过程监督；四是强化自查整改。落实国家涉农资金专项整治行动部署，结合自治区巡视组、审计厅及财政部专员办审计审核情况，针对扶贫资金开展专项整治行动，重点对2010—2014年度涉农扶贫发展资金的拨付、管理和使用情况，以及2010年以来对扶贫发展资金检查审计中发现问题的整改和处理情况进行认真自查自纠，并进行实地督导，对查找出的问题进行逐项梳理，制定限期整改措施，逐项规范。

【片区扶贫攻坚】 2015年，新疆南疆三地州片区内国家扶贫工作重点县、片区县安排财政专项扶贫资金251368万元，其中：中央财政专项扶贫资金159205万元，占年度中央安排新疆南疆三地州财政专项扶贫资金总额的60%（发展资金121932万元、以工代赈资金16178万元、少数民族发展资金19755万元、国有贫困农林牧场扶贫资金640万元，分别占中央各类专项扶贫资金的70%、75%、31%和16%）；自治区及地（州）、县（市）配套财政专项资金92164万元。《实施规划》确定的25项发展目标，“十二五”期间有21项目标已基本完成，其中地区生产总值年均增长14.1%，高于全区2.8个百分点；工业增加值年均增长25.4%，高于全区13.8个百分点；农村居民人均纯收入年均增长19.4%，高于全区8.2个百分点；全社会固定资产投资年均增长30.1%，高于全区4.9个百分点；进出口贸易总额年均增长30.5%，高于全区17.8个百分点。

【整村推进】 2015年，新疆维吾尔自治区紧紧围绕全年300个贫困村整村推进任务计划，充分运用贫困村、贫困户建档立卡成果，根据贫困村不同类型、贫困户不同情况，实行有差异的扶持措施。贫困户、减贫户重点瞄准产业发展，第一批发展资金投入产业类项目112887万元，占第一批发展资金总额的71.3%，主要投向特色种植、家庭养殖、设施农业、民族手工业等产业类项目。贫困村按照所处地域资源及“九通九有九能”验收标准缺项补项，重点突出三类贫困村，确保集中力量解决突出贫困问题，53个整村推进三类村村均投入强度达到298.9万元，其中有33个村达到300万元以上。通过实施整村推进，贫困村农民人均纯收入持续增加，自我发展能力进一步提升，贫困村农田、水利、道路、文化卫生等生产生活和社会事业基础设施建设得到加强，整村推进贫困村农牧民人均纯收入增加到7156元，增收4322元，年均递增20.33%，比35个扶贫开发工作重点县2015年底农牧民人均纯收入高出466元。

【雨露计划】 2015年，新疆维吾尔自治区安排“雨露计划”扶贫培训资金5200万元，其中：各地（州）、县（市）4200万元，自治区本级1000万元，安排“雨露计划”职业教育培训342万元，补助贫困子女1140人。完成“雨露计划”扶贫培训15.3万人次，完成全年计划任务的111.7%，其中：各地（州）、县（市）完成“雨露计划”13.96万人，完成全年计划任务的114.4%，自治区本级共培训各类人员达13400人，依托新疆农业职业技术学院培训基地，采取课堂理论培训与实地观摩学习相结合、专题研讨与师生互动相结合、专家授课与经验交流相结合的方式，开展三期创业致富带头人培训，共培训建档立卡贫困村具有初、高中以上学历的贫困村致富带头人，农村经济合作社、专业协会负责人和贫困村后备干部251人。

【定点扶贫】 2015年，中央、自治区、地（州）、县（市）四级共有8268个单位及44名省级领导在全区开展定点扶贫工作，其中：中央单位16个、自治区单位311个、地（州）单位1337个、县（市）单位6604个。累计下派蹲点扶贫干部12万余人，投入帮扶资金及物资19.24亿元，其中单位自筹资金7.29亿元、协调引进资金11.95亿元。协调引进扶贫项目1425个、各类人才1028名，帮助引进技术531项，资助贫困学生31436人；举办各类培训班1.4万余期，累计培训24.84万人，帮助劳务输出9.84万人次。

【易地扶贫搬迁】 2015年，新疆维吾尔自治区完成搬迁1295户4675人，投入易地扶贫搬迁资金40230万元，其中，中央财政专项扶贫资金3193万元，自治区财政配套扶贫资金828万元，整合行业部门资金

16912 万元，其他资金 75708 万元。据统计，“十二五”期间，新疆为解决贫困地区贫困人口“一方水土养活不了一方人”的特殊贫困问题，累计投入资金 162993 万元，其中从中央财政专项扶贫资金中安排 30067 万元，从自治区财政配套扶贫资金中安排 6835 万元，整合行业部门资金 50383 万元，利用援疆资金、社会帮扶资金及群众自筹资金等其他资金 75708 万元，专项用于建档立卡贫困人口易地扶贫搬迁工作，5 年共完成搬迁 7438 户 28740 人。

【金融扶贫】 2015 年，安排小额信贷贴息资金 4598.95 万元，贴息利率 5%，贷款规模 203105.73 万元，小额信贷贷款平均贷款利率 9.83%，最高贷款利率 11.77%，最低贷款利率 7.88%，主要用于种植业、养殖业以及少数商业、运输业。其中，用于种植业 146023 万元，占 58.6%，用于养殖业的 59462 万元，占 36.9%，用于其他的贷款 2379.27 万元，占 4.5%，当年获得扶贫小额贷款的建档立卡贫困户 108077 户，约 39.66 万人。向各银行业金融机构推荐符合条件的 197 家扶贫龙头企业贴息贷款项目 202 个，推荐贴息结算计划 20 亿元，其中：南疆四地州扶贫龙头企业 109 家，贷款项目 115 个，落实扶贫龙头企业贴息资金 3659.9 万元，引导贴息贷款规模 16.7 亿元。确定疏附县、民丰县为自治区扶贫小额信贷示范县；英吉沙县、乌什县、阿克陶县、墨玉县为自治区金融扶贫示范县。吉木乃县、尼勒克县、察布查尔锡伯自治县、哈密市等为地（州）金融扶贫示范县。印发《新疆维吾尔自治区扶贫农民专业合作社扶持办法（试行）》，首批认定 143 个扶贫农民专业合作社。

【扶贫龙头企业发展】 2015 年，新疆维吾尔自治区坚持“龙头拉动、效益覆盖”的理念，加快扶贫龙头企业特别是南疆扶贫龙头企业发展，建立利益联结机制，吸纳贫困劳动力就业，形成了一支有 236 家组成、以农林牧产品加工为主的扶贫龙头企业队伍，实现对贫困县的全覆盖。向各银行业金融机构推荐符合条件的 197 家扶贫龙头企业贴息贷款项目 202 个，推荐贴息结算计划 20 亿元，其中：南疆四地州扶贫龙头企业 109 家，贷款项目 115 个。5 月 25 日召开全区扶贫龙头企业拉动贫困地区就业座谈会，236 家扶贫龙头企业共与贫困户签订季节工就业合同 7.2 万多人，长期工就业合同 1.6 万多人，其他形式用工 3000 余人。

【边境扶贫】 2015 年，新疆维吾尔自治区确定 32 个边境县（市）边境贫困村 912 个，其中边境一线贫困村 289 个、边境二线贫困村 623 个，从自治区配套发展资金部分安排专项资金 7500 万元，实现对全区 32 个边境县（市）全覆盖，突出解决边民最关注的吃饭、住房、上学等紧迫问题，探索边境惠民物资供应站管理运行新机制，丰富和创新军警民联防联控机制。

【旅游扶贫试点】 2015 年，新疆维吾尔自治区 10 个贫困村为旅游扶贫试点村，通过政府筹措整合资金等形式累计投资6523.1万元，用于实施游客接待中心、餐饮区以及供排水、电力、排污、垃圾处理等旅游公共服务设施建设，全年累计接待游客5500人次，解决农村剩余劳动力就业2000人，创收550万元。

【干部驻村帮扶】 2015年，新疆维吾尔自治区结合开展“访民情惠民生聚民心”活动，建立和完善驻村工作队制度，使每个贫困村都有工作队，每个贫困户都有帮扶责任人，全区下派工作队11243个、驻村干部77219名，对3029个贫困村及3437个非贫困村实现全覆盖；选派5164名优秀机关干部到村担任“第一书记”，实现贫困村全覆盖。驻村工作队和“第一书记”协助基层组织贯彻落实党的惠农、富农、强农政策，积极参与扶贫开发各项工作，协调资金项目，提供信息、技术服务，帮助贫困村、贫困户脱贫致富。落实保障和激励措施，实现驻村帮扶长期化、制度化，引导广大干部投入基层扶贫实践，畅通扶贫政策落实渠道。

【扶贫制度建设】 2015年，新疆维吾尔自治区根据扶贫攻坚新形势新任务新要求，先后出台《关于全面推进新疆精准扶贫精准脱贫的实施意见》（新党办发〔2015〕29号）、《关于进一步动员社会各方面力量参与扶贫开发的实施意见》（新政办发〔2015〕61号）、《自治区部门单位包村定点扶贫工作考核办法（暂行）》（新党组通字〔2015〕6号）、《自治区贫困县党政领导班子和领导干部经济社会发展实绩考核办法》（新党组通字〔2015〕63号）、《自治区扶贫农民专业合作社扶持办法（试行）》（新扶贫领字〔2015〕1号）、《自治区建立贫困县约束机制实施办法》（新扶贫领字〔2015〕20号）、《自治区整县整地推进扶贫规划实施办法》（新扶贫领字〔2015〕21号）、《自治区贫困村贫困户精准扶贫办法》（新扶贫领字〔2015〕22号）等，形成了“1+N”的新疆特色攻坚脱贫政策体系。

【扶贫宣传】 2015年，新疆维吾尔自治区按照“扶贫日”活动部署，结合新疆维吾尔自治区成立60周年庆祝活动，制定《关于开展2015年全国“扶贫日”活动实施方案》，成立自治区开展“扶贫日”活动协调领导小组，各地（州）、县（市）组织开展各种形式的募捐活动，募集款物1.15亿元，组织开展社会扶贫到村到户融情行动，各级帮扶单位累计进村入户为贫困户做好事达135万人次。开展“扶贫日”宣传，印制发放宣传单450万份，发放宣传手册120万册，设置政策咨询台180个，出动宣传车72辆。

（新疆维吾尔自治区扶贫办
信息中心　宁　钢）

新疆生产建设兵团扶贫开发

【概述】 2015年，新疆生产建设兵团（以下简称“新疆兵团”）党委高度重视扶贫开发工作，围绕精准扶贫，发挥专项扶贫、行业扶贫、社会扶贫和援疆扶贫“四位一体”扶贫攻坚合力，加强扶贫机制改革创新，继续实施《南疆三地州兵团片区区域发展与扶贫攻坚实施规划》，探索改革贫困团场考核机制，加大资金投入力度，实施精准扶贫试点、原连队居住区转型、产业扶贫和基础设施建设等项目建设，加快贫困团场经济社会发展。完成新疆兵团贫困团场贫困户建档立卡“回头看”数据清洗工作，实现10个贫困团场摘帽、2万以上贫困人口脱贫。

【扶贫资金投入】 2015年，中央财政专项扶贫资金投入4.23亿元，包括发展资金、少数民族发展资金、以工代赈资金和康复扶贫贷款贴息资金等。各类扶贫资金主要用于基础设施、精准扶贫、产业扶贫、片区综合开发和扶贫资金奖励项目建设等方面。

【扶贫资金管理】 2015年，新疆兵团印发《关于统筹中央财政专项扶贫资金实施精准扶贫的意见》，2015年安排年度财政专项扶贫资金的30%用于精准扶贫，以后每年递增10%。扶贫资金管理严格执行《财政专项贫资金管理办法》规定，专款专用，不挪用、截留项目建设资金。按照团场管理、职工增收、资金管理使用部门督查的要求，积极探索精准扶贫试点项目的新途径。扶贫项目严格执行项目法人制、招标投标制、工程监理制、合同管理制；严格按照计划下达的建设内容和投资规模进行建设。

【建档立卡】 2015年，新疆兵团《兵团扶贫开发建档立卡工作方案》，按照“两公示一公告”程序，彻底摸清贫困团场贫困人口的贫困程度、致贫原因、生产经营状况等基本情况，完成了97个贫困团场贫困户建档立卡“回头看”数据清洗工作，解决好“扶持谁”“怎么扶”“谁来扶”的突出问题，分析几个一批扶贫行动计划的对象和需求，为扶贫开发宏观决策、工作指导、绩效考核提供有效有用的数据。

【社会扶贫】 2015年，确定新疆兵团办公厅、新疆兵团发展和改革委员会等6家单位为社会扶贫优秀集体，詹征、葛志辉等34人为社会扶贫先进个人，出台《兵团贯彻落实〈国务院办公厅关于进一步动员社会各方面力量参与扶贫开发的意见〉

实施方案》。

【扶贫日活动】 2015年，新疆兵团开展了以“关注贫困问题，关爱贫困人口，关心扶贫工作”为主题的“扶贫日”活动，表彰了一批社会扶贫先进集体和个人，制作了扶贫宣传袋、宣传彩页，在“扶贫日”期间向机关干部发放并挂横幅等系列活动，营造关注贫困问题，关爱贫困人口，关心扶贫工作的扶贫宣传气氛。

【以工代赈】 2015年，投入中央以工代赈资金6550万元，本着“突出重点、集中投入、注重实效”的原则，重点安排基本农田建设、小型农田水利建设、草场建设和小流域治理项目，覆盖20个贫困团场。项目单位按照年度计划、工程设计标准和建设规范组织施工，组织师、团定期逐级报送以工代赈项目建设进度统计报表，及时反映计划执行、资金到位、投资完成、工程形象进度以及效益等情况。

【产业扶贫】 2015年，新疆兵团安排扶贫专项资金5160万元，选定和培育33家合作社，精准扶贫2520户建档立卡贫困户；安排扶贫专项资金1000万元，培育农业新型经营主体发展项目；安排扶贫专项资金1810万元继续扶持做大做强南疆兵团片区扶贫龙头企业，示范带动少数民族贫困户增收。

【定点扶贫】 2015年，52家新疆兵团机关部门、直属事业单位、大专院校与贫困团场结对开展挂钩扶贫；12家国有企业与贫困团场结对开展定点扶贫；一师、六师、八师和石河子大学与三师结对开展师师帮扶，二师、十二师和塔里木大学与十四师结对开展师师帮扶。新疆兵团本级、师、团三级“访民情、惠民生、聚民心”活动派驻408个工作组，干部1611人入驻以南疆三地州贫困团场、少数民族聚居团场重点连队，把开展扶贫工作作为主要任务之一，开展入户扶贫帮困。

（新疆生产建设兵团扶贫办　朱淑芬）

社会扶贫篇

（一）东西部扶贫协作

综　述

2015年是“十二五”的收官之年，党中央、国务院空前重视扶贫开发工作，纳入经济建设、政治建设、文化建设、社会建设、生态文明建设“五位一体”和全面建成小康社会、全面深化改革、全面依法治国、全面从严治党“四个全面”战略布局安排部署，全力推进脱贫攻坚。东部9个省（市）（北京市、天津市、上海市、辽宁省、江苏省、浙江省、福建省、山东省、广东省）和9个城市（大连市、苏州市、杭州市、宁波市、青岛市、广州市、深圳市、厦门市、珠海市）认真落实中央决策部署和《国务院办公厅关于进一步动员社会各方面力量参与扶贫开发的意见》要求，充分发挥东西部扶贫协作在社会扶贫工作中的示范引领作用，深入实施精准扶贫精准脱贫方略，东西部扶贫协作工作取得新成效。12月7日，国务院扶贫开发领导小组在福建省宁德市召开东部地区扶贫工作座谈会，国务院副总理汪洋对东部地区扶贫工作和东西部扶贫协作工作作出部署，提出明确要求。

2015年，东部省市共向西部贫困地区提供财政援助资金145097万元，较2014年增长8.5%。其中用于基础设施建设52419万元，占36.1%；用于产业开发25290万元，占17.4%；用于文化教育和医疗卫生等民生事业34214万元，占23.6%。援建道路786.8千米，学校（含幼儿园）163所，养老院、卫生院（所）40所，资助贫困学生7380人次。东部省市动员社会力量捐助款物7495.4万元，派出志愿者342人次。协作企业共221个，实施合作项目1409个，实际投资2103.6亿元；双方领导考察互访5399人次，其中省级65人次；东西部实现人才交流1989人次，其中党政干部交流398人次，专业技术人才交流1591人次；举办培训班409期，培训各类人员3.1万人次；帮助西部贫困地区输出劳务43.2万人次，实现劳务收入173.8亿元。

在9个东部省（市）中，政府财政援助资金最多的是上海市45729万元，第二是浙江省16000万元，第三是福建省11765万元。增幅最大的是福建省，由6700万元增加到11765万元，增长75.6%；其次是上海市，由31844.8万元增加到45729万元，增长43.6%。

在9个东部城市中，政府财政援助最多是宁波市5359万元，第二是苏州市5000万元。增长幅度最大的是青岛市，由3100

万元增加到 4000 万元，增长 29%；第二是厦门市，由 3300 万元增加到 4050 万元，增长 22.7%。

从西部省区市来看，得到东部财政援助资金超过 1 亿元的有 6 个省（区），分别是云南省 39897 万元、贵州省 34091 万元、四川省 18016 万元、甘肃省 11920 万元、宁夏回族自治区 11765 万元、内蒙古自治区 10884 万元。

东部地区动员社会力量为对口帮扶地区捐助款物最多的是上海市 2412.2 万元，其次是广东省 1112 万元。东部引导企业到对口帮扶地区实际投资最多的是广东省 1808 亿元，其次是上海市 181 亿元。

东部向对口帮扶地区派出挂职干部最多的是北京市 35 人次，其次是福建省 21 人次；向对口帮扶地区派出教师、医生等专业技术人才最多是江苏省 504 人次，其次是福建省 310 人次。东部帮助西部劳务输出最多的是广东省 35 万人次，第二是上海市 2.2 万人次。

按照《中国农村扶贫开发纲要（2011—2020 年）》“各省（区、市）要根据实际情况，在本地区组织开展区域性结对帮扶工作”的要求，全国 15 个省（区、市）和新疆生产建设兵团组织开展了省级层面的区域性结对帮扶工作。其中东部省份为辽宁、江苏、浙江、福建、广东；中部省份为河北、安徽、湖北、湖南和海南；西部省（区、市）为内蒙古、广西、重庆、四川、云南。共有 87 个地市的 273 个县（市、区）结对帮扶欠发达的 64 个地（市、州）的 221 个县（区、旗）。新疆生产建设兵团组织经济发展较快的 4 个师对口帮扶贫困的 2 个师。

2015 年，省级层面的区域性结对帮扶共投入政府财政援助资金 25.6 亿元；引导社会无偿捐款 4 亿元，捐物折款 1.9 亿元；派出挂职干部 2832 名，派出教师、医生和志愿者等 2536 名；帮助引进人才 712 名，引进项目 5231 个，到位资金 406 亿元；共建产业园区 68 个；举办培训班 2736 期，培训各类人员 20.5 万人次。

（国务院扶贫办国际合作和社会扶贫司）

北京市—内蒙古自治区东西扶贫协作

【概述】 2015年，北京市—内蒙古自治区东西扶贫协作工作机制进一步健全。北京市向赤峰市、乌兰察布市两市投入帮扶资金共9884万元，实施了46个帮扶项目。加强智力帮扶工作，培训内蒙古自治区各类干部人才5000名。安排500万元贴息资金，组织开展对口帮扶合作项目贷款贴息工作。发挥两地相关职能部门和企业的积极性，促进区域合作向深度拓展。

【工作机制】 为做好北京市帮扶内蒙古自治区“十三五”时期区域合作和对口帮扶工作，北京市对口支援和经济合作工作领导小组办公室（以下简称“北京市支援合作办”）会同内蒙古自治区发展和改革委员会共同起草了《京蒙区域合作和对口帮扶“十三五”规划（2016—2020年）》和《关于进一步加强全面合作的框架协议》。按照中央扶贫工作会议精神，修订对口帮扶项目资金管理办法，对精准扶贫、精准脱贫提出新要求。

【帮扶项目】 2015年，在赤峰市、乌兰察布市两市安排实施46个“重点地区帮扶资金”项目，总投资3.16亿元，其中，北京市帮扶资金9884万元，内蒙古自治区本级配套8973万元，带动地方投资1.27亿元 。涵盖民生项目21个、产业项目25个，涉及教育、卫生、旅游、设施农牧业等多个方面。

【社会帮扶】 发挥两地相关职能部门和企业的积极性，促进区域合作向深度拓展。2015年，北京市在内蒙古自治区投资项目590个，其中，续建项目205个，新开工项目385个，共引进北京市到位资金1083.3亿元，占内蒙古自治区同期引进区外到位资金的31.9%。在农牧业方面，以“品质赤峰”平台建设为契机，推动赤峰天泽生物科技有限责任公司、巴林左旗德惠粮贸有限公司等10余家产业化龙头企业与北京市大型农贸市场超市开展对接；在旅游方面，集宁国际皮革城与北京市等周边省市近100家旅行社签订了合作协议。在北京市召开赤峰市与北京市旅游战略合作签约仪式暨首次赤峰旅游专场推介会，签订《赤峰市人民政府和北京旅游委对口帮扶战略协议》；在科技合作方面，北京市中关村科技园设立了中关村海淀园赤峰分园和乌兰察布中关村科技产业园。北京市科学技术委员会与内蒙古自治区科技厅在内蒙古巴彦淖尔市五原县共同主办京蒙现代农业新技术成果供需对接现场会。会上，中国农业科学院蔬菜花卉研究所等 8 家单位分别与内蒙古自治区巴彦淖尔市农牧业科学研究院、乌兰察布市科技成果推广中心、赤峰市科学技术局等 17 家单位签署合作开发、技术转让、技术服务等合作协议和意向书 17 项，内容涉及蔬菜和果树新品种开发、栽培技术研发、农业规划、农业信息化、农业技术转移“信服通”工程 5 个方面；在交通基础设施方面，2015 年重点推进金盆湾特长隧道建设。国家高速公路苏尼特右旗-张家口高速公路和丹锡高速公路联络线克什克腾-承德段高速公路前期工作进展顺利；在医疗卫生方面，北京市支援合作办会同北京市卫生和计划生育委员会、北京医师协会在乌兰察布市兴和县启动实施医疗健康精准扶贫试点工程，组织北京市西城区 26 名副高以上专家分两批赴兴和县与当地医疗人员共同完成 4112 名因病致贫人群的全面健康筛查，以疾病治疗与疾病干预为抓手开展北京市对内蒙古自治区的精准医疗帮扶，并取得了阶段性成果，为在乌兰察布市全面开展精准健康医疗扶贫奠定了基础。

【智力帮扶】 北京市发挥人才培训优势，2015 年，北京市安排 500 万元、内蒙古自治区安排 800 万元，举办培训班 82 个，为内蒙古自治区培训教育、文化、卫生、科技等领域的干部和专业技术人员 5000 名。

（北京市对口支援和经济合作工作领导小组办公室　张志深）

天津市—甘肃省东西扶贫协作

【概述】 2015年，天津市委、市政府扎实落实中央扶贫开发相关会议精神，全力协助甘肃省打好扶贫攻坚战。紧紧围绕精准脱贫精准扶贫，安排援甘财政资金7558万元，实施项目26个。配套建设甘肃省“精准扶贫信息化系统”。在甘南藏族自治州（以下简称“甘南州”）建设8个天津援建示范村，在天祝藏族自治县（以下简称“天祝县”）南阳山片实施“下山入川”生态移民小康工程，建设住宅1090套。招收甘肃藏区定向医学本科生118人。培训基层干部、专业技术人才447人。继续深化天津市与甘肃省区县结对帮扶工作，推进定西市、天水市和陇南市三市小城镇规划建设、设施农业发展和救灾捐助。协助甘南州、白银市在天津市举办文化旅游、投资项目推介会，签约金额110.82亿元。天津市卫生和计划生育委员会组织100名医疗专家赴甘肃省挂职义诊半年。天津市卫生和计划生育委员会、天津市眼科医院在甘南州开展“甘南光明行”活动，为100名贫困白内障患者实施免费复明手术，捐赠医疗设施折款75万元；天津市民政局为甘南州捐赠棉衣5000件、棉被4000件、帐篷600顶。

【工作机制】 天津市委、市政府高度重视，进一步完善市对口支援工作领导小组，加强东西扶贫协作工作的领导与协调，将“加大帮扶力度，协助对口支援地区打好扶贫攻坚战”写入天津市经济社会发展“十三五”规划。天津市委多次召开扶贫开发工作会议，确定集中援助资金在受援地建设一批高水平职业院校，充分发挥本市职业教育优势和西部地区人力资源优势，实现高素质技能人才培养和劳动就业，互惠互利、东西联动。

【帮扶项目】 天津市各区（县）充分发挥各自优势，进一步加强与甘肃省天水市、定西市、陇南市产业开发、人才培训等领域帮扶工作。天津港保税区管理委员会、滨海高新技术产业开发区管理委员会、东丽区万新街道詹庄村分别与天水市张家川回族自治县、秦安县、甘谷县武家河村签订《结对帮扶协议》；天津大学与陇南市宕昌县共同制订“定点扶贫合作方案”和“本科招生方案”；南开大学与平凉市庄浪县签署“定点帮扶协议”。天津港保税区管理委员会安排100万元实施张家川回族自治县闫家乡三友村赵沟组道路硬化项目。天津市滨海高新技术产业开发区管理委员会安排 80 万元实施秦安县叶堡镇师河村阳坡湾组道路硬化建设项目。天津市河北区组织区内物流企业到清水县设立分支机构，加快促进清水县农民山货流通速度。天津市东丽区帮扶甘谷县硬化乡村道路 3450 米，互设劳务专职机构，推进劳务输转合作。东丽区詹庄村安排专项资金，在甘谷县武家河村建设人饮自流引水工程，帮助全村 270 户、1266 人解决饮水安全问题；同时，发挥蔬菜专业村优势，帮助武家河村调整产业结构，每年稳定发展 500 亩架豆王和 500 亩优质核桃园，并在天津市东丽区汇城广场开设武家河村绿色农产品专柜。

【智力帮扶】 天津市继续推进甘南州定向医学本科生招生项目，2015 年，天津医科大学、天津中医药大学招收甘肃藏区定向医学本科生 80 人；新增天津医科大学临床医学院，从 2015 年至 2018 年连续 4 年招生，为甘南州定向培养医学本科生 200 名，2015 年招生 38 人；在天津举办 10 期培训班，针对甘南州人大代表和工作者、教育教学管理、医疗卫生管理、旅游管理、新型城镇化、农牧业发展、城建系统和天祝县中小学校长、骨干教师、专业合作经济组织领办人等进行专项培训，累计培训甘南州、天祝县基层干部、专业技术人才 447 人次。

【经贸合作】 天津市进一步发挥“津洽会”“食博会”等展会平台作用，展示、销售甘肃特色产品，推进津甘产业合作。“津洽会”期间，协助甘肃省甘南州、白银市在天津举办文化旅游发展与合作座谈会和投资项目推介会，签约能源和新能源、陶瓷产业、农业建设、基础设施建设等领域项目 14 个，签约金额 110.82 亿元。天津河北商会 5 位企业家赴甘肃开展合作交流、投资考察活动，天津建筑设计院、天士力集团、天津市旅游集团和现代职业技术学院与甘肃省甘南州签署合作协议。

【扶贫宣传】 按照《国务院扶贫办关于加强脱贫攻坚信息报送工作的通知》要求，天津市进一步加强脱贫攻坚宣传工作，2015 年共编写脱贫攻坚、扶贫开发与对口帮扶工作信息 112 条，天津卫视《天津新闻》栏目、天津日报、天津政务网等天津主流媒体宣传报道 20 余次。《天津市对口支援工作简报》印发 6 期，《天津市对口帮扶甘肃工作前方指挥部工作专报》印发 22 期。甘肃藏区定向医学本科生纪录片摄制项目完成“走近、使命、成长、收获”四部曲中“走近甘南”、“使命”两部宣传片的录制工作。

（天津市人民政府合作交流办公室
对口支援二处　王　震）

上海市—云南省东西扶贫协作

【概述】 2015年，上海市、云南省双方贯彻中央扶贫开发系列会议精神，按照中共中央总书记习近平关于扶贫开发重要战略思想、国务院扶贫开发领导小组办公室部署和上海、云南两省（市）在昆明座谈会的协议，落实精准扶贫精准脱贫的基本方略，聚焦建档立卡贫困村、贫困户脱贫摘帽，围绕“两不愁、三保障”，提供无偿援助，开展经济合作。共投入财政资金3.11亿元（不含上海市代表团出访云南捐赠资金），实施帮扶项目302个。

【扶贫调研】 2015年4月，上海市委书记韩正、市长杨雄率党政代表团赴云南省调研，上海市、云南省签署了《关于加强沪滇对口帮扶与重点领域合作框架协议》，明确将进一步完善交流机制，深化对口帮扶重点州市和支援迪庆藏区工作，加强双方在教育卫生、经济交流、现代农业、文化旅游、金融科技、人力资源开发等各方面的合作。考察期间，上海市为云南省捐赠帮扶合作资金1亿元，为迪庆藏族自治州（以下简称“迪庆州”）香格里拉市独克宗古城灾后恢复重建捐赠资金1.2亿元。

【精准扶贫】 上海市坚持两个倾斜，专注精准帮扶、靶向治疗，投入县以下扶贫济困和社会帮扶资金占援滇资金总量的90%。聚焦贫困村、贫困户，按照缺什么补什么和急用优先原则，以村内小微基础设施建设为重点，安排1.22亿元，在26个重点县实施整村推进164个；安排4500万元，打造30个新纲要示范村，受益农户6400户，改善了贫困户的生产生活条件，促进贫困村可持续发展能力提升。

【产业扶贫】 上海市坚持开发式扶贫，逐步提高直接用于支持扶贫对象参与产业发展的资金比例，帮助贫困群众、贫困人口增加经营性收入和资产性收入。安排6317万元，在红河哈尼族彝族自治州（以下简称“红河州”）重点支持猕猴桃、葡萄、蓝莓、姬松茸、蜜柚等水果种植，在文山壮族苗族自治州（以下简称“文山州”）重点支持银杏、草果、香蕉、八宝贡米种植和肉牛、生猪养殖等产业，在普洱市重点支持澳洲坚果、辣木、石斛、食用菌、砂仁种植和黑山羊、肉牛养殖产业，在迪庆藏区重点支持白芸豆、核桃、重楼等种植和牦牛养殖产业。

【帮扶项目】 实施“云品入沪”工程，通过对口州市赴上海市轮展试销，专业买手驻场对接、评价打分、选商选品、提供服务等一系列安排，帮助云南农特产品孵化为适销对路的商品，进入上海各类商业渠道。设立“云品中心”，入驻的云南企业超过120家，引入云品数量达1200种以上，促进100家云南企业超过1000种云品进行交易，推动近100种云品进入上海各类商业流通渠道。云品入沪工程进展顺利，带动了受援地区贫困农户增收致富。

【社会帮扶】 上海市以卫生、教育等领域为重点，广泛动员、凝聚合力，帮助对口地区提升基本公共服务水平。安排资金1500万元，由上海市卫生和计划生育委员会牵头，组织上海市24家三级甲等医院结对帮带云南省24家州（市）、县级医院，开展第二轮援助工作，支持普洱市人民医院心胸外科、德钦县医院标准化建设。安排资金81万元，由上海市教育委员会牵头，对文山州、红河州、普洱市共802名在上海的中职学校学生提供学习生活费用补贴。支持迪庆州民族中学图书馆、文山上海技能培训中心实训楼等建设，帮助培训基层边远地区中小学教师，提高师资水平和教学质量。继续开展因战致残人员假肢更换、修缮及康复工作，共投入100万元，在文山州麻栗坡县等地完成假肢安装140条，减轻了特定困难群体的经济负担，为其工作生活提供了便利。开展就业信息服务平台建设，设置劳务信息服务点，提供就业信息实时服务，帮助文山州就近和异地转移就业2300人。上海市为怒江傈僳族自治州（以下简称“怒江州”）青少年专题举办了“浦江怒江水相连、内地边疆手相牵”2015年怒江峡谷小先锋夏令营活动，促进两地青少年的交流和友谊。

【智力帮扶】 加强人力资源开发培训工作，上海市各单位、各部门与云南精准对接，坚持以需求为导向，精心安排授课、研讨、参观、实践等活动，提升人力资源开发质量和效果。2015年安排资金1720万元，接受云南到上海市挂职、进修200人次，举办各类培训班120期（含当地培训），到上海市培训1800人次，帮助对口地区的医生、教师、技师、企事业单位管理人员、基层干部更新知识结构，拓宽眼界视野。

【经贸合作】 上海市赴云南参会参展，开展投资考察，协助云南省普洱市、保山市、西双版纳傣族自治州、怒江州等州（市）到上海市举办各类产品推介和招商引资活动。2015年6月，上海市组织上海企业家，赴云南参加“第二十三届中国昆明进出口商品交易会暨第三届中国—南亚博览会”，期间赴昆明、保山等地投资考察。7月，上海市商务委员会组织代表团赴云南投资考察。9月，云南省省长陈豪率代表团在上海组织举办企业家座谈会等系列经贸合作交流活动。2015年，上海市在云南省投资签约和在建项目172个，实际到位资金147亿元，两地经贸合作取得丰硕成果。

（上海市政府合作交流办公室
对口支援处　胡晓勇）

辽宁省—青海省东西扶贫协作

【概述】 2015年，辽宁省—青海省东西扶贫协作按照“优势互补、互惠互利、长期合作、共同发展”的协作原则，通过经济、智力、产业援助等给予青海省大力支持，促进了青海省贫困地区经济社会发展，加快了贫困群众脱贫致富的步伐。

2015年，辽宁省累计无偿提供青海省帮扶资金5692万元，其中省本级帮扶资金4510万元，较2014年增长10%，13个结对市帮扶资金1182万元，重点实施帮扶项目34个。其中产业扶贫项目带动3.53万农户增收，年户均增收5000元以上；举办各级各类扶贫开发参与者培训班20期共1144人（次）；开展短期劳动技能培训5000人次，95%以上实现转移就业，年人均增收1万元以上。

【工作机制】 辽宁省委、省政府从全局出发，定期召开省委常委会、省政府常务会研究部署东西扶贫协作工作；建立两省高层领导定期互访交流机制；成立由省长任组长，相关省直部门为成员的辽宁省对口支援工作领导小组，全面指导推动全省对口帮扶工作，下设办公室（辽宁省发展和改革委员会），14个市也相应参照成立各市对口支援工作领导机构，全省形成了部门联动、省市结合、密切配合、沟通顺畅的工作机制；严格落实援助资金增长机制，“十二五”期间省本级援助青海资金以2011年3080万元为基数，每年递增10%，各市以990万元为基数，每年递增10%。

【帮扶项目】 2015年，辽宁省对口帮扶青海省无偿提供资金5692万元，重点实施帮扶项目34个。省本级投入的4510万元帮扶资金主要用于整村推进、中藏药材产业园建设、“雨露计划”培训、扶贫龙头企业带动工程、“高原美丽乡村”建设、贫困地区干部培训、贫困村互助资金等项目；市本级帮扶资金1182万元，主要用于贫困村基础设施项目建设、异地扶贫搬迁、发展特色养殖业、特色种植业、发展基层农民专业合作社、贫困大学生补助及金融扶贫等项目，帮助贫困农户脱贫致富。

辽宁省投入460万元配套实施平安县古城乡牌楼沟村“高原美丽乡村”建设项目，主要用于楼沟村农户围墙改造、农户大门改造、村综合服务中心、村文化活动广场等6个项目建设，全村156户560人直接受益。

辽宁省省本级投入200万元在湟中县上五庄镇北纳村和黑城村实施辽援整村推进项目，主要用于工艺品加工和农家乐建设项目，共带动252户农户增收，户均年均增收3000元以上。

【产业扶贫】 辽宁省投入资金1560万元配套实施中藏药材产业示范园建设项目，主要用于产业园基础设施建设、种植基地扩建以及专业技术人员培训，项目采取“公司+基地+农户”模式，辐射带动青海省湟中县、大通回族自治县、湟源县3县16个乡（镇）70个村近1.5万户农户增收，每户年均增收3000元以上；安排辽宁省本级资金1000万元实施产业化扶贫龙头企业贷款贴息项目，为青海省西宁市、海东市9个县（区）实施贷款贴息，即根据9个县（区）扶贫龙头企业和扶贫专业合作社分布情况将贴息资金分配到各县（区），各县（区）利用龙头企业和扶贫专业合作社辐射带动能力强的特点进行贷款贴息，享受贷款贴息的68家龙头企业和扶贫专业合作社吸纳解决劳动力2600余人，辐射带动2万多农户增收；辽宁省本级安排资金100万元在西宁市、海东市两个藏族村建立贫困村互助资金，帮助贫困户发展生产，提高自我发展能力。

【智力帮扶】 在辽宁省鞍山市、锦州市、朝阳市等市异地代培青海省贫困高中学生1000余名，代培学生回原籍参加高考上线率达96%以上，一本上线率达到83.6%；辽宁省本级投入资金1000万元实施“雨露计划”培训工程，主要在海东市六县（区）实施驾驶员、拉面经济、手工刺绣等短期劳动技能培训5000余人次，转移就业率达到95%，年人均增收1万元以上；辽宁省本级安排资金300万元用于实施贫困地区基层干部培训工程，紧紧围绕青海省扶贫开发工作重点，着重对2015年实施整村推进的两个村两委干部、青海省乡镇专（兼）职扶贫干事、各级扶贫系统干部进行有针对性的培训，2015年共举办各类培训班（会）20期（次），培训人员累计达1144人（次）。

【社会帮扶】 加大社会各界帮扶力度，在资金支持、产业对接、人才培养等方面，开展多形式、多领域和多层次的东西扶贫协作工作。辽宁省组织受援地46名扶贫系统干部、农村致富带头人赴辽宁省培训考察；引入辽宁华晨汽车集团控股有限公司在青海省布点销售；此外，辽宁省各级党政干部和各族群众积极开展“送温暖、献爱心”活动，累计捐赠大米、面粉804万千克，衣物400万件，捐赠电视机3000台。

【经贸合作】 辽宁省组织沈阳市、大连市、鞍山市、抚顺市、本溪市等11个市、23家企业参加“2015中国青海绿色发展投资贸易洽谈会”，展品涉及装备制造、汽车、机电、工艺品、农产品等产业。除现场销售、签订意向合同外，锦州市在西宁市举办了“辽宁锦州（西宁）招商推介会和项目洽谈会”，与西宁知名民营企业开展以锦州市主导产业为主的招商项目对接活动；铁岭方兴米业与青海弘大农副产品购销有限公司建立东北大米代理销售合作关系。

（辽宁省发展和改革委员会
对口支援处　荣雪飞）

江苏省—陕西省东西扶贫协作

【概述】 2015 年，江苏省与陕西省挂钩扶贫协作以整村推进为重点，配套援建基础设施项目、社会公益和产业化扶贫项目，努力提高帮扶地区群众自身发展能力。2015 年，江苏省援助陕西扶贫资金 4175 万元、社会捐赠资金 50 万元，实施各类扶贫项目 120 项，援建学校、幼儿园 12 所，卫生院（所）、养老院 2 所；乡村道路 163 千米及饮水工程；举办各类培训班 4 期，培训各类人员 1265 人次；帮助陕西贫困地区输出劳务人员 1.81 万人，实现劳务收入 6.13 亿元。

【帮扶项目】 2015 年，江苏省认真贯彻落实中央扶贫开发工作会议精神，配合陕西省做好整村推进、易地搬迁扶贫项目，用于贫困地区基础设施援助资金 2125 万元。在陕西省级扶贫项目方面实施了延安市黄龙县白马滩村东大桥建设、宝鸡市陇县温水镇坪头村新农村社区基础设施建设、渭南市合阳县王村镇异地搬迁、咸阳市旬邑县张洪镇新型幼儿园建设、榆林市定边县第五小学多功能服务中心建设、汉中市略阳县五龙洞镇水磨河至玉家山通村公路修筑、渭南市白水县西固中心卫生院门诊综合楼改造 7 个重点项目，项目总投资 2560 万元，其中江苏省配套援助资金 1000 万元。

【社会帮扶】 与陕西省挂钩扶贫的江苏省 10 个省辖市 51 个县（市、区），在基础设施、文化教育、医疗卫生、扶贫救助、道路交通等方面援建了一批扶贫项目。江苏省无锡市帮助陕西省延长县张家滩镇实施文化广场建设，为镇上的居民提供文化休闲和健身娱乐场所，在陕西省洛川县旧县镇改造升级原有农贸市场，整合商业市场，规范市场经营秩序，消除占道经营现象；在陕西省延安市宝塔区李渠镇援建双田村饮水工程，兴建蓄水池、水塔、电房及铺设饮水管网，保障李渠镇双田村 209 户村民的正常生活及相关产业用水。江苏省苏州市根据整村推进建设需要，分别在陕西省府谷县麻镇麻镇村、绥德县义合镇王家塬村，神木县马镇镇东梁堡村、沙峁镇菜园沟村、万镇张家沟村建设村委活动室。江苏省常熟市出资建设陕西省横山县双城办事处孔家焉至刘家河村委会 10.3 千米乡村道路路基工程和双城办事处刘家河村申常小组人畜饮水工程。苏州市吴中区出资援建靖边县黄蒿界镇综合文化站。苏州市工业园区出资援建吴堡县体育中心项目建设。2015 年 6 月，扬州市江都区区政府向挂钩扶贫的陕西省佛坪县捐赠了 10 万元抗洪救灾款。

【产业扶贫】 江苏省南京市通过配套建设农业基础设施，积极探索开展农业基地和农产品市场对接合作。2015 年，南京市从经济作物种植、农村道路桥梁建设等方面推进扶贫协作，在陕西省商洛市商州区大赵峪种植油牡丹 32 亩共 5 万株，栽植核桃、女贞、油松、洋花槐等苗木 62 亩；帮助陕西省商南县富水镇王家楼村发展蓝莓示范基地 400 亩；援建了陕西省丹凤县武关镇瓜子沟村通村道路拓宽改造工程、商洛市商州区金陵寺镇杨口村道路建设、柞水县凤凰镇清水村高家沟口社川河桥工程、镇安县永乐镇山海村村组道路、山阳县中村镇黄家村金狮剑桥、洛南县卫东镇刘村村民文化活动广场等整村推进配套项目。针对商洛地处秦岭山区，板栗、核桃等特色农产品丰富，且绿色无公害，南京作为区域中心城市，人口多辐射广、市场交易活跃，对绿色无公害的特色农产品需求大的特点，南京市组织相关行业部门、单位进行协作，将商洛市农产品与南京市场有机高效地衔接起来。

【经贸合作】 在 2015 年第 19 届“中国东西部合作与投资贸易洽谈会”上，江苏省组织了 500 多家企业、1000 多人参会参展，并与陕西省签订了一批重大投资合作项目协议，如连云港奥石科技有限公司与宝鸡市签订的“分子筛建设”项目，总投资 5.6 亿元；盐城市大丰区与陕西奥升环境工程有限公司签订的“光伏中央空调”项目，总投资 5 亿元。2015 年江苏省相关企业与陕西企业合作项目达 13 个，投资逾 5 亿元，项目实施后每年可新增税收 1500 多万元。

（江苏省发展和改革委员会
张建明）

浙江省—四川省东西扶贫协作

【概述】 2015年，浙江省认真贯彻中共中央有关对口帮扶工作会议精神和要求，坚持以“改善民生、智力帮扶、产业扶持”为工作重点，全面开展浙江省对口帮扶各项工作，圆满完成2015年年初确定的目标任务。2015年，浙江省无偿援助资金1.65亿元，经贸合作项目67个，到位资金61.6亿元，人才培训3380人次（含挂职交流19人），互访交流984人次。

【工作机制】 2015年，浙江省按照中央的要求，对口支援工作做了重大的调整，根据中央第六次西藏工作座谈会和扶贫工作会议精神，从2015年起，浙江省安排杭州、温州、嘉兴、湖州、台州、金华、绍兴7个市32个县对口支援四川省阿坝藏族羌族自治州（以下简称“阿坝州”）13个自治县和凉山彝族自治州（以下简称“凉山州”）木里藏族自治县，原对口支援的甘孜藏族自治州（以下简称“甘孜州”）18个县归广东省。各设区市安排相对较发达的县（市、区）与对口县建立结对关系，15个省级部门与对口地区相应部门建立业务联系，并相应承担责任。自2015年至2020年，浙江省对口支援四川藏区无偿援助资金每年按照5%幅度增长，资金基数为1.4亿元，其中省级财政资金基数为2300万元，市县两级资金基数为1.17亿元。2015年财政资金1.5亿元。出台了《浙江省对口支援四川藏区工作实施方案》《浙江省对口支援四川藏区专项资金管理办法》。制定《浙江省对口支援四川藏区“十三五”规划》并报国家发展和改革委员会。

【帮扶项目】 2015年，浙江省对口支援四川省主要开展民生项目与贴息贷款项目。浙江省用于民生项目的资金为1.16亿元，其中青川县扶贫救助资金100万元，共救助贫困群众780户，贫困学生800名。浙江省全额出资帮扶资金100万元，用于青川县内农业企业、专合组织、家庭农场、产业大户等贷款贴息。2015年，青川县内申请浙江省长效帮扶贷款贴息共905户，兑现浙江帮扶贴息资金227万元。

【产业扶贫】 2015年，浙江省用于对口地区产业的资金分别为四川藏区12个项目、3585万元；青川县10个项目，600万元。据青川县统计，2015年项目区人均可支配收入达到8748元，比2014年同期人均可支配收入增加了1850元，有效促进了广大群众增收致富。

【经贸合作】 2015年，浙江省继续加强与对口地区的经贸合作，四川省九寨沟县与浙江九谷旅游投资有限公司签订了《九寨沟山水花廊旅游业态项目合作框架协议》，阿里旅行在阿里巴巴电商平台上对阿坝州景区（景点）进行包装、推荐和提供订购服务。

【智力帮扶】 2015 年，浙江省用于智力帮扶资金 815 万元，其中四川藏区援助资金 615 万元、青川县援助资金 200 万元，用于四川藏区、青川县的人才培养，夯实基础。委托浙江省委组织部、浙江省卫生和计划生育委员会、浙江省教育厅、浙江省农业厅、中国共产主义青年团浙江省委员会等有关省级部门和浙江大学、浙江农林大学、茶科所等科研院所培训各级党政干部、专业技术人才等，同青川县等地当地的职业培训中心开展制茶、制种、机械加工等劳动技能培训 2.50 万人次，为当地输送大批合格的技术工人和创业者。浙江省金华市、浙江省台州市教育局与阿坝州达成结对帮扶意愿，浙江大学附中与马尔康中学在学校现代化管理、教师培训、课程建设与实施等方面达成结对帮扶意向。

【互访交流】 2015 年，浙江、四川双方开展互访交流 784 人次。2015 年 6 月，浙江省副省长熊建平到访四川省阿坝州，浙江省副省长梁黎明会见四川省阿坝州主要领导，浙江省 7 个市的分管领导均赴对口地区衔接工作。

（浙江省发展和改革委员会
陈金炜）

福建省—宁夏回族自治区东西扶贫协作

【概述】 2015年，福建省—宁夏回族自治区东西扶贫协作不断向大纵深、宽领域推进，福建省级财政援助宁夏回族自治区资金3500万元，主要用于支持生态移民、优势特色产业、菌草、教育卫生文化等项目，有效改善了中南部山区群众的生产生活条件，促进了当地经济和社会发展；援宁挂职干部争取各类帮扶资金6700万元，招商引资、人才、企业、金融、科技、文化、旅游等领域交流合作取得新进展，结对帮扶首次从部门和县（市、区）延伸到了乡（镇）、行政村，闽宁对口扶贫协作第十八次联席会议所确定的各项目标任务得到较好落实。11月，闽宁互学互助对口扶贫协作第十九次联席会议在福建福州市召开，会议形成了《福建省宁夏回族自治区互学互助对口扶贫协作第十九次联席会议纪要》，福建省财政安排3500万元援助资金。

【闽宁示范乡村】 2015年，按照东西部扶贫协作、生态移民、美丽宜居和农村综合改革示范镇的建设目标推进银川市永宁县闽宁镇建设。老镇区改造提升工程和集闽南、回乡传统建筑特色为一体的新镇区建设工程初具规模；道路管网、防洪设施、安置房、绿化亮化等工程建成投入使用；推荐学校、幼儿园、敬老院、棚户区改造、闽宁汽车物流园、红酒博物馆、茶文化博物馆等重点项目建设；特色商业街区在完成招商的基础上，营业房等基础设施建设基本完成；闽宁扶贫产业园和闽宁产业城基础设施进一步完善，部分入园企业已建成投产；葡萄酒、黄牛、劳务等产业发展壮大；光伏、红树莓等新产业发展势头良好；福建省漳州市台商开发区角美镇与银川市永宁县闽宁镇、晋江南安市梅山镇蓉中村与银川永宁县闽宁镇原隆村结对帮扶工作互动良好；农业生产技术、转移就业、致富带头人等培训工作力度加大。集现代服务、旅游休闲、闽台小商品集散为一体的闽宁协作示范镇初具规模。此外，固原市西吉县闽南小镇和新启动的10个闽宁示范村建设也在快速推进。

【闽宁产业园区】 2015年，银川市永宁县闽宁镇闽宁扶贫产业园和望远产业城已有10家企业入园，其中：金强（福建）建材科技股份有限公司、宁夏仁和管业有限公司、宁夏创业谷、宁夏广汇天然气有限公司等项目已建成投产，并与台商达成了红树莓深加工合作意向。固原市西吉县与深圳诚成高科股权投资管理公司共同投资8000万元，设立西吉农牧股权投资基金，重点扶持西吉县闽宁产业园（吉德慈善园）入园企业发展。固原市隆德县六盘山闽宁产业园，新引进的福建新坐标服饰有限公司、浩德纸业包装有限公司、康之业生物科技有限公司等项目顺利入园，其中新坐标服饰吸纳当地300多人就业。固原市彭阳县成功引进福建漳州真石漆涂料厂、电商创业园和塑料包装产业园等项目，填补了彭阳县没有大型闽籍企业的空白。

【产业扶贫】 2015年，福建省级财政投入资金1816万元，帮助宁夏回族自治区中南部地区和生态移民安置区发展设施农业、特色种养业、农产品加工业等增收产业，提高贫困地区和贫困群众自我发展能力。固原市西吉县华林蔬菜与深圳诚成高科技投资有限公司投资4亿元建设“冷凉蔬菜”项目，在将台乡、兴隆镇筹建万亩“冷凉蔬菜物流园”基地。固原市隆德县引进玛咖种植及深加工项目，建成占地1050亩玛咖种植基地。固原市彭阳县闽宁现代食用菌科技示范园已有5家企业入驻，建成智能温控出菇室1600间，800平方米的分拣包装保鲜车间1个，日产菌袋7.2万袋生产线一条，日产各类鲜菇15吨，产品通过国家农产品有机认证，打造“六盘山珍”品牌，实现年产值4000万元以上。

【生态移民】 2015年，福建省支持红寺堡、同心、原州、海原等8个县（区）的9个生态移民的基础设施建设，打造生态移民样板村。其中：支持红寺堡区弘德新村建设市场、卫生院等公共设施；支持同心县王团镇安溪移民新村，配套建设村委会办公室、广场、小学，整修道路，并对道路两侧进行绿化；为原州区泉港移民新村援建幼儿园、道路、给排水、市场、绿化工程等项目；海原海新移民新村、泾源县集美新村、隆德县沙塘清泉移民新村、彭阳县城阳乡沟圈生态移民新村、西吉莆田移民新村、盐池县十六堡生态移民新村等一批生态移民新村相继投入使用。通过闽宁生态移民示范村建设，有效地改善了移民群众的生产生活条件。

【经贸合作】 2015年，在闽宁第十八次联席会议期间，宁夏回族自治区商务厅共报送各类签约项目19个，总投资165.1亿元。2015年，宁夏回族自治区商务厅对历年来闽宁县合作项目开展了专项督查，督促签约项目早落地、早开工、早见成效。据统计，截至2015年，福建省在宁夏回族自治区已投资项目78个，总投资254.45亿元，实际到位资金58.34亿元。其中，厦门小孔民教育集团滨河中学项目，总投资30亿元，已完成一期投资6亿元；福建青川管业有限公司2亿米滴灌管材和5千吨PE管材、钢丝网骨架聚乙烯复合管及管件生产项目，计划投资2.5亿元，已完成2栋15000平方米的生产车间地下基础工程；福建亚通创新水科技有限公司水科技产业基地项目，总投资5.8亿元，完成投资9800万元；德美斯能源股份有限公司建设宁夏德美斯物流园项目，总投资5亿元，现完成投资2.8亿元，9栋营业房主体建设完成；厦门科华恒盛股份有限公司与中卫市银阳新能源有限公司合资建设40MWP光伏电站项目，计划投资4亿元，现已建成，计划并网发电；贺兰神国际酒庄葡萄产业园项目，总投资5亿元，现已完成投资3473万元。银川市永宁县闽宁镇引进的福建—台湾小商品商贸城项目基础建设进入收尾阶段，项目建成后将成为西北最大的福建—台湾小商品集散地。

【社会帮扶】 2015年，福建省对口帮扶县（市、区）先后援建了西吉县回民中学综合教学楼、原州区泉港小学、隆德县第四幼儿园建设等13个教育项目，动员社会各界捐款356.15万元，资助贫困学生1383名；动员社会各界捐款捐物折款178.55万元，帮助困难群众214户740人次；援建海原县图书馆、吴忠市红寺堡区晋江体育馆、泾源县翔安法治文化广场、隆德县便民书屋、同心县5个乡镇文化站、盐池县青山乡青山村文化广场等文化体育设施和彭阳县综合福利服务中心、泾源县泾河源敬老院、泾源县翔安敬老院、西吉吉德儿童福利院等一批社会福利项目。福建省教育厅选派的第16批37名优秀教师到宁夏回族自治区南部山区9县和闽宁镇开展为期1年的支教工作。宁夏回族自治区选派40名校长赴福建中小学校开展为期2个月的挂职锻炼。福建省妇联实施的西海固地区“母亲水窖”项目、贫困回族女童助学活动、妇女人才培训等项目顺利实施，为促进宁夏回族自治区妇女儿童事业发展做出了积极贡献。

【对口帮扶】 2015年，福建第九批援助宁夏回族自治区挂职干部共争取结对市县（区）社会资金6700万元，推动实施“六项工程”（即贫困村基础设施援建工程、特色产业帮扶工程、民生事业改善工程、智力帮扶工程、招商引资工程和文化旅游交流工程），计划开展闽宁协作项目109个，已完成53个。致力推动闽宁两地多层面、多领域、全方位协作，推动实施“百村千人”计划，目前已有32对乡镇、17对村、41对部门建立了结对帮扶关系。配合宁夏回族自治区各市、县（区）政府组团前往福建、广东、台湾等地招商引资，先后邀请台湾、香港、福建、广州等地80批次企业家来宁夏回族自治区考察，招商引资签约项目42个，总投资93.19亿元。西吉县聘请知名电商“一亩田农业网”专家和泰华电讯集团高级主管，系统地讲解电商政策、基础理论和管理知识，培训80余人。彭阳县由宁夏万升实业有限责任公司投资2400余万元建设“闽宁电商（彭阳）创业园”，引导创业青年与微型企业认清电商发展趋势、发挥自身优势、充分利用信息，不断推进企业发展。此外，各县、区选派基层干部、致富带头人及各类职业技能人员等39批1930人次到福建省培训，组织劳务输出14批535人次。

【部门合作】 2015年，福建省福建康泰国际旅行社与宁夏中国国际旅行社签订合作协议，努力开发“台湾—福建—宁夏”旅游精品线路。福建省妇女联合会、文化厅认真落实对口合作协议，为宁夏回族自治区各类人员培训近 300 人。福建省人民政府台湾事务办公室、妇女联合会大力支持宁夏回族自治区在“9.8”期间举办“宁台合作洽谈会”，积极推介 10 多家台资企业参与，推动宁夏回族自治区对台交流合作。深入开展大学生志愿服务西部计划，2013—2014 年，福建团省委选拔了 33 名大学生志愿者赴宁夏开展为期 2 年的志愿服务工作。福建省侨办组织 24 个国家的 30 多位世界福建青年联合会成员赴宁夏回族自治区永宁县考察，并向闽宁镇捐赠 20 万元。福建省工商联积极推进招商引资，2015 年共对接投资宁夏回族自治区项目近 120 亿元。

（福建省扶贫办　张腾云）

山东省—重庆市东西扶贫协作

【概述】 2015年山东省认真贯彻落实党中央、国务院关于扶贫开发工作一系列指示精神，按照国务院扶贫开发领导小组办公室的部署要求，把握新形势，适应新要求，积极跟进措施，加大工作力度，扶贫协作重庆工作取得新的积极进展。2015年筹集政府援助资金5082万元，启动扶贫开发项目56个；借助第十八届中国（重庆）国际投资暨全球采购会（以下简称“渝洽会”）签约经贸合作项目17个，投资金额16.3亿元，带动山东企业赴重庆投资项目1279个，到位资金309亿元（重庆市统计局统计数据）；举办各类培训班23期，培训干部、专业技术人才、劳动力1084人次。

【工作机制】 一是研究谋划“十三五”发展思路。2015年5月，山东省与重庆市在重庆召开山东·重庆扶贫协作工作座谈会，总结交流两省（市）扶贫协作工作开展以来取得的成效和经验做法，专题研究了经济新常态下扶贫协作工作的新思路和新举措。二是创新工作机制。落实《关于创新发展扶贫小额信贷的指导意见》要求，建立小微企业和致富带头人创业扶持机制。从2015年起，每年安排10%—15%的政府援助资金，设立中小微企业和致富带头人创业扶持引导资金，通过担保基金、小额担保贷款和创业岗位补贴等形式，扶持有示范带动作用的小微企业发展优势产业，扶持有能力、懂技术的致富带头人发展特色产业致富项目，扶持有创业项目但缺乏资金的困难群众创业。

【帮扶项目】 2015年，山东省按照中央精准扶贫精准脱贫和“四个一批”的要求，把帮扶资金重点用于高山生态扶贫搬迁、中小微企业和创业致富带头人产业扶持项目，直接受益建档立卡贫困人口2.95万人。其中，高山生态扶贫搬迁项目22个，安排资金3395万元，通过援建移民新居让1000多户不具备就地发展条件的贫困户集中搬迁安置。中小微企业和创业致富带头人产业扶持项目11个，安排资金482万元，满足40多户致富带头人、小微企业短平快的资金需求，达到“三个一批”的预期效果。

【产业扶贫】 2015年，山东省把中小微企业和致富带头人创业扶持作为试点，列入扶贫协作政府援助项目予以支持。一是一批致富带头人创业示范带动。二是一批中小微企业产业示范吸纳。东营市会同酉阳土家族苗族自治县（以下简称“酉阳县”），专题研究解决企业融资难题，由酉阳县政府与县兴农融资担保公司签订合作协议，分别为重庆和信农业发展有限公司、重庆润兴牧业发展有限公司两家企业提供300万元担保贷款，东营市60万元政府援助资金用于贷款贴息，调动企业扩大生产经营的积极性、主动性，重庆和信农业发展有限公司在酉阳县泔溪镇建立青花椒种苗培育、科技种植示范园区“武陵天椒星创天地”科技服务平台，创建“和麻子”“武陵天椒”品牌，带动酉阳县建立18个青花椒种植专业合作社，新增青花椒基地2万亩，带动12万户农户增收。巫溪县蒲莲乡众悦调味品有限公司，经过小微企业资金扶持补助，引进辣椒新品种，发展基地100亩，实现调味品产量100吨，产值达100万元，带动蒲莲乡发展油菜产业3000亩，蒲莲乡20%的建档立卡贫困户参与产业发展。三是一批贫困户增收脱贫。通过扶持直接带动3000多户贫困户，通过土地流转租金、劳务收入、土地入股分红和发展产业增收。

【经贸合作】 2015年，山东省与重庆市继续本着“政府推动、企业为主、市场运作、优势互补、互利共赢”的原则，充分发挥市场决定性作用，创新产业合作模式，强化“各市产业合作面向重庆市38个县，而不仅仅1个结对县”的理念，政府搭建“多方引介”的平台，让企业唱好“货比三家”的戏，两地产业合作呈现出良好发展态势。5月底，山东组成省人大常委会副主任于建成任团长的代表团赴重庆参加第18届“渝洽会”，潍柴动力股份有限公司、青岛啤酒股份有限公司、力诺集团股份有限公司、山东鲁花集团有限公司等79家知名企业参会，53家企业参展，展出产品300多种，现场新签约经贸合作项目17个，资金额16.3亿元。

【“十二五”时期工作回顾】 “十二五”期间，山东省共投入扶贫协作重庆资金2.25亿元，援建扶贫项目236个；两省市互派挂职干部129名，教师、医生和农业技术人员交流246人次，举办各类培训班127期，培训干部、专业技术人才、劳动力1.04万人次。共有五大工程：一是以改善贫困群众生产生活条件为重点，实施“惠民工程”；二是以扶持特色优势产业发展为重点，实施“增收工程”；三是以推动双方优势互补、互利共赢为重点，实施“企业合作工程”；四是以大力开展智力帮扶为重点，实施“人才工程”；五是以广泛调动社会力量参与为重点，实施“爱心工程”。

（山东省发展和改革委员会
对口支援协调处 李 冬）

广东省—广西壮族自治区东西扶贫协作

【概述】 2015年是“十二五”时期广东省、广西壮族自治区扶贫协作的收官之年。2015年广东省广州市、东莞市及各级政府、各部门、社会各界向广西壮族自治区提供无偿资金及捐物折款4687万元，其中广东省各级政府拨款3575万元，社会捐款665万元，捐物折款447万元；帮助广西壮族自治区举办各类培训班45期，培训人员1430人次，其中培训干部299人次；2015年全区外出务工人员到广东省务工450多万人次，贫困地区外出务工人员劳务输出纯收入16亿元。

【整村推进】 加快推进2015年百色市、河池市的广东省帮扶整村推进示范项目；广西壮族自治区分管领导多次带领业务处同志到百色市、河池市的广东省帮扶项目实施县调研，并深入项目村屯检查指导。2015年，广东省帮扶整村推进示范村建设项目主要有：屯内道路硬化、旧房改造、房屋立面装修、篮球场建设、文化室建设、屯内绿化、垃圾池建设、产业开发和农民实用技术培训等，项目覆盖农户4070户14746人。

【智力帮扶】 2015年，广东省积极与广西壮族自治区党委组织部协商对接，2015年上半年完成了2期广西壮族自治区扶贫领导干部培训班的工作任务。参训学员200多名，主要是市（县、区）扶贫开发领导小组办公室主要领导、贫困村党组织“第一书记”。通过培训，学员们深入学习了广东省扶贫开发“规划到户、责任到人”方法，拓宽了工作思路，增强了抓好扶贫工作的信心和责任感。同时，广州市、东莞市还为百色市、河池市举办相关培训班、安排干部挂职交流，举办各类培训班43期，培训人员1259人次；百色市、河池市共选派30名优秀干部到广州市、东莞市及有关区、镇挂职锻炼。

【部门协作】 经贸方面，2015年广东省相关企业在广西壮族自治区投资项目共1491个，合作总投资2599.52亿元，到位资金2525.07亿元（含续建到位资金）。教育方面，广东省扶助百色市教育资金500万元，用于百色教育扶贫基金会，资助家庭经济困难的高中生完成学业。医疗卫生方面，广东省卫生系统安排了8家三级甲等医院对口支援广西壮族自治区8家地级市医院，全年派驻医师52人次，诊疗患者27635人次，开展住院手术2126台次，培训县医院医务人员 1521 人次。环保方面，继续深入开展九洲江流域污染治理，加强流域上下游互动合作，探索跨省区污染防治有效途径。

（广东省扶贫办　王金昌）

上海市—贵州省遵义市东西扶贫协作

【概述】 2015年，在上海市、贵州省两地党委、政府领导下，上海市人民政府合作交流办公室以遵义市扶贫开发工作关注的焦点和贫困群众生活的难点为切入点和着力点，统筹兼顾，精准发力，定向施策，援助资金5832万元，实施项目44个。

【帮扶项目】 上海市坚持民生为本，着力开展扶贫攻坚。聚焦“四在农家·美丽乡村”行动计划，安排资金近2000万元硬化农村公路超过50千米，解决了近100个自然村农民出行“最后一公里”问题；安排资金近800万元修建5所集学习、休闲等多种功能为一体的文化活动中心，新建2个标准化农贸市场，进一步改善2000多农户生产生活条件。

【教育扶贫】 2015年，上海市坚持硬件建设与软件提升相结合，帮助6所中小学校新建或改扩建了学生宿舍楼和教学楼，为3所职校配套了实训设施设备，进一步改善当地教学条件。

【医疗卫生扶贫】 2015年，上海儿童医院开展了“千里送医到遵义医疗巡回活动”，上海华山医院在遵义第一人民医院设立了周良辅院士工作站，拓展了两地医疗机构合作交流。

【产业扶贫】 2015年，上海市以贵州省十大扶贫特色产业为抓手，推行“企业+合作社+农户”模式，实施了一批种植等特色优势产业发展项目，在正安县建成生态白茶示范基地150亩，在务川仡佬族苗族自治县建成精品水果基地500亩，在凤冈县建成有机蔬菜示范基地381亩，助推道真县实现“减贫摘帽”。

上海市、遵义市两地在园区、经贸、旅游等领域的合作交流日益频繁。一是合作共建产业园区。支持建设遵义（上海）产业园，共同成立了开发建设推进协调委员会。上海市漕河泾经济技术开发区与遵义市经济技术开发区结对帮扶，并设立了“上海漕河泾新兴技术开发区遵义分区”；二是支持遵义市在沪举办各类投资推介、商务洽谈及相关展会，签约经贸合作项目30个，协议资金近9亿元，上海瑞华集团有限公司等一批企业项目落户遵义；三是支持遵义来沪参加上海国际旅游节活动、长江流域园区与产业对接会，帮助拍摄遵义人文专题纪录片。

【智力帮扶】 2015年，上海人力资源开发综合优势，坚持“缺什么、补什么”，按照“急需、实用、有效”的原则，采取

“请进来”与“走出去”两种方式，组织22批600多人来沪培训、进修或挂职，组织7批上海专家学者赴遵义讲学，年内帮助遵义培训各类急需管理和专业技术人才1300多人。同时，上海市人民政府合作交流办公室借助华东师范大学长江流域发展研究院以及两地发展和改革、教育、卫生等领域的科研专业机构力量，坚持开门编制“十三五”规划，成立了专家组和编写组，已经开展多次联合调研。

（上海市人民政府合作交流办公室
对口帮扶处　杨小明）

大连市—贵州省六盘水市东西扶贫协作

【概述】 2015年，辽宁省大连市与贵州省六盘水市紧密围绕《大连市对口帮扶六盘水市工作计划（2013—2015）》，通过密切配合协作，重点在深化两市高层领导访问交流、产业项目帮扶、科教帮扶、医疗帮扶、干部人才培训交流等方面开展工作，助推六盘水市经济社会发展。2015年大连市向六盘水市无偿提供政府援助资金3000万元。

【互访交流】 2015年3月，大连市政府副市长卢林在北京参加了由贵州省委、省政府召开的2015年对口帮扶贵州工作恳谈会。期间，同国家发展和改革委员会、国务院扶贫开发领导小组办公室、贵州省政府及参与对口帮扶贵州工作相关城市等领导进行了座谈，就对口帮扶贵州工作进行了深入交流。4月，由大连市政府副秘书长李光带领经济合作交流办公室以及大连市金州新区、西岗区、甘井子区、旅顺口区、生态科技创新城和相关企业赴六盘水市开展对接调研工作，推进项目援建、园区共建、社会帮扶等方面的工作。5月，六盘水市副市长付昭祥一行到大连对接园区共建工作。大连市生态科技创新城与六盘水市钟山经济开发区就园区共建工作中信息共享、共同招商、人员交流、项目互通等达成共识，并于6月大连市党政代表团赴六盘水市访问考察期间双方正式签署园区共建协议。6月，辽宁省委常委、大连市委书记唐军，市长肖盛峰率大连市党政代表团到贵州省六盘水市深入推进对口帮扶工作，六盘水市召开“大连市对口帮扶六盘水市工作座谈会”，举行援助资金捐赠仪式，就两市帮扶工作进行深入交流。期间，大连生态科技创新城、大连商业学校、大连兴业源集团股份有限公司、大连古莲国际旅行社、大连泰通建设集团有限公司、大连万达商业地产股份有限公司分别与六盘水市相关单位签署了友好共建及合作协议。

【产业扶贫】 2015年，大连市以展会为平台，积极创新帮扶方式，10月，邀请六盘水市6家企业到大连参加第六届大连国际农业博览会，借助大连市品牌展会效应，帮助六盘水市企业拓展销路、开拓市场。大连万达商业地产股份有限公司与六盘水市政府签署框架协议，建设六盘水市万达广场。大连市积极推进与六盘水市开通空中航线事宜，经两市多次协商沟通，12月大连经停西安至六盘水空中航线正式开通。大连古莲旅行社积极推动开展大连至六盘水的旅游包机业务。

【智力帮扶】 2015 年，大连市启动了向六盘水市选派高级专业技术人才工作，共选派教育领域 4 名专家、医疗领域 3 名专家，赴六盘水市开展智力帮扶工作。大连市卫生和计划生育委员会接受 50 名六盘水市医疗卫生技术人员到大连市进修工作；大连市教育局接收贵州省 48 名中小学校长（其中六盘水市 20 名）到大连市挂职；大连市委党校为六盘水市培训企业经营管理人员及党政干部 100 人，为六盘水市培训扶贫系统干部 55 人。

（大连市政府经济合作交流办公室
对口帮扶处　孙　明）

苏州市—贵州省铜仁市东西扶贫协作

【概述】 2015年，苏州市按照国务院部署要求，在江苏省委省政府领导下，把苏州市对口帮扶铜仁市工作列入重要议事日程，加强组织领导，统一思想认识，明确工作重点，突出规划引领、项目建设、人才培养，注重发挥综合优势，东西扶贫协作工作取得了新成效。2015年，江苏省、苏州市及各级政府、各部门、社会各界向铜仁市提供无偿资金及捐物折款7296.97万元，其中江苏省政府拨款4999万元，苏州市各级政府部门提供无偿资金1414.78万元，社会捐款824.11万元，捐物折款59.08万元；两地经贸合作签约项目16个，协议合作投资95.2亿元；帮助铜仁举办各类培训班培训人员1255人次，其中培训干部780人次。

【工作机制】 2015年5月，时任江苏省委副书记、省长李学勇与贵州省委副书记、省长陈敏尔等人，在铜仁市召开了江苏省苏州市对口帮扶贵州省铜仁市工作座谈会，明确了当前及今后一段时期苏州市对口帮扶铜仁市工作的重点领域及工作安排，同时江苏省向铜仁市赠送了2015年度帮扶资金3499万元和教育帮扶专项资金1500万元。11月，苏州市政府分管副市长王鸿声率团赴铜仁市考察调研，指导苏州市对口帮扶铜仁市工作。

2015年，张家港和常熟市委书记、苏州市姑苏区区委书记、苏州市吴中区区长、苏州市高新区分管领导一一率队前往结对地区考察经济社会发展状况，实地指导对口帮扶工作，确定年度帮扶项目。在苏州市区两级政府的大力支持下，多渠道筹措帮扶资金1310万元，促成一批帮扶项目落地。

【社会帮扶】 2015年，苏州市5名教师首批前往铜仁市开展支教活动，铜仁市152名教师到苏州市进行各类培训，107名教师来苏州市挂职1个学期。铜仁幼儿师范高等专科学校与苏州幼儿师范高等专科学校（筹），铜仁职业技术学院与苏州农业职业技术学院分别签署了对口帮扶协议。江苏省教育帮扶专项资金1500万元主要用于铜仁民族师范学校硬件建设；11月，苏州市卫生和计划生育委员会赴铜仁市对接实施“三百工程”，制定帮扶计划。苏州市19名医疗卫生专家赴铜仁市开展帮扶工作，铜仁市56名专业技术人员和16名卫生技术人员来苏州市培训进修挂职。苏州市中心血站与铜仁市中心血站开展结对帮扶；

2015年，以“美丽梵净山·铜仁过大年”及“铜仁生态美，梵净天下灵”为主题的多场旅游资源及产品推介会和铜仁·苏州文化旅游活动周等一系列活动在苏州市举办，梵净山景区与苏州市拙政园景区开展“联谊结盟”，11月“铜仁文化旅游推广中心”在苏州市拙政园景区挂牌成立。铜仁市在苏州市举办了首届急需紧缺人才专场招聘会，现场接待各类人才1000余人次，达成人才引进意向153人，现场签约高层次人才15人，其中博士生3人、硕士生12人。2015年，铜仁市选派了6名优秀年轻干部赴苏州市挂职锻炼学习，苏州市选派了5名优秀干部到铜仁市碧江区、松桃苗族自治县、思南县、沿河土家族自治县等地开展帮扶工作。

《姑苏晚报》联合苏州市贵州商会，共同发起为贵州铜仁山区孩子捐赠图书的活动，得到广大市民积极响应，截至当年底收到并发往铜仁爱心图书2万册，爱心作业本2万本，建成5所“姑苏图书室”交付使用，后续爱心图书室建设工作按计划进行；苏州市对口帮扶铜仁市前方工作组干部，通过多种形式途径向苏州爱心人士宣传“希望童园”爱心助学公益计划，截至2015年底共募集善款700万元，可建成希望童园175个。

【园区共建】 2015年5月签订共建园区框架协议，在苏州、铜仁两市政府的大力推动下，铜仁·苏州共建产业园区各项工作快速稳步推进。委托苏州工业园区规划设计院和新加坡邦城规划咨询公司分别针对铜仁·苏州产业园46平方千米规划范围的控制性详细规划和产业规划进行编制。铜仁·苏州产业园区开发建设公司正在组建中。建立健全碧江经济开发区和昆山高新区互派领导干部挂职联络机制，确定专人对接联络共建园区建设。2015年，苏州市共组织20批约220人次赴铜仁市考察投资环境，成功签约项目4个，总投资5.8亿元，另有15个项目接洽中。

【帮扶项目】 2015年，苏州、铜仁两市严格执行《江苏省苏州市对口帮扶贵州省铜仁市项目资金管理暂行办法》和《苏州市对口帮扶铜仁市项目资金管理补充规定》，确保帮扶项目资金安全和效益。推进铜仁市印江土家族苗族自治县木黄镇凤仪历史文化名村建设，实施农业观光园配套设施建设，其他分项工程正按时间节点推进；帮扶铜仁市旅游学校项目前期各项准备工作。农业产业化重点帮扶农村电商、农业大数据等领域，按计划启动实施；完成干部培训工作，2015年共完成13期780名铜仁各类干部培训。

【产业扶贫】 2015年，铜仁市多次在苏州市举办招商推介活动，向苏州市及长三角客商推广铜仁市；铜仁市组团参加苏州国际旅游节并举办多场铜仁旅游资源推介会，与苏州市多家知名旅游企业签订了战略合作协议，扩大了铜仁市“梵天净土·桃源铜仁”旅游品牌在长三角地区的知名度，共签约旅游产业项目12个，总投资 89.4 亿元；12 月，“第十四届苏州优质农产品交易会”在苏州市举办，借助苏州市农产品交易会平台宣传铜仁市农产品，为铜仁市优质农产品走向华东市场奠定良好基础。

（苏州市发展和改革委员会
邵　军）

杭州市—贵州省黔东南苗族侗族自治州东西扶贫协作

【概述】 自2013年国务院确立杭州市对口帮扶贵州省黔东南苗族侗族自治州（以下简称“黔东南州”）工作以来，杭州市委、市政府高度重视，认真贯彻落实中央决策部署。2015年12月，浙江省委常委、市委书记赵一德，市长张鸿铭在杭州会见了由黔东南州委书记李飞跃、州长冯仕文率领的州党政代表团一行，并召开了杭州—黔东南州对口帮扶工作座谈会。2015年，杭州市副市长戚哮虎、陈红英，市政协副主席何关新等领导先后带队赴黔东南州实地考察调研，杭州市发展和改革委员会、杭州市人民政府国有资产监督管理委员会、市农业局、杭州市人民政府国内经济合作办公室、中国国际贸易促进委员会杭州市分会、杭州经济技术开发区等20多个市级部门（单位），下城区、西湖区、余杭区、富阳区、桐庐县、临安市等10个区（县、市）赴黔东南州开展对口帮扶工作。2015年第三批对口帮扶安排帮扶资金3200万元，实施帮扶项目40个，项目突出“职业教育”“美丽乡村”“公共服务”等重点领域。

【工作机制】 2015年5月，杭州市启动了《杭州市对口帮扶贵州省黔东南州“十三五”规划》编制工作。12月，市对口支援办在黔东南州召开座谈会，充分征求黔东南州各县（市）和州直部门（单位）意见，已形成规划初稿。

【电商扶贫】 2015年，杭州市充分利用自身“电商之都”的优势，协助黔东南州推动《电子商务发展“北斗”计划实施方案》。联系阿里巴巴集团，帮助设立淘宝大学黔东南州电子商务人才培训基地，2015年培训近2万人次。黔东南州凯里市、黄平县、黎平县列入了阿里巴巴农村淘宝“千县万村”计划。开展杭黔共建电子商务产业园，帮助黔东南州推动旅游电商“互联网+旅游”的“西江模式”。杭州市经济和信息化委员会、淘宝大学等单位组织开展电子商务培训，共培训学员达3200人次。杭州市临安市与黔东南州施秉县签订了《电商帮扶框架协议》，帮助指导施秉县开展省级电商扶贫示范县、省级电子商务进农村示范县申报工作，向施秉县捐赠了50万元电商发展基金。12月，杭州市、黔东南州两地政府签署了《电商帮扶合作框架协议书》。

【民生项目】 2015年，杭州市帮扶黔东南州12个村寨美丽乡村建设，铺设、硬化村组道路共计12830米，铺设人饮工程自来水管网13400米，河道、沟渠整治2600米，新建学生食堂1个，建造村民活动中心3处，人行便桥3座，村级幼儿园1所，建设特色养殖场3处（合计1340平方米），钢结构玻璃控温大棚土2座（1536平方米/座），茶青交易市场2个，扶贫开发技术培训中心1个，蓝莓研究院科研楼1栋。

【社会帮扶】 杭州市三年来集中安排三分之一帮扶资金，重点建设凯里中等职业技术学校，进行两地职业学校结对、校长互派挂职、共建实训基地等工作。杭州师范大学三替家政学院每年为黔东南州提供100个免费学习的名额。杭州市余杭区在黔东南州台江县实施"苗岭助学"行动，派出4位优秀教师长期支教。杭州市西湖区和黔东南州镇远县积极开展医疗卫生帮扶，进行交流指导和培训，捐赠400万元的医疗设备。2015年4月，"微笑行动"第三次走进黔东南州，杭州微笑行动慈善医院为黔东南州127名贫困家庭的唇腭裂和其他头面部畸形的患儿施行免费手术。6月，黔东南州丹寨县、雷山县遭受暴雨灾害，与其结对的杭州市滨江区和上城区在第一时间发去慰问信，各捐款50万元。杭州市社会各界、爱心人士积极参与黔东南公益活动，组建杭州帮扶黔东南爱心协作会，2015年共募集慈善帮扶资金1000多万元，其余社会各界援黔慈善公益活动蓬勃开展，累计捐赠超过600万元。杭州"第九世界"公益俱乐部继续在黔东南州推动对口帮扶"益学堂"、"助学堂"等教育公益项目。

【产业帮扶】 2015年1月，组织黔东南州来杭参加"2015年杭州·都市圈优质农产品迎新春大联展"，黔东南州25家企业的100余种特色农产品参展，两地企业当场签订协议25个，订单100多万元。5月，杭州市委、市政府农业和农村工作办公室牵头帮助黔东南州农业委员会从浙江引进了青田鱼100组、冬片600斤、水花60万尾，支持资金29万元；帮助黔东南州推进低产油茶树嫁接山茶花资源再利用项目，支持资金60万元。杭州市邀请了50多家杭州企业到黔东南州进行投资考察，12月，在杭州召开黔东南州大扶贫、大数据、大健康产业招商引资项目推介会，共计签约11个项目，投资金额23亿元。2015年共新增浙江客商投资项目27个，投资总额39.18亿元，其中杭州客商投资项目4个，投资总额16.05亿元。华东医药股份有限公司、浙江华东林业产权交易所有限公司等知名企业相继与黔东南州签订投资协议，杭州市建德市横山控股集团有限公司已落实投资6000万元。

【旅游帮扶】 2015年6月，黔东南州在杭州大剧院举办了大型苗族歌舞剧《仰欧桑》演出暨“文化引领、真情招商”活动，杭州7家旅行社（协会）和黔东南州签订了两地旅游合作协议。10月，黔东南州相关团体、企业参加了第17届杭州西湖博览会、第9届（2015）中国杭州文化创意产业博览会两岸文化创业交流。10月，杭州举办黔东南州文化旅游宣传推介会，组织杭州旅行社到黔东南州旅游景区考察，积极开发精品旅游线路，整合旅游资源进行高端开发。12月，两地政府签署了文创帮扶合作框架协议。

【智力帮扶】 2015年，杭州市派出了5名干部到黔东南州挂职，任期从1年延长至3年。组织安排30余名医疗、农业、教育和市退休高级专业技术人才赴黔东南州开展为期2—3个月的对口帮扶活动，落实帮扶经费5万元。为黔东南州组织相关系统党政干部培训8次，培训人员近338人次，组织80余名教职人员以及30余名学生赴杭州市学习交流。9月中旬，杭州市下城区首次组织安排黔东南州黎平县9名干部赴下城挂职锻炼。杭州市科教文卫、农业、人社、商务等部门分别组织了教育、卫生、创业创新、农业、电子商务、商贸等方面专家学者200多人次，到黔东南州开展了一系列的专题培训和交流。杭州师范大学三替家政学院2015年继续在黔东南州定向招收家政服务专业学生43人，并免除学费。

（杭州市对口支援办公室　丁俊义）

宁波市—贵州省黔西南布依族苗族自治州东西扶贫协作

【概述】 2015 年，宁波市全面落实中央扶贫工作会议有关要求，在黔西南布依族苗族自治州（以下简称“黔西南州”）各级、各部门的大力支持和共同努力下，与黔西南州的东西扶贫协作工作取得新成效。2015 年，两地党政代表团实现了互访，全方位推进各项工作的开展；经贸合作有新成绩，黔西南州特色农产品宁波直销店开业；组织编写了《宁波市和黔西南州对口合作工作规划（2016—2020年）》，为“十三五”工作指明了目标、重点、要求和工作措施；参加了贵州省政府召开的对口帮扶工作恳谈会；宁波市宁海县老区建设办公室、市对口支援办公室调研员仇忠平、宁波籍台湾同胞朱英龙被贵州省政府评为“社会扶贫先进集体”和“先进个人”；《宁波对口帮扶普安县打造长毛兔养殖大县》《甬黔互促共绘帮扶新蓝图》两篇总结文章分别刊登于《中国扶贫》2015 年第 16 期和 22 期。2015 年，宁波市各级、各部门共向黔西南州提供无偿资金物资共 6309 万元，培训各类人员 3000 余名，增派挂职干部 4 名。2013 年至 2015 年，宁波市共向黔西南州无偿捐资捐物 1.83 亿元，全面完成对口帮扶黔西南州三年计划所确定的各项目标任务。

【工作机制】 2015 年，因政府机构改革，原宁波市贸易局和宁波市对外贸易经济合作局合并成立宁波市商务委员会。经综合平衡，决定由宁波市商务委员会结对帮扶安龙县。调整后由宁波市慈溪市、宁波市商务委员会结对帮扶安龙县，宁波市北仑区、中共中央宁波市委员会宣传部结对帮扶兴仁县。其他结对单位不变。

【帮扶项目】 2015 年，宁波市各级、各部门共落实对口帮扶黔西南州项目 81 个，资金 6309 万元，其中政府项目 74 个，资金 5712 万元。项目主要包括文化教育 802 万元、医疗卫生 1295 万元、农村综合开发 3300 万元。在充分协商的基础上，分别调整将这两笔资金 980 万元、1000 万元为黔西南州儿童医院门诊楼、兴义民族师范学院科技馆项目。

黔西南州儿童医院门诊楼建设。儿童医院占地 110 亩，总建筑面积 33200 平方米，设置床位 400 张，总投资 1.16 亿元，其中儿童（儿科）门（急）诊大楼一栋，建筑面积10690平方米，总投资3742万元。

兴义民族师范学院图书科技馆建设。建筑面积24668平方米，分为地上五层地下一层，预算投资5786万元，2015年投资1000万元。图书科技馆是学院整个建设项目中单体建筑体量最大的一栋，设有科技陈列室、科普图书室等功能用房。

兴义市木贾社区卫生服务中心大楼建设。2015年，独立负责卫生服务，拟建设社区卫生服务中心，新建业务用房面积2104平方米，总投资630万元。

晴隆县沙子镇三合村美丽乡村建设。沙子镇三合村是全省“5个100工程”晴隆县生态畜牧业农业示范园区核心区，也是宁波市对口帮扶三年计划重点村。2015年项目为修建农村文体广场，占地6亩，设多功能活动室篮球场，总投资180万元。

【社会帮扶】 宁波市各界爱心人士、爱心企业共向黔西南州捐赠资金、物资共597万元，主要用于黔西南州的助学和教育条件改善。宁波市经济和信息化委员会继续组织多家企业参与黔西南州义龙试验区（以下简称“义龙新区”）的社会助学，共捐赠价值340万元的学习用品。宁波锦灏进出口有限公司、宁波市属宣传企业、余姚高铁指挥部等也开展助学活动。

【智力帮扶】 智力帮扶一直是宁波市对口帮扶工作的重要内容，2015年共投入240万元。一是资助就地培训。培训内容主要为农业适用技术和新农村建设骨干培训，培训各类人员达3000多人，还资助50名村干部大专学历素质提升培训。二是在宁波开设专题培训班。共开设3个专题培训班，有160名致富带头人、乡镇干部、村干部及种植养殖大户到宁波进行了实地考察学习，其中一期是宁波市经济和信息化委员会专门为义龙新区举办。三是互派挂职干部。2015年宁波市增派了4名处级干部赴黔西南州挂职，期限三年，其中2名担任县（市）委常委、副县（市）长；同时接收了黔西南州5名干部到宁波市挂职，期限1年。

【经贸合作】 经贸合作是促进黔西南州内生发展的重要方法。一是黔西南州特色农产品展销店在宁波开业。展出黔西南州8县、市的优势农产品，有薏仁米、绿壳鸡蛋、五色糯米等120余个品种。截至2015年，已开设直销门店2家，并在宁波市慈溪市等地开设合作专柜。二是贵州省投资促进局举办“贵州·宁波经贸合作推介会”，170余家宁波企业参加会议，贵州省各市、州推介重点开发区。三是宁波市电力、医药、电子信息产业等企业负责人赴黔西南州进行项目投资考察。考察组一行实地考察了黔西南州兴仁县、贞丰县、晴隆县、义龙新区的电力发展、药材种植、园区建设等情况，与当地种植基地、企业、政府部门进行了面对面的沟通交流，并先后在晴隆县政府和黔西南州政府两次召开座谈交流会，洽谈投资合作事宜。通过考察交流，宁波热电股份有限公司、宁波迦叶堂农业科技有限公司等企业在热电联产、药材种植销售方面与黔西南州相关部门初步达成了投资意向。四是增加宁波兴义航班班次。2015年10月，航班由原来的每周三班增加为每周四班，上座率也有较大上升，大大促进了宁波与黔西南州的双向联系。

【考察交流】 2015年5月，黔西南州委副书记、州长杨永英率领的黔西南州党政代表团到宁波市考察。浙江省委常委、宁波市委书记刘奇等领导分别会见了黔西南州党政代表团一行，宁波将进一步加大与黔西南州的合作交流力度，谋划、落实和推进一批重大合作项目。

7月，由浙江省委常委、宁波市委书记刘奇率领的宁波市党政代表团赴贵州学习考察，共商深化对口合作大计。双方举行了“宁波市和黔西南州对口合作座谈会”，签订了2015年对口帮扶协议。宁波市新增帮扶资金1000万元，用于建设黔西南州儿童医院门诊楼。

（宁波市对口支援工作办公室
对口支援处　许文平）

青岛市—贵州省安顺市东西扶贫协作

【概述】 2015年，青岛市认真贯彻落实中共中央扶贫开发工作会议和《中国农村扶贫开发纲要（2011—2020年）》精神，围绕政府援助、园区共建、引企入安、职业教育、人才培训、旅游合作等方面，不断拓宽对口帮扶工作领域，较好地完成了东西扶贫协作任务，支持了贵州安顺市的扶贫开发工作。青岛市委、市人大、市政府、市政协主要领导分别率团赴贵州省和安顺市考察调研，听取工作意见和建议，共商帮扶工作。双方多层面的合作带动了整个对口帮扶工作的开展，对口帮扶工作形成了新常态。在《2015年政府工作报告》明确提出"加强国内经济合作，做好对口帮扶工作"的总体目标，并作为一项考核内容进行督查。青岛市国内经济合作办公室（以下简称"青岛市经合办"）作为具体工作部门多次与受援地区协商研究对口支援工作实施方案，落实具体帮扶措施，促进青岛市对口支援工作的顺利开展。青岛市经合办担负着青岛市全市对口支援工作领导小组办公室职能，发挥综合协调和调度作用，按照青岛市委、市政府确定的对口帮扶工作思路，多渠道多形式做好帮扶工作。2015年，青岛市级财政拨付对口帮扶安顺资金4000万元、援建项目50余个，青岛市政府出资5亿元，青岛安顺共建产业园城市综合体中心项目进展顺利。山东省内32家企业（其中青岛企业29家）与安顺市签约，计划投资18亿元。社会各界捐款捐物2800余万元，东西协作扶贫开发促进安顺经济发展和民生改善。

【工作机制】 2015年，青岛市委、市政府高度重视对口帮扶安顺工作，列入重要议事议程，多次专题研究部署、组织推动帮扶安顺工作，不断强化抓好帮扶工作的使命担当，引导全市各级各部门充分认识到做好对口帮扶工作的重要意义。双方高层领导多次互访交流。4月，山东省委常委、青岛市委书记李群，市长张新起率领党政代表团到贵州省、安顺市考察调研，听取贵州省和安顺市的意见和建议，共商帮扶工作。决定在引企入安方面加大工作力度，追加1000万元专项资金，用于融资担保平台建设，鼓励更多的企业入安发展。青岛市人大、市政协主要领导也分别率团赴贵州省和安顺市考察调研。双方多层面的合作带动了整个对口帮扶工作的开展，对口帮扶工作形成了新常态。

由青岛市6名副市级领导牵头的对口

帮扶安顺市园区共建、引企入安、职业教育、人才培训、旅游合作、综合协调6个专项工作推进组，各司其职，各负其责，经常研究部署工作，推动工作落实。青岛市经合办注重发挥市对口支援工作领导小组办公室综合协调职能作用，不断健全运作机制，加强工作调度，牵头组织协调，促进各项工作有序开展。发挥挂职干部的桥梁和纽带作用，加强联系沟通，定期听取工作汇报，服务于两地交流合作工作。

认真落实省政府《关于进一步做好扶贫协作重庆和对口帮扶贵州工作的指导意见》（鲁政字〔2014〕105号），协助安顺市相关企业到山东省进行投资考察。安顺市招商局分别走访了泰安市、济宁市、烟台市。协调配合安顺市农委组织15家茶企业到济南市、青岛市、潍坊市等地考察茶叶市场，寻求合作机会，帮助推动安顺茶产品进入青岛市及山东省周边市场。

【产业扶贫】 2015年，青岛市围绕党中央、国务院有关东西扶贫协作及对口支援工作的决策部署，在新一轮的东西扶贫协作工作中，提出了“产业对接、优势互补、合作共赢、转型升级”的新的合作模式，青岛市对口支援工作转入更加注重产业合作的阶段。青岛市经合办组织多批企业开展产业合作项目前期对接、洽商、实地考察，通过产业对接搭建新的平台，促进共同开发资源、培育产业、拓展市场。一是共建园区。由青岛城市规划设计院编制完成《共建产业园建设发展总体规划》，已提交安顺市城乡规划局审议。由青岛市政府出资5亿元、青岛华通公司组织实施，400亩园区工业用地的招拍挂工作已完成且已开始招商工作。截至2015年，园区签约企业150余家；青岛宏达塑胶、山东华廷投资公司等多家企业开工建设。二是发展深加工。安排资金重点扶持发展茶叶、烟叶、杂粮、油菜籽、火龙果等特色农产品种植加工，提升产量质量，增强产品竞争力，并帮助进入青岛市及山东省周边市场，带动居民增收致富。山东青果食品有限公司生态蔬菜深加工项目、青岛陆橘农业科技有限公司花卉种植项目，已与安顺市成功签约，计划投资3亿元，提高当地农产品附加值和开拓国际市场。同时，注重青岛市对外开放优势，协调组织安顺市赴韩国、中国台湾等地开展招商活动，拓宽了安顺市对外招商渠道。

【金融扶贫】 青岛市通过多种渠道宣传贵州省及安顺市新出台的产业、土地、金融等优惠政策，鼓励青岛企业入安投资兴业，提高当地就业率。青岛市出资1000万元建立的、鼓励企业入安发展的融资担保措施。

【旅游扶贫】 2015年两地旅游部门已签订合作协议，大力开展“山海游”“生态游”“四在农家·美丽乡村”等旅游合作项目。在智慧旅游建设等方面给安顺旅游部门提供新的思路；双方正在推进资源共享事宜。帮助黄果树旅游集团策划上市事宜进展顺利。南车青岛四方机车车辆股份有限公司与安顺市签约，参与安顺市城市轨道交通建设，提高景区游客接待能力。

【智力帮扶】 积极推进干部互派挂职交流工作，双方派出第三批挂职干部共27名。2015年，青岛市各相关部门为安顺市对口举办10余批次以扶贫、乡村旅游、农业、行政管理及卫生医疗、教育等为主题的基层干部培训班，培训各级干部1000余人次。青岛市市立医院、妇女儿童医院、疾控中心等，先后为安顺市卫生计生系统培训各类进修人员253人，支出各类保障经费50余万元。

【教育扶贫】 积极协调青岛大学、青岛职业技术学院与安顺学院、安顺职业技术学院开展对口合作。青岛二中、五十八中、十七中、一中与安顺二中、一中、民族中学、安顺学院附属中学等分别建立携手合作事宜。青岛市直属机关有关部门和区市积极组织社会各界参与捐赠助学活动，捐赠资金、电脑等物资1710余万元。其中青岛市即墨市出资200万元用于紫云县小学改建，青岛市总工会投资100万元用于学校建设等，有效地改善了办学条件，受到当地群众的欢迎。

【社会扶贫】 积极引导青岛市社会各界采用多种形式参与对口帮扶安顺工作，各区市、各民主党派及海尔集团等团体和企业分别开展了捐资助学、助困、助老、救灾等活动，社会捐赠资金及物资1100多万元。青岛团市委联合青岛银行，由青岛银行在安顺设立“希望工程爱心助学公益项目”，捐助210万元，在安顺市第一、第二高级中学分别设立“励志班”和“铭志班”，帮助100名贫困家庭的孩子顺利完成高中学业。台资企业在平坝县捐资20万元，支持花江二中电教化教室建设。“爱基金”投资200万元启动实施“我爱图书角”捐赠活动，覆盖安顺开发区全部小学221个班级。青岛国恩科技股份有限公司捐资100万元用于关岭县云龙洞小学学校建设。青岛新联工贸有限责任公司、青岛盛德辉置业有限公司向安顺市捐赠100万元扶贫资金。

（青岛市国内经济合作办公室
徐建伟）

广州市—贵州省黔南布依族苗族自治州东西扶贫协作

【概述】 2015年，广州市委、市政府及相关部门积极响应中央号召，按照“到2020年确保实现黔南布依族苗族自治州（以下简称‘黔南州’）整体脱贫与全国同步实现全面建成小康社会”的总体目标要求，围绕签订的《对口帮扶合作框架协议》，通过双方的交流沟通，建立健全了领导互访、联席会议制度、信息交流等工作机制，全力推进对口帮扶黔南州工作。截至2015年底，广州市共投入对口帮扶资金9600万元，援建项目76个，其中：通组道路项目46个，校园基础设施项目4个，人畜饮水及灌溉项目5个，农房改造项目1个，村庄整治项目2个，其它项目18个。共扶持46个贫困村，6.93万人受益，带动项目覆盖区农民人均增收700余元。

【共建园区】 2015年，为实现两地深度合作、互利双赢的发展局面，充分发挥双方资源优势，结合广州市发展总部经济、打造总部基地的经济格局，充分利用黔南矿产资源丰富、电力能源充足以及土地价格和劳动力成本相对较低等优势，广州市积极与黔南州沟通对接共建园区工作。黔南州惠水县先后引进广州王老吉药业股份有限公司、贵州华智房地产开发有限公司、贵州金晨农产品开发有限公司等4家企业入驻对口帮扶产业园区，总投资25亿余元；黔南州瓮安县“花都产业园”，已启动一期工程，已有2家企业入驻并完成投资1200万元；广州市番禺区与黔南州独山县签订了《番禺区人民政府·独山县人民政府合作共建飞地产业园区协议》，并由番禺区现场捐赠200万元，作为共建飞地产业园区启动资金。

【智力帮扶】 一是狠抓培训，采取广州市派专家、学者到黔南授课与黔南派员到广州市进行培训相结合的方式，共在中山大学、华南农大及广州市相关机构、单位及黔南各县（市、区）组织开展了各类培训122期7243人（次）。二是抓人才培养，通过建立“黔南州人力资源学习云”平台，开展“院士专家服务黔南行”活动，实施“优才访学计划”“组织广州专家博士团进行交流、培训”项目，与黔南州6所大中专技校签订《应用型人才培养及就业合作协议书》等。为提升黔南州乡村游服务水平，专门组织广州市旅游商务职业学校及广州酒家集团高级讲师、名厨采取集中理论学习、现场模拟实操和互动交流的培训方式，对黔南州贵定县乡村旅游从业人员120余人进行服务礼仪、餐桌服务基本技能和烹饪技能培训。三是抓干部交流，在一定程度上为黔南干部拓宽视野、转变思想、更新观念。2015年，广州到黔南挂职2人，黔南到广州挂职21人。四是抓人才引进，通过聘请广州著名大学教授为发展专家顾问，在广州举办人才专场招聘会等方式，缓解了黔南州在高层次和特殊人才方面的紧缺现象。

【经贸合作】 发挥广州的市场、资源、技术、智力等优势，协助举办了“黔南·广州经济合作投资环境推介会暨项目签约会”“黔南（广州）农林产业招商推介会暨项目签约会”，组织黔南参加了2015中国广州国际投资年会、广州商贸物流推介会和第21届、第22届、第23届广州市博览会等。2013—2015年共计签约项目155个，签约资金778.21亿元。2015年招商引资签约项目35个，资金98.9亿元。2015年广州博览会期间，黔南州60多家企业展出五大类180多种名特优农产品，来自珠三角地区及香港等地的120余家企业代表出席黔南农林产业投资环境推介暨合作项目签约仪式，现场签约项目35个，项目总投资98.9亿元，涉及农业产业园、种植业、农产品加工、乡村旅游等农林产业领域，其中广州粤旺农业有限公司签约投资2亿元在黔龙里县湾滩河建设10万亩油牡丹产业园。

【结对帮扶】 广州市11个区（市）与黔南州各县（市）结成帮扶对子，共筹措帮扶资金（含捐物折资）1807.8万元，其中，帮扶资金1546.8万元，主要用于饮水工程建设、通组串户道路工程建设、生态移民工程、学校基础设施建设、支助贫困学生、扶持产业项目及园区建设等；电脑、衣物、教学设备及书籍等折款261万元，用于贫困地区学校装备和资助贫困学生。另一方面，广州中医药大学已与黔南州中医院达成教学帮扶意向，黔南州中医医院已挂牌成为广州中医药大学的教学医院；广州市林业部门帮助贵定县甘溪林场申报“国家生态文明教育基地”，联合启动了“黔粤同行·护佑两江”植绿护绿活动；两地卫生和计划生育部门签订协议书，明确帮扶内容、帮扶重点和工作机制，特别就卫生干部培养和交流、卫生信息化建设、远程医疗网络建设等方面合作达成共识。

（广州市协作办公室　张世学）

深圳市—贵州省毕节市东西扶贫协作

【概述】 2015年，在广东省深圳市和贵州省毕节市各有关部门、各结对协作区县和广大干部群众的共同努力下，深圳—毕节东西扶贫协作取得了新成效。2015年深圳市向毕节市提供无偿资金及捐物折款共计5304.53万元，其中深圳市各级财政投入5237万元（包含财政拨款5149万元、培训资金投入88万元），社会捐款60.6万元，捐物折款6.93万元；帮助毕节举办各类培训班11期（包括送教上门），培训人员2900人次；深圳市、毕节市两地经贸合作协议投资90亿元，到位资金23.8亿元。

【工作机制】 深圳市委、市政府高度重视，将对口帮扶毕节工作纳入重要议事日程，成立了由市长担任组长的市对口支援工作领导小组，统筹领导对口帮扶毕节工作。同时加强高层互动交流，每年深圳市委、市政府主要领导赴贵州交流工作，部署推动两地对口帮扶合作任务，逐步形成高层联席会议机制、部门常态联络机制和区县结对的三级联动机制。2015年3月，时任深圳市委书记王荣、市长许勤率深圳市党政代表团赴贵州考察指导，并召开了深圳对口帮扶毕节联席会；深圳市领导吕锐锋、区领导吴德林、邝兵、熊小平等也先后率市、区相关部门赴毕节市及相关县（区）对接调研。2015年，深圳赴毕节考察的领导干部65人次，毕节赴深圳考察的领导干部68人次。

同时，深圳市注重对口帮扶工作的顶层设计和制度安排。2015年1月，深圳市对口帮扶工作领导小组制定印发了《关于进一步加强对口帮扶毕节工作的指导意见》；签订了《深圳职业技术学院对口帮扶毕节职业技术学院协议书》；区级层面印发了《福田区进一步加强对口帮扶赫章县工作总体方案》，签订了《盐田区—织金县对口帮扶合作框架协议》《龙岗区—大方县2015—2020年对口帮扶合作框架协议》等系列合作协议，进一步将毕节市扶贫开发工作向纵深推进。

【帮扶项目】 2015年，深圳市与毕节市共安排对口帮扶项目80大项，总投资7507万元。其中深圳市安排5149万元，当地自筹2358万元。项目包括道路硬化、农房改造、改厕改圈、人畜饮水、劳务培训等多个方面，切实解决群众行路难、上学难、就业难等民生工程和民生实事。2015年完成道路硬化76千米，农房改建400余户，完成若干小水窖、供排水工程、垃圾池、桥梁等直接关系群众利益的公共服务设施建设，受惠群众达 10 万余人。其中，深圳市帮扶 7 个贫困村以建设宜居宜业的“美丽乡村”为目标，经过整村规划和高标准打造，使 7 个贫困村的村容村貌和发展环境焕然一新，成为当地扶贫开发的示范工程。

【社会帮扶】 深圳市充分汇集各方资源，在资金支持、产业对接、人员交流和就业培训等方面，开展了多形式、多领域和多层次的东西扶贫协作工作。2015 年 7 月，深圳市南山区政协为毕节威宁彝族回族苗族自治县（以下简称“威宁县”）保家、草海、板底等乡镇学校的 60 名大学生及 20 名特困中小学生每人捐赠 3000 元，为板底小学购买了一批价值 5 万元的教学设备，为孤儿捐赠 7.6 万元慰问金，总资助金额达 30.6 万元。11 月，深圳市粤美特实业集团有限公司向威宁县第八中学（南山中学）捐赠了 300 套价值 6.93 万元棉被，帮助新入学的贫困家庭学生温暖过冬；南山区工商联（总商会）、绿色动力环保集团股份有限公司等 5 家企业先后为威宁县石门乡女姑小学捐资共约 30 万元帮助改善学校基础设施。深圳市罗湖区与毕节市七星关区教育系统互派优秀校长、教研员进行交流，并安排两地学校结成姊妹学校，实行“一对一”帮扶，提升七星关区教学质量；同时，罗湖区安排专项资金 50 万元用于两地卫生系统交流，组织医疗专家赴七星关区开展诊疗和七星关区医疗人员赴罗湖学习进修。2015 年 5 月，深圳市盐田区组织 16 家企业赴毕节织金县进行现场招聘，提供 66 个优质就业职位，共招聘 347 人。

【产业扶贫】 深圳市充分发挥对口帮扶桥梁纽带和市场机制作用，着力推动产业合作。一是促交流，2015 年共组织 5 批次双向经贸交流活动，支持毕节优质资源、特色产品在深圳开拓市场，重点推动县镇农产品流通体系建设，帮助毕节特色产品在深圳市建立展销平台，积极推动两地农产品与超市对接，农民与企业对接。在农业方面，组织深圳海吉星农产品公司、中央大厨房、精耕农业等一批生产、流通、餐饮领域的龙头企业赴毕节市考察投资环境，支持毕节农产品开拓深圳市场；在旅游方面，组织了一批旅行社、旅游企业赴毕节考察旅游资源；在整体开发方面，联合黔西县在深圳市召开推介会和企业座谈，促进黔西生态旅游、水电煤炭、农产品等优质资源与深圳企业、风投、人才进行对接。二是搭平台，协助毕节市在深圳市成立深圳毕节商会，通过把在深圳发展的毕节企业家串联在一起，搭建起联接两地经济合作交流的桥梁纽带。2015 年毕节市通过毕节商会在深圳市完成招商引资 90 亿元，引进企业 33 家，落地资金 23.8 亿元。

【智力帮扶】 深圳市针对毕节市在教育、卫生和就业等方面的存在问题和短板，以交流培训和劳务合作为重点，提升当地人才支撑经济社会发展的能力和水平。在交流培训方面，2015年深圳市组织2名干部人才赴毕节市挂职交流，选派短期名师送教和师资培训工作6人次，培训领导干部、教育卫生等专业人员2900人次；光明新区组织2批次52名干部赴黔西县开展同吃、同住、同劳动“三同”体验培训，安排黔西县2批次30名干部挂职新区。在劳务合作方面，继续推进“深黔雨露直通车”劳务技能培训项目，毕节市130名初高中毕业的贫困家庭子女在深圳学习实用技能；16家深圳企业赴毕节开设现场招聘会，提供66个优质就业职位。

【经贸合作】 深圳在毕节市织金县的“黔电送深”大型煤电合作项目取得新成效。该项目于2014年作为重点项目列入国务院批复的《乌蒙山区区域发展与扶贫攻坚计划（2011—2020）》，由国电贵州公司、深圳能源集团联合投资设立“国电织金发电有限公司”，分两期建设，每期为2台66万千瓦燃煤发电机组，同步建设脱硫、脱硝设施，打造绿色环保电厂。第一期2台66万千瓦燃煤发电机组总投资约52.3亿元，已于2015年11月进行了168小时的满负荷试运行，12月底逐步开始投产发电。

（深圳市对口支援办公室
李雄姿）

厦门市—甘肃省临夏回族自治州东西扶贫协作

【概述】 2015年，厦门市委、市政府认真贯彻落实党中央、国务院关于扶贫开发工作的一系列重要战略部署，大力推进与甘肃省临夏回族自治州（以下简称“临夏州”）的东西协作扶贫工作。通过加大帮扶资金投入、加强两地交流互访、合理规划援建项目、协助开展招商引资、组织实施社会扶贫等举措，不断提升对口支援甘肃省临夏州的工作质量。对口援助临夏州的市、区两级财政资金，由2014年的3300万元增加至2015年的4050万元，比2014年增长23%。2015年实施民生援建项目25个，组织投资招商会议2场，签订经贸合作协议3个，举办专业技术人才和劳动力就业培训班16期，培训党政干部、骨干教师及各类专业技术人员、农村未就业劳动力1600多名。在加大东西部扶贫协作力度和精准度方面工作，受到中共中央政治局委员、国务院副总理、国务院扶贫开发领导小组组长汪洋在福建宁德召开东部地区扶贫工作座谈会上的肯定。

【工作机制】 厦门市根据与临夏州开展东西扶贫协作的实际工作需求，不断完善工作机制，认真落实双方高层领导定期互访制度，建立顺畅的沟通渠道。按照国务院扶贫开发领导小组办公室要求，2015年5月，厦门市委向临夏州派出4名同志，前往临夏州开展东西扶贫协作挂职工作，成立挂职小组，制订相关管理制度。同时，进一步明确厦门市所属的6个区和火炬高新技术开发区与临夏州的7个国家级贫困县的结对帮扶工作重点，建立稳定的帮扶资金筹措机制，对帮扶临夏州的区级财政出资做了具体规定。厦门市与临夏州的宣传、经信、商务、旅游、市场监管、团市委等部门开展对接，并取得初步成效，对接帮扶从两地党政层面延伸到县市部门之间。

【帮扶项目】 2015年，协作项目25个，投入资金4050万元（市区两级项目资金3300万元，挂职小组争取厦门相关单位支持资金750万元），比2014年增长23%。主要用于教育、卫生、饮水、贫困乡村道路硬化、危旧房改造等公益性民生基础设施项目，惠及当地群众10余万人。具体帮扶项目包括，一是投入2258万元，用于12

个贫困村的道路、桥梁、饮水及危旧房改造等基础设施建设，共硬化道路 17.78 千米，修建桥梁 3 座，铺设饮水管道 8.85 千米，维修改造危旧房 178 户，建设贫困村文化广场及村委会 11 个，惠及当地农户 4100 户约 2.1 万人。二是投入 1105 万元，在和政县、广河县三甲集镇康家村、积石山县柳沟乡阳山村及康乐县附城镇城南村各修建幼儿园 1 所，可解决 1000 余名适龄儿童的就学问题。三是投入 292 万元，为永靖县、东乡县、康乐县的 4 个贫困村修建牛羊饲养暖棚 185 座，协助 132 户贫困户引进良种牛 132 头，40 户贫困户引进良种羊 1000 只。四是投入 160 万元，组织培训党政干部两期 81 名、培训骨干教师 100 名、农村未就业劳动力 600 名。五是投入 150 万元，用于加强州精准扶贫信息化系统及和政县政法系统信息化建设。

【产业扶贫】 根据厦门市企业用工的实际需求，采取上门培训招工、定向输出的方式，承接临夏州劳动力特别是贫困人口转移至厦门市就业 500 多人。组织厦门夏商集团有限公司、厦门信达股份有限公司等 10 多家企业赴临夏州考察，推动临夏的民族特色用品、清真食品、现代农业、旅游业的发展，推进“造血式”扶贫。三是做好对临夏州贫困农户农产品的定向采购工作。2015 年为临夏州定向采购东乡土豆、羊肉等 39 吨，农产品进入夏商民兴超市销售，进一步帮助其拓宽销售渠道。同时，在东乡县和积石山保安族东乡族撒拉族自治县的牛羊肉购销上，积累了收购方式、运输方式、价格形成机制等经验。

【教育帮扶】 2015 年，厦门市、临夏州两地教育部门已签订合作交流协议，并实施临夏州中小学老师到厦门培训。推动临夏中学与厦门六中、临夏州特教学校与厦门特教学校、临夏州职业学院与厦门城市职业学院的结对协作。

【医疗帮扶】 2015 年，厦门市、临夏州两地卫生部门已签订合作协议，正推动临夏州医生到厦门进修，临夏州人民医院与厦门市第一医院开展医疗协作。

【智力帮扶】 根据国家“扶贫先扶智”的要求，建立常态化培训机制，促进临夏州劳动力转移就业、提升层次。2015 年，厦门市安排帮扶资金 120 万元，在临夏州组织了 12 期培训班，为临夏州培训了农村专业技术人员 300 多人，未就业劳动力 1000 名。投入 60 万元帮助积石山县 600 名未就业贫困劳动力进行驾驶、电焊、电工、美容、数控操作等专业技能培训，其中培训驾驶员 250 名。厦门市思明区、海沧区等教育局解决了 8 名临夏州来厦门务工人员子女转学至公办初中、小学就读问题。厦门大学与西安交大联合课题组赴临开展电商课题研究。华侨大学支教和扶贫工作已取得一定成效。

【干部培训】 根据《国家发改委关于印发 2015 年东部城市对口支援西部地区人才培训计划的通知》（发改办西部〔2015〕124 号）要求及厦门市与临夏州东西扶贫工

作协议。一是安排专项资金 80 万元，委托厦门市委党校举办了 1 期临夏州党政干部培训班，就创新社会管理模式与构建和谐社区、建设服务型政府等相关知识进行了培训，共计 80 人。二是为临夏州党政干部举办了生态文明与环境保护、现代金融服务业发展两个专题培训班，共培训临夏州党政干部 88 人。三是两地新增并互派挂职干部 14 人。

【社会帮扶】 厦门各界积极为临夏州捐资、捐物，厦门广播电视集团为临夏州电视台捐赠了价值 157 万元的采编设备；厦门豪客来餐饮管理有限公司捐资 60 万元临夏州为广河县官坊乡阳山庄村小学改扩建教室、食堂；厦门建安慈善基金会为贫困村群众捐助价值约 11 万元的物资；厦门民政局发动社会各界为贫困群众捐赠棉被和衣物 700 箱；厦门驻京办为布楞沟村等贫困群众捐赠电视机 120 台。

（厦门市对口支援办公室 刘章有）

珠海市—四川省凉山彝族自治州东西扶贫协作

【概述】 2015年，珠海市履行特区职责，贯彻落实党中央、国务院东西扶贫协作战略部署，以民生帮扶为重点，以推动交流合作、实现互惠共赢为目标，推动对口凉山彝族自治州（以下简称“凉山州”）东西扶贫协作。2015年珠海市向凉山州提供无偿资金2026万元，援建项目26个，改善6.2万贫困群众生产生活条件；两地各级领导互访交往265人次；两地教师、医生等专业人员交流200人次；帮扶培训人员620人次；帮扶劳务输出152人次。

【工作机制】 2015年，珠海市进一步加强扶贫协作工作的组织领导、沟通交流，凝聚推动工作合力。一是坚持高位推动，凝聚工作合力。市政府分管领导率队考察访问凉山，共商扶贫协作；三次与凉山州召开扶贫协作工作会议，聚合双方力量，共同推进扶贫协作。二是突出民生帮扶，切实为群众解决实际困难。紧密围绕凉山州民生改善、基础设施建设和教育、卫生事业开展扶贫协作。2015年，珠海市帮扶凉山州援建民生类项目22个，包括基础设施建设项目6个、教育项目9个、安全饮水工程项目2个、医疗卫生项目2个、文化交流项目3个。三是充分发挥部门优势，大力推进交流协作。珠海市先后有2个区、10个市直单位派出15批次115人赴凉山州开展考察交流活动，商议落实帮扶合作项目；珠海市扶贫开发领导小组办公室2次派出工作组赴凉山召开联系会议和检查督促帮扶项目落实；凉山州扶贫工作小组领导办公室、普格县、凉山农校及教育、卫生、文化旅游等部门先后派出工作组前来珠海商议工作、开展交流；两地扶贫部门定期商议交流工作，定期通报项目进展情况，及时解决实际问题。四是积极搭建平台，实现合作共赢。在珠海扶贫专业市场搭建流通平台，为凉山州特色农产品进入珠海乃至珠三角市场提供了渠道；珠海市文体旅游局组织相关企业开展凉山旅游宣传推介活动；帮扶凉山州美姑县洛俄依甘乡阿居曲村和盐源县白乌镇长坪子村发展发展养殖业。五是加强宣传舆论，营造良好社会氛围。在珠海举办了《山海缘——走进大凉山》大型摄影图片展；邀请凉山州歌舞团在珠海华发中演大剧院、珠海大会堂举办了大型歌舞剧《彝红》惠民演出，营造良好社会氛围。

【帮扶项目】 2015 年，珠海市共投入凉山州帮扶资金 2016 万元，援建项目 26 个，涵盖道路桥梁、安全饮水、医疗卫生、文化教育、社会事业、专题培训等多个方面。一是投入 196 万元，援建基础设施项目 6 个，涉及便民桥、村桥梁项目。二是投入 1210 万元，援建教育项目 9 个，涉及文化、传统工艺人才、培训中心、教学楼、食堂、教育工作者业务交流项目。三是投入 89 万元，援建安全饮水工程项目 2 个。四是投入 220 万元，援建医疗卫生项目 2 个。五是投入 60 万元，帮扶文化交流项目 3 个，涉及歌舞演出、旅游宣传推介、摄影展活动等项目。六是投入 101 万元，帮扶产业发展项目 2 个。七是加强干部人才和劳动力转移培训，支持四川省扶贫和移民工作局培训经费 50 万元，在省级层面帮助培训凉山干部、人才。支持凉山州扶贫和移民工作局项目管理经费 20 万元，并协助凉山州在珠海举办州、县扶贫干部专题培训班；支持凉山州扶贫和移民工作局劳动力转移就业培训经费 30 万元，并指导开展形式多样的专业技能培训。支持普格县、喜德县、盐源 3 县扶贫开发领导小组办公室项目管理费各 10 万元。

【社会帮扶】 2015 年，继续实施“五个一百、五个一批”系列扶贫协作项目，珠海市文体旅游、商务、人力资源和社会保障、工商联、农业等部门先后多次协助凉山在珠海市举办了各种推介会、洽谈会、展览展销会，为凉山“走出去”搭建平台；珠海市扶贫开发领导小组办公室、珠海市农业投资控股集团有限公司共同打造的珠海扶贫专业市场特别安排凉山专区，为凉山州特色名优农产品走进珠海市乃至珠三角和港澳地区提供大力支持；珠海市民营商会资助 100 名凉山州贫困大学生；珠海市金凤凰公益文化发展中心赴凉山州昭觉县捐赠爱心物资价值 10 万元。

（珠海市扶贫工作领导小组办公室 庞 辉）

（二）定点扶贫

综　　述

2015年是“十二五”的收官之年，党中央、国务院空前重视扶贫开发工作，各中央定点扶贫单位认真贯彻落实中央决策部署和《国务院办公厅关于进一步动员社会各方面力量参与扶贫开发的意见》要求，充分发挥定点扶贫在社会扶贫工作中的示范引领作用，深入实施精准扶贫、精准脱贫方略，定点扶贫工作取得新成效。

一、中央领导同志高度重视定点扶贫工作

2015年12月8日，中共中央总书记、国家主席、中央军委主席习近平就机关企事业单位做好定点扶贫工作作出重要指示。他强调，党政军机关、企事业单位开展定点扶贫，是中国特色扶贫开发事业的重要组成部分，也是我国政治优势和制度优势的重要体现。多年来，各有关单位围绕定点扶贫做了不少工作，取得了积极成效。同时指出，做好新形势下定点扶贫工作，要深入贯彻中央扶贫开发工作会议精神，切实增强责任感、使命感、紧迫感，坚持精准扶贫精准脱贫，坚持发挥单位、行业优势与立足贫困地区实际相结合，健全工作机制，创新帮扶举措，提高扶贫成效，为坚决打赢脱贫攻坚战做出新的更大贡献。

中共中央政治局常委、国务院总理李克强作出批示强调，定点扶贫是中央单位积极参与扶贫、推动贫困地区加快发展的有力抓手，30年来发挥了重要作用。“十三五”时期是我国脱贫攻坚的决战决胜期，加大定点扶贫力度至关重要。各相关单位要按照中央部署，再接再厉，主要领导直接抓，创新工作机制，多方筹措资源，选派优秀干部，进一步提高定点扶贫的精准度和有效性，着力增强贫困地区造血功能，使贫困群众更好实现自我发展、参与发展、共享发展，在推进全面建成小康社会的进程中坚决全力打赢脱贫攻坚的硬仗。

2015年12月11日，国务院扶贫开发领导小组召开中央单位定点扶贫工作会议，参与定点扶贫的中央和国家机关、企事业等定点扶贫单位共600余人参会。中共中央政治局委员、国务院副总理、国务院扶贫开发领导小组组长汪洋出席会议并做重要讲话，他强调，各定点扶贫单位要按照中央要求，坚决打赢脱贫攻坚战，着重抓好以下事项的贯彻落实：领导要重视，把定点扶贫工作摆在重要位置；目标要明确，真正瞄准建档立卡贫困户；措施要精准，

切实促进贫困人口脱贫；干部要得力，把优秀干部派到扶贫一线；资源要用好，促进定点扶贫资源发挥最大效益。同时，进一步完善定点扶贫工作机制即建立领导责任制、建立工作考核机制、建立宣传表彰机制、建立干部管理使用机制。

二、中央定点扶贫结对关系调整

2015 年 6 月 18 日，中共中央总书记习近平在贵州主持召开“部分省区市扶贫攻坚与‘十三五’时期经济发展座谈会”上作出重要指示：“扶贫开发是全党全社会的共同责任，要动员和凝聚全社会力量广泛参与。要坚持专项扶贫、行业扶贫、社会扶贫等多方力量、多种举措有机结合和互为支撑的‘三位一体’大扶贫格局，强化举措，扩大成果。要健全东西部协作、党政机关定点扶贫机制，各部门要积极完成所承担的定点扶贫任务，东部地区要加大对西部地区的帮扶力度，国有企业要承担更多扶贫开发任务。”

为充分发挥中央、国家机关和有关单位在扶贫攻坚中的作用，进一步深化细化强化定点扶贫工作，确保贫困地区、贫困人口到 2020 年如期脱贫，国务院扶贫办会同各牵头组织部门，按照“同一类单位定点扶贫任务相对均衡、分类考核”的总体原则，对定点扶贫结对关系进行了局部调整。新增 22 个单位参加定点扶贫；部分单位参加地方组织的扶贫工作，调出帮扶单位序列。调整后，参与定点扶贫的中央、国家机关和有关单位共 320 个，比 2012 年部署新一轮定点扶贫工作时增加 10 个，共帮扶全国 592 个国家扶贫开发工作重点县。320 个帮扶单位中，有中央国家机关 128 个、民主党派中央和全国工商业联合会 9 个、金融保险机构 23 个、国有大型骨干企业 111 家、教育部直属高校 49 所，基本实现了对中央国家机关和企事业等单位定点扶贫资源的充分利用。其中，中央国家机关帮扶重点县 226 个；民主党派中央和全国工商业联合会帮扶重点县 10 个；国务院国有资产监督管理委员会管理的 111 家中央企业全部承担帮扶任务，帮扶重点县 246 个；金融保险机构帮扶重点县 64 个；教育部对直属高校全面动员，安排 49 所高校帮扶重点县 49 个。

三、定点帮扶基本情况

各中央定点扶贫单位努力为定点扶贫地区做实事、办好事，成效显著。2015 年，参与定点扶贫的 320 个中央单位共向定点扶贫地区选派挂职干部 756 名，其中“第一书记”311 名；派员考察调研扶贫工作 5863 人次，其中单位领导调研 441 人次；投入帮扶资金（含物资折款）33.1 亿元，帮助引进资金 282.4 亿元，分别比 2014 年增加 9.3% 和 29%；举办培训班 4485 期，培训各类人员 12.2 万人次，组织劳务输出 7 万人次；资助贫困学生 4.3 万人次。

在中央单位的示范带动下，有 28 个省（区、市）层层组织开展了定点扶贫工作，共有16.4万个党政机关、企事业单位参加，帮扶覆盖全国12.8万个建档立卡贫困村。2015年，地方层面定点扶贫投入达361.2亿元，帮助引进各类资金472.6亿元。举办培训班12.7万期，培训各类人员761.3万人次，组织劳务输出493.2万人次。军队和武警部队与35个贫困县、401个贫困乡（镇）、3618个贫困村建立了结对关系，积极参与定点扶贫工作。

为贯彻落实中共中央总书记习近平关于老区扶贫开发重要指示精神，深化定点扶贫实施精准扶贫战略。2014年10月，国务院扶贫办、国务院国有资产监督管理委员会启动实施“中央企业定点帮扶贫困革命老区百县万村”活动。组织68家中央企业，计划用3年左右时间，集中时间、集中力量、集中资金，率先解决定点帮扶的108个贫困革命老区县中14954个贫困村“三缺”（缺路、缺水、缺电）问题。2015年，有46家央企制定了实施方案，实施项目305个，投入资金2.5亿元。修建通组路、生产路、联户路等374.3千米，（修缮）小水窖、蓄水池、供水管道等项目137个，惠及贫困人口8.6万人。

（国务院扶贫办国际合作和社会扶贫司）

中国人民政治协商会议全国委员会办公厅定点扶贫

【概述】 中国人民政治协商会议全国委员会（以下简称“全国政协”）高度重视扶贫工作，全国政协主席俞正声、副主席杜青林、副主席兼秘书长张庆黎等多次听取扶贫工作汇报，作出重要指示。陈元、马飚、王钦敏3位副主席赴扶贫地区调研考察，为扶贫地区发展提出思路和办法；2015年，全国政协办公厅坚持把定点扶贫工作作为践行党的群众路线和“三严三实”的重要实践活动，协调多方资源，创新体制机制，加快工作落实，累计帮助安徽省舒城县、阜阳市颍东区两个定点扶贫县（区）引进各类资金17830万元，引进建设大型项目7个，援助贫困人口48400人、贫困学生10392人。在全国政协办公厅的积极帮扶下，舒城县、阜阳市颍东区、毕节试验区经济社会取得平稳较快发展，脱贫致富步伐进一步加快。2015年，舒城县实现国内生产总值158亿元、增长8.7%，贫困人口减少1.75万人、减少率19.5%。阜阳市颍东区实现国内生产总值130亿元、增长6%，贫困人口减少1.8万人、减少率25.3%。毕节试验区实现国内生产总值1461.3亿元、增长12.9%，贫困人口减少40万人、减少率24.1%。

【扶贫调研】 全国政协经济委员会、教科文卫体委员会、社会和法制委员会等先后组织7批次、50多位全国政协委员、专家学者、海外侨胞以及国务院扶贫办、农业部等10多个国家部委有关负责同志，赴舒城县、阜阳市颍东区、毕节试验区考察调研、座谈交流。5月，组织召开全国政协委员支持颍东、舒城扶贫发展座谈会，对两区县经济发展理念、招商引资、文化教育、发展旅游、对接台商资源等提出意见建议。7月，全国政协民族和宗教委员会赴毕节调研精准扶贫、特色扶贫工作，就当地新型农业发展、基础设施建设等方面提出很多建议。10月，全国政协办公厅邀请来自12个国家的20位海外侨胞赴毕节试验区考察，围绕大数据、大健康、文化旅游、对外贸易等提出很多有价值的意见建议，对毕节试验区科学发展产生积极影响。

【干部挂职扶贫】 2015年，全国政协继续实行双向派遣挂职干部机制，在舒城县、阜阳市颍东区和毕节试验区共派出5

名干部挂职锻炼。其中，2人获得安徽省扶贫开发工作先进个人称号，2人被安徽省扶贫办记三等功。舒城县、颍东区也选派4名干部在全国政协机关挂职。

【基础设施建设】 继续深入推进舒城县万佛湖创建国家5A级旅游景区、舒城县棚户区改造、舒城县中小河流治理、国家电网舒城电厂、合安九城际铁路过境舒城并设站等一批重点基础设施工程建设。向中国铁路总公司争取支持，推进阜阳市颍东区铁路改造工程建设；向国家开发银行争取支持，推进颍东塌陷区治理工作。向交通运输部、国家能源局、国家电网争取支持，推进毕节试验区交通基础设施建设、电网建设，有力促进当地经济社会发展。

【扶贫政策措施】 在舒城县，全国政协协调相关部委解决万佛湖良好湖泊保护、新四军四支队遗址保护、县文体设施“一场两馆”建设、中等师范学校提升办学层次等问题。2015年，在阜阳市颍东区继续向安徽省国土资源厅积极争取新的用地指标，最大限度破解城市发展和企业建设的土地难题。在毕节试验区，协调中国农业银行加大对毕节的资金和信贷投入力度，出台《中国农业银行支持毕节试验区发展的若干政策》，今后三年每年对毕节新增贷款30—50亿元，三年共计90—150亿元，主要用于支持毕节重点项目建设，推动金融下乡进村入户；协调国家开发银行贵州分行与毕节百里杜鹃管理委员会达成初步合作意向，共同规划和开发红色生态旅游资源；协调海关总署积极推进在毕节设立海关事宜。

【产业扶贫】 协助舒城县引进华夏幸福产业新城项目，总投资不低于260亿元。协助阜阳市颍东区开展招商引资工作，赴天津、深圳、苏州等地召开多场招商引资推介会，邀请各地客商赴颍东投资兴业，帮助引进的美国联泰集团投资8亿美元的金安乳业项目、北京一轻集团投资3亿元的北冰洋汽水和五星啤酒生产项目、北京农林科学院5万吨西兰花深加工项目，已与颍东区签订投资意向。协调恒大地产集团有限公司帮扶大方县，各项帮扶工作顺利推进；协调亿阳集团股份有限公司、北京仁创科技集团有限公司、中国华力控股集团有限公司等大型企业加大对毕节的投资扶持力度，有力促进当地经济社会发展。

【教育扶贫】 协调中国制笔协会为阜阳市颍东区贫困学校捐赠价值100万元的学习用具，协调金利来集团有限公司给贫困学校捐助1.2万件服装，协调颍东区教育局出台对留守儿童进行特别关怀的政策措施，有效保障留守儿童权益。协调国家图书馆为毕节市图书馆援赠图书资料；协调中国社会福利基金会市长助学公益基金会到纳雍县化作乡开展爱心捐赠活动，为三所小学捐赠图书、体育用品、电脑设备等；建立“毕节助学”微信群，协调热心公益的爱心人士为数十名留守或困境儿童建立一对一帮扶关系。

【医疗卫生扶贫】 2015年3月，全国政协教科文卫体委员会在舒城县开展“卫生三下乡”活动并调研基层医改工作，组织近 50 名国内顶级医学专家开展义诊 500 余人次，捐赠价值 260 多万元的常用药品和医疗设备，为当地群众送去优质的医疗健康服务。6 月，联系中华医学会、中国慈善总会等单位，向舒城县部分医院捐献救护车、深度麻醉监护仪等价值共 527 万元的医疗设备；协调北京博爱慈善妇女发展基金会捐赠 10 万元现金，救助舒城县 20 名患“两癌”的贫困母亲。在阜阳市颍东区，协调中国初级卫生保健基金会，为颍东区乡镇医院捐赠价值 4700 万元的医疗设备；协调中华慈善总会捐赠价值近 500 万元的医疗器械。在毕节试验区，阿根廷侨胞李文忠先生现场向毕节市捐赠 100 万元用于改善当地贫困农村地区的医疗条件；全国政协机关捐赠部分资金帮助双山新区竹园乡卫生院改扩建，改善乡村医疗卫生条件和环境；人民政协报社联系有关企业捐款 185 万元，帮助毕节市七星关区、纳雍县、金沙县的三个乡镇解决部分群众饮水安全问题。

（中国人民政治协商会议全国委员会办公厅　杨　春）

中共中央对外联络部定点扶贫

【概述】 2015年，中共中央对外联络部（以下简称“中联部”）定点帮扶河北省行唐县。2015年，中联部深入贯彻落实《中国农村扶贫开发纲要（2011—2020年）》，认真学习《关于进一步完善定点扶贫工作的通知》精神和中央单位定点扶贫工作会议精神，及时传达、认真部署，积极行动、组织落实。机关党委先后在部内党委扶贫网页全文登载中共中央总书记习近平和国务院总理李克强的重要批示，为各党委、总支、支部发放《习近平关于扶贫开发论述摘编》，深化对做好新形势下定点扶贫工作的认识，与行唐县委领导班子沟通学习贯彻会议精神有关情况，研究制定中联部贯彻落实中央单位定点扶贫工作会议精神的措施。全年共有2位部领导、7位局领导、5位处级干部率5期考察团（组）赴行唐县考察扶贫工作，选派1位干部赴行唐县口头村挂职“第一书记”。采取“外联内引”等方式，引进和自投资金1071万元，项目涉及农业、交通、基础设施、文化教育、医疗卫生等，推动行唐县经济社会发展和扶贫开发工作。

【扶贫资金投入】 2015年，中联部直接投入和帮助引进各类资金1071.7万元。其中，中联部资助资金13.4万元，用于基础设施建设；物资折款58万元，用于文化教育，受资助的贫困学生3003名；慰问贫困户和五保户0.3万元；帮助引进资金1000万元。

【扶贫调研】 2015年11月，全国政协副主席、时任中联部部长王家瑞率中联部扶贫考察组一行11人赴行唐县考察调研定点扶贫工作。在口头村与村干部座谈，走访慰问贫困户、五保户；考察北河乡志和小学、玉亭乡屹塔头村蔬菜基地、君乐宝太行乳业有限公司等。期间，会见由中联部协调到行唐县合作签约的北京市海淀区企业家。走访慰问贫困户、五保户3户；看望北河乡志和小学学生，为该校及其9所学校3000多名学生送上爱心书包和文具等用品，折合3.4万元。

【扶贫会议】 2015年，中联部召开4次扶贫研讨会、座谈会、协调会议，研讨定点扶贫工作。中联部副部长、机关党委书记、部扶贫领导小组组长陈凤翔与到中联部汇报工作的河北省行唐县县委书记杨立中一行座谈，双方就进一步做好定点扶贫工作进行研讨，并交换意见和建议。

【干部挂职扶贫】 2015年，中联部选派 3 名干部赴行唐县挂职扶贫，其中 1 名挂职行唐县口头村“第一书记”。扶贫干部在工作中学习领会政策，落实扶贫规划，理清扶贫思路，严格遵守纪律，深入基层调研，解地方需求，协调相关部门，做好牵线搭桥和信息沟通工作，为地方的经济社会发展和扶贫开发工作做出积极贡献，受到行唐县委领导班子和地方群众的好评。

【扶贫制度】 研究制定《中联部“十三五”扶贫规划》，贯彻落实国务院扶贫办等九部委的通知要求，发挥自身优势，争取国内外的支持与援助；深入调查研究，落实精准扶贫要求；完善扶贫工作机制，抓好服务保障工作等四大方面规划定点扶贫工作，明确总体思路、组织领导、工作内容。

【扶贫宣传】 在中联部网站发布陕西省彬县制作的题为《心系古豳筑丰碑——中联部扶贫工作纪实》录像片、《中联部在陕西省彬县扶贫工作成效显著》一文，宣传、总结中联部在彬县定点扶贫工作的经验和做法；制作并发布题为《全国政协副主席王家瑞赴行唐考察调研扶贫工作》录像片，推动新一轮定点扶贫工作的深入开展。《河北经济日报》以《行唐以中联部“酵母资金”选准脱贫致富“蛋糕产业”》为题，《石家庄日报》以《“酵母资金”做大脱贫致富产业——行唐县辐射带动更多贫困群众发展大棚蔬菜》为题，分别从新的视角宣传推介行唐县扶贫开发工作，为行唐县树立良好的对外形象。6 月，中联部先后安排老挝高级干部考察团一行 6 人、苏丹全国大会党一行 28 人赴行唐县考察扶贫工作，宣传中国扶贫模式，使外宾亲身体验、深刻领会扶贫开发战略，并与国务院扶贫办的有关同志座谈交流扶贫工作。

【教育扶贫】 2015 年，中联部为行唐县捐赠价值 18.1 万元的教学物资和 10 万元学习书籍。其中，为河北省行唐县职教中心捐赠 32 台电脑及电脑桌椅，建立电脑培训室；为行唐县口头村赠送 25 张长条桌、57 把椅子及历史、文学、社科等各类图书 3000 册；改善村委会会议室的办公学习条件，建立阅览室、图书室。中联部信息编研室和挂职干部资助 2 名生活困难高中生完成学业。

【基础设施建设】 2015 年，中联部资助行唐县口头村 13.4 万元，安装 55 盏路灯。联系海淀区企业代表团（17 家企业）赴行唐县考察扶贫工作，洽谈定点扶贫开发项目，其中，有 4 家企业分别与行唐县签订项目协议书。经挂职干部与国家发展和改革委员会联系，落实行唐县供热项目 1000 万元。

（中共中央对外联络部机关党委
办公室　赵玲娟）

人民日报社定点扶贫

【概述】 2015年，人民日报社认真落实《关于进一步完善定点扶贫工作的通知》，结合人民日报社定点扶贫县——河南省虞城县、河北省滦平县实际，注重发挥自身舆论宣传优势，加大对扶贫工作宣传报道力度，统筹媒体、人才、资金等资源，全力做好定点扶贫工作，较好地完成扶贫工作任务。

【扶贫资金投入】 2015年，人民日报社驻点干部为韦店集村筹得修路款项90万元，为该村小学修葺筹得8.4万元，组织捐赠文具用品数千元等，引导，协助村民争取火灾损失赔偿数十万元，合计为该村筹集各类资源、资金折合300余万元。

【扶贫机构建设】 2015年11月，人民日报社对扶贫工作领导小组成员进行调整，副社长为组长，编委委员、秘书长为副组长，各有关部门负责人为成员。

【扶贫方案】 2015年12月，人民日报社编委会召开会议，认真传达学习贯彻中央扶贫开发工作会议精神和中共中央总书记习近平、国务院总理李克强在会议上的重要讲话精神，研究部署报社定点扶贫工作要求加强舆论扶贫，抓好中央扶贫开发工作会议精神的宣传报道工作；积极主动做好对口帮扶工作，完成帮扶县的脱贫任务。加强与对口帮扶县的联系，深入了解两县基本情况，拿出具体措施，提出具体项目，帮助当地发展、改善民生，增强自我发展能力。

【扶贫调研】 2015年8月，人民日报社调研组一行5人到虞城县开展扶贫调研，详细了解虞城县经济发展现状和特点，深入走访稍岗镇韦店集村，有效对接扶贫工作需求，与当地干部群众共商文化扶贫思路，帮助找差距、理思路，打好扶贫攻坚战。

【扶贫宣传】 2015年，人民日报刊发虞城县《人大代表编织连心网》《韦店集村为何应富未富》和爱心救助大学生、志愿服务孤寡老人、进村免费体检等宣传报道6篇，全年刊发关于定点扶贫的宣传报道30余篇；在人民日报客户端、人民网和其他社属媒体刊发大量扶贫宣传信息。

【干部挂职扶贫】 人民日报社把派出优秀干部挂职扶贫作为报社培养干部的一种方式，列入报社后备干部管理体系。2015年8月，选派青年干部赴虞城县韦店集村任“第一书记”，并积极筹款修建一条村公路，为村民开展义诊，重修村小学，组织文具用品捐赠活动，开展养殖产业帮扶工作，协调贫困户贷款事宜，帮助引入现代生态农业种植技术，实施村领导班子例会制度和定期专题学习制度等。

（人民日报社扶贫办）

中共中央文献研究室定点扶贫

【概述】 2015年，中共中央文献研究室（以下简称“中央文献研究室”）认真落实中共中央总书记习近平和国务院总理李克强对定点扶贫工作的重要批示，根据国务院副总理汪洋对中央单位“十三五”时期定点扶贫工作的安排部署，进一步强化帮扶河南省南召县的责任，按照精准扶贫的工作要求，进一步加大资金投入、智力支持、技术服务以及信息与政策指导，推动定点扶贫工作。

【扶贫调研】 2015年，中央文献研究室在南召县两次召开扶贫工作座谈会并与南召县委、县政府领导共同分析探讨南召县脱贫致富之路，进一步明确定点扶贫工作要“着眼社会民生，重大项目拉动，生态强县富民”的扶贫开发工作思路，确定以河南天池抽水蓄能电站建设、中机国能电力有限公司的光伏发电项目作为南召县调结构、补短板、增后劲、惠民生的重大项目。

【扶贫制度建设】 2015年10月，中央文献研究室在充分了解定点帮扶单位实际的基础上，制定《中央文献研究室定点扶贫工作计划》，提出明确的任务目标，做出具体的工作安排，制定保障措施，使定点扶贫工作更加科学和具有针对性。

【干部挂职扶贫】 2015年，中央文献研究室继续选派干部赴南召县挂职扶贫，分别担任县委副书记和驻村“第一书记”。在工作中自觉树立中直机关挂职干部的良好形象，深入全县15个乡镇和部分贫困村调研，摸清南召县经济社会发展情况和当地老百姓对扶贫项目的需求，分析贫困的现状、原因以及脱贫致富的途径，落实扶贫方案，做了大量扎实的基础性工作。

【扶贫宣传】 2015年，中央文献研究室通过中国中共文献研究会周恩来思想生平研究分会在南召县城关镇第二初级中学举办南阳市首个、河南省第2个“周恩来班”命名仪式。这是中央文献研究室利用自身业务资源推动中小学基础教育发展的有益尝试。这项活动受到社会广泛关注，众多平面媒体与网络媒体进行了报道，社会反响较好。

【产业扶贫】 2015年5月，河南天池抽水蓄能电站项目与中机国能电力有限公司的光伏发电项目同时开工建设，先期投资总额共计16亿元。这两个项目是挂职南召县的县委副书记周锋立足南召县情，紧密依托中央文献研究室，积极协调国家发展和改革委员会、国家能源局等部委，为南召县积极争取到的重大项目。天池抽水蓄能电站项目是河南省重点项目，投资总额67.5亿元，建设工期6年，每年可为南召县带来8000万元的财政收入，可以带动当地3000人就业。中机国能光伏发电项目是南阳市重点项目，投资总额43亿元，共450兆瓦，3年建成，建成后每年增加县财政收入约6000万元。11月，在国家发展和改革委员会协调下，为南召县争取到黄鸭河二期建设项目和碳酸钙精细加工项目，引资8000万元。这些重大项目对南召县调结构、补短板、增后劲、惠民生具有重要作用，拉动了南召县域经济社会发展，大大加快了南召县的脱贫步伐。

【教育扶贫】 2015年，中央文献研究室加大教育扶贫力度，着力改善援建的10所希望小学的基础设施条件，并选拔出家庭困难、学习成绩好的学生20名，由各党支部进行结对帮扶。

【整村推进】 按照国家“整村推进”和开发式扶贫的方针，中央文献研究室将南召县城郊乡东庄村作为重点帮扶村，认真抓好“第一书记”派驻村的工作。选派的“第一书记”与村两委按照“产业支撑、党建带动、民生先行、生态富民”的总体思路，抓紧抓好东庄村精准扶贫工作。10月，东庄村制定《东庄村美丽乡村规划（2015—2019年）》，投资100万元硬化村村通道路2千米，申请项目资金用于沿村河道清淤治理2千米，在交通、水利、绿化等涉及群众生产生活的基础设施建设方面也积极争取项目。同时，挖掘村内潜力，组织村两委和村组干部研究发展柞蚕养殖、苗木花卉、蔬菜种植等产业并获得南阳市移民安置示范村、南召县党建示范村、南召县美丽乡村等项目的支持。

（中共中央文献研究室扶贫办 胡鹏飞）

求是杂志社定点扶贫

【概述】 自1998年起，求是杂志社重点帮扶青海省杂多县。2015年，求是杂志社按照发挥杂志社联系面广的优势，帮助杂多县打好发展基础；发挥杂志社党刊文化的优势，帮助杂多县发展基础教育的帮扶思路，投入帮扶资金63.6万元，其中20万元属常规性帮扶资金，主要用于发展杂多县教育事业；其余用于举办“三热爱”活动及慰问。

6月，求是杂志社社长李捷带队赴杂多县调研，查看帮扶项目落地情况、考察基础教育状况，慰问3户贫困家庭和杂多县第二民族中学、杂多县第三完全小学部分师生，并与青海省扶贫开发局、玉树州委州政府和杂多县委县政府共同研究进一步落实精准扶贫之策。12月，求是杂志社在中央扶贫工作会议后调整社扶贫工作领导小组及其办公室成员，社主要领导担任组长，明确今后精准扶贫工作的四项常规性工作，为杂多县与全国人民一道同步实现全面建成小康社会奋斗目标做出党刊人的贡献。

【教育扶贫】 2015年8月，求是杂志社邀请杂多县32名藏族师生赴北京参加“热爱中国共产党、热爱祖国、热爱社会主义”主题教育活动，杂多县的师生们接受到爱国主义教育、革命传统教育、历史文化教育和成长励志教育。

【扶贫宣传】 求是杂志社在杂多县举办的“热爱中国共产党、热爱祖国、热爱社会主义”活动，经多家中央和地方媒体跟踪报道，不仅在青海省获得普遍赞誉，而且在全国产生良好而广泛的社会反响。求是网、《西海都市报》、青海新闻网、《西宁晚报》、青海卫视等多家媒体对活动进行跟踪采访和全程报道。《青海日报》、中共青海省委党刊《党的生活》先后刊发5篇文章，对主题教育活动进行全方位宣传。10月13日，《人民日报》刊发《爱与梦想一起飞翔——青海省杂多县中学生赴京参加“三热爱”教育活动纪实》一文，引起社会广泛关注。

【干部挂职扶贫】 8月，求是杂志社选派1名干部赴杂多县苏鲁乡山荣村挂职村党支部“第一书记”。在工作中，挂职干部以共产党员的标准严格要求自己，克服高寒缺氧的环境、适应当地生产生活方式，积极与当地干部群众沟通交流，深入牧区牧民家中谈心，宣传介绍中央和地方脱贫攻坚政策，理清山荣村脱贫攻坚面临的自然生态、公共设施、产业结构、医疗卫生等各方面问题，联系协调当地政府有关部门共同解决村民生产生活困难。

（求是杂志社办公室秘书处　罗颖平）

中国科学技术协会定点扶贫

【概述】 2015 年，中国科学技术协会（以下简称“中国科协”），按照《中国农村扶贫开发纲要（2011—2020 年）》和《全民科学素质行动计划纲要》要求，坚持围绕山西省吕梁市委、市政府工作重心，广泛动员社会力量，整合扶贫开发资源，实施科学扶贫、精准扶贫，吕梁市科协起草了《开展科技精准扶贫合作框架协议》（草案），提高科技扶贫精准度，增强科技扶贫针对性和实效性；利用中国科协和中国邮政储蓄银行“银会合作”平台，授予扶贫重点县临县和岚县 10 亿元的授信额度，通过产业扩大生产带动更多的贫困户脱贫。此外，按照年初工作计划，中国科协在吕梁建立农业示范项目、举办农业种植技术培训班、开展多种形式的科普宣传活动，从正面引导农民养成学科学、爱科学、用科学的良好习惯，提升农民科学素质，为吕梁地区贫困人口脱贫起到积极推动作用，受到当地市、县领导的肯定和好评。

【干部挂职扶贫】 2015 年，中国科协选派 2 名优秀的科协干部作为第十九届吕梁扶贫团团员，在扶贫重点县临县和岚县进行挂职，同时根据中组织部要求选派 2 名干部到基层第一线，挂职“第一书记”。

【扶贫调研】 2015 年 12 月，中国科协党组书记、常务副主席尚勇率队到临县、岚县，深入乡村贫困户、农村科技扶贫示范基地、学校、科普中国农村 e 站等基层一线，调研科技扶贫工作。

【扶贫方式创新】 为更好地在吕梁地区开展科技精准扶贫工作，将吕梁地区与各地优秀学会、协会、科研院所开展“对口式”结对精准帮扶，通过上联农科院校、下联种植大王、外联销售加工龙头企业，提供技术支持，进行科学管理，利用资源带动吕梁相关学会、协会及产业科学、健康、有效地发展，提高扶贫产业竞争力，带动农民增产增收。与青海省农林科学、山西农业大学结对。根据山西康农薯业有限公司的技术需求，成立“青海省农科院研究生工作站”、“山西省农大博士后工作站”，将生产基地转变为研发基地，形成产学研用相结合的技术创新战略联盟，从而提高农业科研成果的转化率。与各地先进和典型的协会结对。动员组织全国各级科协、协会、学会，充分发挥先进典型帮带作用和科技资源优势，开展“科协帮科协”、“协会帮协会”、“学会帮学会”模式的结对精准帮扶。与中国薯网建立合作。山西康农薯业有限公司与中国薯网建立合作关系，共同推动吕梁贫困户实现科技精准脱贫。中国薯网利用自身信息服务、物流服务、交易服务、金融服务等当面的专业优势，在吕梁地区设立中国薯网吕梁服务站，为农民需求提供平台；开辟“岚县马铃薯”专栏，将岚县马铃薯信息实时推送到全国层面；设立中国农技协马铃薯技术交流服务（吕梁）中心。

【扶贫培训】 2015年，中国科协采取“引进来，走出去”的方式，通过聘请农业技术专家、种植大户等人员为当地农民进行讲座、开展实地培训，组织农业种植户前往各地优秀协会、示范基地进行考察，与结对单位定期组织技术培训，以提高广大农民科技文化水平和现代农业生产技能，成为有文化、懂技术、会管理的新型农民，并影响和带动周围农民发展生产，起到良好的脱贫带动作用。“引进来”：邀请中国农业产学院蔬菜花卉所专家前往岚县马铃薯组培中心，为岚县马铃薯组培人员进行技术培训，通过规范操作流程和技巧，降低组培苗的污染率，提升种薯质量；邀请中国农业科学院蔬菜花卉所专家，举办芽菜种植讲座，并对吕梁地区蔬菜产业发展进行考察调研；邀请河南新野蔬菜协会会长，根据县域蔬菜产业发展需求，对甘监菜种植进行实地培训与指导；邀请四川省江油市羊肚菌协会会长，实地考察羊肚菌种植条件，并对种植户进行技术指导与培训。“走出去”：组织岚县马铃薯产业种植人员前往青海省农林科学院，考察学习先进的马铃薯脱毒种薯生产技术；组织临县食用菌种植户前往河北省平泉县，参加食用菌种植技术培训班（三期），学习食用菌种植技术；组织临县食用菌协会前往福建省古田县、尤溪县，参加食用菌大会，学习种植技术。

【精准扶贫】 根据中国科协党组、书记处领导对精准扶贫工作的指示要求，结合吕梁市“8+2”农业产业振兴计划，经过多次实地调研，对临县和岚县所开展的项目进行详细解，最终遴选两个扶贫带动作用强，效果显著的农业示范项目进行科技精准帮扶。2015年，中国科协在岚县实施脱毒马铃薯示范项目，扶持山西康农薯业有限公司进一步发展，启动5000万粒脱毒马铃薯微型薯繁育二期工程项目，目标是通过该项目的实施，促进全县马铃薯种植面积达到30万亩，平均亩产1500千克以上，种植马铃薯的农民人均收入3000元以上，占农民人均纯收入的50%以上。该项目二期工程已新建智能玻璃温室5000平方米，投入使用后，可生产马铃薯微型薯820万粒，一期二期同时生产可达到2000万粒。通过项目实施，提高岚县马铃薯种薯应用率和覆盖率，提高马铃薯产量，增加种植效益和农民收入，促进农业产业发展与贫困农民增产增收。在临县实施的食用菌示范项目，对“枣木香菇”种植和深加工科技推广示范项目进行重点帮扶，该项目实施以来，临县全县食用菌种植量达到550万袋，可实现产值3000余万元，解决农村剩余劳动人口300人，在五年内逐年逐步解决剩余劳动力可达3000人。2015年，中国科协在岚县、临县等地1万亩耕地上实施双垄沟全膜覆盖种植技术示范项目，农产品产量明显提升。开展200亩甘蓝菜种植示范，7月，示范基地甘蓝菜亩产达到8000—10000斤，增产达30%，种植户收入也大大提升。

【公益扶贫】 2015年，中国科协向吕梁地区捐赠一套流动科技馆，向临县、岚县共捐赠2辆科普大篷车、6套农村中学科技馆、200万码洋科普图书；通过在中国科协全体在职干部职工中开展“捐出一天收入，奉献一片爱心”活动，向两县贫困学生捐赠爱心助学款共计19万元。

（中国科学技术协会扶贫办　胡天媛）

光明日报社定点扶贫

【概述】 光明日报社从1987年开始定点扶贫青海省囊谦县。在光明日报社编委会的领导下，光明日报社认真贯彻落实中共中央总书记习近平关于扶贫开发工作的系列重要讲话精神，针对定点扶贫地区具体情况，不断深化细化强化精准扶贫工作，坚持“输血”与“造血”相结合，加大宣传力度和文化扶贫力度。在定点扶贫地区基础上，对四川省广元市朝天区小安乡小学、雅安市天全县思经初级中学积极展开扶贫工作，取得一定成效。

【扶贫宣传】 光明日报社发挥自身优势，根据定点扶贫地区特点进行深度报道。2015年在《光明日报》上发表青海省新闻报道116篇，其中报道囊谦县的稿件30多篇。用3个整版刊登反映囊谦风光的公益广告，价值84万元。在青海三江源地区，宣传报道当地传承非物质文化遗产、生态环境保护和经济社会建设协调发展、共同进步的感人故事。相关报道刊发后，引起社会广泛关注。

【教育扶贫】 2015年4月，光明日报社为囊谦县县委办公楼建立“光明书屋”和“廉政书屋”，为6所小学建立“光明图书室”，并购买学习和体育用品，价值10万余元。12月，为囊谦县相关部门赠阅300份2016年《光明日报》和50份《文摘报》，价值11万余元。报社部门职工和社会爱心人士一对一帮扶贫困生63人，并寄去帮扶金和衣物及学习用品，价值14万余元。除定点帮扶外，2015年6月，光明日报社为四川省广元市小安乡小学全校学生捐赠书包、《新华字典》、文具和体育用品，价值4万余元。捐建光明书屋，藏书上万册。配备乒乓球台等文体设施。一对一帮扶小安乡小学贫困生13人并寄去价值1.5万元的帮扶金和衣物。此外，还为小安乡下辖村修建了一条7000米长的水泥路，解决当地群众出行难的问题。2015年，为四川省雅安市天全县思经初级中学全体教师赠阅40份《光明日报》和《文摘报》，价值1.6万元。

【扶贫调研】 2015年8月，光明日报社机关党委、光明日报社扶贫办一行5人对囊谦县进行扶贫走访调研，深入了解扶贫地区状况，帮助囊谦县制作旅游资源和形象宣传片，向外界宣传推介囊谦县丰富的旅游资源，进行全方位、全媒体报道。11月，宣传片制作完成，制作光盘100个，价值28万元，在微信公众号和光明网上进行宣传。

【干部挂职扶贫】 根据中共中央组织部、中央农村工作领导小组办公室、国务院扶贫开发领导小组办公室印发的《关于做好选派机关优秀干部到村任“第一书记”工作的通知》的精神，把培养锻炼干部与定点扶贫工作有机结合，报社选派 1 名青年骨干记者赴定点扶贫地区囊谦县香达镇多昌村挂职“第一书记”，协助当地干部推动精准扶贫工作，加强对囊谦县的宣传报道。同时，为提高捐建光明图书室书籍的利用率，培养学生良好的读书习惯，挂职干部在囊谦县香达镇中心寄宿制学校开设“光明新闻班”，为学生授课十余次，培训学生 330 多人次，通过读、写、说三方面的训练，着力提高藏区学生的汉语水平。组织“光明新闻班”的代表一行 15 人到京参观学习，筹措学习费用 15 万元。

（光明日报社扶贫办　张君华）

中国外文出版发行事业局定点扶贫

【概述】 中国外文出版发行事业局（以下简称“中国外文局”）定点扶贫山西省左权县。2015年，中国外文局充分发挥自身优势，坚持做好文化扶贫、宣传扶贫、智力扶贫，积极探索精准扶贫工作思路，不断拓展新的帮扶领域和项目，把对口扶贫帮扶工作落到实处。

【扶贫资金投入】 中国外文局2015年投入扶贫资金共计52万元，其中扶贫培训投入资金37万元，出版宣传左权图书投入资金15万元。

【扶贫调研】 中国外文局局长周明伟、副局长方正辉先后带队到左权县进行实地调研和考察，与左权县领导就进一步加强帮扶工作、实现新的突破进行沟通交流和研究。双方表示要进一步推进精准扶贫工作，不断探索工作方法和工作思路，要形成长效机制。

【扶贫培训】 协调邀请中央党校中国特色社会主义理论体系研究中心研究员、马克思主义理论教研部副教授王巍，于7月赴左权县就“践行‘三严三实’，持续推进作风建设”作专题讲座。左权县领导、各乡镇（城区）、县直各单位科级领导干部共计200人聆听讲座。

【智力扶贫】 2015年，中国外文局为左权县县乡两级50余名中青年干部，在京举办为期21天的培训班。培训班以“三严三实与管理创新”为主题，涵盖“党性修养与管理创新”“团队建设与行政能力”“领导干部人文素养及履职能力”等多个模块，紧密围绕左权县领导干部队伍建设需要和学员具体工作需求，通过课堂讲授、案例教学、现场体验、专题讨论等多种教学方式，提升参训人员的理论素养和履职能力。

【干部挂职扶贫】 2015年，中国外文局选派2名中青年干部赴左权县挂职，其中1人挂职副乡长，1人挂职村“第一书记”。挂职干部在左权县认真履行职责，积极主动开展工作，深入基层解群众生产生活情况，全力帮助做好扶贫工作，在实践中努力为当地的经济社会发展贡献力量。

（中国外文出版发行事业局扶贫办 甭几泽）

外交部定点扶贫

【概述】 外交部定点扶贫云南省金平苗族瑶族傣族自治县（以下简称“金平县”）和麻栗坡县，在扶贫资金筹集上审时度势，从之前的以“外”字为主（外国政府、企业和非政府组织）到现在的“内”字上做文章（国内企业）。在扶贫项目上创新发展，以温饱、教育、卫生和培训项目为基础，整村推进项目为重点，产业扶贫为努力方向，帮助当地群众解决饮水难、吃饭难、上学难、看病难等民生问题。2015 年，外交部筹集到账扶贫资金 1435 万元（含物资折价），连同往年资金共投入 1774 万余元。

【扶贫会议】 4 月，外交部召开 2015 年度扶贫工作领导小组会议。部内部属 36 个小组成员单位代表与会。外交部副部长、外交扶贫工作领导小组组长王超出席并就 2015 年及今后一段时期外交部扶贫工作作出部署。会议审议通过扶贫工作报告和续聘乐爱妹参赞为第三任“扶贫工作名誉大使”的决定。与会同志还就扶贫筹款、资金使用、项目实施等提出意见建议。

【公益扶贫】 10 月，外交部副部长张明会见英国劳合社首席执行官毕勒女士一行，并就推动劳合社参与外交部扶贫进行切磋。

7 月，外交部部长助理钱洪山与到京参加“鸿基金 2015 爱的背包夏令营”的 60 名留守儿童交流互动。外交部感谢鸿基金对外交部定点扶贫工作的大力支持，希望今后双方开展更多扶贫合作。

1 月，外交部“扶贫工作名誉大使”乐爱妹参赞会见中职北方智扬（北京）教育科技有限公司（北方汽修集团）董事长曹振峰，并见证该公司与外交部开展扶贫合作协议签字仪式。根据协议，北方汽修集团自 2015 年起 5 年内为外交部定点帮扶的金平县和麻栗坡县培训 1000 名贫困学生。8 月，乐爱妹会见美国汇华银行执行总裁季可渝，接收其捐赠的 15 万美元扶贫款。

10 月，第七届“大爱无国界”国际义卖活动在国家体育场室外热身场举行。义卖主题为“向云南乡村教师致敬”，所筹善款用于奖励金平县和麻栗坡县特殊岗位中小学教师，以减轻边远山区以及特困教师生活压力。本届义卖共有 69 家驻华使馆和国际组织驻华机构代表及 11 家国内企事业单位参展，吸引上万社会各界人士参加活动，共筹得善款近 300 万元。

【扶贫调研】 2015 年 7 月，“根在基层·青春担当”中央国家机关青年调研实践团一行 13 人在麻栗坡县开展为期一周的调研活动。来自外交部、教育部、国家民族事务委员会、民政部、财政部、交通运输部、水利部、农业部的 13 名青年干部深入麻栗坡县一线，与基层群众面对面交流，实地调研外交扶贫及麻栗坡县经济社会发展情况。

【教育扶贫】 2015 年 7 月，中国—赤道几内亚友谊小学在金平县奠基，外交部部长助理钱洪山、赤道几内亚驻华大使马科斯·姆巴·翁多以及云南省外事办公室、红河哈尼族彝族自治州政府相关负责人出席奠基仪式。2015 年是中国与赤道几内亚建交 45 周年，在赤道几内亚总统奥比昂应邀访华之际，经外交部牵线搭桥，赤道几内亚政府捐资 490 多万元人民币，用于新建金平县第一小学教学楼。

（外交部扶贫办　龚　辉）

国家安全部定点扶贫

【概述】 2015年，国家安全部定点扶贫内蒙古自治区敖汉旗、河北省盐山县。国家安全部把定点扶贫作为一项重要的政治任务，按照党中央、国务院“精准扶贫精准脱贫”的要求，制定2016—2020年精准定点扶贫工作方案，确保定点扶贫工作精准扎实有效地开展。2015年，国家安全部直接投入481.5万元，其中资金471.5万元，物资折合10万元，帮助引进各类资金1.15亿元，帮助引进各类项目2个，帮助培训各类人员610人。

【扶贫会议】 为贯彻落实中央扶贫开发工作会议和中央单位定点扶贫工作会议精神，国家安全部部长耿惠昌组织召开部长办公会议，传达贯彻落实中央扶贫工作会议精神，听取定点扶贫工作报告，专题研究部署定点扶贫工作。

【产业扶贫】 协调环境保护部为敖汉旗新惠工业园区争取污水处理厂建设项目。建设规模为近期日处理规模为1.5万吨/天，远期日处理规模为6万吨/天。项目总期限为两年。继续做好塞浦路斯普达拉集团印尼沥青岩项目。经过前期中试和技术创新，计划一期主要建设10条每天600吨的沥青岩干馏生产线，年加工沥青岩200万吨，年产燃料油量34.17万吨。同时利用生产线的废气余热建设1座6兆瓦的纯低温余热电站项目，使项目达到环保经济。同时投入资金30万元，用于移植400枚优质种羊胚胎。投入扶贫资金260万元，精准帮扶5个贫困村。已完成盐山县孟店乡流洼寨村整村推进牡丹种植产业项目，盐山县韩集镇薛庄村无籽石榴大棚种植合作社项目，敖汉旗四道湾子镇天丰食用菌种植专业合作社双孢菇特色扶贫产业项目，敖汉旗玛尼罕乡玛尼罕村移民养殖小区项目，敖汉旗牛古吐乡沈家窝铺村肉驴养殖小区建设项目，帮助248个贫困户脱贫。

【基础设施建设】 协助环境保护部帮助敖汉旗解决大黑山国际级自然保护区总体规划先天不足，制约地方经济发展问题。形成一套新的符合环境保护要求的大黑山自然保护区规划调整方案，并经内蒙古自治区上报环境保护部。继续做好敖汉旗省道210线新惠至老虎山段公路建设项目。该项目投资14.5亿元，已完成施工图设计、土地征收、项目招投标等工作。投入扶贫资金90万元，帮扶9个贫困村基础设施建设。完成盐山县孟店乡宫庄村饮用水净化设备项目，盐山县杨集乡王打狼村400米街道水泥硬化项目，盐山县望树镇于庄村1000米街道水泥硬化项目，盐山县常庄乡常庄村1220米街道排水沟项目，盐山县4个村美丽乡村面貌提升项目，盐山县孟店乡流洼寨村基础设施建设项目。

【干部挂职扶贫】 5月，国家安全部选派2名干部分别到敖汉旗扎赛营子村、盐山县东小卢村任“第一书记”。在扎赛营子村投入资金50万元，重点开展双孢菇种植、肉羊改良、村级道路和文化广场4个项目建设。在东小卢村投入资金70万元，重点开展蛋鸡养殖，村党支部办公室、党员活动室建设和村民活动广场3个项目建设。下派挂职的“第一书记”，在工作中严格按照扶贫工作要求，克服工作和生活方面的种种困难，努力做好定点扶贫各项工作，加快贫困村贫困群众的脱贫步伐。

【扶贫培训】 国家安全部扶贫办与盐山县共同组织乡村干部10人到江苏、上海考察学习油料牡丹种植技术，与盐山县、敖汉旗扶贫办共同举办养殖、种植实用技术培训，培训农民600人次。

【扶贫慰问】 2015年，国家安全部机关干警深入盐山县、敖汉旗访贫问苦，慰问贫困户，看望贫困学生，捐赠1.5万元用于慰问盐山县、敖汉旗贫困户和奖励资助贫困学生。此外，为东小卢村捐赠电视、电脑、办公家具等物品价值约10万元。

【扶贫宣传】 国家安全部协调清华大学为敖汉旗政府建立公共微信交流平台，宣传政府重点工作，拉近政府与群众的距离，答疑解惑。

（国家安全部定点扶贫领导小组
办公室　王　原）

财政部定点扶贫

【概述】 2015年，财政部定点帮扶湖南省平江县和云南省永胜县。结合定点县具体情况，进一步完善思路，突出重点，整合资源，创新机制，以精准扶贫为导向，以扶贫挂职干部为纽带，积极协助定点扶贫县努力加快贫困地区经济社会发展。

【干部挂职扶贫】 2015年，财政部先后选派2名干部分别到平江县和永胜县挂职副县长，从事定点帮扶工作。同时，选派1名干部到平江县安定镇横冲村任职"第一书记"并兼任安定镇党委副书记。

【扶贫资金投入】 2015年，财政部赴定点县实地考察13人次，直接投入资金4000万元，引进资金26750万元，资助学生8600人，培训各类技术人员和农村劳动力6715人。

【精准扶贫】 协助平江县开展县直机关、乡镇、村干部、党员、组长、社会爱心人士与精准扶贫对象一对一、一对多结对帮扶工作，共帮扶6350户扶贫对象，实现精准扶贫对象结对帮扶全覆盖。结对干部扎实开展"一进二访（进村入户、访困问需、访贫问计）"活动，因地制宜、因户施策帮助精准扶贫对象制定脱贫计划，从资金、技术、信息等多个方面落实帮扶措施，效果显著。

协助永胜县结合云南省委、省政府"挂包帮、转走访"精神，开展处级领导扶贫攻坚挂乡包村工作，发动广大干部深入到确定的挂联乡、村开展"转走访"工作，认真开展村情调研，对接帮扶户口，制订帮扶计划等工作。针对挂联乡、村实际，争取省财政厅扶贫专项资金100万元，支持挂联乡、村基础设施建设和产业发展。

【产业扶贫】 协助平江县落实财政扶贫资金349万元，按照"公司+基地+合作社+农户"模式，帮助精准扶贫对象发展高山有机茶1519.3亩、三红蜜柚1344.6亩、猕猴桃95亩。大力发展金融扶贫，累计向408个农户发放小额贷款1508.5万元，项目覆盖18个乡镇、207个村，排在全省前列。

协助永胜县落实2万千瓦农业光伏一体化项目，吸引投资2亿元。积极争取云南省扶贫办和财政厅的支持，投入财政资金1840万元，推广农牧特色产业，为贫困人口增收提供持续的"造血"功能。同时，积极争取省级抗旱资金60万元，确保农作物保产增产。

【扶贫培训】 支持平江县举办高山有

机茶、蜜柚等实用技术培训班13期，培训农民2100人次。协助永胜县认真贯彻落实劳动力转移培训“特别行动计划”会议精神，投入财政资金542万元，对6650人开展劳动力转移职业技能培训。

【教育扶贫】 平江县扶持530名“两后生”接受职业技术教育，为1468名精准扶贫对象特困家庭学生发放助学金。

【基础设施建设】 协助推进平江县安居工程建设。按照“三定一帮”（合理定村子、公正定户子、科学定盘子、帮助建房子）方案，启动11个贫困村232户精准扶贫对象的危房改造工作，有4个集中居住点65户已完成主体工程建设。另有7个村167户已启动项目建设。

协助永胜县投入扶贫资金400万元，用于贫困村通村道路建设。开展村内道路硬化、新建桥梁、水渠、路基挡墙等项目，改善项目村道路交通条件。协调落实项目资金2490万元，用于崀峨水库引水渠硬化及盖板工程和片角镇三家村泵站及输水管网工程二期工程建设，解决下游5个镇2.5万亩农田灌溉，以及26个村民小组3万多人的生活用水问题。协调落实永胜县法院新办公楼建设经费900万元，保证法院日常工作的开展和县城整体规划的实施。

【干部挂职扶贫】 财政部于2015年8月首次选派1名机关干部到湖南省平江县安定镇横冲村任职“第一书记”，11月兼任安定镇党委副书记。“第一书记”围绕抓党建、促脱贫、谋发展，积极带动群众转变思想、自主创业，激发村级发展活力，增强自我“造血”功能。帮助任职村协调落实高标准农田建设项目资金140万元，完成1000亩高标准农田建设；协调落实项目资金70万元，带动村民自筹20万元，硬化村组道路1万平方米，实现组组通硬化路；成立横冲创客之家，发展农村电子商务，先后吸引6名“80后”大学毕业生、退伍军人、在外务工人员等回村创业；组织村民采用自筹、众筹等模式募集资金，成立1家村级商贸公司、3个农民专业合作社、2个家庭农场；组织村民利用闲置房屋发展农家客栈、农家餐饮，成立湖南省首家民俗旅游专业合作社，引导18户村民入社；组织成立土地股份专业合作社，引导村民以土地和资金入股，发展适度规模经营，栽种70余亩无花果、4万余棵黄花菜；成立扶贫公益协会，吸引捐资12万元；支持特困户利用山林养殖生态土鸡2000余只，黑山羊120只，为特困户脱贫增收提供持续的“造血”功能。

（财政部人事教育司　孙　慧）

海关总署定点扶贫

【概述】 2015年，海关总署定点帮扶河南省鲁山县、卢氏县和内蒙古自治区正镶白旗，投入扶贫资金600万元，捐赠物资折合资金22万元，主要用于基础建设、产业发展和帮扶困难学生等。全年完成帮扶项目31个，其中包括鲁山县人畜饮水、加固拦河堤坝、供排水工程、打机井，修复乡村道路，维护琴台遗址和路灯修复等15个扶贫项目，卢氏县药材基地产业园建设，堤坝建设，道路修复，人畜饮水工程等12个扶贫项目，正镶白旗建设棚圈，打机井和帮扶学生等4个扶贫项目，为当地社会经济发展和社会稳定发挥积极作用。

全年共选派挂职扶贫干部10人，其中有4人于当年7月到任返回，4人接任，2人继续留任，目前有扶贫干部6人。2015年7月，内蒙古自治区正镶白旗调整为由国家统计局进行定点扶贫。自此，海关总署定点扶贫单位从3个变为2个，分别是河南省鲁山县和卢氏县。

【扶贫项目管理】 扶贫项目施工过程中，严格按照海关总署批复项目组织实施工程招投标，包括扶贫项目村民申请建议书、施工合同、竣工验收报告、使用经费数额和产生社会效益评估等。同时，建立扶贫项目档案，通过文字、图片和音视频等资料，把扶贫项目内容、资金使用、社会效益和双方责任人、联系方式等记录清楚，为今后开展项目评估做好准备。扶贫项目施工结束后，对当年完成扶贫项目邀请有关部门和人员及时进行检查验收，于年底前，向海关总署机关定点扶贫工作领导小组办公室作书面专题报告。

【产业扶贫】 在卢氏县以选取“百草园”中药材种植示范基地为切入点，投入约180万元扶贫资金，完成中药材引种达百种以上，育苗暖棚、组织培养室等，完成连翘、苦参、金银花、白芨等中药材种植基地建设。

【智力扶贫】 在内蒙古自治区正镶白旗根据学生户口为农区牧区户口、当年新入学大专以上院校和没有享受过民政局、团委和工会等部门资助待遇条件，按照“嘎查村上报、苏木镇审核、扶贫办复审、联合相关单位补漏、公示公告”等工作流程，确定家庭经济困难大学生补助名单，累计资助新入学贫困大学生400名。

【干部挂职扶贫】 海关总署发挥垂直管理优势，由总署机关和郑州海关分别选派1名扶贫干部组成联合工作组完成定点扶贫工作任务。扶贫干部赴任前集中组织岗前培训，学习各级扶贫工作会议精神、领导讲话和总署有关扶贫工作制度，请前任扶贫干部介绍扶贫工作经验，进行廉政学习教育等。截至2015年，总署机关选派培训定点扶贫处级干部27人，郑州海关培训定点扶贫科级干部19人，累计选培训处科级扶贫干部46人。

（海关总署直属机关党委　房　季）

国家质量监督检验检疫总局定点扶贫

【概述】 2015年，国家质量监督检验检疫总局（以下简称“国家质检总局”）充分发挥质检行业的特点和优势，科学谋划当前和今后一个时期定点扶贫工作总的目标要求，有效推进具体扶贫项目和扶贫安排，努力为定点扶贫地区实现全面建设小康社会宏伟目标提供强有力的支撑和保障。先后对河南省民板县、甘肃省礼县直接投入资金200万元，帮助引进各类资金（含有偿和无偿）3000万元，帮助上项目数（含全额、部分资助或引进）21个，举办培训班26期，共培训人员600人次，在加强公共基础设施建设、改善医疗文化教育条件、引进扶贫资金项目、加强干部教育培训等方面做大量工作。2015年，国家质检总局驻豫扶贫工作队被河南省扶贫开发领导小组授予“中直机关社会扶贫先进集体”荣誉称号，民权县在2014年度河南省扶贫开发绩效考评中获得A级县第一名，奖励扶贫项目资金500万元。

【扶贫调研】 2015年，国家质检总局先后组织7人次开展调研，重点走访解当地农民贫困状况、实际困难及对扶贫工作的诉求，看望慰问贫困群众和挂职扶贫干部，解扶贫工作开展情况及重点难点问题，归纳梳理定点扶贫工作的经验和不足，科学制订工作规划，提出更具针对性的帮扶项目，积极争取资金。

【扶贫宣传】 2015年，国家质检总局开展“扶贫日”活动，号召动员直属机关各单位广泛参与扶贫开发。民权县组织开展贫困农户爱心圆梦活动，为108名贫困农户明确帮扶对子，印制宣传彩页5000份，通过悬挂条幅、腰鼓队游行等方式，组织人员走上街头广泛宣传国家扶贫政策。

礼县挂职干部组织人员深入上坪乡年家村和大堡村，结合当前惠农政策、大黄生产、新农村建设、计划生育等工作进行政策宣传，回访帮扶情况和调研需要扶持的事项。国家质检总局组织参加国家卫生和计划生育委员会“圆梦女孩志愿行动”，十余名干部奔赴山西省吕梁市，大力宣传优生优育、男女平等等科学、文明、进步的婚育观，并与当地贫困女孩结对帮扶，改善生活条件，促其成长成才。

【干部挂职扶贫】 2015年，国家质检总局先后派出2名处级干部到定点扶贫县挂职，选派优秀干部到村任“第一书记”。在工作中，挂职扶贫干部严格按照扶贫工作要求，自觉维护挂职干部的良好形象。

深入基层，深入群众，解定点扶贫县的经济社会发展情况和当地老百姓对扶贫项目的需求，分析贫困原因以及脱贫致富的需求，理清工作的思路，围绕贫困县的发展规划、重点工作，依托国家质检总局的职能，认真做好定点扶贫各项工作，也为树立质检总局“人民质检，质检为民”的良好形象做出积极努力。

【产业扶贫】 针对礼县已确立的苹果、大黄、核桃、花椒四个方面的优势产业，为礼县苹果研究所建立苹果技术人员培训中心，帮助购置天气预报自动化设备，提高果农的技术技能，提高对天气的监测水平，天气对苹果的损害程度。帮扶礼县上坪乡发展优质大黄基地，不断扩大种植面积，由 2014 年的 2600 亩发展到 2015 年的 4000 亩。

围绕民权县制冷、果酒两大主导产业，不断完善国家冷冻冷藏设备质量检验中心、河南省葡萄酒质量监督检验中心配套设施建设。河南省葡萄酒质量监督检验检测中心已正常运行，为河南省的葡萄酒企业提供高质量的检测服务。2015 年 9 月，完成国家冷冻冷藏设备质量检验中心全部设备的安装调试和试运行工作。河南省制冷机电产品质量监督检验中心设备已安装到位，为民权及周边地区企业的空调等制冷设备提供检测服务。

帮助民权县建设国家级出口工业产品质量安全示范区和全国制冷设备产业知名品牌创建示范区，促成政府牵头、质检部门指导、制冷企业参与的联动机制。

帮助民权县建设好国家级出口食品农产品质量安全示范区，示范区产品品种涵盖胡萝卜、青豆、荠菜、青刀豆、豇豆、大蒜、葡萄、番茄等。

【旅游扶贫】 充分利用礼县“秦皇故里、三国胜地”的旅游资源优势，积极打造独具特色的文化旅游品牌，通过帮扶建立礼县旅游信息网站，不断扩大旅游品牌的影响力，促进礼县旅游产业的发展，进而带动礼县相关产业的协同发展。旅游产业的发展也推动了当地百姓的收入增长、生活改善、观念更新和素质提升，丰富脱贫渠道。

【教育扶贫】 为礼县永兴乡马沟小学修建防洪水渠，维修永兴乡马沟小学和团堡小学校舍，为两所小学的教室修建吊顶。为 16 户贫困家庭的学生捐赠 100 双暖鞋、200 套棉衣，为上坪乡学生送温暖。

【基础设施建设】 在国家质检总局和民权县委、县政府的共同推动下，2015 年民权县共争取财政扶贫资金 2640 万元，用于整村推进、到户增收、互助金试点等项目，在 20 个贫困村新修水泥路 59 千米、建设文化广场 8400 多平方米，完成“雨露计划”培训 1000 人，在 15 个贫困村启动互助金试点工作，直接扶持贫困农户 1760 户，发展种养致富产业 15 个。

定点帮扶安徽省砀山县程庄镇王庄村、新赵庄村、王桥镇五里河村新修村民文化广场 3 处，满足贫困群众的健身娱乐需求。

帮助礼县政府办公室和礼县旅游局购置 16 台电脑，解决办公难题。为礼县残疾人联合会配置残疾人康复器材，解决残疾人联合会康复器材缺乏的现状。为上坪乡大堡村修建村民广场，给老百姓的休闲娱乐锻炼创造条件。为马河乡孟泉村修建村级综合服务中心办公楼，解决基层党员办公条件差的问题。

【公益扶贫】 积极组织扶贫龙头企业进行爱心募捐活动，河南省神人助粮油有限公司等 5 家企业共筹集爱心捐款 3 万元。

（国家质量监督检验检疫总局
扶贫办　董惠池）

国家安全生产监督管理总局定点扶贫

【概述】 2015年，国家安全生产监督管理总局（以下简称“国家安全监管总局”）定点帮扶山西省阳高县、广灵县，认真贯彻落实中央扶贫开发工作会议精神、中央定点扶贫工作会议精神和中共中央总书记习近平有关重要讲话精神，坚持把贫困县经济社会发展所需和国家安全监管总局的优势相结合，实施精准扶贫，瞄准民生急需、夯基础、利长远、见实效的项目，创新方式，投入资金122万元，为贫困县新建和修复饮水渠、水渠、泄洪渠、护洪坝共15550米，新建桥涵1座，修建道路100米，对1所小学路面进行硬化，组织开展节日送温暖活动，积极支持贫困县经济社会发展，努力帮助贫困县群众脱贫致富，取得明显成效。

【扶贫资金投入】 2015年，国家安全监管总局共投入资金122万元用于定点扶贫，其中：投入100万元用于贫困县生活和农田水利基础设施建设，投入18万元用于贫困县小学路面硬化，筹集4万元用于走访慰问贫困家庭。

【扶贫会议】 国家安全监管总局党组高度重视定点扶贫工作，党组书记、局长杨焕宁主持召开党组会议，传达贯彻中央扶贫开发工作会议精神和中央定点扶贫工作会议精神及中共中央总书记习近平、国务院总理李克强等中央领导同志重要讲话和批示指示精神，安排部署精准扶贫工作；国家安全监管总局副局长孙华山先后两次主持召开专题会议，听取挂职扶贫干部工作汇报，审定阳高县、广灵县2015年度定点扶贫工作计划，部署年度定点扶贫工作，定期调度定点扶贫工作进展，帮助协调解决定点扶贫工作中遇到的问题，确保年度扶贫工作任务的有序推进和顺利完成。

【扶贫调研】 按照国家安全监管总局党组的部署，2015年10月，办公厅、规划科技司、人事司（宣教办）、机关党委、离退休干部局、机关服务中心等有关单位负责人组成专题调研组，赴贫困县开展定点扶贫工作调研，走村进镇、深入一线，考察总局定点扶贫项目取得的成效、贫困县相关优势资源和企业，与贫困县政府和有关部门、乡镇负责同志就实施精准扶贫面对面进行座谈交流。

【干部挂职扶贫】 国家安全监管总局派出3名干部挂职扶贫，其中：处级干部2名、科级干部1名，分别担任阳高县副县长，广灵县委常委、副县长，阳高县东小村镇神泉寺村“第一书记”职务。挂职干部积极主动克服困难，深入基层调研，倾听基层群众意见，紧紧围绕贫困县所需、贫困群众所盼，研究确定扶贫项目，制订年度扶贫工作计划，确保定点扶贫工作高质高效落实到位。在做好定点扶贫工作的同时，按照分工，挂职干部分别配合当地政府主要负责同志分管阳高县工业经济，广灵县食品药品安全、地震等工作，阳高县东小村镇神泉寺村党建和产业培育等方面工作，得到当地党委政府和基层群众的肯定和好评。

【扶贫慰问】 国家安全监管总局组织开展慰问和送温暖活动，积极帮助特困群众解决生活困难。组织开展“扶贫日”活动，在国家安全监管总局政府网站等开辟专栏进行集中宣传。2015 年春节前，组织开展节日走访慰问活动，向贫困县特困户送去大米、食用油等生活用品。

【产业扶贫】 国家安全监管总局积极帮助阳高县推进龙泉安全产业园区建设，促成县政府与大同煤矿集团有限责任公司的合作。投资 3 亿元、年产 1000 万平方米橡胶输送带的大同煤矿通泰橡胶有限公司建成运行。投资 35 亿元的 2×35 万千瓦同煤集团阳高低热值煤热电项目。协调广灵县东方物华有限公司成为中粮集团有限公司小米杂粮的供货商，促进当地特色农业产业化发展，进一步增强了贫困县内生发展动力。

【基础设施建设】 强化贫困县生活和生产水利基础设施建设。共投入 100 万元，为阳高县赵石庄村新建饮水渠 2300 米，修复泄洪渠 11800 米；为阳高县友宰村新建水渠 1250 米；为广灵县赵家坪修缮护地防洪坝 500 米，为广灵县下白杨村修缮护村防洪坝 200 米，新建桥涵 1 座，修建道路 100 米。投入 18 万元，为广灵县白家坟村小学路面进行硬化，确保学校师生出行方便和安全。

（国家安全生产监督管理总局办公厅
王志刚　刘翔君）

国家食品药品监督管理总局定点扶贫

【概述】 国家食品药品监督管理总局（以下简称“食品药品监管总局”）将定点帮扶安徽省临泉县，作为一项重要的政治任务来抓，充分发挥食品药品监管部门职能优势，以保障和改善民生，帮助解决贫困人口脱贫为出发点和落脚点，健全工作机制，创新帮扶举措，全面推进扶贫开发工作。

【扶贫机构建设】 为加强定点扶贫工作，食品药品监管总局在对口支援西藏和新疆工作领导小组的基础上，成立了以局长毕井泉为组长的对口支援和定点扶贫工作领导小组，职责包括援藏援疆、对口支援和定点扶贫，以及配合有关部门做好集中连片特困地区扶贫开发等工作。

【产业扶贫】 产业扶贫是食品药品监管总局扶贫工作的重要举措。一是争取中国农业科学院的技术支持和帮助。为了帮助和支持临泉县提高农产品附加值，加快消除贫困步伐，经协调，促成了中国农业科学院下属的北京蔬菜花卉研究所和郑州果树研究所分别与临泉县签订《中国农业科学院蔬菜花卉研究所与安徽省临泉县人民政府技术合作框架协议》《中国农业科学院郑州果树研究所与安徽省临泉县人民政府技术合作框架协议》，并多次邀请相关专家到临泉县进行现场技术指导，帮助当地村民和种植大户提高技术和管理水平，同时为临泉县引进了部分蔬菜和水果的新品种，为临泉县调整产业结构和推进农产品的升级创造有利条件。二是帮助当地制药企业发展。支持安徽永生堂药业有限责任公司与中国国药集团山西有限公司、安徽一笑堂茶业有限公司等有关企业开展合作。联系专家在北京电视台宣传介绍永生堂的霍山石斛保健品胶囊；帮助指导当地两家药企解决自身厂房建设与发展中遇到的有关困难与问题，为企业的成长和不断发展打下基础；联系专家为当地药企进行法规政策解读。三是帮助和支持临泉县提高农产品附加值等。协调相关市县食品药品监督管理部门及有关企业帮助和扶持临泉县3家农业种植户发展中药材种植。帮助临泉金禾面粉有限公司开发新产品，并解决生产过程中遇到的困难和问题，确保其不断发展，逐步提高产品附加值。帮助临泉残疾人康复医院解决自身扩建过程中遇到的困难。

【干部挂职扶贫】 2015年，食品药品监管总局共派出1名处级干部和3名科级干部在临泉县挂职。其中，1 人挂任县委常委、县政府副县长，1 人挂任村支部“第一书记”，2 人挂县市场监督管理局副局长。在工作中，下派严格按照扶贫工作要求及临泉县委、县政府的工作安排，积极主动适应新的工作环境、生活条件，努力做好扶贫开发等各项工作。落实当地党委、政府的有关规定，深入到所联系乡镇的村民家驻村，体察民情，了解和帮助群众解决生产生活中的困难。深入乡镇、企业调研，了解县情和扶贫开发工作形势，参加县委、县政府各种会议，为县委有关决策建言献策，积极落实扶贫开发工作。同时，完成县委分配的对有关乡镇、县直单位的廉政建设考核，并进行廉政党课教育；组织并指导了有关乡镇的农村主题党性教育活动；参与了夏收夏种、秋收秋种和秸秆禁烧等工作；对贫困家庭进行走访慰问及帮扶，参加返乡农民工座谈交流，到联系乡镇调研并帮其出主意解难题，参加县机关干部为当地贫困群众捐款的活动。

【扶贫调研】 组织临泉县直有关部门负责人赴外地参观调研，学习有关省市食品安全示范县的先进经验，为创建食品安全示范县提供标杆。协调组织当地食品药品监管干部参加总局有关业务培训，提高当地监管工作水平。推动临泉县安全放心早餐工程和食品安全示范街、店（群）工程建设。通过创建食品安全示范县，打造绿色、无公害农副产品品牌，提高附加值，帮助农民脱贫致富，同时确保全县人民群众的饮食用药安全。

【公益扶贫】 支持临泉县开展“摆脱黑暗、重见光明”贫困白内障患者免费复明工程，免费对当地贫困白内障患者进行复明医治。经积极协调，募集治疗白内障疾病所需的人工晶体，在当地残疾人康复医院为400 名贫困农民实施白内障复明手术，手术费、住院费等费用一律减免。

（国家食品药品监督管理总局
张沛洁　刘文臣）

国家知识产权局定点扶贫

【概述】 2015年，国家知识产权局（以下简称“知识产权局”）按照《中国农村扶贫开发纲要（2011—2020年）》精神，遵循“真扶贫，扶真贫”的工作方针，充分发挥知识产权人才优势、技术优势和信息优势，强化组织领导、加大资金投入、选派优秀后备干部挂职，坚持因地制宜、因需施策，把整村推进、基础设施建设、产业扶贫、科技扶贫、教育扶贫、信息扶贫和引进社会资金扶贫有机结合，扎实开展精准扶贫、精准脱贫战略，最大限度地提升当地群众脱贫致富和后续发展能力。通过引资金、扶产业、办实事，直接投入资金和电脑、图书等物资折款326.8万元，实施扶贫项目13个，积极协调帮助引进资金55万元，选派挂职干部6名，为湖南省桑植县和河北省张家口市崇礼区（原崇礼县）经济社会发展做出应有的贡献。

【扶贫资金投入】 2015年，知识产权局在桑植县直接投入184.8万元，包括扶贫经费143万元和物资折款41.8万元。其中，用于基础设施建设92万元、产业开发25万元、文化教育57万元、人力资源培训10万元，赈灾救济送温暖0.8万元。此外，通过积极协调争取帮助桑植县引进资金32万元。在张家口市崇礼区直接投入142万元，包括扶贫经费112万元和物资折款30万元。其中，用于基础设施建设52万元、产业开发44万元、文化教育33万元、人力资源培训12万元，赈灾救济送温暖1万元。此外，通过积极协调争取帮助张家口市崇礼区引进资金23万元。

【扶贫资金管理】 严格按照《国家知识产权局扶贫经费管理须知（试行）》，从扶贫经费管理、扶贫经费登记制度、扶贫经费分类、扶贫经费报销注意事项、实物捐赠管理、扶贫经费监督检查六个方面对扶贫经费进行严格管理。在具体扶贫项目经费管理中，扶贫项目审核批准后，扶贫工作组与项目申报方起草项目协议书，并经知识产权局财务部门及时审核后由扶贫工作组与项目申报方正式签订协议（或合同）。签订协议（或合同）后，由项目申报方先行垫付全部资金并组织实施项目，扶贫工作组以协议内容为依据对组织实施项目的单位进行监督检查。项目完成后，由扶贫工作组出具项目合格验收报告。知识产权局财务部门审核项目协议书（或合同）、项目相关发票、扶贫工作组验收报告无误后，才支付项目申报方相应的扶贫项目经费，确保扶贫资金投入与建设项目的对等性和资金的投入价值。

【扶贫会议】 2015年3月，知识产权局召开扶贫挂职干部欢迎欢送会，局党组书记、局长申长雨出席会议。为强化对定点扶贫工作的组织领导，知识产权局扶贫领导小组定期召开专题会议，学习传达中央扶贫政策方针、听取扶贫挂职干部工作会议、审议年度扶贫项目、研究定点扶贫新办法新举措等。2015年召开扶贫领导小组专题会议3次。

【扶贫调研】 2015年11月和12月，知识产权局党组成员、副局长、扶贫领导小组组长廖涛以及扶贫领导小组副组长、专利局副局长徐聪，分别赴桑植县和崇礼县调研定点扶贫工作。化学发明审查部、机械发明审查部、实用新型审查部和专利审查协作北京中心等局属部门和单位，利用党的群众路线教育实践活动、党日活动、访贫问苦扶危济困活动、团组织活动、青年志愿者活动等平台，在桑植县廖家村镇和崇礼县西湾子镇广泛开展捐资助学、访贫问苦、慰问孤寡老人和扶贫支教等活动，既为贫困地区群众改善生产生活条件出主意、想办法，又在实践活动中了解国情、受到教育。2015年，全局赴定点扶贫县参与扶贫调研实践活动共计560人次。

【扶贫培训】 与湖南省知识产权局、河北省知识产权局、张家界市知识产权局、张家口市知识产权局共同举办专利技术交流培训会5次，就专利技术应用与推广、企业知识产权指导等方面进行协商，为定点扶贫县企业在知识产权培训、保护方面工作的开展提供良好平台。2015年6月，在桑植县和崇礼县组织开展畜牧养殖技术、蔬菜大棚职业病预防、农业产业种植技术培训班8个，覆盖桑植县、崇礼县3个乡镇的500余养殖种植专业技术人员和贫困户，提高了当地群众农业产业种植和畜牧养殖技术水平。

【干部挂职扶贫】 2015年2月，知识产权局人事司、专利局人教部选拔确定6名扶贫挂职干部，分别挂职担任定点扶贫县县委常委、副县长、县委农工部副部长、县委办副主任、政府办副主任和副乡长等职。同时，选派1名科级干部担任桑植县廖家村镇二户田村“第一书记”，挂职期限1年。

【扶贫宣传】 2015年10月，结合知识产权局及定点扶贫县实际，开展第二个“扶贫日”活动。在知识产权局院内布置一期宣传橱窗，集中宣传中央关于新时期扶贫开发的新部署、新举措，以及知识产权局扶贫工作的特色和亮点活动，营造浓厚的扶贫济困文化氛围。制作扶贫专题宣传网页并在知识产权局首页热点链接版块开设扶贫开发工作专栏，充分利用扶贫工作版块宣传平台，以简讯、主题文章等形式宣传报道知识产权局扶贫工作。充分利用《中国知识产权报》等报刊杂志平台，宣传报道知识产权局开展精准扶贫和社会扶贫的成果和做法，研究探讨新时期落实中央定点扶贫部署要求的思路和措施。同时，广泛开展“4.26”知识产权系列宣传活动。在桑植县通过开展知识产权宣传、培训和专利推广等活动，在全县范围内树立起通过创造和运用知识产权实现“工业兴县、产业扶贫、绿色发展”的意识。在崇礼县通过开展知识产权培训和知识产权进企业活动，增强企业和群众的知识产权申请和保护意识。

【协调社会各界扶贫】 通过多方筹措，知识产权局自动化部、知识产权出版社等部门向桑植县中小学捐赠电脑130余台用于兴建计算机教室。积极挖掘社会资源和社会资金，赴桑植县和崇礼县开展项目援建、先天性心脏病义诊、捐资助学、示范课和教学交流等活动。协调北京三友知识产权代理有限公司出资12.8万元为桑植县廖家村镇中心小学学生宿舍进行维修加固。协调北京柳沈律师事务所等8家单位联合出资22.3万元援建崇礼县高家营镇场地寄宿制小学操场跑道改造项目；驻桑植县扶贫工作组积极联系和协调首都医科大学附属北京同仁医院为10名先天性心脏病患者进行免费手术治疗。

【整村推进】 按照国家“整村推进”的目标要求，知识产权局在桑植县和崇礼县以县点带面，积极开展帮扶工作。在桑植县重点帮扶村廖家村镇二户田村实施村组毛路整修加宽建设项目、村小配套设施建设项目、畜牧养殖基地建设项目、青钱柳种植基地建设项目4个项目。其中，实施的青钱柳种植基地建设项目，采用“公司+基地+农户”的生产模式，带动40余名农户种植100多亩青钱柳，并形成示范效应，带动整个片区的农业产业发展。在崇礼县重点帮扶西湾子镇上两间房村和红旗营乡王帽营村实施田间道路硬化和排水水渠项目、田间灌溉水渠项目、蔬菜交易市场项目等7个项目。其中，实施的西湾子镇田间道路硬化和排水水渠项目，解决了300个蔬菜大棚的灌溉问题，节约成本、壮大蔬菜产业规模。同时，针对夏季蔬菜滞销问题，通过微信平台、QQ群等，发动知识产权局干部职工和社会各界开展爱心团购活动，还积极联系蔬菜批发市场、超市酒店、电商平台等大宗用户到崇礼县收购蔬菜，帮助当地群众有效解决蔬菜销售问题。

（国家知识产权局扶贫办公室
刘来宾）

国务院参事室定点扶贫

【概述】 2015 年，国务院参事室定点帮扶国家扶贫开发工作重点县吉林省龙井市，主要开展以下 6 个方面的工作：一是召开扶贫工作专题会议，研究部署定点扶贫工作；二是加强扶贫制度建设，研究拟订定点扶贫工作方案，并设立龙井市为国务院参事室调研联系点；三是组织扶贫调研，实地考察龙井市 3 个贫困村、4 户贫困户和 6 家企业，组织 3 次扶贫座谈会，了解龙井市经济社会发展和扶贫开发工作情况，对接定点扶贫工作；四是选派“第一书记”，研究制定相关补助政策，定期听取工作汇报，并给予指导支持；五是发挥自身优势，多方面、多渠道争取筹措帮扶资金，先期投入 30 万元资金；六是春节前夕联合包保单位开展扶贫慰问，共慰问 10 户困难群众，慰问金总计 7500 元。

【扶贫资金投入】 国务院参事室严格按照中央国家机关有关财政规定，积极研究、落实扶贫资金的投入。发挥自身优势，除本单位帮扶投入资金以外，协调推进中央及地方有关项目及资金的落实，多方面、多渠道争取筹措帮扶资金。2015 年，投入 30 万元资金用于龙井市的扶贫工作。

【扶贫工作会议】 国务院参事室于 10 月召开专题会议，研究部署定点扶贫工作。会议明确此项工作由国务院参事室党组成员、副主任方宁牵头，有关部门参加，参事业务一司负责具体工作。为加强对扶贫开发工作的组织领导，每年定期召开定点扶贫工作会议。

【扶贫制度建设】 2015 年，国务院参事室研究拟订《国务院参事室定点扶贫工作方案》，从指导思想、组织领导和对口支持主要工作三个方面对扶贫工作作出全面部署。设立龙井市为国务院参事室调研联系点，定期组织国务院参事、中央文史研究馆馆员和国务院参事室特约研究员开展集体考察或专题蹲点调研，了解社情民意。

【扶贫调研】 2015 年 11 月，国务院参事室党组成员、副主任方宁和机关各有关部门负责同志一行 6 人，赴龙井市进行扶贫调研，全面了解龙井市经济社会发展和扶贫开发工作情况，对接定点扶贫工作。调研期间，调研组与龙井市委、市政府及有关部门和乡镇负责同志进行座谈，并赴 3 个贫困村和 6 家企业进行实地调研，深入走访 4 户贫困户家庭和牧场、车间、种植大棚，在田间地头和生产一线与贫困户和干部群众畅谈交流。国务院参事室与龙井市有关同志一同研究和探讨发展壮大县域经济对加速带动整体脱贫的重要作用，分析以工业为龙头、以农业为支撑、加快发展第三产业和特色旅游业的脱贫路径。

（国务院参事室参事业务一司
刘学勇）

国家机关事务管理局定点扶贫

【概述】 2015年是国家机关事务管理局（以下简称“国管局”）定点帮扶河北省阜平县的第23年，也是阜平县实现“3年大见成效”目标的关键一年。国管局认真贯彻落实中共中央总书记习近平在阜平县调研考察时的重要讲话精神和局党组部署要求，继续安排由司级干部带队的4名青年干部，按“市—县—科局—学校（乡村）”模式挂职开展定点扶贫工作，坚持打基础、利长远，一张蓝图干到底，着重从电商扶贫、职教扶贫、产业扶持、整村推进和改善民生等方面继续助推阜平扶贫攻坚，协调各类物资和资金投入共计6309.6万元，其中直接投入103.6万元，协调社会力量援助206万元，引进投资6000万元，取得较好成效。

【扶贫调研】 国管局党组始终把定点帮扶阜平县作为一项重要政治任务，多次召开会议研究部署有关工作。12月，局党组书记、局长李宝荣到阜平县调研，出席北京市丰台区教委与保定市教育局、丰台区职教中心学校与阜平县职教中心、北京市物业管理行业协会与阜平县政府签署合作协议的签字和授牌仪式，以及国管局、中国人口福利基金会、中嘉能源管理（北京）有限公司捐助阜平县物资的捐赠仪式，考察电商创业园、栗园铺食用菌基地，前往国管局帮扶的龙泉关镇黑崖沟村、平石头村，走访慰问困难群众和困难学生，调研农户建档立卡情况，听取整村推进工作情况汇报。局党组成员、局扶贫工作领导小组组长王卫东多次召开领导小组会议，研究推进具体工作，并先后3次前往阜平县调研慰问。局扶贫办和扶贫工作组协调组织多个团队，深入阜平县机关、企业和农户，研究探讨脱贫致富思路和对策，协调解决制约发展的实际问题。

【电商扶贫】 以电子商务进农村综合示范县项目建设为抓手，积极构建扶贫体系，农村电子商务得到快速发展。抓顶层设计，组织制定《阜平县电子商务发展奖励扶持办法》，重点扶持个人开网店，鼓励企业发展电子商业。组织完成电商服务中心、物流中心、一村一店建设招标。抓网商平台合作，协调京东服务中心和京东帮落户阜平，实现网购当日达或次日达。完成京东阜平馆、苏宁云商阜平馆上线，上线品目58款。抓电商孵化，加强电商服务中心建设，强化网络营销、人员培训和网店孵化，组织电商培训3000余人次，培育网店330家、微店1600家，培养出一批电商创业典型。抓网络营销，在淘宝和微信平台开展杏福树认领等众筹项目，开展“福蛋出山”、“枣想核你在一起”、“神仙山鲜桃”等促销活动，物流企业日均处理量也由年初的800多单增长到1800多单，全网销售额达350多万元。

【教育扶贫】 一是抓好基础教育扶贫。协调各方资源开展帮扶，为黑崖沟小学更换课桌椅190套，捐赠文体用品210套；协调中国人民大学研究生会开展“圆梦行动”，为古洞小学和黑崖沟小学的250多名学生提供圆梦礼物。成立黑崖沟祥和公益基金，为10名困难学生每年提供2000元资助金。协调财政资金12万元，改善黑崖沟小学办学条件。二是抓好职业教育扶贫。抓学生德育教育和职业素养塑造，按照现代企业管理要求，深化学分制管理，联系汽车企业10多名技师、工程师到校讲授实训课程及企业文化。抓学生顶岗实习，与车企加强交流沟通，积极联系4S店等汽车后市场服务新渠道，推荐2013届405名学生到企业顶岗实习。深化校企合作，赴广州工程职业技术学院等4家校企深度融合的高职院校进行调研，提出深化校企合作的实施意见，配合县委、县政府出台深化职教中心改革的意见。开展校校、校会合作。瞄准“互联网+”和京津冀协同发展的新机遇，与北京市丰台区职业教育中心学校、昌平职业学校和北京物业管理行业协会开展合作交流，拟定对接实施方案，推动电子商务、物业管理专业建设，谋划共建京津冀“互联网+”职业教育集团，协调北京市丰台区教委与保定市教育局、北京市物业管理行业协会与阜平县人民政府、丰台区职业教育中心学校与阜平职教中心签订合作协议。

【扶贫培训】 发挥技能培训效能，紧紧围绕农民科技需求，协调中国农业科学院、昌平职业学校等单位，联合县扶贫办、农业局、畜牧局等科局举办20多期大枣、核桃、食用菌、肉牛等种植养殖技术、家庭手工业和农家乐乡村旅游培训，带动更多贫困群众增收致富。

【产业扶贫】 推进农林科技示范园建设。按照阜平县扩大规划范围的要求，协调中国农业科学院北京下属中环易达设施园艺科技有限（以下简称“中环易达”公司）公司按照“一园多区”的思路，制定并完善环南山农林科技示范园规划。按照先行先试思路，积极推进农林科技示范园职教中心分区建设，协调中环易达公司制定分区实施规划，协调中国农业科学院专家、河南农业大学专家和县挂职科技副县长到职教中心考察调研，协调中国农业科学院郑州果树研究所引进桃、杏、苹果等优质品种和种牛、种羊等优良品种开展试种试养，为推广应用积累初步经验。另外，到山东考察调研油料牡丹种植推广情况，了解油料牡丹等木本油料作物经济价值和旅游前景，并开展先期试种。协调投资6000万元的民爆科技园建设。协调河北云山化工集团有限公司完成园区选址、投资洽谈等工作，在阜平县先期开展民爆服务，提高阜平爆破作业安全水平。投资 500 万元的一期 20 吨炸药库工程已基本完工，待土地调规后即可验收投入使用。

【文化扶贫】 启动史家寨窑洞群文物保护维修工程，组织县文化广电新闻出版局按程序完成施工、监理招标，开展前期施工方案试验，已全面进场施工。联系中南大学开展科技、医疗、教育、文艺“四进阜平”志愿服务活动，开展地质勘探，捐赠价值近 16 万元的药品、计算机，设立“中南大学大学生志愿服务基地”和“升华”助学金。

【整村推进】 2015 年重点推动种植业、手工业和旅游业等富民产业的发展。一是协调中国农业科学院专家到阜平县平石头村就种养业发展进行现场指导，确定种植苹果、杂粮的思路。指导开展了 300 亩土地流转和苹果、杂粮种植，5 万斤杂粮喜获丰收，协调保定市质检部门免费对杂粮进行安全检测，借助微商、阜平馆等电商平台进行销售，为农户增收 20 多万元。协调服装家庭手工业加工点搬迁至平石头村，吸纳农村家庭妇女 20 余人就近就业，月均增收 600 元左右。指导开展旅游道路建设，将原有村庄道路路基扩展至 7 米、延长至塘坝上游，为发展乡村旅游奠定基础。积极协调解决塘坝漏水、垃圾清运等实际困难。二是按照“第一书记”的职责定位和整村推进的帮扶思路，国管局挂职黑崖沟村“第一书记”刘伟积极联系英利集团有限公司开展光伏养老项目试点，联系拍摄风光照片，制作旅游宣传册，建立微信平台和短信群发平台，开设扶贫超市（微店）。协调鉴定土壤成分，推进绿色蔬菜种植。配合拟订村产业发展规划，完成村公共建筑和示范民居的测量设计。落实以工代赈资金 58 万元，组织修建水泥路 800 米，护坝 500 米，小桥 2 座。接待村民信访 70 多次，协调解决遗留问题 2 件，涉及村民 35 人，资金 4 万元。指导开展建档立卡“回头看”，走访 366 户村民，确定贫困户 155 户 344 人。广泛开展走访慰问活动，慰问困难村民 90 余户。

【医疗卫生扶贫】 针对阜平县医疗基础差、看病难等问题，协调北京善医行村医帮扶培训中心组织举办为期 4 天的村医全科医生培训班，培训乡村医生 100 人，为深山区贫困群众培养“身边医生”，就近医疗得到保障，受到广泛好评。协调首都医科大学附属北京潞河医院（以下简称“潞河医院”）与县医院建立帮扶关系，达成捐赠办公医疗设备的意向。协调共铸中国心组委会和北京中医药大学东方医院、潞河医院，于“八一”建军节前夕和 9 月组织两次义诊送药活动，深入城南庄镇和平石头村、黑崖沟村，为群众诊疗 1500 余人次，捐赠药品价值 18.5 万元。

【公益扶贫】 国管局扶贫办、工会和党委组织开展“情系阜平，关爱老区”募捐活动，捐赠 1835 件价值 30 万元的棉衣、棉被和价值8万元的药品。在国管局协调下，中国人口福利基金会捐助价值21万元的大衣、围巾等物资和价值30万元的医疗仪器；中国节能协会捐助价值30万元的LED节能灯；爱心人士捐款10万元。

【扶贫慰问】 重大节庆期间，陆续走访慰问贫困群众、劳动模范、中小学生、优秀教师、老党员和困难党员共计270余人，送去米面肉油和棉衣、棉被等生活物资、学习生活用品价值10万元。

【扶贫调研】 协助中央国家机关团工委安排中央国家机关青年干部“根在基层”到阜平县调研活动，分3组到电商服务中心、职教中心和平石头村开展为期一周的基层调研，并形成调研报告。

（国家机关事务管理局）

国务院侨务办公室定点扶贫

【概述】 2015年，国务院侨务办公室（以下简称“国侨办”）定点帮扶甘肃省积石山保安族东乡族撒拉族自治县（以下简称“积石山县”），共安排3批18人次前往积石山县指导开展扶贫工作。其中，部级领导2人（次），司局级领导4人（次），处级干部8人（次），科级干部16人（次）。2015年扶贫工作以调研、培训、支教活动、扶贫捐资、慰问活动为主，先后帮助积石山县完成党政干部培训30人（次）、医务人员培训14人（次），组织宗教界爱国人士赴广州考察学习30人（次）、选派所属大学附中教师支教52人（次），利用侨脉资源引导侨商捐资捐物124万元。

【扶贫调研】 2015年7月，国侨办把“调研接地气、调研见问题”作为扶贫调研的出发点和落脚点，组织中青年干部赴积石山县开展“根在基层”调研活动。调研组深入山乡僻壤，以分散入户的方式走进田间地头与当地老百姓进行面对面交流，了解当地农民贫困状况与所思所想，探讨分析妨碍脱贫致富的主要困难与障碍；并与积石山县委县政府主要领导，县扶贫办、财政局、畜牧局、农业局、林业局、劳务办等部门负责任人进行座谈，听取县职能部门对本县经济发展中存在问题的分析与建议；实地考察部分学校、卫生院、养殖场、旅游开发点等，力求能够多角度掌握积石山县发展状况，以进一步拓展扶贫工作思路，提出更具针对性、操作性的精准化帮扶措施。

【扶贫培训】 一是举办党政干部培训班。2015年11月，国侨办在华侨大学举办“第十期积石山县党政干部培训班”，来自积石山县各委办局、各乡（镇）等相关党政负责人近30名干部接受为期15天的培训学习。本期培训旨在帮助积石山县干部增强开放意识，拓宽工作思路，提高领导能力和工作水平，促进积石山县定点扶贫事业和社会主义新农村建设事业的发展。培训期间，华侨大学9位专家学者分别围绕解读党的十八大政策、转变县域经济增长方式、政府公关与危机处理、经济社会改革发展分析、公共组织文化管理、税收与经济发展、中国财政税收制度改革等内容开设专题讲座。此外，还组织学员结合课程对厦门经济特区发展、海西建设、国家闽台博物馆，重点外贸企业的生产、加工与销售情况进行实地考察。

二是举办医务人员进修班。11月，积

石山县卫生系统选派 14 名医务骨干前往暨南大学所属广州华侨医院进行为期三个月的进修学习。暨南大学附属第一医院指派技术过硬、带教经验丰富的医生担任教师对学员进行培训，针对学员特点专门制订详细的培训计划，并通过临床教学、模拟训练中心实践等多种途径提高学员的医疗水平和技能。通过培训，该批 14 名学员的临床诊断水平得到提高、对常见病的规范处理及应急处置能力有较大幅度的提升。

三是举办宗教爱国人士培训。国侨办立足积石山县多民族、多宗教、多教派这一实际，组织积石山县 30 名宗教爱国人士组成考察团，赴广州进行为期 1 周的学习考察。考察期间，宗教学员先后聆听了暨南大学精心组织的“三个离不开、四个认同”、“广东改革开放发展成果”等专题讲座，与广东省伊斯兰教协会、宗教局负责人及广东省爱国宗教人士进行座谈交流，实地考察广州、深圳、厦门等地区的学校、企业、新农村建设。通过培训学习，教育引导宗教爱国人士保持理性和平、与人为善、中正和谐的健康形态，正确对待教义教规与法律法规的关系，不断增进不同民族、不同宗教之间的团结友爱。

【教育扶贫】 根据积石山县对英语、数学、地理等薄弱学科专科教师的具体需求，暨南大学附中选派英语、数学、地理等科目任教老师赴积石山县开展为期一个月的教师巡回培训支教工作。开设示范课和公开课、进行体验式教学，运用现代化的教学手段和灵活多样的授课方式，与当地教师交流课堂组织方法和教学技巧，倡导的“导学案”教学理念深受广大师生的欢迎。注重学生工作，通过召开家长会、作《家庭教育的重要性》《女生自我保护和规划成长》等专题讲座，教育引导部分群众转变陈旧的思想观念、敢于打破传统民族宗教思维，鼓励更多的老百姓关注社会教育、注重家庭教育、重视女生教育，营造尊师重教的良好氛围。

7 月，华侨大学选派 52 名大学生志愿者组成支教团，分别赴积石山县 7 所乡村小学开展为期 1 个月的暑期支教活动。支教期间，志愿者为当地贫困学生开设体育、音乐、美术、语文、数学、外语等学科的辅导课程，并与山乡孩子们开展丰富多彩的课堂教学和课外活动，启迪同学们从小树立“知识改变人生”、“走出大山、追求理念”的信念，为他们的发展注入精神希望。同时，支教团还组织多项爱心募捐活动，为积石山县募捐到“一帮一圆梦”助学金 2.99 万元，向贫困学校捐赠价值 7 万余元的电脑、打印机等办公设备。支教团还特别成立“西部少数民族地区义务教育与大学生支教状况调研团”，深入积石山县 15 个乡（镇）、近 200 户贫困家庭进行实地走访调研，对当地贫困学生建立贫困档案，详细了解积石山县的贫困原因、教育现状，思考如何建立更加科学有效的教育扶贫机制。在积石山县后阳洼小学举行“中国侨商青年委员会为积石山县捐建学校电教室”

仪式，来自五湖四海的 29 位青年委员现场为积石山县贫困山区 7 所小学捐赠价值 84 万元的电教设备，解决积石山县贫困山区学校电教资源匮缺的难题；中国侨商会与积石山县政府签订教育长期捐赠协议；侨商青年委员还走访慰问当地贫困户，向 4 户群众发放慰问金。

由积石山县选送 13 位品学兼优的青少年学生参加国侨办举办的华裔青少年学生中国寻根之旅夏令营北京集结营活动，孩子们与来自世界各地的华裔青少年同吃同住同活动，开阔视野，增长见识。

【干部挂职扶贫】 2015 年，国侨办结合全办中青年干部培养规划，坚持把基层扶贫一线作为锻炼干部的主战场。根据中共中央组织部等有关部委要求，7 月选派 1 名优秀年轻干部到积石山县高关村挂职“第一书记”，并要求挂职干部常年驻村，及时了解掌握县情，主动参与积石山县及高关村的各项扶贫工作。同时，国侨办着眼积石山县干部培养计划，坚持每年接收该县选送的 1 名年轻干部挂职，全面参与定点扶贫办公室的日常工作。通过互派干部挂职，进一步加强国侨办与和石山县的信息沟通，为深度对接定点扶贫措施、助推帮扶项目落实起到关键积极作用。

【扶贫宣传】 国侨办充分发挥广泛联系海外侨胞、拥有海外传播媒介的优势，积极向海外侨胞宣传国家新时期的扶贫政策，推介积石山县产业资源，引导海外侨胞踊跃参与积石山县扶贫事业，并帮助积石山县争取国家有关部委对新农村建设项目的支持。通过宣传推介，进一步凝聚各方资金、智慧，助推积石山县脱贫致富。

【扶贫会议】 2015 年 12 月，国侨办在北京召开定点扶贫工作座谈会，总结国侨办“十二五”期间定点扶贫工作取得的成效和经验，分析当前和今后一个时期扶贫攻坚面临的形势，并重点围绕《国务院侨办定点扶贫工作规划（2016—2020 年）》、《国务院侨办 2016 年定点扶贫工作要点》相继讨论发言，集思广益，对如何充实完善《规划》，推动定点扶贫工作科学化、精准化提出意见、建议，明确“十三五”期间国侨办定点帮扶工作主要任务：选择积石山县部分贫困村为重点，以建档立卡贫困户为核心，以发展优势产业、提高就业能力、促进乡村文化建设为抓手，助力积石山县 2017 年整县脱贫；坚持产业扶贫、智力扶贫、文化扶贫、社会扶贫相结合的扶贫发展模式，提升积石山县自力更生、长期发展内生能力，助力积石山县 2020 年如期建成小康社会目标。

（国务院侨务办公室经济科技司
综合处　成文辉）

中国科学院定点扶贫

【概述】 中国科学院（以下简称“中科院”）定点帮扶贵州省水城县、广西壮族自治区环江毛南族自治县（以下简称“环江县”）、内蒙古自治区库伦旗、云南省澜沧拉祜族自治县（以下简称“澜沧县”，2015年9月调整为中国工程院的扶贫县）、河北省滦平县（2015年9月调整为新华社的扶贫县）和内蒙古自治区翁牛特旗共“5+1”个贫困县。紧密围绕经济社会发展的需求，进一步发挥科技和人才优势资源，继续开展定点帮扶县的实地调研，组织相关科技力量和技术成果，不断注重技术集成和模式创新，开展科技成果试验示范、农民技术培训、科技普及教育、战略咨询等多种形式的科技扶贫工作，促进当地特色产业发展、管理及科技水平提升、民族文化传承等工作。2015年，中科院主管院领导带队先后到水城县、环江县进行实地调研，相关局和研究所领导到贫困县调研10次，科技人员及专家等到贫困县指导、培训50人次以上；中科院直接投入扶贫经费1140万元，联系引进社会资金32990余万元；派遣6名挂职干部，组织150余人次参加科技扶贫工作；举办各类科普培训班500余期，培训干部，技术骨干农民等各类人员2万余人次。

【扶贫资金投入】 中科院及其所属单位2015年投入扶贫资金1140万元，联系引进社会资金32990余万元。中科院在环江县、澜沧县、库伦旗、滦平县、水城县和翁牛特旗启动实施6个科技扶贫项目、25个子项目，投入900万元；协调北京中科资源有限公司帮助澜沧县糯扎渡镇落水洞村小学建设教学楼，投入100万元；中科院机关共青团组织为水城县光炽小学捐款捐物2.3万元。

【扶贫资金管理】 2015年中科院根据已实行的科研项目经费管理办法，结合科技扶贫工作性质和特点，专门就科技扶贫项目经费的管理使用进行补充说明，对项目任务相关内容及其经费用途等提出具体细化要求，指导项目承担单位合理、合规使用项目经费，确保项目为定点帮扶县产生实质性的经济和社会效益。

【扶贫培训】 2015年中科院结合项目引进、技术推广等工作，在澜沧县、水城县、库伦旗、翁牛特旗等地分别举办“茶园—彩云姑”套作、“稻田—彩云菇”轮作栽培种植、普洱茶后发酵工艺、种草养牛技术、猕猴桃种植技术、沙地苹果和山杏经济林增产复壮技术培训等多种培训班 500 余期，并结合试验示范参观交流，为地方培养管理和生产骨干 1900 人次，累积培训农牧民约 2 万人次；发放养牛、养殖场排泄物废水处理技术、花木生产、有机肥生产、枣树优良品种栽培、沙地退化草地改良等各类技术培训材料 1000 余册。

【扶贫制度建设】 2015 年，中科院建立完成由主管副院长主抓、科技促进发展局整体统筹和支持、所在地分院协调配合、域内研究所（台站）牵头负责、科技副职具体落实的工作组织与责任体系。按照“定点、定人、定事”的“三定”原则，由一线扶贫干部具体落实扶贫任务。

【干部挂职扶贫】 2015 年，中科院按照“干部先行”的原则，根据定点扶贫工作需要，派出亚热带农业生态所、寒旱所、沈阳应用生态所、力学所和地球化学所等单位的 5 名处级干部或研究员分别到环江县、库伦旗、翁牛特旗、滦平县和水城县等地担任副县（旗）长。挂职扶贫干部克服个人工作和生活的困难，解放思想，开拓思路，深入基层调研，掌握地方实际需求，并利用中科院相关科技资源，加强信息交流和项目对接，积极解决扶贫工作中的困难和问题，很好地发挥了推动科技扶贫工作的桥梁纽带和组织协调作用。

【产业扶贫】 2015 年，中科院相关单位联合当地政府及企业，组织实施一批科技扶贫试验示范项目。在环江县，与地方共同投入建立畜牧业发展资金，建立优质牧草示范区，建设维修一批青贮池、畜舍等生产设施，扶持农民圈养育特色“环江菜牛”，实施猪禽养殖场排泄物废水处理项目，该成果已在全县示范推广。在库伦旗，建立荞麦标准化栽培等示范区，联合企业研发荞麦功能产品并建设深加工生产线，建立土壤改良试验示范区、全覆膜玉米种植示范区、樟子松抚育示范区等。在澜沧县，开展普洱茶品质评价、茶园生态技术改造、茶叶加工工艺改良等示范推广等工作，以及茶—菌套作、稻—菌轮作生态栽培模式示范等工作。在水城县，重点编制猕猴桃种植技术规范，建立核心种植基地 200 亩，推动 10 万亩低产园改造。在滦平县，提出畜禽粪便的无害化处理生产绿色肥料解决方案并已启动实施，同时开展百合球、复叶槭等花木品种引种驯化和示范推广工作。在翁牛特旗，开展枣树优良品种栽培和沙区退化草地改良技术试验示范工作，提出沙地苹果和山杏经济林增产复壮技术方案，为当地开展沙区特色作物丰产栽培提供有效技术模式。同时，中科院的科技成果也在国内其他贫困县得到推广应用，在湖南省花垣县十八洞村，当地扶贫办创新扶贫模式，通过股份制异地扶贫模式，种植中科院的猕猴桃优良品种，形成一定的产业规模，可实现销售收入 2500 万元，利润 1000 万元。十八洞村年人均增收可达 0.5 万元。

【扶贫调研】 2015 年，中科院赴水城县和环江县分别考察水城县的猕猴桃种植基地、农业机耕道路、光炽希望小学，以及环江香牛养殖、经济作物种植、生态恢复建设等情况，与当地干部和农民面对面沟通，了解农民的生产生活和产业发展情况，共同探讨扶贫工作思路和具体举措，对未来工作提出具体建议和要求。此外，相关局、分院和研究所等单位领导还分别带领科技人员和专家到定点县走访调研，与当地市、县领导等商讨科技扶贫重点工作，听取地方需求和意见，具体落实扶贫工作任务。

【扶贫会议】 2015 年，中科院在滦平县召开中科院定点帮扶县科技扶贫挂职干部经验交流现场座谈会，主管院、局、相关分院、研究所与地方政府领导和挂职干部等参加会议。会议听取了定点帮扶县挂职干部的工作汇报，共同研讨扶贫思路，明确中科院定点扶贫的工作重点，要求认真做好科技扶贫工作，不辜负当地政府和老百姓的期望。此外，为进一步落实扶贫工作任务，中科院在北京组织召开科技扶贫试验示范项目论证交流会，会议特别邀请国务院扶贫办、各定点帮扶县政府部门的相关领导和同志作为项目评审专家，与中科院相关专家一道，共同对扶贫项目可行性研究报告进行论证，提出许多建设性的意见和建议，对项目的启动实施有重要的指导和推进作用。

【教育扶贫】 中科院每年为中国科学技术大学 50 名特困大学生提供每人 3000 元的学习和生活资助，帮助大学生解决学习生活的困难。中科院机关团委联合 6 个研究所共青团和志愿者组织，以中科院涂光炽院士生前捐助的水城县光炽希望小学为定点帮扶对象，组织“爱西行动”品牌活动，以“订制梦想”为内容，针对全校 129 个孩子的心愿（每人 3 个心愿），为学校募集捐款 2.3 万元，捐赠校服、投影仪、文娱用品等物品。同时，中科资源有限公司到澜沧县糯扎渡镇落水洞村小学开展捐资助学活动，与落水洞村小学建立帮扶教学点关系，长期给学校提供帮扶和支持，并资助 100 万元用于落水洞村小学建盖教学楼建设资金，与 8 名困难学生结成一对一帮扶对象，并向学校赠送一批学习、文化体育等用品。

【智力扶贫】 中科院发挥科技资源和智库优势，分批组织相关专家为库伦旗、澜沧县和滦平县等区域的经济社会发展出谋划策，为贫困县经济社会发展提供战略咨询和服务。在库伦旗，会同相关单位编制完成《库伦旗荞麦加工业发展规划》和《库伦旗现代农牧业总体发展规划》，为库伦旗荞麦种植及深加工产业、现代农牧业等发展，提供战略发展思路和框架方案。同时，初步完成库伦旗“三大寺”（兴源寺、象教寺、福源寺）的景观规划与设计，该规划为提高库伦旅游景区标准化的建设水平提供了科学指导。另外，完成库伦旗自来水水源地初步规划与设计，解决当地人民群众多年饮水难的问题。在澜沧县，在完成野生食用菌资源的评价与产业化发展规划的基础上，完成普洱市野生食用菌资源的评估和产业发展建议。

（中国科学院　段　瑞）

中国气象局定点扶贫

【概述】 2015年，中国气象局定点帮扶内蒙古自治区突泉县。按照扶贫工作与地方经济社会化发展相结合、“输血”和“造血”相结合、扶贫与引智、教育和科普相结合、扶贫与气象部门优势相结合、扶贫与干部培养和锻炼相结合、全面扶贫和重点扶贫相结合、扶贫与提升突泉县知名度和品牌形象相结合，帮助突泉县提高自身发展能力的原则，制订定点扶贫方案和年度扶贫计划，采取选派挂职干部、提供资金、技术支持等方式支持突泉县发展，重点支持曙光现代农业循环经济园区（以下简称“曙光园区”）扶贫产业发展和赛银花农业示范园区建设，推进农村“十个全覆盖”工程建设，开展教育扶贫和对外宣传等工作。中国气象局2015年驻点挂职扶贫干部2人，赴突泉县考察定点扶贫工作的干部29人，举办培训班6期，培训1060人次，到北京参加学习体验等活动19人次。投资575.88万元，完成曙光园区肉羊养殖基地和为农气象服务能力等建设，有力提升突泉县气象灾害防御、气象为农服务、气候资源利用、人工影响天气能力，充分发挥气象科技在脱贫致富中的作用，有力保障农业增收、百姓受益。

【扶贫资金投入】 2015年中国气象局直接投入扶贫资金575.88万元。其中，150万元用于帮扶曙光园区肉羊养殖基地建设肉羊圈舍。投资320.13万元用于建设突泉县气象监测预警业务用房项目、“十个全覆盖”工程建设，雷达、农业气象自动化系统、水泉镇合发村自动站等建设项目。协调内蒙古自治区气象局支持价值77万元的人影炮弹、火箭弹，提升突泉县人工影响天气能力。投入21.85万元用于文化教育，资助贫困学生5.76万元、为突泉县北厢学校捐赠30台新电脑。

【扶贫调研】 2015年7月，中国气象局召开扶贫工作座谈会，邀请突泉县委主要领导介绍突泉县经济社会发展情况、听取意见和建议。10月，中国气象局党组副书记、副局长许小峰带队赴突泉县调研检查中国气象局对口扶贫工作情况，考察赛银花现代农业生态园区、曙光园区建设情况，参观水泉镇合发村及杜尔基镇和平村“十个全覆盖”工程，出席中国气象局·突泉县北厢学校电教室共建仪式，与兴安盟、突泉县领导共同分析探讨致富之路，明确要进一步完善中国气象局推进定点帮扶突泉县工作方案和突泉县扶贫规划，采取以科技支持为主、资金扶持为辅的方式，重点在防灾减灾、农业生产、特色农业、清洁能源、招商引资等方面开展帮扶工作，要进一步挖掘潜力，强化科技内涵植入，将扶贫工作做深做细。

【气象服务能力建设】 中国气象局协调内蒙古自治区气象局在气象基础设施建设、科技项目经费、项目申报、人员培训、推优推先等方面加大对突泉县气象局的倾斜力度。一是加强气象基础设施建设。推进突泉县气象监测预警业务用房建设项目，重点解决突泉县防灾减灾硬件支撑不足和科技成果转化应用瓶颈问题。该项目集突泉县政府各部门灾害信息采集、指挥救灾平台、预警信息发布、科普宣传等功能于一体，提升了突泉县的防灾减灾能力。二是加强气象为农服务能力建设。重点支持突泉县气象服务综合平台系统建设，为突泉县开展气象为农服务提供资金支持和技术支撑。在赛银花农业示范园区安装农田小气候仪，提供设施农业气象服务。三是推进突泉县气象现代化建设。支持突泉县建成集气象信息监测预警与发布、涉农信息传输与资源共享、专家视频会商、农业气象灾害风险评估、部门联动、决策指挥于一体的防灾减灾应急指挥平台；建设突泉县测雨雷达和突泉县农业气象观测自动化系统，实现玉米作物生长发育连续自动观测和农业气象灾害实时监测和预警；更新升级突泉县天气预报制作系统，增加老头山、明星湖等旅游景点天气预报；开发突泉县气象微信公众平台，注册用户 2000 余人，公众查询天气信息更方便快捷。

【扶贫培训】 为支持当地贫困青年就业创业，中国气象局支持突泉县团委分别在突泉县及乡镇举办 4 期电子商务培训班，共有 310 人参加培训，为贫困青年学习新知识新技能、创业就业搭建平台。

加强科普宣传培训，中国气象局在突泉县举办两场气象科普知识讲座，750 名中小学生听取气象专家的讲解，增强青少年的气象灾害防御意识。

选派 5 名突泉县气象局业务骨干参加中国气象局、内蒙古自治区气象局组织的业务培训 3 次，促进突泉县气象工作人员的业务能力和服务水平。

【干部挂职扶贫】 中国气象局先后派出 1 名处级干部和 1 名科级干部到突泉县挂职扶贫，分别担任突泉县委副书记和突泉县合发村“第一书记”职务，从事对突泉县的帮扶工作。挂职扶贫干部严格按照扶贫工作的要求，克服工作和生活方面的各种困难，做好定点扶贫工作。一是扎根基层、服务基层。把突泉当成第二故乡，深入乡镇调研，了解地经济社会发展情况及扶贫需求，落实扶贫方案，完成扶贫任务。二是身体力行，勇挑重担。在包扶村屯基础建设、环境整治工作中，与乡村干部、广大群众共同奋斗在一线，为“十个全覆盖”工作做出贡献。三是遵规守纪，严于律己。积极参加县委中心组、高端讲坛、双休日讲座等学习，谦虚谨慎，以身作则。

【扶贫慰问】 组织中国气象局职工捐款5.76万元，资助突泉县45名贫困学生，帮助贫困学生克服生活困难，顺利完成学业。

【扶贫宣传】 协调在中央电视台天气预报节目中播报兴安盟天气预报，有效提升兴安盟和突泉县地域知名度。中国气象局团委协同教育部、人力资源和社会保障部、农业部、国务院扶贫办、国家卫生和计划生育委员会团委安排10名青年干部到突泉县开展“根在基层、青春担当”主体实践活动，在《中国气象报》上宣传突泉县扶贫工作。协调“三农新气象”摄制组到突泉县录制《幸福突泉》专题片，扩大突泉县知名度，为招商引资、旅游产业发展提供支撑。

【产业扶贫】 在原有曙光园区基础设施建设的基础上，投资150万元帮扶曙光园区肉羊养殖基地建设肉羊圈舍2栋共2000平方米，实行“羊舍产权到村，项目收益到户”，组织贫困户通过合作、托养、租赁等形式直接带动100余户贫困户脱贫致富，造血式帮扶有力提升突泉县自身发展能力。

【教育扶贫】 2015年，中国气象局邀请突泉县10余名品学兼优的贫困学生和学校优秀教师到中国气象局、北京大学和清华大学开展“感受名校风采·励志多彩人生”学习体验活动，帮助师生开阔眼界，激励同学们努力学习健康成长。为突泉县北厢学校捐赠30台新电脑共同建设电教室，改善学校办学条件，实现现代化教学。开展“气象科普知识讲座暨捐书助学”活动，为3所偏远学校捐赠科普图书500余册、发放防灾减灾手册900余本。

【整村推进】 中国气象局定点帮扶工作与当地推进农村“十个全覆盖”工程相结合，以促进脱贫攻坚、产业发展、庭院经济、新农村建设、农民素质提升为目标，重点帮扶突泉镇前进村、水泉镇合发村推进村屯基础建设、环境整治和造林绿化。通过近一年的努力，前进村、合发村面貌焕然一新。

（中国气象局资产管理事务中心
高广京）

国家信访局定点扶贫

【概述】 2015年，国家信访局结合河北省海兴县的经济社会发展实际，制定年度对口支援工作计划，着力开展卫生扶贫、文化扶贫、开发扶贫、政策扶贫、信访扶贫。引进扶贫开发项目2个，为海兴县直接或间接引进资金2512万元。信访局机关各级领导干部共18次前往扶贫点进行考察指导定点扶贫工作，2015年共有2名处级干部在海兴县挂职，推动当地经济社会事业的发展。

【扶贫资金投入】 2015年，国家信访局帮助引进扶贫资金2512万元。其中，引入中国扶贫基金会小额信贷2500万元，缓解5000户贫困户生产资金短缺困难问题。协调全国妇女联合会为海兴县200名贫困留守儿童发放大礼包，价值10万元。协调北京市东城区回民小学为县尚德小学师生捐赠价值2万多元的投影仪、体育器材、科普书籍、主题年画等物品。

【扶贫调研】 2015年12月，国务院副秘书长、国家信访局党组书记、局长舒晓琴到海兴县走村入户，深入乡村、学校、工厂，走访海兴县张王文村、孙庄村、三丁湾食用菌敏繁育加工基地以及育红小学、核电站拟建设厂址等，看望慰问贫困群众，了解群众生产生活情况。并主持召开座谈会，听取地方党委、政府及有关部门的工作汇报，了解教育扶贫、产业扶贫、基础设施、建档立卡户和脱贫攻坚等扶贫工作情况，共同研究脱贫攻坚具体措施，对海兴县新城建设、项目开发，以及下一步精准扶贫、精准脱贫等方面工作提出指导意见。国家信访局党组成员、副局长赵晓光多次赴海兴县进行调查研究，到贫困村、贫困户了解困现状，与当地干部群众探讨扶贫、脱贫办法，制定具体攻坚措施。

【扶贫会议】 为深入贯彻中央扶贫开发工作会议和中央单位定点扶贫工作会议精神，国家信访局党组两次召开党组扩大会议传达学习，全面分析定点扶贫、脱贫攻坚面临的形势和任务，要按照“缺什么、补什么”的原则，有针对性地开展工作，真正使贫困人口实现脱贫。

邀请海兴县党政负责同志到机关介绍县经济社会发展和脱贫攻坚情况，国家信访局党组全体同志、各司室主要负责人参加座谈，就海兴县公路建设、盐业改造、体育器材发展等项目进行交流研讨，针对海兴县脱贫攻坚、精准扶贫进行深入研究，进一步明确思路、细化措施。

【扶贫培训】 邀请深圳大东车慧物联网公司负责人和技术高管到海关县，讲授互联网和物联网技术知识，参加培训的包括县交通局干部和县20家大型企业负责人共40人。协调沧州市中心医院与海兴县医院建立帮扶关系，选派1名医生到沧州市中心医院进修。协调北京市东城区回民小学与海兴县尚德小学建立帮扶关系，组织3名教师赴北京培训。

【干部挂职扶贫】 2015年，国家信访局继续安排2名处级干部在海兴县挂职扶贫，分别担任副县长、驻村“第一书记”职务，负责定点扶贫具体工作。在实际工作中，挂职干部严格落实局党组部署和要求，扎根基层，攻坚克难，恪守纪律，做好国家信访局和海兴县的联系人，配合县委政府做好定点扶贫各项工作，展现国家信访局干部的良好形象。

【产业扶贫】 针对海兴县缺少立县工业项目的实际情况，积极协助海兴县引进绿色环保、经济效益好的工业项目，结合韩国现代汽车第四条生产线落户沧州市的机会，谋划建设集汽车零配件生产、研发、物流为一体的汽车零配件产业园，完成项目选址、可研报告编制、投资洽谈等前期工作，并协调相关部门加快项目审批。协调阿里巴巴网络技术有限公司、北京华商街电子商务服务有限公司等优秀电商企业与海兴县合作，加快推进“互联网+”扶贫，搭建以大数据为基础、全领域覆盖的扶贫开发平台，已经在50个自然村建立电子商务实体店，实现农村电子商务从无到有的跨越。

【医疗卫生扶贫】 协调沧州市中心医院帮扶海兴县医院，为海兴县医院送去十项惠民措施，包括沧州市中心医院与海兴县医院成立合作医院，市中心医院专家到县医院坐诊、县医院医生到市中心医院进修、全天候远程会诊、双向转诊、开通绿色通道、捐助物资设备等内容。

【文化扶贫】 组织北京书画家到海兴县开展“文化下乡”活动。参加“爱我中华，情系海兴”书画名家笔会启动仪式，与海兴县书画爱好者交流互动。书画家还赴海兴县育红小学、贫困村和民族特色村开展送书送画进学校、进农村活动，在活动现场艺术家们即兴创作，为老师、学生和贫困村村民赠送书画作品。

【建档立卡】 实施精准扶贫工作以来，协助海兴县成立专项工作领导小组，制定海兴县《关于深入实施精准扶贫加快脱贫出列步伐的实施意见》，明确目标任务和时限要求，认真组织开展贫困人口建档立卡回头看工作。组织建档立卡专题培训班，严格识别，认真统计，共识别贫困村50个，贫困人口1.19万人，对扶贫台账进一步清理分类，确实做到一村一策，一户一法，提出切实可行的解决办法，为精准脱贫奠定基础。

（国家信访局办公室　王宏群）

国家国防科技工业局定点扶贫

【概述】 2015年国家国防科技工业局(以下简称“国防科工局”)定点帮扶陕西省略阳县、宁强县，进一步加强定点扶贫工作组织力量，对局扶贫开发领导小组进行重新调整。立足部门实际，认真制订年度扶贫工作计划，积极推动定点扶贫工作的深入开展。2015年共投入扶贫资金72万元。

【干部挂职扶贫】 2015年7月，按照中共中央组织部、中央农村工作领导小组办公室、国务院扶贫办《关于做好选派机关优秀干部到村任第一书记》有关要求，国防科工局，选派局属协作配套中心干部王淘赴汉中市略阳县黄家沟村挂职任村“第一书记”。并运用“互联网+”手段，基于移动互联平台创立“陕西黄家沟”微店，该微店在身边的“朋友圈”产生较高影响力。通过微店指导、培养有条件的致富带头人，短期内售出野生猕猴桃4吨。他亲自跑市场，找渠道，大力推销天麻、乌鸡、蜂蜜、木耳、香菇、核桃等当地土特产，为当地贫困群众增收寻找更多的路子。还牵线搭桥，联系国防科工局机关及局属单位职工，资助11位贫困家庭学生(5位小学生和6位大学生)。

【基础设施建设】 国防科工局开展了宁强县大安镇双白果村沙沟口至唐家湾道路硬化项目、略阳县接官亭镇麻柳铺村赵家沟组水泥路项目。按照“总体规划、分段实施”的原则，宁强县大安镇双白果村沙沟口至唐家湾道路硬化项目工程总投资69万元。国防科工局2015年、2016年帮扶资金各30万元，地方配套9万元。略阳县接官亭镇麻柳铺村赵家沟组水泥路项目工程总投资65.6万元。国防科工局2015年帮扶资金30万元、2016年帮扶资金17.6万元，地方配套18万元。

【扶贫慰问】 2015年春节前夕，国防科工局人事司、有关局属中心领导同志前往宁强、略阳两县，对40户困难村民进行慰问。送去米、面、油和慰问金，合计2万余元，使山区的贫困群众感受到党和政府的关爱与温暖。

【扶贫日活动】 10月17日，在国防科工局机关一楼大厅电子屏开展“扶贫日”宣传活动，使机关干部进一步了解扶贫事业、关心扶贫工作、支持扶贫工程，起到良好的宣传教育效果。

(国家国防科技工业局　杨晓君)

国家测绘地理信息局定点扶贫

【概述】 2015 年，国家测绘地理信息局充分发挥测绘地理信息行业技术、装备、人才优势，挖掘黑龙江省海伦市的资源优势，找准切入点和突破点，实行科技扶贫、行业扶贫和精准扶贫，为海伦市的经济社会发展提供服务保障和政策支持。国家测绘地理信息局党组高度重视扶贫工作，多次召开会议对扶贫工作进行研究部署，并选派 2 名优秀年轻干部充实到扶贫一线挂职工作。

【扶贫资金投入】 2015 年度，国家测绘地理信息局向海伦市无偿提供全境高清卫星影像图，捐赠一架价值 80 万元无人飞机及一批教材、地图、图书等。为长发乡长发村购置农机价值 50 万元。捐赠的物品折合人民币总值为 150 万元。共争取项目资金 1650 万元，引进资金 5000 万元。

【产业扶贫】 国家测绘地理信息局同黑龙江省国土资源部门进行“捆绑式”协同扶贫，积极争取在土地综合整治、高标准农田建设、地质环境保护等方面立项投入，支持当地特色农业、精准农业、高效农业发展。为夯实富硒产业发展资源基础，做大做强海伦富硒产业，尽快完成脱贫攻坚工程，国家测绘地理信息局通过积极协调，争取土地资源 1∶5 万普查项目资金 1650 万元。并协助编制《海伦富硒产业发展规划》，协助引进中泽食安科技投资有限公司投资资金 5000 万元，成立海伦中泽富硒生物科技有限公司，为提供就业岗位、增加财政收入、带动经济发展作出积极贡献。为扩大宣传，不断提高海伦富硒产品的知名度，尽快占领国内国际市场，国家测绘地理信息局主动联系中央电视台新闻频道，到海伦进行为期 7 天的实地拍摄，为海伦节约制作费用近百万元。

国家测绘地理信息局支持协助当地政府大力开发富硒农产品，拓展富硒农产品市场。通过联系协调广州绿太集团有限公司旗下的中国有机电子商城，成立中国有机商城海伦馆，有效推动海伦大米、大豆等特色农产品登录电商平台，实现海伦“互联网+富硒农业”。同时，借助广州绿太集团有限公司的实体销售渠道，海伦市的笨谷、硒谷米业等 5 家企业产品又与广州、福建等省的实体销售网点签约，使海伦农产品迅速进入南方市场。截至 2015 年底，海伦市借此平台，农产品销售额较 2014 年度增加近千万元。

【科技扶贫】 国家测绘地理信息局动

员和调动测绘地理信息行业整体力量，按照需求引导、有效适用的原则，加强海伦地区基础测绘工作，丰富地理信息资源，构建数字城市地理信息空间框架，为城镇化建设、精准农业发展、政府信息化管理提供保障。结合地理国情监测，开展对海伦地区土地、水及生态监测，为当地发展富硒农产品提供服务。2015年度，组织黑龙江和四川测绘地理信息局专业技术队伍，完成海伦县城及部分乡镇所在地的航空摄影、1∶1000地形图测量、地下管网普查、地理国情普查，开展农村土地确权工作。测绘地理信息成果广泛应用于城镇规划、土地管理、生态业、交通运输等行业，为海伦经济建设和社会发展提供服务和保障。

【扶贫捐赠】 为进一步提升装备能力建设，丰富海伦市地理信息资源，2015年，国家测绘地理信息局调动行业力量，向海伦市无偿提供全境高清卫星影像图，并捐赠一架价值80万元的无人飞机以及一批教材、地图、图书等，组织专业技术人员对海伦市国土资源局、规划局等相关部门人员进行业务培训。多渠道筹措50余万元资金，为长发乡长发村购置挖掘机、拖拉机等急需农机。

（国家测绘地理信息局
李　文　高爱梅）

中国民用航空局定点扶贫

【概述】 从1998年开始，中国民用航空局（以下简称“民航局”）定点帮扶新疆维吾尔自治区于田县和策勒县，已累计投入资金31313.5万元。2015年，民航局认真贯彻中央扶贫开发工作会议精神，深入调研，整体规划，并向下属单位发出倡议，请各单位结合实际，开拓思路、创新方法，发挥好各自优势，为贫困县群众献爱心、办实事。2015年，共投入资金65万元，完成项目帮扶2项，资助特困大学生50人。

【基础设施建设】 2015年，策勒县申请拨款用于策勒乡托万加依村村民服务中心和固拉哈玛镇夏普土鲁克村村民服务中心建设。民航局对策勒县上报项目进行深入分析，并拨付资金25万元用于该项目建设。

2015年，于田县申请资金30万元，用于民航新村防渗渠建设，经研究，民航局认为该项目有利于改善当地群众生活环境，提高生活水平。民航局拨款30万元支持该项目建设。

【产业扶贫】 根据策勒县达玛沟乡古勒铁日干村农民增收主要依靠红枣和核桃经济作物的实际情况，2015年民航新疆管理局尝试建立“农户—用户”直接对接的产销模式，利用民航系统平台，帮助村民销售红枣、核桃9吨，实现利润约24万元。

【教育扶贫】 2015年，民航局进一步加大教育扶贫工作力度，继续参加中国扶贫基金会组织的“新长城——特困大学生自强项目”，拨款10万元，资助策勒、于田两县50名贫困大学生第一年学费。民航局空中交通管理局向策勒县达玛沟乡古勒铁日干村小学投资80万元援建“双语语音实验室”，并捐助价值15万元的教学物资。民航新疆管理局组织“雷锋青年团”爱心支教活动，资助策勒县达玛沟乡4名学生，每人每年1000元。组织飞行员、乘务员代表慰问古勒铁日干村中、小学生，邀请2名中小学生到重庆参加团中央志愿活动评比。建立“蓝天奖学金”，为全村适龄学生发放文具，并对考上大学的6名学生准备“助学套餐”。

【扶贫调研】 2015年，民航局、民航新疆管理局、民航局空中交通管理局、中国民航大学等单位领导先后多次赴于田、策勒两县进行调研，了解当地经济社会发展情况，慰问当地干部群众，并开展扶贫帮困活动。

【扶贫考察】 2015 年，民航新疆管理局组织定点扶贫县的乡、村两级干部前往中共贵州省委党校、浙江大学学习，考察重庆市新农村建设，增强干部的党性原则意识，拓宽干部视野。

【扶贫慰问】 民航新疆管理局积极落实精准扶贫精神，向策勒县达玛沟乡古勒铁日干村 150 家贫困户每户免费提供 50 只鸡苗，户均增收 1000 元以上。开设“民航爱民之家”，免费向困难群众提供衣物、生产、生活用品，先后有 1700 人次参加，发放物品 4000 余件。与困难群众结亲戚，实行“一户一策”的扶贫济困。

（中国民用航空局人事科教司
刘亦木）

国务院扶贫开发领导小组办公室定点扶贫

【概述】 2015年8月起，国务院扶贫开发领导小组办公室（以下简称“国务院扶贫办”）定点帮扶甘肃省渭源县和贵州省雷山县。在国务院扶贫办党组的高度重视和大力支持下，各司局及直属事业单位、业务主管社团积极动员各方面力量和资源，采用不同方式对渭源县、雷山县进行帮扶。

【扶贫资金投入】 在资金投入方面，积极帮扶渭源县落实资金1323万元。其中马铃薯良种工程项目1000万元，田家河乡元古堆村百合贮藏气调库建设项目100万元，元古堆村产业培育项目40万元，元古堆村光伏扶贫项目160万元，创业致富带头人培训23万元。

【干部挂职扶贫】 2015年，国务院扶贫办选派2各干部分别到渭源县元古堆村和雷山县南梦村任“第一书记”。在工作中，挂职干部严格按照扶贫工作要求，克服工作和生活方面的种种困难，尽快熟悉环境，融入到工作中，一方面锻炼自己，另一方面也尽力为当地扶贫工作做出更大的贡献。

【扶贫调研】 2015年，国务院扶贫办组织5批调研小组共20人次分别到渭源县、雷山县调研扶贫开发工作。

（国务院扶贫开发领导小组办公室　许　飞）

中国宋庆龄基金会定点扶贫

【概述】 2015年，中国宋庆龄基金会（以下简称“宋基会”）定点帮扶宁夏回族自治区彭阳县，投入资金75万元，向150名新入学贫困大学生发放助学金；向韩堡村小学捐赠200余册课外图书；选派1名干部担任该县红河镇韩堡村“第一书记”；向该县乡镇卫生院捐赠4辆医用救护车，配备必要的车载急救设备，解决基层卫生院医用急救车辆不足的难题。

【扶贫资金投入】 2015年，宋基会为彭阳县申请财政专项资金，总额75万元，向150名考入二本以上的贫困大学生发放5000元/人的助学金，减轻学生家庭的经济压力，避免学生家庭因教育而致贫。筹集资金80万元，向乡镇卫生院捐赠4辆医用救护车，配备必要的车载急救设备，解决基层卫生院医用急救车辆不足的难题。

【扶贫调研】 2015年，宋基会机关党委多次组织调研组，深入考察彭阳县的农业、养殖业、水利发展和自然资源开发利用的情况，与彭阳县委、政府领导共同分析探讨致富之路，以帮助解决紧迫的民生问题为重点，把帮扶工作与培养锻炼干部工作结合起来，加大扶贫攻坚力度。

【干部挂职扶贫】 2015年7月，宋基会机关派出1名科级干部到彭阳县担任红河镇韩堡村“第一书记”。在工作中，该名同志严格按照扶贫工作要求，克服工作和生活方面的种种困难，做好定点扶贫各项工作。一是恪守工作纪律，自觉维护挂职干部的良好形象；二是扎根基层、服务基层，深入乡镇和部分村、企业调研，了解定点扶贫县域的经济社会发展情况和当地老百姓对扶贫项目的需求，分析贫困的现状、原因以及脱贫致富的途径，理清工作的思路和扶贫的着力点，为当好中国宋庆龄基金会机关扶贫工作的联系人，做好信息沟通、协调相关部门，落实扶贫方案，做扎实的基础性工作。

【扶贫资金管理】 2015年，宋基会机关完善扶贫资金的管理规定，针对具体项目提出资金使用办法和申请流程等细则，狠抓工作落实，加强和规范扶贫资金的使用。加强与彭阳县扶贫办的定期联系，对提交的资金申请进行严格审核，监督资金流向，确保资金不被截留、挪用。

【教育扶贫】 申请75万元资金对彭阳县2015年新考入大学的150名贫困大学生进行资助向韩堡村小学捐赠200余册课外图书，内容包括文学、历史、教育、科普和体育等方面，进一步满足学生的读书需求，提高他们的文化素养。

【医疗卫生扶贫】 筹集资金 80 万元，向彭阳县白阳镇、孟塬乡、草庙乡、红河镇等四家乡镇卫生院捐赠 4 辆医用救护车，配备必要的车载急救设备，解决基层卫生院医用急救车辆不足的难题。

（宋庆龄基金会）

中国光大集团股份公司定点扶贫

【概述】 2015年，中国光大集团股份公司（以下简称“光大集团”）围绕脱贫目标，在定点帮扶的湖南省新代县、新田县、古丈县精准实施“五扶一推进”，即：教育扶贫、健康扶贫、素质扶贫、产业扶贫、救助式扶贫和“三个确保”贫困村整村推进为主要内容的帮扶。全年共投入扶贫资金740万元（含物资折款180元），实施扶贫项目13个，取得较好成效。

【扶贫机构建设】 2015年底，经党中央、国务院批准中国光大（集团）总公司整体改制为中国光大集团股份公司。为加强光大集团改革重组后定点扶贫工作的领导，结合光大集团和各直属企业领导变化，光大集团党委召开会议，研究调整光大集团扶贫工作领导小组成员和办事机构。光大集团党委书记、董事长唐双宁担任光大集团扶贫工作领导小组组长，光大集团党委副书记、监事长朱洪波和光大集团党委委员、副总经理郭新双担任副组长。

【扶贫调研】 2015年12月，光大集团副董事长、总经理高云龙，光大集团党委副书记、监事长朱洪波分别与新田县和新化县县委书记座谈，详细了解当地社会经济发展情况，互通共商帮扶思路、方式和内容。全年先后有光大集团领导、光大集团党委组织部部长带队到定点扶贫县调研21人次。调研组共走访乡镇15个，考察山区中小学校3所、乡镇卫生院2所和贫困村6个，深入到田间地头，同县、乡镇和村干部了解情况，慰问群众。通过实地考察，研究制订光大集团2015年度定点扶贫工作计划，使帮扶项目成为建档立卡人口脱贫的助推器。

【扶贫会议】 2015年1月和10月，光大集团两次召开扶贫工作专题会议，各直属企业主要领导参加会议。认真传达、学习中共中央总书记习近平关于扶贫工作的重要讲话精神和国务院办公厅《关于进一步动员社会各方面力量参与扶贫开发的意见》以及《关于进一步完善定点扶贫工作的通知》，明确企业选派干部挂职扶贫和筹措扶贫资金的意见，部署定点扶贫工作。同时，结合中央《关于打赢脱贫攻坚战的决定》和中央单位定点扶贫工作会议精神，研究制定《光大集团定点扶贫工作指导意见》。意见对扶贫工作的基本原则、项目类型、项目管理、扶贫资金、挂职干部等都作出明确规定，使扶贫工作更加规范、更加系统、更加精准、更加有力。

【教育扶贫】 援建两所光大希望学校。一是石冲口镇和平学校。石冲口镇尧公寨村学校是“边穷”地区小学。学校因危房已被拆除，全校九个教学班 219 名学生均借用民房上课。光大集团投入 80 万元，与新化县政府配套资金，新建一栋 1200 平方米的教学楼，依托和平学校新建一所光大希望学校，解决尧公寨等 5 个行政村的学生就学问题。二是文田镇富家完全小学。文田镇富家村完小，距县城近百里，校教学楼被鉴定 D 级危房，为师生安全，光大集团支持 70 万元与县教育局共同新建一栋 4 层 12 个教室 1200 平方米的教学楼和食堂等附属设施，依托富家完小新建一所光大希望学校，改善上横溪村等 4 个行政村近 500 名学生就学条件。

改善教学生活条件。一是继续做好 2014 年援建学校的后续帮扶工作。为光大集团援建的温塘镇车田江中学更新课桌椅 600 台套、新购买电脑 40 台，捐图书 4000 余册，新建图书室、电脑室各一个，并帮助购置部分厨房设备，添置大型不锈钢厨房用具 2 台套及厨房冷柜、食梯、通风设备和部分学生不锈钢餐具等。二是在新化县举行爱心捐助仪式。11 月，光大集团下属企业光大永明人寿保险公司向新化县边远山区的金凤乡光大希望小学贫困家庭学生捐赠运动鞋 920 双，价值 9 万余元。

【医疗卫生扶贫】 光大集团投入资金 100 万元，在新化县边远山区的水车镇，援建一所光大卫生院。新建一栋建筑面积 4200 米的门诊综合楼及附属设施，住院病床由原来的 60 张，增加到 113 张。同时，继续帮扶荣华乡光大卫生院，捐赠价值 180 余万元的 X 光机、彩色 B 型超声诊断仪、医用 CR 机、理疗仪等医疗设备 10 台（套），进一步提高乡镇卫生院的医疗服务水平，解决当地群众看病难的问题。同时，对特困家庭开展“送温暖”活动，安排慰问资金 15 万元，帮助 339 个贫困户解决过冬过节困难。

【产业扶贫】 光大集团利用新化县桑梓镇向荣村适宜茶叶种植的自然条件，连续几年发展有机茶扶贫产业基地，2015 年继续投入资金 55 万元，再扩大光大有机茶基地种植面积 150 亩。现已建成中国光大集团产业扶贫（有机茶）示范基地 600 亩。采取以点带面和“合作社+基地+农户”产业化模式，建立高标准化生态茶园、无公害茶园和绿色食品茶园，提高单位面积产量和茶叶质量，带动周边三个乡镇连片开发，贫困户依托有机茶基地，以加入合作社、土地租赁、劳务挣钱和分红等多种形式，打造农民增收项目，实现村有主导产业，户有致富门路。

【扶贫培训】 2015 年，光大集团投入 30 万元，举办各类培训班 6 期，共培训 1990 人次。一是以种植养殖技术为主，举办农民实用技术培训。对技术人员、致富带头人和农民工及劳务培训 1840 人次。通过稻田养鱼，特别是突出茶叶、李子、中药材等种植方面的技能培训，使农民工学习掌握1门至2门技术，提高农民致富技能。二是组织干部培训。举办培训班1期，学习扶贫开发工作政策和相关业务知识，培训规模150人次。

【驻村帮扶】 积极开展贫困村承包结对帮扶工作。光大集团扶贫挂职干部汤道财到新化县洋溪镇的三个贫困村任“第一书记”，开展驻村帮扶工作。为六竹村新打“光大爱心井”1眼，新建水塔1座，解决饮水困难。为山联村和金华村，修建村与村之间的“光大连心路”两条，共13.8千米。同时，光大集团还在新田县投入资金80万元，为金盆圩乡李仟二村等4个村，修建人畜饮水、农田水利基础设施，使2490人受益。

【干部挂职扶贫】 光大集团已先后从总部和下属企业选派6批优秀中青年干部到定点扶贫县挂职。2015年光大集团有4名干部在湖南省新化县、新田县、古丈县挂职，时间为两年半，任县委或政府副职，专司扶贫工作。挂职干部以扶贫县发展为己任，把扶贫点当作第二故乡，先后走访乡镇30个，调研贫困村59个，召开座谈会45个，深入到81户贫困家庭访贫问苦。同时，主动发挥自身优势，牵线搭桥，帮助招商引资，联系引进医疗器械。在新化县挂职扶贫干部张岳林同志，年终受到湖南省娄底市委组织部的嘉奖。

【扶贫宣传】 光大集团充分利用第二个国家“扶贫日”的有利时机，在集团系统积极宣传党中央、国务院新阶段扶贫工作的新要求、新任务和实现“十三五”时期确保农村所有贫困人口如期脱贫，全面建成小康社会的重大意义，并在《光大报》连续报道集团扶贫工作成果。在“扶贫日”宣传期间，组织光大集团系统向扶贫县捐款活动，共筹集扶贫资金285万元。同时，在《中国光大集团2015年年度报告》中，专题反映定点扶贫工作和企业落实社会责任的情况。

【公益扶贫】 光大集团除做好定点扶贫工作外，还积极参加其他社会帮扶活动。光大集团所属企业光大银行自2005年10月正式参与支持“大地之爱·母亲水窖”公益活动。2015年，光大银行组织全行员工向母亲水窖捐款，募集善款290.92万元，并按照光大银行与全国妇女发展基金会第三个五年合作计划，划拨捐款300万元，认真分配、跟踪投放建设资金。同时，持续开展“您消费一次　我捐一分爱心”活动，成功举办第五届“光大梦想　爱心启航——全国青少年猜疑展评暨母亲水窖公益活动”。光大证券公司向遵义黄莲乡“光大道竹小学”捐赠价值10万余元的电脑、投影仪等教学设备，并开展“一对一”爱心助学活动。

（中国光大集团股份公司
扶贫办　吕铁军）

中国邮政集团公司定点扶贫

【概述】 中国邮政集团公司定点扶贫陕西省商洛市商州区、洛南县。2015年，中国邮政集团公司投入扶贫资金180万元，实施基础设施扶贫、产业扶贫、教育扶贫、技能培训扶贫，扶贫项目涵盖商洛市32个乡（镇）的39个行政村，受益群众达7万人。

【“十二五”期间扶贫工作回顾】 中国邮政集团公司在“十二五”期间共投资885万元，其中商洛市商州区419万元，洛南县466万元。共修建饮水工程11个、道路108条、便民桥25座、河堤4处；资助贫困大学生100人；组织技术培训，发放科技资料；捐赠课桌椅4800套、图书文具5000套；开展邮政扶贫公益宣传活动19次。

【基础设施建设】 2015年共投入资金136万元，建成基础设施扶贫项目28个。修建通组道路26条，其中商洛市商州区12条，洛南县14条，修建便民桥2座。

【产业扶贫】 2015年，中国邮政集团公司。利用商洛地区玉米秸秆“数量多、质量高、利用率低”的特点，通过对玉米秸秆的“统一回收、综合利用”，把玉米秸秆加工成牛饲料，变废为宝，开展个个园杆秸秆饲料加工项目。该项目总投资额为40万元，其中村民自筹资金10万元，银行贷款15万元，当地政府资助15万元。项目落成以来，日标准产量可达8吨。该项目预计年产值达65万元，可直接帮扶30户—40户贫困户、雇佣6名—8名本村劳动力，并通过有价回收玉米秸秆的方式，帮助当地农民每亩地增收50元。收购半径达10千米，辐射周边20余个村，受益群众逾5000人。2015年，玉米秸秆饲料加工项目，已被商州区政府列为脱贫攻坚重点项目，拟在全区范围内进行复制、推广。

【教育扶贫】 2015年，中国邮政集团公司投入资金共36万元资助贫困大学生20人，捐赠课桌椅1000套、图书文具1000套，并维修校舍。

【扶贫培训】 开展农民实用技术培训，一是面向初中、高中毕业的“两后生”、农村贫困户和扶贫移民搬迁户家庭，依托培训学校，开展烹饪、核桃科学管理、计算机应用、家政服务等内容的就业创业培训。共举办培训班3期，培训学员640人。二是委托商州有线电视台开辟空中课堂，举办核桃、板栗嫁接及病虫防治技术培训。听众达10万多人。

（中国邮政集团公司信息科技与建设部计划处　马文忠）

国家开发银行定点扶贫

【概述】 2015年，国家开发银行（以下简称“开发银行”）作为开发性金融机构，坚持以“增强国力、改善民生”为宗旨，发挥开发性金融的功能和作用，服务国家战略，支持经济社会发展。按照《关于做好新一轮中央、国家机关和有关单位定点扶贫工作的通知》的具体要求，开发银行集中资源，多措并举，大力推动四川省古蔺县，贵州省务川仡佬族苗族自治县（以下简称“务川县”）、正安县、道真仡佬族苗族自治县（以下简称“道真县”）四个县的定点扶贫工作。截至2015年底，正安、道真和务川三个县已实现省内减贫摘帽。

【扶贫调研】 2015年，开发银行副行长袁力带队赴道真、务川、正安三县进行调研，深入了解定点扶贫取得的成效、遇到的困难和问题，对做好定点扶贫工作提出“真感情，扶真贫，真扶贫”的要求，并明确做好定点扶贫的工作思路。

2015年11月，开发银行监事长刘梅生赴古蔺县学生资助管理中心调研，充分肯定古蔺县政府、学生资助管理中心与开发银行合作开展生源地助学贷款取得的良好社会效应，提出要把教育扶贫作为根本举措，创新管理方式和科技手段，提升管理水平和服务质量，保障助学贷款业务稳健发展，为打赢脱贫攻坚战提供支持和保障。

【基础设施建设】 开发银行按照“政府主导、机制建设、统借统还”的方式，帮助定点县群众改善生产生活条件和基础设施落后状况。2015年，开发银行向四个定点县新增发放贷款28亿元。在基础设施建设方面，向务川至正安、道真至瓮安两条高速公路建设发放贷款18.24亿元，助力务川、正安、道真三个县实现2015年年底通高速公路的目标；向古蔺县石梁子水库工程项目新增发放贷款3000万元，将县城防洪标准从10年一遇提高到20年一遇。在棚户区改造方面，发放贷款5.68亿元，新建和改造房屋面积15万平方米，直接惠及2000多户住房困难家庭。此外，发放国家专项建设基金2.58亿元，支持棚改、水利、易地扶贫搬迁、污水处理、农业及中等职业学校建设等领域项目12个，着力解决项目建设资本金不足问题。

【创新贷款模式】 2015年开发银行通过建立“四台一会”贷款模式，以批发的方式破解贫困农户的融资难题，支持发展扶贫特色产业。所谓“四台一会”是指管理平台、统贷平台、担保平台、公示平台和信用协会。其中，管理平台是指帮助开发银行收集项目信息并做出初步风险判断的机构，管理平台发挥贴近项目的优势，为银行识别风险、控制风险提供帮助。统贷平台一般具有较强的经济实力或对当地的中小微企业具有一定的把握能力和控制能力，主要负责统一向开发银行借款，再以委托贷款的方式将资金发放给中小微客户（用款人）；同时负责贷后管理和本息归集。担保平台是指承担担保职能的专业担保机构，作为第二还款来源发挥弥补、分散风险的作用。公示平台是指为中小微企业贷款实行“三公”（受理公开、发放公示、还款公告）而建立的各种社会公示途径和机制的总称，目的在于充分利用社会力量共同监督贷款公开、公正、公平实施并共同防范风险。信用协会是小微企业、个体工商户、农户自发成立的社会团体，会员之间互相监督、评议后，推荐优秀会员申请贷款。信用协会发挥群众组织的民主监督制约优势，是运用社会力量防范风险的重要手段。“四台一会”是开发银行以批发方式开展中小微企业贷款的重要模式和有效工具。2015 年，通过与贵州、甘肃等省加强合作，开发银行将“四台一会”模式成功运用到扶贫开发工作中，将财政扶贫资金与信贷资金结合，充分发挥财政资金引导、撬动作用，不断加大对扶贫产业的融资支持力度，有力地促进贫困农户脱贫致富。

【产业扶贫】 为加大对贫困地区产业发展的支持力度，开发银行印发开展扶贫小额信用贷款的指导意见，融资支持有一定生产能力和创业意愿的建档立卡贫困户发展特色产业。开发银行将“四台一会”贷款模式成功运用到扶贫开发工作中，发挥财政资金撬动作用，以批发的方式破解贫困农户的融资难题，不断加大对扶贫产业的融资支持力度。2015 年向务川县、正安县、道真县发放小额农贷 4211.2 万元，支持 128 户农户和 11 家合作社；在古蔺县搭建中小企业统贷业务借款平台和担保平台，发放贷款 1180 万元支持当地小微企业发展特色产业。

【智力扶贫】 开发银行强化融智服务，提高定点扶贫精准性和科学性。2015 年，开发银行为贵州省政府研究提出《关于开发性金融助推贵州省统筹城乡发展加快实现小康的方案》，拟以统筹城乡发展为主线，以新农村建设和新型城镇化双轮驱动为抓手，以区域协调发展、一二三产业融合发展和精准扶贫为重点，以促进小康社会建设为目标，创新建立城乡融合发展的体制机制，加大资源整合和资金支持力度，大力促进城乡一体化发展和精准脱贫。以此为基础，开发银行以正安县为试点积极推进以城乡统筹促进扶贫开发工作。开发银行会同国务院扶贫办先后多次赴正安县进行深入调研，并在正安县率先研究开展扶贫小额信用贷款、园区厂房融资租赁等创新业务试点工作。

【扶贫培训】 2015年，开发银行举办“开发性金融支持扶贫开发专题研讨班”，国务院扶贫办副主任欧青平出席并授课，并邀请农业部、扶贫办等有关部委的专家为开发银行定点扶贫县的60多名地方干部解读新常态下中国经济形势、国家最新扶贫政策、物联网农业及支持扶贫开发的政策措施及进展等，提升贫困地区干部对宏观经济政策和扶贫开发政策的理解，增强运用金融手段推动扶贫开发、促进地方发展的能力。

【教育扶贫】 2015年开发银行向定点扶贫的4个县新增发放助学贷款8893万元，支持8622名学生实现大学梦。并继续与中国西部人才开发基金会合作开展“彩烛工程”，与中国西部人才开发基金会和北京师范大学合作，为定点县的180名中小学校长开展培训，促进定点扶贫县教育事业持续健康发展。同时设立“国家开发银行关爱奖励金”，面向扎根农村、爱岗敬业的定点扶贫县贫困乡村教师，帮助他们缓解生活困难，激励更多人投身乡村教育事业。通过员工捐赠信用卡积分方式，在古蔺县马蹄乡马蹄中学捐赠成立“国家开发银行快乐音乐教室”，丰富贫困地区学生的文化生活。

【干部挂职扶贫】 2015年向4个定点县派出交流干部4名。其中，向古蔺县、正安县派驻挂职干部2名，分别担任古蔺县副县长、正安县县长助理；向古蔺县永乐镇麻柳滩村和道真县隆兴乡大联村分别派驻“第一书记”1名。交流挂职干部在工作中发挥自身在项目融资、产业发展等方面专业优势，积极协助做好定点县的金融扶贫工作，为当地经济社会发展建言献策，当好“参谋助手”，帮助搭建合作平台，完善机制建设，创造良好的融资环境。同时，发挥“桥梁纽带”作用，将开发银行在其他地区扶贫开发的经验做法引入到定点县，并将当地实际情况和发展需求及时、准确的反馈到开发银行，制定更加有针对性的帮扶措施，有力地促进定点扶贫工作的开展。向4个定点县所在地级市泸州、遵义市派驻2名扶贫金融服务专员，专门从事扶贫开发工作，发挥开行专家和专业优势，建立政府、银行和扶贫开发项目间的桥梁纽带，为贫困地区打赢脱贫攻坚战提供融智支持。此外，2名定点县干部分别在开发银行总行和分行交流挂职。

【公益扶贫】 开发银行将开发式扶贫与帮扶式扶贫相结合，积极开展捐赠扶贫。2015年，开发银行安排捐赠资金980万元，支持4个定点县的通村公路、农田水利、机耕道建设及果树种植等15个扶贫项目建设，惠及贫困人口8000余人。设立“国家开发银行关爱奖励金”，每年向定点扶贫县的50名贫困乡村教师每人提供捐赠资金3000元。

（国家开发银行评审三局　石凤志）

中国农业发展银行定点扶贫

【概述】 2015年，中国农业发展银行（以下简称“农发行”）定点扶贫吉林省大安市、广西壮族自治区隆林各族自治区（以下简称“隆林县”），贵州省锦屏县和云南省马关县，共选派4名优秀干部挂职扶贫，总行各级领导干部前往扶贫点进行考察调研23人次，先后为扶贫点直接投入信贷资金23.8亿元，支持农村基础设施建设和易地扶贫搬迁项目。安排专项捐赠资金384万元，用于改善中小学教学条件，资助贫困大学新生入学，改造偏远乡村水泥路面等。信贷支持和专项捐赠项目在农发行帮扶的4个扶贫点发挥良好的社会效益，有效促进当地经济社会发展。2015年6月，农发行被中国银行业协会授予“最具社会责任金融机构奖”。

【扶贫调研】 2015年，农发行行长祝树民，副行长姚瑞坤、殷久勇分别前往隆林县、锦屏县、大安市、马关县，就易地扶贫搬迁、乡镇小城镇化建设、生态乡村建设、棚户区改造及精准扶贫等工作开展调研，与当地党委、政府负责同志座谈，听取定点扶贫县意见和建议，为下一阶段精准开展定点扶贫工作打下坚实基础。

【公益扶贫】 农发行瞄准扶贫点基础设施薄弱、公共服务欠缺等特点，从道路、文化基础设施建设等方面进行帮扶，改善贫困地区人民群众生产生活条件，加大对公益项目的支持力度，在原有捐赠基础上，2015年底，为4个定点扶贫县追加捐赠资金200万元。农发行贵州省锦屏县驻村“第一书记”按照统一规划、集中力量、突出重点、连片开发的项目建设思路，利用总行的捐赠资金，对村民反映强烈的亮江河堤进行集中治理，优化龙池村人居环境，修建龙池村文化广场，为村民的生产生活提供便利。马关县挂职干部积极采取争资金、出思路、想办法等方式，协助抓好基础设施建设、产业发展等项目，针对挂钩点金厂镇，利用总行捐赠资金，帮助该镇罗家坪村委会修建1条四级公路作为该村的农村产业道路和部分水渠，有效地打通农民出行和农产品运输致富信息通道，并为该镇困难群众协调棉被、衣服、鞋子等生活必需品，有效帮助挂钩贫困人口度过寒冬。

【教育扶贫】 2015年，农发行加大对扶贫点教育事业的扶持力度，促进扶贫点人口素质提高。一是关注留守儿童成长，推进马关县“美丽乡村小学”项目。资助马关县都龙镇东瓜林寄宿制小学文化长廊、亲情视频聊天室、花台、垃圾焚烧池建设，完成学生宿舍地板硬化工作，为该校留守儿童提供良好的学习、生活环境。实施“温暖工程”，为该校 355 名在校学生购买校服、书包和文具。二是继续资助扶贫县贫困大学新生。农发行从 2002 年开始坚持开展此项工作，每年帮助一批贫困大学新生顺利踏入大学校门，渡过入学难关，影响大，效果好。2015 年农发行分别为 4 个扶贫县捐赠 6 万元，共计 24 万元，资助 90 名应届贫困大学新生圆梦大学。

【易地扶贫搬迁】 2015 年，农发行将易地扶贫搬迁作为扶贫开发工作的切入点，深入调查和研究，精准对接易地扶贫搬迁金融服务需求，贷款管理遵循“政府主导、精准扶贫、专款专用、条件特惠、保本经营”的原则，明确办贷优先、规模倾斜、利率优惠、期限延长等特惠信贷政策，进一步放宽贫困地区客户准入标准，下放贷款审批权限。农发行扶贫干部及时运用政策，积极跟进，促进地方政府与农发行的对接，加快扶贫县易地扶贫搬迁工作进程，截至 2015 年底，已为定点扶贫县投放易地扶贫搬迁贷款 10.8 亿元。

【精准扶贫】 农发行 4 个定点扶贫县贫困人口数量多，密度大，脱贫难度高，农发行挂职干部广开思路，创新方式，落实精准扶贫、精准脱贫，积极致力贫困人口脱贫致富。一是大安市挂职干部推动有关部门构建准贫困识别、精准脱贫目标、精准扶贫措施、精准扶贫包保、精准业务责任、精准监督考核、精准成效评价等具有大安特色的“七个工作体系”，明确市、乡、村年度脱贫时限、目标、任务，逐乡、逐村、逐户、逐人确定脱贫计划，三年摘掉贫困县帽子，必保五年任务、三年完成，为扶贫工作的深入开展打牢基础。二是锦屏县驻村“第一书记”发挥龙池村水果产业优势，拓宽市场渠道，探索出一条集体增收、农业增效的新路子。2015 年，组织 33 吨龙池水果前往北京探销路，为龙池村增加 5 万元的收入，同时利用车子返乡的便利从北京批发苹果在锦屏县销售，为村集体增加收入 3 万多元，实现集体经济积累 8 万余元。并利用龙池村与锦屏县经济开发区相毗邻的优势，协调安排龙池村贫困户到开发区企业就业，就近就地解决贫困群众的增收难题。

（中国农业发展银行机关党委
张　康）

中国工商银行股份有限公司定点扶贫

【概述】 2015年，中国工商银行股份有限公司（以下简称“工商银行”）认真贯彻党中央、国务院要求，全面落实工商银行《扶贫开发工作规划（2011—2020）》，以帮助工商银行定点扶贫的四川省南江县、通江县和万源市尽快实现到2020年贫困人口全部脱贫为目标，精准聚焦贫困人口，扎实推进精准扶贫，共计捐赠扶贫资金1100余万元，集中开展一系列教育、卫生、产业等扶贫项目，修建学校教学楼3栋，修建溪桥1座，直接资助贫困学生300名，表彰优秀教师300名，培训村小教师400名；资助贫困孕产妇2000人。开展生态猪养殖产业扶贫，共资助5个贫困村2000头绿色生态猪。同时，加大金融扶持力度，投放信贷资金5亿多元，并依托工商银行电子商务平台优势，帮助扶贫地区特色产品在融e购平台销售，有力支持了定点扶贫地区的经济发展。

【扶贫资金投入】 2015年，工商银行总行共计投入资金及物资折款56320万元，主要包括用于基础设施资金28020万元，用于产业开发资金27100万元，其他各类信贷资金投入2200万元，无偿捐赠文化教育类扶贫资金1000万元，医疗卫生类扶贫资金120万元，人力资源培训资金80万元。

【扶贫资金管理】 2015年，工商银行继续按照《定点扶贫三县（市）援建项目管理办法》规定，对所有工商银行捐助的项目，均成立以扶贫干部为组长，地方政府项目主管副县长为副组长、地方政府项目相关部门负责人、支行行长为成员的项目实施领导小组。各县市工商银行开立专门存放援建项目资金的“安心账户”，对账户实行“专户管理、封闭运行”，在项目实施领导小组的领导下对账户资金进行监管。严格执行基本建设财务制度，按照计划、合同、工程进度付款。对有政府配套资金的，政府配套资金按比例到位后，援建资金才能拨付。拨付资金时，要由项目实施领导小组组长和工商银行当地机构负责人审核双签。同时，进一步完善扶贫项目的监督和监测机制，确保每个扶贫项目事前有方案审批、事中有质量监测、事后有跟踪和评估，并建立和完善规范的项目管理台账。因工商银行扶贫地区均在四川省，同时要求四川分行加强对援建项目的指导和管理，定期向总行报告项目进度、资金使用等情况。

【干部挂职扶贫】 为保证扶贫效果，工商银行建立派驻扶贫工作组定点帮扶机制，并将干部挂职扶贫作为锻炼干部和联系群众的重要途径，每年从总分行选派优秀中青年干部赴定点扶贫县（市）挂职帮扶，截至2015年，共选派84人（次）。2015年，工商银行共选派3名扶贫干部，分别来自工商银行授信审批、运行管理、信息科技等部门，他们出谋划策，招商引资，为当地经济快速发展下真功夫，充分发挥在扶贫工作第一线的桥梁和纽带作用。

【产业扶贫】 2015年，工商银行加大产业扶贫力度，开展生态猪养殖项目，共捐款100万元，在通江县和南江县的每个定点村投入20万元，为政府建档立卡的1000个贫困户购买绿色生态猪2000头，每户2头，预计每户可因此增收约2000元。该项目采用“工行+政府扶贫部门+村党支部+龙头企业+建档立卡贫困户”的模式，由工商银行利用捐赠款从龙头企业购买仔猪，无偿捐赠给贫困户发展种养殖，政府部门负责立项监督，驻村“第一书记”负责日常管理，龙头企业负责技术指导、疫病防治、兜底回购。工商银行融e购平台等渠道可帮助公司、农户扩大销售，实现获利增收，走上可持续的脱贫致富道路。

【教育扶贫】 2015年，工商银行加大教育扶贫力度，在原有扶贫项目的基础上建立自有教育扶贫品牌“中国工商银行烛光计划”“中国工商银行启航工程”“中国工商银行阳光校园”项目，新开展“一对一千人帮扶助学计划”。

“中国工商银行烛光计划”项目。工商银行连续13年在扶贫地区开展教师表彰，受到贫困地区教师和学生的广泛赞誉。2015年，工商银行捐款60万元开展优秀山村教师表彰，共表彰300人，3个定点县（市）各100人，每人奖励2000元，以鼓励更多教师扎根农村，无私奉献。截至2015年底，工商银行在3个定点县（市）累计表彰优秀教师1610人次。此外，工商银行还捐款80万元与当地教育部门联合组织开展乡村教师培训，四个定点县（市）共培训教师400人，人均投入2000元，截至2015年底，工商银行在3个定点县（市）累计培训乡村教师900余人。

“中国工商银行启航工程”项目。工商银行连续12年开展优秀大学生资助活动，累计资助2100多名家庭困难的大学生踏入大学校门。2015年，工商银行捐款150万元开展优秀贫困大学生资助，共资助300人，每县（市）100人，每人5000元，帮助成绩优秀但无力承担大学学费的贫困新生步入大学校园。

“中国工商银行阳光校园”项目。为改善学生的学习和生活环境，2015年，工商银行捐款540万元，修建通江广纳中学1200平方米宿舍楼、南江凉水希望小学1050平方米食宿楼和万源铁矿中学1200平方米综合楼，每校180万元。2015年，万源市石塘学校教学楼已经建成投入使用。

“一对一千人帮扶助学计划”。2015年，工商银行四川省分行发动全行员工，开展“一对一千人帮扶助学计划”，先后共募集捐赠资金600余万元，对3个定点县（市）1373名优秀贫困学生进行结对帮扶。

【医疗卫生扶贫】 自2009年开始，工商银行向中国扶贫基金会连续捐款，在定点扶贫地区开展旨在保护贫困孕产妇在医院顺利分娩的“母婴平安120行动”，即“1个家庭、2个生命、0风险”。2015年，工商银行再次捐赠120万元，资助2000名贫困高危孕产妇。截至2015年，该项目已惠及8580名贫困孕产妇，极大降低当地的母婴死亡率，扩大了卫生扶贫的惠及范围。

【金融扶贫】 工商银行坚持发挥行业特征和资源优势，牢牢把握区域经济发展的特点，将信贷资金、品牌优势与捐赠资金相配套，以多元化、多渠道的金融服务方式，加大个人经营、消费领域的产品服务和贷款投放。2015年，累计发放各类贷款5亿元，并积极帮助协调巴（中）—万（源）高速公路190亿元银团贷款融资工作，帮助巴山生态牧业公司等龙头企业开展上市辅导工作，帮助引进证券公司、会计师事务所和律师事务所等中介机构。

【公益扶贫】 2015年，工商银行在“融e购”电子商城开展“巴山土猪”义卖活动、“巴食巴适”关爱留守儿童活动、“革命老区红色记忆—四川土特产”义卖活动，帮助提高企业农产品知名度，拓宽销售渠道，同时，要求企业拿出一定比例的义卖款项捐赠当地的留守儿童。在线下，在四川省成都市继续举办“中国工商银行定点扶贫县（市）农超对接座谈会”，利用工商银行丰富的客户资源，帮助定点扶贫地区企业拓宽销售渠道。

【基础设施建设】 2015年，工商银行捐款20万元为通江县陈河乡陈家坝村修建1座桥。项目建成后，可以解决陈家坝小学100余名师生过河不安全问题，同时可解决3个村6个社1500多人出行难问题。

【扶贫调研】 2015年4月，工商银行总行扶贫组赴四川省调研扶贫工作，与定点扶贫县（市）政府负责人分别进行座谈，听取定点扶贫县（市）党委、政府和有关部门的扶贫规划安排，了解当地的扶贫需求，重点考察工商银行教育扶贫、产业扶贫、绿色扶贫及扶贫干部管理方面的情况，对捐建项目逐个进行现场走访勘察。2015年，总行扶贫小组组长、四川分行负责人多次深入扶贫点，对项目实施过程中的具体工作进行考察、给予指导。

（中国工商银行股份有限公司
扶贫办　王　丽）

中国人民保险集团股份有限公司定点扶贫

【概述】 2015年，中国人民保险集团股份有限公司（以下简称“中国人民保险集团”）围绕精准扶贫精准脱贫落实扶贫攻坚责任，完善扶贫管理机制，加强整体沟通协调，积极发挥行业优势，创新保险扶贫方式，在江西省吉安县、乐安县，陕西省留坝县和黑龙江省桦川县开展金融扶贫、产业扶贫、教育扶贫、基础设施扶贫等扶贫开发工作，直接投入扶贫资金400万元。

【扶贫资金投入】 2015年，中国人民保险集团分别对吉安、乐安、桦川和留坝4个定点扶贫县按照每县100万元扶贫专项资金预算，直接投入共计400万元扶贫资金。

【扶贫资金管理】 2015年，中国人民保险集团严格按照《中国人民保险集团股份有限公司定点扶贫工作管理办法》，本着“依法合规、专款专用、职责清晰、流程规范”的基本原则，继续做好集团定点扶贫工作管理。中国人民财产保险股份有限公司按照《中国人民财产保险股份有限公司定点扶贫资金管理办法》，规范定点扶贫工作财务行为，狠抓项目建设，人财并举，保障定点扶贫相关项目有效推进。中国人民保险集团在深入调研的基础上，经与当地政府共同研究，制订涉及特色产业项目、基础设施项目和保险项目等实施方案，由扶贫干部根据项目规划提交资金申请，经审核批准后实施。

【扶贫调研】 2015年8月和9月，中国人民财产保险股份有限公司领导代表中国人民保险集团，前往留坝县和桦川县开展定点扶贫工作调研，慰问扶贫干部和贫困户，加强对帮扶项目的监督管理，加大与当地政府的沟通。调研组一行深入到村镇，了解扶贫乡镇、村屯的需求和群众生产生活情况，考察中国人民保险集团扶贫项目是否按计划推进实施、资金使用是否真实有效等，并就如何可持续地开展扶贫帮扶工作，如何把改善农民生活水平的扶贫项目抓好抓出成效等问题与当地政府进行积极研讨，并提出相关意见和建议。

【扶贫培训】 2015年，中国人民保险集团为新疆维吾尔自治区选派的36位干部举办宏观经济、保险政策以及管理实务等培训，支持边疆地区风险管理事业发展。作为全国妇联“全国农村妇女‘两癌’筛查宣教活动”唯一支持单位，通过“两癌”筛查项目健康大课堂暨千村课堂活动等方式，提高农村妇女对健康知识的认知度。出资援助西藏自治区党政领导干部金融保险知识培训、西藏自治区保险行业强基惠民与对口扶贫工作等公益项目，并与西藏自治区民政厅签订项目捐赠协议，完成西藏五保集中供养援建项目变更工作，援助边远民族地区建设。

【干部挂职扶贫】 2015 年，中国人民保险集团按照扶贫干部管理的总体要求，从系统内抽调年富力强的扶贫干部深入到定点扶贫县开展扶贫工作。先后选派人保财险重要客户部、海外业务部处长赴陕西省留坝县、人保财险黑龙江分公司部门级干部赴黑龙江省桦川县挂职扶贫。

派往黑龙江桦川县和陕西留坝县的扶贫干部按照当地县委、县政府的工作安排，积极协助当地分管领导做好扶贫、抗灾、招商引资等相关工作，因地制宜地提出相关扶贫项目，与地方政府一起，共同做好项目的跟踪管理，抓好项目监督、验收和资金拨付等各个环节，使扶贫项目发挥应有的效能，切实帮助群众解决生产生活中的问题。

【基础设施建设】 2015 年，在江西省吉安县官田乡进行水利设施修建；在江西省乐安县进行流坑管理局旅游基础设施建设；在陕西省留坝县进行县武警中队操场硅 PU 造面修复工程，配备篮球器材设施以及围网、排水等公共配套设施，另外在留坝县建成并投入使用一座长 22 米、宽 3 米的水泥平板桥，彻底解决两岸群众过河难、耕作难的问题；在黑龙江省桦川县投入资金用于帮助解决县养老服务中心扩建项目的资金缺口问题，该项目在 2015 年 6 月底前已正式竣工并投入使用。

【产业扶贫】 2015 年，中国人民保险集团在江西省吉安县进行天河镇横林村委会山羊产业开发项目；在陕西省留坝县扶持开展中药材、五味子、羊肚菌、薰衣草种植和生态养鸡、中蜂养殖等项目；在黑龙江省桦川县帮扶闲置大棚二次利用项目，并对 6 个示范区的 70 栋育秧大棚进行基础加固，投入喷灌、摆放架等生产设施建设。

【教育扶贫】 2015 年，中国人民保险集团继续对城乡困难群体开展中学龄阶段子女教育救助工作，为黑龙江省桦川县每名贫困家庭的学龄学生给予补助 1000 元，救助 100 名贫困家庭学生。在江西省吉安县进行油田镇丁田小学教学楼改建项目；在陕西省留坝县进行青少年活动中心篮球场修复工程，配备篮球器材，修建围网、排水等公共配套设施。

2015 年，中国人民保险集团在全国开展“中国人民保险助学公益行暨国学希望教室”活动，出资 200 万元为全国 100 所贫困乡村小学的 10000 名学生赠送国学书籍和运动服、足球、篮球等助学用品，满足部分农村学校学生对国学知识的渴求和体育装备需要，填补农村国学教育空白。

【金融扶贫】 2015 年，中国人民保险集团在陕西省留坝县实施政策性森林保险项目，总面积 102.68 万亩，每亩 1.6 元，扶贫资金补贴90%，其余10%农户自缴，切实解决群众因森林火灾等自然灾害返贫的问题。黑龙江省桦川县农房保险项目，由农户自缴保费30%，县财政补贴30%，扶贫资金补贴40%，对全县符合参保条件的住房进行统保。江西省乐安县水稻种植保险项目，补贴面积3.7万亩，每亩给予农户保费补贴50%。江西省吉安县横江葡萄种植保险项目，补贴面积1380亩，给予投保农户每亩保费补贴80%，有效提升农民风险防范意识和抵御风险能力，有力地促进当地生产持续健康发展。

2014年8月，中国人民保险集团积极参与河北省阜平县金融扶贫示范县的创建工作，把农业保险全覆盖作为金融扶贫工作的突破口，积极参与制度设计，完善县、乡、村三级金融服务网络，采用“联办共保”的农业保险经营模式，走出一条农业保险助推金融扶贫的新路子。2014—2015年，阜平金融扶贫示范县综合保险项目累计提供风险保障152亿元。其中专为阜平县开发的6款特色农险覆盖县域5.9万农户，农户平安险已覆盖全县。2015年，政策性农业保险支付赔款590.27万元。

【医疗卫生扶贫】 在新疆维吾尔自治区，连续七年联合乌鲁木齐市第一人民医院举办“关爱健康、走进农牧区”大型义诊。中国人民保险集团与中国妇女发展基金会合作，分三个批次向新疆维吾尔自治区捐赠总计88辆“母亲健康快车”，总金额达1340万元，实现捐赠车辆对全疆88个县级妇幼保健院的全覆盖。截至2015年12月底，投入使用的88辆车累计开展健康普查、义诊咨询、知识培训等近85万人次，紧急救助孕产妇及重症患者14971人，运送孕产妇3845人，发放药品价值近145万元。该项目有效改善了新疆维吾尔自治区基层妇幼保健院医疗卫生设施和医疗卫生条件，提升妇女儿童健康卫生水平，推动少数民族地区妇女与儿童健康事业的进步，公司因此荣获“十大关爱女性企业”奖。

2010年1月起，云南省昭通市民政局与中国人民保险集团所属的中国人民健康保险股份有限公司云南分公司试点利用民政医疗救助基金全额出资，为低保优抚人群购买团体补充医疗保险的项目，提高贫困地区医疗服务能力，有效减轻城乡低保、农村“五保”和重点优抚对象等民政救助人群的医疗负担，为当地特困人群的脱贫攻坚工作提供了有力的保险保障。

【公益扶贫】 中国人民保险集团广泛开展志愿服务活动及“人保在行动”主题系列公益活动，落实“扶贫济困，扶弱助残”要求，以各种形式传递保险正能量，为有特殊困难以及需要帮助的社会公众提供志愿服务。发动青年员工对老旧电脑重新调试组装，向广西壮族自治区富川县城北镇六合村委会和铺门镇福联小学捐赠笔记本电脑17台，向北京市房山区南窖乡成人学校捐赠台式电脑12台。赴贵州省沿河县踩经村小学，开展送温暖助学公益活动，向孩子们捐献300件过冬的羽绒服，以及围巾、书籍、球类等物品。

2015 年，中国人民保险集团木棉花志愿者服务队，坚持志愿服务助力员工成长的理念，累计服务时数 490 多小时，累计参与志愿者 110 人次。志愿者服务在多样服务中逐渐形成自身特色和服务品牌，进一步整合内外部资源，优化服务设计，从最初的培养员工服务社会的兴趣向相对专业化方向发展。积极参与中央金融团工委金融青年阳光助残“五个一”行动，通过“建立一套温馨服务标准，编写一套无障碍交流手册，设立一个爱心服务窗口，打造一支爱心服务队伍，开展一小时阳光服务”为广大残疾人提供高效、便捷的保险金融服务。

“人保在行动”主题系列之“大手牵小手”助学活动和“人保财险公益行”送温暖公益活动，邀请 30 名新疆和西藏地区的少数民族学童和老师，到北京开展为期一周的丰富多彩的学习交流活动。中国人民保险集团联合中国儿童保险专项基金以“孤儿保障大行动”公益项目为依托，为孤儿或贫困儿童提供重大疾病公益保险，通过公益化的保险手段为少年儿童提供更加全面的健康保障。每捐 50 元善款即可为一名孤儿或贫困儿童提供一年期，保障额度为 10 万元，全面覆盖 12 种少年儿童常发重大疾病的公益保险。该项目获得中国公益慈善领域的最高奖项——“中华慈善奖”。

【扶贫宣传】 2015 年，中国人民保险集团充分利用简报、门户网站等渠道进行扶贫工作的图文宣传，在公司开展的扶贫项目当地醒目位置安装精心设计的宣传牌，加强对定点扶贫工作的广泛宣传。

为更好宣传中国人民保险集团履行企业社会责任的突出成果，逐步形成集团爱与分担的品牌和文化理念，强化品牌美誉度和影响力，2015 年 1 月，中国人民保险集团创建“爱与分担 · E 互助”微信平台，与系统内各单位联动合作，建立长效的内容来源发布机制，每周定期发布系统内扶贫、慈善、关爱、捐助、社会责任类相关信息，2015 年全年共更新发布 201 期内容。

（中国人民保险集团股份有限公司

办公室　何相宇）

中国太平保险集团有限责任公司定点扶贫

【概述】 2015年，中国太平保险集团有限责任公司（以下简称“中国太平保险集团”）定点扶贫甘肃省两当县和安徽省六安市裕安区。为切实履行中央金融企业的社会责任，中国太平保险集团党委明确由党委副书记、监事长李刚直接分管该项工作。该领导小组下设扶贫办公室，办公室成员由集团境内所有子公司相关领导、本部人力资源部、财务会计部等相部门主要负责人组成。同时积极探索，不断创新，开辟“爱心包裹”助学项目新工作领域，完善“一对一”扶贫助学项目，并取得较好的效果。

【扶贫资金投入】 2015年，中国太平保险集团将扶贫专项资金纳入集团年度预算体系，同时增加对两当县和六安市裕安区的定点扶贫专项资金额度。直接投入扶贫资金227.45万元，帮助引进各类资金90万元。

【基础设施建设】 2014—2015年，中国太平保险集团投入80万元扶贫资金在六安市裕安区建设石板冲河小堰段综合治理工程项目。为确保工程质量，2015年4月，集团扶贫办与下属子公司专业技术人员，赴裕安区对该项工程进行检查验收，并对发现的问题提出整改要求。2015年底该项工程竣工，可灌溉当地1.6万亩农田，使跨2个乡镇的1.5万人口免受洪灾威胁。

2015年，协调安徽省水利厅为六安市裕安区投入90万元专项水利建设资金，用于排灌设施维修，夯实当地农业发展基础。

【扶贫助学】 2015年，中国太平保险集团组织开展两轮扶贫助学活动，资助两当县和裕安区的贫困学生。2600名员工提供资助金177.45万元，资助了1616名贫困学生。

【网上助学平台】 2015年，中国太平保险集团梳理“一对一”扶贫助学流程，分别从扶贫助学系统前后台系统、从前期学生的筛选、系统的更新、活动各环节完成时间点等方面进行完善。同时，完善网上助学平台。为便于全球各地集团员工参与这项活动，中国太平保险集团多次调整和完善“集团官网扶贫助学系统”。

【扶贫宣传】 为让更多员工参与助学宣传活动，除在中国太平保险集团内网发布公告、制作宣传海报等常规宣传方式外，还将第一轮扶贫助学中发生的感人故事在集团“职工之家”、太平人寿“PP琪”微信公众号等平台发布，制作可在微信平台展示的助学场景片，积极宣传该活动。

【创新扶贫】 2015 年 10 月，中国太平保险集团与中国扶贫基金会合作，投入 20 万元，以集团名义向两当县和裕安区的贫困学生捐赠 2000 个“爱心包裹”。

【干部挂职扶贫】 中国太平保险集团根据《中国太平保险集团挂职扶贫干部管理办法》2015 年初启动第二轮挂职扶贫干部的选拔工作，通过自愿报名、层层组织考察和集团党委会议研究等严格程序，选派集团子公司太平人寿甘肃分公司银行保险销售支援部副经理刘欣、太平财险安徽分公司副总经理赵晓玉两名挂职扶贫干部，赴两当县和裕安区挂职锻炼，分别担任两当县副县长以及裕安区区常委、副区长，挂职期间至 2016 年 12 月底。

2015 年 7 月，中国太平保险集团从系统内选派集团子公司太平养老总公司副经理余铮、太平人寿总公司保费部高级主任周洪林，分别到两当县杨店乡石马村、裕安区江家店镇东庙村挂职，任期至 2016 年 7 月。

（中国太平保险集团有限责任公司
员工关系部　冯天骄）

中国华融资产管理股份有限公司定点扶贫

【概述】 2015年，中国华融资产管理股份有限公司（以下简称“中国华融”）定点帮扶四川省宣汉县。针对当地实际，中国华融确立“以科教扶贫为中心，资金扶贫和治理扶贫相辅相成，利用多种资源开展多种形式的扶贫工作，帮助宣汉县走可持续发展之路”的扶贫工作思路，坚持以“科教扶贫、智力扶贫、品牌扶贫、效益扶贫、项目扶贫、战略扶贫”为原则，为宣汉县教育事业和社会经济的可持续发展做出较大贡献。

2015年，中国华融定点扶贫工作继续坚持以“科教扶贫”为主线，紧紧围绕“尽央企责任、献华融爱心”的主题，按照年初公司定点扶贫工作领导小组会议确定的“六个一”定点扶贫计划（建一所教学楼、修一处运动场、奖一批最美乡村教师、助一帮优秀困难学生、打一片华融饮水井、促一批合作项目），全年投入扶贫资金611.64万元，保质高效完成基础设施建设、乡村教师奖励、贫困学生资助等8个教育领域的定点扶贫项目。

此外，中国华融创新扶贫机制建设，发动多方力量参与到定点扶贫工作中。一是积极发挥杠杆作用，帮助宣汉县重大项目招商引资，先后组织东方园林生态、中海昊华环境集团、云南水务投资公司等大客户赴宣汉考察项目。二是在宣汉县挂牌成立“中国华融青年责任（宣汉）基地”，组织开展2期青年员工走基层活动，并在宣汉召开华融青联常委会议，让更多青年员工了解宣汉、了解扶贫。三是动员广大员工参与扶贫工作，组织“中国华融爱心扶贫日”系列活动，为宣汉县暴雨受灾募捐94.18万元；总部捐助101名山区贫困学生，共计11.56万元，其中员工68人“一对一”资助61名山区贫困学生，共计8.36万元。

【扶贫资金投入】 2015年，中国华融及其各子公司总计向宣汉县捐赠定点扶贫资金611.64万元，较2014年投入总额增长80%。其中，公司直接投入建设的8个定点扶贫项目涉及资金516.58万元，“6.25”洪灾全系统员工捐款94.18万元，扶贫慰问捐赠物资折款0.88万元。年度扶贫资金由公司总部、各子公司及全体员工共同参与捐赠，具体情况为：总部拨付扶贫资金61.58万元，华融湘江银行、华融租赁等10家子公司共捐赠455万元，全系统员工捐款94.18万元。

【教育扶贫】 2015年，中国华融继续坚持以“科教扶贫”为核心，“软硬”兼顾，大力支持宣汉县教育事业的发展。硬件设施方面，支持基础设施建设，帮助完善宣汉县乡镇学校的教学、体育活动和学生住宿设施。捐资250万元修建七里学校教学楼，解决该校教学教辅用房问题；捐资20万元重建南坝中学曲棍球场，支持该校特色运动项目的发展；捐资20万元建成三河学校磨石运动场，满足全校师生基本体育锻炼需求；投入24.30万元捐赠500架学生宿舍用床，彻底改善3所学校的学生住宿条件；投入7.48万元为庆云乡中心校捐赠680套课桌，改善该校学生的学习条件。软件帮扶方面，调整工作思路，注重对象精准，加强对乡村教师和贫困学生的奖励和资助，助推乡村教育事业发展，阻止贫困现象代际传递。继续实施“中国华融助学扶贫基金”项目，在宣汉县6所覆盖面较大的乡镇学校定点设立奖学金和助学金，全年投入资金77.7万元，资助411名学生，对象精准、覆盖面广、效果良好。

【扶贫培训】 2015年，中国华融配合宣汉县教育局的乡村教师扎根计划，创新设立“中国华融—宣汉县最美乡村教师”奖励基金。2015年第一期奖励基金总计投入62.33万元，对宣汉县教育局评选的50名优秀乡村教师给予一次性奖励每人1万元，组织获奖教师赴北京参观北京著名高等学府，邀请教育部专家和北京市优秀班主任为乡村教师培训课程改革的特点、班主任工作艺术等内容。

【基础设施建设】 中国华融坚持开展“华融井”打建项目，以山区学校为切入点，首先解决学校师生面临的吃水、用水问题。2015年投入资金54.77万元，为宣汉县红岭学校、茶河乡平楼中心校、庆云乡中心校、三墩乡中心校、三墩乡初级中学、塔河乡中心校、新华镇中心校、黄石乡中心校、下八镇盘石村小学、龙泉乡草坝村小学等10所学校分别打建一口“华融井”，总计解决1万余人的饮水、用水问题。截至2015年底，中国华融连续6年为宣汉县累计打建机井35口，共解决近6万人的饮水问题。

【扶贫机制建设】 2015年，中国华融创新将定点扶贫工作与青年员工教育相结合，在宣汉县设立“中国华融青年责任（宣汉）基地”。该基地是根据中国华融党委的指示和倡议，与宣汉县政府共同建立的一个青年实践基地、教育基地，公司广大青年员工以此为重要平台，进一步加强与宣汉县人民的交流联系，更深入地开展对口帮扶工作，更好地履行中央企业的责任，同时更好地接受革命教育、国情教育和爱国主义教育。5月，中国华融青年联合会赴宣汉县召开第二届常务委员会第二次（扩大）会议，公司副总裁胡继良、全系统26名青联常委和5个片区召集人参加会议。会议期间，全体参会人员赴宣汉县王维舟纪念馆举行中国华融青年责任（宣汉）基地揭牌仪式，接受爱国主义教育，并与宣汉县政府、投资、教育部门有关负责人进行会面与沟通。

【干部挂职扶贫】 中国华融坚持把定点扶贫和干部培养相结合，每年选派德才兼备的中青年干部到定点扶贫县进行挂职锻炼。2015年，中国华融选派的四川分公司高级经理吴梅在宣汉县挂职任副县长。挂职期间，发挥自身专业优势及社会资源，推动其分管的民政、供销、粮食、商务、金融、保险等工作发展，尤其是有力推进宣汉商贸物流园建设、获批“全国第二批电子商务进农村综合示范县”，并在宣汉县“6.25”洪灾发生后，及时划拨救灾资金136万元和大量救灾物资，保障救灾工作有序开展。8月，根据中央有关要求，中国华融选派鄢宏到宣汉县峰城镇仁义村任“第一书记”。挂职干部到任后，立即着手解当地情况，找出路谋思路，在了解到当地是地理标志农产品桃花米产区后，组织村民于11月底成立金丰城种养殖专业合作社，组织整合桃花米的生产和销售工作，产业扶贫初见成效。

【扶贫慰问】 2015年春节前夕，受宣汉县团委邀请，中国华融派2名青年员工参加“青年志愿者新春走基层”活动，深入宣汉县最贫困的龙泉土家族乡，探望两名留守学生，与他们同吃、同住、同学习、同劳动。5月，在公司副总裁胡继良带领下，8名青年员工组成“中国华融青年志愿者服务队”，赴宣汉县开展青年志愿者走基层活动，深入宣汉县凤林乡和厂溪乡，看望走访当地2所中心校和4所村小的师生，代表公司为山区孩子们送去衣物、文具等物品。6月，宣汉县经历特大暴雨洪灾袭击，中国华融第一时间号召、组织全系统广大员工为宣汉县捐款，一周内筹集到94.18万元，及时拨付到位，帮助灾区重建。

【扶贫日活动】 2015年，中国华融将10月17日定为“中国华融爱心扶贫日”，并在10月期间以“履行社会责任，奉献华融爱心”为主题，开展一系列扶贫工作宣传，组织召开定点扶贫工作汇报会，组织总部员工开展对宣汉贫困学生的“一对一”爱心资助活动，共资助101名贫困学生，其中61名贫困学生得到员工认领资助，其余40名学生，通过“华融·爱心”信托和总部员工无记名捐款，每人一次性给予1000元的资助。

（中国华融资产管理股份有限公司
扶贫办公室　尹姝姝）

中国东方资产管理公司定点扶贫

【概述】 2015年，中国东方资产管理公司（以下简称“东方资产”）定点帮扶湖南省邵阳县。东方资产根据国务院定点扶贫工作的总体要求，结合邵阳县县情“第一书记”挂点贫困村村情和公司实际，制定“产业帮扶为主、兼顾民生工程”的总体规划，以经济发展和改善民生为基础，以定点帮扶村为突破，精准扶贫到户到人。通过大力扶持当地特色优势产业发展，改善关系民生的基础设施条件，提高贫困群众自我发展能力。全年共筹措资金156万元（其中自筹资金100万元，协调其他资金56万元）用于支持当地产业发展和基础设施建设。

【扶贫资金投入】 2015年，东方资产直接划拨100万元专项扶贫资金，用于邵阳县专项项目帮扶。一是投入15万元帮助河伯乡城背村修建水塔、更换老旧自来水管、安装新自来水管，解决小学师生、附近村民的生活用水问题，投入3万元帮助其新装6盏路灯；二是投入67万元用于农村基础设施建设，解决群众的迫切需求。其中向黄塘乡黄塘村提供帮扶资金40万元，用于安装路灯、修建村民文化广场、整治村环境卫生，向五峰铺镇马蹄村、金称市镇背塘村分别投入5万元支持其自来水工程建设，向河伯乡河伯村、白仓镇新民村分别投入2万元、10万元建设村民文化广场，向五峰铺镇界牌村投入5万元建设村级活动室。三是提供产业帮扶资金10万元，用于帮扶怡悦油茶专业合作社、新村水稻种植专业合作社扩大种植规模。四是继续支持教育扶贫项目，投入帮扶资金5万元，作为邵阳县优秀贫困学生支助金，帮助优秀贫困学子实现求学梦。

东方资产在邵阳县挂职的县委常委、副县长，2015年共协调县相关部门对所挂点的贫困村、党组织软所涣散村资金支持共计56万元，主要用于建设关系民生的基础设施项目。

【扶贫调研】 2015年，东方资产党委书记吴跃、党委委员、副总裁辛学东赴邵阳县开展调研，与当地政府开展座谈、对接扶贫工作、共商脱贫大计，基本确定产业帮扶脱贫为主的总体思路。考察当地特色产业，就产业帮扶形式、帮扶内容与相关部门、困难群众进行深入交流，基本掌握定点帮扶贫困村现状和部分困难群众家庭情况，为下一步制定实施精准扶贫方案提供决策依据。

东方资产人力资源部、团委在送选派“第一书记”到任的同时，与邵阳县有关领导、挂点扶贫村干部群众进行座谈，了解当地贫困现状和困难群众需求，并就如何对接扶贫进行深入探讨，形成初步意向。

【扶贫制度建设】 2015年，东方资产强化定点扶贫工作的组织领导，成立由公司领导任组长，公司相关部门、12家控股子公司主要负责人为成员的定点扶贫工作领导小组。领导小组下设办公室，成员由扶贫领导小组成员所在部门（单位）相关人员组成。为确保扶贫工作机构运转顺畅，公司制定《公司扶贫工作领导小组工作规范》，涵盖公司扶贫工作领导小组办公室工作职责等规章制度，建立健全公司系统扶贫工作机制，明确组织架构、工作职责及议事规则，为定点扶贫工作提供强有力的组织和制度保障。

【扶贫培训】 2015年，东方资产投入资金，聘请相关专家、技术能手，在邵阳县举办了12期油茶、烟叶技术培训班，为800多户油茶、烤烟种植户提供技术指导，提高种植水平。

针对部分农村群众法律意识淡薄，挂点“第一书记”邀请乡司法所所长一起为部分党员群众举办《民事诉讼法》简要培训，要求大家不断提高守法意识，学会用法律武器保护自己的权益，发生矛盾、民事纠纷时要第一时间向相关部门报告进行调节，必要时向乡司法所等部门申请法律援助，避免因邻里矛盾、民事纠纷导致的恶性违法案件的发生。

【干部挂职扶贫】 2015年，东方资产从总部机关选派1名处级干部到邵阳县挂职县委常委、副县长，负责扶贫工作。驻邵阳县扶贫工作组被邵阳市委、市政府评为扶贫工作“模范工作组”，个人被市委市政府考核为优秀。

东方资产在总部机关中选派1名青年业务骨干到邵阳县黄塘村担任“第一书记”。同时，南宁办事处选派一名优秀青年干部到南宁市上林县贫困村担任“第一书记”。“第一书记”到任后都能迅速进入角色，在深入调研的基础上积极开展精准扶贫工作，起到桥梁和纽带作用。

【产业扶贫】 2015年，东方资产，投入7万元支持邵阳县怡悦油茶专业合作社投建的黄塘乡塘仁村国家油茶标准化示范基地，解决其前期投入大、资金紧张的问题，保障油茶基地建设项目顺利推进。

白仓镇是邵阳县产粮大镇，主要种植水稻，通过小丘改大丘后，村民通过土地流转形成集中连片水稻种植，成立水稻种植专业合作社，为扶持合作社扩大规模、持续经营，公司投入3万元支持新民村水稻种植合作社。东方资产从专业合作组入手，帮助农户发展特色产业。在县扶贫办的大力支持与配合下，援助邵阳县郦家坪镇十峰冬枣专业合作社举办冬枣种植、管理技术培训、聘请专业农艺师为全体社员提供上门技术服务。2015年，该合作社采取农民自愿入社，合作社免费提供专业知识培训和上门技术服务，农产品统一收购，合作社包销的经营模式带动附近 6 个乡镇的 4500 农户种植冬枣，农民纯收入明显提高。

【教育扶贫】 2015 年，东方资产帮扶贫困地区发展教育事业，完成东方希望小学、文昌小学、谷洲小学和中和中学、金江中学等 3 所小学、2 所中学的危房改造、改厨、改厕等工作。

东方资产 2015 年深入学校和贫困学生家庭进行走访，投入 3 万元对河伯乡东方希望小学、城背小学、小溪市乡文昌小学、谷洲镇中心完小、五峰铺镇中和中学、金江乡中学等偏远学校，共计 85 名中、小学的优秀贫困学生获得每人 300—500 元的资助。2015 年，东方资产继续对邵阳县高考成绩优秀的贫困学生进行助学奖励，在全县范围内选出 10 名考入大学的优秀贫困学子，每人给予 2000 元助学奖励，用以鼓励其安心学习，积极进取，学成后积极为家乡建设出力、回报社会。

【基础设施建设】 2015 年，东方资产通过派驻干部深入调研摸准民情，走村入户问清民需，面对面交流听取民计，先后投入资金帮扶近 20 个村组进行农村基础设施建设，解决群众出行难、上学难、饮水难、用电难等问题，切切实实为群众办一批实事。

邵阳县黄塘乡黄塘村“第一书记”通过调研发现该村存在集体经济薄弱、没有产业支撑、居民生活用水困难、环境卫生亟须改善、路灯亮化建设欠缺、基本农田设施亟须改造等问题。东方资产做出详细的帮扶计划，积极筹集资金，建设一系列的民生项目。投入 40 万元帮扶资金，帮助该村安装太阳能路灯，开展农村环境卫生整治，解决全村照明问题和垃圾收集问题，实现村容亮化、美化；帮助该村修建村民文化广场，丰富村民的精神文化生活。

东方资产投入帮扶资金 10 万元，支持的社会主义新农村建设，修建村民文化广场、公共厕所、村民学习活动室等基础设施，创建秀美山村。新民村被列为社会主义新农村建设示范村。

（中国东方资产管理公司
扶贫办　江　涛）

中国航天科技集团公司定点扶贫

【概述】 2015年，中国航天科技集团公司（以下简称“航天科技集团”）定点扶贫陕西省洋县、太白县和河北省涞源县，选派挂职干部3名，驻村“第一书记”3名。航天科技集团秉承“真扶贫、扶真贫”的宗旨，以精准扶贫为总要求，发挥航天科技优势，以光伏扶贫、航天育种、电商扶贫为创新点，以提高贫困地区群众自身造血功能为重点，从解决群众最关心的问题入手，转变扶贫思路，创新扶贫开发模式，在发展特色产业、完善基础设施、推动教育发展、开展社会救助等方面倾心扶贫。全年共有173人次到扶贫县调研和开展帮扶工作，共投入专项扶持资金1152.5万元。其中常规扶贫资金697.5万元，百县万村专项经费455万元。航天科技集团张建恒副总经理多次率领扶贫工作组深入扶贫县调研和检查帮扶项目执行情况，指导下一步扶贫工作开展，慰问困难户等弱势群体和资助贫困学生。

【扶贫资金投入】 2015年，航天科技集团共投入专项扶持资金1152.5万元。其中常规扶贫资金697.5万元，百县万村专项经费455万元。其中基础设施方面投入资金505万元，产业开发方面投入资金620万元，文化教育方面投入19.5万元。

【扶贫会议】 2015年4月，航天科技集团召开扶贫工作领导小组会，航天科技集团党组成员、副总经理、扶贫工作领导小组组长张建恒主持会议，航天科技集团办公厅、财金部、人力资源部、经营投资部、经济合作部、党群工作部以及相关扶贫工作小组组长单位领导及扶贫县挂职干部等参加会议。会议对2014年航天科技集团扶贫工作进行总结并研究制订2015扶贫工作计划，会议一致通过要大幅增加扶贫资金和人力方面投入的决定。

航天科技集团认真贯彻落实“百县万村”工作。在前期充分调研摸底和形成工作方案的基础上，2015年8月，航天科技集团召开党组会，审议通过关于航天科技集团实施“百县万村”活动的工作方案，航天科技集团决定在2015—2017年投入1500万元用于帮助贫困地区解决“缺水、缺电、缺路”问题。为推进百县万村工作资金的落地，航天科技集团副总经理张建恒召开航天科技集团百县万村工作布置视频会，包括航天科技集团所属单位的扶贫工作主管领导在内共80人参加工作会，副总经理张建恒要求各单位按照航天科技集团党组的要求，认真贯彻落实“百县万村”帮扶工作，并对扶贫日的各项活动的组织进行周密部署。

2015 年航天科技集团组织召开扶贫工作座谈会，针对新时期的扶贫要求，前期的扶贫工作中取得的经验和出现的问题进行总结和深入交流，对今后的扶贫项目进行展望和谋划，明确以电商扶贫、光伏扶贫、旅游扶贫、产业扶贫作为当前扶贫工作的重点，进一步整合资源，落实精准扶贫战略和要求，创新工作模式。

【扶贫调研】 在航天科技集团扶贫办的组织下，2015 年 9 月航天科技集团组织由三个定点县的领导、扶贫办、企业负责人组成的考察组一行 14 人，赴甘肃省陇南市徽县、成县学习电子商务平台建设经验，学习人员收获很大，获得顶层设计和实际操作经验，大家一致认为：发展农产品电子商务，政府重视是关键，搭建平台是基础，配套服务是保障、产品质量是根本，微媒宣传是重要手段。

【扶贫日活动】 2015 年 10 月，航天科技航天科技集团扶贫办公室和团委联合组织扶贫工作组长单位、各成员单位和百余名航天青年志愿者，分别到航天科技集团对口帮扶的陕西省太白县、洋县和河北省涞源县，在三地同时举行“扶贫日”帮扶活动。

在涞源县东团堡乡西团堡小学，航天青年志愿者为学生捐赠台式电脑和图书，建成“航天爱心网络教室”和“航天爱心图书室”；志愿者为同学们讲授电脑操作课和航天科普课，为孩子们过一场集体生日，激发他们对梦想的渴望；15 名青年医务志愿者深入西团堡村委为村民义诊。

在太白县，航天科技集团向 80 名贫困家庭中学生发放助学金每人 500 元，为小学捐赠价值 6 万元的架子床、大型活动设施和图书；咀头中学 200 多名学生共同聆听航天科普课并参与互动。航天职工志愿者与 50 名中学生爱心结对，每年提供助学金；航天六院社区为小学生们捐赠价值 1 万元的课外图书。

在洋县，青年志愿者为孩子们讲授航天科普“微课堂”课程，教学生们制作并放飞火箭模型。为学生们捐赠 100 个护眼灯，帮助孩子们实现“微梦想”。

【产业扶贫】 2015 年，航天科技集团在太白县实施精准扶贫光伏发电项目，该项目是陕西省首创式精准光伏扶贫工程，投入扶持资金 80 万元，实行“自发自用、余电上网、电网调节”的运营模式，为 56 户“三无户”（无安全住房、无经济收入、无可依耐力量）各安装 3 千瓦分布式光伏发电站 1 座，预计每户年增收 3000 元。在此项目带动下，太白县发展了光伏电站 145 座，贫困户安装意愿强烈。实施太白县电商扶贫项目，投入帮扶资金 40 万元，建成太白县电子商务运营服务中心，开展电商产品包装策划，镇村电商示范点建设和农特产品“众筹”活动，2015 年依托淘宝众筹平台实施电商爱心众筹活动，贫困户广泛参与的土蜂蜜合作社通过线上线下销售蜂蜜3000余千克，增强了贫困户发展电商的信心。并为全县11户特困家庭筹得善款2.2万元开展旅游扶贫项目，扶持资金40万元，建成药王谷景区生态化木质栈道400米。在航天扶贫项目带动下，太白县被陕西省扶贫办列为光伏扶贫、电商扶贫、旅游扶贫试点县，获得陕西省支持资金500万元。2015年7月，新华网、中国网、中国经济网和《中国扶贫》杂志等国家媒体分别撰文对航天科技集团太白县定点扶贫工作做深度报道。

在洋县开展有机农产品电商平台项目，投入帮扶资金40万元，新建有机农产品展示大厅100平方米和洋县有机农产品电子商务平台。该项目的建成，填补了洋县有机农产品集中统一网上宣传销售的空白。实施永辉有机稻油基地项目，投入帮扶资金65万元，新建成有机稻、油生产基地2000亩。安装杀虫灯60盏，粘虫板2000个，覆盖面积5000亩。组建了1个病虫害专业化防治服务队，组织技术培训700人次。该项目的建成，优化了农业产业结构、增加了农民收入、扩大了社会就业。实施宏玮有机魔芋种植基地项目，投入帮扶资金35万元，在洋县四郎镇马道村、桑溪镇湘子村、金水镇水地沟村、关帝镇下东沟村、槐树关镇阳河村建设有机魔芋基地2050亩。该项目的建成，带动212户贫困户增收。实施新成魔芋新品种繁育与示范推广项目，投入帮扶资金15万元，在洋州镇东联村建设“汉芋一号”魔芋良种繁育基地50亩，遮阳大棚50个。该项目的建成，既推动特色产业的转型升级，加快农民增收步伐，又促进区域经济发展。实施康源薯业有机红薯精深加工与技术改造项目，投入帮扶资金30万元，对有机红薯进行精深加工技术改造。该项目的建成，为促进基地村农民脱贫致富、带动地方经济快速发展起到典型引路作用，更为做大做强洋县特色农业起到推动作用。

在涞源县实施50亩地蔬菜种植基地建设项目，投入帮扶资金55万元，按照精准扶贫、精准脱贫总体思路任务实施。具体为“协议参股”每年固定回报不低于10%，同时解决就业约110人；实施涞源县中泉食用菌种植园建设项目，投入帮扶资金15万元，新建2800平方米大棚一个，60平方米小棚21个。实施南屯飞建蔬菜种植基地建设项目，投入帮扶资金15万元，新建大棚10个。实施航天育种推广项目，投入帮扶资金10万元，主要是为50亩地和南屯等蔬菜基地提供航天种子，同时提供技术服务。实施六旺川柴鸡生态养殖基地建设项目，投入帮扶资金55万元，按照精准扶贫精准脱贫总体思路任务实施，同时解决就业约150人。开展马圈沟门黑猪养殖基地建设项目，投入帮扶资金15万元，新增养殖规模100头。实施仝川黑猪养殖基地建设项目，投入帮扶资金15万元，新增养殖规模100头。实施电子商务项目，投入帮扶资金20万元，一是积极组织协助涞源县成功申报成功“河北省电子商务示范县”，二是支持尚码电子商务建设项目，建成网上销售平台和培训运行基地。

【基础设施建设】 2015 年，航天科技集团积极响应国务院固有资产监督管理委员会号召，开展“百县万村”活动，并决策投入 1500 万元解决 3 个革命老区帮扶县的“缺水、缺电、缺路”问题。2015 年已落实到位资金 455 万元。航天科技集团鼓励基层干部和群众主动参与“三缺”项目选择和建设，投劳投工，极大地增强当地群众的认同感和获得感，并建立长效维护管理办法，确保项目长期运行。

（中国航天科技集团公司）

中国航天科工集团公司定点扶贫

【概述】 2015年，中国航天科工集团公司（以下简称“航天科工”）定点扶贫云南省昆明市东川区、富源县，选派处级干部2名，“第一书记”1名到定点县（区）挂职。继续在科技扶贫、教育扶贫、文化扶贫、卫生扶贫等方面开展工作，充分发挥航天科工高科技产业技术优势，不断完善和加强帮扶机制；不断拓宽帮扶领域；不断加大帮扶力度；实施科技扶贫，全力推进精准扶贫工作。2015年组织赴定点帮赴县考察89人次，共投入扶贫资金225万元，帮助引入资金15万元。根据精准扶贫的工作要求，按照扶贫干部调研提出项目，集团公司扶贫办实地考察，扶贫领导小组会议审核，项目完成有验收的工作流程，以及航天“严、慎、细、实”的精神，忠实地履行中央企业社会责任。航天科工积极发动所属单位和社会组织和企业围绕在东川区、富源县的精准扶贫加大对一县一区的人、财、物的扶贫力度。2015年，航天科工被云南省委表彰为“扶贫工作先进单位”。

【扶贫资金投入】 2015年，航天科工投入帮扶县（区）资金225万元，科技扶贫165万元；教育扶贫40万元；医疗扶贫10万元，文化扶贫10万元。

【扶贫调研】 2015年，航天科工扶贫办和各成员及扶贫项目单位负责人8次到定点扶贫县（区）调研落实教育扶贫、无线电应急通信移动车载指挥系统二期工程、富源县气象局气象应急指挥系统指挥二期工程、产业扶贫、民生扶贫和医疗卫生等扶贫项目的开展情况，召开座谈会6次，深入山区乡镇、村、地头实际了解扶贫项目落地情况，听取当地各级政府、有关单位对扶贫项目的需求，明确定点扶贫工作的思路和工作重点，进一步的推动航天科工扶贫工作的顺利进行。

【扶贫工作会议】 2015年，航天科工扶贫领导小组召开1次领导小组会议、2次办公会议。3月，召开年度工作会议，研究2015年定点扶贫工作，总结2014年扶贫工作，听取2名挂职干部的年度述职报告，研究确定2015年扶贫项目、资金批复计划。在富源县、东川区分别召开第二批新到任挂职干部宣布任免办公室会议。

【扶贫培训】 2015年，航天科工组织了无线电应急通信移动车载指挥系统二期工程、富源县气象局气象应急指挥系统指挥二期工程、东川区水务局坝塘水库监管工程、农业产业扶贫等项目的人员开展培训，共培训200多人次。

【干部挂职扶贫】 2015年9月，航天科工进行第二批挂职干部的交接和第一批村“第一书记”的到任。对第一批挂职干部两年来开展的各项工作进行总结，对第二批挂职干部提出新的工作要求。第一批2名挂职干部被云南省扶贫开放领导小组授予“扶贫工作先进个人”荣誉称号。

【扶贫日活动】 2015年，航天科工组织开展“扶贫日”活动。一是由集团公司扶贫领导小组副组长王建生带队专程赴云南组织召开定点挂职东川区、富源县干部及相关单位座谈会，听取挂职干部工作情况汇报和相关单位开展扶贫工作的情况介绍，对后续工作提出要求；二是参加云南省扶贫办举办的“扶贫日”主题电视晚会的认捐活动；三是组织策划在《中国航天报》和集团公司微信平台发表集团公司扶贫工作情况的宣传报道活动。

【产业扶贫】 2015年，产业扶贫工作主要以推动东川区阿旺镇大石头村航天蔬菜基地为基础，通过培训以“基地带动大户，大户带动示范户，示范户带动农户”的模式，逐步向各乡镇推广，进行“三统一”在三个村共实验推广220亩，用工700名，航天蔬菜基地向农业局提供反哺资金5万元，同时积极联系航天科工相关单位做好东川特色产品的推广介绍工作。

【科技扶贫】 2015年，航天科工帮扶165万元，在东川区完成云南省第一个县级无线电应急通信移动车载指挥系统二期工程；利用航天传感器监测技术+互联网完成东川区水务局坝塘水库监管工程的设计、施工、建设工作；在富源县完成气象局气象应急指挥系统指挥大厅高清屏幕的更新改造升级二期工程。

【教育扶贫】 2015年，积极响应中国扶贫基金会“832”助学计划，积极联系沈阳爱心企业家沈阳英地泵业有限公司董事长杨智高于2015年4月份签注启动“航天—智高助学金三年计划”，该活动计划从2015年开始每年向东川区、富源县两地的贫困中学生各捐款10万元，帮扶55名学生。

【文化扶贫】 2015年，航天科工积极联系邀请杭州中天模型有限公司总经理冯锐参与云南两县（区）捐助活动，向有关学校捐赠价值5万元，各500套航空、航海、车辆模型。协调云南省体育局积极支持参与航天科工科普文化活动。

【医疗扶贫】 2015年，航天科工在医疗卫生方面投入10万元，帮扶富源县中医医院手术室购置麻醉机1台。提高地方医疗机构手术室的医疗的就诊率。4月，北京航天中心医院派出8人专家团队到富源县义诊2天，就诊人数285人；开展查房讲座188人次，会诊示范教学手术2例。富源县中医医院派生5名医生到北京航天中心医院代培学习。

（中国航天科工集团公司）

中国船舶工业集团公司定点扶贫

【概述】 中国船舶工业集团公司（以下简称“中船集团”）自2002年起定点帮扶云南省鹤庆县，截至2015年，先后派出挂职干部12名，累计筹措帮扶资金1509.37万元，从教育、医疗卫生、水利、救灾救济、就业扶贫等多个方面对鹤庆县开展帮扶工作，在人力、物力、财力、智力等方面对鹤庆县给予帮助。

【扶贫资金投入】 2015年，中船集团共投入帮扶资金115.54万元。其中，投入资金63.55万元用于实施教育扶贫项目、42万元用于实施医疗设备捐赠帮扶项目、4.45万元用于实施农村安全饮水和农村小学校舍安全工程帮扶项目。此外，中船集团还投入3.54万元，实施“劳动力培训使用”帮扶项目；投入2万元，组织“中船春蕾班”师生代表到广东省广州市参观学习。

【扶贫资金管理】 中船集团扶贫资金纳入集团公司年度预算管理。在预算范围内，总部有关部门和相关地区公司根据挂职干部调研了解的帮扶需求，结合集团公司发展实际，提出《集团公司年度定点扶贫项目计划建议》，经集团公司相关决策会议审议通过后执行。在项目执行过程中，中船集团利用挂职干部推进项目落地实施、帮扶资金到项目到人头，并制定完善《“中船春蕾班”（高中班）管理办法》等制度，规范帮扶资金管理，确保有限的扶贫资金发挥最大的使用效率。

【扶贫调研】 2015年9月，中船集团党组成员、副总经理陈琪等一行8人，赴鹤庆县开展定点扶贫工作考察调研，期间与鹤庆三中“中船春蕾班”（高中班）学生代表进行座谈、参加六合初级中学“中船春蕾班”（初中班）开班仪式、在六合乡卫生院举行中船集团医疗设备捐赠仪式、走访慰问金墩乡磨光村贫困户，并与鹤庆县委、县政府有关领导就进一步做好定点扶贫工作进行座谈。

【劳动力转移培训】 2015年，中船集团组织实施“劳动力培训使用”帮扶项目，为部分鹤庆县符合招录条件的应届初高中毕业生和社会闲散劳动力提供免费就读中船集团下属技工学校、参加学习培训、毕业后进入中船集团下属船企工作的机会。首批10名学生已参与到项目中，顺利入读中船集团下属广州造船厂技工学校学习专业技能。

【干部挂职扶贫】 2015年，中船集团派出2名干部到鹤庆县分别担任挂职副县长和该县金墩乡磨光村“第一书记”，推动落实中船集团定点扶贫工作。挂职干部积极组织中船集团与鹤庆县开展对接交流，组织中船集团历任挂职扶贫干部前往鹤庆县对接扶贫项目、组织“中船春蕾班”优秀师生赴中船集团广州地区的企业参观学习，进一步增强中船集团与鹤庆县的良好关系。此外，还主动结合鹤庆当地产业发展实际，积极与国家开发投资公司等投资机构沟通联系，探索推进产业扶贫项目。“第一书记”通过长期实地走访调研，全面详细了解全村发展现状，积极配合支持村“三委”从基础设施建设（危房改造、易地搬迁、水利工程建设）、产业帮扶（种植、养殖业）等方面推进磨光村的扶贫开发工作。

【教育扶贫】 2015年，中船集团投入直接帮扶资金63.55万元，开展教育扶贫。其中，在义务教育阶段投入帮扶资金40.15万元，救助孤、寡、残、单亲家庭学生80人，新招和继续开办“中船春蕾班”（初中班）9个，资助学生475人；在非义务教育阶段投入帮扶资金23.4万元，在鹤庆县第一中学和第三中学新招和继续开办“中船春蕾班”（高中班）3个，资助学生150人。

此外，中船集团还发动广州地区下属企业参与“阳光关爱”助学行动，募集资金12.6万元，实施一对一帮扶，帮助35名考入本科院校的单亲贫困学子缓解经济压力，顺利入学。中船集团下属的广州船舶工业公司团委还组织广州地区各单位团组织向鹤庆县贫困中小学捐赠图书3000余册。

【基础设施建设】 2015年，中船集团投入资金4.45万元实施农村安全饮水和农村小学校舍安全工程帮扶项目，帮助鹤庆县六合乡麦地小学实施校园围墙、大门和操场平整等安全附属工程，并帮助该乡松园村完善安全饮水附属工程。

【医疗卫生扶贫】 2015年，中船集团投入资金42万元实施医疗设备捐赠帮扶项目，分别为鹤庆县六合、西邑、龙开口（中江）3所乡镇卫生院购置全自动生化分析仪各1台，一定程度上改善和缓解农村医疗设备匮乏、医疗机构设施简陋和农村群众看病难的问题。

（中国船舶工业集团公司　李洁瑶）

中国船舶重工集团公司定点扶贫

【概述】 2015年，中国船舶重工集团公司（以下简称“中船重工”）定点帮扶云南省勐腊县和丘北县。结合中央扶贫开发工作会议的新要求和新部署，2015年共投入资金316.42万元，实施“中船重工普者黑水头希望小学”项目和“中船重工纳卡希望小学新建围墙”等扶贫项目。

【扶贫资金投入】 2015年，中船重工扶贫资金实际投入316.42万元，其中集团公司直接投入301.42万元，职工捐赠15万元；其中在丘北县投入272.71万元，在勐腊县投入39.5万元。

【扶贫资金管理】 2015年，中船重工持续完善扶贫资金管理机制，加强扶贫项目资金管理，提高扶贫资金使用效益。一是建立扶贫资金预算机制，定期在每年年底由扶贫工作领导小组提出扶贫资金预算报董事会审批，切实保障扶贫资金。二是认真规范扶贫项目立项、申报、审批程序，确保扶贫项目调研实事求是，扶贫项目预算真实可靠。三是扶贫资金实行专账管理、专款专用，严格按项目合同和项目进度拨付扶贫资金，严禁各扶贫单位截留、挤占或挪用扶贫资金。四是严格项目审计，对每个扶贫项目都安排第三方审计机构进行专项审计，确保帮扶资金安全、合规、有效使用。

【扶贫调研】 2015年，中船重工定点扶贫工作领导小组共赴勐腊县和丘北县开展扶贫调研4次，召开定点扶贫工作座谈会2次，邀请文山壮族苗族自治州（以下简称“文山州”）、丘北县主要党政领导赴中船重工北京总部开展扶贫工作交流1次。通过多次扶贫调研和座谈交流，听取定点扶贫县经济社会发展、教育基础设施建设、文化教育水平等情况汇报，征求定点扶贫县对集团公司扶贫工作的意见和建议，促进集团公司扶贫规划制定、扶贫项目调研立项、扶贫项目实施验收等工作的有效落实。

【扶贫工作会议】 为加强扶贫开发工作的领导，中船重工定点扶贫工作领导小组定期组织召开由集团公司党政主要领导出席的定点扶贫工作会议，每年至少2次。2015年3月和12月，中船重工分别组织召开定点扶贫工作会议，主要集中学习党中央、国务院关于扶贫攻坚精神，听取2015年重点扶贫项目调研情况汇报，审定2015年扶贫资金预算，讨论定点扶贫工作计划和“十三五”定点扶贫工作规划，对定点扶贫工作作出部署和安排。

12 月，中船重工在北京总部召开“中船重工—文山州丘北县定点扶贫工作交流会”，会议听取了文山州、丘北县的扶贫开发工作情况，双方围绕“十三五”期间定点扶贫工作进行交流。

9 月，中船重工在丘北县八道哨乡水头村召开中船重工普者黑水头希望小学竣工验收会议及资产移交仪式，将总资产价值 543 万元的希望小学整体移交丘北县人民政府进行管理。

【干部挂职扶贫】 2015 年，中船重工共选派 2 名青年干部到勐腊县和丘北县挂职扶贫，其中 1 名任西双版纳傣族自治州勐腊县扶贫开发局副局长，协助局长分管扶贫项目调研、项目组织实施、项目验收工作；1 名任文山州丘北县八道哨乡矣堵村党支部“第一书记”，协助矣堵村党支部做好基层党建工作，配合村委会做好精准扶贫日常管理工作。

挂职工作期间，2 名挂职扶贫干部服从组织安排，严格按照县委，县政府精准扶贫工作要求，克服工作和生活方面的种种困难，认真履行职责，积极融入地方政府，主动深入乡镇村寨开展扶贫工作调研，了解定点扶贫县的经济社会发展情况和贫困状况，掌握当地老百姓和建档立卡贫困户的主要致困原因，了解老百姓对扶贫项目的真实需求和脱贫致富的主要途径，向当地政府和部门提出扶贫工作意见和建议。同时当好中船重工定点扶贫工作的联系人，围绕中船重工扶贫项目做好信息沟通、项目调研、方案制定、组织实施、项目验收等工作，及时向集团公司反映扶贫工作进展情况和存在的问题，确保集团公司扶贫项目落到实处。

中船重工建立挂职扶贫干部选派和管理工作机制，一是严格选派标准，从政治素质高、业务能力强的青年后备干部中选派。二是保障挂职扶贫干部的待遇，关心家属的工作生活，定期到扶贫点看望挂职干部，营造良好的工作环境。

【扶贫慰问】 2015 年“六一”儿童节期间，中船重工昆明船舶设备集团有限公司爱心助学协会前往中船重工纳卡希望小学和中船重工普者黑水头希望小学对 48 名贫困小学生进行助学慰问活动，送上助学金及慰问品共计 3. 8 万元。

2015 年 12 月，中船重工前往丘北县八道哨乡矣堵村开展建档立卡贫困户走访活动，共走访慰问 45 户贫困家庭，送达慰问品共计 5000 元。

【教育扶贫】 2015 年，中船重工围绕勐腊县和丘北县共投入资金 296 万元，实施 3 个教育扶贫项目。

一是援建希望小学。在丘北县投入 240 万元，组织实施“中船重工普者黑水头希望小学”。中船重工为学校专门定制双人学生课桌椅子 175 套，学生标准高低双人铁床 80 套、学生宿舍储物柜 160 个，老师双人高低床 13 套，教师办公桌椅 13 套，厨房用品 1 批，全自动电热水器 2 套，太阳能设备1套，不锈钢水池2个，使学校建成即具备入学入住的条件，328名学生的学习生活条件和12名教师的教学办公条件得到改善。二是捐资建设希望小学基础设施。在勐腊县投入20万元，实施“中船重工纳卡希望小学围墙项目”，为学校新建380米标准围墙，为学生学习生活提供安全保障。三是开展优秀师生“圆梦行动”。投入资金36万元，组织实施勐腊县、丘北县优秀师生代表北京参观学习活动，活动于2015年7月实施，共有40名优秀学生代表和12名优秀教师代表参加。

【扶贫日活动】 2015年“扶贫日”活动期间，中船重工面向集团总部、在京直属单位及昆明地区公司发出倡议，组织动员职工开展扶贫捐款公益活动，职工共捐款12万元，在纪检监察部和财务部的监督下，活动全部捐款为中船重工普者黑水头希望小学购买计算机5台、复印机1台、打印机1台、小学生全新床上用品200套、学习用品1批、文化体育用品1批等物资，进一步改善学校的教学和学习生活条件。同时通过《中船重工报》、中船重工微信公众号开展“扶贫日”专题宣传活动，提高全体职工理解扶贫、支持扶贫、参与扶贫的意识，为中船重工定点扶贫工作营造良好的氛围。

（中国船舶重工集团公司　贺广忠）

中国石油天然气集团公司定点扶贫

【概述】 中国石油天然气集团公司（以下简称“中石油”）在定点扶贫的4省（区）10县（新疆维吾尔自治区尼勒克县、察布查尔县、托里县、巴里坤县、吉木乃县、清河县，河南省范县、台前县，贵州省习水县，江西省横峰县）和福建省长汀县，共投入资金2600多万元，完成11个帮扶项目，举办培训班13期，培训受援地干部群众430人次，圆满完成全年各项任务，荣获第九届中华慈善奖“最具爱心捐赠企业”称号。

【基础设施建设】 按照国务院国有资产监督管理委员会“百县万村革命老区帮扶活动”要求，以援建乡村道路、安全饮水工程等基础设施项目为重点，中石油编制了范县和台前县、习水县、横峰县4县2015—2017年帮扶规划。2015年，在范县投入300万元援建高码头镇安全饮水工程，为7个村6672人解决饮水问题；在台前县投入300万元修建夹河乡张书安村到S101国道连接路，为9个村近8000人解决出行难问题；在习水县投入300万元修建醒民镇红岗村螺丝湾至榨山坝通村公路，为12个村小组近3100人解决出行难问题；在横峰县投入300万元援建丁家村石油桥和莲荷村安全饮水项目，解决2000多人出行难和5000余人饮水安全问题。

【智力扶贫】 坚持突出培训的专业性和实效性，中石油在杭州、成都、北京、新疆等地共举办6期为期5—8天的电子商务、旅游产业、教学管理、安全应急和信息技术培训班，通过专家授课、现场参观调研、创意工坊模拟实战等方式，培训各级干部、致富带头人近300人。创新开展注重扎根当地的教师培养工作，中石油与北京171中学和拉萨北京实验中学合作，为帮扶地教师开展为期一学期的培训，采取“师带徒、手拉手”方式培训骨干教师17人，使受训教师开拓视野、提升能力、学习到先进的教学管理理念。在新疆中石油联合当地培训机构，对100多名农牧民进行汽车维修、电焊电工、畜牧养殖等技能培训，增强就业和创业能力。并向甘肃省清水县和贵州省习水县捐赠修旧改新升级电脑110台，帮助建立多媒体教室，提高学校信息化水平。

【医疗扶贫】 中石油安排下属廊坊中心医院，选派10多名骨干医生在习水县、横峰县分别开展为期5天的巡诊，采用“送医上门”方式，精准诊疗患者近600人次。同时继续开展帮扶地医生培训，分别在拉萨培训双湖外科骨干医生8名、在中心医院培训帮扶地乡村医生35名，提升当地医疗水平。

【产业扶贫】 中石油协调销售分公司与贵州茅台酒厂（集团）习酒公司签订购销协议，在各加油站便利店销售习酒。订货额超过500万元，拉动了地方经济，提高了贫困户收入。中石油以电商培训为平台，帮助习水县引入阿里巴巴“村淘”项目，开办58个乡村淘宝服务站，2015年阿里巴巴年货节期间，习水电商销售额超过600万。帮助范县、台前、横峰和习水4县参加国务院扶贫办“电商扶贫双百示范行动”，对接苏宁易购网上商城，将4县特色农副产品纳入“扶贫农副产品展销平台”销售。

自2012年起，中石油连续4年共投入3650万元（其中2015年投入650万元）专项帮扶的福建省长汀县“万亩水保生态示范林”工程顺利完成，共植树造林10382亩，补植套种各类树木77万余株，成活率达98%，列全省各水保林区第一。在治理水土流失的同时，注重发展经济改善民生，打造“不砍树也能致富”的经济林，林区套种2000多亩经济植物无患子，年产值300多万元，带动当地300多人就业，打造央企与地方共建生态文明新样板。

【扶贫宣传】 “扶贫日”期间，在中石油内外网推出“爱如大地、责任如山”专题；围绕中石油“十二五”定点扶贫与对口支援工作开展专题宣传，在《石油报》进行连续报道，在《中国青年报》《石油商报》专版刊登《中国石油构建精准扶贫新模式》《开展智力扶贫新思维》等4篇专题文章，集中宣传中石油及所属企业“十二五”期间扶贫工作取得的成果。组织记者深入一线，在《人民日报》《贵州日报》《中国扶贫》和国务院扶贫办网站、国务院国有资产监督管理委员会网站、人民网等媒体刊发《中国石油开启扶贫新模式》《让“高大上”的扶贫潮起来》等文章，真实记录中石油扶贫工作创新举措和成效。创新尝试与新媒体深度结合，利用腾讯“益行家”公益平台对中国石油定点扶贫县培训项目进行宣传，8天共18万人转发分享，访问量近400万次，参与互动体验人数超过85万。

（中国石油天然气集团公司
扶贫办　刘昉昳）

中国石油化工集团公司定点扶贫

【概述】 2015年，中国石油化工集团公司（以下简称“中石化”）定点帮扶安徽省颍上县、岳西县，湖南省凤凰县、泸溪县，新疆维吾尔自治区岳普湖县，甘肃省东乡族自治县。派出扶贫挂职干部6人，在定点扶贫县实施41个扶贫项目，投入扶贫资金7518.35万元，用于支持基础设施建设、协助产业开发及捐资助学等。

【基础设施建设】 2015年，中石化在定点扶贫县共修建通村水泥路9条23.4千米，继续投入2050万元，实施东乡族自治县布楞沟流域饮水工程，解决该流域2万多人的饮水困难问题。在凤凰县和泸溪县修建人畜饮水项目9个，投入资金265万元，为8072人解决饮水困难问题。在岳普湖县投入400万元，新建16个村级文化活动室。

【产业扶贫】 2015年，中石化新开发种植红心猕猴桃630亩，其中在凤凰县新开发种植320亩、泸溪县新开发110亩、岳西县新开发200亩。同时在所属的零售网络加油站“易捷”便利店体验馆开展红心猕猴桃鉴赏推广活动。

【教育扶贫】 2015年，中石化共投入教育扶贫资金500万元，其中发放奖学金200万元，资助大学生120人，高中生820人。资助东乡族自治县300万元教育发展资金，帮扶学校75所，涉及学生8497人，购置校服7360套，学校办公电脑108台，打印复印一体机75台，科教专用电视70台，教学办公桌椅315套，教师宿舍床架315副，教学仪器13套，图书架20套，为东乡族自治县第四中学修缮围墙、门窗、粉刷墙壁等。还联系到香港友人捐助的2万元助学金帮助梁家潭和八仕坪乡共20名贫困生；联系落实新加坡友人捐助的1.5万元捐款，资助10名梁家潭乡的贫困学生。

【创新扶贫方式】 利用中石化加油站“易捷”便利店平台，帮助定点扶贫县将优质土特产品进入便利店销售，是创新扶贫方式的新探索。岳普湖县新疆绿丹食品有限责任公司的大枣和安徽天鹅家纺股份有限公司的工艺被等产品，都已进入中石化易捷便利店，并取得良好的营销业绩。

【扶贫制度建设】 为管好用好扶贫资金，中石化制定《对口支援及扶贫资金使用管理办法》，主要内容是：按照扶贫项目实施进度和完成情况分期付款；严格执行中石化挂职干部签字付款制度，凡是中石化的扶贫项目，在进行结算付款时，除项目负责人签字，县里分管扶贫工作的领导或主要领导签字外，必须经由中石化挂职干部签字后方可付款。为管好用好助学金，制定《中石化助学金发放管理办法》，主要是对助学对象识别认定（实行村、镇、学校三级公示），对助学金发放使用等全过程实行监控，确保资金使用安全。

（中国石油化工集团公司　朱卫华）

中国海洋石油总公司定点扶贫

【概述】 中国海洋石油总公司（以下简称“中国海油”）负责对海南省五指山市、保亭黎族苗族自治县（以下简称“保亭县”），甘肃省合作市、夏河县及内蒙古自治区卓资县共5个市（县）实施定点扶贫工作。截至2015年，中国海油累计投入扶贫资金超过1.3亿元，累计派出扶贫干部21人。

中国海油在海南省的扶贫工作以“扶贫先扶智，治穷先治愚”为指导思想，侧重教育扶贫方向，持续多年帮助当地改善教育教学环境，支持革命老区经济和社会发展，帮助群众脱贫致富。中国海油在甘肃省、内蒙古自治区的扶贫工作以解决民生问题为切入点，侧重卫生、医疗、基础设施建设等方向。2015年，中国海油在以上5个定点扶贫市（县）共派出5名挂职扶贫干部，包括一名驻村“第一书记”。共有21人次赴扶贫地区考察调研工作。

【扶贫资金投入】 2015年，中国海油在5个定点扶贫市（县）共计投入扶贫资金1900万元。其中，向保亭县和五指山市各投入扶贫资金300万元，分别继续用于支持保亭县南茂中学和五指山中学教学楼的建设，以及五指山市“雏凤助学基金”，救助当地贫困女生。向合作市、夏河县各投入扶贫资金500万元，分别用于支持合作市“生态文明示范村”建设，以实现“改善农村基础条件、增加贫困群众收入、提高公共服务水平”。为夏河县的牧民购置牲畜和帐篷，支持地方养殖业和旅游业发展。向卓资县投入扶贫资金300万元，一部分用于2014年援建的复兴乡至梨花镇道路建设尾款；另一部分用于支持复兴乡拐角铺村小西沟防洪护村堤防工程建设，避免突发洪水进村的潜在灾害风险。

【扶贫资金管理】 按照中国海油预算管理规定，年度扶贫、援藏资金及慈善公益预算要通过公司董事会审批。预算批准后，再由中国海油注入中国海油公益基金会。之后，在每年年初的中国海油公益基金会理事会会议上，经理事表决通过年度扶贫、援藏和其他慈善公益预算及项目计划。通过中国海油董事会及中国海油公益基金会理事会两个平台对预算和项目的双向审核、把关，使中国海油扶贫、援藏和其他慈善公益的预算编制和项目选择更加科学、严谨。理事会批准年度预算和项目后，中国海油公益基金会通过挂职扶贫干部与各定点扶贫地区签署扶贫捐赠协议，确定年度扶贫项目，根据协议规定，按时提供扶贫资金，保证扶贫项目工作的顺利开展。

【扶贫会议】 2015年3月，中国海油第13次扶贫援藏工作会议在北京召开。中国海油副总经理、慈善公益事业委员会主任、中国海油公益基金会理事长武广齐出席会议。会上，中国海油派驻5个定点扶贫地区的挂职扶贫干部及工作负责同志汇报2014年的工作情况，分享工作经验，并对一些亟待解决的问题进行研讨。

【干部挂职扶贫】 2015年7月，中国海油选派到五指山市水满乡新村村任“第一书记”，推动当地脱贫工作。另外，1人在海南省保亭县挂职担任副县长，协助县常务副县长工作，负责“菜篮子工程”、为民办实事等工作；1人在甘肃省合作市挂职担任副市长，协助常务副市长分管城建、招商及环保工作；1人在甘肃省夏河县挂职担任副县长，协助常务副县长分管水利、畜牧、农林及扶贫工作；1人在内蒙古自治区卓资县挂职担任副县长，协助负责招商、扶贫工作。中国海油派出的挂职干部认真完成好地方政府分配的工作，履行中国海油委托的扶贫工作责任，协助地方选好扶贫项目，找准扶贫资金的落地投向，负责监督年度扶贫项目的实施情况。

【教育扶贫】 中国海油使用2013—2015年的扶贫资金帮助五指山市中学建设一栋新的教学楼，2015年投入资金290万元。同时，在五指山地区设立针对当地黎族贫困女生的“雏凤助学基金”，每年投入10万元用于资助不同年龄女童完成学业。2015年，中国海油投入300万元支持保亭县南茂中学教学综合楼的改建工作。

2015年，中国海油在中国宋庆龄基金会设立的“中国海油大学生助学基金”项目中向公司扶贫援藏地区考上全国37所重点大学的学生倾斜，资助了来自于合作市、夏河县等地的8名贫困大学生。

【产业扶贫】 2015年，中国海油在夏河县的扶贫工作向支持地方产业发展倾斜，出资500万元为农牧民专业合作社购置种牛600头，支持地方养殖产业发展；向具有一定旅游基础条件的贫困户赠送524套帐篷，利用当地的旅游资源，带动群众发展生态旅游项目，增加农牧民收入。

【基础设施建设】 2015年，中国海油在3个参与“百县万村”活动的定点扶贫地区，积极配合地方落实专项活动规划，通过水、电、路的改造让农村贫困人口受益，打破致贫的瓶颈，打通奔小康的富民路。

【公益扶贫】 中国海油与中国妇女发展基金会、中国宋庆龄基金会、中国法律援助基金会和中华健康快车基金会合作多年开展了“母亲水窖”、“校园饮水安全”、“美丽乡村建设”、“中国海油大学生助学基金”、“法律援助1+1”和“白内障救助”等项目。2015年，来自甘肃省合作市、夏河县和海南省保亭县的8名大学生得到“中国海油大学生助学基金”的资助。“法律援助 1+1”项目侧重帮扶保亭县。在志愿者律师们的传帮带下，保亭县当地的大学生志愿者成长迅速，协助律师开展咨询解答、法治宣传等工作，补充当地的法律援助力量。

（中国海洋石油总公司办公厅　任雪飞）

中国大唐集团公司定点扶贫

【概述】 2015年，中国大唐集团公司（以下简称“大唐集团”）下属的大唐广西分公司、大唐陕西分公司分别定点扶贫广西壮族自治区大化县、陕西省澄城县。大唐集团切实推动定点扶贫工作，确保扶贫资金落实到位，确保扶贫项目措施到位。帮助贫困村解决缺水、缺电、缺路等瓶颈制约和群众迫切需要解决的突出民生问题，促进贫困群众尽早脱贫。

【扶贫资金投入】 2015年，大唐集团按照“尽力而为、量力而行、突出精准、解决急需”的原则，共投入扶贫资金250万元，主要用于建设大化县板升乡弄系村、六也乡弄茶村和吞圩村新建砂石电路以及实施 “母亲水窖”项目建设等。

【干部挂职扶贫】 2015年，大唐集团先后派出3名干部分别到大化县北景镇安兰村、板兰村，澄城县寺前镇北街村分别担任“第一书记”，并驻村开展扶贫工作。在工作中，挂职干部严格按照扶贫工作相关要求，克服工作和生活方面的种种困难，做好定点扶贫各项工作。

2015年，大唐集团下派的“第一书记”认真走访派驻村所有农户，对贫困户进行分类，精确掌握困难户的住房、耕地、家庭收入、子女读书、就业务工、健康状况等情况，建立和完善村级精准识别档案管理制度，还制定差异化“滴灌式”等帮扶措施；抓人员结对到位。按照单位包村、干部包户模式，开展“结对认亲”帮扶工作。其间带领10名干部走访每一个贫困家庭，面对面制定帮扶措施、谋划发展项目。

【革命老区建设】 2015年，大唐集团在陕西革命老区开展“红色招聘”，在延安全市1767名老红军、老八路、老干部和革命烈士直系后代中，经过考试，优选出50人入职大唐集团旗下的大唐延安发电厂工作。

【产业扶贫】 2015年，大唐陕西分公司编制《澄城县寺前镇北街村“1234”三年帮扶规划》，总体思路可以概括为“一个目标、两个内涵、三项融合、四项保障”。一个目标是建立美丽富裕文明新北街；两个内涵是内强党建、外筑经济；三项融合是美丽乡村、生态产业，文化古驿相融合；四项保障是党的领导、村民合力、整合资源、合作共赢。

【教育扶贫】 大唐广西分公司将大化县大化镇那度小学、库区下皇小学作为扶贫对象。除资助学校建设校舍、篮球场，赠送课桌椅以及给贫困学生送保暖新衣和学习用具外，由共青团员组成的青年志愿队为贫困山区留守儿童送去书包等学习用品，帮助学校检查用电线路和用电设备的安全，与老师进行多种形式的球类比赛，让贫困山区的孩子们感受到来自社会的温暖。大唐广西分公司下属的大化总厂号召全体职工筹集资金，为弄乐小学购买篮球、羽毛球、笔记本、水笔、铅笔等，为学生购买书包、文具 80 多套，并发动党员、团员为学校捐献价值 2.3 万元的课外读物。向大化县雅龙乡捐赠价值 1.7 万元的篮球架 1 副。

（中国大唐集团公司计划营销部 陈国平）

中国长江三峡集团公司定点扶贫

【概述】 中国长江三峡集团公司（以下简称“中国三峡集团”）定点扶贫重庆市巫山县、奉节县，江西省万安县和内蒙古自治区巴林左旗4个国家扶贫开发工作重点县。2015年，中国三峡集团按照“创新机制、精准扶贫、突出重点、合力推进”的工作思路，突出贫困县扶贫工作重点，积极整合各类资源，加大扶贫资金力度，采取特色产业扶贫、生态扶贫搬迁、整村整片扶贫、光伏扶贫、教育扶贫、文化扶贫等扶贫形式，加快推进定点扶贫地区群众脱贫致富，为当地的经济发展和社会和谐稳定做出积极贡献。

【扶贫资金扶入】 2015年，中国三峡集团向4个定点扶贫县投入扶贫资金819万元。其中，在重庆市巫山县、奉节县投入资金600万元；在江西省万安县100万元；在内蒙古自治区巴林左旗投入资金119万元。

【干部挂职扶贫】 2015年，选派3名优秀干部到重庆市巫山县、奉节县挂职扶贫，其中1名担任巫山县人民政府副县长、1名担任奉节县人民政府副县长、1名担任奉节县永乐镇白龙村“第一书记”。在工作中，挂职干部严格按照扶贫工作要求，克服各种困难，主动深入基层、深入群众，分析贫困的现状、原因以及脱贫致富的途径，理清工作思路和扶贫着力点，了解定点扶贫县的经济社会发展情况和当地老百姓对扶贫项目的需求，落实扶贫方案，做了扎实的基础性工作。

【扶贫培训】 为提高农村劳动力就业技能，增加农民收入，分别在重庆市巫山县庙宇镇、官渡镇和奉节县鹤峰乡开展农民实用技术培训，培训1120人次，提高当地农民种植业科技水平，更新当地农民的现代农业发展理念。

【扶贫资金管理】 为保证扶贫项目资金安全到位，有效使用，实行科学化、精细化、规范化的扶贫项目资金管理，做到年初有预算、年中有审核，年终有结算，同时做到资金到项目、管理到项目、核算到项目，全面实施审核审批和预算编制管理，加强项目资金使用的监督与管理，确保帮扶资金落到实处。

【扶贫制度建设】 为进一步加强项目管理、规范项目建设，发挥项目绩效，结合扶贫工作实际，不断完善扶贫项目管理制度，修订履行社会责任项目管理办法，规范对外捐赠合同协议，明确定点扶贫工作的程序和职责，提升扶贫工作制度化、流程化管理水平。

【产业扶贫】 中国三峡集团在奉节县莲花村新建油橄榄现代化育苗基地 500 亩，配套新建灌溉水池 2 口 2000 立方米，新修产业公路 5 千米，该项目的建成使全村 2000 余人受益，老百姓收入增加，有效带动群众脱贫致富。并在奉节县太和乡石板村建设肉牛养殖基地，发展肉牛 300 头，购买良种肉牛 20 头，配套新建蓄水池 1 口 4000 立方米。肉牛养殖基地的建成，带动和辐射周边的农民发展肉牛养殖，促进肉牛产业优化升级，推动整个产业健康发展。在奉节县鹤峰乡柳池村续建脐橙产业基地 1000 亩，新修产业公路和田间作业道 3.6 千米，新建灌溉水池 3 口 1000 立方米，开展技术培训 1000 人次，发放脐橙专用肥料 44 吨。该项目的实施帮助 500 名农村妇女就业，实现产值 2000 万元，纯收入 800 万元，人均纯收入增加 1 万元。

【教育扶贫】 中国三峡集团积极开展教育扶贫。一是积极推进教育基础设施建设。为万安县茅坪村新建一所 120 平米的村级幼儿园，帮助解决茅坪村儿童入学难，家长接送远的问题；帮助巴林左旗农村四方城寄宿制小学进行校舍房屋改造，改善科学实验室、微机教室等教学设施设备条件。二是资助贫困学生。自 2013 年起，中国三峡集团员工自发捐赠资助巴林左旗三峡中水电小学 59 名贫困学生，2015 年秋季，捐赠资金 7 万元。三是开展爱国主义夏令营活动。2015 年 7 月，组织巴林左旗三峡中水电小学 26 名学生和老师赴京开展夏令营活动，培育学生的民族自豪感和自信心以及爱国主义热情。

【光伏扶贫】 为重庆市巫山县骡坪镇 100 户贫困家庭无偿安装 3 千瓦分布式光伏发电设备，以年均 1536 小时的日照时间计算，每年每户发电量约 3500 度，贫困户年均可增收 3000 元带动贫困群众脱贫致富。

【文化扶贫】 提升村民科学文化素养和身体素质，为万安县建设村民文化广场和文化长廊，购置体育健身器材；在巴林左旗开展送报下乡活动，为全旗嘎查村农户订阅《农民日报》，帮助农民获取三农政策、市场信息、实用技术和管理经验。

【生态扶贫搬迁】 中国三峡集团通过易地扶贫搬迁、生态移民的方式，推进和完善搬迁群众聚居点的基础设施建设。根据重庆市巫山县政府的安排，帮助两坪乡仙桥村和曲尺乡月明村的村民实施易地扶贫搬迁，共 158 户 550 人，同时进行安置点生产生活基础设施建设和排水排污工程配套建设，使搬迁后的人居环境得到明显提升，有效解决高山峡谷地区的贫困对象搬迁安置问题。

【基础设施建设】 中国三峡集团推进巫山县和平村、朝阳村整村脱贫基础设施建设，新修村级道路 7.5 千米，整修村级道路 6.7 千米，为当地居民 2000 余人解决出行难问题。积极支持万安县茅坪村村容村貌整治工作，对村庄入户道路进行硬化，新建4500米村内路边围栏，并安装太阳能路灯，对路边进行绿化，为村民解决出行难和夜间出行不安全等问题；新建一条长1600米排水排污沟渠，建设小型垃圾焚烧炉，解决村庄垃圾处理不科学不环保、排水排污不畅、环境污染等问题。

（中国长江三峡集团公司办公厅　黄晓天）

神华集团有限责任公司定点扶贫

【概述】 2015年，神华集团有限责任公司（以下简称“神华集团”）定点帮扶陕西省米脂县、吴堡县和四川省凉山彝族自治州布拖县、普格县，秉承“想群众所想、急群众所急，量力而行、稳步推进”的理念，以高度的政治责任感和强烈的历史使命感认真履行央企责任、扎实推进扶贫工作。

【扶贫资金投入】 2015年，神华集团总计投入定点扶贫资金950万元，其中：拨付米脂县扶贫资金350万元，实施扶贫项目26个；拨付吴堡县扶贫资金200万元，实施扶贫项目10个；拨付布拖县扶贫资金200万元，实施扶贫项目1个；拨付普格县扶贫资金200万元，实施扶贫项目1个。

【扶贫资金管理】 在项目管理与资金运行方面，神华集团充分依靠和严格执行当地政府有关项目与资金管理等方面的规章制度，并在关键环节进行监督检查，把好项目审查关、质量关、资金使用关，确保各扶贫项目的质量可靠性与资金使用的合法合规性。

【挂职干部扶贫】 神华集团根据《关于做好选派机关优秀干部到村任“第一书记”工作的通知》文件要求，于2015年7月从总部机关选派1名同志挂职陕西省吴堡县寇家塬镇横沟村任“第一书记”进一步加强基层组织和推动精准扶贫。

【扶贫调研】 2015年，神华集团共派出12人次赴陕西、四川两省四个定点扶贫县进行扶贫工作调研，通过座谈、实地考察、查阅资料等方式，与当地政府深入沟通协商扶贫项目与年度计划，全面检查监督项目实施情况及资金使用情况，精心安排竣工验收及各项资料整理归档工作。

【百县万村专项活动】 神华集团积极参与国务院扶贫办发起的百县万村专项活动，帮助陕西省米脂县和吴堡县解决缺路、缺水、缺电（“三缺”）等突出问题。并确定总体规划并实施具体项目，详细情况分别如下：

在米脂县“三缺”方面建设项目20个，共投入帮扶资金270万元（占年度扶贫资金77%）。其中安排94万元新修、硬化、拓宽9个村的村级公路和生产道路，总计长度33.7千米；投资28万元新修石拱大桥1座，投资17万元新修平板小桥3座；投资15万元新砌涵洞（长59米）及填沟项目1处；投资15万元为1个村新修集体冷库1座；投资61万元为4个村安装太阳能路灯61盏，总长9.3千米；投资24万元硬化2个村的村民文化广场；投入10万元新修土排洪渠600米，改良土地400米；投入6万元修筑帮畔50米。通过深入开展“百县万村”专项活动，明显改善上述村的生产和生活条件，逐步提高抗击自然灾害的能力，为村民解决缺电、缺水、缺路的问题。

在吴堡县“三缺”方面投入帮扶资金135万元，建设项目8个，其中安排33万元硬化、拓宽2个村的村级公路，总计长度4.5千米；投资23万元新建入村道路桥梁1座；投资10万元新建道路排水1千米；投资69万元为4个村实施人饮工程1处、新建水源井2处、集雨井3处，从根本上解决几个村的饮水问题。

【产业扶贫】 结合当地优良家畜饲养条件和特色杂粮种植传统，神华集团的产业扶持资金主要用于对当地农畜产品生产加工、经济作物生产加工等产业的扶持上，通过“扶贫资金为主、农户集资入股”、“扶贫资金打基础、自有资金创增收”等多种经营管理方式，取得显著的脱贫致富效果。2015年，神华集团继续在陕西省结合优良家畜饲养品种和条件工作，积极开展特色养殖业和手工业的帮扶工作。在米脂县，扶持各类养牛、养羊、养鸡等养殖场4个，投入帮扶资金共计40万元，为这些养殖场修建圈舍、引进种畜、购买设备等。在吴堡县，投资40万元，为吴堡县现代农业园新建肉牛养殖场1处，帮扶该厂扩大生产、经营规模，带动当地更多贫困户就业与致富。

【教育扶贫】 神华集团以捐资助学、兴建校舍为主要手段，大力解决贫困家庭上学难和中小学教育资源严重不足等突出问题，提高贫困人口的受教育水平，特别是改善彝区孤儿的教育状况。2015年，神华集团在4个定点扶贫县共计投入教育扶贫资金445万元。其中45万元用于资助贫困大学生200人，确保贫困大学生按时走进大学的校门，解决贫困家庭上学难的问题。继续投资200万元兴建普格县教育园区，项目建设完成后可为附城小学1—6年级60个班，在校生3000人解决校舍问题。拨付布拖县扶贫资金200万元，用于建设拖觉镇幼儿园。项目建筑面积1500平方米，建成后新增幼儿园学位360个，改善布拖县拖觉镇幼儿教育设施，缓解拖觉镇幼儿入园难问题。

（神华集团有限责任公司
战略规划部　贾睿涛）

中国移动通信集团公司定点扶贫

【概述】 根据中央国家机关定点扶贫工作会议的精神，中国移动通信集团公司（以下简称“中国移动”）定点帮扶黑龙江省桦南县、汤原县，新疆维吾尔自治区疏勒县、阿克陶县、洛浦县。中国移动贯彻落实中央关于定点扶贫工作的相关要求，合理规划，整合资源，强化扶贫工作管理，努力改善受援地区生产生活环境，增强其自我发展能力，推动受援地区经济社会更好更快发展。

【扶贫资金投入】 2015 年，中国移动共投入扶贫资金 958 万元（桦南县、汤原县各 274 万元，疏勒县、洛浦县、阿克陶县各 150 万元）。其中扶贫项目资金 873 万元，扶贫慰问金 80 万元，捐资助学 5 万元。

【扶贫资金管理】 为加强和规范扶贫项目资金的管理，中国移动出台有关扶贫资金管理的相关管理办法，进一步优化资金的使用流程，详细规定资金的使用要求。针对项目结余资金，规定援助（扶贫）干部需会同当地政府确定结余资金使用方案，针对项目结余资金只可用于原计划项目的续建或新的对口支援（扶贫）项目，并提交至省公司工作组，经省公司工作组审定通过后执行。

中国移动对工程建设资金实行专账核算、专人管理、专款专用，严禁截留、挤占、挪用，在资金使用过程中，严格执行县级报账提款制。同时，监理计量与跟踪审计同步进行，规定定时审结以及业主、监理单位、施工单位、审计单位“四方会签”，确保资金运作达到零争议。

【扶贫制度建设】 一是坚持定点扶贫工作领导制度。根据党中央、国务院定点扶贫工作意见精神，中国移动成立以集团公司总裁为组长，计划建设部、人力资源部、财务部、综合部等相关部门负责人为成员的扶贫领导小组。确定工作重点、制定落实扶贫工作措施，明确扶贫工作的操作模式，确保扶贫工作落到实处。

二是坚持调研考察制度。中国移动集团公司领导和负责同志多次赴帮扶县实地调研，解扶贫资金的使用情况和扶贫项目的落实情况，并多次深入贫困户家中了解生活情况。

三是坚持加强扶贫工程建设管理制度。在工程建设过程中，工程管理单位严把原材料进口关、设备采购关、施工过程关，严格落实质量目标责任制，实行工程质量终身负责制，并对建设过程实施跟踪监理、跟踪审计。大力推行工程县、乡、村三级质量监控，把农村当地群众引入质量监督体系，监督建设过程与监督政府及相关部门作为情况并举，实现工程建设“公开化、透明化”，确保质量监督无缝隙、无盲区、全覆盖。

【干部挂职扶贫】 2015 年，安排孟昭君、龙亚飞两名干部赴省桦南县和汤原县挂职，7 月，选派 1 名“第一书记”到桦南县桦南镇太平村开展工作，为期两年。挂职干部以地方发展为己任，将企业的社会责任感融入到实际工作中，积极开展帮扶工作，赢得基层群众的良好口碑，保障了扶贫工作的顺利推进和落实。

【扶贫慰问】 中国移动开展扶贫解困工作，扶贫干部走村串户，调查摸底，深入了解贫困户的生活困难。2015 年共拨付桦南和汤原两县元旦和春节慰问金 80 万元，解决贫困群众越冬期间生产生活的实际困难。

【教育扶贫】 2015 年，中国移动投入助学资金 5 万元，资助 100 余名应届贫困大学生。

2015 年，中国移动投入扶贫资金 150 万元，完成阿克陶县恰尔隆乡双语幼儿园项目的建设。该项目的投入使用，有效解决当地适龄幼儿入园难，办园规模小、班额普遍超标，财政投入不足等问题。

【基础设施建设】 2015 年，中国移动在桦南县投入资金 80 万元，为先进村、双龙河村、南大村、达连泡村 4 个贫困村实施自来水管网入户项目，为 1235 户贫困户解决饮水问题；投入资金 149 万元，为先进村、双龙河村、南大村、达连泡村新铺设水泥路 4 千米，在贫困村新建桥涵，为 1598 户贫困群众解决行路难的问题，改善贫困村的投资环境。

在汤原县，为香兰镇庆东村新修 U 形路边沟 2000 延形米；为香兰镇永久村新修石砌边沟 2000 延米，为香兰镇香兰村修水泥路 1000 米，为汤旺乡曙光村新修混凝土路边排水沟 100 延米。

在洛浦县，在 2013—2014 年建设投入的基础上，继续投入扶贫资金 150 万元，建设洛浦县阿其克乡的农村安全饮水工程。

在疏勒县，投入扶贫资金 150 万元，用于疏勒县巴仁乡的 30 座高标准温室大棚的项目建设，在实现农村发展、农业增效、农民增收的同时帮扶疏勒县巴仁乡 5 村 30 户贫困户实现脱贫致富。

（中国移动集团公司
计划建设部　龙　翼）

中国电子信息产业集团有限公司定点扶贫

【概述】 中国电子信息产业集团有限公司（以下简称“中国电子”）定点帮扶四川省阆中市、贵州省松桃苗族自治县、陕西省镇安县和海南省临高县。中国电子秉承“务实高效，勤俭节约”企业作风，按照“产业引领，项目带动，强化基础，培育造血功能”工作思路，坚持“真扶贫，扶真贫，注重雪中送炭，避免锦上添花，力争把有限的资金用在刀刃上，立足让更多贫困人口受益”的扶贫工作原则，认真履行中央企业政治责任和社会责任，积极实施扶贫开发，扎实推进工作开展，助推帮扶县市经济和社会发展。2015 年，中国电子投入扶贫资金和物资共计 839.4 万元。其中，定点帮扶 4 县（市）帮扶资金 400 万元，社会捐助物资和资金合计 439.4 万元。帮扶资金主要集中在基础设施、乡村道路建设、民生工程、产业扶持及培训教育等方面。

【扶贫调研】 2015 年，中国电子先后有 7 名部门领导赴定点扶贫县市进行调研并慰问，听取关于定点扶贫的主题汇报，并对扶贫工作给予指导。2015 年中国电子共派出 10 批次，近 20 人次赴定点扶贫县市进行实地调研、干部考察、验收项目和慰问挂职干部。

【扶贫制度建设】 按照国务院扶贫办的部署，结合国务院国有资产督管理委员会印发的《关于进一步落实中央企业定点帮扶贫困革命老区百县万村活动有关要求的通知》精神，中国电子积极落实精准扶贫方略，大力实施革命老区“百县万村”活动，侧重“救急难”项目，重点解决“三缺”（缺路、缺水、缺电）问题，结合定点扶贫县市的实际，广泛深入的调查研究，充分的分析论证，并经与定点扶贫县市进行充分沟通和协商，科学编制扶贫规划，于 2015 年 7 月形成中国电子《2015—2017 年定点帮扶工作三年规划》，进一步强化顶层设计。

【基础设施建设】 2015 年，中国电子在 3 个定点扶贫县共投入资金 170 万元用于基础设施建设。其中，帮助松桃苗族自治县妙益乡等 2 个乡村硬化道路 10 余千米，修建 2 座便民桥，较好解决山区老百姓行路难问题；帮助临高县龙灵村实施人畜饮水安全工程，切实解决 1300 多人及 5000 头牲畜饮水问题；帮助阆中市双龙镇和天林乡等 4 乡镇改造和硬化乡村道路 12 千米，维修坪塘 6 口，有效解决当地群众长期期盼解决的基础设施难题。

【产业扶贫】 2015 年，中国电子实施产业扶贫项目 3 个，总投资 295 万元。其中，在松桃苗族自治县甘龙镇麻阳村无偿投资 115 万元，带动总投资 215 万元，建设努比亚山羊养殖基地，使 3 个自然村 120 户 450 人受益；在镇安县万寿村和桃源村无偿投资 100 万元，援建“镇安县盛华茶园”项目，帮助茶农改善硬件设施，改良茶树品质，扩大种植规模，发展特色经济农作物，提升“象园”品牌茶叶的美誉度。充分发挥海南生态旅游发展的独特优势，在临高县东英镇兰麦村投资 80 万元实施休闲海钓旅游项目，大力发展海洋休闲特色旅游产业，提高渔民经济收入。

中国电子所属成员企业 2015 年先后为教育、公益救济和公共福利事业等社会捐助物资和资金合计 439. 4 万元。

【精准扶贫】 中国电子把临高县作为试点，落实精准扶贫新举措；通过与定点扶贫县市进行沟通和协商，已建档立卡的贫困人口数量为 58110 人。其中：阆中市为 11780 人；松桃苗族自治县为 16200 人；镇安县为 14760 人；临高县为 15370 人。

【扶贫培训】 2015 年，中国电子充分利用自身优势资源，加大对定点扶贫县市各类干部群众开展业务和技能培训，2015 年共为 4 个定点扶贫县市举办培训班近 30 期，培训各类业务和专业技能人才近 1600 人次（其中致富带头人 80 余人），帮助完成劳务输出 1360 人次。

【干部挂职】 2015 年中国电子向定点扶贫阆中市、松桃苗族自治县、镇安县和临高县 4 县（市）分别派出 4 名挂职干部；2015 年 10 月又向四川省阆中市双龙镇大力宫村派出驻村“第一书记”，任期 2 年。委派干部到定点帮扶县市挂职，大力推进以人才、科技、项目、物资、资金等为依托全方位帮扶工作新模式，有效推动扶贫工作的开展：一是挂职干部扎实推进扶贫工作的开展，有效推动扶贫项目的实施和落地。二是挂职干部充分利用平台，发挥自身优势，积极为扶贫县市牵线搭桥，开展招商引资，2015 年为 4 个定点扶贫县市引进合作项目 11 个，资金约 1340 万元。三是发挥纽带和桥梁作用，进一步增进企地之间的友谊。

【扶贫宣传】 中国电子及所属企业在“扶贫日”来临之际，充分利用报刊杂志、宣传橱窗、网络、微信、多媒体等平台，大力宣传集团公司和所属企业定点扶贫工作取得的成绩和成效，广泛宣传和鼓励广大员工积极参与和关心扶贫工作，为扶贫工作营造良好的环境和氛围。

（中国电子信息产业集团有限公司
党群工作部　左昌信）

中国第一汽车集团公司定点扶贫

【概述】 中国第一汽车集团（以下简称“中国一汽”）定点帮扶广西壮族自治区凤山县、吉林省镇赉县与和龙市，同时受国务院机关事务管理局邀请参与河北省阜平市职业教育扶贫项目。

针对凤山县的扶贫工作。2015 年“瑶寨屯一汽小镇”竣工；第二个整村推进试范点坡心村整体设计、第三个示范点前期调研完成；加大“三缺”方面投入；同时对广西凤山县产业、助残、助学方面也给予一定帮扶。

针对镇赉县的扶贫工作。2015 年实施扶贫项目 7 个，投入扶贫资金 1090 万元。通过“中国一汽森雅慈善镇赉行”活动，投入助学资金 30.3 万元，2015 年累计向镇赉县投入扶贫资金 1120.3 万元。

针对和龙市的扶贫工作。2015 年确立在南坪柳洞村进行“一汽小镇”建设，该村被当地命名为边境“第一村”，“一汽小镇”建设使南坪镇 7 个村屯进行整体移民集中居住。已制定规划方案，进入整体设计阶段；和龙市“三缺”项目、助残、助学、医疗等项目积极向前推进。

2015 年，中国一汽在智力扶贫方面向阜平县投入资金 196 万，用于实训基地建设、教师培训、奖励、助学等。

【扶贫资金投入】 2015 年，中国一汽及下属各子公司为中央援藏、国家扶贫、社会公益性事业共捐赠 4967.1 万元，其中：援藏 1000 万元，占资金总额 20.13%；扶贫捐赠 3123 万元，占资金总额 62.87%；公益性捐赠 844.1 万元，占捐赠总额 17.0%。

中国一汽重视扶贫资金使用和管理，在每一笔资金支出前，都要经集团总经理办公会批准后方可执行，并要求帮扶地建立资金使用专户，对扶贫资金使用由专人和专管部门负责，建立扶贫项目和资金使用档案，开展的每一个项目、使用的每一笔资金都有据可查。

【扶贫培训】 中国一汽主要负责阜平县职业技术教育中心“国管局帮扶项目阜平县教育实习基地”项目。2015 年投入资金 196 万元用于实训基地建设、教师培训、奖励、助学等方面；接收阜平市职业教育中心 92 名学生定岗实习。

2015 年，投入 50 万元，利用中国一汽培训平台对和龙市干部进行集中培训，提升能力。培训工作于 5 月 14 日在长春汽车工业高等专科学校开展，全市领导干部共 40 余人参加培训，通过为期 8 天培训进一步拓宽学员知识视野，优化领导思维，明确工作思路，提升实践本领。同时，一汽集团安排学者、专家到和龙开展“送学”活动，举办培训班10余期，培训各级党政干部2000余人次。

【干部挂职扶贫】 中国一汽派出扶贫挂职干部3人，分别担任广西壮族自治区凤山县县委常委、副县长，吉林省镇赉县副县长，吉林和龙市副市长。2015年，一汽社会责任负责人协同挂职干部一起在精准扶贫方面进行全面调研与考察，解致贫原因，寻找脱贫路子，为能够切合实际从根本上解决贫困，制定“十三五”扶贫规划。

【产业扶贫】 2015年，中国一汽法雷奥汽车空调有限公司到和龙市企业考察。根据和龙县双昊高新技术有限公司实际情况，协调成功与一汽法雷奥汽车空调有限公司进行对接。7月，一汽法雷奥汽车空调有限公司总经理带队到和龙市双昊高新技术有限公司进行考察，对当地企业产品给予高度评价，并给予技术和管理方面指导。

凤山县在示范点央峒村瑶寨屯种植核桃180亩，培训劳力48人（次），支持养殖山羊189只、养鸡221羽、养猪61头；同时，在央峒村5个屯实施300亩珍珠李种植，受益农户105户465人。

镇赉县通过中国一汽进行连续产业扶持，受益地区人均收入不断增长。2015年，镇赉县新立村、架其村、南岗子村、太平山村和建平乡民生村、康平村人均年收入接近9000元，比2014年增长500元，生活水平显著提高。镇赉镇贫困人口数从2014年12249人降至2015年10615人，脱贫人口1634人。

【教育扶贫】 持续“阳光助学项目”，2015年，中国一汽通过吉林省慈善总会向吉林省镇赉县捐赠100万元，资助100名当年以优异成绩考入高中，并获得入学录取通知书的城市、农村低保户及家庭生活非常贫困、品学兼优的学生用于当年学费、住宿费、书本费和必要生活支出。

持续在凤山县实施“爱心包裹”项目，解决全县54所小学9282名小学生无书包及学习用具问题，改善学习环境。捐赠爱心包裹覆盖凤山县小学生。

【公益扶贫】 “一汽集善博爱行”活动通过残疾人福利基金会向全国，特别是边远山区弱势群体每年捐赠200万元，用于建设康复站、配置康复设备、出行工具等，2015年中国一汽资助昭通一汽康复中心落成。

中国一汽自2013年开始实施针对自闭症、脑瘫、智障儿童的“助梦星星的孩子”项目，每年捐赠100万元，2015年为第2期，现已有60名自闭症、脑瘫、智障儿童持续受助，部分儿童有所好转。

【革命老区建设】 2015年，中国一汽在示范点凤山县央峒村瑶寨屯，先后实施道路硬化、危房改造、电网改造、畜栏改造、安装路灯、建教学楼、建文化活动中心等项目。有效地解决瑶寨及周边屯428

人行路难、98 户上学难、30 户住房难、30 户用电难、30 户环境差、30 户卫生难、30 户养殖难等问题。

2015 年，中国一汽在凤山县投入扶贫资金 909 万元，与 2014 年同比增长 19%。资金的重点投向是解决民生问题，共 513 万元，占年度投入 56%（其中解决缺路问题 441 万元，助残 12 万元）。

2015 年整村推进项目投入 520 万元，共实施 20 个项目。通过对 900 平方米教学楼外墙改造、配备电脑室、建篮球场、民房改造、厨房改造、畜栏改造、安装太阳能路灯、厕所改造及其一批附属设施工程，解决 610 人行路难、360 人无化粪池、351 人无卫生间、280 人无厨房，180 人无畜栏，126 人学生上学难问题。

2015 年在基础设施建设上投入 441 万元，共实施 22 个项目 15 条屯级路 29.7 千米，其中新建砂石路 10 条 10700 米，道路改造 1 条 3800 米，道路硬化 4 条 4500 米，屯内巷道路硬化 33333 平方米，解决 28 个屯 4478 人行路难问题。

助残行动超额完成任务。完成在册贫困高中生 200 人的补助发放，解决 200 名高中生的生活困难问题，完成计划任务的 400%。

医疗卫生扶贫超额完成任务。完成白内障手术补助 20 例，配置残疾人带坐便器轮椅车 30 辆、普通轮椅车 60 辆，为 110 名残疾人解决生活上的困难。

和龙市“三缺”项目建设。按照国务院国有资产监督管理委员会委和国务院扶贫办关于中央企业支持贫困革命老区“三缺”项目建设有关文件精神，一汽集团在缺路、缺水、缺电等基础设施领域给予大力支持。2015 年投入帮扶资金 448 万元，实施 7 项小型基础设施建设项目，建设道路 5 千米，其中水泥路 1 千米，砂石路 4 千米，涵洞 14 座，维修桥面 1 座，解决 400 余人出行难问题，便利农田作业面积达 9000 多亩；建设排水渠 1300 延米，防洪堤防 300 延米，灌溉渠道 630 延米，受益人口 1700 余人，耕地 3200 余亩；生产生活用电项目 1 项，解决西城镇金达莱村 400 余人生产生活用电问题。

和龙市教育方面。投入资金 10 万元，开展贫困助学活动，对 2015 年应届高考贫困大学生、农民工子女（留守儿童）、特殊青少年群体进行资助，帮助其改善学习条件。8 月开展教育帮扶工作，通过 2015 中国一汽 · 和龙市“爱心助学、点燃希望”圆梦助学活动，向和龙市 20 名贫困大学新生每人发放 3000 元圆梦助学金，共计 6 万元，在一定程度上缓解贫困学生燃眉之急，剩余 4 万元帮扶资金将用于帮扶其他贫困学生。同时，中国一汽团委还向和龙市团委捐赠电脑 42 台、各类书籍 3000 册，价值 20 余万元，帮助 560 名贫困儿童实现他们的“微心愿”。

（中国第一汽车集团公司）

中国建筑工程总公司定点扶贫

【概述】 中国建筑工程总公司（以下简称“中建总公司”）积极履行中央骨干企业社会责任，利用自身在勘察设计、建筑施工、管理运营等方面的业务优势，通过资金帮扶、教育帮扶、智力帮扶、技术帮扶和项目带动等方式，努力参与定点扶贫工作。

2015 年，中建总公司根据国务院扶贫办、国务院国有资产监督管理委员会扶贫开发协调领导小组的有关安排，继续定点帮扶甘肃省康乐县、卓尼县、康县 3 个贫困县，分别拨付专项扶贫资金 259.25 万元、290 万元、240.528 万元，总计 789.778 万元，用于专项扶贫项目的开发建设。

【扶贫调研】 2015 年，中建总公司分管定点扶贫工作的党组成员、工会主席带队，深入公司定点扶贫县考察调研。共调研 9 个贫困村，召开 3 次座谈会，慰问 4 户贫困户。考察中建总公司在 3 县援建的部分扶贫项目，包括：教育扶贫项目，卓尼县木耳镇博峪小学、康县扶贫科技培训中心、康乐县城南村幼儿园；民生工程，康乐县妇幼保健站、康县李山卫生院、卓尼县纳浪乡纳浪示范村和康县岸门口镇街道村基础设施项目；产业扶贫项目，康县“低垭云海”旅游节点项目、李坝流域旅游扶贫项目；文化扶贫项目，卓尼县纳浪村文化广场、康县大水沟村村民活动中心等。

同时，考察组还与中国妇女发展基金会一起，对中国建筑在甘肃省榆中县援建的“母亲水窖”项目进行回访。

【教育扶贫】 2015 年，中建总公司拨付资金 259.25 万元，用于建设康乐县城南幼儿园项目。该项目是康乐县 2015 年计划建设的重点项目。康乐县城南村位于县城东南郊 2.5 千米处，共有农户 647 户、2879 人（其中学龄前儿童 210 名），是一个少数民族贫困村。多年来，城南村由于没有幼儿园，学龄前儿童在村小学只接受一年学前教育，严重影响教育教学质量和村民文化素质的提高。项目新建三层框架结构教学楼一栋，建筑面积 1379 平方米，同时配建锅炉房、旱厕、围墙、校园硬化等附属工程解决本村 210 名学龄前儿童和邻近高丰村部分幼儿入园难问题，同时可提高当地学前教育质量，促进当地文化教育事业发展。

【基础设施建设】 2015 年，中建总公司拨付资金 290 万元，用于建设卓尼县完冒乡完冒生态文明示范村项目。该项目位于完冒乡政府所在处，海拔 3050 米，属高海拔纯牧业村，贫困人口多，经济条件落后，人均纯收入低下。项目共包含 11 项内容，包括主村道硬化及巷道建设、安装太阳能照明路灯、藏族榻板房及庭院改造、文化广场建设等。

【产业扶贫】 2015 年，中建总公司拨付资金 240.528 万元，用于建设康县周家坝镇李坝流域旅游扶贫项目。该项目位于康县最贫困的区域之一，辖 5 村 603 户 2259 人，其中贫困人口 226 户 790 人，贫困发生率达 35%。项目共包含 4 项内容，包括建设村民活动文化广场、绿化及景观小品、贫困户房屋危房改造等。最大限度利用当地现有自然资源，挖掘民间传统文化，发展乡村旅游，拓宽特色农产品销售渠道，增加群众旅游收入，加快脱贫致富步伐。

（中国建筑工程总公司政工部　吴　扬）

中国储备粮管理总公司定点扶贫

【概述】 中国储备粮管理总公司（以下简称“中储粮总公司”）定点扶贫黑龙江省拜泉县和兰西县，委托中储粮北方农业开发有限公司（以下简称“北方公司”）和中储粮黑龙江分公司分别负责拜泉县和兰西县扶贫开发工作。2015 年，中储粮总公司认真贯彻全国定点扶贫工作会议的有关要求，以强化基础设施，增强造血功能为重点，进一步加大帮扶工作力度，落实帮扶举措，做到认识到位、领导到位、措施到位、资金到位、指导到位，顺利完成年度帮扶的目标，取得较好的帮扶成效。

【扶贫资金投入】 2015 年，中储粮总公司共投入扶贫资金 200 万元。其中拜泉县上升乡上升村修路项目和兰西县亮化工程建设项目各 100 万元。自实施定点扶贫以来，中储粮总公司已累计投入扶贫资金 1514.46 万元。其中为拜泉县投入扶贫资金 1214.46 万元，为兰西县投入扶贫资金 300 万元。

【扶贫资金管理】 在多年的定点扶贫工作中，中储粮总公司始终坚持扶贫项目“十制”管理：严格执行项目招投标制，项目实行公开招投标，做到“阳光操作”；严格执行项目监理制，聘请具备资质监理公司，对扶贫项目实施全程监督；严格执行项目报账制，项目实行专户报账，专款专用，严格执行项目实施跟踪检查制，协同县扶贫办、财政局组成检查组，深入项目实施现场跟踪检查，及时研究解决项目实施过程中实际问题；严格执行项目完工验收制，与县扶贫办、财政局组织专业技术人员，对建成项目进行严格验收，填写验收报告单；严格执行政府采购制，能够集中采购的扶贫项目，全部纳入政府采购；严格执行群众参与制，帮扶项目都充分尊重群众意愿，项目立项由村民代表大会集体决定，项目实施邀请群众代表全程参与质量监督；严格执行资金封闭运行制，所有资金实行专户管理、封闭运行；严格执行项目法人制，所有扶贫项目实施均实行法人管理；严格执行项目乡村领导责任制，扶贫项目所在乡镇和实施村领导对项目实施负全责，确保扶贫项目按期顺利进行。

【基础设施建设】 2015 年，中储粮总公司结合实地考察和扶贫县政府的意向，从贫困农户最迫切需要解决的问题着手，确定并立项实施两个扶贫项目。

一是拜泉县上升乡上升村修路项目。上升乡上升村位于拜泉县城东部，由于历史原因，村集体经济薄弱，基础设施建设极不完善，特别是交通发展落后，全村大部分道路雨雪天气机动车均不能正常通行，严重影响到当地居民出行和经济发展。针对这一实际情况，中储粮总公司确定上升乡上升村道路改造作为2015年拜泉县的扶贫项目，为该村修建3.5米宽水泥路2.85千米，于2015年10月正式竣工通车，实现当年投入、当年使用、当年收益，解决当地819名村民行路难的问题，带动当地经济发展活力。当地村民亲切地把该路取名为“吉祥路”。

二是兰西县亮化工程建设项目。为完善扶贫县基础设施，改善居民生活条件，深入推进美丽乡村建设，2015年，中储粮总公司在定点扶贫县兰西县的北安村巨宝山、张家炉、梁家沟3个自然屯实施亮化工程。先后在这3个屯总长3691米的道路上安装路灯142盏，11月底竣工。有效解决当地500多户村民夜路难行的问题，改善乡村环境。

【扶贫调研】 中储粮总公司高度重视拜泉县和兰西县的扶贫工作。公司领导和党群工作部门负责同志多次深入黑龙江省拜泉县和兰西县，就扶贫相关工作进行对接，就如何开展帮扶工作凝聚共识。在此基础上，中储粮总公司委派专人负责具体推进落实事宜。黑龙江分公司和北方公司由党组（党委）书记组织定期召开专题会议，听取扶贫开发工作情况汇报，察看项目选址和建设情况，资金的拨付和使用情况，以及竣工的检查和验收情况，协调解决扶贫开发工作中的困难和问题。同时，与县扶贫办领导多次座谈，认真总结经验做法，研究下一步的扶贫思路和措施办法，保障扶贫工作落到实处。

【干部挂职扶贫】 2015年，中储粮总公司继续在拜泉县实行干部挂职扶贫。公司已先后派出10名同志挂职拜泉县委副书记，负责定点扶贫工作。在工作中，下派挂职干部与拜泉县扶贫开发办的同志一道，生活工作在一线，严于律己、恪尽职守，扎扎实实开展帮扶工作，服务地方经济社会发展，树立中储粮干部的良好形象。

（中国储备粮管理总公司
扶贫办　黄明辉）

国家开发投资公司定点扶贫

【概述】 2015年，国家开发投资公司认真贯彻落实党中央、国务院关于扶贫开发的指示要求，把定点扶贫贵州省罗甸县、平塘县和甘肃省宁县、合水县4县任务纳入年度工作任务中，纳入经营预算管理中，全面谋划，统筹安排。在实际帮扶工作中，突出精准扶贫精准脱贫，坚持从受助地区党委、政府和当地人民的实际需求出发，2015年共投入资金1412万元，支持各县整村推进建设安全饮水、村级水泥路工程项目，帮助资助特困大学生、高中生上学，帮助建设残疾人康复中心，为学校配备电脑，开展春节送温暖活动、慰问困难家庭等。

【扶贫调研】 2015年，国家开发投资公司扶贫开发领导小组办公室组织两批扶贫工作调研组，21人次深入平塘县、罗甸县和宁县、合水县，调研了解各县扶贫开发总体情况，召开县委、县政府职能部门人员座谈会，听取意见和建议。深入企业、学校、工厂和村民家中，了解企业的经营状况、学生上学、人员就业和村民收入等情况，帮助各县学习掌握中央扶贫开发政策，对接国家开发投资公司参与各县定点扶贫项目。

【基础设施建设】 2015年，国家开发投资公司为定点扶贫宁县、合水县捐赠400万元（每县200万元），建设村村通水泥路8.5千米，帮助合水县老城镇水沟村、宁县新宁镇巩范村2个行政村，13个村民小组，906户3849人的出行、5284亩耕地农作物产品外运。为定点扶贫平塘县、罗甸县捐赠400万元（每县200万元），建设村村通饮水工程2处，帮助平塘县通州镇通星、新星村改造自来水管网，罗甸县交砚社区交砚村建水窖，为17764人解决饮水安全。

【产业基金扶贫】 2015年，国家开发投资公司除完成年度定点扶贫任务外，积极发挥贫困地区产业扶贫基金作用，基金管理公司人员赴武陵山片区、秦巴山片区、大别山片区、滇西片区、四省藏区等集中连片特殊困难地区，革命老区和少数民族地区，赴重庆、河南、湖北、安徽、云南、江西、四川、青海、贵州、河北等贫困发生率较高或贫困人口多的17个省（区、市）43个地（市、州），实地调研140余次，收集项目信息1263个，立项46个，投资决策完成17个，投资金额7亿元。项目主要立足当地特色资源禀赋，贫困人口参与度高的种植、养殖、农产品加工、生物有机肥等区域特色产业，扶持当地特色优势产业发展、增强贫困地区“造血功能”，带动贫困人口增收。

【扶贫慰问】 2015年，国家开发投资公司分别向贵州省平塘县、罗甸县和甘肃省宁县、合水县发慰问信并拨慰问金40万元（每县10万元），慰问贫困家庭881户。

【教育扶贫】 2015年，国家开发投资公司继续与中国扶贫基金会开展新长城项目合作，捐赠48万元，资助定点扶贫平塘县、罗甸县两县240名贫困大学生上学；捐赠40万元，资助定点扶贫甘肃省宁县、合水县两县各2个“新长城——国投自强班”200名贫困高中生上学。“六一”儿童节期间，国家开发投资公司组织15人青年志愿者团队，走进平塘县牙舟镇卡罗片区湾寨小学，给学生讲故事、看外面的世界，与学生一起绘画、做游戏、搞活动，激发学生心中的梦想，活动期间为学校配发价值12万元学生书包、学习用具。为4个定点帮扶县学校配备价值72万元140台笔记本电脑，建立电子教室。

【关爱残疾人群】 2015年，国家开发投资公司与中国残疾人福利基金会合作，捐赠100万元，帮助定点扶贫县宁县、合水县加强残疾人康复中心建设，帮助改善设施设备，为残疾人健康恢复性锻炼提供保障。

【挂职干部扶贫】 2015年，国家开发投资公司共派出挂职干部6人，1人赴合水县蒿咀铺乡蒿咀铺村任“第一书记”，挂职任期3年；5人赴河北省挂职县政府副职，分管扶贫开发等工作，推进扶贫产业基金项目见效。

【公益扶贫】 2015年，国家开发投资公司在做好定点扶贫任务的同时，积极组织集团投资控股企业开展对外捐赠和对口帮扶，参加教育、医疗、环境保护、文化体育等公益事业，累计对外捐赠3280万元。雅砻江水电开发公司、国投新疆罗布泊钾盐有限公司等控股投资企业派驻村工作队，开展为民致富、帮助村民培训就业、资助学生上学等，得到地方党委政府的好评，深受百姓的欢迎。

（国家开发投资公司　夏成楼）

招商局集团有限公司定点扶贫

【概述】 2015年，招商局集团有限公司（以下简称“招商局集团”）定点帮扶贵州省威宁彝族回族苗族自治县（以下简称“威宁县”）和湖北省蕲春县。招商局集团深入贯彻落实《中国农村扶贫开发纲要（2011—2020年）》、《关于创新机制扎实推进农村扶贫开发工作的意见》等文件精神，按照上级单位工作部署，积极拓宽新的帮扶领域，有效提升帮扶价值。

2015年，招商局集团定点扶贫工作在集团扶贫工作领导小组的统一部署下，依托招商局慈善基金会（以下简称“慈善基金会”）这一公益平台协调推进，聚焦扶贫领域与帮扶对象，助推威宁、蕲春两县经济发展和脱贫致富，定点扶贫工作取得新成效。

2015年，招商局集团继续以项目化运作的方式推进定点扶贫工作，共计投入扶贫资金2269万元。在定点帮扶威宁县方面，共计投入扶贫资金233万元。完成第三期幸福小镇建设工程、帮扶干部培训40人、乡村教师支教32人、妇女能力培训34人、草海生态教育80人次。在定点帮扶蕲春方面，共计投入发扶贫资金2036万元。完成干部培训40人、蕲春港长江码开工建设、异地搬迁扶贫150户（500余人）、扶持推广一批特色产业、转移劳动力40人。

【扶贫调研】 2015年，招商局集团主要领导两次赴定点扶贫县进行考察调研，深入走访当地贫困户，了解生产生活需求；同时与当地党政领导深入座谈，共同探讨帮扶脱贫的新思路。

在威宁县考察调研过程中，研究“四个一工程”各个项目与建档立卡贫困户的精准对接，进一步分析威宁县在乡村旅游、商贸物流、金融等产业需求，寻求更加有效的扶贫项目。

在蕲春县考察调研过程中，提出帮扶工作的“三个坚定”，即坚定信心、坚定决心和坚定信念。明确继续实施“4+N”工程，围绕精准扶贫，加大在搬迁移民新村建设、干部培训、教育资源支持、劳动力转移、特色产品推广等一系列帮扶项目的投入力度。同时，全力推进蕲春港长江码头的建设，以县域经济带动脱贫。

【扶贫工作会议】 为加强招商局集团与定点扶贫县的沟通对接，2015年，招商局集团分别与威宁县、蕲春县党政主要领导举行座谈会。

2015年7月，招商局集团总经理李晓

鹏组织召开蕲春县扶贫工作会议。2015 年 10 月，招商局集团董事、慈善基金会理事长胡政在威宁县组织召开扶贫工作会议，明确要求威宁县围绕精准扶贫就幸福小镇项目、草海生态保护、产业扶贫和教育扶贫等工作提出具体的工作思路与计划。

【扶贫制度建设】 招商局集团以招商局慈善基金会作为统一的公益平台，依托这一平台统筹推进集团在定点扶贫方面的工作。为理顺工作关系，强化部门协作与对口负责，提高工作效率，2015 年招商局集团主要针对扶贫工作进行系统性调整。

在组织领导方面：首先是架构调整，集团扶贫工作领导小组从董事会办公室调整至办公厅，实现扶贫工作领导小组与慈善基金会由集团办公厅统一管理；其次是人员调整，扶贫工作分管领导调整、扶贫工作领导小组改选、扶贫工作领导小组办公室副主任由慈善基金会秘书长兼任。

在挂职干部管理方面：继续完善挂职干部工作机制，包括定期工作会议、工作月报等；梳理挂职干部管理的经验，形成制度性文件；形成并落实驻村“第一书记”制度。截至 2015 年 12 月，相关制度正在编制之中。

【扶贫培训】 依托招商局集团深厚的文化底蕴和历史根基，以及在创办蛇口工业区、国家级漳州经济技术开发区等方面的经验，充分利用招商局集团在园区综合开发运营与人才培养方面的经验和优势，2015 年，招商局集团举办帮扶地区干部培训班共 2 期，投入资金 71.2 万元，培养干部 80 人次。帮扶地区干部培训班有效提高干部的自我管理能力，更新思想观念与优化知识结构。

【干部挂职扶贫】 招商局集团积极响应国务院扶贫办和国务院国有资产监督管理委员会扶贫办的相关工作要求，做好挂职干部的选派，储备干部的筛选、轮替等工作，向威宁县与蕲春县选派干部实地参与定点帮扶工作。2015 年，招商局集团从招商局国际有限公司选派 1 名处级干部到蕲春县挂职扶贫，担任蕲春县副县长职务，主抓蕲春港长江码头建设项目；从招商局重庆交通科研设计院选派 1 名处级干部到威宁县挂职扶贫，担任威宁县副县长职务。同时，招商局集团从招商局重庆交通科研设计院选派 1 名干部到威宁县担任村“第一书记”。

挂职干部作为招商局集团与当地党政的沟通纽带，严格按照招商局集团扶贫工作领导小组的要求，积极深入乡村、企业调研，了解当地经济社会发展情况与贫困户对扶贫项目的需求，及时反映情况并协助扶贫项目的落地实施，为扎实推进定点扶贫工作提供全方位的基础性工作。

【扶贫慰问】 2015 年 7 月，招商局集团总经理李晓鹏等主要领导赴蕲春县开展慰问活动，共慰问 126 户贫困户，赠送粮油、风扇等日常生活必需品，向“招商局·幸福新村”老人活动中心捐赠洗衣机、投影仪等设备，慰问资金共计 15 万元。

【扶贫日活动】 招商局集团高度重视并贯彻落实《国务院扶贫办关于印发2015年扶贫日活动方案》。主要开展以下两项扶贫宣传活动：

一是线上传播。10月17日，招商局集团在微信公众号“百年招商局”和“招商局慈善基金会”上同步宣传招商局历年扶贫大事记，盘点近年来在扶贫工作中取得的阶段性成果，此外，选取“幸福小镇”项目和“为威宁乡村支教”计划作为案例，宣传介绍招商局集团的扶贫思路与做法。

二是线下活动。招商局集团举办招商课堂，宣传公益慈善理念。活动由办公厅主办、招商局历史博物馆和招商局慈善基金会协办，主要内容是招商局历史、公益慈善知识。截至2015年12月，招商讲堂已在重庆、漳州、北京、香港分别举办，香港站招商课堂以扶贫工作经验交流为主题。

【扶贫资金投入】 2015年，招商局集团以招商局慈善基金会为统一公益平台，向威宁、蕲春两县直接投入扶贫资金共计2269万元，其中用于基础设施建设1872万元、文化教育138万元、人力资源培训82万元、产业扶持50万元、低保救济127万元。

【扶贫资金管理】 招商局集团以招商局慈善基金会为统一公益平台，建立健全协调统一的扶贫资金管理机制。2015年，继续完善《招商局慈善基金会基金管理办法》及《招商局慈善基金会项目管理办法》等管理规定。加强对扶贫资金的管理使用和监管力度，并切实做好扶贫项目的设计、评估、监测等内容，保证扶贫资金落到实处，扶贫项目取得实效。

在加强扶贫资金内部监管的同时，与蕲春县制定《蕲春港管窑物流综合码头建设资金专户资金管理办法》，确保专项扶贫资金使用公开透明。

【产业扶贫】 威宁县方面，招商局集团坚持“四个一工程”中“引进一批企业”的思路，成功引进漳州“片仔癀”大明中药饮片项目。2015年，中药饮片持续生产经营，漳州片仔癀公司在威宁拓展全新保健养生食品业务。

蕲春县方面，结合其产业优势，招商局集团协助打造李时珍品牌支柱产业，对蕲艾系列产品进行品牌推广升级。2015年，招商地产旗下深圳美伦酒店管理有限公司与蕲春李时珍医药集团、湖北蕲艾堂科技有限公司两家公司合作推广6种产品，截至年末，蕲艾系列产品视觉系统方案已投入使用。除对蕲艾产品进行宣传推广外，还着力推广蕲春陶艺制作工艺，使蕲春制陶工艺有效提升产品价值。

【智力扶贫】 2015年，招商局集团在威宁县投入40万元，开展第三期妇女能力建设项目，为当地34名妇女学员提供基础教育、创业教育与社区教育。通过接受培训，妇女学员在文化水平、创业技能与社区组织方面的能力明显提升，2名妇女骨干参加全国扫盲教师培训班。同时，项目组织妇女学员赴云南丽江等地学习乡村旅游创办经验，赴山西永济蒲韩社区学习社区公共事务管理经验。妇女能力建设项目提升当地妇女的知识文化水平、社区参与意识，也提高妇女的社会地位。

【教育扶贫】 招商局集团延续积极投身教育事业的公益传统。2015年，招商局集团投入教育扶贫资金98万元，继续开展威宁乡村支教计划与草海生态环保教育项目。增加派遣15名大学应届毕业生赴威宁牛棚镇、羊街镇任教2年，截至2015年12月，由招商局集团支持的威宁地区支教志愿者共计32人；草海生态环保教育80人次，围绕生态环保与儿童心智教育开展系列活动。

【基础设施建设】 威宁县方面，由招商局集团第三期幸福小镇于2014年开工建设，截至2015年12月，主要完成的建设内容包括占地17亩的旅游商业广场、长650米宽5米的环商业广场道路、面积1390平方米的江家湾生物污水处理系统、串户路3280平方米；庭院硬化7070平方米；房屋外立面改造24046平方米。招商局集团幸福小镇项目切实改善贫困村庄的硬件设施，提升贫困户的生产生活水平。该项目成为贵州省四在农家样板，草海治理实验地，获得企业公益前沿论坛授予的“公益典范·最佳企业”荣誉称号，并作为典型案例入选《企业公益蓝皮书——中国企业公益研究报告（2015）》。

蕲春县方面，招商局集团充分结合自身业务特点，协助蕲春县修建蕲春港长江码头。截至2015年12月，共投入资金1435万元，项目已完成工程可行性报告批复意见、环境影响意见等专项意见审查，临建搭设及其他工前准备工作都已展开。该项目充分利用32千米的长江优质岸线，助力蕲春县通过产业发展带动全县实施长江经济战略，以蕲春港长江码头为龙头，带动县域经济发展，加快脱贫步伐。

【易地扶贫搬迁】 2015年，招商局集团在蕲春县投入易地扶贫搬迁资金413万元，规划在刘河镇上桥村和檀林镇上界岭村实施扶贫搬迁，涉及搬迁对象共计150户。其中刘河镇桥上村马坳新居建设项目，规划扶贫搬迁对象70户，涉及周边3个村（桥上村35户、洪咀村24户、大公村11户）；檀林镇上界岭村楚风园安居工程建设项目安置80户贫困户。

（招商局集团有限公司
扶贫办　伍锦松）

华润（集团）有限公司定点扶贫

【概述】 2015 年，华润（集团）有限公司（以下简称“华润集团”）重点开展对宁夏回族自治区海原县的定点扶贫工作，打造海原草畜一体化养牛帮扶项目。共投入 2.95 亿元，培训 450 人次，选派 1 名员工挂职海原县曹洼村“第一书记”。

【扶贫资金投入】 2015，华润集团投入定点扶贫资金 2.95 亿元，海原华润农业有限公司投入草畜一体化基地建设资金 8530.2 万元；非建设资金投入资金 1591.64 万元，其中设备设施 541.66 万元，土地流转 302.93 万元，前期准备费 90.74 万元，项目开办费 185.98 万元，经常性资本开支 81.09 万元，另外还包括管理费用 389.24 万元。2015 年“润农”合作社全年引进基础母牛 3000 头，投入引牛费用 2849.79 万元，全年基础母牛养殖费用为 240.01 万元，基础母牛赊销工作覆盖海原县贾塘乡、郑旗乡、史店乡、海城镇等 9 个乡（镇）的 14 个行政村，共惠及农户 546 户共赊销牛只 2006 头，赊销金额达 1203.6 万元。

【产业扶贫】 2015 年，华润集团立足海原县的实际情况，结合集团的资源优势，编制《华润集团定点帮扶海原县发展五年规划（2014—2018 年）》，确定通过“产业扶贫、投资扶贫、人才扶贫、公益扶贫”等多个领域的扶贫开发，促进海原经济发展，改变海原落后面貌。其中，产业扶贫是扶贫规划的核心举措，2014 年到 2018 年 5 年间，华润集团平均每年投入 1 亿元，用于支持当地养牛产业的发展。为此，华润集团制定一套详细、可操作的产业扶贫方案，即以肉牛繁育为核心，打造肉牛养殖经济产业链，产业链包括建设饲草种植基地、饲料加工厂、养殖基础母牛、育肥肉牛、屠宰加工、包装运输和终端销售等多个生产经营环节。为推进肉牛养殖产业链的发展，华润集团和海原县政府一起，成立海原华润农业发展有限公司，以此作为产业发展的平台，将华润的扶贫资金通过企业化运作，以实现最大化的经济效益；同时引导当地成立海原润农扶贫种养殖专业合作社，把农民组织起来，走合作发展的道路。2015 年，华润集团向海原华润农业有限公司一次性捐赠资金 3 亿元。

2015 年，海原草畜一体化项目基地全面开工。经过一年多的建设，草蓄一体化项目基地的基础设施建设完成约 70%，基本建成存栏 1000 头的高档肉牛繁育场和存栏 8000 头的肉牛育肥场，并配套建设饲草种植基地、饲料加工厂，计划于 2016 年 5 月全部投产运营。

华润集团结合宁夏回族自治区的“5·30扶贫到户”养殖计划，创新金融扶贫模式，引导当地农户成立“海原润农扶贫种养殖农民专业合作社”，以此为平台建立“基础母牛银行”，支持农户开办家庭小型养殖场。根据五年规划，2015 年至 2018 年集团每年将捐赠 3000 万（4 年累计将捐赠 1.2 亿元），通过合作社从甘肃省武威市、张掖市等地引进良种西门塔尔基础母牛，以赊销的方式将母牛提供给农户，每户 3—5 头牛，每头牛提供 6000 元的 3 年期无息借款。农户将母牛领回自家的牛棚繁育小牛、吊架子，再将架子牛销售给海原华润农业抵顶借款，基础母牛留下继续繁育，滚动发展。海原华润农业有限公司将以不低于保底价收回架子牛，集中育肥、屠宰、打造高端清真牛肉品牌，再通过统一渠道对外销售。2015 年，集团与海原县各级政府紧密联系，先后抽调 35 名优秀员工组成专门团队，长期驻守海原县，深入农户、发动农户、服务农户，扎扎实实地推进母牛赊销工作。经过一年多的努力，基础母牛赊销已覆盖到海原县贾塘乡、郑旗乡、史店乡、海城镇等 9 个乡（镇）的 14 个行政村，共惠及 650 余户农户，赊销母牛 2006 多头。

2015 年，草畜一体化项目的建设为当地提供多个就业岗位，海原华润农业有限公司招收 30 位宁夏籍员工，其中海原县占 16 人，从事行政后勤、种植、机修、饲养员、厨师、保洁等岗位。草畜一体化基地的西安镇种植基地自 2015 年 4 月开始用工，合计使用临时工 403 人次，合计工资 17 万元。

【扶贫会议】 2015 年 7 月，华润集团、华润五丰有限公司以及宁夏回族自治区扶贫办、中卫市、海原县共同召开“海原草畜一体化扶贫项目第一次四方联席会”，会议总结了 2015 年上半年项目进展情况、项目管理、项目预算、招投标管理、团队建设等多个方面工作，并就项目推进中所存在的问题和困难进行研讨。

2015 年，为推动扶贫工作扎实落地、加强草畜一体化项目管理，海原华润农业有限公司与海原县人民政府组织召开 5 次多方联席协调会、工作会，切实探讨养牛项目方案制定、工作部署，及时解决问题。

【扶贫制度建设】 2015 年，海原华润农业有限公司与海原县人民政府共同制定《扶贫到户基础母牛赊销协议》以及《赊销联保协议》，通过协议明确海原华润农业有限公司与赊牛农户的权利和义务。协议签订过程由海原县扶贫办现场见证，从法律、政府等角度保障公司和养户的根本利益，进一步完善从基础母牛引进到赊销入户的工作流程，提高工作效率。

同时，为提高养户的养殖水平，海原华润农业有限公司制定《服务站巡查制度》，通过辐射全县的 6 个服务站进行定期分片巡查，走访养殖农户，加强养户管理、培训工作，在饲料饲喂方面指导农户，避免再度使用霉变的饲料和饲草造成牛只出现异常所带来的损失，对部分养殖户进行技术指导及用药方面的知识普及。

【扶贫培训】 2015年，海原华润农业有限公司组织开展了20余期培训活动，共计培训450人次。培训主要面向海原华润农业的在职员工，培训内容包含公司管理制度培训、财务制度培训、基础母牛回收机制研讨、养殖系统管理模块功能解析、转基因技术的利与弊、牛只安全问题讨论、安全生产培训等。

【干部挂职扶贫】 2015年，华润集团选派1名员工挂职海原县曹洼乡曹洼村“第一书记”，在推动开展养牛项目建设任务的基础上，挂职干部以“真扶贫，扶真贫”为工作宗旨，组织招收曹洼村5名工人在海原草畜一体化基地工作，每月每人工资3000元，使每个家庭每年增收近4万元。2015年9月，组织海原草畜一体化基地收购曹洼村当地村民青贮玉米2000余吨，直接受益农户高达70余户，平均每家每户直接增收1000余元。同时，挂职干部“一对一”负责曹洼村8户贫困户脱贫致富工作。

【扶贫资金管理】 2015年，海原华润农业有限公司每月报送一期专题简报至海原县人民政府和华润集团，通报工作进展情况。海原华润农业有限公司每半年举行一次海原县人民政府、海原华润农业集团董事会办公室、华润五丰联席工作会议，通报项目建设进展、预算执行情况、扶贫资金使用情况，对重大事项召开会议讨论，对有异议之事项进行沟通解答。海原华润农业每年接受一次海原县人民政府的管理评审，结果报相关单位及上级部门备案。

［华润（集团）有限公司］

中国港中旅集团公司定点扶贫

【概述】 2015年，中国港中旅集团公司（以下简称“集团”）主要定点帮扶贵州省黎平县、西盟佤族自治县（以下简称“西盟县”），云南省孟连傣族拉祜族佤族自治县（以下简称“孟连县”）3个县。“十二五”期间，集团扶贫工作密切联系经营发展，在精准扶贫、精准脱贫上下功夫，逐步建立起“教育+产业”一体两翼、精准推进扶贫开发工作模式，并就全面贯彻落实中共中央总书记习近平谋划好“十三五”时期扶贫开发工作的重要讲话精神，2015年全年共投资定点扶贫资金200万元。

【扶贫调研】 2015年，中国港中旅集团公司总经理姜岩带队赴贵州省黎平县开展扶贫工作调研暨扶贫慰问和旅游产业资源考察，主要任务一是抓落实，检查集团在黎平地区前期定点扶贫工作开展情况，落实集团2015年工作会议报告中关于加强集团社会责任能力建设的有关要求；二是促落地，利用考察活动，从业务开展层面深入考察，开发黎平地区的优质旅游线路、乡村民俗旅游资源，借力集团旅游产业链优势，尝试开展对当地旅游资源的开发和相关人才的培训工作，落实“造血式”扶贫要义。

【产业扶贫】 在集团定点扶贫资源禀赋较为丰富的地区，加强与区域金融企业的沟通与合作，注重将区域特色旅游资源与集团旅游主业产业要素的结合，依托旅行社及资产板块资源，适时开展以旅游产业为主的城镇化项目建设先行先试，通过集团提供连带信用担保，当地政府贴息，当地金融企业向农户提供一定授信额度的方式，加强基础设施改造，形成特色化、规模化的旅游居住体验村落。村寨经营管理依托集团旅行社板块在各地的分社管理，与各户签订管理合约对签约户人员、服务、收支、客源进行统一管理，逐步探索出当地城镇化可持续开展的新思路。

2015年，集团旗下的香港中国旅行社就相关旅游帮扶策划了一条“多彩贵州·精彩黎平”的主题旅游线路，通过在香港的主流报纸等多媒体上进行广告宣传，第一时间将黎平的旅游线路介绍到香港，尝试市场反应。集团旅行社板块贵州分公司积极与黎平当地景区进行沟通，采取门票包销的合作计划，通过门票优惠加景区二次消费的联动模式提高游客在黎平当地住宿、游览、餐饮等系列消费额度，提高当地旅游收入的同时，积极拓展当地景区的知名度，与后续集团其他旅游产业扶贫项目工作及时开展形成互利互助态势。同时，对定点扶贫地区现有的优质旅游资源在经过集团深入对接考察之后，通过集团旗下香港中旅国际投资有限公司（景区投资上市公司）进行输出管理，在优化集团管理输出资源配置的同时为帮助当地旅游扶贫产业发展升级找到一条好路子。

【教育扶贫】 2015 年，集团投入资金 60 万元在黎平各中小学校新建 3 所“港中旅希望之星电脑室”，新覆盖受益学生近 2000 人。

【基础设施建设】 2015 年，集团继续按照实事求是的工作精神，加强部分定点扶贫特困地区房屋、道路硬化、公共文化、卫生等基础设施建设的力度，切实履行“缺什么补什么”扶贫工作任务，固定拨付扶贫资金，主要用于农村困难群众改善生活条件的项目建设。2015 年，集团投入资金共 60 万元，帮助孟连县新建道路硬化项目、串户道路 2 条共计长度 621 米，新建活动场所 100 平方米，改善 71 户 326 人群众活动、出行和生产物资交易的交通问题；帮助西盟县建设村内道路硬化项目合计 780 米、2730 平方米，使项目区群众 25 户近 100 人直接受益，道路硬化等基础设施建成后，从根本上解决村民出行难、农副产品运输难的问题，也改善村内卫生环境条件。

（中国港中旅集团公司　童　柳）

中国商用飞机有限责任公司定点扶贫

【概述】 2015年，中国商用飞机有限责任公司（简称“中国商飞公司”）定点扶贫宁夏回族自治区西吉县，并开展一系列扶贫活动。2015年中国商飞公司累计投入255.5万元，用于西吉县的产业扶贫、文化扶贫、教育扶贫等项目。

【产业扶贫】 2015年，中国商飞公司预算投入500万元用于对外捐赠。当年，公司实际投入211.5万元用于对外捐赠，一是公司总部向总部工会下设的大飞机爱心基金捐赠100万元，用于公司困难职工和社会困难群体的帮扶；二是公司总部向上海市教育发展基金会捐赠24.5万元，设立“大飞机助学金”；三是公司总部对各大高校“大飞机奖学金”捐赠支出共87万元。根据《关于开展“同舟工程——中央企业参与‘救急难’行动”的通知》要求。中国商飞公司与宁夏回族自治区西吉县扶贫办合作，设立中国商飞公司大飞机爱心基金西吉县“同舟工程——中央企业参与‘救急难’行动”专项救助基金，依托西吉县民政局“救急难”综合试点平台提供的救助对象信息，开展“救急难”项目。首批启动资金50万元，由大飞机爱心基金支出，已划拨至西吉县扶贫办设立专户，委托西吉县扶贫办协同西吉县民政局定向开展“救急难”项目。2015年6月，中国商飞公司选派公司党群工作部高级主管李超西作为驻村干部，派驻西吉县将台乡西坪村，担任扶贫工作队队长、村党支部“第一书记”。驻村干部发挥自身作用，分析致贫原因、理清扶贫思路、制定扶贫办法，走遍贫困村、摸透贫困户，建档立卡、对症下药。

【文化扶贫】 举办“让我们和大飞机一同早日翱翔——2015中国商飞·霍尼韦尔家园建设计划西吉行”活动。中国商飞公司与霍尼韦尔航空航天集团首次合作开展社会公益活动。共向西吉县的2所小学——将台乡西坪小学和什字山庄回民小学捐赠4000册图书、11台计算机、5部多功能投影以及其他数字教学设备，建立“中国商飞·霍尼韦尔多功能学习天地”。捐赠仪式上，中国商飞公司还与西吉县人民政府签署援建所属20个乡村“文化大院建设”的合作意向书，进一步推进文化扶贫，多角度、多层次地持续为当地建设做出贡献。活动期间，贺东风总经理还看望慰问西吉县贫困农户和公司挂职干部。11月26日，中国商飞公司与霍尼韦尔航空航天集团社会责任项目获由航联传播颁发的“最佳品牌创新奖”和由中国国际公共关系协会评选出的第六届“金旗奖”。

【教育扶贫】 中国商飞公司与宁夏回族自治区政府、西吉县政府一直保持密切的合作，通过道路修建、厂房建造、教育帮扶和干部支边等方式，身体力行地参与到当地脱贫致富工作。从2012年开始，中国商飞公司四次成功举办“走近上海·走近大飞机——西吉县、隆德县优秀青少年冬令营和夏令营”活动，投入资金75万元，资助100多名贫困山区的学生。

（中国商用飞机有限责任公司
党群工作部　阎　超）

中国节能环保集团公司定点扶贫

【概述】 2015年，中国节能环保集团公司（以下简称“中国节能”）深入定点扶贫县河南省嵩县和广西壮族自治区富川瑶族自治县调研，按照《中国节能定点扶贫资金管理办法》，认真筛选和实施扶贫项目。积极落实国务院扶贫办“百县万村”活动有关要求，全面调研摸清嵩县和富川县革命老区村贫困现状，为落实中央精准扶贫要求奠定坚实基础。中国节能积极探索新的扶贫模式，扎实推进扶贫工作落地。中国节能和挂职嵩县扶贫干部程华同志分别被评为“中央、国家机关驻豫定点扶贫先进集体”和“中央、国家机关驻豫定点扶贫先进个人”。

【扶贫资金投入】 中国节能全年累计向定点扶贫县捐赠扶贫资金270万元、电脑71台，用于两个定点扶贫县助学、助农、帮贫等扶贫开发工作，使两个定点扶贫县的250个贫困农户、100名贫困大学生、200名贫困中小学生直接受益。其中，向嵩县和富川县捐助定点扶贫款各100万元，慰问嵩县贫困农户250户共计5万元。

【扶贫调研】 2015年，中国节能党委书记、副董事长李文科率领所属新时代集团相关人员，壮族自治区富川县进行实地考察调研，详细了解富川县自然地理与资源环境等情况，结合集团公司和新时代集团的资源经营特点，与富川县委、县政府搞好对接，共同探讨定点扶贫开发工作，明确努力方向和工作落实重点。挂职扶贫干部也多次与富川县教育局、团委和妇联等部门一起进行调研，协力推进工作落实。

【干部挂职扶贫】 2015年，选派中国节能党群工作部二级资深经理程华、中节能新时代控股（集团）公司党群工作部主任李鸿昌两名同志，分别挂职嵩县、富川县副县长，全面做好定点扶贫沟通协调工作。同时，选派集团公司合作发展部二级资深经理卢迪为驻嵩县九店乡石场村“第一书记”。

【产业扶贫】 中国节能在嵩县车村镇龙王村安装85盏太阳能光伏路灯基础上，又在富川县开展“情系富川、照亮葛坡”送光明活动，筹措资金近20万元，为富川县葛坡镇购买40盏太阳能节能路灯。中国节能所属新时代集团、风电公司、太阳能公司、绿碳公司等二级公司，继续积极推进太阳能发电项目和农林废弃物综合利用项目。引进40亩文玩核桃已经挂果，成效初显。

【教育扶贫】 中国节能继续实施“圆梦大学 放飞希望”公益助学行动。2015年8月，中国节能在嵩县一高举办公益助学捐赠仪式，向嵩县贫困学生捐款50万元，为每位考上大学的贫困孩子资助5000元，帮助100个孩子“圆梦大学”。并向富川县贫困学生捐款15万元。集团公司下属新时代集团继续开展“希望工程·圆梦行动”助学活动，由“郭明义爱心团队”代表将助学金发放到贫困学生手中，并开展慰问贫困孤儿活动。

【公益扶贫】 中国节能所属企业积极在新疆、西藏、青海、四川、云南、甘肃藏区驻地开展公益活动。太阳能公司跟进实施无电地区民生项目，持续推进后续无偿服务。2015年10月，新疆维吾尔自治区昌吉回族自治州、哈密市地区无电区户用光伏系统项目通过国家验收，获国家财政补贴176万元，累计安装光伏系统271套，1076户农牧民受益。风电公司为驻地尕海镇3名贫困大学生支助助学金6000元；为青海省海西蒙古族藏族自治州“心起点”先天性心脏病儿童救助活动捐款3万元，彰显责任央企的良好形象。同时，从青海省内引进各类人才36人，其中少数民族人才6人。

【援疆援青援藏工作】 2015年，中国节能在新疆投资运营多个风力发电项目和太阳能发电项目：中国节能乌鲁木齐达坂城20万千瓦风电项目，中节能新疆鄯善一期20兆瓦、鄯善二期20兆瓦、轮台一期20兆瓦、库尔勒一期20兆瓦，阿克苏舒奇蒙一、二、三期60兆瓦，阿克苏融创一、二、三期80兆瓦，霍尔果斯一期30兆瓦光伏并网发电项目。2015年9月，所属太阳能公司成功收购阿克苏乌什30兆瓦、喀什叶城20兆瓦光伏并网发电项目。生产绿色电力共计2.61亿千瓦时，向国家纳税706.97万元。中国节能还积极参与青海和西藏地区的投资建设：中国节能德令哈尕海200兆瓦风电场一期49.5兆瓦工程，该项目总投资3.8亿元，提前36天完成全年7078万千瓦时发电任务，实现营业收入3690.24万元。尕海二期项目全面完成可研、环评、水保、土地预审等前期工作，取得核准文件和电网接入系统批复意见，完成所有工程项目招标和项目开工前期准备工作。与海西州大柴旦行委协商，取得锡铁山区域20万千瓦风资源开发权，启动尕海三期项目前期工作。中国节能青海大柴旦一、二、三期50兆瓦、德令哈一期10兆瓦并网光伏发电项目和中节能青海治多2.4兆瓦离网发电项目已先后投入运营。2015年度共生产绿色电力共计1.0298亿千瓦时，向国家纳税247.75万元。

（中国节能环保集团公司 徐建新）

机械科学研究总院定点扶贫

【概述】 机械科学研究总院（以下简称“机械总院”）定点帮扶河南省新县。2015年，机械总院及所属各二级单位领导班子成员赴新县开展调研42人次；接待信阳市、新县主要领导来访3人次；协助新县引入产业化项目1个、总投资2亿元，其中2015年投资7500万元，该项目达产后可为新县新增利税6000万元以上。2015年，机械总院与新县各出资100万元发起设立“新科扶贫基金会”，共募集资金567万元，其中包括机械总院全体员工捐助176956.5元；正式发布《机械科学研究总院定点扶贫河南新县规划》；在信阳涉外学院挂牌成立“机械总院人才孵化基地”和“机械总院哈尔滨焊接研究所（信阳涉外学院）教育中心”；为信阳涉外学院捐赠1套价值79400元的远程视频教育系统；由机械总院和哈尔滨焊接研究所出资，接收2名信阳涉外学院机械系焊接专业教师到哈尔滨焊接研究所接受专业培训；在新县举办培训班4期，共培训1500余人次，其中包括各级干部700余人次、技术人员250余人次、教师学生400余人次、农村劳动力100余人次、致富带头人50余人次；组织策划新县首届科技创新大赛，共收到作品85份。通过机械总院与新县共同搭建的定点帮扶平台，促进新县县域经济、教育事业以及脱贫攻坚工作的发展，机械总院于2015年度荣获河南省扶贫开发领导小组颁发的“中央、国家机关及相关单位驻豫定点扶贫先进集体”荣誉称号。

【扶贫资金管理】 2015年，机械总院为更好地管理和使用捐赠的扶贫资金，确保扶贫资金用到实处，形成以扶贫资金促进新县产业发展，以产业运营回馈扶贫资金的循环运营模式，构建扶贫工作的常态化，制定《机械科学研究总院定点扶贫新县扶贫基金管理办法》，协助新县新科扶贫基金会制定《信阳市新县新科扶贫基金会章程》《资金使用管理办法》《项目管理办法（试行）》《财务管理制度》《办公室管理制度》等多项管理办法，完善“新科扶贫基金”的运营，形成基金会以年度为单位向机械总院通报基金运营情况的良性工作机制。

【扶贫调研】 2015年，机械总院赴新县开展集中调研5次。机械总院全体领导班子成员、各二级单位党政主要负责人及院总部各职能管理部门部长均至少一次到新县开展调研活动。通过年内的多次调研活动，机械总院各单位深入考察新县的环境和产业特点，了解新县贫困原因和脱贫攻坚工作难点，明确新县实施脱贫攻坚的工作需求和发展方向。通过与新县各级政府机关领导座谈，详细分析实施科技扶贫、产业扶贫、教育扶贫、爱心扶贫的方式和方法，明确通过科技扶贫实现产业转型升级和高端人才引入，通过产业扶贫实现高端项目引进和优化产业结构，通过教育扶贫促进新县提升职业教育学院专业水平和优化人才教育培养能力，通过爱心扶贫将扶贫工作深入建档立卡贫困人口，使脱贫攻坚工作更有针对性的工作总思路。通过对机械总院协助引进的毅辉智能制造公司进行调研，机械总院领导对该项目的生产线优化调试、产品稳定性和市场方向给予充分指导。经过机械总院开展的多次调研活动，各二级单位对新县发展和机械总院扶贫工作所取得的阶段性进展和成绩有更加直观的认识，也更坚定各单位对助力新县实现脱贫攻坚的信心和决心。

【扶贫工作会议】 2015 年，为总结机械总院定点扶贫新县取得的阶段性成果，鼓足干劲迈好“十三五”脱贫攻坚第一步，召开扶贫工作会议表彰机械总院定点扶贫先进单位，推动定点扶贫工作持续开展，机械总院举办定点扶贫工作阶段性成果发布仪式和表彰大会。在发布仪式上，机械总院正式发布《机械总院定点扶贫新县规划（2015—2020）》，揭牌成立“新科扶贫基金”和“机械总院人才孵化基地”，并由哈尔滨焊接研究所与信阳涉外职业技术学院签署战略合作协议，成立“机械总院哈尔滨焊接研究所（信阳涉外学院）教育中心”。启动哈尔滨焊接研究所远程视频教育系统；在表彰大会上，宣读《机械总院关于对定点扶贫阶段工作进行先进表彰的通知》，对机械总院定点扶贫工作中涌现出的 6 家先进单位和 3 位先进个人进行表彰。

【扶贫制度建设】 为使定点扶贫工作更具系统性和可操作性，为积极履行好机械总院所承担的社会责任和政治任务，为配合协助新县实现小康目标，机械总院研究制定扶贫规划。《机械总院定点扶贫新县规划（2015—2020）》于 2015 年 7 月正式发布。

【扶贫培训】 为拓展新县各级领导干部、企业家、教师、学生以及行业带头人的科技视野，宣传国家制造强国战略，为新县高端智能制造项目引入和产业投资创造更好的条件，2015 年，机械总院在新县成功举办 4 期培训班，开展《中国制造 2025》《智能制造与绿色发展——助推中国制造 2025》等专题讲座，参加培训人员达到 1500 余人次，其中包括各级干部 700 余人次、技术人员 250 余人次、教师学生 400 余人次、农村劳动力 100 余人次、致富带头人 50 余人次。

【干部挂职扶贫】 2015 年，机械总院向新县派出2名挂职交流干部，分别担任新县县委常委、副县长和金兰村“第一书记”。在工作中，挂职县委常委、副县长积极推进新县大别山干部学院和信阳涉外职业技术学院的建设工作，为大别山干部学院成功引入培训学员110余名，为信阳涉外学院拉动校企合作、带动毕业生就业做出实效，并通过推动新县文化旅游产业发展，引入高端旅游项目；挂职“第一书记”上任第一时间走访全村所有村民，对建档立卡贫困人口进行细致了解，并通过吸引社会资金支持村内21名贫困家庭孩子就学，很大程度上解决特困家庭因学致贫的困难。

【扶贫宣传】 2015年，机械总院着重强化新县对外推广工作。机械总院副院长李亚平同信阳市委组织部部长李湘豫、新县县委组织部部长林志成一起，分别拜访国务院国资委宣传局局长卢卫东和国家行政学院培训部主任安令裕，并围绕大别山干部学院培训合作进行深入沟通。当年为新县大别山干部学院引入110多名政工干部参加由国务院国资委主办，中央企业党建政研会和中国机械政研会联合承办的政工干部培训班。此外，机械总院还邀请中国旅行社总社总裁助理林寿、国内部经理张涛等人到新县考察旅游资源和配套服务，并围绕红色教育、健康休闲、铁路专列、旅游对接、宣传推广等相关事项进行深入沟通和研讨，筹划于2016年开通新县旅游专列，充分发挥新县作为革命老区的名片功能。

【产业扶贫】 产业扶贫是机械总院定点扶贫新县的主要工作抓手之一。2014年，机械总院即推动新县与珠海运泰利集团开展合作，通过机械总院提供产品生产线和技术，引入汽车轴齿类智能制造项目。当年，新县产业集聚区与珠海运泰利集团签订入园协议，机械总院、新县及珠海运泰利集团签订三方《战略合作框架协议》，促成项目正式落地新县。该项目由毅辉智能制造公司投资5亿元打造毅辉智能制造产业园，一期工程投资2亿元，构建汽车轴齿类关键零部件精密锻造项目，由机械工业第一设计研究院为其提供厂房设计，由郑州机械研究所向毅辉智能制造产业园提供设备和技术支持，并对产品进行包销。2015年10月，该项目历经18个月的筹备和建设，已顺利竣工投产，当年为新县新增就业岗位20个，项目达产后可实现新增利税6000万元以上。

【智力扶贫】 2015年，机械总院在新县信阳涉外学院挂牌成立“机械总院人才孵化基地”和“机械总院哈尔滨焊接研究所（信阳涉外学院）教育中心”；向信阳涉外学院捐赠一套价值7.94万元的远程视频教育系统；由哈尔滨焊接研究所副所长陈健为信阳涉外职业技术学院400余名师生进行现场授课；由机械总院与哈尔滨焊接研究所共同出资接收2名信阳涉外学院教师到哈焊所接受培训；力促中国十七冶集团公司与信阳涉外学院签订《校企合作协议书》，并挂牌设立“中国十七冶集团公司人力资源培训基地”和“信阳涉外职业技术学院学生实训就业基地”；通过浙江分院促成德国博世集团杭州生产基地向信阳涉外学院定向批量招收机械类毕业生。

（机械科学研究总院
院务工作部　肖　雄）

中国化工集团公司定点扶贫

【概述】 根据国务院定点扶贫工作统一安排部署，中国化工集团公司（以下简称“中国化工”）定点扶贫河北省平山县、甘肃省古浪县。截至2015年，共计投入帮扶资金累计约300万元，从教育、饮水、救灾救济、就业帮扶4个方面开展帮扶工作，从人力、物力、财力等方面对古浪县、平山县给予帮助，对改变贫困山区落后面貌，加快贫困户脱贫致富步伐，促进古浪县、平山县经济社会发展起到积极的推动作用。

【扶贫资金投入】 2015年，对平山县直接投入帮扶资金20.5万元。其中20万元实施民生工程——孟家庄镇木口村村民新居安全饮水工程和污水处理工程，改善村民的生存条件。5000元用于开展“送温暖”活动，慰问平山县贫困老党员、因病困难等家庭共10户，送去慰问金共5000元。

2015年对古浪县投入资金65万元。其中30万元用于组织18名8—15岁优秀学生和2名教师参加为期23天的蓝星北京国际夏令营。中国化工捐赠30万元用于蓝星自强班，帮助当地50名优秀贫困生完成三年高中学校。5万元用于开展“送温暖”活动，慰问古浪县贫困群众，送去节日慰问金共5万元。

【扶贫调研】 2015年1—7月，中国化工所属中国昊华化工集团股份有限公司（以下简称“昊华股份”）工会及相关部门共9人次赴平山县考察调研。与县扶贫办及部分村干部代表举行座谈会，了解实际状况、和实际困难，交流后续的发展思路和扶贫工作，重点就改善村民生存条件等民生方面的工作进行探讨。与县扶贫办共同确定具体的扶助项目—昊华公司出资20万元援建孟家庄镇木口村村民新居饮水工程及污水处理工程。

【扶贫慰问】 2015年春节前，昊华股份工会及相关部门，专程奔赴平山县，开展“送温暖”活动，对革命老区的贫困老党员、老军人、困难户走访慰问，共走访10户贫困老党员、老军人、困难家庭，并按照每户500元的标准送去慰问金。

2015年2月，蓝星兰州清洗公司总经理连文涛等一行4人赴古浪县走访慰问贫困群众，发放节日慰问金5万元，并向困难家庭赠送米面油等。期间与县扶贫办进行座谈交流，了解当地扶贫需求，共商扶贫计划。

【教育扶贫】 2015年5月，通过中国扶贫基金会捐赠新长城项目，投入资金30万元，在古浪县第一中学捐赠蓝星自强班，帮助当地50名优秀贫困生完成三年高中学业。

（中国化工集团公司规划发展部 易莎莎）

中国中材集团有限公司定点扶贫

【概述】 2015年，中国中材集团有限公司（以下简称“中材集团”）按照“以技术扶贫、产业扶贫为主，资金扶贫为辅，重点帮助贫困地区培育‘造血’功能；立足当地实际，有效发挥集团优势，在技术人才培养、劳务输出、资源利用等方面多做文章；坚持量力而行，务求实效，结合当前新农村建设思路，在水、电、路、气、房等基础设施改造方面给予一定的资金帮扶”的定点扶贫工作思路，积极落实开发式扶贫的方针，以帮助解决紧迫民生问题和发展贫困地区经济为重点，积极开展各项扶贫工作，取得较好效果。中材集团给予永善、绥江两县各150万元共计300万元的扶贫资金支持，主要用于定点帮扶贫困村的道路等基础设施建设和种植、养殖等相关产业扶持，积极推动相关设施和产业建设，发挥良好社会效益。利用集团技术和资源优势，落实产业扶贫，开展永善、绥江两县矿产资源勘察调查工作，为开发利用当地资源创造条件；参与当地地质灾害治理工作，开展地质灾害隐患调查。认真开展扶贫调研工作，与永善、绥江两县的县、乡、村三级政府及有关部门进行座谈，研讨“精准扶贫、精准脱贫”规划及实施措施，深入贫困户走访慰问，共同探讨脱贫之路。选派2名干部挂职扶贫县副县长，选派2名干部挂职定点扶贫村“第一书记”，为贫困地区尽早脱贫致富贡献智慧和力量。积极推进教育扶贫，力所能及地安排贫困学生就业，帮助解决实际困难。

【扶贫资金投入】 2015年，中材集团给予永善、绥江两县各150万元共计300万元的扶贫资金支持，主要用于两县帮扶贫困村的道路等基础设施建设和种植、养殖等相关产业扶持。集团为绥江县投入扶贫资金150万元，用于建设联通村级公路和自然村之间的4.48千米道路。截至2015年底，该项目已完成实际投资150万元，完成其中2.27千米的道路建设工作。集团为永善县投入扶贫资金150万元，计划用于“两条路，两座桥，两个产业”建设。“两条路”：一是计划投资22万元用于黄金村青冈一组3千米道路建设；二是计划投资68万元用于黄金村纸槽沟11千米道路建设。“两座桥”：计划投资30万元用于黄金村两座人行桥梁建设。“两个产业”：一是计划投资10万元用于黄金村50亩魔芋项目建设，二是计划投资20万元用于黄金村54

户群众羊舍建设。截至2015年底，实际完成投资80万元，其中："两条路"中黄金村青冈一组3千米道路已经建设完成，实际投资22万元；"两座桥"项目已建成，实际投资30万元；"两个产业"中，黄金村50亩魔芋项目已建设完成，实际投资10万元。另外，集团所属云南总队投入120万元资金，开展永善、绥江两县矿产资源勘察和相关地区地质灾害调查及治理等工作。

【扶贫调研】 2015年10月，中材集团党群工作部和集团所属中国建筑材料工业地质勘查中心云南总队（以下简称"云南总队"）一行4人，到定点扶贫县绥江和永善两县，就进一步做好定点扶贫工作进行现场调研，分别与永善县、绥江县、乡、村三级政府及有关部门进行深入座谈。了解集团扶贫资金支持项目建设情况，2个定点扶贫村核桃、中草药、畜牧业和农产品等产业发展情况，并对相关扶贫工作提出具体意见和建议。与绥江和永善两县有关方面探讨如何发挥集团产业优势与当地资源优势紧密结合，进一步开展扶贫项目建设的可行性。研讨在资源地质勘查、地质灾害治理的项目合作；拟在2县设立劳务工招聘点，推动劳务输出；利用集团朝通经贸市场，适时为2县农产品的开发和销售提供便利条件等。

【干部挂职扶贫】 2015年，为加强精准扶贫工作，经中材集团研究决定，选派中材集团直管单位2名中层干部分别到定点扶贫县挂职副县长，具体为：中国中材国际工程股份有限公司（南京）物流部副部长李之嵩挂职永善县副县长；中材科技股份有限公司办公室副经理丁小敏挂职绥江县副县长。2名挂职副县长已于2016年4月初到任。根据国家有关部门《关于做好选派机关优秀干部到村任"第一书记"工作的通知》精神，集团按照组织程序，推荐集团直管单位云南总队工程部经理、野外党支部支委杨会文到永善县细沙乡黄金村任"第一书记"，于2016年1月到任；推荐集团党群工作部组织干事任振城到绥江县板栗镇罗坪村担任"第一书记"，于2016年4月初到任。上述挂职干部，已在各自岗位上，严格按照扶贫工作要求，克服工作和生活中各种困难，积极开展各项工作。

【产业扶贫】 2015年，中材集团所属云南总队根据集团扶贫工作部署，利用自身优势及资源，开展对永善和绥江2县矿产资源的调查摸底工作。云南总队成立由总工程师张盛江带队的调查小组，投入数十人、分两队分别对两县矿资源进行调查。在非金属矿资源调查方面，发现各类矿床（点）38个，其中花岗石矿5个、大理石矿7个、膨润土矿5个、砂岩矿8个、石膏矿5个及其他非金属矿8个。在金属和能源矿产资源调查方面，发现各类矿床（点）34个，其中铅锌矿15个、铜矿5个、铁矿6个、煤矿8个。截至2015年底，资源调查摸底工作已进行到深度调查阶段。此项工作，将为下一步开发当地矿产资源提供重要基础依据。另外，云南总队积极参与当地地质灾害治理工作，先后两次对永善县细沙乡黄金村关村六组（唐家山）等多个地质灾害隐患点开展调查，并积极与两县联系争取治理项目立项，取得初步进展。

2015 年，中材集团为永善县投入扶贫资金用于细沙乡黄金村“两个产业”项目建设。一是投资 10 万元用于 50 亩魔芋项目建设，调整当地种植结构；二是投资 20 万元用于 54 户群众羊舍建设，改善养殖条件。截至 2015 年底，50 亩魔芋项目已建设完成，羊舍建设项目正在实施中，将于 2016 年内完成。

【基础设施建设】 2015 年，中材集团针对实际情况，重点开展对永善县和绥江县所辖定点帮扶贫困村的道路等基础设施建设工作。中材集团为绥江县投入 150 万元扶贫资金用于板栗乡罗坪村联通村级公路和自然村之间的 4.48 千米的道路建设。该道路建成后，将解决罗坪村两个村民小组的交通出行以及山上 1000 多亩的农作物运输问题。集团为永善县投入扶贫资金 120 万元用于细沙乡黄金村“两条路，两座桥”项目建设。截至 2015 年底，青冈一组 3 千米道路项目、“两座桥”项目已建设完成；黄金村纸槽沟 11 千米道路建设正在实施中，预计将于 2016 年内完成。

【教育扶贫】 2015 年，中材集团所属云南总队积极开展教育扶贫，力所能及地安排贫困学生就业。协调落实云南经贸管理学校（为云南总队和地方合办学校）向永善县 2 名贫困学生提供相关优惠政策入学就读，享受学费全免、补贴共计 3800 元的政策，另外学校还免除每人 2000 元的住宿等相关杂费。根据永善县扶贫办提出的申请，云南总队为永善县细沙乡黄金村贫困大学生安排到总队下属单位“建材昆明地质工程勘察院”就业，并签订劳动合同，体现“精准帮扶、帮扶到户”的效果。

（中国中材集团有限公司
战略与投资部　张延安）

中国国际技术智力合作公司定点扶贫

【概述】 中国国际技术智力合作公司（以下简称“中智公司”）定点帮扶云南省大姚县、姚安县，重点在教育、医疗卫生和农业产业开发方面对当地进行帮扶。2015年，中智公司在云南定点扶贫投入资金137.5万元，引入资金47.2万元，合计184.7万元。

【扶贫资金投入】 2015年，中智公司在云南定点扶贫投入资金137.5万元，其中资金126万元，物资折款11.5万元。同时引进社会公益支教项目两个，投入资金47.2万元。

【教育扶贫】 2015年，中智公司设立“中智奖学金”，对在普通高中就学的优秀贫困学生（包括孤儿、双残家庭学生、边远山区贫困家庭学生）进行资助，名额50人，每人每年奖励2000元。在中智公司挂职人员和大姚县教育局的共同努力下，大姚县教育局制定《大姚县中智奖学金实施方案》并完成“中智奖学金”所资助50名优秀贫困学生的申报推荐、审核和公示等各项工作。2015年11月举行“中智奖学金”发放仪式。

中智公司向大姚县贫困山区的4所中小学捐赠80台电脑，在4所学校设立“中智电脑教室”，改善当地学校信息教育条件。截至2015年，“中智电脑教室”已覆盖大姚县最贫困的沿金沙江（环百草岭）地区的桂花、铁锁、湾碧、昙华、三岔河、三台和六苴7个乡（镇），共设立18个“中智电脑教室”。

中智公司捐赠资金6万元，为大姚县最贫困的6个乡（镇）15所无条件自筹资金的小学购置太阳能热水器30台。

2015年，由中智公司引进的“美丽中国”支教项目在大姚县和楚雄市正常运行，29名支教教师（包括7名美籍教师）继续在大姚县7所中小学和楚雄一中从事教学活动。2015年7月，“美丽中国”云南项目（含临沧、保山、楚雄和昆明4个分项目）200余名志愿者在楚雄进行培训，中智公司资助部分培训费。

中智上海公司与“爱飞翔——乡村教师培训”关爱基金平台合作，选派20名大姚县乡村教师到华东师范大学培训。

【科技扶贫】 中智公司应云南省扶贫办的邀请，参加云南省扶贫办组织实施的“万套农村科技致富技术光盘（碟机）图书进云南百县千村万户”科技扶贫工程，光盘（碟机）和图书系根据云南省人文、自然、地理的实际情况，结合云南农村扶贫开发状况的实际需要，适合在云南推广的实用科技致富技术和具有共性的高原特色实用致富技术编辑出版。每套包括碟机一台附 8 张压缩 VCD 光盘，包含 2560 个实用致富技术，具有高原特色实用致富技术 10 张一套，《农村百科全书》一套 6 册。中智公司共捐赠资金 30 余万元，购买 201 套农村科技致富技术光盘（碟机）图书，覆盖大姚和姚安两县全部 21 个乡（镇），201 个行政村。光盘（碟机）和图书已通过两县扶贫办发放到大姚和姚安的全部行政村。

【医疗卫生扶贫】 2015 年，中智上海公司继续和上海市卫生和计划生育委员会合作，邀请上海新华医院 13 名医疗专家，到大姚县进行义诊活动，为 500 余名当地各族群众进行地方病和疑难杂症诊疗，受到当地群众的欢迎和好评。

【扶贫培训】 中智公司利用上海资深医疗专家赴大姚县义诊的机会，由上海医疗专家们对当地医务工作者举办《医院管理》《院前急救》《医患沟通》《乳腺外科检查与诊断》等医疗专题技术讲座，培训当地乡村医生 660 人次。

根据大姚县的要求，中智上海公司邀请上海社区管理专家赴大姚县，对当地 60 名社区管理工作者进行社区管理培训。上海的专家还与当地干部进行社区现场调研和工作走访交流活动，对当地社区干部给予现场指导。

中智公司所属中智人力资源管理咨询有限公司安排资深培训师赴大姚县，为大姚县 100 余名干部进行《性格色彩密码与情绪压力管理》培训，该项培训获得大姚县委组织部和所有参加培训干部的高度评价。

【产业扶贫】 从定点扶贫地区采购农产品，扶持当地农业产业发展的扶贫举措，得到国务院扶贫办的肯定。2015 年，中智公司继续从定点扶贫地区采购农产品，公司职工从云南省采购农产品 33 万元。

【公益扶贫】 为让大山里的孩子开阔眼界，中智上海公司与上海市的相关公益慈善机构合作，安排大姚铁锁中心小学“盛放合唱团”和桂花中心小学舞蹈团分别到上海参加公益演出，并为孩子们精心安排在沪期间的各种活动。

中智公司挂职干部与“歌露营”公益基金联系，将“睡前故事”项目引入大姚县和姚安县的 23 所山区中小学，让孩子们每天晚上都能听到一段动人的故事，在没有家人陪伴下仍能感受到爱的温暖。该项目执行期将持续 6 年，“歌露营”公益基金投入资金 10 万元。

经中智公司员工联系，北京公安部幼儿园和金色摇篮幼儿园的小朋友和中智上海公司的员工为大姚的 3 所幼儿园捐赠玩具、文具等物资，折合人民币 1.5 万元。

【干部挂职扶贫】 中智公司派出 1 名优秀年轻干部到大姚县挂职扶贫，担任副县长，分管质量技术监督、工商、残联、科协和职业教育工作，协助分管招商引资和扶贫工作。在工作中，挂职干部深入全县 12 个乡（镇），了解当地经济社会发展情况，特别是对教育、农业产业、养殖业、扶贫、劳动力转移等情况进行详细调研，走访全县所有山区中小学校，实地了解各学校教学设施、学生人数、师资力量、住宿条件、营养餐供应、贫困生及孤儿学生等情况。分析调研情况后编制公司扶贫计划，并组织实施。

根据中共中央组织部的要求，2015 年中智公司选派优秀青年干部到姚安县前场镇新街村担任“第一书记”。

【扶贫资金管理】 中智公司对扶贫项目有严格的审批制度，挂职人员提出的扶贫计划由党委审批。党委审批后由扶贫办制定扶贫计划实施方案。扶贫项目资金支付由财务部门根据扶贫计划逐项审核后支付。挂职人员负责扶贫项目实施监督，保证扶贫资金不被截留或挪用。

（中国国际技术智力合作公司
扶贫办　羊敬德）

中国中车集团公司定点扶贫

【概述】 2015年，原中国南车集团公司和中国北车集团公司合并成中国中车集团公司（以下简称“中车集团”）。中车集团2015年直接投入资金706万元，按计划完成对甘肃省天水市麦积区、甘谷县和广西壮族自治区靖西市、那坡县4个贫困县（区、市）的定点帮扶任务。

【扶贫资金投入】 2015年，中车集团向甘肃省天水市麦积区、甘谷县各投入帮扶资金153万元；向广西壮族自治区百色市靖西市、那坡县各投入帮扶资金200万元，共计706万元。主要用于排水渠修建、道路硬化、水源井建设和送温暖方面。

【扶贫资金管理】 中车集团行政管理部（扶贫开发办公室）为扶贫开发主管部门，在集团扶贫开发小组的领导下，严格执行《中国中车集团公司扶贫开发基金管理办法》的有关规定，认真履行资金监管责任，建立健全协调统一的扶贫资金管理机制，全面推行扶贫资金按项目管理使用制度。根据全年帮扶项目进展情况，综合考虑贫困地区人数、贫困程度、收入水平、基础条件和资金使用绩效等因素，按项目进度拨付帮扶资金，保障项目启动和实施的资金需求，确保项目实施质量和资金效益的正常发挥。

【产业扶贫】 根据甘肃省天水市甘谷县项目资金申请要求，投入帮扶资金150万元。一是新兴镇姚朱路排水渠项目。该项目全长12千米，沿线涉及11个行政村的5885户27548人和陇海铁路以南灌溉耕地15901.1亩，是沿线村庄唯一的排水渠，也是沿线村庄耕地最主要的灌溉渠，投入帮扶资金130万元，修建排水渠明渠7.2千米。二是磐安镇毛坪村水源井项目。该项目位于磐安镇连霍高速公路以南的渭河南岸，投入帮扶资金20万元，建设一座完整大口径，井深为18米，井内径为3米，井壁厚0.3米，C25钢筋砼结构的水源井。

【基础设施建设】 一是为支持甘肃省天水市麦积区颍川河流综合开发建设，围绕当地政府的总体发展思路，加快区域高效农业整体开发建设步伐，改善区域生态环境，促进区域经济社会协调发展，投入帮扶资金150万元，在甘泉镇梁家山包家沟实施全长2.7千米道路硬化工程。二是广西壮族自治区百色市靖西市、那坡县项目。由于南北车合并，集团将2015年扶贫资金按照靖西市和那坡县各200万元共400万元拨付到位，并与当地扶贫办确定帮扶的基础设施项目。

【扶贫机构】 2015 年 11 月，成立“中国中车集团扶贫开发工作领导小组”，集团总经理刘化龙任组长，股份公司常务副总裁赵光兴、行政总监何凤华任副组长。为全面调动集团优势资源做好扶贫工作，将领导小组办公室设在行政管理部。

【扶贫调研】 中车集团全年共派出 12 人次赴 4 个定点县进行扶贫工作调研。2015 年 11 月和 12 月，中车集团先后两次到广西壮族自治区百色市靖西市、那坡县，建立与地方政府、扶贫工作相关单位的沟通机制，确保配套项目的落实到位，进一步增进了解，加深感情。在 4 个扶贫县研究制定实施“输血”和“造血”相结合的“双轮驱动”帮扶规划，着力提高群众脱贫能力、不断增加贫困群众收入，逐步缩小发展差距，推动当地加快经济结构调整，促进发展方式的转变。

【扶贫慰问】 2015 年春节前夕，中车集团拨出专款 6 万元，用于天水市麦积区、甘谷县开展“送温暖”活动，并派出由集团公司扶贫办、部分下属企业主管领导和挂职干部组成的慰问团，冒着严寒，深入贫困山区，走村入户，按照每户平均 500 元的标准，为帮扶区县的 120 户贫困农民带去中车集团全体员工的问候和祝福，赢得当地人民群众的广泛赞誉。

【公益扶贫】 中车集团总部党委和扶贫办开展“大手拉小手，打开另一扇窗看世界”主题活动。“六一”儿童节前夕，机关党委组织总部“郭明义爱心团队”志愿者代表，向天水市原北车希望小学捐赠摄影器材、讲授摄影方法、拍摄身边的人和事，通过摄影镜头观察和记录人、事、物的美好片断，从而打开彼此的另一扇窗户，增加看世界的角度。同时，把本次志愿者活动制作成相册和视频短片，通过中车微信、OA 等平台进行广泛传播，让更多的人感受到中车对希望小学的关心和帮助，这些年希望小学的变化，让爱心传递的更远更长久。

【干部挂职扶贫】 为保证扶贫效果，按照要求，中车集团派出 2 名干部到天水市麦积区和甘谷县挂职扶贫，分别担任副区长和副县长职务，从事对两区县的帮扶工作。下派挂职干部克服工作和生活方面的种种困难，严守纪律，自觉维护挂职干部的形象，自觉树立扎根基层，服务基层思想；主动了解定点扶贫地区需求，当好集团扶贫工作的联系人，尽心尽力地做好定点扶贫的每一项工作。

（中国中车集团公司扶贫办 童福林）

中国民航信息集团公司定点扶贫

【概述】 2015年，中国民航信息集团公司（以下简称“中国航信”）定点帮扶山西省神池县，共举办培训班1次、召开扶贫工作会议5次、完成党政干部培训4人次、赴定点县考察60人次、资助贫困学生68人次；选派处级以上挂职干部1人，驻村“第一书记”1人。2015年直接投入资金218万元，其中173万元用于农村饮水安全工程，解决6个村的人畜饮水困难问题；45万元作为教育奖励基金，调动一线教师的工作积极性，发挥良好的社会效益。

【扶贫资金投入】 2015年，中国航信直接投入资金218万元，其中173万元用于农村饮水安全工程，解决6个村，4503人、690头大畜、5430只猪羊的饮水困难问题；45万元作为教育奖励基金，调动一线教师的工作积极性。此外，另有12.86万元的物资折旧资金，用于资助贫困学生、人员培训、送温暖等。

【扶贫调研】 2015年，中国航信先后5次召开扶贫工作会议，传达上级文件精神，听取当地挂职干部介绍神池县经济社会发展情况、听取意见和建议。公司领导深入贫困县，考察当地农业、牧业、水利发展和自然资源开发利用的情况，深入当地农特产品加工厂、大学生创业基地和贫困村民家庭了解经济社会发展和农民生产生活的情况，与神池县县委、县政府领导共同分析探讨致富之路。研究制定《中国航信定点帮扶神池工作规划（2015—2020）》，开展“一个持续发力”和“五个重点举措”。中国航信坚持“科技扶贫、信息扶贫，全员扶贫、精准扶贫”的原则和方针，在智力帮扶方面持续发力，推动当地广大干部群众提升干事创业的素质和能力；同时在基础设施帮扶、品牌宣传帮扶、信息和电商帮扶、教育文化帮扶和贫困家庭结对帮扶5个方面拿出重点举措。

【扶贫干部培训】 中国航信计划每年投入100万元，通过设立“神池发展论坛”，开设神池后备干部人才实践班等措施开展智力帮扶。

具体措施为：设立神池发展论坛，邀请相关专家学者到神池开展讲座、咨询、课题调研等活动，为神池经济社会发展提供智力支持。每2月安排一期，每期1天或2天，安排2—3名专家学者授课或座谈交流；开设神池后备干部人才实践班，为神池县后备干部人才专门开设体验式教学实践班，有计划有目的地安排现代农业、现代科技、现代金融、现代旅游服务等领域的调研实践学习，为神池干部拓宽视野、更新观念提供有力帮助。每年至少安排2期，每期5天，学员20—30人左右，学习形式主要是实践调研和专家讲授，辅以交流研讨；开展人才培养交流合作，有目的地安排部分干部人才到对方单位承担工作或参加教育培训交流，以利于推动相关工作开展，提升干部人才素质能力，促进双方干部人才的沟通交流。

【干部挂职扶贫】 2015年，中国航信共派出1名处级干部到神池县挂职扶贫，担任神池县委常委、副县长职务，从事对神池县的帮扶工作。在工作中，下派挂职扶贫干部，严格按照扶贫工作要求，克服工作和生活方面的种种困难，做好定点扶贫各项工作。一是恪守工作纪律，自觉维护挂职干部的良好形象；二是扎根基层、服务基层，深入乡镇和部分村、企业调研，了解定点扶贫县域的经济社会发展情况和当地老百姓对扶贫项目的需求，分析贫困的现状、原因以及脱贫致富的途径，理清工作的思路和扶贫的着力点，为当好中国航信扶贫工作的联系人，做好信息沟通、协调相关部门，落实扶贫方案，做扎实的基础性工作。

【公益扶贫】 2015年5月，中国航信团委发动总部团员青年和热心职工，开展“中国航信爱在神池”为主题的捐赠活动，共捐赠20包700余件衣物，定点捐赠神池县烈堡乡贫困家庭。同时捐赠笔记本电脑10台和计算机方面的图书400余册供神池县职业中学教学和学生学习使用。此外，由挂职干部联系协调中国扶贫基金会为神池县烈堡乡、长畛乡和东湖乡贫困学生发放“温暖包”68个，价值1.36万元。

【扶贫宣传】 2015年，中国航信广泛利用自有网络平台、客户服务平台和微信、微博平台为神池农特产品发送公益广告，宣传神池地标产品品牌。广泛联系中央和行业媒体开展公益宣传，其中联系中央电视台农业频道，为宣传神池胡麻产业播放15秒公益宣传广告，从10月11日开始持续播放1个月。在“扶贫日”期间联合推出“五县长联合推荐吕梁山农产品活动”，利用淘宝公众平台宣传推荐神池特色农产品，帮助当地企业在不到1个月的时间实现网上新增交易10多万元；同时全国20多家新闻媒体转载报道“山西五县长网上推销贫困地区农产品”，大大拓展神池农特产品的知名度和美誉度。

【扶贫资金管理】 中国航信将扶贫资金纳入公司预算管理，利用公司已有的财务制度，统一管理各扶贫款项。按照一事一议、一事一批的原则，年初报预算，遇事审批，根据财务票据报销或拨款，事后总结并向上级单位报告。在数额较大的项目中，另外在神池县设立领导小组，由当地县委领导和挂职干部共同管理，保证资金使用合规、合理、合法。

【产业扶贫】 由挂职干部牵头，神池相关部门配合，通过深入调研，充分借鉴发达地区电子商务发展经验，并紧密结合神池当地农产品资源优势，提出《神池县域电子商务发展计划》《神池县农产品交易信息平台建设方案》和《中国航信资助神池发展电子商务实施方案》等一系列方案建议。通过以上实施方案，进一步向神池干部群众普及电子商务知识理念，促进神池县域电子商务蓬勃发展，打通和拓展神池农产品对外界市场的销售渠道，带动神池特色农牧产品的生产种植，增加农民收入，推动富民强县。目前该方案正在进一步论证中，中国航信将与神池县一同推动方案实施。

在中国航信的大力支持和帮助下，由神池县科技服务中心建设的信息服务平台取得新进展。平台通过网站和手机短信方式向广大种植户和养殖户以及小微企业发布市场供求信息、科技服务信息和惠农政策信息，以最便捷的手段将信息送到农户和小微企业手上，给农户和小微企业带来实实在在的帮助。

【教育扶贫】 中国航信坚持以智力帮扶为方向，教育帮扶为重点，将设立教育奖励基金作为一项重要的扶贫举措，推动神池教育事业发展，为神池县经济社会发展和百姓脱贫致富增强后劲。该奖励基金从 2015 年开始启动，由中国航信资助 45 万元优先安排奖励神池县 2015 年度在立德树人方面表现突出的优秀教师，奖励范围覆盖神池县中心学校及幼儿园教师，重点奖励一线任课教师和农村教师。

【基础设施建设】 2015 年，中国航信资助神池县 173 万元，解决虎鼻乡、义井镇、东湖乡和太平庄 8 个行政村 5000 口人，820 头大畜，6600 只猪羊的饮水安全问题。其中，3 个村全部通水入户；4 个村完成村内供水点集中供水；1 个村完成一座蓄水池，其余配套工程计划 2016 年完成。由于原计划在实施过程中根据实际情况进行项目变更，资金结余 44.23 万元，所以在完成原计划 6 个村的工程后，又实施大黑庄村和小南庄村 2 处饮水工程。

（中国民航信息集团公司
党委办公室　徐向辉）

中国能源建设股份有限公司定点扶贫

【概述】 2015年，中国能源建设股份有限公司（以下简称“中国能建”）认真贯彻落实中央企业定点帮扶贫困革命老区百县万村活动专项座谈会议精神，按照“民生为本、量力而为”的扶贫原则，秉承“项目扶贫、资金扶贫、服务扶贫”的扶贫思路，将定点帮扶陕西省镇巴县、广西壮族自治区西林县。工作重点聚焦于道路建设、村民生产生活用水及村民用电保障等民生问题，确定镇巴县任村镇东院坝平坝桥建设项目、东院社区服务站项目、广西壮族自治区西林县足别乡央龙屯屯内道路硬化等工程作为2015年定点帮扶项目。共投入专项扶贫资金162万元，着力解决扶贫点的道路桥梁、饮用水源、学校、村委会等基础设施方面存在的困难，切实解决一些长期影响扶贫点发展的实际困难。

【扶贫资金投入】 2015年，中国能建共投入专项扶贫资金162万元。一是向镇巴县仁村镇东院村提供“两联一包”扶贫开发资金56万元，用于东院社区服务中心项目建设。该工程建筑面积220平方米，为砖混结构，建成后，可以彻底解决仁村镇东院社区服务中心无阵地、无场所、无设施的“三无”问题，满足社区居民日益增长的多方面物质文化精神需求，受益人口2000余人，将于2016年交付使用。二是建设镇巴县东院坝平板桥项目投入25.92万元。该水泥平板桥连接东院坝小组道路东西两头，总长15延米，有效解决东院坝组、西院坝组2个小组900余名群众过河难问题，同时还为东院坝小组的农业产业化项目后续开发建设提供基础保障。三是建设西林县足别乡央龙屯屯内道路硬化工程，该项目计划投入资金80万元，全长3千米，涉及农户40户，人口160人，项目建成后，可有效解决央龙屯屯内160余名群众道路交通问题。

【扶贫资金管理】 在定点帮扶县，中国能建成立帮扶小组，制定对口支援管理办法、帮扶规划和年度计划，明确帮扶项目、质量要求、扶贫资金的用途、资金的规范使用和监管责任等，保证扶贫项目规范实施。另外，挂职干部认真履行职责，对定点扶贫项目的进展情况、扶贫资金的使用情况等进行检查，确保扶贫资金专款专用。

【扶贫调研】 中国能建先后10余次远赴定点帮扶镇巴县、西林县进行考察调研，具体掌握扶贫点存在的主要问题：经济总量小，发展缓慢，特别是没有任何工业，自身极度缺乏造血功能，导致经济综合增长能力弱，增长质量不高；基础设施薄弱，抗御自然灾害能力不强；贫困人口规模依然庞大；贫困群众增收困难，返贫率高，扶贫工作任重道远。通过与定点帮扶点多次工作对接，扶贫工作小组科学制定定点扶贫工作计划，增强扶贫工作实效，为扎实开展扶贫工作打下良好基础。

【扶贫培训】 中国能建在定点帮扶工作中，推进教育帮扶、技能培训工作。针对西林县帮扶乡因缺技术致贫，开展帮助其引进和推广特色种养殖技术，并在广大党员内部开展政治、政策、法律法规、业务学习等多方面培训，鼓励和动员党员掌握致富技术，发挥党员在脱贫致富中的带头作用。此外，挂职干部还委派部分村干部和致富带头人学习有关致富技能，掌握新的致富观念和技术。

【干部挂职扶贫】 按照国务院扶贫办、国务院国有资产监督管理委员会有关干部扶贫要求，在首期委派挂职干部任期结束后，2015 年中国能建继续委派干部到定点帮扶点挂职工作。在镇巴县中电工程西北院委派 2 名干部挂职村长、村支书副书记职务，在西林县广西院委派 1 名干部挂职“第一书记”、广西水利电力建设集团委派 1 名干部挂职副县长。挂职干部积极沟通、狠抓落实，定期到定点乡镇检查、督导投入资金的使用情况及工程进展情况，研究和解决工作中出现的新情况、新问题。在中国能建驻陕、驻桂企业的大力支持下，挂职干部在定点帮扶点与中国能建、其他央企和社会资源之间牵线搭桥，传递信息，想方设法开展招商引资，努力增强当地的“造血功能”。

【产业扶贫】 在西林县，一方面中国能建定点帮扶小组在周帮村推动建立“合作社+基地+农户”“互联网+农产品”的模式，大力发展沙糖橘、茶叶、铁皮石斛等产业，争取发展项目和资金 30 余亿元。并在西林河新屯建立 600 多亩的党员种养示范点，鼓励和指导村里羊、牛等养殖户进行养殖和扩大规模养殖超 500 头（只），直接产品销售已超 5 万元。联系相关企业，扶贫采购农产品作为企业职工的传统节日慰问品，直接贸易额近 40 万，帮扶农户创收，促进农户生产致富积极性。另一方面，借助中国能建的行业优势，开展招商引资，努力增强当地的造血功能。中国华电集团广东分公司与西林县政府签订战略合作框架协议，拟开展风能、太阳能项目建设；5 家企业已在西林注册落地，推动示范茶园进出口基地认证建设，开展沙糖橘标准化种植和铁皮石斛野化活树种植，并帮助姜晶、茶叶、铁皮石斛产品走出广西、跨出国门，2015 年，中国能建扶贫小组为西林县争取的发展项目资金约占全国定点扶贫引进资金的 9%，对西林县的脱贫“摘帽”起到巨大的推动作用。

【公益扶贫】 在镇巴县，中电工程西北院用 2 万元员工捐款，为洋渔塘村生活困难农户购置米面油，为村上学生发放助学金及学习用品。在西林县，挂职干部通过联系社会爱心团体和人士为周帮村小学募集到爱心款2.49万元，建设300多平方的综合活动场所阳光雨棚，购买1.2万元的文体和学习用品。中国能建驻桂企业广西院在职工中发起“圆梦基金”捐款活动，共收到10万余元捐款，全部用于扶贫点捐资助学活动。

（中国能源建设股份有限公司
工会办公室　左国志　张　媛）

华侨城集团公司定点扶贫

【概述】 根据国务院定点扶贫工作统一安排部署，华侨城集团公司（以下简称“华侨城集团”）自2003年以来定点对口帮扶贵州省天柱县和三穗县。两县都处于滇桂黔石漠化地区，是属于国家新一轮定点扶贫攻坚战主战场的贫困县。截至2015年，华侨城集团帮扶两县援建项目共74项，直接投入帮扶资金共计3200万元。通过集团十多年的帮扶，有效改变两县偏僻山区人民群众的文化教育和医疗卫生的落后状况，扎扎实实地推进帮扶工作，为当地的经济发展和社会稳定起到积极作用，受到当地民众的一致好评。

【扶贫资金投入】 2015年，华侨城集团帮扶天柱、三穗两县援建项目共5项，直接投入帮扶资金共计290万元，其中援建项目工程资金240万元，资助贫困家庭学生助学金43万元，帮扶培训乡镇等管理干部资金7万元，顺利完成全年的帮扶计划和任务。

【扶贫资金管理】 建立资金的管理制度，确保资金精准使用。扶贫工作小组为确保帮扶资金的严格、高效、准确合理使用。在签订“帮扶协议”中，必须将双方的履行的职责、支付项目的款项、需提供的资料以及分期付款的步骤要求等均写在协议内。在帮扶项目启动后，需要支付资金款项时，双方严格按照协议条款，对资料手续不齐全、不符合规定、没有出具正式发票等方面的，需经纠正完善补齐相应资料后，报有关部门及领导批准，严格把关，确保安全无误，才予以支付款项，防止资金使用不当。

【扶贫会议】 华侨城集团在2015年初召开专题扶贫工作会议，听取扶贫工作小组汇报，研究帮扶工作计划，审议年度帮扶协议实施情况，筹措年度帮扶资金；强调扶贫工作小组每年必须两次以上前往帮扶天柱、三穗两县考察、调查和了解，真实掌握当地民众反映和急需解决的热点、难点问题，坚持以“扶贫先扶智、帮困先育人”的原则，加强与两县党政班子和相关部门相互沟通，听取意见，根据实际情况需要，调整帮扶项目和年度帮扶资金。

【扶贫制度建设】 为预防出现漏洞，做到公平公正，使贫困家庭的在校学生受到资助和关注。2015年华侨城集团与三穗县扶贫办共同制订《华侨城集团公司资助三穗县贫困学生管理办法（暂行）》，并在年度的申报中予以实施；同时还对《华侨城集团公司扶贫工作管理办法》进行梳理，规范工作程序，做到疏而不漏精准帮扶，健全和完善管理制度。

【扶贫调研】 2015 年，华侨城集团扶贫工作小组及相关人员先后 10 人次深入帮扶工作地点，指导帮扶项目实施，检查帮扶项目质量，了解帮扶工作情况，加强项目施工安全，杜绝项目施工事故，确保帮扶项目的有序推进和实施。通过扶贫工作小组的努力，以及当地政府和帮扶有关单位的沟通协作，确保项目在规划用地、建设施工、自筹资金等方面都得到有效落实和大力支持，圆满完成年度的各项任务。

【扶贫项目管理】 华侨城集团扶贫工作小组经常对在建和援建工程项目的设计施工、质量要求、安全管理、建设进度和资金使用情况进行交流、监督、核查。对集团资助两县贫困学生的助学金申请和发放，扶贫工作小组严格进行走访和了解，确保助学金如数分发到受资助的贫困家庭和学生手中。同时为完善管理，避免不良情况出现，集团在每年年底还派出效能监察小组前往两县对近年帮扶工作实施情况进行效能监察，找出不足，杜绝漏洞，取得成效。

【医药卫生扶贫】 2015 年，华侨城集团援助三穗县八弓镇社区卫生服务中心 120 万元、天柱县江东乡卫生院 120 万元建设综合业务楼。截至 2015 年底，援建三穗县的项目已基本完成土建施工建设，进入室内装修。该项目投入启用后，将有效改善该社区居民的医疗卫生防治条件和医护人员的工作环境。

【智力扶贫】 依托华侨城集团平台，帮助提高干部管理水平。2015 年 11 月应三穗县委、县政府要求，由县领导带队，集团为三穗县的 50 名乡镇和科局级领导干部举办经济知识培训班。通过学习培训，帮助该县乡镇领导干部提升管理理念，拓宽视野，共享改革开放成果，在管理能力、服务意识、个人素质与修养等方面都有所提升，达到预期的目的。同时配合当前县政府的发展战略，帮助学员提高对旅游开发、规划、管理的理解和认识，加快对乡村旅游的建设和发展，取得明显的效果。

【文化教育扶贫】 注重关心两县贫困学生的成长。2015 年，华侨城集团继续资助两县的贫困学生 414 人，资助金额 43 万元。2015 年，集团内的个别员工，也加入帮扶行列，对两县贫困家庭学生进行一对一资助。扶贫工作小组每次赴黔，都到学校看望受资助的贫困学生，了解他们的学习、生活及家庭情况，密切关注他们的成长。

【挂职扶贫】 按照中央的指示精神，结合两地的实际情况，2015 年集团派出 1 名党员干部到三穗县寨头村任“第一书记”，加强沟通交流，提升管理意识，帮助解决村民提出的部分实际问题，受到当地民众的极力支持和赞扬。

（华侨城集团公司行政管理部
洪泽飞）

南光（集团）有限公司定点扶贫

【概述】 南光（集团）有限公司（以下简称“南光集团”）定点扶贫县为云南省昆明市禄劝彝族苗族自治县（以下简称“禄劝县”）。南光集团多次派出人员到禄劝县实地考察，并调研教育、旅游、产业、基础设施建设等多个方面扶贫合作项目。

【扶贫资金投入】 至2015年，南光集团对定点帮扶县禄劝县累计投入资金港币300万元，人民币129.31万元。具体项目为禄劝县民族实验中学综合体育场和禄劝县屏山街道发明村两条村级公路硬化工程。

【扶贫资金管理】 对于禄劝县民族实验中学综合体育场投入的港币300万元，按照禄劝县教育局的招投标制度严格执行，对于禄劝县屏山街道发明村两条村级公路硬化工程投入的129.31万元资金按照禄劝县扶贫办所编制的《南光（集团）有限公司2015年对口帮扶禄劝项目实施方案》严格执行。

【扶贫调研】 截至2015年末，南光集团领导3次到禄劝县，就教育劳务输出、农副产品精深加工、电子商务平台产业扶贫建设与禄劝县政府领导开展座谈，了解禄劝县社会经济发展情况，听取意见和建议，并实地深入考察了解禄劝县农副产品资源，进一步落实精准扶贫、精准脱贫。

【扶贫干部培训】 2015年，南光集团对于选派干部做集中培训，两次就文件精神召开选派干部座谈会，要求选派干部要按照文件要求，做到深入扎根基层，服务基层，维护好挂职干部的形象，也要维护好中央企业的形象。

【干部挂职扶贫】 2015年9月，南光集团选派优秀干部到定点扶贫县禄劝县屏山街道发明村委会任驻“第一书记”。在工作中，挂职干部恪尽职守，克服工作和生活中种种困难，做好定点扶贫的各项工作，一是协调处理好南光集团在定点扶贫县的项目；二是多次下到村组实地调研，了解老百姓生活中的实际困难，最终确定2015年南光集团帮扶禄劝县项目。

【产业扶贫】 禄劝县是一个山区农业县，同时又是一个革命老区县，地处滇北山区。自开展定点扶贫以来，南光集团一直想变输血为造血，但困于禄劝县能组织起来的资源和产业少而且分散，所以关于产业扶贫还在继续调研中。

［南光（集团）有限公司
办公室　顾征东］

中国西电集团公司定点扶贫

【概述】 2015年，中国西电集团公司（以下简称“西电集团”）认真计划安排，确定选派优秀骨干到定点扶贫村挂职帮助工作，并对结对帮扶陕西省宝鸡市麟游县两亭镇旧庄村进行扶贫项目调研，向西安市户县苍游镇野口村投入20万元帮助修建道路。

【扶贫调研】 西电集团扶贫工作主管领导先后带队分别到麟游县旧庄村和户县苍游镇野口村与村委会成员、贫困户代表进行座谈，认真听取他们关于脱贫致富的想法和对集团扶贫工作的意见和建议，积极与当地政府、村委会沟通，讨论水塔建设、贫困大学生助学、家畜合作化养殖等项目实施的可行性。

【干部挂职扶贫】 西电集团积极开展驻村扶贫工作队组建工作，为确保工作成效，分别选派两名基层单位后备干部组建工作队，确保“精准扶贫”工作方针落地。驻村工作队对麟游县扶贫办识别、公示的旧庄村56户贫困家庭进行逐一走访，人员不在的，与户主进行电话沟通，了解各贫困家庭成员的姓名、务工学习情况以及住房、耕种、养殖情况等基本信息，结合麟游县当地和西安市的家庭收入情况、生活消费水平，对各贫困家庭的贫困程度及其致贫原因进行核查认定，调查结果及时反馈所属两亭镇政府，立卡建立扶贫档案，为后期帮扶方案、计划的制定打下坚实的基础。

【扶贫慰问】 2015年，国庆节前后西电集团扶贫工作主管领导带队，先后前往定点扶贫村慰问困难村民，并为两村贫困户发放慰问金共计6600元；2015年春节前夕，西电集团再次前往西安户县苍游镇野口村，慰问该村10个困难户，发放慰问金3000元，并与村干部进行座谈交流，就下一步如何开展好定点扶贫工作交换意见，就扶贫意向和方案措施进行探讨。

【基础设施建设】 2015年跟踪推进野口村北环生产路硬化工程项目，该项目实施方案于2014年经西电集团党政联席会讨论通过，投资20万元，工期2年，2015年11月底已竣工。

【教育扶贫】 为做好扶贫开发工作，2015年7月西电集团组织所属西安技师学院（国家级职业技能鉴定中心）赴帮扶地进行招生宣传，对走“职业技能发展道路”的贫困家庭子女进行宣传，承诺为他们提供学费、住宿费，生活费补贴以及毕业优先安置就业等优惠政策。

【医疗扶贫】 组织西电集团医院内科、外科、儿科、妇科等有关科室专家和医务人员、设备在麟游县城和两亭镇旧庄村开展为期 2 天的义诊，为当地群众进行免费健康查体和卫生健康知识宣传，并现场捐助价值 5000 余元的常用药品。活动接待医疗咨询 400 余人次，接受心电图检查的村民 76 人次，测血糖 154 人次，妇科检查 38 人次，受到当地居民群众的热烈欢迎。

（中国西电集团公司
群众工作部　安柯睿）

中国铁路物资（集团）总公司定点扶贫

【概述】 中国铁路物资（集团）总公司（以下简称“中国铁物”）定点帮扶湖北省孝昌县。中国铁物根据公司定点扶贫工作规划安排，结合公司实际，积极推动实施对孝昌县定点扶贫工作。2015 年，双方主要领导进行 2 次互访，调研对接扶贫工作；双方互派干部挂职，中国铁物选派 2 名干部分别挂职孝昌县副县长和孝昌县小悟乡田堂村“第一书记”，同时孝昌县选派 1 名干部到中国铁物挂职；实施定点扶贫捐赠，向孝昌县捐赠 98 万元，用于资助贫困大学生、建设村卫生室、修建学校配套设施和村级公路等文化、教育、卫生、民生项目；积极开展产业扶贫，推进扶贫工作由“输血式扶贫”向“造血式扶贫”转移。

【扶贫资金投入】 2015 年，中国铁物根据公司定点扶贫工作规划开展对孝昌县定点扶贫捐赠工作，全年共向孝昌县捐赠 98 万元。捐赠款项中，用于资助孝昌籍贫困生共计 8 万元，用于乡村建设项目 90 万元，项目实施地址全部选择孝昌县纳入“百县万村”的重点贫困村，重点建设村级卫生室和学校设施配套工程，主要解决“行路难、用水难、用电难”等热点民生问题。

以田堂村为例，经过全年的扶贫建设，共完成通村旅游公路基础设施建设 15 千米；全村户户通道路完成水泥硬化，解决村民出行难的问题；完成农村电网改造，解决用电难问题；完成农村水利灌溉基础设施的建设工作，修筑田堂村灌溉主水坝；扶持田堂村村民合作社的经营管理工作，增加村民集体经济收入。中国铁物的扶贫资金投入使田堂村在通村道路基础设施建设、农田灌溉水利基础设施建设、农村电网改造、村亮化工程等方面已经取得明显的改善效果。

【扶贫资金管理】 切实加强援建项目资金管理，确保专款专用。根据中国铁物与孝昌县商定的共管措施，切实加强援建项目和捐赠资金管理，具体管理方案如下：

由中国铁物和孝昌县政府共同商定捐赠项目和资金使用计划，县扶贫办和县财政局负责扶贫项目的日常管理，其他部门负责配合捐赠项目的组织实施和验收；

将捐赠资金纳入县财政局扶贫资金专户管理，由县财政局根据年度项目资金计划，建立捐赠资金专项支付台账，采取总额控制，以项目为单位进行支付核算，保证专款专用；

县政府分管领导会同中国铁物有关负责人，严格进行捐赠项目建设资金的使用审批管理，并对双方负责人签字的预留印鉴存档，项目资金使用须双方授权签字人审核签字并与预留印鉴样本相同时方可支付。审核内容包括：项目名称、情况简介、投资总额、投资总额中拟用扶贫资金金额、本次支付金额等要素。同时根据不同项目建立独立的专项资金支付台账，并附有审核签批资料复印件；

规范项目资金报账等财务手续，及时收集有关资料（包括项目实施方案、项目承建合同、投资预算和决算、项目竣工验收卡、施工前后照片、资金报账申请表、后续管理制度、项目移交表、附审核签批资料原件等），并整理归档。

【扶贫调研】 2015 年，中国铁物的对口扶贫部门两次赴孝昌县进行调研。1 月，中国铁物与孝昌县县委、县政府有关领导进行专题座谈，就援建项目建设、捐赠资金管理等事项进行研讨；6 月，中国铁物对 2014 年度扶贫项目完成情况进行验收，并对当年扶贫项目现场进行考察，就中组部要求选派优秀干部到村任“第一书记”事宜与县委、县政府进行沟通交流。

【扶贫制度建设】 中国铁物通过对前期扶贫工作开展情况进行梳理，制定并印发《中国铁路物资股份有限公司定点扶贫开发工作规划（2014—2017 年）》。工作规划中规定以教育扶贫为启动方向，逐步加大文教卫生的扶贫力度，加强科技人才扶贫，围绕双方各自优势共同寻找产业扶贫切入点等主要扶贫工作方案。中国铁物根据扶贫工作规划有序开展对孝昌县的扶贫开发工作，积极落实央企的社会责任。

同时，通过结合公司“十三五”战略规划编制工作，公司研究制定“十三五”期间的社会责任履行计划，明确将通过人才扶贫、项目扶贫、教育扶贫等方式实现精准扶贫的目标，并将扶贫目标写入公司“十三五”战略规划。

【扶贫会议】 为强化定点扶贫开发工作的组织领导，公司扶贫工作领导小组办公室坚持定期召开扶贫开发工作会议，由公司主要党政领导出席会议，专题研究部署定点扶贫工作。根据 2015 年 12 月中央企业定点扶贫工作会议“春节前与定点扶贫单位互动”要求。

【干部挂职扶贫】 2015 年 1 月，中国铁物派出 1 名中层干部到孝昌县担任挂职副县长，从事对孝昌县的帮扶工作。同年 7 月，按照中组部《关于做好选派机关优秀干部到村任“第一书记”工作的通知》要求，中国铁物又派出 1 名人员驻孝昌县挂职，任小悟乡田堂村“第一书记”，开展对口扶贫及党建工作。挂职干部严格克服工作和生活方面的种种困难，按照扶贫工作要求，结合自身优势，在信息交流、引资引智等方面做大量工作，有效加强中国铁物与孝昌县之间的联系协调，为当地经济社会发展做出积极贡献。挂职干部在充分调研掌握孝昌县资源禀赋情况的基础上，根据县里的优势资源选择合适油茶产业项目，积极开展产业扶贫，推进扶贫工作由“输血式扶贫”向“造血式扶贫”的转变。

【产业扶贫】 中国铁物有关部门赴孝昌县开展实地调研，详细了解当地资源分布、城乡规划、投资政策等基本情况，论证在当地合作开展项目的可行性。通过对孝昌县整体资源的调研分析，公司正在主导开展孝昌县“互联网+农业”、油茶经济林、教育扶贫等项目的推进工作，这几项产业项目的推进实施赢得孝昌县县委、县政府的高度认可。

积极发展孝昌县“互联网+农业”项目，推进农村电子商务的发展。2015 年，在中国铁物的推动下，孝昌县建立与阿里巴巴集团、中华供销总社、大北农农信网的联系。通过推进阿里巴巴集团农村淘宝网在孝昌县的落地发展，积极促进双方进行项目对接，发展孝昌县农产品电子商务

立足孝昌县实际，发展高端油茶产业链，开展“中国铁路物资—中国林科院”孝昌县油茶精品示范基地的试点建设。中国铁物会同孝昌县扶贫工作人员对县里现有油茶种植情况进行详细摸底，调研走访随州、江西、湖南等全国多个地区的油茶种植基地和深加工基地，并与中国林科院建立合作关系，开展油茶选种和科学种植交流学习培训。2015 年，公司已引导田堂村种植油茶树 200 亩，油茶每亩产值 1 万元左右，具有良好的经济效益，收获后将大幅增加村民的集体经济收入。

积极开展教育产业脱贫，提升整体教育水平。依托孝昌县驻军资源优势，开展大学生入学军训，办好大学生入学第一堂课。通过建立与北京大学、北京科技大学等高校的联系，依托其优质的教育资源为县里的教育事业服务。

加大招商引资扶贫力度。中国铁物驻县代表会同孝昌县赴深圳、海口调研。拜访深圳市政建设公司、深圳鑫盛科技有限公司和海口立晟净水有限公司，积极洽谈农村饮水工程项目，为下一步改善当地居民生活条件、优化投资环境、促进地方经济发展打下良好基础。

【教育扶贫】 根据中国铁物定点扶贫工作规划，中国铁物 2014—2017 年每年结对帮扶孝昌籍一本及以上入校贫困新生 20 名，资助学费每人每年 4000 元，合计每年 8 万元。2015 年度扶贫资金中，有 30 万元用于援助小悟乡中心小学建设，20 万元用于资助王店镇敦厚学校硬化操场 2500 平方米，为村内学生就学营造一个安全可靠的良好学习环境。同时通过与北京大学、北京科技大学等高校建立联系，依托其优质的教育资源开展教育脱贫，促进北京大学“博雅图书室”项目落户孝昌县。

【扶贫培训】 结合孝昌县的实际情况，中国铁物驻村人员对县里积极组织开展多项培训，如农民工职业技能教育培训、茶叶种植技能培训、油茶种植培训等多项培训内容，提升农民的专业技能，培养其

市场意识，以技术“脱贫致富”，帮助其逐步形成自主脱贫的能力。

【医疗卫生扶贫】 2015年，扶贫资金中有20万元用于界岭村、七里村2个村级卫生室建设，目前已完成建设投入使用，解决2000余户村民的基础就医看病条件。

［中国铁路物资（集团）总公司
战略规划部　时啸林］

中国民主建国会中央委员会定点扶贫

【概述】 2015年，中国民主建国会中央委员会（以下简称“民建中央”）定点帮扶河北省丰宁满族自治县（以下简称“丰宁县”），将助推区域经济发展与农民增收结合起来，以改善民生为重点，以智力支持为主线，以思源工程为载体，扎实开展精准扶贫工作。全年投入资金106万元、物资折款10万元，建设村级卫生室10所、新型沼气罐380个、捐赠救护车1台；完成乡村致富带头人培训260人、乡村教师培训350人、乡村医生培训50人；慰问困难户20户，帮助20名贫困家庭中学生完成学业。

【精准扶贫】 2015年，通过多次入户调查和材料甄选，民建中央在丰宁县鱼儿山镇大河东村选择10个贫困户，针对每户的具体情况和实际需求开展精准扶贫工作。

【产业扶贫】 民建中央多次协调召开丰宁蔬菜进北京座谈会，组织民建会员企业家到丰宁县考察调研，扶持民建会员企业承德丰大农业发展有限公司（以下简称“丰大公司”）发展有机蔬菜种植。在民建中央大力推动下，2015年，丰大公司在北京市西城区建立的蔬菜直营店由15家扩大到33家，为丰宁时差蔬菜生产销售起到积极推动作用。

【扶贫培训】 一是常规培训。2015年，民建中央在丰宁县投入10万元，开展乡村医生、乡村干部培训。共培训乡村医生50名、乡村干部260名。二是以“走出去”的方式，组织50名丰宁县乡村骨干教师赴福建福州参加培训，50名教师通过为期一周的异地学习，在教学方法、课堂管理水平、教师自我成长等方面都得到提高。三是以“请进来”的方式，将纵线合作与横向合作相结合，支持民建北京市委和中国民主促进会北京市委在丰宁县开展“丰宁助教培训计划”，2015年9月组织北京市101中学40名优秀教师到丰宁授课，与丰宁县300名中学教师交流互动，参加培训人员反响热烈，收获很大。

【医疗卫生扶贫】 2015年，民建中央捐资50万元，对丰宁县鱼儿山、石人沟等乡镇的10所村级卫生室进行修建升级。2015年，民建中央在丰宁县捐资302万元援建60所民建思源卫生室，新建房屋6132平米，覆盖全县25个乡（镇）60个村，使68967人受益，占全县总人口17%，占全县272个村级卫生室的22%。随着新型农村合作医疗工作的全面启动，有力地解决农民就医、防疫、住院、治疗等看病难的问题。真正做到小病不出村、大病能预防，深受百姓欢迎。为方便乡卫生院及时转诊病患，民建中央协调中华思源工程扶贫基金会向丰宁县天桥卫生院捐赠1台救护车。

【基础设施扶贫】 民建中央捐资10万元，在丰宁县王营乡、杨木栅子乡、天桥镇配套建设清洁沼气罐380套，为360个困难农户提供更加方便、卫生的清洁能源，为部分有机蔬菜种植大棚提供热源。

【教育扶贫】 民建中央协调民建北京市朝阳区委在丰宁一中开展助学项目，捐款4万元，资助20名品学兼优的困难学生。

【送温暖活动】 2015年1月，民建中央一行6人，深入丰宁县杨木栅子乡头道沟、侯栅子、店房沟、太阳沟4个自然村的20个贫困户家中，送去2万元慰问金，并表达新春的祝福，使困难群众感受到民建中央对丰宁人民的深情厚谊。自2003年起，民建中央已连续12年赴丰宁县开展送温暖活动，投入资金44万元，慰问丰宁县7个乡（镇）的1670个贫困户。

（中国民主建国会中央委员会
社会服务部　薛　雯）

中国民主促进会中央委员会定点扶贫

【概述】 2015年，中国民主促进会中央委员会（以下简称“民进中央”）定点帮扶贵州省黔西南布依族苗族自治州（以下简称“黔西南州”）安龙县，在国务院扶贫办的指导和各民主党派中央、全国工商联黔西南“星火计划、科技扶贫”试验区联合推动组的统一工作部署下，结合民进会内开展的坚持和发展中国特色社会主义学习实践活动，坚持“有思有行、集智聚力、顺势而为、开拓创新”的工作方针，继承和发扬民进社会服务优良传统，以“同心·彩虹行动”为品牌，团结引导各级组织和广大会员突出特色、发挥优势，通过开展扶贫调研、教育培训、医卫帮扶、产业扶贫等工作，积极参与安龙县经济社会建设，开创民进参与精准脱贫工作的新局面。

【扶贫调研】 2015年3月，全国政协副主席、民进中央常务副主席罗富和率调研组到黔西南州开展以科技创新助推少数民族地区农业产业发展调研，到安龙县金州农耕文化园实地考察，举行以科技创新助推少数民族地区农业产业发展调研座谈会。2015年12月，民进中央副主席朱永新率队到黔西南州调研，出席“星火计划、科技扶贫”试验区建设25周年座谈会、黔西南试验区高技术产业自由创业暨联合创新中心启动仪式，参观黔西南试验区25周年成果展，同时出席民进安龙支部成立大会，赴安龙县万峰湖镇坝盘村做以“乡村经济发展”为主题的调研。2015年10月，民进中央社会服务部调研组参观安龙县金州农耕文化园、教育园区和“第一书记”帮扶村安龙县万峰湖镇坝盘村，对安龙县现代农业、教育园区、旅游产业发展、古寨村落保护等情况进行调研，对安龙县中医药产业、旅游产业等发展提出意见和建议。民进北京市委会、上海市委会、民进江苏省委会、民进浙江省委会、民进广东省委会、民进贵州省委会等也分别组织相关人员就帮扶项目落地和工作开展到黔西南州、安龙县考察调研。

【扶贫慰问】 2015年2月，民进黔西南州委会赴安龙县万峰湖镇开展春节慰问活动，特邀民进会员及州书法家协会画家为村民书写春联，慰问帮扶20户计生户、5户特困户，送去棉被、大米、棉服及慰问金1万余元。10月，民进浙江省委文化出版委员会向安龙县多个乡镇学校捐赠近千册图书。

【产业扶贫】 民进中央始终坚持智力帮扶与产业扶持相结合，为各界别会员参与黔西南州安龙县经济建设发展搭建平台。民进黔西南州委会联系协调富士康科技集团、贵州中信建业办公设备有限公司、浙江教育出版社、北京中农华威制药有限公司、盛华职业学院民族文化传承中心、中广核风力发电有限公司贵州分公司等企业赴黔西南州投资考察10余批次。

【教育扶贫】 2015年，民进中央发挥特色优势，进一步拓展“同心·彩虹行动”的内容和形式，继续推进教师培训工作。7月，投入16万元在京举办“同心·彩虹行动”2015年美术教师暑期培训班，其中，培训安龙县基层美术教师10名。11月，民进浙江省委会在杭州师范大学小博士艺术幼儿园举办第一期“同心·彩虹——贵州安龙县幼教园长培训班”，16名来自安龙县的幼儿园园长接受为期8天的免费培训。民进黔西南州委会开展第6期幼教培训，培训包括安龙县在内的幼儿园园长、骨干教师400余名。

【公益扶贫】 2015年5月，民进黔西南州委会在安龙县开展“春阳同心行动”，向受助的51名高中贫困女生每人发放助学金1300元，共计66300元。9月，民进北京市委会积极响应民进中央号召，在贵州盛华职业学院设立“彩虹班”，每年投入20万元，资助安龙县少数民族贫困女生23名在旅游工艺品设计与制造专业免费就读3年，帮助她们学习和掌握一门技能，使她们能够在毕业后顺利就业，带动全家脱贫。民进无锡市惠山区委会联系江苏省宿迁泽达职业技术学院赴黔西南州开展云贵学子零学费的“圆梦班”招生工作，针对云贵两省贫困高中毕业生，黔西南州将有25名报考宿迁泽达职业技术学院的学子，可享受“零学费”入学。

【基础设施建设】 2015年，民进中央开明慈善基金会继续支持安龙县中小学校“同心·彩虹水窖”建设，出资80万元为安龙县7个镇（街道）的19所学校建成水窖20口，储水总量1800立方米，惠及学生15000余人，让更多的孩子能饮到清澈安全的爱心之水。

【医疗卫生扶贫】 2015年，民进中央围绕民生改善，加大医卫扶贫力度。协调卫生部卫生工程建设专家帮助安龙县中医院进行整体规划。民进重庆市委会组织医疗专家到安龙县人民医院开展医护人员培训，培训医护人员50余名；在万峰湖镇坝盘村为60余位布依族群众进行义诊并免费赠送药品。

据统计，2015年，民进中央社会服务部共协调组织30余位专家学者、企业家到安龙县考察指导、科技培训和慈善捐助活动；为安龙县经济社会各项事业直接投入120余万元。民进中央选派1名处级干部到安龙县万峰湖镇坝盘村挂职“第一书记”，民进贵州省委会选派1名处级干部到安龙县挂职副县长。民进中央社会服务部与民进浙江省委会、民进黔西南州委会分别组织3期培训班，共培训骨干教师、校长等420余人。民进重庆市委会以邀请专家讲课的形式培训医护人员50余人。

（中国民主促进会中央委员会社会服务部　郭建龙）

中国致公党中央委员会定点扶贫

【概述】 中国致公党中央委员会（以下简称“致公党中央”）紧密围绕“致西合作”的目标和任务，把支持重庆市酉阳土家族苗族自治县（以下简称“酉阳县”）扶贫开发工作作为重大政治任务来抓。坚持以智力服务为主，千方百计加大扶贫投入，通过实施医疗卫生扶贫、教育扶贫、农业产业扶贫、旅游扶贫、基础设施建设以及贫困地区劳动力转移培训、职业技能培训等扶贫措施，不断将定点扶贫工作引向深入，充分体现民主党派助推地方经济社会发展的优势和特色。2015 年，在重庆市酉阳县完成乡村旅游人才培训 80 人次，走访慰问贫困农户 160 户，投入资金 562 万元，全部用于 3 所卫生院、1 个科普中心、1 个致公党社会服务实践基地、1 个顺风 123 阶梯书屋、1 个亲情聊天室、花田乡旅游扶贫的宣传等扶贫项目的建设，有力地加快了酉阳群众脱贫致富的步伐，使“致西合作”结出更加丰硕的成果。

【扶贫资金投入】 2015 年，中国致公党为酉阳县教育、文化、卫生等公益性事业引进资金 352 万元，全部用于 3 所卫生院、1 个科普中心、1 个顺风 123 阶梯书屋、1 个亲情聊天室的修建，同时为酉阳县农业、旅游业引入发展资金 110 万元，投入基础设施建设资金 200 万元。

【扶贫资金管理】 2015 年，致公党中央扶贫平台“致福慈善基金会”继续完善修改了《致福慈善基金会资产管理办法》《致福慈善基金会项目管理办法》《致福慈善基金会资金使用流程规定（暂行）》以及《致福慈善基金会工作规则》，逐步建立健全了对扶贫资金的检查、监督制度，对专项扶贫资金不能按时到位，或配套资金达不到合同比例，投向不符合规定的进行了及时纠正。

【扶贫调研】 2015 年，全国人大常委、致公党中央副主席闫小培牵头成立调研组，深入到酉阳县花田乡贫困农户家庭、花田乡中心小学和丁市镇卫生院，对酉阳县花田乡农业、教育、卫生事业发展情况进行了走访考察，并与酉阳县领导围绕下一阶段工作进行了深入探讨。致公党中央社会服务部副部长李曼几次率队深入酉阳县访贫问苦，并开展精准扶贫调研座谈工作。致公党上海市委会、厦门市委会也就相关产业帮扶事宜赴酉阳调研洽谈。

【扶贫会议】 为总结 2005 年以来的定点扶贫开发工作，增强致公党继续投身扶贫开发事业的责任感和凝聚力，2015年致公党召开第三次扶贫开发工作会议。会议将酉阳县花田乡确定为“中国致公党社会服务实践基地”，对“致酉合作”品牌建设和精准扶贫具有重要的里程碑意义。会议授予致公党北京市委会等80个组织“致公党扶贫开发工作先进集体”荣誉称号，授予于圣臣等130名同志“致公党扶贫开发工作先进个人”荣誉称号。开幕式后，蒋作君率全体会议代表实地考察致公党25年前帮助规划种植的黄柏、杜仲、厚仆三木药材林，并为“致酉合作三木药材林”纪念碑揭幕。蒋作君、闫小培还率队考察了为酉阳第二中学协调引进的“清华大学教育扶贫现代远程酉阳兴级教学站”远程教学情况并赴小坝村慰问了贫困农户。

【旅游人才培训】 2015年，为帮助重庆市酉阳县解决乡村旅游从业人员素质良莠不齐、发展进入瓶颈阶段的问题，致公党重庆市委会组织花田乡80余名乡村旅游从业人员参加以《乡村旅游起步发展和环境建设》《乡村旅游经营中的餐饮服务与管理》和《乡村酒店客房服务与管理》为主题的乡村旅游培训。

【扶贫慰问】 2015年春节前夕，致公党中央、致公党重庆市委会慰问组赴重庆市酉阳县开展春节慰问活动，共慰问160户贫困农户，慰问金及物资共计8万元。4月，致公党中央常务副主席蒋作君、副主席闫小培赴小坝村慰问贫困农户，发放慰问物资3000元。

【产业扶贫】 2015年，致公党为酉阳县花田乡培训了80名乡村旅游从业人员，向桃花源旅游投资（集团）有限公司捐赠价值100万元的免费广告宣传；向酉阳县花田乡捐赠了10台价值10万元的小型农耕机。

【智力扶贫】 致公党中央在开展扶贫活动中，结合酉阳地方实际，切实加强智力扶贫，变“输血”为“造血”，全力增强贫困群众脱贫致富后劲。2015年，组织北京和重庆的专家为酉阳县花田乡培训乡村旅游从业人员80名。

【教育扶贫】 为阻断贫困代际传递，让贫困家庭子女都能接受公平有质量有出路的教育，致公党中央着力加强教育脱贫工作，2015年，“致福慈善基金会”及致公党上海市委会向酉阳县捐赠致公科普中心建设款20万元；致公党重庆市委、致公党酉阳市支部为酉阳县龙潭镇“致公小学”捐资4万元建立留守儿童亲情聊天室；向酉阳县龙潭镇致公小学捐赠价值15万元的“顺风123阶梯书屋”；为酉阳县麻旺中学健华图书馆捐赠1000美元书籍；致公党中央和致公党重庆市委为酉阳第二中学“致公足球队”捐赠了4万元的球衣、球鞋及足球。2015年，致公党重庆市委会与重庆机械电子高级技工学校联合继续开办“致公酉阳班”，为酉阳县劳动力转移提供职业教育培训基地，在酉阳招收200名贫困学生，并为酉阳籍贫困学生设立30万元奖学金和助学金。职业教育培训帮助一个孩子找到就业出路也就解决了一个家庭的贫困面貌。

【基础设施建设】 做好贫困地区的基础设施建设工作是缩小地区差距、实现整个社会共同进步的关键步骤。2015 年致公党中央向酉阳县致公党社会服务实践基地捐赠 100 万元用于基地建设。

【医疗卫生扶贫】 为提升酉阳县卫生与医疗服务水平，防止城乡居民发生“灾难性医疗支出”后因病致贫因病返贫，切实提高医疗卫生扶贫工作的精准度和有效性，2015 年致公党中央协调地方组织为酉阳县卫生局捐赠价值 100 万元医疗药品，向酉阳县人民医院、麻旺卫生院捐赠价值 40 万元的两套远程医疗会诊平台设备；向酉阳县卫生局捐赠价值 30 万元的 2 台三氧治疗仪；向酉阳县铜鼓乡卫生院捐赠 100 万元修建门诊大楼。

（中国致公党中央委员会
社会服务部　聂伊妮）

九三学社中央委员会定点扶贫

【概述】 2015年，九三学社中央委员会（以下简称“九三学社中央”）定点帮扶四川省旺苍县，发挥自身智力人才优势，在产业脱贫、教育脱贫等方面做了实实在在的工作。2015年共投入资金28万元，引进资金125万元，实施《南方羔羊育肥生态养殖技术示范项目》，示范带动作用明显。引进社内专家、中药材企业帮扶药用植物种植与加工，带动百姓种植柴胡700余亩，开展技术培训20余场，培训人员500人次。开展“同心树人”项目，组织中小学校长赴北京师范大学培训21人次。协调社内组织、公益基金、爱心企业捐助资金40万元，帮扶木门小学、红军小学等旺苍县内贫困学生。

【扶贫资金投入】 2015年，九三学社中央投入资金18万元，委托九三学社四川省委在旺苍县国华镇花街村实施“南方羔羊育肥生态养殖技术示范项目”。经九三学社协调，由项目承担方广元市旭日生态农业有限公司投资90万元，旺苍县配套项目资金10万元，四川省农业厅25万元配套资金。采用“公司无偿供种羊+财政保险+基地分组养殖+农户返种羊留小羊”的“滚雪球”运作模式，精准扶贫，形式新颖。2015年10月，九三学社四川省委邀请省内专家，会同广元市“九广合作”办公室、旺苍县人大、政协和县委统战部、县扶贫和移民局、九三学社广元市委、旺苍支社以及国华镇党委、政府等有关方面的12名代表组成验收组，对项目进行验收，验收报告指出，项目带动农民增收，达到了预期要求。2015年10月，广元市有关部门和各区县代表赴项目现场考察研讨，产生了积极的社会影响和示范带动作用。

【羔羊养殖项目】 南方羔羊育肥生态养殖技术示范项目，由九三学社中央投入资金18万元，指定用途为购买90只南江黄羊种羊。经过九三学社广元市委的调研比对，选定承担实施方为广元旭日生态农业有限公司。九三学社四川省委科技处与该公司商定项目实施方案并报九三学社中央备案。2015年，按照实施方案，建成种羊和育肥羊圈24间、产房和羔羊圈各1间、隔离圈、消毒防疫室和兽医室各1间、草料室和贮藏室各1间、办公室和生活用房4间，污水处理池2个、化粪池1个、水池1个，并配置红外取暖装置和草料粉碎机。项目实施期间，派员赴南江进行半年专题技术培训；在国华镇租用种草土地51亩、牧羊山场1000亩；基地配备养殖人员4人，专业技术人员1人；与山坪村、山峰村签订二代种羊无偿供给协议，为项目后期发展打下基础。2015年10月，由九三学社四川省委副主委、四川省农业科学院副院长、研究员刘建军任组长，验收组12名专家对项目资料、基础设施、南江黄羊种羊、专项资金使用、项目管理运行、项目在当地产生的社会影响和示范带动作用进行考察核验，一致认为：项目按照实施协议，完成了预期建设内容和目标，同意该项目通过验收。项目完成后，九三学社将继续关注，发挥项目在精准扶贫工作中的作用。

【扶贫调研】 2015年2月，九三学社四川省委调研组听取了四川德培源中药科技开发有限公司关于帮扶旺苍县国华镇柴胡基地建设的情况汇报，沟通了2015年帮扶工作计划。4月，九三学社攀枝花市委赴旺苍县调研九广合作项目，考察木门小学，与广元市委机关进行座谈。7月，九三学社全国社会服务工作会议在旺苍县所在的广元市召开。九三学社中央副主席丛斌带队考察四川德培源中药科技开发有限公司研发中心，对药品开发、饮片储存等专业问题提出建设性建议，鼓励企业加大研发力度，继续做好旺苍县柴胡产业扶贫。2015年7月，根据“九绵科技合作”第二轮协议——“柴胡文化产业化开发合作框架”协议的要求，动员九三学社社员、北京大学药学院教授屠鹏飞考察调研旺苍县国华镇华街村中药材基地的帮扶项目，召开柴胡产业发展专家咨询座谈会。

【产业扶贫】 2011年，九三学社中央投入项目资金10万元，帮扶旺苍县在国华镇花街村建立了中药材种植基地。2013年，引进四川德培源中药科技开发有限公司，创新栽培模式，推广林药套种，为建设规模化柴胡基地奠定基础。2015年，建成柴胡良种繁育基地50亩，柴胡规范化种植核心基地100亩，带动百姓种植柴胡700亩，并以此为中心，带动周边乡镇柴胡产业发展，吸引大批在外务工人员回乡创业。同时，开展柴胡种植技术培训20余场，培训人员500余人次，提高农民种植技术水平。组织国华镇各村组长、种植大户组成的参观考察团20余人次到安县花荄柴胡基地考察学习。通过开展技术培训、技术指导、免费费用、保底收购等方式，提高了农民积极性，促进了农民增收。全年共免除农民柴胡种子款8.5万元，各项专用药剂费近10万元。针对柴胡种植从备地、播种到田间管理，直至最后收获，组织技术人员定期下乡，深入田间地头，为农户免费指导各项关键技术。收购柴胡根20余吨，产值100余万元，对符合中药材质量标准的柴胡根，根据合同约定和市场价格予以全部收购，在合同保护价的基础上提高100%~150%，并及时结算。

【捐资助学】 经九三学社四川省委的协调，成都诗丽堂集团公司为旺苍县木门小学捐赠30万元，用于九三学社中央定点帮扶学校——广元市旺苍县木门小学的教学环境改善、教学设施添置，重点投入在学校阅览室、运动场建设方面。5 月 29 日，成都诗丽堂希望小学挂牌仪式在旺苍县木门小学举行，九三学社广元市委调研员杨春培出席。

2015 年 9 月，九三学社济南市委赴广元市旺苍县，捐助 10 万元助学金，惠及县内 100 名优秀贫困生。

【教育扶贫】 做好教育扶贫、阻断贫困代际传递是九三学社帮扶旺苍的一项重点工作。2015 年，九三学社中央委托九三学社四川省委在广元市旺苍县实施“同心树人”工程，项目资金 10 万元。项目方案经九三学社四川省委报九三学社中央同意后，由旺苍县教育局召开局务会选派县内 21 名中小学正、副校长，于 2015 年 11 月赴北京师范大学参加为期 1 周的全国中小学优秀校长高级研修班。培训旨在进一步提高中小学校长现代教育理论素养，提升他们的管理水平，促进他们在学习中借鉴经验、创新方法。通过《培养公民：新文化运动百年以来中国教育的现代追求》《校长领导与决策分析》《学校发展规划的方法与策略》等专题课程，校长们学习了最新的教育政策，课堂管理和学生管理方面等诸多方法，为提升旺苍县基础教育水平颇有助益。校长们还实地考察了中国科学院附属玉泉小学、首都师范大学附属育新学校、北京市朝阳区新升小学和北京陈经纶中学分校四所学校。

【干部挂职扶贫】 九三学社充分利用人才资源，发挥组织动员力，从熟悉当地实际情况的九广合作办公室、九三学社旺苍县支社中挑选 2 名干部分别到旺巷县挂职和担任“第一书记”。

（九三学社中央委员会
社会服务部　陈旭洢）

台湾民主自治同盟中央委员会定点扶贫

【概述】 台湾民主自治同盟中央委员会（以下简称“台盟中央”）的定点扶贫工作是在中国共产党领导下，紧密围绕国家经济社会发展大局，服务国家和人民、实现自我价值的体现。2015 年，台盟中央始终以高度的政治责任感和使命感，坚持“量力而行、尽力而为，讲求实效”的原则，把定点扶贫工作推向新的高度，把“两岸一家亲，共圆中国梦”的重要理念落到实处。截至 2015 年，台盟中央参与贵州省毕节市毕节试验区建设，定点帮扶贵州省毕节市赫章县已达 10 年之久。2015 年，台盟中央共完成教师培训 670 余人次，邀请师生赴天津参加夏令营 10 人，上海、南京师生赴赫章开展夏令营 19 人；引进资金 100 万元，用于支持赫章社会福利事业，发挥了良好的社会效益；协调各级台盟组织向赫章县捐助 42 万元，用于改善当地教育、医疗等民生设施；派出挂职干部 1 人，为赫章县脱贫致富积极做出应有的贡献。

【扶贫资金投入】 2015 年，台盟中央及各级台盟组织共为赫章县捐款 42 万元，其中台盟中央副主席黄志贤“六一慰问”捐赠 10 万元学习物资，台盟天津市委捐款 5 万元，台盟上海市委和台盟南京市委共同捐赠 5 万元学习用品，“两岸同心助学金”直接捐助赫章 22 万元。

“两岸同心助学金”自 2013 年设立以来，台盟中央及各地方组织共募集了 154 万元。2015 年台盟中央捐款 14 万元，各地方组织募集 86 万元，其中直接捐助赫章县 22 万元（台盟浙江省委捐款 10 万元、台盟广东省委捐款 6 万元、台盟吉林省委捐款 3 万元、台盟湖北省委捐款 3 万元），用于发展当地教育产业。每笔助学金的具体使用情况都有接收单位给予反馈报告。

【扶贫资金管理】 2015 年，随着社会经济的全面发展，赫章县及其他扶贫地区在教育以外的多个领域中也存在一定困难，如饮水、医疗、民生等问题。为了使“两岸同心”助学金能够发挥更大的作用，台盟中央将“‘两岸同心’助学金”变更为“‘两岸同心’帮扶项目资金”，从而致力于帮扶赫章县以及其他地方的教育培训、医疗卫生、民生改善、招商引资等多个领域。

【扶贫宣传调研】 2015 年，台盟社会服务部与宣传部联合组织开展了中央媒体赫章采风活动。活动围绕“纪念对口帮扶赫章县十周年，全面展示全盟参与毕节试验区建设的工作成绩”的主题深入开展，不仅展示了台盟多年来对赫章的帮扶工作成果，而且加大了对赫章县的宣传，提升了社会对其的关注度。

6月，台盟中央常务副主席黄志贤携新华社、人民日报、中国新闻社、人民政协报、团结报等中央媒体到贵阳市、毕节市等地，就台盟帮扶工作进行宣传调研。调研组走访了黔南州惠水县的贵州盛华职业学院和赫章县海雀村，实地察看了台盟中央10年来在海雀村相继实施的人畜饮水、茅屋改造、学校改扩建、建立卫生所等民生工程。宣传调研活动结束后，众媒体从不同角度对台盟在赫章的帮扶工作进行了大量的宣传报道。6月8日，新华网以“苦甲天下换新颜”为标题登载了新华社记者对台盟帮扶赫章的采访文章；6月19日，《人民政协报》又以“台盟十年扶贫路，赫章旧貌换新颜”为标题图文并茂的整版报道台盟十年来的帮扶亮点，同时多家网络媒体刊发、转载了相关文章，营造了良好的氛围。

【扶贫会议】 2015年12月，台盟中央帮扶赫章县10周年纪念会在京召开，全国政协副主席、台盟中央主席林文漪出席会议。会上回顾了台盟十年来帮扶赫章取得的工作成果。毕节市及赫章县相关领导，台胞及社会爱心团体代表，台盟地方组织代表进行了发言交流。台盟地方组织、台资企业及相关社会团体、爱心人士等向台盟中央“同心帮扶”项目进行了捐款。台盟中央表彰了对定点扶贫工作做出突出贡献的单位和个人，颁发了纪念光盘和荣誉证书，并发行了台盟中央帮扶赫章纪念画册——《我们共同走过的日子》。

【教育扶贫】 对赫章县基层教师的业务培训是台盟中央打造的重点智力帮扶品牌项目。根据赫章县的实际需求和台盟中央智力帮扶的统一规划，对赫章县组织实施了“教师走出去”和“专家请进来”两种形式的智力帮扶培训，取得了良好的社会效果。

一是继续组织赫章县骨干教师进京培训。7月，台盟中央与北京青年政治学院、台盟北京市委在京联合举办了2015年赫章骨干教师培训班，副主席苏辉出席开班仪式并致辞，40名来自赫章县基层的优秀骨干教师参加了培训。培训课程内容丰富而具有针对性，涵盖了教育科学研究、促进学生成长和教师发展以及如何做个真正的老师等多个专题内容。同时，培训方式多元化，采取了名师讲座、微课堂、学校参访和交流等相结合的授课方式。培训受到了学员们的充分肯定。

二是继续开展沈阳师范大学教育专家送教赫章活动。继2014年沈阳师范大学教师赴赫章举办公开课、专题讲座后，2015年8月，台盟中央联合台盟辽宁省委，邀请沈阳师范大学的教育专家以及辽宁省的部分中小学校长走进赫章县，以留守儿童心理疏导、教育管理艺术等课题，为赫章县中小学校长、教师进行了教育知识更新与业务强化培训。本次送教活动共开展心理健康教师班、初中物理实验教师班、初中化学实验教师班、初中生物实验教师班及小学科学实验教师班、寄宿制学校校长班6个培训班次，培训心理健康教师、初中理化生及小学科学实验教师、寄宿制学校校长630余名。本次活动开阔了学员们的教学视野，更新了学员们的教育理念，为学员们做好学生心理健康教育，加强和改进中小学实验教学工作，推进当地寄宿制学校建设奠定了良好的软件基础。

【干部挂职扶贫】 2015年，台盟中央派出1名副处级干部到赫章县挂职扶贫，担任副县长职务，从事对赫章县的帮扶工作。在工作中，下派挂职扶贫干部，严格按照扶贫工作要求，克服工作和生活方面的种种困难，做好定点扶贫各项工作。一是恪守工作纪律，自觉维护挂职干部的良好形象；二是扎根基层、服务基层，深入乡镇调研，了解定点扶贫县域的经济社会发展情况和当地老百姓对扶贫项目的需求，分析贫困的现状、原因以及脱贫致富的途径，理清工作的思路和扶贫的着力点，为当好台盟中央扶贫工作的联系人，做好信息沟通、协调相关部门，落实扶贫方案，做了扎实的基础性工作。

【扶贫慰问】 2015年6月，台盟中央常务副主席黄志贤携中央媒体在赫章县调研期间，看望了当地的学生儿童，代表台盟中央捐赠平板电脑10台，为他们送去了关爱。10月，台盟中央副主席汪毅夫率企业家赴赫章县调研慰问，协调福建连捷地产集团有限公司向当地养老院捐助100万元，用于支持赫章社会福利事业。副主席汪毅夫个人捐款1万元，资助海雀村有史以来第一位大学生完成学业。

【文化扶贫】 2015年8月，台盟上海市委与台盟南京市委联合举办“2015上海·赫章心连心”夏令营。来自上海台盟和南京台盟的10位盟员、6名上海和南京的小学生与及3位小学老师一道前往贵州毕节市赫章县河镇乡海雀小学。开营仪式上，台盟上海市委和台盟南京市委向海雀小学的学生赠送了学习用品。此次活动旨在让赫章县的学生们开阔眼界，刻苦学习，成长为优秀的人才。同时也让上海的孩子实地体会山村孩子的坚韧，学会关心、关爱身边的人。学习交流之余，营员们参观了四渡赤水博物馆内珍贵的文物，并到红军烈士陵园扫墓，追思先烈的丰功伟绩，更加坚定了报效祖国的信念。

10月，台盟天津市委联合天津市台湾同胞联谊会和天津市台湾同胞投资企业协会，对赫章县双坪乡兴盛小学开展结对帮扶活动，邀请10名师生到天津市交流学习，通过捐赠和举办夏令营等方式，开阔了学生的视野，提高了少数民族贫困地区小学的教学水平，为当地文化教育事业发展提供助力。

（台湾民主自治同盟中央委员会
社会服务部 郑润东）

清华大学定点扶贫

【概述】 2015年，清华大学以教育、医疗、人才智力帮扶等工作为重点，扎实推进定点帮扶云南省南涧彝族自治县（以下简称“南涧县”）工作。

双方领导互访3次；清华大学赴南涧县调研交流32人次；开展培训班14期，培训南涧县党政干部328人次，中小学师生643人次；开展儿童先天性心脏病筛查工作并现场指导当地医护人员，共筛查患儿385人，确诊147人；邀请3名南涧县妇幼保健院的医护人员到清华大学第一附属医院完成为期6个月的免费进修；选派2名干部分别挂职南涧县副县长和南涧镇西山村“第一书记”；来自清华大学的50余名青年学子，分成5个社会实践支队先后到南涧县开展县域经济发展调研、安装太阳能灶、艺术设计助力特色农产品推介、支教等实践活动；清华大学和南涧县共建清华大学南涧县绿色食品基地，目前南涧县有关特色农产品已经进入清华大学；清华大学直接投入资金80.3万元，用于小学建设、教育和医疗培训等；引进公益资金150万元，开展“山村幼儿园计划”，新建30个幼儿教学点并对已有的50个山村幼儿园配置完善教学设施，提高教学服务水平。

【扶贫资金投入】 清华大学投入资金20.3万元，免费为南涧县50名教师开办“高中教师教学教法研修班”；邀请南涧县2名小学骨干教师到清华大学附属小学免费进修；邀请3名南涧县妇幼保健院的医护人员到清华大学第一附属医院免费进修。

清华大学福建校友会马克思主义学院分会捐赠50万，全资建设南涧县南涧镇复兴村铅厂小学；清华大学继续教育学院金融校友会捐赠10万，用于帮扶南涧县教育基础设施建设。

【扶贫调研】 2015年10月，清华大学副校长杨斌率队赴南涧县调研和推进对口帮扶工作，召开清华大学南涧县定点帮扶工作交流会，在会上签订了“清华大学继续教育学院南涧彝族自治县合作协议”和“清华大学福建校友会马克思主义学院分会捐赠帮扶云南省南涧县教育基础设施建设协议”。

杨斌受邀为大理白族自治州（以下简称“大理州”）3000余名干部讲授领导力课程（现场与远程相结合），并调研南涧县清华大学后勤绿色食品基地企业（红云核桃、鑫凤凰茶叶）以及南涧县示范小学。

【扶贫培训】 2015年清华大学继续

教育学院指导南涧县远程教学站，培训党政干部 248 人次。

2015 年 12 月 17—19 日，清华大学继续教育学院免费为南涧县举办“大理州及周边地区地方经济活化示范项目人才培训班”，针对南涧县发展“六个一”即一片烟、一杯茶、一个核桃、一头牛、一只鸡、一棵药（三七灯盏花）的高原特色产业，借鉴台湾“一乡一特色”的特色乡村建设成功经验，邀请台湾专家传授先进的理念、方法和案例，旨在提升产业品质、价值、品牌，推动地方经济发展。课程运用头脑风暴、世界咖啡馆等开放、引导、参与式教学方法，分析区域人力元素、文化元素、地理元素、产业元素、景观元素，寻找地方发展愿景，传授地方产业特色挖掘的四大核心技法，即组织、经营、设计、营销，讨论产业发展对策。来自大理州发展和改革委员会、州农业局、州政府扶贫办、州科技局等州直机关领导干部及大理州 12 县（市）领导干部和产业带头人共 80 人参加了学习。通过学习，学员表示更新了观念，开拓了思维，拓展了视野，了解到先进的产业辅导经验和操作方法。

【干部挂职扶贫】 清华大学先后派出化工系党委副书记、副教授郭勋挂职南涧县副县长，校团委办公室主任王风潇挂职南涧镇西山村“第一书记”，定点帮扶南涧县各项工作。

在具体工作中，2 名挂职同志转换角色，克服困难，深入基层，充分调研，争取资源，落实工作，全力完成好清华大学定点帮扶各项工作。2015 年 1 月 13 日，郭勋在南涧县“清华讲堂”做了主题为《可持续发展战略中新能源汽车关键技术与产业简介》的讲座，县实职副处以上领导干部，各乡镇党政主要领导，县级各部委办局、各人民团体、企事业单位主要领导 150 余人参与此次讲座；王风潇在南涧镇西山村后先后开展了图书与资金捐赠、乡村科技服务等多种帮扶工作。

【产业扶贫】 2015 年 1 月 31 日—2 月 2 日，清华大学副总务长、后勤党委书记邱显清一行赴南涧县就绿色食品基地展开调研，先后对南涧县高原特色生态农业中“一杯茶、一只鸡、一个核桃、一颗药”加工和生产基地进行了实地考察调研。随后，清华大学和南涧县就在南涧县建立清华大学绿色食品基地举行座谈会。邱显清在座谈会上表示，希望进一步做好定点帮扶工作，助力南涧县特色农业产业发展。

2015 年，南涧县特色农产品红云核桃与凤凰沱茶已进入清华大学超市，设置专柜进行销售，并通过清华大学校友资源将上述产品引入上海和东北市场。清华大学绿色食品基地挂牌企业——南涧县红云核桃有限公司 2015 年营业额明显增加，达到 2 亿元。

【智力扶贫】 2015 年暑期，清华大学 50 余名青年学子，分为 5 个社会实践支队在南涧县开展实践活动。

由清华大学 6 名博士生组成的实践支

队以“国家扶贫战略调整与贫困县域经济发展”为主题，结合自己的研究领域和专业特长，通过详实的调研和科学的分析，为当地经济社会发展提出建设性意见。来自热能工程系的“彩云之南，暖心行动”实践支队，结合南涧县的地域特点（光热资源丰富），创新性的采用众筹等方式募集到近2万元启动资金，为当地百姓安装调试了50口太阳能灶。“中外支教项目——南涧支教分队”的同学们在12天中和南涧的孩子们朝夕相处，一起做游戏、看电影、赏美文，将轻松快乐的英语教学带到了南涧。“赴南涧港澳台支队”的同学们，积极探索支教新模式，运用多种方式加深和孩子们的交流与理解。由美术学院的同学们组建的“艺术点亮乡村实践支队”在南涧县用心感受民间艺术，并为南涧县50周年县庆宣传和“六个一”特色农产品推介做出贡献。

【教育扶贫】 早在2013年4月，清华大学在南涧县教师进修学校设立了“清华大学教育扶贫现代远程教学站”。2015年清华大学继续教育学院指导南涧县远程教学站开展培训班13期，培训党政干部248人次，中小学师生643人次。其中，由清华大学继续教育学院承担教学以及在清华期间的食宿费用，开办“高中教师教学教法研修班”，邀请南涧县50名高中一线教师走进清华进行为期8天的培训。清华大学附属小学邀请南涧县2名小学骨干教师，到附小进行为期1个月的免费进修。

【医疗卫生扶贫】 2015年，清华大学第一附属医院持续开展儿童先天性心脏病筛查工作，并帮助当地医护人员提升医护水平。

2015年2月，清华大学在南涧县挂职副县长郭勋访问清华大学第一附属医院，持续推进有关工作。10月，清华大学第一附属医院心脏中心外科主任李洪银专家组3人分别在大理州人民医院、南涧县妇幼保健院、宾川县妇幼保健院设置筛查点，开展儿童先天性心脏病筛查工作并现场指导当地医护人员，共筛查患儿385人，确诊147人。此次筛查工作，辐射大理州12县（市）的同时，首次拓展至大理州周边普洱市景东彝族自治县和临沧市云县、凤庆县。2015年，清华大学第一附属医院邀请3名南涧县妇幼保健院的医护人员到院完成为期6个月的免费进修。

（清华大学对口支援办公室　朱　涛）

北京交通大学定点扶贫

【概述】 2015年，北京交通大学（以下简称“北京交大”）定点帮扶内蒙古通辽市科尔沁左翼后旗（以下简称“科左后旗”），赴定点扶贫县调研15人次，投入资金25万元。共完成党政干部培训91人次，选派挂职干部1人次，派遣研究生支教团4人次。在2014年已完成的科左后旗交通、旅游、物流三项战略规划的框架下，根据科左后旗实际需求，作为三大战略规划的补充项目，制定完成了闲趣山庄旅游规划、大青沟旅游发展规划两项具体景点规划，并帮助乌旦塔拉五角枫公园设计了大门。

【扶贫资金投入】 2015年，北京交大共投入扶贫资金25万元，其中10万元用于产业开发，10万元用于人力资源培训，5万元用于支持调研、考察和其他扶贫工作开展。

【扶贫调研】 2015年10月，扶贫日前夕，北京交大定点扶贫领导小组赴科左后旗开展定点扶贫有关工作，与科左后旗旗委、旗政府领导及有关部门进行了座谈交流，并代表学校探望了北京交大在当地进行志愿服务的研究生支教团成员。

【扶贫干部培训】 2015年11月，北京交大选派6名专家教授赴科左后旗开展干部培训工作。培训课程涵盖了党建思想政治、经济产业发展、人力资源管理、心理素质教育等多方面。科左后旗科级领导干部91人参加了为期4天的培训。

【干部挂职扶贫】 2015年，北京交大派遣校正科级干部高健到科左后旗挂职扶贫，担任甘旗卡镇新胜屯村党支部“第一书记”职务，主要负责新胜屯村乡村规划、信息化建设工作，并协助落实“十个全覆盖”工作。2015年，新胜屯村因秸秆焚烧引发了火灾，高健参与了救火，并在灾后协助新胜屯村申请了50万元资金，用于修建防水防火的大坝。此外，还协助新胜屯村申请了52万元的河道清淤工程。2015年12月7日，高健在总结实地扶贫工作经验基础上撰写的《“智慧扶贫”增强“造血”机能》被《人民日报》刊发。

【产业扶贫】 2015年，学校持续跟踪交通、旅游、物流三项规划在科左后旗的实施情况，及时反馈修改并根据地方发展需要随时补充完善。根据科左后旗发展需要，在原旅游规划框架下，学校旅游规划教授团队又对科左后旗闲趣山庄景区进行了单项规划，打造了科左后旗乃至通辽市的新型农庄式休闲业态。完成该项目后，旅游规划教授团队又对科左后旗大青沟旅游景区规划单独立项，通过对大青沟景区的综合规划和设计，实现了从景点景区向现代旅游休闲度假基地、从散点经营向全局整体发展、从乡村到旅游城镇化发展的三大转变，旨在将科左后旗打造成通辽地区创新发展旅游基地。此外，学校建筑艺术教授团队还为乌旦塔拉五角枫公园设计了景区大门及相关配套设施。目前，学校承担的闲趣山庄旅游规划项目已获评内蒙古自治区四星级旅游接待户，并获得自治区旅游规划专项资金支持；乌旦塔拉五角枫公园也被列入“通辽市十大郊野公园”。

【教育扶贫】 2015 年，学校向团中央申请批复了 4 个到科左后旗支教的研究生支教名额。2015 年 9 月，学校 4 名研究生到科左后旗开展支教工作，为期 1 年。其中 2 名学生在甘旗卡第四中学任教，2 名学生在甘旗卡镇实验小学任教。支教学生扎实开展支教工作，并参与校园建设和各类志愿服务工作，为当地教育发展贡献力量。

（北京交通大学定点扶贫领导小组
办公室　信　心）

中国矿业大学（北京）定点扶贫

【概述】 2015年，中国矿业大学（北京）［以下简称“矿大（北京）”］党政领导高度重视定点扶贫工作，深入学习贯彻中共中央总书记习近平关于精准扶贫系列重要讲话精神和“四个切实”的具体要求，把定点帮扶广西壮族自治区河池市都安瑶族自治县（以下简称“都安县”）作为重要政治任务来抓，纳入学校“十三五”规划。强化“科教扶贫为主，多种扶贫方式并举”的立体扶贫工作思路，通过人才培养、干部挂职、科研合作、技术支撑等形式，多方位做好定点扶贫工作。

【扶贫调研】 2015年12月，矿大（北京）校长杨仁树亲赴都安县调研考察，召开扶贫工作座谈会。按照《中国矿业大学（北京）定点扶贫实施方案》，继续强化“科教扶贫为主，多种扶贫方式并举”的立体扶贫工作思路，部署了挂职干部和研究生支教团的下一步工作。

【干部挂职】 2015年3月，矿大（北京）选派青年教工马宁挂职都安县长助理，协助分管教育、科教、生态乡村、环保等工作。挂职期间，马宁积极引入社会资源，先后邀请广西艺林苑投资有限公司、上海斐讯集团等爱心企业赴都安县落地扶贫资助项目，累计15.9万元。积极拓宽教育扶贫新途径，开展了“感动中国十大人物”都安高中校长莫振高校长先进事迹宣讲团进京巡讲系列工作。

【教育扶贫】 2015年7月，矿大（北京）录取都安籍本科生2名，分别进入化学与环境工程学院化学类专业学习。按照学校实行的“本科生导师制”，这2名本科生分别进入2名教学科研经验丰富的教授学者团队进行学习。9月，矿大（北京）派出第二届研究生支教团赴都安县职业教育中心支教。支教团成员为高一年级全体学生讲授英语、数学、地理、生物，周累计课时95课时，除了正常授课外还承担了班主任、副班主任、团委副书记、社团指导教师等多项工作。2015年10月，支教团全体成员积极响应共青团广西壮族自治区区委的号召，踊跃参加“青春扶贫行动”活动，他们以矿大（北京）支教团的名义领取了多个孩子的微心愿，支教团赵加正、高晓霞与都安县2名贫困留守儿童结成“一对一”帮扶对象。

【扶贫日活动】 2015年10月，矿大（北京）党政领导班子召开专题会议研究“扶贫日”活动方案，安排部署全校扶贫工作，启动全校“扶贫日”活动。一是开展“扶贫日”系列宣传活动。二是学校组织全校教职员工捐款20万，扶持都安县永吉村和琴棋村的惠民项目建设。三是举行莫振高先进事迹主题情景报告会。四是召开定点扶贫工作座谈会。五是开展困难群体大学生帮扶活动。六是继续开展“一对一”扶贫捐款工作，组织学校教师参加“一对一”帮扶都安县贫困高中学生，2015年“一对一”帮扶捐助9名都安县高中学生完成高中学业。

10月，矿大（北京）邀请广西壮族自治区都安县莫振高先进事迹报告团进京巡讲，并承担了报告团在京期间的服务、后勤保障工作。10月21日，报告团在京首场报告会在矿大（北京）举行，校党委书记徐孝民、校长杨仁树等校领导及学校900余名师生代表聆听了报告会。该报告团还在清华大学、北京师范大学、中国政法大学、中国石油大学（北京）等高校宣讲莫振高同志的先进事迹，反响热烈。学校还举办了莫振高同志先进事迹教育实践系列活动，促进全校师德师风建设工作蓬勃开展。

【精准扶贫】 2015年10月，矿大（北京）选派孙铭晗再次深入都安县，任都安县龙湾乡琴棋村贫困村党组织“第一书记”，开展精准扶贫工作。孙铭晗按照广西壮族自治区党委的统一要求，首先对琴棋村393户村民家庭的住房、土地、劳动力、受教育等30多项情况进行精准识别打分，之后对精准识别出的125户贫困户家庭进行了建档立卡。孙铭晗配合都安县扶贫办，对琴棋村的贫困户制定了结对帮扶计划。

【公益扶贫】 2015年11月，矿大（北京）支教团在都安县职业教育中心开展“情系都安，温暖冬衣”活动，为都安职业教育中心的贫困学生共捐赠800余件棉衣、100余本图书以及部分文体用品。2015年12月，支教团为都安县永吉乡永吉小学募集到价值3000元的40床被褥，并联系社会爱心人士为4名贫困学生提供了2000元的助学基金。

2015年，矿大（北京）通过选派的挂职干部马宁和驻村“第一书记”孙铭晗，定点帮扶都安县永安乡永吉村和龙湾乡琴棋村。通过实地考察、反复研讨，学校制定了中长期的详细帮扶方案。在琴棋村，学校拟计划完成场地平整硬化、厕所修建、村民活动中心通水、通电和通村600米砂石路等项目；在永吉村，学校拟计划完成小学4座水塔、文化长廊等项目建设。项目的完成将为两个贫困村顺利脱贫提供有力支持。

2015年，矿大（北京）挂职干部积极发动社会爱心人士，先后为永吉村小学筹集近15万元善款，邀请爱心企业捐赠3600本青少年图书和电脑、打印机若干，邀请爱心人士“一对一”捐助留守儿童18名并捐赠文体用品、衣物等。

［中国矿业大学（北京）党政办公室　朱　彤］

上海交通大学定点扶贫

【概述】 2015年，上海交通大学（以下简称“上海交大”）定点帮扶云南省洱源县，学校党政领导高度重视，广大师生医护员工积极参与，成立对口帮扶四个专项基金，搭建师生、校友和社会资源参与定点扶贫的平台，帮扶工作不断制度化、规范化。2015年，上海交大推进和完成救治贫困先天性心脏病儿童、医疗卫生专题培训、中小学教师到沪实习实训、山区临聘教师励教、优秀学生助学、研究生支教团、专家工作站等帮扶项目12个，选派挂职干部3名，研究生支教团10名，组织各领域专家赴洱源调研服务61人次，接收当地教师、医生等到沪进修培训142人次，开展科普讲座、科技推广等活动，覆盖当地各级干部、农技科技人员等300余人次，义务诊疗560人次，吸引社会资金180余万元支持相关项目，为洱源县经济社会发展做出了积极贡献。

【扶贫调研】 2015年7月，上海市人大常委会副主任、上海交大党委书记姜斯宪率队赴云南，与云南省委副书记、省长陈豪等云南省领导进行了座谈，推进省校战略合作，并共同见证了上海交大与云南省网信办、科技厅、环保厅、科学技术院签署合作协议。姜斯宪一行赴洱源县，考察交流定点扶贫工作，听取意见和建议，并见证“心”“行”“梦”“恒”4个专项基金的成立、周培专家工作站和上海交大洱源县大学生社会实践基地揭牌，慰问了在滇开展帮扶的附属医院的医疗队队员以及全体上海交大云南研究生支教团的队员。9月，教育部国家汉办副主任、云南省大理州副州长（挂职）静炜一行访问上海交大，上海交大校长张杰、副校长吴旦会见并进行了座谈交流，双方就定点扶贫等工作交换了意见。

【扶贫会议】 2015年4月和12月，上海交大副校长吴旦代表学校参加了在北京举行的“中央国家机关和有关单位定点扶贫云南工作座谈会”和“中央单位定点扶贫工作会议”，并在会后组织校内相关部门负责人共同学习会议精神，研究部署新阶段定点扶贫工作。2015年，上海交大召开4次定点扶贫工作会议，组织定点扶贫工作组的成员单位学习和研讨，协调和推进帮扶项目有序开展。

【对口帮扶】 2015年7月，上海交大成立对口帮扶四个专项基金：“心基金”“行基金”“梦基金”和“恒基金”，分别支持医疗卫生、教育、管理和科技领域的帮扶项目，全年共吸引校友捐赠和社会公益资金 101 万元。基金的成立不仅建立了开放的公益资金投入机制，同时也将实地调研、定向捐赠、项目实施、效果跟踪等帮扶工作规范化、常态化，为帮扶项目的可持续发展提供机制保障，定点帮扶工作不断制度化、规范化。

【扶贫制度建设】 2015 年，上海交大与洱源县共同签署《上海交大定点帮扶云南洱源县合作备忘录（2015—2017）》，明确定点扶贫工作思路，规划下阶段重点工作内容，保障扶贫工作顺利开展。

【干部挂职扶贫】 2015 年，上海交大选派 3 名干部赴云南挂职服务。上海交大农业与生物学院教授张才喜挂职担任大理州州政府副秘书长，副研究员袁聪俐挂职担任洱源县副县长，发挥专业优势，有效对接当地特色农业资源和生物技术产业发展需求；上海交大学生工作指导委员会孟祥琦博士，挂职担任洱源县茈碧湖镇丰源村“第一书记”，扎根基层、服务基层，组织上海交大“爱心屋”向洱源中小学生捐赠衣物、图书等，积极为当地引进帮扶资源。

【医疗卫生扶贫】 2015 年，上海交大依托“心基金”开展救治先天性心脏病儿童项目，免费救治 8 名洱源县贫困先心病儿童。救治项目由上海交大海外教育学院校友捐款 30 万元手术费用，上海交大附属胸科医院为患儿提供优质医疗救助，并免除所有护理和食宿费用。上海交大定期组织医疗服务队赴洱源县开展义诊和筛查，并到部分受助儿童的家中进行复诊和回访。

4 月，上海交大在沪举办“心基金”医疗卫生管理人才专题培训，培训 50 名滇西地区医院和卫生机构管理干部。培训有针对性地开设了医院运营管理等课程以及赴附属医院的移动教学，充分展示先进的医疗卫生管理经验。

8 月，上海交大在沪举办“心基金”执业医师专题培训，培训 50 名滇西地区尚未取得执业医师资格的基层医院临床医生，通过集中理论培训和临床示教，参训学员的专业理论知识水平和实践操作技能得到全面提升，当年参加全国执业医师资格考试的通过率达到 66.7%。

2015 年，上海交大以附属瑞金医院、附属第九人民医院赴滇医疗服务队为主体，在滇西地区开展专家门诊、教学查房、学术讲座等医疗帮扶活动，累计完成门急诊 4000 余人次，义诊 560 人次，首次引入全膝人工关节置换术等新技术、新业务 24 项，帮助当地医院建立腹腔镜胃肠肿瘤外科等特色专科 3 个。

【教育扶贫】 2015 年春季学期和秋季学期，上海交大开展第四期和第五期“行基金”中小学教师实习实训项目。20 名洱源县中小学青年教师到上海交大附属中学闵行分校和附属实验小学，参加为期一学期的跟班实习。每名参训教师均由相应学科的骨干教师带教和指导，并参加了丰富的教学研讨和实践活动。在培训结束前，上海交大组织开展远程汇报课，让更多洱源县师生通过上海交大——洱源一中远程教室，共享和交流培训成果。

8月，20名洱源县中小学校长受邀参加上海交大“梦起航 第九期乡村教师培训”公益项目，进行为期10天的教育管理课程和实践培训项目。

2015年，上海交大选派10名研究生成立第17届支教团云南分队，赴洱源县开展为期1年的支教活动，分别在洱源一中、玉湖中学等学校开展教学服务工作。

【公益扶贫】 2015年，上海交大“行基金”乡村教师专项基金向10名洱源县临聘教师提供了5万元励教金。励教金由上海交大继续教育学院校友捐助，主要奖励在高海拔地区艰苦教学点长期任教的临聘教师。

上海交大“梦基金”优秀学生专项基金向31名洱源县贫困优秀学生提供了15万元助学金。助学金由上海交大31个教工党支部、学科团队和个人捐助，不仅解决了受助学生的学习和生活费用，并且每个捐赠支部和团队都指定联系人，“一对一”关心受助学生成长。继续求学的2014年受助贫困学生均得到连续资助。

8月，上海交大农生学院大学生社会实践团赴洱源县，开展农技人员培训、农业科普讲座、先进农技推广等活动，并前往三营镇看望慰问贫困小学生，将3000元爱心捐款和一批学习用品交给受助学生。

【产业扶贫】 2015年，上海交大曾溢涛院士工作站落户洱源县乳品企业，帮助该企业在高原特色乳牛及功能性乳品开发上进行技术攻关，着力提高企业核心竞争力。由农业部科学技术委员会委员、上海交大农业与生物学院院长周培担任首席教授的专家工作站，帮助当地生物技术企业建立小牛血清国标品质检测实验室，进一步提高洱源县小公牛综合利用率，并在苜蓿草加工、牛奶微生物快检等方面进行研究推广，为洱源县奶牛养殖及乳业升级做出积极贡献。

（上海交通大学地方合作办公室
陶　剑　吕　薇）

东华大学定点扶贫

【概述】 2015年，东华大学定点帮扶云南省盐津县。在国务院扶贫办和教育部等单位的领导下，东华大学高度重视，按照《东华大学定点（云南盐津）扶贫工作实施方案》，立足学校纺织、材料等学科优势，结合盐津县情，围绕教育扶贫、科技扶贫、人才扶贫、智力扶贫，为盐津县的经济社会发展起到积极推动作用。

2015年，学校派人先后4次赴盐津县调研，参加人数24人次，其中校领导1人次；投入扶贫经费81.3万元，其中资金直接投入72.8万元，物资折款8.5万元；选派1人赴盐津县庙坝镇黄草社区海子村挂职“第一书记”；举办培训班3期，培训基层干部、乡村中小学老师、中小微企业家70人次；录取盐津县农村特招生4名。

【扶贫资金投入】 2015年，东华大学为盐津县经济社会发展投入和捐赠资金81.3万元。其中，培训基层干部、乡村中小学老师、中小微企业家投入19.8万元，共70人次；道路修复和危房改造投入53万元，并已启动，受益海子村村民14户；向盐津县捐赠电脑、乐器和图书等，物资折款8.5万元。

【扶贫调研】 2015年4月，东华大学赴盐津县实地调研，走访3所中学，与盐津县政府和教育局座谈并宣传农村地区特招政策，赴学校重点包片区庙坝镇黄草社区调研。8月，东华大学副校长、校扶贫工作领导小组组长宋立群带队赴云南扶贫调研，走访云南省扶贫办，与昭通市委市政府有关领导座谈。调研组深入盐津县学校、工业园区和贫困农户家庭，与县委、县政府领导及中小学教师进行座谈，探讨教育扶贫、人才扶贫、智力扶贫、科技扶贫、产业扶贫和信息扶贫等方面举措。10月，东华大学师生一行6人赴盐津支教调研，组建云梦盐津团队。12月，东华大学一行8人赴盐津县考察海子村道路修复及房屋改造情况，探讨竹纤维产学研结合，干部、教师及企业家等人员培训事宜。

【扶贫会议】 2015年9月，东华大学召开第二次扶贫工作领导小组会议，副校长、扶贫领导小组组长宋立群介绍盐津调研情况，并部署下阶段扶贫工作安排。12月，东华大学党委常委会听取扶贫领导小组组长宋立群参加中央单位定点扶贫工作会议汇报，会议上党委常委学习中共中央总书记习近平和国务院总理李克强对定点扶贫工作的重要批示，对学校2016年扶贫工作提出具体要求。

【扶贫培训】 2015 年 10—11 月，来自盐津县农村地区的 11 名中小学老师到东华大学附属实验学校进行为期 20 天的培训，并建立起长期联系机制，以提高当地教学水平。

10 月，组织盐津县 29 名基层干部到东华大学培训，开设党和国家发展战略布局、“互联网+”大数据、干部心理健康及压力调适等主题报告，经济社会创新发展、电子商务等方面案例教学。组织到上海城市规划展示馆、上海纺织服饰博物馆和东华大学科技馆等实地参观，进行上海凝聚力工程博物馆和新浜镇新农村建设现场教学。

组织 30 名中小型企业家到东华大学培训，围绕企业品牌建设与营销新趋势、农产品的市场策略与推广实战、生态旅游区建设案例研讨等专题教学，并赴联影医疗科技有限公司、上海金融谷、中广国际广告创意产业基地、上海国际赛车场、上海汽车博物馆等考察学习。

【干部挂职扶贫】 2015 年 8 月，东华大学选派计算机学院辅导员陶康乐赴云南盐津黄草村挂职“第一书记”，挂职时间为 1 年，为搭建桥梁整合资源、助力学校对口盐津县的精准扶贫工作发挥作用。陶康乐结合“互联网+”时代背景，在黄草社区筹备电商示范村，并已经完成部署进入实质性推进阶段。

【公益扶贫】 2015 年 11 月，东华大学举办“砺志 · 感恩 · 指尖的梦想——大手拉小手慈善钢琴会暨慈善文化月发布会”，为盐津县黄草小学、黄草社区妇女儿童之家等四家单位募集乐器；11 月，举办“2015 东华大学慈善义卖会”，进行盐津县农家特产义卖，吸引企业捐赠资源，筹募价值 2 万余元数码产品，600 件广告衫；11 月，云梦盐津微信公众号与盐津农家特产微店正式上线。

（东华大学校长办公室　赵怀坤）

南京大学定点扶贫

【概述】 2015年，南京大学共派出2名挂职干部，分别担任云南省楚雄彝族自治州双柏县副县长、双柏县普岩村“第一书记”；选派6名研究生前往双柏县第一中学支教；完成党政领导干部培训60人次、少数民族文艺骨干培训50人次，并委托昆明学院举办高中学科骨干教师培训120人次、中小学教师培训100人次等；设立为期3年的双柏县“南京大学爱心助学基金”，每年向双柏县捐赠10万元，2015年受资助学生约60名；全校师生向双柏县捐赠图书1000余册；南京大学出版社向双柏县普岩村捐赠价值1万多元的儿童课外读物、经典名著，并帮助当地新建了一所“农家书屋”；向双柏县捐赠了一批经维护更新的二手电脑；帮助双柏县积极推进《双柏县城绿化专项规划》《双柏县城镇特色专项规划》《元双公路双柏县城过境段景观规划》及“十三五”规划等编制工作。

【扶贫资金投入】 2015年10月，为帮助贫困学生完成学业，南京大学设立了为期3年的双柏县“南京大学爱心助学基金”，每年向双柏县捐赠10万元，2015年受资助学生约60名。2015年9月，南京大学机关分工会和团委在全校师生中发起了扶贫捐书活动，共筹集科普、养殖种植技术、文艺、党建和中外文学名著等图书1000多册；南京大学出版社向双柏县普岩村捐赠了价值1万多元的儿童课外读物和经典名著，丰富了普岩小学的图书资源，并帮助当地新建1所“农家书屋”。此外，南京大学向双柏县捐赠一批经维护更新的二手电脑，帮助推进双柏县的教育信息化。

【扶贫调研】 8月，南京大学党委常委、副校长薛海林率学校相关部门负责人及校友企业家代表前往双柏县，积极推进定点扶贫工作。校地双方就前一阶段的帮扶工作进行了回顾和总结，对人才扶贫、教育扶贫、科技扶贫等具体帮扶工作进行了部署和安排，并商定了举办干部进修培训班、中小学校长培训等具体工作安排。12月，楚雄彝族自治州委副书记一行赴南京大学，与南京大学相关部门就定点扶贫工作进行座谈，校地双方就继续推进各培训项目、选派更多支教学生、继续帮助制定相关规划编制、劳务输出等具体问题进行了深入沟通交流并作出具体安排。此外，2015年挂职干部双柏县副县长陈卫、普岩村“第一书记”罗刚也分别多次走访群众、考察当地工业和农业企业发展情况，帮助联系各类捐赠、培训、企业合作等事宜，积极为地方经济发展谋出路。

【扶贫会议】 2015 年 12 月，南京大学党政联席会就定点扶贫相关工作进行了专项研讨，明确指出要积极贯彻教育部扶贫工作会议精神，每年至少召开一次扶贫工作专项协调会，由学校主要领导带队每年赴双柏县实地考察调研。

【扶贫培训】 2015 年 11 月，南京大学举办了双柏县党政领导干部第 3 期培训班，对双柏县 60 名党政领导干部展开培训，重点讲授了“四个全面”的精神解读、改革兴邦与依法治国、现代金融知识与政府投融资、“一带一路”等宏观经济战略部署解读、互联网发展与网络舆情的应对、领导科学与艺术以及国学智慧与现代管理等内容。课后安排学员们实地考察了南京城市历史文化与苏南地区经济建设与发展的成功经验。11 月下旬，南京大学相继举办了彝族原生态歌舞演出和双柏县文艺骨干培训班。文艺骨干培训班共安排 50 名文艺骨干接受培训。同时，南京大学委托昆明学院于 12 月份对双柏县中小学校长和幼儿园园长进行业务培训，邀请名校专家、优秀教师到双柏县开展 1 期 120 人的高中学科骨干教师培训和 1 期 100 人的中小学学科专业知识和专业技能培训。

【干部挂职扶贫】 2015 年 4 月，继第二任挂职干部任期届满后，南京大学选拔派出地球科学与工程学院副院长陈卫作为挂职干部继续赴双柏县挂职担任副县长职务。8 月，根据中央组织部《关于做好选派机关优秀干部到村任“第一书记”工作的通知》（组通字〔2015〕24 号）文件的精神，学校选拔派出校长办公室科长罗刚作为挂职干部赴双柏县普岩村挂职担任“第一书记”职务，进一步促进双柏县基层组织建设，推进精准扶贫工作。

【产业扶贫】 南京大学充分发挥信息渠道优势，积极联系校友企业家到双柏县投资建厂，帮助双柏县拓宽工作视野与对外交往渠道，积极支持双柏县宣传当地县情，不断提升当地民族文化的影响力。11 月，南京大学联系双柏县招商团参观了南京大学苏州高新技术研究院、苏州工业园区和校友所办企业“一号农场”，对相关生产技术和运营情况进行了深入的了解和探讨。此外，在南京大学的沟通与协调之下，由北京东方国际财经资本管理公司出资，在双柏县设立了电子商务有限公司，目前办公室和展示厅地址已选定，正在进行相关电子商务培训，有力推动了“电子商务进农村”平台建设工作。

【智力扶贫】 2015 年，南京大学城市规划设计研究院帮助双柏县住房和城乡建设局积极推进《双柏县城绿化专项规划》《双柏县城镇特色专项规划》《元双公路双柏县城过境段景观规划》3 个规划方案的编制工作。目前《双柏县城绿化专项规划》和《元双公路双柏县城过境段景观规划》的初稿已完成，《双柏县城镇特色专项规划》正在编制之中。此外，应双柏县委、县政府的请求，南京大学于6月19日组织部分专家、学者共同研讨双柏县国民经济和社会发展“十三五”规划基本思路与相关问题，为双柏地方经济社会发展提供智力支撑。

【公益扶贫】 南京大学积极安排在校学生赴双柏县开展志愿服务、社会实践等活动，鼓励学生结合专业为双柏县经济社会发展做出贡献。9月，南京大学研究生支教团一行6人赴双柏县，分别被双柏县第一中学聘任至高一年级语文、数学、物理、化学、政治等教学岗位。11月，南京大学研究生支教团“励行讲堂”课程在双柏县第一中学高一年级正式开课，采用“远程课堂”形式，邀请中华全国学联副主席、云南省学联主席、云南大学学生会主席杨创主讲，受到了同学们的一致好评。

（南京大学校长办公室　陈声玥）

东南大学定点扶贫

【概述】　依据《关于做好新一轮中央、国家机关和有关单位定点扶贫工作的通知》和《教育部关于做好直属高校定点扶贫工作的意见》文件精神，东南大学对口支援云南省楚雄彝族自治州南华县开展滇西扶贫工作。2015 年，共派出 1 人担任挂职副县长，1 人担任社区党总支“第一书记”，完成党政干部培训 40 余人次、教师培训 50 余人次、长（短）期医务人员培训 150 余人、义诊病患 600 余人次，选派 4 位优秀的研究生支教团成员在南华开展为期 1 年的支教活动。

【扶贫资金投入】　2015 年，东南大学继续推进教师员工开展的“一对一爱心结对助学”，资助南华县 50 名中小学生，每生每年 1000—1500 元，直至高中毕业。在资助生活费的同时，还通过邮件、互访、书信等多种形式帮助孩子们健康成长，帮助解决他们学习、生活中遇到的问题。积极联系争取慈善捐助，通过在校内举办“行走的力量”公益活动，联系爱心企业资助 70 名南华县的中小学生，每生每年 1000 元，直至高中毕业。东南大学出版社捐赠价值 5 万元的图书资料，用于帮助南华一中图书室建设。组织走访 40 名农村留守小学生，每人资助 500 元，共计 2 万元。

【扶贫调研】　2015 年，东南大学两次召开扶贫工作座谈会，邀请定点扶贫单位南华县主要领导到东南大学介绍南华县经济社会发展情况、听取意见和建议，就医疗对口支持签署协议。组织东南大学各部门负责人和教师，多批次到访南华县，与相关部门研讨精准扶贫、智力支持等事项。挂职干部积极深入基层，到南华县每一个乡镇了解乡镇和村委会的情况，针对教育和医疗做专题调研，作为课题负责人，牵头教育部扶贫课题《滇西地区产业结构调整中高层次人才需求现状及对策研究——以楚雄彝族自治州为例》。

【干部挂职扶贫】　2015 年，东南大学认真选拔了 2 名干部前往南华县挂职，其中 1 名挂职副县长，1 名挂职村“第一书记”。在工作中，挂职扶贫干部充分发挥桥梁纽带作用，扎实开展教育、人才、科技、信息、医疗等专项扶贫工作，深入挂点的贫困镇、村、户，实地了解贫困情况和致贫原因，采取措施，协调资源，力争帮助农户早日脱贫，工作成效非常明显，为南华县脱贫攻坚和经济社会发展贡献了力量。

【产业扶贫】　2015 年，东南大学联系农机、农业、电商等领域专家到南华县调研指导，以促进区域产业发展及相关产业集群的形成，规划和培育生产示范区建设。通过发送《企业技术需求项目简明表》，征集南华县企业技术需求项目。将东南大学的科技成果与楚雄彝族自治州、南华县对接，力争能有相关科技成果转化项目在南华县落地。

【教育扶贫】 开展东南大学科技暑期夏令营，在南华县选派了6名学生于2015年7月参加全国青少年高校科学营东南大学分营活动。开展研究生支教项目，选拔4位优秀的研究生支教团成员在南华一中和南华民族中学开展为期1年的支教任务。开展“至善云梦”支教活动，组织东南大学暑期研究生支教团于2015年7月在南华一中开展物理、化学、语文等学科的夏令营活动。开展高中物理教师培训讲座，邀请全国高等物理教育研究会副秘书长与南华一中物理教师开展学术沙龙，对南华县高中物理教研工作做了深入的指导，对物理教师进行培训；邀请吉林大学“思源计划”三期的40余名师生，在南华县民族中学、龙川中学针对初中学生，开展了为期两周的支教夏令营活动。对农村留守中小学生进行家访调研，资助困难学生。

【医疗卫生扶贫】 充分发挥东南大学医学院和附属中大医院的医学专业优势、特色，2015年9月，与南华县全面签署“东南大学附属中大医院与南华县人民政府医疗卫生对口帮扶协议”，内容包括：医生培训进修，现场讲座培训、互派医疗工作人员、医疗设备援助、远程培训等，为南华县医疗卫生事业的发展提供大力支持。为提升南华县当地医疗卫生管理服务能力和医疗水平，2015年7月，由东南大学医学院心内科、内分泌、骨科、妇产科、儿科、影像科等专业博士研究生组成的东南大学医学博士团一行8人到南华县进行对口医疗帮扶培训工作，在县人民医院和乡镇卫生院开展义诊、教学查房、疑难病例讨论、学术讲座等培训活动，累计培训当地医疗人员150余人次。

【智力扶贫】 推进东南大学城市规划设计研究院对南华县城总体规划修编的相关工作，并于2015年10月通过了“南华县城市总体规划（2014—2030）”的项目评审，整个项目已在年内完成。

（东南大学学生处　宋健刚）

河海大学定点扶贫

【概述】 2015年，河海大学根据中央扶贫开发会议精神，进一步深入推进陕西省石泉县定点帮扶工作。河海大学将定点扶贫作为当前一项重要工作，成立了定点扶贫工作领导小组，由党委书记、校长担任组长，分管校领导担任副组长，各相关职能部门负责人为领导小组成员。领导小组下设学校定点扶贫工作办公室，与石泉县组成联合扶贫办公室，推动扶贫各项工作的具体对接和开展。结合石泉县县情与河海大学资源禀赋结构，确立了“以智力扶贫为主旨，以人才、教育、科技、文化资源支持为载体，充分发挥科技知识和优秀人才对地方脱贫致富的核心带动作用，全力做好定点扶贫工作，推进定点扶贫地区经济、社会、文化、生态建设，提高扶贫对象自我发展能力，实现脱贫致富”的总体思路。2015年，选派1名干部到石泉县池河镇五爱村任党支部“第一书记”，为当地发展提供人才支持和智力保障。

【扶贫资金投入】 河海大学设立了扶贫工作专项经费，专门用于石泉县扶贫工作的开展。2015年，投入10万元资金直接用于资助贫困学生。为鼓励学校管理干部积极投身定点扶贫工作，河海大学为扶贫人员专门设立了生活补贴、交通补贴、通讯补贴以及配偶、未成年子女的探亲路费等，每年共计6.05万元，最大限度为定点扶贫干部缓解经济压力、解除后顾之忧。为石泉水利干部免费开展2期业务培训，免除学费、住宿费、资料费等培训费用共计5.04元。2015年，河海大学共投入教育资助、扶贫工作经费、慰问物资款项等21.10万元。

【扶贫调研】 2015年，河海大学各级各类人员约30人次前往秦巴山片区，与陕西省扶贫办、安康市扶贫办、石泉县领导班子就新一轮定点扶贫对接工作召开了座谈会，就具体帮扶工作做了深入交流，实地调研，具体落实相关工作。

【扶贫制度建设】 在实地座谈调研的基础上，根据石泉县实际需求和河海大学实际，河海大学修改完善了《河海大学定点扶贫实施方案（2013—2020年）》，进一步明确了定点扶贫的总体思路、组织领导、工作内容和保障机制。在河海大学“十三五”规划——党建和精神文明建设专项中，明确提出“强化挂职扶贫工作力度”，结合河海大学水利优势，围绕“教育扶贫”“科技扶贫”，着力在提升扶贫工作精准度上下功夫、见成效，重点做好陕西省石泉县定点帮扶工作。

【教育扶贫】 河海大学在做好传统扶贫模式的同时，不断探索适合河海大学特点的帮扶措施和办法，为师生提供发挥积极作用的平台，实现教学、科研与生产相结合。

一是进一步加大教育扶贫投入力度。河海大学设立了扶贫工作专项经费，与石泉县签订了《资助协议书》，设立了“河海大学助学金”，用以奖励、资助陕西省石泉县优秀学生完成学业，教育扶贫助学金总金额达 78 万元。2015 年 11 月，组团赴石泉县开展交流互访，为五爱村小学贫困学生捐赠书包等。与此同时，河海大学正在积极加大对学校教职工和广大校友的宣传力度，着力加大对五爱村重点贫困户，特别是贫困学生进行重点帮扶。

二是实行针对扶贫地区的“单独招生”。为进一步推动教育扶贫工作，河海大学对石泉县报考河海大学并达到河海大学录取分数线的高中生，在符合政策和程序的情况下，经省招生主管部门同意，同等条件下优先录取。2015 年，河海大学招收石泉籍学生 5 名，其中农村计划 2 名。

【科技扶贫】 2015 年，河海大学免费为石泉县涉农涉水岗位技术人员开展 2 期培训，分别为江苏省基层水利工程管理所长岗位技术培训班、水生态文明和水利现代化高级研修班，邀请学校、江苏省水利厅等 18 名专家学者，讲授农村水利建设与管理、水利法规与水行政执法、水利工程建设管理实务、农村小型水利工程长效管理、水利经济和社会发展、农村水利规划、农村饮水安全、排灌泵站—农村水利技术等学习内容。来自石泉县水利勘测设计院、防汛抗旱指挥部办公室、水政监察大队、水利局、农田水利建设办公室、水电公司、水土保持服务中心等共 15 位石泉水利骨干参加了培训。

河海大学结合水利特色优势，将科技扶贫与当地经济发展、生态环境、技术创新有机结合，努力与石泉县共同走出一条不同的脱贫发展新路。结合学校水利特色优势，联系河海大学设计院，在石泉县开展“美丽乡村”建设，组织专家现场勘测，开展池河翻板水坝设计，以达到汛期控制水量减轻洪水对下游的冲击，干旱时期蓄水补水，保证民生用水和正常生产生活的目的，使科技扶贫项目切实扶到点上根上，让贫困群众真正得到科技扶贫的实惠。

（河海大学党委组织部　王　楠）

中国药科大学定点扶贫

【概述】 2015年，中国药科大学采取扎实措施，继续深入开展定点帮扶陕西省镇坪县工作，取得明显成效。镇坪县属于《国家主体功能区规划》的秦巴生物多样性生态功能区，中药材资源十分丰富，适宜种植的中药材420余种。但由于受传统自然经济思维定式影响及缺乏科技和人才等支撑，长期以来，镇坪县在中药材资源开发利用上始终没有取得实质性突破。

中国药科大学发挥学科优势与行业影响力，结合当地中药材资源丰富的实际，找准帮扶切入点，集上级主管部门、镇坪县、中国药科大学三方智慧，挖社会、企业可用资源，逐步做大做强镇坪县医药产业，全力打造“巴山药乡”品牌，效果显著。

【扶贫调研】 2015年2月，中国药科大学副校长王正华、原副校长张效联一行5人赴镇坪县交流考察。期间，副校长王正华一行实地调研了镇坪县制药厂、逢春林麝养殖场、振兴药业林下黄莲基地、小曙河农科所、安得药业生产基地，就如何发挥中国药科大学的帮扶作用与相关人员进行了深入交流。在镇坪中学看望了2014年中国药科大学在镇坪自主选拔录取的5名大一学生及镇坪中学老师。镇坪县政府赠予中国药科大学象征“校县友谊”的一批国家一类保护树种珙桐（鸽子树），学校也回赠了南京的梅花树和一批办公电脑。

2015年2月，副校长孔令义带领金陵药业股份有限公司、先声药业股份有限公司、圣和药业股份有限公司、中科药业股份有限公司4家企业负责人共同参加了陕西省安康市国家高新区创建调研活动。期间，副校长孔令义一行先后考察了高新区基础设施和公共服务平台建设，参观了安康北医大制药股份有限公司等入区企业。

2015年10月，校长来茂德带队赴镇坪县考察调研。校长来茂德一行向镇坪县委县政府提交《镇坪县中药材产业发展规划》，并召开研讨会。会上，来茂德表示今后中国药科大学将密切与政府沟通协调，支持镇坪县编制“十三五”规划中药材发展项目，帮助建立镇坪药材产业发展的科研支撑平台、镇坪道地中药材品牌体系。建立并深化校—企合作机制，协助联系引进知名医药企业到县投资并建立生产基地、建立道地药材种植园和标本馆等。在医药人才培养上，将镇坪县作为中国药科大学科研实训基地，派驻专家团队常驻镇坪，加强对本地人才的培训力度。打造出一套循环产业链，确保镇坪中药材产业进一步发展，加快脱贫步伐。调研期间，时任陕西省委副书记胡和平会见了中国药科大学校长来茂德一行，对中国药科大学对口帮扶镇坪县、促进医药产业发展所做工作表示肯定和感谢。

【扶贫制度建设】 中国药科大学成立定点扶贫工作领导小组，由校党委书记徐慧担任组长，相关职能部门牵头负责，分工明确，责任到人。同时，成立中国药科大学定点扶贫专家委员会，结合镇坪县中草药资源丰富的现状，以自身的药学特色优势分析中药材药用价值、研判市场行情，指导药材种植。

每年从中央高校基本科研业务费中拨出50万元专门用于陕西镇坪定点扶贫专项课题研究，围绕镇坪县中药材产业发展规划、中药材质量评价、种植和药用价值开发等方面开展了二十多项课题研究，顺利完成了《镇坪县中药材产业发展规划》的编制，为镇坪县中药材产业发展打下了坚实的基础。中国药科大学专家团队全面开展镇坪道地中药材的品质分析、品种比选，特别是从镇坪黄连中分离并鉴定出化合物41个，包括24个生物碱、4个黄酮、13个木脂素类化合物，新化合物3个，12个化合物从该种植物中首次分离得到，并研究了其独特的降脂活性，镇坪黄连获得了国家地理标志，为做大做强道地药材产业奠定了基础。

【干部挂职扶贫】 中国药科大学先后选派1位副教授、2位教授到镇坪县挂职副县长，1位科级干部任驻村“第一书记”，扶贫干部视镇坪为第二故乡，与镇坪县广大干部群众一道，积极投身于镇坪县扶贫事业，为镇坪的发展做出了积极贡献，同时自身也得到锻炼和成长。

【教育扶贫】 2015年7月，中国药科大学协调江苏常州方圆制药有限公司董事长葛啸虎带领企业30余位中层以上领导干部赴陕西省镇坪县开展“送温暖，献爱心”主题党员活动。方圆制药公司为镇坪县200名贫困学生捐款20万元助学金。董事长葛啸虎还表示，企业将与镇坪县建立长期合作关系，支援建设一所“希望小学”，开展公司党员与优秀贫困学生结对子活动。

【智力扶贫】 自2014年起，中国药科大学为陕西省每年增加本专科生招生指标20名，启动对镇坪县开展“农村专项”自主选拔计划，校党委副书记张福珍亲自带队赴镇坪县面试考生。2015年录取镇坪2名贫困学生进入中国药科大学学习；在博士招生指标非常有限的情况下，副校长孔令义录取了1名镇坪籍博士研究生。资助镇坪县学生到中国药科大学继续教育学院学习，并免除了学生的学费和住宿费。通过定向委培、职业培训等方式，为镇坪县培养、输送专业技术人才5人。中国药科大学在镇坪“安康市秦巴中药材工程技术研究中心”建立了科研实训基地。2015年，中国药科大学3名研究生在导师的带领下多次到镇坪县开展相关扶贫课题研究工作。2015年，学校4位专家教授先后分别对农业局、药品监督局全体职工，各镇分管农业副镇长、农业专干、药材种植大户开展专题讲座，累计培训500余人。

【产业扶贫】 2015年，中国药科大学聚集优势科研力量，对镇坪县资源利用状况全面调研、科学论证，进行主导产业比选。通过资源潜力、市场前景、群众参与度、效益对比等分析，帮助镇坪县找准药材产业在县域产业体系中的定位。一是构建药材产业发展的支撑体系。建立校地、地企合作机制，学校帮助镇坪县完成了川牛膝、独活、天麻、玄参、杜仲等中药材样品成分检测分析，成功组培白芨、引种金银花等多种高经济价值中药材，协助安康振兴药业有限公司申报工信部中药材种植生产基地建设项目（独活基地）并通过考核，到账项目资金500万元。在农业部农产品质量安全中心召开的“2015年第三次农产品地理标志登记保护专家评审会”上，镇坪黄连成功获得国家地理标志产品，进一步提升镇坪黄连的品牌知名度，带动黄连产业健康发展，促进产业增效，给当地农业带来实实在在的经济效益；帮助镇坪县建立中药材交易信息平台，平台的建设已经完成，即将交付使用，打破山区县信息闭塞的桎梏。二是搭建资源对接的有效平台。镇坪县制药厂受市场等因素影响已停产8年，学校利用各种资源实质推动该厂复苏，帮助制药厂技改扩建年产5000吨中药饮片加工生产线，改造生产厂房和临时仓储场所4000平方米，目前该企业已逐步走出了发展低谷。2014—2015年，在镇坪县发展的振兴药业有限公司、西安安得药业有限公司在中国药科大学的指导及支持下，取得快速发展，已成为镇坪经济发展的一张名片。截至2015年底，中国药科大学已经促成南京正大天晴制药有限公司与县制药厂签订了长期的葛根素购销合同，金陵制药有限公司、康缘药业有限公司分别对镇坪的玄参、天麻等中药材产业发展达成意向性协议。金陵药业有限公司已经对镇坪玄参的主要成分含量和相关品质进行认定，有意向采用镇坪玄参作为该企业的拳头产品“脉络宁”注射液原料。同时，中国药科大学还与镇坪县一起为吸引更多企业到镇坪考察投资创造了良好外部环境。2015年12月，中国药科大学中药学院与安康振兴药业有限公司、镇坪县中药研究所，在镇坪建立了“安康市秦巴中药材工程技术研究中心”。中国药科大学中药学院专家与南京中科集团联合，启动镇坪县以葛根为主的保健品开发。

截至2015年底，镇坪县已建成中药材种养基地14个，发展产业大户200多户、带动药农4000多户，中药材留存面积达18.1万亩，药材产业带动贫困户户均增收1000元以上。2015年，镇平县农民人均纯收入增速名列全市第一，贫困人口由2012年的2.31万人减少到2015年的1.39万人，年均下降12.5%，贫困发生率由2012年底的47%下降到2015年底的28%。

（中国药科大学党委组织部　陈兰兰）

浙江大学定点扶贫

【概述】 2015年，是浙江大学参与国家定点扶贫工作的第三个年头。浙江大学高度重视扶贫工作，立足实际，坚持特色，发挥优势，务求实效，通过科技支持、人才支撑、产业帮扶等举措，扎实推进各项扶贫工作。2015年，浙江大学共有72人次专家教授、管理干部赴云南省普洱市、景东彝族自治县（以下简称“景东县”）等地考察调研，指导扶贫工作，其中校级领导3名；学校用于定点扶贫景东县工作的直接投入达268.56万元，其中资金126.06万元，物资折款约122.5万元；直接投入中用于产业开发的有40万元，协助普洱市、景东县制定特色产业开发规划等；用于文化教育的有83.56万元，其中投入16.06万元资助145名贫困学生；用于人力资源培训达68万元；帮助景东县引进各类资金33.74万元，引进项目4个；举办培训班15期，共培训1676人次，其中，干部1406人次、技术人员70人次、农村劳动力200人次。

【扶贫资金投入】 2015年，浙江大学直接投入268.56万元用于景东县定点帮扶工作，资金为126.06万元，物资折款为122.5万元。其中，文化教育的投入为83.56万元，包括用于奖励景东县50名优秀贫困学生的10万元“求是助学金”，用于奖励景东县50名优秀教师的10万元“求是奖教金”，以及机关团委爱心助学、体育用品和图书的捐赠等；用于产业开发的有40万元，主要用于协助普洱市、景东县制定特色产业开发规划等；人力资源培训的投入为68万元，用于党政干部、技术人员培训等。

【扶贫调研】 2015年，浙江大学多次组织校领导、专家教授及相关部门负责人赴普洱市、景东县等地开展实地调研，与当地政府部门对接交流。2015年6月，原浙江大学党委常务副书记陈子辰带队赴普洱市思茅区、景东县出席“浙江大学—浙大网新集团梦想中心启动仪式”，并就扶贫事宜与当地党政领导进行座谈交流；11月，浙江大学副校长罗建红赴普洱市思茅区人民医院，参加浙江大学医学院附属第一医院与思茅区人民医院签订定点帮扶合作协议暨“定点帮扶合作医院”“网络医疗服务成员医院”授牌仪式、“远程医疗服务系统”捐赠仪式，并与思茅区党委书记毛保祥进行了座谈交流；12月，浙江大学党委常委、副校长张宏建率队赴景东县开展调研考察，看望挂职干部，并就“十三五”精准扶贫工作内容与当地党政主要领导进行了座谈交流。此外，学校相关领域的专家学者也多次赴两地调研考察，并在调研基础上，结合《浙江大学—景东彝族自治县扶贫规划（2013—2015）》，制定了《浙江大学定点扶贫景东县 2015 年实施方案》。2015 年，浙江大学重点在人才培养、产业发展、公共服务、生态环境保护、招商引资等方面加大帮扶力度，助推景东县经济社会赶超跨越发展。

【扶贫培训】 为进一步加强景东县干部人才队伍建设，2015 年 3 月，景东县选派第三批 2 名优秀年轻干部赴浙江大学地方合作处、农业技术推广中心进行为期 3 个月的挂职锻炼。此外，浙江大学分别举办了第五期、第六期“浙江大学—云南省景东县党政干部研修班”和两期“云南省普洱地区党政干部培训班”、一期“浙江大学—云南省景东县党政干部 PPP 模式专题研修班”，共接受普洱市、景东县等地 220 名党政干部赴全国干部教育培训浙江大学基地进行了为期半个月的学习培训，由浙江大学继续教育学院量身定做课程，学校承担相关费用。

【干部挂职扶贫】 自扶贫工作开展以来，浙江大学坚持选派优秀干部赴扶贫点挂职锻炼，同时将普洱市、景东县列为浙江大学干部培养基地。2015 年 4 月，第二批赴景东县挂职，干部蔡荃圆满完成挂职任务返校，学校又选派了高分子科学与工程学系办公室主任王高合担任第三批挂职干部，赴景东县挂职担任副县长；第二批赴普洱市思茅区挂职干部陈肖峰凭借出色的工作能力，经思茅区人民政府决定，继续留任挂职思茅区副区长一职。2015 年 7 月，根据中共中央组织部、中央农村工作领导小组办公室、国务院扶贫开发领导小组办公室《关于做好选派机关优秀干部到村任“第一书记”工作的通知》，浙江大学又第一时间选派了党委组织部徐超炯博士赴景东县锦屏镇温卜村担任“第一书记”。3 位挂职干部牢记使命，尽心尽力，为推动挂职地发展和扶贫工作做出积极贡献。

【智力扶贫】 为景东县经济社会发展提供智力支持，是浙江大学扶贫工作的一项重要内容。2015 年，浙江大学先后组织 72 人次专家组团赴普洱市、景东县开展调研考察，为地方各项事业出谋划策，并开展专题讲座、学术报告及业务培训等活动：组织杭州浙江大学附属中学、保俶塔实验中学、衢州书院中学等领导赴普洱市思茅区作报告，并促成结对意向；3 月，浙江大学中国农村发展研究院院长、景东县人民政府顾问黄祖辉教授和传播研究所品牌研究中心主任胡晓云教授分别为当地干部群众作了两场精彩讲座；8 月，浙江大学农业技术推广中心副主任宋文坚在景东县调研期间，为当地 70 余名技术人员举办了现代农业与技术推广培训会；10 月，浙江大学数学系教授、原贵州大学校长陈叔平赴普洱学院作了《适应环境，跟上时代，过好大学四年》的讲座，受到了400余师生的好评；11月，浙江大学新闻学者沈爱国、韦路、徐敏三位老师走进思茅区委党校，分别以“新闻策划与报道创新”、“社交媒体时代的网络舆情与危机管理”、“城市品牌传播”为题为200余名政府干部进行宣讲；同月，在普洱浙江商会成立10周年仪式上，浙江大学管理学院副院长卫龙宝做了有关投资分析的精彩讲解。此外，浙江大学医学院附属第一医院、邵逸夫医院知名医生也赶赴普洱地区为当地干部群众作学术报告。2015年11月，浙大茶学系汤一副教授还受聘景东县茶产业发展首席顾问，今后将全力协助景东县茶产业发展工作。

【产业扶贫】 2015年，学校扶贫工作办公室先后组织专家赴普洱市、景东县开展扶贫工作，提供产业发展所需的最新技术与信息。核桃产业作为滇西地区的重要支柱产业，学校将其视作帮扶重点，3月，景东县政府顾问、浙江大学中国农村发展研究院院长黄祖辉组团，深入调研景东县核桃产业，提出发展建议和对策，并在调研基础上，形成了一份景东县核桃产业发展咨询报告；为帮助景东县食用菌产业发展，首席专家陈再鸣为景东县食用菌企业送去了产孢灵芝菌种、木耳菌种和野生小香菇菌种3种专为景东县繁育的专用食用菌菌种，提供了“灵芝全程标准化生产工艺流程图”，并带领浙江企业代表与当地企业签订了灵芝孢子粉产销协议，同时，促成浙江大学联合景东县自然保护区管理局共建了野生食用菌研发实验室，还先后撰写了《从资源禀赋看景东食用菌产业的发展》调研报告和《2014—2019景东药食用菌产业发展建议书》，此外陈再鸣还帮助成立了“景东县富民食用菌种植农民合作社”，吸纳了当地65户贫困户为合作社社员，年人均增收3240元；针对景东县茶叶产业发展，学校茶学系教授召开“景东茶产业发展会诊”专题研讨会，就如何提高景东县茶叶品质、拓展销售渠道等出谋划策。同时，协助作为非物质文化遗产保护名录的普洱景东彝家糊米罐罐香茶精彩亮相第十五届国际无我茶会国际茶艺茶道演示暨茶文化交流会，进一步提高了景东县茶叶的知名度，为今后打开浙江市场奠定了良好基础。此外，多次组织景东县党政管理干部赴浙江访问阿里巴巴集团、万事利集团、娃哈哈集团、海亮集团、遂昌赶街网等知名浙商企业，并邀请浙商企业、浙大校友企业、浙江大学科技园等负责同志赴景东县调研考察，共商合作事宜。

【教育扶贫】 2015年，浙江大学继续向景东县捐助20万元设立“浙江大学求是奖教金”和“浙江大学求是助学金”；积极开展各类公益活动，通过“爱在滇西”公益助学活动募得款项11.74万元、物资2万余元，通过学校机关团委发起的“赠人玫瑰、手留余香”捐衣助学活动，募得善款6.06万元，学校公共体育与艺术部捐赠价值2万余元体育用品270件，学校出版社向普洱市捐赠价值55.5万码洋的图书1.1万册；继续开展研究生支教工作，2015 年 7 月，第二批研究生支教团 5 名团员圆满完成支教任务，同时，学校再次选派 5 名优秀研究生组建第三批研究生支教团，赴景东县职业高级中学开展为期一年的义务支教活动；继续开展大学生暑期社会实践活动，2015 年 8 月，浙大学生会组织 24 名优秀本科生赴景东县，与第三批研究生支教团一起组织了“放飞梦想—浙江大学云南省景东县 2015 青少年夏令营”，并就非物质文化遗产保护、关爱农村留守儿童、水资源保护与开发等三个课题成立了调研小组；联合浙大网新集团，携手上海真爱梦想基金会，在思茅第二小学和景东县小学正式启动两所梦想中心。

【卫生医疗扶贫】 对普洱地区进行卫生医疗援助。2015 年 8 月，浙江大学医学院附属第二医院向景东县人民医院捐赠了一台价值 15 万元的名医可视远程会诊系统并正式启动；11 月，浙江大学医学院附属第一医院向思茅区人民医院捐赠了一台价值 30 万元的远程会诊系统平台，支持 20 万元用于思茅区人民医院“掌上医院”平台建设与运营，并与思茅区人民医院签署合作协议，将其纳入浙一医院网络医疗服务成员。以上举措，极大提升了普洱市、景东县等地的医疗服务水平，为当地百姓提供了更好的医疗服务。

（浙江大学地方合作处　程荣霞）

厦门大学定点扶贫

【概述】 2015年，厦门大学定点帮扶宁夏回族自治区隆德县。举办隆德县科级干部能力提升培训班2期，每期7天，完成县直部门、乡镇科级干部、政协委员培训80人。校县互访8次。积极建设“隆德县厦门大学康业扶贫产业园”，以合作开发、技术转让、技术入股等方式，积极推动厦门大学科技成果在园区转化，实现当地特色、优势产业向先进生产力转化。运用先进的科研方法，帮助隆德县化验检测中药材有效成分，指导育种选种，进一步提高中草药产量和品质。选派优秀青年干部担任隆德县张树村党支部“第一书记”。协调学校附属医院组成“厦门大学医疗专家服务团”，根据隆德县病谱，派出各附属医院权威专家和骨干力量10名，通过专家门诊、手术示教、专题讲座、教学查房等形式开展义诊和帮扶活动。向隆德县捐赠近13万元。继续支出20万元，组织相关领域专家，帮助隆德县编制《宁夏隆德县文化旅游产业规划》等。

【扶贫交流座谈会】 隆德县委书记袁秉和一行于2015年5月访问厦门大学，与副校长叶世满就教育培训、医疗卫生、城市规划、文化创意产业、招商引资等方面的合作进行了探讨交流。在“扶贫日”之际，学校党委书记张彦与隆德县代县长潘建宁率领的党政代表团座谈交流，进一步明确今后定点扶贫的主要任务和举措。

【签署扶贫协议】 2015年10月17日，厦门大学与宁夏康业投资有限公司签署协议，双方决定依托隆德县产业园区中小企业（创业）孵化园，在此基础上建设“隆德县厦门大学康业扶贫产业园”，以合作开发、技术转让、技术入股等方式，积极推动厦门大学科技成果在园区转化，实现当地特色、优势产业向先进生产力转化。学校将派遣科技人才为园区入驻企业开展科技咨询、技术攻关、实验示范等科研活动，并以联合申报科技合作项目的形式，推动建立可持续发展的科技扶贫模式，为隆德县经济发展提供强大的人力、技术支持。同时，帮助园区企业推介投资项目，为园区争取更多优质项目落地，实现资金、项目、资源的良好对接，促进隆德县经济产业升级。

【融入闽宁合作大局】 厦门大学继续主动融入闽宁对口协作大局，以隆德县为基础，积极服务隆德县所在的固原市和宁夏回族自治区。2015年10月，厦门大学从

“闽宁合作与交流，创新互学互助对口扶贫方式”出发，举办了为期 9 天的宁夏回族自治区政府系统文秘骨干培训班，培训人数达 56 人。针对宁夏大学拟申报的“煤基能源化工和资源循环利用省部共建国家重点实验室”开展专门咨询，厦门大学从建设必要性、可行性、研究方向设立、人才引进培养、申报材料准备等提出了中肯意见和建议。11 月，与宁夏大学签订伙伴实验室合作协议，双方将在课题申报、研究，实验室人员交流、资源信息共享等方面开展广泛合作。

【扶贫培训】 2015 年，厦门大学举办隆德县科级干部能力提升培训班 2 期，共培训 80 位县直部门、乡镇科级干部、政协委员。培训班每期 7 天。厦门大学组织经济学院、管理学院、公共事务学院、马克思主义学院等著名专家学者，围绕学习总书记习近平系列重要讲话、党的十八届四中全会精神，招商引资、产业升级、体制改革、现代金融经贸、物流发展等内容开展培训。培训期间，安排学员考察厦门市政规划馆、厦门市高新产业园区、陈嘉庚纪念馆等。

【医疗卫生扶贫】 厦门大学根据隆德县病谱和医院请求，协调附属第一医院和中山医院，派出眼科、妇产科、儿科、心外科、泌尿外科、口腔科、肾内科、康复科等 10 位权威专家和骨干力量，组成“厦门大学医疗专家服务团”，深入隆德开展义诊和帮扶活动。服务团中大部分为正高职称医师，并担任科主任。在为期一周的时间里，通过专家门诊、手术示教、专题讲座、教学查房等形式开展义诊和帮扶活动，受到隆德县人民医院和广大群众的好评。

（厦门大学扶贫办　马进龙）

武汉大学定点扶贫

【概述】 长期以来，武汉大学党委和行政高度重视对口支援和定点扶贫工作，成立专门机构、划拨专项经费、选派专人挂职，每年都将其列入年度工作计划并认真组织实施，有力促进了贫困地区经济社会发展。2009 年至今，学校累计直接投入资金近 1000 万元，参与中央单位定点扶贫工作和湖北省“616”工程对口支援湖北省帮扶湖南省恩施市，援建恩施市第一中学、旗峰社区卫生服务中心、小渡船社区卫生院、“魔法教室”等；参与“脱贫奔小康”工程对口支援湖北省鹤峰县，援建鹤峰县中小学等；参与“三峡工程移民”项目对口支援湖北省宜昌市，帮助夷陵区改善基础设施条件；参与湖北省“三万”活动和精准扶贫工作定点帮扶湖北省大悟县，先后选派干部 25 人，全天候驻村开展精准扶贫、新农村建设和“三万”活动工作。

【扶贫资金投入】 2015 年，武汉大学为恩施市提供直接支援经费 63 万元，为大悟县提供直接支援经费 21 万元、捐赠资金 15 万元。

【扶贫资金管理】 武汉大学将对口支援和定点扶贫经费纳入“三重一大”范围，每年都单列计划，按照“616”工程、精准扶贫、新农村建设、“三万”活动等项目，分别进行立项管理，专款专用，并对资金使用情况进行实时监督，确保资金使用的效率。

【扶贫工作会议】 为了加强对定点扶贫工作的组织领导，武汉大学坚持定期召开由党委书记、校长参加的工作会议，专题研究扶贫工作，每年不少于 4 次会议。2015 年，学校先后 2 次召开全校干部大会，分别部署上半年和下半年的定点扶贫和对口支援工作；先后 2 次召开校长办公会，分别研究扶贫工作计划和扶贫经费预算等。分管校领导还主持召开专题会议 5 次，研究驻村工作队的组建和选派、对口支援和定点扶贫重点推进项目等。

【干部挂职扶贫】 2015 年，武汉大学选派 6 名干部到大悟县挂职，其中 1 人挂职大悟县副县长，5 名驻村工作队成员，负责大悟县新城镇熊湾村的精准扶贫和社会主义新农村建设工作。

【扶贫调研】 2015 年，武汉大学先后组织专家学者、干部、学生等 400 余人次前往定点扶贫县市，开展村情、民情调研，为地方经济发展把脉问诊，积极建言献策。驻村工作队通过走访村组和农户，召开镇村干部和村“两委”会干部座谈会、全村党员干部和村民各小组长会议等形式开展调研，逐户了解贫困户的家庭成员构成、经济来源、致贫原因、主要困难等情况。

【扶贫制度建设】 2015 年，武汉大学驻村工作队在细致调研的基础上，结合大悟县新城镇熊湾村的实际情况，与村镇领导多次讨论研究，制定了《武汉大学驻大悟县新城镇熊湾村工作规划（2016—2020 年）》，绘制出精准扶贫精准脱贫的路线图，明确了开展扶贫攻坚、新农村建设和“三万”活动的任务和时间表。

【扶贫慰问】 2015 年，武汉大学组织医疗专家近 80 人次下乡义诊，开展送医送药等活动，折款 25 万余元；组织干部师生 350 余人次走访慰问困难群众和留守儿童，送去慰问金和慰问品等折合人民币近 100 余万元。

【智力扶贫】 2015 年，武汉大学充分发挥医疗资源优势，接收恩施市区医护人员免费进修 8 人，第一临床医学博士学位班有 40 名恩施市骨干医生在读，在恩施市中心医院举办生物医学临床研究生班培训，有 36 名医务人员通过入学考试。学校组织 20 余名专家学者前往大悟县举办“三农”知识科普培训班 17 期，培训人员 2900 人。

【教育扶贫】 2015 年，武汉大学为恩施市第一中学提供对口支援经费 40 万元，用于 3D 工作室和微课程资源系统的建设，促进了恩施市第一中学高效课堂建设和新课改。

【公益扶贫】 2015 年，武汉大学为恩施市提供援建经费 13 万元，支持恩施市建设“大山里的魔法教室”，并派驻 29 名志愿者到当地为“魔法教室”的学生授课，授课时长累计 1151 个课时，为农村小学的综合素质教育做出了贡献。

【基础设施建设】 2015 年，武汉大学以“万名干部进万村惠万民”为主题，筹措帮扶资金 21 万元，支持大悟县新城镇熊湾村“村村通客车”工程建设；动员组织开展植树造林活动，筹措资金约 50 万元，购买种植树苗 5.4 万余棵。

【医疗卫生扶贫】 2015 年，武汉大学为恩施市小渡船社区卫生院提供对口支持经费 10 万元，用于医疗器械的更新和基础设施的维护，提高了小渡船社区卫生院的医疗服务基础设施水平，改善了小渡船社区居民的医疗环境。

（武汉大学定点扶贫工作领导小组办公室 杨志威）

华中农业大学定点扶贫

【概述】 按照党中央和国务院扶贫工作的重大战略部署，华中农业大学（以下简称“华中农大”）2012年11月开始参与国家定点扶贫工作，定点扶贫湖北省恩施土家族苗族自治州（以下简称“恩施州”）建始县。2015年，学校按照《华中农业大学定点扶贫建始县工作规划（2013—2020年）》，与建始县委、县政府通力协作，将农科教优势与当地自然资源优势深度融合，探索了“六个一”产业精准扶贫模式，即“围绕一个特色产业，组建一个专家团队，设立一个攻关项目，支持一个龙头企业，带动一批专业合作社，助推一方百姓脱贫致富”。2015年，华中农大共组织各类扶贫活动近20次，参加人数98人次，其中校领导3人次；包括博士服务团、挂职干部和义务支教团学生在内，累计工作日3200余个；投入直接经费521万元；资助地方困难学生30人；举办各类农业培训班51期次，累计培训各类涉农人员3690人次。

【扶贫资金投入】 2015年，华中农大共投入经费521万元，其中人力成本190万元、工作经费30万元、直接投入经费（含物质）301万元。直接投入经费中，产业开发经费268万元、教育经费12万元、人力资源培训21万元。学校帮助建始县上项目数7个，帮助引进各类资金60万元。

【扶贫调研】 2015年3月，华中农大副校长周承早赴建始县调研定点扶贫工作，与建始县委书记谭志国、县长向红林就协同推进定点扶贫工作进行了深入交流。副校长周承早率领调研组考察了学校产业扶贫示范基地，慰问了学校挂职干部和博士服务团成员，并与建始县相关单位负责人举行座谈。会上，挂职干部和博士服务团成员汇报了工作开展情况，接任挂职干部汇报了工作计划，周承早就促进定点扶贫工作取得更大实效提出了工作要求。

【扶贫会议】 2015年1月，华中农大召开定点扶贫工作产业扶贫项目年度总结会，副校长姚江林出席会议。会上，产业扶贫项目负责人汇报了2014年度执行情况及下一阶段工作计划。

2015年7月，华中农大召开定点扶贫工作产业扶贫项目检查交流会。会上，产业扶贫项目负责人汇报了项目执行情况，校团委、资源与环境学院、继续教育学院负责人分别汇报了学校在建始县开展义务支教、“111”计划对接村点——建始县双寨子村结对帮扶以及农技人员培训工作开展等情况。

2015 年 12 月，国务院扶贫开发领导小组在北京召开中央单位定点扶贫工作会议，华中农大党委书记李忠云同志参加会议并作大会典型发言。会上，中央组织部、国家机关事务管理局、湖南省军区、中国农工民主党中央委员会和华中农业大学共五家单位代表发言，华中农业大学因产业精准扶贫建始县成效比较显著，作为企事业单位唯一代表在大会上作典型发言。

2015 年 12 月，建始县县委书记谭志国、县长向红林到华中农大对接定点扶贫工作，华中农业大学党委书记李忠云出席对接会。谭志国着重介绍了建始县推进精准扶贫工作情况，对学校在规划制定、产业帮扶、农业信息化、人才资源、平台搭建等方面继续给予支持提出了请求。学校相关单位负责人从产业扶持、人才培训、干部挂职、博士服务团派驻、“111”计划实施以及义务支教等方面介绍了 2015 年工作情况及 2016 年的支持计划，对进一步做好精准扶贫工作提出了建议。李忠云就继续集中资源，做好定点扶贫工作作出指示。

【干部挂职扶贫】 华中农大主动集成学校科技、智力要素，对接地方经济社会发展需求。2015 年，华中农大共选派周继荣、李晶、方瑞、李木明、刘文奎 5 人在建始县挂职。其中，1 人挂职科技副县长，1 人挂职畜牧局副局长，1 人挂职农业局副局长，1 人挂职团县委副书记，1 人派驻三里乡扎鱼口村任“第一书记”。

【扶贫宣传】 华中农大定点扶贫建始县的工作受到了媒体的关注和报道。2015 年，新华网刊发了《解好扶贫三道“题”——湖北建始县景阳鸡养殖业蹲点调研笔记》一文；新华社省级内部刊物刊发了《华中农业大学“智力+”扶贫助山区农村提升“造血”能力》一文；中央电视台 CCTV-7 农广天地节目组，走进建始县对景阳鸡的来源背景、自然保护区、保种场、扩繁场、产品美食文化等进行了系列拍摄。

【产业扶贫】 2015 年，华中农大除了持续支持景阳鸡、魔芋、猕猴桃、茶叶、玉米、高山蔬菜、猕猴桃果酒等产业外，新立项支持甜柿、冷水鱼、枸杞等产业发展，年度产业扶贫项目总投入达 105 万元。在学校 10 个专家团队的科技支撑下，建始县猕猴桃、甜柿、景阳鸡、魔芋、乌龙茶、玉米、山地蔬菜、枸杞、冷水鱼等优势特色产业，克服了诸多产业发展技术瓶颈，产业效益显著提高，逐渐步入健康发展轨道。2015 年，华中农业大学精准扶贫的 10 个产业新增产值 5.62 亿元，形成了猕猴桃等 5 个亿元产业，景阳鸡等 5 个过 2000 万元的产业，累计带动建始县 1.18 万户共 4.13 万人脱贫。

景阳鸡疫病得到有效控制，成活率从不足 50%提高到 95%以上，“553”生态养殖技术得到大范围示范和推广，建始祥丰农牧公司陈焕春院士工作站获批建立，景阳鸡养殖规模逐年翻翻，2015 年达到 60 万只，农民收入达6000万元。

茶叶成活率从70%提高到95%，产业基地通过中国和欧盟有机产品认证，建立了建始县茶叶生产加工技术体系，建始金观音乌龙茶在全国影响力不断提升，随着加工厂投入使用，“硒之泉”矿泉水和茶饮料投放市场，已成为拉动地方经济发展和带动贫困人口脱贫的重点产业之一。

猕猴桃栽培技术体系得以建立，猕猴桃溃疡病得到较好控制，猕猴桃国酒、果汁饮料等深加工产品开发成功，2015年猕猴桃和猕猴桃果酒产业综合产值达到2亿元。

山地蔬菜产业被列为全县推广种植大户带动贫困户脱贫致富的“千户万家”计划。通过引进并选用适用新品种、推广高产高效生产新模式、建设出口基地等，促进了山地蔬菜产业快速发展。

因地制宜开发出甜柿栽培技术体系，内容包括控制生理落果技术、简化修剪技术、施肥技术、病虫害防控技术、肥料管理技术、果实长期保脆技术。甜柿种植面积快速扩大，2015年达到1万亩，产值达到3000万元，并形成了“技术服务企业+种苗公司+销售公司”三大板块联动发展格局。

在魔芋软腐病防控、新品种选育和推广、魔芋低硫烘烤技术研发、魔芋酸奶研制、魔芋飞粉综合利用等方面取得突破。2015年魔芋产业综合产值约3亿元。

积极开展选育品种华玉11、双玉919、华玉12、华玉13示范推广工作，累计推广面积6万亩，每亩增收约500元，带动农民实际增收3000万元左右。

通过开展枸杞种苗规模化繁育技术研究，对枸杞珍酒营养及功效成分进行分析研究，湖北枸杞珍酒业有限公司快速成为具有一定影响力的明星企业，2015年产值超过3000万元，较2014年翻一番。

扩大了冷水鱼养殖规模，引进了新的种苗，对改善养殖环境和养殖技术进行了指导，恩施州国硒冷水渔业开发有限公司成为全省著名富硒水产品企业，2015年产值达到2300万元。

【智力扶贫】 华中农大坚持以智力扶贫催生产业精准扶贫的内生动力。2015年，华中农大以博士服务团、挂职干部、科技特派员、“三区”科技人才计划、产业扶贫项目团队为主力军，以特色产业人才、农业局和乡镇服务中心技术人员、专业合作社带头人、种植大户为主体培养了一批带领发展的领头雁，累计组织专家深入田间地头开展实际操作培训和技术讲解51场次，培训人员3850人次，其中农民2698人次，技术骨干392人次，致富带头人540人次；组织专家编写农民朋友看得懂、用得上的实用技术手册10余种，累计发放近万份。

【教育扶贫】 华中农大把为贫困地区开展教育扶贫作为扶贫开发的重要措施，也是阻断致贫、返贫和贫困代际传递的重要途径。为提高建始县基础教育师资力量和教育教学水平，学校本禹志愿服务团队组织建始县10名中小学教师参加为期1周的武汉地区重点中小学教学示范观摩学习；落实与建始一中优质生源基地共建协议，学校2015年从建始一中录取新生3人；华中农业大学研究生支教团和摩峰小学10名学生受邀走进CCTV网络春晚讲述“阡陌学堂”的故事，获得社会广泛关注；校团委、校友办及后勤集团负责人携手宜昌正大有限公司看望支教团成员，并给摩峰小学学生捐赠了生活品。学校2015年全年为支持建始县教育发展投入和募集资金、物资折合12余万元。

【公益扶贫】 华中农大坚持积极动员社会力量参与建始扶贫工作，先后邀请新华网、中央电视台、农民日报社等新闻媒体记者到建始摄制、采访，以新闻宣传报道、内参、专题片等形式，既是介绍华中农业大学精准扶贫工作开展情况，也是向社会推介建始县特色农业资源的开发利用潜力，吸引社会资源的关注和投入。学校还邀请农业部等上级职能部门领导、同行专家到建始县考察调研、召开现场会，帮助建始县谋求更强有力的政策扶持，以及更广泛的科技支持。11月，学校校友与基金办公室邀请正大集团赴建始县考察中药材种植与综合利用产业。

【整村推进】 2015年，华中农大支持资源与环境学院与建始县双寨子村开展结对共建工作。资源与环境学院因地制宜，多次组织专家赴双寨子村科技支持景阳鸡、核桃、玉米等产业发展；发挥学科优势，发动本学院专家在建始县开展配方施肥和新型肥料试验，为全县果业发展提供技术服务；提供智力服务，组织学生开展入户调查，并形成调研报告，帮助规划“十三五”事业发展。

（华中农业大学科学技术发展研究院
余华俊）

中南大学定点扶贫

【概述】 2015年，按照中央统一部署，中南大学定点帮扶湖南省永州市江华瑶族自治县（以下简称“江华县”）兼顾河北省阜平县以及部分西部地区，开展了积极有效的扶贫工作。中南大学把定点扶贫工作作为一项重要政治任务和历史使命，认真贯彻落实中共中央总书记习近平关于精准扶贫的系列重要讲话精神，切实按照党中央、国务院和湖南省委、省政府的统一部署，紧密结合江华县的实际，发挥学校优势，积极整合资源，在加强扶贫工作规划、推动产业发展、改善农村基础设施条件以及提升村民素质等方面，积累了经验做法，取得了显著成效。

【扶贫资金投入】 中南大学2015年在扶贫工作方面累计投入450万元，其中，资金250万元，物资折款200万元，投入范围主要是：资助贫困学生、农村基础设施、医疗卫生、产业扶持以及人力资源培训等。

【扶贫资金管理】 中南大学针对2015年扶贫资金开展了有效审查，协同挂职干部针对贫困人数、贫困程度、基础条件等问题，对经费进行了有效的管理和监督。如对学校募集的双百助苗团费、爱心捐款等，中南大学专门设立了该项目的审查制度，由专人负责审批，具有可溯性，杜绝挤占挪用、截留和贪污行为的出现。

【扶贫调研】 中南大学党委高度重视定点扶贫工作，2015年全年组织22个职能部门、10余个二级学院、52位专家学者及相关部门负责人前往江华县开展调研工作。校党委书记高文兵带队深入江华县和定点扶贫村进行实地调研，并会同经济管理、艺术设计、信息科技等方面专家和校友企业家召开了针对江华脱贫致富的专题讨论会。学校党委多次召开江华精准扶贫工作会议，形成了《江华经济社会发展暨精准扶贫工作座谈会议纪要》，要求学校相关单位按照《中南大学对口支援江华县工作进度安排表》积极认领任务、扎实推进工作；9月，制定了《中南大学驻江华县社贝村扶贫规划》，明确定点扶贫工作要从精准识别扶贫对象、大力发展农村电商、深入挖掘瑶乡文化精品、提供民生保障等方面着力，重点围绕基础设施建设以改善发展环境、抓好重点项目建设以增强“造血”功能这两方面来加以推进。

【扶贫制度建设】 中南大学坚持由党政一把手任组长，分管校领导担任副组长，15个相关职能部门负责人为成员的领导小组，统一指挥、动员、协调全校力量做好；同时，领导小组即继续保持下设对口支援工作办公室，挂靠学校办公室，协同中南大学组织部、人事处，全面开展扶贫工作。给提升扶贫人员积极性，提高参与度，根据新形势的新要求，2015 年 9 月，学校出台了《中南大学对口支援工作管理办法》，对扶贫工作人员既提出了明确的要求，也解决了他们的后顾之忧。

【干部挂职扶贫】 2015 年 6 月，中南大学选派黎胤挂职江华县县长助理，同时按照中组部要求，选派朱徐担任江华县大圩镇社贝村"第一书记"，他们与学校相关单位共同组成中南大学驻江华县扶贫工作队，负责学校与江华县的扶贫工作协调。对于派驻"第一书记"的社贝村，学校结合该村的生态资源条件、市场经济基础，努力抓好产业引进和项目建设，确保到 2017 年底，建档立卡的 277 名贫困人口实现稳定脱贫，全村全面实现"两不愁三保障"；贫困人口人均纯收入达到 2850 元以上，全村经济增长率高出大圩镇 2 个百分点以上；贫困发生率由 2014 年的 67.6%下降到不足 5%。

【教育扶贫】 2015 年 3 月，中南大学进一步确定了江华瑶族自治县大圩镇中心小学及 11 个村小学、鲤鱼塘完全小学、两岔河完全小学、大圩中学作为中南大学对口帮扶扶助点。通过实地调研，制定了《中南大学对口帮扶农村中小学年度工作计划》，并对各职能部门参与对口帮扶工作进行了具体分工。8 月，学校团委对江华瑶族自治县中小学开展暑期及寒假专项社会实践活动，加强同贫困学生的交流与引导，帮助他们健康成长。10 月，学校本科生院在江华一中建设优秀生源基地，同时选派周其杰等 4 名优秀保研学生开展支教工作。2015 年，中南大学师生共募捐 23 万元，用于资助 150 名贫困学生，奖励 40 名乡村优秀教师；捐赠了 200 台电脑、20 套多媒体设备、70 台空调、70 台热水器、70 套宾馆用品等用以改善大圩镇中小学教师工作及生活环境；联合北京蔚蓝公益基金会为江华县 3 所学校捐赠图书资料 50 万码、排球 100 个、篮球 100 个。

【产业扶贫】 中南大学加大基础设施建设投入力度。一是修路，学校通过各种渠道争取资金 250 余万元，用以解决全村 10.4 千米村组路水泥硬化。二是通水，学校申请了立项经费 50 万元维修水利水坝，解决居民饮用水问题。三是通电，学校筹集资金 300 万元解决社贝村农网改造，结束了该村 7 组 300 年来没有通电的历史。四是建站，学校筹资 10 万元用于修葺原村小学场地，建设农村电商服务中心。

中南大学积极培育发展主导产业。一是成立种养专业合作社。学校引进了江华县瑶郡农业开发有限责任公司，以"公司+专业合作社+农户"的模式组建成立种养专业合作社，把 68 户贫困户全部纳入专业合作社，仅"土地流转+基地务工劳务"报酬一项就为村民人均增收 1065 元。二是成立加工合作社。鼓励农户按照"自愿互利"

的原则，以土地入股、扶贫资金入股、劳务入股的形式发展加工合作社，开发体现瑶族特色的手工艺品如原木画、根雕、瑶族织锦、青叶石岩等。三是搭建电商平台。学校投入50万元组织有关单位开发农业电商平台，提供商业模式指导，建立风险保障机制，以保护价收购、利润返还等方式，确保真正让村民收益。四是打造“订单”农业，采取“互联网+生态农业”和“基地+大学校内市场”的订单农业运作模式发展新型农业，解决市场难题。2016年春节之际，通过“互联网+新年礼包”的方式，帮助基地销售5000斤金橘，直接创收5万元，帮助贫困户销售山里腊肉1000斤，土鸡土鸭150羽，收入达4.5万元。

开发现代绿色林业。学校鼓励扶贫村致富带头人魏盛花注册了瑶源家庭农场，成立了休闲山庄，家庭农场以“公司+基地+客户”发展模式为基础，形成企业、农场和客户紧密结合，以现代农业生产、养生体验、休闲度假为三大主体，利用当地农耕文化、原生态环境和瑶族民俗风情等要素进行现代生态养生示范基地。目前已开发山场500亩茶叶基地，450亩药材基地，100亩的野生油茶基地，50亩的板栗园和雪莲基地，正在开垦50亩的杨梅林，并计划引进藏香猪作为林下养殖，预期年经济产值可达500万元，带动就业100余人，人均务工增收18800元。

【医疗扶贫】 2015年，中南大学湘雅医院、湘雅二医院、湘雅三医院免费接收江华县各地区医院专业进修医务人员231人，免费提供培训进修费用9.01万元。举办大型学术讲座15次，各培训科室科内讲座100余次，教学查房百余次，指导开展手术近百例，疑难危重病例组织会诊讨论数十次，培养出了一支留得住、用得上、技术高的人才队伍。

中南大学湘雅医院、湘雅二医院、湘雅三医院到江华开展2次大型医疗义诊。第一次为湘雅二医院在县城的县人民医院举办的义诊，第二次是3所医院在大圩镇的中心医院举办的义诊和培训，均有很好的口碑和影响力。

中南大学湘雅三医院对口支援江华县人民医院，已签署医疗帮扶战略协议，持续派专家进行了临床问诊，指导当地医务人员，对重大疾病建立了远程医疗服务平台，开展针对江华县妇幼计划生育服务中心儿童专科筹建的调研论证工作，推进专科医生培训和专项指导，帮助儿童专科尽快开诊、运行。

【扶贫宣传】 中南大学承担了江华县两岔河乡与大圩镇15个高寒山区贫困村的异地扶贫搬迁工作，学校协同当地政府开展移民安置区整体产业规划，园区立体建设，对园区配套设施、风情广场、产业招商等发面提供资源支持。2015年，顺利完成330户1100余贫困户入住新居，湖南卫视小年夜进行现场直播，金鹰纪实频道录制了《大圩的春天》扶贫专题节目。

（中南大学）

中山大学定点扶贫

【概述】 2015年，中山大学按照中央及云南省委提出的精准扶贫方针，继续以高度的责任感做好各项定点扶贫开发工作。自2013年4月承接定点帮扶任务至2015年，共投入资金929.67万元，对云南省凤庆县在教育发展、干部培训、医疗卫生、旅游规划及产业帮扶等方面均做了卓有成效的工作。2015年投入资金127.08万元（含引进资金）；举办11期培训班，培训1211人次；接收医疗卫生人员到中山大学附属医院进修学习共7人次；中山大学附属医院赴凤庆县开展医护培训25场次，培训医护人员约820人次，义诊639人次。2015年是全面完成“十二五”规划的收官之年，中山大学认真贯彻落实中共中央总书记习近平关于扶贫开发的战略思想，特别是对云南省扶贫开发工作的重要指示精神，推动凤庆县扶贫工作深入推进，为全方位精准完成帮扶工作打下了良好的基础。

【扶贫资金投入】 2015年，中山大学向定点扶贫凤庆县投入资金总额121.08万元，其中人力资源培训投入资金48.5万元，占年扶贫开发总资金的40.06%，文化教育投入资金34.28万元，占年扶贫开发总资金的28.31%，医疗卫生帮扶投入资金14.3万元，占年扶贫开发总资金的11.81%。

【扶贫调研】 2015年中山大学赴凤庆县调研考察共70人次。时任党委书记郑德涛于2015年3月24日第三次率团到凤庆县察看扶贫落实情况，指导工作，解决实际困难。在前两年帮扶卓有成效的基础上，进一步拓展帮扶计划，做到帮扶机制有效，人员项目落实到位。校地双方领导层之间保持密切联系，双方建立了良好的沟通渠道和深厚的友谊，凤庆县委、县政府班子成员多次访问中山大学，充分肯定了中山大学自2013年挂钩帮扶以来在发展战略研究与社会管理服务咨询、人才队伍建设、教育领域、医疗卫生领域、科技领域、信息化领域、招商引资和社会捐助等方面给予凤庆县的大力帮扶。

【干部挂职扶贫】 2015年，根据教育部和中共中央组织部的要求，中山大学选派1名处级干部和1名“第一书记”到凤庆县挂职扶贫，分别担任凤庆县人民政府副县长和凤庆县凤山镇落星村“第一书记”。副县长朱志辉积极投身教育实践活动，配合学校开展教育支持和医疗帮扶活动，同时发挥个人优势，助力凤庆县茶产业招商引资工作。“第一书记”麦伟立到村后团结班子成员，以党建工作为抓手建强基层组织，发挥主观能动性推进精准扶贫，力争解决服务群众“最后一公里”问题。

【扶贫干部培训】 结合凤庆县的实际帮扶请求，为大力提升凤庆县领导干部综合素质水平和执政水平，2015 年中山大学加大对凤庆县人才教育培训的力度，全年共开展 3 期干部综合能力提升培训班，共培训 149 人次。2015 年 4 月，中山大学按照中央“五位一体”的建设要求，结合凤庆县当地实际，在生态文明建设方面重点围绕生态和文化保护主题，由旅游学院对凤庆县 52 名管理干部开展培训，培训一方面以新视角提升了基层干部的生态环境保护意识和履职能力；另一方面结合 2014 年旅游学院帮助凤庆县编制的凤庆县旅游发展总体规划、陈家窝河景区概念规划、诗礼乡古墨村和小湾电站百里长湖旅游概念规划 4 个规划，切实推动凤庆县旅游业的发展和创新。5 月，凤庆县 36 名企业负责人和 11 名政府工商部门干部共 47 名学员到中山大学管理学院参加企业家领军人才素质提升培训班，培训旨在加强企业经营管理人才队伍建设，提升企业的核心竞争力，助推企业转型升级，从而促进凤庆县经济平稳快速发展。2015 年 6 月，凤庆县 50 名领导干部接受了政治与公共事物管理学院的培训，内容涵盖社会政策与民生建设、依法治国与廉政建设、民生保障与社会稳定、国家治理体系与治理能力现代化等多个方面。通过这些培训活动的开展，进一步改善和提高凤庆县领导干部和企业人才的知识、技能、工作方法和工作态度，综合素质不断提升。

【教育扶贫】 自 2014 年以来，教育部为拓宽农村学生就读重点高校的升学渠道，在教育部直属高校中实施农村学生单独招生政策。中山大学以积极的态度落实，特别对定点帮扶地区给予了较大的倾斜政策。在 2014 年招收 8 名本科生后，2015 年中山大学继续给予倾斜政策，又录取凤庆县本科生 4 名。

经向团中央、教育部申请，凤庆县被定为团中央研究生支教团服务基地。2015 年，中山大学继续派出 3 名研究生到凤庆县鲁史中学支教一年，支教团成员充分发挥他们的知识结构优势，借助新媒体技术采用多样的教学方法和手段，每人承担两门科目的教学工作，取得了优异的教学成绩。支教团到凤庆不仅给贫困地区的学生和群众带去了知识，还举行了一系列的文化体育活动，促进学生的全面发展，通过“一帮一”和“淘孩子一个心愿”等公益项目为孩子送去帮助和温暖。

为帮助凤庆中学全面提高骨干师资队伍建设水平及专业化成长能力素质，在 2013 年接收凤庆中小学骨干教师 50 多人到中山大学附属中学、附属小学培训后，自 2015 年起，中山大学附属中学对凤庆三中开展为期 5 年的教学帮扶，中山大学附属中学将充分利用优质教育教学资源，为凤庆三中提供学校行政管理、教育教学和师资队伍能力提升等方面的帮助。推动凤庆三中现代管理制度建设，创新学校管理具体操作办法；提升凤庆三中教学理念和教学方法，帮助凤庆三中进行自主教材研发、教学常规管理研究等；定期派出优秀教师到凤庆三中进行专家讲座，并组织“送教下乡”等形式的双向交流活动。2015 年 9 月，中大附中校长带队为凤庆三中骨干教师学生开展 4 场专题培训，培训人员 235 人次。

【医疗扶贫】 医疗帮扶方面，中山大学建立了各附属医院与凤庆县医疗卫生系统的对口支援机制，采取“走出去”和“请进来”的方法，下大力做好医疗卫生人才的培养工作。2015 年，中山大学有关附属医院已接收凤庆县部分医疗卫生人员到穗进修学习共 7 人次，累计接收 23 人次。为促进凤庆县医疗卫生机构的诊疗能力和技术服务水平提高，中山大学定期选派附属医院医疗卫生专家赴凤庆县开展技术帮扶，结合当地医院的实际情况开展义诊和医疗培训，截至 2015 年底，累计派出 33 名专家教授，开展医护培训 39 场次，培训医护人员 1720 人次，免费完成手术 136 台次，义诊 1998 人次。

按照中山大学制定的帮扶计划，2015 年的医疗技术帮扶由中山大学孙逸仙纪念医院和中山大学附属口腔医院承接。2015 年 9 月，中山大学孙逸仙纪念医院 8 名专家赴凤庆县开展为期一周的医疗帮扶活动，为 500 名群众提供义诊咨询服务，完成手术 22 台次，举行了 11 场专题讲座，教学查房 10 次，培训医务人员 820 余人次。2015 年 11 月，中山大学附属口腔医院 4 名专家进驻凤庆县开展为期 3 天的义诊活动，共进行义诊 117 人次，通过手术示教、病例讨论、讲座等形式进行学术指导，共 100 余人次聆听了专家们关于口腔疾病诊疗及健康保健的学术讲座。医疗技术帮扶和义诊活动让凤庆县的人民群众倍感温暖，产生良好的社会效应，同时专家医疗队还和当地医院举办专科建设研讨会，为当地医院的发展及专科建设提出了很多宝贵意见，附属口腔医院还向凤庆县人民医院捐赠医疗器械和耗材，切实有效提高凤庆县医疗机构的服务条件和水平。

【产业扶贫】 2015 年 9 月，凤庆县与广东省惠州商会在广州市举行招商洽谈会暨签约《“凤庆滇红茶”区域品牌战略营销合作框架协议》，拟计划三年内融资 3 亿元建立 100 家大学生创业茶馆。11 月，广东省惠州商会组团到凤庆县进行商务考察，与当地茶叶企业签订合作协议书，协议资金达 1000 万元。

【公益扶贫】 中山大学利用广泛的校友资源，积极通过多种途径、多种方式对凤庆县的教育事业、社会救助等方面给予帮扶。经过中山大学校友的努力和沟通联系，慈善组织“香港道德会”募捐 20 万元资金于 2015 年春节前对凤庆县 1000 名孤寡贫困老人进行慰问。从校友基金中筹集 300

万元建设的凤庆县第二完全小学（以下简称“二完小”）主教学楼于2015年3月正式投入使用，随后中山大学再出资15万元为二完小建设标准化的学生多媒体计算机室，极大改善二完小的办学条件。

（中山大学工会　张新楠）

华南理工大学定点扶贫

【概述】 按照教育部关于滇西边境山区区域发展与扶贫攻坚工作的统一部署，华南理工大学定点扶贫云南省临沧市云县，同时派干部到云南省普洱市孟连傣族拉祜族佤族自治县（以下简称“孟连县”）挂职锻炼，并于2015年开始派干部到云县任村“第一书记”。根据“智力扶贫、科技扶贫、信息扶贫、教育扶贫”的指导思想和总体要求，在认真总结前两年帮扶工作经验的基础上，学校进一步加大精准帮扶力度，积极统筹校内外力量，加大实施“三手两促工程”，为当地绿色产业发展、城乡规划、基础教育等事业发展提供更加对口、到位的支持和帮扶。2015年学校直接投入620万元（含资金和物资折款），帮助引进资金约2亿元，帮助上项目数17个。

【调研互动】 2015年8月，分管扶贫工作的华南理工大学党委副书记刘琪瑾带领党委组织部等部门负责同志，以及土木与交通学院、食品科学与工程学院等的专家教授一行深入云县和孟连县，开展了为期10天的实地考察、调研，深入了解当地帮扶需求，对接和商洽可落地的帮扶项目，与当地政府达成多项合作意向及协议。9月底，云县县长一行带队到校调研座谈，参观学校食品科学与工程学院、建筑学院等，并探讨在干部和企业人才培养、村落规划、职业教育发展、农产品加工等方面提出了具体的帮扶需求。11月，孟连农业科技考察团一行到校访谈，开展电子商务业务及其农业科技合作洽谈活动，双方就孟连县亟须发展而又薄弱的农业电商平台建设、产品包装与外销、农副产品深加工等方面进行了深入探讨。此外，双方充分利用专题培训、专家深入当地开展指导等机会，不断加强沟通互访，加深感情，凝练共识，为开展精准扶贫打下坚实基础。

【干部挂职扶贫】 按照两县帮扶工作实际需求与挂职干部任职经历、能力素质、专业特长相匹配的原则，华南理工大学党委经过认真研究，在众多报名挂职的干部中确定了张坚雄、吴远东2名同志分赴云县和孟连县挂职。张坚雄具有良好的政治理论素养、较强的服务意识和工作能力，长期在继续教育学院工作，在远程教育等方面积累了丰富的工作经验。吴远东长期在学生工作系统工作，与各校友及校友企业建立了良好的联系，能够发挥校友等资源优势帮扶孟连县。8月，根据中央关于选任“第一书记”到贫困地区挂职有关工作精神，学校选拔了就业指导中心科长鲁明，作为云县茂兰镇茂兰村挂职“第一书记”。3名同志到岗后，积极深入一线，主动作为，到乡村社区、学校工厂、田间地头调查研究，充分发挥桥梁纽带作用，凝心聚力融汇各方资源，为当地产业发展、基础教育、人员培训、基层组织建设等方面做出了积极努力和贡献。

【智力扶贫】 针对当地干部、教师及企业人员素质能力急需提升的现状，一方面，华南理工大学结合当地实际需求，通过举办“华园云州大讲坛”等，定期派出具有相关学科背景的专家教授，到当地为党政干部、企业骨干等授课培训。分别以“群体性事件的预防与应对”“党政干部领导力的开发”“云县村庄规划”等为专题，到当地举办“华园云州大讲坛”3场，派出专家5人，共计460余人参加培训。暑假期间，根据云县各部门的需求，学校积极组织共9名研究生到云县法院、水务局、文体广电旅游局、供电公司、云南茅粮酒业集团有限公司（以下简称“茅粮集团”）等部门和企业参加对口社会实践，为期1个月。研究生同学积极融入集体，虚心学习，并根据自己所学的专业知识，为政府部门和当地企业解决技术难题，建立了良好的合作关系。

另一方面，积极组织当地干部、企业骨干和教师“走出去”，参加各类学习培训。为大力发展孟连县的县域电商，解决该县电商人员业务技能普遍较低的问题，11月，学校组织承办了15人参加、为期9天的孟连县“互联网+农业”电商技能培训班；学员收获满满，他们在感谢信中提到“深受启发，受益匪浅”。孟连地处少数民族地区，文化教育水平落后，为提高教师教育教学水平，组织孟连县15名中小学骨干教师，到校跟班学习，为期12天，教师教育理念、业务素质及教育创新能力进一步提升。11月底至12月初，组织云县44名科级以上党政管理干部到校培训学习，提升干部综合素质能力。

【科技扶贫】 华南理工大学有着传统优势学科的食品科学与工程学院，多年来一直为云县骨干企业——茅粮集团提供核心技术指导、技术人员培训、实验室设备等支持。学院专家曾新安教授长期从事食品非热加工及果酒果醋酿造研究，曾成功开发出多种型号的强电场酒类催陈装备并进行产业化应用，长期以来与茅粮集团建立了良好的合作关系。2015年，云南省委组织部、科技厅、财政厅、人力资源和社会保障厅联合授予茅粮集团“曾新安专家工作站”，工作站于2015年8月正式挂牌。自2013年双方签订合作研发协议以来，工作站在木瓜发酵酒的技术研究与创新、新产品开发方面取得了许多喜人的成绩。

【扶贫宣传】 孟连县旅游资源丰富，为充分展现孟连县的好山好水和多姿多彩的少数民族文化，全面提升知名度和美誉度，学校依托新闻传播相关学科师资力量，并与南方电视台合作，为孟连县拍摄制作了形象宣传片。目前，形象片已正式在各宣传媒体和平台播放，对推介、宣传孟连发挥了积极的作用。此外，学校还积极统筹校内外各方力量，通过网站、QQ、微信、微信公众号、广东商会现场推介等多种方式，有的放矢地开展招商引资，协助推广销售当地优质农特产品，增加当地农特产品的认知度和品牌影响力。

【教育扶贫】 华南理工大学充分利用广东省其他教育资源对云县进行帮扶，通过教育和就业解决云县学子的家庭脱贫问题。一是联系学校的独立学院——广州学院等本科独立学院，加大在云县的招生宣传力度，给予云县学子学费优惠至少 5000 元/人/年，并给予争取奖贷学金方面的支持。二是联系广东华文航空艺术职业学校在云县招收航空服务、形象设计等热门专业。在学校的积极沟通下，该校对招收的云县学生免除学费和教材费，只需缴纳一半的住宿费（600 元/年），学生毕业后可推荐在广东航空公司、机场等相关企业就业。三是依托云县教师进修学校，在云县设立网络教育校内直属班，同时给予学费优惠和其他政策优惠，以提高教师、当地乡镇干部、企事业在职员工、社会人员的学历层次。以上教育项目的落实，初步构建了云县普通本科、职业教育、成人继续教育三位一体的教育帮扶体系。

在教育硬件建设和资金投入方面，拓宽渠道，开展爱心捐建等活动。一是为帮助云县一中在晋级“云南省一级完全中学”验收时硬件设施达标，2015 年资助云县一中 30 万元建设“华园馨香”计算机房，目前已投入正常使用。二是华南理工大学教育发展基金会筹资 30 万元，在两县设立学子助学基金，分 5 年对当地家庭经济比较困难的学生进行资助帮扶。三是广泛争取社会资源，组织社会爱心人士、广东成功企业家援建云县边远小学的澡堂及儿童之家。2015 年，共组织捐资 9 万元，援建爱心澡堂 2 家；捐资 1. 2 万元援建贫困村儿童之家 2 个；对特困、残疾儿童进行“一对一”帮扶 5 名，每人资助 2400 元/年。

（华南理工大学党委组织部　孙　侠）

四川大学定点扶贫

【概述】 四川大学定点扶贫四川省凉山彝族自治州（以下简称“凉山州”）甘洛县。2015年，学校继续加强对定点扶贫工作的组织领导，坚持以智力扶贫为主，加大定点扶贫工作力度，在人才培训、医疗服务、发展规划、公益活动等方面开展系列帮扶工作。2015年学校共为甘洛县各级党政干部和专业技术人员举办培训班4期，培训104人次；选派1名优秀干部到甘洛挂职锻炼；选派7名优秀研究生参与甘洛爱心支教，覆盖学生1200余人，课时达1100节；开展义诊服务300余人次。帮助甘洛县制定完成“十三五”规划纲要及经济发展规划和全域空间规划。2015年四川大学直接投入各种物资、资金40余万元，以多种形式积极开展扶贫活动，取得良好成效，为甘洛县的脱贫攻坚发挥积极的促进作用。

【扶贫调研】 2015年，四川大学党委书记杨泉明、副校长李旭锋先后两次带队赴甘洛县实地考察调研，深入考察甘洛县的工业、农业、自然资源开发利用情况及教育现状，详细了解甘洛县存在的困难和对口帮扶所需。结合四川大学实际，校领导就扶贫项目中人才培训、医疗服务、发展规划、灾后重建等方面内容与甘洛方面进行了详细交流和讨论。

邀请甘洛县党政领导及县级相关部门到校召开定点扶贫工作座谈会。双方围绕“立足自身优势，突出智力扶贫，增强造血功能，精准扶贫奔小康”主题，共商对口帮扶工作。学校与甘洛县建立了定期交流机制，要求扶贫工作任务分解落实到位，明确帮扶工作责任人，认真及时做好校县对接、部门对接，力求对口帮扶工作出成效、出特色、出经验。

【智力扶贫】 2015年，四川大学帮助甘洛县编制完成《甘洛县“十三五”规划纲要》《甘洛县“十三五”经济发展规划》以及《甘洛域全域空间规划》，并为甘洛县制定了“十三五”的五大基本原则。参与甘洛县彝家新寨基础设施建设规划、设计及预算编制工作，形成《彝家新寨基础设施建设规划与设计》方案，为彝家新寨建设项目中5个村争取到省上建设专项资金730万元。顺利完成甘洛县工业园区规划项目，帮助甘洛苦荞加工龙头企业提升了产品品质和档次，拓展市场。

【扶贫培训】 2015年4—10月，学校充分发挥四川大学全国干部教育培训基地的教育优势，结合凉山州委组织部制定的“三严三实”教育暨推进“四个全面”和“干部综合素质提升”专题培训班以及“县级干部进修班”计划，对甘洛县52名县处级和科级干部开展培训。为促进甘洛干部队伍素质的进一步提升，四川大学与甘洛县委组织部签订了“全国干部教育培训四川大学基地结对帮扶搞好干部人才培训战略合作框架意向书”，为甘洛县在党政、科技、教育、卫生、农口等领域干部人才培训方面进行合作和帮扶，为当地干部综合素质提升提供有效保障。2015年甘洛县选派2名进修医师，在四川大学华西医院进修学习。四川大学指定专人带教学习，做好培训指导工作，使进修医师的专业业务医疗水平得到较大提升。

【教育扶贫】 四川大学研究生支教团在甘洛县开展特色支教活动。2015年1月，“四川大学研究生支教团爱心课堂”在石海乡吉加小学挂牌成立，共开展10期“爱心课堂”，丰富了教学内容，让学生在快乐中进步。2015年3月，首个由四川大学支教团成员担任班主任、教育教学管理等主要工作全部由支教团成员负责的“川大支教班”正式成立，班级包括少数民族学生46人、汉族学生17人。经过一学期的教学探索、行为习惯培养等，该班学习成绩上升50%，并多次获得流动红旗。2015年11月，四川大学“爱立方”志愿扶贫工程出资10万余元购置了30台电脑及其他相关科技类书籍，在甘洛县民族中学设立“民中多功能电子图书馆”。此外，针对甘洛县外出务工人员众多、留守儿童在关爱和监管方面存在缺失的情况，川大研究生支教团建立了甘洛民族中学“爱心第二课堂”项目，利用周末及课余时间，组织同学开展钢琴课、图书阅览等第二课堂的活动。

同时，四川大学网络教育学院为甘洛县新市坝镇则沟小学捐赠了20套电脑设备及2台电视，用于改善学校的教学条件；四川大学博士后科技服务团为石海乡中心校捐赠了电脑、摄像机、数码相机、打印机等教学设备。

【医疗卫生扶贫】 2015年10月，四川大学博士后代表、相关学科专家及博士后流动站工作人员十余人组成博士后科技服务团医疗学术组，赴甘洛县开展服务活动。服务团在甘洛县人民医院开展义诊活动，服务群众300余人次，受到当地群众的热烈欢迎。来自四川大学华西医院的专家还为甘洛县乡两级医疗机构50余名临床医生举办了“高血压的诊治与新进展”以及“糖尿病的诊治与新进展”2场医学前沿专题知识讲座。

【干部挂职扶贫】 四川大学于2015年8月选派1名优秀青年干部到凉山州甘洛县斯觉镇格布村挂职扶贫，担任“第一书记”。该同志严格按照扶贫工作要求，在少数民族聚居地，克服语言障碍和生活方面的种种困难，在格布村“村两委”成员的帮助下积极开展工作。通过对格布村环境的实地考察，结合周边发展较好乡镇的做法以及每户村民现有家庭生产力的情况，协助村委班子为全村制定了详细的“十三五”农业产业规划，也为贫困户脱贫致富制定了产业发展规划。积极协调甘洛县各部门，为格布村争取到了2016年彝家新寨建设项目和通村公路、饮用水渠等基础设施的建设等项目。

【公益扶贫】 2015年11月，四川大学商学院、商学院校友会MBA分会、四川大学教育基金会共同发起冬季送温暖活动，为甘洛县斯觉镇格布村268户1437名村民每人募集到一床冬季新棉被，价值15万元，解决当地村民实际困难。2015年12月，四川大学教育基金会、四川大学机关党委、校团委共同发起“2015暖冬行动”，共募集各类御寒物资6000余件。

四川大学研究生支教团组织众多爱心人士，搭建“爱心中转站”平台，对甘洛县品学兼优的贫困学子进行一对一帮扶，资助者原则上需资助帮扶学生至大学毕业或结束学业为止。

（四川大学对外联络办公室　郭红蓉）

西安交通大学定点扶贫

【概述】 西安交通大学高度重视定点帮扶云南省保山市施甸县的任务，深刻领会国家对创新扶贫开发工作机制的总要求，围绕2020年全面脱贫的总目标，瞄准精准扶贫，扩大工作辐射面，与保山市、施甸县、陇川县、保山学院等紧密联动，保证工作实效。学校成立了以学校领导为组长，相关部门为成员单位的学校社会扶贫工作小组，加强领导，科学谋划，全面迅速推进工作。

【扶贫资金投入】 2015年，西安交通大学全年共投入资金80万元。其中30万元用于建设施甸县基础教育信息化平台，为相关技术人员提供了初步的网络技术培训。2万元用于资助10名施甸籍贫困大学生。20万元用于雷打树村小学基础建设项目。10万元用于干部和教育培训。

【扶贫会议】 2015年4月，西安交通大学党委常务副书记王小力主持召开学校扶贫开发工作会议，明确提出：一是扶贫工作是政治任务，一定要在思想上高度重视，制度上认真落实；二是结合本单位的优势，针对性地开展精准扶贫工作；三是坚持智力扶贫，重在教育、科技、文化、医疗、信息方面的帮扶；四是加强宣传，不能松懈；五是还要争取更多的社会资源。会后，各单位认真组织、分头落实，在调研的基础上，通过专题研讨，确定具体帮扶规划，与当地政府、部门主动沟通联系，发挥挂职干部的作用，确保项目落实到位。

7月，德宏州副州长孔勒干带队在西安交通大学进行了工作对接，党委常务副书记王小力主持了双方的工作座谈会，提出在德宏州、陇川县进一步开展帮扶合作的意见。

11月，西安交通大学副校长郑庆华主持召开保山学院帮扶工作对接会，与保山学院副院长邓忠汉等一行研讨相关工作，明确了帮扶任务。

12月，西安交通大学举行与保山市帮扶工作会议。西安交通大学党委书记张迈曾会见了保山市委书记李正阳一行，党委副书记宫辉主持会议。双方就“大数据”、远程诊疗、招商引资、基础教育、帮扶保山学院、省级合作机制等问题进行了座谈。

【干部挂职扶贫】 西安交通大学组织部根据教育部人事司要求，结合岗位要求，认真做好优秀年轻干部的选派工作。经基层党委推荐、组织部门遴选、学校干部工作领导小组同意，选派了3名干部挂职。

挂职干部深入基层考察了全县乡镇、农场、全县中小学，直接与群众沟通交流。主动登门与县领导和相关党政部门负责同志进行交流座谈，主动了解县情、民情，学习地方工作特点，积极主动开展工作。同时，作为学校与当地扶贫工作联席会议的联络人，切实承担起了学校与滇西边境山区的桥梁纽带作用。

2015 年 7 月，赵大良作为西安交通大学首位乡村“第一书记”赴乌邑村挂职。在云南省保山市施甸县甸阳镇乌邑村挂职“第一书记”的半年时间里，他深入村民家中了解情况，与当地干部群众一起抗洪抢险；筹建了英村幼儿园；组织村里老年人参与村风建设；促进村民餐饮建材经营，撰写了《乌邑餐饮行业发展的分析与思考》和《乌邑餐饮联盟章程》；协助拆迁重建工作和重审建档立卡工作；多次与党总支委员沟通，提出了加强党组织建设的思路。此外，在挂职的半年时间里，赵老师还写下了数万字的扶贫工作笔记，记录了他参与的各项工作、村貌民情的点点滴滴，以及自己对扶贫工作的思考和建议。11 月，学校收到了甸阳镇乌邑村“三委”寄来的感谢信，称赞赵大良“胸怀坦荡、忠诚担当、无私奉献、谦虚谨慎，视驻地为故乡，视百姓如亲人的品质感人至深”，并引用《施甸通讯》的话说，“农村需要这样的人”。

【医疗卫生扶贫】 西安交通大学三所附属医院采取多种形式对施甸县人民医院、县中医医院进行对口支援，第一附属医院派出医疗队赴施甸县进行了医学临床“三基三严”专业培训；第二附属医院先后对保山市人民医院、施甸县中医院、施甸县妇幼保健院、姚关镇医院进行了学科对接和指导，重点对施甸县人民医院等级评审进行了模拟测评，同时制定了 3 年的医师、护理管理等方面培训进修学习计划和保山市医专的教师培训计划。目前，已累计接受 33 名医务人员到学校 3 所附属医院进行为期 6 个月到 1 年的进修、学习和培训。

【扶贫培训】 4 月，西安交通大学干部培训基地为德宏州陇川县 40 名干部进行了“思维创新与执行力提升”的专题培训；学校组织部还先后安排保山学院 4 名干部、教师到西安交通大学挂职，按照业务对口原则，4 名同志分别在西安交通大学学生处、理学院、外语学院、管理学院学习锻炼，并推荐他们参加陕西省干部自主选学培训。

【智力扶贫】 2015 年，以西安交通大学管理学院党委书记孙卫教授为主的团队，对保山市“十三五”规划制定进行了充分的论证，提供了科学的指导。

【教育扶贫】 2015 年，西安交通大学投入 20 万为雷打树小学完成食堂和操场建设，投入 8 万元支持了施甸县乌邑村文化工程建设。学校工会与施甸县总工会开展针对贫困生的共同圆大学梦活动，每年投入 2 万元资助 10 名施甸籍贫困大学生。校团委、仲英书院组织了 3 次赴云南施甸帮扶实践活动，50 余名师生分别在施甸县一中、三中开展公益支教活动；校团委共选派 4 名研究生支教团学生到当地进行为期 1 年的支教，参与施甸县教育系统工作，并利用课后和周末时间帮助班级学生进行知识巩固和拔高训练；博士生协会对施甸县域经济中的特色农业产业、产业结构优化、主要民生问题进行了调研，并形成了一系列调研报告。

【扶贫资金管理】 西安交通大学扶贫资金为学校专项资金。由学校财务处统一账户管理，接受学校审计处的专项审计。每一个项目都需要经过学校组织专家进行前期论证，结合实地调研情况，在充分与滇西当地政府沟通后确定实施。项目实施中，学校一方面组织专人负责全程监控；另一方面要求当地扶贫局等部门介入监管，很好地保证了扶贫项目经费的落实。

（西安交通大学党委办公室、
校长办公室　申　丹）

西北农林科技大学定点扶贫

【概述】 2015年，西北农林科技大学定点帮扶陕西省合阳县，在做好“第一书记”选派工作的同时，充分发挥学校农业科技方面的优势，针对合阳县农业主导产业情况，积极开展科技帮扶工作。全年学校投入运行经费30万元、项目经费45万元、争取到市县配套经费25万元，在葡萄、西瓜、旱作农业等产业开展科技帮扶工作，全年举办技术培训3次，培训人员280多人次，建立示范园1510亩，为合阳县农业产业发展起到了积极的促进作用。

【扶贫培训】 为了提升合阳县葡萄产业的发展水平，为合阳县培养农民技术人员，西北农林科技大学以试验站为平台，围绕葡萄产业发展，积极开展人员培训工作，形成了“学校——试验示范站——示范点”三个层次的科技培训体系，2015年开展培训3次，培训人员280多人次，培训指导新池镇南沟村110户农户建立红提葡萄种植示范园1000亩。培训内容涉及到葡萄品种布局及栽培技术、葡萄病虫害防治、葡萄土肥水管理等方面，通过培训与交流，学员们不但丰富了知识、掌握了技术，而且还获得了大量的新信息，对提高果农的葡萄管理水平、增加收入起到了积极的推动作用。

【干部挂职扶贫】 根据中央和陕西省关于选派机关干部担任“第一书记”的文件精神，西北农林科技大学选派机关党委秘书韩锁昌常住合阳县坊镇乾落村担任“第一书记”，并于2015年7月正式到岗，四个多月来，通过积极走访和调研，基本熟悉掌握了村情村务，对村上党总支的党内生活进行了规范，健全了村上的议事决策机制，明确了班子成员的工作职责，帮助建立了党员信息平台。针对村上农业现状及存在的问题，积极联系学校相关专家，在有机认证、电子商务平台建设、种养殖技术培训指导等方面做了大量的工作，并积极谋划乾落村产业结构调整，希望通过发展农业产业，增加农民收入，力争帮助村上实现早日脱贫。

【产业扶贫】 根据合阳县农业产业情况，充分发挥西北农林科技大学的农业科技优势，利用学校在合阳县建立的相关试验示范站和基地，积极开展试验示范项目、培训农民技术员，争取政府支持等，带动葡萄、西瓜、苹果等主导产业的健康快速发展。

葡萄产业。为了做好合阳葡萄产业的

发展，发挥2013年学校与合阳县共建的葡萄试验示范站的示范带动作用，2015年西北农林科技大学投入运行经费30万元用于在合阳县开展葡萄种植技术的示范和技术人员的培训，并争取到渭南市和合阳县的配套经费20万元，为葡萄产业设立项目1项、资助经费40万元，开展葡萄品种示范、种植管理、示范园建设、人员培训等工作。

西瓜产业。在前期工作的基础上，2015年西北农林科技大学继续投入经费5万元在合阳县甘井镇种植西瓜试验示范田10亩，通过进行品种展示、技术示范和培训指导，带动当地旱地西瓜产业的发展，增加农民的收入。

旱作农业。2015年，西北农林科技大学与合阳县合作，争取到县上5万元的经费支持，继续在合阳县开展“留茬免耕秸秆全程覆盖技术”示范推广项目，推广旱地耕作技术500亩；针对合阳县旱地小麦现状，与合阳县农技中心联合开展品种比较、播种播量、肥料高效利用、病虫害综合防治、耕作制度等项目。通过旱作农业技术的研究、示范和推广，对当地粮食作物的增产起到了显著的示范带动作用。

【智力扶贫】 根据陕西省开展“三区”人才服务的工作安排，西北农林科技大学选派5名专家，分别为合阳县的果蔬、红提、富硒农产品等方面的4个专业合作社和陕西赛众生物科技有限公司提供技术服务，帮助发展相关产业。利用暑假组织了17名大学生“三下乡”社会实践科技支农服务队，赴合阳县进行了为期10天的调研支农活动。

此外，还组织西北农林科技大学水产养殖、葡萄与葡萄酒、园艺、林学等专业200余名师生赴合阳县开展了生产教学实习。

（西北农林科技大学
科技推广处　韩虎群）

2015年度中央、国家机关和有关单位定点扶贫情况统计表

单位名称	定点帮扶县名称	挂职干部数量（人）	赴定点县考察（人次）	本单位直接投入（含无偿和有偿）（万元）	帮助引进各类资金（含无偿和有偿）（万元）	培训情况	
						举办培训班（期）	培训人次
中共中央直属机关工作委员会	宁武（山西），平山（河北）	2	5	0	763	1	90
中国人民政治协商会议全国委员会办公厅	舒城、颍东（安徽）	4	147	1239	17830	0	0
中共中央组织部	舟曲（甘肃），台江（贵州）	5	75	717.6	65310	33	2475
中共中央宣传部	耀州（陕西），科尔沁右翼中旗（内蒙古）	5	43	2272	3063.2	8	285
中共中央统一战线工作部	赫章（贵州），晴隆、望谟（贵州）	4	49	286	38000	5	262
中共中央对外联络部	行唐（河北）	3	21	71.7	1000	0	0
中共中央政法委员会	扎赉特旗（内蒙古）	2	3	0	109000	0	0
人民日报社	虞城（河南），滦平（河北）	1	5	0	300	5	230
中共中央文献研究室	南召（河南）	2	5	1.2	170000	0	0
求是杂志社	杂多（青海）	1	9	63.6	0	0	0
中华全国总工会	和顺、壶关（山西）	6	35	190	0	8	560
中国共产主义青年团中央委员会	灵丘（山西），石楼（山西）	5	40	132.44	10	5	1431
中华全国妇女联合会	漳县（甘肃），西和（甘肃）	2	3	205.7	0	16	2212
中国作家协会	临潭（甘肃）	1	6	0	16	0	0
中国科学技术协会	岚县、临县（山西）	2	50	310	0	115	18500
中华全国归国华侨联合会	上饶（江西）	1	3	20	280	0	0
国家新闻出版广电总局	德格（四川），平顺（山西）	5	32	7011.07	760	7	181
光明日报社	囊谦（青海）	1	5	162	—	10	330
中国日报社	会昌（江西）	1	1	28.3	0	1	600
中国外文出版发行事业局	左权（山西）	2	5	52	0	2	250
国家档案局	喜德（四川）	2	4	0	0	0	0
国家保密局	房县（湖北）	2	5	0	0	0	0
中央国家机关工作委员会	临城（河北），阳原（河北）	2	26	59.8	1562	2	58
教育部	青龙、威县（河北）	4	6	00	0	1	14
工业和信息化部	洛宁、汝阳（河南），南部、嘉陵（四川）	9	31	827.7	10000	1	89
国家民族事务委员会	巴林右旗（内蒙古），德保（广西）	5	15	221	0	1	20

续表

单位名称	定点帮扶县名称	挂职干部数量（人）	赴定点县考察（人次）	本单位直接投入（含无偿和有偿）（万元）	帮助引进各类资金（含无偿和有偿）（万元）	培训情况	
						举办培训班（期）	培训人次
安全部	敖汉旗（内蒙古），盐山（河北）	4	58	481.5	11500	6	610
民政部	遂川、莲花（江西）	1	25	24006	20	2	4
财政部	平江（湖南），永胜（云南）	3	13	4000	26750	6	6715
国土资源部	赣县、宁都、兴国、于都（江西）	4	84	36283.34	273	1	20
环境保护部	围场、隆化（河北）	4	20	6000	27978	1	1
住房和城乡建设部	湟中（青海），大通（青海），红安、麻城（湖北）	1	30	70	80330	1	50
水利部	城口、巫溪（重庆），丰都、武隆（重庆）	10	96	530	38908	19	1055
农业部	咸丰、来凤（湖北），龙山、永顺（湖南）	7	300	38413.89	1931.33	6	660
商务部	广安（四川），仪陇（四川），城步（湖南）	1	45	44.5	650	15	3465
文化部	娄烦（山西），静乐（山西）	2	6	60	0	5	250
国家卫生和计划生育委员会	大宁、永和（山西），清涧、子洲（陕西）	6	1	740.24	0	3	460
中国人民银行	宜君、印台（陕西）	1	320	178	0	8	4200
审计署	顺平（河北），丹寨（贵州）	3	59	100	28	5	1000
国务院国有资产监督管理委员会	平乡、魏县（河北）	3	14	100	120	0	0
海关总署	鲁山、卢氏（河南）	10	52	622	0	1	40
国家质量监督检验检疫总局	民权（河南），礼县（甘肃）	2	7	200	3000	26	600
国家安全生产监督管理总局	阳高、广灵（山西）	3	20	122	380000	—	—
国家林业局	罗城、龙胜（广西），荔波、独山（贵州）	13	50	76700	0	4	321
国家知识产权局	桑植（湖南），崇礼（河北）	6	560	326.8	55	8	520
国家旅游局	巴马（广西），阿尔山（内蒙古）	1	0	550	0	2	10
国家宗教事务局	三都（贵州）	1	12	0	0	0	0
国务院参事室	龙井（吉林）	0	7	30	0	0	0
国家机关事务管理局	阜平（河北）	4	35	103.6	6206	32	3220
国务院侨务办公室	积石山（甘肃）	1	18	30	94	3	74

续表

单位名称	定点帮扶县名称	挂职干部数量（人）	赴定点县考察（人次）	本单位直接投入（含无偿和有偿）（万元）	帮助引进各类资金（含无偿和有偿）（万元）	培训情况	
						举办培训班（期）	培训人次
中国社会科学院	丹凤（陕西），上犹（江西）	1	43	139.47	0	1	530
中国工程院	会泽（云南），澜沧（云南）	1	54	32	0	1	18
国务院发展研究中心	大名（河北）	2	5	0	0	0	0
中国工程物理研究院	富平（陕西）	1	27	3.3	0	0	0
中国证券监督管理委员会	隰县、汾西（山西），宿松、太湖（安徽），兰考（河南），桐柏（河南），延长（陕西），武山（甘肃）	11	110	2145.12	4846.5	13	4182
中国保险监督管理委员会	察哈尔右翼中旗、察哈尔右翼后旗（内蒙古）	2	2	140	0	0	0
国家信访局	海兴（河北）	2	18	0	2512	1	40
国家粮食局	阜南（安徽）	1	8	1.2	0	0	0
国家能源局	清水、通渭（甘肃）	2	61	32.67	71735	2	246
国家国防科技工业局	略阳、宁强（陕西）	1	5	80	0	0	0
国家烟草专卖局	竹溪、竹山（湖北）	3	8	2000	0	0	0
国家测绘地理信息局	海伦（黑龙江）	2	3	150	6650	1	10
国家中医药管理局	五寨（山西）	1	10	20	10	0	0
国家外汇管理局	巨鹿（河北）	1	11	58	0	0	0
国务院扶贫开发领导小组办公室	渭源（甘肃），雷山（贵州）	2	15	1023	300	1	23
国务院三峡工程建设委员会办公室	万州（重庆）	3	12	819	1350	5	1120
国务院南水北调工程建设委员会办公室	郧县（湖北）	2	47	0	2420	0	0
中华全国供销合作总社	潜山（安徽），寻乌（江西）	3	20	0	100000	0	0
中国宋庆龄基金会	彭阳（宁夏）	1	5	155	0	0	0
中国铁路总公司	和田（新疆），栾川（河南），勉县（陕西），原州（宁夏）	5	152	897.7	0	0	0
中国光大集团股份公司	新化、古丈（湖南），新田（湖南）	4	20	740	0	6	1990
中国邮政集团公司	商州、洛南（陕西）	3	17	180	15	3	640
中国农业发展银行	大安（吉林），隆林（广西），锦屏（贵州），马关（云南）	4	23	238384	0	0	0
中国工商银行	南江、通江、万源（四川），金阳（四川）	3	10	56320	2200	3	370

续表

单位名称	定点帮扶县名称	挂职干部数量（人）	赴定点县考察（人次）	本单位直接投入（含无偿和有偿）（万元）	帮助引进各类资金（含无偿和有偿）（万元）	培训情况	
						举办培训班（期）	培训人次
中国农业银行	武强、饶阳（河北），秀山（重庆），黄平（贵州）	3	118	131744	515	6	340
中国人民保险集团股份有限公司	乐安（江西），吉安（江西），桦川（黑龙江），留坝（陕西）	2	11	400	0	0	0
中国人寿保险集团有限公司	龙州、天等（广西），郧西、丹江口（湖北）	4	6	1010	0	5	143
中国太平保险集团公司	两当（甘肃），裕安（安徽）	4	8	277.45	90	0	0
华融资产管理股份有限公司	宣汉（四川）	2	53	611.64	2.2	1	53
中国东方资产管理公司	邵阳（湖南）	2	22	100	56	14	890
中国航天科技集团公司	太白、洋县（陕西），涞源（河北）	7	173	1152.5	65	2	174
中国航天科工集团公司	富源、东川（云南）	2	89	225	15	4	209
中国船舶工业集团公司	鹤庆（云南）	2	8	115.54	12.6	1	10
中国兵器工业集团公司	红河（云南），甘南（黑龙江）	4	98	420	0	0	0
中国兵器装备集团公司	泸西、砚山（云南）	2	20	250	0	0	0
中国石油天然气集团公司	台前、范县（河南），尼勒克、托里、巴里坤、吉木乃、青河、察布查尔（新疆），习水（贵州），横峰（江西）	4	10	2600	0	13	430
中国海洋石油总公司	保亭、五指山（海南），夏河、合作（甘肃），卓资（内蒙古）	5	21	1900	0	0	0
中国华电集团公司	乌恰、阿图什（新疆）	10	0	333	0	0	0
中国电子信息产业集团有限公司	镇安（陕西），阆中（四川），松桃（贵州），临高（海南）	6	20	839.4	1340	30	1600
中国建筑工程总公司	卓尼（甘肃），康乐（甘肃），康县（甘肃）	1	4	789.78	0	0	0
中国储备粮管理总公司	拜泉、兰西（黑龙江）	2	47	200	0	0	0
国家开发投资公司	罗甸、平塘（贵州），合水、宁县（甘肃）	1	26	1412	0	0	0
招商局集团有限公司	威宁（贵州），蕲春（湖北）	2	55	2269	0	2	80
中国港中旅集团公司［香港中旅（集团）有限公司］	黎平（贵州），西盟、孟连（云南）	1	28	200	0	1	5
中国节能环保集团公司	嵩县（河南），富川（广西）	3	38	270	20	0	0

续表

单位名称	定点帮扶县名称	挂职干部数量（人）	赴定点县考察（人次）	本单位直接投入（含无偿和有偿）（万元）	帮助引进各类资金（含无偿和有偿）（万元）	培训情况	
						举办培训班（期）	培训人次
中国中煤能源集团有限公司	蔚县（河北），赵家蓬（河北），印江（贵州）	3	2	150	0	0	0
机械科学研究总院	新县（河南）	2	42	117.7	7500	4	1500
中国化工集团公司	古浪（甘肃），平山（河北）	1	13	85.5	0	0	0
中国中材集团有限公司	永善、绥江（云南）	4	9	300	0	0	0
中国国际技术智力合作公司	姚安、大姚（云南）	2	11	137.5	47.2	6	840
中国中车股份有限公司	麦积、甘谷（甘肃），那坡、靖西（广西）	2	12	706	0	0	0
电信科学技术研究院	沈丘（河南）	7	309	965	2305	188	18389
中国民航信息集团公司	神池（山西）	1	60	230.86	0	1	4
中国电力建设集团有限公司	剑川（云南），民丰（新疆）	1	4	360	0	0	0
中国能源建设股份有限公司	镇巴（陕西），西林（广西）	4	12	200	300045	5	113
中国广核电集团有限公司	乐业、凌云（广西）	1	11	129.6	0	0	0
华侨城集团	天柱、三穗（贵州）	0	10	290	0	1	50
南光（集团）有限公司	禄劝（云南）	1	3	129.31	0	0	0
中国西电集团公司	麟游（陕西）	2	20	21.46	0	0	0
中国铁路物资（集团）总公司	孝昌（湖北）	2	9	98	1	2	100
中国民主同盟中央委员会	广宗（河北）	1	33	21	0	6	520
中国民主建国会中央委员会	丰宁（河北）	1	20	116	0	4	660
中国民主促进会中央委员会	安龙（贵州）	2	30	120	0	4	470
中国致公党中央委员会	酉阳（重庆）	0	300	561	1	1	80
九三学社中央委员会	旺苍（四川）	0	27	28	165	22	541
台湾民主自治同盟中央委员会	赫章（贵州）	1	66	42	100	2	670
中华全国工商业联合会	织金（贵州）	2	5	150	0	1	11
清华大学	南涧（云南）	2	32	80.3	150	14	971
北京交通大学	科尔沁左翼后旗（内蒙古）	1	15	25	0	1	91
北京林业大学	科尔沁右翼前旗（内蒙古）	0	8	10	0	1	34
中国地质大学（北京）	化隆（青海）	2	7	74.96	0	1	42
中国矿业大学（北京）	都安（广西）	2	4	22.7	25.9	2	2
南开大学	庄浪（甘肃）	1	11	25	6	1	35
山东大学	确山（河南）	2	48	152	400	2	20

续表

单位名称	定点帮扶县名称	挂职干部数量（人）	赴定点县考察（人次）	本单位直接投入（含无偿和有偿）（万元）	帮助引进各类资金（含无偿和有偿）（万元）	培训情况	
						举办培训班（期）	培训人次
大连理工大学	龙陵（云南）	1	28	36	450000	3	69
上海交通大学	洱源（云南）	3	82	121	400	6	245
华东理工大学	寻甸（云南）	1	3	16.2	0	1	50
东华大学	盐津（云南）	1	24	81.3	0	3	70
南京大学	双柏（云南）	2	23	33.5	0	5	410
南京农业大学	麻江（贵州）	1	2	18	0	2	100
中国药科大学	镇坪（陕西）	2	56	50	20	4	500
浙江大学	景东（云南）	3	72	268.56	33.74	15	1676
厦门大学	隆德（宁夏）	1	17	100	500	2	80
武汉大学	恩施（湖北）	6	400	400	150	19	2989
华中农业大学	建始（湖北）	5	98	301	60	51	3690
中南大学	江华（湖南）	2	120	450	50	1	90
中山大学	凤庆（云南）	2	70	121.08	6	11	1211
华南理工大学	云县（云南）	3	35	620	20000	7	793
四川大学	甘洛（四川）	1	45	40.04	0	4	104
西安交通大学	施甸（云南）	2	3	80	0	2	66
西北农林科技大学	合阳（陕西）	1	18	75	25	3	280
北京理工大学	方山（山西）	0	8	0	0	0	0

注：根据各有关定点单位提供的数据整理。

（三）军队和武警部队扶贫

军队和武警部队扶贫

【概述】 2015年，军队和武警部队坚决贯彻党中央、国务院决策指示，在完成军事任务的同时，按照中央扶贫开发总体规划和精准扶贫精准脱贫要求，坚持以革命老区、民族地区、边疆地区和集中连片特困地区为重点，扎实开展定点帮扶，集中支援基础设施和生态文明建设，持续深入做好改善民生工作，实施科技、教育、医疗和产业扶贫，配合搞好文化惠民工程，促进贫困地区贫困群众增强内生动力和发展后劲，为帮助贫困群众摆脱贫困、促进贫困地区经济社会发展和全面建成小康社会做出贡献。

【扶贫调研】 2015年4月，国务院扶贫开发领导小组副组长、原解放军总政治部副主任贾廷安，带工作组先后赴湖南省桑植县、河北省阜平县进行专题调研，认真梳理总结经验做法，研究在新的起点上推进军队扶贫开发工作深入开展的思路举措。

【扶贫日活动】 党和国家对开展2015年"扶贫日"活动作出部署后，原解放军总政治部专门下发意见，对组织指导部队参加"扶贫日"活动提出明确要求。一是参与国家和地方组织的"扶贫日"活动。在国家层面，国务院扶贫开发领导小组举办"2015减贫与发展高层论坛"，原解放军总政治部副主任贾廷安应邀出席论坛大会；原解放军总政治部群众工作办公室派人参加社会扶贫分论坛活动，并以"服务人民、助力脱贫"为题，介绍军队和武警部队参加扶贫开发情况。在全国各省（区）、市、县各个层级，省军区系统协调驻军部队参加当地组织的"扶贫日"募捐、扶贫晚会和慰问贫困群众等活动，支持各地扶贫日活动的开展。内蒙古军区政治部与自治区扶贫开发领导小组办公室联合发出"扶贫日"活动倡议书，发动组织官兵参加"博爱一日捐"活动，共捐款10万余元。二是集中开展扶贫帮困活动。各级开展走访慰问、捐资助学、送医送药等扶贫帮困系列活动，办了许多惠及民生的好事、实事。原解放军总参谋部、总政治部、总装备部、军事科学院、国防大学、军委办公厅等单位，组织官兵走访慰问8000余户特困群众家庭、1500余名孤寡老人和残疾人。65集团军、重庆警备区和武警贵州总队等单位，"扶贫日"当天与900余名贫困学生结成助学对子。新疆军区、西藏军区、青海省军区、四川省军区等单位，派出医疗队积极为群众和僧侣送医送药、巡诊治病，诊治群众5.2万余人。三是开展舆论宣传营造浓厚氛围。原解放军总政治部宣传部和群众工作办公室2次召开新闻宣传协调会，研究制定军队扶贫工作宣传报道方案。中央人民广播电台、中央电视台、《解放军报》等主要媒体，集中宣传党和国家的扶贫成就、军队扶贫经验和先进典型事迹，截至10月20日共刊发各类稿件50余条(幅)。各部队还组织官兵走进社区、深入田间地头，开展“扶贫济困、你我同行”宣传活动。

【定点扶贫】 2015年，根据国务院扶贫开发领导小组的部署要求，原解放军总政治部指导全军部队结合驻地扶贫攻坚总体规划，调整确定了新一轮定点帮扶关系，共与35个贫困县、401个贫困乡(镇)、3618个贫困村开展定点帮扶，基本做到了师以上单位对口帮扶1个至2个贫困村，旅团级单位有1个至2个具体帮扶项目。原南京军区组织上海、江苏等9个发达地区人民武装部定点帮扶井冈山革命老区9个乡（镇)，先后协调落实援建项目68个、资金5660万元，扶持发展红米酒酿造、娃娃鱼养殖、红心猕猴桃和井冈蜜柚种植等特色产业，使6.7万名老区贫困群众直接受益。湖北省军区协调驻武汉25个团以上单位集中对红安、麻城革命老区进行帮扶。重庆警备区持续牵头协调29个军地单位帮扶奉节县，2015年筹资1100万元，援建乡村公路、人饮工程、特色产业等民生项目24个，促进贫困群众脱贫致富步伐。

【基础设施建设】 2015年，各部队充分发挥组织严密、突击力强等优势，先后出动官兵和组织民兵预备役人员180万人次、机械车辆36万台次，支援贫困地区道路、饮水、房屋等民生工程建设，帮助修筑农村小型水利工程2900多个，修缮房屋3800间，整治农田70万亩。原第二炮兵充分发挥机械工程部队优势，2015年共出动兵力2万人次、车辆装备1280台次，投入资金226万元，支援贫困地区基础设施和生态环境建设重点工程20项，整修乡村公路200千米，植树15万株、绿化荒滩500亩。原北京军区、兰州军区所属部队集中支援当地生态文明建设和乡村综合治理，先后帮助整修乡村道路2300千米，整治水渠河道310条，植树造林7.6万亩，改善了贫困地区贫困群众生产生活条件。

【科技扶贫】 2015年，各部队特别是军队院校、科研院所和技术单位，充分发挥人才、科技、信息等方面的资源和优势，为贫困地区提供科技支撑，帮助培训实用人才，增强贫困地区贫困群众自我发展后劲。原解放军总参谋部、总装备部和海军等单位，依托训练基地、教导队、青年民兵之家等，开展科技扶贫、智力扶贫，举办各类实用技能培训班2100期，培训农牧民11万人次，帮助建档立卡贫困户增强自我发展和脱贫致富能力。驻西藏自治区和四省藏区部队为贫困群众举办科技、种植养殖、旅游服务等培训班130期，帮助引进扶贫项目50余项，建成藏药材、高原特色种植养殖和民族旅游文化产品示范基地40余个，拓宽了贫困群众脱贫致富渠道。贵州、云南、甘肃省军区等单位，发挥退伍军人文化素质较高、视野开阔、接受能力强等优势，开展技能培训，支持他们带头科技创业、争当致富能手，影响和带动贫困群众摆脱贫困奔小康。

【教育扶贫】 各部队继续采取“1+1”捐资助学、援建“八一爱民学校”、参加“春蕾计划”等方法，支援老少边穷地区基础教育事业发展，2015年来共筹资6800万元，新增援建学校103所，官兵捐资5005万元，结对资助贫困家庭学生2.3万名。空军持续开展“蓝天春蕾计划”，捐款1500万元援建学校19所、资助贫困家庭学生1600名；原第二炮兵、原沈阳军区和国防科学技术大学共向资助的1.3万余名家庭贫困学生捐赠奖（助）学金1300万元。原南京军区机关把“扶贫助学基金”从500万元提高到2500万元，2015年共资助革命老区贫困家庭学生454名考取重点高中、283名考取重点大学。

【医疗扶贫】 2015年，全军108所医院持续做好对口支援西部地区134所贫困县县级医院、军级以下医疗卫生单位对口帮扶1283所乡镇卫生院（所）工作。原解放军总后勤部卫生部认真贯彻第二次中央新疆工作座谈会精神，协调组织38所军队医院对口支援新疆40所医院，并与86所贫困县县医院开通远程会诊系统，帮扶发展重点学科156个，推广适宜技术192项，捐赠医疗设备67台（件）价值1392万元，派出医疗队62批次267人次现地技术帮扶，培训技术骨干316人。海军、空军、武警部队和原广州军区总医院等7所军队医院，2015年共收治少数民族贫困家庭先心病患儿367名，实施手术333例，补贴医疗费用1234万元；8所驻疆部队医院救助新疆贫困白内障患者674例，补贴医疗费用62万元。各级卫生系统深入开展医疗帮扶行动，原北京、济南军区组织400余名医护人员，深入阜平、沂蒙革命老区和贫困地区，开展卫生健康讲座50余场次，捐赠医疗设备和发放药品价值70余万元。

【产业扶贫】 2015年，各部队结合驻地自然条件和历史文化资源情况，以帮助发展特色产业经济带动为重点，支持帮扶村镇发展种植、养殖和农产品加工等特色优势产业210余项，增强贫困地区贫困群众发展后劲。原济南军区筹资1000万元，在100个贫困村各重点扶持1个至2个特色产业，促进贫困群众增产增收。原兰州、成都军区所属部队帮助修复陕西延安、甘肃会宁、贵州遵义等地红色遗址，协助地方打造精品红色旅游产业，开办乡村旅游农家乐1.8万余户，拓宽了农村劳动力就业和群众致富渠道；38集团军帮助阜平县4个乡（镇）各建起1个农民合作社，生产的农副产品由部队按市场价购买，既让官兵吃到了放心绿色食品，又使贫困群众有了稳定收入。

【党建帮扶】 2015 年，各级充分发挥部队政治工作优势，深入做好政策宣传和党建帮扶工作。空军在新疆深入推进“团村结对”工作和军地基层党组织互学互帮互促活动，协助培训基层党组织 315 个、基层党员 3600 名，推荐 180 名优秀退伍军人到驻地农村党支部工作。驻贫困地区旅团级单位，发挥部队思想政治工作优势，定期派出工作队深入偏远乡村和牧区，大力宣传党的惠民富民政策、宣传社会主义核心价值观，引导贫困群众更新思想观念，坚定靠辛勤劳动脱贫致富的信心和决心。

【扶贫济困】 2015 年，各级坚持从贫困地区贫困群众最关心、最直接、最现实的利益问题入手，扎实做好解民忧、惠民生、暖民心工作。原北京、兰州军区所属给水工程部队主动为贫困地区找水打井，先后帮助内蒙古、宁夏、青海等贫困地区打井近百眼，有效缓解了当地群众用水难问题。新疆军区持续支援自治区“安居富民、定居兴牧”工程建设，2015 年共投入 1049 万元援建安居富民房 412 套、修建水渠 6 千米，帮助塔什库尔干、墨玉县拉运建材物资 3.5 万吨。各部队帮扶 4 万多户特困群众家庭、8000 多名孤寡老人和残疾人，帮助他们解决生活困难。

（中央军事委员会政治工作部
群众工作局　刘　彬）

（四）民营企业扶贫

综　述

2015年，党中央、国务院对新时期脱贫攻坚作出全面部署，要求动员全党全社会力量，齐心协力打赢脱贫攻坚战。中共中央总书记习近平在中央扶贫开发工作会议上指出，“脱贫致富不仅仅是贫困地区的事，也是全社会的事。要更加广泛、更加有效地动员和凝聚各方面力量”，“鼓励支持各类企业、社会组织、个人参与脱贫攻坚”，“要引导社会扶贫重心下沉，促进帮扶资源向贫困村和贫困户流动，实现同精准扶贫有效对接。”《中共中央国务院关于打赢脱贫攻坚战的决定》明确要求，“引导社会扶贫重心下移，自愿包村包户”，“吸纳农村贫困人口就业的企业，按规定享受税收优惠、职业培训补贴等就业支持政策。落实企业和个人公益扶贫捐赠所得税税前扣除政策”，“工商联系统组织民营企业开展‘万企帮万村’精准扶贫行动”，“完善扶贫龙头企业认定制度，增强企业辐射带动贫困户增收的能力。鼓励有条件的企业设立扶贫公益基金和开展扶贫公益信托。”

为贯彻落实中共中央总书记习近平的重要指示精神和党中央、国务院决策部署，组织引导广大民营企业积极投身精准扶贫，全国工商业联合会、国务院扶贫办、中国光彩事业促进会共同组织民营企业开展了“万企帮万村”精准扶贫行动，以民营企业为帮扶方，以建档立卡的贫困村为帮扶对象，以签约结对、村企共建为主要形式，力争用三到五年时间，动员全国1万家以上民营企业参与，帮助1万个以上贫困村加快脱贫进程，为促进非公有制经济健康发展和非公有制经济人士健康成长、打好扶贫攻坚战、全面建成小康社会贡献力量。

“万企帮万村行动”坚持政府引导、农民主体、部门联动、民企帮扶、社会参与，努力实现政府扶贫、社会扶贫和贫困群众自力更生脱贫的有机结合；坚持精准识别、精准帮扶、精准管理、精准考核，将帮扶重点向建档立卡贫困户、贫困人口聚焦；坚持“义利兼顾、以义为先”的光彩理念，组织民营企业自觉自愿、量力而行，以开发式扶贫为重点，帮助贫困村建立扶贫长效机制，努力实现村企互惠双赢；坚持“做贡献”与“受教育”相统一，引导民营企业家积极参与理想信念教育实践活动，在先富帮后富实践中不断增强对中国特色社会主义的信念、对党和政府的信任、对企业发展的信心和对社会的信誉。

各级工商业联合会、扶贫办和光彩事

业促进会在总结提升以往组织民营企业参与农村扶贫开发相关工作基础上，指导民营企业因地制宜选择具体帮扶途径，包括：

1. 产业扶贫——引导民营企业通过投资兴办企业，开发结对村的资源，提高生产力、提升附加值，带动贫困村经济发展；

2. 商贸扶贫——发挥民营企业的市场开拓能力以及渠道和信息优势，通过采购、代销、委托加工、农企直通车等形式，帮助结对村对接外部市场，带动农户增收；

3. 就业扶贫——引导民营企业采取多种形式，通过本企业或上下游企业为结对村提供就业岗位，加大培训力度，提高就业质量，增强劳动力的可持续就业能力；

4. 捐赠扶贫——引导民营企业发扬中华民族扶危济困传统美德，弘扬社会主义核心价值观，通过捐款捐物、助学、助老、助残、助医等形式，改善结对村群众的生产生活条件；

5. 智力扶贫——引导民营企业借助人才优势开展智力帮扶，向结对村群众教授实用技术，帮助结对村群众更新生产生活观念，提高生产技能和生活质量；

6. 其它扶贫——引导民营企业积极创新扶贫模式和途径，如：指导和扶持结对村致富带头人创办企业，激活贫困地区内生动力；牵头组建或参与管理农村专业合作社，提高贫困群众的生产组织化水平；在结对村设立产业帮扶基金，按照低息运行、滚动发展原则，以金融手段帮助农户发展生产；借鉴定点扶贫工作经验，从企业中选派人员驻村帮扶，带领贫困群众发掘优势、创业致富；发挥企业家个人影响力，为结对村引入更多扶贫资源；利用互联网技术，开展电商扶贫；组织企业员工开展志愿者服务等。

在工作分工方面，各级工商业联合会、光彩事业促进会牵头，积极争取各级党委、政府促进结对帮扶企业的健康发展，优先享受当地支持民营企业发展的政策措施；当企业遇到经营困难无法完成帮扶目标时，协调新的企业接力帮扶；教育企业在结对帮扶过程中守法诚信，充分尊重和保护农民利益；充分发挥行业商会、异地商会在“万企帮万村行动”中的特色优势和积极作用。各级扶贫办牵头，本级专项扶贫资金、行业扶贫项目，优先向结对村倾斜；本级统筹支配的扶贫贴息贷款，优先支持参与结对帮扶的民营企业；协调政府有关部门，确保企业在结对村的各类投资和捐赠，依法享受优惠财税政策；企业在帮扶过程中遇到障碍和问题时，积极协调予以解决；跟踪帮扶进度，做好统计工作，每年汇总民营企业在结对村的投入情况、规划落实情况和主要成效。

2015 年 9 月，全国工商业联合会、国务院扶贫办和中国光彩事业促进会联合印发《“万企帮万村”精准扶贫行动方案》，各级工商业联合会、扶贫办和光彩事业促进会广泛动员，组织企业与建档立卡贫困村签约建立结对帮扶关系，并将结对名单上报全国工商业联合会。2015 年“扶贫日”

期间，全国工商业联合会、国务院扶贫办和中国光彩事业促进会共同组织启动仪式，同时开展了系列宣传活动。响应国家号召，大连万达集团股份有限公司帮扶贵州省丹寨县，计划投入14亿元，实现全县5万名贫困农民脱贫；恒大地产集团有限公司与贵州省大方县签订帮扶协议，计划无偿投入资金30亿元，实现全县18万建档立卡贫困人口整体脱贫。

（国务院扶贫办国际合作和社会扶贫司）

山东青果食品有限公司扶贫

【企业概况】 山东青果食品有限公司（以下简称“山东青果”）成立于2002年4月，位于临沂市沂南县县城温泉路，是一家集种植、加工、检验、检测、储藏、出口于一体的农业产业化龙头企业，“国家第一批良好农业规范试点企业”“山东省高新技术企业”“省级农产品质量安全示范企业”，国家质量监督检验检疫总局和日本厚生省确定的全国首批对日出口菠菜的五家企业之一。企业注册资本1100万元，资产总额1.05亿元，拥有国际领先的生产加工设备，代表国际先进生产水平的IQF生产线3条、BQF生产线2条，色选机4台，自动包装机1台，年可生产冷冻蔬菜1.7万吨、腌渍菜6000吨，年贮藏量达6000吨以上。山东青果通过了HACCP、EUREPGAP、BRC和欧盟EC、美国NOP、日本JAS有机认证，主要产品有速冻菠菜、毛豆、绿花菜、绿芦笋、蒜苔等及腌渍大姜、黄瓜、大根、蒜米等，远销往美国、日本、欧盟、东南亚、加拿大等10多个国家和地区。2015年，实现销售收入1.2亿元，出口创汇2000万美元，实现税收500万元。目前，山东青果与日本伊藤忠株式会社合作投资1.2亿元人民币，新上世界最先进的日本CAS冷冻蔬菜技术加工项目，项目建成后，将成为全国唯一一家采用CAS冷冻技术的企业，在全国冷冻蔬菜行业中产品质量居第一位。

自成立以来，山东青果始终践行“扶贫济困”企业承诺，加大扶贫资金投入，采取“产业扶贫、金融扶贫、公益扶贫”等多种形式，变“大水漫灌”为“精准滴灌”，走出一条“企业贫困户互帮互赢”路子，成为民营企业参与扶贫的标兵。目前，直接或间接投入扶贫资金累计5000万元，惠及3个市、8个县、20个乡（镇）、86个贫困村、0.94万户贫困户、1.63万贫困人口。所帮扶贫困户当年人均家庭纯收入达3500元以上。山东青果计划开发调理、面食、进口水果和深海鱼等产品，实现农业产业化集团化发展，带动更多贫困户脱贫致富。

【产业扶贫】 山东青果发挥龙头带动作用，先后投入产业扶贫资金1000万元，锁定在带领老区人民脱贫致富，发展无公害蔬菜标准化种植基地（园区）上，帮扶贫困户依靠产业扶贫，“摘穷帽、拔穷根”。目前，山东青果新增流转农村土地1.1万亩，发展省外基地（园区）5个、面积2万亩，其中有辽宁菠菜生产基地、贵州秋葵生产基地、福建荷兰豆生产基地、宁夏毛豆生产基地、广东绿芦笋生产基地；省内基地（园区）9个、1万亩。其中有济宁市的曲阜市尼山镇、汶上县郭楼镇、兖州区歇马亭村，泰安市的东平县苍邱村，聊城市的阳谷县碧桃园村、阳谷县大洼里村，临沂市的汤头镇后林子村、沂南县独树村、沂南县东莱园村。2012年以来，山东青果改变过去传统种植模式，依托蔬菜种植基地，坚持“公司+合作社+基地+农户”农业产业化运营模式，以市场为导向，以主导产业为载体，以机制创新为保障，实施订单农业，与愿意从事种植的贫困户签订合同，采取“贫困户+基地”“贫困户+公司”等多种形式，把贫困户与企业联结起来，形成“五统一”发展模式（即统一供苗、统一供应技术、统一回收、统一加工、统一销售），实现了由“救济式”扶贫到“开发式”扶贫的转变，帮助1000多户贫困户通过蔬菜种植加工快速脱贫，户年均收入稳定增加1000元以上。企业产业扶贫发展，推动全县蔬菜产业实现了规模化、标准化、品牌化转型升级，示范带动标准化种植基地26万亩，从业农民8.6万户，辐射全县发展蔬菜种植面积70万亩，取得了良好的经济效益和社会效益。

【金融扶贫】 山东青果帮助沂南县孙祖、岸堤等乡镇的12个贫困村、100户贫困户，向农村信用合作社申请“富民农户贷”小额信贷资金300万元，用于发展有机菠菜、毛豆等特色农业，解决了贫困户“贷款难、致富难”的资金瓶颈问题。4月，山东青果先后6次组织管理人员和专业技术人员，分赴沂南县双堠、马牧池等贫困重点乡镇，深入田间地头，发放调查问卷等资料，征求贫困户帮扶加盟意愿，并计划利用“富民生产贷”小额信贷资金260万元，与筛选出的4个村、60户贫困户、200名贫困人口帮扶对象签订脱贫帮扶协议，安排有劳动力转移意愿的30户贫困户到企业务工，有劳动能力的20户贫困户签订“免费提供技术、统一回收”订单合同，确保人均月工资3000多元。对于完全丧失劳动能力的贫困户，山东青果只使用富民生产贷的贷款本金，将富民生产贷政府贴息部分拿出来补助帮助他们脱贫。

【公益扶贫】 2010年，山东青果出资30万元，用于帮扶、资助困难职工家庭、特困社会人群、困难家庭子女等社会弱势群体。当年10月，为农村贫困老人捐赠价值5万元的花生油、面粉、大米等物品，让当地困难群众感受到企业爱心。2012年，山东青果出资40万元，帮助沂南县岸堤镇三村、五村2个贫困村建立300亩有机菠菜生产基地，使贫困户当年户均收入达到3900元。山东青果开展“慈心一日捐”活动，组织职工捐款5万余元，全部捐赠贫困户，资助25名贫困失学儿童重返校园。仅2014年，山东青果向当年考取高等学校的贫困学生捐助助学金3万元。同时，每逢老人节、元旦、春节等传统节日，山东青果出资开展“倡导社会公益，弘扬人间大爱”爱心活动，组织企业员工赴沂南县界湖、岸堤等镇的敬老院送生活用品，献爱心，送温暖。今年，山东青果积极响应全县孝心养老工作，摸清企业贫困户底子，组织60名贫困户员工，示范带动，带头交孝心款，带动其他孝心养老贫困户800户，企业和个体工商业户100家参与爱心养老活动。

【扶贫培训】 山东青果每年投入50万元以上专项扶贫培训基金，采取培训班、辅导报告会、现场会等多种形式，对进入山东青果的贫困户进行基本技能和技术操作规程培训，培养了一大批能手型、手工型、管理型人才，实现了由“富口袋”向“富脑袋”转变。同时，定期或不定期聘请山东农业大学、青岛农业大学等专家教授，强化对签订订单合同贫困户技能培训，使在家务农的贫困户切实掌握1~2项实用技术，提高他们的蔬菜种植水平。瞄准北京、青岛等重要城市，围绕蔬菜产业发展，建立“订单—培训—就业”的劳动力转移培训工作运行机制，开展针对性的转移培训，转移农村贫困户200户，户增收4000元，示范带动当地转移农村剩余劳动力5万余人。截至目前，山东青果通过“定点课堂、空中课堂、流动课堂”三大扶贫培训，共计举办培训班200余期，培训贫困人口3万余人次，发放各类农业科技书籍6万份，科技光盘2万张，科技明白纸10万张，带动农户10万余人。

【企业扶贫模式】 为进一步整合社会资源，增强贫困户市场竞争力和抵御风险的能力，采用公司扶持合作社、合作社帮助会员、会员带动贫困户的形式，先后和青禾蔬菜种植专业合作社、懋源蔬菜种植专业合作社等15个农民专业合作社形成了稳定的经营联合社，发展社员980人，其中贫困户110户、240人。联合社自2013年创立以来，本着“资源共享、辐射带动、市场拓展”的原则，为成员单位提供政策信息、销售信息、原材料采购信息，有效降低了社员和贫困户种植风险。2015年，联合社有机原料生产基地发展到3.5万亩，直接或间接地带动贫困种植户4300户，增加就业岗位100多个，辐射近2万人口，使贫困户亩均增收3000—4000元。

【基础设施建设】 山东青果每年投入基础设施建设资金80余万元，用于基地（园区）内外道路、水利、电力等方面，方便了当地农民生产生活，带动和促进了地方经济和社会发展。目前，累计整修乡村道路10公里，深挖大口机井56眼，铺设田间输水管道2.2万米，疏浚田间灌溉沟渠1.1万米，架设农电线路1.2万米，配套安装50KVA变压器10台，带动周边600户贫困户均增收5000元以上。2015年，投入300万元为贫困户进行蔬菜大棚设施改造，发展特色产业。

（山东青果食品有限公司　宋丙国）

山东玉皇化工（集团）有限公司扶贫

【企业概况】 山东玉皇化工（集团）有限公司（以下简称“山东玉皇”）位于山东省菏泽市，始建于1986年，从一个村办集体小厂起步，现已发展成为一家民营股份制跨国企业集团，具有从炼油到精细化工、从基本有机化工到高分子材料的完整产业链条，主营业务涵盖化工产品的研发、生产、销售及物流运输、新能源电池等领域。目前在国内外拥有5大生产基地、20余家子公司，总资产200亿元，占地7000余亩，员工6000多人。2013年8月，经人力资源和社会保障部批准，山东玉皇设立菏泽市首家博士后科研工作站，拥有全日制硕士以上高学历人才100余人，其中博士30余人。

山东玉皇主要产品有汽油、柴油、MTBE、二甲醚、异丁烯、聚异丁烯、苯乙烯、聚苯乙烯、丙烯、聚丙烯、丁二烯、顺丁橡胶、异戊二烯、间戊二烯、双环戊二烯、双环树脂、间戊树脂、乙苯、二甲苯、石油焦、硫磺、液化气等。

2015年，山东玉皇实现销售收入320亿元，利税13.6亿元，2013年，首次入围中国企业500强。山东玉皇先后被评为“全国守合同重信用企业”“国家创新型试点企业”“山东省节能降耗先进企业”“山东省产学研结合突出贡献企业”“山东省知识产权试点企业”“山东省高新技术企业”“改革开放30年山东省功勋企业”等荣誉称号。

山东玉皇党委书记、董事长王金书先后被评为“中国优秀民营企业家”“全国劳动模范”“全国扶贫先进个人”“全国创先争优活动优秀共产党员”等荣誉称号，光荣当选为党的十八大代表和十二届全国人大代表。2015年9月，山东玉皇董事长王金书随中共中央总书记习近平出访美国，并作为中方企业家代表出席了在西雅图举办的中美企业家座谈会。

多年来，山东玉皇在董事长王金书的带领下，在不断发展壮大的同时，始终牢记社会责任，始终高度关注农村贫困人口脱贫事业。采取“安置就业促脱贫、依托三产帮脱贫，反哺农业帮脱贫，热心公益助脱贫”等方式，致力于贫困人口脱贫事业。公司依靠自身产业链条和附属产业，先后吸纳安置1200多名农村贫困人口就业，年增加农民收入3000多万元；山东玉皇董事长王金书个人出资5.6亿元为群众建设新居，无偿捐赠给全村村民。先后累计投入社会扶贫资金 6000 多万元，捐建小学，铺柏油路，安自来水，通天然气，开通数字电视，给小学老师发福利等。

【产业扶贫】 山东玉皇依托自身强大而完整的产业链条，不断拓宽扶贫领域，以促进贫困人口增收为目标，以吸纳贫困人员就业为抓手，以开辟就业岗位为重点，以加快周边农村基础设施建设为着力点，以开展文化扶贫、公益扶贫为有力补充，全力促进贫困人口脱贫。

山东玉皇在自身发展壮大的同时，直接安置贫困家庭毕业生 1200 余名，年人均增收 4 万元；开辟环卫、园林等后勤服务性岗位 160 个，先后安置贫困群众 120 名；不断开发产业链条中附属产业和服务业，兴办企业附属编织袋厂、酒店、宾馆等劳动密集型产业，安置贫困人口 180 多人；先后投入 2000 多万元，派驻企业优秀人才 18 名。

集团注册成立了山东玉皇农业科技有限公司，制定了长远的高标准发展规划，计划总投资 7.8 亿元建设玉皇农业科技生态园，将其划分为高级生态林休闲区、有机蔬菜生产区、农产品深加工区、民俗博物馆等 9 个功能分区，帮助玉皇庙村发展设施农业、生态农业、高效农业、观光农业。目前，已购置大型农业机械 30 多台(套)，总价值达到 280 万元，建设冬暖式温室瓜菜大棚 30 个，新建采摘园、浅植藕池 60 亩，种植绿色有机水稻 400 亩，有机瓜菜 400 亩，每年可吸纳周边村 120 名贫困群众就业，年可增加农民收入 200 多万元；企业的不断壮大，在企业周边不断形成了以商贸、餐饮、物流等为主的第三产业，引导和鼓励头脑灵活、懂经营的贫困群体依托化工集团、农业公司和旅游资源搞物流运输、农家乐发家致富。

【文化扶贫】 山东玉皇不仅对贫困群众进行物质帮扶，更注重精神帮扶、智力帮扶、文化帮扶。为丰富群众的精神文化生活，山东玉皇投入 60 万元建设了农家书屋，购买图书 3000 套；投入 300 万元建设老年活动中心，为老年人提供娱乐休闲场所；投入 600 万元建设了数字影院，定期免费为群众放电影；投入 1000 多万元建成了民俗博物馆，投入 500 多万元建设了 6 处总面积达 10000 多平方米的文化健身广场，安装体育器材和健身器材；组建秧歌队、舞蹈队、健身操队，为其购买服装、设备，组织集体演出；每年邀请戏剧演出团送戏下乡，满足群众文化娱乐需求。

【公益扶贫】 山东玉皇主动承担社会责任，累计捐赠 2000 多万元支持社会公益事业和慈善事业。设立“养老基金”“救助基金”，救助因患大病致贫的困难职工和贫困户，帮助其渡过难关；为玉皇庙村 60 岁以上的老人每人每月发放 50—200 元不等的敬老津贴；在“献爱心助脱贫”活动中，山东玉皇一次性捐款 100 万元，用于支持当地扶贫开发事业，帮助贫困群众尽早脱贫。此外，还定向帮扶贫困户 61 户，采取“两帮一促”措施，精准帮扶贫困户脱贫。

【教育扶贫】 山东玉皇十分重视当地教育事业，设立“建设基金”“教育基金”，投资300余万元为玉皇庙村建起了高标准的村教学楼和教师宿舍楼，高薪聘请高水平的教师为学生授课。早在10多年前，山东玉皇帮助全村学生实现了12年免费就读，为考入大学专科以上的学生每人发放3000—5000元不等的村级助学金，帮助其顺利完成学业；开展师资培训，邀请山东师范大学优秀教师开展送优质课程下村活动。这些措施，减轻了群众的教育负担，提高了学子学习积极性，推动了当地教育事业的不断发展。

【基础设施】 山东玉皇先后投入6000多万元用于民生工程和公共基础设施建设。其中投资2000万元建设玉皇公园，为周边群众提供休闲娱乐场所。投资4000多万元，用于农田水利、道路、自来水，沼气各种基础设施建设。2010年，山东玉皇董事长王金书同志出资5.6亿元建设玉皇新村，并无偿捐赠给父老乡亲，建设360平方米的单体别墅260栋、270平方米的连体别墅140栋，高层住宅8栋，老年公寓4栋，总占地625亩，建设面积21万平方米。除居民住宅外，还配套综合楼、村心公园、绿地广场、小学幼儿园、卫生室、宾馆、数字影院、老年活动中心、殡仪馆等，天然气、宽带、数字电视全部入户。

（山东省东明县武胜桥镇人民政府
李杰勇）

湖南省华兴实业发展有限公司扶贫

【企业概况】 湖南省华兴实业发展有限公司（以下简称“华兴实业公司”）是一家以酒店服务业为主，同时兼营驾驶人培训、机动车辆安检和综检、出租车营运和房地产开发等项业务的侨资企业，由荣获“全国创业之星”的湖南省人大代表、省归国华侨联合会副主席、省劳动模范向长江亲手创办。华兴实业公司成立于1995年7月，现拥有隆回友谊宾馆、隆回友谊驾校等9个分支企业，企业员工2000余人，总资产达20.8亿元，累计上缴国家税费1.4亿元，为社会公益事业捐款7000多万元。先后荣获“全国厂务公开民主管理先进单位”“湖南省和谐劳动关系模范企业”“邵阳市扶贫工作先进单位”“隆回县爱心企业”等称号。

自从开展“千企联村”和“万企帮万村”活动以来，湖南省华兴实业发展有限公司以隆回县横板桥镇麻场村、同福村和岩口镇向家村为帮扶对象，扎实开展扶贫工作，取得了可喜的成绩，被评为邵阳市“千企联村”示范项目，华兴实业公司也先后荣获邵阳市“千企联村、共同发展”活动优秀企业奖和全市扶贫开发工作“先进单位”等荣誉。同时，2012年华兴实业公司“牵手”麻场村、同福村、向家村三个联系村实施“同心工程”，持续加大投入力度，力争通过5—8年的努力，将三个联系村建成“同心乡村”。

2016年，公司将继续按照中央和省委省政府关于开展“万企帮万村”、实行精准扶贫行动的相关要求，坚持“真扶贫、扶真贫、不达目的不收兵”，进一步推进精准帮扶，重点帮扶岩口镇向家村，并安排每一个分支企业对口帮扶向家村一个村民小组，根据每一户贫困户的具体情况，采取一户一策、一户一法，力求到2016年底全部实现脱贫共谋村企发展，为脱贫攻坚战做出新的更大贡献。

【城乡党建一体双联】 华兴实业公司与三个联系村开展了城乡党建一体双联活动，协商制定了对接项目发展规划，谋划了环境卫生整治、产业结构调整、党建互动及社会事业等系列重大共建项目。2014年，公司董事长向长江先生参选并担任向家村村主任，无偿投入850万元用于向家村的基础设施建设。同时，建立村企党组织联席会议制度，研究解决村企共建过程中遇到的困难和问题，形成了“村企合作、齐抓党建、共谋发展”的新局面。华兴实业公司重点帮扶的麻场村，全村人均年收入由原来的1100元提高到现在的5200元，村集体经济年收入达11.2万元，村党支部进入了隆回县先进党组织行列。

【基础设施建设】 近年来，华兴实业公司共捐款近2000万元，加强向家村、同福村、麻场村的基础设施建设，使三个村的生产生活条件得到改善、村容村貌明显改观。为向家村、同福村修建并硬化14.8千米村道，对麻场村至南岳庙乡4.4千米村道、麻场村至横板桥镇3.5千米村道，由原来的3.5米扩宽到6.5米并进行了硬化；为向家村、同福村修通了5千米的水渠，为麻场村6个村民小组修建了高标准的自来水工程；在麻场村设立垃圾焚烧炉50余个；投入资金240万元，用于麻场村的街道改造和修建下水道工程，使得麻场村变成一个基础设施齐备的小城镇。同时，华兴实业公司还先后为虎形山乡四角田村、北山镇新元村、金石桥镇干田坳村近十个村的人畜饮水工程、村道畅通工程等捐款50余万元。

【产业扶持】 华兴实业公司根据当地特色资源，发动三个扶贫村群众用闲置的荒山或自留地作为资本投入，与公司签订了用地和利益分配协议，建立起产业扶贫的利益联结机制，兴建了一批共建产业项目，强力拉动了当地经济发展。依托横板桥镇“传统手工红薯粉丝之乡”的品牌，在麻场村投资500余万元援建了丰华水晶粉丝有限公司，年产值达300万元；帮助援建麻场村柑橘种植场，种植面积200余亩，年产值达120余万元；配合全县“南烟北药”发展战略机遇，扶助麻场村种植烤烟100余亩，实现群众人平增收300元；援建麻场村养猪基地，年出栏生猪600余头，带动了一批养猪大户，年产值达100万元以上；在麻场村开垦荒山705亩，种植油茶林7万多株。同时，随着友谊驾校和隆回考场的做大做强，带动了麻场村商品流通、餐饮住宿、汽车维修等产业的发展，有效解决该村富余劳动力转移就业达350余人。

【公益扶贫】 捐款12万元为麻场村修建了200平方米的村级活动中心、篮球场，实施了村办小学改造，更新了全部课桌课椅并且增添了16台电脑。在麻场村改造农村危房27户，帮助贫困农户住进了新居。在麻场村安排4名专业环卫工人，由公司发放工资，负责该村和考场的垃圾处置，有力治理了周边脏乱差现象，使得村容村貌焕然一新。从2007年起，华兴实业公司每年为麻场村困难村民提供低保资金5万元，并向县民政部门每年争取低保资金20万元，使240名低收入村民的生活有了保障。同时，为麻场村65岁以上的老人每年发放生活补贴1200元。

（湖南省扶贫办　游伟民）

成都天友旅游集团扶贫

【企业概况】 成都天友旅游集团(以下简称“成都天友”)成立于1992年，总部设在成都。成都天友旗下拥有死海旅游度假有限公司、欢乐水魔方股份有限公司、四川王朗生态旅游投资经营管理有限公司、四川天友泸沽湖旅游股份有限公司、四川天友邛海旅游股份有限公司、四川天友木里洛克旅游股份有限公司等骨干企业，是四川省政府认定并重点扶持的十大龙头旅游企业集团，现已成长为中国最大的专业化旅游投资和经营管理集团之一。2003年，成都天友投资开发的“中国死海”项目，成为“无中生有”旅游景区开发的成功范例，被业界誉为“死海神话”。2010年，成都天友在北京水立方国家游泳馆投资打造室内嬉水乐园，成为首都市民消夏避暑的首选之地，被誉为奥运场馆赛后运营再利用的标杆，并获得“世界水上乐园协会”颁发的创新大奖。成都天友与秦巴山片区贫困县平武县、中国进出口银行四川分行、国投集团贫困地区产业发展基金等共同打造白马王朗“文旅产业金融扶贫试验区”，于2015年被四川省旅游发展委员会定义为“景区带动型”旅游产业扶贫的示范区，“白马模式”被称为四川文旅产业扶贫的新样本。2015年5月15日，成都天友总经理白燕川先生荣获国家旅游局首次颁发的“中国旅游产业杰出贡献奖——飞马奖”。

【企业扶贫回顾】 2012年以来，成都天友将战略重心转移到四川境内自然人文景区的投资开发，在位于绵阳市平武县的白马王朗旅游度假区投资开发中，始终尊重白马藏族群众的主体地位，在800平方公里范围内精准构建起“龙头企业+村寨/合作社+本土创业者+其他农户”的旅游产业扶贫模式，搭建起4000余名白马藏族群众创业、就业、务工的共赢共享大平台，在农村“共享经济模式”旅游发展路径的探索实践中取得丰硕成果。3年来，白马王朗旅游度假区一期白马藏族群众生产生活条件发生了明显变化，2012年末农民年人均纯收入不足4300元，2013年达到5597元，2014年增长到6780元，2015年突破8000元。2014年“十一”黄金周，各村寨接待户营收总额达到1000余万元，户均收入3万元以上，其中收入超过10万元的达27户。2015年“十一”黄金周情况较上年又有提升，接待户户均营收5万元左右，最高达到20万元。

2015年，成都天友积极响应凉山州委、

州政府将旅游业确定为首位产业以及创建中国西部旅游扶贫示范区的战略目标，与有关市县签署了投资协议，并将国家级贫困县木里藏族自治县、盐源县、革命老区县冕宁县等地区列为集团产业扶贫目标区域，与绵阳市平武县一道纳入到《成都天友旅游集团产业扶贫规划（2016—2020年）》。同时，成都天友还研究出台了系列保障措施，成立了以白燕川总经理为组长的产业扶贫工作领导小组，确保产业布局、投资开发和产业扶贫同部署、同推进。

【企业扶贫模式】 白马王朗核心景区共有4个村15个合作社1500余名白马藏族群众，建档立卡贫困人口为206人，贫困发生率为14.1%。2012年以来，在当地党委、政府的引领下，成都天友与白马藏族群众一道开发建设白马王朗旅游度假区，通过市场化手段和专业化打造，将“三个资源”（群众住房、村寨人口、白马文化）转变为“三个资本”（经营场所、人力资本、文化产业），推进旅游开发、文化传承、生态保护、脱贫攻坚有机结合。

植入文旅产业项目，使群众住房转化为经营场所。把3个建档立卡贫困村纳入产业扶贫链条。成都天友投资近3000万元对刀切加、祥述加、色如加、厄哩、索谷修、扒昔加等村寨进行风貌改造和设施完善。对外部风貌进行“修旧如旧”，对地下水、电、污水处理等管网开展整治，架设通讯设施确保Wi-Fi景区全覆盖，大大提升了原住民的旅游接待条件和生活质量。目前，项目一期村寨共有接待户200余户、房间1460余间、床位3200余个，可同时接待5000余人就餐、3200余人住宿。成都天友还对村寨业态、村寨接待户进行统一市场推广，使村寨接待户承接了绝大部分游客的食宿服务，为原住民创造条件获得经营性收入和财产性收入。

开发本土人力资源，使村寨人口转化为人力资本。精准定位老年、壮年、青年三类人群各自优势并进行分流安排，使老年有所为、壮年有所成、青年有所盼。安排老年人通过展示日常起居、生产生活来“活化”民俗获得收入，旭世修、其挂修、朱女子、尼苏、杨波塔、夺子修等老人已成为白马村寨最为珍贵的活化遗存。鼓励200余户年富力强的壮年人利用景区产业大平台，发展以农家旅游接待为主线，民俗文化表演、青稞咂酒生产、手工艺品制作、生态种植养殖等为补充的全产业链条。培养50多位“生力军”成为企业的文化专员、歌舞演员、讲解员、安保队员，甚至个别优秀青年已成长为中、高层管理人才。

挖掘传统民俗文化，使白马文化转化为文化产业。成都天友指导项目公司成立白马文化事业部，牵头整理白马地区文学艺术、民风民俗等一手资料，与市场部、艺术团一道将其转化为拜山节、白马风情节等产品形态。聘请“白莫”（白马藏族宗教人员）牵头指导村寨群众开展十二相舞、圆圆舞、跳曹盖、大刀舞等极具仪式感和原始风情的民俗展示。引导原住民把白马歌舞文化与旅游相融，组建成立风情独具的白马艺术团，艺术团表演已经成为旺季吸引市场的重要举措。

【扶贫机制保障】 成都天友在旅游产业扶贫中，还注重从党建带动、金融扶持、利益联结等方面强化举措、确保实效。强化党建扶贫。成都天友指导项目公司成立党支部，并与项目指挥部合兵一处，和亚者造祖村、厄哩村、稿史脑村、伊瓦岱惹村等党支部开展共建。中国进出口银行四川分行第三支部与项目公司党支部、村寨支部开展共建，给予融资融智支持。项目公司党支部委员与各村支部委员双向交流挂职，牵头协调解决规则制定、资源调配、矛盾调处、旅游投诉、综合治理等涉及村寨和老乡切身利益的实际问题。鼓励党员接待户带头发展，当好致富带头人，并在接待标准、服务质量等方面做好示范表率，有力带动了其他群众主动发展。强化金融扶贫。白马王朗旅游度假区一期整体建设已完成投资逾 14 亿元。其中，中国进出口银行四川分行提供贷款 6.9 亿元，用于项目一期基础设施建设，利率为央行基准利率、期限长达 9 年。成都天友投入自有资金逾 7 亿元用于服务设施新建、白马村寨改造等。中国人民银行成都分行将“白马王朗旅游度假区”设立为“支农再贷款支持生态旅游建设基地”，由平武县信用社提供期限长达 7 年的扶贫专项贷款 1000 万元支持农户发展家庭旅游接待。由财政部、国家开发投资公司及中国烟草总公司共同组建的贫困地区产业发展基金采取股权方式投资 5000 万元支持独立景区建设。白马王朗“文旅产业金融扶贫试验区”的基础构架已形成。强化利益联结。除景区开发投入外，成都天友还无偿为农户提供现金补助，向带头发展农家接待的农户发放 5000 至 3 万元不等的扶持现金，协助引导农户改善家庭招待条件，促进了群众将住房转化为经营场所。在扒昔加寨独立景区探索建立门票收入分成机制，签订《景区门票收入分成协议》，约定将门票收入的 10%分给村寨，农户将门票分成可再次入股到企业项目，变身为“股民”。指导扒昔加寨等村寨成立旅游接待合作社，完善组织构架和职能分工，对统筹农户规范经营、杜绝欺客宰客、民俗展演组织、社区综合治理等，以及建立和壮大集体经济起到了强有力的推动作用。

（成都天友旅游集团
文化事业部　王九河）

（五）社会组织扶贫

综　　述

坚持全党动员、全社会参与是中国特色扶贫开发道路的一个重要特征。2015 年 6 月 18 日,中共中央总书记习近平在部分省(区、市)扶贫攻坚与“十三五”时期经济社会发展座谈会上指出,“要广泛调动社会各界参与扶贫开发积极性,鼓励、支持、帮助各类非公有制企业、社会组织、个人自愿采取包干方式参与扶贫。”2015 年 11 月 27 日,习近平在中央扶贫开发工作会议上要求,“调动各方力量,加快形成全社会参与的大扶贫格局”,“鼓励支持各类企业、社会组织、个人参与脱贫攻坚。同时,要引导社会扶贫重心下沉,促进帮扶资源向贫困村和贫困户流动,实现同精准扶贫有效对接”。

社会组织是社会扶贫的重要组成部分。截至 2015 年底,我国共登记社会组织 66.2 万个,其中社会团体 32.8 万个,基金会 4762 个,民办非企业单位 32.9 万个。社会组织来自公众,更加贴近贫困群众、了解需求,具有专业性、志愿性、非营利性和灵活性等优势,在教育、科技、文化等领域开展工作,提供了卓有成效的扶贫服务,为我国扶贫工作做出积极贡献,涌现出光彩事业、希望工程、母亲水窖、爱心包裹、幸福工程、春蕾计划、温暖工程等一批扶贫公益品牌。2015 年,成立了“1017 扶贫基金”,动员社会公民开展扶贫募捐。

一、出台政策措施引导社会力量参与扶贫开发

国家鼓励社会组织特别是公益慈善组织的发展,出台了一系列税收优惠政策以支持其发展。现行企业所得税政策规定:对符合条件的非营业组织的非营利性收入免征企业所得税;对企业和个人发生的公益性捐赠支出,可按规定在所得税前扣除,其中,企业的公益性捐赠支出,在年度利润总额 12% 以内的部分准予扣除,个人的公益性捐赠支出,在其应纳税所得额 30% 内的部分准予扣除;对企业向公益性社会团体捐赠股权的,可按取得股权的历史成本确定转让收入,相当于免除了捐赠人在捐赠环节的所得税,有利于进一步促进公益股权捐赠行为。此外,在其他税种方面,对一部分社会组织、公益单位,也制定了专项税收政策,如对学校、医院、文化馆、纪念馆等事业单位取得的劳务收入、门票收入免征增值税,对学校、医院、宗教场所等国家拨付事业经费的单位自用的房产、土地免征房产税、城镇土地使用税。对从事扶贫的社会组织符合上述政策规定

条件的,均可按规定程序申请享受相关税收优惠政策。

二、培育发展社会组织,为贫困地区弱势群体提供更完善的公共服务

国家层面简政放权,取消全国性社会团体分支机构、代表机构登记行政审批,取消社会团体筹备成立审批,完善公益慈善等四类社会组织直接登记认定指引,民政部会同财政部出台取消社会团体会费标准备案,更多向社会让渡空间,促进社会力量更多发挥内生潜力。

三、推进政府职能向社会组织转移

一是推进政府购买社会服务。财政部、民政部出台《关于支持和规范社会组织承接政府购买服务的通知》和《政府购买服务管理办法(暂行)》,明确在购买民生保障、社会治理、行业管理等公共服务项目时,同等条件下优先向社会组织购买。民政部、中国残疾人联合会出台《关于促进助残社会组织发展的指导意见》,财政部、民政部、住房和城乡建设部、人力资源和社会保障部、卫生和计划生育委员会、中国残疾人联合会出台《关于做好政府购买残疾人服务试点工作的意见》,财政部、国家发展和改革委员会、民政部、全国老龄工作委员会办公室出台《关于做好政府购买养老服务工作的通知》,各地民政部门购买社会组织服务资金超过 6 亿元。

二是以项目和活动支持社会组织参与扶贫。自 2012 年起,中央财政每年拨付 2 亿元专项资金,用于支持社会组织参与社会服务。截至 2015 年底,共支持了 1741 个项目,围绕社会救助、扶贫救灾、社会福利、社区服务等重点领域开展服务,带动地方财政资金、社会资金和自有资金共约 7 亿元进入社会服务领域。项目使得约 900 万人直接受益。这些受益者大多是社会弱势群体,项目执行地域向西部欠发达地区、集中连片贫困地区倾斜,项目所提供的社会服务不仅帮助了单一个体,往往还连带影响到整个家庭,实际受惠幅度远超直接受益人数。

(国务院扶贫办国际合作和社会扶贫司)

中国扶贫基金会扶贫

【概述】 2015年,中国扶贫基金会财务总收入(含中和农信项目管理公司受托管理资金)46.57亿元,公益事业总支出38.15亿元。在教育扶贫、健康扶贫、农村生计与社区发展扶贫、救灾扶贫四大领域,扶助弱势群体,约有400.99万人次贫困人口和灾区民众从中受益,其中:教育扶贫117.08万人次;健康扶贫20.99万人次;农村生计与社区发展扶贫约153.64万人次;救灾扶贫101.76万人次;其他7.52万人次。致力于倡导与推动工作。倡导人人可公益慈善理念,倡导公众参加反贫行动,实现了11.72亿人次的个人捐赠;参与行业建设,推动行业规范发展;倡导与推动中国民间组织步入国际反贫及人道主义救援的舞台。

【中国消除贫困奖】 2015年,中国扶贫基金会联合《人民日报》、新华社、《光明日报》、《经济日报》、中央人民广播电台、中央电视台、《农民日报》共同发起举办"2015中国消除贫困奖"评选表彰活动。

【美丽乡村】 2015年,中国扶贫基金会先后得到中国民生银行、加多宝(中国)饮料有限公司、恒大地产集团有限公司、三星(中国)投资有限公司的大力支持,累计筹集协议捐赠资金6600万元,已投入2268万元,在四川、贵州、陕西、河北4省7个村庄开展项目,美丽乡村模式初步成型。

2015年,四川省宝兴县穆坪镇雪山村的产业发展项目民宿9月份试营业,2015年底全体村民首次获得5.86万元的分红,人均100元,合作社的管理能力日渐提高;宝兴县邓池沟村的14套民宿客房具备接待能力;陕西省渭南市富平村庄完成112户民居及社区水、电、路、文化广场等基础设施建设,村民搬进新居;贵州省台江县反排村合作社的民宿旅游接待和木鼓舞表演收入近10万元;确定河北省涞水县南峪村为河北美丽乡村项目的实施村。

【电商扶贫】 2015年,结合芦山地震灾后重建,支持四川省雅安市名山区3个农村社区依托电商平台实现线上农产品交易额90.75万元(494位水果种植农户人均直接增收426.13元),带动线下新增销售额近1000万元。注册社会企业"北京中合农道农业科技有限公司",围绕品控生产、社区组织建设、渠道链接管理、品牌授权管理等关键业务模块,基本完成模式(模型)化探索。

【国际反贫及灾害救援】 2015年,中国扶贫基金会首次大规模启动了国际灾害救援，开展国际援助项目。2015 年共筹集资金 2166 万元，通过项目实施，受益人口覆盖尼泊尔、苏丹、埃塞俄比亚、柬埔寨、缅甸等 9 国的 22.7 万人次。中国扶贫基金会参与开展的尼泊尔地震中国民间救援行动获南方都市报社等主办的责任中国 2015 公益盛典"公益行动奖"。

在"4.25"尼泊尔地震的紧急救援中，共派出 8 批共计 16 人的救援力量，组织来自 6 个国家的志愿者 138 人次提供志愿服务 2600 小时以上。2015 年，筹集款物 1315 万元（含西藏自治区地震救援），援助支出 607.86 万元。

【行业建设】 2015 年，为持续有效推动公益慈善年度问题和经验的梳理，继续支持《中国第三部门观察报告》研究的编著与推广；参与慈善立法的相关活动，推动政府立法过程中的民间参与意识；为推动行业协作特别是合作救灾，推动基金会救灾协调会在尼泊尔赈灾工作中发挥作用；支持教育 NGO 联盟成立等。

【草根非政府组织（NGO）资助】 2015 年，中国扶贫基金会资助草根组织开展各类慈善公益活动，通过"公益同行"、NGO 合作加油计划等多个项目的实施，资助项目 216 个，资助 2982 万元。

【母婴平安项目】 以救助贫困母婴、降低孕产妇及婴儿死亡率为宗旨的公益项目，先后开展了母婴平安 120 行动、助明计划等项目。2015 年，母婴平安 120 行动项目覆盖 7 省 12 县，补贴孕产妇 2616 人，抢救危急危重孕产妇 17 人。助明计划覆盖 3 省 6 县，超过 7 万儿童从中受益。

【爱加餐项目】 通过提供营养加餐、学校厨房设备及营养宣教等方式，改善贫困地区儿童的营养状况。2015 年，爱加餐项目投入 3065.5 万元资金，覆盖 6 省 11 州（市）20 县（区）。其中营养加餐累计投入 1839.8 万元，覆盖 4 省 14 县 233 所学校，受益学生约 5.6 万人；爱心厨房累计投入 1110.6 万元，覆盖 6 省 16 县 204 所学校，受益学生约 6.4 万人。

【爱心包裹项目】 通过动员社会力量捐购包裹形式，关爱贫困地区及灾区小学生的一项全民公益活动。2015 年，筹集善款 8587.66 万元，捐购学生型美术包 67.54 万个、温暖包 91586 个、学校型体育包 23 个。惠及 30 个省 209 个县 4522 所学校和 81.22 万名学生。

【筑巢行动】 旨在为贫困地区的乡村完小修建学生宿舍，为贫寒学子撑起一个温暖的家。2015 年筹款 1375.41 万元，在 7 省 8 县援建 8 所学生宿舍。2015 年竣工 40 所学生宿舍，入住学生 1.75 万名。

【新长城特困大学生自强项目】 以经济资助为基础，以成才支持为核心，以"传递社会关爱，锻造自强人才"为宗旨。2015 年，筹款 1194.3 万元，受益学生 5041 人，其中新生 2408 人。

【新长城高中生自强班项目】 为家庭经济困难高中生提供经济资助和成才支持，

帮其实现求学之梦。2015年，筹款2075万元，受益人数13849人次。

【小额信贷项目】 坚守扶贫使命与宗旨，立足中国农村贫困地区，通过无抵押的小额信贷模式，助力贫困农户发展生产。2015年全年发放贷款近41.32亿元。

【溪桥工程项目】 在贫困地区修建便民桥，解决老百姓过河难的问题。2015年，投入资金628.2万元，在13省31县援建便民桥76座，直接受益人数68505人次。

【紧急救援及灾后重建】 旨在减轻贫困灾区同胞的疾苦与不安，提升灾害响应的及时性和针对性；推导和推动政府与民间组织、民间组织之间在灾害领域的合作，搭建人道救援网络。2015年，在我国15省和尼泊尔、缅甸两国启动了28次灾害救援行动；在30个城市开展减防灾教育活动127场；发布了《中国公众防灾意识与减灾知识基础调查报告》。支出2314.48万元，54.50万人次受灾人口及灾害易发社区居民受益。继续进行庐山地震以及鲁甸地震灾后重建项目。

【人人公益】 网络公众筹款“人人公益”项目，通过乐捐平台为非公募社会组织、社会团体及个人提供募款支持与能力建设服务。2015年，上线新项目835个，共160.02万人次参与捐赠，筹集善款6467.62万元，受助人数54万人次。

【公益宝贝计划】 公益宝贝计划是淘宝卖家直接参与公益的重要工具。卖家上架时自愿参与公益宝贝计划并设置一定的捐赠比例，在销售成交后按照比例将其捐赠给指定的公益项目。2015年，通过公益宝贝筹款6123.6万元，支持爱心包裹、微笑儿童、好友营、蓝天救援等多个项目。

【“捐一元·献爱心·送营养”活动】 活动旨在倡导人人可公益慈善理念，倡议全社会一人捐一元钱，为贫困山区儿童的健康成长奉献爱心。2015年筹款超过2100万元，除百胜集团及其员工捐款460万元外，吸引全国1400多万人次公众参与。

【善行100】 通过吁请大学生志愿服务100小时，商场提供场地100小时，公众捐赠善款100元的慈善行动模式，倡导并践行人人可公益慈善理念及志愿服务精神。2015年，30个省80个城市142所高校公益社团参与，42987名志愿者提供服务90万个小时，筹集善款924.45万元。

【善行者】 百千米公益和健康相结合的大型户外公益徒步活动，动员身边的人以实际行动支持公益，助力贫困地区儿童全面发展。2015年第二届“善行者”共有800支队伍3200人（来自11个国家，27省79个城市）参加挑战。活动共筹善款563.24万元。

【饥饿24全民公益活动】 在中国“扶贫日”和世界粮食日期间，2015年联合腾讯公益、新浪微公益、魔漫相机、百度贴吧、脸萌等机构再次实施体验饥饿24小时全民公益活动，号召公众体验饥饿，关注贫困，利用网络轻模式让公益慈善走近大众生活。

2015 年,新浪微博发起 “体验饥饿”的话题讨论,累计阅读量 1.9 亿,讨论量 13.7 万,中国扶贫基金会官方微信推送单篇阅读量突破 3 万,媒体活动报道 142 次,20 余位明星参与。共筹集善款 100.71 万元,支持爱加餐和苏丹微笑儿童项目。

(中国扶贫基金会 段俊英)

中国扶贫开发协会扶贫

【概述】 2015年，中国扶贫开发协会认真贯彻落实中央一系列脱贫攻坚会议、文件精神，坚持精准扶贫精准脱贫，突出工作重点，辅助政府广泛动员社会力量，引导多种所有制经济组织开展产业扶贫开发工作，以实现扶贫开发的社会效益与投资回报的双赢之目的。继续拓宽教育扶贫的渠道，推进产业扶贫与金融扶贫相结合，加快推进“支持贫困村大学生村官成长工程”，经国务院扶贫办批准设立“1017扶贫基金”，推进博士后扶贫工程，推进国际交流与合作。

【教育扶贫】 2015年，中国扶贫开发协会与对外经济贸易大学继2014年联合开展教育扶贫合作后再次启动“贸大高远在线农村初中英语教师培训计划”，为来自陕西和云南贫困地区的初中英语教师进行集中培训。课程内容包括集中授课、研讨、实训和观摩，通过“贸大高远在线”互联网教育平台进行为期一年的远程在线培训。每位学员有11个月的时间在所在工作地接受异地在线教育。该项合作是围绕“我国贫困地区需要什么样的农村中学英语教师”、“贫困地区中学英语教师有何需要”两个问题进行探索。

2015年，中国扶贫开发协会成立“中国扶贫开发协会高校教育扶贫工作委员会”，致力于高校教育扶贫工作的“四个重要平台”的建设：一是作为动员国内高校积极支持、参与和推动教育扶贫工作的重要平台；二是作为国内高校不断践行其使命、责任和精神、参与扶贫工作的理论和政策研究、分享和交流扶贫工作经验的重要平台；三是作为国内高校不断加强其社会服务功能公益性建设的重要平台；四是作为响应和承担国家重大扶贫培训任务的重要平台。

【大学生村官成长工程】 2015年，“大学生村官成长工程”共举办11期培训班，分别在浙江、福建、山东、吉林、广东等地培训大学生村官2000名。截至2015年12月，工程累计培训在贫困地区任职的大学生村官5000名，顺利完成2011—2015年培训目标。

【“连援”饮水合作项目】 中国扶贫开发协会与新加坡连氏援助组织合作，通过“村官工程”这一平台，以大学生村官为纽带，实施贫困村安全饮水项目。2015年期间，项目分别在贵州、云南、重庆、山东、湖南五个省(市)的20个饮水困难村解决了3万贫困村群众的安全饮水问题。

【1017扶贫基金】 2015年9月，国务院扶贫办正式批复同意中国扶贫开发协会

成立“1017 扶贫基金”管理机构。10 月 16 日，在“2015 减贫与发展高层论坛”的社会扶贫论坛上，多家企业与中国扶贫开发协会达成捐赠意向，其中 7 家企业捐赠额度总计 18864 万元。北京宇星新语科技有限公司捐赠价值 4000 万元，共 80 套“农民办事不出村”电子政府和电子商务服务系统，在 2015 年至 2018 年，免费为 80 个贫困县（区）实施信息助农项目。

【产业扶贫】 2015 年，中国扶贫开发协会大力推动以新型高蛋白饲料作物“籽粒苋”为核心的，集种植、养殖、加工、贸易为一体的全产业链开发。

中国扶贫开发协会与会员企业“中扶惠邦牧业股份有限公司”合作在山西省忻州市五台县高洪口乡，结合山区地形特点，改造荒滩近千亩，治理河道 8 千米，完成土石方工程 100 万立方米，砌筑护坡 4 万立方米，建设办公用房 6000 平方米、养殖圈舍 1.3 万平方米（其中在建 5000 平方米）、饲料加工厂 1 万平方米、无偿为当地农户捐建羊舍 1500 平方米。企业雇佣本乡有偿劳动力总计 8 万工日，带动全乡 2600 余户致富，有效带动了五台县乃至忻州市的畜牧业发展。2015 年，忻州市全市推广种植“籽粒苋”5.7 万亩，仅五台县就种植 1.2 万亩，使牛的存栏量由 6.2 万头增加到 6.56 万头，羊的存栏量由 29.87 万只增加到 34.74 万只。

在内蒙古自治区通辽市，利用退化的草原盐碱荒地 1 万亩种植“籽粒苋”，为国内最大肉牛企业“科尔沁牛业”每年提供 8—10 万吨优质饲料，保证 1 万头肉牛饲喂需求。通过“籽粒苋”耐贫瘠，高产、高蛋白的特性，有效利用荒地，减少粮食消耗，降低养殖成本，提高养殖企业市场竞争力。

【博士后扶贫工程】 博士后扶贫工程中心围绕中国扶贫开发协会“511 工程”目标和任务要求，于 2015 年期间，吸纳各学科、各领域博士后扶贫志愿者达 700 名。截至 2015 年底博士后扶贫志愿者总人数已近 1200 名。“博士后扶贫智库”规模逐步完善，开展扶贫工作的需求满足能力和资源运用能力不断增强，基本具备高端人才服务我国扶贫事业的基础。协会为鼓励更多博士后参与扶贫工作，第一批近百名博士后自愿加入协会会员，优化协会会员结构，实现会员结构多元化、会员素质高端化。

博士后扶贫工程中心以“小项目、大扶贫”理念，围绕“博士后粮丰工程”“博士后安全食品工程”“博士后绿色畜牧业改造工程”，以“培训和产业推广相结合模式”推动博士后成果转化工作。2015 年 7 月，协会“博士后扶贫协同创新基地”在新疆昌吉回族自治州木垒哈萨克自治县正式揭牌，适合当地畜牧业发展的水胚草项目、立体有机生物床等项目落地开展。8 月，与中国科学院赵其国院士、中国科学技术大学苏州研究院功能农业实验室合作，在山西晋中、贵州铜仁、邢台广宗等地示范推广“生态高值型功能农业”与扶贫开发相结合的模式。

（中国扶贫开发协会　李　萌）

中国老区建设促进会扶贫

【概述】 2015年,中国老区建设促进会(以下简称"中国老促会")在国务院扶贫开发领导小组办公室及社会各界爱心人士的大力支持下,老区扶贫工作取得较好成绩。2015年,中国老促会动员15家民营企业到老区投资,投资金额近10亿元。产业项目包括山东临沂奶山羊养殖产业、甘肃庆阳绒山羊养殖产业、四川广元核桃树种植产业等,帮助老区近30万困难群众脱贫致富。

不间断开展救助捐赠活动。2015年,动员社会爱心人士和中国老促会会员单位,为老区支教助学、扶贫帮困、产业扶持抗震救灾等捐款捐物超过亿元。中国老促会自身为老区各类项目捐资600余万元,全国老促会系统共向受灾地区捐款2161.5万元,捐赠救灾物资价值495.16万元。

【扶贫培训】 2015年3月,在北京举办全国老促会系统妇女工作骨干培训班。培训紧密联系老区工作实际,从国家"四个全面"战略布局到老区发展战略,从宏观政策走向到具体的举措,从促进贫困片区老区脱贫致富到帮扶老区贫困妇女家庭,进行了清晰的梳理和深刻的解读。

【医疗扶贫】 2015年8月,中国老促会在内蒙古自治区兴安盟科尔沁右翼中旗召开《健康中国——老区医疗帮扶项目》现场观摩会。来自革命老区的部分省市老促会领导及20个县的老促会会长、有关卫生部门的领导、县医院院长,共81人出席会议。

【电商扶贫】 2015年8月,中国老促会在河南省平顶山市举办"全国老区农村科技骨干培训暨农产品电子商务扶贫研习活动"。集中研究老区农业如何走出低质低效困境,如何利用现代科技完成传统农业改造,如何易拓科技支撑迈向电商农业等热点问题,增强老区意识、现代农业意识,提高参训人员运用科技手段推进老区现代农业的本领。

【金融扶贫】 2015年9月,在广东省深圳市由中国老区经济开发基金管理委员会和中国老促会单位会员红色财富(北京)投资基金管理有限公司共同举办"互联网+革命老区乡村金融服务与扶贫"活动。

在中国银行、中国银联的支持下,红色财富(北京)投资基金管理有限公司旗下单位佳友通电子支付有限公司研制开发佳友通助农智能终端机。一是方便老区农民网上取款、网上购物,改善二级地市和县、乡镇的银行卡受理环境;二是红色财富(北京)投资基金管理有限公司从自己应得的手续费中拿出 1 分钱,用于在老区做公益。免费在比较贫困的老区乡村提供助农智能终端机,2015 年已投入布放金融设备 2100 台。

【教育扶贫】 2015 年 11 月,中国老促会在北京召开部分联系点教育扶贫协调会议。会议探讨教育扶贫举措,启动实施教师学历提升工程。从 2016 年起,首先在 30 个贫困地区县实施教师学历提升工程试点工作,促进贫困老区全面建成小康社会。

(中国老区建设促进会
办公室　郑建军)

友成企业家扶贫基金会扶贫

【概述】 2015年,友成企业家扶贫基金会(以下简称"友成基金会")秉持新公益理念,继续在教育扶贫、电商扶贫、社区安全饮水项目、物资捐赠、大型活动等扶贫开发领域继续开展扶贫工作。

【教育扶贫】 2010年由友成基金会发起的"友成常青义教"项目,依托友成志愿者驿站和各地合作的组织及单位,动员组织城市优秀退休教师以志愿者身份到贫困地区学校进行教育管理和教学水平提升的造血型志愿者服务项目。2015年,常青义教造血型支教新增项目学校128所,增加服务时间111178小时,增加受益教师6755人次及受益学生93550人次。

"双师教学"项目是友成基金会运用MOOC的方式,利用现代网络技术,将城市优质课程资源直接引进乡村学校的教育扶贫项目,使学生在"(城市+乡村)双师"指导下提升课业成绩。此项目在全国832个贫困县快速发展。2015—2016学年第一学期,重点实验学校在原有39所基础上,增加了第三批23所学校,共62所;先后参与"百校计划"的项目校共有160所左右,互动较活跃的有64所。2015项目学校已延伸至安徽、甘肃、吉林、西藏等省(区),遍及全国20个省(区、市)80个贫困县。

【电商扶贫】 2015年4月,友成基金会整合电商龙头企业、电商服务商、专家学者、社会组织等资源参与电商扶贫工作,项目引入MOOC(慕课)形式开发贫困地区电商能力建设体系,解决电商扶贫短时间内标准化大规模培训问题。基于互联网众筹平台,通过公募形式探索社会资本支持农村经济发展新模式。项目组建一支近30人的电商扶贫专家志愿者团队,形成38个版块111节精品MOOC课程。对江西、甘肃、贵州3个省100余家农村合作社进行电子商务技能培训,建立3个各地能力建设项目线下学习中心。

10月,国务院扶贫开发领导小组办公室国际合作和社会扶贫司联合友成基金会等共同举办全国高端电商扶贫论坛,近百人参加。

10月,沃尔玛基金会与友成基金会于北京签署了"全国零售训练营"项目,由沃尔玛基金会资助,友成基金会整合政府、研究机构、培训机构、商业协会、企业等社会各界资源,在贫困地区开展的妇女经济赋权培训。

【社区安全饮用水项目】 项目以让更多的孩子喝上干净健康的水为目标,通过持续不断地向水质不符合“国家生活饮用水卫生标准”的贫困地区中小学校提供净水设备及公共安全培训，改善贫困地区学生的饮水条件，提高学生公共安全意识。2015 年，友成基金会与净水行业合作方合作，以“以爱净水——给孩子一个健康纯净的童年”为主题，动员不少于 100 家净水企业以设备捐赠、耗材捐赠及资金支持等方式，为 592 个贫困地区每县 2 所中小学校提供净水设备，帮助贫困地区的学校解决饮水安全隐患。第一期项目试点完成 20 个县共 40 所中小学提供净水设备。并且组织动员净水企业的员工志愿者和公共安全领域的专家志愿者，搭建专业的志愿者服务队，为贫困地区的中小学校提供校园安全健康课程、儿童心理学培训、防减灾培训、校内外活动安全培训等公共安全教育培训和活动，提升贫困地区师生对危害公共安全事件及自然灾害的应对能力。

【物资捐赠】 2011—2015 年，友成基金会和 TOMS，为四川、广西、湖北、云南、青海等多省（区）百余所学校捐赠布鞋。2015 年，友成基金会与 TOMS 将捐赠物资用于帮助陕西西乡、陕西蒲城、宁夏西海固地区、甘肃会宁、河北滦平等地区的贫困青少年。

（友成企业家扶贫基金会
张羽漫）

中国妇女发展基金会扶贫

【概述】 中国妇女发展基金会（以下简称“妇基会”）是全国性唯一以性别为特征的基金会，在2015年的各项工作中始终自觉担当起扶贫济困的社会责任，发起的多个项目，旨在为困境中的妇女和她们的家庭提供公共资源和基本服务，注重将扶贫与生态保护、与妇女发展能力有机结合，社会效应良好。

【医疗卫生扶贫】 “母亲水窖”和“母亲健康快车”调整战略，一方面发动妇女参与水资源保护和生态环境的改善，另一方面，将单纯治病升级到关注妇女生命周期的各个阶段，提供更为周全的公共医疗卫生服务。2015年，在11省（区、市）投放资金约2941万元，修建集雨水窖415口，集中供水工程28处，绿色乡村2处，改造106所农村中小学校饮水工程和洗手工程，共改善了10.6万余人的生存发展状况。2015年，发送母亲健康快车182辆，累计实施资金2585万余元，向9906名“两癌”妇女发放“两癌”救助款共计9906万元。

【产业扶贫】 在国家扶贫新战略和“互联网+”新思维、新模式促动下，妇基会积极开拓适合女性发展的电商扶贫、旅游扶贫、光伏扶贫等新模式，开辟更多渠道，助力贫困女性就业创业。启动“@她创业计划”，开展女性创业服务。发起成立女性创业公益联盟，打造助力女性创业、就业，促进女性发展的公益平台。与企业合作启动“母亲幸福电站”项目。旅游教育基金开展专业培训410人。

【智力扶贫】 作为以性别为特征的基金会，妇基会始终坚持赋权妇女的核心理念。一是在项目实施中，尊重女性的主体地位和选择权利，与受助女性建立平等互动的合作关系；二是将激发和调动女性参与的积极性、主动性、创造性作为项目核心指标，着重提高女性的自主意识和发展能力，努力实现从被动受助向主动参与角色的转化；三是注重政策干预，力争从顶层设计上保障女性平等享有技术进步和社会发展的成果。

【送温暖活动】 开展物资救助的“母亲邮包”，满足贫困妇女日常生活用品的急需和紧急救灾的援助，惠及全国60万名贫困母亲及家庭。针对新出现的特殊群体，如失独家庭、事实孤儿、自闭症患儿家庭设计相关项目，提供帮助。2015年实施项目资金1819万余元，分别向31个省（区、市）累计发包数8万余个。

【公益项目】 小额无息贷款项目，坚持贷女不贷男;贷款与技能培训结合;救助与赋权相结合的三个基本原则。2015 年发放项目执行资金 3265 万元。一是对母亲创业循环金项目进行转型升级,在传统帮扶模式“小额循环金+培训”中融入电子商务,升级为“@她创业计划”,为经济新常态下女性创业就业提供新途径。二是发起成立“女性创业联盟”,打造多方互助平台,并建立了“彝之独绣”“妈妈制造”“让爱回家”等一系列优秀创业活动案例和产品品牌。

(中国妇女发展基金会　郭正华)

中国残疾人福利基金会扶贫

【概述】 中国残疾人福利基金会（以下简称“基金会”）成立于1984年，以“弘扬人道、奉献爱心”为宗旨，广泛动员社会支持，累计筹集70亿元款物，以项目化方式服务于残疾人康复、教育、就业等各领域工作，积极打造“集善工程”助残品牌，开展了助听、助行、助困等一大批社会扶贫助残项目。2015年，基金会累计筹集助残款物5.39亿元。在扶贫助残工作中，紧跟时代发展要求，不断提高助残项目的精度和准度，规范项目执行前的筛查和审核、执行中的登记造册和监督管理、执行后的总结公示和跟踪服务，不断夯实扶贫助残工作的持续发展基础。

【助听行动】 2015年，基金会助听行动示范带动了黑龙江、湖北、广西等省（区）的地方项目蓬勃开展，总计救助听障残疾人和听障人士超过2万人。2015年底，“助听行动”荣获“中华慈善奖”。

基金会持续承担中央财政支持“听力助残”示范项目，坚持“引领残疾人追求美好生活”的项目主题，采取较高的项目技术指标、动员助听企业“爱心投标”等方式，为1080名听障人士佩戴高品质助听器。

澳门基金会捐赠405万元，支持开展“集善工程——（澳门基金会）助听行动”，为2200名听障人士安装了助听器，其中包括1000名贫困听障成年人和听障老年人，拓展了服务领域，提升了社会的助听认知，为该项目持续发展奠定了良好基础。

基金会动员中国东方航空集团公司、索诺瓦听力技术（上海）有限公司、西万拓听力技术（苏州）有限公司、上海美好医疗器械有限公司、奥迪康（上海）听力技术有限公司等爱心企业和社会各界热情捐赠支持，捐赠2600多万元资金和助听设备，帮扶4000多名听障残疾人。

【助行行动】 2015年，助行行动累计筹资1亿元，救助肢体残疾人和适应症患者超过1万人，示范带动了河南、江西、甘肃、广西等省（区）的地方项目开展，共帮扶4万名残疾人。

中银三星人寿保险有限公司、韩国三星生命保险株式会社连续第4年捐赠500万元资金和电动轮椅，开展“爱之翼”助行行动，帮扶北京、天津、甘肃、陕西等22个省（区、市）的750名肢体残疾人。带动地方“爱之翼”项目开展，让2400名适应症残疾人“驾驶”电动轮椅回归社会、体现价值。

上海电气（集团）总公司捐赠基金会

96.5 万元,开展“集善工程——(上海电气)助行行动”,资助黑龙江、甘肃、江西等 10 个省(区、市)1700 名贫困肢体残疾人。

大溪地诺丽饮料(中国)有限公司捐赠 100 万元款物,资助重庆、陕西 350 名肢体残疾人,帮扶 600 名贫困残疾人改善健康状况。

【助困行动】 “集善工程——(海王集团)保健品捐赠项目”捐赠蛋白粉、大豆卵磷脂、海豹油等保健品 4031 万元。帮扶 8 万名残疾人改善营养状况。该项目是助困行动中康复类助残项目的典型代表。2012 年起,深圳海王集团股份有限公司累计捐赠基金会 7000 万元蛋白粉、大豆卵磷脂等保健品,帮扶了 22 个省(区、市)15 万残疾人改善营养状况。

2015 年,“集善工程——(爱心温暖)服装捐赠项目”捐赠共计 63 万件、价值 4919 万元服装。其中,上海拉夏贝尔服饰股份有限公司向基金会捐赠服装 47 万件,价值 2370 万元;中国衣恋集团捐赠全新服装 16 万件、价值 2549 万元。帮扶湖北、广西、云南、天津、武汉、厦门等地 20 万名贫困残疾人。该项目自 2009 年开始,以“共同建设美丽家园”为主题,积极动员服装企业捐赠残疾人全新服装。累计筹集 150 万件、价值 2 亿元的服装,帮扶全国 28 个省(区、市)残疾人 60 万名。

截至 2015 年,助困行动累计捐赠保健品、服装等款物超过 3 亿元,帮扶贫困残疾人超过 70 万人次。

(中国残疾人福利基金会
朱晓峰　杜　玥)

中国儿童少年基金会扶贫

【概述】 2015年,中国儿童少年基金会(简称"中国儿基会")紧密围绕党和国家扶贫开发工作大局及全国妇联中心任务,紧贴儿童的成长发展需求,创新推进慈善项目,积极策划慈善活动,全面搭建慈善平台,广泛动员社会各界参与扶贫开发工作,扶贫工作取得新的成效。2015年实现公益总收入4.42亿元,较2014年增加42.58%。公益资助支出共3.23亿元,占2014年总收入的100.09%(含中央彩票公益金),在服务儿童、服务社会、服务扶贫开发工作大局中做出贡献。

【儿童教育资助】 2015年,中国儿基会深入实施"春蕾计划",新建9所春蕾学校,对4所学校进行修缮,优化教学环境。完成2.6万人次春蕾生拨款资助工作,其中新增资助6721名春蕾女童。在北京市、新疆维吾尔自治区对145名蓝天春蕾教师进行教学培训。历时半年进行春蕾之星寻访活动,举行"百名春蕾之星"揭晓发布会,通过各类媒体宣传报道春蕾之星感人事迹,展示"春蕾计划"在促进女童教育发展中取得的成果。联合北京师范大学中国公益研究院、中华全国妇女联合会妇女研究所开展女童发展现状和需求调研,于第四届国际女童日之际向社会发布《女童教育与发展需求研究报告》,为持续创新实施"春蕾计划"提供理论依据。"春蕾计划促进女童教育特使"彭丽媛两次在国际有关重要会议上,提及"春蕾计划"并给予充分肯定。

持续资助四川省成都市双流区安康家园303名汶川地震孤困儿童的学习生活费用,与有关企业、NGO等合作,创新实施了"21世纪课堂"、美丽中国大学生支教、端村学校等教育实践项目,在教育改革创新实践中做出重要探索。

【儿童营养健康】 2015年,在中央专项彩票公益金支持下,"消除婴幼儿贫血行动"扩大项目实施规模,由西部6个省(区)22个项目县扩大至55个项目县,新增受益婴幼儿13.96万名。中国儿基会委托第三方机构对营养包质量进行检测,确保营养包安全生产。对230名项目县妇女联合会、卫生部门负责同志等进行业务培训。

"幸福万家·母婴1000天健康行动"在全国8省(区)开展,通过婚姻登记机关向新婚夫妇免费发放了100万套《婚期》《孕期》《育期》宣传辅导手册。同时,面向育龄家庭开展19期社区公益讲座,帮助新婚夫妇更加方便、及时、快捷获取有关婚姻家庭、孕产期和新生儿营养保健等方面知识。在北京、太原等 8 个城市开展“给孩子健康的爱”公益活动,提高家长科学育儿能力,促进家庭美满幸福。

“受饥儿滋养计划”向宁夏回族自治区、河北省等地贫困儿童捐赠 1.8 万袋蜜儿餐。向甘肃省、内蒙古自治区捐赠了 1.5 万桶婴儿奶粉。与联合国粮食计划署共同启动“生命最初 1000 天”项目。“幸福苗圃工程 · 阳光宝贝成长计划”为 170 万名孕妇及 0—6 岁儿童家庭发送四期《中国妇幼》手机报。“关爱小乳牙”项目开展 112 场儿童口腔关爱活动。

【儿童安全】 2015 年,“儿童安全教育工程”通过安全自护嘉年华活动、不系安全带不上路、乐学计划等项目,在 15 个省(区、市)捐建了 37 间安全应急体验教室、4 所流动的儿童安全体验营、1 个儿童安全体验中心,举办 43 场社区安全教育讲座,受益人数约 100 万人。

【儿童大病救助】 2015 年,中国儿基会为 22 个省(区、市)的孤贫儿童赠送 40 万份重大疾病公益保险。对 365 名脑瘫儿童、96 名贫困弱视儿童、324 名白癜风患儿进行免费治疗,为 260 名血友病儿童提供百因止药品、资助 126 名贫困儿童植入人工耳蜗。在河南、湖北等 5 省(区)残疾人福利院设立益蕊小海豚脑瘫康复点,免费对脑瘫患儿进行理疗康复救助。启动脊梁工程,对全国中小学生开展脊柱病防治筛查和治疗。

【特殊儿童关爱】 2015 年,中国儿基会新建“儿童快乐家园”259 个。在乡镇和村庄建立的“儿童快乐家园”,旨在为留守儿童提供托管服务、家庭教育指导、心理咨询等服务;同时以“儿童快乐家园”为阵地,开展亲子视频、亲子课堂、亲子阅读、亲子游戏,以增进亲情交流,加强家庭教育科学知识的宣传普及,优化留守儿童成长的家庭及社会环境。

在安徽省等 9 个省(区、市)的 276 所留守、流动儿童集中的学校,继续实施“让我玩”体育公益项目,直接受益儿童达 28.7 万人。

在帮扶困境儿童方面,对四川省凉山彝族自治州 1000 名受艾滋病影响的女童进行职业培训,其中 55.8%实现就业。培训 669 名女性艾滋病感染者,其中 82%在培训后接受了抗病毒治疗。

同时,对这些受益人群提供创业资金和养殖技术指导。针对大龄女青年就业方面的困境,在成都实施了就业困难者职业技术培训项目。

【恒爱行动】 贯彻落实第二次中央新疆工作座谈会精神,深入实施“恒爱行动——百万家庭亲情一线牵”公益活动,2015 年向 31 个省(区、市)妇联组织发放爱心绒线 3.2 万千克,各级妇联为新疆维吾尔自治区少数民族家庭捐赠爱心毛衣等编织物约 4 万件,新疆维吾尔自治区向内地家庭回赠围巾 5600 余条,促进民族团结交流。

【HELLO 小孩】 创新推出“HELLO 小孩”公益项目,为甘肃省、湖南省、天津市 3 个省(市)贫困儿童捐赠5500套配置儿童学习生活必需用品的爱心套餐。

(中国儿童少年基金会办公室　许长秋)

中国西部人才开发基金会扶贫

【概述】 中国西部人才开发基金会(以下简称“基金会”)宗旨是服务西部大开发,支持西部地区和为西部地区服务的人才培养与培训,支持科学研究和政策咨询研究,为西部大开发提供人才和智力支持。

【教育扶贫】 为贯彻落实中共中央扶贫开发工作会议精神,基金会结合自身优势,统筹协调社会资源和中央财政资金支持140万元,通过邀请高校教师队伍授课、配备活动物资、提供经费支持等形式帮扶云南省大关县和墨江哈尼族自治县(以下简称“墨江县”)两县边远山区教师及留守儿童群体,着力实施大关县和墨江县的教育扶贫项目。通过以教师为核心的“彩烛工程”和以留守儿童为中心的“相守计划”,充分发挥教育在促进扶贫、防止返贫方面的基础性、根本性、可持续性作用。

“彩烛工程”大关县、墨江县教师培训项目是由基金会发起、江苏汤沟两相和酒业有限公司资助、北京师范大学承办的教师培训公益项目,旨在通过为边远山区教师提供最适合、最优质、最接地气的培训课程;最周到、最温暖、最具情怀的培训服务,以提升边远山区教师职业认同,提高山区农村教师素质,促进云南省大关县和墨江县基础教育发展。2015年,来自两县边远山区的100多名山村教师参加此次培训,学习新理念和新方法,开阔视野,拓展思路。

“相守计划”关爱大关、墨江留守儿童公益项目是由基金会发起、中央财政资金支持的教育扶贫类项目,旨在资助扶持大关县和墨江县两县小学校长及留守老师自主设计和组织开展面向本校留守儿童的特色关爱活动,为健全农村留守儿童关爱服务体系进行模式探索。大关县、墨江县“相守计划”公益活动启动实施后,两县50所学校申报关爱留守儿童活动方案,开展关爱留守儿童活动。截至2015年12月,“相守计划”在中央财政资金、国家开发银行和中国烟草总公司的支持下,共投入311.416万元,先后扶持四川省古蔺县、湖北省竹山县和竹溪县、江西省宁都县和兴国县、云南省大关县和墨江县139所学校的331个关爱留守儿童项目,数万名留守儿童和上千名留守老师受益。

【上大学工程】 2015年,为帮助少数民族贫困大学生完成学业,推动西部贫困地区教育事业发展,基金会携手国信招标集团股份有限公司共同实施“上大学工程”公益项目。项目资助少数民族地区贫困优秀学生每年6000元,持续资助4年。

【春雨工程】 为支持西部培育新型农民，促进农村劳动力输出和转移，推进社会主义新农村建设，帮助西部地区农民脱贫攻坚奔小康，基金会创设了“春雨工程”（农民创业就业培训）公益项目。2015 年，经过对“春雨工程”前五期的认真总结，基金会资助 90 万元，继续在四川省江油市实施“春雨工程”第六期公益项目。其中，本地培训新型职业农民 285 名，异地培训新型农业经营主体带头人 40 名，同时进行春雨工程课题研究。

【山村教师公益计划】 为激励西部山区优秀贫困教师特别是代课教师扎根西部山村学校，培育祖国未来人才，基金会与国信招标集团股份有限公司合作创设“山村教师公益计划”公益项目。2015 年，“山村教师公益计划”资助云南省大关县、腾冲市，四川省理县 250 名教师。为从事中小学教育教师职业 3 年以上、工作成绩优秀、收入较低或家庭存在较大生活困难（家庭成员患重病或有残疾的）、有特殊贡献的教师提供一次性资助 2000 元。

（中国西部人才开发
基金会　张　训）

河仁慈善基金会扶贫

【概述】 河仁慈善基金会是由福耀集团董事局主席、被誉为“中国首善”的曹德旺先生发起创立的,由国务院侨务办公室主管,是民政部登记管理的非公募慈善基金会。2015年3月,河仁慈善基金会荣获中国扶贫基金会颁发的“2014年度扶贫大使奖”。曹德旺先生也凭借其在慈善领域的卓越贡献,入选“影响·2015中国公益100人”。

【扶贫资金投入】 2015年,河仁慈善基金会开展公益慈善项目31个,公益支出总额1.79亿元。其中,扶贫类项目21个,支出总额1.29亿元,占2015年公益总支出的72%。截至2015年底,河仁慈善基金会累计开展公益慈善项目86个,公益支出总额5.73亿元。其中,扶贫类项目51个,支出总额3.07亿元。受助区域遍及西藏、新疆、云南、四川、甘肃、宁夏、重庆、福建、江西等省(区、市)及邻国尼泊尔。

【灾后重建】 河仁慈善基金会资助1000万元进行灾后重建工程;当甘肃省岷县和海南省文昌市遭受严重洪水灾害时,河仁慈善基金会分别资助3000万元和1000万元。

【养老扶贫】 河仁慈善基金会每年捐赠福建省慈善总会1000万元开展“慈善助农”项目、向福清市慈善总会捐赠200万—300万元用于扶持“三孤、五老”、特困人员等项目。连续四年每年1000万元捐赠重庆生产力发展中心,免费为国家扶贫开发工作重点县策划编制扶贫开发项目,资助贫困村基础设施建设项目。捐赠500万元用于福建省残疾人危房改造项目,帮助115户农村贫困残疾人新建或修缮房屋。捐赠1000万元用于江西上饶市贫困地区建设2座敬老院,可提供1200张养老床位。

【教育扶贫】 在教育文化方面,河仁慈善基金会资助江西革命老区吉安职业技术学院2000万元建设图文信息中心,满足1.5万名师生图文阅读需求。资助福清德旺中5000万元设立贫困生助学和奖教基金。捐建宁夏回族自治区西吉县儿童福利院1000万元;在西北农林科技大学连续10年(基金会成立前由曹德旺先生资助)每年资助150万元、共捐赠1500万元的“曹德旺助学金”,共帮助贫困生968名。河仁慈善基金会资助1200万元在新疆维吾尔自治区和田县修建1所中学、资助200万元用于新疆维吾尔自治区人才培训;资助500万元用于100所新疆的农村贫困学校购置饮水净化设备,有6万名学生及4000名教师直接受益。资助四川省和西藏自治区各1500万元,帮助藏族同胞购买马背电视，丰富牧民精神文化生活。

【医疗卫生扶贫】 河仁慈善基金会出资300万元，用于云南省麻栗坡县和金平苗族瑶族自治县的人畜饮水项目。资助100万元建设的麻栗坡县卫生院综合大楼，缓解了当地群众看病难的问题。

【基础设施扶贫】 河仁慈善基金会资助400多万元，帮助从朝鲜回到吉林省延边朝鲜族自治州的贫困华侨进行房屋改造。

【国际生态环保合作项目】 自2014年起，河仁慈善基金会与美国保尔森基金会签订合作协议，由河仁慈善基金会资助1000万元，开展国家公园体制建设和湿地保护项目。2015年，召开了两个国际生态环保合作的国际研讨会，并与国家发展和改革委员会一起作为委托方，就《中国国家公园体制试点建设政策研究》等四个子项目与实施单位签订了实施协议，为国家公园体制建设提供理论支持。在湿地保护方面，2015年6月，在福建省福州市成立了中国沿海湿地保护网络，并推进以福建作为试点开展互花米草的治理。

（河仁慈善基金会）

（六）公民个人扶贫

综　述

按照全党动员、全社会参与的扶贫开发工作思路,社会公民积极参与扶贫工作。

一、公民个人参与扶贫开发的形式多样

一是人才支持。主要是通过参与中共中央组织部等部门开展的"三区"人才支持计划,到边远贫困地区、边疆民族地区和革命老区工作或提供科教文卫等领域的专业服务。根据该计划,2011—2020 年,每年有计划地引导 10 万名优秀教师、医生、科技人员、社会工作者、文化工作者到这些地区。2015 年,选派教师约 3 万名,医务工作者约 3 万名,科技人员约 2 万名,文化工作者约 1.9 万名,社会工作者 1000 名参与了"三区"人才支持计划。

二是对口支援。主要是在定点扶贫和东西部扶贫协作框架下,开展干部交流和人才交流。2003—2015 年,东西部扶贫协作双方共开展党政干部交流 8036 人次,开展教师、医生等专业技术人才交流 15823 人次。2011—2015 年,中央定点扶贫单位共向定点扶贫县选派挂职扶贫干部 2404 人次。

三是结对帮扶。根据全国精准扶贫建档立卡结果,为每一户建档立卡贫困户确定帮扶责任人,开展结对帮扶。2015 年,已有数百万帮扶责任人与近 3000 万户贫困户建立了结对帮扶关系。

四是志愿服务。中国共产主义青年团中央委员会等单位自 2003 年起组织实施大学生志愿服务西部计划,每年招募一定数量的普通高等学校应届毕业生,到西部基层开展为期 1—3 年的教育、卫生、农业技术、扶贫等方面的志愿服务。全国累计选派了 20 万多名高校毕业生,到中西部 2100 多个县开展志愿服务。2015 年,西部计划在岗志愿者规模 1.83 万人,其中少数民族地区在岗志愿者 8700 人,国家扶贫开发工作重点县在岗志愿者 5446 人,派遣中国青年志愿者研究生支教团 2063 人。

五是慈善捐赠。2015 年,全国共接收社会捐赠款 654.5 亿元,其中民政部门直接接收社会各界捐款 44.2 亿元,各类社会组织接收捐款 610.3 亿元。

六是消费扶贫。主要是通过消费购买贫困地区、贫困人口生产的农副产品,带给贫困人口一份有尊严的收入,从而树立他们自力更生脱贫的信心。如电商扶贫工程利用互联网平台,鼓励社会大众消费贫困地区优质农产品,提高贫困地区群众收入和生活质量,创新了精准扶贫的方式和途径。

二、公民个人参与扶贫开发的特点突出

一是个人捐赠所占比例越来越高。2015年，中国扶贫基金会收到个人捐赠共117170万笔次、21239万元，占全年捐赠总收入的43%，占比首次突破40%；中国青少年发展基金会公众筹款占比近40%，中国妇女发展基金会公众筹款占比约30%，中华少年儿童慈善救助基金会公众筹款占59%，壹基金已连续两年70%以上善款来自公众捐赠。

二是个人互联网捐赠迅速发展。2014年，新浪微公益、腾讯公益、支付宝E公益三大在线捐赠平台和淘宝公益网店共募集善款4.28亿元，同比增长42.6%。其中，手机捐赠人数占总人数的68%，捐赠金额占61%。2015年，百度“公益一小时”活动在1小时内，吸引了近500万位网友参与，筹集善款达497.83万元；腾讯公益“99公益日”三天时间，205万人次捐款1.279亿元。

（国务院扶贫办国际合作和社会扶贫司）

七

国际合作篇

综　　述

减贫领域的国际交流合作是中国特色扶贫开发道路的重要内容，也是中国对外开放大局的重要组成部分。中国政府高度重视减贫领域的国际交流与合作，一直是世界减贫事业的积极倡导者和有力推动者。

2015 年 9 月，联合国发展峰会通过了《2030 年可持续发展议程》，消除贫困被列为 17 项可持续发展目标的首要目标。中共中央总书记习近平出席联合国发展峰会、“2015 减贫与发展高层论坛”、中非合作论坛约翰内斯堡峰会并发表主旨演讲，提出了《中非合作论坛——约翰内斯堡行动计划（2016—2018 年）》等倡议，明确指出“着力加强减贫发展合作。推动建立以合作共赢为核心的新型国际减贫交流合作关系，是消除贫困的重要保障”。2015 年 11 月，中共中央、国务院印发《关于打赢脱贫攻坚战的决定》，第二十八条明确提出：“加强国际减贫领域交流合作。通过对外援助、项目合作、技术扩散、智库交流等多种形式，加强与发展中国家和国际机构在减贫领域的交流合作。积极借鉴国际先进减贫理念与经验。履行减贫国际责任，积极落实联合国 2030 年可持续发展议程，对全球减贫事业作出更大贡献。”这些都为新时期国际减贫交流合作指明了方向。

2015 年，开展国际减贫交流合作主要有三方面内容：一是进一步宣传中国扶贫成就和经验，传播中国扶贫理念与文化，提升中国扶贫开发的国际影响力，构建中国软实力。二是继续学习借鉴国际先进的减贫理念与实践，进一步丰富和完善国内扶贫开发政策与机制，服务于脱贫攻坚和全面建成小康社会大局。三是促进中国扶贫事业与国际减贫事业的交流与互动，加强减贫经验的分享，推动南南合作，积极落实联合国 2030 年可持续发展议程。

国际减贫交流

【外事会见】 2015年2月5日，中国国务院扶贫办主任刘永富会见柬埔寨人民党中央委员会委员、人民党波罗勉省委员会主席、波罗勉省理事会主席斯邦沙拉率领的代表团。刘永富简要回顾了中柬两国友好合作关系，向代表团介绍了中国扶贫开发的主要历程、面临的新形势以及当前的重点工作。刘永富指出，2014年李克强总理在东盟与中日韩（10+3）领导人会议上提出“东亚减贫合作倡议”，中方愿意和柬方在减贫领域加强交流合作，共同推动亚洲减少贫困、改善民生。斯邦沙拉主席对中国在扶贫和发展上取得的巨大成就表示赞赏，并介绍了柬埔寨经济社会发展情况和政治形势，表示柬方正在开展其国内贫困状况研究工作，希望今后加强与中国在减贫和发展领域的交流合作。

2015年7月1日，中国国务院扶贫办副主任洪天云会见以柬埔寨人民党中央委员会委员、干丹省委员会主席、省长毛皮伦为团长的人民党地方党委书记考察团。洪天云简要介绍了当前中国扶贫开发主要形势与任务，指出中柬同为发展中国家，都面临着消除贫困、改善民生的历史任务，加强两国减贫领域的交流与合作，共同发展进步，是构建两国命运共同体的最好体现之一。毛皮伦表示，中国取得了举世瞩目的减贫成就，柬方对中国扶贫工作非常赞赏，希望借鉴中国共产党的执政理念和减贫经验，进一步促进柬埔寨的减贫进程。

2015年8月28日，中国国务院扶贫办副主任洪天云会见南非农村发展与土地改革部副部长坎蒂斯·玛舍枸·达拉米妮（Candith Mashego Dlamini）率领的访华团。洪天云回顾了双方卓有成效的合作历程，并简要介绍了中国当前的主要贫困状况、扶贫开发形势和重点工作任务。洪天云指出，中国国务院扶贫办愿同南非农村发展和土地改革部共同努力，支持和推动双方在减贫领域的务实合作，不断把中南减贫交流与合作推向更高水平，为两国人民带来实实在在的利益，并为建设共同繁荣的和谐世界做出贡献。坎蒂斯·玛舍枸·达拉米妮表示，中国在过去几十年中取得了举世瞩目的扶贫成就，中国在农村发展与减贫、农村妇女能力建设、农村青年就业等领域的经验对南非具有重要借鉴意义，希望通过此次访问对中国改革开放与消除贫困有更多了解，更深入和广泛地学习相关扶贫经验，期待中国国务院扶贫办与南非农村发展和土地改革部未来开展更多实际合作与交流。

2015 年 9 月 2 日，中国国务院扶贫办副主任洪天云出席中国—委内瑞拉高级混合委员会第十四次会议闭幕式。在中国国务院副总理张高丽和委内瑞拉总统马杜罗的共同见证下，洪天云与委内瑞拉外交部部长罗德里格斯分别代表中委双方签署了《中华人民共和国国务院扶贫开发领导小组办公室与委内瑞拉玻利瓦尔共和国社会发展与革命任务副总统办公室 2015—2017 年度工作计划》。根据该工作计划，中委双方将在交流分享减贫经验、加强减贫能力建设、联合开展减贫研究等方面进一步加强合作，推动实现各自减贫目标，促进共同发展。

2015 年 9 月 15 日，中国国务院扶贫办副主任洪天云会见由埃及外交部东亚事务副部助（大使）阿明（Amin Mourad Meleika）率领的非洲高级外交官访华代表团一行。洪天云简要介绍了中国扶贫工作的基本情况，指出中国和非洲同样面临着消除贫困的重要任务，加强减贫领域的交流合作是构建中非命运共同体的主要内涵之一。中方愿意加强与非洲国家在减贫领域的交流合作，共同推进全球减贫进程。阿明表示，过去几十年，中国的减贫工作取得了举世瞩目的成就，希望通过此次访问深入了解中国经济社会发展和变化，广泛借鉴中国扶贫经验，进一步推动中非在减贫和发展领域交流合作。

2015 年 9 月 21 日，中国国务院扶贫办主任刘永富会见哥斯达黎加立法大会主席、基督教社会团结党领导人拉斐尔·奥蒂斯·法布雷加（Rafael Ortiz Fabrega）一行，国务院扶贫办副主任洪天云参加会见。刘永富简要回顾了中哥两国友好合作关系，向奥蒂斯一行介绍了中国扶贫开发的基本情况以及当前的重点工作。刘永富表示，中哥两国都面临着减贫和发展的问题，中方愿同哥方开展减贫领域的交流合作，互学互鉴，共同发展。奥蒂斯对中国在改革开放以来减贫取得的巨大成就表示尊重和敬佩，介绍了哥斯达黎加经济社会发展和减贫情况，希望学习中国在区域减贫和统筹政府资源减贫方面的经验，加强与中国在减贫和发展领域的交流合作。

2015 年 10 月 12 日，中国国务院扶贫办副主任洪天云会见毛里求斯副总理兼住房和土地部长肖库塔里·苏登一行，并共同见证中国国际扶贫中心与毛里求斯社会融合和经济增长部签署减贫合作备忘录。洪天云简要介绍了中国当前的扶贫开发形势和重点工作任务，指出以此次备忘录签署为平台，双方未来的合作会更上新台阶，也会造福两国人民，为中毛传统友谊做出更大的贡献。苏登指出，毛里求斯当前正面临着相对贫困和发展不平等难题，毛方政府高度重视毛里求斯国内减贫事务。而中国在减贫领域取得了举世瞩目的成绩，有诸多成功的扶贫经验，值得毛方认真学习和借鉴。

2015 年 10 月 14 日，中国国务院扶贫办主任刘永富会见来华出席 2015 减贫与发展高层论坛的格林纳达住房和社区发展部长德尔马·托马斯（Delma Thomas）代表团一行。刘永富简要介绍了中国当前扶贫开发工作形势和重点任务，表示中格两国在减贫领域的合作开启了中国与加勒比海小岛屿国家间的在南南合作的新篇章。托马斯对中国在过去几十年中取得的巨大扶贫成就表示赞赏，期待中格双方未来在减贫和发展领域开展更多交流与合作。

2015 年 10 月 17 日，中国国务院扶贫办主任刘永富会见南非农村发展与土地改革部部长古吉莱·恩昆蒂（Gugile Nkwinti）一行，并共同见证中国国际扶贫中心与南非农村发展与土地改革部签署减贫交流合作谅解备忘录。刘永富指出，中国和南非在贫困状况方面有着诸多相似之处，中国国务院扶贫办愿与南非农村发展和土地改革部一同努力，推动双方在减贫领域的务实合作，不断将中南减贫交流与合作推向更高水平。古吉莱·恩昆蒂表示，中国在过去几十年中取得了举世瞩目的扶贫成就，中国的经验对南非具有重要的借鉴意义。中南两国友谊源远流长，本次签署交流合作谅解备忘录，将开启中南双方减贫合作的新局面，为两国人民带来实实在在的利益。

2015 年 11 月 13 日，中国国务院扶贫办主任刘永富会见哥伦比亚民族团结社会党联合主席巴莱拉斯（Roy Barreras）率领的哥伦比亚多党干部考察团一行。刘永富简要回顾中哥友好合作历程，向代表团介绍了中国扶贫开发历史沿革和当前正在实施的精准扶贫精准脱贫方略，以及重点工作，指出中国积极倡导和推动国际减贫事业，将继续与国际社会一道，着力加快全球减贫进程，为实现 2015 年后发展议程重要目标做出应有贡献。中方愿意同哥方开展减贫领域的交流与合作，共享减贫经验和成果。巴莱拉斯简要介绍了哥伦比亚经济社会发展和减贫情况，表示希望加强与中国在减贫和发展领域的交流合作。

2015 年 12 月 14 日，国务院扶贫办副主任洪天云会见老挝国家农村发展与消除贫困委员会副主席索姆萨尼·苏万那拉一行。洪天云向老挝代表团介绍了中国当前扶贫开发形势和重点工作任务，指出中老可以从落实好双方主席、总理已明确的合作倡议，构建两国部委间合作平台，以及尽快落实已明确的具体合作事项等方面，深化两国减贫合作。苏万那拉对中国政府对老挝在减贫方面的帮助表示感谢，指出中国国际扶贫中心已经专门为老挝举办了 3 次减贫发展领域的培训，60 余位老方官员参加了培训。此次来华考察学习的经验非常适用于老挝，老方将挖掘自身优势，把在中国学到的宝贵经验应用到老挝的实践中去。

【出访活动】 2015 年 7 月 28 日，中国国务院扶贫办副主任洪天云在老挝万象出席第九届“中国—东盟社会发展与减贫论证”开幕式并致辞。

2015 年 12 月 8 日，中国国务院扶贫办副主任洪天云在南非约翰内斯堡出席“中非合作论坛——减贫与发展分论坛”开幕式并致辞。

国际会议及重要活动

【生态文明贵阳国际论坛2015年年会“生态文明与开放式扶贫”分论坛】 2015年6月27日，生态文明贵阳国际论坛2015年年会“生态文明与开放式扶贫”分论坛在贵阳开幕。国务院扶贫办主任刘永富、北京大学党委书记朱善璐发表演讲，贵州省委副书记谌贻琴致辞，联合国系统驻华协调员兼联合国开发计划署驻华代表诺德厚代宣读联合国开发计划署署长海伦·克拉克对分论坛的贺辞并演讲。论坛由国务院扶贫办、北京大学、贵州省人民政府主办，中国国际扶贫中心、北京大学贫困地区发展研究院、中国社会科学院社会学所、贵州省社会科学院、贵州省扶贫办、贵州民族大学、招商局慈善基金会、黔西南州人民政府、中国新闻社贵州分社、普定县人民政府承办。来自南苏丹、喀麦隆、乌干达等非洲国家以及中国政府机构、高校、科研院所、社会组织的200余名代表出席了分论坛开幕式。

【第九届“中国—东盟社会发展与减贫论坛”】 2015年7月28—30日，第九届“中国—东盟社会发展与减贫论坛”在老挝万象成功举办。论坛由中国国务院扶贫办与老挝国家农村发展与减贫委员会共同主办，中国国际扶贫中心、老挝国家农村发展与减贫委员会计划与国际合作司、南南亚太金融中心共同承办，东盟秘书处、联合国开发计划署、亚洲开发银行等共同支持。本届论坛的主题是“金融创新与减贫”，参会代表围绕“金融创新与减贫”，分析了中国与东盟各国金融创新与减贫面临的新挑战，分享了各国向贫困家庭和社区提供可以负担得起且具有可持续性金融服务的宝贵经验，对建立更加包容、利贫的普惠金融制度，让贫困人口更多地分享中国—东盟区域发展的成果具有重要的指导意义。中国国务院扶贫开发领导小组办公室副主任洪天云、老挝国家农村发展与减贫委员会主席本恒·多昂帕昌（Bounheuang DOUANGPHACHAN）、柬埔寨农村发展部常务密书哈普·沃玛里（Hap Omaly）、中国驻老挝特命全权大使关华兵、东盟秘书处副秘书长艾丽西亚·德拉·罗莎贝拉（Alicia dela Rosa-Bala）女士出席了论坛开幕式并致辞。来自中国、老挝、东盟其他9国的政府官员、学者、媒体，及东盟秘书处、联合国开发计划署、亚洲开发银行、德国国际合作机构等国际机构的150余名代表出席了论坛。

【2015减贫与发展高层论坛】 2015年10月16日，中国国务院扶贫开发领导小组举办2015减贫与发展高层论坛。论坛以“携手消除贫困，实现共同发展”为主题，得到了国内外的高度重视和广泛关注。中共中央总书记习近平出席10月16日上午在人民大会堂举办的论坛大会，会前接见了“2015中国消除贫困奖”获得者并集体合影，与出席论坛的外国政要及国际组织负责人寒暄，并在论坛大会上发表了题为《携手消除贫困，促进共同发展》的主旨演讲。中共中央政治局委员、国务院副总理、国务院扶贫开发领导小组组长汪洋主持论坛大会。

乍得总统代比，克罗地亚总统基塔罗维奇，柬埔寨首相洪森，老挝国会主席巴妮，玻利维亚副总统加西亚，联合国秘书长特别代表、开发计划署署长克拉克，世界卫生组织总干事陈冯富珍出席论坛大会并致辞。联合国秘书长潘基文专门向论坛发来视频致辞。350余名来自国内外政府部门、国际组织、科研机构、外国驻华使馆、社会团体、企业界的代表（其中外国领导人5名、国际组织负责人4名和中外部级代表100余名）出席了论坛。

10月16日下午，中国国务院扶贫办和联合国驻华系统联合举办了国际发展议程与精准扶贫高级别会议，“10·17论坛”组委会举办了社会扶贫、电商扶贫、金融扶贫、产业扶贫、青年扶贫、乡村发展、残疾人扶贫7个平行论坛，600余名国内外代表参加了下午的高级别会议和平行论坛。

【第三届“东盟+3村官交流项目”】 2015年11月15—22日，第三届“东盟+3村官交流项目”在广西壮族自治区圆满举办。来自东盟10国和中国的60余名代表参加会议。通过驻村体验及与村民座谈，东盟国家代表实地借鉴了“合作社+种植户+基地+农户”的合作模式，了解了中国整村推进、乡村旅游、特色产业等的政策与实践，亲眼目睹了中国农业现代化、产业化的发展道路，表示中国的农村发展模式很有特色，深受启发，实现了可持续发展，将把在中国学到的宝贵经验融入本国农村发展建设中。

【首届“中非合作论坛——减贫发展分论坛”】 2015年12月8—9日，首届中非合作论坛—减贫发展分论坛在南非约翰内斯堡成功举办。论坛由中国国务院扶贫办和南非农村发展与土地改革部联合主办，中国国际扶贫中心、南南亚太金融中心等联合承办。该活动获得非洲联盟、联合国开发计划署、非洲开发银行等机构的大力支持。

南非农村发展与土地改革部部长古吉莱特·恩昆蒂（Gugile Nkwinti）、中国国务院扶贫开发领导小组办公室副主任洪天云、中国驻南非特命全权大使田学军、非洲联盟委员会代表、联合国驻南非协调员暨联合国开发计划署驻南非代表嘉纳·福方（Gana Fofang）出席了论坛开幕式并致辞。来自中国和南非、加纳、尼日利亚、塞内加尔等非洲国家的政府官员、专家学者、国际组织、NGO、企业及媒体代表等 150 余人参会，就“面向 2015 后可持续的中非减贫与发展合作”这一主题展开积极探讨，交流各国减贫经验和挑战，研讨落实 2030 年可持续发展议程对策，寻求推进中非减贫合作更有效路径。

【出国（境）培训】 出国（境）培训是中国国务院扶贫办国际减贫交流合作的重要组成部分，是落实扶贫人才培养战略的重要举措。2015 年，中国国务院扶贫办共派出 1 个出国培训团组 21 人次，赴美国开展了“社会动员机制与减贫发展”培训。

国际经验分享

【概述】 2015年，在中国商务部、财政部等部门和联合国开发计划署、国际农业发展基金等机构的支持下，中国国际扶贫中心共举办了17期国际减贫培训项目。来自亚洲和非洲31个发展中国家的410名政府中高级官员和国际组织代表参加了研修。项目实施期间，各方代表交流减贫的战略、模式和经验，分析减贫的问题和挑战，探讨加强国际减贫交流合作的途径，与发展中国家分享了中国发展和减贫政策与经验。

【非洲英语国家千年发展目标与可持续减贫官员研修班】 2015年5月7日，由中国商务部主办、中国国际扶贫中心承办的"非洲英语国家千年发展目标与可持续减贫官员研修班"在北京举行。本次研修班的主题是"千年发展目标和可持续减贫"，为期15天，主要内容围绕中国实现千年发展目标的进展、中国城乡减贫的政策与实践等专题开展。研修班实地考察了江西省农村专项扶贫开发、农村教育、卫生、生态环境保护等方面的成效及做法。来自莱索托、乌干达、马拉维、南苏丹和津巴布韦5个非洲国家和地区减贫与发展相关政府部门共13名代表参加研修班。

【非洲英语国家农村发展与减贫官员研修班】 2015年5月12日，由中国商务部主办、中国国际扶贫中心承办的"2015年非洲英语国家农村发展与减贫官员研修班"在北京举行。本次研修班的主题是"农村发展与减贫"，为期15天，主要内容围绕中国农业增长、农村发展、中国城乡减贫的政策与实践等专题开展。研修班实地考察了山西省农村专项扶贫开发、农村教育、卫生、生态环境保护等方面的成效及做法。来自马拉维、津巴布韦、乌干达、莱索托、加纳5个国家和地区减贫与发展相关政府部门共10名代表参加研修班。

【南非农村发展政策与实践研修班】 2015年5月16日，由中国国际扶贫中心、南非农村发展和土地改革部主办的"南非农村发展政策与实践研修班"在北京举行。本次研修班的主题是"农村发展"，为期14天，以中国农村发展政策、中小企业发展实践等为主题开展研讨，并赴江苏省、山东省实地参观调研。来自南非农村发展和土地改革部的39名代表参加研修班。

【非洲英语国家制定和实施发展与减贫政策官员研修班】 2015年5月19日，由中国商务部主办、中国国际扶贫中心承办的“2015年非洲英语国家制定和实施发展与减贫政策官员研修班”在北京举行。本次研修班的主题是“制定和实施发展与减贫政策”，为期15天。来自斯里兰卡、莱索托、乌干达、厄立特里亚、马拉维、津巴布韦、加纳7个国家的扶贫相关部门18名代表参加了研修班。

【非洲法语国家开发式扶贫政策与实践官员研修班】 2015年6月3日，由中国商务部主办、中国国际扶贫中心承办的“2015年非洲法语国家开发式扶贫政策与实践官员研修班”在北京举行。本次研修班的主题是“开发式扶贫政策与实践”，为期15天，主要内容围绕中国农村扶贫开发的战略与经验、扶贫资金的筹集与管理等专题开展。实地考察四川农村专项扶贫开发各类政策的成效及做法。来自马里、乍得、中非、刚果共和国、突尼斯、马达加斯加6个国家和地区减贫与发展相关政府部门共16名代表参加研修班。

【亚洲国家城乡协调发展与减贫官员研修班】 2015年6月4日，由中国商务部主办、中国国际扶贫中心承办的“2015年亚洲国家城乡协调发展与减贫官员研修班”在北京举行。本次研修班的主题是“城乡协调发展与减贫”，为期15天，主要内容围绕中国城乡二元经济结构的形成与变迁、统筹城乡发展的战略与农村可持续减贫、人力资源开发与中国农村减贫等专题开展。实地考察甘肃省城乡统筹发展项目。来自巴勒斯坦和斯里兰卡2个国家减贫与发展相关政府部门12名代表参加研修班。

【非洲英语国家公共服务与减贫政策官员研修班】 2015年6月24日，由中国商务部主办、中国国际扶贫中心承办的“2015年非洲英语国家公共服务与减贫政策官员研修班”在北京举行。本次研修班的主题是“公共服务与减贫”，为期15天。实地考察贵州省农村公共服务发展项目。来自马达加斯加、加纳、喀麦隆、马拉维、乌干达、津巴布韦、南苏丹和赞比亚8个国家扶贫相关部门23名代表参加研修班。

【非洲英语国家完善精准扶贫机制与综合减贫官员研修班】 2015年6月24日，由中国商务部主办、中国国际扶贫中心承办的“2015年非洲英语国家完善精准扶贫机制与综合减贫官员研修班”在北京举行。本次研修班的主题是“完善精准扶贫机制与综合减贫”，为期15天。实地考察贵州省精准扶贫项目。来自莱索托、乌干达、马拉维、博茨瓦纳、南苏丹和津巴布韦6个国家扶贫相关部门24名代表参加研修班。

【马里减贫能力建设官员研修班】 2015年7月2日，由中国商务部主办、中国国际扶贫中心承办的“2015年马里减贫能力建设官员研修班”在北京举行。本次研修班的主题是“农村发展与减贫”，为期21天，主要内容围绕中国农村扶贫开发的战略与经验、扶贫资金的筹集与管理、开发式扶贫政策措施等专题开展。实地考察广西农村发展与减贫的项目。来自马里减贫与发展相关政府部门20名代表参加研修班。

【非洲英语国家经济社会治理与综合减贫官员研修班】 2015年7月7日，由中国商务部主办、中国国际扶贫中心承办的“2015年非洲英语国家经济社会治理与综合减贫官员研修班”在北京举行。本次研修班的主题是“经济社会治理与综合减贫”，为期15天，主要内容围绕中国改革开放与国家工业化和现代化、城乡减贫战略体系、政治、经济、财政金融、科技、卫生、社会保障、教育体制及其运行模式等专题开展。实地考察江西经济社会治理与减贫项目。来自莫桑比克、喀麦隆、乌干达、南苏丹、博茨瓦纳、津巴布韦、加纳、毛里求斯8个国家减贫与发展相关政府部门26名代表参加研修班。

【南非农村发展政策与实践研修班】 2015年8月16日，由中国国际扶贫中心、南非农村发展和土地改革部主办的“南非农村发展政策与实践研修班”在北京举行。本次研修班的主题是“农村发展”，为期14天，以中国农村发展政策、中小企业科技创新等为主题开展研讨，并赴山东省、江苏省实地参观调研。来自南非农村发展和土地改革部的39名代表参加研修班。

2015年10月24日，由中国国际扶贫中心、南非农村发展和土地改革部主办的“南非农村发展政策与实践研修班”在北京举行。本次研修班的主题是“农村发展”，为期14天，以中国农村发展政策、中小企业科技创新等为主题开展研讨，并赴山西省、山东省实地参观调研。来自南非农村发展和土地改革部的40名代表参加研修班。

【非洲国家社区治理与综合减贫官员研修班】 2015年8月27日，由中国商务部主办、中国国际扶贫中心承办的“2015年非洲国家社区治理与综合减贫官员研修班”在北京举行。本次研修班的主题是“社区治理与综合减贫”，为期15天，主要内容围绕中国农村社区治理体系、农村围观经济体制、公共服务及其在微观社区的实施模式等专题开展。实地考察四川省农村社区治理与减贫项目。来自加纳、津巴布韦、肯尼亚、马拉维、毛里求斯、南苏丹、乌干达7个国家减贫与发展相关政府部门24名代表参加研修班。

【亚洲国家包容性增长与持续减贫官员研修班】 2015年9月12日，由中国商务部主办、中国国际扶贫中心承办的“2015年亚洲国家包容性增长与持续减贫官员研修班”在北京举行。本次研修班的主题是“包容性增长与持续减贫”，为期15天，主要内容围绕中国包容性增长的理论内涵与政策实践、农村市场体系运行模式等专题开展。实地考察湖北省包容性增长与减贫发展项目。来自缅甸、孟加拉国、约旦、巴勒斯坦、斯里兰卡、印度尼西亚、尼泊尔和东帝汶8个国家减贫与发展相关政府部门30名代表参加研修班。

【老挝中国扶贫工作经验研修班】 2015年9月10日，由中国商务部主办、中国国际扶贫中心承办的“2015 年老挝中国扶贫工作经验研修班”在北京举行。本次研修班的主题是“中国扶贫工作经验”，为期 21 天，主要内容围绕中国农村开发式扶贫政策与实践、农村社会保障、扶贫资金筹集与管理等专题开展研讨。实地考察广西壮族自治区扶贫项目。共有 20 位来自老挝国家农村发展与消除贫困委员会、老挝各省农村发展与消除贫困委员会的司级、处级官员参加。

【非洲国家缩小收入分配差距与减贫官员研修班】 2015 年 10 月 14 日，由中国商务部主办、中国国际扶贫中心承办的“2015 年非洲国家缩小收入分配差距与减贫官员研修班”在北京举行。本次研修班的主题是“缩小收入分配差距与减贫”，为期 15 天，主要内容围绕中国收入分配差距的战略、经济社会治理体制的变迁及其对发展和减贫的影响、资产配置政策与缩小收入分配差距等专题开展。实地考察云南省农村减贫项目。来自马达加斯加、南苏丹、坦桑尼亚、桑给巴尔、津巴布韦、加纳、毛里求斯 7 个国家减贫与发展相关政府部门 18 名代表参加研修班。

【第七届中非共享发展经验高级研讨会（副部级）】 2015 年 11 月 11 日，由中国商务部主办、中国国际扶贫中心承办的“第七届中非共享发展经验高级研讨会”在北京举行。本次研修班的主题是“智库引领可持续发展”，为期 7 天，主要内容围绕智库在引领非洲可持续发展中的作用、全球视角下的非洲转型、多边智库合作等专题开展。实地考察湖南省、广东省经济技术开发区、农业科技、大型企业等。来自埃及、马达加斯加、喀麦隆、马拉维、莫桑比克、南苏丹、突尼斯、津巴布韦 8 个国家减贫与发展相关政府部门 21 名代表参加研修班。

国际减贫合作项目

【中国—东亚乡村减贫合作示范项目】 2015年3月，中国国务院扶贫办与商务部联合组团赴老挝、柬埔寨和缅甸进行工作访问，与三国对口部门就开展村级减贫合作示范项目的主要内容、基本原则等事项达成共识。6—8月，中国国际扶贫中心组织专家分赴老挝、柬埔寨和缅甸开展项目可行性调研，落实项目村选址、项目设计等内容，并向商务部对外援助司提交了项目建议书和可行性研究报告。项目已得到商务部批准立项，后续工作正有序推进。

【中国贫困片区产业扶贫试点示范项目】 2015年5月13日，财政部代表中国政府与世界银行顺利完成项目谈判，6月23日获得世界银行执行董事会正式批准。12月24日，世界银行宣布项目正式生效，标志着项目进入实施阶段。项目总投资约20亿元人民币，其中世界银行贷款1.5亿美元。项目旨在发展高效、生态、高附加值产业，促进贫困片区农业产业结构调整，实现生态环境保护和贫困农户可持续增收，试点、示范并推广在中国贫困片区开展产业扶贫的方式和方法。主要建设内容包括：现代产业价值链发展、基础设施和公共服务、片区扶贫的培训与学习、项目管理与监测评估等。项目覆盖了四川省、贵州省和甘肃省共27个县（市、区）。

（国务院扶贫办国际合作和社会扶贫司）

专题研究篇

坚决打赢扶贫开发攻坚战

新年伊始，习近平总书记深入云南贫困地区和地震灾区考察工作，看望各族干部群众，发出坚决打好扶贫开发攻坚战的号召。看到这一消息，贫困地区广大干部群众和扶贫系统干部职工深感振奋，再次感受到总书记的殷殷牵挂和亲切关怀，看到了贫困地区更加美好的明天。贫困地区干部群众自力更生、艰苦奋斗、加快发展的劲头更足了。

扶贫办干部职工对习近平总书记的重要讲话进行了认真学习。大家一致认为，总书记在中央经济工作会议、新年致辞和中央党校县委书记研修班上接连强调扶贫开发工作的极端重要性，把扶贫开发提高到事关全面建成小康社会、事关第一个一百年奋斗目标的高度，连续3年第一次国内考察都到贫困地区，关心贫困群众生产生活，充分体现出党和政府的为民情怀。通过学习，我们深切感受到，总书记关于扶贫开发是第一个一百年奋斗目标的重点工作、最艰巨任务的指示，进一步增强了做好扶贫开发工作的责任感。总书记关于距离实现全面小康只有五六年时间、必须时不我待地抓好扶贫开发工作的指示，进一步增强了做好扶贫开发工作的紧迫感。总书记关于深入实施精准扶贫精准脱贫、扶贫要扶到点上扶到根上的指示，进一步增强了实施精准扶贫战略的自觉性。总书记关于防止平均收入掩盖不平均的指示，进一步增强了做好政策加法的针对性。

扶贫系统将以实际行动贯彻落实习近平总书记重要讲话精神，以更加明确的目标、更加有力的举措、更加有效的行动、更加务实的作风，扎实推进扶贫开发，坚决打好扶贫开发攻坚战。我们将重点抓好以下几项措施的落实。

一是发挥职能作用，切实履行政治责任。迅速组织全国扶贫系统学习宣传、深刻领会、认真贯彻总书记关于扶贫开发的重要讲话精神，响应总书记坚决打好扶贫开发攻坚战的号召，把中央决策部署和各项政策措施落到实处。结合扶贫重点工作、重大问题，扎实开展调查研究，提出政策建议，当好党委政府的参谋助手。狠抓督促检查，完善扶贫开发六项机制改革，推进十项重点工作，出实招、求实效、抓落实。

二是用好建档立卡成果，制定切实可行的脱贫措施。以贫困群众为主体，提高他们的知情度和参与度，打牢建档立卡基础。以问题为导向，逐村逐户分析致贫原因，提出解决措施。以脱贫需求为第一信号，找准脱贫门路，制定发展规划，因地制宜、因村施策、因户施法，扶到点上、扶到根上。

三是做好政策加法，实施“精准扶贫十大工程”。认真落实总书记对贫困地区贫困人口要格外关注、格外关心、格外关爱的要求，把扶贫资源、措施精确瞄准特定人口、具体对象，实施精准扶贫、精准脱贫，扶贫工作不大而化之，扶贫资金不撒胡椒面，不搞不符合当地实际的面子工程。在“特”上做文章、在“准”上下功夫，发挥贫困地区优势，把经济发展与生态保护相结合，区域发展与扶贫开发相结合，各方支持与贫困群众自身努力相结合，实施干部驻村帮扶、职业教育培训、扶贫小额信贷、易地扶贫搬迁、电子商务扶贫、旅游扶贫、光伏扶贫、构树产业扶贫、致富带头人创业培训、龙头企业带动等“精准扶贫十项工程”，加大信贷、再贷款、保险等金融支持力度，千方百计促进贫困群众收入持续较快增长。对不具备自我发展能力的贫困户，采取兜底措施，保障基本生活。

四是规范驻村帮扶工作，建好精准扶贫管道。把干部驻村帮扶与加强基层组织建设紧密结合，在实现贫困村派驻工作队全覆盖的基础上，制定干部驻村帮扶的指导文件，明确驻村干部的派驻、任务、管理、考评等，用制度规范驻村帮扶工作，发挥好驻村工作队生力军、“催化剂”作用，帮助贫困群众分析致贫原因、找准脱贫门路，带领贫困群众加快脱贫步伐。

五是坚持改革创新，完善体制机制。认真落实《关于改进贫困县党政领导班子和领导干部经济社会发展实绩考核工作的意见》，用好指挥棒，不以 GDP 论英雄，引导贫困县党政领导班子和领导干部把工作重点和主要精力放在扶贫开发上。认真落实《关于建立贫困县约束机制的通知》，念好紧箍咒，规范贫困县必须作为、提倡作为、禁止作为事项，防止一边戴着贫困帽子，一边过着富裕日子。抓紧研究建立贫困县、贫困村、贫困人口退出机制，准确反映减贫成果。改革扶贫工作考核办法，建立以减贫结果为导向的考评机制。

六是加强扶贫资金使用管理，确保安全有效。认真落实《关于改革财政专项扶贫资金管理机制的意见》，建立以结果为导向的资金分配机制，完善管理监督机制，扶贫项目审批权限原则下放到县，强化省市监管责任，建立信息披露和公告公示制度，推进第三方监督、扶贫对象参与管理，确保扶贫资金真正用到最需要帮扶的贫困群众身上。对贪污浪费、虚报冒领扶贫资金的行为，加大查处力度，决不姑息。

七是广泛动员社会力量，汇集扶贫攻坚强大合力。改进完善东西扶贫协作、定点扶贫工作，加大先富帮后富力度。拓展社会扶贫新思路，引导激励社会各界踊跃投身扶贫事业，倡导民营企业、社会组织和公民个人积极参与。建设社会扶贫信息服务平台，实现帮扶需求与供给的有效对接。组织实施好扶贫日活动，培育扶贫济困、人心向善的好风尚，弘扬中华民族扶贫济困的好传统，凝聚全国人民团结互助的正能量。

扶贫系统在做好以上各项工作的基础上，还将认真总结、宣传推广扶贫开发的成功经验和先进典型，对照全面建成小康社会的目标，梳理贫困地区贫困群众的发展现状和瓶颈，分析扶贫开发的新情况、新问题，适应新常态、新任务的要求，科学谋划“十三五”扶贫工作。将采取新的更有效的措施，打好扶贫攻坚战。决不让扶贫开发工作拖全面建成小康社会的后腿，决不让贫困地区贫困群众掉队。确保贫困地区贫困群众同全国人民一道，共同实现全面小康。

（刊于2015年2月9日《经济日报》，
作者：国务院扶贫办主任　刘永富）

2015 年后国际发展议程与精准扶贫

2015 年 10 月 16 日，由国务院扶贫办和联合国驻华系统联合主办、中国国际扶贫中心等单位承办的“2015 减贫与发展高层论坛——高级别会议”在北京召开。会议邀请了国内外部级官员、国际组织负责人和专家学者共 150 余人，就“国际发展议程与精准扶贫”主题展开政策对话和交流。本次会议旨在探讨各国和有关国际发展机构对落实 2015 年后国际发展议程的考虑和应对，特别深入地探讨了中国消除绝对贫困目标而采取的精准扶贫方略。会议相关的材料综述如下：

一、2015 年后国际发展议程主要目标内容及影响

2015 年 9 月 25 日第 70 届联大审议通过了 2015 年后国际发展议程，自 2016 年 1 月 1 日起正式生效，这一议程成为未来 15 年指导全球和各国可持续发展的纲领性文件。2015 年后国际发展议程是对千年发展目标的继承和升级，包括 17 个可持续发展目标（SDGs）（见下页表）和 169 个具体目标，可概括为经济、社会、环境、安全、伙伴关系 5 个方面。经济方面主要包括目标 1、2、3、6、8、9、11，其核心内容是希望通过经济增长消除贫困和改善民生。社会方面主要包括目标 4、5、10、16，其核心目的是实现整个社会的公平和正义。环境方面主要包括目标 12—15，其核心是为了实现环境可持续性。安全方面主要是目标 16，其突出强调将减少各种国内外暴力、组织犯罪、非法财产和武器流动等安全问题，为实现可持续发展提供和平的环境。可持续发展伙伴关系主要是目标 17，再次重申了发达国家应该承担的国际责任和南北、南南合作等国际合作模式的重要性。可持续发展伙伴关系是实现未来的 SDGs 的关键因素之一，它包括国际组织、发达国家和发展中国家、民间社会团体、私人部门等主体的新型全球发展伙伴关系。

在每个目标项下，SDGs 都列出了具体的实施方法，不仅明确了不同发展水平国家应该承担的国际责任，而且能够指导各国国内的可持续发展政策制定。

2015 年后国际发展议程对各类国家的发展目标的影响也各异。对于发达国家而言，减贫并不是发达国家的主要发展议题。SDGs 中的减贫和经济发展指标对发达国家的约束很小。相对而言，发达国家面临的可持续发展难题更多的是环境和社会可持

表　可持续发展目标（SDGs）

目标
目标 1：消除全球各种形式的贫困
目标 2：消除饥饿，确保食品安全和营养改善，促进可持续农业
目标 3：确保所有人的健康生活，促进所有人的福利
目标 4：确保包容性和平等的素质教育，确保所有人的终身学习机会
目标 5：实现性别平等和女性赋权
目标 6：确保所有人获得持续的饮水与卫生设施
目标 7：确保所有人获得支付得起的、可靠的、可持续的现代能源
目标 8：促进持续的和包容性的经济增长、完全和有效的就业以及所有人有体面的工作
目标 9：构建弹性的基础设施，促进包容性和可持续的工业化，培养创新能力
目标 10：减少国家内部和国家间的不平等
目标 11：构建包容性、安全、弹性和可持续的城市和人居环境
目标 12：确保可持续的消费与生产模式
目标 13：采取紧急行动应对气候变化及其影响
目标 14：保护和可持续地利用海洋与海洋资源
目标 15：保护、修复和促进森林生态系统的可持续利用，可持续管理森林，对抗沙漠化，阻止或逆转土地退化与生物多样性损失
目标 16：促进和平与包容的社会，为所有人提供司法公正，在所有层面构建有效、负责和包容性的制度
目标 17：增强实施和恢复全球可持续发展伙伴关系手段

续发展方面，尤其是社会可持续发展方面。但需要指出的是，2015 年后国际发展议程的制定和实施时段与发达国家的发展进程是比较一致的，因此发达国家自身的发展目标受 2015 年后国际发展议程影响的程度其实很小。

对于新兴经济体而言，2015 年后国际发展议程对其影响最大。它们在经济增长方面取得了突出的成就，较早地完成了减贫目标，在国际舞台上的影响力日益增加，国际社会因此期待其承担尽可能多的国际责任，甚至将其与发达国家视为同等的国际责任体。然而，发达国家早已实现工业化，经济基础雄厚，而新兴经济体自身往往处于经济转型期，存在各种各样的发展难题，尤其是要应对实现工业化和环境保护之间的矛盾。如果说在 2015 年以前，新兴经济体部分地牺牲了环境可持续发展来换取经济增长，那么，在其 2015 年后的发展规划中，环境可持续发展就必须与经济增长处于同等的地位。这就意味着，为了完成 SDGs，新兴经济体需要同时实现工业化和“绿色化”。因此，新兴经济体在经济转型过程中，一方面需要智慧去平衡工业化与环境可持续发展之间的矛盾，另一方面还需要受到巨大的国际压力。

对于其他发展中国家而言，2015 年后国际发展议程的目标要求是过高的。但是，从现实上来讲，由于大部分发展中国家仍然需要重点解决减贫目标，很难兼顾环境和社会的可持续发展目标，所以，2015 年后国际发展议程基本上不会影响这些发展中国家国内发展目标的设定。

二、2015 年后国际发展议程及部分发展中国家和国际机构的应对

本次参会发言的发展中国家国别代表主要来自南非、格林纳达、莫桑比克、哥伦比亚。南非农村发展与土地改革部部长恩昆蒂就南非应对 2015 年后国际发展议程

中消除贫困指标时指出，消除贫困的目标具有艰巨性，因为南非的贫困是结构性贫困。虽然南非的社会保障体系比较健全，但也仅能解决饥饿问题，而不能解决殖民主义遗留下来的结构性贫困问题。为了改变结构性贫困，现在南非政府正在瞄准一些贫困人口比较集中的地区，将采取有针对性政策，进行项目扶贫，以期到 2030 年前能解决南非的结构性贫困问题。

格林纳达住房和社区发展部托马斯部长介绍了格林纳达新政府在应对贫困方面取得的成绩以及采取的主要措施。这些措施包括：激发经济活力的政策，尤其是调动私营领域的活力，鼓励私人创业，发展旅游业，把扶贫纳入国家中长期发展规划，对贫困群体进行有针对性干预（现金转移支付项目，如为学生提供营养餐），建立健全社会保障制度等。

莫桑比克性别儿童与社会行动部规划合作司欧菲司长分享了莫桑比克减贫的经验：近年来，莫桑比克政府为减少贫困采取了系列措施，主要包括：开发人力资源、促进良好治理、创造就业增加生产力和竞争力、进行基础设施建设。同时，把社会保障的措施作为减贫的一个非常重要的方面，扩大社会保障的范围、增加弱势群体的消费和营养、加强减贫机构的能力建设。莫桑比克政府考虑到可持续发展目标（SDGs）给莫桑比克带来的挑战，制订了一个新的社会保护计划战略（2015—2024 年）。这项战略有四个目标：一是要增加弱势群体的消费以及他们的承受能力，防止他们受大风险的伤害；二是改进弱势群体的营养状况，防止营养不良；三是防止社会风险，比如说家庭暴力；四是要确保能力的建设。

哥伦比亚社会繁荣福利署顾问兼协调员费尔南德斯介绍了哥伦比亚的减贫工作。社会项目（如家庭行动计划）对于减贫发挥了重要作用。有利的宏观经济政策、稳定的经济增长和较低的失业率，以及十分负责的债务偿付等也促进了哥伦比亚减贫工作。哥伦比亚在多维贫困指标的监测方面做得很好，能够帮助有针对性地扶贫，同时提升扶贫资源的使用效益。

参会发言的国际机构代表主要来自亚洲基础设施投资银行、金砖国家新开发银行、非洲开发银行、世界银行、联合国开发计划署。亚洲基础设施投资银行候任行长金立群认为，基础设施建设实际上是减贫的基础；基础设施投资、经济发展以及减贫之间的联系是十分强烈的。基础设施建设和使用可以推动需求和就业；建成的基础设施可以增强生产力，可以降低教育成本和其他成本，因此能够改进经济效率。他以中国案例说明了基础设施投资对于减贫的重要性。设立亚洲基础设施投资银行被认为是南南合作的典范也是南北合作的典范，将会对全亚洲的减贫做出重大的贡献，对 2015 年后国际发展议程中可持续发展目标的实现起到重要的推动作用。

金砖国家新开发银行行长卡马特认为，2015 年后国际发展议程是未来发展的指向和方向。金砖国家银行与亚洲基础设施投资银行在发展方向和设立目的上有很多类似性，因此，两者今后在很多方面将会合作。他认为，南南国家之间的合作越来越重要。这种合作象征着时代的变化，即南南合作越来越多地去补充南北合作。金砖国家银行愿与其他的多边机构进行合作，力促发展中国家交流最佳发展和减贫实践，并能够把这些最佳实践结合起来。在千年发展目标当中，减贫是一个非常重要的目标，而在2015年后国际发展议程中，减贫也非常重要。不要把减贫目标变成所谓的行业术语，而是要真正地去关注。卡马特认为，中国实现千年发展目标有几个关键的因素：一是关注水管理、关注农业、关注农副产品的生产。二是发展和建设基础设施。三是中国制造业快速的发展，这也得益于基础设施打下的基础。四是服务业的发展。五是强的执行力。这五点对于今后的可持续发展来说也十分重要，将被贯彻到金砖国家银行开展的业务之中。卡马特指出，减贫是千年发展目标当中最重要的一个目标，减贫也是所有其它目标的基础。金砖国家银行不仅关注减贫，还要利用技术来提高生产力，以促进发展；要加强技能，同时借助全世界的流动性让金融资金流入到需要的国家，以可持续的方式让大家获得资金，最后要建立好制度。

非洲开发银行副行长利兹指出，可持续发展目标代表着发展向着一个正确方向的转变，而且它是国际合作和发展未来15年的一个蓝图。但非洲当前在落实2015年后国际发展议程方面，还面临着诸多挑战：如收入分配的不公、贫富差距问题、高比例的年轻人找不到工作、快速的城市化导致的城市公共服务短缺问题（缺水、缺电等）等。非洲开发银行十年发展计划一个核心的内容就是帮助让更多人摆脱贫困，同时还要实现绿色的增长。此计划包括基础设施建设、促进区域融合、绿色增长，以及性别平等等。尽管此规划执行得比较成功，但非洲现在仍面临的一些挑战。非洲开发银行优先考虑的领域包括：一是要给非洲人民带来赋权；二是要为非洲人民提供足够的食物；三是要提高他们的生活水平。非洲开发银行目前实施了非洲新政，目的在于人们可获取能源；通过建立合作伙伴的关系，来促进可再生能源的发展。现在非洲开发银行正在努力修改农业方面的政策，来增强对农业的投资，实际上非洲农业的潜力能不能够得到充分的发挥，是非洲减贫的关键。在农业融资方面，以及粮食安全方面，非洲开发银行也正在同有关方建设合作伙伴关系。非洲开发银行也会关注到气候变化，脆弱性等问题。现在也在创造新机会，为更多的企业家提供培训，推动中小型企业的发展；支持在非洲的工业化，使得非洲的工业走到价值链的顶端，另外他们还要提供更多高质量的工作，使年轻人能够留在非洲。非洲开发银行会关注职业培训，以及各种教育体系的建设，以便能够适应市场的需求。他们现在和非盟、国际劳动组织合作，正在制定一个新的创业计划。非洲开发银行将建设20亿美元的非洲发展基金会，来支持非洲各国的发展。他们将会在非洲国家赞助各种各样基础设施的项目，愿同中国建设一种持续性的合作伙伴关系。

世界银行驻中国、蒙古和韩国局农村发展组组长帕沃介绍了世行同国务院扶贫办的合作以及中国减贫取得的成就。他明确指出中国目前的减贫所面临的挑战，如与不平等相联系的一些风险，尤其是在经济新常态下，国家财政收入增长会放缓，这影响到社会项目的实施。但同时，中国减贫也面临一些机遇，如城市化过程中，带给农村的发展机遇。他建议：在农村和城市地区都需要建设一个更广泛的社会保护的机制，以帮助分布比较分散、难以实施精准扶贫的贫困人口。

联合国开发计划署驻华代表处政策与伙伴关系团队主管芮婉洁就中国减贫、南南合作，以及国际组织的作用发表了演讲。她指出中国的减贫针对性很强；政府重视减贫，把减贫纳入国家总体社会经济发展规划；同时，在减贫的过程中考虑到社会的结构性转变。关于南南合作，尤其是中国和发展中国家间的合作需要在各种手段（如资金援助、基础设施建设支持、维护和平等）之间有一个平衡。目前，中国政府正在积极尝试使用多样化的方式促进南南合作。关于国际组织的作用，她以联合国开发计划署这类国际组织为例，指出这些组织今后将会从更加宏观的角度来审视和促进各国的发展，比如宏观改革政策、结构转变、创造有利的宏观发展环境等。

三、2015 年后国际发展议程及中国的挑战和应对

（一）中国与 2015 年后国际发展议程

联合国非常关注中国对 2015 年后国际发展议程的建议和态度，中国也高度重视联合国 2015 年后国际发展议程的进展，与联合国各机构积极加强合作，就 2015 年后国际发展议程的议题设定、基本原则等问题提出了中国的看法。中国在第 70 届联合国大会及其系列峰会上的表现和承诺则同时提出了中国为实现这一愿景坚定的实际行动。这些实际行动充分体现了中国负责任、肯担当的大国形象，发出了中国在国际舞台的时代最强音。中国国家主席习近平出席了联合国的系列峰会，在环境、社会、和平与安全、国际合作等多方面做出了实质性的承诺和表态。毫无疑问，中国必将在 2015 年后国际发展议程的实施过程中发挥举足轻重的作用，将对促进全球共同发展产生重大影响。

（二）中国实施 2015 年后国际发展议程面临的挑战

尽管中国基本上完成了 MDGs（千年发展目标）的大部分指标，但仍有个别指标无法完成，例如环境可持续发展方面；而且，中国虽然在经济社会发展方面取得了巨大的成就，但仍然是一个发展中国家。当前，中国经济进入“新常态”，经济下行压力加大，发展不平衡、不协调、不可持

续问题依然突出，农业基础依然薄弱，城乡区域发展差距和居民收入分配差距依然较大，资源环境约束加剧，创新能力不足，转变经济发展方式和调整经济结构任务艰巨。实现 MDGs 只是完成了最基本的发展目标，而要实现更高远、更广泛的可持续发展目标 SDGs，中国将面临前所未有的困难和挑战。不仅如此，中国国际地位的提升以及随之而来的国际期许的增加，也将使得其在全球可持续发展过程中的国际角色的扮演较以往更加困难。

1. 在国内发展方面的挑战

环境保护和经济增长之间的协调。中国的环境问题仍然很严重：水和土壤污染、固体废物污染、汽车尾气污染等各种污染继续挑战环境的承载能力，废物处理设施和能力却明显缺乏；生物多样性持续减少，修复和保护资金却严重不足，人们的环保意识也急需提高……更重要的是，中国面临着经济增长和环境保护双重压力，如何协调两者之间的关系对中国这样一个发展中国家而言仍是一个难题。

不平等问题。中国目前结构性问题比较突出，不平等便是其中之一，不平等主要包括收入不平等、教育不平等、就业机会不平等等，涉及区域间、城乡间、性别间等。不平等容易引发弱势群体的不满和社会动荡，威胁和谐社会的构建和经济健康发展，是中国未来可持续发展不可避免的一大挑战。

非政府部门的作用被忽视。私人部门在项目合作方面往往拥有更为先进的经验和技术，更拥有非政府身份优势，是可持续发展进程不可或缺的参与力量。尽管近几十年来，中国的民间社会团体和私人部门的数量逐渐增加，也在逐渐参与到国家的发展规划中。但是，民间社会团体和私人部门的作用是被严重忽视的，与政府部门相比，它们在市场进入和运作等方面受到诸多不平等的待遇，而政府部门针对这些非政府部门的规范和监督机制又十分匮乏，导致它们对社会发展的参与更加受限。尽管中国近年来积极探索利用公私伙伴关系，但如何寻找到双赢的公私合作方式，充分发挥公司伙伴关系的最大效用，还是一个未知数。

创新能力不足。衡量一国科技创新水平和能力的定量指标有专利申请数、研发投入、科研人数、科技论文发表数等。中国在这些方面，存在这样那样的问题，导致中国的创新能力与发达国家相比相差较大。

2. 在国际发展合作方面的挑战

国际发展合作的经验不足。中国与其他国家之间、与多边发展组织之间的合作却较少，且合作程度不深。以国际发展援助而言，由于中国等新兴援助国与传统的发达国家援助国遵循的是截然不同的援助原则和方式，因而彼此之间更多是相互质疑，较难合作。不仅如此，中国与其他新兴援助国之间的援助合作也很少。此外，三方援助方式在中国总援助中的占比也很小。如果不能进一步加深各方之间的发展合作，全球可持续发展进程也会因此变缓。

秉持“共同但有区别的责任”原则。近年来，中国等新兴经济体的国际影响力日益增加，发达国家甚至一些发展中国家纷纷提出所谓新兴经济体的国际责任问题，迫使它们承担更多的国际责任。但是，新兴经济体自身面临很多发展困境，始终秉持“共同但有区别的责任”原则，强调发达国家应该在全球可持续发展过程中承担主要责任。两种力量之间的矛盾，加之南北两方固有的矛盾，以及发达国家集团内部、发展中国家集团内部的矛盾相互交织在一起，使得新的全球发展议程的实施也充满不确定性。

（三）中国如何应对和实现 2015 年后国际发展议程

中国首先应当立足于本国的发展，制定并完善符合本国国情的发展战略，最大限度动员国内资源，提升自身的发展能力；基于此，对外积极开展国际发展合作，与国际社会一道共同推进全球可持续发展目标的实现。

1. 国内层面

尽快制定适合的可持续发展指标体系。结合 2015 年后国际发展议程的基本精神，制定出一套适合我国的可持续发展目标体系，并将其纳入国民经济发展的总规划。对于中国这一新兴经济体而言，新的发展目标必须兼顾经济发展、社会公平、环境保护三大支柱。

重视非政府部门的作用。发达国家尤为重视民间社会团体和私人部门等非政府部门在国际发展合作中的作用，与其展开密切合作并采取一系列措施促进非政府部门的发展。中国可以借鉴发达国家的经验，推动本国甚至合作国非政府部门的发展。

构建世界最大的全民学习、终生学习、灵活学习的学习型社会。清华大学国情研究院院长胡鞍钢教授特别强调中国在落实 2015 年后国际发展议程时构建学习型社会的重要性。

2. 国际层面

尽力而为，量力而行，切实履行中国的国际责任。全球可持续发展进程及相关问题的解决需要中国的积极参与，而中国要实现自身的可持续发展也需要世界的支持。中国正积极主动地承担国际“共同的责任和义务”，而且可以预见，中国将在全球可持续发展进程中承担更多、更重要的“共同责任和义务”，为全人类更加美好的未来作出新的贡献。然而不可否认的是，中国仍然是一个发展中国家，尚不足以与发达国家承担同等责任和义务。

坚持南北合作的核心作用，敦促发达国家尽快履行国际承诺。发达国家作为经济全球化的主要推动者和受益者，对经济全球化进程中出现的环境和气候问题、贫困问题等负有不可推卸的责任。为了保障充足的发展资源，推动实现可持续发展议程，必须发挥南北合作的主渠道作用。因此，中国需要联合国际社会，督促发达国家尽快履行相应的国际承诺。

加强“南南合作”，将其作为南北合作的有益补充。中国作为一个发展中国家，自身的经济基础尚不稳固，随着国际发展合作规模的扩大，中国的财政负担必然加大，因而传统的单方面的施受关系形式的合作模式并不适合中国，中国必须采取对外援助与自我发展相结合的合作方式，即“南南合作”这种互利共赢的方式。

推动构建新型全球发展伙伴关系。发达国家资金充足且在可持续发展方面已经积累了丰富的经验，新兴经济体更加了解广大发展中国家的发展需求，而多边发展机构在发展知识和惯例方面尤为擅长，因此，中国可以“南南合作”为基础，并利用G20、世界银行等发展合作平台，进一步建立和加强与国际组织、发达国家之间的三方合作，逐步提高“南南合作”的国际地位，同时吸引私人部门、社会团体等非政府部门共同参与国际发展合作，最终推动构建囊括发达国家、发展中国家、多边发展组织以及私人部门、社会团体等各种贡献主体的新型全球发展伙伴关系，共同推进2015年后国际发展议程。

四、精准扶贫方略是中国落实2015年后国际发展议程减贫目标的重要保障

2015年后国际发展议程的首要目标是到2030年消除一切形式的贫困。在中国，这一目标是同中国政府到2020年要全面建成小康社会、消除绝对贫困的目标方向是一致的。千年发展目标中减贫目标在中国提前实现；2015年后国际发展议程中的减贫目标的落实，在中国也是能够提前实现的。这主要得益于中国政府采用了有针对性的扶贫政策措施，尤其是近两年来推出的精准扶贫方略，为消除绝对贫困提供了坚强保障。

中国国家发展与改革委员会副主任何立峰介绍了自2011年以来中国政府在第12个五年规划当中将集中连片特困地区作为全国扶贫攻坚的主要区域，编制实施了区域发展和扶贫攻坚规划，完善了精准扶贫工作机制，不断地丰富减贫政策体系。今后一个时期，中国政府将坚持发展经济和改善民生相结合，坚持区域发展和精准扶贫相结合，更加注重推动改革创新和对外开放，更加注重精准扶贫精准脱贫，进一步加强顶层设计，完善政策体系，加大投入力度，推动贫困地区特别是集中连片特困地区加快减贫和发展的步伐，让贫困人口和全国人民一道同步进入全面小康社会。具体措施包括：一是积极推动贫困地区融入国家战略和规划，将扶贫开发纳入国民经济和社会发展十三五规划，并编制十三五扶贫开发规划。二是进一步加大对贫困地区的投入力度，大幅度增加对贫困地区基础设施建设的投入。三是加快实施一批惠及贫困人口的精准扶贫工程。四是大力支持贫困地区体制机制改革创新。

中国国务院扶贫办主任刘永富介绍了中国实施精准扶贫所开展的工作以及今后精准扶贫的进一步做法。他从五个方面概括了中国实施精准扶贫的措施和成效：一是各级干部深入贫困地区进村入户了解贫

困状况，开展贫困识别，确定了 12.8 万个贫困村，3000 万贫困户，明确扶贫对象。二是基本实现每个贫困村都有驻村工作队，每个贫困户都有帮扶责任人，落实帮扶责任。三是推进扶贫机制改革，建立贫困县考核机制、约束机制，改革财政专项扶贫资金管理机制，创新金融扶贫体制机制。四是以村级道路畅通、饮水安全、电力保障、危房改造、特色产业增收、乡村旅游、教育扶贫、卫生和计划生育、文化建设和贫困村信息化十项为重点工作，改善贫困地区贫困群众的生产生活条件。五是设立扶贫日开展广泛的社会动员。2013 年、2014 年连续两年完成千万以上减贫任务，贫困地区基础设施继续改善，社会事业逐步发展，贫困群众的收入水平不断提高。刘永富指出，中国今后将从建设扶贫开发大数据、建立分类施策政策体系、发挥贫困群众的主体作用、实施更广泛的社会动员发挥政治优势和制度优势五个方面，进一步推进精准扶贫战略。

中国国务院扶贫办信息中心主任刘俊文介绍了中国农村扶贫对象建档立卡工作及成效。建档立卡是精准扶贫工作的基础。2014 年 4 月，国务院扶贫办在全国启动了农村扶贫对象建档立卡工作，到目前为止我国已经基本建成农村扶贫对象基础数据库，有 832 个贫困县，12.8 万个贫困村，29 万多户，88 万多贫困人口的基础数据已经进入到全国扶贫开发建档立卡信息系统。为切实找准贫困户和贫困人口，重点做了四方面工作：一是识别标准和规模。二是规范程序步骤。三是广泛动员干部参与。四是省市县乡各级组织专项核查。通过近两年的努力，建档立卡工作初见成效：一是建立了制度框架。二是初步摸清了底数。三是为政策制定提供了数据支撑。四是建档立卡信息系统为扶贫开发“六个精准”的落实提供了基础数据支撑。下一步，国务院扶贫办要按照边建设边使用，以使用促完善的要求进一步抓好建档立卡的工作：一是搞好建档立卡“回头看”，确保扶贫对象精准。二是要因户施策，制定有针对性的帮扶计划。三是要引导各类扶贫资源，确保资金项目安排精准。四是建立扶贫开发大数据分析平台，全面推进精准扶贫信息化建设。五是要对建档立卡的扶贫对象实行动态管理。

中国科学院地理科学与资源研究所研究员刘彦随介绍了中国精准扶贫精准脱贫战略实施的第三方评估结论与建议。评估的结论如下：一是精准扶贫重点工程实施进展顺利。二是各地在深入探索创新精准扶贫工作机制。三是加大了易地扶贫搬迁和生态移民力度与投入强度，移民生活得到改善。四是精准扶贫的资金的分配使用和管理改革初见成效。五是评估中发现一些要高度重视的新问题，如存在漏贫的现象；专项扶贫资金总量小、分散、约束多；贫困退出与再入机制不完善，贫困人口有出无进，一些群众担心被脱贫；扶贫的机构不健全；扶贫的政策尚不配套。他从五个方面给出了改进建议：一是推进不同层次扶贫政策措施的精准化。二是完善农村贫困户动态监测与识别体系。三是整合扶贫资金，将审批责权下放到县。四是深化区域性精准扶贫政策与战略研究。五是进一步推进创新精准扶贫体制机制。总之，为科学推进中国精准扶贫精准脱贫重大战略，全面实现农村减贫与发展目标，在政策措施上，亟须健全分层次管控、多维度识别、多渠道整合、区域化施策、制度性突破“五管齐下”的协同机制。

与会其他发言专家紧紧围绕中国落实2015年后国际发展议程减贫目标可能采取的方法，尤其是围绕中国如何推进精准扶贫战略展开。中国社会科学院副院长李培林从创新社会治理的角度进行分析，如何去助力推进中国的精准扶贫。牛津大学贫困与人类发展研究中心阿尔基尔教授介绍了多维贫困测量方法，并强调此方法能帮助中国开展精准扶贫工作。中国国务院发展研究中心农村经济研究部部长叶兴庆，从涓滴效应、包容性增长与扶贫规划三因素分析它们不同时期对减贫所发挥的作用。他特别指出，在中国经济发展进入新常态后，受经济增长速度从高速转向中高速影响，居民收入增长速度也将下降，经济增长的涓滴效应将进一步减弱、包容性增长面临挑战的背景下，在中国推进2015年后国际发展议程，消除绝对贫困方面，尤其需要加大政府主导的专项扶贫规划的实施力度。中华全国妇女联合会副主席崔郁则从性别平等的角度，阐述了中国推进可持续发展目标5所开展的工作以及今后需要采取的政策措施。

（中国国际扶贫中心　张德亮）

亚洲国家扶贫社区发展基金案例研究（摘要）

在偏远的农村地区，由于筛选和监控小额借款人以及执行贷款合同所产生的高额交易成本，导致那些贫困家庭和弱势群体几乎无法获得正规金融服务。这些正规金融机构包括国有农业或农村发展银行。在许多亚洲国家，土地所有权制度阻碍了农村家庭使用土地作为抵押申请贷款，这又进一步影响到贫困人群获得正规金融服务。因此，贫困户纷纷转向高利率的非正规融资渠道，以此满足其经济和金融需求，从而使非正规金融成为欠发达国家金融市场的重要组成部分。

组建社区基金组织，如村基金和社区发展基金，已经逐渐成为减贫与发展融资的一个可行的替代方案，因为社区组织或农民群体能够更多地掌握他们成员的信息和更好地执行贷款合同。将单个农民以基金和群体的形式组织起来，也减少了银行向单个农民提供储蓄和保险服务的成本。相比正规金融机构和小额信贷机构提供的金融服务，往往认为社区基金更偏向需求驱动，决策机制更加民主。社区基金组织的另一个优势是它可以促进农村发展和削减贫困，例如向贫困人口和社区干部提供能力建设以及向会员提供非金融服务等。

然而，社区金融也存在诸多缺点。精英控制和目标偏离穷人是这类基金最常见的问题。对于那些大部分资金来自外部的社区基金经常会遭受道德风险问题。在村级资金不足的情况下，实现运营和财务可持续性是大多数社区基金组织和项目面临的最大挑战。

借鉴覆盖贫困人群和弱势群体的社区基金和群体的发展，本报告选择以下三个社区组织来研究它们的优秀实践：泰国的村基金、印度的互助小组和中国的村级互助基金（或村发展基金）。选择上述三个案例的依据是它们的规模、减贫状况以及运营可持续性。此外，这三个案例都是全球最大的专注于将金融服务扩展到农村社区的社区基金组织。而且，这些案例特别关注贫困，都有来自国家政府和国有发展银行的金融和其他形式的支持。本研究可以很容易地推广到亚太地区的其他社区基金组织。

以上三个优秀实践在努力追求运营和

财务可持续性的同时都开展了针对贫困人群的金融和其他创新。泰国的村基金和印度的互助小组已经与国有发展银行和其他银行合作提供信贷、储蓄和其他金融服务。此外，中国的村级发展基金正在与正规银行进行对接。印度的互助小组和泰国的村基金都鼓励其会员在社区基金组织进行存款，从而增加资金量，扩大覆盖面。互助小组以及小组成员要想获得银行融资，必须在互助小组进行储蓄存款。这些社区基金组织还鼓励会员购买基金的股份，当基金盈利时，股东有权获得分红。

泰国的村基金将它们的服务从信贷和储蓄延伸到涵盖人寿保险和市场营销的服务。一些村基金甚至发起成立涉及食品、草药加工以及手工艺品等企业。村基金通常只在一个村庄内运行，而在泰国运作良好的村基金可以升级成为社区金融机构。泰国农业与农业合作银行根据贷款回收率、放款总额以及分配给贫困人口的贷款比例对村基金进行评级。

印度的互助小组从会员进行储蓄开始运作，只有在互助小组成功经营 6 个月以后才能从银行融资。印度的国家农业与农村开发银行（缩写为 NABARD）根据互助小组的成立期限以 1 到 4 的倍数向互助小组提供批发资金。NABARD 将互助小组的组建外包给非政府组织，此外还把互助小组的记账和会计服务交给专业的服务提供商。NABARD 以分期付款的方式向服务提供商支付费用，从而确保互助小组的运作质量。

中国国务院扶贫开发领导小组办公室和财政部通过创新，设计短期的小额度贷款来自动瞄准贫困人群。一些县级扶贫办直接瞄准指定的贫困家庭。中国国务院扶贫办还开发了一款计算机管理信息系统来监控村级发展基金的运作进展。

从对亚洲地区关于社区基金组织的三个优秀实践案例进行的研究中可以汲取一些有益的经验教训。首先，为了克服与政府或银行融资相关的道德风险问题，以及扩大资金量以实现更大覆盖面，对于这些组织来说，至关重要的是让会员以储蓄或者会费的形式对组织有所贡献。相关的经验显示与正规银行的成功合作可以大大提高社区组织的覆盖面以及财务可持续性，因为正规银行享有独特优势，包括提供廉价的资金来源以及更好的储蓄、保险和转账服务。

其次，作为一个基于社区的机构，在一个村庄内进行运作往往会降低信用风险以及组织储蓄所产生的风险。但是，只在一个村庄范围内运作制约了运营良好机构的增长潜力，也降低了资金的使用效率。制度缺乏活力，会对激励机制和长期增长造成负面影响。通过将社区基金组织与正规金融机构对接，在县或县以上一级组建社区基金组织的网络，以及将运营良好的社区组织升级为社区金融机构等方式可以在一定程度上缓解这一困境。

第三，需要设立特殊的机制来改善贫困定位，因为社区组织实行民主决策，由于来自运营和财务可持续性的压力，往往会瞄准非贫困地区和家庭。小额、短期贷款、直接瞄准和在基金或小组会员之间轮流贷款等方式已被证明是贫困定位的有效工具。

最后，社区基金组织可以通过将它们的服务延伸到金融以外、涉足农业市场营销、加工，以及增强社区成员和带头人的能力等方式来改善其在贫困与发展方面的影响。

针对这三个社区组织优秀实践的研究对于那些正在考虑发起和赞助社区基金项目的政策制定者和捐助机构来说意义重大。最重要的意义是社区基金是在减贫与社会发展领域为农村贫困人群和弱势群体提供金融服务的一个重要工具。政府和捐助者通过提供初始资本和进行连续监控的方式来支持社区基金组织的发展。将社区组织与正规银行相对接可以使为贫困人群提供可持续金融服务的正规机构与非正规机构两者的优势相结合。

就金融监管而言，应该引入监管改革，以适应社区组织的发展。这包括银行向非正规组织和群体发放贷款，动员在这些组织进行强制和自愿储蓄，将运营良好的社区组织转型为社区金融机构。国有农村发展银行在社区基金组织的最初动员和成功操作方面发挥着重要的作用。一方面，社区组织作为发展银行和其他银行将资金引入农村社区以及从农村社区动员储蓄的渠道，这对贫困人群的影响是有益的。另一方面，农村发展银行可以通过提供信贷资金、监督服务及信贷与财务管理的技术支持等方式来支持社区组织的发展。

社区组织的成功组建与运作需要付出大量努力以及具备一些技巧。政府、捐助者和银行可以通过竞标的方式将其中的一些服务外包给非政府组织和其他社会组织，为了控制这些社区组织的质量也需要适当签订合同。非政府组织和其他社会组织也要为社区和社区干部提高能力。

最后，社区组织旨在为农村社区提供可持续的金融服务，也为会员提供诸如农业营销、农业和非农业技术扩展等其他服务。社区组织也可以利用他们集中的金融资源来组建农业加工厂及改善社区资源管理。

（澳大利亚墨尔本维多利亚大学
战略经济研究院　程恩江）

城市贫困问题研究
——国内研究与政策进展

20世纪80年代以来，我国有计划、有组织的大规模开发式扶贫取得了举世瞩目的成就，据世界银行统计，1981—2008年，中国贫困人口数量由8.35亿减少到1.73亿。但长期以来，我国扶贫开发政策主要针对农村贫困问题，这是因为我国的贫困人口主要集中在农村，并且以绝对贫困为主。然而，随着市场化经济体制改革的深入和城市化进程的加快，自20世纪90年代起，城市贫困也悄然凸显。为应对这一日益突出的问题，我国逐步建立了城市居民最低生活保障制度（以下简称“城市低保制度”）等一系列社会救助制度。城市低保制度于1993年在上海率先启动，1999年逐渐推广至全国，近20年来在保障我国城市贫困人口的基本生存方面发挥了重要作用。但与农村反贫困政策相比，我国城市贫困的底数仍有待摸清，反贫困政策和措施仍在不断完善之中。我国学术界较早地开始了相关研究，一般认为，国内关于城市贫困的研究起步于20世纪90年代初，于90年代末形成了第一波研究热潮。

本文拟对2000年及以后，即城市低保制度建立以来的国内相关研究进行梳理，从城市贫困测量、贫困特征、致贫原因和反贫困措施评价几个方面，评述当前国内城市贫困的研究状况，并总结2015年的城市反贫困政策进展，以期为下一步城市贫困的研究和政策制定提供支持。

一、城市贫困研究评述

21世纪以来的国内关于城市贫困的研究视角和范式开始多样化，不再局限于人口学、社会学和经济学领域，管理学、发展学、地理学、城市规划学等领域以及多学科交叉视角的研究不断涌现。从研究内容上来看，主要有以下几种类型，一是沿着认知路径，从城市贫困的界定、贫困人口的分布、贫困线及测量、致贫原因等方面研究城市贫困的发生机理，并提出政策建议，这些研究中既有泛而全的一般性研究，也有针对路径中个别环节的深入研究，深入研究中以定量研究为主；二是对城市反贫困措施及效果进行评价，其中对城市低保制度和就业政策的研究较多；三是研究经济增长、收入分配、城市化和就业等因素对城市贫困的影响；四是以某个或某几个城市为研究对象，利用全国性数据或区域调查数据具体分析该城市的贫困状况及致贫原因；五是以某一群体，如流动人口、儿童、女性为研究对象，分析该群体在城市贫困中的脆弱性、被排斥状况和心理问题等，这类研究中对流动人口的关注较多，对本地市民贫困的研究较少。

（一）城市贫困的测量

我国尚未公布统一的城市贫困标准，因此学者们对城市贫困规模的测算一直以估算为主。与 2000 年之前研究相比，学者们更倾向于利用国际上通行的贫困标准和测算方法进行更为精确的估算。这一变化主要与城市贫困问题的发展阶段有关。20 世纪 90 年代中后期，城市贫困问题处于初显阶段，学者们既可以设定贫困线并测算，也可以根据城市贫困人口的主要来源，对下岗无业人员、国有和集体企业的特困职工、孤老残幼等民政救济对象等群体的概数进行加总来估计城市贫困规模。新千年以后，城市贫困的原因日趋复杂，人口类型逐渐多样化，分类概数加总的方法已无法满足城市贫困规模测算的需要，利用贫困线来界定贫困人群成为通常的做法。根据数据来源、对象范围、贫困标准和测算方法的不同而结果各异。

1. 数据来源和对象范围

国家统计局的城市住户调查数据、民政部的低保数据、中国营养与健康调查（CHNS）数据以及课题组独立开展的全国性抽样调查数据是研究中主要的数据来源。除此之外，也有利用单个城市或社区的独立调查数据进行测算和分析的研究。用官方数据测算的贫困发生率和贫困程度一般低于用独立调查数据的测算，原因在于官方数据中某些特殊人群会有统计遗漏，并且在使用官方数据时，研究者通常以城市户籍来界定对象范围，将流动人口排除在外。

2. 贫困标准和测算方法

一是采用绝对贫困标准，如基于基本的食物、非食物需要来确定的基本生活费用支出法，恩格尔系数法等。王有捐采用世界银行贫困问题专家马丁提出的食品和非食品需要法，利用统计局城调总队的城市住户调查数据，对城镇非农业住户居民的贫困规模进行测算认为我国 1995 年、1998 年、1999 年城市贫困规模分别为 1909 万人、1477 万人和 1338 万人；李实和 K. John 基于基本食物和非食物标准确定贫困标准，利用课题组 1999 年 6 省（市）的住户调查数据，将收入和支出分别与贫困标准相比较，估计中国城镇的总体贫困发生率为 9.4%，其中 29%是持久性贫困人口（收入、支出均低于贫困标准），20%是暂时性贫困人口（收入低于但支出高于贫困标准），51%为选择性贫困人口（收入高于但支出低于贫困标准）

二是采用相对标准，如社会中位收入或平均收入的一定比例。如经济合作与发展组织提出的以收入中位数的 50%—60%

作为最低生活保障线。我国统计部门按收入五等份分组公布居民人均可支配收入，国内研究中通常以最低收入的 20%或 10%为低收入户。张青在测算后认为，我国的相对贫困标准应当设在社会平均收入水平的 30%—40%为宜。

三是采取混合式贫困标准。如联合国开发计划署以基本能力定义，用全球多维贫困指数（MPI）表示的多维度贫困标准、欧盟的社会排斥指标体系（赖肯指标，Laeken Indicator）等。高颖等根据北京市西城区社会救助申请者的需要和社会救助项目对应的功能，构建了包含基本生活类、安全稳定类、发展类、社会价值类指标的城市家庭贫困程度判定模型；王小林和 Alkire（2009）选取了住房、饮用水、卫生设施、电、资产、土地、教育和健康保险 8 个维度测量中国贫困。陈立中从收入、知识和健康 3 个维度测算并估计了我国多维贫困状况。

利用绝对贫困标准进行的测算结果较为保守，如果将对象限定在城市户籍人员则更加低估了城市贫困的规模。利用相对贫困标准进行测算的规模一般偏大，但具有一定的前瞻性，更适用于平均收入支出远高于绝对贫困线的地区。利用混合式贫困标准进行的测算能够更加全面地反映贫困的真实状况，也符合当前人们对贫困认知的发展，但在维度、指标和权重选择的科学性、适用性上仍存在争议，指标选取常受限于数据的可得性。

我国城乡的低保标准主要有三种算法，一是基本生活费用法，即必需食品消费支出+非食品类生活必需品支出；二是恩格尔系数法，即必需食品消费支出/上年度最低收入家庭恩格尔系数，三是消费支出比例法，即当地上年度城乡居民人均消费支出×低保标准占上年度城乡居民人均消费支出的比例。① 国内研究中，受限于数据的可得性，学者们采用城市低保标准作为城市贫困标准的也比较普遍。但同时，很多研究也指出了用低保标准测算城市贫困规模的弊端，认为低保标准多是建立在主观判断和人为因素之上，与当地社会经济发展水平、地方政府的财力有关，并且不包括大量非城市户籍的流动人口，难以反映城市贫困的真实情况。

（二）城市贫困的特征

1. 贫困的分布

2004 年之后，地理学、城市规划学领域对于城市贫困空间分布的研究日渐增多，2010 年以来更加集中涌现。全国范围的研究发现，我国城市贫困人群在特定空间集聚，贫困呈现区位化特征，主要集中在中西部和东北地区的老工业基地、资源型城市和少数民族地区。对单个大城市，如北京、广州、南京、重庆等的城市社会空间分析研究发现，城市贫困的集聚呈现“大分散、小集中”的特点，衰败的内城、近

① 《低保标准采用三种方法算出》，财政部网站，http：//www. mof. gov. cn/zhengwuxinxi/caizhengxinwen/201105/t20110517_ 549942. html

郊的城乡结合部是主要的贫困聚集区。此类研究还关注贫困空间集聚背后的社会和政治过程，认为当前的贫困聚集状况既有历史的继承，也受城市规划变迁、房地产开发、保障性住房政策所产生的导向作用影响。

另外，诸多研究发现，贫困的行业集聚现象显著，主要集中在传统产业，如纺织、煤炭、森工、轻工、军工等部门。

2. 贫困人口结构

我国城市贫困人口既包括无劳动能力、无法定供养人和无其他收入来源的“三无”对象，也包括下岗职工和失业人员、停产半停产企业职工、长期被拖欠工资的在职职工、养老金不能按时足额发放的离退休人员中的生活困难者、残疾人、农民工等，呈现多元性。

3. 贫困的代际传递

目前国内有部分研究借鉴了国际上长期贫困、生命历程等理论和方法来研究我国城市贫困。基于社会流动理论视角的研究发现家庭成员的职业收入、子女的教育程度和职业技能状况、家庭拥有的社会资源以及家庭成员的生活态度是影响城市贫困代际传递的主要因素。基于能力视角研究认为家庭占有和使用自然资本、物质资本、人力资本和社会资本的能力与抵御疾病与意外伤害风险、自然风险和市场风险的能力才是贫困代际传递的内在决定因素。

（三）城市贫困的原因

1. 经济体制改革和产业结构调整

多数研究运用历史分析的方法，回溯城市贫困人口产生的过程，认为经济体制改革和产业结构的调整是城市中下岗失业人员、生活困难职工和贫困农民工群体突发式增长的根本原因。

20 世纪 80 年代末到 90 年代初，我国开始逐步由计划经济向市场经济转变，第二、三产业以高出第一产业 2—3 倍的增速迅速发展并超越了第一产业。同时，农村的劳动生产率得到了极大提高，大量农村剩余劳动力开始从农业转向第二、三产业。这期间由于城乡之间人口流动的限制，以及乡镇企业和城市第三产业的发展吸纳了大量的转移劳动力，城市失业和贫困问题并未凸显。20 世纪 90 年代，我国的产业结构随着国内经济的发展和全球化趋势继续优化调整。一方面，乡镇企业的发展变缓，吸纳农村剩余劳动力的下降，这一时期国家对人口流动的限制逐渐松绑，使跨城乡、跨省的流动就业人口数量急速上升。但城乡二元户籍的限制并没有减弱，大量农民工在非正规部门就业，收入较低，又无法享受城市的社会公共服务和待遇，极易陷入贫困，但又被同时排斥在农村扶贫政策和城市社会保障政策之外，形成特殊的贫困群体。另一方面，城市中国有企业的改革和传统产业企业的衰败产生了大规模的待岗、下岗和失业工人，这部分人口女性多、中年多、文化素质低的多，他们的就业竞争力较弱，再就业难度大，形成了大量的贫困人口和贫困边缘人口。

与此同时，随着民营经济的发展和外资进入中国，初次收入分配方式开始发生变化。不同收入群体的分化开始出现。产业结构的调整也改变了各产业之间及内部的劳动力构成，影响并扩大了收入差距。产业结构从劳动密集型向资本、技术和知识密集型逐渐转化，对劳动者的素质也提出了更高的要求，对一部分劳动素质较低的人群形成就业排斥。

2. 社会保障制度不健全

多数研究认为，社会保障体系的不健全是导致城市贫困恶化的重要因素。滞后的福利改革、养老保险制度的缺陷、失业保险体系的缺乏等令经济和社会转型中的下岗、失业职工和其他特殊困难者得不到基本的生活保障而陷入贫困。

许多学者从我国经济体制改革的过程中社会保障服务提供者的变化来分析这一问题，新中国成立之初到20世纪80年代中后期，城市职工的社会保障服务一般由企业承担，随着市场化改革，这一功能逐渐与企业的市场经营主体职能剥离，转而由新成立的社会保障机构来承担。但事实上，与快速的市场化改革进程相比，我国社会保障制度的发展相对落后，具体反映在立法滞后、政策设计随意多变、资金投入和救济水平不足、平均主义、没有涵盖非户籍常住人口等问题上。社会保障制度未能发挥积极的反贫困作用，反而在一定程度上成为了城市贫困产生的制度性因素。

有学者探讨了更深层的原因，陈银娥认为社会福利一方面缓解了贫困，另一方面也造成了新的贫困。具体原因在于，一是社会福利制度既有缩小贫富差距的作用，又会导致贫富差距的进一步扩大；二是社会福利制度本身的缺陷可能使贫穷永远存在；三是社会福利制度的缺失或不当也可能导致贫困的发生或恶化。

3. 贫困人口自身素质较低

贫困人口自身劳动能力差、人力资本水平较低是城市贫困产生的主观原因。王有捐对大样本住户调查数据的分析表明户主的文化程度、是否有劳动能力、是否就业以及就业类型与贫困的发生有关。李晓红基于人力资本的角度研究认为户主的受教育水平通过影响户主就业从而影响家庭收入，并进一步影响到对家庭成员的食品、健康、教育等人力资本投资的水平。城市贫困的个人和家庭因素导致“低人力资本投资—低就业—低收入—低人力资本投资”的恶性循环。

（四）城市反贫困政策——最低生活保障政策的评价

最低生活保障政策是我国最为重要的城市反贫困政策。近20年来，我国的城市低保政策在解决城市贫困人口基本生存需求方面发挥了重要的“托底”作用。但各学科的研究较为一致地指出了这一政策的碎片化、瞄准偏误、福利捆绑、福利依赖等问题，其中，以瞄准偏误与福利依赖问题的分析较为集中。

1. 低保政策的效果和瞄准问题

李实和杨穗利用“中国收入分配课题

组”2007年城市住户调查数据分析认为，城市低保政策对于减少贫困人口、降低贫困程度起到了显而易见的作用，但对减小城市的收入分配差距、基尼系数等不平等指数方面的作用并不显著。同时也指出，低保的识别瞄准存在一定偏差，救济资源没有充分分配给最需要的人群。王有捐采用目标达成的政策评价模式，利用2004年35个大中城市的大样本调查数据比较发现：低保实际救济率明显低于应保率，仍有约2/3的收入小于最低保障线的人口未纳入到救济范围；低保对象识别的瞄准率为67.6%，资金发放瞄准率为76.22%；被确定为救济对象的人所得到的补助基本能够弥补贫困缺口。

2. 低保政策产生的“福利依赖”问题

近年来低保瞄准偏误、福利捆绑等问题日益突出，有研究指出，由此产生的低保福利依赖已成事实并产生了一定的社会影响，这其中既有主观上的主动依赖，也有客观上由于自身劳动能力不健全、劳动技能不足、家庭负担过重及制度设计缺陷所导致的被动依赖。而低保所捆绑的配套救助措施增加了低保制度的含金量，削弱了低保户找工作的积极性。但也有研究认为现阶段我国城市低保制度还未形成“福利依赖”效应。韩克庆和郭瑜利用2007年的项目问卷调查数据，建立模型进行回归分析，并结合个案访谈的定性分析后认为，虽然存在部分有劳动能力的低保对象产生福利依赖的可能，但污名化效应对福利依赖具有反作用，有健全劳动能力的低保对象具有较强的就业和改变贫困的动机。慈勤英与兰剑利用2014年的项目调查数据，利用回归模型分析“福利”与“反福利依赖”因素对低保群体失业与再就业的影响，认为给予型的低保救助福利降低了低保受助者，尤其是社会救助收入占个人收入比例越高的受助者的再就业意愿，城市低保救助在一定程度上出现了“救助依赖”现象。但低保政策同时也鼓励并要求受助者参加职业培训，并向其介绍就业机会，这些“反福利依赖”因素在一定程度上纠正了福利给予的负面效应。彭宅文指出，中国式的福利依赖现象是低保障水平下居民为提高收入水平而弱化正规就业、偏向隐形就业的权宜之计，与西方福利国家高福利水平下的福利依赖有着本质区别。

二、城市反贫困政策进展

（一）预防性政策——社会保险①

2015年，国务院办公厅发布《关于全面实施城乡居民大病保险的意见》，要求2015年底前，大病保险要覆盖所有城镇居民基本医疗保险、新型农村合作医疗参保人群，大病患者看病就医负担有效减轻。这是继2012年国家发展改革委等6部门发布《关于开展城乡居民大病保险工作的指导意见》后，我国在重特大疾病保障与救

① 本节主要数据来源于《2015年度人力资源和社会保障事业发展统计公报》，人力资源和社会保障部网站 http://www.mohrss.gov.cn/SYrlzyhshbzb/dongtaixinwen/buneiyaowen/201605/t20160530_240967.html。

助机制建设上又一重要举措；2015 年人力资源和社会保障部发布了《关于做好进城落户农民参加基本医疗保险和关系转移接续工作的办法》，理顺了进城落户农民和流动就业人员的医保转移接续手续和权益处理问题；人力资源社会保障部和财政部还就降低工伤保险、生育保险总体费率、加强基金管理问题联合发布通知和指导意见。

根据人力资源和社会保障部发布的《2015 年度人力资源和社会保障事业发展统计公报》，2015 年全年五项社会保险（含城乡居民基本养老保险）基金收入合计 46012 亿元，比 2014 年增加 6184 亿元，增长 15.5%。基金支出合计 38988 亿元，比 2014 年增加 5985 亿元，增长 18.1%。社会保险覆盖面进一步扩大。

1. 养老保险

2015 年参加城镇职工养老保险的人数持续增长，2015 年末为 35361 万人，比 2014 年末增加 1237 万人。2015 年全年城镇职工基本养老保险基金总收入 29341 亿元，比 2014 年增长 15.9%。全年基金总支出 25813 亿元，比 2014 年增长 18.7%。2015 年末城乡居民基本养老保险参保人数 50472 万人，比 2014 年末增加 365 万人。其中实际领取待遇人数 14800 万人。全年城乡居民基本养老保险基金收入 2855 亿元，比 2014 年增长 23.6%，其中个人缴费 700 亿元。基金支出 2117 亿元，比 2014 年增长 34.7%。

2. 医疗保险

2015 年末全国参加城镇基本医疗保险人数为 66582 万人，比 2014 年末增加 6835 万人。其中，参加职工基本医疗保险人数 28893 万人，比 2014 年末增加 597 万人；参加城镇居民基本医疗保险人数为 37689 万人，比 2014 年末增加 6238 万人。全年城镇基本医疗保险基金总收入 11193 亿元，支出 9312 亿元，分别比 2014 年增长 15.5% 和 14.5%。

3. 失业保险

全国参加失业保险人数为 17326 万人，比 2014 年末增加 283 万人。年末全国领取失业保险金人数为 227 万人，比 2014 年末增加 20 万人。全年共为 456.8 万人发放不同期限的失业保险金，比 2014 年增加 34.8 万人。全年失业保险基金收入 1368 亿元，比 2014 年下降 0.9%，支出 736 亿元，比 2014 年增长 19.8%。

4. 工伤保险

2015 年末全国参加工伤保险人数为 21432 万人，比 2014 年末增加 793 万人。全年认定（视同）工伤 107.6 万人，比 2014 年减少 7.1 万人。全年评定伤残等级人数为 54.2 万人，比 2014 年减少 1.6 万人。全年享受工伤保险待遇人数为 202 万人，比 2014 年增加 4 万人。全年工伤保险基金收入 754 亿元，支出 599 亿元，分别比 2014 年增长 8.6%和 6.8%。

5. 生育保险

2015 年末全国参加生育保险人数为 17771 万人，比 2014 年末增加 732 万人。全年共有 642 万人次享受了生育保险待遇，比 2014 年增加 29 万人次。全年生育保险基金收入 502 亿元，支出 411 亿元，分别比 2014 年增长 12.5%和 11.8%。

6. 流动人口社会保险

2015 年全国农民工总量 27747 万人。2014 年国务院发布《关于建立统一的城乡居民基本养老保险制度的意见》，在全国范围内建立统一的城乡居民基本养老保险制度，2015 年人力资源和社会保障部发布了《关于做好进城落户农民参加基本医疗保险和关系转移接续工作的办法》，这些政策旨在解决流动人口特别是农民工参加职工和城乡居民基本养老保险的制度衔接问题。

2015 年末参加城镇职工基本养老保险的农民工人数为 5585 万人，比 2014 年末增加 113 万人。参加城镇基本医疗保险的农民工人数为 5166 万人，比 2014 年末减少 63 万人。参加失业保险的农民工人数为 4219 万人，比 2014 年末增加 148 万人。参加工伤保险的农民工人数为 7489 万人，比 2014 年末增加 127 万人。失业保险方面，全年共为 71 万名劳动合同期满未续订或提前解除劳动合同的农民合同制工人支付了一次性生活补助。

（二）保护性政策——社会救助①

2014 年国务院颁布的《社会救助暂行办法》全面构建了以最低生活保障、特困人员供养、受灾人员救助、医疗救助、教育救助、住房救助、就业救助和临时救助等制度为主体，社会力量参与为补充的社会救助制度体系。综合来看，我国目前的社会救助体系实现了综合救助与专项救助的结合，长期救助与短期临时救助的结合。2015 年各项社会救助制度不断强化和完善，据不完全统计，2015 年共有 20 余项社会救助相关政策发布，在缓解城市贫困问题上继续发挥积极的作用。

加强了社会救助工作的信息化建设。为适应信息化时代的要求，创新社会救助管理与服务方式，民政部开发了电子政务系统，并于 2014 年 9 月正式投入使用，但各地推广应用并不平衡。2015 年 3 月，民政部发布《关于加快推广应用全国最低生活保障信息系统的通知》，要求各级民政部门要在 2015 年底前全面应用“低保一期系统”中的“城市低保”“农村低保”业务系统，实现城乡低保业务网上办理审核审批和发放等操作。并指出从 2016 年起，“低保一期系统”中的城乡低保相关数据将作为测算、分配社会救助中央补助资金的基础数据。2015 年 8 月，国务院印发的《促进大数据发展行动纲要》中专门提出要建立“社会保障服务大数据”，建设由城市延伸到农村的统一社会救助、社会福利、社会保障大数据平台，加强与相关部门的数据对接和信息共享。利用大数据创新服务模式，为社会公众提供更为个性化、更具针对性的服务。

完善了社会救助工作推动机制。督查

① 本节社会救助相关数据主要来源于《2015 年社会服务发展统计公报》和民政部网站。http://www.mca.gov.cn/article/sj/tjgb/201607/20160700001136.shtml

和考核机制是自上而下推动工作落实和引导工作方向的重要手段。一是建立了部门联合督查机制。2015 年 5 月至 10 月，民政部、中央机构编制委员会办公室、中央农村工作领导小组办公室、国家发展和改革委员会、财政部、教育部、国务院扶贫开发领导小组办公室等 13 个部门联合开展社会救助专项治理工作。民政部会同全国社会救助部际联席会议部分成员单位对部分省份进行督查指导。督查形式包括召开座谈会、实地调研、查阅有关文件、档案资料、核对财务凭证、入户访问等。督导内容包括政策出台情况、工作机制建设情况、资金筹集和使用管理情况、服务管理情况等。二是公布了考核标准。继 2014 年《最低生活保障工作绩效评价办法》发布之后，2015 年 9 月，民政部、财政部联合制定并印发 2015 年度各省（区、市）最低生活保障工作绩效评价指标和评价标准。从工作保障、管理、效果和创新 4 个方面进行评价，工作保障的评价指标包括资金保障、能力建设、信息化建设、核对机制；工作管理的评价指标包括标准制定、对象管理、资金执行、监督检查；工作效果的评价指标包括对象准确率、补助准确率、政策知晓率、社会满意率；工作创新将从是否有被推广的创新经验来评价。

下面是主要的社会救助制度与相关的资源动员方式：

1. 低保制度

覆盖范围：21 世纪以来，我国城市低保的覆盖范围迅速扩大，城市低保人口总数从 2000 年的 402.6 万人急速攀升至 2001 年的 1170.7 万人，在 2009 年达到 2345.6 万人的历史顶峰，随后逐渐回落，2015 年回落至 1701.1 万人（见图 1）。

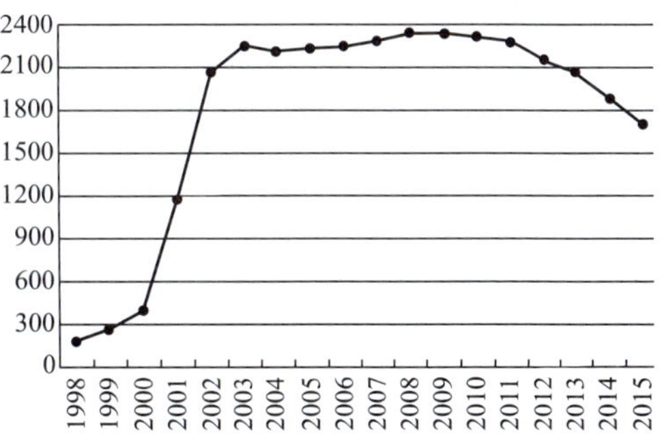

图 1　1998—2015 年低保覆盖人数（万人）

财政投入：根据民政部《2015 年社会服务发展统计公报》中的数据显示，2015 年全年各级财政共支出城市低保资金 719.3 亿元，比 2014 年减少了 2.4 亿元。城市低保总投入的缩减与城市低保人口总量的下降有关，2015 年城市低保总人口减少了 175.9 万人，从人均投入来看，依然呈增长态势（见图 2）。

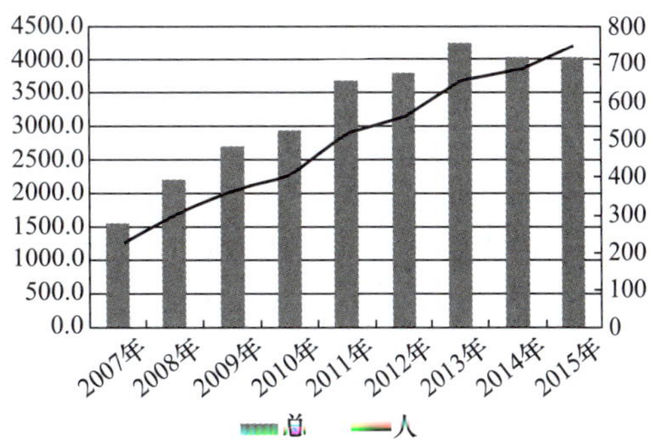

图 2　2007—2015 年城市低保总投入和人均投入

补助水平：2015 年全国城市低保平均标

准 451.1 元/人/月，比 2014 年增长 9.5%；全国城市低保月人均补助水平 316.6 元，比 2014 年增长 10.9%。与此同时，全国农村低保平均标准为 3177.6 元/人/年，比 2014 年增长 14.4%；全国农村低保年人均补助水平 1766.5 元，比 2014 年增长 13.8%。与农村低保相比，城市低保标准和补助水平的增长速度都略慢（见图 3）。这与 2015 年提出了将"实行农村最低生活保障制度兜底扶贫"作为精准扶贫的重要方略有关，全国各地普遍开展了提高农村低保标准、实行低保和扶贫标准"两线合一"的行动。总体来说，当前贫困治理的重点仍在农村地区和农村人口，城市贫困政策力度并无明显加大。

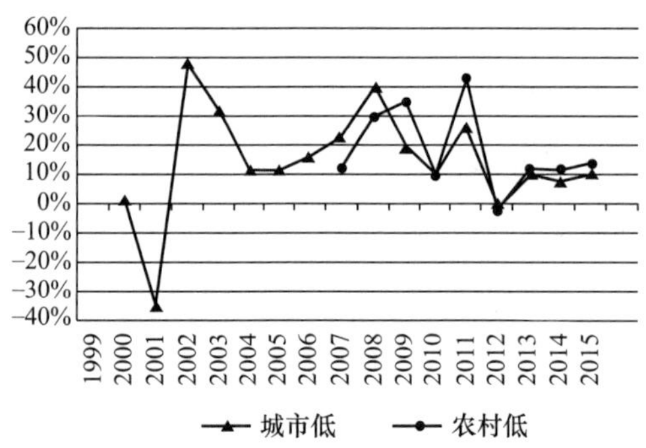

图 3　1999—2015 年城市和农村低保补助水平增长情况（%）

从 2015 年第 4 季度全国分省的城市低保数据看，东部地区低保标准普遍高于中西部地区。东部地区的京津沪、浙江、江苏和广东，中部地区的黑龙江，西部地区的西藏、内蒙古低保标准都在 500 元以上，其中上海最高，低保标准为 790 元/月。新疆、湖南和宁夏标准最低，分别为 349 元/月、359 元/月和 361 元/月。与 2014 年相比，海南的城市低保标准增长最多，湖南增长最低（见表 1）。

2. 其他社会救助制度

医疗救助：2015 年度，国务院办公厅发布了《全国医疗卫生服务体系规划纲要（2015—2020 年）》，在具体工作方面，将继续推进分级诊疗制度、公立医院综合改革，推动医疗卫生与养老服务相结合。2015 年 4 月，国务院办公厅转发民政部、财政部、人力资源和社会保障部、国家卫生和计划生育委员会、中国保险监督管理委员会发布《关于进一步完善医疗救助制度全面开展重特大疾病医疗救助工作意见》，意见要求各地要在 2015 年底前，将城市医疗救助制度和农村医疗救助制度整合为城乡医疗救助制度；要从重点救助低保家庭成员、特困供养人员逐步拓展纳入低收入家庭的老年人、未成年人、重度残疾人和重病患者等低收入困难群众，加大对重病、重残儿童的救助；并要求县级以上地方人民政府根据本地经济社会发展水平和医疗救助资金筹集情况等因素研究制定资助参保参合、完善门诊救助和住院救助的办法。加强与相关医疗保险、疾病应急救助、商业保险等医疗保障制度的衔接。确保城乡居民大病保险覆盖所有贫困重特大疾病患者，帮助所有符合条件的困难群众获得保险补偿和医疗救助。

表 1　2015 年第 4 季度各省低保标准

排序	地区	平均低保标准 (元)	区县数量 (个)	与2014年相比增长 (元)
1	北京市	710.0	16	60.0
2	天津市	705.0	16	65.0
3	河北省	441.4	193	9.5
4	山西省	413.2	124	29.5
5	内蒙古自治区	508.0	103	26.6
6	辽宁省	493.5	109	40.7
7	吉林省	401.6	74	30.5
8	黑龙江省	506.4	141	59.6
9	上海市	790.0	16	80.0
10	江苏省	581.7	115	45.6
11	浙江省	640.5	93	67.2
12	安徽省	455.0	119	33.5
13	福建省	478.1	87	73.7
14	江西省	452.0	109	33.7
15	山东省	470.1	172	18.2
16	河南省	374.1	182	45.3
17	湖北省	447.1	111	36.1
18	湖南省	359.8	138	7.0
19	广东省	513.8	130	59.3
20	广西壮族自治区	404.4	116	64.3
21	海南省	466.8	19	87.2
22	重庆市	419.1	40	50.1
23	四川省	367.0	189	30.8
24	贵州省	453.4	90	58.4
25	云南省	395.9	134	36.3
26	西藏自治区	589.3	74	55.4
27	陕西省	460.7	109	72.2
28	甘肃省	378.1	89	49.8
29	青海省	370.4	46	19.4
30	宁夏回族自治区	361.8	22	57.0
31	新疆维吾尔自治区	349.2	112	20.0

数据来源：民政部网站，2015 年第 4 季度全国分省数据。

2015 年直接医疗救助 2889.1 万人次，其中，住院救助 1307.9 万人次，门诊救助 1581.2 万人次；支出资金 236.8 亿元，其中，住院救助 208.7 亿元，门诊救助 28.0 亿元。2015 年全年累计资助优抚对象 436.5 万人次，优抚医疗补助资金 34.6 亿元，人均补助水平 793 元。

教育救助：我国教育救助的对象主要是义务教育、高中教育（含中等职业教育）、普通高等教育阶段就学的最低生活保障家庭成员、特困供养人员，以及不能入学接受义务教育的残疾儿童。主要救助方式包括减免相关费用、发放助学金、给予生活补助、安排勤工助学等。另外，国家还建立起了中央、省、市、县和校五级学生资助管理体系和财政投入为主、学校和社会资金为辅的资助经费保障体系。2010—2014 年全国累计资助学生（幼儿）达 4.1 亿人次，年均资助 8201.26 万人次，较 2009 年增长 25.8%。资助资金规模亦保持持续增长，2010—2014 年全国学生资助资金总额达 5564.43 亿元，年均增长率达到 12.69%，其中 2014 年资助金额达到 1421.28 亿元，较 2009 年增长 104.82%。[①]

2015 年 2 月，国务院总理李克强主持召开的国务院常务会议上决定，从 2015 年春季学期起，将中等职业学校和普通高中国家助学金标准由生均每年 1500 元提高到 2000 元，并抓紧研究完善高校助学贷款政策。帮助更多经济困难家庭孩子完成学业，为国家培养更多有一技之长的建设者。[②]

住房救助：国家对符合规定标准的住房困难的最低生活保障家庭、分散供养的特困人员，给予住房救助。在城市，主要通过配租公共租赁住房、发放住房租赁补贴和改造城市危房、城中村等各类棚户区住房等方式实施。

2015 年，财政部、国土资源部、住房和城乡建设部等 6 部门联合发布《关于运用政府和社会资本合作模式推进公共租赁住房投资建设和运营管理的通知》，鼓励地方运用政府和社会资本合作推进公共租赁住房投资建设和运营管理，在 6 个省份开展试点工作。2015 年，各级财政用于保障性安居工程支出 4881.01 亿元，同比增长 11.3%。其中公共租赁住房支出 1442.51 亿元，下降 13.2%（主要原因是公共租赁任务量下降），占 29.6%；保障性住房租金补贴支出 52.52 亿元，增长 3%，占 1.1%；其他支出（主要用于配套设施建设）1275.51 亿元，增长 4.6%，占 26.1%[③]。

---

① 《教育扶贫，“十三五”期间实现“精准资助”——杜玉波副部长就学生资助工作答记者问》，全国学生资助管理中心网站，http：//www.xszz.cee.edu.cn/gongzuodongtai/zhongyang/2016-03-14/2476.html

② 李克强主持召开国务院常务会议（2015 年 2 月 25 日），中国政府网，http：//www.gov.cn/guowuyuan/2015-02/25/content_ 2821764.htm

③ 数据来源于财政部网站，《2015 年财政支持保障性安居工程情况》，http：//www.mof.gov.cn/mofhome/zonghesi/zhengwuxinxi/gongzuodongtai/201603/t20160303 _ 1860922.html

2015年6月，国务院发布《关于进一步做好城镇棚户区和城乡危房改造及配套基础设施建设有关工作的意见》，意见要求：2015—2017年，改造包括城市危房、城中村在内的各类棚户区住房1800万套（其中2015年580万套），并完善配套措施。2015年8月，财政部发布《关于做好城市棚户区改造相关工作的通知》。2015年，全国城镇保障性安居工程计划新开工740万套（其中各类棚改580万套），基本建成480万套。截至12月底，已开工783万套，基本建成772万套，均超额完成年度目标任务，完成投资1.54万亿元。其中，棚改开工601万套，占年度目标任务的104%①。

就业救助：《社会救助暂行办法》中要求对最低生活保障家庭中有劳动能力并处于失业状态的成员，通过贷款贴息、社会保险补贴、岗位补贴、培训补贴、费用减免、公益性岗位安置等办法，给予就业救助，确保低保家庭中有劳动能力的成员至少有一人就业。《就业促进法》中也有针对因身体状况、技能水平、家庭因素、失去土地等原因难以实现就业，以及连续失业一定时间仍未能实现就业的就业困难人员提供就业援助的政策。2015年，国务院及人力资源和社会保障部相关就业政策依然继续加大对低保家庭失业人员、就业困难人员的重点救助和援助，一方面加强就业政策宣传，另一方面在各项推进创业的政策中通过税收优惠来促进创业企业吸纳失业人员就业，并鼓励失业人员参与创业，提高内生发展动力。

2015年末城镇登记失业人数为966万人，城镇登记失业率为4.05%。全年城镇新增就业人数1312万人，城镇失业人员再就业人数567万人，就业困难人员就业人数173万人。全年全国共帮助5.7万户零就业家庭实现每户至少一人就业。

特困人员供养：2014年的《社会救助暂行办法》中将农村五保供养和城市“三无”人员救助统一为“特困人员供养”制度。政府将为这些无劳动能力、无生活来源、无法定赡养抚养义务人或者其法定义务人无履行义务能力的城乡老年人、残疾人及未满16周岁的未成年人提供基本生活条件、疾病治疗、办理丧葬事宜，对生活不能自理的给予照料。特困人员可选择在当地的供养服务机构集中供养，也可以选择在家分散供养。这标志着对城市“三无”人员的救助结束了由各地区自行开展救助的局面，比照农村五保供养建立起从国家到地方的综合救助政策，实现城乡统筹的特困人员供养。截至2015年底，全国共有城乡特困人员591.4万人，其中，城市“三无”人员73.9万人，占全国非农业人口的0.16%②。2015年全国共救济城市

① 数字来源于住房和城乡建设部网站，http://www.mohurd.gov.cn/zxydt/201601/t20160108_226257.html

② 民政部解读特困人员救助供养《意见》发布会，http://www.scio.gov.cn/xwfbh/gbwxwfbh/xwfbh/mzb/Document/1472705/1472705.htm

“三无”人员6.8万人。

受灾人员救助：2015年全国各类自然灾害共造成1.9亿人次不同程度受灾。国家减灾委员会、民政部共启动20次国家救灾应急响应，累计救助受灾群众6000余万人次，向受灾省份累计下拨中央自然灾害生活补助资金94.72亿元及生活类中央救灾物资，创建“全国综合减灾示范社区”1390个。

临时救助：2014年4月，民政部开始在社会救助工作基础较好的市（县、区）开展“救急难”工作试点，提高对突遇不测、因病因灾陷入生存困境的居民（含非户籍常住人口）的及时救助。2015年3月，民政部和财政部联合发布通知，要求在全国范围内开展“救急难”综合试点工作，并与7月确定了全国试点单位的名单。通知对制度体系、工作机制提供了细致的指导，要求细化“急难”事项，制定与经济社会发展水平相一致的标准、规范和简化救助程序，并与医疗救助、大病保险等制度做好衔接，并提出要加强与慈善救助的衔接。试点在全国的推广是继2014年10月《社会救助暂行办法》出台和《国务院关于全面建立临时救助制度的通知》发布后完善临时救助工作的又一步探索。2015年临时救助655.4万户次，其中，按属地分类救助本地户籍家庭633.5万户次，非本地户籍家庭21.9万户次。

3. 社会力量参与

2015年是中国慈善事业领域法制建设工作取得巨大进展的一年。4月，第十二届全国人大常委会第十四次会议对《中华人民共和国境外非政府组织管理法（草案）》进行了第二次审议并继续向社会公开征求意见①；10月，第十二届全国人大常委会第十七次会议初次审议了《中华人民共和国慈善法（草案）》②，并于11月向全社会公布并开始征求意见。随着《慈善法》立法的推进，《社会团体登记管理条例》《民办非企业单位登记管理暂行条例》《基金会管理条例》等一系列相关政策法规也将相继修订。慈善法律体系的逐步完善将开启我国社会力量依法参与社会救助等慈善事业的新时代。

截至2015年底，全国共建立经常性社会捐助工作站、点和慈善超市3.0万个（其中：慈善超市9654个）。全年共接收社会捐赠款654.5亿元，其中：民政部门直接接收社会各界捐款44.2亿元，各类社会组织接收捐款610.3亿元。全年各地民政部门接收捐赠衣被4537.0万件，捐赠物资价值折合人民币5.2亿元。间接接收其他部门转入的社会捐款4.3亿元，衣被172.5万件，捐赠物资折款6164.4万元。全年有1838.4万人次困难群众受益。全年有934.6

① 《境外非政府组织境内活动管理法》已于2016年4月28日由十二届全国人大常委会第二十次会议表决通过，自2017年1月1日起施行。

② 《慈善法》已于2016年3月16日第十二届全国人大四次会议审议通过，自2016年9月1日起施行。

万人次在社会服务领域提供了 2700.7 万小时的志愿服务。

三、城市反贫困政策发展展望

城市反贫困政策的发展需要考虑如下方面：

将城市反贫困问题纳入国家减贫战略。我国的减贫政策应尽快实现从偏重农村向统筹城乡的转变。一、城市贫困问题不容忽视，与农村贫困相比，城市贫困人口没有土地作为最后的保障，一旦陷入深度贫困，将难以维持基本生存，进而引发一系列社会问题，不利于社会的整体稳定发展；二、长期城乡分割的社会保障和反贫困政策体系正是流动人口贫困产生的重要原因之一，统筹协调城乡反贫困政策更有利于提高减贫的效率；三、我国已经取消了农业户口和非农业户口性质的区分，建立了城乡统一的户口登记制度，各项社会政策也相继启动了统筹城乡发展的一系列改革措施，将城市反贫困问题纳入国家减贫总体战略符合城乡统筹发展的大方向。

建立基础性的城市贫困测算和动态监测机制。摸清城市贫困人口的底数是完善我国城市反贫困政策的前提。目前我国城市贫困人口信息的来源有很多，统计、卫生、民政等各个部门都在各自的业务范围内都开展了大量的调查和研究工作，但重叠和缺失并存，统计方法和质量不一，很难实现共享，更难以借此窥视城市贫困全局。我国迫切需要建立一个统一的、科学公开的城市贫困测算标准和方法，并实现动态追踪监测，为城市减贫决策提供可靠的数据支持。

针对不同群体开展专门的减贫工作。城市贫困人口的群体分化相对明显，如失业人员、老年人、残疾人、流动人口等，他们的贫困特征和减贫需求各有不同。在现有的政策体制下，每个群体都有相应的主管部门，应充分地利用既有的工作机制和成果，在统一的贫困测算标准和方法的基础之上，由各主管部门牵头，针对不同的群体特点开展专门的减贫工作，制定更有针对性的贫困测算、识别和救助帮扶计划。

充分动员社会力量参与。城市减贫的任务艰巨而复杂，城市贫困人口具有高度的分散性和流动性，因此城市减贫无法简单复制我国大规模农村扶贫开发过程中以区域经济发展带动减贫的成功经验，更需要广泛动员非政府组织、企业、志愿群体等各方面社会力量，深入社区基层开展细致、持久的工作。

（北京师范大学社会发展与公共政策学院

张秀兰　高睿　）

参考文献

［1］暴向平、薛东前、刘溪等，基于多尺度的西安市新城市贫困空间分布特征及其形成原因，干旱区资源与环境，2015（01）：19-24。

［2］毕瑨、高灵芝，城市贫困代际传递的影响因素分析——基于社会流动理论的视角，甘肃社会科学，2009（02）：16-19。

［3］曾庆久、毕于榜，我国城市贫困与反贫困问题探讨，重庆社会科学，2005（05）：87-93。

［4］陈立中，收入、知识和健康的三类贫困测算与解析，改革，2008（03）：144-148。

［5］陈银娥，中国转型期的城市贫困与社会福利制度改革，经济评论，2008（01）：40-44，54。

［6］都阳、P. Albert，中国的城市贫困：社会救助及其效应，经济研究，2007（12）：24-33。

［7］范逢春，城市新贫困：扶贫之囿与治理之道，理论探讨，2016（01）：156-161。

［8］傅道忠，转型期的中国城市贫困问题研究，兰州商学院学报，2006，22（2）：28-31。

［9］高颖、张欢、周瑜，城市家庭贫困程度判定模型的构建——基于北京西城区社会救助工作实践的研究，北京社会科学，2008（04）：50-56。

［10］高云虹，中国城市贫困问题的制度成因，经济问题探索，2009（06）：57-62。

［11］高云虹、张建华，中国产业结构变动对城市贫困的影响分析，华中科技大学学报（社会科学版），2006（05）：67-71。

［12］韩克庆、郭瑜，“福利依赖”是否存在？——中国城市低保制度的一个实证研究，社会学研究，2012（02）：149-167。

［13］侯学英，当前我国城市贫困问题研究的评述与展望，现代城市研究，2014（3）：64-73。

［14］李兰英，城市贫困：原因分析及治理对策，人口与经济，2003（06）：42-45。

［15］李姗姗、孙久文，中国城市贫困空间分异与反贫困政策体系研究，现代经济探讨，2015（01）：78-82。

［16］李实，我国城市贫困的现状及其原因，中国经济时报，2003-2-27。

［17］李实、杨穗，中国城市低保政策对收入分配和贫困的影响作用，中国人口科学，2009（05）：19-27。

［18］李迎生、肖一帆，城市低保制度仍存三大突出问题，人民论坛，2007（04）：38-39。

［19］刘永富，继续向贫困宣战，求是，2014（20）：28-30。

［20］吕陈，北京城市贫困空间分布与演化特征，规划师，2015（S2）：56-60。

［21］彭宅文，最低生活保障制度与救助对象的劳动激励：“中式福利依赖”及其调整，社会保障研究，2009（02）：163-174。

［22］苏勤、林炳耀，我国新城市贫困问题研究进展，中国软科学，2003（07）：19-25。

［23］唐钧等，中国城市贫困与反贫困报告，华夏出版社，2003（1）。

［24］王宁、魏后凯、苏红键，对新时期中国城市贫困标准的思考，江淮论坛，2016（04）：32-39。

［25］王小林、Sabina Alkire，中国多维贫困测量：估计和政策含义，中国农村经济，2009（12）：4-10。

［26］王小林、张德亮，中国城市贫困

分析（1989—2009），广西大学学报（哲学社会科学版），2013，35（2）：76-81。

［27］王有捐，对城市居民最低生活保障政策执行情况的评价，统计研究，2006（10）：49-54。

［28］王有捐，对目前我国城市贫困状况的判断分析，市场与人口分析，2002（06）：14-18。

［29］熊贵彬，城市低保依赖：困境的形成，中国社会报，2014-1-20。

［30］袁媛、薛德升、许学强，转型时期我国城市贫困研究述评，人文地理，2006（01）：93-99。

［31］张厚乐，郑州市最低生活保障问题的调查与思考，宏观经济研究，2006（06）：37-40。

［32］张青，相对贫困标准及相对贫困人口比率，统计与决策，2012（06）：87-88。

［33］周昌祥，低保福利依赖及其对策研究，中共福建省委党校学报，2006（05）：43-47。

［34］朱冬梅、刘桂琼，“新二元结构”下城镇贫困人口的特征、成因及对策研究，西北人口，2014（04）：59-62。

附表

2015 年城市贫困相关政策列表

领域	发布时间	名称	文号	重点内容
社会救助工作机制	3 月 12 日	民政部、财政部关于在全国开展“救急难”综合试点工作的通知	民发〔2015〕57 号	“救急难”综合试点工作部署，目的在于完善和加强对城乡贫困人口的临时救助。
	3 月 24 日	民政部、中国银监会关于银行业金融机构协助开展社会救助家庭存款等金融资产信息查询工作的通知	民发〔2015〕61 号	要求银行业金融机构协助民政部门开展申请和已获得社会救助家庭存款等金融资产信息查询工作，目的在于提高社会救助对象认定工作的科学性。
	6 月 1 日	民政部关于指导村（居）民委员会协助做好社会救助工作的意见	民发〔2015〕104 号	进一步明确村（居）民委员会关于社会救助的主要工作内容，包括社会救助对象的发现、申请、审核、审批和动态管理，引导社会力量参与，做好政策宣传工作，目的在于充分发挥基层群众性自治组织在社会救助工作中的重要作用。
	6 月 16 日	民政部、中央编办、中央农办、发展改革委、财政部、教育部、人力资源和社会保障部、住房和城乡建设部、国家卫生计生委　审计署　银监会　保监会　国务院扶贫办关于开展社会救助专项治理的通知	民发〔2015〕116 号	部署 5 月至 10 月社会救助专项治理工作督查的形式、内容、工作机制和工作要求，目的在于推动社会救助各项政策措施落实。
	8 月 26 日	民政部办公厅关于开展特困人员供养情况调查工作的通知	民办函〔2015〕304 号	包括对城市的特困人员供养工作和机构情况调查，目的在于完善实施特困人员供养制度。
	9 月 6 日	民政部办公厅、财政部办公厅关于印发度各省（自治区、直辖市）最低生活保障工作绩效评价指标和评价标准的通知	民办函〔2015〕330 号	评价指标包括资金保障、能力建设、信息化建设、核对机制，目的在于提高最低生活保障工作管理服务水平和资金使用效益。

续表

领域	发布时间	名称	文号	重点内容
信息化	3月9日	民政部关于加快推广应用全国最低生活保障信息系统的通知	民函〔2015〕83号	部署低保信息系统推广应用的工作任务和要求，目的在于适应信息化时代要求，提高社会救助工作效率和规范管理水平。
	8月31日	国务院关于印发促进大数据发展行动纲要的通知	国发〔2015〕50号	其中的公共服务大数据工程专门提出建立社会保障大数据，加强相关部门的数据对接和共享，提供更有针对性的服务。
社会保险	4月9日	人力资源和社会保障部办公厅关于开展全国工伤保险集中宣传活动的通知	人社厅函〔2015〕110号	此次集中宣传活动的主题是推进建筑企业参加工伤保险，特别提出要积极组织和鼓励农民工参加竞答活动。
	4月17日	人力资源和社会保障部办公厅关于全面推进基本医疗保险医疗服务智能监控的通知	人社厅发〔2015〕56号	要求2016年全国所有统筹地区开展智能监控工作，逐步实现对门诊、住院、购药等各类医疗服务行为的全面、及时、高效监控。
	7月22日	人力资源和社会保障部　财政部　关于调整工伤保险费率政策的通知	人社部发〔2015〕71号	行业风险类别划分、费率及档次确定等，目的在于使工伤保险费率政策更加科学、合理，适应经济社会发展的需要。
	7月22日	人力资源和社会保障部　财政部　关于做好工伤保险费率调整工作　进一步加强基金管理的指导意见	人社部发〔2015〕72号	总体降低工伤保险费率，加强保险基金管理，提高基金使用效率。
	7月27日	人力资源和社会保障部　财政部关于适当降低生育保险费率的通知	人社部发〔2015〕70号	要求生育保险基金结余超过合理结存的地区降低生育保险费率，做好测算，降低费率，控制基金结余。
	7月28日	国务院办公厅关于全面实施城乡居民大病保险的意见	国办发〔2015〕57号	城乡居民大病保险的筹资机制、保障水平、制度衔接等具体标准，目的在于提高大病保障水平和服务可及性。
	8月27日	人力资源和社会保障部关于印发关于做好进城落户农民参加基本医疗保险和关系转移接续工作的办法的通知	人社部发〔2015〕80号	明确了进城落户农民参加基本医疗保险和关系转移接续的手续和有关权益，《流动就业人员基本医疗保障关系转移接续暂行办法》与此不符的，按本办法执行。
就业	4月27日	国务院关于进一步做好新形势下就业创业工作的意见	国发〔2015〕23号	将企业吸纳就业税收优惠的人员范围由失业一年以上人员调整为失业半年以上人员。高校毕业生、登记失业人员等重点群体创办个体工商户、个人独资企业的，可依法享受税收减免政策。
	6月18日	国务院办公厅关于印发进一步做好新形势下就业创业工作重点任务分工方案的通知	国办函〔2015〕47号	规范公益性岗位开发和管理继续实施，完善残疾人集中就业单位扶持政策将于2015年12月底前出台具体措施等。

续表

领域	发布时间	名称	文号	重点内容
就业	12月16日	人力资源和社会保障部办公厅关于进一步加强就业政策宣传的通知	人社厅发〔2015〕194号	宣传重点包括登记失业人员、就业困难人员等重点群体就业政策。
	12月23日	人力资源和社会保障部办公厅关于进一步推进创业培训工作的指导意见	人社厅发〔2015〕197号	失业人员是重点培训群体之一，目的在于提升劳动者创业能力，促进就业和经济发展。
教育	11月25日	国务院关于进一步完善城乡义务教育经费保障机制的通知	国发〔2015〕67号	统一城乡义务教育“两免一补”政策；统一城乡义务教育学校生均公用经费基准定额；巩固完善农村地区义务教育学校校舍安全保障长效机制；固落实城乡义务教育教师工资政策。
医疗卫生	3月6日	国务院办公厅关于印发全国医疗卫生服务体系规划纲要（2015—2020年）的通知	国办发〔2015〕14号	明确了2020年全国医疗卫生服务体系资源要素配置主要指标，包括各级各类医疗卫生机构的功能定位、机构设置、床位配置、单体规模、人才培养等。目的在于提高服务可及性、能力和资源利用效率，指导各地科学、合理地制订实施区域卫生规划和医疗机构设置规划。
	4月21日	国务院办公厅转发民政部、财政部、人力资源和社会保障部、卫生计生委、保监会《关于进一步完善医疗救助制度全面开展重特大疾病医疗救助工作意见的通知》	国办发〔2015〕30号	完善医疗救助制度，包括城乡统筹、合理界定救助对象、资助参保参合、规范门诊和住院救助。开展重特大疾病医疗救助，包括实施方案、救助标准、用药范围的合理确定，并加强与相关医疗保障制度的衔接。
	6月4日	国务院办公厅关于转发卫生计生委　中央综治办　发展改革委　教育部　公安部　民政部　司法部　财政部　人力资源和社会保障部　中国残联全国精神卫生工作规划（2015—2020年）的通知	国办发〔2015〕44号	确定2020年工作目标，要求全面推进严重精神障碍救治救助，逐步开展常见精神障碍防治，积极开展心理健康促进工作，提高精神卫生服务能力，完善精神卫生信息系统，开展精神卫生宣传教育。
	7月28日	国务院办公厅关于全面实施城乡居民大病保险的意见	国办发〔2015〕57号	要求提升大病保险的保障水平，强化制度间的衔接互补，规范服务。目标是2015年底前大病保险覆盖所有城镇居民基本医疗保险、新农合参保人群，大病患者看病就医负担有效减轻。
	11月18日	国务院办公厅转发卫生计生委　民政部　发展改革委　财政部　人力资源和社会保障部　国土资源部　住房和城乡建设部　全国老龄办　中医药局关于推进医疗卫生与养老服务相结合指导意见的通知	国办发〔2015〕84号	建立卫生和养老机构合作机制并鼓励融合发展，支持养老机构开展医疗服务，推动医疗卫生服务延伸至社区、家庭，鼓励社会力量兴办医养结合机构等。特殊困难老年人是重点服务对象之一。

续表

领域	发布时间	名称	文号	重点内容
住房	4月21日	财政部　国土资源部　住房和城乡建设部　中国人民银行　国家税务总局　银监会关于运用政府和社会资本合作模式推进公共租赁住房投资建设和运营管理的通知	财综〔2015〕15号	政府和社会资本合作模式推进公共租赁住房投资建设和运营管理。
	6月25日	国务院关于进一步做好城镇棚户区和城乡危房改造及配套基础设施建设有关工作的意见	国发〔2015〕37号	改造包括城市危房、城中村在内的各类棚户区住房1800万套（其中580万套），完善配套措施。
	8月26日	财政部　关于做好城市棚户区改造相关工作的通知	财综（2015）57号	要求各级财政部门主动参与制定改造计划，做好政府购买服务工作，落实相关税费优惠，做好改造项目贷款贴息等资金管理和绩效评价等。
残疾人	2月5日	国务院关于加快推进残疾人小康进程的意见	国发〔2015〕7号	加大残疾人救助力度，完善补贴制度，帮助落实参保，优先保障住房需求，促进就业和增收，提高残疾人公共服务水平等。
	9月22日	国务院关于全面建立困难残疾人生活补贴和重度残疾人护理补贴制度的意见	国发〔2015〕52号	明确了残疾人生活补贴的对象、标准、形式、程序和管理办法，以及各项叠加福利领取的选择标准。

资料来源：作者根据中国政府网、民政部、人力资源和社会保障部、国家卫生和计划生育委员会、住房和城乡建设部等官方网站公开发布的政策文件整理。

2015年度扶贫研究成果综述

2015年是中国扶贫开发最重要而特殊的一年，一方面2015年是“十二五”规划收官之年，另一方面2015年又是制定“十三五”新规划的重要一年。但与以前五年规划所不同的特殊意义就是，“十三五”规划最后一年是2020年，是我国实现第一个百年目标——全面建成小康社会目标的收官之年，而扶贫脱贫是全面建成小康社会最艰巨的任务，因此，2015年扶贫脱贫有其特殊性。仔细进行梳理2015年的扶贫脱贫，有4个主要关节点。首先是2015年6月，中共中央总书记习近平在贵州对精准扶贫基本方略进行了系统总结和“四个”扶贫路径提出“扶持对象精准、项目安排精准、资金使用精准、措施到户精准、因村派人精准、脱贫成效精准”即“六个精准”和“通过扶持生产和就业发展一批，通过易地搬迁安置一批，通过生态保护脱贫一批，通过教育扶贫脱贫一批，通过低保政策兜底一批”即“五个一批”脱贫路径。其次是2015年9月在193个国家一致通过的2030年可持续发展目标的联合国发展峰会上提出设立“南南合作援助基金”“国际发展知识中心”，倡议探讨构建“全球能源互联网”向发展中国家提供包括“100个减贫项目、100个农业合作项目、100个促贸援助项目、100个生态保护和应对气候变化项目、100所医院和诊所、100所学校和职业培训中心”即“6个100”项目支持。再次就是2015年10月《中共中央关于制定国民经济和社会发展第十三个五年规划的建议》和之后的《国民经济和社会发展第十三个五年规划纲要》和2015年11月的中央扶贫开发工作会议和中共中央政治局审议通过《关于打赢脱贫攻坚战的决定》，系统地提出了中国未来扶贫脱贫的指导思想、目标任务和重点、措施和打赢脱贫攻坚战的工作机制和各项政策保障措施，确保到2020年所有贫困地区和贫困人口一道迈入全面小康社会。总体来看，2015年注定是中国扶贫脱贫最重要的历史性年份，本年度的研究工作取得较大成果，据不完全统计，2015年扶贫脱贫研究专著达44部以上，发表学术论文约4100篇左右，博士和硕士论文中与减贫有关的大约在130篇，显示出扶贫脱贫关注度的再提升。

一、扶贫脱贫治理体系和治理能力建设及习近平扶贫战略思想研究

治理体系和治理能力现代化是全面深

化改革总体目标之一，扶贫脱贫治理体系和治理能力提升是国家全面深化改革的重要内容之一。而要建立新时期扶贫脱贫治理体系和提升治理能力的关键就是新时期中国扶贫脱贫战略思想的形成和发展，也即习近平新时期扶贫开发战略思想的研究成果。在这方面的研究包括了中央和国家政策研究者和高校理论学者很多成果，如刘永富、张占斌、黄承伟、唐任伍等，归纳起来，新时期习近平扶贫战略思想的观点主要是：社会主义本质思想、重中之重思想、民生工程思想、科学扶贫思想、精准扶贫思想、内源扶贫思想，社会扶贫思想以及包括底线短板理论、共同富裕理论和命运共同体理论等等。应当说中国扶贫脱贫因为中央领导的高度重视亲自来抓，使得扶贫脱贫实践探索和理论研究得到了快速推动，扶贫脱贫治理体系和治理能力也获得了迅速提升，这为到 2020 年贫困人口如期脱贫和贫困县如期全部摘帽奠定了基础，也使这一时期成为中国扶贫脱贫重要历史时期，而习近平扶贫开发战略思想体系也将在不断丰富发展中形成。有专家认为，我国新时期改革创新扶贫开发治理体系的总体思路是：以国家扶贫开发的法律体系建设为核心，加强和完善国家和地方扶贫开发的制度体系建设，建立消除贫困提高民生的全社会共同责任基本国策，改革创新扶贫开发新机制，为我国扶贫开发治理能力的现代化奠定基础。国家治理体系是为保持国家正常运转而制定的法律法规、体制机制和政策等一系列制度安排的总称。从经济学角度看，国家治理体系就是通过在政府、市场与社会间形成体制和机制，促进资源有效配置，并推动社会经济可持续发展。因此，建议建立消除贫困全社会共同责任的基本国策。必须制定一套社会约束机制，建立共同负责、共同参与的制度和机制。

二、以精准扶贫精准脱贫为核心的扶贫脱贫机制研究取得新进展

经过 2014 年和 2015 年加快推进落实 2013 年《关于创新机制扎实推进农村扶贫开发工作的意见》，即扶贫脱贫六大机制和十大重点工作等，以此为主线，扶贫脱贫机制研究成果得以极大丰富。

（一）扶贫脱贫机制综合研究和小康社会目标下的扶贫脱贫研究

在扶贫脱贫机制方面，张琦、黄承伟等著《完善扶贫脱贫机制研究》在分析了完善我国扶贫脱贫机制面临新形势和新挑战基础上，提出了完善我国扶贫脱贫机制目标要求即建立内源内生发展和外源拉动相结合的扶贫脱贫新机制。其中内源发展机制是内源自我动力机制和内源推动机制的有机统一，是扶贫脱贫动力源泉的内在力量。内源自我动力机制主要来自自我的内在源动力，主要包括内源机制和主体参与机制，是扶贫脱贫自我内源源动力。促进和催生内源发展机制，提升扶贫脱贫的造血能力是根本。主体参与机制和内源扶贫机制是完善扶贫脱贫机制的必要前提和

必备条件，只有不断提升贫困群体自身参与能力和自救能力，才能不断加快扶贫脱贫机制改革完善，成为新时期扶贫脱贫攻坚的内生助力。强化外源拉动机制是提升新时期我国扶贫脱贫能力的关键。外源拉动机制完善则较多的是通过外部宏观经济政策和多方合作改善内部治理环境，实现内外联动，共同促进国家扶贫开发攻坚顺利推进。主要包括：片区发展与扶贫攻坚结合机制、社会扶贫机制、金融扶贫机制和专项财政扶贫资金分配机制，这是我国扶贫脱贫机制完善的宏观战略重点，也是其机制完善的外源推动机制。徐勇编著的《反贫困在行动——中国农村扶贫调查与实践》提出着力建立协调机制，构建由“政府、社会、贫困人口”有机结合的三位一体扶贫开发大格局，实现从单打独斗到兵团作战的转变，精准有力扶贫。武汉大学、中国国际扶贫中心、华中师范大学共同筹划编写的《中国反贫困发展报告2015——市场主体参与扶贫专题》回顾了“八七”扶贫攻坚以来市场主体参与扶贫开发的历程，介绍了市场主体参与扶贫开发的意义、方式和地方经验，尤其是着重讨论了新时期引导市场主体参与扶贫开发的理念与方法，也是其系列研究社会扶贫机制的重要内容之一。在实现小康社会目标的扶贫脱贫研究方面，10.17论坛组委会秘书处编著的《扶贫开发与全面小康——首届10.17论坛文集（上下）》上册收编了首届“10.17论坛”的开幕闭幕致辞3篇、主旨主题演讲12篇、平行论坛专家演讲35篇、主论坛及平行论坛综述总结7篇，全面反映了论坛的全景及讨论的主要观点、提出的相关建议。文集下册收编了我国扶贫脱贫机制研究、我国精准扶贫机制研究、普惠与特惠扶贫政策概述、社会扶贫系列研究摘要、青年参与扶贫案例报告5个主题研究报告。王春光认为，政府应该为社会融入扶贫开发事业做好引导。首先，政府从政策上要规定，开发式扶贫项目必须采用社会治理方式和机制；其次，在经费上要考虑社会治理成本，这里的成本在于培育社会治理机制；最后，用社会工作推动社会治理发展，从而为扶贫开发项目的落实提供社会基础。如果考虑到社会治理机制，那么扶贫开发项目在时间安排上不要像当前那样紧凑，必须要留有更多的时间用于社会治理，否则会适得其反。李丹认为，我国应构建立体型扶贫格局。农村贫困作为一种复杂的社会现象，凸显了转型期物质扶贫的失范问题。贫困具有动态性与情境性，所以应该构建立体型的扶贫模式。

在社会扶贫机制研究中，黄承伟、周晶、程水林强调农村草根民间组织在贫困治理中的重要作用。基于对秦巴山片区4家草根民间组织的调查，发现民间组织面临着制度性障碍、非制度性障碍、外部资源依赖和自我组织等障碍，需要不断探讨解决途径以推进农村的贫困治理。刘赛特从创新社会治理上作了论述并建议：要改变传统扶贫项目实施的做法，创新社会治理，把贫困者视为主体，有效动员其他社会力量参与到扶贫项目中，与政府形成有分工有合作的伙伴关系，发挥政府优势，避免政府劣势和不足，从而收到事半功倍的效果，社会治理更需要社会组织的积极参与，应该通过大力促进公益性社会组织、慈善组织的发展，创造条件使其充分发挥应有的作用，要在掌握社会治理运行规律的基础上，把扶贫作为国家在一定时期的战略目标，夯实社会治理贫困的基础，创新社会治理机制，总结社会治理经验，不断提高扶贫成效。

（二）精准扶贫机制研究

精准扶贫是我国新时期扶贫机制创新的核心，不仅在实践中全面推进，理论研究也取得了较多成果，成果丰富，研究涉及各个方面。黄承伟等认为，精准扶贫的内涵在于通过系列贫困人口识别机制对具体贫困人口进行有效识别和动态管理，深入分析致贫原因，并对识别出来的贫困人口和贫困农户实施具体和有针对性的扶贫措施。在扶贫效果上，以消除全部贫困人口作为精准要求。发展中国家由于贫困人口众多、政府财政能力有限等原因，难以做到贫困人口资源全覆盖，而采取以区域瞄准为主的选择性瞄准。在扶贫效果上，精准扶贫的外延追求的是贫困人口规模稳步减少的精准。要求扶贫治理体系从体制改革向以政府主导的公共治理力量转变和扶贫资源的县级瞄准，使得我国农村贫困人口以较大规模持续较快缩小，在减贫效果上获得了较好的精准度。汪三贵、郭子豪等从完善精准扶贫考核机制方面指出，目前国家统计局对全国农村贫困人口的估计依据的是收入、消费指标和贫困线标准。但如果继续用该方法作为精准扶贫效果的考核，就会出现识别和扶持标准与考核标准不一致的问题。建议对精准扶贫效果的考核只针对建档立卡贫困户，主要评估建档立卡贫困户在收入、消费、资产、教育和健康等多个维度的改善状况和脱贫状况。这就需要改进农村住户抽样调查，特别是建档立卡信息要反映在住户抽样调查中。在此基础上，国家统计局每年可以对建档立卡户的变化情况进行可靠的评估。国务院扶贫办也可以利用建档立卡系统对扶持情况进行跟踪和评价。张琦分析了精准扶贫发展历程提出，从时间跨度上看，我国精准扶贫已经历两个时期。一、探索期——“四个精准”（2013 年 11 月—2015 年 5 月）。二、深化细化推进期——“六个精准”（2015 年 6 月至今）。王艳慧、王小林等著《基于 GIS 的多维贫困精准识别与评价》针对我国新阶段集中连片特困区农村扶贫开发需要解决的贫困人口、贫困村和贫困县的有效识别和瞄准问题，基于地理空间信息技术，分别选取省级、市级、县级研究示范区，研究了县、村、农户不同尺度层面上的，瞄准区域与瞄准人口相结合的，综合考虑资源环境与社会经济条件的多尺度多维度贫困测算与分析技术体系。

设计并实现综合人口、经济、社会、生态等多个维度的贫困状况测算与分析模型，系统分析贫困人口和贫困区域的贫困程度、致贫原因和贫困类型，为扶贫业务部门设计相应的扶贫开发识别和瞄准机制提供科学依据。刘解龙指出，在我国经济新常态背景下，精准扶贫面临新的机遇，必须推进理论创新和体制机制创新（包括市场机制创新、主体之间协商机制创新、扶贫资源整合机制创新、可持续发展支撑机制创新）。山西推进精准扶贫政策研究课题组编著的《山西推进精准扶贫政策研究》以山西省扶贫开发工作为研究对象，立足理论和实践创新，围绕精准识别、精准规划、精准帮扶、精准管理和精准考核五个维度，提出了精准扶贫的指导思想、基本原则、总体思路，设计出精准扶贫系统完备、科学规范、精准有效的政策体系和制度体系，勾勒出精准扶贫的识别新模型、规划新图谱，建立起精准扶贫的帮扶新机制、管理新制度和考核新体系。郑瑞强基于精准扶贫大数据分析支持的可行性研究，总结当前扶贫工作的挑战，提出“十三五”期间扶贫策略：精准扶贫，供需对接，整合扶贫资源，实施普惠式扶贫向适度竞争式扶贫战略转变，关注“支出型贫困”家庭救助，优化扶贫资源运作与传递，注重扶贫治理机制创新，强调产业结构优化升级，强化发展扶持政策衔接，提高贫困人口资源承接水平。徐勇、刘艳华对中国农村多维贫困地理识别及类型划分进行研究，提出人口区域识别的精准度是关键，建议：基于不同维度缺乏需采取不同基础扶贫措施的考虑，将多维贫困县划分为金融资本缺乏型、人力资本缺乏型、基础建设缺乏型、金融基建兼缺型、人力基建兼缺型、生计途径缺乏型、生存条件缺乏型和发展条件缺乏型 8 种类型，建议每种贫困类型区都应根据其具体的弱势维度情况既要采取基础扶贫措施消除农户脱贫和发展可持续生计中的“短板”，又要依据地方资本（组合）优势发展地区经济、拓宽农户的生计途径以寻求更有效和更可持续的减贫突破。另外李小云、吴国宝、左停等也提出了很多有益的看法思路和建议，不再赘述。

三、聚焦实现如期脱贫的扶贫路径研究

2015 年中共中央总书记习近平提出“五个一批”的脱贫路径，包括产业扶贫、教育扶贫、金融扶贫、经济扶贫、生态旅游扶贫、文化扶贫、绿色扶贫等途径和方式。

在产业扶贫方面，全承相、贺丽君、全永海在对精准扶贫的基本内涵进行界定的基础上，提出了产业扶贫开发中如何实现精准化目标的基本思路，主张有针对性地开展贫困农民产业技能培训，充分利用当地产业条件扶贫；利用积极有效的财税金融政策，有针对性地促进产业扶贫事业的发展，健全科学的产业扶贫绩效考核奖惩机制，精准推动产业扶贫深入发展。沈洋提出，应该加大对贫困地区农业产业的支持力度，着力改善贫困地区农业经营的

分散化现状，成立农业经济合作组织，进一步明确合作组织与贫困农户之间的利益连接机制，增强农业产业发展对贫困地区减贫工作的推动力。谷树忠、巩前文、穆向丽以打造从跨区域扶贫产业区思路为出发点，认为跨区域扶贫产业区应充分尊重连片特困区的资源特点、产业特点。完全立足于产业发展，弱化区域界线，实现资源的统一配置。提高规模效益、资源配置效率和扶贫效果，生产、加工、销售整个链条上实现完全统一，杜绝区内各自为政的现象。他们建议，探索（联合体发展模式）发展跨区域扶贫产业区，主张做好“三统一”：一是统一市场的开拓与发展区内产业在面向全国市场时具有历史差异性如区域位置、地域文化、市场认同度。二是统一产品生产标准。区内产业发展过程中做到统一产品生产流程、投入品选用、产品质量标准等。三是统一开发新产品。区内企业形成优势互补、风险共担、利益共享的新产品开发模式（联合体发展模式），要求跨区域扶贫产业区在教育扶贫方面的资料比较多，其中大部分是基于一定具体地域的教育扶贫研究。周常春、张秀云、张泽辰分析了扶贫参与主体能力建设对产业扶贫的影响。他们认为，政府和社区对扶贫项目和资源的管理能力严重影响着产业扶贫实施的效果。因此，贫困地区在实施产业扶贫过程中，政府和社区是否能够在最大程度上合理有效地利用扶贫资源，选择适当的扶贫产业，对于贫困地区实现脱贫致富有着至关重要的影响。此外，扶贫项目与资源的管理能力和扶贫参与人员的执行力水平也有着显著的正相关关系，政府和社区合理使用扶贫资源，通过为贫困人口提供各种类型的生产技术培训能提高他们的综合素质与脱贫积极性，使得扶贫参与人员的执行力水平得到显著提高，从而对产业扶贫的实施产生积极影响。

在教育扶贫方面，何家理、查芳、陈绪敖基于对陕西省 7 地市 18 个国家扶贫开发工作重点县的教育扶贫效果调查发现，陕西贫困山区教育扶贫效果处于“有功不明”的状态，教育扶贫具有推动人口由不发达地区向发达地区流动减轻当地环境承载压力、引起家庭收入来源结构发生变化、外出务工的工资同受教育程度成正相关关系、人们生育观念发生变化等方面的功效。司树杰以武山县坚持把教育摆在优先发展的战略位置为例分析指出，治贫先治愚，扶贫必扶智，发展乡村教育是民族振兴、社会进步的重要基石，是阻止贫困代际传递的基本通道。邓宏亮、黄太洋、辛娜基于对江西省 2001—2010 年的面板数据分析，得出江西省教育财政支出强度和贫困发生率均呈现收敛性特征；教育财政支出和贫困发生率的空间溢出效应显著，教育财政支出的减贫弹性低于财政支农的减贫弹性，教育财政支出减贫效应还未充分发挥出来；教育财政支出减贫过程中存在着明显的门槛特征，其减贫弹性与教育财政支出强度呈同方向变化，但与经济发展水平呈反方向变化。谢霄男、王让新认为，推进教育扶贫大发展解决农村教育扶贫问题，不能缺少顶层设计。需要完善从“输血式”到“造血式”的扶贫规划。尤其是需要注意到目前农村学校学生移民激增与农村学校萎缩严重，与“输血式”的教育扶贫规划不无关系。杨树东、于虹指出，教育在贫困的分析中具有双重性：一是教育匮乏造成收入低下；二是教育本身就是能力贫困的主要表现。在现实中人们能够感觉到，教育匮乏，就业困难，收入低下，贫困，教育更匮乏这样的恶性循环过程。教育扶贫的专著成果中，阎桂芝的《清华教育扶贫十年路》介绍了清华教育扶贫事业十年来的经历、启发和影响，总结了清华大学教育扶贫项目实践开展和教育扶贫研究的丰硕成果。清华大学时刻以“智力扶贫”作为工作理念开展教育扶贫工作，从国家供血到帮助贫困地区自己造血，从“授人以鱼到授人以渔”，这一系列变化从一个侧面反映了21世纪扶贫方式转变的深刻内涵和意义。

在金融扶贫方面，本年度的成果主要从宏观和微观两个角度来考察普惠金融、小额信贷、扶贫资金运用、政府资金与民间资金、资金运用中的问题及对策等。如周孟亮、彭雅婷基于普惠金融视角，对我国金融扶贫工作的开展提出发挥市场导向作用，注重政府在金融扶贫中的导向作用，加强信贷产品创新、加强农村金融法制、加强信用体系建设等建议，尤其在我国连片特困地区金融扶贫体系构建中，要发挥大型商业性金融、微型金融、合作性金融和政策性金融各自的比较优势，贫困户积极培养信用意识，转变金融观念。曹诚、严晨以甘肃酒泉为例，指出金融扶贫面临贫困面较广、基础设施配套率低、耕地质量不高、公共服务设施滞后、农业科技服务滞后、龙头企业带动力不强等诸多问题。朱兆文基于对重庆市金融扶贫的具体研究，提出强化金融扶贫合力、政策性与商业性金融并进、加强金融扶贫的生态建设等建议。刘开华、彭见琼认为应健全扶持创新创业的政策体系。首先，创造各种政策优惠条件推动贫困地区大众创业、万众创新。其次，还要强化政府、行业和金融等主体为小微企业提供技术支持、人才开发、信息咨询、法律援助等社会综合服务，为小微企业实现自主创新、自我提升创造条件。再次，贫困地区探索建立由国家机制保证、行业政策引导，针对创业企业提供财政担保、贷款贴息或补贴。李晶玲、张双英、谢瑞芬从互联网金融精准扶贫做了论述，指出应加大金融与电子商务的结合，推动实现精准扶贫。一是政府搭建平台，加大对贫困地区电商客户需求的分析，找到提供服务的切入点。二是建议金融机构将为电商提供相应金融服务与支持中小企业相结合。三是鼓励金融机构拓展产品，简化贷款条件，满足贫困地区的金融基本需求。郑寿明、吴滋兴、张茂林、蒋立南强调，一种好的金融制度设计，能够为解决贫穷的宏伟目标服务。为此建议：一是承办扶贫小额信贷业务的金融机构，根据当年新增扶贫支农再贷款的存量总额，打包向当地人民银行申请信贷资产质押再贷款。二是建立政策性、商业性、网贷平台等多主体的扶贫金融体系，完善资金供给机制，增加小额信贷投放量。三是整合各类财政扶贫资源。四是建立精准金融扶贫考核机制。五是在贫困地区深入开展金融知识教育，使金融产品为更多的农户认识和使用，并且培育信用意识。林建华主张建立金融扶贫联动机制和包片联系工作机制。如建立中国人民银行省会中支重点联系市州、市州中支重点联系县、县支行重点联系村的包片联系工作机制。人民银行牵头在全省创建以贫困户为点、贫困村为面、贫困县为片的“点、面、片”相结合的三级联动机制，联合扶贫办、银监会等部门和主办银行建立三级联动联系制度，明确各单位职责，将责任落实到人，进行分级包干，确保贫困户、贫困村、贫困县的各类金融服务问题有人关心、有人过问、有人解决。

在生态、低碳和旅游扶贫方面，李会琴、侯林春、杨树旺认为国外旅游扶贫形成了较为系统的理论体系与研究框架，自然旅游、遗产旅游、农业旅游、社区旅游是旅游扶贫的主要方式，旅游扶贫对当地经济有较大的促进作用，但需要合理的规划与操控才能可持续发展。并指出，非政府组织（NGO）是旅游扶贫的重要利益相关者和支持者。田开春支持建立生态补偿实施效果考核机制：一是中央和地方政府将生态效益补偿列入各级财政预算，确实履行支付义务，同时引导各类受益主体履行生态补偿义务。二是加强监测能力建设，建立生态补偿效益评估机制，将生态文明建设成效纳入各级政府的效能考核。三是在落实产权的基础上，结合林地面积以林木蓄积量为主要补偿指标，建立受补偿者履行生态保护和建设的责任机制。将生态环境保护、管理任务具体落实到各生态区块，坚持责权利相结合，提高当地居民参与度，使政府执法有坚实的群众基础。李志伟以太行山区为例，强调旅游扶贫开发应以政策性项目驱动模式为主导模式，借助于项目驱动平台，为旅游扶贫的实施提供政策支持和资金来源。黄泽海、侯春娥认为集中连片贫困地区实现跨越式发展，必须根据协同创新的自组织理论的特征，按照开放、共享、问题导向、分工协作的原则，针对主要问题构建开放式的、协调发展的内生增长扶贫开发与生态建设协同创新组织模式。张渝、王永生提出了要根据本地的自然资源、经济状况、传统文化选取和发展特色农业，同时需要了解各区位的不同产业优势，发展前景好的市场，合理布局、发展支柱企业，并建立优势地位的产业。黄永斌、董锁、成方婷认为，把贫困人口生计与生态环境置于同等重要的地位，是解决生态脆弱贫困区生态保护与扶贫开发突出矛盾的有效路径，县区间贫困与环境问题的产生原因、表现形式各不相同，所以需要针对性地制定相应的解决方法与路径：循环经济发展较高县区应继续推进循环经济发展，需重点解决贫困与生态环境的交互胁迫，应在优先保护生态环境的同时扶贫开发，此时政策注重生态环境建设与投资政策绿色化转向；而循环经济水平较低县区应着力提高县区循环经济发展水平，注重财政政策、产业政策、投资政策的绿色化转向。

低碳与生态扶贫旅游的专著方面，吴大华、叶韬、张学立、黄承伟等编著的《反贫困·社会可持续与环境可持续：生态文明与反贫困论坛（2014）》以反贫困的超前视角，对当今的反贫困予以高度概括，正面回答了一系列迫切需要解决的新问题。众多专家提出了关于“生态文明与反贫困”的最新论断，围绕“生态文明与反贫困”这个主题来探讨当下的反贫困问题，指出一个颇具创新价值的严峻问题。蔡典雄等著作《中国生态扶贫战略研究》构建了适合中国特色的生态扶贫概念框架，从理论上揭示了贫困与生态系统服务功能之间的内在联系，探讨了两者发生变化的驱动力，开展了生态系统服务功能价值评估，系统总结了中国生态扶贫面临的主要战略，最终提出了生态扶贫发展战略。杨德进、白长虹著《旅游扶贫：国际经验与中国实践》按照国际旅游扶贫发展脉络、理论前沿、实践动态、经验启示的思路编译成“国外经验借鉴”部分。基于南开大学与乌蒙山连片特困地区“校地合作、扎根研究”，对马边彝族自治县旅游扶贫路径和我国旅游扶贫相关政策、旅游扶贫试验区建设、相关研究进展等梳理和总结，形成“国内研究探索”部分。王亚娟著《基于行动者中心的旅游减贫研究——以漓江杨堤—兴坪段为例》以旅游减贫为核心，围绕漓江旅游产品变迁进行论分析，旅游减贫的逻辑已经从如何发展旅游促进经济增长波及到贫困人口，转变为如何发展有利于贫困人口旅游，贫困人口在减贫中作用得到研究者重视。

易地扶贫搬迁包括生态移民扶贫等研究方面，郑瑞强、王英编著的《扶贫移民适应期生计可持续发展研究——以江西省为例》围绕江西省移民扶贫政策运行系统解构、扶贫移民适应期生计风险与生计变化、扶贫移民适应期生计可持续影响因素探寻、同步小康视野下扶贫移民扶贫资源承接等内容进行了剖析。四川省扶贫和移民工作局、四川省农村发展促进协会编著的蓝皮书《2014 四川省扶贫和移民发展报告》翔实地记录了四川省各级党委、政府以及各部门 2011—2013 年扶贫移民工作现状，推介扶贫移民经验、促进扶贫移民发展。

在低保扶贫方面，王增文通过构建 SCCR 评判矩阵，分析中国农村低保户贫困程度瞄准与识别。他指出，从目前农村最低生活保障制度的实施状况来看，只有贵州省的社会救助制度针对贫困程度实施了适合本地的贫困程度的划分，并且按照贫困程度将最低生活保障户分为五档，补助水平分为五个档次对享受最低生活保障待遇人员中的老年人、重残人员、患重大疾病人员、在校学生、符合计划生育政策的纯女户的女孩，以及一类贫困家庭、独生子女家庭、单亲家庭等特殊困难对象，可结合本地实际，按其核定的家庭人均补助金额的20%~40%或定额增发救助金额，在这方面还有其他研究成果，在此略去。

在文化扶贫研究方面，成果主要包括王俊文认为“文化扶贫”是农村经济社会可持续发展的强大动力。当前，我国中部贫困地区农村由于资金、基础设施等方面制约，以致“文化扶贫”逐渐被“边缘化”，加强“文化扶贫”已成为中部贫困地区农村亟待解决的重要议题。吴晓东等著《民族地区旅游扶贫长效机制研究——基于文化软实力建设的视角》以民族地区文化软实力建设为视角，以民族地区文化与旅游协同发展为构建旅游扶贫长效机制的理论基础，以“扶贫”为目标，构建一个全新的民族地区旅游扶贫长效机制，在理论上进行了创新。徐惟诚著《徐惟诚文集(第8卷)：宣传工作·精神文明建设·文化扶贫》结合工作实际，加强理论研究，总结宣传规律，提倡文明新风，推动文化扶贫，反映了新中国宣传思想领域的发展历程。

四、扶贫脱贫区域差异性研究

(一) 连片特困地区扶贫开发研究

14个集中连片特殊困难地区是扶贫开发主战场，学界关于扶贫的地域性研究也相对集中在这些地方，一方面是站在全局角度进行综合性研究，另一方面是具有针对性的个案研究。

在研究专著中，尤习贵著《情系扶贫——湖北省四大山区交通连片扶贫开发新探索》是湖北省交通系统对“十二五”期连片扶贫工作的总结和思考，阐述了连片扶贫工作在湖北省交通系统的实践和社会经济影响。书中指出，连片扶贫是现阶段扶贫工作的科学思路，是精准扶贫的具体实施，得到交通系统和社会各界的广泛支持与参与。经过五年多的实践，湖北连片扶贫工作以交通建设为突破口，在省内四大山区产生了积极而重大的影响，有力推动了各片区经济发展和贫困人口脱贫，实现了既定目标。

在学术论文方面，林晓红等基于对罗霄山片区茶陵县、炎陵县区域的实证研究，认为人口计生部门要明确职责，理清计生精准扶贫发展思路，进一步加快精准扶贫的进度，加大精准扶贫的力度。王建平基于对川西北藏区的考察，通过建立计量经济学模型得出政府扶贫资金投入对贫困人口数量减少和贫困人口增收有积极影响的结论，但不同类型的资金投入和资金投向产生的减贫效果却存在较大差异。李志伟基于对太行山旅游扶贫的研究，认为应借助于自然资源和人文资源等优势资源，以政策性项目驱动模式为主导模式，加快太行山区旅游资源的开发利用是促进当地人民群众增收脱贫的有效途径。陈绪敖、何家理调查秦巴山片区、武陵山片区可持续发展模式发现，交通条件和地理区位对贫困地区经济尤其是农业发展有着显著的影响，另一个主要原因就是交通、通信、电力、网络等基础设施差，形成相对较高的交易费用及有效投资动力不足。韩斌研究滇桂黔石漠化片区精准扶贫生态扶贫的绿色发展模式指出，通过山、水、林、田、路综合治理，依石漠化地区立体的地貌、地形和气候变化，在山顶、山腰、山脚和坝区分别采取生态造林、种植经济林果、坡地改梯田、生态移民安置等措施，加快传统农业向绿色生态效益型农业转变，走“生态产业化、产业生态化”路子，以经济开发支持生态建设，以生态建设促进经济开发的扶贫开发。张立群研究武陵山片区内生发展模式发现，调整产业结构是根本。一方面，应大力发展现代生态大农业，在“农、林、牧、副、渔”等大农业上拓展发展空间。另一方面，应大力发展涉农企业，以农业产业化企业为龙头，带动武陵山片区农业发展。再一方面，大力发展第三产业，在有条件的地方大力发展旅游服务业，如生态农业观光、休闲旅游等。沈茂英指出，四川藏区特殊性在于这一区域的自然环境、生态功能以及人口分布等。国家应在制度层面对四川藏区的扶贫给予全额资金投入，取消地方配套和贫困人口配套的资金要求。对易地扶贫，要准确测算资金需求并提供足额资金，使最贫困的农户也能够通过易地安置实现发展。何芬、赵燕霞以国际经验聚焦14个“集中连片特殊困难地区”，以美国阿巴拉契亚、日本北海道两个典型地区为案例，从构建合作框架、提升基础设施、完善公共服务、加大扶贫力度、导入绿色产业、重视生态建设等方面，提出促进我国集中连片特殊困难地区资源开发、生态保护和经济发展有机结合的对策建议。陈绪敖、张立群分别从可持续发展和社会发展理论的视角探讨武陵山片区的扶贫情况。张琦等在对全国集中连片特困地区扶贫开发成效研究基础上，提出了整村推进与差异性相结合的扶贫开发模式。他认为，要想将连片特困地区作为一个区域进行整体推进，必须从实质层面加强片区内省级行政区之间的合作，如在目前联席会议的基础上进一步强化涉及片区扶贫的工作，在项目规划重大项目的选择和审批等方面，联席会议要加强其投票权，片区涉及的省份根据贫困县数目或其他指标设立进入联席会议的席位，并对相关决策进行投票表决等。此外，各个规模片区要根据当地的实际情况实施差异化的扶贫，对于发展现状相对较好但是增长情况不理想的片区，要进一步在扶贫进度上下功夫，提升增长速度，而对于增长情况较好但是发展现状表现一般的片区，则应该进一步扩大投资力度。

（二）特殊区域的扶贫脱贫研究

少数民族地区扶贫脱贫研究。少数民族和民族地区的发展在我国经济社会发展全局中占有极其重要的地位，全面建成小康社会，离不开少数民族和民族地区的全面小康。张志远编著的《多民族聚居地区贫困治理的社会政策视角：以布朗山布朗族为例》借鉴西方福利三角理论中国家、市场和家庭作为福利提供方及组成的范式作为分析框架，提出以国家、市场、社会为内容、与本土相结合的新福利三角分析框架，并用于西南地区云南省布朗山布朗族乡的贫困治理研究。李红军著作《临翔南美拉祜族反贫困问题研究》以临沧市临翔区南美拉祜族乡为个案，对少数民族地区反贫困问题进行了研究。在对南美拉祜族及其所处的地域历史文化考察基础上，对其反贫困发展历程作了梳理。王晓毅论述了滇西北和贵州的案例研究反思的发展与少数民族地区反贫困。他认为，经过大规模反贫困以后，中国的贫困问题更多地表现为相对贫困，随着贫困线的提高和各项社会保障制度的落实，扶贫的任务越来越瞄准于特定的贫困人群。但是少数民族地区不同，地理区位、文化传统和贫困纠结在一起，使得少数民族的贫困问题成为一个政府干预下的发展问题。发展是一个多方参与的过程，特别是中国的发展是国家推动的市场化过程，在这个过程中，国家和市场发挥着重要的作用。与少数民族地区的村民比较，政府和资本更迷信单一方向的发展过程，因此促使政府和资本的反思是很重要的。少数民族地区的贫困与少数民族地区的发展方式是密切联系在一起，而发展方式的选择不是靠单一的设计所能完成的，尽管好的设计可以减少发展中的摩擦。发展方式的选择是一个不断调整的过程，这决定了作为行动的反思会是一个持续的过程，贯穿在发展过程的始终。王孔敬以民族山区农村贫困人口分布的变动趋势为切入点，发现贫困分布的非均衡性与地域的相对集中性，应成为今后多维减贫中的主要扶持对象。

（三）高原特殊地区扶贫脱贫研究

黎莉莉、秦富对高山贫困地区生态移民决策行为及影响因素研究发现，家庭经济条件和基本生存条件是影响高山贫困地区生态移民决策行为的重要因素，其中家庭经济条件直接决定农户的搬迁能力，基本生存条件是生态移民决策行为的重要推力。而实际搬迁的大多是有些家底的贫困户，而真正需要尽快搬迁出来的高山地区深度贫困户由于自身资金不足，想搬而又无法搬迁，不可避免出现“搬富不搬穷”的现象。李生总结了内蒙古生态脆弱区生态移民的相关经验、问题与对策，认为发展绿色产业、提升产业支撑力、加快农牧业产业化经营才是解决生态移民问题的根本。吴炯丽、宋建华针对新疆南疆三地州进行健康、医疗、教育、住房、资产 5 个维度的贫困发生率进行考查，发现南疆三地州贫困更多表现为教育和资产贫困，并从金融扶贫、教育扶贫、产业扶贫、社会参与等方面提出了具体的减贫措施。李继刚从脆弱性贫困的角度审视西藏自治区，认为供基础性农牧业服务、提高农牧民应对自然风险能力、发挥政府在市场中的调控作用、化解市场风险、发挥村委会的职能等可以指导西藏的扶贫。杨清清、李小双对重庆高山生态扶贫搬迁与社会稳定进行研究分析提出，高山生态扶贫搬迁是一种减轻人为对环境压力的有效手段，能够实现人与大自然和谐共处，也为子孙后代保护了青山绿水，也降低了因生态环境问题引发的群体性事件，从而维护了社会的稳定。

（四）省级扶贫脱贫研究

在扶贫的地域性研究中，一些学者选取特殊典型的省市进行更具有针对性的扶贫开发案例研究，比如重庆、广西、甘肃、新疆等地，这些具体的扶贫研究对扶贫工作更容易发挥直接的指导作用，扶贫效果也更加准确明显。郑子敬提出如何将贵州的矿产资源优势转化为经济优势，并通过资源的合理开发利用来促进地区脱贫是一个值得研究的课题，并建议加强贫困地区地质勘查投入、加强环境保护、实行资源就地深加工战略。黄晓平、刘永久认为在贵州的扶贫生态移民中，“先易后难”的推进策略极易造成“搬富不搬贫”的结果，建立健全扶贫生态移民对象识别机制，实行差别化的资助政策和多样化的搬迁安置方式才是实现扶贫生态移民工程精准化的合理选择。李宏庆研究贺州市扶贫生态移民工作，发现存在搬迁对象点多面广、生产资料量少质差、补助资金不足、移民对象综合素质相对偏低而后续发展困难等问题，并在政策、组织、机制、创业方面给出思考和建议。李小安反思甘肃多年来的扶贫模式，认为要彻底解决甘肃农村地区的贫困，必须由法律来调节和规范扶贫工作，实现政策性扶贫向法制化扶贫的转变。李先东、黄国勇、戴泉基于2006—2011年数据，采用扩展线性支出（ELES）模型对新疆农村贫困线进行测度，分析新疆农村贫困现行线与修正线的差异。依据修正后的新疆农村贫困线，引入Lorenz曲线测算新疆农村贫困结构指数（FGT），得出新疆今后的扶贫助贫工作应由输血转向造血机制，贫困线的确定不仅要充分考虑该地区居民的生存，还应该充分考虑贫困群体家庭中子女的教育发展需求和健康需求，从源头上制止“贫困陷阱”。

在研究专著方面，高杨著《扶贫互助资金合作社运行现状及运行机制研究——以山东省为例》以山东省作为样本研究区域，运用问卷调查法、PROBIT计量模型、动态博弈分析等方法对互助社的总体情况及具体的筹资、管理、运营、风险监管、贫困瞄准5个方面的运作机制进行了较为系统的实证分析。熊娜著《精准扶贫战略下贫困地区新型农业社会服务体系建设研究——以广西为例》评价了新型农业公共服务体系建设绩效，测度了新型农业公共服务体系影响因素的影响程度，构建了新型农业公共服务体系的建设框架，提出了建设新型农业公共服务体系的政策思路。天水市政协文史资料委员会著编著的《天水扶贫开发》全面反映了三十多年来甘肃省天水市扶贫开发工作的基本情况、发展阶段、主要做法、典型经验和巨大成就，着眼于推进全市精准扶贫、精准脱贫工作。王朝新、宋明、黄勇等编著的蓝皮书《2014年贵州农村扶贫开发报告》就贵州省扶贫开发工作的基本情况，取得经验和典型模式，存在的主要问题，面临的机遇与挑战，贫困标准提高到2300元后农村贫困的新趋势和特点，如何推进本地区扶贫开发工作的思路、对策等内容，进行了总结与探讨，应当说，省级研究成果很多，限于篇幅在此略去。

五、其他方面研究

“互联网+”扶贫。结合互联网扶贫脱贫，是在新形势下响应党中央、国务院关于扶贫开发工作的指示精神，利用信息化手段推进扶贫工作的具体举措。莫问剑著《八万里路云和月——一个国家扶贫开发工作重点县的互联网》真实而形象地再现了通榆县域电商及其代表品牌“三千禾”从无到有、从弱到强的发展历程，并对该案例进行了深刻的剖析。讲述了通榆这个距离各个交通枢纽都十万八千里的偏僻小县城，搭载着电子商务的快车，踏上了云高速，开辟了如火如荼的电商致富的新战场，实现了一个贫困县的电商突围。张瑞东、蒋正伟著《电商赋能·弱鸟高飞：电商消贫报告（2015）》以阿里在贫困地区建设TB村发展电子商务借助市场机制为研究对象，通过数据和案例，总结了电商消贫的成就与经验，明确了如何理解和认识电商消贫，如何利用互联网基础设施带来的新方法、新手段，如何思考平台经济、共享经济对于消贫工作的意义，如何看待新型服务体系对于消贫工作的影响，如何借鉴在社会化大平台上展开的创新和实践等一系列问题。

特殊群体脱贫扶贫研究。2015年，针对妇女、儿童、残疾人等特殊群体的脱贫扶贫研究成果显著。向德平、程玲著作《巾帼脱贫：农村贫困妇女扶持政策评估及建议》运用社会性别视角，通过对连片特困地区贫困女性的生活状态的调查，分析连片特困地区贫困女性的贫困状况、反贫困路径以及影响因素等，呈现连片特困地区贫困女性群体在反贫困中的独特经验，评估现行扶持政策对贫困妇女的实施效果，并在此基础上提出政策建议。唐丽霞、杨亮承著《关爱春蕾：农村贫困儿童救助政策评估及建议》通过大学生返乡问卷调查，对14个集中连片特困地区农村儿童的基本生活、教育、医疗、精神文化等各方面状况和贫困儿童扶持政策实施情况进行了整体性了解。在此基础上，通过对6个县的实地调研深入了解连片特困地区农村贫困儿童的生存现状，把握儿童的实际需求。在对我国现有的农村贫困儿童扶持政策进行梳理的基础上，从政策设计和实施状况等方面寻找完善贫困儿童扶持政策的突破点。杨立雄著《残者有助：农村贫困残疾人群帮扶政策评估及建议》对连片特困地区的5个县的残疾人及其家庭进行了问卷调查和个案访谈，对连片特困地区残疾人及其家庭的贫困现状进行了描述，分析了影响残疾人及其家庭贫困的原因，并对残疾人的人力资本、家庭住房、社会排斥等问题进行了研究。在分析了连片特困地区残疾人反贫困形势的基础上，提出了完善残疾人反贫困政策的措施。黄恒学、李本钦等的著作《巴中市残疾人扶贫模式创新研究》从理论和实践两个维度、四个层面展开研究：一是理论层面，分析残疾人扶贫开发的理论基础与运行机理。二是国际经验借鉴，强调从残疾人发展的视角研究国际经验。三是实际层面和政策层面，在文献综述、问题筛选、关键问题识别等研究工作的基础上，提出我国残疾人扶贫发展面临的重大问题，并针对这三大关键问题提出构建我国扶贫开发的战略，完善“政府主导、社会参与、市场运作”的扶贫开发模式，优化整合扶贫资源，创新扶贫模式，并提出相关政策建议和行动纲领。四是案例研究层面，选择具有代表性的案例深入调研，并运用前述研究成果，对案例进行分析研究，提出具体的对策建议。

（北京师范大学中国扶贫研究中心
张　琦　陈国创　孙思睿）

附

2015年扶贫脱贫研究专著成果统计表

	名称	作者	出版社	出版时间
1	中国扶贫行动	黄承伟	五洲传播出版社	2015年1月
2	城乡一体化与减贫	左常升	社会科学文献出版社	2015年1月
3	旅游扶贫：江西的构想与实现途径	黄细嘉，陈志军等	人民出版社	2015年1月
4	旅游扶贫：国际经验与中国实践	杨德进，白长虹	中国旅游出版社	2015年1月
5	山西省雁门关地区生态环境恢复与扶贫技术及管理模式	奥小平	中国林业出版社	2015年3月
6	基于GIS的多维贫困精准识别与评价	王艳慧，王小林等	科学出版社	2015年3月
7	2014年贵州农村扶贫开发报告	王朝新，宋明	知识产权出版社	2015年3月
8	巴中市残疾人扶贫模式创新研究	黄恒学，李本钦	中国经济出版社	2015年4月
9	多民族聚居地区贫困治理的社会政策视角：以布朗山布朗族为例	张志远	中国社会科学出版社	2015年5月
10	反贫困在行动：中国农村扶贫调查与实践	徐勇	中国社会科学出版社	2015年6月
11	克贫攻坚	曾福生	中央编译出版社	2015年6月
12	清华教育扶贫十年路	阎桂芝	清华大学出版社	2015年6月
13	山西推进精准扶贫政策研究	山西推进精准扶贫政策研究课题组	中国社会出版社	2015年6月

续表

	名称	作者	出版社	出版时间
14	反贫困·社会可持续与环境可持续：生态文明与反贫困论坛（2014）	吴大华，叶韬，张学立等	社会科学文献出版社	2015 年 6 月
15	2014 四川省扶贫和移民发展报告	四川省扶贫和移民工作局，四川省农村发展促进协会	四川大学出版社	2015 年 7 月
16	八万里路云和月——一个国家扶贫开发工作重点县的互联网	莫问剑	电子工业出版社	2015 年 7 月
17	扶贫互助资金合作社运行现状及运行机制研究——以山东省为例	高杨	中国社会科学出版社	2015 年 7 月
18	中国生态扶贫战略研究	蔡典雄等	科学出版社	2015 年 7 月
19	多维贫困视角下的区域性扶贫政策选择	方迎风，张芬	武汉大学出版社	2015 年 8 月
20	定西扶贫开发问题研究	崔敏	甘肃人民出版社	2015 年 9 月
21	扶贫开发与全面小康——首届 10.17 论坛文集（上下）	10.17 论坛组委会秘书处	世界知识出版社	2015 年 9 月
22	干部驻村帮扶实务参考	全国扶贫培训宣传中心，吉首大学	湖南人民出版社	2015 年 9 月
23	中国反贫困发展报告 2015——市场主体参与扶贫专题	武汉大学，中国国际扶贫中心，华中师范大学	华中科技大学出版社	2015 年 10 月
24	民族地区旅游扶贫长效机制研究——基于文化软实力建设的视角	吴晓东等	北京理工大学出版社	2015 年 10 月
25	徐惟诚文集（第 8 卷）	徐惟诚	商务印书馆	2015 年 10 月
26	扶贫移民适应期生计可持续发展研究：以江西省为例	郑瑞强，王英	江西人民出版社	2015 年 10 月
27	2015 中国扶贫开发年鉴	本书编委会	团结出版社	2015 年 10 月
28	巾帼脱贫：农村贫困妇女扶持政策评估及建议	向德平，程玲	社会科学文献出版社	2015 年 10 月
29	国际社会保障动态：反贫困模式与管理（2015）	李华	上海人民出版社	2015 年 10 月
30	残者有助：农村贫困残疾人群帮扶政策评估及建议	杨立雄，黄承伟	社会科学文献出版社	2015 年 10 月
31	关爱春蕾：农村贫困儿童救助政策评估及建议	唐丽霞，杨亮承	社会科学文献出版社	2015 年 10 月
32	携手消除贫困　促进共同发展——在 2015 减贫与发展高层论坛的主旨演讲	习近平	人民出版社	2015 年 10 月
33	完善扶贫脱贫机制研究	张琦，黄承伟等	经济科学出版社	2015 年 11 月
34	情系扶贫——湖北省四大山区交通连片扶贫开发新探索	尤习贵	人民交通出版社	2015 年 11 月
35	基于行动者中心的旅游减贫研究——以漓江杨堤—兴坪段为例	王亚娟	南开大学出版社	2015 年 11 月

续表

	名称	作者	出版社	出版时间
36	临翔南美拉祜族反贫困问题研究	李红军	云南大学出版社	2015年11月
37	中等收入阶段中国减贫战略研究	吴华	经济科学出版社	2015年11月
38	精准扶贫战略下贫困地区新型农业社会服务体系建设研究——以广西为例	熊娜	经济管理出版社	2015年12月
39	天水扶贫开发	本书编委会	甘肃文化出版社	2015年12月
40	国际减贫理论与前沿问题（2015）	左常升	中国农业出版社	2015年12月
41	电商赋能·弱鸟高飞：电商消贫报告（2015）	张瑞东，蒋正伟	社会科学文献出版社	2015年12月
42	农民创业与贫困治理：基于广西天等县的实证分析	莫光辉	社会科学文献出版社	2015年12月
43	农村贫困家庭生计支持政策效应研究	吴军民	复旦大学出版社	2015年12月
44	中共中央　国务院关于打赢脱贫攻坚战的决定	人民出版社	人民出版社	2015年12月

注：按照出版时间进行排序。

九

扶贫数据篇

表 1　中国农村贫困标准、贫困人口数量和贫困发生率

年份（年）	1978 年标准			2008 年标准			2010 年标准		
	贫困人口（万人）	当年价贫困标准（元/人年）	贫困发生率（%）	贫困人口（万人）	当年价贫困标准（元/人年）	贫困发生率（%）	贫困人口（万人）	当年价贫困标准（元/人年）	贫困发生率（%）
1978	25000	100	30.7				77039	366	97.5
1980	22000	100	26.8				76542	403	96.2
1981	15200	100	18.5						
1982	14500	100	17.5						
1983	13500	100	16.2						
1984	12800	200	15.1						
1985	12500	206	14.8				66101	482	78.3
1986	13100	213	15.5						
1987	12200	227	14.3						
1988	9600	236	11.1						
1989	10200	259	11.6						
1990	8500	300	9.4				65849	807	73.5
1991	9400	304	10.4						
1992	8000	317	8.8						
1993	7500	350	8.2						
1994	7000	440	7.7						
1995	6540	530	7.1				55486	1511	60.5
1996	5800	580	6.3						
1997	4962	640	5.4						
1998	4210	635	4.6						
1999	3412	625	3.7						
2000	3209	625	3.5	9422	865	10.2	46224	1528	49.8
2001	2927	630	3.2	9029	872	9.8			
2002	2820	627	3	8645	869	9.2			
2003	2900	637	3.1	8517	882	9.1			
2004	2610	668	2.8	7587	924	8.1			
2005	2365	683	2.5	6432	944	6.8	28662	1742	30.2
2006	2148	693	2.3	5698	958	6			
2007	1479	785	1.6	4320	1067	4.6			
2008				4007	1196	4.2			
2009				3597	1196	3.8			
2010				2688	1274	2.8			
2010							16567	2300	17.2
2011							12238	2536	12.7
2012							9899	2625	10.2
2013							8249	2736	8.5
2014							7017	2800	7.2
2015							5575	2855	5.7

注：本章数据资料来源于国家统计局历年《统计年鉴》《中国农村贫困监测报告》和《农村贫困监测资料》。

表2　全国、贫困地区、贫困县贫困人口及贫困发生率

年份	全国		贫困地区[①]			重点县			片区县		
	贫困人口（万人）	贫困发生率(%)	贫困人口（万人）	占全国比重(%)	贫困发生率(%)	贫困人口（万人）	占全国比重(%)	贫困发生率(%)	贫困人口（万人）	占全国比重(%)	贫困发生率(%)
1994	7000	7.7									
1995	6540	7.1									
1996	5800	6.3									
1997	4962	5.4									
1998	4210	4.6									
1999	3412	3.7									
2000	9422	10.2									
2001	9029	9.8				5306	58.8	26.7			
2002	8645	9.2				4828	55.8	24.3			
2003	8517	9.1				4709	55.3	23.6			
2004	7587	8.1				4193	55.3	20.9			
2005	6432	6.8				3611	56.1	18			
2006	5698	6				3110	54.6	15.7			
2007	4320	4.6				2620	60.6	13.1			
2008	4007	4.2				2421	60.4	12.1			
2009	3597	3.8				2175	60.5	10.9			
2010[②]	2688	2.8				1693	63.0	8.3			
2010[③]	16567	17.2									
2011	12238	12.7				6112	49.9	29.2			
2012	9899	10.2	6039	61.0	23.2	5105	51.6	24.4	5067	51.2	24.4
2013	8249	8.5	5070	61.5	19.3	4279	51.9	20.2	4141	50.2	20
2014	7017	7.2	4317	61.5	16.6	3649	52.0	17.5	3518	50.1	17.1
2015	5575	5.7	3490	62.6	13.3	2893	51.9	13.7	2875	51.6	13.9

注：①贫困地区指680个集中连片特困地区县和592个国家扶贫开发工作重点县。

②此数据根据1274元贫困标准统计。

③此数据根据2300元贫困标准统计。

表 3　2015 年全国各地区农村贫困人口变化情况

地区	贫困人口			贫困发生率	
	数量(万人)	比 2014 年下降(万人)	下降幅度(%)	水平(%)	比 2014 年下降(百分点)
全国	5575	1442	20.6	5.7	1.5
北京	.	.	.	.	.
天津	.	.	.	.	.
河北	241	79	24.6	4.3	1.3
山西	223	47	17.3	9.2	1.9
内蒙古	76	22	22.7	5.6	1.7
辽宁	86	31	26.2	3.8	1.3
吉林	69	12	14.7	4.6	0.8
黑龙江	86	10	10.9	4.6	0.5
上海	.	.	.	.	.
江苏	.	.	.	.	.
浙江	.	.	.	.	.
安徽	309	62	16.7	5.8	1.1
福建	36	14	27.6	1.3	0.5
江西	208	68	24.6	5.8	1.9
山东	172	59	25.6	2.4	0.8
河南	463	102	18.1	5.8	1.3
湖北	216	55	20.3	5.3	1.3
湖南	434	98	18.4	7.6	1.7
广东	47	35	42.3	0.7	0.5
广西	452	88	16.3	10.5	2.1
海南	41	9	18.9	6.9	1.6
重庆	88	31	26.1	3.9	1.4
四川	400	109	21.4	5.7	1.6
贵州	507	116	18.6	14.7	3.3
云南	471	103	18	12.7	2.8
西藏	48	13	21.8	18.6	5.1
陕西	288	62	17.6	10.7	2.3
甘肃	325	92	22	15.7	4.4
青海	42	10	19.4	10.9	2.5
宁夏	37	8	17.3	8.9	1.9
新疆	180	32	15	15.8	2.8

注：“.” 表示数值较小，统计上不显著。

表 4 2015 年全国及贫困地区农村贫困人口数量和贫困发生率

地区	全国			贫困地区			贫困地区贫困人口占全国比重(%)
	贫困人口(万人)	占总数(%)	贫困发生率(%)	贫困人口(万人)	占总数(%)	贫困发生率(%)	
全国	5575		5.7	3490	–	13.3	62.6
北京	.		.				.
天津	.		.				.
河北	241	4.3	4.3	197	5.6	14.2	81.7
山西	223	4.0	9.2	83	2.4	14.6	37.2
内蒙古	76	1.4	5.6	66	1.9	9.3	86.8
辽宁	86	1.5	3.8		0.0		
吉林	69	1.2	4.6	12	0.3	10.8	17.4
黑龙江	86	1.5	4.6	68	1.9	12.7	79.1
上海	.	.	.		0.0		.
江苏	.	.	.		0.0		.
浙江	.	.	.		0.0		.
安徽	309	5.5	5.8	209	6.0	10.7	67.6
福建	36	0.6	1.3		0.0		
江西	208	3.7	5.8	141	4.0	11.6	67.8
山东	172	3.1	2.4		0.0		
河南	463	8.3	5.8	287	8.2	9.5	62.0
湖北	216	3.9	5.3	148	4.2	12.2	68.5
湖南	434	7.8	7.6	279	8.0	14	64.3
广东	47	0.8	0.7		0.0		
广西	452	8.1	10.5	135	3.9	13.1	29.9
海南	41	0.7	6.9	11	0.3	14.4	26.8
重庆	88	1.6	3.9	68	1.9	7.9	77.3
四川	400	7.2	5.7	203	5.8	12.1	50.8
贵州	507	9.1	14.7	444	12.7	15.3	87.6
云南	471	8.4	12.7	448	12.8	17.4	95.1
西藏	48	0.9	18.6	48	1.4	18.6	
陕西	288	5.2	10.7	180	5.2	13.6	62.5
甘肃	325	5.8	15.7	296	8.5	18.3	91.1
青海	42	0.8	10.9	42	1.2	10.9	100.0
宁夏	37	0.7	8.9	23	0.7	11.1	62.2
新疆	180	3.2	15.8	101	2.9	15.8	56.1

注："." 表示数值较小，统计上不显著。

表5　2015年集中连片特困地区农村贫困人口数量和贫困发生率

片区名称	贫困人口			贫困发生率	
	数量(万人)	比2014年下降(万人)	下降幅度(%)	水平(%)	比2014年下降(%)
全部片区	2875	643	18.3	13.9	3.2
1. 六盘山区	280	69	19.8	16.2	3
2. 秦巴山区	346	98	22.1	12.3	4.1
3. 武陵山区	379	96	20.2	12.9	4
4. 乌蒙山区	373	69	15.6	18.5	3
5. 滇桂黔石漠化区	398	90	18.4	15.1	3.4
6. 滇西边境山区	192	48	20	15.5	3.6
7. 大兴安岭南麓山区	59	15	20.3	11.1	2.9
8. 燕山—太行山区	122	28	18.7	13.5	3.3
9. 吕梁山区	57	10	14.9	16.4	3.1
10. 大别山区	341	51	13	10.4	1.6
11. 罗霄山区	102	32	23.9	10.4	3.9
12. 西藏区	48	13	21.3	18.6	5.1
13. 四省藏区	88	15	14.6	16.5	7.7
14. 新疆南疆三地州	90	9	9.1	15.7	3.1

表 6　2015 年贫困地区农村居民人均收入及增长情况

地区	人均可支配收入(元)	人均纯收入(元)	名义增长(%)
全国	7653	6948	11.7
河北	7575	6686	10
山西	6078	5649	11.9
内蒙古	8201	7471	11.2
吉林	7045	6884	9.8
黑龙江	7174	7312	11.2
安徽	8952	8534	11
江西	7759	6618	13.6
河南	8865	8352	11
湖北	8682	7123	10.9
湖南	7222	6124	11.8
广西	7927	7008	12.5
海南	8284	8405	11.2
重庆	9120	9009	13.4
四川	7966	7078	12.3
贵州	7171	6992	12.4
云南	7070	6765	12
西藏	8244	8275	12
陕西	7692	7431	10.5
甘肃	5782	5535	13.3
青海	7933	7607	8.9
宁夏	7255	6523	10.7
新疆	7341	6833	10.6

表 7　2015 年贫困地区农村基础设施状况

地区	1. 通电的自然村比重(%)	2. 通电话的自然村比重(%)	3. 通宽带的自然村比重(%)	4. 主干道路面经过硬化处理的自然村比重(%)	5. 通客运班车的自然村比重(%)
全国	99.7	97.6	56.3	73	47.8
河北	100	98.8	75.1	83.8	66.1
山西	99.8	96.2	70.5	94	81.4
内蒙古	99.7	93.7	53.2	65.4	67.6
吉林	100	100	90.8	95.2	74.9
黑龙江	99.3	99.5	87.1	87	76.5
安徽	99.8	99.9	84.7	80.1	37.8
江西	99.7	97.9	70.5	79.1	49.2
河南	100	100	76.1	82.5	45.4
湖北	99.8	95.1	61.6	73	48.4
湖南	100	97.1	63.9	76.5	54.8
广西	99.9	93	38.3	64	38.5
海南	100	82.7	40.2	83.1	41.8
重庆	100	99.4	47.4	55	37.1
四川	97.3	95.5	40.7	74	40.1
贵州	100	95.9	36.6	73.2	50.1
云南	100	99.1	32.4	58.5	41.3
西藏	92.1	89.5	8.5	57.7	29.1
陕西	99.6	98.3	68.4	84	65.5
甘肃	99.2	99.1	50.3	72.4	66.3
青海	94.5	93.9	53.8	93.4	74.7
宁夏	99.4	96.9	29.7	73.7	73.1
新疆	99.3	98.1	50.2	90.8	89.7

表8　2015年集中连片特困地区农村基础设施状况

片区名称	1. 通电的自然村比重(%)	2. 通电话的自然村比重(%)	3. 通宽带的自然村比重(%)	4. 主干道路面经过硬化处理的自然村比重(%)	5. 通客运班车的自然村比重(%)
全部片区	99.7	97.7	53.2	71.7	47.5
1. 六盘山区	99.6	99.5	52.6	77.2	70.7
2. 秦巴山区	99.6	98.8	55.4	74.1	49
3. 武陵山区	100	96.5	50.1	71.7	50.1
4. 乌蒙山区	99.2	95.9	31.1	57	48
5. 滇桂黔石漠化区	99.9	95.2	34.4	67.7	42.7
6. 滇西边境山区	99.9	100	41.3	61.9	39.5
7. 大兴安岭南麓山区	99.3	99.2	82.4	85.4	72.8
8. 燕山—太行山区	100	99.3	69.8	79.4	65.7
9. 吕梁山区	100	96.8	53.4	86.3	64.4
10. 大别山区	100	99.5	78.8	80.3	38.1
11. 罗霄山区	99.9	98.3	73.7	78.9	54.6
12. 西藏区	92.1	89.5	8.5	57.7	29.1
13. 四省藏区	90.7	90.9	25.5	61.4	43.5
14. 新疆南疆三地州	99.9	99.9	50.1	88.1	88.9

表 9　2015 年国家扶贫开发工作重点县基础设施状况

地区	1. 通电的自然村比重(%)	2. 通电话的自然村比重(%)	3. 通宽带的自然村比重(%)	4. 主干道路面经过硬化处理的自然村比重(%)	5. 通客运班车的自然村比重(%)
全国	99.7	97.7	55	72	46.8
河北	100	98.6	72.5	85.1	68.3
山西	99.8	96.1	69.8	93.9	80.9
内蒙古	99.7	93.7	53.2	65.4	67.6
吉林	100	100	90.8	95.2	74.9
黑龙江	99.5	97.7	90.2	84.2	76.2
安徽	99.9	99.9	84.4	79.7	38.4
江西	99.9	97.8	66.9	79.2	48.6
河南	100	99.2	74.8	81.9	42.2
湖北	99.7	95	61.1	72.4	48.7
湖南	100	95.9	57.7	71.2	57.1
广西	99.9	93.4	38.7	63.7	36.8
海南	100	82.7	40.2	83.1	41.8
重庆	100	99.4	47.4	55	37.1
四川	97	95.6	40	73.2	39
贵州	100	96.2	34.8	73.8	49.6
云南	100	99.1	29.7	56.1	41.5
陕西	99.6	98.1	66.1	82	62.4
甘肃	99.9	99.4	46.8	70.2	65.3
青海	93.9	91.7	60.6	92.3	73.2
宁夏	99.4	96.9	29.7	73.7	73.1
新疆	99.6	97.9	50.1	91.5	89.6

表 10 2015 年贫困地区农村住户住房及家庭设施状况

地区	1. 居住竹草土坯房的农户比重(%)	2. 使用照明电的农户比重(%)	3. 使用管道供水的农户比重(%)	4. 使用经过净化处理自来水的农户比重(%)	5. 饮水无困难的农户比重(%)	6. 独用厕所的农户比重(%)	7. 炊用柴草的农户比重(%)
全国	5.7	99.8	61.5	36.4	85.3	93.6	54.9
河北	4.3	99.9	64.7	40.5	85.9	98.6	44.5
山西	8.9	99.9	69.1	28	76.8	94.8	33.5
内蒙古	19.4	99.9	39.2	32.5	91.6	91.4	75.1
吉林	12.9	99.9	80	65	91.2	98.9	83.2
黑龙江	17.9	99.9	43	30.9	87	99.9	97.3
安徽	0.2	99.9	41.4	34.2	95.4	96.3	72.8
江西	2.9	99.9	47.7	22.5	93.3	90.3	63.4
河南	1.3	99.9	46.3	37.3	93.3	98	44.6
湖北	9.3	99.5	57.4	30.9	83.3	91.7	72.7
湖南	1.2	99.9	56.6	30	88.7	96.6	51.2
广西	1.2	99.9	82.3	37.7	87.3	95.9	63.8
海南	0.1	99.9	80.3	55.4	81.2	61.7	72.8
重庆	4.2	99.7	56.8	34.3	78.6	98.7	61
四川	10.5	99	41.1	18.4	75.8	92.8	73.9
贵州	0.9	99.8	73.7	34.5	81.4	93.2	29.4
云南	5.5	99.6	72.3	28.3	75.1	81	52.6
西藏	2.5	93.8	50	25.5	65.8	71.5	64.9
陕西	10.2	99.6	73.6	40.8	86.7	96.1	61.1
甘肃	11.3	99.8	65.7	52.5	79.9	98.1	43.5
青海	4.3	96.4	80.1	54.7	84.9	93	31.1
宁夏	13.4	98.7	66.9	50.7	89.5	98.7	23.3
新疆	16.3	99.7	84.7	79.4	83.1	97.4	56.3

表 11　2015 年集中连片特困地区农村住户住房及家庭设施状况

片区名称	1. 居住竹草土坯房的户比重(%)	2. 使用照明电的户比重(%)	3. 使用管道供水的户比重(%)	4. 使用经过净化处理自来水的户比重(%)	5. 饮水无困难的户比重(%)	6. 独用厕所的户比重(%)	7. 炊用柴草的户比重(%)
全部片区	6.1	99.8	61.2	34.7	84	93	55.5
1. 六盘山区	9.9	99.9	68	57.6	81.4	98.9	40.2
2. 秦巴山区	11.6	99.9	55.8	27.4	80.6	97.5	68.5
3. 武陵山区	2.6	99.9	61.6	32.9	84.6	97.6	58.5
4. 乌蒙山区	6.2	99.9	65.3	27.3	76.2	89.7	28.4
5. 滇桂黔石漠化区	1.7	99.9	78.8	41	82.7	92.7	49.4
6. 滇西边境山区	4.7	99.9	74.3	29.6	75.5	73.7	65.3
7. 大兴安岭南麓山区	17.5	99.9	40.2	30.6	91.1	98.9	96.8
8. 燕山—太行山区	12	99.9	50.5	25.3	91.2	98.6	46.6
9. 吕梁山区	3.5	99.9	56.3	20.1	78.1	89.1	25.6
10. 大别山区	1.3	99.9	37.9	32.2	94.7	94	64.6
11. 罗霄山区	2.8	99.9	56.6	28	94.5	89	57.6
12. 西藏区	2.5	93.8	50	25.5	65.8	71.5	64.9
13. 四省藏区	9.5	92	62.8	23.9	76.9	78.4	50.6
14. 新疆南疆三地州	15.1	99.8	88.7	83.4	85.4	97.7	63.1

表 12　2015 年国家扶贫开发工作重点县农村住房及家庭设施状况

地区	1. 居住竹草土坯房的户比重(%)	2. 使用照明电的户比重(%)	3. 使用管道供水的户比重(%)	4. 使用经过净化处理自来水的户比重(%)	5. 饮水无困难的户比重(%)	6. 独用厕所的户比重(%)	7. 炊用柴草的户比重(%)
全国	6.2	99.8	61.2	36.5	85.2	93.7	56.5
河北	4.9	100	68.1	45.9	85.6	98.4	47.6
山西	9.2	99.9	68.2	25.3	76	94.8	33.6
内蒙古	19.4	99.9	39.2	32.5	91.6	91.4	75.1
吉林	12.9	99.9	80	65	91.2	98.9	83.2
黑龙江	18.9	100	46	33.5	87.8	99.9	96.6
安徽	0.2	99.9	40.5	33	95.4	96.6	72.4
江西	3	100	44.2	23.3	93.1	91.2	61.3
河南	1.6	100	51.5	41.7	92.1	97.9	44
湖北	8.9	99.5	57.3	31.2	84.1	92.3	72.3
湖南	0.9	100	55.2	29.5	88.6	96.6	56.8
广西	1.3	99.9	82.5	38.6	87.2	96.3	62
海南	0.1	99.9	80.3	55.4	81.2	61.7	72.8
重庆	4.2	99.7	56.8	34.3	78.6	98.7	61
四川	11.2	99	40.9	17.2	73.9	91.8	73.9
贵州	0.6	99.8	70.7	30.1	79.6	92.3	33
云南	6.6	99.6	72.5	29.1	75.8	81.1	57.6
陕西	10.2	99.7	72.6	39.2	87	95.7	59.5
甘肃	12.5	99.7	63.4	49.5	80.3	98.2	44.2
青海	3.7	94.7	85.2	63.8	92	94.5	26.3
宁夏	13.4	98.7	66.9	50.7	89.5	98.7	23.3
新疆	14.2	99.7	91.4	90.5	90.9	97.1	56.9

（以上数据由国务院扶贫办规划财务司提供）

附 录

附录一
文件汇编

中央文件

中共中央、国务院关于打赢脱贫攻坚战的决定

（2015年11月29日）

确保到2020年农村贫困人口实现脱贫，是全面建成小康社会最艰巨的任务。现就打赢脱贫攻坚战作出如下决定。

一、增强打赢脱贫攻坚战的使命感紧迫感

消除贫困、改善民生、逐步实现共同富裕，是社会主义的本质要求，是我们党的重要使命。改革开放以来，我们实施大规模扶贫开发，使7亿农村贫困人口摆脱贫困，取得了举世瞩目的伟大成就，谱写了人类反贫困历史上的辉煌篇章。党的十八大以来，我们把扶贫开发工作纳入“四个全面”战略布局，作为实现第一个百年奋斗目标的重点工作，摆在更加突出的位置，大力实施精准扶贫，不断丰富和拓展中国特色扶贫开发道路，不断开创扶贫开发事业新局面。

我国扶贫开发已进入啃硬骨头、攻坚拔寨的冲刺期。中西部一些省（自治区、直辖市）贫困人口规模依然较大，剩下的贫困人口贫困程度较深，减贫成本更高，脱贫难度更大。实现到2020年让7000多万农村贫困人口摆脱贫困的既定目标，时间十分紧迫、任务相当繁重。必须在现有基础上不断创新扶贫开发思路和办法，坚决打赢这场攻坚战。

扶贫开发事关全面建成小康社会，事关人民福祉，事关巩固党的执政基础，事关国家长治久安，事关我国国际形象。打赢脱贫攻坚战，是促进全体人民共享改革发展成果、实现共同富裕的重大举措，是体现中国特色社会主义制度优越性的重要标志，也是经济发展新常态下扩大国内需求、促进经济增长的重要途径。各级党委和政府必须把扶贫开发工作作为重大政治任务来抓，切实增强责任感、使命感和紧迫感，切实解决好思想认识不到位、体制机制不健全、工作措施不落实等突出问题，不辱使命、勇于担当，只争朝夕、真抓实干，加快补齐全面建成小康社会中的这块突出短板，决不让一个地区、一个民族掉队，实现《中共中央关于制定国民经济和社会发展第十三个五年规划的建议》确定的脱贫攻坚目标。

二、打赢脱贫攻坚战的总体要求

（一）指导思想

全面贯彻落实党的十八大和十八届二中、三中、四中、五中全会精神，以邓小

平理论、“三个代表”重要思想、科学发展观为指导，深入贯彻习近平总书记系列重要讲话精神，围绕“四个全面”战略布局，牢固树立并切实贯彻创新、协调、绿色、开放、共享的发展理念，充分发挥政治优势和制度优势，把精准扶贫、精准脱贫作为基本方略，坚持扶贫开发与经济社会发展相互促进，坚持精准帮扶与集中连片特殊困难地区开发紧密结合，坚持扶贫开发与生态保护并重，坚持扶贫开发与社会保障有效衔接，咬定青山不放松，采取超常规举措，拿出过硬办法，举全党全社会之力，坚决打赢脱贫攻坚战。

（二）总体目标

到 2020 年，稳定实现农村贫困人口不愁吃、不愁穿，义务教育、基本医疗和住房安全有保障。实现贫困地区农民人均可支配收入增长幅度高于全国平均水平，基本公共服务主要领域指标接近全国平均水平。确保我国现行标准下农村贫困人口实现脱贫，贫困县全部摘帽，解决区域性整体贫困。

（三）基本原则

——坚持党的领导，夯实组织基础。充分发挥各级党委总揽全局、协调各方的领导核心作用，严格执行脱贫攻坚一把手负责制，省市县乡村五级书记一起抓。切实加强贫困地区农村基层党组织建设，使其成为带领群众脱贫致富的坚强战斗堡垒。

——坚持政府主导，增强社会合力。强化政府责任，引领市场、社会协同发力，鼓励先富帮后富，构建专项扶贫、行业扶贫、社会扶贫互为补充的大扶贫格局。

——坚持精准扶贫，提高扶贫成效。扶贫开发贵在精准，重在精准，必须解决好扶持谁、谁来扶、怎么扶的问题，做到扶真贫、真扶贫、真脱贫，切实提高扶贫成果可持续性，让贫困人口有更多的获得感。

——坚持保护生态，实现绿色发展。牢固树立绿水青山就是金山银山的理念，把生态保护放在优先位置，扶贫开发不能以牺牲生态为代价，探索生态脱贫新路子，让贫困人口从生态建设与修复中得到更多实惠。

——坚持群众主体，激发内生动力。继续推进开发式扶贫，处理好国家、社会帮扶和自身努力的关系，发扬自力更生、艰苦奋斗、勤劳致富精神，充分调动贫困地区干部群众积极性和创造性，注重扶贫先扶智，增强贫困人口自我发展能力。

——坚持因地制宜，创新体制机制。突出问题导向，创新扶贫开发路径，由“大水漫灌”向“精准滴灌”转变；创新扶贫资源使用方式，由多头分散向统筹集中转变；创新扶贫开发模式，由偏重“输血”向注重“造血”转变；创新扶贫考评体系，由侧重考核地区生产总值向主要考核脱贫成效转变。

三、实施精准扶贫方略，加快贫困人口精准脱贫

（四）健全精准扶贫工作机制。抓好精

准识别、建档立卡这个关键环节，为打赢脱贫攻坚战打好基础，为推进城乡发展一体化、逐步实现基本公共服务均等化创造条件。按照扶持对象精准、项目安排精准、资金使用精准、措施到户精准、因村派人精准、脱贫成效精准的要求，使建档立卡贫困人口中有5000万人左右通过产业扶持、转移就业、易地搬迁、教育支持、医疗救助等措施实现脱贫，其余完全或部分丧失劳动能力的贫困人口实行社保政策兜底脱贫。对建档立卡贫困村、贫困户和贫困人口定期进行全面核查，建立精准扶贫台账，实行有进有出的动态管理。根据致贫原因和脱贫需求，对贫困人口实行分类扶持。建立贫困户脱贫认定机制，对已经脱贫的农户，在一定时期内让其继续享受扶贫相关政策，避免出现边脱贫、边返贫现象，切实做到应进则进、应扶则扶。抓紧制定严格、规范、透明的国家扶贫开发工作重点县退出标准、程序、核查办法。重点县退出，由县提出申请，市（地）初审，省级审定，报国务院扶贫开发领导小组备案。重点县退出后，在攻坚期内国家原有扶贫政策保持不变，抓紧制定攻坚期后国家帮扶政策。加强对扶贫工作绩效的社会监督，开展贫困地区群众扶贫满意度调查，建立对扶贫政策落实情况和扶贫成效的第三方评估机制。评价精准扶贫成效，既要看减贫数量，更要看脱贫质量，不提不切实际的指标，对弄虚作假搞“数字脱贫”的，要严肃追究责任。

（五）发展特色产业脱贫。制定贫困地区特色产业发展规划。出台专项政策，统筹使用涉农资金，重点支持贫困村、贫困户因地制宜发展种养业和传统手工业等。实施贫困村“一村一品”产业推进行动，扶持建设一批贫困人口参与度高的特色农业基地。加强贫困地区农民合作社和龙头企业培育，发挥其对贫困人口的组织和带动作用，强化其与贫困户的利益联结机制。支持贫困地区发展农产品加工业，加快一二三产业融合发展，让贫困户更多分享农业全产业链和价值链增值收益。加大对贫困地区农产品品牌推介营销支持力度。依托贫困地区特有的自然人文资源，深入实施乡村旅游扶贫工程。科学合理有序开发贫困地区水电、煤炭、油气等资源，调整完善资源开发收益分配政策。探索水电利益共享机制，将从发电中提取的资金优先用于水库移民和库区后续发展。引导中央企业、民营企业分别设立贫困地区产业投资基金，采取市场化运作方式，主要用于吸引企业到贫困地区从事资源开发、产业园区建设、新型城镇化发展等。

（六）引导劳务输出脱贫。加大劳务输出培训投入，统筹使用各类培训资源，以就业为导向，提高培训的针对性和有效性。加大职业技能提升计划和贫困户教育培训工程实施力度，引导企业扶贫与职业教育相结合，鼓励职业院校和技工学校招收贫困家庭子女，确保贫困家庭劳动力至少掌握一门致富技能，实现靠技能脱贫。进一步加大就业专项资金向贫困地区转移支付力度。支持贫困地区建设县乡基层劳动就业和社会保障服务平台，引导和支持用人企业在贫困地区建立劳务培训基地，开展好订单定向培训，建立和完善输出地与输入地劳务对接机制。鼓励地方对跨省务工的农村贫困人口给予交通补助。大力支持家政服务、物流配送、养老服务等产业发展，拓展贫困地区劳动力外出就业空间。加大对贫困地区农民工返乡创业政策扶持力度。对在城镇工作生活一年以上的农村贫困人口，输入地政府要承担相应的帮扶责任，并优先提供基本公共服务，促进有能力在城镇稳定就业和生活的农村贫困人口有序实现市民化。

（七）实施易地搬迁脱贫。对居住在生存条件恶劣、生态环境脆弱、自然灾害频发等地区的农村贫困人口，加快实施易地扶贫搬迁工程。坚持群众自愿、积极稳妥的原则，因地制宜选择搬迁安置方式，合理确定住房建设标准，完善搬迁后续扶持政策，确保搬迁对象有业可就、稳定脱贫，做到搬得出、稳得住、能致富。要紧密结合推进新型城镇化，编制实施易地扶贫搬迁规划，支持有条件的地方依托小城镇、工业园区安置搬迁群众，帮助其尽快实现转移就业，享有与当地群众同等的基本公共服务。加大中央预算内投资和地方各级政府投入力度，创新投融资机制，拓宽资金来源渠道，提高补助标准。积极整合交通建设、农田水利、土地整治、地质灾害防治、林业生态等支农资金和社会资金，支持安置区配套公共设施建设和迁出区生态修复。利用城乡建设用地增减挂钩政策支持易地扶贫搬迁。为符合条件的搬迁户提供建房、生产、创业贴息贷款支持。支持搬迁安置点发展物业经济，增加搬迁户财产性收入。探索利用农民进城落户后自愿有偿退出的农村空置房屋和土地安置易地搬迁农户。

（八）结合生态保护脱贫。国家实施的退耕还林还草、天然林保护、防护林建设、石漠化治理、防沙治沙、湿地保护与恢复、坡耕地综合整治、退牧还草、水生态治理等重大生态工程，在项目和资金安排上进一步向贫困地区倾斜，提高贫困人口参与度和受益水平。加大贫困地区生态保护修复力度，增加重点生态功能区转移支付。结合建立国家公园体制，创新生态资金使用方式，利用生态补偿和生态保护工程资金使当地有劳动能力的部分贫困人口转为护林员等生态保护人员。合理调整贫困地区基本农田保有指标，加大贫困地区新一轮退耕还林还草力度。开展贫困地区生态综合补偿试点，健全公益林补偿标准动态调整机制，完善草原生态保护补助奖励政策，推动地区间建立横向生态补偿制度。

（九）着力加强教育脱贫。加快实施教育扶贫工程，让贫困家庭子女都能接受公平有质量的教育，阻断贫困代际传递。国家教育经费向贫困地区、基础教育倾斜。健全学前教育资助制度，帮助农村贫困家庭幼儿接受学前教育。稳步推进贫困地区农村义务教育阶段学生营养改善计划。加大对乡村教师队伍建设的支持力度，特岗计划、国培计划向贫困地区基层倾斜，为贫困地区乡村学校定向培养留得下、稳得住的一专多能教师，制定符合基层实际的教师招聘引进办法，建立省级统筹乡村教师补充机制，推动城乡教师合理流动和对口支援。全面落实连片特困地区乡村教师生活补助政策，建立乡村教师荣誉制度。合理布局贫困地区农村中小学校，改善基本办学条件，加快标准化建设，加强寄宿制学校建设，提高义务教育巩固率。普及高中阶段教育，率先从建档立卡的家庭经济困难学生实施普通高中免除学杂费、中等职业教育免除学杂费，让未升入普通高中的初中毕业生都能接受中等职业教育。加强有专业特色并适应市场需求的中等职业学校建设，提高中等职业教育国家助学金资助标准。努力办好贫困地区特殊教育和远程教育。建立保障农村和贫困地区学生上重点高校的长效机制，加大对贫困家庭大学生的救助力度。对贫困家庭离校未就业的高校毕业生提供就业支持。实施教育扶贫结对帮扶行动计划。

（十）开展医疗保险和医疗救助脱贫。实施健康扶贫工程，保障贫困人口享有基本医疗卫生服务，努力防止因病致贫、因病返贫。对贫困人口参加新型农村合作医疗个人缴费部分由财政给予补贴。新型农村合作医疗和大病保险制度对贫困人口实行政策倾斜，门诊统筹率先覆盖所有贫困地区，降低贫困人口大病费用实际支出，对新型农村合作医疗和大病保险支付后自负费用仍有困难的，加大医疗救助、临时救助、慈善救助等帮扶力度，将贫困人口全部纳入重特大疾病救助范围，使贫困人口大病医治得到有效保障。加大农村贫困残疾人康复服务和医疗救助力度，扩大纳入基本医疗保险范围的残疾人医疗康复项目。建立贫困人口健康卡。对贫困人口大病实行分类救治和先诊疗后付费的结算机制。建立全国三级医院（含军队和武警部队医院）与连片特困地区县和国家扶贫开发工作重点县县级医院稳定持续的一对一帮扶关系。完成贫困地区县乡村三级医疗卫生服务网络标准化建设，积极促进远程医疗诊治和保健咨询服务向贫困地区延伸。为贫困地区县乡医疗卫生机构订单定向免费培养医学类本专科学生，支持贫困地区实施全科医生和专科医生特设岗位计划，制定符合基层实际的人才招聘引进办法。支持和引导符合条件的贫困地区乡村医生按规定参加城镇职工基本养老保险。采取针对性措施，加强贫困地区传染病、地方病、慢性病等防治工作。全面实施贫困地区儿童营养改善、新生儿疾病免费筛查、妇女“两癌”免费筛查、孕前优生健康免费检查等重大公共卫生项目。加强贫困地区计划生育服务管理工作。

（十一）实行农村最低生活保障制度兜底脱贫。完善农村最低生活保障制度，对无法依靠产业扶持和就业帮助脱贫的家庭实行政策性保障兜底。加大农村低保省级统筹力度，低保标准较低的地区要逐步达到国家扶贫标准。尽快制定农村最低生活保障制度与扶贫开发政策有效衔接的实施方案。进一步加强农村低保申请家庭经济状况核查工作，将所有符合条件的贫困家庭纳入低保范围，做到应保尽保。加大临时救助制度在贫困地区落实力度。提高农村特困人员供养水平，改善供养条件。抓紧建立农村低保和扶贫开发的数据互通、资源共享信息平台，实现动态监测管理、工作机制有效衔接。加快完善城乡居民基本养老保险制度，适时提高基础养老金标准，引导农村贫困人口积极参保续保，逐步提高保障水平。有条件、有需求地区可以实施“以粮济贫”。

（十二）探索资产收益扶贫。在不改变用途的情况下，财政专项扶贫资金和其他涉农资金投入设施农业、养殖、光伏、水电、乡村旅游等项目形成的资产，具备条件的可折股量化给贫困村和贫困户，尤其是丧失劳动能力的贫困户。资产可由村集体、合作社或其他经营主体统一经营。要强化监督管理，明确资产运营方对财政资金形成资产的保值增值责任，建立健全收益分配机制，确保资产收益及时回馈持股贫困户。支持农民合作社和其他经营主体通过土地托管、牲畜托养和吸收农民土地经营权入股等方式，带动贫困户增收。贫困地区水电、矿产等资源开发，赋予土地被占用的村集体股权，让贫困人口分享资源开发收益。

（十三）健全留守儿童、留守妇女、留守老人和残疾人关爱服务体系。对农村“三留守”人员和残疾人进行全面摸底排查，建立详实完备、动态更新的信息管理系统。加强儿童福利院、救助保护机构、特困人员供养机构、残疾人康复托养机构、社区儿童之家等服务设施和队伍建设，不断提高管理服务水平。建立家庭、学校、基层组织、政府和社会力量相衔接的留守儿童关爱服务网络。加强对未成年人的监护。健全孤儿、事实无人抚养儿童、低收入家庭重病重残等困境儿童的福利保障体系。健全发现报告、应急处置、帮扶干预机制，帮助特殊贫困家庭解决实际困难。加大贫困残疾人康复工程、特殊教育、技能培训、托养服务实施力度。针对残疾人的特殊困难，全面建立困难残疾人生活补贴和重度残疾人护理补贴制度。对低保家庭中的老年人、未成年人、重度残疾人等重点救助对象，提高救助水平，确保基本生活。引导和鼓励社会力量参与特殊群体关爱服务工作。

四、加强贫困地区基础设施建设，加快破除发展瓶颈制约

（十四）加快交通、水利、电力建设。推动国家铁路网、国家高速公路网连接贫困地区的重大交通项目建设，提高国道省道技术标准，构建贫困地区外通内联的交通运输通道。大幅度增加中央投资投入中

西部地区和贫困地区的铁路、公路建设，继续实施车购税对农村公路建设的专项转移政策，提高贫困地区农村公路建设补助标准，加快完成具备条件的乡镇和建制村通硬化路的建设任务，加强农村公路安全防护和危桥改造，推动一定人口规模的自然村通公路。加强贫困地区重大水利工程、病险水库水闸除险加固、灌区续建配套与节水改造等水利项目建设。实施农村饮水安全巩固提升工程，全面解决贫困人口饮水安全问题。小型农田水利、“五小水利”工程等建设向贫困村倾斜。对贫困地区农村公益性基础设施管理养护给予支持。加大对贫困地区抗旱水源建设、中小河流治理、水土流失综合治理力度。加强山洪和地质灾害防治体系建设。大力扶持贫困地区农村水电开发。加强贫困地区农村气象为农服务体系和灾害防御体系建设。加快推进贫困地区农网改造升级，全面提升农网供电能力和供电质量，制定贫困村通动力电规划，提升贫困地区电力普遍服务水平。增加贫困地区年度发电指标。提高贫困地区水电工程留存电量比例。加快推进光伏扶贫工程，支持光伏发电设施接入电网运行，发展光伏农业。

（十五）加大“互联网+”扶贫力度。完善电信普遍服务补偿机制，加快推进宽带网络覆盖贫困村。实施电商扶贫工程。加快贫困地区物流配送体系建设，支持邮政、供销合作等系统在贫困乡村建立服务网点。支持电商企业拓展农村业务，加强贫困地区农产品网上销售平台建设。加强贫困地区农村电商人才培训。对贫困家庭开设网店给予网络资费补助、小额信贷等支持。开展互联网为农便民服务，提升贫困地区农村互联网金融服务水平，扩大信息进村入户覆盖面。

（十六）加快农村危房改造和人居环境整治。加快推进贫困地区农村危房改造，统筹开展农房抗震改造，把建档立卡贫困户放在优先位置，提高补助标准，探索采用贷款贴息、建设集体公租房等多种方式，切实保障贫困户基本住房安全。加大贫困村生活垃圾处理、污水治理、改厕和村庄绿化美化力度。加大贫困地区传统村落保护力度。继续推进贫困地区农村环境连片整治。加大贫困地区以工代赈投入力度，支持农村山水田林路建设和小流域综合治理。财政支持的微小型建设项目，涉及贫困村的，允许按照一事一议方式直接委托村级组织自建自管。以整村推进为平台，加快改善贫困村生产生活条件，扎实推进美丽宜居乡村建设。

（十七）重点支持革命老区、民族地区、边疆地区、连片特困地区脱贫攻坚。出台加大脱贫攻坚力度支持革命老区开发建设指导意见，加快实施重点贫困革命老区振兴发展规划，扩大革命老区财政转移支付规模。加快推进民族地区重大基础设施项目和民生工程建设，实施少数民族特困地区和特困群体综合扶贫工程，出台人口较少民族整体脱贫的特殊政策措施。改善边疆民族地区义务教育阶段基本办学条件，建立健全双语教学体系，加大教育对口支援力度，积极发展符合民族地区实际的职业教育，加强民族地区师资培训。加强少数民族特色村镇保护与发展。大力推进兴边富民行动，加大边境地区转移支付力度，完善边民补贴机制，充分考虑边境地区特殊需要，集中改善边民生产生活条件，扶持发展边境贸易和特色经济，使边民能够安心生产生活、安心守边固边。完善片区联系协调机制，加快实施集中连片特殊困难地区区域发展与脱贫攻坚规划。加大中央投入力度，采取特殊扶持政策，推进西藏、四省藏区和新疆南疆四地州脱贫攻坚。

五、强化政策保障，健全脱贫攻坚支撑体系

（十八）加大财政扶贫投入力度。发挥政府投入在扶贫开发中的主体和主导作用，积极开辟扶贫开发新的资金渠道，确保政府扶贫投入力度与脱贫攻坚任务相适应。中央财政继续加大对贫困地区的转移支付力度，中央财政专项扶贫资金规模实现较大幅度增长，一般性转移支付资金、各类涉及民生的专项转移支付资金和中央预算内投资进一步向贫困地区和贫困人口倾斜。加大中央集中彩票公益金对扶贫的支持力度。农业综合开发、农村综合改革转移支付等涉农资金要明确一定比例用于贫困村。各部门安排的各项惠民政策、项目和工程，要最大限度地向贫困地区、贫困村、贫困人口倾斜。各省（自治区、直辖市）要根据本地脱贫攻坚需要，积极调整省级财政支出结构，切实加大扶贫资金投入。从2016年起通过扩大中央和地方财政支出规模，增加对贫困地区水电路气网等基础设施建设和提高基本公共服务水平的投入。建立健全脱贫攻坚多规划衔接、多部门协调长效机制，整合目标相近、方向类同的涉农资金。按照权责一致原则，支持连片特困地区县和国家扶贫开发工作重点县围绕本县突出问题，以扶贫规划为引领，以重点扶贫项目为平台，把专项扶贫资金、相关涉农资金和社会帮扶资金捆绑集中使用。严格落实国家在贫困地区安排的公益性建设项目取消县级和西部连片特困地区地市级配套资金的政策，并加大中央和省级财政投资补助比重。在扶贫开发中推广政府与社会资本合作、政府购买服务等模式。加强财政监督检查和审计、稽查等工作，建立扶贫资金违规使用责任追究制度。纪检监察机关对扶贫领域虚报冒领、截留私分、贪污挪用、挥霍浪费等违法违规问题，坚决从严惩处。推进扶贫开发领域反腐倡廉建设，集中整治和加强预防扶贫领域职务犯罪工作。贫困地区要建立扶贫公告公示制度，强化社会监督，保障资金在阳光下运行。

（十九）加大金融扶贫力度。鼓励和引导商业性、政策性、开发性、合作性等各类金融机构加大对扶贫开发的金融支持。运用多种货币政策工具，向金融机构提供

长期、低成本的资金，用于支持扶贫开发。设立扶贫再贷款，实行比支农再贷款更优惠的利率，重点支持贫困地区发展特色产业和贫困人口就业创业。运用适当的政策安排，动用财政贴息资金及部分金融机构的富余资金，对接政策性、开发性金融机构的资金需求，拓宽扶贫资金来源渠道。由国家开发银行和中国农业发展银行发行政策性金融债，按照微利或保本的原则发放长期贷款，中央财政给予90%的贷款贴息，专项用于易地扶贫搬迁。国家开发银行、中国农业发展银行分别设立“扶贫金融事业部”，依法享受税收优惠。中国农业银行、邮政储蓄银行、农村信用社等金融机构要延伸服务网络，创新金融产品，增加贫困地区信贷投放。对有稳定还款来源的扶贫项目，允许采用过桥贷款方式，撬动信贷资金投入。按照省（自治区、直辖市）负总责的要求，建立和完善省级扶贫开发投融资主体。支持农村信用社、村镇银行等金融机构为贫困户提供免抵押、免担保扶贫小额信贷，由财政按基础利率贴息。加大创业担保贷款、助学贷款、妇女小额贷款、康复扶贫贷款实施力度。优先支持在贫困地区设立村镇银行、小额贷款公司等机构。支持贫困地区培育发展农民资金互助组织，开展农民合作社信用合作试点。支持贫困地区设立扶贫贷款风险补偿基金。支持贫困地区设立政府出资的融资担保机构，重点开展扶贫担保业务。积极发展扶贫小额贷款保证保险，对贫困户保证保险保费予以补助。扩大农业保险覆盖面，通过中央财政以奖代补等支持贫困地区特色农产品保险发展。加强贫困地区金融服务基础设施建设，优化金融生态环境。支持贫困地区开展特色农产品价格保险，有条件的地方可给予一定保费补贴。有效拓展贫困地区抵押物担保范围。

（二十）完善扶贫开发用地政策。支持贫困地区根据第二次全国土地调查及最新年度变更调查成果，调整完善土地利用总体规划。新增建设用地计划指标优先保障扶贫开发用地需要，专项安排国家扶贫开发工作重点县年度新增建设用地计划指标。中央和省级在安排土地整治工程和项目、分配下达高标准基本农田建设计划和补助资金时，要向贫困地区倾斜。在连片特困地区和国家扶贫开发工作重点县开展易地扶贫搬迁，允许将城乡建设用地增减挂钩指标在省域范围内使用。在有条件的贫困地区，优先安排国土资源管理制度改革试点，支持开展历史遗留工矿废弃地复垦利用、城镇低效用地再开发和低丘缓坡荒滩等未利用地开发利用试点。

（二十一）发挥科技、人才支撑作用。加大科技扶贫力度，解决贫困地区特色产业发展和生态建设中的关键技术问题。加大技术创新引导专项（基金）对科技扶贫的支持，加快先进适用技术成果在贫困地区的转化。深入推行科技特派员制度，支持科技特派员开展创业式扶贫服务。强化贫困地区基层农技推广体系建设，加强新型职业农民培训。加大政策激励力度，鼓励各类人才扎根贫困地区基层建功立业，对表现优秀的人员在职称评聘等方面给予倾斜。大力实施边远贫困地区、边疆民族地区和革命老区人才支持计划，贫困地区本土人才培养计划。积极推进贫困村创业致富带头人培训工程。

六、广泛动员全社会力量，合力推进脱贫攻坚

（二十二）健全东西部扶贫协作机制。加大东西部扶贫协作力度，建立精准对接机制，使帮扶资金主要用于贫困村、贫困户。东部地区要根据财力增长情况，逐步增加对口帮扶财政投入，并列入年度预算。强化以企业合作为载体的扶贫协作，鼓励东西部按照当地主体功能定位共建产业园区，推动东部人才、资金、技术向贫困地区流动。启动实施经济强县（市）与国家扶贫开发工作重点县“携手奔小康”行动，东部各省（直辖市）在努力做好本区域内扶贫开发工作的同时，更多发挥县（市）作用，与扶贫协作省份的国家扶贫开发工作重点县开展结对帮扶。建立东西部扶贫协作考核评价机制。

（二十三）健全定点扶贫机制。进一步加强和改进定点扶贫工作，建立考核评价机制，确保各单位落实扶贫责任。深入推进中央企业定点帮扶贫困革命老区县“百县万村”活动。完善定点扶贫牵头联系机制，各牵头部门要按照分工督促指导各单位做好定点扶贫工作。

（二十四）健全社会力量参与机制。鼓励支持民营企业、社会组织、个人参与扶贫开发，实现社会帮扶资源和精准扶贫有效对接。引导社会扶贫重心下移，自愿包村包户，做到贫困户都有党员干部或爱心人士结对帮扶。吸纳农村贫困人口就业的企业，按规定享受税收优惠、职业培训补贴等就业支持政策。落实企业和个人公益扶贫捐赠所得税税前扣除政策。充分发挥各民主党派、无党派人士在人才和智力扶贫上的优势和作用。工商联系统组织民营企业开展“万企帮万村”精准扶贫行动。通过政府购买服务等方式，鼓励各类社会组织开展到村到户精准扶贫。完善扶贫龙头企业认定制度，增强企业辐射带动贫困户增收的能力。鼓励有条件的企业设立扶贫公益基金和开展扶贫公益信托。发挥好“10・17”全国扶贫日社会动员作用。实施扶贫志愿者行动计划和社会工作专业人才服务贫困地区计划。着力打造扶贫公益品牌，全面及时公开扶贫捐赠信息，提高社会扶贫公信力和美誉度。构建社会扶贫信息服务网络，探索发展公益众筹扶贫。

七、大力营造良好氛围，为脱贫攻坚提供强大精神动力

（二十五）创新中国特色扶贫开发理论。深刻领会习近平总书记关于新时期扶贫开发的重要战略思想，系统总结我们党和政府领导亿万人民摆脱贫困的历史经验，提炼升华精准扶贫的实践成果，不断丰富完善中国特色扶贫开发理论，为脱贫攻坚

注入强大思想动力。

（二十六）加强贫困地区乡风文明建设。培育和践行社会主义核心价值观，大力弘扬中华民族自强不息、扶贫济困传统美德，振奋贫困地区广大干部群众精神，坚定改变贫困落后面貌的信心和决心，凝聚全党全社会扶贫开发强大合力。倡导现代文明理念和生活方式，改变落后风俗习惯，善于发挥乡规民约在扶贫济困中的积极作用，激发贫困群众奋发脱贫的热情。推动文化投入向贫困地区倾斜，集中实施一批文化惠民扶贫项目，普遍建立村级文化中心。深化贫困地区文明村镇和文明家庭创建。推动贫困地区县级公共文化体育设施达到国家标准。支持贫困地区挖掘保护和开发利用红色、民族、民间文化资源。鼓励文化单位、文艺工作者和其他社会力量为贫困地区提供文化产品和服务。

（二十七）扎实做好脱贫攻坚宣传工作。坚持正确舆论导向，全面宣传我国扶贫事业取得的重大成就，准确解读党和政府扶贫开发的决策部署、政策举措，生动报道各地区各部门精准扶贫、精准脱贫丰富实践和先进典型。建立国家扶贫荣誉制度，表彰对扶贫开发作出杰出贡献的组织和个人。加强对外宣传，讲好减贫的中国故事，传播好减贫的中国声音，阐述好减贫的中国理念。

（二十八）加强国际减贫领域交流合作。通过对外援助、项目合作、技术扩散、智库交流等多种形式，加强与发展中国家和国际机构在减贫领域的交流合作。积极借鉴国际先进减贫理念与经验。履行减贫国际责任，积极落实联合国2030年可持续发展议程，对全球减贫事业作出更大贡献。

八、切实加强党的领导，为脱贫攻坚提供坚强政治保障

（二十九）强化脱贫攻坚领导责任制。实行中央统筹、省（自治区、直辖市）负总责、市（地）县抓落实的工作机制，坚持片区为重点、精准到村到户。党中央、国务院主要负责统筹制定扶贫开发大政方针，出台重大政策举措，规划重大工程项目。省（自治区、直辖市）党委和政府对扶贫开发工作负总责，抓好目标确定、项目下达、资金投放、组织动员、监督考核等工作。市（地）党委和政府要做好上下衔接、域内协调、督促检查工作，把精力集中在贫困县如期摘帽上。县级党委和政府承担主体责任，书记和县长是第一责任人，做好进度安排、项目落地、资金使用、人力调配、推进实施等工作。要层层签订脱贫攻坚责任书，扶贫开发任务重的省（自治区、直辖市）党政主要领导要向中央签署脱贫责任书，每年要向中央作扶贫脱贫进展情况的报告。省（自治区、直辖市）党委和政府要向市（地）、县（市）、乡镇提出要求，层层落实责任制。中央和国家机关各部门要按照部门职责落实扶贫开发责任，实现部门专项规划与脱贫攻坚规划有效衔接，充分运用行业资源做好扶贫开发工作。军队和武警部队要发挥优势，积

极参与地方扶贫开发。改进县级干部选拔任用机制，统筹省（自治区、直辖市）内优秀干部，选好配强扶贫任务重的县党政主要领导，把扶贫开发工作实绩作为选拔使用干部的重要依据。脱贫攻坚期内贫困县县级领导班子要保持稳定，对表现优秀、符合条件的可以就地提级。加大选派优秀年轻干部特别是后备干部到贫困地区工作的力度，有计划地安排省部级后备干部到贫困县挂职任职，各省（自治区、直辖市）党委和政府也要选派厅局级后备干部到贫困县挂职任职。各级领导干部要自觉践行党的群众路线，切实转变作风，把严的要求、实的作风贯穿于脱贫攻坚始终。

（三十）发挥基层党组织战斗堡垒作用。加强贫困乡镇领导班子建设，有针对性地选配政治素质高、工作能力强、熟悉“三农”工作的干部担任贫困乡镇党政主要领导。抓好以村党组织为领导核心的村级组织配套建设，集中整顿软弱涣散村党组织，提高贫困村党组织的创造力、凝聚力、战斗力，发挥好工会、共青团、妇联等群团组织的作用。选好配强村级领导班子，突出抓好村党组织带头人队伍建设，充分发挥党员先锋模范作用。完善村级组织运转经费保障机制，将村干部报酬、村办公经费和其他必要支出作为保障重点。注重选派思想好、作风正、能力强的优秀年轻干部到贫困地区驻村，选聘高校毕业生到贫困村工作。根据贫困村的实际需求，精准选配第一书记，精准选派驻村工作队，提高县以上机关派出干部比例。加大驻村干部考核力度，不稳定脱贫不撤队伍。对在基层一线干出成绩、群众欢迎的驻村干部，要重点培养使用。加快推进贫困村村务监督委员会建设，继续落实好“四议两公开”、村务联席会等制度，健全党组织领导的村民自治机制。在有实际需要的地区，探索在村民小组或自然村开展村民自治，通过议事协商，组织群众自觉广泛参与扶贫开发。

（三十一）严格扶贫考核督查问责。抓紧出台中央对省（自治区、直辖市）党委和政府扶贫开发工作成效考核办法。建立年度扶贫开发工作逐级督查制度，选择重点部门、重点地区进行联合督查，对落实不力的部门和地区，国务院扶贫开发领导小组要向党中央、国务院报告并提出责任追究建议，对未完成年度减贫任务的省份要对党政主要领导进行约谈。各省（自治区、直辖市）党委和政府要加快出台对贫困县扶贫绩效考核办法，大幅度提高减贫指标在贫困县经济社会发展实绩考核指标中的权重，建立扶贫工作责任清单。加快落实对限制开发区域和生态脆弱的贫困县取消地区生产总值考核的要求。落实贫困县约束机制，严禁铺张浪费，厉行勤俭节约，严格控制“三公”经费，坚决刹住穷县“富衙”、“戴帽”炫富之风，杜绝不切实际的形象工程。建立重大涉贫事件的处置、反馈机制，在处置典型事件中发现问题，不断提高扶贫工作水平。加强农村贫困统计监测体系建设，提高监测能力和数据质量，实现数据共享。

（三十二）加强扶贫开发队伍建设。稳定和强化各级扶贫开发领导小组和工作机构。扶贫开发任务重的省（自治区、直辖市）、市（地）、县（市）扶贫开发领导小组组长由党政主要负责同志担任，强化各级扶贫开发领导小组决策部署、统筹协调、督促落实、检查考核的职能。加强与精准扶贫工作要求相适应的扶贫开发队伍和机构建设，完善各级扶贫开发机构的设置和职能，充实配强各级扶贫开发工作力度。扶贫任务重的乡镇要有专门干部负责扶贫开发工作。加强贫困地区县级领导干部和扶贫干部思想作风建设，加大培训力度，全面提升扶贫干部队伍能力水平。

（三十三）推进扶贫开发法治建设。各级党委和政府要切实履行责任，善于运用法治思维和法治方式推进扶贫开发工作，在规划编制、项目安排、资金使用、监督管理等方面，提高规范化、制度化、法治化水平。强化贫困地区社会治安防控体系建设和基层执法队伍建设。健全贫困地区公共法律服务制度，切实保障贫困人口合法权益。完善扶贫开发法律法规，抓紧制定扶贫开发条例。

让我们更加紧密地团结在以习近平同志为总书记的党中央周围，凝心聚力，精准发力，苦干实干，坚决打赢脱贫攻坚战，为全面建成小康社会、实现中华民族伟大复兴的中国梦而努力奋斗。

国务院关于加快推进残疾人小康进程的意见

国发〔2015〕7号

各省、自治区、直辖市人民政府，国务院各部委、各直属机构：

残疾人是一个特殊困难群体，需要格外关心、格外关注。长期以来，党和政府高度重视残疾人事业，大力推动残疾人事业与经济社会协调发展，残疾人收入水平较快增长，受教育程度稳步提高，康复服务不断拓展，权益得到有效维护，残疾人生存发展状况显著改善。但是，目前我国8500万残疾人中，还有1230万农村残疾人尚未脱贫，260万城镇残疾人生活十分困难，城乡残疾人家庭人均收入与社会平均水平差距还比较大。没有残疾人的小康，就不是真正意义上的全面小康。保障和改善残疾人民生，加快推进残疾人小康进程，是深入贯彻党的十八大和十八届二中、三中、四中全会精神，全面深化改革、全面推进依法治国的重要举措，是全面建成小康社会、实现共同富裕、促进社会公平正义的必然要求。为加快推进残疾人小康进程，现提出以下意见：

一、总体要求

（一）指导思想。

以邓小平理论、“三个代表”重要思想、科学发展观为指导，健全残疾人权益保障制度，完善残疾人基本公共服务体系，使改革发展成果更多更公平惠及广大残疾人，促进残疾人收入水平大幅提高、生活质量明显改善、融合发展持续推进，让残疾人安居乐业、衣食无忧，生活得更加殷实、更加幸福、更有尊严。

（二）基本原则。

坚持普惠与特惠相结合。既要通过普惠性制度安排给予残疾人公平待遇，保障他们基本的生存发展需求；又要通过特惠性制度安排给予残疾人特别扶助和优先保障，解决他们的特殊需求和特殊困难。

坚持兜底保障与就业增收相结合。既要突出政府责任，兜底保障残疾人基本民生，为残疾人发展创造基本条件；又要充分发挥社会力量和市场机制作用，为残疾人就业增收和融合发展创造更好环境。

坚持政府扶持、社会帮扶与残疾人自强自立相结合。既要加大政府扶持力度、鼓励社会帮扶，进一步解决好残疾人生产生活中存在的突出困难；又要促进残疾人增强自身发展能力，激励残疾人自强自立。

坚持统筹兼顾和分类指导相结合。既要着眼于加快推进残疾人小康进程，尽快缩小残疾人生活状况与社会平均水平的差距；又要充分考虑地区差异，使残疾人小康进程与当地全面小康进程相协调、相适应。

（三）主要目标。

到2020年，残疾人权益保障制度基本健全、基本公共服务体系更加完善，残疾人事业与经济社会协调发展；残疾人社会保障和基本公共服务水平明显提高，帮助残疾人共享我国经济社会发展成果。

二、扎实做好残疾人基本民生保障

做好基本民生保障，是解决残疾人基本生活困难，加快残疾人小康进程的必要基础。要进一步完善社会保障制度体系，强化各项保障制度在对象范围、保障内容、待遇标准等方面的有效衔接，在切实保障残疾人基本生活的同时，解决好残疾人的特殊需求和特殊困难。

（一）加大残疾人社会救助力度。对符合城乡最低生活保障条件的残疾人家庭应保尽保，靠家庭供养的成年重度残疾人单独立户的，按规定纳入最低生活保障范围。对纳入特困人员供养范围的残疾人，逐步改善供养条件。对纳入城乡医疗救助范围的残疾人，逐步提高救助标准和封顶线。精神障碍患者通过基本医疗保险支付医疗费用后仍有困难，或者不能通过基本医疗保险支付医疗费用的，应当优先给予医疗救助。社会救助经办机构对于残疾人申请社会救助的，应当及时受理并提供相应便利条件。

（二）建立完善残疾人福利补贴制度。建立困难残疾人生活补贴制度和重度残疾人护理补贴制度。补贴标准要与当地经济社会发展实际和残疾人基本需求相适应，与最低生活保障等制度相衔接。落实低收入残疾人家庭生活用电、水、气、暖等费用优惠和补贴政策。

（三）帮助残疾人普遍参加基本养老保险和基本医疗保险。落实贫困和重度残疾人参加城乡居民基本养老保险、城镇居民医疗保险、新型农村合作医疗个人缴费资助政策，有条件的地方要扩大资助范围、提高资助标准，帮助城乡残疾人普遍按规定加入基本医疗保险和基本养老保险。逐步扩大基本医疗保险支付的医疗康复项目。完善重度残疾人医疗报销制度，做好重度残疾人就医费用结算服务。

（四）优先保障城乡残疾人基本住房。将城镇低收入住房困难残疾人家庭纳入城镇基本住房保障制度。为符合住房保障条件的城镇残疾人家庭优先提供公共租赁住房或发放住房租赁补贴。各地在实施农村危房改造时，同等条件下要优先安排经济困难的残疾人家庭。按照农村危房改造的政策要求，采取制定实施分类补助标准等措施，对无力自筹资金的残疾人家庭等给予倾斜照顾。到2020年完成农村贫困残疾人家庭存量危房改造任务。

三、千方百计促进残疾人及其家庭就业增收

促进城乡残疾人及其家庭就业增收，是提高残疾人生活水平，加快残疾人小康进程的关键举措。要加大帮扶力度，努力帮助每一位有劳动能力和就业意愿的城乡残疾人参加生产劳动，使他们通过劳动创造更加幸福美好的生活。

（一）依法推进按比例就业和稳定发展集中就业。各地要建立用人单位按比例安排残疾人就业公示制度。除创业3年内、在职职工总数不超过20人的小微企业外，对达不到比例要求的严格依法征缴残疾人就业保障金；对超比例安排残疾人就业的，按规定给予奖励。各级党政机关、事业单位、国有企业应当带头招录和安置残疾人就业。完善残疾人集中就业单位资格认定管理办法，搭建残疾人集中就业单位产品和服务展销平台，政府优先采购残疾人集中就业单位的产品和服务，培育扶持吸纳残疾人集中就业的文化创意产业基地。通过税收优惠、社会保险补贴、岗前培训补贴，鼓励用人单位吸纳更多残疾人就业。

（二）大力支持残疾人多种形式就业增收。建立残疾人创业孵化机制，残疾人创办的小微企业和社会组织优先享受国家扶持政策，对其优惠提供孵化服务。对符合条件的灵活就业残疾人，按规定给予税费减免和社会保险补贴，有条件的地方可以帮助安排经营场所、提供启动资金支持。政府开发的公益性岗位优先安排符合就业困难人员条件的残疾人。对残疾人辅助性就业机构的设施设备、无障碍改造等给予扶持，吸纳更多精神、智力和重度肢体残疾人辅助性就业。探索残疾人驾驶符合国家标准的小型汽车在符合驾驶和运营安全要求的前提下，提供城乡社区与地铁站及公交站点间的短距离运输服务。

（三）加大农村残疾人扶贫开发力度。落实好《农村残疾人扶贫开发纲要（2011—2020年）》。把农村贫困残疾人作为重点扶持对象纳入精准扶贫工作机制和贫困监测体系，将农村贫困残疾人生活水平提高和数量减少纳入贫困县考核指标。统筹培训资源，加强培训工作，帮助扶贫对象家庭掌握更多实用技术。加大对农村残疾人扶贫的支持力度，落实好扶贫贷款贴息政策，支持农村残疾人扶贫基地发展和扶贫对象家庭参与养殖、种植、设施农业等增收项目。组织农村贫困残疾人家庭参与合作经济组织和产业化经营，保障残疾人土地承包经营权和土地流转合法收益。

（四）切实加强残疾人就业服务和劳动保障监察。加强全国残疾人就业服务信息网络建设。各级残疾人就业服务机构和公共就业服务机构要免费向残疾人提供职业指导、职业介绍等就业服务，对符合就业困难人员条件的残疾人提供就业援助。残

疾人就业保障金对残疾人自主参加的职业培训可以按规定予以补贴。加强劳动保障监察，严肃查处强迫残疾人劳动、不依法与残疾劳动者签订劳动合同、不缴纳社会保险费等违法行为，依法纠正用人单位招用人员时歧视残疾人行为，切实维护残疾人劳动保障权益。

四、着力提升残疾人基本公共服务水平

加强和改进对残疾人的基本公共服务，是改善残疾人生活质量，提高残疾人自我发展能力，加快残疾人小康进程的有力支撑。要进一步健全残疾人基本公共服务体系，强化服务能力，为残疾人融合发展创造更加便利的条件和更加友好的环境。

（一）强化残疾预防、康复等服务。制定实施国家残疾预防行动计划，强化国家基本公共卫生服务，有效控制因遗传、疾病、意外伤害、环境及其他因素导致的残疾发生和发展。逐步建立残疾报告制度，推动卫生计生部门与残联信息共享。建立残疾儿童康复救助制度，逐步实现0—6岁视力、听力、言语、智力、肢体残疾儿童和孤独症儿童免费得到手术、辅助器具配置和康复训练等服务。实施重点康复项目，为城乡贫困残疾人、重度残疾人提供基本康复服务，有条件的地方可以对基本型辅助器具配置给予补贴。建立医疗机构与残疾人专业康复机构双向转诊制度，实现分层级医疗、分阶段康复。依托专业康复机构指导社区和家庭为残疾人实施康复训练，将残疾人社区医疗康复纳入城乡基层医疗卫生机构考核内容。

（二）提高残疾人受教育水平。落实好《特殊教育提升计划（2014—2016年）》及后续行动。特殊教育学校普遍开展学前教育，对残疾儿童接受普惠性学前教育给予资助。切实解决未入学适龄残疾儿童少年义务教育问题，提高残疾人教育普及水平，提升特殊教育教学质量。推行全纳教育，建立随班就读支持保障体系。各地要加大残疾学生就学支持力度，积极推进高中阶段残疾人免费教育；对符合学生资助政策的残疾学生和残疾人子女优先予以资助；建立完善残疾学生特殊学习用品、教育训练、交通费等补助政策。制定实施国家手语、盲文规范化行动计划，推广国家通用手语和通用盲文，完善残疾考生考试辅助办法。加强特殊教育教师队伍建设，加大对特殊教育学校教师、承担残疾学生教学和管理工作的普通学校教师的培训力度。完善特殊教育教师收入分配激励机制。制定加快发展残疾人职业教育的政策措施，推动发展以职业教育为重点的残疾人高中阶段教育。

（三）强化残疾人服务设施建设。统筹规划城乡残疾人服务设施配套建设，实现合理布局。加强残疾人康复、托养等服务设施建设，推动各县（市、区）建成一批残疾人体育健身示范点，通过社会体育指导员普及一批适合残疾人的体育健身项目。公共文化体育设施和公园等公共场所对残

疾人免费或优惠开放，鼓励公共图书馆设立盲人阅览室，配备盲文图书、有声读物和阅听设备。各地对残疾人搭乘公共交通工具，应当根据实际情况给予便利和优惠。

（四）全面推进城乡无障碍环境建设。各地要按照无障碍设施工程建设相关标准和规范要求，对新建、改建设施的规划、设计、施工、验收严格监管，加快推进政府机关、学校、社区、社会福利、公共交通等公共场所和设施的无障碍改造，逐步推进农村地区无障碍环境建设。有条件的地方要对贫困残疾人家庭无障碍改造给予补贴。完善信息无障碍标准体系，逐步推进政务信息以无障碍方式发布、影像制品加配字幕，鼓励食品药品添加无障碍识别标识。鼓励电视台开办手语栏目，主要新闻栏目加配手语解说和字幕。研究制定聋人、盲人特定信息消费支持政策。

五、充分发挥社会力量和市场机制作用

实现残疾人普遍小康，是全社会的共同责任。要在发挥政府主导作用的基础上，充分发挥社会支持作用和市场推动作用，调动更加广泛的社会资源发展残疾人事业，为加快推进残疾人小康进程注入持久动力。

（一）大力发展残疾人慈善事业。鼓励和支持社会公众、社会组织通过捐款捐物、扶贫开发、助学助医等方式，为残疾人奉献爱心，提供慈善帮扶。鼓励以服务残疾人为宗旨的各类公益慈善组织发展，采取公益创投等多种方式，在资金、场地、设备、管理、岗位购买、人员培训等方面给予扶持，引导和规范其健康发展。大力培育“集善工程”等残疾人慈善项目品牌。倡导社会力量兴办以残疾人为服务对象的公益性医疗、康复、特殊教育、托养照料、社会工作服务等机构和设施。

（二）广泛开展志愿助残服务。健全志愿助残工作机制，完善志愿者招募注册、服务对接、服务记录、组织管理、评价激励、权益维护等制度，鼓励更多的人参加志愿助残服务。广泛开展“志愿助残阳光行动”、“万村千乡市场工程助残扶贫”、“手拉手红领巾助残”等群众性助残活动。提倡在单位内部、城乡社区开展群众性助残活动，鼓励青少年参与助残公益劳动和志愿服务。

（三）加快发展残疾人服务产业。充分发挥市场机制作用，加快形成多元化的残疾人服务供给模式，更好地满足残疾人特殊性、多样化、多层次的需求。统筹规划残疾人服务业发展，大力发展残疾人服务中小企业，培育一批残疾人服务龙头企业，在用地、金融、价格等方面给予优惠，在人才、技术、管理等方面给予扶持，支持研发具有自主知识产权的技术和产品。以培育推广残疾人服务品牌和先进技术为重点，加大政府采购力度。完善残疾人服务相关职业设置、专业技术人员和技能人员职业能力水平评价办法，加快培养残疾人服务专业人才。鼓励商业保险公司开发适合残疾人的康复、托养、护理等

保险产品。扶持盲人读物、残疾人题材图书和音像制品出版。扶持发展特殊艺术，培育残疾人文化艺术品牌。制定残疾人服务行业管理制度，发挥残疾人服务行业组织自律监督作用，营造公平、有序的市场环境。

（四）加大政府购买服务力度。以残疾人康复、托养、护理等服务为重点，逐步建立完善政府购买服务指导性目录，加大政府购买服务力度，强化事前、事中和事后监管，实现政府购买服务对扩大残疾人服务供给的放大效应。

六、加强对推进残疾人小康进程的组织领导

（一）健全组织领导机制。地方各级政府要将加快推进残疾人小康进程纳入重要议事日程，列为政府目标管理和绩效考核内容，主要领导负总责，分管领导具体负责。各级政府残疾人工作委员会要进一步完善工作机制，切实发挥统筹协调和督促落实职能，及时解决突出困难和问题；各成员单位要各司其职、密切配合，形成合力；各级残联要进一步履行好“代表、服务、管理”职能，全心全意为残疾人服务，为实现残疾人小康铺路搭桥。

（二）完善工作保障机制。各级财政要按照支出责任合理安排所需经费，大力推进残疾人小康进程。各地要充分发挥公益慈善组织等社会力量作用，形成多渠道、全方位投入格局。有关政策、资金、项目要重点向中西部地区、农村和基层倾斜。各地要将基层残疾人服务网络纳入以社区为基础的城乡基层社会管理和公共服务平台建设，改善服务条件，增强服务能力。要建立健全残疾人统计调查制度，完善残疾人人口综合信息。推进残疾人证智能化工作。要高度重视残疾人工作者队伍建设，进一步加强教育培训，强化职业素质，增强服务意识，更好地服务残疾人。

（三）强化残疾人权益保障机制。加快推进与残疾人权益保障、残疾人发展紧密相关的残疾人教育、残疾人康复等立法工作，制定完善配套政策和标准体系。完善残疾人权益保障机制，加强残疾人法律救助、法律服务和法律援助；建设全国统一的维权热线、残联系统网上信访工作平台；切实落实主体责任，维护残疾人合法利益诉求。广泛开展普法宣传教育，形成保障残疾人合法权益的良好社会氛围。

（四）做好宣传动员工作。充分利用报刊、广播、电视等媒体和互联网，以群众喜闻乐见的方式，大力弘扬人道主义思想和残疾人“平等、参与、共享”的现代文明理念，在全社会营造理解、尊重、关心、帮助残疾人的良好氛围。鼓励广大残疾人自尊、自信、自强、自立，不断增强自我发展能力，积极参与和融入社会，与全国人民一道共创共享小康社会。

各有关部门要根据本意见要求，按照职责和重点任务分工抓紧制定相关配套政

策措施。省级人民政府要结合实际制定具体实施方案。国务院残疾人工作委员会要开展残疾人小康进程监测，督促检查本意见落实情况，重大情况及时向国务院报告。国务院将适时组织专项督查。

国务院

2015 年 1 月 20 日

国务院关于全面建立困难残疾人生活补贴和重度残疾人护理补贴制度的意见

国发〔2015〕52号

各省、自治区、直辖市人民政府，国务院各部委、各直属机构：

残疾人是需要格外关心、格外关注的特殊困难群体。党和政府高度重视残疾人福利保障工作。为解决残疾人特殊生活困难和长期照护困难，国务院决定全面建立困难残疾人生活补贴和重度残疾人护理补贴（以下统称残疾人两项补贴）制度。这是保障残疾人生存发展权益的重要举措，对全面建成小康社会具有重要意义。为此，现提出以下意见：

一、总体要求

（一）指导思想。深入贯彻党的十八大和十八届二中、三中、四中全会精神，按照党中央、国务院决策部署，以协调推进“四个全面”战略布局为统领，以加快推进残疾人小康进程为目标，以残疾人需求为导向，加强顶层制度设计，制定残疾人专项福利政策，逐步完善残疾人社会保障体系。

（二）基本原则。

坚持需求导向，待遇适度。从残疾人最直接、最现实、最迫切的需求入手，着力解决残疾人因残疾产生的额外生活支出和长期照护支出困难。立足经济社会发展状况，科学合理确定保障标准，逐步提高保障水平。

坚持制度衔接，全面覆盖。注重与社会救助、社会保险、公益慈善有效衔接，努力形成残疾人社会保障合力。做到应补尽补，确保残疾人两项补贴制度覆盖所有符合条件的残疾人。

坚持公开公正，规范有序。建立和完善标准统一、便民利民的申请、审核、补贴发放机制，做到阳光透明、客观公正。加强政策评估和绩效考核，不断提高制度运行效率。

坚持资源统筹，责任共担。积极发挥家庭、社会、政府作用，形成家庭善尽义务、社会积极扶助、政府兜底保障的责任共担格局。

二、主要内容

（一）补贴对象。困难残疾人生活补贴主要补助残疾人因残疾产生的额外生活支出，对象为低保家庭中的残疾人，有条件的地方可逐步扩大到低收入残疾人及其他困难残疾人。低收入残疾人及其他困难残疾人的认定标准由县级以上地方人民政府参照相关规定、结合实际情况制定。重度残疾人护理补贴主要补助残疾人因残疾产生的额外长期照护支出，对象为残疾等级被评定为一级、二级且需要长期照护的重度残疾人，有条件的地方可扩大到非重度智力、精神残疾人或其他残疾人，逐步推动形成面向所有需要长期照护残疾人的护理补贴制度。长期照护是指因残疾产生的特殊护理消费品和照护服务支出持续 6 个月以上时间。

（二）补贴标准。残疾人两项补贴标准由省级人民政府根据经济社会发展水平和残疾人生活保障需求、长期照护需求统筹确定，并适时调整。有条件的地方可以按照残疾人的不同困难程度制定分档补贴标准，提高制度精准性，加大补贴力度。

（三）补贴形式。残疾人两项补贴采取现金形式按月发放。有条件的地方可根据实际情况详细划分补贴类别和标准，采取凭据报销或政府购买服务形式发放重度残疾人护理补贴。

（四）政策衔接。符合条件的残疾人，可同时申领困难残疾人生活补贴和重度残疾人护理补贴。既符合残疾人两项补贴条件，又符合老年、因公致残、离休等福利性生活补贴（津贴）、护理补贴（津贴）条件的残疾人，可择高申领其中一类生活补贴（津贴）、护理补贴（津贴）。享受孤儿基本生活保障政策的残疾儿童不享受困难残疾人生活补贴，可享受重度残疾人护理补贴。残疾人两项补贴不计入城乡最低生活保障家庭的收入。领取工伤保险生活护理费、纳入特困人员供养保障的残疾人不享受残疾人两项补贴。

三、申领程序和管理办法

（一）自愿申请。残疾人两项补贴由残疾人向户籍所在地街道办事处或乡镇政府受理窗口提交书面申请。残疾人的法定监护人，法定赡养、抚养、扶养义务人，所在村民（居民）委员会或其他委托人可以代为办理申请事宜。申请残疾人两项补贴应持有第二代中华人民共和国残疾人证，并提交相关证明材料。

（二）逐级审核。街道办事处或乡镇政府依托社会救助、社会服务“一门受理、协同办理”机制，受理残疾人两项补贴申请并进行初审。初审合格材料报送县级残联进行相关审核。审核合格材料转送县级人民政府民政部门审定，残疾人家庭经济状况依托居民家庭经济状况核对机制审核。审定合格材料由县级人民政府民政部门会同县级残联报同级财政部门申请拨付资金。

（三）补贴发放。补贴资格审定合格的残疾人自递交申请当月计发补贴。残疾人两项补贴采取社会化形式发放，通过金融机构转账存入残疾人账户。特殊情况下需要直接发放现金的，要制定专门的监管办法，防止和杜绝冒领、重复领取、克扣现象。

（四）定期复核。采取残疾人主动申报和发放部门定期抽查相结合的方式，建立残疾人两项补贴定期复核制度，实行残疾人两项补贴应补尽补、应退则退的动态管理。定期复核内容包括申请人资格条件是否发生变化、补贴是否及时足额发放到位等。

四、保障措施

（一）加强组织领导。各地区、各部门要充分认识全面建立残疾人两项补贴制度的重要性，将其作为保障和改善民生的重要任务，完善政府领导、民政牵头、残联配合、部门协作、社会参与的工作机制。民政部门要履行主管部门职责，做好补贴资格审定、补贴发放、监督管理等工作，推进残疾人两项补贴制度与相关社会福利、社会救助、社会保险制度有机衔接。财政部门要加强资金保障，及时足额安排补贴资金及工作经费，确保残疾人两项补贴制度顺利实施。中央财政通过增加一般性转移支付予以支持。残联组织要发挥“代表、服务、管理”职能作用，及时掌握残疾人需求，严格残疾人证发放管理，做好残疾人两项补贴相关审核工作。

（二）加强制度衔接。地方已经实施的残疾人两项补贴制度补贴对象范围小于本意见要求的，要严格按本意见执行，有条件的地方可适当扩大补贴范围。要通过政府购买服务、引导市场服务、鼓励慈善志愿服务等方式，健全补贴与服务相结合的残疾人社会福利体系，促进残疾人服务业发展。

（三）加强监督管理。地方各级人民政府要将残疾人两项补贴工作纳入年度考核内容，重点督查落实情况。残疾人两项补贴资金发放使用情况要定期向社会公示，接受社会监督，财政、审计、监察部门要加强监督检查，防止出现挤占、挪用、套取等违法违规现象。民政部门要会同残联组织定期开展残疾人两项补贴工作绩效评估，及时处理残疾人及其他群众的投诉建议，不断完善相关政策措施，切实维护残疾人合法权益。要统筹建立统一的残疾人两项补贴工作网络信息平台，加强对基本信息的实时监测、比对、归纳分析和动态管理，不断提高工作效率。

（四）加强政策宣传。各地要及时组织学习培训，全面掌握残疾人两项补贴制度精神和内容，正确组织实施残疾人两项补贴工作。要充分利用多种媒介宣传残疾人两项补贴制度，营造良好的舆论氛围，引导全社会更加关心、关爱残疾人。要充分考虑残疾人获取信息的特殊要求和实际困难，采用灵活多样形式进行宣传解读，确保残疾人及其家属知晓残疾人两项补贴制度内容，了解基本申领程序和要求。要及时做好残疾人两项补贴政策解释工作，协助残疾人便捷办理相关手续。

残疾人两项补贴制度自 2016 年 1 月 1 日起全面实施。各地要结合实际制定贯彻实施办法，推进落实相关工作。民政部、财政部、中国残联要根据职责，抓紧制定具体政策措施。国务院将适时组织专项督查。

国务院

2015 年 9 月 22 日

国务院办公厅关于印发
乡村教师支持计划（2015—2020年）的通知

国办发〔2015〕43号

各省、自治区、直辖市人民政府，国务院各部委、各直属机构：

《乡村教师支持计划（2015—2020年）》已经国务院同意，现印发给你们，请结合实际认真贯彻执行。

国务院办公厅

2015年6月1日

乡村教师支持计划

（2015—2020年）

为深入推进全面建成小康社会、全面深化改革、全面依法治国、全面从严治党“四个全面”战略布局，认真贯彻党中央、国务院关于加强教师队伍建设的部署和要求，采取切实措施加强老少边穷岛等边远贫困地区乡村教师队伍建设，明显缩小城乡师资水平差距，让每个乡村孩子都能接受公平、有质量的教育，特制定乡村教师（包括全国乡中心区、村庄学校教师，下同）支持计划。

一、重要意义

到2020年全面建成小康社会、基本实现教育现代化，薄弱环节和短板在乡村，在中西部老少边穷岛等边远贫困地区。发展乡村教育，帮助乡村孩子学习成才，阻止贫困现象代际传递，是功在当代、利在千秋的大事。发展乡村教育，教师是关键，必须把乡村教师队伍建设摆在优先发展的战略地位。党和国家历来高度重视乡村教师队伍建设，在稳定和扩大规模、提高待遇水平、加强培养培训等方面采取了一系列政策举措，乡村教师队伍面貌发生了巨大变化，乡村教育质量得到了显著提高，广大乡村教师为中国乡村教育发展作出了历史性的贡献。但受城乡发展不平衡、交通地理条件不便、学校办学条件欠账多等因素影响，当前乡村教师队伍仍面临职业吸引力不强、补充渠道不畅、优质资源配置不足、结构不尽合理、整体素质不高等突出问题，制约了乡村教育持续健康发展。实施乡村教师支持计划，对于解决当前乡村教师队伍建设领域存在的突出问题，吸引优秀人才到乡村学校任教，稳定乡村教师队伍，带动和促进教师队伍整体水平提高，促进教育公平、推动城乡一体化建设、推进社会主义新农村建设、实现中华民族伟大复兴的中国梦具有十分重要的意义。

二、总体要求

（一）基本原则。

——师德为先，以德化人。着力提升乡村教师思想政治素质和职业道德水平，引导乡村教师带头践行社会主义核心价值观，加强乡村教师对中国特色社会主义的思想认同、理论认同和情感认同。重视发挥乡村教师以德化人、言传身教的作用，教育学生热爱祖国、热爱人民、热爱中国共产党，形成正确的世界观、人生观、价值观，确保乡村教育正确导向。

——规模适当，结构合理。合理规划乡村教师队伍规模，集中人财物资源，制定实施优惠倾斜政策，加大工作支持力度，加强乡村地区优质教师资源配置，有效解决乡村教师短缺问题，优化乡村教师队伍结构。

——提升质量，提高待遇。立足国情，聚焦乡村教师队伍建设最关键领域、最紧迫任务，打出组合拳，多措并举，定向施策，精准发力，标本兼治，加强培养补充，提升专业素质，提高地位待遇，不断改善乡村教师的工作生活条件。

——改革机制，激发活力。坚持问题导向，深化体制机制改革，拓宽乡村教师来源，鼓励有志青年投身乡村教育事业，畅通高校毕业生、城镇教师到乡村学校任教的通道，逐步形成“越往基层、越是艰苦，地位待遇越高”的激励机制，以及充满活力的乡村教师使用机制。通过实施乡村教师支持计划，带动建立相关制度，形成可持续发展的长效机制。

（二）工作目标。

到 2017 年，力争使乡村学校优质教师来源得到多渠道扩充，乡村教师资源配置得到改善，教育教学能力水平稳步提升，各方面合理待遇依法得到较好保障，职业吸引力明显增强，逐步形成“下得去、留得住、教得好”的局面。到 2020 年，努力造就一支素质优良、甘于奉献、扎根乡村的教师队伍，为基本实现教育现代化提供坚强有力的师资保障。

三、主要举措

（一）全面提高乡村教师思想政治素质和师德水平。坚持不懈地用中国特色社会主义理论体系武装乡村教师头脑，进一步建立健全乡村教师政治理论学习制度，增强思想政治工作的针对性和实效性，不断提高教师的理论素养和思想政治素质。切实加强乡村教师队伍党建工作，基层党组织要充分发挥政治核心作用，进一步关心教育乡村教师，适度加大发展党员力度。开展多种形式的师德教育，把教师职业理想、职业道德、法治教育、心理健康教育等融入职前培养、准入、职后培训和管理的全过程。落实教育、宣传、考核、监督与奖惩相结合的师德建设长效机制。

（二）拓展乡村教师补充渠道。鼓励省级人民政府建立统筹规划、统一选拔的乡村教师补充机制，为乡村学校持续输送大批优秀高校毕业生。扩大农村教师特岗计划实施规模，重点支持中西部老少边穷岛等贫困地区补充乡村教师，适时提高特岗教师工资性补助标准。鼓励地方政府和师范院校根据当地乡村教育实际需求加强本土化培养，采取多种方式定向培养“一专多能”的乡村教师。高校毕业生取得教师资格并到乡村学校任教一定期限，按有关规定享受学费补偿和国家助学贷款代偿政策。各地要采取有效措施鼓励城镇退休的特级教师、高级教师到乡村学校支教讲学，中央财政比照边远贫困地区、边疆民族地区和革命老区人才支持计划教师专项计划给予适当支持。

（三）提高乡村教师生活待遇。全面落实集中连片特困地区乡村教师生活补助政策，依据学校艰苦边远程度实行差别化的补助标准，中央财政继续给予综合奖补。各地要依法依规落实乡村教师工资待遇政策，依法为教师缴纳住房公积金和各项社会保险费。在现行制度架构内，做好乡村教师重大疾病救助工作。加快实施边远艰苦地区乡村学校教师周转宿舍建设。各地要按规定将符合条件的乡村教师住房纳入当地住房保障范围，统筹予以解决。

（四）统一城乡教职工编制标准。乡村中小学教职工编制按照城市标准统一核定，其中村小学、教学点编制按照生师比和班师比相结合的方式核定。县级教育部门在核定的编制总额内，按照班额、生源等情况统筹分配各校教职工编制，并报同级机构编制部门和财政部门备案。通过调剂编制、加强人员配备等方式进一步向人口稀少的教学点、村小学倾斜，重点解决教师全覆盖问题，确保乡村学校开足开齐国家规定课程。严禁在有合格教师来源的情况下“有编不补”、长期使用临聘人员，严禁任何部门和单位以任何理由、任何形式占用或变相占用乡村中小学教职工编制。

（五）职称（职务）评聘向乡村学校倾斜。各地要研究完善乡村教师职称（职务）评聘条件和程序办法，实现县域内城乡学校教师岗位结构比例总体平衡，切实向乡村教师倾斜。乡村教师评聘职称（职务）时不作外语成绩（外语教师除外）、发表论文的刚性要求，坚持育人为本、德育为先，注重师德素养，注重教育教学工作业绩，注重教育教学方法，注重教育教学一线实践经历。城市中小学教师晋升高级教师职称（职务），应有在乡村学校或薄弱学校任教一年以上的经历。

（六）推动城镇优秀教师向乡村学校流动。全面推进义务教育教师队伍“县管校聘”管理体制改革，为组织城市教师到乡村学校任教提供制度保障。各地要采取定期交流、跨校竞聘、学区一体化管理、学校联盟、对口支援、乡镇中心学校教师走教等多种途径和方式，重点引导优秀校长和骨干教师向乡村学校流动。县域内重点推动县城学校教师到乡村学校交流轮岗，乡镇范围内重点推动中心学校教师到村小学、教学点交流轮岗。采取有效措施，保持乡村优秀教师相对稳定。

（七）全面提升乡村教师能力素质。到2020年前，对全体乡村教师校长进行360学时的培训。要把乡村教师培训纳入基本公共服务体系，保障经费投入，确保乡村教师培训时间和质量。省级人民政府要统筹规划和支持全员培训，市、县级人民政府要切实履行实施主体责任。整合高等学校、县级教师发展中心和中小学校优质资源，建立乡村教师校长专业发展支持服务体系。将师德教育作为乡村教师培训的首要内容，推动师德教育进教材、进课堂、进头脑，贯穿培训全过程。全面提升乡村教师信息技术应用能力，积极利用远程教学、数字化课程等信息技术手段，破解乡村优质教学资源不足的难题，同时建立支持学校、教师使用相关设备的激励机制并提供必要的保障经费。加强乡村学校音体美等师资紧缺学科教师和民族地区双语教师培训。按照乡村教师的实际需求改进培训方式，采取顶岗置换、网络研修、送教下乡、专家指导、校本研修等多种形式，增强培训的针对性和实效性。从2015年起，“国培计划”集中支持中西部地区乡村教师校长培训。鼓励乡村教师在职学习深造，提高学历层次。

（八）建立乡村教师荣誉制度。国家对在乡村学校从教30年以上的教师按照有关规定颁发荣誉证书。省（区、市）、县（市、区、旗）要分别对在乡村学校从教20年以上、10年以上的教师给予鼓励。各省级人民政府可按照国家有关规定对在乡村学校长期从教的教师予以表彰。鼓励和引导社会力量建立专项基金，对长期在乡村学校任教的优秀教师给予物质奖励。在评选表彰教育系统先进集体和先进个人等方面要向乡村教师倾斜。广泛宣传乡村教师坚守岗位、默默奉献的崇高精神，在全社会大力营造关心支持乡村教师和乡村教育的浓厚氛围。

四、组织实施

（一）明确责任主体。地方各级人民政府是实施乡村教师支持计划的责任主体。要加强组织领导，把实施工作列入重要议事日程，实行一把手负责制，细化任务分工，分解责任，推进各部门密切配合、形成合力，切实将计划落到实处。要将实施乡村教师支持计划情况纳入地方政府工作考核指标体系，加强考核和监督。教育行政部门要加强对乡村教师队伍建设的统筹管理、规划和指导。发展改革、财政、编制、人力资源社会保障部门要按照职责分工主动履职，切实承担责任。要着力改革体制，鼓励和引导社会力量参与支持乡村教师队伍建设。对在乡村教师队伍建设工作方面改革创新、积极推进、成绩突出的基层教育部门，有关部门要加强总结、及时推广经验做法并按照国家有关规定予以表彰。

（二）加强经费保障。中央财政通过相关政策和资金渠道，重点支持中西部乡村教师队伍建设。地方各级人民政府要积极调整财政支出结构，加大投入力度，大力支持乡村教师队伍建设。要把资金和投入用在乡村教师队伍建设最薄弱、最迫切需要的领域，切实用好每一笔经费，提高资金使用效益，促进教育资源均衡配置。要制定严格的经费监管制度，规范经费使用，加强经费管理，强化监督检查，坚决杜绝截留、克扣、虚报、冒领等违法违规行为的发生。

（三）开展督导检查。地方各级人民政府教育督导机构要会同有关部门，每年对乡村教师支持计划实施情况进行专项督导，及时通报督导情况并适时公布。国家有关部门要组织开展对乡村教师支持计划实施情况的专项督导检查。对实施不到位、成效不明显的，要追究相关负责人的领导责任。

省、市、县、乡各级人民政府要制订实施办法，把准支持重点，因地制宜提出符合乡村教育实际的支持政策和有效措施，将本计划的要求进一步明确化、具体化。请各省（区、市）于2015年底前，将本省（区、市）的实施办法报教育部备案，同时向社会公布，接受社会监督。

国务院办公厅关于调整国务院扶贫开发领导小组组成人员的通知

国办发〔2015〕76号

各省、自治区、直辖市人民政府，国务院各部委、各直属机构：

根据工作需要和人员变动情况，国务院对国务院扶贫开发领导小组组成人员作了调整。现将调整后的名单通知如下：

组　长：汪　洋　国务院副总理

副组长：江泽林　国务院副秘书长

刘永富　扶贫办主任

贾廷安　总政治部副主任

韩　俊　中央农办副主任

何立峰　发展改革委副主任

宫蒲光　民政部副部长

胡静林　财政部副部长

余欣荣　农业部副部长

潘功胜　人民银行副行长

成　员：吴玉良　中央组织部部务委员

郭卫民　国务院新闻办副主任

冉万祥　中央统战部副部长

李　勇　中央直属机关工委副书记

陈存根　中央国家机关工委副书记

王　超　外交部副部长

鲁　昕　教育部副部长

张来武　科技部副部长

辛国斌　工业和信息化部副部长

罗黎明　国家民委副主任

邱小平　人力资源社会保障部副部长

张德霖　国土资源部副部长

吴晓青　环境保护部副部长

赵　晖　住房城乡建设部总经济师

翁孟勇　交通运输部副部长

矫　勇　水利部副部长

童道驰　商务部部长助理

杨志今　文化部副部长

王培安　卫生计生委副主任

徐福顺　国资委副主任

田　进　新闻出版广电总局副局长

张为民　统计局副局长

张建龙　林业局局长

吴文学　旅游局副局长

黄守宏　国研室副主任

周慕冰　银监会副主席

姚　刚　证监会副主席

周延礼　保监会副主席

刘　琦　能源局副局长

余邦利　中国铁路总公司总会计师

楼文龙　农业银行副行长

邹天敬　供销合作总社理事会副主任

刘国中　全国总工会副主席

徐　晓　共青团中央书记处书记

崔　郁　全国妇联副主席

程　凯　中国残联副理事长

谢经荣　全国工商联副主席

国务院办公厅

2015 年 10 月 16 日

国务院办公厅关于促进农村电子商务加快发展的指导意见

国办发〔2015〕78号

各省、自治区、直辖市人民政府，国务院各部委、各直属机构：

农村电子商务是转变农业发展方式的重要手段，是精准扶贫的重要载体。通过大众创业、万众创新，发挥市场机制作用，加快农村电子商务发展，把实体店与电商有机结合，使实体经济与互联网产生叠加效应，有利于促消费、扩内需，推动农业升级、农村发展、农民增收。经国务院批准，现就促进农村电子商务加快发展提出以下意见：

一、指导思想

全面贯彻党的十八大和十八届三中、四中、五中全会精神，落实国务院决策部署，按照全面建成小康社会目标和新型工业化、信息化、城镇化、农业现代化同步发展的要求，深化农村流通体制改革，创新农村商业模式，培育和壮大农村电子商务市场主体，加强基础设施建设，完善政策环境，加快发展线上线下融合、覆盖全程、综合配套、安全高效、便捷实惠的现代农村商品流通和服务网络。

二、发展目标

到2020年，初步建成统一开放、竞争有序、诚信守法、安全可靠、绿色环保的农村电子商务市场体系，农村电子商务与农村一二三产业深度融合，在推动农民创业就业、开拓农村消费市场、带动农村扶贫开发等方面取得明显成效。

三、重点任务

（一）积极培育农村电子商务市场主体。充分发挥现有市场资源和第三方平台作用，培育多元化农村电子商务市场主体，鼓励电商、物流、商贸、金融、供销、邮政、快递等各类社会资源加强合作，构建农村购物网络平台，实现优势资源的对接与整合，参与农村电子商务发展。

（二）扩大电子商务在农业农村的应用。在农业生产、加工、流通等环节，加强互联网技术应用和推广。拓宽农产品、民俗产品、乡村旅游等市场，在促进工业品、农业生产资料下乡的同时，为农产品进城拓展更大空间。加强运用电子商务大数据引导农业生产，促进农业发展方式转变。

（三）改善农村电子商务发展环境。硬环境方面，加强农村流通基础设施建设，提高农村宽带普及率，加强农村公路建设，提高农村物流配送能力；软环境方面，加强政策扶持，加强人才培养，营造良好市场环境。

四、政策措施

（一）加强政策扶持。深入开展电子商务进农村综合示范，优先在革命老区和贫困地区实施，有关财政支持资金不得用于网络交易平台的建设。制订出台农村电子商务服务规范和工作指引，指导地方开展工作。加快推进信息进村入户工作。加快推进适应电子商务的农产品分等分级、包装运输标准制定和应用。把电子商务纳入扶贫开发工作体系，以建档立卡贫困村为工作重点，提升贫困户运用电子商务创业增收的能力，鼓励引导电商企业开辟革命老区和贫困地区特色农产品网上销售平台，与合作社、种养大户等建立直采直供关系，增加就业和增收渠道。

（二）鼓励和支持开拓创新。鼓励地方、企业等因地制宜，积极探索农村电子商务新模式。开展农村电子商务创新创业大赛，调动返乡高校毕业生、返乡青年和农民工、大学生村官、农村青年、巾帼致富带头人、退伍军人等参与农村电子商务的积极性。开展农村电子商务强县创建活动，发挥其带动和引领作用。鼓励供销合作社创建农产品电子商务交易平台。引导各类媒体加大农村电子商务宣传力度，发掘典型案例，推广成功经验。

（三）大力培养农村电商人才。实施农村电子商务百万英才计划，对农民、合作社和政府人员等进行技能培训，增强农民使用智能手机的能力，积极利用移动互联网拓宽电子商务渠道，提升为农民提供信息服务的能力。有条件的地区可以建立专业的电子商务人才培训基地和师资队伍，努力培养一批既懂理论又懂业务、会经营网店、能带头致富的复合型人才。引导具有实践经验的电子商务从业者从城镇返乡创业，鼓励电子商务职业经理人到农村发展。

（四）加快完善农村物流体系。加强交通运输、商贸流通、农业、供销、邮政等部门和单位及电商、快递企业对相关农村物流服务网络和设施的共享衔接，加快完善县乡村农村物流体系，鼓励多站合一、服务同网。鼓励传统农村商贸企业建设乡镇商贸中心和配送中心，发挥好邮政普遍服务的优势，发展第三方配送和共同配送，重点支持老少边穷地区物流设施建设，提高流通效率。加强农产品产地集配和冷链等设施建设。

（五）加强农村基础设施建设。完善电信普遍服务补偿机制，加快农村信息基础设施建设和宽带普及。促进宽带网络提速降费，结合农村电子商务发展，持续提高农村宽带普及率。以建制村通硬化路为重点加快农村公路建设，推进城乡客运一体化，推动有条件的地区实施农村客运线路公交化改造。

（六）加大金融支持力度。鼓励村级电子商务服务点、助农取款服务点相互依托建设，实现优势互补、资源整合，提高利用效率。支持银行业金融机构和支付机构研发适合农村特点的网上支付、手机支付、供应链贷款等金融产品，加强风险控制，保障客户信息和资金安全。加大对电子商务创业农民尤其是青年农民的授信和贷款支持。简化农村网商小额短期贷款手续。符合条件的农村网商，可按规定享受创业担保贷款及贴息政策。

（七）营造规范有序的市场环境。加强网络市场监管，强化安全和质量要求，打击制售假冒伪劣商品、虚假宣传、不正当竞争和侵犯知识产权等违法行为，维护消费者合法权益，促进守法诚信经营。督促第三方平台加强内部管理，规范主体准入，遏制“刷信用”等欺诈行为。维护公平竞争的市场秩序，推进农村电子商务诚信建设。

五、组织实施

各地区、各部门要进一步提高认识，加强组织领导和统筹协调，落实工作责任，完善工作机制，切实抓好各项政策措施的落实。

地方各级人民政府特别是县级人民政府要结合本地实际，因地制宜制订实施方案，出台具体措施；充分发挥农村基层组织的带头作用，整合农村各类资源，积极推动农村电子商务发展。同时，加强规划引导，防止盲目发展和低水平竞争。

各部门要明确分工，密切协作，形成合力。商务部要会同有关部门加强统筹协调、跟踪督查，及时总结和推广经验，确保各项任务措施落实到位。

国务院办公厅

2015年10月31日

国务院扶贫开发领导小组文件

国务院扶贫开发领导小组关于印发汪洋副总理在“三西”扶贫开发现场会议上讲话的通知

国开发〔2015〕6号

各省、自治区、直辖市扶贫开发领导小组，新疆生产建设兵团扶贫开发领导小组，国务院扶贫开发领导小组各成员单位：

9月17—18日，国务院扶贫开发领导小组召开“三西”扶贫开发现场会议。中共中央政治局委员、国务院副总理、国务院扶贫开发领导小组组长汪洋在会上发表了重要讲话。现将讲话印发给你们，请认真学习贯彻。

国务院扶贫开发领导小组

2015年10月7日

汪洋副总理在“三西”扶贫开发现场会议上的讲话

（2015年9月18日）

党中央、国务院十分重视扶贫开发工作。党的十八大以来，习近平总书记连续三年第一次国内考察，都是到贫困地区，在多次重要会议上反复强调，小康不小康，关键看老乡，关键在贫困的老乡能不能脱贫，并指出，扶贫开发是我们第一个百年奋斗目标的重点工作，是最艰巨的任务。今年以来，总书记先后到云南、陕西、贵州等地调研扶贫工作。在西北、西南两次召开扶贫工作座谈会，召开中央财经领导小组会议专题听取扶贫工作汇报。李克强总理多次主持会议研究扶贫工作，强调要集中力量打好扶贫攻坚战。目前，中央正在研究新时期扶贫开发重大举措。

今天我们召开这次现场会，主要任务是贯彻落实党中央、国务院关于扶贫开发的决策部署，深入学习贯彻习近平总书记和李克强总理关于扶贫开发重要批示指示精神，总结回顾“三西”扶贫开发取得的成绩和经验，分析面临的形势和任务，为中央出台扶贫政策做准备，同时也研究部署下一步工作。

“三西”地区是中国特色扶贫开发道路的起点。回到起点看过去、看现在、看未来，可以看得更透彻、更深刻。这次会议安排大家从西海固到定西，看了一些地方，今天我也在定西看了几个点，对“三西”扶贫开发有了感性认识。考察途中，大家观看了两省区制作的专题片。刚才，三运同志、刘慧同志分别介绍了甘肃和宁夏扶贫开发历程，天津和福建介绍了东西扶贫协作的经验，谈了很多很好的意见建议。两个贫困县的县委书记也分别介绍了他们的体会。所见所闻，很受感动，也很受启发。下面，我讲几点意见。

一、“三西”扶贫开发成就巨大

“三西”地区自古“苦瘠甲天下”，对祖祖辈辈生活在这里的老百姓而言，贫困是摆脱不掉的顽疾。1982 年，国家启动“三西”农业建设专项扶贫计划，拉开了有计划、有组织、大规模扶贫开发的序幕，正式向贫困宣战。甘肃和宁夏各级党委、政府坚决贯彻落实党中央、国务院决策部署，坚持把扶贫开发摆到重要位置，一任接着一任干，经过 30 多年的艰苦努力，扶贫开发取得巨大成就。

通过两省区的专题片，我们看到，当年外国专家认定“不具备人类生存基本条件”的地区，现在面貌已经完全不同。一是根本解决了吃饭问题。过去贫困群众基本是靠天喝水、靠天吃饭，年年种粮不见粮，“人缺粮、畜缺草、人畜都缺水”，通过修水利、修梯田、打水窖、兴科技，现在吃饭问题得到根本解决，人畜饮水得到保障。二是基础设施建设和社会事业发展取得巨大突破。过去是“上学难、看病难、出行难”，现在道路、用电、用水以及教育、医疗卫生等，与过去不可同日而语。三是生态环境明显改善。过去的高原干旱地貌一片苍茫，现在已是生机勃勃。森林覆盖率翻了好几番，再造秀美山川，生态建设成果显著。四是农民收入和生活水平大幅提高。“三西”地区农民年人均纯收入从 1982 年的 100 多元，增加到 2014 年的 5000 多元，贫困发生率从 78% 下降到 20% 左右，累计减少贫困人口 766 万。今昔对比，“三西”地区的变化翻天覆地，真可谓“换了人间”。

“三西”扶贫开发的生动实践，为全国扶贫开发事业树立了典范、作出了贡献，也为全世界高原干旱地带农村发展探索了路子、积累了经验。“三西”扶贫开发的成就，是党中央、国务院高度重视、正确领导的结果，是各有关部门、天津福建等对口协作省市、各帮扶单位和甘肃、宁夏各级党委政府协同配合、真抓实干的结果，是“三西”地区干部群众自力更生、艰苦奋斗的结果。在这里，我代表党中央、国务院，对大家表示衷心的感谢和崇高的敬意！

二、“三西”扶贫开发经验宝贵

“三西”作为中国特色扶贫开发的发源地，在扶贫理念思路、体制机制、方式方法等方面做了大量的探索和实践，有很多方面值得认真总结，感受最深的有这么几点。

第一，坚持发挥政治优势和制度优势。党中央、国务院从一开始就把“三西”扶贫作为一项庄严的政治任务来抓。“三西”扶贫开发，自始至终注重发挥政治优势和制度优势，探索中国特色扶贫开发的制度框架，主要特点可以归纳为“四有”。一是“有组织”，就是从中央到地方都设立了专门的扶贫开发工作机构，建立专职扶贫队伍，提供坚强的组织保障。二是“有规划”，就是制定中长期扶贫开发规划。从最开始的“三西”农业建设规划，到《国家八七扶贫攻坚计划》和两个十年《扶贫开发纲要》，十八大后又作出新的部署，每个阶段都有明确的目标任务和政策措施，从制度上确保了“一张蓝图绘到底”。三是“有资金”，就是安排专项扶持资金，拿出真金白银搞扶贫。从“三西”农业建设专项补助资金到中央财政专项扶贫资金、扶贫贴息贷款，各级财政不断加大支持力度。四是“有体系”，发挥社会主义集中力量办大事的优势。动员全社会力量广泛参与，建立社会扶贫体系。在“三西”扶贫开发中，以闽宁协作为代表的东西扶贫协作，以母亲水窖为代表的社会帮扶，为全国树立了榜样。

第二，坚持走开发式扶贫道路。中国的扶贫和西方的救济式扶贫最本质的不同，就是我们坚持开发式扶贫的方针，既要“输血”，更要“造血”。“三西”扶贫开发因地制宜探索了贫困地区、贫困人口自我发展的基本途径。一是以基础设施建设为先导。“三西”扶贫开发通过大规模的水利建设解决了贫困群众生产生活用水，梯田建设提高了粮食生产能力，解决了发展的瓶颈制约。二是以恢复重建生态为前提。当年国家将“三年停止生态破坏”作为“三西”扶贫开发第一阶段目标，甚至放在“五年基本解决温饱”之前，现在看是很有远见的。“三西”扶贫开发坚持可持续发展理念，一手抓种植薪炭林、推广节能灶，一手抓封山育林、退耕还林、植树造林，使生态环境重新恢复起来，既为扶贫开发打下了基础，也为构建祖国西部生态屏障作出了贡献。三是以发展特色产业为重点。“三西”扶贫开发培育壮大了马铃薯、中药材、果品、瓜菜、草食畜牧业等特色优势产业，特色产业收入占贫困地区农民人均纯收入近“半壁江山”，成为贫困群众增收的重要支柱。四是以开发人力资源为基础。阻止贫困代际传递，是扶贫取得长效、实效的关键。“三西”扶贫开发一方面通过发展社会事业，加强计划生育，遏制人口过快增长趋势。另一方面通过加强教育和培训，把劳务经济打造成为“铁杆庄稼”，不断释放“人口红利”。甘肃、宁夏在劳务输出方面下了很大力气，像甘肃的“两西”地区仅2014年就组织输出劳务385万人次。五是以扶贫移民搬迁为保障。这些年，甘肃、宁夏组织大规模移民搬迁，“挪穷窝、改穷业、断穷根”，减轻了生态环境压力，改善了贫困群众的发展环境，移民巩固率很高，确实很不容易。去年9月份，我到宁夏永宁县的闽宁镇原隆村看扶贫移民搬迁，之所以叫闽宁镇，因为是福建宁夏对口协作示范建设项目，之所以叫原隆村，因为村里移民主要来自固原市的原州区和隆德县，政府给每户分54平米住房、4分地的院子，年轻人先搬出来，等稳定就业了，自己再多盖两间屋子，把老人接出来，各族群众和谐融洽，移民村成为欣欣向荣的特色小城镇。

第三，坚持改革创新。一部“三西”扶贫开发史，就是一部改革创新史，在“三西”孕育、产生、实践的新模式、新技术、新思路，很多都复制推广到全国，丰富了中国特色扶贫开发道路的内涵。一是尊重基层和群众的首创精神。像在榆中发明的“全膜双垄沟播技术”，能够最大限度地利用稀少雨水，在全国旱作农业区得到推广。定西群众发明的新型集雨水窖，经济实用，甚至输出到非洲干旱国家。二是重视总结提炼地方好的经验。像甘肃提出“兴西济中”（兴河西灌区、济中部旱区）的战略方针，宁夏提出“山里问题山外解决、山上问题山下解决、面上问题点线解决、农村问题城里解决”的发展思路，都跳出了过去在贫困地区内解决贫困问题的思维定势，转为跨区域、开放式联合开发，实行山川互济、优势互补，取得了显著成效。这种“以强带弱、共同发展”的扶贫思路，在很多地方得到了实践。三是注重通过试点试验来探索创新。像进入新世纪，“三西”率先试点探索参与式扶贫方法，总结出整村推进的扶贫方式，后来又将整村推进扩展为整片、整流域推进，抓点串线、以点辐射，使这些好的经验走出“三西”，走向全国。

第四，坚持自力更生。靠自己的发展，才是靠得住的发展、可持续的发展，才是真正能打开贫困枷锁的金钥匙。“三西”扶贫开发集中体现了中华民族自立自强、不屈不挠、苦干实干的民族精神。“三西”农业建设之初，当地群众喊出了“人一之，我十之；人十之，我百之”的奋斗口号，决心以十倍百倍的努力和汗水，改变贫困落后的面貌，改变自身的命运。随着扶贫开发的推进，“三西”人民提出了“领导苦抓、社会苦帮、群众苦干、以苦为乐、变苦为甜”的“五苦精神”。“三西”地区各级党委、政府更是以“功成不必在我”的守正笃实精神，以“不到长城非好汉”的豪迈气概，抓长远、抓根本，换届不换方向、换人不换精神，将“三西”扶贫开发不断推向深入。

总的看，“三西”扶贫开发的经验，很大程度上就是中国特色扶贫开发道路的经验。这些经验是各级党委政府积极探索、大胆探索的成果，是扶贫战线同志们智慧和心血的结晶，弥足珍贵，要在新时期扶贫攻坚的征程中不断发扬光大。

三、“三西”要努力成为全面脱贫的表率

在看到成绩的同时，也要清醒地认识到，“三西”地区仍是全国贫困程度较深的地方之一。现在贫困存量仍然较大，甘肃“两西”地区贫困人口还有254万、宁夏西海固地区还有近60万，贫困发生率仍然维持在21.5%和17.5%的高位。中央已经明确，到2020年，要稳定实现农村贫困人口“两不愁、三保障”，确保现行标准下的贫困人口全部脱贫，确保国家扶贫开发工作重点县全部摘帽。现在扶贫进入决战决胜的攻坚阶段，“三西”地区必须进一步加大工作力度，确保如期实现脱贫目标。在全国，我们决不能让扶贫拖全国建成小康社会的后腿，在扶贫工作中“三西”地区更不能拖全国的后腿。

“三西”地区作为中国特色扶贫开发道路的起点和典范，扶贫开发时间长，各项投入多，出的经验也比较多，世界瞩目，全国关注。到2020年我们将全面建成小康社会，如果那时候“三西”地区还有成片的贫困区域，还有大量的贫困人口，甚至还有吃不饱、穿不暖的极端贫困现象，那是无论如何说不过去的。人们不仅会怀疑我们全面建成小康社会的真实性，更会怀疑中国特色扶贫开发道路的实效性，进而对我们的制度产生种种不必要的疑问，那就不仅仅是“工作不力”和“拖全国后腿”的问题了。总书记讲，做好扶贫开发工作，是社会主义制度的本质要求，是党的根本宗旨的重要体现。如果说总书记把扶贫工作当作一个政治问题来看待，那么，“三西”扶贫作为全国扶贫的一个标志，政治性更强，脱贫问题比其他地方更加重要。我们一定要从实现第一个百年奋斗目标的高度、从巩固党的执政基础的高度，来对待扶贫工作。在脱贫问题上，各方面更可能会拿“放大镜”“显微镜”来审视、检验“三西”扶贫成果，所以，工作上应有更高的要求。

扶贫到了攻坚阶段，越往后难度会越大。搞产业扶贫，一些贫困群众没文化、不懂技术、不会管理；搞易地扶贫搬迁，有些不愿搬、搬不动，有些即使搬出来了也稳不住；搞教育扶贫，有的又不愿学。地广人稀的地方、深山高山、偏远地区等，搞基础设施建设、搞公共服务成本比以前要高得多。这就是所谓“入之愈深、其进愈难”。对全面脱贫的难度，必须有充分的、清醒地认识。要知难、识难，但不能畏难、避难。只要充分发挥政治优势、制度优势，知难而进，迎难而上，就一定能攻坚克难。习近平总书记就始终把扶贫挂在心上、抓在手里，在抓扶贫工作上身体力行，为我们做出了表率。总书记特别强调，“希望各级领导干部都负起责任来，亲力亲为，把扶贫开发工作一步一个脚印地

做好”。我们的各级干部，特别是主要领导干部都应当像总书记那样，身体力行，切实增强扶贫开发的责任感和使命感，树立正确的政绩观，自觉把扶贫开发纳入重要议事日程。同时，还要用好考核指挥棒，以脱贫成效论英雄。严格考核监督问责机制，形成工作导向，只要认真落实“中央统筹、省负总责、县抓落实、重在乡村”的分工机制，省市县乡村五级书记一起抓，各级党委政府真正重视，政治优势、制度优势充分发挥出来，就会在扶贫上下真功夫、投入真金白银，就一定能够实现脱贫目标。

四、“三西”扶贫开发要加大工作力度

推进下一步的扶贫开发工作，关键要认真贯彻党中央、国务院的决策部署，围绕精准扶贫、精准脱贫的基本方略，切实加大工作力度，让每一项扶贫政策得到有效落实，让每一份扶贫资源得到充分利用，让每一个贫困群众得到精准帮扶。做到这些，要重视以下几个方面。

一要把精准扶贫“做深”。总书记在贵州座谈会上强调，扶贫开发贵在精准，重在精准，成败之举在于精准，并提出要在扶贫对象、项目安排、资金使用、措施到户、因村派人、脱贫成效这“六个精准”上想办法、出实招、见真效，对精准扶贫进行了系统阐述。应该讲，精准扶贫永无止境，它是一个逐步递进的动态过程，需要根据实践中出现的新问题，不断调整深化。把对象精准做深，建档立卡是一个不断完善的过程，不是一次定终身。完善的过程是一个有进有出的过程，要解决好遗漏的、返贫的如何重新纳入，造假的、脱贫的如何退出等问题。把精准施策做深，不能止步于把项目和资金分解到户，还要研究如何防止缩小版“大水漫灌”，如何消除工作盲点。把干部帮扶做深，不仅要把干部派下去，而且要因村派人，贫困村缺哪方面的人就把哪方面的人派过去，让驻村干部真正发挥作用。希望甘肃、宁夏两省区努力把“三西”打造成为深化精准扶贫的示范区，继续为全国探索路子、创造经验。

二要把扶贫路径“做宽”。总书记提出发展产业、易地搬迁、生态保护、加强教育、社保兜底“五个一批”的扶贫路径，同时要求各地区要因地制宜，创新创造多渠道、多样化的精准扶贫路径。“五个一批”可以看作是扶贫路径的“基本版”，甘肃、宁夏两省区要按照总书记要求，根据自身扶贫工作实际，打开思路、放宽视野，不断拓宽扶贫路径。比如，在推进产业扶贫上，过去更多地是考虑一家一户地发展种养业，但由于贫困农民文化水平低，掌握技术慢，不善经营管理，再加上农产品市场波动大，扶贫的钱常常打水漂。能不能考虑更多的采取资产收益扶贫的方式，引入更多样化的合作社或龙头企业，把扶贫的资金作为农民的股金，让懂市场会经营的人带领农民脱贫致富。总之，要让贫

困群众脱贫道路越走越宽，实现“条条大路通罗马”。

三要把扶贫方式“做活”。总书记讲，扶贫攻坚要拿出超常规举措，这既包括在扶贫政策设计上要有硬招实招，也包括在方式方法上要突破束缚、大胆创新，用改革的办法解决前进中的难题。比如，现在各级财政收支平衡压力大，扶贫攻坚要花钱的地方又多，就要创新扶贫融资方式，更多更好地使用金融的钱、社会的钱。如用财政资金作为资本金，支持建立省级扶贫融资主体，用土地收益、未来的扶持资金作还贷来源，使用信贷资金扶贫。发展改革委、财政部、人民银行、扶贫办等部门正在研究用这种方式来推进易地扶贫搬迁。又如，过去扶贫开发多是政府唱主角，用行政的方式在上面推动，现在搞精准扶贫、面对的是一村一户，再让政府唱独角戏，人再多也不够用，就要创新扶贫组织方式，政府搭台、各方唱戏，更多地采取政府购买扶贫服务等方式，更好地发挥市场和社会的作用。“三西”过去创造了扶贫领域很多“第一”，现在仍应继续保持改革创新的精神，努力成为创新扶贫方式的引领者和开拓者。

四要把扶贫工作“做实”。扶贫开发直接面对特定的、具体的贫困群众，需要做大量严谨细致、实实在在的工作，绝不能把扶贫变成“高空作业”。扶贫战线的同志们要结合“三严三实”专题教育，拿出“严”和“实”的精神与作风推进扶贫攻坚，切实做到“扶到点上、扶到根上，扶贫扶到家”。这里我要特别强调扶贫对象退出问题。现在贫困县脱贫摘帽的积极性空前高涨，越是这种形势，越要警惕和防止“虚假脱贫”“数字脱贫”等错误政绩观的出现。一方面要完善退出机制，国务院扶贫办要明确扶贫对象退出的标准、程序和工作要求，按照“省负总责”的要求，由各省组织实施，报国务院扶贫开发领导小组备案。另一方面要强化督查，国务院扶贫办组织第三方开展抽查核实，对弄虚作假的，要严肃追责。我们要的是有质量的脱贫、实实在在的脱贫、经得起历史和人民检验的脱贫。

同志们！三十多年的扶贫开发历程，使“三西”积累了经验，积蓄了动能，激发了信心。现在已经进入了贫困决战的关键时刻。让我们紧密团结在以习近平同志为总书记的党中央周围，锐意进取、扎实工作、改革创新，坚决打赢“三西”扶贫攻坚这场硬仗，完成伟大跨越，续写新的篇章，为实现全面建成小康社会和社会主义现代化宏伟目标作出新的更大贡献！

国务院扶贫开发领导小组关于深入学习《习近平关于扶贫开发论述摘编》的通知

国开发〔2015〕7号

各省、自治区、直辖市扶贫开发领导小组，国务院扶贫开发领导小组各成员单位：

党的十八大以来，习近平总书记把扶贫开发的战略定位提到新的高度，提出了一系列扶贫开发战略思想。这些思想内涵极其丰富，内容博大精深，深刻揭示了扶贫开发工作的基本特征和科学规律，精辟阐述了扶贫开发工作的发展方向和实现途径，充分体现了马克思主义世界观和方法论，是中国特色社会主义理论体系的新发展，是指导"十三五"期间脱贫攻坚的科学指南和基本遵循。

党的十八届五中全会通过的《中共中央关于制定国民经济和社会发展第十三个五年规划的建议》对脱贫攻坚工程进行安排部署，提出到2020年"我国现行标准下农村贫困人口实现脱贫，贫困县全部摘帽，解决区域性整体贫困"。扶贫开发是我们第一个百年奋斗目标的重点工作，是最艰巨的任务。打好既定时间节点的脱贫攻坚战，必须用习近平总书记扶贫开发战略思想武装头脑。中央文献研究室和国务院扶贫办编辑了《习近平关于扶贫开发论述摘编》（以下简称《论述摘编》），经中央领导同志同意，由国务院扶贫办印发各地区各部门学习贯彻。现就有关事项通知如下。

一、认真组织学习，深化思想认识

《论述摘编》摘自习近平总书记2012年11月15日至2015年6月30日期间发表的讲话、文章和批示等重要文献，分为七个专题，共计124条重要论述，集中反映了习近平总书记关于新时期扶贫开发的系列重大战略思想、重大理论观点和重大决策部署。这些重要论述，主题突出、思想深邃，目标明确、要求具体。认真学习《论述摘编》，对于我们更好地统一思想认识、把握工作方向、凝心聚力完成脱贫攻坚任务，具有十分重要的意义。

各地区各有关部门要高度重视《论述摘编》的学习宣传，精心安排，周密部署，迅速推动学习贯彻活动深入有效开展。各省（自治区、直辖市）扶贫开发领导小组、国务院扶贫开发领导小组成员单位党组（党委）要及时组织中心组学习，市（地、州、盟）县（市、区、旗）扶贫开发领导小组要组织专题学习，切实把思想认识统一到总书记重要论述上来，形成强力推进扶贫开发的共识。国务院扶贫办及省（自治区、直辖市）、市（地、州、盟）、县（市、区、旗）扶贫部门要认真组织，采取集体研讨、个人自学、专题辅导等多种形式，使扶贫系统广大干部全面准确把握《论述摘编》精神实质。要将《论述摘编》作为党校、行政学院有关研修培训和扶贫部门各类培训的重要内容。贫困县要把学习《论述摘编》作为当前和今后一个时期的一项重要政治任务，通过学习不断提高思想认识和能力水平。

二、深入宣传发动，形成浓厚氛围

习近平总书记扶贫开发重要论述是新时期全面推进脱贫攻坚的基本遵循。国务院扶贫办要与中央宣传部等部门积极主动联系协商，开展全面宣传，营造浓厚舆论氛围。要围绕《论述摘编》的学习宣传，组织媒体下基层看扶贫写扶贫，进行针对性的采访和挖掘，以鲜活事例反映基层的生动实践。国务院扶贫办网站开辟专栏，《中国扶贫》杂志编发专刊，对《论述摘编》进行深入宣传报道。要组织刊发一批学习理论文章，深入解读和广泛宣传《论述摘编》。国务院扶贫办要协调有关部门、省（自治区、直辖市）负责同志和专家学者，撰写并发表学习体会文章。

三、全面贯彻落实，完成重点任务

各地区各有关部门要结合《论述摘编》的学习，认真分析当前扶贫开发工作面临的新形势新任务，查找存在的问题，研究提出强有力的措施和过硬的办法，狠抓各项重点任务落实，推动扶贫开发工作深入开展，确保打赢脱贫攻坚战。

一是围绕确保贫困地区人民同全国人民一道进入全面小康社会加深理解，贯彻落实。坚持倒排时间表，算好明细账，分解细化和科学评估减贫目标任务，建立科学有效的退出机制，明确贫困县、贫困人口退出标准、程序和办法，确保到2020年我国现行标准下农村贫困人口实现脱贫，贫困县全部摘帽，解决区域性整体贫困。

二是围绕坚定信心、找对路子加深理解，贯彻落实。认真分析研究当前脱贫攻坚的有利形势和贫困地区的有利条件，科学制定“十三五”脱贫攻坚规划，找准路子、突出特色，大力推行产业扶贫、光伏扶贫、旅游扶贫、电商扶贫、搬迁扶贫等行之有效的措施。

三是围绕实施精准扶贫精准脱贫加深理解，贯彻落实。充分运用建档立卡成果，瞄准贫困村、贫困户和贫困人口，制定超常规措施，拿出过硬办法，切实做到精准扶贫、精准脱贫。坚持因人因地施策、因贫困原因施策、因贫困类型施策。分类扶持贫困家庭，对有劳动能力的支持发展特色产业和转移就业，对“一方水土养不起一方人”的实施易地扶贫搬迁，对居住在生态特别重要和脆弱地区实行生态保护扶贫，对丧失劳动能力的实施兜底性保障政策，对因病致贫的提供医疗救助保障。

四是围绕既要靠政策扶持、也要靠内生动力加深理解，贯彻落实。中央和地方都要进一步加大对扶贫对象和贫困地区的扶持力度，协调片区规划项目纳入国家和省级“十三五”规划。以整村推进为抓手，改善贫困村基本生产生活条件，提高基本公共服务能力。重点培育发展特色产业，增加贫困户收入，提高自我发展能力。

五是围绕抓好教育是扶贫开发的根本大计加深理解，贯彻落实。加大对贫困地区义务教育倾斜支持的力度，促进优质教育资源共享，使贫困家庭子女都能接受公平的有质量的教育，努力阻断贫困代际传递。加快发展职业教育，使贫困家庭子女能够学到一门技术，提高就业创业能力。率先从建档立卡的家庭经济困难学生实施普通高中免除学杂费。

六是围绕落实扶贫开发责任加深理解，贯彻落实。层层签署《脱贫攻坚责任书》，强化各级党政一把手扶贫开发责任，加强对各省（自治区、直辖市）工作的考核评估，用好贫困县考核“指挥棒”。加强领导包村、干部驻村帮扶力量，实现向贫困村派驻第一书记和驻村工作队全覆盖，贫困户帮扶责任人全覆盖。

七是围绕形成扶贫开发工作强大合力加深理解，贯彻落实。创新拓展社会扶贫，健全完善东西部扶贫协作、党政机关定点扶贫机制。充分利用扶贫日、社会扶贫网等重要平台，积极引导各类企业、社会组织和广大公民参与扶贫开发。

四、强化组织领导，确保实际效果

各地区各有关部门要加强对学习《论述摘编》的组织领导，切实落实领导责任。主要负责同志要强化政治责任，以身作则，带头抓好学习贯彻，一级抓一级，层层抓落实。要制定学习计划，提出宣传方案，列出日程安排，采取灵活多样方式组织学习贯彻。

各级扶贫开发领导小组成员单位要全面学习、深刻领会，率先垂范、示范引领，用习近平总书记扶贫开发重要论述统一认识、武装头脑、指导实践、推动工作。要加强对学习宣传的督促检查，掌握学习贯彻情况。坚持把学习《论述摘编》和贯彻落实习近平总书记扶贫开发战略思想作为当前和今后一个时期扶贫工作重点任务来抓，纳入年度扶贫工作考核内容，督促各地区各部门把《论述摘编》学习宣传好、贯彻落实好，取得实实在在的效果。

国务院扶贫开发领导小组

2015 年 11 月 21 日

国务院扶贫开发领导小组关于印发汪洋副总理在东部地区扶贫工作座谈会上讲话的通知

国开发〔2015〕8号

各省、自治区、直辖市和新疆生产建设兵团扶贫开发领导小组，国务院扶贫开发领导小组各成员单位：

12月6—7日，国务院扶贫开发领导小组在福建省宁德市召开东部地区扶贫工作座谈会。中共中央政治局委员、国务院副总理、国务院扶贫开发领导小组组长汪洋在会上作了重要讲话。现将讲话印发给你们，请认真学习贯彻。

国务院扶贫开发领导小组

2015年12月17日

汪洋副总理
在东部地区扶贫工作座谈会上的讲话

（2015 年 12 月 7 日）

中央扶贫开发工作会议刚刚结束，我们在宁德召开这个会议，主要目的是贯彻落实党的十八届五中全会和中央扶贫开发工作会议精神，深入学习领会习近平总书记扶贫开发战略思想，研究东部地区如何做到率先脱贫、如何进一步做好东西部扶贫协作。

这个会议选择在宁德召开，主要是因为宁德是习近平总书记早期开展扶贫实践的地方。在这里，总书记系统提出了“以改革创新引领扶贫方向、以开放意识推动扶贫工作”原则，以及“弱鸟先飞”意识、“滴水穿石”精神和“四下基层”作风等一系列重要思想。27 年来，宁德历届党委政府坚持这些思想，始终把“加快发展、摆脱贫困”作为工作主线，一届接着一届干，团结带领广大群众不懈努力、艰苦奋斗，取得显著成效。昔日的宁德是“老、少、边、岛、贫”。习总书记在《摆脱贫困》的第一篇文章里对宁德当时状况所作的概括是“农村贫困发生率达 1/3，9 个县中有 6 个是国家级贫困县。”今天的宁德，面貌焕然一新，农民人均纯收入已经超过万元，脱贫率达到 96%。“宁德模式”成为习近平总书记扶贫开发战略思想的成功实践，也成为中国特色扶贫开发道路的一个典范。来到宁德，重走总书记当年的扶贫路，可以帮助我们更加深刻、更加系统、更加全面地领会总书记扶贫战略思想，为打赢脱贫攻坚战提供强大思想武器。

昨天下午和今天上午，我们实地看了几个点。刚才，福建省及宁德市的同志作了经验介绍，其他几个省的同志作了交流发言，讲得都很好。下面，我结合学习习近平总书记扶贫开发战略思想的体会，以及大家的发言，讲几点意见。

一、深入学习贯彻习近平总书记扶贫开发战略思想

习近平总书记在宁德工作期间的扶贫探索与实践，不仅指引着宁德 20 多年的扶贫道路，而且成为他扶贫战略思想的起源之一，很多理念都体现在当年撰写的《摆脱贫困》这本书中。此后，在福建、浙江等地工作期间，总书记始终把扶贫作为一个重要内容，不断探索，不断深化，不断推进。十八大以来，总书记更是将推动贫

困地区贫困人口脱贫作为治国理政的一项重要工作，国内考察 25 次，14 次涉及扶贫，其中有 7 次是把扶贫作为重点考察内容，连续 3 年第一次国内考察都是到贫困地区看真贫。从河北阜平、陕西延安到贵州遵义，从中央全会、全国两会到联合国峰会，每个重要的场合，每个关键的时点，总书记都反复强调扶贫开发的重大意义，对扶贫工作提出新的要求。总书记自己讲：40 多年来，花精力最多的事，就是扶贫。总书记心里始终装着贫困老百姓，矢志不渝把扶贫扛在肩上、抓在手里，这就是中国共产党人的政治责任感和历史使命感。这次会议虽然是东部地区扶贫工作座谈会，但是对全国的扶贫工作都有指导意义。地方各级党委、政府的领导同志，尤其是主要领导，如果能有总书记这样几十年来一以贯之的韧劲，如果能像总书记一样用政治责任感和历史使命感去认识扶贫工作、去抓扶贫工作，我们的脱贫攻坚任务就一定能拿下来。

习近平总书记在深入调研和深厚实践基础上形成的扶贫开发战略思想，全面系统总结了中国特色扶贫开发道路的创新实践和主要经验，精辟阐述了扶贫开发在“四个全面”战略布局和“五位一体”总体布局中的重要地位和作用，贯彻了创新、协调、绿色、开放、共享的发展理念，体现了马克思主义世界观和方法论，是中国特色社会主义理论体系的新发展，是治国理政思想的重要组成部分，是做好当前及今后一个时期扶贫工作的科学指南和根本遵循。要打好、打赢脱贫攻坚战，必须始终坚持用习近平总书记关于扶贫开发的战略思想武装头脑、指导实践。这里，我谈几点初步学习体会，供大家参考。

（一）学习领会总书记关于扶贫开发事关巩固党的执政基础和社会主义制度的重要阐述，进一步增强打赢脱贫攻坚战的使命感和责任感。国务院扶贫办编印的《习近平关于扶贫开发论述摘编》，分七个专题编辑了习近平总书记关于扶贫开发的论述，第一个专题就是“消除贫困、改善民生、实现共同富裕，是社会主义的本质要求。”这是习近平总书记关于扶贫开发的重要认识，他多次强调“我们党一贯高度重视扶贫开发事业。新中国成立前，我们党领导广大农民‘打土豪、分田地’，就是要让广大农民翻身得解放。现在，我们党就是要领导广大农民‘脱贫困、奔小康’，就是要让广大农民过上好日子。”在宁德工作期间撰写的《摆脱贫困》一书中，他指出：“尽短时间使整个国家‘脱贫’，尽短时间使中国立于发达国家之林，才是更为紧迫、更为切实的思想和行动”，“而要实现这一目标，唯有全民把经济建设当作最大的政治”。他提出：“党委、政府在统筹谋划经济社会全局发展时，要始终把扶贫开发作为重要方面，优先考虑、优先部署。”这些话，30 年后再来看，也都是很精辟的，而且是响当当的。这次，在中央扶贫开发工作会议上，总书记进一步指出：“得民心者得天下。从政治上说，我们党领导人民开展了大规模的反贫困工作，巩固了我们党的执政基础，巩固了中国特色社会主义制度。”他重提在宁德工作时引述的古语：“善为国者，遇民如父母之爱子，兄之爱弟，闻其饥寒为之哀，见其劳苦为之悲”，要求广大党员、干部牢记于心。总书记对扶贫开发重要性的认识一以贯之，我们要深刻理解，切实把脱贫攻坚工作当作一件大事，摆在重要位置抓紧抓好。

（二）学习领会总书记关于扶贫开发长期性艰巨性复杂性的重大判断，切实做到“扎扎实实，坚持不懈，久久为功”。《摆脱贫困》书中，总书记讲了滴水穿石的启示：经济落后地区的发展没有什么捷径可走，不可能一夜之间就发生巨变，只能是渐进的，由量变到质变的、滴水穿石般的变化。这次在中央扶贫开发工作会议上，总书记指出，“脱贫攻坚已经到了啃硬骨头、攻坚拔寨的冲刺阶段，所面对的都是贫中之贫、困中之困。”他郑重提醒：“打赢脱贫攻坚战，不是轻轻松松一冲锋就能解决的，全党在思想上一定要深刻认识到这一点。”当前，各地各部门脱贫攻坚热情高涨，个别地方有“大干快上”、低估脱贫难度的倾向，提出一些不切实际的目标。越是这个时候，我们越要牢记总书记的提醒，对未来五年脱贫攻坚的难度有清醒的、充分的认识，一步一个脚印地推进扶贫开发各项工作。

（三）学习领会总书记关于扶贫开发要坚持发挥政治优势和制度优势的重要指示，进一步加强对打赢脱贫攻坚战的组织领导。总书记多次强调，坚持党的领导，发挥社会主义制度可以集中力量办大事的优势，这是我们的最大政治优势。他在《摆脱贫困》书中讲：“贫困地区的发展靠什么？千条万条，最根本的只有两条：一是党的领导；二是人民群众的力量”。我们这次来宁德，看到宁德为了推进扶贫开发，建立了领导挂钩、干部包户、山海协作、对口帮扶、龙头结对、考核考评等常态化工作机制，构建了“市、县、乡、村、户”各层面联动、“党委、政府、部门、社会”全方位发力的扶贫开发格局。全市各级领导干部广泛开展“四下基层”活动，沉到最基层去解决群众实际困难。这次在中央扶贫开发工作会议上，总书记明确要求：“凡是有脱贫攻坚任务的各级党委和政府，都必须倒排工期、倒查责任，抓紧施工、强力推进。特别是脱贫攻坚任务重的地区党委和政府要把脱贫攻坚作为‘十三五’期间头等大事和第一民生工程来抓，坚持以脱贫攻坚统揽全局”，强调要形成“五级书记抓扶贫、全党动员促攻坚”的局面。真正做到这一点，就是今后5年我们打赢脱贫攻坚战的重要保障。

（四）学习领会总书记关于坚持科学扶贫要注重实效的重要理念，进一步提高脱贫攻坚的精准度和有效性。习近平总书记十分重视从实际出发抓好扶贫工作。《习近平关于扶贫开发论述摘编》中讲到，“帮助困难乡亲脱贫致富要有针对性，要一家一户摸情况，张家长、李家短都要做到心中有数。”“情况搞清楚了，才能把问题做到家、做到位。”当年他在宁德工作时强调，闽东发展的指导思想是，“因地制宜、分类指导、量力而行、尽力而为、注重效益。”刚才宁德市在发言中也谈到，按照这个指导思想，宁德充分利用闽东山海兼备的资源优势，发展绿色林业、白色水电、海洋经济等等，培育一批特色产业，实现了农、林、牧、渔全面发展，有力支撑了脱贫致富。总书记早在闽东工作时期，就开始探索畲民下山、连家船民上岸等移民搬迁工程。昨天，我们到福安市溪邳村实地看了船民上岸定居项目。我觉得，最值得学习的，不仅是通过搬迁解决了居住问题，关键是搬迁后根据每家每户情况，支持发展网箱养鱼、滩涂养殖等产业，技术不行的开展培训，资金不足的提供信贷，最终保证了他们摆脱贫困，这就是精准扶贫、精准脱贫的实践。在这次中央扶贫开发工作会议上，总书记进一步指出，“扶贫攻坚要取得实实在在的效果，关键是要找准路子，构建好的体制机制，抓重点、解难点，把握着力点。”在总结各地实践和探索的基础上，总书记要求做到“六个精准”、实施“五个一批”工程，强调要“在精准施策上出实招、在精准推进上下实功、在精准落地上见实效”，“因地制宜，探索多渠道、多元化的精准扶贫新路径”。我们要不断深化精准扶贫、精准脱贫的方略，变“大水漫灌”为“精确滴灌”，更多面向特定人口、具体人口，让贫困群众真正得到实惠，坚决防止平均数掩盖大多数。

（五）学习领会总书记关于坚持激发内生动力调动贫困地区和贫困人口积极性的明确要求，进一步发扬“弱鸟先飞”的自强自立精神。习近平总书记多次强调，人穷志不能短，扶贫必先扶志。他提出：“摆脱贫困首要意义并不是物质上的脱贫，而是在于摆脱意识和思路的贫困”。“弱鸟可以先飞，至贫可能先富，但我们能否实现‘先飞’、‘先富’，首先要看我们头脑里有无这种意识”。在他的带动下，宁德地委用这种精神一级带一级，干部群众逐步破除了“安贫乐道”“穷自在”“等、靠、要”等落后的思想，形成了涓滴成流、聚沙成塔的韧性意志，弱鸟先飞、敢为人先的创业激情。今天，我们在赤溪村看到，全体村民当年毅然决然告别祖祖辈辈居住的地方，搬出大山，经过20多年奋斗打拼，人均纯收入突飞猛进，所依靠的正是这种精神。这次中央扶贫开发工作会议上，总书记再次告诫：“贫困地区不能完全躺在国家和社会帮扶上。如果是这样，就是花了很多精力和投入暂时搞上去了，也不能持久。”要求引导贫困地区干部群众“树立‘宁愿苦干、不愿苦熬’的观念，自力更生、艰苦奋斗，靠辛勤劳动改变贫困落后面貌”。我们要按照总书记的要求，坚持贫困群众主体地位，注重激发贫困地区干部群众的内生发展动力和活力。

脱贫攻坚任务十分艰巨，打赢脱贫攻坚战，必须认真学习领会习近平总书记扶贫开发战略思想，深刻理解、深入领会其精神实质，内化于心，外化于行，不断把脱贫攻坚推向深入。

二、打赢脱贫攻坚战，东部地区要走在前面

改革开放以来，东部地区在国家发展全局中扮演着改革“试验田”、开放“先锋队”、发展“排头兵”角色，成就举世瞩目。但30多年下来，东部省份内部的区域发展不平衡问题也很突出，多数都有自己的“西部地区”，有相对欠发达的“贫困带”，像广东的粤东西北，福建的闽西北，浙江的浙西南，江苏的苏北，山东的鲁西南，辽宁的辽西北等。截至2014年底的农村贫困人口数，广东82万，福建50万，浙江45万，江苏61万，山东231万，辽宁117万，6个省加起来580万，约占全国贫困人口的8%。客观讲，与中西部贫困地区比，这些地区发展水平要好一些，但“身在福中更知贫”，因为处于发达地区的贫困群众，对自身贫困有着更真切的感受，对共享发展成果有着更强烈的期盼。中央脱贫攻坚的部署和要求，并非只针对中西部地区，对东部地区同样适用。如果到2020年全面建成小康社会，东部地区还有没脱贫的贫困人口，“贫困带”与本省经济中心的差距越拉越大，那是绝对说不过去的。在这次中央扶贫开发工作会议上，李克强总理指出：“加快推进扶贫开发、如期完成脱贫任务，是实现全面建成小康社会的应有之义和基本标志”。实现7000万人的脱贫，“将是中国现代化进程中又一个里程碑，是人类历史上一个新的发展奇迹”。“经过30多年改革发展，我国整体经济实力大为增强，我们也是有这个能力的，关键是大家要共同努力。”东部地区理所当然要率先做到这一点。东部地区推进脱贫攻坚，要统筹当前和长远，以更高标准、更严要求、更实措施，着力做到“五个走在前面”。

一是深化精准扶贫要走在前面。总体上，东部地区经济发达，农民就业创业机会多、脱贫致富途径多，政府各项扶贫投入总体上也多，在这种情况下还有贫困人口，肯定更是“硬骨头”，更需要动员各方面力量，把精准扶贫做到家。精准扶贫，未有穷期，永远在路上。希望东部6省按照“六个精准”“五个一批”要求，发挥自身在资金、人才、信息、技术等方面的优势，不断提高扶贫精准度，努力打造精准扶贫的示范区，为中西部贫困地区脱贫攻坚积累经验。

精准扶贫也需要成本，不努力不行。上午我们看的“海云工程”，赤溪村做得很好。我问村卫生室的医生：“你这一个村子1000多人，有几户是贫困户？”他都能回答得出来。说明这项工作还是比较深入、扎实的。知道有多少户，而且工作都是按户做的，这就是精准的实践。宁德在扶贫开发方面的投入力度比较大，但是在投入的时候一定要精准识别，要把精准识别的机制建设起来。精准扶贫就是要把功夫下到精准识别上，否则就容易出现“年年扶贫年年贫”的现象。

二是加快脱贫进度要走在前面。2020年的时间节点是就全国层面来说的，具体到东部地区，进度要加快，时间要提前，绝对不能等着和贵州、云南、甘肃这些贫困人口多、贫困程度深的中西部省份一起完成任务。当然，东部6省条件不尽相同，完成脱贫攻坚任务的时间也不可能完全同步。像浙江提出不把贫困带入“十三五”，家庭人均年收入4600元以下的贫困人口今年就有望全部脱贫。有些省因为贫困人口数量相对较多，加上经济下行压力较大，可能完成任务的时间就要晚一些。在这方面要实事求是，千万不要盲目攀比，更不能为赶时间而搞数字脱贫和虚假脱贫。所以，东部地区不仅在解决绝对贫困方面要走在前面，在解决相对贫困方面也要积极探索。

三是提高脱贫水平要走在前面。现行国家标准下农村贫困人口全部脱贫，是全面建成小康社会的底线要求。东部地区作为率先实现全面小康的“排头兵”，要提前实现国家标准下贫困人口的脱贫，还要加快本省标准下的贫困人口脱贫。脱贫质量要更高，要着力解决多维度贫困问题，在住房、医疗、教育、社会保障等方面提高贫困人口的享有水平，让贫困人口获得更加持续稳定的脱贫增收能力，最大限度降低返贫率，确保贫困现象不出现大的反复。

四是健全脱贫机制要走在前面。普遍来看，东部地区农村经济社会管理体系更完善、经验更丰富、技术手段更先进，有条件在健全脱贫机制方面先行先试。比如，扶贫对象退出机制。退出标准要涵盖哪些方面，退出程度怎么把握，脱贫后帮扶政策延续多久为宜，如何有效评估验收。东部地区要在这些方面多探索、多总结，努力做到科学简洁、符合实际、可操作性强，为全国扶贫对象退出机制提供借鉴。再比如，返贫人口和新致贫人口的快速认定机制。对于那些因灾因病等返贫或新致贫的，如何能够灵敏监测、及时识别并纳入建档立卡范围，及时给予有针对性的帮扶，也希望东部地区多为全国创造经验。

五是做好探索试验要走在前面。总书记在中央扶贫开发工作会上讲，必须深刻认识我国扶贫问题的长期性、艰巨性、复杂性，做好打持久战的思想准备。这表明，在打赢这一轮脱贫攻坚战，实现贫困人口脱贫、贫困县“摘帽”目标之后，扶贫工作不会“刀枪入库、马放南山”，而是要转入新的战场，由主要解决绝对贫困向重点缓解相对贫困转变。扶贫工作将会有很多问题需要研究，比如如何确定新的贫困标准、扶贫扶什么、怎么扶等。希望东部地区在这些方面积极探索，为2020年以后全国的扶贫工作探出路子。

三、进一步加大东西部扶贫协作力度和精准度

东西部扶贫协作是党中央、国务院立足区域协调发展做出的一项重大决策。自1996年开展这项工作以来，东部地区9省(市)和5个计划单列市党委、政府认真贯彻落实中央决策部署，摸索出政府援助、企业合作、社会帮扶、人才交流为主要内容的东西扶贫协作道路，成绩显著。我们在西部贫困地区看到，很多学校、医院、搬迁安置点等民生项目都是东部地区援建的，一些共建的产业园区有效促进了当地群众脱贫，挂职干部在帮助贫困地区脱贫致富的同时，自身也得到了锻炼。今年3月，我们到甘肃临夏州的积石山县，对口帮扶的是厦门市海沧区。县里在扶贫协作中把劳务输出做得很细，拿出一笔钱把路费、食宿费包下来，组织县里贫困群众到海沧实地考察，让他们看看工作条件、生活环境、务工收入等，愿意的就留下来打工，待不住的再送回去，一次就解决1300多人就业。实践证明，东西部扶贫协作充分体现了社会主义制度的优越性，是中国特色扶贫开发道路的重要组成部分，必须长期坚持下去。这次中央扶贫开发工作会议和中央关于打赢脱贫攻坚战的决定，都对健全东西部扶贫协作机制提出了新要求，东部地区党委、政府一定要从战略和全局高度，把中央部署落到实处。

一要提高认识，做好扶贫协作工作。东部地区帮扶西部地区，这决不是恩赐和施舍，而是应尽义务和责任。改革开放初期，东部地区优先发展，西部地区作出了很大贡献。饮水思源，发展了的东部，应该反过来帮助西部加快脱贫步伐。这是践行小平同志“两个大局”战略思想、缩小区域发展差距、实现共同富裕的要求，是一项庄严的政治任务。习近平总书记在福建工作的时候，就始终把对口帮扶作为重要政治任务来抓，出任对口帮扶领导小组组长，五次出席闽宁对口扶贫协作联席会议，带队到宁夏考察，推动福建的人才、资金、科技、经验、市场要素等植入宁夏“肌体”，形成造血体系。闽宁协作模式成为东西部扶贫协作的成功典范，受到社会各界广泛赞誉。东部地区党委、政府要以总书记当年亲力亲为推动闽宁协作为榜样，下大气力帮助西部地区打赢脱贫攻坚战。

二要突出精准，提高扶贫协作成效。在脱贫攻坚阶段，中央把精准扶贫精准脱贫作为扶贫开发基本方略，目标十分明确，就是要解决7000万人的脱贫问题。因此，东西部扶贫协作，也必须紧紧围绕精准扶贫精准脱贫开展工作。不论是政府间对口帮扶，还是东西部企业合作帮扶，或者社会各界帮扶，都要把目标瞄准建档立卡贫困人口。帮扶资金和扶持措施要落到建档立卡贫困人口头上，帮扶干部的主要精力要放到建档立卡贫困人口脱贫上。过去一些地方在东西部扶贫协作中，为贫困县建文化馆、体育场、干部活动中心、产业园等，这些投资对改善贫困县形象有帮助，

但没有真正考虑贫困群众的要求。过去的做法虽然对贫困县的发展有作用，可以拉动经济发展，带动投资增长，但对扶贫、对解决贫困人口的脱贫问题，直接帮助不大。所以说，瞄准贫困人口直接发力，不能拐个弯以后再去解决贫困问题。东西部扶贫协作，重在扶贫，旨在脱贫。如果贫困群众的贫困状况没有改变，即使东部花了很大的财力、物力、人力，东西部扶贫协作也不能算取得成效。

东部地区在推进扶贫协作中，要力戒形式主义，不搞“政绩工程”，要真正雪中送炭，直接围绕为贫困人口脱贫办实事。这要作为新一轮脱贫攻坚中的一个规定性要求。

我觉得，要把对口帮扶和东西部扶贫协作区别开来。比如援藏、援疆等工作，就可以搞产业园、开发区和其他产业项目。但是东西部扶贫协作，就是要瞄准贫困人口。今后考核就要看解决了多少贫困人口的脱贫问题。

三要增加投入，强化扶贫协作力度。过去，东部地区向西部贫困地区投入大量无偿援助资金，但与西部地区脱贫攻坚艰巨任务和实际需求相比仍有较大差距。这次中央关于打赢脱贫攻坚战的决定专门强调，东部地区要根据财力增长情况，逐步增加对口帮扶财政投入，并列入年度预算。目前，京、津、沪、辽、鲁等五省（市）建立了每年递增 8%的增长机制，值得其他省（市）学习借鉴。当然，增加投入不仅只是资金方面，人力的投入、领导同志精力的投入，也是重要内容。真正把能干的干部、对贫困地区贫困群众有感情的干部，派到对口扶贫的第一线；领导同志每年到对口扶贫的地方走一走，研究如何改进对口帮扶工作，对于落实好中央交办的任务、提高对口扶持效果，都会大有帮助，都是值得重视的投入。

四要县级结对，增加扶贫协作层次。在完善省与省协作工作机制的基础上，着力推进县与县精准对接。这次中央部署实施经济强县与贫困县“携手奔小康”行动，东部各省市选择 100 个左右经济强县与西部脱贫难度大的 100 个贫困县开展结对帮扶。这项行动实际是借鉴了闽宁协作模式。当年，习近平总书记在抓这项工作时，把市县结对子作为一个重点坚持下来，实践证明效果很好。县一级承上启下，贫困县是落实脱贫政策的关键环节，经济强县在搞活经济、发展产业上有经验，彼此工作思路和方式方法相通，县帮县更能帮上忙、扶到位。这项行动对提高扶贫协作成效很重要，国务院扶贫办要尽快制定方案，抓紧启动实施。

五要丰富内容，拓宽扶贫协作领域。东西部之间经济互补性强，有广阔合作领域，要充分发挥各自优势，不断扩大协作范围，努力实现习近平总书记当年提出的“优势互补、互惠互利、长期协作、共同发展”要求。这方面，只要把组织发动工作做好，把各行各业各方面积极性调动起来，点子和渠道就会无穷无尽。要善于发挥市场机制和社会帮扶的作用。以企业合作为载体的扶贫协作，是最能落地生根、实现长期协作的方式。东部地区要结合产业结构升级，鼓励和引导企业、个人，利用贫困地区资源丰富、创业成本较低、投资和消费需求旺盛的优势，到西部投资兴业、发展产业、吸纳就业。现在企业用工比较紧缺，各地要鼓励企业招用贫困地区建档立卡的贫困家庭工人。社会帮扶在东西部扶贫协作框架中最具活力和潜力，要积极构建企业、个人和社会组织参与扶贫协作的对接机制。利用“扶贫日”和社会扶贫信息交流平台，鼓励社会各界到西部地区开展爱心助学、义务支医支教、志愿服务等多种形式的帮扶活动，让去西部当志愿者成为潮流。

六要加强考核，完善扶贫协作制度。东西部扶贫协作既然是一项严肃的政治任务，那就要用严格的制度来要求、来监督，决不能失之于宽，做与不做一个样、做多做少一个样，最后形成负向激励。国务院扶贫开发领导小组每年对东西部扶贫协作成效进行考核。考核不仅要看拿了多少钱、派了多少人、给了多少支持，更重要的是要看有多少贫困人口脱贫。帮助建档立卡贫困人口脱贫才是最根本的，这是扶贫成效最主要的标志。参加东西部扶贫协作的省和对口帮扶的地方，都要根据这一要求，明确资金使用方向。每年用多少钱，解决多少建档立卡人口脱贫，是哪些户，用什么措施，也要年年兑现，形成相互配合、共同致力脱贫的局面。扶贫开发领导小组的考核结果要向党中央、国务院报告，成绩好的省市给予通报表彰；重视不够、成效较差、考核等级为“不合格”的省市在一定范围内通报批评，并进行诫勉谈话，责令整改。各省市对承担任务的地市和区县也要制定考核办法。

过去的几十年中，东部地区为扶贫开发作出重要贡献。在全面建成小康社会的脱贫攻坚中，希望东部地区继续作出更大的贡献。

国务院扶贫开发领导小组关于印发习近平总书记、李克强总理对中央单位定点扶贫工作批示和汪洋副总理在中央单位定点扶贫工作会议上讲话的通知

国开发〔2015〕9号

各省、自治区、直辖市和新疆生产建设兵团扶贫开发领导小组，中央定点扶贫单位：

近日，习近平总书记、李克强总理对中央单位定点扶贫工作作出重要批示。12月11日，国务院扶贫开发领导小组在北京召开中央单位定点扶贫工作会议，汪洋副总理出席会议并讲话。现将习近平总书记、李克强总理的重要批示和汪洋副总理的讲话印发给你们，请认真学习贯彻。

国务院扶贫开发领导小组

2015年12月17日

习近平总书记的批示

（2015年12月8日）

党政军机关、企事业单位开展定点扶贫，是中国特色扶贫开发事业的重要组成部分，也是我国政治优势和制度优势的重要体现。多年来，各有关单位围绕定点扶贫做了不少工作，取得了积极成效。做好新形势下的定点扶贫工作，要深入贯彻中央扶贫开发工作会议精神，切实增强责任感、使命感、紧迫感，坚持精准扶贫、精准脱贫，坚持发挥单位、行业优势与立足贫困地区实际相结合，健全工作机制，创新帮扶举措，提高扶贫成效，为坚决打赢脱贫攻坚战作出新的更大贡献。

李克强总理的批示

（2015 年 12 月 10 日）

定点扶贫是中央单位积极参与扶贫、推动贫困地区加快发展的有力抓手，三十年来发挥了重要作用。“十三五”时期是我国脱贫攻坚的决战决胜期，加大定点扶贫力度至关重要。各相关单位要按照中央部署，再接再厉，主要领导直接抓，创新工作机制，多方筹措资源，选派优秀干部，进一步提高定点扶贫的精准度和有效性，着力增强贫困地区造血功能，使贫困群众更好实现自我发展、参与发展、共享发展，在推进全面建成小康社会的进程中坚决全力打赢脱贫攻坚的硬仗。

汪洋副总理
在中央单位定点扶贫工作会议上的讲话

（2015 年 12 月 11 日）

刚刚闭幕的中央扶贫开发工作会议和《中共中央国务院关于打赢脱贫攻坚战的决定》，对新时期的脱贫攻坚工作作出全面部署。定点扶贫是打赢脱贫攻坚战的重要举措，党中央国务院十分重视。党的十八届五中全会提出要健全定点扶贫机制。中央扶贫开发工作会议上，习近平总书记对定点扶贫工作提出明确要求，李克强总理也作出了具体部署。近日，习近平总书记、李克强总理再次就定点扶贫作出重要指示批示。我们召开中央单位定点扶贫工作会议，就是要学习贯彻党的十八届五中全会、中央扶贫开发工作会议、中央关于打赢脱贫攻坚战的决定，学习贯彻习近平总书记、李克强总理重要指示批示精神，总结交流定点扶贫工作经验，研究部署新时期定点扶贫工作。

刚才，5 个单位的代表和 3 位挂职扶贫干部作了交流发言，介绍了定点扶贫的经验和工作体会。几个单位的经验、做法值得借鉴，几位挂职干部爱民帮民、无私奉献的精神值得学习。从这几个发言中，我们看到了定点扶贫单位和扶贫干部的大局意识和责任意识，坚定了我们打赢脱贫攻坚战的决心和信心。下面，我就进一步推进定点扶贫工作，讲三点意见。

一、充分肯定定点扶贫工作成绩

20世纪80年代，为加快推进扶贫开发进程，党中央、国务院作出组织中央和国家机关、企事业单位开展定点扶贫的重大决策。30多年来，各相关单位认真贯彻中央决策部署，倾心、倾情、倾力开展工作，努力为贫困地区和贫困群众办实事、做好事，定点扶贫工作日益深入，成效日益显著。

一是参与单位不断增加，覆盖范围不断扩大。1994年实施“八七扶贫攻坚计划”时，有120个单位帮扶330个国定贫困县。2002年实施第一个十年扶贫纲要，有272个单位帮扶481个国家扶贫重点县。2012年实施第二个十年扶贫纲要，有310个单位帮扶592个国家扶贫重点县。今年，根据扶贫工作的需要，参与定点扶贫的单位增加到320个，实现了中央单位定点扶贫资源和贫困县两个全覆盖。在中央单位的示范带动下，28个有扶贫任务的省（区、市）及所辖的市县均层层组织开展定点扶贫工作。目前，共有16.4万个党政机关、企事业单位参加了地方组织的定点扶贫工作，覆盖全国12.8万个建档立卡贫困村。军队和武警部队与35个贫困县、401个贫困乡镇、3618个贫困村建立定点帮扶关系，积极参与定点扶贫工作。

二是领导力量不断加强，帮扶队伍不断壮大。定点扶贫单位认真落实中央部署，讲政治、讲大局、讲奉献，精心组织定点扶贫工作。有不少单位都是一把手亲自部署、亲自调研、亲自督查，与定点县党委和政府一起研究发展规划、重点工作、关键工程，帮助解决重大难点问题。2012年以来，定点单位派出1.58万人次深入定点县，调研指导工作，其中部级以上领导干部就有1067人次。与此同时，还累计选派挂职扶贫干部1266人。今年4月，中央决定开展“第一书记”选派工作，已有293个单位向定点县选派了311名贫困村“第一书记”。定点扶贫的挂职干部和“第一书记”，与基层干部群众朝夕相处、并肩作战，在宣传政策、发动群众、实施项目、监管资金等方面，发挥了积极作用。

三是帮扶力度不断加大，帮扶领域不断拓宽。定点单位立足自身特点和行业优势，通过政策倾斜、资金投入、项目引进、智力支持、科技支撑等方式，“八仙过海、各显神通”，加强对定点县的帮扶。2012年以来，累计投入帮扶资金和物资69.1亿元，帮助引进各类资金362.9亿元，培训基层干部、农村劳动力、技术骨干等31.7万人次，组织劳务输出21万人次，资助贫困学生17.9万人次，为精准扶贫、精准脱贫提供了有效支撑。很多定点单位从简单给钱给物中跳出来，创新帮扶方式，开展产业扶贫、劳务扶贫、外交扶贫、教育扶贫、卫生扶贫、科技扶贫、金融扶贫、交通扶贫、电力扶贫、水利扶贫、妇女扶贫、电商扶贫等，取得很好效果，得到贫困群众的欢迎。

四是帮扶机制不断完善，帮扶制度不断规范。这些年，中办、国办先后两次联合发文，对定点扶贫工作做出制度性安排。国务院扶贫办、中组部、统战部、中央直属机关工委、中央国家机关工委、解放军总政治部、教育部、人民银行、国资委 9 个部门统筹协调、分工负责，逐步建立起定点扶贫牵头联系机制。多数定点扶贫单位都明确了扶贫责任，制定了资金筹集、干部选派、调查研究、项目管理等规章制度，使定点扶贫工作逐步制度化、规范化。一些单位还将定点县作为调研基地、试验基地，将定点县行之有效的办法推广到其他贫困地区，形成了由点带面的工作格局。

定点扶贫已经成为我国扶贫开发事业一支不可或缺的重要力量。纵观古今中外，没有哪一个国家、哪一个朝代，能够像我们今天这样，动员这么多党政机关、部队、人民团体和国有企事业等到贫困县、贫困村开展扶贫工作。只有在共产党领导的社会主义制度下才能做到，这是我们政治优势和制度优势的重要体现。

当然，在充分肯定成绩的同时，我们也要看到，定点扶贫工作开展不平衡的问题也长期存在。近两年国务院督查时均发现，有少数单位没有落实帮扶责任，挂名无实，多年未开展任何工作；一些单位存在畏难情绪，把定点扶贫作为一种负担，应付了事；一些单位帮扶方式单一、办法不多、思路不宽，仅限于年底给几个贫困户送送温暖；一些单位把帮扶的主要力量用到给贫困县上项目上，对贫困人口脱贫关注不够；一些受帮扶的贫困县也或多或少存在着期望值高、依赖思想重、自身努力不够等问题。对于定点扶贫工作中存在的问题，国务院扶贫开发领导小组、各定点扶贫单位必须高度重视，并认真研究解决。

二、切实推进定点扶贫工作取得实效

中央扶贫开发工作会议和中央关于打赢脱贫攻坚战的决定，对定点扶贫工作作出明确部署，各定点扶贫单位要按照中央的要求，认真抓好落实。

首先，领导要重视，要把定点扶贫工作摆到重要位置。消除贫困、改善民生、逐步实现共同富裕，是社会主义的本质要求，是我们党的重要使命，党中央、国务院高度重视。十八大以来，习近平总书记国内考察 25 次，14 次涉及扶贫，其中有 7 次是把扶贫作为重要内容，连续 3 年第一次国内考察都是到贫困地区看真贫。从河北阜平、陕西延安到贵州遵义，从中央全会、全国“两会”到联合国峰会，总书记都反复强调扶贫开发的重大意义。李克强总理也多次深入贫困地区，调研扶贫工作。刚刚闭幕的十八届五中全会，明确了全面建成小康社会新的目标要求，其中很重要的一个方面是，我国现行标准下农村贫困人口实现脱贫，贫困县全部摘帽，解决区域性整体贫困。习近平总书记多次讲，全面建成小康社会，最艰巨的任务是脱贫攻坚，最突出的短板在脱贫攻坚。我们一定要从全面建成小康社会、实现第一个百年奋斗目标的高度，从巩固党的执政基础的高度，充分认识扶贫工作的重要性。

组织中央单位开展定点扶贫，是中央从全局出发作出的重大决策。消除贫困是社会主义的本质要求，是党和政府的责任所在。体现这一要求和责任，既需要制定有力的政策措施，也需要中央单位有实实在在的具体行动。开展定点扶贫，就是中央单位践行扶贫使命的重要举措，不仅直接体现中央对扶贫工作的高度重视，也会对地方扶贫工作和社会扶贫实践起到引领和示范作用。我们必须从这样的高度来认识定点扶贫。定点扶贫，联系到县，帮扶到村、到户，有利于把党和国家的各项方针政策落实到基层，有利于更好地倾听基层的声音，形成政策信息、市场信息、科技信息以及社情民意交流的新通道，不仅能够有效促进贫困地区的发展，也能够促进定点单位更好地改进工作。

各单位一定要切实担负起这一光荣而艰巨的政治任务，在推进脱贫攻坚上做出表率。要加强组织领导，增加投入力度，深入做好定点扶贫工作。有的单位认为，自己不掌握项目、不管资金，定点扶贫工作难度大。其实，增加定点扶贫投入，既包括资金投入，也包括人力的投入、领导同志精力的投入，以及其他方面的投入。资金的帮扶是扶贫，提供智力的支持、开展技术服务、提供信息政策指导等，也是扶贫。帮助贫困地区研究问题、制定规划、介绍好的经验做法等，都会促进脱贫。各单位只要从实际出发，从自身优势出发，真心为贫困人口做事，都能够找到适合自己的定点扶贫路径。从当前情况看，真正把能干的干部、对贫困地区贫困群众有感情的干部，派到对口扶贫的第一线；领导同志每年到定点扶贫的地方走一走，研究如何改进定点帮扶工作，对于落实好中央交办的任务、提高对口扶持效果，都会大有帮助，都是值得重视的投入。

其次，目标要明确，要真正瞄准建档立卡贫困户。中央扶贫开发工作会议上，习近平总书记分析扶贫工作存在的问题时指出，“有的地方特别是贫困县党委和政府没有把扶贫工作摆在首位，重县城建设轻农村发展、重区域开发轻贫困人口脱贫、重‘面子工程’轻惠民实效等现象较为普遍。”实际上，地方扶贫工作中的这些问题，在定点扶贫中同样存在。有的定点单位，扶持资金主要投到了县城，有的把主要精力放到协调大项目上，有的主要是解决一般性的民生问题，而对最需要帮扶的贫困户关注不够、帮扶不够。一些单位在定点扶贫中，为贫困县建了一些基础设施项目，有的甚至还很“高大上”，这虽然对贫困县的发展有作用，但有些项目并没有真正考虑到贫困群众的需要，对解决贫困人口的脱贫问题，直接帮助不大。习近平总书记多次强调，扶贫开发贵在精准、重在精准，成败之举在于精准。打赢脱贫攻坚战，要坚持精准扶贫精准脱贫的基本方略。所谓精准，就是要解决7000万人的脱贫问题。定点扶贫也必须在精准上下功夫，要把目标瞄准建档立卡贫困人口，资金和措施要落到建档立卡贫困户，干部的主要精力要放到帮扶建档立卡贫困户。没有明确的目标，定点单位即使花了很大的财力、物力、人力，贫困群众可能依然贫困。这也是许多年来，我们对贫困县“年年扶贫年年贫”的重要原因。定点扶贫一定要精确瞄准贫困人口，真正做到雪中送炭，直接围绕为贫困人口脱贫办实事，要力戒形式主义，不搞“政绩工程”。这要作为新一轮定点扶贫的一个基本要求。

第三，措施要精准，要切实促进贫困人口脱贫。定点扶贫，目的是帮助贫困人口脱贫，决不能简单地理解为向贫困县提供资金、技术、信息等，更不能将筹集的扶贫资源一给了之。要在认真调查研究和分析论证的基础上，针对贫困人口科学帮扶，按照“缺什么补什么”的原则，因村施策、因户施策、因人施策。各类扶贫项目、各项扶贫工作，都要有助于建档立卡贫困人口脱贫，都要与带动贫困户脱贫挂钩。一家一户可以开展的扶贫项目，要扶持建档立卡户来干。不适宜一家一户干的，或者贫困户自己不能干的项目，要研究建立贫困户受益机制。要积极引导贫困户的资源、各项扶贫资金入股相关产业项目，让贫困户按股分享收益。把扶贫资源折股量化给贫困户，再投入到规模种养、光伏产业、水电等项目中，贫困户在享有保底收益的基础上参与分红，既可以支持产业，促进企业、大户、合作社等的发展，也能够让贫困户获取稳定的收益，具有一石二鸟的效果。总之，定点扶贫一定要认真研究贫困人口的参与机制、受益机制，真正帮助贫困人口脱贫。

第四，干部要得力，要把优秀干部派到扶贫一线。选派优秀中青年干部到定点扶贫地区挂职锻炼，是中央单位定点扶贫的重要形式和优良传统。各单位要把开展定点扶贫工作与培养锻炼干部结合起来，选派德才兼备、具有发展潜力和培养前途的优秀中青年干部去挂职、去任贫困村“第一书记”，这是加强干部队伍建设的一条新的途径。干部到贫困地区扶贫，可以更好地体察民情、了解国情，从人民群众中吸取政治营养，提高做好群众工作和解决实际问题的能力。这些年来，已经有不少干部通过定点扶贫成长起来，走上更加重要的岗位。要防止把单位的“闲人”派下去，回来后继续成为“边缘人”，切实做到因县、因村派人。贫困县、贫困村需要什么样的人才，就把哪方面的人派过去，让挂职干部和“第一书记”真正能发挥专长、发挥作用。派出单位要做挂职干部的坚强后盾，支持他们干事创业，确保下得去、待得住、干得好。

第五，资源要用好，要促进定点扶贫

资源发挥最大效益。定点扶贫单位掌握大量政策信息、市场信息、人才技术和资金等扶贫资源，要促进定点扶贫资源与地方资源相结合，形成扶贫合力。要积极宣传扶贫政策，深入调查研究，与当地干部群众一道，理清发展思路，更新发展观念，制定脱贫规划。定点扶贫帮什么、怎么帮，要与当地干部群众充分协商，帮扶计划要与当地脱贫攻坚规划相衔接，避免另起炉灶、重复建设。要充分尊重地方政府的脱贫攻坚主导地位，投入的扶贫资源允许地方政府整合使用，但要加强监督管理，确保真正用于扶贫。也可以探索管住两头、放开中间的方法，一头给思路、给资源、给投入、给信息、提要求，另一头是管监督、管减贫效果，中间以地方为主组织实施。要发挥好定点扶贫资源的杠杆作用，通过引进新项目、新技术、新思路、新理念等，撬动更多地方及社会扶贫资源，放大扶贫效应，加快贫困群众脱贫步伐。

打赢脱贫攻坚战，中央企业要承担更多的社会责任，加大对贫困地区特别是贫困革命老区的支持力度。习近平总书记在中央扶贫开发会议上特别提出，“承担定点扶贫任务的中央企业，要把帮扶作为政治责任，不能有丝毫含糊。”各中央企业要积极落实总书记的指示要求，拿出一定的经营利润、选派得力干部，开展好“百县万村”定点帮扶活动，帮助贫困村解决缺水、缺电、缺路等瓶颈制约和群众迫切需要解决的突出民生问题，瞄准建档立卡贫困户，加大帮扶力度，促进贫困群众脱贫。这方面请国资委加强协调。

三、进一步完善定点扶贫工作机制

定点扶贫工作，不是临时突击任务，也绝非一朝一夕之事，需要坚持不懈的努力。深入推进这项工作，必须不断健全和完善各项工作机制。

一要建立领导责任制。各单位要把定点扶贫作为一项重要政治任务，主要领导同志要亲自抓，要明确具体工作责任人。单位领导同志每年至少要到定点县开展一次扶贫调研，开一次专题会议，研究部署定点扶贫工作，推动扶贫举措落实。要认真制订帮扶规划和年度计划，一张蓝图管长远，一茬接着一茬干，不脱贫、不脱钩。即使已经脱贫摘帽的贫困县，帮扶支持也要延续到 2020 年，做到“扶上马、送一程”。

二要建立工作考核机制。定点扶贫既然是一项严肃的政治任务，那就要用严格的制度来要求、来监督。在中央扶贫开发工作会议上，习近平总书记一针见血地指出，定点扶贫“至今还没有实打实的考核办法，有的单位对挂钩贫困县发展很少关心、甚至不管不问，最后做与不做、做多做少一个样。”下一步，国务院扶贫开发领导小组将以扶贫成效为导向，对定点扶贫工作进行严格考核。目前，扶贫办正会同牵头部门研究具体考核办法，明年要开始实施。考核不仅要看拿了多少钱、派了多少人、办了多少事，更要看有多少人脱了贫。帮助建档立卡贫困人口脱贫才是最根本的，这是扶贫成效最主要的标志。定点扶贫单位要根据这一要求，明确帮扶的方向、措施。每年用多少钱，解决多少建档立卡人口脱贫，是哪些户，用什么措施，都要清清楚楚，年年兑现。干得好的给荣誉给奖励，干得不好就给压力，该诫勉谈话的要谈话、该问责的要问责。扶贫开发领导小组的考核结果要向党中央、国务院报告。

三要建立宣传表彰机制。结合定点扶贫工作考核结果，国务院扶贫开发领导小组将每年开展一次情况通报，每两年组织一次先进评选表彰活动，对取得突出成绩的单位和个人授予“定点扶贫先进集体”和“定点扶贫先进个人”荣誉称号。受表彰的集体和个人可结合实际，酌情给予奖励，优秀事迹要在全国主流媒体予以宣传。

四要建立干部管理使用机制。派驻定点县和贫困村的扶贫干部，承担任务重，工作条件艰苦，远离单位，远离家人。各单位要对他们倍加关心，及时帮助解决生活和工作中遇到的困难，消除他们的后顾之忧，使他们能够全身心地投入工作。对于政治素质高、作风过硬、贡献突出的挂职干部和贫困村“第一书记”，同等条件下应当优先重用。

同志们，打赢脱贫攻坚战，任务艰巨，使命光荣。让我们紧密团结在以习近平同志为总书记的党中央周围，锐意进取、攻坚克难，切实加大定点扶贫工作力度，为如期完成脱贫攻坚任务、夺取全面建成小康社会决胜阶段的伟大胜利作出新的贡献！

行业文件

住房和城乡建设部、国家发展和改革委员会、财政部关于做好2015年农村危房改造工作的通知

建村〔2015〕40号

各省、自治区住房城乡建设厅、发展改革委、财政厅，直辖市建委（农委）、发展改革委、财政局：

为贯彻落实党中央、国务院关于加大农村危房改造力度、统筹搞好农房抗震改造的要求，切实做好2015年农村危房改造工作，现就有关事项通知如下：

一、中央支持范围

2015年中央支持全国农村地区贫困农户改造危房，在地震设防地区结合危房改造实施农房抗震改造，在"三北"地区（东北、西北、华北）和西藏自治区结合危房改造开展建筑节能示范。在任务安排上，对国家确定的集中连片特殊困难地区和国家扶贫开发工作重点县等贫困地区、抗震设防烈度8度及以上的地震高烈度设防地区予以倾斜，单列任务。

二、补助对象与补助标准

农村危房改造补助对象重点是居住在危房中的农村分散供养五保户、低保户、贫困残疾人家庭和其他贫困户。补助对象的确定要坚持公开、公平、公正原则，优先帮助住房最危险、经济最贫困农户解决最基本安全住房。

2015年农村危房改造中央补助标准为每户平均7500元，在此基础上对贫困地区每户增加1000元补助，对建筑节能示范户每户增加2500元补助。各省（区、市）要依据改造方式、建设标准、成本需求和补助对象自筹资金能力等不同情况，合理确定不同地区、不同类型、不同档次的省级分类补助标准。要充分考虑地震高烈度设防地区农房抗震改造可能增加的成本，切实落实对地震高烈度设防地区特困农户在补助标准上的倾斜照顾。

三、强化农房抗震要求，加快地震高烈度设防地区农房抗震改造

地震设防地区实施农房抗震改造要严格执行《农村危房改造抗震安全基本要求（试行）》（建村〔2011〕115号）。通过对危房维修加固实施抗震改造的，应组织技术力量对原有房屋进行抗震性能鉴定，判定主要结构安全隐患，提出有针对性的加固方案并指导实施。地震高烈度设防地区

的县级住房城乡建设部门要加大宣传力度，向广大农民宣传和普及农房抗震加固常识，编印和发放农房抗震鉴定及加固技术操作手册，引导和指导符合条件的贫困农户科学实施农房抗震改造。

各地要发挥农村危房改造有效提升农房抗震防灾能力的作用，优先支持地震高烈度设防地区农村危房实施抗震改造，安排到该类地区的任务总量不得低于中央下达的农房抗震改造任务量。要集中力量加快解决地震高烈度设防地区的农房抗震安全问题，尽快扭转该地区农房抗震性能差、在地震中易造成农民生命财产严重损失的局面。

四、加强资金筹措

各地在分配危房改造任务时要向贫困地区倾斜，安排到贫困地区县的任务总量不得低于中央下达的贫困地区任务量。地方各级财政要将农村危房改造地方补助资金和项目管理等工作经费纳入财政预算，省级财政要切实加大资金投入力度，帮助自筹资金确有困难的特困农户解决危房改造资金问题。有条件的地区要创新补助方式，研究制定贷款贴息等支持政策，提高补助资金使用效益，中央将支持具备条件的地区开展银行信贷贴息的试点。各地要采用多种方式帮助农民自筹资金，充分发挥农民的主体作用，通过投工投劳和互助等降低改造成本，同时要积极发动社会力量捐赠和资助，逐步构建农民自筹为主、政府补助引导、银行信贷和社会捐助支持的多渠道农村危房改造资金投入机制。各地要采取积极措施，整合相关项目和资金，将游牧民定居、自然灾害倒损农房恢复重建、贫困残疾人危房改造、扶贫安居等资金与农村危房改造资金有机衔接。要利用好中央财政提前下达资金，支持贫困农户提前备工备料。

五、加强资金和计划管理

农村危房改造补助资金实行专项管理、专账核算、专款专用。各地要按照《中央农村危房改造补助资金管理暂行办法》（财社〔2011〕88号）规定，加强农村危房改造补助资金的使用管理，健全内控制度，执行规定标准，直接将补助资金发放给补助对象，严禁截留、挤占、挪用或变相使用。各级发展改革部门要按照中央预算内投资管理的有关要求以及改造任务和补助资金分配方案，及时做好中央预算内投资计划的分解下达工作。各级财政部门要牵头加强资金使用的监督管理，及时下达资金，加快预算执行进度，并积极配合有关部门做好审计、稽查等工作。开展银行信贷贴息试点地区要研究完善贴息资金的使用管理办法，将贴息贷款的使用纳入农村危房改造资金监管体系。

六、科学制定实施方案

各省级住房城乡建设、发展改革、财政等部门要认真组织编制2015年农村危房改造实施方案，明确政策措施、任务分配、工程进度计划、资金安排和监管要求，并于2015年7月底前联合上报住房城乡建设部、发展改革委、财政部（以下简称3部委）。各省（区、市）要综合考虑各县的实际需求、建设管理能力、地方财力、工作绩效等因素，合理分配危房改造任务，指导各县细化落实措施，确保中央安排的危房改造任务于2015年底前全部完工。

七、合理选择改造建设方式

各地要因地制宜，积极探索符合当地实际的农村危房改造方式，努力提高补助资金使用效益。拟改造农村危房属整体危险（D级）的，原则上应拆除重建，属局部危险（C级）的应修缮加固。危房改造以农户自建为主，农户自建确有困难且有统建意愿的，各地要发挥组织、协调作用，帮助农户选择有资质的施工队伍统建。对于农村分散供养五保户等特殊困难群众，各地要创新工作方法，通过政府统一建设、空置房置换或对现有旧校舍、旧厂（场）房等闲置房屋修缮加固等方式，帮助其解决最基本的安全住房。要积极编制村庄规划，统筹协调道路、供水、沼气、环保等设施建设，整体改善村庄人居环境，不得借危房改造名义实施村庄整体迁并。

八、严格执行申请审核程序和建设标准

农村危房改造补助对象审核要严格执行农户自愿申请、村民会议或村民代表会议民主评议、乡（镇）审核、县级审批等程序。乡镇联系单位的驻村工作队要积极参与民主评议与入户审核等过程，充分发挥监督和指导作用。同时，建立健全公示制度，补助对象的基本信息和各审查环节的结果要及时在村务公开栏公示。县级住房城乡建设部门要组织做好与经批准的危房改造农户签订合同或协议工作，并征得农户同意公开其有关信息。

农村危房改造要符合基本建设要求，改造后的农房须建筑面积适当、主要部件合格、房屋结构安全和基本功能齐全。地震高烈度设防地区的农房改造后应达到当地抗震设防标准。原则上，改造后的农房人均建筑面积不低于13平方米；房屋建筑面积宜控制在60平方米以内，可根据家庭人数适当调整，但3人以上农户的人均建筑面积不得超过18平方米。各地要按照基本建设要求加强引导和规范，积极组织制定农房设计方案，为有扩建需求的危房改造户预留好接口，防止群众盲目攀比、超标准建房。县级住房城乡建设部门要按照基本建设要求及时组织验收，逐户逐项检查和填写验收表。需检查项目全部合格的视为验收合格。凡验收不合格的，须整改合格方能全额拨付补助款项。

九、强化质量安全管理

各地要建立健全农村危房改造质量安全管理制度。农房设计要符合抗震要求，符合农民生产生活习惯，可以选用县级以上住房城乡建设部门推荐使用的通用图、有资格的个人或有资质的单位的设计方案，或由承担

危房改造工程的农村建筑工匠设计。农村危房改造必须由经培训合格的农村建筑工匠或有资质的施工队伍承担。承揽农村危房改造项目的农村建筑工匠或者单位要对质量安全负责，并按合同约定对所改造房屋承担保修和返修责任。乡镇建设管理员要加强对农房设计的指导和审查，在农村危房改造地基基础、抗震措施和关键主体结构施工过程中，要及时到现场逐户技术指导和检查，发现不符合基本建设要求的当即告知建房户，并提出处理建议和做好记录。

地方各级尤其是县级住房城乡建设部门要加强危房改造施工现场质量安全巡查与指导监督。开设危房改造咨询窗口，面向农民提供危房改造技术和工程纠纷调解服务。结合建材下乡，组织协调主要建筑材料的生产、采购与运输，并免费为农民提供主要建筑材料质量检测服务。各地要健全和加强乡镇建设管理机构，加强乡镇建设管理员和农村建筑工匠培训与管理，提高服务和管理农村危房改造的能力。

十、加强传统村落和传统民居保护

各地在安排危房改造任务、制定分类补助标准时要充分考虑传统村落和民居保护的需要，加大支持力度。传统村落范围内的农村危房改造要符合所在村落保护发展规划要求，坚持分散分户改造为主，在同等条件下符合保护发展规划、传承传统建造技术的优先安排，已有搬迁计划的村庄不予安排。地方各级住房城乡建设部门要加强当地传统建筑材料利用研究，传承和改进传统建造工法，探索符合标准的就地取材建房技术方案。在编制农村危房改造图集及设计方案时，要总结吸纳当地传统民居的建筑文化和建造技术，提供相应技术指导。完善抗震加固方法，对传统民居进行抗震改造不得破坏其传统风貌。农村危房改造工作中，如涉及县级以上文物保护单位的搬迁和改扩建项目，应依法履行相关报批手续。

十一、全面加强农村危房改造风貌管理

农村危房改造应实施风貌管理。改造后农房要体现地域特征、民族特色和时代风貌，注重保持田园和传统特色。开展农村危房改造的县都应制定或具备符合当地实际的农房设计图及风貌管理要求。风貌管理要求应包括选址、建筑体量、外观等方面内容，并纳入村庄规划。县级住房城乡建设部门应在开工前将农房设计图及风貌管理要求送达危房改造农户，加强现场指导，并将建筑风貌作为竣工验收的内容。省级住房城乡建设部门应对县级农村危房改造风貌管理工作予以指导和支持，汇总各县农房设计图及风貌管理要求、实施风貌管理的危房改造农户比例等情况，并于2015年底前报住房城乡建设部。各地农村危房改造风貌管理的情况将列为农村危房改造年度绩效评价的内容。对农村危房改造风貌管理工作先进的地区，住房城乡建设部将予以表扬。

十二、完善农户档案管理

农村危房改造实行一户一档的农户档案管理制度，批准一户、建档一户。每户农户的纸质档案必须包括档案表、农户申请、审核审批、公示、协议等材料，其中档案表要按照全国农村危房改造农户档案管理信息系统（以下简称信息系统）公布的最新样表制作。在完善和规范农户纸质档案管理与保存的基础上，严格执行农户纸质档案表信息化录入制度，将农户档案表及时、全面、真实、完整、准确地录入信息系统。各地要按照农村危房改造绩效评价和试行农户档案信息公开的要求，加快农户档案录入进度，提高录入数据质量，加强对已录入农户档案信息的审核与抽验，合理处置系统中重复的农户档案。改造后农户住房产权归农户所有，并根据实际做好产权登记。

各地要加强农村住房信息系统的动态管理，按照住房城乡建设部关于开展农村危房现状调查的有关要求，补充完善调查信息，并对已录入信息实行年度更新。未录入农村住房信息系统中的危房，不能列为农村危房改造的补助对象。对于已改造危房，农村住房信息系统将按照危房改造农户档案管理信息系统中数据自动更新相应的信息。

十三、推进建筑节能示范

建筑节能示范地区各县要安排不少于5个相对集中的示范点（村），有条件的县每个乡镇安排一个示范点（村）。每户建筑节能示范户要采用2项以上的房屋围护结构建筑节能技术措施。省级住房城乡建设部门要及时总结近年建筑节能示范经验与做法，制定和完善技术方案与措施；充实省级技术指导组力量，加强技术指导与巡查；及时组织中期检查和竣工检查，开展典型建筑节能示范房节能技术检测。县级住房城乡建设部门要按照建筑节能示范监督检查要求，实行逐户施工过程检查和竣工验收检查，并做好检查情况记录。建筑节能示范户录入信息系统的“改造中照片”必须反映主要建筑节能措施施工现场。加强农房建筑节能宣传推广，开展农村建筑工匠建筑节能技术培训，不断向农民普及建筑节能常识。

十四、健全信息报告制度

省级住房城乡建设部门要严格执行工程进度月报制度，于每月5日前将上月危房改造进度情况报住房城乡建设部。省级发展改革、财政部门要按照有关要求，及时汇总并上报有关农村危房改造计划落实、资金筹集、监督管理等情况。各地要组织编印农村危房改造工作信息，将建设成效、经验做法、存在问题和工作建议等以简报、通报等形式，定期或不定期上报3部委。省级住房城乡建设部门要会同发展改革、财政部门于2016年1月底前将2015年度农村危房改造总结报告报3部委。

十五、完善监督检查制度

各地要认真贯彻落实本通知要求和其它有关规定，主动接受纪检监察、审计和社会监督。各级住房城乡建设、发展改革、财政等部门要定期对资金的管理和使用情况进行监督检查，发现问题，及时纠正，严肃处理。问题严重的要公开曝光，并追究有关人员责任，涉嫌犯罪的，移交司法机关处理。加强农户补助资金兑现情况检查，坚决查处冒领、克扣、拖欠补助资金和向享受补助农户索要“回扣”、“手续费”等行为。财政部驻各地财政监察专员办事处和发改稽查机构要加强对各地农村危房改造资金使用情况的日常监管，根据《财政违法行为处罚处分条例》（国务院令第 427 号）和《中央预算内投资补助和贴息项目管理办法》（国家发展改革委第 3 号令）等相关规定，加大对挤占、挪用、骗取、套取农村危房改造资金行为的监督检查和惩处力度。

农村危房改造实施全程监管和绩效评价。各地要进一步完善公示制度，必须将当年农村危房改造政策、补助对象基本信息和各审查环节的结果在村务公开栏公示，加大对公示环节落实情况的检查。要加强农房质量安全管理和风貌管控，做好危房改造实施全过程的现场技术指导和检查。要继续完善农村危房改造农户档案管理信息系统，进一步推进农户档案信息公开，鼓励社会各界利用信息系统公开查询与监督。要广泛收集并及时调查和处理群众举报的信息，建立信息定期反馈机制。要建立健全农村危房改造绩效评价制度，完善激励约束并重、奖惩结合的任务资金分配与管理机制，逐级开展年度绩效评价。各地住房城乡建设部门要会同发展改革、财政部门参照《农村危房改造绩效评价办法（试行）》（建村〔2013〕196 号）实施年度绩效评价，全面监督检查当地农村危房改造任务落实、政策执行、资金使用情况。地震高烈度设防地区农房抗震改造的任务落实、补助标准倾斜、实施效果也要纳入绩效评价范围。

十六、加强组织领导与部门协作

各地要加强对农村危房改造工作的领导，建立健全协调机制，明确部门分工，密切配合。各地住房城乡建设部门、发展改革和财政部门要在当地政府领导下，会同民政、地震、民族事务、国土资源、扶贫、残联、环保、交通运输、水利、农业、卫生、文物等有关部门，共同推进农村危房改造工作。地方各级住房城乡建设部门要通过多种方式，积极宣传农村危房改造政策，认真听取群众意见建议，及时研究和解决群众反映的困难和问题。

住房和城乡建设部
国家发展和改革委员会
财政部
2015 年 3 月 11 日

民政部、中国银行业监督管理委员会关于银行业金融机构协助开展社会救助家庭存款等金融资产信息查询工作的通知

民发〔2015〕61号

各省、自治区、直辖市民政厅（局），各计划单列市民政局，新疆生产建设兵团民政局，各银监局，各政策性银行、国有商业银行、股份制商业银行、邮储银行、各省级农村信用联社：

为贯彻落实《社会救助暂行办法》（国务院令第649号）和《国务院关于进一步加强和改进最低生活保障工作的意见》（国发〔2012〕45号），加快建立跨部门、多层次、信息共享的社会救助申请家庭经济状况核对机制，不断推进社会救助对象认定工作的科学性，根据《国务院办公厅关于印发贯彻实施〈社会救助暂行办法〉重点任务分工方案的通知》（国办函〔2014〕44号）要求，现就银行业金融机构协助民政部门开展申请和已获得社会救助家庭（以下简称社会救助家庭）存款等金融资产信息查询工作有关事项通知如下：

一、目标任务

准确认定社会救助对象是确保社会救助制度公平公正实施的前提，事关困难群众基本生活权益的保障，对维护社会和谐稳定、促进社会公平正义具有重要意义。通过户籍管理、税务、社会保险、不动产登记、工商登记、住房公积金管理、车船管理等单位和银行、保险、证券等金融机构，对社会救助家庭声明的户籍、人口及其经济状况信息进行全面、客观核对，是准确认定社会救助对象的重要基础，也是社会救助审核审批的重要环节。银行业金融机构掌握的存款等金融资产信息是客观判断居民家庭收入、财产状况的重要依据，是居民家庭经济状况核对工作的主要内容。各地要抓紧建立部门协作、信息共享的金融资产信息查询机制，加快完善居民家庭经济状况核对办法，确保社会救助制度公平公正实施，进一步提升政府公信力，促进社会公平正义，不断提升社会救助管理服务水平。

二、基本原则

（一）坚持及时高效。各银行业金融机构要根据民政部门查询需要，及时反馈社

会救助家庭所有成员的存款等金融资产信息，确保在居民家庭经济状况核对中，使用的数据准确、完整、有效。

（二）坚持授权查询。民政部门在查询社会救助家庭存款等金融资产信息时，须经社会救助家庭所有成员的授权。经授权后，民政部门方可向银行业金融机构提出查询需求。银行业金融机构根据民政部门查询需求对相关信息进行查询、比对。

（三）坚持安全保密。开展存款等金融资产信息查询应坚持专人查询、手续完备、程序严密，严格按照信息保密有关规定安全实施。要建立信息查询工作责任制，落实信息安全管理责任，民政部门要指定专人负责信息查询工作，做到谁查询、谁负责，切实保护公民个人信息。

（四）坚持重点抽查与不定期复核相结合。对群众举报或在家庭经济状况审核中发现有关线索、需要进一步核实相关信息的社会救助申请家庭，要重点查询其存款等金融资产信息；对已获得社会救助的家庭，要按照动态管理的要求，不定期对其存款等金融资产信息进行查询。

三、查询内容和方式

（一）查询内容

根据社会救助对象认定工作需要，民政部门查询社会救助家庭金融资产信息，应向银行业金融机构提供社会救助家庭所有成员的姓名、证件类型、证件号码、申请原因、查询内容、查询时点等数据项。

银行业金融机构经查询比对后，向民政部门反馈的数据项包括：与申请人姓名、证件类型、证件号码对应的账户类型、账号、开户银行名称、余额，以及截止时点拥有有效的理财产品名称、理财账号、截止时点理财产品份额/价值等。

（二）查询方式

1. 介质交换方式。民政部门采用介质方式以电子表格形式将需要查询的信息数据送交银行业金融机构，银行业金融机构查询后按约定方式及时反馈民政部门。

2. 网络化交换方式。具备条件的地方应充分利用信息化基础设施，在做好安全防范措施的基础上，利用专用通道，通过前置服务器和银行业金融机构交换信息。双方根据信息交换量确定网络类型、带宽及所需的服务器配置。

四、保障措施

（一）加强组织领导。各地民政部门、银监局及银行业金融机构要充分认识社会救助家庭存款等金融资产信息查询工作的重要意义，在当地党委、政府的领导下，将加快建立存款等金融资产信息查询机制纳入本部门信息化建设的总体规划。要充分发挥“政府领导、民政部门牵头、有关部门配合、社会力量参与”的社会救助工作协调机制作用，统筹规划和组织实施信息查询工作，及时梳理和解决工作中出现的新情况、新问题，确保信息查询工作取得实效。

（二）落实工作责任。各地民政部门、银监局要按照国务院有关要求，明确工作责任，抓好任务落实。民政部门要结合当地工作实际，主动会同银监局及银行业金融机构研究制定存款等金融资产信息查询的具体办法，规范信息查询程序、时限和结果使用；银行业金融机构要根据信息查询的需要，及时向民政部门反馈社会救助家庭所有成员个人名下存款等金融资产方面的信息，确保提供数据的真实性、时效性和完整性。

（三）规范查询程序。县级民政部门认定社会救助对象需通过银行业金融机构查询社会救助家庭存款等金融资产信息的，须经社会救助家庭所有成员授权并在授权书上签字确认，无法签字确认的，应以其他合法方式确认授权。授权书应规范、统一、合法。县级民政部门可委托依法成立的居民家庭经济状况核对机构开展相关查询工作，指定专人负责查询事项。在向银行业金融机构提出存款等金融资产信息查询需求时，应按照查询工作程序，履行相关手续。对于民政部门符合要求、手续完备的查询事项，银行业金融机构不得拒绝、推诿。

（四）强化责任追究。各地民政部门、银监局要加强对存款等金融资产信息查询工作的监督指导，定期对信息查询和使用情况进行检查监督。要建立健全内部工作制度，指定专人负责，建立工作责任追究制度。对拒绝或无故拖延，不能及时提供相关信息的银行业金融机构，由有关地方银监局视情予以严肃处理；对违规使用和泄漏共享信息的民政部门工作人员，应视情节轻重给予批评教育或行政处分，涉嫌犯罪的，依法追究其法律责任。

民政部

中国银行业监督管理委员会

2015年3月24日

教育部、国家发展和改革委员会、国家卫生和计划生育委员会、财政部、人力资源和社会保障部、国家中医药管理局关于进一步做好农村订单定向医学生免费培养工作的意见

教高〔2015〕6号

各省、自治区、直辖市教育厅（教委）、发展改革委、卫生计生委、财政厅（局）、人力资源社会保障厅（局）、中医药管理局，新疆生产建设兵团教育局、发展改革委、卫生局、财务局、人力资源社会保障局，兰州大学：

2010年，国家发展改革委等部门启动实施了农村订单定向医学生免费培养工作。为贯彻落实《国务院关于建立全科医生制度的指导意见》（国发〔2011〕23号）、《国家卫生计生委等7部门关于建立住院医师规范化培训制度的指导意见》（国卫科教发〔2013〕56号）和《教育部等6部门关于医教协同深化临床医学人才培养改革的意见》（教研〔2014〕2号）精神，进一步做好农村订单定向医学生免费培养工作，现提出以下意见。

一、继续实施农村订单定向医学生免费培养工作

重点为乡镇卫生院及以下的医疗卫生机构培养从事全科医疗的卫生人才。免费医学生分5年制本科和3年制专科两种，以5年制本科为主，培养专业主要是临床医学、中医学（含民族医学，下同）专业，培养工作主要由举办医学教育的地方高等学校承担。3年制专科主要面向乡镇卫生院以下的医疗卫生机构和欠发达地区乡镇卫生院医疗卫生岗位，其培养、使用和支撑保障政策参照本科免费医学生有关规定执行。培养工作向集中连片特困地区、国家扶贫开发重点工作县倾斜。省级卫生计生、中医药、人力资源社会保障、财政部门根据本地农村卫生队伍建设发展规划和需求，于上年11月份前确定下一年度定向单位和岗位数，并会同省级教育行政部门提出各类免费医学生需求数量计划；省级教育行政部门商卫生计生、中医药、发展改革部门确定开展免费医学生培养的学校，省级卫生计生、中医药行政部门和教育行政部门联合与学校签署免费医学生培养协议。

二、统筹做好免费医学生招生录取工作

订单定向培养计划作为定向就业招生计划，纳入普通高等学校年度招生规模。报考免费医学定向就业招生计划的考生均须参加当年全国统一高考，实行单列志愿、单设批次、单独划线，本科计划在本科提前批次录取，高职计划在高职提前批次录取。免费医学生面向培养高校所在地全省（区、市）招生，原则上只招收农村生源，在符合投档要求的考生范围内，优先录取定岗单位所在县生源。生源不足时，未完成的计划可在院校所在同批次补征志愿时重新公布剩余计划，并按补征的考生志愿及录取要求，从高分到低分顺序录取，直至完成计划。中央财政支持的本科层次免费医学生在招生来源计划中单列编制，计划性质为“免费医学定向”。免费医学生录取后、获得入学通知书前，须与培养学校和定向就业所在地的县级卫生计生、人力资源社会保障行政部门签署定向就业协议，承诺毕业后到定向农村基层医疗卫生机构服务6年。免费医学生在学期间户籍仍保留在原户籍所在地，毕业后可按有关规定迁入定向就业所在地区。

三、落实好免费医学生培养经费

免费医学生在校学习期间免除学费，免缴住宿费，并补助生活费，学费、住宿费标准按照当地物价部门制定的收费标准执行，生活费补助标准由各省（区、市）结合实际确定，所需经费由省级财政在医疗卫生支出中统筹落实。国家每年为中西部乡镇卫生院招收5000名左右5年制临床医学、中医学专业的本科免费医学生，中央财政予以经费补助并将适时调整生均补助标准。免费医学生的生均拨款正常划拨。

四、改革免费本科医学生人才培养模式

要根据农村医疗卫生服务的特点，深化农村订单定向免费医学本科生人才培养模式改革，加强学生服务基层的荣誉感和责任感教育。

（一）完善免费医学教育人才培养目标。培养适应我国农村医疗卫生事业发展需要，具有良好的职业道德和较强的服务基层群众健康的意识，掌握扎实的医学基础理论、基本知识和基本技能，初步具备解决农村常见病、多发病、传染病和地方病等疾病的基本诊疗能力和相关公共卫生服务能力，毕业后经全科专业的住院医师规范化培训合格，能在农村基层医疗卫生机构从事全科医疗的下得去、用得上、留得住的高素质医疗卫生人才。

（二）优化调整教学内容和课程体系。要根据农村医疗卫生服务要求，优化课程设置，统筹安排基础医学课程与临床医学课程，推进基础医学、公共卫生与临床医学的有机结合，强化实践教学环节，将实践教学纳入课程体系，增加本地区常见病、多发病、传染病、地方病的诊疗防控、中医学（民族医学）常用诊疗技术和计划生

育技术的教学内容，加强全科医学理念和专业素质培养，构建与农村医疗卫生工作相适应的课程体系和教学内容。

（三）加强免费医学生临床能力培养。改革临床实践教学体系，实施早临床、多临床、反复临床教学计划，加强基层实践教学基地能力建设，优先考虑承担免费医学生培养任务的高校附属医院全科医生临床培养基地建设。增加免费医学生到县级医院、社区卫生服务中心、乡镇卫生院和县级公共卫生机构等基层医疗卫生机构见习、实习时间。

五、切实做好免费医学毕业生就业安排

免费医学生毕业后，按照入学前签署的定向就业协议，到相应县级卫生行政部门报到，由基层医疗卫生机构按照有关规定与之签订聘用合同，办理相关手续，实行合同管理。免费医学毕业生在协议规定的服务期内，经县级卫生计生行政部门批准，可在县域行政范围内的农村基层医疗卫生机构之间流动。

六、积极开展免费医学生毕业后教育培训

免费本科医学毕业生报到就业后，均须按照规定参加 3 年全科专业住院医师规范化培训，免费专科医学毕业生均须按规定参加 2 年助理全科医生培训。培训期间的人员管理、待遇、经费保障等政策按照有关规定执行。经招收录取纳入住院医师规范化培训或助理全科医生培训，并取得《住院医师规范化培训合格证书》或《助理全科医生培训合格证书》者，3 年住院医师规范化培训时间或 2 年助理全科医生培训时间计入 6 年服务期内。取得《住院医师规范化培训合格证书》并达到学位授予标准的临床医师，可以研究生毕业同等学力申请并被授予临床医学或中医硕士专业学位。免费医学毕业生按规定参加医师资格考试，考试合格者按相关规定注册为全科医师或全科助理医师。免费医学毕业生在服务期内，医师执业证书注明执业地点限乡镇卫生院和村卫生室。在服务期内参加住院医师规范化培训或助理全科医生培训的，执业注册按注册管理有关规定执行。

七、加强免费医学毕业生就业履约管理

不能毕业的免费医学生，要按规定退还已享受的减免教育费用和生活补助；延期毕业的，延续学年内的相关培养费用由学生本人承担。毕业及参加住院医师规范化培训或助理全科医生培训后未按协议到农村基层医疗卫生机构工作的免费医学生，要按规定退还已享受的减免教育培训费用和生活补助并缴纳违约金，具体办法由省级卫生计生、中医药、教育、财政、人力资源社会保障部门制定。省级卫生计生、中医药行政部门负责本行政区域内免费医学毕业生的履约管理，履约情况纳入医师诚信管理，公布违约记录，并记入人事档案。

八、完善免费医学毕业生职业发展的政策措施

在农村基层医疗卫生机构工作的免费医学毕业生，注册全科医师后可提前一年晋升中级职称。职称晋升按照国家有关规定可放宽外语要求，不对论文作硬性规定，把接诊量、服务质量、群众满意度等作为免费医学毕业生职称晋升的重要因素。对按协议到农村基层医疗卫生机构工作的免费医学毕业生，主管部门及其所在的基层医疗卫生机构要按照国家政策落实有关工资待遇，提供必要的工作生活条件和周转住房。取得《住院医师规范化培训合格证书》的免费医学毕业生，优先纳入全科医生特岗计划。在开展或参加各类业务培训时，要优先安排免费医学毕业生，鼓励其不断提高业务能力。对服务满 6 年、愿意继续留在基层医疗卫生机构工作的免费医学毕业生，所在单位要在绩效工资分配上予以适当倾斜。对服务满 6 年的免费医学毕业生，在城市公立医院和社区卫生服务中心公开招聘时，同等条件下优先聘用。

九、加强免费医学生培养工作的组织领导

各有关地区、部门和高等学校要进一步充分认识免费医学教育在基层医疗卫生服务体系建设中的重要作用，将该项工作作为深化医药卫生体制改革和学校改革发展的重要内容，结合本地实际，制订具体实施办法，加大投入，加强管理，为基层医疗卫生机构培养输送高素质的医疗卫生人才，有效提升基层医疗卫生机构的服务能力和水平。省级卫生计生、中医药行政部门负责协调落实免费医学毕业生工作岗位；省级人力资源和社会保障部门负责免费医学毕业生人事接转工作；省级财政部门负责落实相关经费保障。对中央财政支持中西部地区培养的免费本科医学生，各有关省级发展改革、人力资源社会保障、卫生计生、中医药、教育部门在免费医学生毕业当年 6 月 10 日前将免费医学生的就业落实情况报上级主管部门。

教育部
国家发展和改革委员会
国家卫生和计划生育委员会
财政部
人力资源和社会保障部
国家中医药管理局
2015 年 5 月 19 日

农业部、国家发展和改革委员会、国家民族事务委员会、民政部、国家林业局、国务院扶贫办关于实施开发农业农村资源支持农民工等人员返乡创业行动计划的通知

农加发〔2015〕8号

各省、自治区、直辖市及计划单列市、新疆生产建设兵团农业（农牧、农村经济）厅（局、委、办）、发展改革委、民（宗）委（厅、局）、民政厅（局）、林业厅（局）、扶贫办：

为深入贯彻党的十八届五中全会精神，落实《国务院办公厅关于支持农民工等人员返乡创业的意见》（国办发〔2015〕47号）决策部署，积极发挥农民工等返乡人员在创业创新中的生力军作用，促进农业提质增效、农民增收致富、农村繁荣稳定和稳增长、调结构、惠民生，农业部、国家发展改革委、国家民委、民政部、国家林业局、国务院扶贫办决定联合实施开发农业农村资源支持农民工等人员返乡创业行动计划。现就有关事项通知如下。

一、正确把握推进返乡创业行动的总体要求

（一）基本思路。深入贯彻党中央、国务院关于大众创业、万众创新一系列方针政策，以创新、协调、绿色、开放、共享的发展理念为引领，以促进返乡人员创业、带动农民就业增收为目标，围绕县域经济和农业农村经济发展，落实扶持政策、开发创业项目、搭建创业平台、培育创业人员、构建服务体系，引导和鼓励返乡农民工、中高等学校毕业生、退役士兵等人员，开发农业农村各类资源要素，创办领办市场主体，发展农村一二三产业，以产业促创业、创业促增收、创新促发展，使其成为创业兴业、致富一方的新型职业农民，为推进农业强、农村美、农民富和全面建成小康社会提供有力支撑。

（二）主要目标。计划从2015年11月开始，分三个阶段推进。动员部署阶段（2015年11月至12月）。各地制订具体实施方案，积极发动，部署落实。全面实施阶段（2016年1月至2018年12月）。认真组织实施，探索载体模式，强化政策支持，抓好任务落实。深入推进阶段（2019年1月至2020年12月）。加强督促检查，总结推广成功经验，分析存在问题，不断完善

政策和工作机制，将返乡创业行动引向深入。

二、认真落实返乡创业扶持政策

（一）落实定向减税和普遍性降费政策。通过各类媒体和制作政策明白卡等形式宣传现有政策，积极协调相关部门，大力推动落实以下政策：在相应政策执行时间范围内，对月销售额2万元（含本数）至3万元的增值税小规模纳税人，免征增值税；对月营业额2万元至3万元的营业税纳税人，免征营业税（财税〔2014〕71号）；对年应纳税所得额低于30万元（含30万元）的小型微利企业，其所得按50%计入应纳税所得额，按20%的税率缴纳企业所得税（财税〔2015〕99号、34号）；对金融机构与小型、微型企业签订的借款合同免征印花税（财税〔2014〕78号）；对按月纳税的月销售额或营业额不超过3万元（含3万元），以及按季纳税的季度销售额或营业额不超过9万元（含9万元）的缴纳义务人，免征教育费附加、地方教育附加、水利建设基金、文化事业建设费（财税〔2014〕122号）。自工商登记注册之日起3年内，对安排残疾人就业未达到规定比例、在职职工总数20人以下（含20人）的小微企业，免征残疾人就业保障金（财税〔2014〕122号）。企业吸纳就业税收优惠的人员范围由失业一年以上人员扩大为失业半年以上人员（财税〔2015〕77号）。失业保险率降至2%（人社部发〔2015〕24号）。继续落实好财税〔2014〕42号等文件中扶持自主就业退役士兵创业就业的有关税收优惠政策。建立和实施涉企收费目录清单制度，从严审批涉企行政事业性收费和政府性基金项目，切实规范行政审批前置服务项目及收费，坚决查处各种侵害企业合法权益的违规行为（国办发〔2014〕30号）。为采用众创、众包、众扶、众筹模式的小微企业免费提供管理指导、技能培训、市场开拓、标准咨询、检验监测认证等服务（国发〔2015〕53号）。经工商登记注册的网络商户从业人员，同等享受各项就业创业扶持政策（国发〔2015〕24号）。执行一次申请、由工商行政管理部门核发一个营业执照的企业登记制度（国办发〔2015〕50号）。

（二）落实农业农村产业扶持政策。享受现行强农惠农富农及“三农”金融支持的一系列政策措施，正在实施的农产品初加工设施补助政策、农业技术示范与推广、新型职业农民培育工程、休闲农业示范创建等要向返乡创业创新群体重点倾斜。积极支持符合条件的返乡创业人员按程序申请有关支农资金和中小企业发展专项资金。支持农民合作社建设农产品加工仓储冷链物流设施，允许财政补助形成的资产转交农民合作社持有和管护。实施现代青年农场主计划和农村实用人才培养计划。农民创业享受与其他创业者相同税收优惠政策，符合条件的农村劳动者创业可按规定享受政府促进创业带动就业的优惠政策（发改西部〔2011〕854号）。符合《农业产品征税范围注释》（财税字〔1995〕52号）的，享受13%的增值税优惠，符合先行试点的（财税〔2012〕38号），执行纳税人再销售货物时的适用税率。从事农林牧渔业的，包括部分农产品初加工项目所得可以免征、减征企业所得税（国家税务总局公告2011年第48号、财税〔2011〕26号）。闲置宅基地整理结余的建设用地可用于休闲农业，鼓励利用“四荒地”（荒山、荒沟、荒丘、荒滩）发展休闲农业（农加发〔2015〕5号）。发挥沙产业优势和农牧民积极性，支持沙区建立合作社、协会，努力扩大农牧民就业，加大信贷支持力度，认真落实税收、保险等相关优惠政策。

（三）加强新政策创设。各地要从实际出发，加强调研论证，抓紧出台落实各项创业扶持政策的实施细则和配套政策。加大扶持力度，制定更优惠的支持政策，推动强农惠农富农政策和项目更多地惠及农民工等人员返乡创业。针对农民工等返乡人员特点和创业中存在的突出困难，在财政、税收、金融、保险、投资、用地用电用水等政策方面争取新的突破。探索利用财政资金撬动引导金融资本、社会资本、工商资本支持返乡创业。

三、鼓励开发返乡创业项目

（一）打造区域特色经济带动返乡创业。统筹发展县域特色经济、农村一二三产业融合发展，大力发展劳动密集型产业和特色农业项目，围绕区域特色经济创业兴业。引导农民工等返乡人员融入区域专业市场、产业示范带、块状经济和产业集群，学习借鉴先进的产业组织形式、经营管理方式，顺应消费结构、产业升级的市场需求创业创新。鼓励有条件的创业服务企业、行业协会、教育培训机构、群团组织等针对返乡创业人员特点开发一批创业项目，推荐给返乡创业人员采用。鼓励知名乡镇企业和农林龙头企业在延长产业链价值链过程中带动返乡创业。

（二）拓展农业功能带动返乡创业。鼓励返乡创业人员以农耕文化为魂、以美丽田园为韵、以生态农业为基、以创新创造为径、以古朴村落为形，充分开发乡村、乡土、乡韵潜在价值，发展休闲农业和乡村旅游，依托农业公园、森林公园、湿地公园等发展农（林、牧、渔）家乐、森林人家、森林旅游等，在农区变景区、田园变公园、民房变客房、青山变金山、产品变商品中创业兴业。

（三）壮大民族地区产业带动返乡创业。以少数民族特色村镇为载体，积极加大投入，改善特色村镇人居环境，大力发展民族风情旅游业和特色种养业，保护和改造民族特色民居，保护与发展少数民族传统手工艺，传承和弘扬民族优秀传统文化，为民族村镇经济的可持续发展注入生机和活力，带动民族地区返乡人员创业创新增收致富。

（四）培育新型农业经营主体带动返乡创业。鼓励返乡人员创办领办农民合作社、家庭农场、农业企业、龙头企业、林场等新型农业经营主体，发展设施农业、规模种养业、农产品加工业、休闲农（林、牧、渔）业、林下经济、农产品流通、农业电子商务、农技推广、农资配送、农业信息服务等领域创业兴业。引导返乡创业人员合作建立营销渠道，合作打造特色品牌，合作分散市场风险，通过发展股份合作制、合作制、股份制等组织形式，形成产权清晰、利益直接、风险共担、机制灵活的经营主体。

（五）发展林下经济带动返乡创业。结合当地森林资源情况，在保护好生态的前提下，充分利用林下空间，培育适合当地发展的林下经济品种，大力推进林下经济发展，扶持返乡人员在不断创新中创业。引导返乡创业人员树立生态保护责任意识，鼓励利用新技术、新工艺开展林产品精深加工和副产品开发，促进循环发展和综合利用。

（六）支持农村社区服务业带动返乡创业。健全农村社区服务网络，扩大农村社区公共服务供给，引导返乡人员到农村社区工作。完善农村社区商业网点和物流布局，重点发展农村居民急需的购物、餐饮、家政、物流、快递派送和再生资源回收等服务项目。积极发展农村社区生产服务，拓展返乡人员就业创业空间。

四、积极培育返乡创业带头人

（一）加强返乡人员创业培训。调动教育培训机构针对返乡创业人员特点和需求，编制实施专项培训计划，联合大专院校实行“理论学习+实践教学”的分段培养模式。利用现有培训资源网络、远程传输、远程教育服务平台和培训机构，从返乡的新型职业农民、农村实用人才、技术能手、大学生村官、退役士兵等群体中选择一批具备创业创新潜力的人员开展创业培训。继续加强基层林业工作站建设，引导林业科技特派员科技创业，鼓励专业技术人员进村入户，开展林竹培育、林下种养、林产品采运、林产品加工等实用技能指导培训。

（二）实施贫困村创业致富带头人培训工程。按照精准扶贫的要求，充分利用企业、产业基地、小康村、大中专院校、科研院所和其他社会组织等资源，落实培训网点，制定相关标准、遴选方式和管理办法；组织针对扶贫责任、创业激情、创业理念、创业能力（市场考察对接、创业设计、创业实习及实操训练等）、扶贫政策和创业政策等内容的精准培训，招募专业创业辅导师、企业家、天使投资人、专家学者和农村创业成功人士等，组成贫困村帮扶委员会，与培训网点、驻村工作队（第一书记）一起对培训对象提供持续的创业指导和跟踪服务。

（三）开展少数民族传统工艺品保护与

发展培训。将少数民族传统手工艺品保护与发展试点工作与返乡创业相结合，立足民族地区自身资源，面向少数民族返乡创业人员，以市场为导向，以少数民族传统手工艺品传承基地、传承人、合作社等为龙头，重点支持少数民族传统手工艺品的挖掘、升级、品牌化、市场化、技术推广和培训等，促进少数民族返乡人员创业，带动少数民族群众增收致富，弘扬和传承民族优秀传统文化。

（四）认定一批创业辅导师。从有经验和行业资源的企业家、职业经理人、电商辅导员、天使投资人、创业带头人和科研院校专家中，通过培训认定一批返乡创业辅导师。

五、合力搭建返乡创业平台

（一）建设返乡创业园。按照“政府搭建平台、平台聚集资源、资源服务创业”的思路，积极配合有关部门，依托现有各类开发区和农业园区，建设一批基础设施完善、服务功能齐全、社会公信力高、示范带动作用强的返乡创业园。鼓励返乡创业园加快与互联网融合创新，鼓励各类线上虚拟众创空间发展，为返乡创业人员提供跨行业、跨学科、跨地域的线上交流和资源连接服务。

（二）认定返乡创业见习基地。制定相应的标准和条件，选择一批知名村、乡镇工业园区、大型农贸市场、乡镇企业、农产品加工企业、休闲农（林、牧、渔）业企业等进行认定，为返乡创业人员提供必要的见习、实习和实训服务，帮助其积累工作经验、提高创业创新能力。

（三）搭建网上创业平台。依托“信息进村入户试点工作”等搭建网络服务平台，打造线上线下相结合的创业创新载体，支持返乡人员依托网络平台发展电子商务。通过开展信息化能力培训，提升返乡人员利用计算机和手机提供生产信息、获取市场信息、开展网络营销、进行在线支付、实现智能生产、实行远程管理等能力，为返乡创业提供灵活便捷的信息和技能支撑。

六、努力构建返乡创业公共服务体系

（一）积极开展创业综合类服务。依托现有服务机构，通过政府购买服务、项目招投标等方式健全服务功能，整合社会资源，提供各类综合性公共产品和服务，优化提升服务质量，增强返乡创业人员试错的底气和勇气。推动社会公共众扶，鼓励行业协会、产业联盟等行业组织和第三方服务机构加强对返乡创业企业、合作社和创业人员的支持。

（二）进一步加强返乡创业专业化服务。充分发挥大专院校、科研院所、行业协会和社会中介组织的作用，开展管理指导、技能培训、研发设计、检验检测、技术推广、市场拓展、标准咨询、检验检测认证等行业服务以及政策、资金、法律、知识产权、财务、技术等专业化服务。组织专家和农技人员深入农村，了解返乡创业过程中的技术需求和产业难题，加强技术指导和跟踪服务，帮助返乡创业者解决企业开办、经营、发展过程中遇到的能力不足、经验不足、资源不足等难题。结合全国性、地方性的农业、林业行业展会和各地农林产品博览会，开展返乡创业创新产品展示展销推介活动。

（三）大力推进农村社区服务体系建设。建立返乡创业群体共同参与的农村社区协商机制，研究编制农村社区公共服务目录，积极推动基本公共服务下沉农村基层，特别是发展面向返乡人员的就业创业信息咨询、技能培训、农技推广等服务，增强农村社区支持返乡创业和吸纳就业功能，培育良好的农村社区创业服务环境。

七、切实加强返乡创业行动的组织指导

（一）加强责任落实。开发农业农村资源支持农民工等人员返乡创业，是落实国务院关于大众创业万众创新系列部署的具体行动，对农业农村经济发展、农村贫困人口脱贫致富和全面建成小康社会具有积极的推动作用。各有关部门要高度重视，将支持农民工等人员返乡创业工作摆上重要位置，将实施行动计划列入工作考核内容，明确时间进度，制定实施细则，落实责任分工，确保工作实效。

（二）加强部门协作。推动形成部门间、上下间工作协调机制，定期研究和协调有关事项，加强对行动计划实施工作的指导、监督和评估。各部门要充分发挥职能作用，注重政策协调联动，互通信息，密切配合，相互支持，主动推进行动计划相关工作，形成高效运行的长效工作机制，合力推进返乡创业。每年12月31日前，由各省（区、市）农业部门牵头会同有关部门，联合向各相关部委报送行动计划实施情况。

（三）加强宣传引导。充分利用电视台、广播、报纸等传统媒体和微信、微博等新媒体，以返乡创业人员喜闻乐见的形式加强宣传，营造良好氛围。组织推广返乡创业人员的奋斗历程和成功经验，推介一批示范典型，不断激发返乡创业的积极性、主动性和内在潜力。

农业部　国家发展改革委　国家民委
民政部　国家林业局　国务院扶贫办
2015年11月25日

国家能源局关于加快贫困地区能源开发建设推进脱贫攻坚的实施意见

（2015 年 12 月 24 日）

为贯彻落实中央扶贫开发工作会议精神，充分发挥能源开发建设在脱贫攻坚战中的基础性作用，促进贫困地区经济发展和民生改善，同步迈向小康社会，根据《中共中央　国务院关于打赢脱贫攻坚战的决定》，制定本实施意见。

一、充分认识加快能源开发建设对打赢脱贫攻坚战的重要作用

能源是现代社会生活生产不可或缺的基础条件，没有充足可靠的能源保障，就不可能真正建成小康社会。提高贫困地区能源普遍服务水平，是全面建成小康社会的本质要求，合理开发利用贫困地区的能源资源，是带动贫困地区经济发展和民生改善的重要途径。当前，全面建成小康社会进入决胜阶段，扶贫开发进入啃硬骨头、攻坚拔寨的冲刺期，加快贫困地区能源资源开发利用和基础设施建设，促进资源优势尽快转化为经济发展优势，为贫困地区人民群众创造必要的生产生活用能条件，是能源行业义不容辞的责任和使命。

二、总体要求

（一）指导思想

深入贯彻党的十八大和十八届三中、四中、五中全会精神，落实中央扶贫开发工作会议和《中共中央　国务院关于打赢脱贫攻坚战的决定》部署，坚持精准扶贫、精准脱贫，围绕全面建成小康社会的总目标，创新思路、机制和方法，采取非常规举措，着力加快贫困地区能源开发建设，着力提高能源普遍服务水平，切实解决贫困地区生产生活用能问题，促进经济发展和民生改善，为打赢脱贫攻坚战、使贫困地区与全国同步建成小康社会提供可靠的能源保障。

（二）基本原则

坚持目标导向的原则。强化大局观念，把能源开发建设的目标、任务和布局，与脱贫攻坚、全面建成小康社会的总体目标要求有机地结合起来，自觉服从和服务于打赢脱贫攻坚战的需要。

坚持精准扶贫的原则。聚焦扶贫重点地区和重点对象，把能源扶贫着力点放到

建档立卡贫困人口上，特别是丧失劳动能力和脱贫能力的贫困人口上，注重提高扶贫精准度。

坚持改革创新的原则。采取超常规的办法，在资源开发、资金扶持、项目布局、补偿政策、共享机制等方面，切实向革命老区、民族地区、边疆地区和连片特困地区倾斜。

坚持因地制宜的原则。从贫困地区的能源资源、环境承载力等基本条件出发，遵从发展规律，深入研究论证，采用适宜当地的能源扶贫方式，讲求实效。

（三）主要目标

到2020年，全国农村地区能源普遍服务水平显著提高，贫困地区电力普遍服务水平基本达到目前本省（区、市）平均水平；基本实现农村动力电全覆盖；完成200万建档立卡贫困户光伏扶贫项目建设。甘肃省通渭县、清水县摘掉贫困县帽子。

三、重点任务

（四）继续实施农村电网改造升级工程

尽快完善和发布《关于实施第二轮农村电网改造升级工程的意见》，加大中央投资力度，加快农村电网建设和城乡电力普遍服务均等化进程。

实施西藏、四省藏区和新疆农村电网建设攻坚战。加快孤网县城的联网进程，加快延伸电网到乡、到村。西藏及青海藏区县城全部联网或建成可再生能源局域电网，农牧区电网基本全覆盖，建成到乡到村的完整区域农村电网，显著提高供电能力和质量。

加快西部地区贫困县农村电网改造升级。加快西部地区国家级扶贫开发重点县，滇桂黔、大别山等集中连片特困片区农网改造升级，重点解决低电压、网架不合理、动力电不足等问题。结合贫困地区新能源扶贫工程和微电网建设，提高农村电网消纳分布式新能源发电的能力。

加强东中部贫困地区农网改造升级。在东部和中部贫困地区，稳步实施农网改造升级，逐步提高农村电网智能化水平，为现代农业、农村新兴产业发展提供电力保障。

稳步推进农村电力投资多元化。对非国有电网公司提供服务且条件较差的贫困地区，国有电网公司可参股并提高当地电网保障标准。在西部大电网覆盖不到的偏远地区，鼓励非电网能源企业利用当地水能、太阳能、风能等可再生能源，建设以可再生能源发电为主要电源的县域配电网，构建发配售一体化和以可再生能源为主的城镇清洁能源体系。

（五）加快实施农村动力电全覆盖工程

制定和实施《贫困地区农村电网改造升级规划》。加大政策和资金扶持力度，按照更高的建设标准，新建和改造贫困地区线路和配电台区，提升贫困地区供电水平，实现贫困地区动力电全覆盖。

强化异地搬迁区域电力建设。结合《配电网行动计划》和农村电网改造升级工程，及时为异地搬迁安置区提供高标准的电力服务，实现搬迁到哪里、动力电跟进到哪里。

（六）精准实施光伏扶贫工程

扩大光伏扶贫实施范围。在现有试点工作的基础上，继续扩大光伏扶贫的范围。在光照条件良好（年均利用小时数大于1100小时）的15个省（区）451个贫困县的3.57万个建档立卡贫困村范围内开展光伏扶贫工作。到2020年，实现200万建档立卡贫困户户均增收3000元以上的目标。

加大支持力度。继续细化光伏扶贫项目清单和需求测算，多渠道争取支持，扩大光伏扶贫项目资金来源。组织各省（区）以县为单位编制光伏扶贫实施方案，按程序报批后实施。

（七）优先安排能源开发建设项目

规划布局倾斜。《能源发展“十三五”规划》中设置脱贫攻坚章节，能源专项规划中要把脱贫攻坚作为重要内容，明确未来五年能源行业扶贫的目标、任务，充分发挥规划引领作用，引导社会资源向贫困地区聚焦，集中发挥效用。在省级能源规划的衔接审批中，要推动各地把贫困地区能源建设摆上更重要的位置。

资金安排倾斜。农网改造中央预算内投资安排向革命老区、民族地区、边疆地区、连片特困地区倾斜。电网企业要继续增加农村电网升级改造自筹资金规模。

工程项目倾斜。煤炭、煤电、油气、水电等资源开发利用类重大项目，跨区域重大能源输送通道项目，以及风电、光伏等新能源项目，同等条件下要优先在贫困地区规划布局建设。

清洁能源扶持。鼓励光伏发电与种植、养殖业结合，充分利用荒山、荒坡、鱼塘、大棚等农业设施，增加贫困人口收入。加大农林废弃物综合利用力度，鼓励农村能源供应方式多元化发展。

（八）统筹出台扶贫优惠政策

制定电力普遍服务补偿机制。会同有关部门研究建立偏远少数民族地区电力普遍服务财政补偿机制，出台优惠财政政策，解决人口较少、电量较小的偏远地区农村电网运行维护费用不足问题，支持电网企业做好电力普遍服务工作。

调整完善能源资源开发收益分配政策。在加大贫困地区煤炭、油气、水电、风能、太阳能等能源资源开发力度的同时，研究建立针对贫困地区能源资源开发利益分配的特殊政策，让当地和群众从能源资源开发中更多地受益。探索资产收益扶持，在不改变用途的情况下，财政专项扶贫资金和其他涉农资金投入光伏、水电项目形成的资产，具备条件的可折股量化给贫困村和贫困户，尤其是丧失劳动能力的贫困户。

探索建立水电利益共享机制。提高贫困地区水电工程留存电量比例，将从发电中提取的资金优先用于水库移民和库区后续发展。贫困地区水电开发占用集体土地的，试行给原住居民集体股权方式进行补偿，让贫困人口分享水电资源开发收益。

（九）继续加强定点扶贫工作

制定帮扶规划计划。配合甘肃省发展改革委和通渭县、清水县政府，制定两县脱贫攻坚规划，每年制定年度帮扶工作要点，从能源项目帮扶、能源基础设施建设、社会事业发展等方面，提出增强两县脱贫内生动力的工作事项。

加快能源项目建设。推进通渭县、清水县风电资源开发，支持清水绿色能源示范县建设，加大对定点扶贫县光伏扶贫工作的支持力度。继续加大两县农网改造力度，不断提高当地供电条件和质量，实现动力电全覆盖。

强化人才智力和社会事业扶贫。加强人才支援和智力帮扶，继续选派优秀干部到两县挂职，以及在扶贫村任第一书记。有针对性地组织开展支教、培训、讲座等活动。继续跟踪两县交通、医疗、教育等民生工程建设，协调解决问题，加快建设进度。

四、组织实施

（十）加强组织领导

局各部门、各单位要充分认识脱贫攻坚工作的极端重要性和艰巨性，在局党组的统一领导下，进一步发挥扶贫领导小组的作用，健全协调机制，形成合力，共同推进脱贫攻坚工作。

（十一）充实工作力量

落实《中共中央　国务院关于打赢脱贫攻坚战的决定》的要求，完善“扶贫开发机构的设置和职能，充实配强各级扶贫开发力量”，增加扶贫领导小组办公室人员配备。局各部门、各单位要选配政治素质好、业务能力强的人员，专门负责扶贫联系衔接工作。

（十二）明确任务分工责任

局各部门、各单位主要负责同志为本单位扶贫工作第一责任人，根据本指导意见任务分工，责任单位要将任务分解落实到人，建立扶贫任务考核表、扶贫项目储备库，确保完成各项任务。

（十三）加强监督考核

将扶贫工作作为全局年度工作要点的重要组成部分，纳入干部绩效考核范围，加强监督考核。未完成分工任务的责任人和单位，要视情况给予相应的责任追究。

（十四）严明纪律规矩

加强对农村电网改造升级工程造价监管，严控电网企业关联交易，在保证工程质量的同时，降低造价。强化扶贫政策、资金、项目、物资的分配、投向和使用的精准度，严格程序和约束机制，坚决防止和杜绝将脱贫成为某些企业和个人谋取私利的机会和手段，一经发现要一查到底，坚决惩处。各部门对扶贫政策、资金、项目等要强化监管，严明纪律和政策，要监管到省、市、县、乡、村和个人，实现阳光扶贫。

扶贫文件

国务院扶贫办、教育部、人力资源和社会保障部关于加强雨露计划支持农村贫困家庭新成长劳动力接受职业教育的意见

国务院扶贫开发领导小组办公室、中共中央组织部、财政部关于印发《2015—2017年全国贫困地区干部和扶贫干部培训规划》的通知

国务院扶贫开发领导小组办公室、中共中央组织部、中共中央统战部、中央直属机关工委、中央国家机关工委、解放军总政治部、教育部、中国人民银行、国务院国有资产监督管理委员会关于进一步完善定点扶贫工作的通知

国务院扶贫办行政人事司关于印发《雨露计划职业教育工作指南（试行）》的通知

国务院扶贫办、教育部、人力资源和社会保障部关于加强雨露计划支持农村贫困家庭新成长劳动力接受职业教育的意见

国开办发〔2015〕19号

各省（自治区、直辖市）扶贫办（局），教育厅（教委），人力资源和社会保障厅（局）：

抓好教育是扶贫开发的根本大计。雨露计划作为专项扶贫工作的重要内容，引导和支持农村贫困家庭新成长劳动力接受职业教育，是培养技能型人才、促进稳定就业、实现脱贫致富的治本之举，是提高贫困人口素质，促进贫困地区经济社会发展的重要措施。为切实加强雨露计划工作，加大对农村贫困家庭新成长劳动力接受职业教育政策扶持力度，确保实现精准扶贫目标要求，提出以下意见。

一、指导思想

以邓小平理论、“三个代表”重要思想、科学发展观为指导，深入贯彻习近平总书记关于扶贫开发战略思想，落实创新机制扎实推进农村扶贫开发工作的总体部署，把雨露计划农村贫困家庭新成长劳动力职业教育作为实现精准扶贫的一项硬任务，统筹发挥政府、市场和社会的协同推进作用，坚持就业导向，提供政策支持，引导农村贫困家庭新成长劳动力接受职业教育，提素质、学技能，稳就业、增收入，为新型工业化、城镇化建设培养技术技能人才，阻断贫困世代传递。

二、工作目标

通过政策扶持，农村贫困家庭子女初、高中毕业后接受中、高等职业教育的比例逐步提高，确保每个孩子起码学会一项有用技能，贫困家庭新成长劳动力创业就业能力得到提升，家庭工资性收入占比显著提高，实现一人长期就业，全家稳定脱贫的目标。

三、工作原则

（一）精准扶贫、直补到户。雨露计划扶持政策与建档立卡工作紧密衔接，瞄准扶贫对象，支持农村贫困家庭子女接受职业教育，资金直补到户。

（二）就业导向、群众自愿。发挥市场在资源配置中的决定性作用，以就业前景

和职业发展为导向，引导贫困家庭新成长劳动力自主选择就学地点、学校和专业。

（三）政府推动、社会参与。政府发挥引导作用，制定扶持政策，加强管理和指导，提供信息服务。动员社会力量参与，促进社会扶贫和教育扶贫相结合，合力推动农村贫困家庭新成长劳动力职业教育工作。

四、扶持对象和方式

（一）扶持对象。子女接受中等职业教育（含普通中专、成人中专、职业高中、技工院校，以下同）、高等职业教育的农村建档立卡贫困家庭。

（二）扶持方式。符合条件的贫困学生无论在何地就读，其家庭均在户籍所在地申请扶贫助学补助。补助资金通过一卡通（一折通）直接补给贫困家庭。

五、扶持政策

贫困家庭子女参加中、高等职业教育，给予家庭扶贫助学补助。学生在校期间，其家庭每年均可申请补助资金。各地根据贫困家庭新成长劳动力职业教育工作开展的实际需要，统筹安排中央到省财政专项扶贫资金和地方财政扶贫资金，确定补助标准，可按每生每年3000元左右的标准补助建档立卡贫困家庭。

享受上述政策的同时，农村贫困家庭新成长劳动力接受中、高等职业教育，符合条件的，享受国家职业教育资助政策。

六、职责分工

（一）扶贫部门。加强与教育、人力资源社会保障等部门的沟通协调，排查摸底建档立卡贫困家庭子女接受教育培训情况，落实雨露计划扶贫助学补助，引导初、高中毕业的孩子接受职业教育，开展效果监测评估。

（二）教育部门。督促地方落实国家职业教育相关资助政策。加快发展贫困地区现代职业教育，鼓励国家示范性高等职业院校增加面向中西部地区招生计划。利用完善的教育体系，宣传贫困家庭子女职业教育扶持政策，为贫困家庭提供信息和咨询服务，保证贫困家庭子女职业教育质量。

（三）人社部门。加强对所属技工院校的监督管理，保障参加职业教育贫困家庭学生的就学质量。落实职业技能鉴定补贴政策，加大对贫困家庭学生的补贴力度。加强对就业创业工作的组织领导，提供就业信息服务，促进贫困家庭子女毕业后尽快实现就业。

七、组织保障

（一）加强组织领导。按照“中央统筹、省负总责、县抓落实”的管理体制，国家层面统一规划，监督指导。各级扶贫开发部门要把贫困家庭子女职业教育工作列入重要议事日程，制定工作计划，明确工作目标，加强部门协调，保障助学补助资金和工作经费。

（二）规范资金管理。各地要加强各项财政资金的管理监督，严格操作程序，实行公告公示制度，自觉接受纪检、监察、审计等部门监管和社会监督。对虚报冒领、私分、截留、挪用资金的单位和个人，依据有关规定严肃查处。

（三）强化宣传动员。发挥基层组织尤其是村两委和驻村工作队的一线组织动员作用，宣传国家政策，引导贫困家庭子女接受职业教育。充分发挥初、高中学校的宣传动员作用，引导学生选择优质培训机构。采取多种方式特别是新媒体手段宣传国家政策和雨露计划工作成果，营造全社会关注、关心和参与雨露计划扶贫行动的氛围。

（四）严格考核评估。将贫困家庭新成长劳动力职业教育纳入扶贫工作考核。

（五）推行信息化管理。建立雨露计划信息服务管理系统，与扶贫开发建档立卡信息系统、教育部职业教育学籍管理系统、人社部技工院校学籍管理系统实现数据对接，实行贫困家庭学生职业教育扶贫补助网上申报，系统自动比对筛选，提高扶持对象资格审核的工作效率和准确度。相关部门充分利用已有平台，积极对就业状况进行跟踪监测。

国务院扶贫办　教育部

人力资源和社会保障部

2015 年 6 月 2 日

国务院扶贫开发领导小组办公室、中共中央组织部、财政部关于印发《2015—2017 年全国贫困地区干部和扶贫干部培训规划》的通知

国开办发〔2015〕22 号

各省、自治区、直辖市扶贫办（局）、党委组织部、财政厅（局）：

为充分发挥干部培训在打好扶贫攻坚战、全面建成小康社会进程中的作用，国务院扶贫开发领导小组办公室、中共中央组织部、财政部研究制定了《2015—2017 年全国贫困地区干部和扶贫干部培训规划》。现予印发，请结合实际，抓好贯彻落实。

国务院扶贫开发领导小组办公室

中共中央组织部

财政部

2015 年 6 月 17 日

2015—2017年
全国贫困地区干部和扶贫干部培训规划

根据《中国农村扶贫开发纲要（2011—2020年）》《关于创新机制扎实推进农村扶贫开发工作的意见》《2010—2020年干部教育培训改革纲要》和《2013—2017年全国干部教育培训规划》，结合贫困地区干部和扶贫干部培训工作实际，制定本规划。

一、重大意义

新十年扶贫开发纲要颁布以来，各级党委、政府把贫困地区干部和扶贫干部培训作为扶贫开发工作队伍建设的一项先导性、基础性、战略性工程，摆在突出位置。通过开展以扶贫开发战略与政策体系为重点的政策培训和以专项扶贫、行业扶贫、社会扶贫专业知识为重点的业务培训，使贫困地区干部和扶贫干部组织扶贫开发、推动科学发展、带领群众脱贫致富的素质能力明显提高，为扶贫开发工作的推进提供了强有力的人才保证和智力支持。

党的十八大提出了全面建成小康社会的宏伟目标。全面建成小康社会，最艰巨最繁重的任务在农村特别是在贫困地区。党的十八大以来，习近平总书记等中央领导就扶贫开发工作发表了一系列重要讲话和指示，提出了“扶贫是社会主义本质要求”“两个‘重中之重’”“扶贫改革创新”“科学扶贫”“精准扶贫”和“内源扶贫”等重大战略思想。中共中央办公厅、国务院办公厅印发了《关于创新机制扎实推进农村扶贫开发工作的意见》，要求以改革创新为动力，着力消除体制机制障碍，加大扶持力度，集中力量解决突出问题，加快贫困群众脱贫致富、贫困地区全面建成小康社会步伐。全面落实中央领导指示和中央文件精神，打好新一轮扶贫开发攻坚战，迫切需要对贫困地区干部和扶贫干部加强培训，用科学理论武装头脑，以改革创新拓展思路，进一步增强责任感，提高能力水平，努力造就一支素质高、作风实、讲奉献的扶贫开发干部队伍。

二、总体要求

（一）指导思想

以学习贯彻党的十八大和习近平总书记系列重要讲话精神为主线，以服务扶贫开发中心任务为目的，以贫困地区党政干部、贫困村基层组织负责人和扶贫干部为主要对象，以形势任务、理论政策、业务知识、执行能力为重点内容，继续开展大规模培训。深化改革，创新机制，提高质量，努力培养造就一支政治素质好、知识结构优、履职能力强、作风过得硬的扶贫干部队伍，为《中国农村扶贫开发纲要（2011—2020 年）》和《关于创新机制扎实推进农村扶贫开发工作的意见》顺利实施，提供人才保证和智力支持。

（二）工作原则

——坚持服务扶贫大局。围绕新阶段扶贫开发中心任务和贫困地区发展大局，突出学员主体地位，以扶贫事业发展和干部履职尽责为培训需求导向。

——坚持分级分类培训。根据扶贫开发管理体制和扶贫干部培训特点，明确职责，统筹规划，突出重点，分类实施。加强上下联动、区域合作，形成分层次、分类别、多形式的干部培训格局。

——坚持注重能力培养。联系实际学以致用，增强培训针对性和实效性，把能力培养贯穿培训全过程，全面提高干部执行能力、专业能力和创新能力。

——坚持体制机制创新。创新培训方式，整合资源，优化师资，加强绩效考核，完善培训工作管理体制机制和网络体系，以改革创新推进干部培训事业。

（三）总体目标

通过开展大规模培训，使贫困地区干部和扶贫干部的政策水平、综合素质和执行能力普遍提升，“安专迷”精神得到弘扬，科学扶贫、精准扶贫、内源扶贫和推动贫困地区区域发展的本领显著增强。培训工作管理体制机制更加健全，培训资源得到合理配置和有效利用，培训机构办学水平进一步提高，培训考核评估体系趋于完善，培训质量和效益全面提升。

到 2017 年，计划培训贫困地区干部和扶贫干部 3951 人次。其中，贫困地区党政领导干部培训 300 人次，贫困村基层组织负责人培训 450 人次，专项扶贫干部培训 2514 人次，行业扶贫干部培训 186 人次，社会扶贫干部培训 501 人次（见附表）。贫困地区乡镇干部培训和乡镇扶贫专干培训国家不组织示范培训，各省按照干部分级管理的原则自行组织。

三、实施六类培训

（一）贫困地区党政领导干部培训

1. 培训对象。连片特困地区和扶贫开发工作重点县县级主要领导和分管扶贫开发工作的领导干部以及贫困面较大的市（地、州、盟）党政领导干部等。

2. 培训内容。深入学习党中央国务院关于扶贫开发的重要会议文件和习近平总书记等中央领导重要讲话指示精神，全面理解新阶段扶贫开发的总体部署和方针政策；引导贫困地区党政领导班子和领导干部把工作重点放在扶贫开发上，由注重地区生产总值向注重扶贫开发工作成效转变；学习区域经济发展基础理论，探索区域发展与精准扶贫实施的有效途径；学习借鉴先进经验，进一步理清贫困地区科学发展、统筹城乡、缩小差距、改善民生、促进公平、维护稳定的工作思路。

3. 培训形式。国家确定的连片特困地区和扶贫开发工作重点县的县级党政主要领导和分管扶贫开发工作的领导干部、市（地、州、盟）党政领导干部，由中央组织部、国务院扶贫办组织调训。各省（自治区、直辖市）自行确定的连片特困地区和扶贫开发工作重点县的县级党政领导干部，由各地组织调训。力争3年实现全员轮训。

（二）贫困地区乡镇干部培训

1. 培训对象。连片特困地区和扶贫开发工作重点县乡（镇）领导干部以及插花贫困乡（镇）、老区乡（镇）领导干部等。

2. 培训内容。学习新阶段扶贫开发方针政策、新农村建设、特色产业发展、生态环境保护、小城镇建设和公共服务均等化等内容，研究探讨整乡推进连片开发与城乡一体化发展路子。

3. 培训形式。各省（自治区、直辖市）负责对贫困地区乡（镇）主职和分管领导干部轮训，3年内轮训一遍。

（三）贫困村基层组织负责人培训

1. 培训对象。建档立卡贫困村的基层组织负责人、集体经济组织负责人、创业致富带头人和大学生村官等。

2. 培训内容。学习扶贫开发政策、精准扶贫措施、基层组织建设、集体经济发展、驻村帮扶机制、特色产业开发、资金项目管理、社区民主管理、旅游扶贫和电商扶贫等内容。

3. 培训形式。国务院扶贫办每年安排基层组织负责人、集体经济组织负责人和创业致富带头人参加示范性培训。各省（自治区、直辖市）负责对建档立卡贫困村主职干部3年内轮训一遍；同时对贫困地区大学生村官有计划地开展专项培训，确保他们在服务期内接受一次培训。

（四）专项扶贫干部培训

1. 培训对象。各级从事专项扶贫工作的扶贫部门领导干部、业务骨干、驻村工作队（组）、中青年干部、财政部门负责专项扶贫资金管理的干部以及乡镇扶贫专干等。

2. 培训内容。系统学习党的十八大和《中国农村扶贫开发纲要（2011-2020年》《关于创新机制扎实推进农村扶贫开发工作的意见》等一系列会议文件精神；学习扶贫开发基本理论、专项扶贫业务知识和专业技能、扶贫规划制定与实施、行业扶贫与社会扶贫的组织协调、项目资金规范管理、扶贫统计与贫困监测、扶贫开发监督与绩效评估、典型案例与创新模式借鉴、信息化技术应用、国际减贫理念与实践、群众路线教育等内容。

3. 培训形式。国务院扶贫办每年制定培训计划，对省（自治区、直辖市）、市（地、州、盟）、县扶贫办相关人员进行专题示范培训，其中每年安排60名中青年业务骨干培训。每年根据工作重点安排驻村工作队、精准扶贫等专项业务培训。各省（自治区、直辖市）要统筹安排干部培训计划，确保3年内对辖区内扶贫干部轮训一遍。

（五）行业扶贫干部培训

1. 培训对象。各级扶贫开发领导小组成员单位和相关行业部门负责扶贫工作的管理干部、各级帮扶干部等。

2. 培训内容。学习国家扶贫开发战略部署和方针政策，行业扶贫规划编制与实施，片区规划项目落实与组织协调，扶贫开发考核与监督等内容，研究探讨解决制约贫困地区发展的瓶颈问题。

3. 培训形式。行业扶贫干部实行分级培训、各负其责，主要由各级相关部门组织实施。

（六）社会扶贫干部培训

1. 培训对象。各级参加定点扶贫、东西扶贫协作、对口帮扶和国际减贫领域交流合作等相关单位的扶贫干部等。

2. 培训内容。学习新阶段扶贫开发的方针政策、定点扶贫计划制定与实施、企业公民意识与社会责任、社会组织公益理念与运作模式和国际减贫领域交流合作等内容，交流典型经验，研究探讨在市场经济条件下开展社会扶贫互利协作、建立长效机制的方式方法。

3. 培训形式。国务院扶贫办每年组织参与定点扶贫、东西扶贫协作和国际减贫领域交流合作的干部参训。各级扶贫部门组织实施本级社会扶贫干部培训。

四、机制保障

（一）健全培训运行机制

全面推行需求调研制度，坚持按需施教，采取问卷调查、基层调研和座谈研讨等形式，深入了解不同地区不同类型干部的需求，科学制定培训计划和内容，提高培训针对性。全面推行项目管理制度，按照分级管理、分类实施的原则，将干部培训纳入各级扶贫部门的项目管理范畴，实行严格规范的项目全过程管理。全面推行教学质量评估制度，制定教学质量评估办法和指标体系，定期开展评估工作，将评估结果作为评价培训机构专业能力的重要依据。逐步在全国推行扶贫开发干部教学质量评估制度。

（二）创新培训方式方法

改进培训班次设置，以短期培训、专题研讨为主，适当开展小班教学、学员论坛等。改进教学方式，加大案例教学、现场教学和情景模拟教学的力度，积极稳妥推进远程培训教育工作，提高参与式培训比重。改进办班模式，倡导异地培训、分段培训、合作办班，加强省际之间的交流与合作，适当组织扶贫干部到发达地区和国外培训。

（三）加强师资队伍建设

按照素质优良、规模适当、结构合理、专兼结合、相对稳定的要求，建设一支高素质的扶贫开发干部培训师资队伍。拓宽师资选聘渠道，注重从相关职能部门、高等院校、科研院所和扶贫工作第一线人员中选聘优秀兼职教师。建立健全师资库，到 2016 年建立起国家级和省级扶贫培训师资库，并逐步实现优质师资资源共享。开展评教活动，促进教学水平提高，为师资动态管理提供依据。实施“培训者培训”计划，提高教学人员和培训工作管理者的专业能力。

（四）深化教材体系建设

根据干部培训分级分类培训的特点，积极开展扶贫理论、典型案例和实务技能等三个系列的教材体系建设。扶贫理论培训教材要突出中国特色扶贫开发道路的实践总结和规律认识；典型案例培训教材要反映各地扶贫开发实践中具有代表性、趋向性的最新典型经验和成功模式；实务技能培训教材要突出需要什么培训什么的要求，编写具有地方特色的扶贫实务技能教材。扶贫理论教材和全国性的典型案例教材由全国扶贫培训宣传中心负责组织编写；地方性的典型案例教材和扶贫实务技能教材由各省（自治区、直辖市）负责组织编写，逐步建立教材案例数据库。努力打造一批干部培训精品教材、精品课程，使教学模块和课程设置特色化、科学化、系统化。

（五）健全培训体系

按照分工明确、布局合理、优势互补、合作共赢的基本思路，构建以全国扶贫培训宣传中心为龙头，省级扶贫培训机构为骨干，社会培训资源为补充的扶贫开发干部培训体系。加强队伍建设，不断提升专业化水平，充分发挥其在扶贫开发干部培训中的主力军作用。全国扶贫培训宣传中心进一步做好全国扶贫培训系统的行业指导、协调服务和网络平台构建工作，加强与相关院校和其他专业培训机构的合作，通过竞争择优方式选定一批社会性扶贫培训机构，承担扶贫开发干部培训项目。根据六类培训和教学的需要，依托现有资源加强培训基地和基层教学点建设。

（六）强化学风建设

坚持理论联系实际、学以致用。培训机构要把理论联系实际的要求贯穿于培训教学全过程，不断提高教学水平。参训学员要把所学理论和知识用于实践、指导实践，不断提高解决实际问题的能力。进一步强化学员管理，努力营造实事求是、勤奋好学的学习风气。加强党性锻炼和作风建设，严格遵守“八项规定”，厉行节约，勤俭办班，反对铺张浪费。

（七）加强培训理论研究

针对干部培训需求差别化、培训方式多样化、培训机构多元化、培训手段现代化的发展趋势，开展系统性、前瞻性和瓶颈问题研究，在认识和把握扶贫开发干部培训规律上取得新成果、新突破。建立理论研究交流平台，开展扶贫开发前沿问题专题研究，每年确定一定数量的调研课题，总结推广各地在培训实践中创造的成功经验，将扶贫开发干部培训理论和专题研究成果用于指导工作实践。

五、组织保障

（一）落实领导责任

各级党委、政府要重视扶贫开发队伍

建设，加大贫困地区干部培训力度，提供必要的工作条件和经费保障，统筹安排，整体部署。各级组织、扶贫、财政部门要高度重视干部培训工作，将其列入重要议事日程，组织部门负责牵头抓总，做好统筹协调、培训指导和党政干部调训工作，确保列入规划的党政领导干部都能接受培训。扶贫部门根据规划要求，负责制定年度培训计划，全面组织培训工作，加强培训项目实施的监督与管理；扶贫部门、财政部门要加强培训资金的管理，并对资金使用情况进行监督。建立健全分级负责、分工明确、部门配合、高效有序的组织领导机制，为干部培训规划的顺利实施创造良好的工作环境。

（二）加大投入力度

中央和地方财政部门要大力支持贫困地区干部和扶贫干部培训活动。此外，还要积极争取社会力量支持，发挥市场机制的作用，扩大培训资金筹措渠道。

（三）加强经费监管

各级扶贫、财政等相关部门要严格按照规定管理和审核资金使用情况。每年要采取自查和审计相结合的方式对扶贫培训资金的管理和项目绩效进行审查、评估。对开支范围、标准执行和项目绩效、教学测评等情况有审核、评估报告和改进措施。

（四）强化考核监督

各级扶贫部门要把干部培训纳入扶贫开发工作考核范围，加强对干部培训工作指导、检查和监督，总结经验，推广典型，完善措施，促进工作健康有序开展。

各地区要根据本规划精神，结合实际，制定本地区干部培训规划，并纳入扶贫开发总体规划和地方干部教育培训规划。

附件：2015—2017 年全国贫困地区干部和扶贫干部六类培训年度计划表

附件

2015—2017年全国贫困地区干部和扶贫干部六类培训年度计划表

序号	培训类型	培训对象	2015年	2016年	2017年	总计
			人次/期数	人次/期数	人次/期数	人次/期数
1	贫困地区党政领导干部培训	贫困县党政领导干部、市(地、州、盟)党政领导干部等	100/2	100/2	100/2	300/6
2	贫困地区乡镇干部培训	连片特困地区和扶贫开发工作重点县乡(镇)领导干部,以及插花贫困乡(镇)、老区乡(镇)领导干部等	0	0	0	0
3	贫困村基层组织负责人培训	贫困村的基层组织负责人、集体经济组织负责人、创业致富带头人和大学生村官等	150/3	150/3	150/3	450/9
4	专项扶贫干部培训	省级扶贫办主任、副主任	28/1	28/1	28/1	84/3
		市扶贫办主任、副主任	135/1	135/1	135/1	405/3
		县扶贫办主任、副主任	80/1	80/1	80/1	240/3
		中青年干部	60/1	60/1	60/1	180/3
		业务骨干	535/4	535/4	535/4	1605/12
		乡镇扶贫专干	0	0	0	0
5	行业扶贫干部培训	各级扶贫开发领导小组成员单位和相关行业部门负责扶贫工作的管理干部、各级帮扶干部等	62/1	62/1	62/1	186/3
6	社会扶贫干部培训	各级参加定点扶贫、东西扶贫协作、对口帮扶和国际减贫领域交流合作等相关单位的扶贫干部等	167/1	167/1	167/1	501/3
	总计		1317/15	1317/15	1317/15	3951/45

备注：贫困地区乡镇干部和乡镇扶贫专干国家不组织示范培训，由各省按照干部分级管理的原则自行组织。

国务院扶贫开发领导小组办公室、中共中央组织部、中共中央统战部、中央直属机关工委、中央国家机关工委、解放军总政治部、教育部、中国人民银行、国务院国有资产监督管理委员会关于进一步完善定点扶贫工作的通知

国开办发〔2015〕27号

中央、国家机关各部门，各有关单位：

2012年，国家部署开展新一轮定点扶贫工作，参与定点扶贫的中央和国家机关等单位达到310个，军队和武警部队与全国63个县、547个乡镇、2856个贫困村结对，首次实现定点扶贫对全国592个国家扶贫开发工作重点县的全覆盖。

近年来，定点扶贫出现了一些新情况：因机构改革和央企重组，参与定点扶贫的单位由310个减少到300个；还有22个单位尚未承担定点扶贫任务；一些单位帮扶任务畸轻畸重，不利于下一步开展工作考核；一些单位提出要求调整定点扶贫县。今年6月18日，习近平总书记在贵州主持召开部分省区市扶贫攻坚与“十三五”时期经济发展座谈会上作出重要指示：“扶贫开发是全党全社会的共同责任，要动员和凝聚全社会力量广泛参与。要坚持专项扶贫、行业扶贫、社会扶贫等多方力量、多种举措有机结合和互为支撑的‘三位一体’大扶贫格局，强化举措，扩大成果。要健全东西部协作、党政机关定点扶贫机制，各部门要积极完成所承担的定点扶贫任务，东部地区要加大对西部地区的帮扶力度，国有企业要承担更多扶贫开发任务。”新形势、新任务对定点扶贫工作提出了新要求。

当前，我国扶贫开发工作已进入啃硬骨头、攻坚拔寨的冲刺期。为贯彻落实习近平总书记重要指示，充分发挥中央、国家机关和有关单位在扶贫攻坚中的作用，进一步深化细化强化定点扶贫工作，确保贫困地区、贫困人口到2020年如期脱贫，国务院扶贫办会同各牵头组织部门，按照“同一类单位定点扶贫任务相对均衡、分类考核”的总体原则，对定点扶贫结对关系进行了局部调整。新增22个单位参加定点扶贫；部分单位参加地方组织的扶贫工作，调出帮扶单位序列。调整后，参与定点扶贫的中央、国家机关和有关单位共320个，

帮扶全国592个国家扶贫开发工作重点县。军队和武警部队继续推进与贫困县、乡镇、村的定点帮扶工作。现将新的定点扶贫结对关系名单印发给你们（见附件），并就进一步作好定点扶贫工作通知如下：

一、切实加强组织领导。建立定点扶贫工作机制，明确具体工作机构和责任人，制定定点扶贫工作规划和实施方案。单位领导同志每年应至少到定点扶贫县开展一次扶贫调研，推动工作落实。要将定点扶贫工作与党群工作密切结合起来，广泛发动本部门、本系统干部职工参与到定点扶贫中来，多方筹措帮扶资源，为定点扶贫县贫困群众办好事、办实事。

二、选派干部挂职扶贫。把培养锻炼干部与定点扶贫工作有机结合，选派优秀干部赴定点扶贫县挂职，可担任县委或县政府副职，分管或协助分管扶贫工作，不占领导班子职数，定期轮换，轮换时间一般为1—3年。要按照中央组织部组通字〔2015〕24号文件规定，每个单位至少选派1名优秀干部到定点扶贫县贫困村任第一书记。要把挂职干部和第一书记的工作实绩作为考核干部的重要依据。要妥善解决他们的实际困难，落实相关待遇政策，使他们安心工作。

三、突出工作重点。坚持精准扶贫、精准脱贫，协助地方党委和政府拓宽工作思路，改革创新扶贫方式，抓好中央各项扶贫政策落地。发挥自身特点和部门优势，利用当地资源，因地制宜开辟脱贫致富路子。采取培训、转移就业等多种形式，增强当地干部群众依靠自身力量脱贫致富的能力。

四、认真落实帮扶时限与责任要求。帮扶时间与《中国农村扶贫开发纲要（2011—2020年）》实施期限一致。对提前脱贫摘帽的县，各单位要继续帮扶，结对关系在一定时间内保持不变。帮扶期间撤销的单位，由其上级单位承担原定点扶贫任务，合并或重组的，由合并或重组后的单位承担原定点扶贫任务。

五、健全牵头联系机制。中央直属机关工委、中央国家机关工委、中央统战部、教育部、人民银行、国务院国资委、解放军总政治部分别牵头联系中直机关、中央国家机关、民主党派中央和全国工商联、高校、金融机构、中央企业、解放军和武警部队的定点扶贫工作。中央组织部牵头联系各单位选派挂职扶贫干部和第一书记工作。国务院扶贫办负责定点扶贫的综合协调工作。各牵头组织部门每年召开工作会议，开展工作考核，统计汇总有关情况，报国务院扶贫开发领导小组，每年定期向中央报告。

六、强化工作考核。在国务院扶贫开发领导小组统一领导下，按照业务归口和党的组织关系，由牵头组织部门每年对各自牵头联系的单位定点扶贫工作进行考核，主要考核定点扶贫文件规定的有关事项落实情况和定点扶贫县减贫成效情况。考核结果经国务院扶贫开发领导小组审定后，报党中央、国务院，并在一定范围内通报。具体考核办法由国务院扶贫办会同各牵头组织部门另行制定。

各地区特别是有扶贫任务的省（自治区、直辖市）和新疆生产建设兵团，要参照以上要求，做好地方党政机关和有关方面的定点扶贫工作。

附件：中央、国家机关和有关单位定点扶贫结对关系名单

国务院扶贫开发领导小组办公室
中共中央组织部
中共中央统战部
中央直属机关工委
中央国家机关工委
解放军总政治部
教育部
中国人民银行
国务院国有资产监督管理委员会
2015 年 8 月 21 日

附件

中央、国家机关和有关单位定点扶贫结对关系名单

序号	单位	定点帮扶的国家扶贫开发工作重点县	
		个数	名称［所在片区、省（区、市）］
1	中央直属机关工委	2	宁武（山西）；平山（河北）
2	中央纪委	2	雷波、马边（乌蒙山区、四川）
3	中央办公厅	2	宁陕（秦巴山区、陕西）；光山（大别山区、河南）
4	全国政协办公厅	2	舒城、颍东（安徽）
5	中央组织部	2	舟曲（四省藏区、甘肃）；台江（滇桂黔石漠化区、贵州）
6	中央宣传部	2	耀州（陕西）；科尔沁右翼中旗（大兴安岭南麓山区、内蒙古）
7	中央统战部	3	赫章（乌蒙山区、贵州）；晴隆、望谟（滇桂黔石漠化区、贵州）
8	中央对外联络部	1	行唐（河北）
9	中央政法委	1	扎赉特旗（大兴安岭南麓山区、内蒙古）
10	中央政策研究室	1	安图（吉林）
11	中央台办	1	广河（六盘山区、甘肃）
12	中央网信办	1	佛坪（秦巴山区、陕西）
13	中央财办	1	剑河（滇桂黔石漠化区、贵州）
14	中央外办	1	彭水（武陵山区、重庆）
15	中央编委办公室	1	化德（燕山—太行山区、内蒙古）
16	中央610办公室	1	三江（滇桂黔石漠化区、广西）
17	中央党校	2	武邑（河北）；安远（江西）
18	人民日报社	2	虞城（河南）；滦平（河北）
19	中央文献研究室	1	南召（秦巴山区、河南）
20	中央党史研究室	1	镇原（六盘山区、甘肃）
21	求是杂志社	1	杂多（四省藏区、青海）
22	全国总工会	2	和顺、壶关（山西）
23	共青团中央	2	灵丘（燕山—太行山区、山西）；石楼（吕梁山区、山西）
24	全国妇联	2	漳县（六盘山区、甘肃）；西和（秦巴山区、甘肃）
25	中国文联	1	武都（秦巴山区、甘肃）
26	中国作协	1	临潭（四省藏区、甘肃）
27	中国科协	2	岚县、临县（吕梁山区、山西）

续表

序号	单位	定点帮扶的国家扶贫开发工作重点县	
		个数	名称［所在片区、省（区、市）］
28	中国侨联	1	上饶（江西）
29	新闻出版广电总局	2	德格（四省藏区、四川）；平顺（山西）
30	新华社	2	石阡（武陵山区、贵州）；新河（河北）
31	光明日报社	1	囊谦（四省藏区、青海）
32	经济日报社	1	赤城（河北）
33	中国日报社	1	会昌（罗霄山区、江西）
34	中央编译局	1	唐县（燕山—太行山区、河北）
35	中国外文局	1	左权（山西）
36	中国法学会	1	开县（重庆）
37	中国记协	1	文县（秦巴山区、甘肃）
38	全国台联	1	榆中（六盘山区、甘肃）
39	中国出版集团	1	泽库（四省藏区、青海）
40	国家档案局	1	喜德（乌蒙山区、四川）
41	国家保密局	1	房县（秦巴山区、湖北）
42	上海浦东干部学院	1	江口（武陵山区、贵州）
43	井冈山干部学院	1	鄱阳（江西）
44	延安干部学院	1	越西（乌蒙山区、四川）
45	中央国家机关工委	2	临城（河北）；阳原（燕山—太行山区、河北）
46	全国人大常委会办公厅	2	太仆寺旗、察哈尔右翼前旗（内蒙古）
47	最高人民法院	2	睢县（河南）；宁陵（大别山区、河南）
48	最高人民检察院	2	西畴、富宁（滇桂黔石漠化区、云南）
49	国务院办公厅	2	怀安、张北（燕山—太行山区、河北）
50	外交部	2	麻栗坡（滇桂黔石漠化区、云南）；金平（滇西边境山区、云南）
51	国家发展改革委	3	灵寿（河北）；田东（广西）；汪清（吉林）
52	教育部	2	青龙、威县（河北）
53	科学技术部	4	佳县（吕梁山区、陕西）；柞水（秦巴山区、陕西）；井冈山、永新（罗霄山区、江西）
54	工业和信息化部	4	洛宁、汝阳（秦巴山区、河南）；南部、嘉陵（四川）
55	国家民族事务委员会	2	巴林右旗（内蒙古）；德保（滇桂黔石漠化区、广西）
56	公安部	2	兴仁、普安（滇桂黔石漠化区、贵州）
57	安全部	2	敖汉旗（内蒙古）；盐山（河北）
58	民政部	2	遂川、莲花（罗霄山区、江西）
59	司法部	2	平昌、苍溪（秦巴山区、四川）
60	财政部	2	平江（湖南）；永胜（滇西边境山区、云南）

续表

序号	单位	定点帮扶的国家扶贫开发工作重点县	
		个数	名称［所在片区、省（区、市）］
61	人力资源和社会保障部	2	天镇（燕山—太行山区、山西）；金寨（大别山区、安徽）
62	国土资源部	4	赣县、宁都、兴国、于都（罗霄山区、江西）
63	环境保护部	2	围场、隆化（燕山—太行山区、河北）
64	住房和城乡建设部	4	湟中（六盘山区、青海）、大通（青海）；红安、麻城（大别山区、湖北）
65	交通运输部	4	黑水、壤塘、小金、色达（四省藏区、四川）
66	水利部	4	城口、巫溪（秦巴山区、重庆）；丰都、武隆（武陵山区、重庆）
67	农业部	4	咸丰、来凤（武陵山区、湖北）；龙山、永顺（武陵山区、湖南）
68	商务部	3	广安（四川）；仪陇（秦巴山区、四川）；城步（武陵山区、湖南）
69	文化部	2	娄烦（山西）；静乐（吕梁山区、山西）
70	国家卫生和计划生育委员会	4	大宁、永和（吕梁山区、山西）；清涧、子洲（吕梁山区、陕西）
71	中国人民银行	2	宜君、印台（陕西）
72	国家审计署	2	顺平（燕山—太行山区、河北）；丹寨（滇桂黔石漠化区、贵州）
73	国务院国资委	2	平乡、魏县（河北）
74	海关总署	2	鲁山、卢氏（秦巴山区、河南）
75	国家税务总局	2	民和（六盘山区、青海）；平安（青海）
76	国家工商行政管理总局	2	同江、抚远（黑龙江）
77	国家质量监督检验检疫总局	2	民权（大别山区、河南）；礼县（秦巴山区、甘肃）
78	国家体育总局	2	繁峙（燕山—太行山区、山西）；代县（山西）
79	国家安全生产监督管理总局	2	阳高、广灵（燕山—太行山区、山西）
80	国家食品药品监督管理总局	2	临泉（大别山区、安徽）；砀山（安徽）
81	国家统计局	2	岢岚（吕梁山区、山西）；正镶白旗（内蒙古）
82	国家林业局	4	罗城、龙胜（滇桂黔石漠化区、广西）；荔波、独山（滇桂黔石漠化区、贵州）
83	国家知识产权局	2	桑植（武陵山区、湖南）；崇礼（河北）
84	国家旅游局	2	巴马（滇桂黔石漠化区、广西）；阿尔山（大兴安岭南麓山区、内蒙古）
85	国家宗教事务局	1	三都（滇桂黔石漠化区、贵州）
86	国务院参事室	1	龙井（吉林）
87	国家机关事务管理局	1	阜平（燕山—太行山区、河北）
88	国务院侨务办公室	1	积石山（六盘山区、甘肃）
89	国务院港澳事务办公室	1	赞皇（河北）
90	国务院法制办公室	1	阜城（河北）
91	国务院研究室	1	淅川（秦巴山区、河南）

续表

序号	单位	定点帮扶的国家扶贫开发工作重点县	
		个数	名称［所在片区、省（区、市）］
92	中国科学院	3	水城（滇黔桂石漠化区、贵州）；环江（滇桂黔石漠化区、广西）；库伦旗（内蒙古）
93	中国社会科学院	2	丹凤（秦巴山区、陕西）；上犹（罗霄山区、江西）
94	中国工程院	2	会泽（乌蒙山区、云南）；澜沧（滇西边境山区、云南）
95	国务院发展研究中心	1	大名（河北）
96	国家行政学院	2	大关（乌蒙山区、云南）；墨江（滇西边境山区、云南）
97	中国工程物理研究院	1	富平（陕西）
98	中国地震局	1	永靖（六盘山区、甘肃）
99	中国气象局	1	突泉（大兴安岭南麓山区、内蒙古）
100	中国银行业监督管理委员会	2	和政、临洮（六盘山区、甘肃）
101	中国证券监督管理委员会	8	隰县、汾西（吕梁山区、山西）；宿松、太湖（大别山区、安徽）；兰考（大别山区、河南）；桐柏（河南）；延长（陕西）；武山（六盘山区、甘肃）
102	中国保险监督管理委员会	2	察哈尔右翼中旗、察哈尔右翼后旗（内蒙古）
103	全国社会保障基金理事会	1	兴和（燕山—太行山区、内蒙古）
104	国家自然科学基金委员会	1	奈曼旗（内蒙古）
105	国家信访局	1	海兴（河北）
106	国家粮食局	1	阜南（大别山区、安徽）
107	国家能源局	2	清水、通渭（六盘山区、甘肃）
108	国家国防科技工业局	2	略阳、宁强（秦巴山区、陕西）
109	国家烟草专卖局	2	竹溪、竹山（秦巴山区、湖北）
110	外国专家局	1	屏山（乌蒙山区、四川）
111	国家海洋局	1	琼中（海南）
112	国家测绘局	1	海伦（黑龙江）
113	国家铁路局	1	榕江（滇桂黔石漠化区、贵州）
114	中国民用航空局	2	策勒、于田（南疆三地州、新疆）
115	国家邮政局	1	平泉（燕山—太行山区、河北）
116	国家文物局	1	淮阳（大别山区、河南）
117	国家中医药管理局	1	五寨（吕梁山区、山西）
118	国家外汇管理局	1	巨鹿（河北）
119	国务院扶贫办	2	渭源（甘肃）；雷山（滇桂黔石漠化区、贵州）
120	国务院三峡办	1	万州（重庆）
121	国务院南水北调办公室	1	郧县（秦巴山区、湖北）
122	中华全国供销合作总社	2	潜山（大别山区、安徽）；寻乌（罗霄山区、江西）

续表

序号	单位	定点帮扶的国家扶贫开发工作重点县	
		个数	名称［所在片区、省（区、市）］
123	中国国际贸易促进会	2	林甸（大兴安岭南麓山区、黑龙江）；从江（滇桂黔石漠化区、贵州）
124	中国人民对外友好协会	1	兴县（吕梁山区、山西）
125	中国残疾人联合会	1	南皮（河北）
126	中国宋庆龄基金会	1	彭阳（六盘山区、宁夏）
127	中国红十字会总会	1	英山（大别山区、湖北）
128	中国铁路总公司	4	和田（南疆三地州、新疆）；栾川（秦巴山区、河南）；勉县（秦巴山区、陕西）；原州（六盘山区、宁夏）
129	中国投资有限责任公司	4	会宁、静宁（六盘山区、甘肃）；施秉（滇黔桂石漠化区、贵州）；循化（六盘山区、青海）
130	中国中信集团公司	3	元阳（滇西边境山区、云南）；屏边（滇桂黔石漠化区、云南）；黔江（武陵山区、重庆）
131	中国光大集团股份公司	3	新化、古丈（武陵山区、湖南）；新田（湖南）
132	中国邮政集团公司	2	商州、洛南（秦巴山区、陕西）
133	国家开发银行	4	道真、务川、正安（武陵山区、贵州）；古蔺（乌蒙山区、四川）
134	中国进出口银行	2	岷县（六盘山区、甘肃）；云阳（秦巴山区、重庆）
135	中国农业发展银行	4	大安（大兴安岭南麓山区、吉林）；隆林（滇桂黔石漠化、广西）；锦屏（滇桂黔石漠化、贵州）；马关（滇桂黔石漠化、云南）
136	中国工商银行	4	南江、通江、万源（秦巴山区、四川）；金阳（乌蒙山区、四川）
137	中国农业银行	4	武强、饶阳（河北）；秀山（武陵山区、重庆）；黄平（滇桂黔石漠化区、贵州）
138	中国银行	4	永寿、长武、淳化（六盘山区、陕西）；旬邑（陕西）
139	中国建设银行	4	汉滨、紫阳、汉阴、岚皋（秦巴山区、陕西）
140	交通银行	3	天祝（四省藏区、甘肃）；理塘（四省藏区、四川）；浑源（燕山—太行山区、山西）
141	中国人民保险集团股份有限公司	4	乐安（罗霄山区、江西）；吉安（江西）；桦川（黑龙江）；留坝（秦巴山区、陕西）
142	中国人寿保险集团有限公司	4	龙州、天等（滇桂黔石漠化区、广西）；郧西、丹江口（秦巴山区、湖北）
143	中国太平保险集团公司	2	两当（秦巴山区、甘肃）；裕安（安徽）
144	中国出口信用保险公司	2	霍邱（大别山区、安徽）；余干（江西）
145	华融资产管理公司	1	宣汉（秦巴山区、四川）
146	长城资产管理公司	1	陇县（六盘山区、陕西）
147	东方资产管理公司	1	邵阳（武陵山区、湖南）
148	信达资产管理公司	1	乐都（六盘山区、青海）

续表

序号	单位	定点帮扶的国家扶贫开发工作重点县	
		个数	名称［所在片区、省（区、市）］
149	招商银行	2	永仁（滇西边境山区、云南）；武定（乌蒙山区、云南）
150	民生银行	2	封丘、滑县（河南）
151	包商银行	2	鄂伦春旗、莫力达瓦旗（内蒙古）
152	中国核工业集团公司	2	石柱（武陵山区、重庆）；同心（六盘山区、宁夏）
153	中国核工业建设集团公司	2	旬阳、白河（秦巴山区、陕西）
154	中国航天科技集团公司	3	太白、洋县（秦巴山区、陕西）；涞源（燕山—太行山区、河北）
155	中国航天科工集团公司	2	富源、东川（云南）
156	中国航空工业集团公司	5	镇宁、普定、关岭、紫云（滇桂黔石漠化区、贵州）；西乡（秦巴山区、陕西）
157	中国船舶工业集团公司	1	鹤庆（滇西边境山区、云南）
158	中国船舶重工集团公司	2	勐腊（滇西边境山区、云南）；丘北（滇桂黔石漠化区、云南）
159	中国兵器工业集团公司	2	红河（滇西边境山区、云南）；甘南（大兴安岭南麓山区、黑龙江）
160	中国兵器装备集团公司	2	泸西、砚山（滇桂黔石漠化区、云南）
161	中国电子科技集团公司	2	绥德（吕梁山区、陕西）；叙永（乌蒙山区、四川）
162	中国石油天然气集团公司	10	台前、范县（河南）；尼勒克、托里、巴里坤、吉木乃、青河、察布查尔（新疆）；习水（乌蒙山区、贵州）；横峰（江西）
163	中国石油化工集团公司	6	岳西、颍上（大别山区、安徽）；凤凰、泸溪（武陵山区、湖南）；岳普湖（南疆三地州、新疆）；东乡（六盘山区、甘肃）
164	中国海洋石油总公司	5	保亭、五指山（海南）；夏河、合作（四省藏区、甘肃）；卓资（内蒙古）
165	国家电网公司	5	巴东、秭归、长阳（武陵山区、湖北）；神农架（湖北）；玛多（四省藏区、青海）
166	中国南方电网有限责任公司	2	维西（四省藏区、云南）；东兰（滇桂黔石漠化区、广西）
167	中国华能集团公司	2	横山（吕梁山区、陕西）；阿合奇（南疆三地州、新疆）
168	中国大唐集团公司	2	大化（滇桂黔石漠化区、广西）；澄城（陕西）
169	中国华电集团公司	2	乌恰、阿图什（南疆三地州、新疆）
170	中国国电集团公司	3	宁城（内蒙古）；右玉（山西）；曲麻莱（四省藏区、青海）
171	国家电力投资集团公司	3	商城（大别山区、河南）；美姑（乌蒙山区、四川）；延川（陕西）
172	中国长江三峡集团公司	4	巫山、奉节（秦巴山区、重庆）；万安（罗霄山区、江西）；巴林左旗（内蒙古）
173	神华集团有限责任公司	4	米脂、吴堡（吕梁山区、陕西）；布拖、普格（乌蒙山区、四川）
174	中国电信集团公司	4	木里、盐源（四川）；田林（滇桂黔石漠化区、广西）；疏附（南疆三地州、新疆）

续表

序号	单位	定点帮扶的国家扶贫开发工作重点县	
		个数	名称［所在片区、省（区、市）］
175	中国联合网络通信集团公司	4	康保、沽源（燕山—太行山区、河北）；饶河（黑龙江）；册亨（滇桂黔石漠化区、贵州）
176	中国移动通信集团公司	6	汤原、桦南（黑龙江）；白沙（海南）；疏勒、洛浦、阿克陶（南疆三地州、新疆）
177	中国电子信息产业集团有限公司	4	镇安（秦巴山区、陕西）；阆中（四川）；松桃（武陵山区、贵州）；临高（海南）
178	中国第一汽车集团公司	3	镇赉（大兴安岭南麓山区、吉林）；和龙（吉林）；凤山（滇桂黔石漠化区、广西）
179	东风汽车公司	2	马山（滇桂黔石漠化区、广西）；柯枰（新疆）
180	中国第一重型机械集团公司	1	泗县（安徽）
181	中国机械工业集团有限公司	3	固始、淮滨（大别山区、河南）；朝天（秦巴山区、四川）
182	哈尔滨电气集团公司	1	文山（云南）
183	中国东方电气集团有限公司	2	昭觉（乌蒙山区、四川）；吉县（吕梁山区、山西）
184	鞍钢集团公司	2	塔什库尔干（南疆三地州、新疆）；盘县（贵州）
185	宝钢集团有限公司	4	宁洱、江城、镇沅（滇西边境山区、云南）；广南（滇桂黔石漠化区、云南）
186	武汉钢铁（集团）公司	2	罗田（大别山区、湖北）；上林（滇桂黔石漠化区、广西）
187	中国铝业公司	1	阳新（湖北）
188	中国远洋运输（集团）总公司	2	沅陵、安化（武陵山区、湖南）
189	中国海运（集团）总公司	1	永德（滇西边境山区、云南）
190	中国航空集团公司	2	苏尼特右旗（内蒙古）；昭平（广西）
191	中国东方航空集团公司	2	双江、沧源（滇西边境山区、云南）
192	中国南方航空集团公司	2	皮山、墨玉（南疆三地州、新疆）
193	中国中化集团公司	2	林西、阿鲁科尔沁旗（内蒙古）
194	中粮集团有限公司	6	延寿、绥滨（黑龙江）；乌什（新疆）；隆安（滇桂黔石漠化区、广西）；甘孜、石渠（四省藏区、四川）
195	中国五矿集团公司	4	威信、镇雄、彝良（乌蒙山区、云南）；花垣（武陵山区、湖南）
196	中国通用技术（集团）控股有限责任公司	2	武川（内蒙古）；商都（燕山—太行山区、内蒙古）
197	中国建筑工程总公司	3	卓尼（四省藏区、甘肃）；康乐（六盘山区、甘肃）；康县（秦巴山区、甘肃）
198	中国储备粮管理总公司	2	拜泉、兰西（大兴安岭南麓山区、黑龙江）
199	国家开发投资公司	4	罗甸、平塘（滇桂黔石漠化区、贵州）；合水、宁县（六盘山区、甘肃）
200	招商局集团有限公司	2	威宁（乌蒙山区、贵州）；蕲春（大别山区、湖北）

续表

序号	单位	定点帮扶的国家扶贫开发工作重点县	
		个数	名称［所在片区、省（区、市）］
201	华润（集团）有限公司	2	广昌（江西）；海原（六盘山区、宁夏）
202	中国港中旅集团公司［香港中旅（集团）有限公司］	3	黎平（滇桂黔石漠化区、贵州）；西盟、孟连（滇西边境山区、云南）
203	中国商用飞机有限责任公司	1	西吉（六盘山区、宁夏）
204	中国节能环保集团公司	2	嵩县（秦巴山区、河南）；富川（广西）
205	中国国际工程咨询公司	1	利辛（大别山区、安徽）
206	中国诚通控股集团有限公司	1	宜阳（河南）
207	中国中煤能源集团公司	3	蔚县（燕山—太行山区、河北）；赵家蓬（河北）；印江（武陵山区、贵州）
208	中国煤炭科工集团有限公司	2	寿县（大别山区、安徽）；武乡（山西）
209	机械科学研究总院	1	新县（大别山区、河南）
210	中国中钢集团公司	1	翁牛特旗（内蒙古）
211	中国冶金科工集团有限公司	2	沿河、德江（武陵山区、贵州）
212	中国钢研科技集团公司	1	山阳（秦巴山区、陕西）
213	中国化工集团公司	2	古浪（六盘山区、甘肃）；平山（河北）
214	中国化学工程集团公司	2	环县、华池（六盘山区、甘肃）
215	中国轻工集团公司	1	喀喇沁旗（内蒙古）
216	中国工艺（集团）公司	2	鲁甸、巧家（乌蒙山区、云南）
217	中国盐业总公司	2	定边、宜川（陕西）
218	中国恒天集团公司	1	平陆（山西）
219	中国中材集团公司	2	永善、绥江（乌蒙山区、云南）
220	中国建筑材料集团有限公司	3	石台（安徽）；泾源（六盘山区、宁夏）；昭阳（乌蒙山区、云南）
221	中国有色矿业集团有限公司	1	梁河（滇西边境山区、云南）
222	北京有色金属研究总院	1	思南（武陵山区、贵州）
223	北京矿冶研究总院	1	平舆（河南）
224	中国国际技术智力合作公司	2	姚安、大姚（滇西边境山区、云南）
225	中国建筑科学研究院	1	偏关（山西）
226	中国中车股份有限公司	4	麦积、甘谷（六盘山区、甘肃）；那坡、靖西（滇桂黔石漠化区、广西）
227	中国铁路通信信号集团公司	1	社旗（河南）
228	中国铁路工程总公司	3	桂东、汝城（罗霄山区、湖南）；保德（山西）
229	中国铁道建筑总公司	3	尚义、万全（燕山—太行山区、河北）；甘德（四省藏区、青海）
230	中国交通建设集团有限公司	5	贡山、福贡、泸水、兰坪（滇西边境山区、云南）；英吉沙（南疆三地州、新疆）

续表

序号	单位	定点帮扶的国家扶贫开发工作重点县	
		个数	名称［所在片区、省（区、市）］
231	中国普天信息产业集团公司	1	达日（四省藏区、青海）
232	电信科学技术研究院	1	沈丘（大别山区、河南）
233	中国农业发展集团总公司	1	萧县（安徽）
234	中国中纺集团公司	1	修水（江西）
235	中国外运长航集团有限公司	2	叶城、莎车（南疆三地州、新疆）
236	中国中丝集团公司	1	忻城（滇桂黔石漠化区、广西）
237	中国林业集团公司	1	通道（武陵山区、湖南）
238	中国医药集团总公司	2	靖宇（吉林）；治多（四省藏区、青海）
239	中国国旅集团有限公司	2	香格里拉、德钦（四省藏区、云南）
240	中国保利集团公司	2	五台（燕山—太行山区、山西）；河曲（山西）
241	珠海振戎公司	1	临夏（六盘山区、甘肃）
242	中国建筑设计研究院	1	陇西（六盘山区、甘肃）
243	中国冶金地质总局	2	漾濞、巍山（滇西边境山区、云南）
244	中国煤炭地质总局	1	张家川（六盘山区、甘肃）
245	新兴际华集团有限公司	2	四子王旗（内蒙古）；安定（六盘山区、甘肃）
246	中国航空油料集团公司	1	盐池（宁夏）
247	中国民航信息集团公司	1	神池（吕梁山区、山西）
248	中国航空器材集团公司	1	白水（陕西）
249	中国电力建设集团有限公司	2	剑川（滇西边境山区、云南）；民丰（南疆三地州、新疆）
250	中国能源建设集团有限公司	2	镇巴（秦巴山区、陕西）；西林（滇桂黔石漠化区、广西）
251	中国黄金集团公司	2	贞丰（滇桂黔石漠化区、贵州）；新蔡（大别山区、河南）
252	中国储备棉管理总公司	1	伽师（南疆三地州、新疆）
253	中国广核电集团有限公司	2	乐业、凌云（滇桂黔石漠化区、广西）
254	中国华录集团有限公司	1	上蔡（河南）
255	上海贝尔股份有限公司	1	宁蒗（滇西边境山区、云南）
256	华侨城集团	2	天柱、三穗（滇桂黔石漠化区、贵州）
257	武汉邮电科学研究院	1	大悟（大别山区、湖北）
258	南光（集团）有限公司	1	禄劝（乌蒙山区、云南）
259	中国西电集团公司	1	麟游（六盘山区、陕西）
260	中国铁路物资（集团）总公司	1	孝昌（大别山区、湖北）
261	中国国新控股有限责任公司	1	利川（武陵山区、湖北）
262	中国铁塔股份有限公司	3	保靖（武陵山区、湖南）；鹤峰、宣恩（武陵山区、湖北）
263	民革中央	1	纳雍（乌蒙山区、贵州）
264	民盟中央	1	广宗（河北）

续表

序号	单位	定点帮扶的国家扶贫开发工作重点县	
		个数	名称［所在片区、省（区、市）］
265	民建中央	1	丰宁（燕山—太行山区、河北）
266	民进中央	1	安龙（滇桂黔石漠化区、贵州）
267	农工民主党中央	1	大方（乌蒙山区、贵州）
268	致公党中央	1	酉阳（武陵山区、重庆）
269	九三学社中央	1	旺苍（秦巴山区、四川）
270	台盟中央	1	赫章（乌蒙山区、贵州）
271	全国工商联	1	织金（乌蒙山区、贵州）
272	北京大学	1	弥渡（滇西边境山区、云南）
273	清华大学	1	南涧（滇西边境山区、云南）
274	北京科技大学	1	秦安（六盘山区、甘肃）
275	北京化工大学	1	科尔沁左翼中旗（内蒙古）
276	北京交通大学	1	科尔沁左翼后旗（内蒙古）
277	北京邮电大学	1	长顺（滇桂黔石漠化区、贵州）
278	中国农业大学	1	镇康（滇西边境山区、云南）
279	北京林业大学	1	科尔沁右翼前旗（大兴安岭南麓山区、内蒙古）
280	中国地质大学（北京）	1	化隆（六盘山区、青海）
281	中国矿业大学（北京）	1	都安（滇桂黔石漠化区、广西）
282	南开大学	1	庄浪（六盘山区、甘肃）
283	天津大学	1	宕昌（秦巴山区、甘肃）
284	山东大学	1	确山（河南）
285	东北大学	1	昌宁（滇西边境山区、云南）
286	大连理工大学	1	龙陵（滇西边境山区、云南）
287	吉林大学	1	通榆（大兴安岭南麓山区、吉林）
288	东北林业大学	1	泰来（大兴安岭南麓山区、黑龙江）
289	复旦大学	1	永平（滇西边境山区、云南）
290	同济大学	1	云龙（滇西边境山区、云南）
291	上海交通大学	1	洱源（滇西边境山区、云南）
292	华东理工大学	1	寻甸（乌蒙山区、云南）
293	东华大学	1	盐津（乌蒙山区、云南）
294	南京大学	1	双柏（滇西边境山区、云南）
295	东南大学	1	南华（滇西边境山区、云南）
296	河海大学	1	石泉（秦巴山区、陕西）
297	南京农业大学	1	麻江（滇桂黔石漠化区、贵州）
298	中国药科大学	1	镇坪（秦巴山区、陕西）

续表

序号	单位	定点帮扶的国家扶贫开发工作重点县	
		个数	名称［所在片区、省（区、市）］
299	浙江大学	1	景东（滇西边境山区、云南）
300	合肥工业大学	1	灵璧（安徽）
301	厦门大学	1	隆德（六盘山区、宁夏）
302	华中科技大学	1	临翔（滇西边境山区、云南）
303	武汉大学	1	恩施（武陵山区、湖北）
304	华中农业大学	1	建始（武陵山区、湖北）
305	湖南大学	1	隆回（武陵山区、湖南）
306	中南大学	1	江华（湖南）
307	中山大学	1	凤庆（滇西边境山区、云南）
308	华南理工大学	1	云县（滇西边境山区、云南）
309	四川大学	1	甘洛（四川）
310	电子科技大学	1	岑巩（滇桂黔石漠化区、贵州）
311	重庆大学	1	绿春（滇西边境山区、云南）
312	西安交通大学	1	施甸（滇西边境山区、云南）
313	西北农林科技大学	1	合阳（陕西）
314	西安电子科技大学	1	蒲城（陕西）
315	长安大学	1	商南（秦巴山区、陕西）
316	北京航空航天大学	1	中阳（山西）
317	北京理工大学	1	方山（山西）
318	西北工业大学	1	融水（滇桂黔石漠化区、广西）
319	哈尔滨工业大学	1	金秀（广西）
320	中国科技大学	1	六枝特区（滇桂黔石漠化区、贵州）

国务院扶贫办行政人事司
关于印发《雨露计划职业教育工作指南（试行）》的通知

国开办司发〔2015〕106号

各省、自治区、直辖市扶贫办（局）：

为贯彻落实《国务院扶贫开发领导小组办公室、教育部、人力资源和社会保障部关于加强雨露计划支持农村贫困家庭新成长劳动力接受职业教育的意见》（国开办发〔2015〕19号），明确任务要求，规范管理程序，细化服务措施，我办制定了《雨露计划职业教育工作指南（试行）》，现印发你们，请结合本地实际，加强组织领导，强化统筹协调，把雨露计划职业教育作为精准扶贫的重要措施抓实抓好，引导更多贫困家庭子女接受职业教育，努力实现应学尽学，应补尽补。

各省在组织实施中的重要情况和问题，请及时沟通反馈。

国务院扶贫办行政人事司

2015年9月7日

雨露计划职业教育工作指南

（试行）

为贯彻落实《国务院扶贫开发领导小组办公室、教育部、人力资源和社会保障部关于加强雨露计划支持农村贫困家庭新成长劳动力接受职业教育的意见》（国开办发〔2015〕19 号，以下简称 19 号文件），明确任务要求，规范管理程序，细化服务措施，推进雨露计划职业教育工作更好实现精准扶贫目标要求，制定本工作指南。

一、实施时间

2015 年秋季学期起，各地要根据 19 号文件要求，将雨露计划职业教育扶贫助学补助政策落实到位，覆盖全部农村建档立卡贫困家庭，努力实现应学尽学，应补尽补。

二、扶持对象

扶贫助学补助受益对象为全国农村建档立卡贫困家庭（以下简称贫困家庭）中有子女接受中、高等职业教育的贫困家庭。根据《国务院扶贫办关于印发〈扶贫开发建档立卡工作方案〉的通知》（国开办发〔2014〕24 号）要求，东部、中部和西部地区认定的贫困家庭，都应享受此项扶持政策。

三、扶持条件

扶持对象享受扶持政策，应符合以下条件：

（一）农村建档立卡贫困家庭。是指经精准识别进入最新一轮建档立卡数据库的贫困家庭。子女本人户口已迁出本村的贫困家庭（主要是指户口迁至学校所在地的高职在校生），同样享受扶持政策。

（二）子女接受中、高等职业教育。贫困家庭子女在校学习，并在教育部、人力资源社会保障部的中、高等职业教育学籍管理系统注册正式学籍。中等职业教育包括全日制普通中专、成人中专、职业高中、技工院校；高等职业教育包括全日制普通大专、高职院校、技师学院等。

四、扶持期限

贫困家庭子女接受职业教育在校学习期间（包括顶岗实习），其家庭均可享受扶贫助学补助。

符合条件的贫困家庭第一次得到扶贫助学补助后，其子女在校学习期间无论其家庭是否脱贫，都继续享受扶持政策。接受中等职业教育期间享受扶贫助学补助，毕业后直接升入高等职业院校继续学习的学生，其家庭继续享受该资助政策。

五、补助标准

扶贫助学补助标准为每生每年3000元左右。具体标准由各地根据本地贫困家庭新成长劳动力接受职业教育的实际消费水平自行确定。

六、补助方式

（一）生源地补助。凡符合条件的贫困家庭，无论其子女在何地就读，均在其家庭所在地申请扶贫助学补助。

（二）直补到户。雨露计划职业教育补助的对象是农村建档立卡贫困家庭，补助资金一律通过支农惠农“一卡（折）通”直接发放到贫困家庭。

（三）分期申请发放。每学年分秋季学期、春季学期两期申请、审核，补助资金分学期发放。

七、申报审核

（一）上网申报。2015年秋季学期起，职业教育补助一律通过全国雨露计划信息管理服务系统进行申报。可通过手机安装“雨露百事通”APP按提示填报，或登录国务院扶贫办雨露计划网站（网址：www.yulujihua.com）实名注册提交申请。贫困家庭没有条件通过网络申报的，县级扶贫部门、驻村干部和帮扶责任人在征得贫困家庭同意后，提供及时帮助和服务。

（二）系统审核。雨露计划信息管理服务系统与国务院扶贫办建档立卡系统和教育部、人力资源和社会保障部中、高等职业教育学籍管理系统自动比对，审核贫困家庭信息和学生在校信息。

（三）公示监督。审核通过的拟补助扶贫对象名单及相关信息在贫困家庭所在行政村进行公示，接受村民监督。公示现场拍摄照片，上传管理服务系统留存。对群众举报的不符合条件的补助对象，经查实后由县级扶贫部门核准后取消补助对象资格。

由于信息填报不完整、返贫人口尚未纳入信息系统等原因，未通过网上审核，而又确实符合补助条件的贫困家庭，经县级扶贫开发领导小组审核确认后给予补助。具体认定标准、工作流程和操作方法由各省根据当地实际统一制定，指导县级扶贫办实施。

八、时间安排

（一）春季学期。3月10日至5月10日期间进行申报，6月10日之前完成审核，6月底前补助到位。

（二）秋季学期。9月20日至11月20日期间进行申报，12月10日之前完成审核，12月底前补助到位。

九、资金来源

职业教育扶贫助学补助所需资金，由

各地根据当地需求，从到省中央财政专项扶贫资金和省级财政扶贫资金中足额安排。国家不再另行安排雨露计划职业教育中央专项财政扶贫资金。

十、宣传动员

（一）媒体宣传。各地要利用广播、电视、报纸等媒体，采取多种形式宣传国家职业教育支持政策和雨露计划扶持政策，营造全社会关注、关心、参与、支持的良好氛围。国务院扶贫办统一制作电视公益广告宣传片，各级电视台播放宣传。编辑雨露计划职业教育政策信息，向贫困家庭初高中毕业生及其家长发送手机短信。

（二）宣讲动员。充分发挥贫困村第一书记、驻村工作队和贫困户帮扶责任人的作用，进村入户宣传雨露计划职业教育扶持政策，动员贫困家庭家长支持子女接受职业教育；联合教育部门，深入校园开展职业教育扶贫政策讲座和咨询活动，引导贫困家庭子女接受有质量职业教育。

各地扶贫部门要结合当地实际，不断创新方式方法，采取切实有效措施加大宣传动员力度，提供更多更好的服务，确保贫困家庭普遍知晓雨露计划职业教育扶持政策和申领补助办法，并能顺利上网申报。

十一、考核评估

各地要把雨露计划职业教育工作开展情况作为扶贫开发工作考核、贫困村第一书记任职考核及驻村工作队工作情况管理考核的重要内容，考核内容主要包括2个方面：一是应学尽学。贫困家庭未继续升学的初高中毕业生，应该全部参加职业教育；二是应补尽补。符合条件的贫困学生家庭，应该全部及时得到扶贫助学补助。

十二、其他工作

（一）摸底调查。各省要结合建档立卡动态管理工作，对贫困家庭子女在校教育基本情况定期进行摸底调查，提高数据信息的完整性和准确性，为资金的精准使用和预留提供基本依据。

（二）业务培训。各省对县级扶贫部门要定期开展业务技能培训，县级管理员实操业务培训，保障按时依规完成审核工作。

（三）定期报告。依托雨露计划信息管理服务系统，严格实行雨露计划职业教育工作进度半年和年度计报告制度。

（四）跟踪监测。创新工作方式，合理设置指标，对贫困家庭子女接受职业教育后的就业状况、收入水平等进行跟踪监测。积极推行第三方监测评估，为不断完善相关政策措施，更好推进雨露计划工作提供参考建议。

（五）经验总结。各地要及时总结好经验、好做法，注重收集典型案例，指导面上工作。

雨露计划职业教育是推进精准扶贫的重要举措，各级扶贫部门要加强与教育、人力资源社会保障、财政、民政等有关部门沟通协调，加大投入力度，动员社会参与，抓好关键环节，做到全程精准，切实把雨露计划职业教育工作的各个环节落到实处，把好事办好。

附录二
年度领导重要讲话

精准施策　攻坚克难　确保贫困人口如期全部脱贫

——在全国扶贫办主任座谈会上的讲话

国务院扶贫办主任　刘永富

（2015 年 6 月 25 日）

6 月 18 日，习近平总书记在贵州主持召开部分省区市扶贫攻坚与“十三五”时期经济社会发展座谈会，发出到 2020 年农村贫困人口全部脱贫的动员令。全国扶贫系统要在思想上、政治上、行动上同党中央保持高度一致，在当前，就是要认真实施精准扶贫战略，打好扶贫攻坚战，确保贫困地区贫困群众同全国人民一道进入小康社会。今天我们召开全国扶贫办主任座谈会，主要任务是传达学习这次会议精神，安排部署扶贫系统学习贯彻习近平总书记十八大以来扶贫开发战略思想，研究扶贫系统抓落实的具体措施。下面，我先讲几点意见。

一、认真学习习近平总书记关于扶贫开发的战略思想

党中央、国务院高度重视扶贫开发工作。十八大以来，习近平总书记有关扶贫的重要讲话 20 多次，内容 2 万多字，国内考察 25 次，其中 14 次涉及到扶贫，有 7 次是把扶贫作为主要或重要内容，连续 3 年第一次国内考察都是到贫困地区看真贫。今年年初，总书记明确将扶贫开发作为全年工作和调研的重点，1 月到云南、2 月到陕西、6 月到贵州调研考察扶贫工作，在延安和贵阳两次召开扶贫为主题的座谈会，力度之大，前所未有。李克强总理多次就扶贫开发作出重要指示，多次到贫困地区考察调研。2013 年在兰州召开西部发展与扶贫工作座谈会，2014 年 1 月在火车上研究扶贫工作，连续 2 年将减贫 1000 万人作为政府年度工作目标。国务院连续两年将扶贫作为重大决策部署落实情况督查内容。

上周（2015 年 6 月 16 日，编者注），习近平总书记到贵州调研考察，召开部分省区市扶贫攻坚座谈会，发表重要讲话，对做好“十三五”期间扶贫攻坚工作作出明确指示。座谈会之前，汪洋副总理还带领 6 个省区市党委书记，以解剖麻雀的形式分别调研了毕节的一个县。总书记率领 4 个政治局委员、7 个省区市的党委书记参加这次活动，其规格、形式、影响在共和国的历史上从未有过，在我国扶贫开发的历史上具有里程碑意义，将起到划时代的作用。

扶贫办党组19日上午召开扩大会议，传达学习贵州座谈会精神，研究贯彻落实措施。此前，在中央文献研究室的大力支持下，编辑了《习近平扶贫开发重要论述摘编》，从七个方面整理总书记关于扶贫开发的战略思想，即将印发内部学习。总书记贵阳扶贫工作座谈会上的讲话与十八大以来关于扶贫开发的一系列重要论述一脉相承、又进一步丰富发展，形成了“四个全面”战略布局特别是全面建成小康社会进程中扶贫开发的总体思路，强调充分发挥政治优势和制度优势，以消除绝对贫困为目标，以精准扶贫精准脱贫为手段，以改革创新为推动力量，强化专项扶贫、行业扶贫和社会扶贫三位一体的格局，形成政府、市场、社会互为支撑的机制，攻坚克难，攻城拔寨，确保农村贫困人口到2020年如期脱贫。

学习总书记扶贫开发战略思想，要从以下几个方面加深理解。

（一）切实提高认识，消除贫困实现共同富裕是社会主义本质要求和党的重要使命。总书记在十八大后的中外记者招待会上说：“人民对美好生活的向往，就是我们的努力方向。”两年来，总书记多次深情地讲到，新中国成立前，我们党是靠领导农民“打土豪、分田地”夺取政权的，让人民翻身解放做了主人。今天，我们党就是要带领人民“脱贫困、奔小康”，让农民过上好日子。因此，他要求我们，从四个全面的战略部署特别是全面建成小康社会的目标认识扶贫开发的重大意义和战略地位，聚焦如期全面建成小康社会这个既定目标，着眼于我国未来5年乃至更长远的发展，深刻把握世界经济发展新趋向新态势，深刻把握我国经济发展新特点新要求，深刻把握我国经济社会发展新目标新任务，深刻把握我们面临的新挑战新机遇，突出前瞻性和引领性，既不能脱离实际、提过高的目标和要求，也不能囿于一时困难和问题而缩手缩脚。脱贫是全面建成小康社会的底线目标，要宣布全面建成小康社会，就不能留下绝对贫困这个短板。

（二）切实增强使命感，确保贫困人口如期脱贫。改革开放以来，我国扶贫开发取得举世瞩目的巨大成就。但我们毕竟是一个发展中国家，人口多，底子薄，目前减贫的形势依然严峻。截至2013年底，全国有14个集中连片特殊困难地区、592个国家扶贫开发工作重点县、12.8万个建档立卡贫困村、2900多万贫困户、8900多万建档立卡贫困人口。贫困规模大、贫困程度深，而且越到后来越难，剩下的都是难啃的硬骨头。现在的7000多万贫困人口，到2020年全部脱贫，每个月都要减少100万以上贫困人口，采用常规思路和办法，按部就班地干，按期完成任务是不可能的。总书记在贵州再次强调了扶贫形势的严峻性，牵挂这件“不托底”的事。“十三五”是全面建成小康社会的时间节点，全面建成小康社会最艰巨最繁重的任务在农村，特别是在贫困地区。扶贫开发已进入啃硬骨头、攻坚拔寨的冲刺期。形势逼人，形势不等人。各地区要把握时间节点，努力补齐短板，科学谋划好“十三五”时期扶贫开发工作，确保贫困人口到2020年如期脱贫。

（三）切实落实领导责任，发挥我们的制度优势和政治优势。坚持党的领导，发挥社会主义制度可以集中力量办大事的优势，是我们最大的政治优势。我们国家的政治体制决定，一旦中央下定决心，全党形成统一意志，从上到下就有行动的能力。总书记要求，全面落实扶贫责任。我们理解至少要落实三个方面的责任。首先，要落实党政一把手的责任。总书记明确提出，实现贫困人口如期脱贫，是我们党向全国人民作出的郑重承诺，各级党委政府一定要不辱使命。党政一把手特别是贫困问题突出地区的党政主要负责同志，要当好扶贫开发工作第一责任人，深入贫困乡村调查研究，亲自部署和协调任务落实。贫困问题突出地区的省区市党政主要领导，要向中央签署脱贫责任书，每年要向中央作出扶贫工作进展情况报告。省一级党委政府作出表率，就可以向市、县、乡提出要求，层层落实。其他有扶贫任务的省区市，也要根据实际情况，作出自己的安排。主要领导真重视真抓，下边层层就会跟着真重视真抓，扶贫工作就好干了。其次，要落实贫困县的主体责任。总书记在2013年中央农村工作会议上明确要求，国家级扶贫开发重点县就是要把减少扶贫对象作为首要任务。各省区市要抓紧制定贫困县党政领导班子和领导干部考核办法，大幅度提高减贫指标、减贫成效在贫困县考核指标中的比重，对贫困县实行扶贫工作“一票否决”。落实约束机制，规范贫困县行为。研究制定贫困县退出机制，激励脱贫致富奔小康。第三，要落实行业部门的责任。现在，行业部门责任还不够明确，结合还不紧，大家做了很多工作，但是还不够精准。扶贫是责任和义务，是非做不可的事，是非做好不可的事情，要贯彻到行业部门的规划和工作之中。下一步要明确任务，进行考核，加大行业部门的扶贫责任。

（四）切实做到精准扶贫，确保实现精准脱贫的目标。总书记在贵阳讲话中提出六个精准的要求：扶持对象精准、项目安排精准、资金使用精准、措施到户精准、因村派人（第一书记）精准、脱贫成效精准。要求我们因人因地施策，因贫困原因施策，因贫困类型施策，区别不同情况，做到对症下药、精准滴灌、靶向治疗，不搞大水漫灌、走马观花、大而化之，是精准扶贫的精髓。总书记要求实施“四个一批”的扶贫攻坚行动计划，即通过扶持生产和就业发展一批，通过移民搬迁安置一批，通过低保政策兜底一批，通过医疗救助扶持一批，实现贫困人口精准脱贫，是实施精准扶贫的主要途径和有效形式。

（五）切实强化社会合力，全党全社会共同承担责任。他要求坚持专项扶贫、行业扶贫、社会扶贫等多方力量、多种举措有机结合和互为支撑的“三位一体”大扶贫格局。在社会各方面广泛动员方面，要求健全东西部协作、党政机关定点扶贫机制，广泛调动社会各界参与扶贫开发积极性。在扶贫开发的投入方面，要求加大中央和省级财政扶贫投入，坚持政府投入在扶贫开发中的主体和主导作用，增加金融资金对扶贫开发的投放，吸引社会资金参与扶贫开发。要积极开辟扶贫开发新的资金渠道，多渠道增加扶贫开发资金。

（六）切实加强基层组织建设，激发贫困地区内生动力。他要求把扶贫开发同基层组织建设有机结合起来，抓好以村党组织为核心的村级组织配套建设，鼓励和选派思想好、作风正、能力强、愿意为群众服务的优秀年轻干部、退伍军人、高校毕业生到贫困村工作，真正把基层党组织建设成带领群众脱贫致富的坚强战斗堡垒。他强调，选派扶贫工作队是加强基层扶贫工作的有效组织措施，要做到每个贫困村都有驻村工作队、每个贫困户都有帮扶责任人。工作队和驻村干部要一心扑在扶贫开发工作上，有效发挥作用。

总书记关于扶贫开发的战略思想内容丰富，思想深刻，深刻揭示了我国扶贫开发的基本特征和科学规律，精辟阐述了扶贫开发的奋斗目标和实现途径，是指导当前和今后一个时期扶贫开发工作的行动指南和基本遵循。全国扶贫系统要认真学习《论述摘编》，通过不断深入学习，进一步转变我们的观念，转变我们的工作作风，转变我们的工作方式，确保打赢扶贫攻坚战。

二、全面落实中央精准扶贫精准脱贫战略

国务院扶贫开发领导小组坚决落实中央关于扶贫开发的战略部署。汪洋副总理作为扶贫领导小组组长，第一次国内调研就到了甘肃最贫困的积石山县，进村入户，解剖麻雀，研究提出精准扶贫的思想。今年以同样的方式回访了两年前的贫困村、贫困户，检验精准扶贫在基层的落实情况。两年多的时间中，他先后 12 次深入贫困地区调研，其中贵州 3 次，甘肃、青海各两次，江西、广西、宁夏、河南、湖北各 1 次；主持召开扶贫领导小组会议 5 次、专题会议 10 多次，对扶贫工作批示 200 多次。今年，他指导扶贫办等部门就“十三五”时期的扶贫战略开展专题研究，6 月 12 日，又来到扶贫办，专门给我们讲“三严三实”专题教育党课，提要求。亲力亲为，靠前指挥，使我们的工作保持了正确的方向，得到较好落实。

在汪洋副总理的直接领导下，全国扶贫系统努力打好精准扶贫的工作基础。一是建档立卡。对全国 832 个县、12.8 万个贫困村、2900 多万贫困户和 8000 多万贫困人口建档立卡，搞清楚了贫困人口的区域分布，初步分析了基本特征、致贫原因、脱贫需求。下一步要进行大数据分析，实现精准退出。二是选派驻村工作队。全国

选派了近13万个驻村工作队，基本实现了对贫困村的全覆盖。40多万干部，吃着财政饭，拿着公务员工资，到贫困村住着去扶贫，既培养锻炼了干部，也为减贫工作作出了重要贡献。前不久，我们又和中组部、中农办联合发文选派贫困村第一书记。可以说，精准扶贫有了较好基础。但是，对照总书记“六个精准”的要求，我们的工作还有很大差距。总书记深刻指出：“扶贫开发推进到今天这样的程度，贵在精准，重在精准，成败之举在于精准。”他提出六个精准的要求，就是我们今后的努力方向。实施精准扶贫战略，全国扶贫系统要做好以下具体工作。

（一）在建档立卡上下功夫。对象精准，才能有的放矢。过去我们工作中普遍存在大水漫灌的现象，现在有了建档立卡，扶贫对象落实到人、落实到户了，但是也存在识别工作不够扎实、不够准确的问题。今后，要加大对贫困人口的扶持力度，政策聚焦贫困户了，原来识别中存在的问题就有可能暴露出来，矛盾就会突出出来。各地要以政策的落实倒逼建档立卡的准确性，结合动态调整机制的建立，提高建档立卡的质量。各省一把手要抓建档立卡。信息社会，信息就是资源。不仅要建档立卡，还要录入数据库，利用大数据，云计算，随时进行动态分析，查找贫困原因，研究扶持措施，落实帮扶责任人，检验帮扶效果。

（二）在驻村帮扶上下功夫。目前驻村工作队存在的比较普遍的问题是形式主义，走读的，挂名的，逢年过节慰问一下的，甚至有些人不了解农村，不会做农村工作，嫌农村脏累，没有真正发挥作用。要做到因村派人，强化责任，贫困村缺什么样的人，就派哪方面的人，贫困村哪方面力量弱，就重点强化工作队哪方面的责任。还有一个问题，目前驻村工作队很大一部分是乡镇派出的，要提高县以上机关派出干部的比例。目前中组部、中央农办和我们联合下文，选派青年干部到贫困村担任第一书记，一共派出16万个，其中贫困村近13万个。第一书记和工作队的主要任务有四项：加强基层组织、推进精准扶贫、为民办事服务、提升治理水平。文件明确要求中央国家机关定点扶贫单位要向贫困村派驻第一书记，国务院扶贫办尽管人少，也要积极落实责任，至少派两个村。希望各地也要按照这样的方式安排。

（三）在分类施策上下功夫。总书记明确要求，要针对贫困户致贫原因，实施“四个一批”扶贫攻坚行动计划。第一类是有劳动能力的，通过扶持生产和就业发展一批。大约有5700万人。通过培训支持、金融支持，提供市场服务，组织他们就地发展产业，或者出去打工，脱贫致富。贫困户中没有升高中、上大学的两后生，不提倡急着出去打工，也不提倡都去读三本，建议多读职业技术学校。3年下来，学一门技术。“纵然家财万贯，不如薄技在身”。学一门技术进城打工，本人、家庭就可以脱贫了，也满足了城市对有技能劳动力的需求。城镇化、工业化，中国制造、中国创造，也有了人力资本。第二类是生活在“一方水土养不起一方人”地区的，通过移民搬迁一批。大约有1000万人，主要是通过移民搬迁帮助脱贫。要结合城镇化规划、综合交通规划、产业发展规划、扶贫规划等多规融合，把他们搬到条件较好的地方，帮助他们在新的地方就业、发展产业解决脱贫问题。第三类是丧失劳动能力的，通过资产扶贫、低保政策兜底一批。主要是通过资产性扶贫和低保兜底帮助脱贫。将部分财政扶贫专项资金等政府投入形成的资产量化折股，配置给贫困村贫困户，还可以将土地、山林等入股，让他们直接分享资产股份分红收益。同时，把他们纳入低保范围，完善低保补差办法，通过逐步实现低保标准和扶贫标准“两线合一”，使他们的收入最终达到扶贫标准，实现脱贫。第四类是因病致贫、因贫返贫的，通过医疗救助扶持一批。主要是帮助他们解决医疗费用，再通过就业或发展生产脱贫。要研究调整医疗救助政策和新型农村合作医疗政策，完善大病保险政策，增加大病报销比例和救助力度，发挥医疗救助保障作用，解决他们的医疗费用，防止因病致贫、因病返贫。

（四）在建立退出机制上下功夫。从现在开始到2020年，只有5年多的时间了，要确保农村贫困人口全部脱贫，就要倒排工期，定点清除。我们正在研究对扶贫对象实行动态管理的方案，分别提出贫困县、贫困村、贫困人口退出的标准、程序和后续政策。无论通过哪种扶持方式，到2020年确保现行标准下贫困县、贫困人口全部退出。到2020年实现7000万贫困人口脱贫，必须算明细账，倒排工期。退出机制要规范，贫困县摘帽不摘政策，形成早摘帽子早有好处，不摘帽子受约束的导向。初步考虑，贫困县退出程序要包括：县申请，市初核，省审核，在组织第三方独立评估后，报国务院扶贫领导小组审定，最后向社会公布。贫困村退出，仍按村委会自愿申请、乡镇人民政府审核、县扶贫开发领导小组审定的程序进行。贫困人口销号，也要以收入为主要标准，加一些否定指标，如住房、义务教育，按两公示一公告的程序，怎么进来的怎么出去。

（五）在金融扶贫上下功夫。没有金融支持，攻坚战打不下来。现在，金融系统非常支持，有两大特惠金融产品。一是3年5万元、免抵押免担保、基准利率放贷、扶贫资金贴息、县建风险金的小额信贷。政策已经有了，国家“最先一公里”已经打通，现在就是工作中落实的问题，“最后一公里”要打通。二是农发行移民搬迁发债和贷款。扶贫再贷款人民银行已同意。国家开发行、邮储银行等也提出不同支持政策。要整合金融资源，强化全方位覆盖贫困地区和贫困人口的便利化特惠金融政策和措施。

（六）在资金项目监管上下功夫。一是

资金必须用于穷人。总书记在阜平讲话中就说到："我不满意，甚至愤怒的是，一些扶贫款项被各级截留，移作他用。扶贫款项移作他用，就像救灾款项移作他用一样，都是犯罪行为。还有骗取扶贫款的问题。对这些乱象，要及时发现、及时纠正，坚决反对、坚决杜绝。"这次在贵州，总书记将精准使用扶贫资金上升到新的高度，富裕户拿到扶贫款，几乎就是挪用扶贫资金。目前扶贫项目的安排中比较普遍地存在扶农不扶贫、富县不富民的倾向。许多民生导向的项目，譬如移民搬迁、危房改造等，本来应该主要指向贫困人口，但是由于贫困人口无力拿出自筹部分，反而得不到支持。我们必须加强对扶贫资金的监管，重点解决这类问题。二是资金必须有效使用。过去扶贫资金分属不同部门管理，难以形成合力。现在把权力下放到县，就是要让县里根据实际情况安排资金项目，提高针对性和有效性，打破"打酱油的钱不能买醋"的局面。但是也要加强监管。资金管理权限下放到县，县里接得住接不住，水平怎么样，能力怎么样，这是各级都面临的一个现实问题。今年，要制定出台资金监管的办法。三是项目要从实际出发。因地制宜，理清思路、完善规划、找准突破口，做到宜农则农、宜林则林、宜牧则牧、宜开发生态旅游则搞生态旅游，真正把自身比较优势发挥好。同时要注意，即使在同一个村子里，贫困人口的能力和差异也是明显的，要因户施策，因人施策，防止缩小版的大水漫灌。

（七）在深化定点扶贫东西部协作上下功夫。这是根据邓小平同志两个大局思想制定的扶贫政策。不是对贫困地区、贫困人口的恩赐施舍，而是各部门、各单位、东部地区酌责任和义务。过去，大家做了许多工作，但是不够精准。目前，我们正在对定点扶贫关系进行调整，解决因机构调整责任落空的问题，也解决部门之间任务畸重畸轻的问题。今年，要明确定点扶贫由六个牵头单位分头负责，自己要带头派人，每年还要牵头开现场会，每年给中央报告情况。要对定点扶贫和东西部扶贫协作进行考核，不以投入多少为主要指标，主要是考核脱贫实效。定点扶贫要考核主要负责同志去没去，派挂职干部和第一书记没有，群众脱贫没有，增加收入没有，贫困县摘帽没有。东西部扶贫协作要考核东部地区在开展贫困人口技能培训和务工就业等方面的成效。

（八）在扶贫宣传上下功夫。首先要引导好舆论，强调贫困人口脱贫是全面建成小康社会的底线目标，要从实际出发，不要吊高胃口，使这项工作可以持续。同时，要坚持正面宣传为主，宣传扶贫开发成就，坚定全国人民走社会主义道路的信心；宣传脱贫致富典型，激发贫困群众改变命运的决心；宣传社会各界对贫困人口的关心，弘扬中华民族的优良传统。当前，要特别加强政策的宣传。我们给力管用的扶贫政策，要让基层知道。只有群众了解政策，政策才能得到落实。今年，扶贫办在中宣部支持下，已经在中央主要媒体形成了几次宣传攻势，还要进一步加大力度，使宣传工作为扶贫攻坚营造更好的舆论氛围。今年扶贫日期间，要围绕中央领导同志重要活动，全面开展宣传工作。我们初步制定了今年的扶贫日活动方案，将征求大家的意见后印发实施。

（九）在谋划长远上下功夫。要围绕四个全面战略布局，聚焦如期建成小康社会的既定目标，着眼于未来 5 年乃至更长远的发展，科学谋划好“十三五”扶贫开发工作。国务院已经明确要编制“十三五”扶贫专项规划，要把好的政策、大的项目、精准扶贫的措施纳入规划盘子。

三、切实抓好扶贫系统作风能力建设

扶贫开发面临着前所未有的机遇，扶贫系统也面临着前所未有的挑战。党中央如此重视，习近平总书记将扶贫开发放在心上，抓在手里，扶贫历史上没有过。如果我们不能做好工作，不仅对不起组织，对不起人民，也对不起自己。在贵州的每一天，跟随着总书记的足迹，听着总书记的耳提面命，我心里一刻不停地想着回来以后怎么落实，想到我们的思想观念、工作作风、办事能力，心里总是沉甸甸的。结合“三严三实”专题学习，我来讲讲扶贫队伍的建设问题。

（一）认真学习。首先还是要认真学习习总书记系列重要讲话，特别是关于扶贫开发的战略思想。当前，要把学习贯彻总书记在贵州座谈会上的讲话精神作为首要任务。要通过学习，在认识上、行动上跟上去，在工作上顶上去，把群众的需求、贫困底数摸上来，为党委政府当好参谋助手，出好主意，提出建议，研究过硬的政策和举措，拿出“干货”来。

（二）转变观念。扶贫开发进入倒计时攻坚阶段，采取常规思路和办法，按部就班地干，难以如期完成任务，必须在精准扶贫上动脑筋、想办法。可是我们有些同志的思想观念还停留在大水漫灌阶段，说到扶贫措施就是搞项目，分资金，给钱送物；说到金融扶贫就是担保抵押放大；说到产业扶贫就是统一行动强迫命令，包办代替，不能逐村逐户采取有针对性的措施。每次遇到新的工作要求，最习惯的一句话就是，我们原来就是这样做的。原来没有精准扶贫的要求，原来没有 2020 年这个时间节点。现在，形势任务变了，大环境变了，工作思路和方式也变了。我们提出了资产性扶贫、土地增减挂政策支持移民搬迁、免抵押免担保小额信贷等多种新的扶贫手段，没有较真的精神是落实不到位的。我们提出的精准扶贫十项工程，大家都赞成，社会反映好，但真正落实到位的还不多。要防止有的同志宁愿花心思找不做事的借口，不愿意花力气研究做事情的方法。墨守成规，固步自封，是无法打赢攻坚战的。

（三）提振信心。帮助穷人的工作从来

就不是一件容易的事情。一方面，我们的工作对象不仅缺少资金、技术、人力资源等，更缺少信心和勇气，帮助他们参加发展的过程，需要花更大的耐性和力气。像建档立卡、小额信贷这些涉及千家万户的工作，都有很大的难度，成本高，工作量大，确实较一般工作难做。另一方面，扶贫工作涉及的部门多、领域宽，协调工作的难度也很大。这就造成很多同志的畏难情绪，不愿意深入基层做群众工作，不愿意和有关部门打交道，去积极争取支持。毛主席说过，“什么叫工作，工作就是斗争。那些地方有困难、有问题，需要我们去解决。我们是为着解决问题去工作去斗争的，越是困难的地方越是要去，这才是好同志”。现在，习总书记高度重视扶贫工作，党中央给了我们尚方宝剑，各地各部门都在行动，大好形势前所未有，我们要利用这样的大好时机，坚定信心、鼓足勇气，乘势而上，有所作为，为贫困地区、贫困人口谋利益。要带着对群众的感情去工作，不怕艰苦、不怕困难、不怕麻烦。我们能够用一年的时间完成建档立卡，难道还有其他的事情能难倒我们？

（四）改进作风。要结合开展“三严三实”专题教育活动，进一步锤炼我们的工作作风。我们扶贫系统的同志，关键时刻要能顶上去，要敢于作为，敢于担当，要为党委政府当好参谋助手。要坚持高标准严要求，保持良好的精神状态，提高能力效率。有些同志在机关工作时间长了，养成了不敢作为、不敢担当的坏风气，养成了疲疲沓沓、拖拖拉拉的坏习惯。关键时刻推脱责任，急事要事慢条斯理，美其名曰按程序办事，美其名曰按职能分工，美其名曰积极稳妥。许多重要文件，包括扶贫领导小组工作要点、金融扶贫的指导意见，到了省里不传达、不学习、不落实，到县里没人知道。这样的作风，很难承担起党中央国务院交给我们的重任。

2015 年时间已经过半，要对已经部署的工作开展一次督查，对下半年重点工作作出精心安排。扶贫系统要把落实总书记重要讲话精神，体现在具体行动上，体现在工作效果上，坚决打赢扶贫开发攻坚战。

齐心协力　认真做好旅游扶贫工作

——在全国乡村旅游提升与旅游扶贫推进会议上的讲话

国务院扶贫办主任　刘永富

（2015 年 8 月 18 日）

国务院扶贫办和国家旅游局在安徽黄山召开全国乡村旅游提升和旅游扶贫推进工作会议，这是继 2014 年 12 月湖北恩施旅游扶贫试点工作座谈会之后，我们共同召开的又一次重要会议。这次会议的目的是，以习近平总书记系列重要讲话精神为指导，按照发展乡村旅游和精准扶贫的工作要求，总结试点工作经验，分析存在的问题，进一步明确目标任务和指导思想，理清工作思路，强化工作措施，促进乡村旅游和旅游扶贫工作又好又快发展。

各地区、各部门对这次会议非常重视。借此机会，国务院扶贫办感谢各省区市各有关部门，特别是全国旅游系统长期以来对扶贫工作的关心、支持和帮助。下面，我主要就旅游扶贫工作讲三点意见。

一、精准扶贫战略高位推动实施

党的十八大以来，党中央、国务院高度重视扶贫开发工作。习近平总书记国内考察 26 次，有 15 次涉及扶贫，其中 7 次是把扶贫作为主要或重要内容。总书记连续 3 年，每年新年第一次国内考察都是到贫困地区。在每年的中央全会、中央经济工作会议、全国两会和中央农村工作会议、中央民族工作会议等重要会议上都讲扶贫。今年以来，更是把扶贫作为重点，1 月到云南，2 月到陕西，6 月到贵州调研扶贫工作，并在延安和贵阳两次召开扶贫工作座谈会。总书记反复强调，小康不小康，关键看老乡，关键在贫困的老区能不能脱贫。总书记讲，新中国成立前，我们党领导广大农民“打土豪、分田地”，就是要让广大农民翻身得解放。现在，我们党就是要领导广大农民“脱贫困、奔小康”，就是要让广大农民过上好日子。他说，全面建成小康社会的目标能不能如期实现，很大程度上要看扶贫攻坚工作做得怎么样。扶贫开发是我们第一个百年奋斗目标的重点工作，是最艰巨的任务。总书记要求省市县乡村五级书记一起抓。要以更加明确的目标、更加有力的举措、更加有效的行动，深入实施精准扶贫、精准脱贫，项目安排和资金使用都要提高精准度，扶到点上、根上，让贫困群众真正得到实惠，决不能让一个困难地区、困难群众在小康建设的道路上掉队。今年 6 月 18 日和 7 月 20 日，总书记在部分省（区、市）扶贫攻坚座谈会和中央财经领导小组会议上，发表重要讲话，发出了到 2020 年农村贫困人口全部如期脱贫、所有贫困县全部脱贫摘帽的动员令，提出“四个切实”“六个精准”“四个一批”的要求。李克强总理连续两年在政府工作报告上明确减贫任务，提出了一系列重大举措和工作要求。汪洋副总理亲力亲为，多次深入贫困地区进村入户开展调研，多次召开会议研究扶贫工作。

各地区各部门积极响应中央号召，认真落实总书记扶贫开发战略思想，把扶贫开发工作放在新的起点上高位推进，工作机制创新不断取得突破，重点工作全面开展，社会各界和贫困地区干部群众热情高涨，扶贫开发工作态势良好。一是精准扶贫机制初步建立。通过建档立卡工作，全国共识别贫困村 12.8 万个，贫困户 2948 万户，贫困人口 8962 万人。全国扶贫开发信息网络系统的建立，为贫困识别、动态管理，精准扶贫、精准脱贫奠定了基础。按照“每个贫困村都有驻村工作队，每个贫困户都有帮扶责任人”的要求，向贫困村派驻工作队 12.5 万个，驻村干部 43 万人，基本实现了对贫困村全覆盖，为帮扶工作进村入户打通了管道。二是机制改革取得进展。10 多个省（市）出台和即将出台贫困县党政领导班子和领导干部考核办法。贫困县的考核、约束机制初步建立，退出机制进行了有益探索。改革财政扶贫资金管理机制，扩大和下放地方管理权限，强化资金项目监管。创新金融扶贫机制，多个实惠管用的金融扶贫特惠产品先后出台，正在发挥着越来越重要的作用。三是重点工作扎实推进。围绕村级道路畅通、饮水安全、电力保障、危房改造、特色产业增收、乡村旅游扶贫、教育扶贫、卫生和计生基础建设、文化建设、贫困村信息化等与贫困群众生产生活和增收脱贫息息相关的领域，组织实施了一批重点项目和重点工程，并取得积极进展。四是专项扶贫创新发展。按照分类指导、因地制宜、因户因人施策的原则，国务院扶贫办会同有关部门提出并促进各地实施精准扶贫的十二项工程：驻村帮扶、整村推进、职业教育培训、扶贫小额信贷、易地扶贫搬迁、电商扶贫、旅游扶贫、光伏扶贫、构树扶贫、扶贫创业致富带头人培训、东西部劳务协作对接和龙头企业带动，取得了一定成效。五是社会扶贫初显成效。国务院将 10 月 17 日设立为“扶贫日”，为广泛动员社会各方面力量参与扶贫开发搭建了制度平台。在 2014 年首个“扶贫日”期间，国务院第一次召开全国社会扶贫工作电视电话会议，领导小组第一次表彰社会扶贫先进集体和先进个人，国务院办公厅第一次印发社会扶贫指导性文件，同时启动了贫困村电子商务、光伏扶贫、旅游扶贫、民营企业包县扶贫。今年扶贫日期间将启动金融扶贫、健康扶贫、教育扶贫、民营企业扶贫等行动，开展中国消除贫困奖等活动。六是研究工作深入开展。中央明确将扶贫开发作为“十三五”规划的重要内容。国务院扶贫开发领导小组组织了多层次大规模调研，研究“十三五”期间扶贫开发的新思路、新举措。目前，由中央农办和扶贫办牵头，与17个中央国家机关联合组成了起草组，在调研的基础上起草相关文件。

总书记对扶贫工作的高度重视，中央提出的明确要求，已经迅速传递到各级党委政府。上半年，28个省市党委、政府一把手均带队开展了扶贫调研，分别达147次和149次。带队开展扶贫调研的省级党政领导同志有221位，共调研928次，参加人数5611人次，调研覆盖1244个县、2316个贫困村。省级财政扶贫投入预算比去年增长20.25%。总书记“五级书记一起抓”的要求得到很好体现。扶贫开发工作呈现出争先恐后、比学赶超的新局面。

二、旅游扶贫试点工作取得的进展及存在的问题

2013年12月，中办国办印发《关于创新机制扎实推进农村扶贫开发工作的意见》，将乡村旅游扶贫工作列为新时期扶贫开发的十项重点工作之一。2014年，国家旅游局、国务院扶贫办按照汪洋副总理的指示精神，把旅游扶贫作为精准扶贫的重要内容，共同启动了旅游扶贫试点工作。今年以来，各级扶贫部门积极配合旅游部门推动试点工作，取得了一些新的进展。一是利用建档立卡信息系统，对今年各省市上报的试点村进行核对筛选，考虑到旅游业发展的条件要素，与国家旅游局共同确定了具备条件的560个贫困村作为试点。两个部门密切配合，做了大量工作。国家旅游局积极动员系统内有资质的规划设计企业帮助试点村编制规划方案、组织试点村村干部开展了旅游培训。扶贫办指导地方扶贫部门认真落实试点方案，及时调整整村推进规划，将没有纳入规划的试点村纳入了规划。二是有效带动了贫困群众增收。试点工作开展以来，各地按照国家旅游局和国务院扶贫办的部署，采用向建档立卡贫困户提供扶贫小额扶贫贷款、组织有一定劳动能力和素质的贫困群众开展培训等有效方式，引导贫困户通过兴办家庭旅馆、农家乐、小型超市等旅游服务设施；发展地方特色种植、养殖项目；利用土地、房屋入股和打工就业多种方式参与产业发展，实现增收。参与旅游扶贫项目的贫困户户均增收超过500元，旅游扶贫带动了贫困群众增收脱贫。三是加速了贫困村基础设施建设的步伐。在试点工作中，各省（区、市）扶贫部门积极配合试点工作，及时调整试点村整村推进规划，围绕旅游扶贫的工作目标，开工建设了一批提升贫困村接待能力和接待条件的基础设施项目，如路、水、电、厕所、停车场等，试点村的基础设施建设步伐加快。重庆市加强项目村村内道路、饮水、用电、通信等基础设施建设，贫困村面貌进一步改善。从各

地反映的情况看，旅游扶贫试点已逐步成为各级地方政府集中力量加速推进贫困村基础设施建设的有效平台。四是促进了贫困村产业结构的调整。在试点规划中，不少试点村大力发展体验式农业、观光农业、休闲农业和特色林果、特色养殖等产业，试点贫困村出现了由单一的农业种植业结构向综合农业转变的可喜变化。安徽、重庆、四川、湖北、贵州等省（市）在这些方面都取得了很好的经验。贵州在1630个村寨开展了乡村旅游，超过700个贫困村通过发展乡村旅游，带动当地传统种植业、养殖业和农副产品加工业、民族手工艺产品加工业实现转型升级，一大批绿色食品、地方名吃、民族特色手工艺品走向市场。五是根据汪洋副总理的批示要求，国务院扶贫办会同国家旅游局督促有关省区，从完善精准帮扶措施、发挥典型引领作用、引导社会各方参与三个方面，加强对贫困村旅游扶贫试点工作的指导。6月下旬在四川召开旅游扶贫工程现场会，总结了67个典型案例，推动了试点工作的开展。

旅游扶贫试点工作取得了一定成效，但也存在扶贫措施不精准的问题，主要表现在：一是“扶富不扶贫”。各地在发展乡村旅游中，当地群众主要通过开办农家乐、乡村旅馆、开展接待服务或是出售自家农副土特产品等方式，参与乡村旅游。能够领办这些项目的往往是村里的能人大户，而目前的支持政策主要是针对这些项目，政策的红利自然也就大多由这部分人享受了。贫困群众由于缺乏参与发展的资金和技能，大多只能通过打工或参与土地流转获得收益，旅游扶贫的优惠政策主要由工商企业和能人大户享受。二是“景区不带村”。在我国现有的1392个5A和4A级旅游风景名胜区中，超过800个分布在中西部地区，景区周边分布着约3万个建档立卡贫困村，占全国建档立卡贫困村的近1/4。这次列入试点的560个贫困村，有半数以上分布在成熟景区周边。有的景区在开发过程中注意到了带动贫困村的发展。但仍有许多景区对带动周边贫困村的开发以及让贫困户受益，缺乏针对性的措施。总体上看，景区开发使当地贫困户的受益度还不高。三是缺乏有效数据。旅游扶贫的统计监测制度尚未建立，到底干了多少事，取得了什么样的成效，定性的多，定量的少，大而化之，说不准确。特别是贫困村、贫困户得到多少好处，带动增收多少，脱贫多少，没有令人信服的数字。四是协调机制不完善。特别是一些地方的扶贫办工作不够主动，还没有形成扶贫办主动、各部门联动的试点工作协调机制。一些地方围绕旅游产业发展需要，在试点村实施改水、改路、建停车场、建公厕等工作进度缓慢。这些问题不解决，试点工作很难取得预期效果。

三、旅游扶贫工作要在精准扶持上见实效

汪洋副总理对旅游扶贫工作非常重视。今年5月第五个全国旅游日期间，专程到

湖北恩施调研旅游扶贫工作时，他指出：旅游扶贫搞得好不好，关键看这些地方是如何通过发展旅游带动穷人脱贫致富的。近日在西藏调研扶贫和旅游工作时，再次强调要让城乡居民更多分享旅游增值收益。努力为城乡居民开展旅游创新创业、更好地分享旅游增值收益创造条件。特别是要支持农村贫困人口及其他贫困群众开展旅游创业就业，探索以旅游资源、扶贫资金入股参与旅游开发，让他们从旅游业发展中获得稳定收益。这是一年多来，汪洋副总理反复强调的几个问题，旅游业不仅要拉动经济社会发展，还要带动穷人脱贫致富，支持扶贫攻坚。扶贫不是负担，是党和政府的共同政治责任，事关我们党第一个百年目标的实现。做好扶贫开发工作，就会在贫困地区形成新的经济增长点，拉动贫困地区经济发展。不少贫困地区环境优美，山清水秀，土壤没有污染，具有发展旅游业的巨大潜力。把这种优势转化为多样化的产品，贫困地区的绿水青山就会变成金山银山。做好旅游扶贫工作，要认真贯彻党中央、国务院的决策部署，落实汪洋副总理的一系列指示精神和工作要求，在以下几个方面下好功夫。

（一）进一步明确旅游扶贫的指导思想和目标任务。做好乡村旅游和旅游扶贫工作，要以习近平总书记扶贫开发的战略思想为指导，坚持把精准扶贫、精准脱贫作为基本方略，坚持把贫困群众能够分享旅游资源开发和旅游产业发展红利作为基本原则，发挥好旅游发展拉动和旅游景区的带动作用，在精准实施上取得突破，使建档立卡贫困村贫困户实实在在得到实惠，实现增收脱贫甚至致富。最近，国务院办公厅印发了《关于进一步促进旅游投资和消费的若干意见》（国办发〔2015〕62号），明确要大力推进乡村旅游扶贫，提出“到2020年，全国每年通过乡村旅游带动200万农村贫困人口脱贫致富；扶持6000个旅游扶贫重点村开展乡村旅游，实现每个重点村乡村旅游年经营收入达到100万元”的目标，这就是我们旅游扶贫工作的指导思想和目标任务。我们必须统一思想认识。上述目标任务，按部就班地干、常规地做，是完不成的，必须采取超常规过硬管用的措施办法，才能实现。

（二）进一步完善旅游扶贫规划。在继续动员有规划设计资质的单位帮助试点村编制规划的同时，要注重发挥景区经营企业在规划编制中的作用。经营景区的企业，与景区周边贫困村的发展存在着天然的共生关系，由他们参与制定贫困村旅游产业发展规划，有利于解决“景区不带村”的问题，建立企业与景区周边贫困村贫困户的利益链接机制。各地扶贫系统，要积极主动地做好配合工作，尽快将试点村的贫困信息完整准确地提供给旅游部门。

（三）进一步创新旅游扶贫机制。认真评估景区资源禀赋，对企业开发旅游景区资源，在旅游扶贫项目建设中，要积极探索旅游资源资产化，给景区范围内的贫困村部分集体股权，使贫困村原住民得到补偿，享受到旅游资源开发带来的收益，增加他们的资产性收入。今年，我们在 5 个省开展了资产收益扶贫试点，对前期工作比较扎实，基本完成了改水、改路、建停车场、建公厕等工作的旅游扶贫试点村，有关省区扶贫办可以将其列为资产收益扶贫的试点，会同旅游部门编制工作方案。

（四）进一步拓展旅游扶贫投资渠道。发展乡村旅游，实施旅游扶贫需要加大投资强度，完善贫困村的基础设施和接待能力。最近，国务院决定，发行专项建设债券，扩大有效投资，支持一批看得准、有回报、不新增过剩产能项目建设。旅游扶贫完全符合专项建设债券投资的要求。下一步，扶贫办将会同国家旅游局和相关政策性银行，按照景区带贫困村、让贫困户受益的原则，把前期工作做深做细。希望各地积极配合，上下同心，争取利用国家专项建设债券支持旅游扶贫项目，为旅游扶贫拓展新的资金来源渠道。

（五）进一步强化旅游扶贫帮扶措施。目前，旅游扶贫的措施还不够精准，有撒胡椒面的现象。以前，贫困面大，一项政策出台就能带动数十万贫困群众脱贫。现在，扶贫攻坚已经进入到了攻坚拔寨的关键时期，所以必须一村一策，一户一法，改变大水漫灌，实施精准扶贫。要根据发展贫困村乡村旅游不同类型的主体，分类施策，制定更加有针对性的帮扶措施。对参与试点项目的企业和专业合作组织，根据其吸纳贫困户参与和就业的程度，提供成本更低、时限更长的扶贫再贷款支持。对旅游创业致富带头人，要进一步强化培训，用好国家旅游局推荐的东部发达地区培训基地，针对 560 个旅游扶贫试点村，每个村选择 3 名左右的旅游扶贫带头人，举办专题培训班，增强参训人员先富帮后富的责任意识，学习发展乡村旅游的先进理念和成功经验。对一般贫困户，通过提供扶贫小额信贷，加强有针对性的培训，引导他们积极参与项目建设。对无劳动能力的贫困户，要通过探索以旅游资源、扶贫资金等入股方式，使他们在项目发展中获得资产性收益。总之，各级扶贫部门要切实将这些措施落实到参与试点的贫困村贫困户，激发他们共同参与试点建设的积极性和创造性。

（六）进一步做好旅游扶贫典型引领工作。近期，国务院扶贫办整理了 67 个旅游扶贫典型案例。下一步，我们还将会同旅游局对 560 个村的试点工作进行全面的总结分析，从中提炼总结出不同类型的典型经验。湖南省花垣县十八洞村，在项目建设中，充分利用当地资源，因地制宜发展旅游产业，不搞大拆大建、不堆砌盆景，贫困群众得到实惠，社会反映较好。湖北省恩施市营上村紧紧围绕核心景区，发展配套服务设施，大户搞经营，贫困户搞服务、搞养殖、种蔬菜，共同参与，共同发展。福建省福鼎市赤溪村通过旅游产业发展壮大集体经济，带动全村脱贫致富。这些，都是很好很鲜活的经验，值得各地学习借鉴，我们还将继续总结各地的经验，适时召开现场会进行推广。

同志们，旅游扶贫可以实现产业发展与扶贫开发的有机结合，是稳增长调结构惠民生的有力举措，又是贫困群众脱贫致富的有效渠道，可以实现经济发展与扶贫开发双赢目标。让我们共同努力，把这件事情办实办好，为打赢扶贫攻坚战，确保贫困人口一道进入全面小康社会作出贡献！

全面实施精准扶贫战略　坚决打好扶贫攻坚战

——在“2015 减贫与发展高层论坛”高级别会议上的演讲

国务院扶贫办主任　刘永富

（2015 年 10 月 16 日）

中国高度重视扶贫开发工作。党的十八大以来，以习近平扶贫开发战略思想为指导，把扶贫作为党和政府的历史使命和重大职责，纳入“四个全面”战略布局进行部署，作为全面建成小康社会的底线目标进行安排，提出到 2020 年所有贫困人口实现脱贫，所有贫困县全部“摘帽”的任务，实施精准扶贫战略。一是各级干部深入贫困地区进村入户了解贫困状况，开展贫困识别，确定了 12.8 万个贫困村，3000 万贫困户，明确扶贫对象。二是基本实现每个贫困村都有驻村工作队，每个贫困户都有帮扶责任人，落实帮扶责任。三是推进扶贫机制改革，建立贫困县考核机制、约束机制，改革财政专项扶贫资金管理机制，创新金融扶贫体制机制。四是以村级道路畅通、饮水安全、电力保障、危房改造、特色产业增收、乡村旅游、教育扶贫、卫生和计划生育、文化建设以及贫困村信息化十项重点工作，改善贫困地区贫困群众的生产生活条件。五是设立“扶贫日”开展广泛的社会动员。2013 年、2014 年连续两年完成千万以上减贫任务，贫困地区基础设施继续改善，社会事业逐步发展，贫困群众的收入水平不断提高。

当前，中国仍有 7000 多万贫困人口，扶贫开发已进入啃硬骨头、攻坚拔寨的冲刺期。为实现到 2020 年全面消除现有极端贫困，我们将全面实施精准扶贫战略，做到“五个着力”。

——着力建设扶贫开发大数据。对建档立卡贫困县、贫困村、贫困户、贫困人口，进一步分析基本特征、致贫原因、脱贫需求，制定脱贫规划，确定帮扶措施，监测帮扶成效，出台贫困退出办法，建立扶贫开发大数据，做到扶持对象精准、因村派人精准、脱贫成效精准。

——着力建立分类施策政策体系。根据致贫原因，确定有针对性的措施办法，坚持分类施策，让扶贫资源和政策措施落实到村到户到人。坚持开发式扶贫，把扶贫政策与最低生活保障、教育、医疗卫生等社会政策相衔接，扶贫开发与产业发展、生态建设相结合。通过扶持生产和就业发展一批、移民搬迁安置一批、教育培训脱贫一批、生态保护脱贫一批、社会保障兜底一批，做到项目安排精准、资金使用精准、措施到户精准。

——着力发挥贫困群众的主体作用。坚持尊重贫困地区贫困群众的主体地位和首创精神，加强对贫困地区贫困群众的思想发动，加强贫困地区基层组织建设，发展村级集体经济，充分调动贫困群众的积极性，提高他们的知情权、参与度、获得感，激励自力更生精神，激发脱贫的内生动力与活力。

——着力实施更广泛的社会动员。坚持中国特色的社会扶贫体系，深化、细化、实化党政机关企事业单位定点帮扶、东西扶贫协作、军队武警参与扶贫，提高针对性、有效性，加强帮扶成效考核。进一步动员民营企业、社会组织和公民个人广泛参与，形成人人皆愿为、人人皆能为、人人皆可为的社会氛围，帮助别人，升华自己，凝聚扶贫攻坚强大合力。

——着力发挥政治优势和制度优势。坚持党的领导，省市县乡村五级书记一起抓，发挥政府的主导作用。落实贫困县主体责任，把主要精力用在扶贫开发上。落实相关部门的行业扶贫责任，把扶贫任务优先纳入行业规划并认真实施。落实贫困村“第一书记”和驻村工作队的帮扶责任，不脱贫不脱钩。形成政府、市场、社会协同推进的扶贫大格局。中国 2020 年的减贫目标与联合国 2015 年后国际发展议程相呼应。中国全面实施精准扶贫战略是人类扶贫史上的伟大实践。中国愿与国际社会加强减贫领域的交流与合作，分享成功经验，共同面对挑战。让我们携起手来，协力推进实施 2015 年后国际发展议程，为人类减贫事业作出贡献！

在全国干部驻村帮扶工作现场会上的讲话

国务院扶贫办主任　刘永富

（2015 年 10 月 19 日）

为什么要开干部驻村帮扶工作现场会？因为选派驻村工作队，普遍建立驻村工作队制度，是中央的明确要求。近两年，各地把这项工作基本做起来了，探索出一些好的做法和经验，需要进行认真总结，工作中也碰到了一些问题，需要研究解决，更好地推进工作。驻村工作队，看似一件具体的工作，但它解决的是因村派人、因村施策、因户施策、因人施策问题。再进一步讲，干部驻村帮扶工作决定着“六个精准”的实施效果，可以说是精准扶贫方略的重要组成部分。所以，我们一定要认识到做好干部驻村帮扶工作的重要性和必要性。这项工作，中央明确是各省区市负责，但是国务院扶贫办有责任督促各地抓好落实，有必要把大家请到一起，交流经验、督促工作、落实责任，因此决定开这个会。这样的会不仅今年开，而且要年年开，至少每年开一次现场会，今年参观安排了半天，明年我们可以安排参观一天，可以请各地做得好的工作队长介绍情况，也可以组织受益的贫困户现场讲述工作队的先进事迹。

这次现场会选择在安徽开，主要有以下两点考虑：第一，安徽干部驻村帮扶工作起步早，有传统，抓得实，有典型，做得好，有经验，创造了具有安徽特色的干部驻村帮扶经验，特别是出现了沈浩这样全国学习的典型，基础较好。第二，安徽根据中央要求，与时俱进的对这项工作作了新部署。派驻工作队的做法，以前也比较普遍，但是名称和作用不尽相同。全面建成小康社会要补好短板，现行标准下的贫困人口要全部脱贫，贫困县要全部摘帽。按照中央要求，所有建档立卡贫困村都要有工作队，所有贫困户都要有帮扶责任人。去年 9 月 22 日，安徽现任省长，时任省委副书记的李锦斌同志主持召开了全省电视电话会议，对这项工作进行了调整和重新部署。昨天，大家现场观摩了几个村的干部驻村帮扶工作，有的同志总结出了“准、细、实、真”。准，即扶贫对象准，驻村干部对帮扶村情况特别是贫困户状况摸得透、摸得实、记得清、记得牢。细，即规划细，对贫困户的帮扶，不仅有年度计划，还有长远计划。实，即措施实，在贫困村基础设施、产业开发、光伏扶贫等方面因村因人制宜。真，帮扶真，提出了“驻村爱村、驻村学村、驻村建村、驻村利村”和“真情愿为、真做可为、真干能为”的思路，做了很多实事。

刚才，有6个省作了经验交流，没有发言的省份也有很多好的做法和经验，会议还汇编了各地上半年驻村帮扶工作总结，作为参阅材料，供大家学习交流。从这本材料看，各地情况也不平衡，有的很虚，有的可能工作做得很好，但没写出来。总之，做得好的不要满足现状，要学习好的经验；做得一般的要向好的学习，奋力赶上。

按照这次会议原定方案，我和郑文凯副主任都参加，原来想请省扶贫办的一把手都来。后来我们考虑，当前形势下，省扶贫办主任工作任务很重，省委书记、省长调研要陪同，省级领导活动、省里开会有点应接不暇，所以就没有明确要求。实事求是地讲，我们体谅地方的难处。但是，今天参会的同志回去后要向一把手报告，再忙也要抓重要的事、抓大事、抓急事，要深化认识。只有谋划全局、谋划长远、谋划大事急事，工作才能主动。

下面，我结合当前扶贫工作形势和干部驻村帮扶工作，讲三个问题。

一、深入学习习近平总书记重要讲话精神

10月16日，习近平总书记出席“2015减贫与发展高层论坛”，发表了题为“携手消除贫困，促进共同发展”的主旨演讲，回顾了我国30年来扶贫开发的历程，总结了我国扶贫开发五个方面的经验。一是保持中国经济快速增长，出台有利于贫困地区、贫困人口的政策，为大规模减贫奠定了基础，提供了条件。发展是第一要务，扶贫是第一民生。二是坚持政府主导，把扶贫开发纳入国家总体发展战略，开展大规模专项扶贫行动，针对特定人群组织实施妇女儿童、残疾人、少数民族发展规划。三是坚持开发式扶贫的方针，把发展作为解决贫困的根本途径，既扶贫又扶智，调动扶贫对象的积极性，提高发展动力，发挥主体作用。四是坚持全社会动员参与，发挥我国的制度优势，构建“政府、社会、市场”共同推进的大扶贫格局，形成跨地区、部门、单位全社会共同参与的多元社会扶贫体系。五是坚持普惠政策和特惠政策相结合，在加大对农村、农业、农民普惠政策支持的基础上，对贫困人口实施特惠政策，做到应扶尽扶，应保尽保。普惠政策有利于扶贫，但不能直接解决扶贫问题。我在国际金融论坛上讲了这样一个观点，普惠金融是发展市场经济，该享受到的要享受到。每个人都可以开账户，但账户里要有钱，每个人都要有钱包，富人的钱包鼓鼓的，穷人的钱包是瘪的，理论上看似平等，实际上不平等。普惠金融是主流，是按照经济规律办事，但是很难办成扶贫的事。要想扶贫，必须要有特殊的政策。习近平总书记讲，对贫困地区、贫困群众要格外关心，格外关注，格外关爱。这是对贫困人口实施特殊政策的重要依据。

习近平总书记强调，全面建成小康社会是全体中国人民的小康，不能出现有人掉队。未来5年，我们将使现有7000多万贫困人口全部实现脱贫。这是中国落实2030年可持续发展目标的重要一步。解决绝对贫困人口脱贫问题是第一步。不管有多难，我们都要努力做到，最后剩下的通过低保兜底。没有了绝对贫困人口，我国是不是就没有贫困人口了？不是这样的。发达的国家都有贫困，而我国是最大的发展中国家，我们仍处在并将长期处在社会主义初级阶段。第二步要解决相对贫困。我理解习近平总书记说的消除绝对贫困是重要一步，绝对贫困基本消除后，我们就要把精力用在相对贫困上。

习近平总书记要求，为了打赢这场攻坚战，我们首先是把扶贫开发作为经济社会发展的重要内容，大幅度增加扶贫投入，出台更多惠及贫困地区、贫困人口的政策措施，提高市场机制的益贫性，推进经济社会包容性发展，实施一系列更有针对性的重大发展举措，这都是重要的思路、重大的理论创新。第二是实施精准扶贫战略，坚持“六个精准”的要求，即扶持对象精准、项目安排精准、资金使用精准、措施到户精准、因村派人精准、脱贫成效精准。因村派人精准涉及到其他五个精准，驻村工作队要发挥桥梁纽带作用。第三是找到贫根，对症下药，靶向治疗。坚持制度优势，构建省市县乡村五级书记抓扶贫，层层落实责任。因贫困户类别施策、因贫困原因施策，做到一户- 策，一户一法。

习近平总书记强调，“授人以鱼不如授人以渔”，“扶贫必扶智，让贫困地区每一个孩子都能接受良好教育，让他们同其他孩子站在同一条起跑线上，向着美好生活奋力奔跑”。我们要重视教育扶贫工作。学前教育、义务教育、高等教育，特别是职业教育最管用。俗话说，“十年树木，百年树人”，我认为扶贫见效最快最明显的是职业教育，接受3年职业教育，然后再出去打工，换了“脑袋”、富了口袋，一家人就脱贫了，我理解，这就是总书记讲的“渔”。

我们发展的目标是什么，怎么完成目标？就减贫而言，联合国作出了新的评价，我国对国际减贫的贡献率是72%。这是个很了不起的成就。充分体现了社会主义制度的优越性，体现了中国共产党执政的能力，有效验证了理论、制度、道路“三个自信”。

习近平总书记还向世界各国发出共同推进减贫事业的倡议。第一，加快全球减贫进程。中国的目标是，到2020年消除绝对贫困，而全球目标是2030年消除绝对贫困，中国提前10年。第二，加强减贫领域的国际合作。第三，着力实现多元自立可持续发展。第四，着力改善国际发展环境。扶贫系统的干部要深入学习习近平总书记10月16日的重要讲话精神，落实到扶贫工作中。

习近平总书记深情畅谈自己的经历，

从插队当支部书记，到县委书记、地委书记、省委书记、总书记，他一直在抓扶贫工作。他讲“回顾中国几十年来减贫事业历程，我有深刻切身体会，20 世纪 60 年代，我还不到 16 岁，就从北京来到了陕北一个小村庄当农民，一干就是 7 年。”有同志觉得驻村 3 年搞扶贫，工作时间有点长，总书记一干就是 7 年。总书记还讲，“那时中国农村的贫困状况给我留下了刻骨铭心的记忆，我当时和村民辛苦劳作，目的就是要让生活能够好一些，但这在当时比登天还难。40 多年来，我先后在中国的县、市、省、中央工作，扶贫始终是我工作的一个重要内容，我花的精力最多。我到过中国绝大部分最贫困的地区，包括陕西、甘肃、宁夏、贵州、云南、广西、西藏、新疆等地。这两年，我又去了十几个贫困地区，到乡亲们家中，同他们聊天。他们的生活存在困难，我感到揪心。他们生活每好一点，我都感到高兴”。习近平总书记的爱民情怀和扶贫情结，为我们树立了典范。

这是习近平总书记今年关于扶贫的第 5 次讲话。1 月在云南、2 月在陕西、6 月在贵州、7 月在中央财经领导小组会上，10 月在减贫与发展高层论坛上。下面，我们重温一下习近平总书记历次讲话中，对驻村工作队工作的重要指示。今年 1 月，在云南的讲话时强调，“要发挥我们的政治优势，发挥驻村扶贫工作队的作用，帮助贫困群众分析致贫原因，找准脱贫门路，加快脱贫致富的步伐”。今年 6 月 18 日，在贵阳讲话时强调，“选派扶贫工作队，是加强基层扶贫工作的一项有效组织措施，要做到每个贫困村都有驻村工作队，每个贫困户都有帮扶责任人”。“干部脚下沾有多少泥土，群众心中就沉淀多少真情，工作队和驻村干部要一心扑在扶贫开发工作上，强化责任，有效发挥作用”。“对在基层干出了成绩，群众拥护的驻村干部要注意培养使用，让他们在扶贫开发上发挥更大的作用”。2012 年 12 月，在河北阜平讲话时强调。希望驻村干部继续发扬不怕苦不怕难的精神，向沈浩同志学习——宁愿自己受苦，也要让群众加快脱贫；宁愿自己身上掉几斤肉，也要让群众走上致富路。

总书记非常重视扶贫开发工作。党的十八大后，国内考察第一站到了改革开放前沿的广东。第二站就到革命老区。连续 3 年每年国内考察都是先到贫困地区，尽管今年国际活动多，习近平总书记 5 次国内考察，每次都涉及扶贫或把扶贫作为重要内容。总书记为什么重视扶贫？因为“四个全面”战略部署最关键的是全面小康，而全面建成小康的底线目标是扶贫，贫困是最突出的短板。全面小康有很多指标，但如果还有这么多贫困地区，这么多贫困人口，那就不是全面小康。小康是全面的，不能有一个地区、一个困难群众掉队。这是全面小康的否定指标，是习近平总书记最不放心的一件事，所以很重要。

我们一定要认真学习、深刻领会习近

平总书记的讲话精神。既要脚踏实地，更要围绕中心，服务大局。通过深入学习，统一思想、武装头脑、指导工作。扶贫开发是大事不是小事，不是可干可不干而是非干好不可的事，是一场输不起、必须打赢的攻坚战。只有认识到这一点，才会有政治责任感、历史责任感。我常讲，扶贫向善，帮助别人，提升自己，引领风尚。大家累点是值得的，要适应并学会享受高负荷高强度工作，用我们的辛苦指数换取贫困群众的幸福指数。

二、正确认识当前扶贫工作形势

党中央、国务院高度重视扶贫开发工作，习近平总书记亲自抓扶贫，李克强总理亲自部署，汪洋副总理靠前指挥，扶贫开发工作出现了前所未有的好局面，也是扶贫工作前所未有的机遇。这种好形势，表现出“三个一”的特点。“一把手”抓扶贫。习近平总书记要求省市县乡村五级书记一起抓，各地党政一把手把扶贫列入议事日程亲自抓。扶贫系统要把党中央、国务院和习近平总书记、李克强总理的高度重视，变成强大的精神动力，乘势而上，克服各种困难，完成艰巨任务。出台“1+N”文件。中央的要求向下传导，各地纷纷出台一个全面推进扶贫攻坚的文件加上N个具体政策措施的配套文件，扶贫工作出现新常态，包括驻村工作队。全国共下“一盘棋”。中央的要求向部门传导，各个行业部门都非常重视扶贫工作，出台特惠政策，形成了各部门按照各自职能，大力支持、解囊相助的可喜局面。同时，向社会传导，社会各方面也非常支持。今年的扶贫日，安徽向社会募捐扶贫资金3亿多元，贵州募捐14.7亿元。总之，要充分认识当前扶贫工作的好形势，坚定信心，积极作为，推进扶贫攻坚的“势”不断壮大，推动扶贫各项工作取得更好成效。

面对扶贫开发大好形势，扶贫系统的干部要做到“一来二去”。思想认识跟上去，跟上习近平总书记的要求，充分认识扶贫开发的极端重要性、艰巨性、长期性、复杂性，不断增强紧迫感、使命感、责任感。确保思想不滑坡，工作不掉队。观念方式转过来，坚持改革创新、转变观念方式，是新常态下做好扶贫工作的重要前提。要改变旧的传统观念、思维习惯，要通过转变工作方式，推动工作落实，提高扶贫效率。工作顶上去，中央对扶贫工作高度重视，提出新的要求，扶贫系统责任重大、任务艰巨，在工作上一定要顶上去。认真抓好重点工作，确保各项政策举措落地生根。

实施精准扶贫精准脱贫，要建设三个平台。一是建设扶贫开发大数据平台。谁是贫困户、贫困村？贫困原因是什么？脱贫的需求是什么？脱贫规划是什么？有什么措施、谁来帮助、效果怎么样？既是决策的参考，又是工作的依据，还是考核评估的指标。这些工作都离不开工作队，首先贫困户识别就离不开工作队。数据从哪来，都是从村里来，村里谁做，要依靠驻村工作队。这个平台现在做得比较好的是甘肃和贵州，今年上半年，甘肃动员了10万人，100个IT人员；贵州动员20万人，开展建档立卡贫困户全面核查工作。二是基层扶贫工作平台。贫困人口在哪里，贫困人口在最基层，都在村里，贫困人口是我们的工作对象，工作对象在哪里，工作力量就要延伸到哪里。在贫困村要选派好第一书记和建设好驻村工作队，保证贫困户有人帮、有人扶，把中央的决策部署落实到村到户到人。一定要用好驻村工作队，让他们担当起扶贫开发一线指挥部的重任。三是资金项目管理平台。这是做到扶真贫、真扶贫、真脱贫的重要保障。首先要转变观念，在发挥财政专项扶贫资金重要作用的基础上，发挥好金融扶贫的主力作用，吸引社会资金参与扶贫开发，做大扶贫的资金总量。建立省级扶贫开发融资主体，专门服务扶贫开发。建立整合资金新体制，加大涉农资金整合力度，用于扶贫攻坚。加强群众监督，确保贫困户、贫困人口参与项目建设，从扶贫资金项目中受益。这三个平台缺一不可，第一个平台是数、是底数，第二个平台是人、干事的人，第三个平台是钱、干事的钱，必须建好用好，为扶贫攻坚服务。

三、进一步建好用好驻村工作队

驻村帮扶工作取得了初步的成效。去年以来，各地党委、政府按照中央关于干部驻村帮扶工作的部署，积极推动工作。一是印发文件规范工作，全国有23个省份印发了文件，有的以省委办公厅、省政府办公厅名义，有的以扶贫领导小组名义，有的省份以省委、省政府名义召开会议。二是建立了机制，组织部门牵头，扶贫部门参与，部门之间加强协商沟通，协同推进工作。三是对工作队进行整合，以前有“这个队”“那个队”，各地从全面建成小康的大局出发，加强对干部驻村帮扶工作资源的整合。四是对驻村干部进行培训，上半年，各地共举办驻村干部培训班6515期，68.1万人次，有效提升了帮扶能力。有的省开展了督查，有的省制定了考核办法。总的来讲，各地做了许多工作，截止2015年7月底，全国共派驻村工作队12.79万个，派出驻村干部48万人，基本实现对贫困村的全覆盖。干部驻村帮扶工作布局已经基本完成，驻村干部正在发挥重要作用。

实事求是地讲，确实还存在不少问题。首先是思想认识不到位，工作发展仍然不平衡。二是有的地方，满足于把派驻工作当成一个任务，有的甚至当成负担。三是有的工作队是派下去了，但没有真正深入到贫困村贫困户中，有的不会做工作，离精准扶贫要求还有很大差距。驻村帮扶是新的决策部署，新的工作，出现这样那样的问题是可以理解的，我们要认真研究，有的放矢地解决，不断改进完善。当前，要重点抓好六个方面工作。

（一）要提高认识。普遍建立驻村工作

队制度，是中央的要求，是“四个切实”的要求，是落实习近平总书记扶贫开发战略的要求。中央这么重视，扶贫系统不重视，就说不过去了。选派驻村工作队是落实精准扶贫精准脱贫的措施，贫困村脱不了贫，就是班子不强，需要干部去帮助，驻村工作队是帮扶的主体。要通过驻村工作队的传帮带，加强基层组织建设，留下一支永不撤走的工作队。有的地方工作队派了十几年，取得了很大成绩，但是还有许多贫困村。所以这次派驻工作队和第一书记，各地必须提高思想认识，只有提高了认识才能积极作为，不推三阻四，不袖手旁观，不无动于衷。扶贫系统的干部要把这项工作当成政治任务落实好，充分发挥驻村干部的生力军作用。

（二）要明确驻村时间。因村派人是很高的要求，要逐步做，根据贫困村的情况派人。不能一年派一次，一年时间，情况还没有熟悉，人也还不认识，就撤回去了，这实际上是形式主义。不能把驻村帮扶当成负担、当成单纯的任务来完成。各地要学习安徽、福建的经验，派驻时间要力争达到 3 年。

（三）要明确职责任务。驻村工作队的职责任务，各地可以实践中进一步探索。但重点是组织、指导、监督。如组织核查建档立卡贫困户是否准确。组织人员宣传国家扶贫政策，让老百姓知晓。组织动员群众开拓思路，解放思想，理清脱贫思路。指导村两委制定脱贫规划、实施扶贫项目。指导党员干部落实具体帮扶措施。监督扶贫资金使用，监督扶贫项目实施，保证公平公正公开，等等。职责有哪几个方面，任务有哪几条，要逐步规范起来，要加强交流和培训，不要每个工作队都探索一遍。

（四）要加强管理服务。驻村工作队在贫困村很艰苦，作出了很大牺牲，要做好服务，创造好的工作条件。要关心他们的生活，支持他们的工作。对驻村工作队通过调研，提出的脱贫资金项目需求，要积极协调给予支持。国家有什么政策，要让老百姓及时知道，《中国扶贫》是送政策送经验送信息送点子的重要渠道，省扶贫办要集订分送给每个驻村工作队和贫困村。

（五）要强化考核评估。各地要探索建立干部驻村帮扶工作考核办法，发挥考核评价在干部驻村帮扶工作中的“指挥棒”作用。要坚持日常考核、年度考核相结合，注重过程和结果的综合考评。

（六）要总结推广经验。宣传引导和典型推广是推进干部驻村帮扶工作的重要方法。要及时掌握工作动态，发现先进典型，推广实践中的有效模式和成功经验，发挥辐射带动作用。各地的经验典型，要及时报送办里的相关业务司，择优在全国进行交流，相互学习借鉴。办里将在扶贫办政府网开设干部驻帮扶工作专栏，专门宣传介绍各地先进典型和经验做法，同时还将建立干部驻村帮扶工作信息平台，各地要协助做好相关工作。

我相信，经过几年的努力，驻村工作

队在扶贫攻坚方面一定发挥重要作用，为扶贫攻坚做出不可磨灭的贡献。我也相信，各省都会出一批经验，出一批干部。这项工作，在省里不管是组织部牵头，还是农办牵头，还是扶贫办牵头，扶贫办都要积极作为，主动工作，要把需求、把前期工作做好，把后期工作延伸。干部驻村帮扶工作在各地党委、政府下，经过大家共同努力，特别驻村工作队全体同志的共同努力，一定会取得丰硕的成果。

深入贯彻落实中央决策部署　坚决打赢脱贫攻坚战

——在全国扶贫开发工作会议上的工作报告

国务院扶贫办主任　刘永富

（2015 年 12 月 24 日）

中央决定，今年全国扶贫开发工作会议代表继续列席中央农村工作会议。今天上午，汪洋副总理作了重要讲话，全面部署“十三五”期间农村改革发展工作，对深入推进脱贫攻坚再次提出要求。他指出：“农民在分享改革发展成果方面还存在一些障碍，特别是农村还有 6000 万贫困人口，这与全面建成小康社会的目标要求有很大差距。必须作出合理的制度安排、形成有效共享机制，让农民、尤其是贫困农民有更多的获得感。”他要求，“坚持共享发展，要加大脱贫攻坚力度。中央扶贫开发工作会议已对今后 5 年的脱贫攻坚进行了动员和部署，我们要按照中央要求，咬定目标苦干实干，齐心协力打赢这场攻坚战。要抓住精准扶贫的精髓，进一步把贫困人口底数和建档立卡工作搞扎实、真正做到精准识别；进一步把致贫原因和扶贫措施捋清楚、真正做到精准施策；进一步把帮扶责任落实到人、真正做到精准帮扶；进一步把脱贫时间表落实到户、真正做到精准脱贫。”

今天下午，我们召开全国扶贫开发工作会议，主要任务是贯彻落实五中全会和中央扶贫开发工作会议精神，按照中央经济工作会议、中央农村工作会议和国务院扶贫开发领导小组第八次全体会议要求，总结 2015 年扶贫开发工作，分析脱贫攻坚面临的形势和任务，研究部署“十三五”特别是 2016 年脱贫攻坚工作。下面，我讲几点意见。

一、关于 2015 年工作情况

2015 年是“十二五”的收官之年，也是我国扶贫开发历史上极不平凡的一年。党中央、国务院空前重视扶贫开发工作，纳入“五位一体”和“四个全面”战略布局安排部署，全力推进脱贫攻坚。各地各部门和全国扶贫系统坚决落实中央决策部署，深入实施精准扶贫、精准脱贫方略，扶贫开发工作呈现新局面。2015 年的工作，主要有三大标志性成果和八个方面的特点。

一是学习宣传习近平总书记扶贫开发战略思想，明确了脱贫攻坚的基本遵循和行动指南。习近平总书记高度重视扶贫开发。党的十八大以来，多次看扶贫论扶贫，把扶贫开发的战略定位提高到了新的高度，提出了一系列新思想新观点新要求。根据领导同志的指示精神，国务院扶贫办和中央文献研究室编印了《习近平关于扶贫开发论述摘编》，印发各地区各部门领导同志和各级扶贫开发领导小组、全国扶贫系统学习贯彻。总书记关于扶贫开发论述思想极其丰富，内容博大精深，包括扶贫开发是社会主义本质要求、“两个重中之重”、科学扶贫、精准扶贫精准脱贫、内源扶贫、社会扶贫等内容。这些新思想、新观点、新要求深刻揭示了扶贫开发工作的基本特征和科学规律，精辟阐述了扶贫开发工作的发展方向和实现途径，充分体现了马克思主义世界观和方法论，是中国特色社会主义理论体系的新发展。打赢脱贫攻坚战，补好全面建成小康社会的短板，必须以习近平总书记扶贫开发战略思想武装头脑，指导实践，推动工作，狠抓落实。

二是完成今年减贫任务，“十二五”扶贫工作圆满收官。今年《政府工作报告》明确再减少 1000 万以上贫困人口任务。国务院扶贫开发领导小组分解下达各省区市减贫任务，扶贫办与各省区市人民政府签署减贫责任书，并要求 2015 年减贫人口与建档立卡贫困人口脱贫挂钩，实现精准脱贫。各省（区、市）也将减贫任务层层分解落实。中央和地方各级财政普遍加大投入力度，相关行业部门安排资金项目继续向贫困地区、贫困群众倾斜，组织实施精准扶贫十项工程，促进贫困群众增收。预计今年再减少 1000 万以上贫困人口的任务可以完成。2015 年任务的完成，标志着《中国农村扶贫开发纲要（2011—2020 年）》提出的中期目标和“十二五”扶贫工作圆满收官。“十二五”期间，我国现行标准下农村贫困人口从 2010 年的 1.66 亿人，减少到今年底的 6000 万人左右，减少了 1 亿人。贫困县农民人均纯收入从 2010 年的 3273 元，预计今年可增加到 6600 元以上，翻了一番，增长幅度连续 5 年高于全国农村平均水平。贫困地区饮水安全、道路交通、电力保障等基础设施建设目标全面完成，教育、卫生等基本公共服务目标基本完成。

三是谋划“十三五”扶贫工作，对脱贫攻坚作出全面部署。根据中央统一部署，组织开展《“十三五”时期实现全面建成小康社会目标存在的“短板”问题及对策》课题研究，以建档立卡数据为基础，总结扶贫开发取得的成就和经验，分析面临的主要困难和问题，向中央提出“十三五”期间扶贫开发的目标任务和政策建议。在汪洋副总理领导下，中央农办、扶贫办会同 26 个部门，研究扶贫开发重大问题，提出了“十三五”脱贫攻坚工作总体思路和政策举措，中央确定了“确保我国现行标准下农村贫困人口实现脱贫，贫困县全部摘帽，解决区域性整体贫困”的目标，中共中央、国务院作出《关于打赢脱贫攻坚战的决定》（以下简称《决定》），召开中央扶贫开发工作会议进行全面安排部署。

回顾 2015 年扶贫工作，主要有以下八个方面突出特点。

第一，党中央国务院高度重视。今年以来，习近平总书记多次到贫困地区视察调研。在云南，总书记深入民族地区了解扶贫工作，提出确保不让一个兄弟民族掉队、不让一个民族地区落伍的要求。在延安，召开革命老区脱贫致富座谈会，强调加快老区发展步伐，确保老区人民同全国人民一道进入全面小康社会。在贵州，带领4位政治局委员、7位省（区、市）书记深入贫困村贫困户调研，并召开部分省区市扶贫攻坚座谈会，提出“四个切实”、“六个精准”、“四个一批”的总体思路，发出了打赢脱贫攻坚战的号召。之后，又先后主持召开中央财经领导小组会议、中央政治局常委会议、中央政治局会议研究扶贫工作，作出重大决策部署。总书记还在联合国发展峰会、“2015减贫与发展高层论坛”发表重要讲话，向国际社会表明中国党和政府带领人民战胜贫困的坚定信心和坚强决心。李克强总理多次到贫困地区调研，多次研究扶贫工作，多次就扶贫开发作出重要指示。在《政府工作报告》中明确千万减贫任务，并将扶贫作为国务院重大决策部署落实情况督促检查的重要内容。对涉及易地扶贫搬迁、设立扶贫再贷款、建设扶贫开发投融资主体等重大问题作出决策部署。中央其他领导同志都对扶贫开发非常关心，开展调查研究，作出明确指示，提出工作要求。汪洋副总理8次开展扶贫调研，4次主持召开扶贫领导小组全体会议，27次召开专题会议，亲力亲为，统筹谋划，强力推进。中央对扶贫开发的高度重视，保证了工作的正确方向。

第二，各地各部门狠抓落实。一是组织领导不断强化。河北、山西、辽宁、吉林、安徽、山东、河南、广西、四川、贵州、云南、甘肃、青海、新疆14个省（区）由省委书记（自治区党委书记）和省长（自治区主席）担任扶贫领导小组双组长，而且在市县乡都建立了党政主要负责同志任组长的扶贫领导小组。山东在省委单设了正厅级的扶贫机构，增加了编制。贵州、云南等省将市州的扶贫办全部明确为政府工作部门。贵州明确在扶贫工作重点乡镇设置扶贫工作站。湖南省给扶贫办增设处室、增加编制，为市县两级扶贫部门增加400名编制，增设500个乡镇扶贫工作站。二是基础工作不断夯实。加快完善建档立卡工作，开展“回头看”活动，全国扶贫开发信息系统建设基本完成，为精准决策奠定了基础。全国已选派驻村工作队12.8万个，驻村干部48万多人，基本实现了对建档立卡贫困村的全覆盖。中央定点扶贫单位共向贫困村派驻“第一书记”311名。三是扶贫举措扎实有效。光伏发电扶贫稳步推进，探索了可行的经验和做法。全国并网发电超过183万千瓦，帮助43万建档立卡贫困户户均年增收3000元。山西5个试点县共建设村级电站68个，每年可保证1800户贫困户户均增收3000元。安徽2015年建设村级电站646个，户用电站5.6

万个，贫困村集体每年增收 6 万元，贫困户户均增收 3000 元。青海光伏扶贫带动 8330 户贫困户，户均增收 4000 元。据各地上报情况，全年金融机构发放扶贫小额信贷 1200 亿元，有力支持了建档立卡贫困村增收脱贫。甘肃省注重增强可得性、扩大覆盖面，全省发放贷款达 200 亿元。宁夏向贫困村发放信贷 100 亿元。推进电商扶贫，探索扶贫开发新模式。甘肃省陇南市网店达到 8000 家，辐射带动了 64 万贫困群众人均增收 430 元。河北在 20 个县开展电商扶贫试点，打造 1000 个电商扶贫村，力争实现“一村一电商服务站”。贵州安排 1 亿元资金先期打造 10 个电商扶贫试点县。商务部、财政部在组织电子商务示范县中，把 154 个革命老区县、89 个贫困县纳入其中，体现了对老区和贫困地区的格外支持。产业扶贫措施不断丰富，脱贫增收效果明显。重庆市因地制宜推广自种自养、联户带动、土地置换、入股分红、托管代养、退地入保、扶持农场、订单采购、贷款贴息、保险补助 10 个产业精准扶贫模式，帮助贫困群众实现持续增收。特别是在旅游扶贫中，探索了与城镇化建设、生态环境保护、发展现代农业相结合的有效途径，取得了明显成效。四是投入力度明显加大。甘肃省级和片区县按当年地方财政收入增量的 20% 以上、市级按 10% 以上、插花县按 15% 以上增列本级专项扶贫资金预算。按照“管总量不管结构、管任务不管项目、管监督不管实施”的原则，统筹使用资金。广西明确自治区和扶贫重点市、县按当年地方财政收入增量 20% 以上增列专项扶贫预算。中央扶贫开发工作会议之后，东部 9 省（市）明显加大对西部地区的帮扶力度。北京发挥首都优势，继续扩大京蒙区域合作，加大县对县帮扶力度。天津将安排 4.8 亿元，并高标准选派援甘干部，支持甘肃脱贫攻坚。上海从就业、产业、教育、医疗卫生、新农村建设、智力支援等方面加大对帮扶地区的支持。帮扶贵州的 8 个计划单列市加大支持力度。

各部门出台一系列政策举措。中央组织部牵头制定省级党委政府扶贫开发成效考核办法，加强干部培训工作。中央宣传部围绕中央扶贫重大活动，在重要时间节点先后 7 次发出通知，精心部署中央主要新闻单位扶贫宣传。发展改革委等部门印发《“十三五”时期易地扶贫搬迁工作方案》，加快编制“十三五”脱贫攻坚规划。财政部积极增加中央财政扶贫投入，并就资金监管和资金整合作出新的安排。国土资源部专项安排贫困县和老区县用地计划指标，允许将贫困县和老区县增减挂钩节余指标在省域内使用。水利部着力解决贫困人口饮水安全问题，“十二五”期间水利投入用于贫困地区占 30% 以上。交通运输部进一步提高贫困地区农村公路建设补助标准。人民银行召开金融扶贫电视电话会议，全面安排金融扶贫工作。农发行成立扶贫开发事业部，已发放易地扶贫搬迁的政策性贷款 804 亿元。农业银行继续对贫困县单独安排信贷计划，“十三五”期间每年新增 1000 亿元。国开行进一步加大对脱贫攻坚支持力度，与地方政府合作开展相关试点，取得明显成效。总政治部、工业和信息化部、住房和城乡建设部、民政部、农业部、教育部、人力资源和社会保障部、银监会等部门编制行业扶贫规划，陆续出台支持脱贫攻坚的政策。目前，共有 17 个部门制定了行业扶贫规划，11 个部门出台了专项政策。

第三，精准扶贫机制建设迈出新步伐。省级党委政府扶贫开发工作成效考核办法、贫困退出两个文件已经扶贫领导小组第八次会议审议原则通过，修改完善报批后将印发。贵州、河南、海南、甘肃、河北、吉林、云南、广西、湖北、新疆、江西、山西、四川、湖南 14 个省区制定了对贫困县的考核办法，扶贫考核权重占到 60%以上，最高的达到 80%。完善中央单位定点扶贫结对关系，建立了由扶贫办、中央组织部、中央统战部、中央直属机关工委、中央国家机关工委、总政治部、教育部、人民银行、国资委 9 个部门牵头联系定点扶贫工作的新机制。许多省区市与中央定点扶贫单位召开座谈会或交流会，研究加大支持力度的措施。对东西部扶贫协作和定点扶贫的考核办法，已开展调查研究，正在制定过程中。

第四，扶贫方式变革不断深化。一是工作主体从单枪匹马到千军万马。脱贫攻坚战必须汇聚各方面力量，现在各级党政机关、各行业部门、各方面力量都在行动。建档立卡工作就充分体现了这一点，甘肃 10 万干部、贵州 20 万干部、广西 25 万干部参与其中。新疆组织 20 万机关干部常年驻村，三年一轮。二是资金筹措从财政为主到多元投入。在充分发挥财政扶贫资金主体作用的同时，金融投入、市场配置扶贫资源、社会各方面力量参与扶贫的局面进一步形成。三是资金项目审批使用权限从以省为主到以县为主。扶贫资金项目管理使用权限绝大多数已经下放到县，县级统筹能力进一步增强。四是贫困人口增收从发展产业为主拓展为更多渠道。推进龙头带动、建立多种利益联结方式，对贫困人口的辐射带动效应进一步增强。黑龙江探索将国家投入资金支持合作社，折股到贫困户享受分红的扶贫方式。五是帮扶方式从“大水漫灌”开始到“精准滴灌”。全国扶贫开发信息系统建立后，贫困识别、帮扶措施精准度提高，并实现了行业部门信息共享，有效引导了各方面资源向贫困人口聚焦。

第五，多层次的调查研究广泛深入。今年各级各部门开展扶贫调研的层次之高、范围之广、内容之深，前所未有。上半年，各省区市党委政府主要领导同志均带队开展了扶贫调研，达到 284 次，有 209 位省级党政领导同志带队开展扶贫调研，调研覆盖了 1144 个县、2172 个贫困村。四川组织 38 位省级领导、50 位厅局主要负责人开展为期一周的扶贫调研，遍访贫困县。贵州组织省市县乡干部 40 万人次遍访 6500 个贫困村。扶贫领导小组33个成员单位、734人次开展扶贫调研149次，深入到216个县、312个贫困村。广西37位省级领导深入贫困地区，住在贫困乡村开展扶贫调研。18个中央部门主要领导亲自带队，结合本部门职能，提出政策建议200多条，进一步丰富充实了“十三五”行业规划脱贫攻坚补短板内容。通过广泛深入调研，各级领导同志身体力行“三严三实”，看真贫、摸实情、出高招，有力促进了各项措施精准落地。

第六，脱贫攻坚政策体系不断丰富完善。今年以来，各地陆续出台含金量高的扶贫政策文件，河北、江西、湖北、湖南、广西、重庆、四川、贵州、云南、陕西、甘肃、新疆12个省（区、市）出台了“1+N”精准脱贫系列文件，即一个全面推进脱贫攻坚的文件，加上若干个配套文件。甘肃省委、省政府率先出台“1+17”配套文件，涵盖贫困地区饮水安全、村内动力电、交通、危房改造、易地搬迁、生态环境、富民产业、电子商务、教育、卫生、乡村文化场所、社会救助、小额信贷、劳动力培训、干部人才、驻村帮扶、领导班子领导干部实绩考核等多个方面内容。云南、湖北、贵州充实和拓展“1+N”系列文件，已经形成比较完整的政策体系。广东从加大财政支持力度、完善扶贫开发用地政策、发挥科技和人才支撑作用、探索建立资产收益扶贫机制等5个方面，加大对原中央苏区、欠发达革命老区和少数民族地区脱贫攻坚支持力度。江苏、浙江、福建、广东等东部地区按照中央扶贫开发工作会议精神对本省相关政策进行完善，对工作作出了新的部署。

第七，中央扶贫开发工作会议精神贯彻落实起步良好。在中央扶贫开发工作会议后的短短半个月时间，汪洋副总理就先后主持召开了革命老区开发建设与脱贫攻坚座谈会、全国易地扶贫搬迁工作电视电话会议、东部地区扶贫工作座谈会、中央单位定点扶贫工作会议、扶贫领导小组第八次会议5个工作会议，紧锣密鼓安排部署。各地各部门认真贯彻中央扶贫开发工作会议精神，迅速抓落实。各省区市已全部召开由党委书记主持的会议进行传达学习。许多省份党政主要领导在会议结束的第二天就召集相关部门研究贯彻方案，统一思想认识，迅速采取行动。河北、内蒙古、吉林、安徽、西藏等省区党委政府出台打赢脱贫攻坚战的决定或者实施意见。14个省（区）和新疆生产建设兵团已着手制定“十三五”脱贫攻坚专项规划。截至12月中旬，扶贫领导小组46个成员单位已全部召开由党组书记主持的会议，传达贯彻中央扶贫开发工作会议精神，深入研究行业扶贫工作，出台支持脱贫攻坚的具体举措。

第八，扶贫宣传形成浓厚氛围。一年来，宣传工作紧跟重要会议、重大事件、关键时间节点，不断扩大影响力。正面消息多了，先进典型多了，舆论氛围好了。中央主流媒体带头持续发力，围绕习近平总书记扶贫重要活动和“2015减贫与发展高层论坛”、中央扶贫开发工作会议、《决定》出台等重大事件，推出扶贫报道3万多条（其中，《人民日报》347条、新华社907条、中央电视台329条），是上年的近5倍。中央扶贫开发工作会议期间，各大媒体开设脱贫攻坚专栏，新华社发布《党中央关心扶贫工作纪实》长篇通讯。新闻发布及时有效，“扶贫日”前和《决定》公布后，都举办了新闻发布会，平时还举办记者吹风会，发布重要信息，引导舆论热点，权威解读文件，全面宣传政策。宣传形式丰富多样，积极探索新的有效宣传方式。“2015减贫与发展高层论坛”实现中央“三台四网”现场直播，制作《中国农村扶贫开发》专题片，组织中外媒体赴贫困县看扶贫写扶贫。《中国扶贫》杂志多次组织策划专刊，成为贴近基层贴近贫困群众的好帮手。典型报道生动感人。组织中国消除贫困奖表彰和宣传，集中推出了一批扶贫系统优秀干部和为扶贫事业作出突出贡献的先进典型，传播攻坚拔寨的“扶贫精神”，获得良好社会反响。自觉接受舆论监督，对涉贫舆情信息及时跟进，核查情况，依纪依规处理，并及时公布。各地扶贫宣传数量大幅增长，质量明显提高，“精准扶贫”、“脱贫攻坚”成为媒体热词，脱贫攻坚的氛围空前浓厚。湖北省不仅出台了脱贫攻坚一系列新政策、新举措，而且加大新闻宣传力度，要求全省新闻战线开展媒体负责人带队深入精准扶贫一线采访，坚持“全下去、真下去、常下去”原则，对采访次数、采访天数、发稿篇数进行了量化，实行严格考核。通过全国上下有效的宣传，形成了全党全社会脱贫攻坚好环境、好声势。

一年来，在党中央国务院坚强领导下，在汪洋副总理直接指挥下，扶贫系统发扬不畏困难、忘我拼搏、能打硬仗的精神，表现出高度的责任感、使命感、紧迫感。扶贫工作得到领导肯定、社会认可，成绩来之不易。在这里，我代表国务院扶贫办向关心和支持扶贫开发的各级领导和有关部门、社会各界表示衷心感谢，向勤劳工作在扶贫一线的同志们表示亲切慰问！

二、关于2016年工作安排

十八届五中全会和中央扶贫开发工作会议对“十三五”脱贫攻坚进行了全面部署，概括起来就是围绕一个目标，实现两个确保，完善三个机制，解决四个问题，实施五个一批，做到六个精准。围绕一个目标，就是围绕全面建成小康社会的目标，补好贫困短板。实现两个确保，就是确保现行标准下农村贫困人口全部脱贫，贫困县全部摘帽。完善三个机制，就是考核机制、退出机制、评估机制。解决四个问题，就是解决扶持谁、谁来扶、怎么扶、如何退的问题。实施五个一批，就是扶持生产和就业发展一批、移民搬迁安置一批、教育培训脱贫一批、生态保护脱贫一批、社会保障兜底一批。做到六个精准，就是扶持对象精准、项目安排精准、资金使用精准、措施到户精准、因村派人精准、脱贫成效精准。脱贫攻坚的大政方针已经明确，目标任务已经确定，总攻号角已经吹响，我们的任务就是全力以赴抓落实。

2016年扶贫开发工作总体思路是：全面落实十八届五中全会和中央扶贫开发工作会议精神，紧紧围绕“四个全面”战略布局，牢固树立创新、协调、绿色、开放、共享的发展理念，充分发挥政治优势和制度优势，统筹中央和地方、政府和市场、行业扶贫和专项扶贫、扶贫开发和社会保障、外部帮扶和内生动力，全面实施精准扶贫精准脱贫方略，锁定建档立卡贫困人口，分类施策，挂图作战，努力实现再减少农村贫困人口1000万以上目标，实现“十三五”脱贫攻坚良好开局。

抓落实的主要措施是，建设五个平台，完善三项机制，开展七大行动，实施十项工程。

一是建设五个平台。实施精准扶贫精准脱贫，是一项复杂的系统工程，需要强有力的组织保障和必要的工作条件。第一，建设国家扶贫开发大数据平台。这是精准脱贫的基础性工作。要在精准识别上摸实情，真正解决好“扶持谁”的问题，为精准扶贫精准脱贫打好基础。精准识别既要体现静态的精准，把现在的穷人找出来，还要体现动态的精准，把脱贫的人口退出去，把返贫的贫困人口纳进来。第二，指导组建省级扶贫开发融资平台。这是筹措扶贫资金的制度和资源的机制保障。要抓紧建立省级扶贫开发投融资主体，拓展扶贫投入新渠道，切实增加扶贫投入，先从易地扶贫搬迁做起，再扩大到整村推进、产业扶贫等项目上。第三，建设县级扶贫开发资金项目整合管理平台。这是提高扶贫资金使用效益的有效举措。要在县一级把专项扶贫资金、相关涉农资金和社会帮扶资金捆绑集中使用，加强资金监管，切实提高资金使用效果。扶贫开发项目与行业重大项目、重大工程、重大政策试点安排相衔接，扶贫开发规划与贫困地区基础设施建设、新型城镇化发展、特色产业发展、新农村建设等规划相融合。第四，建设贫困村扶贫脱贫工作落实平台。这是精准扶贫政策措施落地见效的组织保障。要在贫困乡建立扶贫工作站，在贫困村选派好“第一书记”和建设好驻村工作队，配合村两委落实帮扶措施和帮扶责任，保证贫困户有人帮、有人扶。第五，建设社会扶贫对接平台。这是更广泛动员各方面力量参与扶贫的有效载体。要加快建设社会扶贫信息网，实现用信息化手段使扶贫脱贫需求与社会资源有效对接。

二是建立完善三项机制。围绕脱贫目标，按照精准扶贫、精准脱贫的要求，完善机制，用好政策指挥棒。首先，健全考核机制。中央将出台对省区市党委和政府扶贫开发工作成效考核办法，指导地方加强对贫困县的考核，建立东西部扶贫协作和定点扶贫工作考核评价机制。第二，建立贫困退出机制。国家将制定贫困人口、贫困县和贫困村退出的指导意见，明确退出标准和程序，防止假脱贫、被脱贫、数字脱贫，具体由省里组织实施。第三，建立扶贫脱贫成效评估机制。在多党合作框架下，邀请民主党派对脱贫攻坚重点区域进行调研督查，委托科研机构、各类智库对脱贫攻坚政策落实情况和相关工作进行评估，增强公信力和诚信度。发挥社会监督和舆论监督的作用。

三是开展精准扶贫七大行动。组织动员行业部门和有关方面，把行业精准扶贫精准脱贫工作落到实处。第一，实施教育扶贫行动。从学前教育到高等教育，让贫困子女都能享受到公平有质量的教育，大力发展职业教育，确保教育脱贫一批，努力阻断贫困代际传递。第二，实施健康扶贫行动。提高贫困人口身体素质和减轻医疗负担，努力减少因病致贫、因病返贫。第三，实施金融扶贫行动。增加扶贫投入筹资渠道，为贫困地区贫困人口实现自我发展提供金融支持。发行金融债券，支持地方政府集中力量办大事。第四，实施交通扶贫行动。支持贫困地区重大交通项目建设，重点帮助贫困村解决通村路、村组路硬化问题，改善贫困村贫困户交通条件。第五，实施劳务协作对接行动。支持贫困人口转移就业，鼓励东部地区和大中城市吸纳贫困劳动力就业，提供配套服务，促进贫困人口通过转移就业脱贫，探索新型城镇化过程中城乡统筹扶贫脱贫的新模式。第六，实施中央企业与革命老区百县万村帮扶行动。组织央企改善贫困老区县基础设施，解决10000个贫困村的水、电、路等问题，助推革命老区脱贫攻坚。第七，实施民营企业万企帮万村行动。组织万家以上民营企业与贫困村建立结对帮扶关系，帮助贫困村贫困户提升内生动力和市场活力，不脱贫不脱钩。

四是推进精准扶贫十项工程。围绕脱贫目标，按照精准扶贫精准脱贫的要求，改革专项扶贫工作。坚持分类指导，因地因时制宜，因户因人施策，组织实施整村推进、职业教育培训、扶贫小额信贷、易地扶贫搬迁、电商扶贫、旅游扶贫、光伏扶贫、构树扶贫、贫困村创业致富带头人培训、龙头企业带动十项工程。

为实现2016年开好头、起好步，近期要重点抓好以下八项工作。

一是深入学习宣传中央扶贫开发工作会议精神。根据扶贫领导小组第八次会议精神，明年初，扶贫领导小组各成员将赴中西部地区进行宣讲，解读中央扶贫开发工作会议和《决定》精神。扶贫办将组织编辑政策解读。中央组织部、扶贫办、国家行政学院将举办省部级和司局级干部两个扶贫开发专题研讨班。在中央党校的县委书记班上增加扶贫专题培训内容。各地要继续组织学习中央扶贫开发工作会议和《决定》精神，认真学习习近平总书记系列重要讲话，吃透讲话和文件精神，层层传达到县乡村，并结合实际进一步完善脱贫攻坚政策举措，抓好工作落实。继续抓好扶贫政策宣传，让贫困群众掌握政策、运用政策、享受政策。继续抓好典型人物宣传，集中推出一批扶贫系统先进典型、一批脱贫先进典型、一批帮扶先进典型、一批精准扶贫精准脱贫成功案例。

二是组织编制“十三五”扶贫规划。国家正在编制“十三五”规划，脱贫攻坚已列为重要内容。国家还将首次编制“十三五”脱贫攻坚重点专项规划，把党中央国务院关于脱贫攻坚的决策部署和政策举措落实到规划上。规划制定要紧紧围绕脱贫攻坚目标，坚持创新、协调、绿色、开放、共享发展理念，既体现顶层设计，又体现贫困群众迫切需求，使规划成为指导脱贫攻坚的工作路线图。各省区市要抓紧编制省级“十三五”扶贫规划，细化落实中央和省区市关于脱贫攻坚的重大政策举措，变成具体可操作的项目，及时汇总上报。

三是分解落实年度减贫任务。各省区市要依据向中央签署的《脱贫攻坚责任书》，按规范程序将2014年、2015年稳定脱贫人口退出后，形成2015年底建档立卡贫困人口数，在此基础上，按照15%左右的减贫速度确定2016年度脱贫目标，并确定今后5年贫困县脱贫摘帽和建档立卡贫困人口逐年脱贫的滚动计划。国务院扶贫办将继续与各省签订年度减贫责任书，对减贫任务完成情况进行核实监督，按照脱贫精准度抽查结果，评估扶贫开发工作成效，坚决防止“数字脱贫”。

四是做好易地扶贫搬迁工作。中央决定“十三五”期间，对1000万人实施易地扶贫搬迁，这是解决脱贫攻坚难题的重大举措。国务院已召开会议作了安排部署，有关政策措施均已出台，各省区市要在认真核实搬迁人口和分析资源可承载能力的基础上，抓紧编制规划和实施方案。扶贫系统要主动作为，加快建立省级扶贫开发投融资主体，做好承接资金的准备。这次中央的投入很大，资金应该是够用的。花好这笔钱，关键在瞄准贫困户。搬迁规模可以比1000万人大，但是，必须包括这建档立卡的1000万贫困人口，做到扎实推进，确保搬得出、稳得住，逐步能致富。按照汪洋副总理指示，国务院扶贫开发领导小组将每季度召开一次会议进行调度，开展专项督查评估。

五是组织劳务输出脱贫。劳务输出扶贫有立竿见影的效果。要结合新型城镇化和实现“三个1亿人”目标，积极组织实施劳务输出脱贫。“十三五”期间要输出1000万人，省内500万左右，跨省500万左右。要加快推进东西协作劳务对接，积极会同人力资源社会保障部等部门，编制贫困人口劳务输出脱贫实施方案，推动东部地区充分利用东西扶贫协作平台，创新帮扶方式。要加大职业教育培训力度，推动建档立卡贫困户家庭“两后生”接受职业教育，落实扶贫助学补助。积极探索农村务工贫困人口市民化，研究土地指标与安置贫困人口就业落户挂钩等特殊政策，帮助贫困务工人员取得居住证、获得廉租房，实现稳定转移、稳定脱贫。

六是发展特色产业增收。发展产业是贫困户脱贫的主渠道和主动力。县、乡、村三级要做好脱贫规划和产业发展规划。国家层面主要是设计落实好金融支持政策，为发展产业的建档立卡贫困户提供“五万元以下、三年以内、免担保免抵押、基础利率放贷、扶贫资金贴息、县建风险补偿金”的扶贫小额信贷；为带动一定数量建档立卡贫困户增收和脱贫的企业、合作社或家庭农场等提供长期、低利率扶贫再贷款支持。扶贫小额信贷要坚持农户有了项目再贷款，不是贷了款再找项目，要防止变相吃利息。要注意防止随意扩大政策享受范围，防止设置不利于贫困人口的评级授信指标，把贫困户挡在外面。要大力培育贫困村创业致富带头人，连接市场，提供服务。

七是继续完善政策体系。我们一直提倡各地出台“1+N”系列文件，就是因为解决各种不同的贫困问题，要有不同的政策组合拳。各地要按照打赢脱贫攻坚战的新部署、新要求，已经出台文件的，要进一步丰富完善，尚未出台的要抓紧研究制定。中央有关部门和行业也将制定专项规划和政策，形成中央层面的“1+N”政策体系。

八是建设扶贫开发大数据平台。扶贫开发信息化是实现精准扶贫的重要支撑。要在做好精准识别的基础上，通过扶贫开发大数据平台实现扶贫资源与扶贫对象的精准对接，进而实现对扶贫对象的精准帮扶和精准脱贫。要通过这个平台监管扶贫资金项目，避免扶贫资金的跑冒滴漏，要利用这个平台开展扶贫工作考核，要依托这个平台推动扶贫开发管理决策的科学化。进一步做好与行业部门的数据共享，充分调动行业扶贫资源。要坚持全国统一规范的原则，建设和共享这一平台，避免互不兼容，成为信息孤岛。扶贫开发大数据涉及国家秘密和个人隐私，要建立扶贫开发数据的安全保密工作制度。

三、关于进一步做好工作的要求

当前，扶贫工作已进入啃硬骨头、攻坚拔寨的冲刺期，时间紧迫，任务繁重。做好2016年各项工作，完成千万减贫任务，必须切实贯彻落实中央决策部署，坚持问题导向，按照“三严三实”和精准扶贫的要求，不断改革创新，顺势而为，迎难而上，确保脱贫攻坚首战必胜。

（一）准确把握形势，坚定必胜信心。总书记在中央扶贫开发工作会议上强调指出，脱贫攻坚既要防止拖延病，又要防止急躁症。目前，主要存在两种错误认识：一种是畏惧困难和问题，感到时间紧、任务重、压力大，担心不能按时完成任务；另一种是轻视困难和问题，认为剩下的贫困人口不多了，各方面这么重视，两三年就能完成任务。我们必须深刻认识脱贫攻坚的严峻形势和难得机遇，既要看到艰巨的任务，更要看到中央高度重视形成的良好态势；既要认真分析可能遇到的困难，更要做好战胜困难的准备，坚定必胜信心。脱贫攻坚最大的优势是党的坚强有力领导，是中国特色社会主义制度，是“一把手抓扶贫、1+N 政策举措、一盘棋合力攻坚”的好形势，这是脱贫攻坚战必胜的保证。认识到困难、感到压力，正说明同志们有责任感、紧迫感，要把压力转化成动力。只要我们把思想和行动统一到中央决策部署上来，“五级书记抓扶贫、全党动员促攻坚”，一步一个脚印，真抓实干，就一定能克服困难，夺取脱贫攻坚战的伟大胜利。

（二）切实转变观念方式。坚持改革创新、转变观念方式，适应精准扶贫新要求，是打赢脱贫攻坚战的关键。目前，对于中央提出的精准扶贫方略，一部分同志认识到位，适应了，工作比较主动；多数人一知半解、似是而非，工作比较被动；还有少数人感到迷茫，不知道怎么做。顶层设计有了，基层落实没有精准到村到户；口头上说精准了，行动上没有精准。转变观念方式要做的工作很多，但最重要的是从“大水漫灌”向“精准滴灌”转变，不仅是认识上，更重要的是行动上、做法上要转过来。要从审批资金项目向综合协调和监督检查转变，扶贫部门不能大包大揽，要把更多的精力放在督促落实上，确保精准扶贫各项政策措施落到实处。

（三）完善精准扶贫体制机制。总书记反复强调，扶贫开发贵在精准，重在精准，成败之举在于精准。要继续完善考核机制、约束机制、退出机制、评估机制，发挥体制机制的引导作用。目前，精准扶贫体制机制还不健全，一些真正的贫困户没能纳入建档立卡信息系统，一些光景不错的农户反而成了扶贫对象。精准扶贫是脱贫攻坚的制胜法宝，要贯穿脱贫攻坚工作的各个环节、各个细节。继续完善建档立卡信息系统，要建成国家脱贫攻坚的档案。各地要结合实际，认真落实“六个精准”、“五个一批”的要求，因地制宜落实精准帮扶措施，真正做到“精准滴灌”。制定严格的脱贫验收制度，确保脱贫一户、验收一户、销号一户，做到精准脱贫。

（四）加快形成脱贫攻坚合力。当前，扶贫合力还没有形成。扶贫同农村低保、新农保、医疗救助、危房改造、家庭经济困难学生资助等政策尚未做到无缝衔接。有关部门信息共享渠道不畅通，相互既有交叉重复，又有空白盲区。一些地方扶贫领导小组和扶贫部门没有很好履行议事协调、督促检查职能。社会扶贫缺少有效可信的平台和参与渠道。各地要统筹扶贫各方面资源，调动各方面力量，形成脱贫攻坚强大合力。要充分发挥各级扶贫领导小组的作用，坚持“有所为有所不为”，用好指挥棒，调动各部门特别是与“两不愁三保障”密切相关部门参与扶贫的积极性自觉性，强化脱贫攻坚“一盘棋”局面。扶贫部门要善于思考研究问题，当好参谋助手。抓紧建立社会扶贫对接平台，组织好扶贫日活动，动员更广泛的社会力量参与脱贫攻坚。

（五）努力激发贫困地区和贫困群众的主观能动性。贫困地区和贫困群众是脱贫致富的主体，提高他们的内生动力和自我发展能力是开发式扶贫的根本出路。要注重调动群众的积极性、主动性、创造性，克服“等靠要”思想，防止“靠着墙根晒太阳，等着别人送小康”。要防止没有脱贫志向，发展产业不积极，争当贫困户很积极。要把脱贫攻坚的好政策变成脱贫成效。党和政府有责任帮助贫困群众致富，但不能包办代替，要引导贫困群众积极参与产业发展和项目建设管理，通过自强自立实现稳定脱贫。

（六）进一步落实扶贫开发责任。实事求是地说，各地各部门对扶贫开发工作的认识和重视程度比以前有了明显提高。但是，确实还有一些没有真正把扶贫工作摆在首位，重县城建设轻农村发展、重区域开发轻贫困人口脱贫、重“面子工程”轻惠民实效。有的地方以贫困为名要政策要资金，拿到后却大搞“政绩工程”，县城建设得富丽堂皇，而边远农村面貌依旧。有的追求短期成绩，把资金集中投入到少数几个点上，“垒大户”、“造盆景”。各地要层层签订脱贫攻坚责任书和年度减贫责任书，层层压实责任。要认真落实贫困县考核办法、约束机制相关规定，把县级党政领导班子和领导干部的主要精力聚焦到脱贫攻坚上来。加强督查问责，继续抓好暗察暗访，扩大查访面，确保脱贫成效经得起检验。

（七）东部地区要积极探索缓解相对贫困的路子。总书记在中央扶贫开发工作会议上讲，必须深刻认识我国扶贫问题的长期性、艰巨性、复杂性，做好打持久战的思想准备。这表明，在打赢这一轮脱贫攻坚战，实现贫困人口脱贫、贫困县“摘帽”目标之后，扶贫工作要转入新的战场，由主要解决绝对贫困向重点缓解相对贫困转变。东部地区发展快，在解决好自己区域内贫困人口脱贫问题的同时，还要帮助西部地区的脱贫攻坚。国家扶贫标准下，京津沪 2012 年底已经率先实现脱贫目标了，今年浙江、江苏也将率先实现脱贫目标，接下来就是福建、广东。率先脱贫后，扶贫工作到底做点什么、怎么做，方针政策怎么定，要研究。希望东部地区在这些方面积极探索，为 2020 年以后全国的扶贫工作探出路子。

（八）加强能力建设强化责任担当。打赢脱贫攻坚战，能力建设至关重要。目前，扶贫机构队伍还不适应打脱贫攻坚战的需要，有的地方基层工作力量薄弱。加强扶贫机构队伍和能力建设已经成为当务之急。首先是学习能力。要注重调查研究，切实加强学习和思考，开阔思路，转变观念，提高本领，增长才干。其次是适应能力。要主动适应扶贫工作新常态，适应脱贫攻坚战对我们提出的新要求。再次是动员能力。要抓住当前扶贫工作“天时地利人和”的难得机遇，动员各方力量，把工作推上新的高度。最后是抓落实能力。要建设与脱贫攻坚战相适应的扶贫机构队伍，进一步提高工作效率，锤炼工作作风，把中央各项决策部署落到实处。

（九）坚持廉洁扶贫阳光扶贫。扶贫工作关系全面小康目标的实现，关系贫困群众根本利益，关系党和政府的形象，备受各方面关注。近几年，在扶贫领域接连出现了腐败案件，影响极坏。扶贫领域的党风廉政建设和反腐败斗争必须有更高要求。脱贫攻坚阶段，资金投入大，项目工程多，迫切需要关口前移，早防早治。各地要坚决贯彻中央关于精准扶贫的战略部署，始终同党中央保持高度一致，把政策不折不扣落实到贫困人口。要对扶贫资金的使用和项目实施全程公开，自觉接受社会监督。要利剑高悬，坚决查处违纪违法问题。最高人民检察院将与我办建立集中整治和预防扶贫领域职务犯罪工作协作机制，各级扶贫部门一定要积极主动做好相关工作。要通过一系列举措，切实做到廉洁扶贫、阳光扶贫。

同志们，2015 年是忙碌的一年、辛苦的一年，也是收获的一年、成功的一年，我们实现了从扶贫开发到脱贫攻坚的战略转变。2016 年将是更加忙碌、更加辛苦的一年，我相信也会是收获更大、成就更大的一年。希望大家保持旺盛的精神状态和工作干劲，巩固发展脱贫攻坚的良好势头，为“十三五”脱贫攻坚开好头，起好步。让我们紧密团结在以习近平同志为总书记的党中央周围，进一步解放思想，转变观念，锐意进取，攻坚克难，为如期完成脱贫攻坚任务、夺取全面建成小康社会决胜阶段的伟大胜利作出新的贡献。

附录三
年度重要专访

坚决打赢扶贫开发攻坚战

——访国务院扶贫办主任刘永富

在党中央的亲切关怀和决策部署下，经过不懈努力，我国扶贫开发事业取得了举世瞩目的成就。在庆祝中华人民共和国成立65周年的招待会上，习近平总书记豪迈地说："65年来，中国的社会生产力、综合国力实现了历史性跨越，人民生活实现了从贫困到温饱再到总体小康的历史性跨越。这不仅使中国彻底抛掉了'东亚病夫'的帽子，而且为人类战胜贫困、为发展中国家寻找发展道路提供了成功的实例。"根据国家统计局最新公布的数据，2014年我国农村减少贫困人口1232万人，圆满完成了年初政府工作报告中提出的减贫1000万人以上目标。但剩余的7000多万贫困人口，随着减贫难度边际递增，解决的难度越来越大。毋庸置疑，目前贫困地区、贫困人口仍是全面建成小康社会过程短板中的短板。如何补齐这块短板，需要付出更加艰巨的努力。

春节前夕，本刊记者专访了国务院扶贫办主任刘永富，听取他对下一步扶贫开发工作安排意见，并回答记者提出的有关问题。

记者：习总书记多次说过："没有农村的小康，特别是没有贫困地区的小康，就没有全面建成小康社会。"习总书记还说："小康不小康，关键看老乡。扶贫事业对于我国全面建成小康社会具有重要意义。"习总书记对扶贫开发事业的高度关心，也可以看出我们今后的担子更重了，责任也更大了？

刘永富（以下简称刘）：是的。新年伊始，习近平总书记就深入云南贫困地区和地震灾区考察工作，看望各族干部群众，发出坚决打好扶贫开发攻坚战的号召。春节前夕，习近平总书记又来到陕西延安，一下飞机就前往自己当年插队的延川县梁家河村看望慰问父老乡亲，并就老区脱贫致富进行实地调研，还在延安召开陕甘宁革命老区脱贫致富座谈会。看到这一消息，贫困地区广大干部群众和扶贫系统干部职工深感振奋，再次感受到习总书记的殷殷牵挂和亲切关怀，看到了贫困地区更加美好的明天。贫困地区干部群众自力更生、艰苦奋斗，加快发展的劲头更足了。

国务院扶贫办干部职工对习近平总书记的重要讲话进行了认真学习。大家一致认为，总书记在中央经济工作会议、新年贺词和中央党校县委书记研修班上以及在云南、陕西接连强调扶贫开发工作的极端重要性，把扶贫开发提高到事关全面建成小康社会、事关第一个一百年奋斗目标的高度，连续3年第一次国内考察都到贫困地区，关心贫困群众生产生活，充分体现出党和政府的为民情怀。通过学习，我们深切感受到，习总书记关于扶贫开发是第一个一百年奋斗目标的重点工作、最艰巨任务的指示，进一步增强了做好扶贫开发工作的责任感。总书记关于距离实现全面小康只有五六年时间、必须时不我待地抓好扶贫开发工作的指示，进一步增强了做好扶贫开发工作的紧迫感。总书记关于深入实施精准扶贫精准脱贫、扶贫要扶到点上扶到根上的指示，进一步增强了实施精准扶贫战略的自觉性。总书记关于防止平均收入掩盖一平均的指示，进一步增强了做好政策加法的针对性。

记者：贯彻落实习总书记关于做好扶贫开发工作的系列重要讲话精神，国务院扶贫办有哪些具体的措施？

刘：扶贫系统将以实际行动贯彻落实习近平总书记重要讲话精神，以更加明确的目标、更加有力的举措、更加有效的行动、更加务实的作风，扎实推进扶贫开发，坚决打好扶贫开发攻坚战。我们将重点抓好以下七项措施的落实。

一是发挥职能作用，切实履行政治责任。迅速组织全国扶贫系统学习宣传、深刻领会、认真贯彻总书记关于扶贫开发的重要讲话精神，响应总书记坚决打好扶贫开发攻坚战的号召，把中央决策部署和各项政策措施落到实处。结合扶贫重点工作、重大问题，扎实开展调查研究，提出政策建议，当好党委政府的参谋助手。狠抓督促检查，完善扶贫开发六项机制改革，推进十项重点工作，出实招、求实效、抓落实。

二是用好建档立卡成果，制定切实可行的脱贫措施。以贫困群众为主体，提高他们的知情度和参与度，打牢建档立卡基础。以问题为导向，逐村逐户分析致贫原因，提出解决措施。以脱贫需求为第一信号，找准脱贫门路，制定发展规划，因地制宜、因村施策、因户施法，扶到点上、扶到根上。

三是做好政策加法，实施“精准扶贫十大工程”。认真落实习总书记对贫困地区贫困人口要格外关注、格外关心、格外关爱的要求，把扶贫资源、措施精确瞄准特定人口、具体对象，实施精准扶贫、精准脱贫，扶贫工作不大而化之，扶贫资金不撒胡椒面，不搞不符合当地实际的面子工程。在“特”上做文章、在“准”上下功夫，发挥贫困地区优势，把经济发展与生态保护相结合，区域发展与扶贫开发相结合，各方支持与贫困群众自身努力相结合。实施干部驻村帮扶、职业教育培训、扶贫小额信贷、易地扶贫搬迁、电子商务扶贫、旅游扶贫、光伏扶贫、构树产业扶贫、致富带头人创业培训、龙头企业带动等精准扶贫十大工程。我们还将加大信贷、再贷款、保险等金融支持力度，千方百计促进贫困群众收入持续较快增长。对不具备自我发展能力的贫困户，采取兜底措施，保障基本生活。

四是规范驻村帮扶工作，建好精准扶贫管道。把干部驻村帮扶与加强基层组织建设紧密结合，在实现贫困村派驻工作队全覆盖的基础上，制定干部驻村帮扶的指导文件，明确驻村干部的派驻、任务、管理、考评等，用制度规范驻村帮扶工作，发挥好驻村工作队生力军、“催化剂”作用，帮助贫困群众分析致贫原因、找准脱贫门路，带领贫困群众加快脱贫步伐。

五是坚持改革创新，完善体制机制。认真落实《关于改进贫困县党政领导班子和领导干部经济社会发展实绩考核工作的意见》，用好指挥棒，不以GDP论英雄，引导贫困县党政领导班子和领导干部把工作重点和主要精力放在扶贫开发上。认真落实《关于建立贫困县约束机制的通知》，念好紧箍咒，规范贫困县必须作为、提倡作为、禁止作为事项，防止一边戴着贫困帽子，一边过着富裕日子。抓紧研究建立贫困县、贫困村、贫困人口退出机制，准确反映减贫成果。改革扶贫工作考核办法，建立以减贫结果为导向的考评机制。

六是加强扶贫资金使用管理，确保安全有效。认真落实《关于改革财政专项扶贫资金管理机制的意见》，建立以结果为导向的资金分配机制，完善管理监督机制，扶贫项目审批权限原则下放到县，强化省市监管责任，建立信息披露和公告公示制度，推进第三方监督、扶贫对象参与管理，确保扶贫资金真正用到最需要帮扶的贫困群众身上。对贪污浪费、虚报冒领扶贫资金的行为，加大查处力度，决不姑息。

七是广泛动员社会力量，汇集扶贫攻坚强大合力。改进完善东西扶贫协作、定点扶贫工作，加大先富帮后富力度。拓展社会扶贫新思路，引导激励社会各界踊跃投身扶贫事业，倡导民营企业、社会组织和公民个人积极参与。建设社会扶贫信息服务平台，实现帮扶需求与供给的有效对接。组织实施好“扶贫日”活动，培育扶贫济困、人心向善的好风尚，弘扬中华民族扶贫济困的好传统，凝聚全国人民团结互助的正能量。

记者：听了您的介绍，非常鼓舞人心。在党中央的决策部署下，科学扶贫、精准扶贫、内源扶贫，一系列更具针对性的政策不断推出。您还想和我们广大的读者讲些什么话、有什么要求？

刘：感谢全国人民对扶贫开发工作的关心支持，也感谢《智库》杂志对扶贫开发工作积极的宣传报道。我们扶贫系统在做好以上各项工作的基础上，还将认真总结、宣传推广扶贫开发的成功经验和先进典型，对照全面建成小康社会的目标，梳理贫困地区贫困群众的发展现状和瓶颈，分析扶贫开发的新情况、新问题，适应新常态、新任务的要求，科学谋划“十三五”

扶贫工作。将采取新的更有效的措施，打好扶贫攻坚战。决不让扶贫开发工作拖全面建成小康社会的后腿，决不让贫困地区贫困群众掉队。确保贫困地区贫困群众同全国人民一道，共同实现全面小康。

（《智库》记者：褚克艰）

刘永富：贫困县要脱贫摘帽

3月6日和8日，习近平先后参加全国两会江西、广西代表团审议时，连续关注扶贫问题，并给广西贫困地区领导干部立下"军令状"：好干部要到扶贫一线经受磨练。目前我国贫困县的脱贫任务有多重？怎样才能避免扶贫资金被贪污浪费？日前，全国人大代表、国务院扶贫办主任刘永富接受南都采访时谈到，按照2020年全面实现小康的目标，届时贫困县都应脱贫摘帽，取消、弱化GDP考核并非不要GDP，针对贫困县党政领导班子的以社会发展、脱贫实绩为主导的详细考核标准正在制定中。

我国有14个连片特殊困难地区，还有592个贫困县，这两部分有交叉，合起来是832个县。去年，全国共认定了12.8万个贫困村。按照2010年确定的年人均收入2300元的农村扶贫标准，低于这个就是贫困家庭。

弱化GDP考核不是不要GDP

南方都市报（以下简称"南都"）：去年针对贫困县的考核调整很受各界关注，按照中央出台的意见，对贫困地区官员考核不再以GDP论英雄。

刘永富：现在资金项目、扶贫工作的重点在县一级，所以要加大考核力度，在去年底出台了意见后，具体的考核办法和打分标准也将出台。按照老的考核办法，有一个县，考核分数共1000分，其中财政收入200分、招商引资170分、扶贫脱贫只占50分，在这个县"脱贫扶贫"明显没位置。现在贵州省做了一些尝试，对省内50个国家贫困县，10个取消GDP考核，40个县弱化GDP考核，80%以上的分数都与脱贫扶贫有直接间接的关系，这就加大了县级领导班子的责任。

南都：难道对贫困县来说，发展经济不是最重要的任务吗？

刘永富：既然是贫困县，主要任务就是脱贫，发展GDP也是为了脱贫。以前县里发现一个矿，经济马上就上去了，可老百姓还是穷。现在并没有说不要GDP、不要发展，发展还是硬道理，如果你追求GDP还是穷得叮当响，那这个GDP是没有惠及到群众的。

南都：以前一些县一边戴着贫困县的帽子一边将此当成政绩，你怎么看？

刘永富：这是旧闻了，最近几年已经没有了。从2011年开始贫困县只减不加，拿不着帽了。现在我们是要求脱贫退出，不能年年扶年年穷。

南都：有些地方不愿"脱帽"怎么办？

刘永富：去年我们也明确了对贫困地区贫困县的约束机制，不能一边享受贫困县政策一边过富裕日子，必须戴上紧箍。

比如贫困县就得干扶贫的工作，那党政机关就不能盖大楼，县城就不能大修马路、搞形象工程，参加所谓百强县评比，这些都不能干。戴着贫困县的帽子并不光荣，摘了帽子才光荣，才能不受这些约束，干部也能得到提拔。所有这些，都需先把穷人挑出来、分类施策，加强考核体系来完成。

让穷人转变观念也是扶贫

南都：我们现在的贫困底数有多大?

刘永富：十八大以来，中央提出“精准扶贫”，首先就是要把真正的穷人找出来，这项工作现在已基本结束。我国有14个连片特殊困难地区，还有592个贫困县，这两部分有交叉，合起来是832个县。

南都：怎样做到像你说的把“真正的穷人”找出来?

刘永富：去年我们按照“一高一低一没有一公示一公告”的标准和程序，对贫困村进行识别。“高”是贫困发生率高于本省一倍；“低”是指这个村平均收入低于本省农民人均纯收入的60%；“没有”集体经济。具体程序是，村委会提出申请，经村民大会、村民代表研究后向乡里申报，乡里审核后在全乡范围内公示，没有意见后报县里审核后回到乡里公告，这就算认可了。去年，全国共认定了12.8万个贫困村。

南都：精准扶贫是指“精准”到村一级吗?

刘永富：还要进一步精准到贫困人口。按照2010年确定的年人均收入2300元的农村扶贫标准，低于这个就是贫困家庭。很多农民没有记账，收入难算准确，也就很难十足精准。所以我们把2300元作为主要标准，同时参考家庭成员身体健康等方面情况。哪家最穷，村里最清楚，我们也设计了村民申请、村里评议公示、乡里审核再公示、县里审核最后公告的程序。识别出了2013年底的建档立卡贫困人口8962.5万人。

南都：目前在低保人群、保障房用户认定中都暴露出一些问题，贫困人口认定怎样保证准确公平?

刘永富：程序设计比较完善，去年也基本做到了。但国家这么大，操作中肯定有做得不是很规范的。没有关系，接下来哪里没有这么做，我们会督促整改，追究村委会、乡政府的责任以及县里的督察责任。

南都：按照“2020年全面实现小康”的计划，到2020年还有多少贫困县?

刘永富：还有县这么大一块的贫困地区，还算小康社会吗?（双手比划了一个大圈）贫困识别以后，我们就要想办法让这些县、村、户逐步退出，到2020年贫困县全面摘帽。

南都：那时全国贫困村、贫困户会是什么状况?

刘永富：大山里边的深村，几年内改变比较难，但年人均收入低于2300元标准的绝对贫困不能有。

南都：2020年要实现这个目标，你觉

得压力大吗？

刘永富：当然大，连习总书记都讲“全面完成扶贫的任务很不容易”。这就需要各方面共同参与。比如你们媒体，不一定要出钱，让穷人转变观念也是扶贫。

1500 多万贪污浪费资金已追回

南都：此前，习总书记在太行山区探访贫困村时曾对截留、挪用扶贫款项表示愤怒，2013 年审计署也对扶贫专项资金进行了审查，结果怎样？

刘永富：审计署审查了 6 个省的 19 个县，发现了 2.34 亿元的违规资金。

南都：这是个什么概念？

刘永富：2.34 亿大约占 19 个县扶贫专项资金总数的百分之十几。

南都：都是被贪污挪用吗？

刘永富：绝大多数是“打酱油的钱买了醋”。这说明原本对扶贫资金使用的制度设计有问题，给贫困村修水电路资金应该统筹着用，但以前是资金发放各自有归口，必须按照各自规定的用途使用，就不太符合实际。其中还有 1500 万元是被浪费和贪污，这个量虽然占比小，但贪一分也不行。去年，我们重点对这 1500 万元进行了追责，让他吐出来。

南都：怎么吐？

刘永富：1∶1 根据责任来赔付。单位贪污和浪费的单位吐；单位吐不了财政还，属于个人的自己掏钱赔，现在已经全部整改到位。

南都：那扶贫资金的制度设计问题怎么办？

刘永富：对扶贫资金和项目的审批使用，去年也做了调整。把扶贫资金、项目的审批权，包括中央和省里的，都下放到县，由县里来统筹整合资源。去年已经下放了 70%，今年可能还要更多一些。以前资金、项目由国家、省里定，出口多、用途规定得死，绝不允许拿“打酱油的钱买醋”。资金和项目最后下到县里，有点像撒胡椒面，各个方面都平均分一点，最后什么事也干不成。下放后，方便了县里统筹使用，有多少钱办多少事、(集中资金）办成一件是一件。

南都：县里的管理水平、资金使用监督会不会成为一个新问题？

刘永富：县里要搞信息披露，严格按照公告公示制度办，让贫困群众知情、参与就是最好的监督，另外要加强指导和检查，现在我们也在做这方面的工作。

（资料来源：《南方都市报》，2015 年 3 月 13 日，记者：程姝雯）

专访国务院扶贫办主任：如何确保7000万人如期脱贫

“2020年全面建成小康社会，最艰巨的任务在贫困地区”，教师节前夕，习近平给贵州教师的回信再一次聚焦贫困地区。5月27日，习近平考察浙江，规划“十三五”经济社会发展，强调“要确保在既定时间节点打赢扶贫开发攻坚战”。6月18日，贵州考察期间，习近平再次专门就“十三五”期间扶贫工作召开座谈会，提出“确保农村贫困人口到2020年如期全部脱贫”。

截至2014年底，全国有农村贫困人口7017万。如何在5年多的时间、按照现有标准，确保贫困人口全部如期脱贫？近日，国务院扶贫办主任刘永富接受凤凰网独家专访。

刘永富介绍，十八大后，中央对扶贫工作的重视力度空前，习近平高位推动，要求“省市县乡村”五级书记一起抓扶贫工作，确保农村贫困人口到2020年全部如期脱贫、所有贫困县要减贫摘帽，“与过去三次扶贫规划不同，这次总书记要求一个不能剩”。

国务院扶贫办建档立卡数据显示，截至2013年底，全国共有12.8万个贫困村，3000万个贫困家庭，近9000万贫困人口，主要分布在六盘山区、秦巴山区、武陵山区、乌蒙山区、滇桂黔石漠化区、滇西边境山区、大兴安岭南麓山区、燕山—太行山区、吕梁山区、大别山区、罗霄山区11个区域的连片特困地区。刘永富介绍，这些地区普遍缺乏基本的生存条件，交通闭塞，教育、卫生、医疗跟不上，人的身体素质不好、文化水平低、就业能力弱，因病因残致贫是首要原因。

刘永富坦言，现在的贫困人口越来越集中，数量少了但扶贫难度加大，“以前出台一个政策一项措施，一下能解决几十万、几百万、甚至上千万人脱贫，现在出台政策，就没有这么大的边际效益”。因此，中央调整扶贫思路，转向精准扶贫、精准脱贫。针对造成贫困的多种不同原因，分类施策，通过发展产业、教育扶贫、健康扶贫、加大资金扶持、加强职业技能培训、整村推进、扶贫搬迁、社保低保兜底等多项措施开展扶贫工作。

刘永富还透露，全国党政机关、企事业单位已派出几十万人，组成驻村工作队，下派到12.8万个贫困村，以此增强贫困地区发展的内生动力。“转变思想观念、提升贫困地区自身能力，非常重要”，刘永富说。

刘永富通过凤凰网，希望公众意识到，

尽管中国经济总量位居世界第二，但贫困问题依然严重，穷人还有很多。我们应以理性心态看待，指望短时间内解决所有问题不现实，亦不能因存在问题就束手无策，扶贫工作要一件一件来做，需要全党全社会参与，扶贫不仅是帮助他人，也能升华自己。

以下为国务院扶贫办主任刘永富接受凤凰网主笔陈芳专访实录：

习近平高位推动，要求省市县乡村五级书记一起抓扶贫。

凤凰网：习近平5月底考察浙江时提到要在既定时间打赢扶贫攻坚战，6月考察贵州时专门就“十三五”期间的扶贫工作召开座谈会。不难看出，扶贫将成“十三五”期间一项重要工作，中央对扶贫工作的重视力度空前。

刘永富：中国共产党和中国政府始终重视扶贫开发工作。改革开放30多年，我们的贫困发生率从70%多降到去年的7.2%，减贫成效国际公认。

十八大后，党中央、国务院更加重视扶贫开发工作，总书记、总理亲自在抓。

习近平就任总书记以后，国内考察第一站是改革前沿深圳，第二站就是革命老区河北省阜平县，考察扶贫开发工作。据统计，十八大以后，每年总书记的第一次国内考察到的都是贫困地区：2013年是甘肃特困地区；2014年是内蒙古少数民族地区；今年更是将扶贫工作作为调研重点，第一站是云南，第二站是延安，5月浙江考察谋划“十三五”时把扶贫作为重要内容，6月考察贵州专门就扶贫工作召开座谈会。

总书记要求省市县乡村五级书记一起抓扶贫工作，要求做到“四个切实”（切实落实领导责任、切实做到精准扶贫、切实强化社会合力、切实加强基层组织），“六个精准”（扶持对象精准、项目安排精准、资金使用精准、措施到户精准、因村派人即“第一书记”精准、脱贫成效精准），“五个一批”（扶持生产和就业发展一批、移民搬迁安置一批、教育培训脱贫一批、生态保护脱贫一批、社会保障兜底一批）。总书记亲力亲为和高位推动，传导全党全社会、各地区各部门对扶贫工作的高度重视。

李克强总理每年政府工作报告都要把减贫作为落实中央决策部署的重点来推进，并督促检查、开展第三方评估。总理亲自主持会议，听取督查汇报，还在火车上研究扶贫，在甘肃召开西部发展和扶贫开发座谈会。

汪洋副总理是国务院扶贫开发领导小组组长，主管扶贫工作，抓得非常实、非常准。2013年5月去甘肃调研挑最穷的县，带着工作队，住在村里，进村入户全面摸底，今年3月原班人马去回访。

党和政府把扶贫作为全面建成小康社会最实际最重要的工作来抓，政治上高位推动，在国际上恐怕很少有国家能够做到。

按现有标准，确保 7000 万贫困人口 2020 年全部脱贫。

凤凰网：习近平在贵州考察时，提出要确保现有贫困人口到 2020 年全部如期脱贫，此前媒体报道目前的贫困人口是 7000 万，习近平也讲现在的扶贫进入啃硬骨头、攻坚拔寨期，任务艰巨在哪里？

刘永富：总书记在贵州提出，全面建成小康社会的时候，按照现有标准，农村人口要全部如期脱贫，所有的贫困县要减贫摘帽。这一次的扶贫攻坚和往次不一样，全部脱贫就是说不能留锅底。

在此之前，我们国家有三次大规模的扶贫规划。1994 年提出了“八七扶贫攻坚计划”，即用七年时间解决八千万人脱贫，当时的标准是几百块钱的年人均收入。到 2000 年，没有达到那个标准的贫困人口剩下 3200 万人。

凤凰网：您这里有几个关键词：现有标准和当时的标准，每次标准是不一样的？

刘永富：标准是逐步提高的，各时期都不同。2000 年，新世纪第一个十年（2001—2010 年）扶贫纲要，标准提高了，按这个标准当时的贫困人口是 9800 万人。十年扶贫下来剩 2600 多万人。

2011 年又一次提高了标准，符合这个标准的贫困人口是 1.2 亿人。

每一次扶贫攻坚都提高了标准，以前总有一些特殊地区和特殊人群解决不了，留下来进入下一批。但这次总书记要求一个不能剩，这就和以往不一样，按照现标准，贫困人口必须全部如期脱贫，不留锅底。

按照国家统计局公布的数字，2013 年底贫困人口是 8000 多万，2014 年底是 7000 多万，这一数字是按照收入水平推算出来的。中央提出要精准扶贫，要把真正的穷人找出来，哪些是贫困人口、贫困程度如何、致贫原因是什么，必须搞清楚。我们用了将近一年时间进行全国调查摸底，截至 2013 年底，共有 12.8 万个贫困村，3000 万个贫困家庭，近 9000 万贫困人口，并给这些人建档立卡。

贫困村按照“一高一低一无”的标准识别，即行政村贫困发生率高出全省贫困发生率一倍，全村农民人均纯收入低于本省平均水平的 60%，无集体经济收入。这些都不复杂，农村的事情不能太复杂，太复杂很难操作到位。

摸底就是了解哪些是真正的穷人，根据统计数据，由省分解到市，市分解到县，县分解到乡，乡分解到村，分下去怎么确定到人头？本人申请、村民小组讨论、村委会研究、村里公示、报到乡里平衡审核、返回村里二次公示，最后报到县里汇总确认，然后在每村公告。现在这个办法，总能把最穷的人找出来，每个村谁是最穷的，老百姓是最清楚的。

并非扶贫越扶越多，每一次标准在提高。

凤凰网：之前一直有疑问，为何我们

扶贫计划实施 30 多年，今天还有这么多贫困人口？这些贫困地区为何一直脱不了贫？甚至以为怎么越扶越多？

刘永富：贫困有绝对贫困和相对贫困，目前中国的减贫仍是在消除绝对贫困。中国是最大的发展中国家，改革开放之前温饱问题没有解决。经过 30 多年的改革开放，我们国家贫困发生率从 70% 多降到现在的 7.2%，现在我们提出要在 2020 年即全面建成小康社会之前，把剩下的绝对贫困人口全部脱贫。

但不是说 2020 年以后，中国就没有贫困问题了。贫困问题长期存在，贫困是相对的，各国都会有相对贫困人口。2020 年解决完绝对贫困以后，我们就要转变，解决相对贫困问题。

另一方面，是我们的扶贫标准越来越高，20 世纪 80 年代只有 200 元（年人均收入）的标准；90 年代是 800 多元；现在是 2300 元的标准，还要考虑到物价上涨，去年实际达到了 2800 元；2020 年会涨到 4000 元。不排除有一部分返贫，但主要是因为我们提高了标准，不能说中国的贫困人口越扶越多。

但是现在的贫困人口越来越集中，数量少了，扶贫难度大了，以前我们出台一个政策一项措施，可能一下解决几十万、几百万、甚至上千万人脱贫，现在出台政策，就没有这么大的边际效益了。越往后越难，怎么办，我们就要调整扶贫思路。

十一个连片特困地区普遍缺乏基本生存条件

凤凰网：目前的贫困地区和贫困人口分布上有什么特点？

刘永富：现在贫困人口主要分布在一些贫困县、贫困村里。从区域上看，就是 11 个片区，包括六盘山区、秦巴山区、武陵山区、乌蒙山区、滇桂黔石漠化区、滇西边境山区、大兴安岭南麓山区、燕山—太行山区、吕梁山区、大别山区、罗霄山区 11 个区域的连片特困地区。

凤凰网：这 11 个片区基本都是自然条件恶劣的地区？

刘永富：可以这么说，这些地方的贫困是历史遗留，几百上千年都穷困。

第一，交通条件不行，不通路，消息闭塞，有人在大山里一辈子出不来；第二，有的地方干旱缺水。这些地方普遍缺乏基本的生存条件，还不仅仅是生产条件。因为条件恶劣、交通闭塞，教育、卫生、医疗跟不上，那里的人身体不好、文化水平低，能力就弱。总结下来，行路难、喝水难、看病难、受教育难，都是长期以来形成的问题。

凤凰网：造成这些地区人口贫困的原因都有哪些？

刘永富：我们统计有十几种原因，有些家庭是多重原因导致。

第一大原因是因病因残致贫，40%以上的贫困人口涉及到这个原因，一人得病全家贫困。越是东部地区，这样的比例越高，因为东部发展早，人的观念、市场条件都比较好，能脱贫的基本都脱贫了，剩下的贫困人口主要是有病缺劳力的。西部地区不仅缺劳力，还缺技术、缺资金，自然条件也不行。

第二大原因是缺资金。现在发展没有启动资金是不行的。

第三大原因是缺技能。没有文化没有技术，出去打工也是干体力活，一个月挣一两千块钱，越到大城市越找不到工作，只能在周边打工。

“五个一批”精准扶贫、扶真贫

凤凰网：中央提出精准扶贫，这一思路的调整也是基于上述原因，具体怎么实施？

刘永富：总书记讲一定要扶真贫，过去我们有很多好的政策，到基层以后可能真正的穷人享受不到。比如危房改造，国家和省里给一家补一万块钱，对穷人来说，一万块钱是根本不够的，没法改，这样的情况也是有的。

下一步，针对不同原因，分类施策，做到精准扶贫、精准脱贫。

针对因病致贫的，我们要开展健康扶贫行动，联系大城市的医院，一个医院包一个县，不仅治病，还要从卫生知识普及、提高健康意识、卫生环境改善、当地医务人员培训入手，开展防病、治病，同时确保所有人都参加新农合，提高穷人报销比例。要有一套综合办法来解决这些问题。

针对缺资金的，一方面政府加大扶贫投入，另一方面加大金融资金和社会资金投入。我们现在一年的专项扶贫资金只有400多亿，平均下来一个人只有几百块钱，靠这脱贫显然不够。要把这笔资金放大，撬动金融的钱。贫困户要搞产业，贷款五万以下，三年以内免担保免抵押。同时号召社会捐助。政府拿钱、金融支持、社会帮助，一起解决资金问题。

缺技术怎么办？穷人的孩子初中高中毕业不能继续升学，上技校学一门技术更切合实际，职业教育国家有政策优惠，免学费、给助学金。学好了，还有东部帮西部，比如福建对宁夏、广东对广西，对口解决就业。这些人在东部稳定就业后，东部省份要考虑落户、经济适用房，就可以在那儿安家，把父母接出来。不仅贫困地区卸载了，东部也找到合格劳动力，一家就脱贫了，得让他们有个奔头。

还有居住在根本不具备基本生存条件、自然灾害频发地区的贫困人口，就地脱贫成本高、难度大的，要采取整体搬迁计划。搬出来以后还要能稳得住、让他有事儿做、能够脱贫最好致富。

没有劳动力或残疾的，要靠社保低保兜底一批。

“五个一批”就是根据不同原因对症下药，做到药到病除，不能大而化之，也不能一刀切。

向12.8万个贫困村派驻村工作队，增强贫困地区内生动力。

凤凰网：刚才讲了很多是靠外力扶贫，

怎么增强贫困人口脱贫的内生动力?

刘永富:总书记还特别强调一点,要发挥党支部基层组织的作用,什么作用呢?开导,要让这些穷人、贫困地区转变观念,自己要有脱贫致富的意愿,自己要干,不能坐在那儿等着别人帮。像贵州就喊出了“贫穷不是我们永远的标签”的口号,就是要自己干。

我们向 12.8 万个贫困村派驻村工作队和“第一书记”,现在基本都到位了,几十万人下到村里去,开动脑筋、落实政策,动员群众、组织群众,保证公开、公平、公正开展扶贫工作。

为什么有的政策很好落实时走了样?这和农村宗族关系、人情关系有关。现在是县里、市里去人,一是摆脱这种宗族关系,再一个是能力、水平也高一些,比较容易做到公开、公平、公正。

加强基层组织建设,激发贫困群众和基层干部脱贫的内生动力和活力,转变思想观念、提升他们自己的能力非常重要。

凤凰网:过去可能存在直接给钱这样的办法,出力不讨好。

刘永富:包办代替、发钱,这不行。内因是变化条件,外因通过内因起作用。要让贫困地区、贫困群众解放观念,思想观念不够开放,见不多识不广,给他贷钱都不敢,因为他没有把握,另外担心种出来的东西卖不出去,他有他的顾虑。也不能完全说穷人就是落后的,存在决定意识,穷怕了,穷惯了,有些事情根本不敢想。

避免因学致贫,贫困地区当务之急是加大职业教育。

凤凰网:扶贫扶智。重视贫困地区教育可能是阻断代际贫困的一个重要办法,关于贫困地区的教育问题,存在哪些问题?今后的方向是什么?

刘永富:贫困人口中 80%以上是初中以下文化水平,30 岁以上的多数读书少。

目前对贫困地区大致采取“3+9+3”模式,即学前教育三年,每个贫困村都要有幼儿园,九年义务教育,三年职业教育,教育部在这方面做了不少的事情,这是阻断代际转移最根本的措施。十年树木,百年树人,但见成效需要时间,不是说今天种了树,明天就结果。

现实是还存在因学致贫的问题。中国的父母是最重视教育的,但教育资源分布不均衡,优秀资源集中在大城市,县里乡里越往下越差。为了孩子考上大学,一些父母从几十里外的农村,到县城周边租房陪读,离开土地借钱供孩子读书。这是一种因学致贫。

还有一种因学致贫,借钱上了大学,专业不对,毕业找不着工作。

贫困地区教育当前最为实际的,一方面打好基础教育,按照目前这样来抓学前教育、义务教育,十年、二十年肯定见效。但当务之急是把有劳动能力的人解决了,这就要下大力气抓好职业教育、搞职业培训、提高劳动技能。我们联合教育部、人社部、各地,搞订单培训,建立劳务合作的对接机制。

实事求是讲，硬让贫困地区的孩子都去上大学，我们认为不现实。人不一定都去上大学，我们国家缺优秀的技工，只要是劳动脱贫、劳动致富都是光荣的。我们需要各种人才，有负责设计的也需要负责生产的，劳动没有贵贱之分。比如城市的环卫工人，我走路上班时，看到他们辛勤认真工作，都觉得很感动。

中国式扶贫经验：党的领导、政府主导、定点扶贫、东西部协作。

凤凰网：这次扶贫工作做得特别细，相比较而言，以前的扶贫工作中是不是存在大水漫灌式、一刀切的问题？

刘永富：任何事情都有一个过程，也不能说以前的就错了，有些事情没有发展到那一步，认识不到。

一开始那么多的贫困人口，就说精准，没有那个力量。只有在量少的时候，才有精准的客观条件。所以不能说以前都是错的，否则怎么能取得这么伟大的成绩呢？

凤凰网：这30多年我们扶贫有哪些不变的经验？

刘永富：中国扶贫最大的经验还是党的领导。现在总书记提出省市县乡村五级书记一起抓，一把手上手，就会有办法的。

党的领导和社会主义制度的优越性，在扶贫工作中是一定要坚持发扬的，只能强化，不能弱化。

扶贫根本的思路要对，办法要有，领导要真重视、真抓、真改变。不能老抱着不变、搞小扶贫的心态，或者搞保姆式、包办代替、强迫命令，这样做不好，要把扶贫变成全党全社会的行动。

凤凰网：现在提出要动员社会力量参与扶贫，社会力量怎么参与？怎么打消社会上的不信任顾虑？

刘永富：中国的扶贫有中国的特色，中国的社会扶贫也有中国的特色。比如说中央和国家机关、央企和事业单位定点扶贫，现在有320个单位参加，每个单位要包一个到几个贫困县。我们扶贫办也包了两个县：甘肃一个、贵州一个。

凤凰网：中国特色是指这种以单位出面，而不是像西方社会那样NGO为主？

刘永富：中国大扶贫的特点就是党的领导和政府主导，社会扶贫在中国当前还是以单位出面为主流。

另外还有对口扶贫，东部省对西部省。接下来还要深化、细化、实化、具体化，提高针对性、有效性，不是给钱派干部就完事，要和脱贫、摘帽、减贫、增加收入挂钩，看实际效果。

我们的社会扶贫“老三样”——党政机关、单位定点，东西部对口，军队武警支持。现在还要进一步动员非公经济、社会组织和公民个人的参与，形成人人皆愿为、人人皆能为、人人皆可为的扶贫氛围。政府要做的是提供平台、政策和环境，去年我们设了“扶贫日”，即每年的10月17日设为“扶贫日”。下一步我们还将为民营经济、社会组织和公民个人搭建平台，鼓励他们参与扶贫。

社会上也有一些不信任感，确实有一些做得不怎么好的，但不能因此就不去做这个事情了，是什么问题解决什么问题。政府部门要提高透明度、增强信用。

扶贫不是单纯的经济问题，需要全社会共同参与。

凤凰网：前段时间一封凉山彝族自治州小女孩的信，引爆网络，也让公众再次聚焦凉山彝族自治区的贫困问题，为何这么多年一直没有解决？

刘永富：我也上网，包括你们凤凰网，第一时间看到这个消息后，当天晚上就让同事查，并派人去了解情况。

这件事情引起大家对贫困的思考是好的。

中央和地方对大小凉山一直很重视，过去五年，在那儿投入的扶贫资金就有300个亿，解决交通、基础设施、水利花了小200个亿，解决住房、公共服务花了100个亿，贫困人口减少了一半。但由于历史积累的问题太多，要彻底改变，需要有个过程，不是一天两天的事情，也不仅仅是钱能解决的。

最后，希望通过凤凰网，让全社会认识到中国的贫困问题还是比较严重的，扶贫脱贫工作越往后越难，不真干是不行的，光埋怨是没有用处的，要大家一起来动手，有钱出钱、有力出力，全党全社会共同来扶贫。也希望大家能到贫困地区看一看，受受教育，参与扶贫工作。我总觉得扶贫不仅是帮助他人，也能升华自己。扶贫能把人扶善了，让人的心态平衡，增加对社会对他人的理解，正确认识自己。扶贫工作，很多是超越扶贫本身的。

（资料来源：凤凰网 2015 年 9 月 29 日，作者：陈芳）

附录四
全球减贫与发展概况

千年发展目标报告 2015（摘要）

新千年开始之际，全世界的领导人在联合国制定了一份广泛的愿景，要从多个方面着手抗击贫困。这一愿景转化为了 8 个千年发展目标，在过去 15 年中一直是全世界的总体发展框架。

在千年发展目标时期临近尾声之际，全世界有理由庆祝。正是由于全球、地区、国家和地方的协同努力，千年发展目标挽救了数百万人的生命并改善了更多的人的境遇。本报告中的数据和分析证明，只要具备有针对性的干预措施、合理的战略、充足的资源和政治意愿，即使最贫穷的国家也能取得前所未有的巨大进步。报告也承认取得的成绩是不均衡的，很多领域还存在着差距。工作尚未完成，在新的发展时期还要继续。

一、空前的努力取得意义深远的成绩

目标 1：消除极端贫困与饥饿

过去 20 年间极端贫困率显著下降。1990 年发展中世界近一半（47%）的人口依靠低于一天 1.25 美元生活，而到 2015 年这一比例下降至 14%。全球生活在极端贫困中的人数下降超过一半，从 1990 年的 19.26 亿下降至 2015 年的 8.36 亿，其中大多数进展是在 2000 年后取得的。

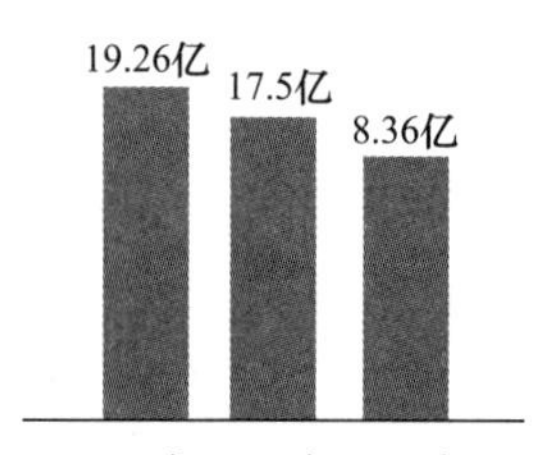

图 1　全球极端贫困的人数（人）

1991 年至 2015 年间，劳动中产阶级——日生活费高于 4 美元——的人数几乎增长了两倍。该群体目前占发展中地区工作人口的一半，比 1991 年的仅 18%有了提高。1990 年以来，发展中地区营养不足的人口的比例接近减半，从 1990—1992 年的 23.3%下降至 2014—2016 年的 12.9%。

目标 2：普及小学教育

2015 年发展中地区的小学净入学率达到 91%，比 2000 年的 83%有所提高。全世界小学教育适龄儿童失学人数接近减半，2015 年估计有 5700 万，而 2000 年有 1 亿。自千年发展目标制定以来，撒哈拉以南非洲在小学教育方面取得的进步是各个地区中最大的。2000 年至 2015 年间，其净入学率增长了 20 个百分点，而 1990 年至 2000 年间，只增长了 8 个百分点。1990 年至 2015 年间，全球 15—24 岁的青年识字率从 83%上升至 91%。女性与男性的差距减小。

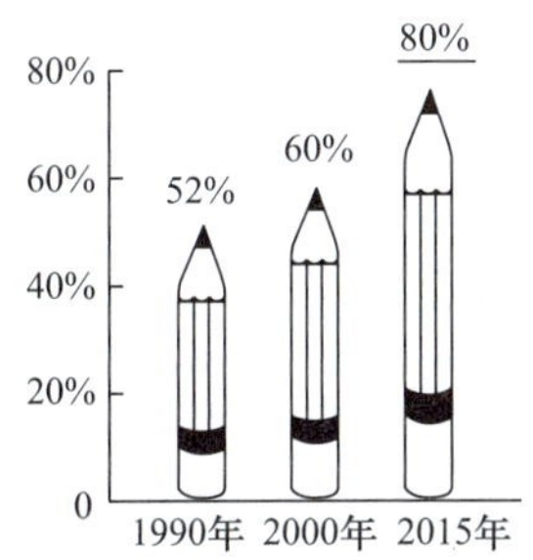

图 2　撒哈拉以南非洲小学净入学率（%）

目标 3：促进性别平等和增强妇女权能

相比 15 年前，现在更多的女孩在上学。发展中地区整体而言已经实现消除小学、中学和高等教育中两性差距的具体目标。在南亚的小学教育中，1990 年相对于每 100 个男孩只有 74 个女孩入学，而今天相对于每 100 个男孩有 103 个女孩入学。

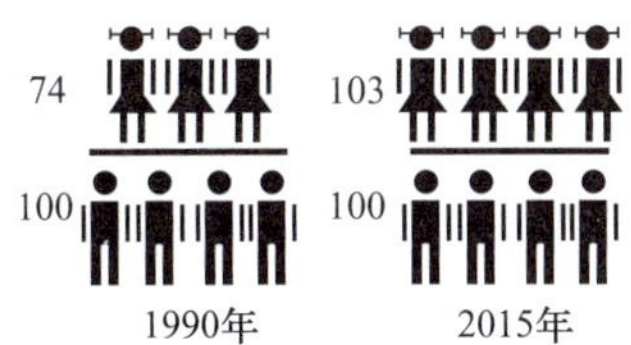

图 3　南亚小学入学率（%）

非农业部门有偿工作者中女性的比例从 1990 年的 35%增加到今天的 41%。1991 年至 2015 年间，脆弱就业的女性占整个女性就业的比例下降了 13 个百分点。与之相比，脆弱就业的男性比例下降了 9 个百分点。

在具有过去 20 年数据的 174 个国家中，近 90%的国家的女性在议会的代表增加。同期，女性在议会中的平均比例增长了近一倍，但每 5 个议员中仍然只有 1 个为女性。

目标 4：降低儿童死亡率

1990 年至 2015 年间，全球 5 岁以下儿童死亡率下降超过一半，从每 1000 名活产婴儿中 90 人死亡降至 43 人死亡。尽管发展中地区人口增长，但全球 5 岁以下儿童死亡人数还是从 1990 年的 1270 万下降到了 2015 年的将近 600 万。20 世纪 90 年代初以来，全球 5 岁以下儿童死亡率的下降速度提高了两倍还多。

在撒哈拉以南非洲，2005 年至 2013 年间 5 岁以下儿童死亡率的年下降速度比 1990—1995 年间快了 4 倍之多。

图 4　全球 5 岁以下儿童死亡人数

2000 年至 2013 年间，麻疹疫苗接种使死亡人数减少了将近 1560 万。同期，全球报告的麻疹病例数下降了 67%。2013 年全世界约 84%的儿童获得了至少一剂麻疹防治疫苗，比 2000 年的 73%有所增长。

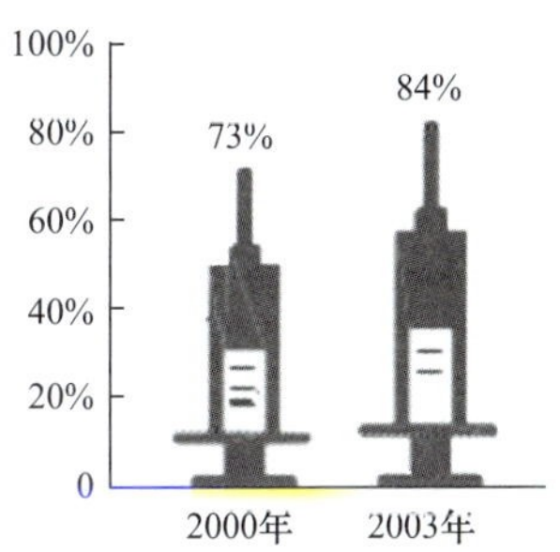

图 5　全球麻疹疫苗覆盖率（%）

目标 5：改善孕产妇保健

1990 年以来，全世界孕产妇死亡率下降了45%，其中大部分发生在2000年以后。1990年至2013年间，南亚的孕产妇死亡率下降了64%，撒哈拉以南非洲下降了49%。全球由熟练医护人员接生的比例超过71%，比1990年的59%有所增长。北非的孕妇获得四次或更多次的产前护理的比例在1990年至2014年间从50%增长到89%。全世界15—49岁已婚或有伴侣的妇女，采取措施避孕的比例从1990年的55%上升到2015年的64%。

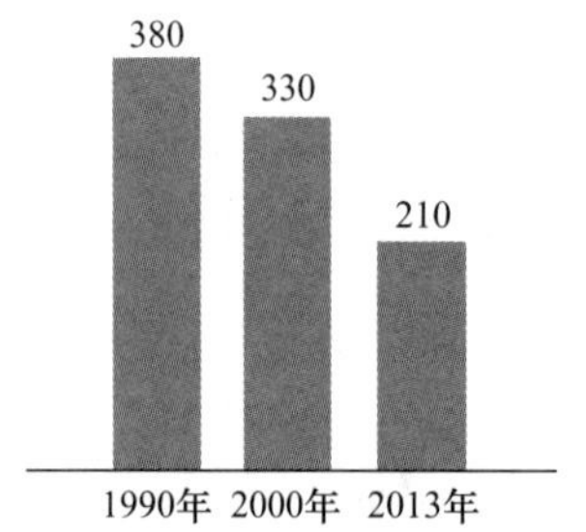

图6　全球孕产妇死亡率（每10万活产婴儿孕产妇死亡人数）

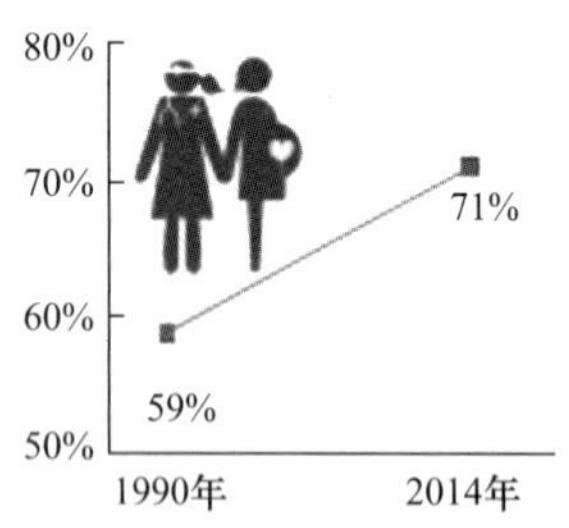

图7　全球由熟练医护人员节省的比例（%）

目标6：与艾滋病毒、艾滋病、疟疾和其他疾病作斗争

2000年至2013年间，新感染艾滋病毒的人数下降了约40%，从估计的350万下降至210万。截至2014年6月，全球1360万艾滋病毒携带者接受了抗逆转录病毒疗法治疗，比2003年的80万有大幅增长。1995年至2013年间，抗逆转录病毒疗法治疗使因艾滋病死亡人数减少了760万。

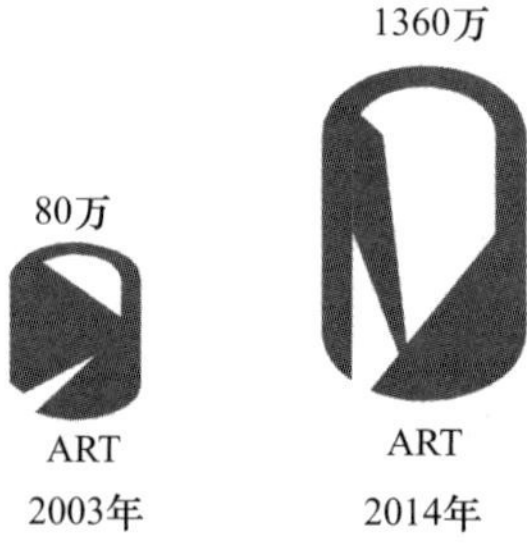

图8　全球抗逆转录病毒疗支治疗人数

2000年至2015年间，主要是撒哈拉以南非洲的5岁以下儿童，避免了超过620万例因疟疾死亡。全球疟疾发病率下降了约37%，疟疾死亡率下降了58%。2004年至2014年间，向撒哈拉以南非洲疟疾盛行的国家发放了9亿多顶驱虫蚊帐。

目标7：确保环境的可持续性

1990年以来，消耗臭氧物质基本上已消除，预计到21世纪中叶臭氧层即可恢复。

1990年以来，很多地区的陆地和海洋保护区都大幅增加。1990年至2014年间，在拉丁美洲和加勒比，陆地保护区覆盖率从8.8%上升至23.4%。

2015年全球91%的人口使用经改善的饮用水源，而1990年只有76%。1990年以来新增的可获取经改善的饮用水的26亿人中，有19亿人在房舍获取了饮用自来水。目前，全球有半数以上人口（58%）享受这种更高级的服务。全球147个国家实现了饮用水的具体目标，95个国家实现了卫生设施的具体目标，77 个国家两者都已实现。

全世界可获取经改善的卫生设施的人口新增 21 亿人。1990 年以来，露天便溺的人口比例接近减半。

发展中地区居住在贫民窟的城市人口比例从 2000 年的 39.4%下降至 2014 年的 29.7%。

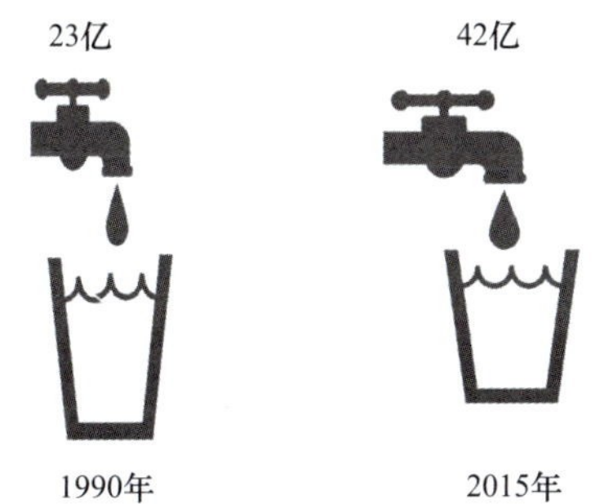

图 9　1990 年以来，全球可获取饮用自来水的人口新增 19 亿

目标 8：全球合作促进发展

2000 年至 2014 年间，来自发达国家的官方发展援助实际值增长了 66%，达到 1352 亿美元。

2014 年，丹麦、卢森堡、挪威、瑞典和联合王国继续超过联合国制定的官方发展援助相当于国民总收入 0.7%的具体目标。

2014 年，发达国家从发展中国家的进口中 79%免税，比 2000 年的 65%有所提高。

发展中国家外债偿债支出相当于出口收入的比重从 2000 年的 12%下降至 2013 年的 3%。

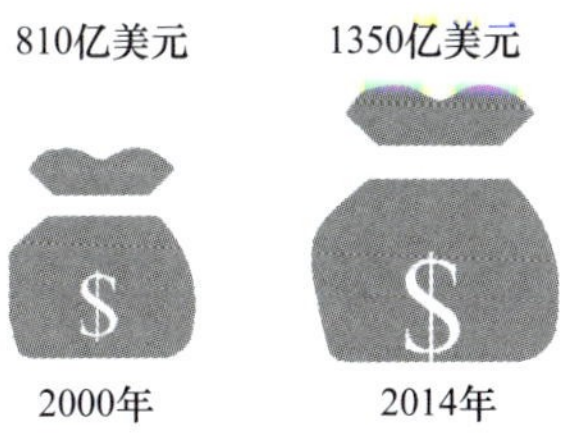

图 10　官方发展援助

截至 2015 年，移动电话信号覆盖了 95%的世界人口。过去 15 年中，移动电话订户数量增长了近 9 倍，从 2000 年的 7.38 亿增长到 2015 年的超过 70 亿。

世界人口的互联网普及率从 2000 年的稍高于 6%上升到了 2015 年的 43%。由此，32 亿人接入了全球内容和应用网络。

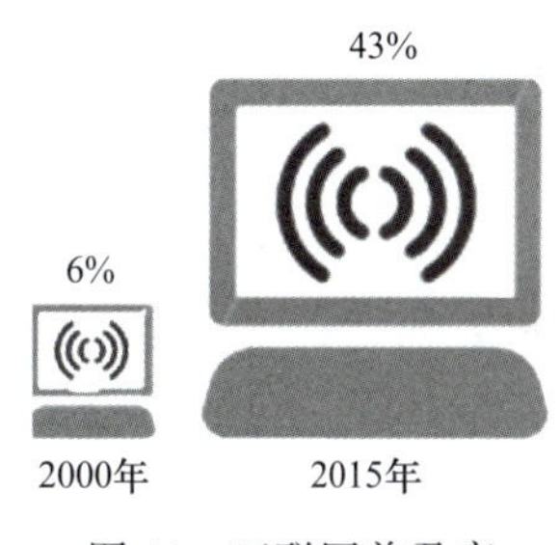

图 11　互联网普及率

二、尽管取得了很多成绩，但最贫穷和最弱势的人被落在了后面

尽管全世界在千年发展目标的很多具体目标方面成绩显著，但各个地区和国家的进展很不均衡，仍然有巨大的差距。数百万人被落在了后面，特别是最贫穷的人和因为性别、年龄、残疾、种族或地理位置而处境不利的人。需要有具备针对性的努力来帮助最弱势的人群。

（一）性别不平等依然顽固

女性在获取工作、经济资产以及参与私人和公共决策方面仍受到歧视。女性生活贫困的可能性也比男性要大。在拉丁美洲和加勒比，尽管整体地区贫困率下降，但生活在贫困家庭中的人里女性对男性的比率，从 1997 年的 108∶100 上升到了 2012 年的 117∶100。

女性在劳动力市场上依然处于不利地位。全球约有3/4的劳动年龄男性参加到劳动力中，而劳动年龄女性只有一半参加。全球而言，女性的报酬比男性低24%。在具有2012—2013年按教育程度划分的失业率数据的92个国家中，85%的国家里接受过高等教育的女性比同等教育水平的男性失业率高。尽管不断进步，但要在全世界实现私人和公共决策中的性别平等还有很长的路要走。

（二）最贫穷家庭和最富裕家庭以及农村和城市之间存在巨大差距

在发展中地区，最贫穷20%家庭的儿童发育迟缓的可能性是最富裕20%家庭儿童的两倍还多。最贫穷家庭的儿童失学的可能性是最富裕家庭儿童的4倍。最贫穷家庭的5岁以下儿童死亡率几乎是最富裕家庭的两倍。由熟练医护人员接生的比例农村只有56%，而城市有87%。约有16%的农村人口无法使用经改善的饮用水源，而城市人口的比例4%。居住在农村的人口有约50%缺乏经改善的卫生设施，而城市人口只有18%。

（三）气候变化和环境恶化危及已取得的进展，穷人受到的伤害最大

1990年以来全球二氧化碳排放量增加超过50%。应对不见减缓的温室气体排放以及可能随之产生的气候变化的影响，比如生态系统的改变、极端天气和社会风险，对全球社会来说仍是一个迫切的重大挑战。

2010年估计有520万公顷的森林消失，大致相当于哥斯达黎加的面积。过度捕捞海洋鱼类资源导致位于生物安全界限内的鱼种比例从1974年的90%下降至2011年的71%。物种的数量和分布范围都在减少，这意味着它们日益受到灭绝的威胁。水资源的短缺影响世界上40%的人口，这一比例预期会继续增长。穷人的生计与自然资源的联系更为直接，由于通常居住在最脆弱的区域，他们受环境恶化的影响也最大。

（四）冲突依旧是对人类发展最大的威胁

截至2014年底，冲突已迫使近6000万人放弃他们的家园——自第二次世界大战以来的最高水平。如果这些人组成一个国家的话，那将是世界上第24大的国家。由于冲突，平均每天有4.2万人被迫流离失所，需要寻求保护，这几乎是2010年1.1万人的4倍。2014年联合国难民事务高级专员署负责的全球难民中，儿童占了一半。在受冲突影响的国家，失学儿童的比例从1999年的30%上升到了2012年的36%。脆弱和受冲突影响的国家贫困率通常最高。

（五）数百万的穷人仍然生活贫困、忍受饥饿，无法获取基本服务

尽管已取得了巨大的进展，但即使在今天仍有约8亿人生活在极端贫困中，忍受着饥饿的煎熬。1.6亿多5岁以下儿童由于缺少足够的食物而无法达到其年龄应有的身高。当前，5700万小学教育适龄儿童失学。全球近一半的工人仍在脆弱的条件下工作，很少能获取体面工作才有的福利。每天约有1.6万儿童在5岁生日之前死亡，大多是死于可预防的原因。发展中地区的孕产妇死亡率比发达地区高14倍。发展中地区只有半数的孕妇获得推荐的至少四次产前护理。2013年，发展中地区3150万艾滋病毒携带者中只有估计36%接受了抗逆转录病毒疗法治疗。2015年，1/3的人（24亿）仍在使用未经改善的卫生设施，其中9.46亿人仍在露天便溺。今天，在发展中世界的城市里估计有8.8亿多人居住在类似贫民窟的条件中。

通过采取全球性的行动，这些情况会好转。

三、千年发展目标议程的成功证明了全球行动行之有效，它是确保新的发展议程不落下任何人的唯一途径

2015年全球社会站在了历史的十字路口。千年发展目标的时限将至，全世界有机会借助其成功和势头着手制定新的目标，创建我们想要的未来。一份雄心勃勃的新议程正日渐成形，要改变世界以更好地满足人类的需求，满足经济转型的需要，同时保护环境、维护和平并实现人权。这一议程的核心是可持续发展，它必须要成为地球上每一个人的生活现实。

这是最后一份千年发展目标报告。它记录了过去15年为实现千年宣言的宏伟目标所付出的努力，凸显了全球取得的诸多成就，也认识到依然存在的差距。千年发展目标的经验提供了大量的借鉴，必将成为支撑下一步行动的有力跳板。各国领导人和利益攸关方必须同心协力、加倍努力来制定一份真正普遍适用的变革性议程。只有这样，才能确保世界各地的所有人都有可持续的未来和有尊严的生活。

[本文节选自联合国2015年发布的《千年发展目标报告2015年（摘要）》]